Tome VI

des Oisivetés
de Monsieur de Vauban

« Instruction générale pour servir au règlement des garnisons et munitions des places de guerre »

Au cours de l'année 1702 et des premiers mois de 1703 Vauban rédige une « Instruction générale pour servir au règlement des garnisons et munitions des places de guerre plus nécessaires à la Défense des places frontières à commencer par celles qui ont le circuit des 4 bastions royaux ou équivalents, et finir par celles qui l'ont de 18 ». Il confie à son ami le marquis de Puysieulx : « J'ai eu une guerre civile depuis dix-huit mois et que je n'ai terminée que depuis deux jours : un traité à faire pour le Roi des manières de garnir les places d'hommes et de munitions de guerre ». Au mois de juillet 1703, il semble soulagé : « Je l'ai enfin lu et donné au Roi »[1]*. Il s'agit vraisemblablement du manuscrit aujourd'hui conservé à la B.N.F. (MS fr 9168), relié en maroquin rouge et orné de trois fleurs de lys et de la Croix du Saint-Esprit*[2]*.*

Ce manuscrit que Vauban avait offert au duc de Bourgogne et qui fut conservé dans la bibliothèque de Louis XV[3] *a fait l'objet de nombreuses copies, le plus souvent associées à d'autres textes, à l'exemple du mémoire de 359 pages, relié en maroquin rouge du fonds Rosanbo qui porte le titre : « Mémoires et instructions sur les munitions des places, l'artillerie et armements en course faits en divers temps par le maréchal de Vauban »*[4]*. Ce titre atteste du regroupement d'écrits sur les munitions, l'artillerie et la course que l'on retrouve dans d'autres tomes des* Oisivetés[5]*, preuve que le travail de constitution des* Oisivetés *est en cours et inachevé.*

1. *Lettre de Vauban à Puysieulx Paris, 23 juillet 1703, Hyrvoix de Landosle,* Vauban, Lettres intimes au Marquis de Puysieulx *(1699-1705), Paris, éd. Bossard, 1924, p. 118.*
2. *Une version raturée de L'Instruction générale est conservée dans le fonds Rosanbo, A.N. 155 MI 8, dossier 1, doc 2, pp. 2-150.*
3. *M. Antoine,* Louis XV*, Paris, Fayard, 1989, p. 413.*
4. *Fonds Rosanbo, manuscrit n° 10 et microfilm* A.N. *FR 155 MI 8, dossier 1, doc 1.*
5. *A la suite de l'« Instruction » ont été recopiées les « Propositions pour la levée de 3 régiments d'artillerie » (pp. 151-200), le « Projet pour une compagnie de sapeurs » (pp. 201-208) et le*

Sans vouloir ajouter à la confusion, il faut préciser que Vauban a inséré cette instruction dans le mémoire postérieur de « La Défense des places »[1]. *Pour cette raison, le mémoire du tome VI n'est pas reproduit ici mais plus loin (pp. 1357-1416), ouisqu'il constitue la deuxième partie de « La Défense des places », tome IX des* Oisivetés.

L'approvisionnement est le souci d'un gouverneur de place ou d'un directeur des fortifications, comme Vauban le souligne dans son livre Le Directeur des fortifications *: « {...}. Je ne sais rien à qui un gouverneur assiégé doive prendre garde de plus près qu'à bien économiser la consommation de ses munitions de guerre et de bouche »*[2]. *Il a certainement gardé le souvenir cuisant de sa jeunesse, alors que, défenseur blessé, il a assisté à la reddition de la place de Condé, faute de vivres et de munitions. Quarante ans plus tard, le 26 février 1693, il écrit à Michel Le Peletier de Souzy : « Dans un temps nécessiteux comme celui-ci où toutes les places de la frontière sont encore extrêmement défectueuses {...} Je dois ici ajouter une chose qui me fait trembler, c'est que je suis bien sûr qu'il n'y a pas une de ces places qui soit munie à moitié de ce qu'il faut ; et c'est peut-être la chose du royaume à laquelle on songe le moins et qui presse le plus »*[3].

Il propose donc au roi une instruction qui puisse servir à toutes les places fortes du royaume quelle que soit leur taille. Pour ce faire, il précise dans une gigantesque table (qui occupe plus de quatre-vingts pages) la quantité de ce qui est nécessaire pour soutenir un siège en fonction du nombre de bastions et ce pour des places pouvant avoir de quatre à dix-huit bastions. En ligne sont indiqués aussi bien les hommes nécessaires que le détail des vivres, les meubles de l'hôpital, l'artillerie, les cordages, les armes, les machines et les outils pour les places où il y a de l'eau, etc.[4]

---

mémoire « Sur les armements en course » daté du 30 novembre 1695 (p. 209). Tous les additifs sur les galères, la ville d'Alger, l'extrait de la Coutume d'Angleterre, les armateurs de Dunkerque, etc sont aussi dans le tome IV des Oisivetés. *De plus, a été recopié un mémoire sur la Course dont Vauban dit « qu'il n'est pas de lui mais qu'il y a corrigé quelque chose ». Un manuscrit (Mss 3509) conservé à la Bibliothèque Sainte-Geneviève regroupe tous les mémoires et additifs comme celui du fonds Rosanbo. Relié en maroquin rouge, à filets dorés, aux armes de France, il provient de la bibliothèque du palais de Compiègne. Ce manuscrit du* XVIIIe *siècle de 361 pages est vraisemblablement une copie postérieure à Vauban. Une autre copie se trouve à Nîmes, une autre à Chalon-sur-Saône et enfin une aux Archives Nationales, n° 1992. C'est donc la version cumulative des mémoires qui a le plus circulé et non celle des* Oisivetés, *ce qui conduit le colonel Augoyat à penser que le tome VI originel contenait aussi les « Armements en course », mais le manuscrit de la Bibliothèque Nationale prouve qu'il n'en était rien.*

1. *Des extraits de l'« Instruction » ont été édités sous le titre de la Défense des places, intitulés « Les approvisionnements » et « Les armes » par Rochas d'Aiglun,* Vauban, op. cit,, *t. I. pp. 251-254.*

2. *Vauban,* Le Directeur des fortifications, *La Haye, 1688 chez Henri Van Bulderen, 1685, p. 251. Le manuscrit est également conservé au Service Historique de la Défense, BSG, In-f° 20.*

3. *Rochas d'Aiglun,* Vauban, *op. cit., t. II, p. 381.*

4. *Dans le manuscrit du fonds Rosanbo, la table couvre les pages 46 à 122. Un commentaire explicatif est développé sous chaque rubrique, ce que l'on ne retrouve pas dans le ms 9168 de la Bibliothèque Nationale.*

Il explique au marquis de Puysieulx que « ce traité est tout plein de tables calvillées », ce qui peut signifier calculées. Les tables sont la meilleure mise en forme de ses calculs et elles doivent « avertir ce qui peut faire besoin dans les Places, et apprendre à les munir le plus exactement possible par rapport à leur force et à la résistance qu'on en doit espérer »[1]*. Il offre aux gouverneurs des places un bel outil logistique dans le droit héritage de ce que Colbert exigeait de tous ses subordonnés et même de son fils le marquis de Seignelay, puisqu'il avait recommandé à ce dernier, envoyé à Rochefort pour parfaire son éducation sur le terrain, de faire l'inventaire du magasin de munitions et de tous les autres entrepôts*[2].

Michèle VIROL

1. *B.N., ms fr 9168, p. 19.*
2. *Jean-Baptiste Colbert, « Mémoire pour mon fils sur ce qu'il doit observer pendant le voyage qu'il va faire à Rochefort, Saint-Germain, 11 juillet, 1670 », Pierre Clément,* Lettres, instructions et mémoires de Colbert, *Paris : Imprimerie Impériale, 1865, 8 vols, vol. 3.2, p. 3.*

Tome VII

des Oisivetés
de Monsieur de Vauban

« Moyens d'améliorer nos troupes et de faire une infanterie perpétuelle et très excellente »

Par son volume et son objet, le mémoire sur les « Moyens d'améliorer nos troupes et de faire une infanterie perpétuelle et très excellente » se présente comme l'un des plus considérables des Oisivetés. *Au-delà de l'infanterie, ce sont les principes mêmes du fonctionnement de l'armée qui y sont abordés à travers les questions du recrutement, de la désertion, de l'avancement et de l'administration des troupes. Bien qu'il ne lui consacre qu'un développement relativement réduit, Vauban s'intéresse aussi à la cavalerie et forme en quelques pages un projet de réorganisation d'une remarquable clairvoyance. La pensée de la guerre se déploie ainsi dans toute sa complexité et dans toute sa diversité. Vauban y démontre qu'il n'est pas seulement l'ingénieur de la guerre de siège, mais aussi un tacticien capable de penser le choc à l'arme blanche, de mesurer la puissance de feu des bataillons ou d'envisager la diversité des missions de la cavalerie. Son approche méthodique et quantitative aboutit à la constitution d'un nouveau modèle d'administration de l'appareil militaire. Mais l'économie de moyens qui guide sa pensée ne se limite pas à la prescription d'une gestion prudente des ressources humaines, financières et matérielles. Elle dessine aussi les contours d'une pensée tactique et stratégique formant un véritable art de la guerre.*

Lorsque Vauban apporta les dernières corrections à ce mémoire en 1703, la France se trouvait engagée dans la guerre de succession d'Espagne, contre une large et puissante coalition européenne regroupant notamment l'Angleterre, les Provinces-Unies, le Brandebourg et l'Autriche. Pour la première fois depuis bien longtemps, l'Espagne n'était plus son adversaire mais son alliée. Mais cette alliance constituait un poids supplémentaire plutôt qu'un soulagement, car l'armée espagnole n'était pas en mesure de défendre efficacement la péninsule ibérique. Le temps venu, il fallut la soutenir contre les incursions anglaises. Cette guerre, qui s'acheva en 1714, suivait de très près la guerre de la Ligue d'Augsbourg (1688-1697), au cours de laquelle les armées de

Louis XIV avaient déjà dû affronter une large coalition. Cette répétition de conflits majeurs posait le problème des capacités du royaume à soutenir un effort aussi intense et prolongé. C'est au cours de l'année 1690 que les effectifs avaient atteint un niveau jamais égalé sous l'ancien régime. Environ 450 000 hommes s'étaient alors trouvés mobilisés sous une forme ou sous une autre (milice ou troupes régulières). Pour un royaume peuplé de 20 millions d'habitants, l'effort était d'autant plus disproportionné qu'il s'exerçait dans un contexte de rigueur climatique et de crises de subsistance[1]*. La principale préoccupation de Vauban, tout au long de ce mémoire, fut donc de trouver un juste compromis entre les objectifs stratégiques du roi-soleil et les capacités démographiques et économiques du royaume. L'obsédante question des effectifs se posait ici par le biais de la désertion, qui affaiblissait la capacité opérationnelle des troupes et épuisait le royaume. Pour lutter contre ce fléau, Vauban proposait une véritable révolution des modalités de recrutement et de rétribution des troupes en envisageant la formation d'une armée de conscription encadrée par un corps d'officiers professionnalisé et fonctionnarisé. Cette nouvelle forme d'administration engageait la nature même du service militaire, bien au-delà de ses implications financières. Elle exigeait le règlement de la question du mérite et de sa rétribution dans une société marquée par l'inégalité des conditions, la faveur et les privilèges. La réforme esquissée ici n'était pas moins audacieuse, ni difficile, que la refonte totale du système de financement de la guerre car l'économie du mérite exigeait des arbitrages aussi délicats que les réformes fiscales. Il s'agissait ainsi de modifier la signification même de la valeur militaire et de sa fonction sociale. Que valaient les privilèges de la naissance face à la loi du mérite ? Que valaient aussi les anciennes valeurs héroïques dans une armée dominée par le souci de l'économie ? Les réformes proposées par Vauban imposaient de nouvelles façons de se comporter au combat, une nouvelle appréhension des disciplines individuelles et collectives. Depuis la minutieuse arithmétique logistique jusqu'à la redéfinition d'une culture de guerre, la pensée de Vauban conserve son unité et sa cohérence. De bout en bout, elle est guidée par le souci de soumettre le déploiement de la puissance, de la violence et du courage à une stricte économie.*

Pendant la guerre de la Ligue d'Augsbourg qui, pour l'essentiel, servit de cadre à l'élaboration de ce mémoire, les effectifs de l'armée permanente étaient augmentés par la levée de nouveaux régiments recrutés sur la base du volontariat ou de la milice. Ce système souple et peu contraignant permettait au roi d'ajuster le recrutement à ses besoins. Il avait cependant l'inconvénient de reposer sur la formation rapide d'unités dépourvues d'expérience et de cohésion. Pour y remédier, Vauban proposait de renoncer à la création de nouveaux régiments, pour ne conserver que des unités permanentes dont les effectifs auraient été complétés en temps de guerre par une simple augmentation des compagnies de 60 à 100 hommes. En temps de paix, ces unités permanentes auraient formé un ensemble de 174 024 fantassins (72 régiments de 32 compa-

1. *John A. Lynn,* Giant of the Grand Siècle. The French Army 1610-1715*, Cambridge, Cambridge University Press, 1997 ;* The Wars of Louis XIV, 1667-1714*, London-New York, Longman, 1999.*

gnies), 10 290 cuirassiers (15 régiments de 12 compagnies) et 19 800 chevau-légers (30 régiments de 12 compagnies). En cas de guerre, un système de recrutement par conscription aurait facilement permis d'atteindre le nombre de 260 000 fantassins et 50 000 cavaliers auxquels se seraient ajoutés environ 40 000 hommes issus de la Maison du roi, des compagnies d'invalides et des régiments étrangers, portant ainsi l'ensemble à 350 000, à mi-chemin entre le niveau record atteint pendant la guerre de la Ligue d'Augsbourg et celui de la succession d'Espagne.

Le maintien d'effectifs aussi élevés exigeait une lutte efficace contre la désertion, véritable fléau des armées d'ancien régime. D'après une estimation fondée sur le dénombrement de 12 000 déserteurs envoyés aux galères entre 1666 et 1690, Vauban évaluait à 480 000 le nombre de soldats ayant quitté l'armée au cours de cette période. Chaque homme manquant devant être remplacé, la désertion augmentait d'autant le poids du recrutement. Les déserteurs perdus pour l'armée et pour la société renforçaient souvent les rangs de l'ennemi, de sorte que, selon Vauban, « la perte d'un seul homme peut être toujours comptée pour deux »[1]. Pour lutter contre ce fléau, Vauban préconisait de moduler l'application des peines appliquées aux déserteurs. Par sa rigueur excessive, la législation royale ne permettait pas de distinguer un déserteur occasionnel cédant passagèrement au mal du pays, des traîtres qui passaient à l'ennemi avec armes et bagages. Appliqué avec souplesse, un dispositif répressif plus judicieux aurait permis de réintégrer dans l'armée les moins coupables en réservant toute la sévérité de la loi aux cas de trahison et d'abandon face à l'ennemi. Avec une grande clairvoyance, Vauban posait les termes d'un débat auquel les Lumières donnèrent une ampleur nouvelle un demi-siècle plus tard. Mais au-delà de ce volet législatif, toute l'attention de Vauban se portait sur les causes de la désertion et les moyens de les traiter préventivement. Pour l'essentiel, la défection des soldats était, selon lui, provoquée par la rigueur des conditions du service : solde insuffisante, nourriture et habillement déficients, rigueur disciplinaire, etc. De nombreuses pages du mémoire sont consacrées à l'examen des conditions matérielles du service militaire, depuis la qualité du pain de munition, jusqu'à la confection des habits. Toute la pensée de Vauban procédait de ces comptes minutieux et ingrats.

L'augmentation de la solde de 5 à 6 sols par jour s'imposait comme une évidence. Mais Vauban n'ignorait pas que la condition matérielle des soldats dépendait aussi des capitaines qui administraient les comptes des compagnies. Il connaissait les innombrables fraudes et les filouteries commises par les officiers aux dépens de leurs hommes : enrôlements forcés, retenues indues sur la solde, exploitation de la force de travail fournie par les soldats, etc. Ainsi maltraitée, la troupe faisait payer aux civils le prix de son inconfort et, parfois même, de l'état de déréliction dans lequel elle se trouvait. Toutefois, dans cette chaîne de violences et de malversations, les officiers n'étaient pas plus coupables que leurs hommes. Ils fraudaient et retenaient ce qu'ils pouvaient sur les soldes de la troupe, car leurs appointements étaient eux-mêmes très insuffisants. Les capitaines devaient pourvoir à l'entretien de leur com-

1. *Toutes les citations de Vauban sont tirées du mémoire sur les « Moyens d'améliorer nos troupes et de faire une infanterie perpétuelle et très excellente ».*

pagnie en prélevant sur leurs propres deniers. Les plus sages administrateurs ne parvenaient, au mieux, qu'à maintenir l'équilibre des comptes de leur unité sans tirer le moindre bénéfice de l'exercice de leur charge, tout en assurant eux-mêmes leur propre subsistance.

L'amélioration de la condition des soldats et des officiers exigeait une modification radicale des modalités du financement de la guerre. Vauban dénonçait les innombrables concessions de la puissance publique aux intérêts privés, sous les formes diverses de l'entreprise et de la régie. Les officiers, en effet, demeuraient des entrepreneurs de guerre financièrement impliqués dans l'achat et l'exercice de leur charge. Comme la plupart de ses contemporains, Vauban dénonçait la vénalité des charges comme une forme d'aliénation et d'avilissement de la puissance souveraine. Le maintien du système vénal était justifié par la nécessité de soutenir le crédit des officiers si souvent sollicité dans l'exercice quotidien de leurs fonctions. Lorsqu'ils contractaient des dettes auprès des marchands et des fournisseurs de l'armée, les capitaines pouvaient ainsi apporter la valeur de leur charge en garantie[1]*. Vauban savait donc que l'abolition de la vénalité devait s'accompagner d'une réforme profonde des conditions de rémunération des officiers qui les dispensât de recourir à leur fortune et à leur crédit personnels. C'était la fin du système « semi-entrepreneurial » qui avait toujours prévalu dans l'armée d'ancien régime*[2]*. L'éviction des intérêts privés de l'administration publique de la guerre s'étendait à d'autres domaines tels que la régie des hôpitaux, sévèrement critiquée dans le mémoire. Toutefois, Vauban ne se montrait pas nécessairement partisan d'une prise en charge totale de la fourniture aux armées par l'Etat. Pour mettre fin aux abus engendrés par l'adjudication des marchés à une poignée de fournisseurs malhonnêtes, il proposait de libéraliser*[3] *le circuit d'approvisionnement en autorisant les petits marchands à suivre les régiments et à s'établir dans les camps, de façon à offrir directement leurs produits aux soldats.*

Pour absorber le surcoût représenté par l'amélioration du sort des soldats et des officiers, Vauban comptait sur les économies engendrées par le cercle vertueux de l'abolition de la désertion et sur une réforme des modalités du recrutement. Les campagnes de recrues constituaient certainement la charge financière la plus lourde dévolue aux officiers. Dans l'infanterie, l'allocation de 20 livres versée aux capitaines pour chaque soldat engagé ne couvrait qu'une faible partie des frais. Pendant la guerre de succession d'Espagne, un contrat d'engagement se négociait à environ 40 livres, auxquelles s'ajoutaient les dépenses d'équipement et d'acheminement des soldats[4]*. Vauban pensait pouvoir supprimer ce fardeau en rénovant totalement le système de milice. Sur la foi d'un dénombrement réalisé selon le modèle expérimenté*

1. *Hervé Drévillon,* L'Impôt du sang. Le métier des armes sous Louis XIV, *Paris, Tallandier, 2005, chapitre V, « La vénalité des charges ».*

2. *David Parrott,* Richelieu's Army. War, Government and Society in France, 1624-1642, *Cambridge, Cambridge University Press, 2001 ; Jean Chagniot,* Guerre et société à l'époque moderne, *Paris, PUF, coll. « Nouvelle Clio », 2001.*

3. *Sous le contrôle des autorités militaires, néanmoins.*

4. *André Corvisier,* L'Armée française de la fin du XVIIe siècle au ministère de Choiseul. Le soldat, *Paris, Faculté des lettres et sciences humaines, 1964.*

dans la généralité de Vézelay[1], *chaque intendant devait recevoir la responsabilité de la levée. Les soldats désignés par tirage au sort auraient été astreints à un service de trois ans tout en disposant de la possibilité de payer un remplaçant. Vauban espérait atténuer l'impopularité de ce système de milice, en offrant aux soldats mobilisés la garantie d'un strict respect des conditions et de la durée de leur engagement. Il est vrai que les sujets du roi de France s'étaient habitués à endurer les méfaits d'un système beaucoup plus inique, qui condamnait ceux qui avaient « tiré » à un service d'une durée indéfinie*[2].

Par l'organisation d'un financement public et la mise en place d'un service militaire obligatoire, Vauban espérait rompre avec les compromissions d'un système qui reposait sur le volontariat et la contribution librement consentie des hommes et des fortunes. L'armée de Louis XIV se prêtait à d'inévitables accommodements avec les intérêts particuliers de ses principaux cadres[3]. *La faveur en était l'expression la plus visible et la plus souvent dénoncée. Vauban n'ignorait rien de son emprise sur les choix du roi, ni de ses effets sur le moral des officiers qui s'en trouvaient exclus. Une armée organisée selon les principes de la raison économique devait s'affranchir de cette tyrannie et se doter d'une efficacité nouvelle grâce à la juste rétribution des services.*

Ordinairement, la récompense des carrières militaires dépendait d'un régime erratique lui-même soumis à d'impondérables aléas politiques et budgétaires. Certes, les promotions étaient censées respecter la priorité de l'ancienneté symbolisée par l'ordre du tableau. Mais ce principe était sans cesse contesté et souvent contourné par des passe-droits. La vénalité des charges rageusement condamnée par Vauban insultait les règles de l'équité en offrant la possibilité d'une progression plus rapide des carrières. Les pensions, quant à elles, n'étaient systématiquement accordées qu'aux officiers des unités les plus prestigieuses, tandis que les autres devaient mobiliser toutes les ressources de la faveur et de l'intrigue. Vauban déplorait que ces justes rétributions du sang versé fussent « obtenues par brigue et par des services à demi-supposés ». Institué en avril 1693 pour récompenser les « actions considérables de valeur et de courage » sans distinction de naissance ni de fortune, l'ordre de Saint-Louis ne parvint jamais à compenser ces dysfonctionnements. Cette récompense censée satisfaire l'honneur des officiers devint bien vite le reflet de l'aristocratie militaire et de ses hiérarchies souterraines. En définitive, la seule forme de rétribution respectueuse d'un certaine forme d'équité était dispensée par l'Hôtel des Invalides qui accueillait les soldats « estropiés » ou rendus « caducs » par l'âge. L'institution créée en 1673 fut célébrée comme la réconciliation entre deux figures contradictoire de l'imagerie

1. *Voir ce mémoire.*

2. *Georges Girard,* Le Service militaire en France à la fin du règne de Louis XIV. Racolage et milice (1701-1715), *Paris, Plon, 1921.*

3. *Guy Rowlands, « Louis XIV, aristocratic power and the elite units of the French army »,* French History, *vol. 13, 1999, n° 3, pp. 303-331 ;* The Dynastic State and the Army under Louis XIV. Royal Service and Private Interest, 1661-1701, *Cambridge, Cambridge University Press, 2002.*

royale : le roi de guerre et le père nourricier. Vauban en a fait l'apologie, tout en se démarquant des discours convenus de la propagande monarchique. Cette institution à vocation charitable devait, selon lui, être réformée pour devenir la clé de voûte d'un véritable système de rétribution du mérite militaire. Fidèle à ses récriminations contre le luxe, il condamnait le faste excessif des bâtiments construits sur la plaine de Grenelle, notamment « ce grand et beau dôme qui a tant coûté, on ne peut pas dire qu'il soit plus nécessaire aux Invalides qu'une cinquième roue à un chariot ». La concentration et l'enfermement des anciens soldats dans des bâtiments aussi propices à l'oisiveté lui paraissait néfaste. Il fallait, selon lui, en extraire les « invalides de service » susceptibles d'être employés à la garnison des places et ensuite renvoyés chez eux pourvus d'une pension équivalant à une demi-solde. Les bâtiments parisiens ainsi libérés auraient alors pu être affectés au logement des troupes de la Maison du roi. Mais l'originalité de la proposition de Vauban résidait dans les modalités de son financement, qui reposait d'abord sur une augmentation de la taxe prélevée sur toutes les transactions effectuées au sein de l'armée[1]. Le gain ainsi réalisé aurait été augmenté par la constitution d'un fonds équivalant au coût de la construction des bâtiments. Le tout aurait servi à la constitution d'une rente dont les intérêts auraient couvert les frais de fonctionnement de l'institution rénovée. Grâce à une prudente gestion assurée par une « chambre de direction », il aurait même été possible de systématiser la politique d'attribution des pensions. La perspective adoptée ici ne relevait plus de l'action charitable mais de l'administration d'une ressource humaine insérée dans la problématique typiquement vaubanienne de l'économie de moyens. La juste rétribution des services possédait deux vertus explorées dans ce mémoire. D'une part, la perspective de la récompense constituait un puissant instrument de motivation propre à dissuader la désertion en incitant les soldats et les officiers à persévérer dans la carrière. D'autre part, les récompenses instituaient la sanction d'un système de valeurs susceptible de modifier radicalement les usages et les comportements.

Les errements de la politique de promotion entretenaient dans le corps des officiers le sentiment d'une injustice sans cesse renouvelée à chaque faveur, à chaque passe-droit. L'impression de n'être pas récompensé à la hauteur de ses mérites était sans doute la mieux partagée au sein de l'armée. Lorsque les règlements s'appliquaient dans toute leur rigueur, les officiers s'estimaient malmenées par un système rigide accusé d'ignorer les mérites exceptionnels. Lorsque des passe-droits étaient accordés pour assurer la promotion d'un rival, chacun se scandalisait et invoquait le respect de la loi commune. L'ordre du tableau, qui tenait lieu de règle officielle, n'était bon que pour les autres et chacun pensait pouvoir en être exempté par l'étendue de son mérite. Cette incohérence était alimentée par le roi et le secrétaire d'Etat, qui modulaient à leur gré l'application des règlements qu'ils avaient institués. La règle souffrait l'exception et ce régime erratique entretenait le « dégoût » dont tous les officiers ou presque se disaient saisis.

1. *Il s'agit du « liard pour livre » que Vauban propose de porter à 4 deniers par livre, soit 1,81 %.*

Vauban souhaitait substituer une procédure invariable et une règle inflexible à cette incertitude génératrice de contestations. La reconnaissance du mérite en était la clé de voûte. En écrivant que « le bon esprit et le courage sont de tous pays et de toutes conditions » Vauban formulait un lieu commun acceptable par tous. Mais, à la différence de beaucoup, il entendait en tirer toutes les conséquences. Car, « dans un état bien policé, il faut toujours donner moyen à la vertu de se pouvoir éclore en quelque sujet qu'elle se puisse rencontrer ». Le signalement des actions de valeur constituait, à ses yeux, un volet essentiel de l'activité d'un « conseil de police des régiments » qu'il proposait de créer dans chaque corps. Composé du colonel, du lieutenant-colonel, du major et de l'ensemble des capitaines du régiment, ce conseil était censé tenir le registre des actions louables ou répréhensibles, administrer les « affaires intérieures du régiment de particulier à particulier et prendre connaissance des démêlés qui y surviennent pour le cas d'honneur et d'intérêts ». Il s'agissait ainsi de dissuader les conflits internes, de punir les fauteurs de troubles, de récompenser les officiers et les soldats méritants en leur offrant des perspectives de carrière.

La reconnaissance transparente et publique du mérite devait s'insérer dans un système de promotion fondé sur le critère objectif de l'ancienneté. Pour y parvenir, Vauban proposait l'établissement d'un barème permettant de convertir en années de service les actions d'éclat dûment enregistrées par le conseil du régiment. Chaque nouveau fait d'armes devait alimenter un capital temps censé s'accroître à la faveur d'une progression arithmétique[1]*. De cette façon Vauban coupait court aux récriminations de ceux qui, comme Saint-Simon, invoquaient le mérite pour contester l'égalitarisme de l'ordre du tableau et justifier le privilège de la naissance*[2]*. La sphère militaire acquérait une certaine autonomie à l'égard des conventions sociales et des pressions politiques qui pesaient ordinairement sur elle. Vauban espérait ainsi soumettre l'armée à une rationalité propre dont la mise en œuvre et le contrôle auraient été confiés à des instances spécifiquement militaires. Souvent critique à l'égard du pouvoir civil incarné par les intendants, il souhaitait amplifier les attributions des officiers généraux promus au rang de directeurs ou d'inspecteurs afin de soumettre l'organisation de l'armée à leur expertise technique. Seul l'argument technique soutenu par une autorité éclairée lui semblait capable de triompher des préventions irraisonnées qui retardaient la mise en place d'indispensables réformes. Le retard de l'adoption du fusil en était, à ses yeux, l'illustration.*

Depuis son introduction sur les champs de batailles dès le début du XVIe *siècle,*

1. *Le premier fait d'armes vaut six mois d'ancienneté, le deuxième en vaut le double augmenté de la valeur du premier, soit 18 mois. Ensuite, chaque nouveau double la durée accumulée précédemment : 3 ans pour la 3ème action, 6 ans pour la 4ème, etc.*

2. *« Cette règle est devenue la perte de l'école de la guerre, de toute instruction, de toute émulation. Il n'y a plus où, ni de quoi apprendre, plus d'intérêt de plaire aux généraux, ni de leur être d'aucune utilité par son application et sa vigilance. Tout est également sous la loi de l'ancienneté ou de l'ordre du tableau. On se dit qu'il n'y a qu'à dormir et faire ric à rac son service et regarder la liste des dates, puisque rien n'avance que la date seule, qu'il n'y a qu'à attendre en patience et en tranquillité, sans rien devoir à personne ni à soi-même », Saint-Simon,* Mémoires..., *{éd. Boislille}, t. XXIV, ch. CDIX, p. 123.*

l'arme à feu individuelle avait progressivement acquis une incontestable suprématie. Plus de 54 % des blessures déclarées par les officiers admis aux Invalides entre 1688 et 1714 avaient été provoquées par un fusil, un mousquet ou pistolet, contre 16,5 % par arme blanche (baïonnette, sabre, etc.)[1]*. Pourtant, malgré l'évidente importance du feu, la culture de guerre peinait à en assimiler les conséquences*[2]*. Les représentations courantes continuaient à privilégier les combats à l'arme blanche, aussi rares fussent-ils. Les victoires remportées l'épée à la main possédaient un souffle épique dont étaient dépourvues les ingrates fusillades des lignes d'infanterie. Vauban, on s'en doute, contestait l'emprise de ces idées fausses. L'infanterie était la reine des batailles et la puissance de feu en était l'argument ultime ; il fallait en tirer toutes les conséquences.*

Rédigé entre 1689 et 1703, le mémoire sur les « Moyens d'améliorer nos troupes » porte la trace des débats opposant les partisans du mousquet à ceux du fusil. Après un long et minutieux examen technique des deux armes, Vauban y conclut sans hésitation à la supériorité du second, jugé plus rapide et plus précis. Plus nourri et mieux ajusté, le feu pouvait enfin s'affranchir du soutien offert par les piques dont Vauban préconisait la suppression pure et simple. Le maintien d'un groupe de piquiers au sein de chaque compagnie d'infanterie témoignait d'une réticence à concevoir un usage autonome de la puissance de feu. Dans ce domaine, Vauban fut l'artisan d'une véritable révolution en imposant le remplacement du système pique/mousquet par le fusil à baïonnette. Il fut l'inventeur de la douille qui permettait d'engager la baïonnette sur le canon tout en dégageant l'axe de tir. Les fusils équipés de cette lame de 60 cm environ formaient une arme d'hast suffisamment longue pour se substituer efficacement à la pique. De cette façon, les bataillons conservaient voire accroissait leur aptitude au choc, tandis que le remplacement des piquiers par des fusiliers augmentait encore leur puissance de feu. La défense de cette innovation occupe une place importante de ce mémoire, dont les principales conclusions furent validées par le règlement de 1703 sur les manœuvres de l'infanterie.

L'accroissement de la puissance de feu permettait, en outre, le déploiement des lignes d'infanterie sur une profondeur moindre et donc, sur une plus grande largeur. Pour compenser la faible manœuvrabilité de ces dispositifs très étirés, Vauban proposait de faire évoluer les bataillons sur huit rangs aisément divisibles par deux ou quatre pour former un ordre de bataille. L'affrontement d'interminables lignes d'infanterie, qui caractérisa les guerres du siècle des Lumières, prenait ainsi forme. Mais pour autant, Vauban ne reléguait pas la cavalerie dans le registre des actions secondaires et improvisées.

Les théories du combat à cheval laissaient traditionnellement peu de place à l'élaboration de savantes manœuvres car l'élan offensif et la bravoure étaient censés compenser le déficit de la réflexion tactique. La désignation fluctuante des différents

1. *Voir Hervé Drévillon,* op. cit., *p. 389.*

2. *Jean Chagniot, « Le mépris du feu, ou le facteur national dans la pensée de Folard et de ses disciples », in* Le Soldat, la Stratégie, la Mort : mélanges André Corvisier, *Paris, Economica, 1989, p. 118-127.*

types d'unités montées était alors le reflet de cet abandon. La cavalerie lourde était dite « légère » et ne se distinguait en rien de la gendarmerie, qui comprenait par ailleurs des compagnies de « chevau-légers »... Quant aux dragons, étaient-ils des cavaliers ou des fantassins ? Pour introduire un peu de rationalité dans une nomenclature extrêmement confuse, Vauban proposait de diviser les troupes montées en deux catégories. L'héritage de la gendarmerie et des compagnies d'ordonnance devait, selon lui, être exclusivement confié à des unités cuirassées destinées au choc lors des batailles. Toutes les autres missions nécessitant rapidité et mobilité (reconnaissance, fourrage, embuscades, guerre de parti, etc.) devaient être confiées à une cavalerie « dragonisée ». Vauban appréciait la polyvalence des dragons, car elle lui paraissait relever d'une saine économie. Au lieu d'ignorer la diversité des missions ordinairement confiées aux troupes montées, il envisageait ainsi d'en faire un système en élaborant une véritable doctrine de la cavalerie légère, anticipant ainsi sur les enseignements de la guerre de succession d'Autriche (1740-1748) où les hussards et autres pandours furent institués en modèles.

Le spectre couvert par la réflexion de Vauban englobe toutes les formes de guerre et toutes les ressources qu'elles mobilisent. L'économie des moyens ne se limitait pas à la gestion des matériels, des munitions et des hommes utilisés lors des sièges. Elle incluait aussi la maîtrise des ressources morales déployées au moment du combat, qui soumettait les hommes et l'institution à une implacable épreuve de vérité. Vauban n'en ignorait pas la brutalité. Au premier rang des faits d'armes qui, selon lui, méritaient d'être récompensés, figuraient des actes de pure témérité :

> *« Pour avoir tué deux ou trois ennemis dans une même occasion où on se sera porté le premier.*
> *Avoir secouru et sauvé son officier et tué ou pris l'ennemi qui l'emmenait ou le voulait tuer.*
> *Pour avoir sauvé le drapeau colonel du régiment que les ennemis avaient enlevé et tué celui qui l'avait pris.*
> *Avoir enlevé le drapeau colonel des ennemis et pris ou tué celui qui le portait. »*

Les « actions difficiles et périlleuses » qui jalonnaient le déroulement des sièges et des batailles ne marquaient pas la limite du système élaboré dans le mémoire sur les « Moyens d'améliorer nos troupes ». Elles en étaient, au contraire, l'aboutissement, car les passions qu'elles mobilisaient pouvaient, elles aussi, trouver leur place dans une économie rigoureuse et raisonnée. Sensible à la mélancolie des soldats, aux emportements de la fureur guerrière, comme à l'harmonie des fifres et des tambours, Vauban n'ignorait rien de la dimension humaine de la guerre. Son souci de l'insérer dans une rationalité mathématique ne procède pas d'une volonté de la réduire ni de la soumettre, mais de la protéger d'elle-même.

Hervé DRÉVILLON

MOYENS
D'AMELIORER NOS TROUPES
et de faire une infanterie perpétuelle et très excellente

AVERTISSEMENT

IL Y A PLUS DE 40 ans que j'ai commencé à m'apercevoir qu'il y avait de la défectuosité dans notre infanterie par rapport à ce que j'ai lu des anciens et à ce que j'ai appris de celle des modernes, ce qui m'ayant donné lieu d'y prendre garde avec attention pendant le long espace de temps qui s'est écoulé depuis mes premières observations jusqu'à présent, il m'a paru que, non seulement il s'en fallait beaucoup que son institution eût jamais été aussi parfaite qu'elle aurait pu l'être, mais qu'elle était considérablement déchue de ce qu'elle avait eu de meilleur dans les commencements, bien que le Roi ait beaucoup fait pour la réhabiliter. M'étant donc fait une application particulière de la connaître et d'en rechercher les bonnes et mauvaises qualités, je me suis non seulement attaché à y prendre garde de plus près, mais j'en ai souvent conféré avec beaucoup de vieux officiers, gens sages et éclairés, ensuite de quoi je me suis mis en tête d'écrire mon sentiment, non pour m'en faire accroire ni trancher de l'habile homme – j'y réussirais mal –, ni même à dessein de proposer la suppression du système moderne qui est fort bon de soi, mais en vue de proposer les moyens d'en corriger les abus, améliorer ce qu'il y a de bon et ajouter ce qui peut contribuer à lui donner une plus grande perfection, me soumettant de surplus au jugement des plus éclairés que moi. Ce ne sera que sur ces fondements que je travaillerai sans m'assujettir à tenir d'autre ordre qu'à proposer la correction des défauts que j'y trouverai. Comme je ne cherche en cela que le bien de l'Etat et le service du Roi, on peut s'assurer que je n'y proposerai rien de faux, ni d'impossible, ni qui ne se puisse mettre en usage. Moyennant quoi j'ose espérer qu'on parviendra à arrêter la désertion et qu'en suivant les méthodes ci-après proposées, on fera les meilleures troupes du monde, la nation française y étant plus propre qu'aucune autre à cause de la grande quantité de noblesse ou gens à peu près équivalents dont elle est remplie et de l'humeur bouillante de la nation naturellement brave et belliqueuse et non moins facile à se piquer d'honneur que très capable de discipline, qualités absolument nécessaires aux gens de guerre. Elle est, de plus, intelligente et très propre à faire de bons officiers. Il n'y a que manière de l'instruire, de lui donner une éducation convenable et les moyens de se pouvoir soutenir dans le service. C'est ce que je tâcherai de mettre au jour du mieux qu'il me sera possible par le contenu en ces mémoires qui, n'étant mus ni poussés d'aucun intérêt particulier, trouveront peut-être quelque approbation dans l'esprit de ceux qui se donneront la peine de les lire. Je suis du moins assuré que la bonne foi y est toute entière et qu'ils ne contiennent rien que ce que je voudrais pratiquer si j'étais en place et en état de pouvoir exécuter ce que j'y propose.

Au surplus, on ne sera pas surpris du peu d'arrangement qu'on trouvera dans ces mémoires, si on veut bien être informé que je n'y ai travaillé que dans mes heures de loisir, qui ont été rares, courtes et fort entrecoupées et si éloignées les unes des autres, qu'il y a des chapitres de 20 années d'ancienneté, d'autres de 15, d'autres de 10 et ainsi des autres[1]. Qui plus est, ce n'était que des agendas faits en vue de conserver le souvenir de mes remarques et de ce qui me passait pour lors dans l'esprit, à dessein d'en écrire un jour pour mon usage. Un autre inconvénient a fait que beaucoup de choses y contenues s'entrecroisent et produisent plusieurs répétitions et même quelques contrariétés dont je n'aurais pu me défaire qu'en dérangeant tout ce que j'avais fait, ce qui provient de ce que je les ai travaillés en différents lieux où, ne prévoyant pas de m'en occuper, je n'avais rien porté de ce que j'avais fait. Ceci ne doit donc être considéré que comme un ouvrage fait à la hâte et à plusieurs reprises, dont quelques-unes de si vieille date, que j'en avais perdu l'idée aussi bien que le souvenir.

1. La rédaction de cet avant-propos et les ultimes corrections apportées au texte peuvent être datées de 1703. Les retours de Vauban sur son texte se manifestent par des corrections, des suppressions, des ajouts, que nous avons intégrés dans la présente édition afin d'en présenter l'état le plus abouti. Des additions parfois très longues ont été réalisées par Vauban en marge de son texte. Elles ont souvent été conçues pour s'insérer dans le texte et non comme des notes, c'est pourquoi nous avons pris le parti de les y intégrer en les présentant entre crochets. Certaines ayant été rognées par la reliure du manuscrit, il a fallu recourir à la Bibliothèque municipale de Lyon (Ms. 1520), pour combler les lacunes. Cette version, probablement antérieure à celle du fonds Rosanbo, comporte cependant moins de chapitres et ne permet pas une confrontation exhaustive. Il subsiste donc quelques lacunes.

PREFACE

La guerre a pour père l'intérêt[1], pour mère l'ambition et pour proches parents toutes les passions qui nous induisent au mal. Elle a paru en ce monde aussitôt que les premiers hommes et y prit naissance avec eux et comme eux. Elle s'empara de toutes les parties habitables de cet univers dont elle fit son propre dans la jouissance duquel elle s'est maintenue et se maintiendra tant qu'il y aura des hommes sur la terre avec un pouvoir despotique sur les biens et la vie d'un chacun dont personne n'est exempt. Ses occupations plus ordinaires sont, d'une part, la destruction des hommes, le renversement des Etats, l'anéantissement des villes, le saccagement des pays et la désolation générale de tous les peuples de la terre. D'autre part, elle a établi la subordination parmi les hommes qu'elle a civilisés et contraints de vivre en société en les rendant capables de discipline. C'est elle qui a établi les lois, qui les a maintenues et qui protège la justice et la religion quand on sait l'employer à propos. Tous les Etats qui ont été et qui sont dans le monde relèvent d'elle. Il n'y en a pas un qui ne lui doive son origine, son accroissement, son état de consistance et de dépérissement. C'est elle qui fait et défait les rois, qui les élève, les abaisse et les distingue des autres hommes. L'ambition et l'injustice ont fait qu'elle est devenue un mal si nécessaire, qu'on peut dire que les princes qui l'ignorent et négligent ses préceptes ne règnent pas en sûreté et sont d'ordinaire si peu considérés dans le monde, qu'à peine leurs sujets peuvent-ils garder le respect et l'obéissance qui leur sont dus. Dans ses commencements, elle n'eut pour règle que l'emportement et la brutalité, mais la nécessité ayant appris au plus faible de joindre la ruse à la force pour se garantir de l'oppression des plus forts, il s'en fit bientôt une science où les plus grands hommes mirent toute leur application, ce qui la débrutit peu à peu, et de grossière et féroce qu'elle était, la soumit à de certaines règles que l'expérience a tant de fois rectifiées qu'enfin, on est parvenu à former ce que nous appelons le grand art de la guerre. Et c'est de cet art terrible que j'entreprends d'écrire, non en termes élégants ni polis, car je n'ai point d'étude et fort peu de lecture, mais en homme à qui 50 années d'expérience et d'application jointes à beaucoup de réflexions, ont appris quelque chose. Mon style sera donc d'un homme qui tache de faire entendre ses pensées et rien plus, heureux si le zèle très ardent que j'ai pour le service du grand Roi pour qui j'écris, peut produire quelques chose qui puisse être utile à lui et

1. A la fin du XVIIe siècle, le thème de l'intérêt occupe une place dans la philosophie politique. Jean-Claude Perrot, *Une histoire intellectuelle de l'économie politique* (XVIIe-XVIIIe *siècle)*, Paris, EHESS, 1992, en a montré l'importance dans la constitution de l'économie politique de Boisguilbert, sous l'influence janséniste. La notion est tout aussi déterminante pour Vauban, qui pense les acteurs de la guerre comme des agents économiques.

aux belliqueuses troupes qui font gloire de porter ses étendards. Je ne sais pas si je réussirai, mais on verra du moins par la suite de ce mémoire que je ne suis poussé d'autre intérêt que de celui de son service et de l'honneur de ma nation, que lui seul fait tout l'objet de mon application et qu'enfin je n'ai rien ménagé de tout ce qui pouvait n'y pas convenir.

La France est aujourd'hui parvenue à un degré d'élévation qui la rend formidable à ces voisins, d'une manière qui les intéresse tous à sa ruine ou, du moins, à la diminuer de sa puissance. De sorte qu'il lui est d'une nécessité indispensable d'être toujours armée en paix et en guerre et d'avoir nombre de bonnes troupes sur pied aguerries et bien disciplinées par la raison que les mauvaises coûtent autant à entretenir que les bonnes, ne rendant pas à beaucoup près les mêmes services et commettent souvent l'honneur et la fortune de leur maître.

Les moyens, que le Roi a pour cela, sont tels qu'il n'y a pas de prince dans la Chrétienté qui puisse rien faire de semblable, car il est maître absolu d'un grand peuple réuni dans un seul corps qui n'est séparé de rien[1], duquel il est aimé et estimé et dans lequel il y a plus de 100 000 familles de gentilshommes capables de fournir un très grand nombre d'officiers les meilleurs du monde. Toute la nation aime la guerre et en embrasse volontiers la profession toutes les fois qu'elle y trouve quelque apparence d'élévation et d'y pouvoir subsister avec honneur. Elle est d'elle-même très courageuse, intelligente, propre à tout ce que l'on veut, se piquant facilement d'honneur et, en un mot, très propre à la guerre. Le Roi a plus de revenu lui seul que la moitié des princes de l'Europe ensemble. Les mouvements de troupes sur les frontières de ses Etats et dans les pays voisins ne sont ni longs, ni difficiles. Les moyens de faire subsister ses armées partant très aisés ; d'ailleurs la France est située presque au milieu des puissances plus considérables de la Chrétienté, également à portée de l'Espagne, de l'Italie, de l'Allemagne, des Pays-Bas et de l'Angleterre. Elle les sépare toutes les unes des autres. Il n'y a donc qu'à trouver moyen de pouvoir jouir de ces avantages et de profiter des présents que la nature lui a faits pour, non seulement se pouvoir maintenir contre ceux qui veulent troubler son repos, mais encore pour se mettre en état de les primer ou de faire des progrès considérables sur eux toutes et quantes fois qu'ils lui donneront sujet d'en venir à une rupture en quelque situation qu'ils se puissent mettre et quelques mesures qu'ils puissent prendre pour l'en empêcher. Pour ce faire, il n'y a qu'à entretenir d'excellentes troupes sur pied, les bien discipliner et les tenir toujours en état de marcher contre ceux qui voudraient l'inquiéter. C'est sur quoi il m'est venu deux moyens

1. L'image d'un peuple formant un corps unique indistinct de la personne du roi est un fondement essentiel de l'absolutisme. La guerre en est une manifestation privilégiée, ainsi que l'a montré Joël Cornette, *Le Roi de guerre. Essai sur la souveraineté dans la France du Grand Siècle*, Paris, Payot, 1992.

en pensée : le premier regarde simplement la correction des troupes réglées d'aujourd'hui et le second, l'établissement d'une nouvelle [milice] qui, si elle avait eu lieu, abolirait infailliblement la désertion, serait capable de conquérir le monde et de porter le nom Français au plus haut point de gloire et de grandeur où il ait jamais été. Je ne parlerai point du deuxième moyen parce que la situation présente des affaires de ce royaume ne promet pas une tranquillité d'assez longue durée pour oser y faire un changement aussi considérable qu'il faudrait que celui-là fût. Mon principal attachement sera donc de proposer la correction de notre milice par des voies possibles et très aisées à pratiquer, qui en approcheront fort.

CE QUE C'EST QUE TROUPES REGLEES

Les gens de guerre, que nous appelons en France troupes réglées, sont des corps de cavalerie et d'infanterie entretenus en paix et en guerre qui n'ont point d'autre profession que celle des armes et dont l'unique application est d'être toujours et en tous temps prêts à marcher où les ordres et le service de leur maître les appellent, de le faire obéir de ses peuples, craindre et considérer de ses voisins, combattre ses ennemis, garder le royaume contre ceux de dehors et imposer tellement au dedans que personne n'ose s'élever contre lui. En un mot, ce sont les véritables épées des rois, qui les font régner en sûreté et les rendent plus ou moins considérables dans le monde, suivant qu'elles sont plus ou moins bonnes, nombreuses et bien disciplinées.

Quoique la guerre soit aussi ancienne que les premiers hommes et qu'elle ait commencé par mettre les deux premiers frères qui furent jamais aux mains, nous ne voyons que fort peu d'Etats qui aient entretenu des troupes réglées en temps de paix entre lesquels, les premiers, qui nous paraissent avoir été tels, sont les Perses sous le règne de leurs premiers rois. Encore le nombre n'était-il que de dix mille hommes, on les appelait les Immortels parce qu'on remplaçait aussitôt ceux qui manquaient. Toutes les autres troupes étaient, comme on pouvait dire, des familles de satrapes et gens ramassés des nations soumises à leur empire. Tels sont aujourd'hui nos arrière-bans et quelques-unes de nos milices. Du moins, ceux qui composaient ces grandes armées que Darius opposa à Alexandre, paraissent avoir été tels. Il semble aussi que les anciens Egyptiens en aient eu quelques-unes, si l'on en croit Xenophon et Hérodote, mais à peu près de la qualité de nos francs-archers du passé, qui n'ont pas duré longtemps[1]. Les Grecs sont, à proprement parler, les inventeurs du grand art de la guerre,

1. Les compagnies de francs archers ont été instituées par Charles VII en 1448. Chaque communauté du royaume devait fournir un archer pour 80 feux. Les hommes volontaires pour ce service étaient exemptés de la taille instituée depuis 1439. Elles furent supprimées en 1480.

du moins sont-ils les premiers qui s'avisèrent de former des rangs et des files et de combattre par bataillons et corps séparés. Dès le temps d'Homère, il paraît qu'ils en avaient l'usage. Ce sont aussi ceux de leur temps, qui raffinèrent le plus sur la qualité des armes offensives et défensives, cependant nous ne voyons pas qu'il y ait des troupes entretenues parmi eux. Avant Philippe de Macédoine et Alexandre le Grand, leurs armées n'étaient composées que des citoyens de chaque ville et des habitants du pays, qui prenaient les armes selon que le désir de conquérir ou la nécessité de ses défendre les y obligeait. La paix faite, ils les posaient et chacun s'en retournait à son métier. Mais bien que cette milice ait été la meilleure qui ait jamais paru avant eux et qu'ils aient remporté des avantages considérables sur leurs voisins et donné de grands combats entre eux, si est-ce qu'ils ne purent tenir contre les troupes réglées de Philippe et Alexandre, qui les assujettirent aussi bien que tout ce grand et formidable empire des Perses, pour lors plus considérable et mieux établi que n'est aujourd'hui celui des Turcs. Sur quoi il est à remarquer que ce grand roi[1], qui possédait toutes les richesses d'Asie et dont l'équipage et la cour étaient tout brillants d'or et de pierreries, n'avait que dix mille hommes de troupes réglées et qu'Alexandre, qui n'était qu'un petit roitelet à comparaison de lui chez qui on ne voyait briller que le fer et l'acier, en avait 30 à 35 mille, mais avec lesquelles il détrôna l'autre en fort peu de temps. Ce furent encore les chefs particuliers de ses troupes qui, par leur moyen, établirent quatre monarchies[2] après sa mort, toutes grandes en considération, qui s'agrandirent et se maintinrent fort bien, tant que leur discipline fut conservée en sa vigueur. Mais, s'étant ramollie et presque éteinte, elles furent détruites l'une après l'autre et leurs troupes surmontées par d'autres plus modernes chez qui la discipline était pour lors bien plus en vigueur. Ce furent celles des Romains qui, dès le commencement de leur Etat, ne furent pas troupes réglées, mais une espèce de milice composée de citoyens enrôlés, qui ne furent entretenues à perpétuité que vers la fin de la première guerre punique[3]. Il est vrai qu'avant cela ils eurent des grands et fréquents démêlés avec leurs voisins, qui les obligèrent à demeurer presque toujours armés, ce qui les aguerrit tellement qu'à l'aide de la discipline qu'ils observaient, elles devinrent en peu de temps les meilleures du monde. A mesure que leur Etat s'accrut, ils eurent un extrême soin de les perfectionner et d'en corriger de temps en temps les défauts. Sur quoi, il est encore à remarquer que la conquête de l'Italie les occupa plus de temps et leur fit plus de peine que toute celle du surplus de leur empire, bien que

1. Darius III (380-330, av. J.-C.)

2. Vauban évoque ici le premier partage qui suivit la mort d'Alexandre (323 av. J.-C.). La partition aboutit au IIIe siècle à la fondation des trois royaumes hellénistiques (lagide, séleucide et de Pergame).

3. 264-241, av. J.-C.

dix fois plus grande et cela parce qu'on leur opposait une discipline à peu près égale à la leur. Mais quand ils eurent achevé de l'assujettir, ce fut pour lors que ces troupes, qui jusque-là n'avaient combattu que contre leurs pareilles, ne trouvèrent rien qui pût tenir contre elles. Elles firent de grandes conquêtes en fort peu de temps, qui leur furent d'autant plus faciles que personne ne leur opposa la même discipline. Je remarque toutefois deux ou trois guerres qui faillirent les accabler. La première fut celle des Gaulois senonnais, peuples auparavant redoutés des Romains qui fondirent en Italie sous le consulat de Fabius et de Manlius où, après avoir taillé en pièces l'armée romaine à la bataille d'Allia, ils prirent Rome, la brûlèrent et renfermèrent des Romains dans le Capitole, qu'ils assiégèrent six mois durant sans le pouvoir prendre faute d'intelligence dans les sièges et de discipline, ce qui, les ayant affaiblis et obligés à lever le siège en désordre, Furius, Camilius illustre banni de Rome mû de compassion pour sa patrie, mit une armée sur pied pour la servir et les défit[1].

La 2ème fut celle de Pyrrhus qui, les ayant attaqués avec la discipline et la manière de combattre des Grecs, leur donna bien des [affres] et s'il avait eu moyen de se soutenir, je ne sais ce qu'il en serait arrivé[2]. Mais c'était un petit roitelet, qui avait beaucoup de cœur et peu de fortune. Le 3ème fut Hannibal avec les troupes réglées des Carthaginois, qui les mit à deux doigts de leur perte et les aurait infailliblement ruinés s'il avait su vaincre[3].

Les Cimbres et les Teutons, qui parurent sous le consulat de Marius[4], ne firent que les épouvanter et les Gaulois, les Suisses et les Allemands, qui s'opposèrent à César à la conquête des Gaules, n'étant que des milices mal disciplinées, mal armées et ramassées tumultueusement, sans expérience de la guerre, furent battues et dissipées par les légions romaines autant de fois qu'ils parurent devant elles. Enfin, tant que l'empire romain a entretenu ses légions et maintenu sa discipline, il s'est non seulement conservé, mais augmenté pour ainsi dire jusqu'aux confins de la terre et cela même avec peu de troupes et par un si long espace de temps, que la chose paraîtrait incroyable si les monuments restés partout de sa grandeur et tous les auteurs qui en ont écrit, n'en faisaient foi d'une manière à n'en pouvoir douter.

Il paraît aussi que les Carthaginois ont eu des troupes réglées, quoique nous n'ayons rien qui nous apprenne l'ordre de leur milice. Il fallait bien qu'elle fût excellente, puisqu'ils firent très longtemps la guerre aux Romains, qu'ils mirent quelquefois fort en peine. Cependant, la plus grande

1. Vauban retient ici la version de la prise de Rome (386 av. J.-C.) et du siège du Capitole (marqué par l'épisode de l'alerte donnée par les oies), proposée par Tite-Live dans l'*Histoire Romaine* (livre V)

2. Pyrrhus, roi d'Epire, vainqueur des Romains à Ausculum en 279 av. J.-C.

3. Vainqueur des Romains à Cannes en 216 av. J.-C. au cours de la deuxième guerre punique (218-202) entre Rome et Carthage, Hannibal ne sut pas tirer parti de sa victoire.

4. Le consul Marius entreprit de vastes réformes de l'armée romaine. Il vainquit les Teutons à Pourrières en 102 av. J.-C., puis les Cimbres près de Verceil en 101.

partie étaient auxiliaires ou, pour mieux dire, mercenaires, qui les mirent dans un fort grand péril par leur révolte quelque temps avant le passage d'Hannibal en Espagne[1]. Ce péril fut si grand que Carthage même en pensa périr et ils n'en sortirent que par la vertu d'Hamilcar, père d'Hannibal, qui trouva, à la fin, moyen de les défaire et de venger sa république des maux qu'elle en avait soufferts. Longtemps après, il arriva quelque chose d'approchant chez les Romains, car Auguste et Tibère ayant désarmé leurs citoyens et substitué en leur place les prétoriens, soldats étrangers, s'assurèrent par là de l'empire. Mais, à même temps, ils firent de terribles maîtres à leurs successeurs, à plusieurs desquels il en a coûté la vie et l'empire.

Il y a eu un corps raisonnable de troupes réglées en Egypte sous les Soudans, qu'on appelait Mameluks, qui firent de grands progrès dans la Palestine, la Syrie, l'Asie mineure et l'île de Chypre où ils remportèrent de grands avantages sur les Turcs et les Chrétiens[2]. Ce qu'il y avait d'admirable est qu'elle n'était composée que d'esclaves achetés de Circasie, Mingrélie, Géorgie[3] et à qui on faisait apprendre la discipline militaire et qui se rendirent, après, maîtres de l'Egypte. Cette milice si excellente ne fut point battue par Tamerlan[4], comme quelques-uns ont voulu dire, car il ne fut jamais en Egypte, mais bien par le redoutable Sultan Selim premier, qui les attaqua avec des armées très nombreuses composées d'excellentes troupes réglées, dont la discipline et la manière de combattre n'était pas inférieure à la leur[5]. Cependant les Mameluks se défendirent très vaillamment et moururent tous l'épée à la main. Il paraît même qu'ils furent plutôt accablés par la multitude que par la valeur de leurs ennemis.

Mais la milice, qui n'a plus fait de bruit depuis 300 ans, est celle des Spahis et des Janissaires[6], qui est ce qu'on peut appeler de véritables troupes réglées parce qu'elles sont perpétuellement entretenues sur pied en paix et en guerre. Ce sont ces deux épouvantables corps, qui ont tant de fois fait trembler la Chrétienté, tant gagné de batailles et tant conquis de pays, que cet empire est parvenu à une grandeur excessive, qui n'a été surpassée que par celui des Romains. Rien ne marque mieux l'excellence de leur discipline, ni la bonté de ses troupes, que les progrès continuels qu'el-

1. Hamilcar vainquit la révolte des mercenaires employés par Carthage en 238 av. J.-C. et lança l'expédition d'Espagne en 237.

2. A partir du IXe siècle, les mamelouks ont formé la garde des califes abbassides. Ils étaient recrutés parmi les prisonniers non musulmans issus d'un large espace entre les Balkans et le Caucase. Le renouvellement de leurs rangs fut assuré par la capture d'enfants soumis à une sévère éducation religieuse et militaire.

3. La Mingrélie est l'ancienne Colchide située dans l'actuelle Géorgie.

4. Tamerlan envahit l'Anatolie en 1402 et battit le sultan ottoman Bajazet Ier à la bataille d'Ankara.

5. Les mamelouks furent vaincus près du Caire en 1517 par l'armée de Selim Ier.

6. Les Janissaires (infanterie) et les Spahis (cavalerie) ont, notamment, remporté la bataille de Nicopolis en 1396, lors de la croisade hongroise.

les ont fait depuis qu'elles sont sur pied. Pour l'apprendre à qui ne le sait pas, n'a qu'à lire nos histoires et les leurs écrites, non par eux, mais par les Chrétiens mêmes, qui ne les ont point flattés et ne leur ont rien pardonné, où ils ont trouvé de quoi mordre. Toutes les milices précédentes sont éteintes il y a longtemps, mais celle-ci subsiste encore, bien qu'elle semble tirer à sa fin par les soins que les derniers vizirs, à qui elles faisaient souvent le procès, ont pris de la détruire.

Les autres milices n'ont rien eu de comparable à celle dont nous venons de parler, aussi ne prétends-je pas les mettre en parallèle par la raison que toutes celles qui nous ont paru dans la Chrétienté ont été des nations entières qui, chassées de leur pays par de plus puissantes, ont cherché d'autres demeures l'épée à la main, ou des troupes levées selon les besoins des Etats et licenciées quand on n'en avait plus à faire. Dans ce genre, nous comprenons toutes les troupes qui sont aujourd'hui sur pied, parce que n'en connaissant que peu dont l'établissement ne soit nouveau par rapport à celle de ces siècles éloignés, ni même dont la discipline soit fort bonne, il n'y a pas lieu de les comparer à ces anciennes, dont la durée n'a pas été moindre de 3, 4, 5, 6, 7 à 800 ans. Au reste, il est constamment vrai que l'élévation de toutes ces grandes et formidables monarchies qui ont imposé à l'univers, est entièrement due à la bonté de leurs troupes. Personne ne doute que celles des Perses et des Macédoniens n'aient été aussi élevées et encore moins celles de Romains et des Turcs.

Pour revenir aux Romains, il faut demeurer d'accord qu'ils ont été grands copistes de ce qu'ils ont trouvé de bon chez les autres nations et qu'ils n'ont commencé à avoir de règle dans leurs troupes qu'après les Grecs, dont ils imitèrent bien les ordres quant aux rangs et aux files, mais non quant à la phalange. [Les phalanges n'ont [...] souvent été [com]plètes à 16 000 hommes non plus que [les] légions à 6 000. Il paraît [qu]'Alexandre en avait [...] et qu'elles [n']étaient que de 4 à 6 000 hommes [...] plus.] Ils trouvèrent la grandeur de ce bataillon trop incommode pour se mouvoir dans les lieux étroits et de la superfluité dans cette grande épaisseur de rangs et de files, qui ne faisaient pas assez de front pour le nombre d'hommes qu'il contenait. Ils ne l'imitèrent pas même dans l'usage de ses armes.

Ces mêmes Romains sont ceux, de toute l'Antiquité, qui ont le mieux entendu la guerre et qui, à commencer depuis la levée jusqu'à l'âge décrépit des soldats, en ont eu le plus de soin. Ce sont eux qui ont le plus raffiné sur la discipline et qu'ils l'ont entretenue et perfectionnée avec plus d'art d'application. Je trouve bien que leurs légions avaient de la convenance avec nos brigades, les cohortes avec nos bataillons, les centuries avec nos compagnies et les centuries avec nos escouades. Mais les légions avaient chacune un corps de cavalerie qui leur était attaché et qui égalait la 8 ou 10e partie de la légion, ce que nos brigades d'infanterie n'ont pas toutes. Les cohortes dont elles étaient composées leur étaient aussi inséparablement attachées et toutes ensemble formaient un corps qui n'était autre que celui de la légion, ce qui ne se rencontre pas dans nos brigades dont les bataillons, bien que rassemblés sous un même chef, ne font pas même corps, ni ne sont pas toujours ensemble. Ils ne gardent cette situation que pendant le cours d'une campagne au plus, après quoi les brigades se séparent avec les armées.

Il y a encore une chose à remarquer, c'est que les chefs des légions étaient perpétuelles et que ceux de nos brigades ne le sont pas[1].

L'ordre de bataille des légions était singulier et très excellent, parce qu'il consistait toujours en trois lignes, l'une devant l'autre, toutes divisées par petits bataillons et leur cavalerie par petites troupes, ce qui en rendait les mouvements aisés. Les secours des uns aux autres prompts et faciles les mettaient en état de renouveler les combats plusieurs fois. Leurs armes offensives et défensives, de même que les intervalles de leurs bataillons, étaient appropriées à cette disposition, ce qui, joint à leur manière de camper toujours retranché sans jamais se commettre à un combat qu'en prenant leur avantage autant qu'il leur était possible, avait formé peu à peu un ordre et une discipline qui n'eut jamais sa pareille en bonté. Et ce qu'il y a d'admirable est que l'empire romain ne s'est formé, a crû et soutenu dans la grandeur où il était monté qu'autant de temps que l'ordre et discipline de ces légions s'est maintenu en vigueur. Nous avons bien remarqué que les Carthaginois en avaient une excellente et fort approchant en bonté de celles de Romains puisqu'elle leur tint tête si longtemps qu'elle pensa renverser leur république de fond en comble. Les Mameluks, milice d'Egypte composée d'esclaves circassiens, mingréliens, abassas, géorgiens et tartares, toutes nations très belliqueuses, ont subsisté assez longtemps en réputation, mais nous n'en savons ni les règles, ni la discipline. Celle des Janissaires et Spahis de la Porte subsiste encore depuis 250 à 300 ans en grande réputation. Tous les soldats sont choisis entre les Agiamoglans ou en tant de tribut que les Turcs lèvent sur les Chrétiens qui leur sont assujettis. Ils les font élever et choisissent après les robustes pour en faire leurs recrues. On dit que présentement ils y sont moins délicats et qu'ils n'y font point de façon. Je ne sais pas, au vrai, la discipline ni les ordres qu'ils observent, mais il est certain que c'est une excellente infanterie et qu'elle a été autrefois bien meilleure qu'elle n'est.

L'invention de la police et des armes à feu a causé un si grand changement dans les ordres de bataille et dans la discipline, qu'on peut dire que ce ne sont plus les mêmes façons de loger, marcher et combattre. On peut même ajouter que les corps ne sont plus les mêmes.

1. Les brigades n'étaient pas des unités permanentes et ne formaient donc pas de véritables corps. Elles étaient des regroupements de plusieurs régiments en campagne.

La France a été longtemps qu'elle n'entretenait d'autres troupes que son arrière-ban[1], quelques milices à bannière[2], très peu d'infanterie et quelques auxiliaires étrangers en temps de guerre, qu'elle licenciait en temps de paix, dont s'étant trouvée mal à la longue dans les guerres qu'elle a si longtemps soutenues contre les Anglais et autres nations ennemies, elle fit enfin des troupes réglées qui devaient être perpétuellement entretenues, dont les premières furent les francs-archers, ainsi nommés parce qu'ils étaient affranchis de la taille. Cette milice devait être de 40 à 50 000 hommes de pied, gens choisis mais qui, n'étant pas toujours ensemble ni contenus sous même règle, ne réussirent pas et furent cassés par Louis XI, fils de Charles VII, qui les avait mis sur pied. Le même roi créa quinze compagnies de gendarmes de cent lances chacune à trois archers pour lance, qui réussirent beaucoup mieux. Elles subsistent encore, mains non sur le même pied, ni sous les mêmes noms et ne sont plus armées de lances, ni de cuirasses comme au passé[3].

Charles VIII et Louis XII ne firent de troupes qu'à mesure qu'ils en eurent besoin. Ils s'en servirent pendant la guerre et les licencièrent pendant la paix. De sorte que, hors ces compagnies, les autres ne subsistèrent qu'autant de temps qu'ils en eurent affaire.

COMMENCEMENT DES TROUPES REGLEES EN FRANCE

Les grandes et fréquentes guerres que François Ier eut contre Charles Quint et les Anglais, lui ayant fait connaître de quelle conséquence il était d'avoir des troupes entretenues et qui, en toutes occasions, puissent être prêtes à s'opposer aux desseins des ennemis, créa 7 légions à l'imitation de celles des Romains ; composées de 6 000 hommes chacune, mais comme elles ne demeuraient ensemble que pendant la campagne, elles n'acquirent pas grande réputation et réussirent mal. Grande partie furent défaites à la

1. La levée de l'arrière-ban organisée dans chaque bailliage ou sénéchaussée du royaume faisait obligation au titulaire d'un fief de se présenter en armes à la convocation du roi. Les absents devaient s'acquitter du paiement d'une taxe qui fut, de fait, assimilée à l'achat d'une dispense. L'absence de valeur militaire des troupes levées au titre de l'arrière-ban était reconnue de tous depuis la fin du Moyen Age. La dernière levée générale décrétée en 1674 acheva de ruiner la réputation de ces troupes composées de gentilshommes mal équipés et dépourvus de toute motivation. D'autres levées partielles furent décidées en 1689, en 1694 et même en 1703.

2. Milices urbaines

3. Sous le règne de Louis XIV, la gendarmerie perpétuait la tradition des compagnies d'ordonnance créées en 1445 par Charles VII. Elle était constituée de deux types de compagnies – les gendarmes proprement dits et les chevau-légers – appartenant aux maisons de la reine et des enfants royaux.

bataille de Saint-Quentin où elles ne firent pas bien et le reste fut cassé quelque temps après[1].

Avant ce temps-là, toute l'infanterie et cavalerie du royaume consistait en compagnies franches de 6, 7 à 800 hommes chacune et après de 500 et ensuite de 300. Et celles de cavalerie depuis 100, 120, 150 et 200 chevaux chacune, ce qui a duré jusqu'au règne de Charles IX, car ce n'a été que quelque après la bataille de Saint-Quentin qu'on commença à faire des régiments d'infanterie en France et depuis quelque 70 à 80 ans en çà qu'on a enrégimenté la cavalerie[2]. Avant cela, ce n'était que compagnies franches de gendarmes et chevau-légers, [stradiots, argoulets et puis arquebusiers à cheval étaient autrefois ce que nous appelons aujourd'hui dragons][3], etc. Et bien qu'il y ait eu des places de guerre avant ces temps-là, je ne crois pas qu'il y ait eu des troupes entretenues en temps de paix, autres que les compagnies franches des gouverneurs de places appelées mortes-payes, qui n'étaient jamais bonnes, ni fortes qu'en papier.

DEFINITION DES TROUPES DE CE TEMPS

On appelle soldat tout homme engagé dans les troupes du Roi en cette qualité, qui s'est obligé de le servir de sa personne, de ses armes et de son épée, envers et contre tout, au péril de sa vie, pour le prix de son enrôlement et de la solde que le Roi lui donne selon le grade qui l'occupe. Il doit prêter serment de fidélité et si on n'exige pas cela de lui, c'est pure négligence.

Bien que la levée des soldats se fasse parmi le bas peuple, toutes sortes de conditions y sont reçues, même les plus qualifiées. Il n'y a point d'homme de guerre, ni de qualité distinguée, en France, qui ne s'honore de ce titre par rapport à la valeur, qualité essentielle à cette profession, joint que c'est le premier pas qu'il faut faire pour s'élever aux charges militaires.

1. En 1534, en référence au modèle de l'armée romaine, François Ier créa sept légions de 6 000 hommes recrutés dans les provinces périphériques du royaume. Ces troupes d'infanterie devaient être composées d'arquebusiers, de piquiers et d'hallebardiers, mais leur organisation et leur efficacité ne furent jamais à la hauteur des attentes royales. Le 10 août 1557, la défaite de Saint-Quentin face aux *tercios* espagnols en apporta la preuve définitive.

2. La cavalerie resta longtemps attachée au principe de l'autonomie et de l'autorité du capitaine sur sa compagnie. C'est pourquoi, la résistance à l'intégration aux structures régimentaires y fut plus vive que dans l'infanterie. Les premiers régiments de cavalerie furent créés par une ordonnance du 16 mai 1635, mais leur existence ne fut pas continue. Il fallut attendre la guerre de Hollande (1672-1678) pour voir se constituer des régiments permanents.

3. Les dragons, qui étaient, en réalité, une sorte d'infanterie montée, empruntaient aux traditions de la cavalerie légère illustrée en Europe centrale et orientale et découverte au XVIe siècle. L'identité et les origines de ces formations étaient confuses pour les contemporains de Vauban qui assimilaient volontiers les estradiots, cavaliers albanais au service de Venise au XVIe siècle, les argoulets d'origine grecque, les Croates (appelés « Cravates » au XVIIe siècle) et même les Reîtres allemands.

Douze, 15 à 20 de ces soldats rassemblés selon l'ordre usité dans les troupes, composent une escouade dont le chef est un caporal, qui a pour lieutenant un appointé ou haute-paye. Ces bas-officiers sont pour l'ordinaire choisis entre les soldats les plus sages.

Trois de ces escouades font le composé d'une compagnie, dont le chef est le capitaine, qui a sous soi dix officiers, savoir un lieutenant, un sous-lieutenant et deux sergents, trois caporaux et autant d'appointés ou lans-pessades. Les sergents sont tirés de l'ordre des caporaux et sont immédiatement au-dessus d'eux. Ils commandent par subordination à toute la compagnie et font tout le bas détail du service.

Les sous-lieutenants tiennent lieu des enseignes et commandent à toute la compagnie, mais par subordination. Les lieutenants sont au-dessus des sous-lieutenants et leur commandent et à toute la compagnie en présence du capitaine par subordination et, en son absence, de plein droit. Les sous-lieutenants de même en l'absence et sous l'autorité des lieutenants.

Le capitaine commande à sa compagnie et à ces officiers de plein droit. C'est lui qui est le chef naturel de celle qui porte son nom, qui la forme et en prend soin, qui en dirige la solde, la fait bonne au soldat, fait le décompte, les recrues, fournit à l'entretien des armes et généralement tout ce qui concerne ladite compagnie, moyennant la solde et l'assistance qu'il reçoit du Roi pour cet effet. C'est encore lui qui les fait exercer et servir et qui, dans les occasions, combat à leur tête avec les autres officiers de la même compagnie. Et, pour conclusion, il est le père politique des soldats de sa compagnie, dont il est comptable au commandant du régiment auquel il est sous-ordonné.

Le premier chef de ce régiment est le colonel, qui a sous lui un lieutenant-colonel lequel, en son absence, commande le régiment de plein droit et, en sa présence, par subordination. Ces deux chefs commandent à tous les capitaines et autres officiers, sergents et soldats du régiment, de quelque qualité et condition qu'ils soient, sans autre égard que celui du rang qu'ils tiennent dans le régiment. Car il ne conviendrait pas à un homme de qualité de dire : « Je suis marquis et vous ne l'êtes pas, donc c'est à moi à commander ». On ne lui passerait pas cela. Le rang d'ancienneté et le grade qu'on y tient en décident autrement.

Le colonel et lieutenant-colonel sont assistés d'un major, officier unique de cette espèce, pour porter leurs ordres. Il est de la dignité des capitaines, mais il ne commande que quand il a un brevet particulier pour cela et qu'il est pourvu d'une commission de capitaine dont l'ancienneté court comme celle des autres[1]. En tant que major, il est porte-voix du colonel,

1. Vauban distingue ici trois niveaux essentiels de l'exercice d'une charge militaire : la « dignité » situe l'officier dans la hiérarchie des honneurs, le « brevet », délivré par le roi, désigne l'aptitude à exercer une fonction, tandis que la « commission » correspond à l'attribution effective de la charge. Un officier peut donc être pourvu d'un brevet de capitaine ou

l'homme du roi et l'agent perpétuel du régiment. Il a pour l'ordinaire un aide-major qui est son lieutenant et qui fait les mêmes fonctions que lui en son absence, de droit et en sa personne par subordination[1].

Cinq, six ou sept régiments joints ensemble sont le composé d'une brigade en campagne, avec cette distinction que le plus ancien régiment de ladite brigade prend la droite, celui qui suit, la gauche. Le 3e la gauche du premier, le 4e la droite du 2e et ainsi des autres, s'il n'en est ordonné autrement. On donne à ce corps un chef particulier en campagne, appelé brigadier, qui commande à toute la brigade, tant qu'elle est formée. Il est sous-ordonné aux maréchaux de camp.

Les majors des régiments vont prendre l'ordre chez lui ou chez le major de brigade. C'est, pour l'ordinaire, celui du plus ancien régiment, qui n'exerce cet emploi qu'autant de temps que les troupes sont en brigade. C'est celui qui le distribue aux autres majors après l'avoir reçu du major général et porte à son brigadier.

Plusieurs brigades jointes ensemble font ce qui s'appelle le corps de l'infanterie d'une armée, qui a pour chef plus prochain de camp subordonnés aux lieutenants généraux et ceux-ci au général, qui ne l'est qu'au Roi.

La cavalerie est divisée par compagnies, régiments et brigades comme l'infanterie, avec des chefs à chacun de ces corps, sous-ordonnés les uns aux autres[2]. Ces deux corps joints ensemble font le composé d'une armée, auquel on en ajoute un 3e, savoir l'artillerie qui a aussi ses divisions particulières[3]. Ces trois corps joints ensemble ont encore besoin d'un 4e qui sont les vivres, lequel consiste en un équipage de caissons et de boulangeries et plusieurs officiers uniquement destinés à cet emploi. Ces quatre corps font le vrai composé d'une armée, qui n'est bien censée telle que quand elle a du canon et les équipages nécessaires aux vivres. Revenons aux régiments.

---

de colonel sans commander effectivement de compagnie ou de régiment. Le grade et la fonction de major ont acquis une véritable autonomie au cours de la guerre de Hollande (1672-1678), probablement vers 1676. Auparavant, l'administration du régiment était confiée à un capitaine qui assumait cette charge en supplément de la tenue de sa propre compagnie. En devenant autonome et indépendante de l'entretien d'une compagnie, la charge de major cessa alors d'être vénale.

1. Les aides-majors avaient le rang de lieutenant, mais certains étaient néanmoins pourvus d'un brevet de capitaine.

2. Les régiments de cavalerie ne formaient pas réellement des corps. C'est pourquoi leurs chefs ne portaient pas le titre de colonel réservé aux chefs de corps mais celui de « mestre de camp ». C'est l'ensemble des régiments de cavalerie qui était censé former un corps commandé par le colonel général.

3. L'intégration de l'artillerie dans les cadres militaires fut l'œuvre de Louis XIV qui, en 1693, regroupa au sein du régiment Royal-Artillerie les unités chargées de la défense et du service des canons.

CREATION DES PREMIERS REGIMENTS

Il paraît que le premier qui fut mis sur pied fut celui des Gardes françaises, par Catherine de Médicis[1]. [Le capitaine Chary en fut le premier colonel]. Picardie prétend être plus ancien, mais je n'en ai rien trouvé. Dans le commencement, celui des Gardes n'était que de dix compagnies. Les régiments de Picardie, Champagne et Piémont furent créés environ ce temps-là sur le même pied. Les deux premiers au début des légions de Picardie et Champagne et le troisième des vieux soldats que le maréchal de Brissac ramena de Piémont. Navarre fut ajouté sous le règne d'Henri IV. Ce furent les cinq premiers régiments de France y compris les Gardes[2].

Depuis ce temps-là, toute l'infanterie du royaume a été enrégimentée, aussi celle que l'on a licenciée en temps de paix, que celle que l'on a conservée. Il est resté peu ou point de mortes payes[3] et le peu qu'il en était resté, cassé de nos jours.

Il me paraît que la véritable institution des premiers régiments a commencé sur la fin du règne de Charles Quint qui en a apparemment été l'inventeur, peut-être par jalousie contre François premier, qui avait inventé les légions[4]. [On tient que ce fut Antoine de Lève[5], qui en fit le plan.] Ce fut un peu après la mort de cet empereur qu'on commença à parler des régiments de Flandres, de Naples et de Lombardie, qui étaient pour lors bien plus considérables qu'ils n'ont été depuis. Les Français n'en mirent sur pied qu'après eux. Les Allemands, Anglais et Hollandais, toutes les nations de l'Europe, ont enrégimenté leurs troupes. Depuis ce temps-là, on n'a fait que les perfectionner, ajoutant ou retranchant des officiers, augmentant ou diminuant le nombre des compagnies et des soldats selon le temps et les besoins qu'on en avait, mais sans altérer le premier règlement.[6]

1. Les premières commissions délivrées aux capitaines des Gardes françaises datent de 1563.

2. Les origines des premiers régiments d'infanterie étaient controversées et âprement discutées car l'ancienneté des unités induisait un ordre de préséance. A l'exception des Gardes françaises, qui appartenaient aux troupes de la Maison du roi, les plus anciens régiments de l'infanterie française étaient appelés les « Vieux ». Aux régiments de Picardie, de Piémont, de Champagne et de Navarre cités par Vauban, furent ajoutés, dans cette catégorie, les régiments de Normandie et de la Marine. Venaient ensuite six autres régiments formant le groupe des « Petits Vieux ».

3. Le système de la morte-paye permettait au roi d'entretenir des soldats après le licenciement de leur unité. Il tenait lieu à la fois de pension et de réserve. La systématisation du statut d'officier réformé après 1668, puis la création de l'Hôtel des Invalides en 1670, permit de distinguer nettement ces deux fonctions.

4. Vauban évoque ici les *Tercios* espagnols créés par Charles Quint à partir de 1534.

5. Antonio de Leiva (1480-1536) commandait la garnison espagnole de Pavie lors de la victoire contre l'armée de François Ier en 1525.

6. Le long passage qui suit a été barré d'un trait. Nous le reproduisons en italique.

Pour revenir au temps présent, la meilleure forme qu'on puisse donner au régiment est à mon avis de les faire tous égaux de deux bataillons de 15 compagnies chacune, non compris les deux de grenadiers qui feraient 32 pour tout un régiment, dont la moyenne force serait de 50 hommes par compagnie, faisant le régiment complet de 1 600 hommes, non compris les officiers, sergents, fraters et tambours. Ces officiers pourraient consister en un colonel qui est le premier chef visible du régiment, au lieutenant-colonel qui est le second, à un major, deux aides-majors, deux capitaines des grenadiers, trente capitaines, comptant le colonel et le lieutenant-colonel pour deux ; trente-deux lieutenants, trente-deux sous-lieutenants, deux enseignes et 96 sergents parce que j'en voudrais ajouter un par compagnie par les raisons que je dirai ailleurs, 96 caporaux, autant de d'appointés et 44 soldats compris le frater par compagnie. Et pour ce qu'on appelle le petit état-major, je trouve que ce ne serait pas trop de deux aumôniers, un chirurgien major, d'un prévôt, son greffier et sept archers comptant l'exécuteur. Il y avait autrefois un colonel général qui avait sous lui des mestres de camp à la tête de chaque régiment, mais depuis la mort du dernier, tous les mestres de camp sont devenus colonels[1].

DES COLONELS

Il en est le chef principal, est pourvu du Roi par une commission en parchemin scellée du grand sceau de cire jaune, après quoi, pour être reconnu pour tel dans son régiment, il faut que celui qui le commande dans le temps qu'il s'y présente fasse mettre ledit régiment en bataille et après avoir fait serrer les rangs et les files, tous les officiers étant en leur place et le tout approché à portée de la voix, la pique ou l'esponton à la main, le colonel pourvu remet sa commission avec la lettre du Roi au commandant qui la lit à haute voix afin que chacun l'entende, après quoi, prenant une pique, il la met entre les mains du nouveau colonel et continuant à la tenir, il se tourne au bataillon et dit d'un ton élevé « Messieurs les officiers et tous sergents et soldats, le Roi vous ordonne de reconnaître M. .... pour colonel du régiment et de lui obéir en cette qualité en tout ce qui sera de son service ». Cela dit, il embrasse le nouveau colonel et l'assure de son obéissance ; après quoi il lui présente tous les officiers selon leur rang, qui lui viennent faire la révérence et l'assurer de la leur. Cela fait, les tambours battent et les soldats font une décharge ou deux pour faire honneur au nouveau colonel. La réception de tous les officiers est presque semblable. Le lieutenant-colonel et le major et tous les capitaines ont des commissions en parchemin scellées du grand sceau de cire jaune comme les colonels, mais les aides-majors, lieutenants et sous-lieutenants n'ont que des lettres de cachet. Les sergents n'ont point de brevet, mais ils en devraient avoir[2].

1. La charge de colonel général de l'infanterie disparut avec son dernier titulaire, le duc d'Epernon, mort en 1661. Après cette suppression, chaque régiment d'infanterie constitua un corps commandé par son propre colonel.
2. Les sergents étaient désignés par leur capitaine et ne recevaient donc pas de brevet royal. Cette procédure avait des sonséquences pratiques et symboliques. Le brevet aurait

Il est à remarquer que le pouvoir du colonel sur le régiment n'a lieu qu'autant que le service du Roi le requiert. Par exemple, quand il n'y a point de brigadier ni d'officier général au-dessus de lui (et que son régiment est seul ou le plus ancien), il dispose des gardes et donne tous les ordres nécessaires, fait faire les détachements de son chef, donne le mot, règle les dispositions de combat, soit pour attaquer soit pour défendre et fait toutes les fonctions d'officier général et de général même. Il règle les marches et choisit les postes, il préside au conseil de guerre, qu'il fait assembler quand il lui plaît, assemble et fait la revue du régiment quand bon lui semble. Il en est chef et protecteur de la police du corps et a égard sur la subsistance des soldats, sur la discipline et sur tout ce qui regarde la guerre et la police. Il est sous-ordonné aux officiers généraux quand ils ont ordre de commander et aux directeurs et inspecteurs, mais il est toujours maître du détail de son régiment dont il ne rend compte qu'aux généraux, aux directeurs et au secrétaire d'Etat de la guerre, en un mot c'est lui qui le conduit et le fait servir partout où il se trouve.

Ce même colonel peut bien interdire et faire arrêter un officier qui a manqué à son devoir, mais il ne peut pas lui faire faire son procès, ni le faire casser sans ordre de la cour, si fait bien un sergent et un soldat par la voie du conseil de guerre parce que les sergents non plus que les soldats ne sont pas pourvus du Roi, mais seulement des capitaines qui les ont enrôlés. Quand il s'agit de faire le procès à un officier, il faut que le Roi l'ordonne. Il y a de certains cas où le colonel ou même un officier peut tuer un soldat quand on ne peut l'arrêter, par exemple, quand il s'agit d'arrêter une fuite ou une sédition où on ne pourrait saisir les mutins qui ont l'épée à la main ou que les soldats seraient surpris en violant une femme, massacrant quelqu'un, pillant une église, ou mettant le feu dans des maisons ou quand ils trouvent une sentinelle endormie ou dans quelque autre grand crime qui demande exemple et prompte justice où l'officier ne serait pas assez fort pour faire arrêter le coupable dans les règles, pour lors il est permis d'user de mainmise et de tuer et je tiens même qu'il y a obligation de le faire quand on n'y peut remédier autrement. Ce pouvoir s'étend à tous les officiers et sergents mais non d'officier à officier, ni de sergent à sergent, non plus que de soldat à soldat, à moins qu'il n'y ait un commandement suprême et positif qui l'ordonne. Il y a encore un autre cas qui est la trahison avérée. Quand on n'a pas lieu d'en douter, pour lors il est permis de tuer le traître si on ne peut pas s'en saisir autrement.

---

signifié qu'ils exerçaient une charge par délégation de l'autorité royale, tandis que son absence indiquait qu'ils étaient tenus par le contrat d'engagement passé avec le capitaine. Lorsqu'ils quittaient le service sans autorisation, ils étaient alors considérés comme des déserteurs alors que, titulaires d'un brevet, leur démission eût été considérée comme la libre résignation d'une charge. Dans la cavalerie, le statut des maréchaux des logis était différent. Ils étaient effectivement pourvus d'un brevet et étaient considérés à ce titre comme des officiers en puissance. Leur progression dans la carrière en était grandement facilitée, alors que, dans l'infanterie, les sergents restaient bloqués à ce grade.

LE LIEUTENANT-COLONEL

En l'absence du colonel, le lieutenant-colonel a le même pouvoir et en sa présence il l'a aussi, mais en second lieu et en conséquence des ordres qu'il reçoit de lui.

{DES COMPAGNIES DE GRENADIERS

De toutes les bonnes choses que le Roi a faites pour augmenter la bonté de son infanterie, aucune n'égale en mérite les compagnies de grenadiers. C'est un détachement perpétuel, toujours prêt et composé de ce qu'il y a de meilleurs officiers et soldats dans les troupes, qui de leur part remplacent incessamment tous les vides qui arrivent dans ces compagnies au choix des capitaines, sans que ceux-ci soient obligés de faire d'autres recrues que de prendre dans le régiment ceux qui leur conviennent en payant par chaque homme quatre pistoles[1] *à l'officier à qui on les prend, ce qui fait qu'elles sont toujours complètes et remplies de bons hommes bien choisis. Aussi est-ce l'élite et le précis de l'infanterie, c'est la partie plus employée qui voit le plus souvent l'ennemi avec qui elle a pour l'ordinaire des rudes et fréquents démêlés. Aussi est-ce celle qui en souffre le plus. Comme les officiers qui les commandent sont tous gens de courage et qui se sentent, bien avant que de rechercher ces emplois, on peut dire qu'ils surpassent leurs camarades en mérite, attendu qu'ils se trouvent à beaucoup plus d'affaires qu'eux, qui la plupart roulent sur leur compte, ce qui nous doit persuader avec raison que quand la lieutenance colonelle vient à vaquer, le capitaine des grenadiers doit être préféré*[2]*. Il serait même très juste que quand ils ont servi en campagne 5 ou 6 années de suite, on les tirât de là pour les placer ailleurs. Car cet emploi est si exposé qu'il est rare d'en voir servir 10 années de guerre sans y laisser la vie ou quelqu'un de leurs membres. Quelque chose qui arrive dans les régiments d'infanterie, l'institution de ces compagnies doit être considérée comme de leur meilleure partie. C'est pourquoi je me donnerai bien de garde d'y donner atteinte dans les propositions que j'aurai à faire dans la suite de ces mémoires.}*

LES CAPITAINES

Outre le commandement général du colonel et du lieutenant-colonel sur tout le régiment, il y un autre sous-ordonné des capitaines sur leurs compagnies et surtout les soldats du régiment.

Tous ont le même pouvoir quand ils sont commandants quoique par accident, ce qui

1. 40 livres tournois.

2. Les charges de capitaine des grenadiers n'ouvraient aucune perspective de promotion car elles étaient généralement attribuées à des officiers peu fortunés incapables de supporter les dépenses occasionnées par l'entretien d'une compagnie ordinaire ou d'un régiment.

ne leur arrive qu'en l'absence de ces deux premiers chefs qui sont perpétuels. Pour lors le premier capitaine comme plus ancien commande le régiment avec la même autorité que le colonel. Tous les autres ont le même pouvoir quand le cas y échoit selon le rang de leur ancienneté. Les lieutenants ont même droit, de sorte que si le colonel, le lieutenant-colonel et les trente capitaines étaient morts ou hors de combat, le plus ancien lieutenant de ceux qui sont présents commanderait le régiment. A défaut de ceux-ci, le plus ancien sous-lieutenant par la même raison, le plus ancien sergent au défaut des sous-lieutenants, même le plus ancien des caporaux au défaut des sergents et ainsi du reste jusqu'au plus ancien soldat. Cette suite de commandement fait qu'il ne tombe point qu'il ne soit aussitôt relevé sans qu'il soit nécessaire d'autre titre que de l'ancienneté, qui pour l'ordinaire est connue de tous par le rang de compagnies[1]*, qui met chaque officier en droit de commander selon le rang qu'il tient dans le régiment.*

Le pouvoir des capitaines sur leurs compagnies est de commander à leurs soldats, de les châtier de la main quand ils tombent en faute et de les faire arrêter et mettre en prison. Mais ils en doivent avertir le commandement après, sans la permission duquel ils ne peuvent les en faire sortir. Chaque capitaine fait son détail en particulier, ce sont eux qui font les recrues, qui habillent les soldats, qui ont soin de l'entretien des armes et qui font journellement les réparations de leurs compagnies. Ce sont eux qui prennent aussi soin de les régler, qui les font servir et qui ont encore soin de la discipline et conduite de leurs soldats, soit pour le service ou pour ce qui regarde la discipline, la paye, les habits, les armes, la subsistance et le décompte[2]*. Cette conduite est uniforme et commune à toutes les compagnies, car on ne trouverait pas bon qu'un capitaine le fît d'une façon et un autre de l'autre. Les fantaisies n'ont là de lieu qu'autant qu'elles peuvent s'accommoder de l'ordre général, autrement on tomberait dans un désordre effroyable, qu'on doit éviter sur toutes choses, aussi ne le permet-on pas. Toutes les compagnies observant les mêmes règles, les lieutenants commandent après les capitaines, de même que les sous-lieutenants après les lieutenants, chacun reconnaît le sien et commande aux soldats, savoir le lieutenant en l'absence du capitaine avec les mêmes pouvoirs que le capitaine même et les sous-lieutenants en l'absence du lieutenant, outre quoi ils ont un commandement sous-ordonné au capitaine en sa présence sur les soldats.*

DES CAPITAINES D'ARMES

J'ai proposé un troisième sergent dans les compagnies afin d'en avoir autant que d'escouades, parce que cette augmentation donnerait un officier de plus à bon marché, qui viendrait fort à propos, quand il faudrait augmenter les compagnies. D'ailleurs ces compagnies sur le pied que je voudrais les mettre auraient besoin d'un

1. Le rang des compagnies était déterminé par l'ancienneté de la commission du capitaine.

2. Le « décompte » est le paiement mensuel de la solde à chaque homme de troupe. Il est fractionné en cinq versements appelés « prêts ».

capitaine d'armes autorisé, tel que pourrait être un premier sergent, qui ayant inspection particulière sur les armes en ferait revue toutes les semaines, deux ou trois fois, les manierait les unes après les autres pour voir si les ressorts vont bien, si les mouvements sont bien huilés, si les tenons ne se défont point, si les canons sont nets et les pierres sont bonnes, si les soldats ont leur gibecière garnie de racloir et tirebourres, de pierres, de balles, de bourre, s'il n'y a rien de rompu aux montures des armes et baguettes, s'ils n'ont point dissipé leurs gargouches mal à propos, s'ils n'ont rien perdu de ces pièces, où et comment et si les balles sont de calibre, s'ils sont bien munis et quand il leur serait arrivé d'avoir dissipé leurs munitions mal à propos, de les remplacer à leurs dépens en leur retenant autant de fois quatre deniers sur leur prêt qu'on leur en fournira de nouvelles[1]. *Ils prendraient aussi garde que les épées, baïonnettes et gargouches fussent en bon état, car bien que les officiers, sergents et caporaux soient tous obligés à ces soins, j'estime qu'il est encore à propos d'en charger quelqu'un en son particulier, qui en fasse son affaire à part, à raison que la plupart de celles qui sont commises à plusieurs sont toujours négligées parce qu'on s'attend les uns aux autres quand personne n'en est particulièrement chargé.*

Au surplus, je souhaiterais que ce capitaine d'armes eût un petit cheval de bât chargé de papier pour faire des gargouches, des moules à faire balles, d'une certaine quantité de pierres à fusil, des tirebourres, racloirs et d'un coffre bien fermé dans lequel il y aurait 50 ou 60 douzaines de gargouches toutes faites pour vendre aux soldats à raison de 4 deniers la pièce, qui est à peu près ce qu'elles peuvent valoir en achetant la poudre au taux du Roi, sinon en prendre à l'artillerie de temps en temps ou il faudrait qu'il y en eût 20 ou 30 barriques de pleines des gargouches. Chaque capitaine devrait aussi avoir une douzaine de fusils de réserve en paquet avec tous les accompagnements nécessaires, autant de ceinturons, de gargouches et baïonnettes, afin de réparer les brèches qui se font le long d'une campagne dans les compagnies par la perte des soldats pris, tués ou désertés avec leurs armes. Avec de telles précautions, qui demanderaient plus de soin que de dépense, les soldats seraient toujours prêts à bien faire en toutes occasions sans que jamais il y eût de faute à cet égard.

Nota. Que je ne prétends faire payer de munitions aux soldats que celles qu'ils dissiperaient mal à propos, plutôt par forme de châtiment qu'autrement. Mais pour faire qu'ils n'en manquent point, il faudrait remplir leurs gargouches au commencement des campagnes de 10 ou 12 charges ou environ à chacun {aux dépens des magasins du Roi}, outre quoi, leur donner une poire contenant environ demi-livre de poudre, une douzaine de balles de calibre juste pour tirer à coup posé quand on escarmouche de loin et une douzaine de pierres à fusil bien choisies, remarquant que le calibre des balles doit être proportionné sur ce pied, que quand le plein calibre sera de 18 balles à la livre[2]*, celles des gargouches doivent être de 24 à cause du papier, qui les enveloppe, ainsi des autres à proportion. Au surplus, cette distribution doit être renouvelée selon les besoins et les occasions, qui arrivent et non autrement.*

1. Pour une description des différentes parties du fusil, voir plus bas, pp. 1147 *sq.*
2. Les calibres étaient déterminés par le rapport unité/poids et non par le diamètre des canons.

SERGENTS ET CAPORAUX[1]

Les sergents sont les premiers de bas-officiers qui tiennent un milieu entre les hauts officiers et les soldats. Ceux-ci sont tirés du corps et choisis entre les plus sages des caporaux pour occuper ces emplois. Ce sont eux qui font pour l'ordinaire le détail des compagnies sous l'autorité du capitaine, qui veillent sur les actions des soldats, qui règlent leur service et prennent soin de leur conduite et éducation dont ils rendent journellement compte aux capitaines comme étant perpétuellement avec eux qui vont à l'ordre, qui le portent {pour} leurs officiers, ce sont eux enfin qui font le petit détail du service {...}. Les caporaux sont choisis entre les appointés les plus anciens et les plus sages, commandent à leurs escouades. Ce sont eux qui font les détachements des gens commandés à tour de rôle, qui ont soin de poser les sentinelles quand ils sont de garde, de les relever, visiter les armes de leur garde, faire les rondes et patrouilles, aller au pain, le distribuer et rendre compte aux sergents de ceux qui font et ne font pas leur devoir dans les gardes et commandements.

LANSPESSADES ET APPOINTES

Comme il n'est plus question de lanciers démontés[2], ni d'en faire passer dans les revues d'infanterie, je quitterai désormais ce terme qui me paraît mal à propos, pour me servir de celui d'appointé, qui est plus naturel. Ceux-ci {sont choisis entre les soldats plus anciens, les mieux faits et les plus capables et mieux vivant. Ce sont les} vrais lieutenants des caporaux et commandent l'escouade en leur absence. Ils ne donnent pas de faction, mais bien les rondes et patrouilles auxquelles ils sont particulièrement obligés, ce qui se fait dans le service ordinaire des places. Mais quand il s'agit de quelque poste dangereux, les officiers qui commandent posent souvent les sentinelles eux-mêmes et les sergents aussi, pour lors on choisit des soldats les plus assurés tels que sont les appointés. Quelquefois même quand le péril est grand, on les double.

Au surplus tous les officiers du régiment quels qu'ils soient sont en droit de reprendre, châtier de la main, arrêter et mettre en prison tous les soldats qu'ils trouvent en

1. L'attention accordée aux sous-officiers et plus particulièrement aux sergents, tout au long de ce mémoire, en est une caractéristique importante. Les structures et les pratiques hiérarchiques les reléguaient dans des fonctions secondaires, car ils n'étaient pas considérés comme les délégataires naturels de l'autorité du capitaine. Chargé d'une trop lourde responsabilité, ce dernier contrôlait mal sa compagnie, notamment au combat où le rôle des sergents était pourtant déterminant dans la tenue de la troupe. La reconnaissance de l'importance des sous-officiers fut l'un des principaux enseignements tirés de la sévère leçon infligée par l'armée prussienne au cours de la guerre de Sept ans (1756-1763). Les réformes qui en résultèrent, aboutirent à la création du grade d'adjudant en 1776.

2. Lanspessade ou anspessade (le *Littré* donne aussi « lancepessade ») : soldat d'élite auxiliaire du caporal. Vauban valide ici une explication possible de l'origine de ces soldats que l'on disait être d'anciens chevau-légers affectés dans l'infanterie après avoir perdu leur cheval et brisé leur lance (d'où leur nom tiré de l'italien *lancia spezzata*).

faute, bien que d'autres compagnies que des leurs, et les soldats sont obligés de les reconnaître sans aucune difficulté, sous peine de châtiment exemplaire, attendu que tout soldat qui s'élève contre son officier ou contre un du régiment, ou qui refuse de lui obéir ou qui tire l'épée par rébellion contre lui, est puni de mort selon toutes les ordonnances de la guerre. La subordination étant absolument nécessaire, doit être observée à la rigueur dans tous les régiments et quand il se trouve des corps où cela ne se fait pas au pied de la lettre, c'est un relâchement de discipline qui provient de la négligence des chefs et nullement des institutions des régiments qui de soi est excellente.

{DES SIMPLES SOLDATS

Il n'y a pas grand-chose à dire sur la qualité des soldats parce qu'il en est parlé amplement au chapitre des levées. Il suffit qu'ils soient de bonne santé et robustes, non affligés d'aucune infirmité et d'un bon âge, savoir depuis 18, 19 à 20 ans jusques à 40 et 45. A l'égard de la taille, qu'ils aient depuis environ 5 pieds de haut jusques à six, rien n'étant plus contraire au bien de l'Etat que la ridicule délicatesse que l'on s'est faite sur les tailles que beaucoup de gens soutiennent opiniâtrement et très mal à propos, souvent pour des fins intéressées et très éloignées du service, vu même que nous savons par des expériences qui ne nous permettent pas d'en douter, que le cœur, le courage et la force se trouvent bien plus rarement dans les grandes tailles, que dans les médiocres. Qu'il nous suffise donc que les soldats soient de bonne santé et bon appétit, nullement délicats au boire et manger, d'humeur docile envers leurs supérieurs, doux et aisés à vivre avec leurs camarades, hardis et courageux contre l'ennemi et sains de corps et d'esprit. L'éducation et la discipline des troupes achèveront de les façonner, au surplus en exerçant les soldats, on ne saurait trop les instruire sur leur devoir envers le Roi et leurs chefs, sur l'obéissance, la patience, sur l'honneur et la fidélité et finalement leur élever le cœur par souvent leur dire qu'il n'y a si petit d'entre eux qui ne puisse espérer de parvenir aux premiers emplois s'ils ont assez d'honneur et de vertu pour cela. L'éloquence simple et naïve d'un homme de qui ils ont bonne opinion a grand pouvoir sur eux. Les anciens Grecs et Romains gouvernaient plus leurs soldats par cette voie qu'autrement. Pour moi, dans toutes les affaires que j'ai conduites, je me suis toujours bien trouvé de leur parler sur les faits dont il était question. Il y a un certain esprit qui règne dans le gros des vieux soldats ordinairement bien sensé et auquel tous se réduisent. Quand on sait les prendre à propos, on les mène bien loin. C'est pourquoi il ne faut pas les négliger, mais les bien étudier. On en découvre toujours quelqu'un capable de se rendre propre à plus de chose que son caractère ne porte et ce sont ces esprits-là qu'il est bon de cultiver. Au reste, il faut leur tenir parole sur leur enrôlement[1] *et sur ce qu'on leur promet. Car les choses à quoi ils sont obligés présupposent d'avoir réciproque qui*

1. Vauban évoque ici la question de la durée des engagements, que les capitaines avaient tendance à considérer comme perpétuelle. Il revient plus longuement sur ce problème dans son développement consacré à la désertion.

n'oblige pas moins celui qui enrôle que celui qui est enrôlé. Il faut encore les assister dans leurs besoins du mieux que l'on peut et ne les point abandonner dans leur maladie, ni dans leurs blessures.}

DU MAJOR

Le major est l'homme du Roi, l'agent du régiment, l'organe du commandant et toujours l'officier le plus nécessaire de son corps. Sa charge seule ne lui donne point de commandement direct sur les capitaines, mais simplement rang de dernier capitaine en tant que major, aussi ne commande-t-il que par l'ancienneté de sa commission de capitaine, à moins qu'il n'ait un ordre particulier pour commander en l'absence du lieutenant-colonel. Mais il commande aux officiers subalternes et aux sergents et à tout le corps des soldats. Quand il parle, il est toujours censé parler de la part du commandant, c'est pourquoi il est obéi sans contredit. C'est lui qui, sous l'autorité dudit commandant, fait le détail du régiment, qui en tient registre, qui règle les gardes, les fait monter et descendre, va à l'ordre, reçoit le mot de l'officier général qui commande, et en son absence du colonel et le rapporte au régiment où il le distribue en cercle à tous les sergents après l'avoir porté au commandant et reçu de lui l'ordre de ce qu'il y a à faire pour le particulier dudit régiment, qu'il distribue pareillement tous les soirs. C'est lui qui fait le détail de tous les détachements, qui les instruit et fait partir pour marcher où ils sont destinés, qui prend connaissance des postes établis, y établit les gardes, fait faire les bans, prend garde au taux des vivres, fait régler la quantité du pain de munition, arrêter les comptes du régiment avec les trésoriers et les munitionnaires et en rend compte au commandant et au régiment même. Il doit savoir parfaitement le rang non seulement de son régiment par rapport aux autres, mais celui de tous les autres régiments par rapport au sien. Quand on fait des détachements, c'est lui qui les règle et instruit les officiers de ce qu'ils ont à faire et comme ils se doivent conduire. Quand un régiment se trouve à un siège, soit pour attaquer ou pour défendre, il prend connaissance des postes qu'ils doivent occuper, les va rencontrer avec le colonel, lieutenant-colonel et les officiers détachés, après quoi il fait le détail des gardes et détache, soit gens armés ou travailleurs, et les conduit à leur poste. La même chose quand il s'agit d'un poste fixe ou mobile affecté à son régiment dans le conseil de guerre. Il représente le procureur du Roi, c'est en son nom que se forme la plainte. C'est lui qui reporte le procès et qui donne ses conclusions. Il ne se passe rien dans son corps dont il ne prenne connaissance, parce que c'est l'homme du Roi, le surveillant et inspecteur ordinaire du régiment. Et, pour conclusion, qui dit un bon major, dit un excellent officier[1].

1. Sous la plume de Vauban, le major incarne l'idéal du parfait officier en raison du caractère gestionnaire de sa charge. Figures emblématiques de la culture du service, les majors ne jouissaient pas toujours d'un statut aussi favorable car on les jugeait plus propres au détail qu'à la guerre. Ils étaient souvent supplantés dans la hiérarchie des valeurs militaires par les lieutenants-colonels, considérés comme des officiers plus accomplis.

LES AIDES-MAJORS

La fonction des aides-majors est toujours sous-ordonnée à celle du major. Ils sont ses lieutenants et exécutent ses ordres, du surplus ils exercent le même emploi, de sorte qu'un bon aide-major est capable d'exercer la charge du major et de remplir tous les devoirs de la majorité, aussi l'exerce-t-il en l'absence du major et quand il est malade.

(DES AUMONIERS

Il est nécessaire d'avoir des aumôniers dans les régiments, qui soient habiles, de vie et de mœurs irréprochables et non des moines défroqués ignorants et libertins, comme on en voit dans plusieurs corps où on les reçoit un peu légèrement et sans examiner leur capacité et la vie qu'ils ont menée. Tels gens apportent un peu de distinction chez ceux qui en ont le plus de besoin. On n'est que trop porté au libertinage dans les troupes sans y être excité par le mauvais exemple de ceux qui sont préposés pour leur en donner de bons. Il serait donc à désirer que tous les aumôniers fussent mieux choisis et capables d'en faire de bons curés. Que leurs cures fussent les régiments mêmes dans lesquels ils sont établis. Que tous ces régiments fussent érigés en paroisses ambulantes où il y eût toujours au moins deux prêtres, l'un curé et l'autre vicaire. Que tous les régiments de cavalerie et d'infanterie du royaume fissent le composé d'un évêché dont l'étendue serait celle des troupes. Que tous les curés de ce diocèse (je veux dire ces aumôniers) fussent gens de bien, savants et capables de prêcher et de diriger des consciences aussi hasardées que le sont celles du commun des gens de guerre. Une chose outre ce qu'on doit à la religion, qui doit les faire désirer tels, est qu'il serait très à propos de souvent mêler dans leurs exhortations et même dans leurs sermons, des avis sur les devoirs des soldats et des officiers, dont je voudrais qu'ils se fissent une étude particulière afin de leur apprendre la fidélité dans leur emploi et leurs obligations envers le Roi, l'Etat et leurs supérieurs. Mais pour ne rien hasarder touchant cette matière, il faudrait en communiquer avec le commandant afin d'être mieux informé de ce qu'il faudrait leur dire. On ne saurait apporter trop de soin à bien choisir ces ecclésiastiques car les soldats, quoique de la plupart méchants, ont de la vénération et du respect plus que les autres pour ceux de la vertu desquels ils sont une fois prévenus. Comme la paye ordinaire de ces aumôniers tels qu'on les désire ici ne suffirait pas pour l'entretien attendu, leur équipage et qu'il faudrait les obliger à l'entretien de la chapelle et des ornements et que d'ailleurs on les demande choisis et gens de capacité et de bonnes mœurs, le Roi pourrait y suppléer en leur donnant des pensions sur des bénéfices de 5, 6, 7 à 800 lt avec espérance de mieux après avoir servi un temps considérable dans les troupes.

La paye des aumôniers dont on se sert à présent n'étant que de 10 s. par jour ou 15 francs par mois, le colonel est obligé de les nourrir, fournir et porter les chapelles avec ses ornements. Par-dessus cela, chaque capitaine leur paye un écu par mois, de convention faite entre eux à retenir sur leur solde déjà très diminuée par la quantité de faux-frais à leur charge. Ces aumôniers n'ayant rien à espérer, il est à présumer que ceux qui se donnent à si bon marché ne se sentent pas un grand fonds de mérite. Aussi la plupart ne sont-ils que des malheureux fugitifs ou chassés de leur couvent.}

PETIT ETAT-MAJOR

Il y a dans les grands régiments ce qu'on appelle le petit état-major, qui consiste à un aumônier ou deux, au chirurgien major, au prévôt et à un greffier, six archers et l'exécuteur de haute justice. J'ai vu des régiments où il y avait un maréchal des logis et un fourrier par compagnie. Il ne serait que bien qu'il y eût un médecin entretenu et un apothicaire gagé et même un ingénieur pour diriger les ouvrages du régiment.

Les fonctions des aumôniers ne s'entendent que sur le spirituel, celle des médecins et chirurgiens sur les blessures et les maladies, celle du prévôt, son greffier et ses archers sur les malfaiteurs, voleurs de grands chemins et déserteurs, celle du maréchal des logis et des fourriers sur les logements et celle de l'ingénieur, s'il y en avait un, sur la disposition du camp et sur les retranchements et fortifications qui tombent à la charge du régiment.

Les gens qui composent le petit état-major ne combattent point et n'ont d'autres fonctions que les énoncées ci-dessus.

TAMBOURS, FIFRES ET HAUTBOIS

La marche française est fort ancienne puisque les Lorrains la battaient encore au commencement du règne du vieux duc[1] *mort en ...., qui la changea après s'être brouillé avec la France à l'instigation de M. de Couvonge gentilhomme du Barrois, qui est depuis mort gouverneur de Casale pour le service du Roi. Je l'ai vue battre aux Savoyards, qui ne l'ont quittée que parce que le duc d'à présent*[2] *leur a fait quitter. Les ducs de Bourgogne du sang de France la faisaient battre à leurs troupes et ce n'est que depuis que les Pays-Bas sont passés dans la maison d'Autriche que ces princes trouvèrent à propos de la changer. Il y a même apparence que les Suisses qui parlent roman ou français n'ont point eu d'autre marche avant leur cantonnement que la française, ce qui joint à l'usage de la langue et aux anciennes coutumes de ces pays-là, marque assez que ces pays ont autrefois dépendu de la France.*

La marche française battue par plusieurs tambours bien d'accord est la plus belle de toutes et la seule dont la cadence marque le vrai pas de l'infanterie tel qu'il peut

1. Charles IV, mort en 1675.
2. Victor-Amédée II (1666-1732).

être observé quand elle marche en bataille et dans tous ses mouvements. Si les majors et inspecteurs qui les dirigent avaient soin de se bien instruire de cette cadence et de la faire observer aux troupes dans les exercices, elle leur serait d'un grand secours et ils auraient bien moins de peine à faire observer les rangs et les files dans les marches et autres mouvements qu'on leur fait faire. Je me suis cent fois étonné pourquoi on ne le faisait pas et comme il était possible que pas un d'eux ne se fût aperçu de sa propriété, qui ne vient sûrement pas du hasard mais bien de la composition de quelque bonne tête. Cette marche est fort gâtée présentement parce que chaque régiment la corrompt qui d'une façon, qui de l'autre. Les uns la battent avec des lenteurs et des entre-temps qui font pitié et choquent tellement l'oreille qu'elle en devient insupportable ; quelques autres comme Champagne la battent avec une précipitation qui tient de la folie, ce qui fait que les tambours des autres régiments ne sauraient s'accorder avec eux ; d'autres battaient la fricassée comme faisaient autrefois les régiments de Grancey, Turenne, et La Ferté en arrivant dans leurs quartiers, coutume qu'ils avaient rapportée d'Allemagne où ces régiments avaient longtemps servi pendant la guerre qui finit par le traité de Munster[1] *; d'autres ne voulaient point battre de retraite, d'autres battaient aux champs quand les autres l'assemblée. Ce sont des diversités fantastiques de régiments, inventées pour se distinguer par quelque chose d'extraordinaire, qui n'ont de fondement que le caprice de ceux qui les soutiennent, ce qu'ils ne laissent pas de faire avec opiniâtreté. C'est ce qu'il faut corriger et rendre toutes les batteries de l'infanterie française uniformes, justes et bien concertées. Ces négligences sont allées si loin que les tambours du régiment des gardes, qui devraient servir de modèle à toute l'infanterie française, observent une assez mauvaise cadence et ne battent pas juste. Il est très nécessaire de corriger toutes ces défectuosités et de ramener toutes les batteries au bon goût pour après les répandre avec uniformité dans tous les corps français.*

Quant aux fifres, il n'y en a presque plus dans les régiments et le peu qu'il y en a ne savent point du tout leur métier. A peine savent-ils jouer quelques méchants airs fort grossièrement, pas un ne sait la vieille marche qui était douce, belle et très accommodée à la dureté du bruit des tambours. Au lieu de la marche, tous jouent un vilain et faux rigaudon estropié qui ne vaut rien. La plupart de leurs instruments sont mal choisis et n'accordent pas avec les tambours, du moins ils font un son désagréable qui blesse l'oreille. Je tiens cependant l'usage de ces instruments très nécessaire parce qu'ils égayent la marche, l'animent en fonction de la cadence et forment avec les tambours un bruit de guerre qui inspire de la fierté aux troupes et quand il est bien joué, il se mêle agréablement dans toutes les différentes batteries. Le son du fifre est comme le sel des tambours, qui donne à leur bruit une pointe agréable et en rend la batterie fière et terrible. J'en propose quatre pour chaque régiment à qui il faudrait bien faire apprendre tous les airs qui peuvent convenir à nos différentes batteries, car il y en a plusieurs qui s'y accommodent. Par exemple tous les rigau-

1. Le traité de Munster (8 septembre 1648) fait partie des traités de Westphalie qui mirent fin à la guerre de Trente ans.

dons s'accordent à la marche française. Il y en a une infinité d'autres qui peuvent s'accommoder à l'assemblée, à la retraite, à la générale, à la troupe et aux dianes[1], *qui ont toutes été composées sur des airs gais, parfaitement ignorés de tous les fifres de terre de ce temps-ci, mais non tout à fait de la marine qui jouent encore toutes les dianes avec les tambours. La raison qui m'en fait proposer quatre est qu'on peut leur faire apprendre à jouer des hautbois et des flûtes douces. Je tiens cela plus utile qu'on ne saurait dire dans un régiment, parce que leur symphonie réjouit et fait plaisir à entendre, amuse agréablement le soldat et l'officier, entretient la gaîté d'autant plus nécessaire que le métier de la guerre est naturellement dur et triste de lui-même, si on ne s'étourdit par quelque chose qui tire les hommes de l'ennui où sa longue pratique les engage insensiblement. Or le jeu de ces instruments est d'autant bien reçu là qu'on n'a guère que cela pour réjouir, réveiller et charmer ses ennuis, s'entend de ceux qui ne le font que par le vin, le tabac et le jeu qui sont de mauvais moyens qu'il faut chasser des troupes autant qu'on le peut.*

Voilà quel doit être le composé d'un régiment d'infanterie. Quant au nombre des officiers et soldats, leurs gradations et pouvoirs, on le propose semblable à ceux d'à présent hors que les uns sont extrêmement faibles et les autres trop forts, ce qui produit un défaut très considérable dans l'infanterie dont nous parlerons au chapitre suivant.

DE LA FORCE DES REGIMENTS D'INFANTERIE

Pour qu'un régiment d'infanterie soit bien composé, il ne faut pas qu'il soit trop fort ou trop faible. J'appelle trop fort quand il y a plus de 30 compagnies et trop faible quand ils ne sont que de 13[2]. *Dans le premier cas, ils sont obligés à faire plusieurs bataillons qui ne sont jamais ou très rarement ensemble, dont partie n'a que des commandants passagers et d'accident qui sont peu autorisés et jamais comme les perpétuels. Dès qu'il y a plus de deux bataillons, ils sont incommodés dans les marches par la difficulté des logements qui se trouvent toujours trop serrés. Et quand il y a plus de 30 compagnies, la vie de l'homme est trop courte pour pouvoir parvenir à la tête des corps, ce qui ennuie et rebute les meilleurs officiers.*

1. La diane est la sonnerie ou la batterie du réveil.

2. La taille des régiments variait considérablement. Les régiments levés en 1702 étaient composés de deux, voire d'un seul bataillon de 13 compagnies de 45 hommes. Ce format était unanimement considéré comme insuffisant, les plus petits régiments regroupant seulement 585 hommes. Les régiments les plus anciens pouvaient, quant à eux, regrouper 4 ou 5 bataillons, voire plus. La taille des bataillons était elle-même jugée insuffisante. Ce sous-dimensionnement posait de véritables problèmes opérationnels mais il répondait à des impératifs budgétaires car il fallait répartir le poids financier de l'entretien de la troupe sur le plus grand nombre d'officiers, une compagnie étant plus facile à entretenir avec 45 hommes qu'avec 50. Vauban propose plus loin de porter les compagnies à 50 voire à 100 et les bataillons à 16 compagnies. En 1711, un pas fut franchi dans cette direction lorsque l'effectif des compagnies fut porté à 50

De si grands corps sont incommodes dans les marches et dans les garnisons où il ne se trouve pas toujours du logement autant qu'il serait nécessaire quand ils sont ensemble. Il ne fait pas même toujours sûr de confier la garde d'une place importante à un régiment seul, ce qui oblige à les séparer et cela ne fait jamais si bien, ni un bon service que quand ils sont tous ensemble.

Quand tous les bataillons de ces grands régiments tirés de différentes garnisons sont rassemblés, ils ne s'entreconnaissent le plus souvent pas et se regardent comme des étrangers. Ce sont plutôt des brigades que de véritables régiments.

Les inconvénients des régiments trop faibles, je veux dire ceux qui n'ont qu'un bataillon, sont encore plus à craindre que de ceux qui sont trop forts. Un régiment de 13 compagnies (comme sont une grande partie de ceux d'à présent) supposé complet en entrant en campagne ne sera que de 600 hommes au plus, non compris sa compagnie de grenadiers d'où s'ensuit qu'à mi-campagne, il n'est plus que de 4 ou 450 et que s'il lui arrive le moindre échec, il ne paraît plus dans le front de bandière qu'avec confusion. Et quand il n'y aurait pas d'échec, les maladies et la désertion font cet effet. Il est sûr que quatre mois de campagne ne se passent pas qu'il ne soit réduit à ce degré de faiblesse, qui le dégrade et déshonore, attendu que quand il se trouve dans cet état, il n'impose plus et devient méprisable, toujours en danger d'être battu dans les occasions ou si fort affaibli qu'il est obligé de quitter la campagne avant qu'elle finisse et de bataillonner avec d'autres, ce qui produit des sociétés discordantes qui ne font ni bon service, ni honneur à leur maître et cela parce que la faiblesse du corps impose toujours à l'esprit et donne mauvaise opinion de ses forces, ce qui n'accommode pas une armée qui se voit démembrée avant le temps, souvent sans avoir rien fait de considérable. Mais si un régiment est composé de deux ou trois bataillons ou plus, son pis-aller est d'être réduit de trois à deux ou de deux à un fort gros qui en soutient l'honneur et la fierté et le rend capable de s'acquitter de ses fonctions pendant toute la campagne avec beaucoup plus de noblesse et d'audace et se fait autrement respecter dans un jour de bataille, notamment par la cavalerie ennemie, qui n'a jamais grand empressement de charger un gros bataillon qui fait bonne contenance. D'ailleurs la force dont il se sent lui inspire de la hardiesse contre tout ce qui lui est opposé et le pousse à faire volontiers la moitié du chemin pour prêter le collet à son ennemi.

Partout ce que dessus, il est aisé de concevoir que si je n'approuve pas les trop gros régiments parce qu'ils sont plus embarrassants et difficiles à manier que les autres, j'approuve encore moins les trop petits à cause de leur faiblesse. Je compte donc que la plus grande perfection d'un régiment d'infanterie consiste dans la médiocrité qui est celle des régiments de 30 à 32 compagnies qui, dans leur moyenne force, produisent deux bataillons de 7 à 800 hommes chacun. Je suppose d'ailleurs que les compagnies pourront être augmentées [...] jusqu'à 100 hommes en temps de guerre et diminués jusqu'à 35 ou 40 en temps de paix, moyennant quoi il ne sera pas nécessaire d'une si grande quantité de régiments et un nombre médiocre comme de 72 au plus suffira pour la garde du royaume et pour pouvoir soutenir toutes les guerres en quelque temps et contre qui que ce puisse être, en ce non compris les Suisses que le Roi entretient, les étrangers, la maison du Roi et 40 ou 50 compagnies franches que l'on peut encore tirer des Invalides capables de servir dans les châteaux et citadelles où il y a peu de mouvement à faire. Il y a de plus des provinces dans le royaume sujettes aux milices comme la Bretagne, le Languedoc et le Boulonnais qui peuvent utilement servir dans leurs provinces quand il ne s'agira que de la garde de leur pays.

DES REGIMENTS D'INFANTERIE QUI SONT PRESENTEMENT SUR PIED

Le fond et l'institution de ceux d'à présent est bien telle que celle des énoncées au principe au chapitre précédent, mais imparfaite et altérée par beaucoup de négligence et de défauts, qui en diminuent considérablement le mérite. J'expliquerai ceux qui sont venus à ma connaissance après quoi j'en proposerai les corrections du mieux qu'il me sera possible. Je dis donc que le premier et plus essentiel des défauts dont l'infanterie française est présentement infectée est la faiblesse de sa solde. Le 2e, l'inégalité des corps dont nous avons proposé la correction au chapitre précédent. Le 3e est le luxe des habits et des tables, qui est parvenu à un excès insupportable et si disproportionné, qu'il n'y a point d'officier réduit à vivre de sa solde qui se puisse soutenir. Le 4e, la levée des soldats qui, étant confiée à la diligence des officiers, est faite la plus grande partie à leurs dépens, est toujours défectueuse et le plus souvent forcée, au grand dommage des peuples qui ont souffert beaucoup de pilleries, un dérangement terrible dans les familles et des troupes qui, étant perpétuellement réparée par de mauvais sujets, il ne se peut que la masse ne se corrompe et ne dégénère. Le 5e, la vénalité des charges militaires, qui introduit autant de mauvais officiers à la tête des corps où ils apportent une parfaite ignorance et dont partie vendent en détail ce qu'ils ont acheté en gros, ce qui exclut beaucoup de vieux officiers, gens de mérite, de pouvoir jamais parvenir à le tête de leur régiment[1]. Le 6e, dans la création primitive des officiers qui se fait sans aucune connaissance des sujets que l'on emploie[2]. [Le 7e dans le déni des congés que l'on refuse aux soldats jusqu'à ce qu'ils soient usés et ne puissent plus servir, ni gagner leur vie. Pour lors, au lieu de congé, on les chasse avec une espèce d'ignominie, qu'ils connaissent fort bien, ce qui fait

1. La vénalité des charges militaires était une pratique répandue bien qu'unanimement condamnée. Elle fut officiellement interdite dans les régiments d'infanterie (à l'exception des Gardes françaises) par un édit du 2 avril 1654, mais bénéficia d'un régime d'autorisation tacite. Dans les troupes montées (cavalerie, gendarmerie, dragons) elle était légale.

2. L'attribution des charges à la faveur d'une vacance, d'une résignation ou d'une levée était effectuée par le secrétaire d'Etat de la guerre sur la foi des rapports et, surtout, des recommandations qui lui étaient transmis. Le nombre considérable des officiers (entre 15 et 20 000 au temps de Vauban) empêchait évidemment qu'ils fussent tous connus du ministre.

considérer la condition de soldat comme un esclavage pour lequel ils ont une aversion invincible et c'est l'un des grands motifs qui les détermine à la désertion.] Et le 8e, l'ignorance et relâchement de la discipline, extrêmement dérangée par manque d'application des chefs.

Expliquons-nous et commençons par le premier de ces défauts. Il est évident que la solde est trop basse et que tant l'officier que le soldat n'en sauraient vivre et encore moins s'entretenir d'habits, de linge etc. Je produirai dans la suite de ce mémoire des extraits de celle d'à présent.

Le feu roi Louis XIII d'heureuse mémoire séant en son conseil en 1625 par l'avis de son connétable et des maréchaux de France extraordinairement assemblés pour cet effet, arrêta un règlement sur les gens de guerre où, entre plusieurs choses qu'il y fit, la paye du soldat fut fixée à 5 sols et le pain, ce qui fut fait avec beaucoup de connaissance de cause. Depuis ce temps-là, les revenus du roi se sont augmentés de plus de la moitié et les denrées renchéries à proportion, car l'un ne se fait pas sans l'autre. De sorte que ce qui se vendait cinq sols dans le temps que le règlement fut fait, en coûte aujourd'hui plus de dix[3]. Cependant, la solde au lieu d'avoir été augmentée à proportion est diminuée du pain. Outre et par-dessus cela, le soldat perd sur la plus-value des monnaies qui de leur côté n'ont pas peu contribué à faire renchérir les denrées.

Je ferai voir par la suite de ce mémoire qu'ils perdent un cinquième sur les malfactions du pain de munition qui n'est jamais bien cuit, ni de la qualité requise.

La vache qu'on leur distribue en campagne à raison de demi-livre par ration, leur étant précomptée sur le pied de deux sols la livre, ne leur est pas délivrée au poids des boucheries, mais sur un pied estimatif réglé sur celui de quelques 4 ou 5 vaches choisies entre les plus grasses et les mieux nourries qu'on aura pesées toutes entières, sur lesquelles on prend pied pour régler la pesanteur réduite de toutes les autres, qui ne sont pour l'ordinaire ni si pesantes, ni si grasses que celle sur quoi on s'est réglé pour l'essai. Joignons à cela que, dans la distribution qui s'en fait en détail, ceux qui la font, prennent pour eux les meilleurs morceaux et donnent aux soldats les autres, lesquels soldats, comme les moins autorisés, sont toujours les plus mal partagés et n'ont jamais les meilleurs endroits. Cependant, bien ou mal, ils en sont pour deux sols pour chaque livre de viande en déduction de leur solde. Tellement qu'il ne leur reste pas tout à fait un sol par jour des cinq sols de leur solde, ce qui n'est pas capable de suppléer au peu de mauvais pain qu'on leur donne, il s'en faut beaucoup. C'est pourquoi ils sont toujours à la faim et à la soif. Et comme l'estomac est un créancier impitoyable qui ne donne point de quartier, ils sont contraints

1. Au XVIIe siècle, la hausse tendancielle des prix a été sans cesse alimentée par la politique monétaire de la monarchie qui visait systématiquement à dévaluer la monnaie de compte (la livre tournoi).

de chercher ce qui manque à leur nourriture où ils peuvent et comme ils peuvent. Mais ne trouvant point qui leur donne, ils en prennent à toutes mains aux dépens de qui il appartient et toujours en faisant désordre et en s'exposant à mille périls par les ennemis et par ceux qui en sont pillés. Cela même fournit aux mal intentionnés des occasions de déserter, qu'ils ne manquent pas. Mais quand toutes les courses qu'ils font leur réussissaient à bien, les tourments qu'une vie pénible et si mal réglée leur cause, font tant de maladies que les hôpitaux en sont toujours pleins qui, de leur part, en font périr beaucoup et en dégoûtent bien d'autres. En sorte que ce tourment qui ne finit point, joint aux fatigues qu'ils endurent d'ailleurs, les fait bientôt mourir ou les détermine à la désertion au péril de tout ce qui peut arriver. Et [...] l'une des principales causes de la faiblesse et du désordre que l'on voit dans nos armées, s'accroît à un tel point que les régiments d'infanterie paraissent aujourd'hui plutôt des bandes de Bohême attroupées, que de véritables gens de guerre. Cette vie vagabonde affaiblit beaucoup plus les troupes que tous les avantages que les ennemis pourraient emporter sur elles, ruine à même temps les pays à six lieues à le ronde des armées et cause un dommage irréparable à l'Etat par la perte de tant de sujets, à joindre que les pays ruinés par les coureurs ôtent aux armées les moyens d'y pouvoir subsister et s'il n'y a pas moyen d'empêcher ce désordre, car une fois, il faut que le soldat vive, on a beau les châtier, on ne viendra pas à bout de les contenir tant qu'on ne leur fournira pas de quoi se mieux nourrir.

La désertion devient si générale à cette occasion, qu'elle acquiert une espèce d'impunité par la quantité de gens qui désertent et par les amnisties que le Roi est obligé d'accorder à ceux qui désertent, de temps à autre, qui en font bien revenir une partie, mais elle enhardit à même temps les autres à déserter dans l'espérance de pareil traitement. Voilà ce que la trop grande faiblesse de la solde produit. Comptons présentement et voyons si j'ai raison.

Par l'ordonnance de 1660, la paye du soldat a été réglée à 5 sols par jour, ce qui revient à 7 l. 10 s. par mois de 30 jours, revenant à 90 l. par an, sur quoi il faut être nourri et habillé. Pour l'effet de quoi, on lui retient 8 d. par jour pour la masse[1], revenant à 20 s. par mois et pour un an à . . . . 12 l.

1. La « masse » a été instituée dans les régiments d'infanterie en 1666 pour alimenter un fonds destiné à pourvoir aux frais de l'entretien courant des équipements et des habillements. Ce fonds était alimenté par un prélèvement de 1 sol sur la solde des hommes de troupes. Sur chaque sol prélevé, 8 deniers étaient remis entre les mains des commis de l'Extraordinaire des Guerres et les 4 deniers restants (1 sol vaut 12 deniers) étaient gérés par le capitaine de la compagnie. Les troupes montées ne connaissaient pas le système de la masse, car chaque cavalier était censé pourvoir lui-même à son entretien et à celui de son cheval.

Le capitaine leur retient 4 d. par jour[1] pour les chapeaux, cravates, chemises, bas, souliers et tous autres entretiens, revenant par mois à 10 s. et par an à .... 6 l.

Pour le pain pendant la guerre, à raison de 2 s. la ration, fait par jour 2 s., par mois de 30 jours et pour les six mois de campagne .... 18 l.

Pendant les six mois d'hiver, on paye les 2 s. au lieu du pain, ce qui revient à la même chose et toujours à déduire sur la solde ci.................................. 18 l.

La demie livre de vache estimée à 1 s. par jour est pour les six mois de campagne ci .... 9 l.

Les autres six mois qu'on ne donne pas la viande, on en paye le prix, c'est-à-dire un sol, ce qui est la même chose et toujours à déduire sur la solde, ci .... 9 l.

Pour le liard pour livre des Invalides[2], à raison de 7 liards et demi par mois, montant par an à 1 l. 2 s. 6 d., mais attendu que les trois deniers pour livre des 27 l. de pain et de viande fournis pendant la campagne ne sont point retenus au soldat, il faut déduire pour ce 6 s. 9 d., partant reste .... 0 l. 15 s. 9 d.

Il est à remarquer qu'il y a cinq jours de perte pour le soldat parce que l'année est de 365 jours, ce qui ferait 1 l. 5 s., mais attendu que de ces cinq jours, il y en a 3 d'été, que la paye est fournie, il faut déduire pour trois 15 s., partant reste .... 0 l. 10 s. 0 d.

Pour le frater de la compagnie qui fait la barbe à raison d'un sol par mois par an.......................... 12 s.

Total en ce non compris le déchet du pain et les rôles . . 74 l. 6 s. 9 d.

Qui, ôté de 90 l., total de la solde, reste à......... 16 l. 2 s. 3 d.

Lesquels réduits en sol font 322 s. et 3 d., à 3867 d. qui font par jour 10 d.

Voilà à quoi le soldat est réduit. Peut-on croire que des jeunes gens de 20, 25 à 30 ans, qui peinent beaucoup, puissent se passer de si peu avec un mauvais pain de livre et demi pesant, mal boulangé, plein de son et qui n'a le poids qu'il doit avoir que par le défaut de la cuisson. Il serait bien à désirer que ceux que les rois emploient pour régler le pain et la subsistance de leurs soldats, eussent passé partie de leur vie dans les peines et dans les fatigues que ces misérables souffrent et qu'ils eussent senti nombre d'années le poids d'un mousquet[3] avec tous ses accompagnements. Sans doute,

1. Il s'agit ici des 4 deniers retenus par le capitaine au titre de la masse.
2. Prélèvement de 3 deniers (un liard) par livre destiné au financement des Invalides
3. Le mousquet ne fut remplacé par le fusil qu'en 1703.

ils leur seraient plus favorables ou du moins beaucoup plus portés à les mieux traiter.

De tout ce que dessus, on doit nécessairement conclure que la paye est trop faible et qu'elle le serait même trop à six sols, sans le service des travaux et des gardes en temps de paix et que pendant la guerre, il y faut ajouter le pain gratis conditionné comme le feu roi l'avait réglé. Il est même à remarquer que quand le roi réglerait la solde de son infanterie sur ce pied, il ferait beaucoup moins par elle que son père par son règlement de 1625 par les raisons ci-devant expliquées. Voilà pour ce qui regarde le commun des soldats, voyons le préjudice que l'officier en reçoit en son particulier.

Il faut premièrement savoir que la paye du colonel en tant que colonel est de 600 lt et rien plus et, à moins qu'il ne mette la main sur le petit état-major qui est une rapine malhonnête qui va à très peu de chose, il n'a que sa compagnie de plus et quelquefois une pension du roi qui, étant arbitraire et non attachée à la charge, ne doit pas être ici comptée[1]. Tout cela peut donc aller à 16 ou 1 700 lt au plus, y compris sa compagnie. Le lieutenant-colonel a la sienne comme les autres capitaines, une petit pension et une paye de lieutenant de plus, ce qui peut lui valoir 14 ou 1500 lt. Le major a 75 lt par mois, ce qui lui vaut 900 lt par an et 300 lt de pension. Le capitaine des grenadiers[2] 105 lt par mois revenant par an à 1 260 lt, ce qui, joint à sa ration et aux places de gratification[3], peut lui valoir 1 400 lt.

Les autres capitaines ont 50 sols par jour, par mois 25 écus et par an 900^lt^. Outre ce, ils ont trois places de gratification quand leurs compagnies sont complètes. Tous ont encore quelque ustensile dans les quartiers d'hiver et l'avantage de vivre par étapes dans les marches du corps[4]. Les hôtes

1. Dans chaque régiment, le colonel possédait et administrait sa propre compagnie. Il en déléguait souvent le commandement effectif au lieutenant. Pour cette raison, les lieutenants des compagnies colonelles exerçaient de fait la fonction d'un capitaine et en possédaient, parfois, le brevet.

2. Dans tous les régiments, il y avait une compagnie de grenadiers par bataillon. Le capitaine des grenadiers jouissait de certains avantages financiers. Il pouvait, notamment, recruter ses soldats en les prélevant dans les autres compagnies du régiment moyennant le versement d'une assez faible indemnité aux capitaines ainsi privés de leurs meilleurs éléments. Cette faculté dispensait les capitaines des grenadiers de la coûteuse nécessité des campagnes de recrutement. Cette fonction était donc accessible à des officiers peu fortunés, choisis parmi les méritants et les plus téméraires (les grenadiers formaient toujours les premières vagues d'assaut).

3. La place de gratification correspond à la solde d'un soldat. Le capitaine en recevait trois lorsque sa compagnie était complète (45 hommes en 1703), deux quand elle atteignait 42 et une à partir de 39. Ces gratifications suggèrent que l'effectif réel des compagnies dépassait rarement le seuil des 40 hommes.

4. L'ustensile est une somme de 1 500 livres tournois allouée aux capitaines pour l'entretien et les réparations de leur compagnie pendant les cinq mois de quartier d'hiver. En campagne, la nourriture de la troupe était assurée par l'administration royale qui organisait les étapes.

suppléent au surplus de quelque chose sur quoi et moyennant les 4 deniers par jour qu'ils retiennent à leurs soldats, ils sont obligés de les entretenir de chemises, cravates, chapeaux, bas, souliers et généralement de tout. C'est eux qui portent aussi les coûts inopinés des compagnies, comme perte d'habits par les soldats dépouillés, perte et rupture de leurs armes, désertion qu'il faut remplacer. Ils sont obligés de pourvoir à l'entretien de leurs compagnies. Tous payent les rôles à raison d'un écu par mois, sans en rien faire payer aux soldats, ni même aux officiers subalternes. Ils payent le liard pour livre de toute la compagnie. Finalement, ils sont tenus à l'entretien des armes et des recrues, moyennant quelque somme très médiocre que le roi leur donne en temps de guerre, mais non en temps de paix. Ce qui fait que, tout compte rabattu, il leur reste si peu de chose pour subsister que cela les rend très malaisés et toujours nécessiteux. A joindre que les fréquentes désertions les ruinent et les réduisent dans une impuissance qui en force plusieurs, qui ont très bonne volonté d'ailleurs, à quitter et à abandonner leurs compagnies faute de pouvoir les soutenir quand ils ne peuvent pas tirer de chez eux de quoi suppléer à l'indigence qui les accable[1].

Le grand mal que ce défaut cause dans les troupes est qu'aucun homme de service, quelque mérite qu'il ait, ne peut songer à venir à la tête d'un régiment s'il n'a du bien de chez soi, parce qu'il n'y a pas de quoi vivre. On n'a pas même grand empressement pour la charge de lieutenant-colonel, parce qu'au sortir de là, après avoir longtemps langui dans ce poste, on les fait lieutenant de roi ou major de place, où ils deviennent les hôtes de tous les passants qualifiés, avec de si médiocres appointements que, quand ils meurent, à peine ont-ils de quoi se faire enterrer et sont souvent fort endettés[2]. C'est cependant le terme des récompenses que les meilleurs officiers d'infanterie peuvent se proposer. Car nous n'en voyons guère aller plus loin, ce qui fait aussi que ceux qui les suivent et qui ont d'ailleurs mille peines à

1. L'examen détaillé des comptes d'une compagnie d'infanterie confirme le diagnostic de Vauban. Les papiers laissés par le comte de Bombelles, major du régiment de Boufflers de 1706 à 1711 (A.D. Yvelines, E 365-369), montre que les capitaines étaient obligés d'investir tout l'argent qu'ils recevaient du roi dans l'entretien de leur compagnie, se privant ainsi de la rétribution de leurs services. Ils ne pouvaient donc assurer leur propre subsistance qu'en prélevant sur leurs revenus personnels ou familiaux une somme qui s'élevait à plusieurs centaines de livres par an.

2. La charge de lieutenant-colonel était attribuée aux capitaines les plus anciens et les plus méritants. Elle offrait une perspective de fin de carrière honorable à ceux qui n'avaient pas les moyens d'acheter ou d'entretenir un régiment, condition nécessaire pour accéder au rang d'officier général. Les lieutenants-colonels les plus âgés finissaient par être « placés » en recevant une charge dans l'état-major d'une garnison (lieutenant de roi ou major) où ils finissaient leur vie. Ces fonctions qui les reposaient des fatigues et des dépenses de la guerre ne rapportaient que de maigres appointements et exigeaient certains frais de représentation. On peut retenir, à titre d'illustration, le cas du sieur Montaut, entré aux cadets en 1685, capitaine en 1693, capitaine des grenadiers en 1706, puis lieutenant de roi d'Avesnes à partir de 1715. A sa mort, en 1736, il laisse 5 000 livres de dettes à sa veuve (SHD, Yd 1).

soutenir le service courant, ne voyant que cela et quelque majorité de place en quoi ils puissent espérer, le plus souvent très éloignée d'eux et fort incertaine, perdent courage, ne se donnent que de très médiocres applications et ne s'évertuent pas comme ils pourraient si leurs espérances étaient flattées de quelque chose de plus attirant. Malheur qui ne se peut exprimer puisqu'il exclut les gens de se pouvoir faire du mérite et les réduit à faire place à de jeunes gens qui, venant là pour leur argent, y apportent trop peu de service et beaucoup de recommandation[1]. Ce sont des écoliers qui, ne faisant que sortir des mains de leurs précepteurs, viennent là après un an ou deux de mauvais service, sans avoir rien vu de considérable et le plus souvent sans application, qui n'apportent aucune capacité personnelle, qui ne vont à leur régiment que rarement et toujours tard et s'en retournent le plus tôt qu'ils peuvent, qui n'en prennent de connaissance que pour y introduire l'uniformité des tailles des habits, des rubans, des chapeaux bordés, des barbes à la mode, des habits galonnés qui coûtent moitié de la solde et souvent plus. Plusieurs vendent sous-main les emplois et pillotent sur tout ce qui tombe à leur portée[2]. On me dira, et cela est vrai, que tous ne le font pas, mais il y en a beaucoup qui le font autant qu'ils peuvent. Il arrive même ordinairement que la première année qu'ils entrent en possession de leur régiment, ils sont écoliers des lieutenants-colonels, la 2e, il deviennent leurs camarades et la 3e, leurs maîtres. Après quoi, ils n'ont pas de cesse qu'ils ne les aient chassés comme gens incommodes à qui ils imputent ce qui leur plaît, car ce lieutenant-colonel qui est venu là par ses services est pour l'ordinaire un vieil officier naturellement chagrin de se voir commandé par un jeune homme qu'il croit lui voler le fruit de ses services, n'approuve pas toujours ce qu'il fait ou se met souvent en travers des nouveautés qu'il veut introduire, ce qui déplaît à l'autre et l'en fait haïr aussi bien que les officiers qui lui ressemblent. C'est pourquoi le colonel fait ce qu'il peut pour faire sortir tous ceux qui se mêlent de critiquer sa conduite ou ne pas approuver tout ce qu'il fait, en quoi il réussit ordinairement et

1. Dans l'infanterie, l'attribution des régiments ne correspondait à aucune règle d'ancienneté ou de mérite. Le roi distribuait les régiments comme des faveurs à des jeunes gens fortunés, qui recevaient une formation rapide (un an ou deux) dans des unités telles que les mousquetaires du roi, avant de devenir capitaine et de rester quelques années à ce grade. Ces officiers étaient donc promus colonels après 5 à 6 ans d'ancienneté lésant ainsi leurs aînés moins fortunés en attente d'une promotion. Le roi pouvait aussi attribuer des régiments à de parfaits débutants, alimentant ainsi le scandale des enfants colonels unanimement décrié. Mais les cas tels que celui du fils du maréchal de Boufflers qui reçut un régiment à l'âge de 12 ans en 1706 étaient exceptionnels.

2. Lorsqu'une charge était vacante dans un régiment, le colonel était le mieux placé pour proposer des candidatures qui, le plus souvent, étaient agréées par le secrétaire d'Etat de la guerre. Cette faculté permettait à certains colonels de monnayer leurs recommandations. Il ne s'agissait donc pas, à proprement parler, d'une vente car le colonel n'était pas propriétaire des charges de son régiment.

cela s'appelle purger le régiment. Cependant, rien n'est plus opposé au service du roi que ces façons d'agir, qui vont presque toujours à chasser ce qu'il y a de meilleurs officiers dans les corps car ce sont, pour l'ordinaire, les plus vieux et les plus sages. Je ne conçois donc rien de si mauvais, ni de plus injuste que de telles conduites qui ne laissent pas de leur réussir et on peut dire en cela comme en bien d'autres choses que l'intérêt et les passions des particuliers prévalent sur le service du roi dans la partie qui lui doit être la plus sensible. Car que peut-on attendre de la jeunesse de ces colonels dans une jour d'occasion ? par où s'y prendront-ils ? et quelle ressource pour un général ? La raison, qui veut que les plus sages et expérimentés conduisent les autres, n'est-elle pas là bien vilipendée ? Que peut-on espérer d'un homme de 18, 20 à 25 ans[1] ? Où a-t-il appris la guerre ? Cependant on le fait colonel sans avoir égard que la faute d'un seul est capable de faire battre une armée entière et que la perte d'une bataille peut entraîner celle du royaume. Quelle faute n'est-ce donc pas que celle-là ? Ne faut-il pas avouer que le véritable intérêt de l'Etat est bien négligé dans ces promotions ? Pour réparer ces fautes et donner moyen à la vertu de pouvoir éclore, je n'y vois de bon que mettre de quoi vivre à la tête des corps, chose à quoi il sera de parvenir si Sa Majesté voulait bien établir la solde comme il sera proposé au chapitre où il est traité de celle des troupes[2]. Ce remède mettrait les gens de service en état d'y pouvoir subsister et le roi aurait toujours d'excellents officiers, chaque particulier de ses troupes s'évertuerait pour y parvenir. Tous les officiers travailleraient pour se rendre dignes des premiers emplois de leur régiment et chaque colonel vaudrait un général d'armée. Mais, pour y bien réussir, il ne faut songer qu'au bien de l'Etat et n'avoir d'égard qu'au mérite, en faire le cas qu'on doit et le considérer comme un présent que Dieu fait aux rois qu'il faut savoir choisir et en faire une application convenable. Quand il se rencontre dans un homme de qualité, riche et puissant, à la bonne heure, il ne faut pas manquer d'aider à sa bonne volonté et de l'employer, mais il est rare qu'un homme élevé dans l'abondance, accoutumé à faire bonne chère et à une vie molle et agréable, qui a toujours été bien nourri, bien couché, bien levé, se puisse longtemps accommoder de la sujétion et des peines qu'on souffre dans les armées, de tous les périls et mauvais temps qu'il y faut essuyer et de la mauvaise chère qu'on y fait. Il en coûte trop pour s'acquérir du mérite, il n'y a guère de moyen de l'acheter si

1. Vauban, une fois n'est pas coutume, cède aux excès de la polémique en validant le stéréotype de l'enfant colonel. L'âge moyen des colonels tel qu'il apparaît dans les états de services recueillis entre 1705 et 1709 (SHD, sous-série Xb) se situe entre 28 et 31 ans, selon les régiments.

2. Pour briser le privilège de la fortune, Vauban propose d'augmenter les appointements des officiers pour permettre à chacun de faire face aux dépenses occasionnées par l'entretien de la troupe. Il faut remarquer ici, que Vauban ne propose pas de modifier radicalement le mode de financement de l'armée, l'officier restant toujours impliqué dans les comptes de son unité.

cher. La vie de l'homme de guerre qui veut bien s'acquitter de son devoir est une vie dure et pénible, qui n'est praticable que par les simples soldats et pauvres gentilshommes peu accommodés de biens et cela parce que leur fortune est médiocre et qu'ils n'ont que ce moyen-là pour s'en tirer d'affaires du côté de l'honneur et des biens, seule ressource de la pauvre noblesse. Comme la jeunesse de ceux-ci n'est pas assaisonnée de beaucoup de commodités et que les raisons qu'ils ont de s'attacher exactement au service sont pressantes, ils doivent beaucoup mieux s'appliquer, cela est naturel. Ceux qui, sans être gentilshommes de naissance mais qui ont quelque rang dans la bourgeoisie qui les élève un peu au-dessus des autres et leur donne envie de se tirer de pair d'avec leurs concitoyens, sont encore propres à faire de bons officiers quand l'esprit et le courage sont de la partie. Il n'en faut pas non plus totalement exclure les simples soldats parmi lesquels il se trouve des courages intrépides et des esprits tels que s'ils pouvaient espérer de parvenir à quelque degré d'élévation, qui les mît en état de pouvoir vivre honnêtement, ils pourraient par les suites devenir de très bons officiers. Il faut, pour faire d'excellentes troupes, tendre non seulement les mains au mérite, mais aller au-devant de lui. En quelque sujet qu'il se rencontre, il est toujours excellent. Dieu qui est le Père et le Créateur de tous les hommes se moque de nos distinctions et loge le bon esprit où il lui plaît. Tous les hommes sont les mêmes devant lui. Combien en a-t-on vu qui, de rien ou de fort peu de chose, sont devenus excellents dans l'Epée ou dans la Robe. Le bon esprit et le courage sont de tous pays et de toutes conditions. Il faut les prendre où on les trouve, c'est une marchandise rare et précieuse. Heureux les princes qui savent les choisir et les employer à propos. Les biens ne doivent ici être considérés qu'en 2e lieu et seulement en vue que ceux qui en ont s'en puissent servir pour l'assistance de leur troupe et ceux qui en ont ne doivent pas être cause de l'exclusion de ceux qui n'en ont point. Bien au contraire, il est sûr que ceux-ci seront plus soumis, plus assidus à leurs charges et bien plus appliqués et moins distraits que ceux qui ont de leur cru de quoi se passer su service, parce que, leur emploi leur tenant lieu de bien, ils craindront de le perdre, ils se donneront même à meilleur marché que les autres. Il n'y a enfin rien de tel que de mettre de quoi vivre à la tête des corps pour être bien servi, moyennant quoi le roi sera à même de choisir et de se faire les meilleurs officiers du monde. Il n'aura pour cela qu'à bien placer son choix et prendre garde à ne se pas tromper. Rien n'est plus important pour son service et celui de l'Etat, qui est le même, que la bonne composition de ses troupes. Et puisque la gloire et la sûreté toute entière en dépendent, on ne saurait apporter trop de soin à les perfectionner. La nature est abondante, le roi a les hommes et l'argent. Il ne faut que les façons. C'est pourquoi il ne tiendra qu'à Sa Majesté d'être bientôt au fait.

Pour mieux faire voir quelle est la solde présente des troupes, je crois que je ne ferai pas mal d'en joindre ici un détail.

Détail des paiements de l'infanterie française telle qu'elle était l'année 1702.

Pour une compagnie de grenadiers[1] complète à 45, les officiers non compris pour un jour

Au capitaine	3^{lt} 10 s 0 d
Au lieutenant	1. 12. 0.
Au sous-lieutenant	1. 0. 0.
2 sergents à 11 s chacun	1. 2. 0.
3 caporaux à 8 s chacun	1. 4. 0.
3 anspessades à 7 s chacun	1. 1. 0.
37 grenadiers à 6 s chacun, 1 tambour compris	11. 2. 0.
Pour trois payes de gratification au capitaine	0. 18. 0.
Total pour un jour	21. 9. 0.

On paye au capitaine outre ses appointements les trois places de gratification de 6 sols chacune, sa compagnie étant à 45 hommes, deux quand elle n'est que de 42 et une seulement quand il n'y en a que 39. On ne paye au-dessous que les présents effectifs sans gratification.

Pour une compagnie ordinaire

Au capitaine	2^{lt} 10s 0d
Au lieutenant	1. 0. 0.
Au sous-lieutenant	0. 15. 0.
2 sergents à 10 s chacun	1. 0. 0.
3 caporaux à 7 chacun	1. 1. 0.
3 lanspessades[2] à 6 s.	0. 18. 0.
10 piquiers[3] à 5 s chacun	2. 15. 0.
27 fusiliers à 5 s chacun	6. 15. 0.
Pour trois places de gratification	0. 15. 0.
Total pour un jour	17^{lt} 9s. 0d.

On retient une masse chez le trésorier d'un sol pour chaque homme pour l'habillement de la compagnie, sur lequel sol, le trésorier remet 4 deniers au capitaine, qui servent à l'entretien des chapeaux, bas, souliers, chemises, cravates et autres menues réparations du soldat. *[Note margi-*

1. Les grenadiers étaient considérés comme des soldats d'élite et percevaient, à ce titre, uns solde supérieure à celle des fantassins. Il y avait une compagnie de grenadiers par bataillon.

2. Comme ses contemporains, Vauban utilise indifféremment la forme « anspessade » ou « lanspessade ».

3. L'association entre piquiers et mousquetaires vivait en 1702 sa dernière année. Les piquiers furent supprimés en 1703 avec l'adoption du fusil équipé d'une baïonnette à douille.

nale rognée par la reliure.} Il est à remarquer que le trésorier ne vide jamais ses mains des huit deniers de masse qu'en vertu des ordres des directeurs pour être payés aux marchands et lorsqu'il se rencontre que les 8 deniers de masse ne sont pas suffisants comme il arrive très souvent, le surplus se retient sur les appointements du capitaine[1] suivant le billet qu'en donne le même directeur, ce qui va ordinairement à dix livres par mois plus ou moins. Etant à observer qu'outre cette retenue sur les appointements d'un capitaine, il porte encore les frais de sa compagnie, savoir les 3 deniers pour livre, tant de ses appointements que de la solde des sergents, soldats et des officiers subalternes de sa compagnie. Le rôle qui se paye ordinairement à 40 sols, quoiqu'il ne soit taxé qu'à 20 sols dont le commis ou trésorier particulier fait recette au profit du trésorier général, le surplus se donne gratuitement audit commis qui fait le décompte.

Détail d'une compagnie ordinaire par mois

	Par jour	Par mois
Au capitaine	2 lt 10s	75 lt 0.
Au lieutenant	1. 10.	30. 0.
Au sous-lieutenant	0. 15	22. 10.
Deux sergents à 10 s chacun	1. 0.	30. 0.
Trois caporaux à 7 s chacun	1. 10.	31. 10.
Trois anspessades à 6 s chacun	0. 18.	27. 0.
Dix piquiers à chacun 5 s 6 d	2. 15.	82. 10.
27 fusiliers compris le tambour à chacun 5 s	6. 15.	202. 10.
Une paye de gratification au capitaine (on ne compte que moitié des places de gratification à cause de leur mobilité)	0. 7. 6.	11. 5.
45 hommes et pour la solde	17. 1. 6.	501. 5.

Dépense

3 deniers pour livre	6 lt 8 s.
Rôle ou quittance ès sacs	2. 5.
Au chirurgien major	4.[...]

Retenus de la masse sur les appointements du capitaine, menues réparations et autres dépenses, attendu que les quatre deniers ci-dessus mentionnés ne sont pas suffisants, sont pour sorties d'hôpital à raison de 6 sols par homme et 30 sols pour les morts[2] ; hautes payes

1. On voit ici comment le déficit des comptes de la compagnie peut peser sur les finances personnelles du capitaine.

2. Le capitaine pouvait compenser le paiement des frais d'hospitalisation en récupérant les effets du défunt.

volontaires et néanmoins établis dans les corps, savoir au tambour major pour instruire les autres à raison de 10 sols par compagnie et un sol d'augmentation de paye qu'on ne peut estimer moins de 12 lt par mois, l'un portant l'autre . . . . 12. 0. 0.

Total des faux-frais. . . . . 34. 9. 8.

Les appointements du capitaine sont par mois de . . . . 75. 0. 0.

Les frais supportés par ledit capitaine . . . . 34. 9. 8.

Qui, ôtés de 75 lt, reste . . . . 40. 10. 4.

S'il est payé pour toute l'année

[…]

courant de l'année et la rendre complète au mois de mars, armée, habillée et fournie de tentes.

L'ustensile monte à 5 lt par jour, par compagnie d'infanterie, de laquelle somme le lieutenant touche . . . . . . 0. 6. 0.

Le lieutenant réformé, sous-lieutenant, enseigne . . . . 0. 4. 0.

L'aide-major . . . . 0. 1. 0.

Et partant, il reste pour le capitaine . . . . 4. 5. 0.

Lorsque le capitaine a servi en campagne[1], il jouit pendant l'hiver de ses places d'ustensile qu'il touche du trésorier montant pendant 150 jours de quartier d'hiver à . . . . 637. 10.

Si c'est d'un régiment de campagne, il n'est payé que sur le pied de cinq mois de quartier[2] montant à . . . . . . 283. 12. 4.

Et pour 7 mois de campagne . . . . 94. 10.

Ustensile du quartier d'hiver . . . . 637. 10.

Fourrage à raison de 4 rations pour le capitaine pendant 150 jours, estimé à 6 s par ration . . . . 180. 0.

Pour le pain de 7 mois de campagne à raison de 2^s^ la ration[3] et de 6 rations au capitaine . . . . 126. 0. 0.

Pour 6 rations de viande à 6 s par jour pendant ledit temps . . . . 54. 0.

Total de ses appointements, profits et émoluments d'une année . . . . 1 425. 0. 0.

1. Le montant de l'ustensile perçu par le capitaine dépendait de l'affectation de sa compagnie au service de campagne ou de garnison.

2. L'année militaire était divisée en douze mois de trente jours répartis en cinq mois de quartier d'hiver (du 1er octobre au 1er mars) et 7 de campagne (du 1er mars au 1er octobre).

3. Pendant la campagne, la subsistance de la troupe était assurée par le versement de rations de pain, de viande imputées sur la solde. Chaque officier recevait en outre des rations de fourrage pour nourrir ses chevaux.

Su quoi, ôtant les frais plus connus, montant à......	413. 12. 0.
Reste à faire état pour lui de	1 011. 8. 0.

Et ce non compris les pertes sur l'argent[1].

Appointements de l'Etat Major

	Par jour	Par mois
Colonel	1. 13. 4	50. 0. 0.
Lieutenant-colonel	1. 0. 0.	30.
Major	2. 10. 0.	75
Aide-Major	1. 13. 4	50
Les deux enseignes colonelles et lieutenance-colonelle	1. 10. 0.	45
Maréchal des logis	1. 0. 0.	30
Aumônier	0. 10. 0.	15
Chirurgien major	0. 10. 0.	15
Prévôt	1. 6. 8.	40
Lieutenance de prévôt	0. 13. 4.	20
Greffier	0. 8. 4.	12
A chacun des cinq archers et l'exécuteur à 5^{s}	1. 15. 0.	52
Fait	Par jour 14. 10.	Par mois 435

Outre les appointements ci-dessus, le Roi donne les fourrages aux officiers en pied et réformés suivant les places qu'ils disent avoir pendant l'hiver

	Rations par jour	Par mois
Au colonel	6 } à 6^{s}	90^{lt}. 0^{s}. 0^{d}.
En qualité de capitaine	4 }	
Lieutenant-colonel en cette qualité et de capitaine	7	63. 0. 0.
Capitaine	4	36
Lieutenant, sous-lieutenant et enseigne	2	18
Major	5	45
Aide-major	3	27
Prévôt	1	9
Aumônier	1	9
Fait	Par jour, 33 à 6 sols	Par mois, 297^{lt} 0. 0.

1. Les créances de l'Etat à l'égard des officiers et des fournisseurs aux armées étaient émises sous la forme de « billets » (d'ustensile, de subsistance, etc.) de plus en plus dévalués. A la fin de la guerre de Succession d'Espagne, ces effets monétaires n'étaient reçus qu'avec une perte de 75 à 80 % de leur valeur.

Pendant la campagne, le capitaine n'a de paye que 6 sols par jour et 6 rations de pain. Il supporte les mêmes frais comme pendant l'hiver, excepté la masse qu'on ne retient point pendant la campagne.

Le soldat n'est payé que d'un sol par jour avec une ration de pain et une ration de viande de demi-livre au moyen de quoi le Roi retient 2 sols pour la ration de pain et un sol pour la viande et lorsqu'on ne donne point de viande, le soldat touche 2 sols et le pain, ce qui revient à l'équivalent des 5 sols de sa solde.

Les troupes destinées pour tenir garnison dans les places pendant la campagne sont payées de leur solde ordinaire, sur quoi est déduit le pain, la masse et le sixième des appointements des officiers.

On peut connaître par le détail ci-dessus que la bassesse de la solde est outrée et insoutenable, étant moralement impossible que tant les officiers que les soldats puissent subsister.

Continuons présentement l'ordre que nous nous sommes proposé au commencement de ce chapitre.

Nous avons repris ailleurs les défauts de l'inégalité des régiments, c'est pourquoi nous n'en parlerons pas ici pour ne pas faire de répétition inutile.

Quant au luxe des habits et des tables si disproportionnés à la solde et le plus souvent aux biens de la plupart de ceux qui s'y laissent aller, il faut avouer que ceux qui n'en concevraient pas l'abus seraient bien privés de raison. Se trouverait-il quelqu'un assez peu sensé pour approuver qu'un lieutenant qui n'a que 360 lt d'appointements se fasse faire un habit de 30 louis par la seule raison de l'uniformité des habits et pour paraître ce qu'il n'est pas et si, pour suppléer à l'horrible brèche que cette folie cause à sa solde, il n'a pas de bien de chez lui comme cela se trouve bien plus souvent qu'autrement ? Que deviendra-t-il et de quoi veut-on qu'il vive et qu'il puisse avoir un cheval ? Il faut convenir est fort à plaindre car il sera réduit de toute nécessité à quitter le service ou obligé d'inventer quelque nouveau moyen de subsister. Mais quel tout compté et rabattu, il vaut mieux qu'il quitte que de se déshonorer et devenir un fripon. Cependant, ce peut être un brave soldat bien fait qui, par les suites, aurait pu devenir un très bon officier. Ce que je dis du lieutenant et du sous-lieutenant se peut entendre jusqu'au capitaine qui, étant déjà dans des faux-frais d'une compagnie qui absorbent moitié de sa solde, le reste s'en va en habits uniformes, moyennant quoi il faut qu'il tire de chez lui de quoi remplacer ou qu'il vive d'industrie. Je laisse à penser ce que peut être cette industrie[1]. Le

1. Les flottements de l'administration autorisaient de nombreuses fraudes. Les capitaines étaient souvent accusés de retenir indûment une partie de la solde de leurs hommes, voire de leur salaire lorsqu'ils étaient employés pour des travaux de terrassement ou de fortification. En garnison, les occasions de contrebande et de trafics de toutes sortes étaient nombreuses. Enfin, le maraudage restait un usage fréquent, surtout dans les opérations de petite guerre.

luxe[1] ne s'en est pas tenu à la simple dorure des habits. Il n'est si petit officier, qui ne soit aujourd'hui endentellé, pas un qui ne soit coiffé d'une perruque à long cheveux, poudrée et frisée avec grand soin. Les cheveux naturels ne sont plus à la mode et la corruption est allée si loin qu'on montre au doigt présentement ceux qui sont en cheveux, comme on montrait il y a 20 ans, ceux qui étaient en perruque. L'extravagante mode des habits, qui n'admet de justaucorps qu'à pans repliés de 7 ou 8 plis de chaque côté des poches et des manches de théâtre que par extravagante largeur, ôtant moitié de l'usage des bras, les cravates, qui font deux tours et qui font l'équivalent de la corde au col de ceux qui en sont parés et les tiennent toujours en état d'être étranglés par les premiers qui pourront les saisir collet, n'est-elle pas digne de ceux qui les portent ? Le luxe s'est emparé des gens de guerre, qui ne devraient jamais le connaître, comme des gens de cour et Dieu veuille que cela n'aille pas jusqu'à nous prétintailler et mettre du rouge et des mouches, car il ne nous manque plus que cela pour achever de nous donner le dernier ridicule.

Le luxe des tables n'imite pas mal celui des habits. Les officiers généraux, intendants, gouverneurs et colonels qui n'ont pas de quoi tenir table ou qui ne la tiennent pas, ont beau avoir du mérite, fussent-ils les premiers hommes du monde et les plus dignes de leurs emplois, quiconque ne mange pas n'a pas la voix publique favorable, loin de là. Il sera méprisé et qui plus est haï. Il faut manger et faire manger, boire outre mesure et délicatement si vous voulez être approuvé. Autrement, il est sûr que vous ne le serez pas. Je sais fort que de tout temps on a bu et mangé en France, qu'on s'est piqué de tenir table même délicatement et que ceux qui ont eu de quoi s'en sont fait honneur, mais il faut avouer qu'on en a fort abusé ces derniers temps, que cela est allé à de grands excès, qu'on y a adjoint beaucoup de raffinement et que la chère se fait avec beaucoup plus d'abondance que du passé, aussi voit-on plus de gens gras qu'on ne faisait autrefois et, généralement parlant, plus de vieillards prématurés et de gens incommodés que du passé parce qu'on mange plus de ragoût et que ceux qui ont de quoi faire bonne chère la font plus ample et plus délicate qu'on ne faisait, ce qui fait qu'on mange par excès, qu'on ruine sa santé de fort bonne heure et qu'on dépense par conséquent davantage. Et comme on fait consister un certain honneur à cela, on s'y ruine parce qu'il est sûr que plus on mange et fait manger, plus on est estimé. Fussiez-vous un fat des plus accomplis, si votre table est bonne et que vous mangiez bien, vous ne

1. La condamnation du luxe infléchit la logique des édits somptuaires qui exceptaient l'armée du champ d'application de la loi. Le faste y était légitimé comme l'expression de la grandeur de la monarchie. En fait, Vauban dénonce l'appropriation individuelle de la « somptuosité d'Etat » décrite par Michèle Fogel [« Modèle d'Etat et modèle social de dépense : les lois somptuaires en France de 1485 à 1660 », dans *Genèse de l'Etat moderne* (vol 5), 1988].

manquerez jamais d'approbateur, étrange effet de la gourmandise de se faire honneur de ce qui a passé de tout temps pour un défaut horrible et reprochable des toutes les nations civilisées jusque-là qu'il passe chez les Chrétiens pour l'un des sept péchés mortels. C'est pourtant où nous en sommes et ce qui ruine la plupart des familles et beaucoup plus les gens de guerre que les autres, parce qu'ils s'en piquent davantage. Le moyen de réprimer ce vilain vice est de blâmer et condamner les gourmands et les ivrognes, à tout propos de louer la frugalité et en faire cas, de dénigrer la gourmandise comme un vice abominable, de ne donner que très difficilement des emplois à ces gens-là et de les considérer comme incapables de servir et gens à qui on ne peut confier une affaire importante et de ne leur point tenir compte du bien qu'ils disent pour raison de leur importunité avoir mangé au service du Roi parce que, supposé une paye raisonnable, il faut s'en contenter et en savoir vivre et n'y employer en plus du sien, que celui qu'on mangerait chez soi.

Pour ce qui est de la levée des troupes, on ne saurait assez dire le mal qu'elle a fait dans les royaume, de la façon qu'elle se pratique aujourd'hui. Le chapitre [...] quel est mon avis sur cela. Comme il est assez de taille, je m'abstiendrai d'en parler ici davantage.

A l'égard de l'ignorance et relâchement de la discipline, on trouvera les plaintes que j'en fais, répandues dans tout cet ouvrage, de même que les réparations d'une manière infaillible, qui remettraient tout dans l'ordre. C'est pourquoi, je n'en ferai point ici de chapitre particulier après avoir exposé les défauts plus marqués de notre infanterie, car il s'en faut bien que je n'aie parlé de tout, puisque je n'ai encore rien dit de la création des capitaines souvent très aventurée, ni de celle des officiers subalternes, selon moi la plus importante de toute, cet ordre devant être comme la pépinière de tous ceux qui sont au-dessus et pour lequel on se donne le moins d'attention. C'est de quoi nous ferons un chapitre à part, aussi bien que de la levée et enrôlement des soldats, qui est encore plus défectueuse, attendant quoi, j'estime qu'il est à propos de parler de la désertion, qui est le pernicieux de tous par rapport au Roi et à l'Etat et à la bonté de ses troupes.

DE LA DESERTION

De tout ce qui peut affaiblir les armées et ruiner les troupes, rien n'est si dangereux que la désertion. Elle me paraît un mal contagieux qui communique aisément d'un corps à l'autre et dont il est quelquefois bien difficile de pouvoir pénétrer la cause, un mal caché dont les accès sont d'autant plus fâcheux qu'ils sont tous imprévus et surprenants. Et c'est ce qui fait qu'on voit si peu de bonnes troupes ou qui puissent demeurer longtemps telles, vu que pour les pouvoir maintenir complètes et en état de servir, il faut être dans des renouvellements perpétuels qui ruinent les officiers et épuisent les provinces de jeunes gens. Et si après qu'on a bien fait des efforts pour rendre les bataillons complets, on peut s'assurer qu'ils ne le seront pas longtemps et que bientôt la désertion y fera de grandes brèches, à quoi il faut ajouter que ces réparations continuelles remplissent les corps de nouveaux soldats inexpérimentés qui n'ont nulle bonne volonté, sont tous sujets au mal du pays et à beaucoup d'autres qui en font mourir plusieurs avant qu'ils soient accoutumés aux services, joint que la désertion s'y met encore plus fréquemment que parmi les vieux. Combien a-t-on vu de bataillons forts de 8 à 900 hommes au commencement des campagnes, qui sans avoir vu d'action ont été réduits à la moitié avant la paix et quelquefois à moins ? Combien d'armées fortes de 25 à 30 mille hommes ont été diminuées en très peu de temps du tiers ou de la moitié par l'infidélité des déserteurs qui, le plus souvent, vont renforcer celle des ennemis, sans compter qu'il s'est vu des corps entiers passer d'un parti à l'autre sur le point de donner combat ? Quels projets ne rompt point la désertion quand elle se met dans une armée et à quel périls ne l'expose-t-elle pas ? Combien a-t-on vu de sentinelles et de vedettes et même des gardes entières de cavalerie et d'infanterie abandonner leurs postes, soit dans les armées quand elles assiègent ou dans le camp ou en présence de l'ennemi ou dans les places assiégées ou dans celles qui ne le sont pas, par la lâcheté des déserteurs qui n'ont que trop souvent donné lieu aux ennemis d'entreprendre, soit en leur apprenant ce qu'ils ne savaient pas, ou en leur servant de guides pour les mener aux postes qu'ils venaient d'abandonner, perfidie sans égale et cependant un des attributs de la désertion. Je laisse à penser de l'inquiétude que peut avoir un gouvernement à la nouvelle d'un poste voisin de l'ennemi qui vient d'être abandonné par ceux qui en avaient la garde. A qui se fiera-t-il et sur qui peut-il compter puisque la plus grande partie de sa garnison est composée de gens qui n'attendent peut-être que l'occasion d'en faire autant ? Que doit-il présumer de la défense de ses dehors et postes avancés, s'il est obligé de défier de tout ce qui l'environne. Quelles mesures prendre pour remédier à de tels désordres quand l'on a les ennemis à sa porte ou que l'on est attaqué et à quoi des armées en corps ou séparées par quartiers qui ont des gardes avancées devant elles, sur lesquelles elles se reposent et qui désertent, ne sont-elles pas exposées spécialement la nuit quand on est près ou en présence de l'ennemi ? Je ne crois pas que l'on puisse rien concevoir de plus pernicieux ni de plus contraire à la prospérité des armes du Roi que la désertion. On n'est d'ordinaire exposé aux dangers de la guerre qu'en de certaines occasions, lesquelles passées on est en repos et sans inquiétude jusqu'à ce qu'il en revienne d'autres. Mais celui de la désertion est si continu dans les troupes et y a tellement pris racine qu'il n'y en a point qui n'en soit de très longtemps infectée sans que, jusqu'ici, on ait pu venir à bout d'y remédier, ce qui a persuadé à plusieurs, non sans raison, que ce mal est incurable et de la nature de ceux que les remèdes inhumains ne font qu'aigrir. Cela même s'accorde parfaitement au succès des punitions que l'on exerce sur les déserteurs puisque les châtiments que l'on en fait ne les corrigent pas et que la crainte qu'ils en ont les empêche moins de sortir du royaume que d'y revenir après qu'ils ont déserté, d'où il arrive que ce sont autant d'hommes perdus pour le Roi de toutes façons et autant de gagnés pour l'ennemi. De sorte que la perte d'un seul homme peut être toujours comptée pour deux. Quand on recherchera bien la raison d'un tel désordre, on ne trouvera pas que la désertion puisse être toute attribuée à la légèreté de la nation, vu qu'il s'en trouve des corps entiers fort nombreux qui n'y sont pas sujets car dans les Gardes du corps, gendarmes et chevau-légers, mousquetaires du Roi[1] et dans la gendarmerie, même dans quelques régiments d'infanterie, on ne la connaît presque pas. Et ce n'est que dans ceux qui ne sont pas si bien traités, qu'elle se fait sentir et connaître. D'où il est aisé de tirer les inductions suivantes : savoir que la première et principale cause de la désertion est sans doute la petitesse de la paye altérée en plusieurs façons et qui sans cela même ne serait pas suffisante pour la subsistance du soldat, eu égard au prix des vivres et denrées dont il a besoin pour son entretien.

La 2e, le pain de munition qui, outre sa méchante qualité qui est d'être souvent fait de mauvais blés sales et chargés de tout leur son et d'ailleurs mal pétri et mal cuit, ne vaut pas à beaucoup près ce qu'on leur en fait payer, défaut qu'ils savent très bien remarquer et qui, comme toujours présent à leurs yeux, les fâche tout autant de fois qu'ils en voient de meilleur et à plus bas prix sur les étaux des boulangers et dans les marchés, ce qui fait une impression sur eux d'autant plus dangereuse que ces objets réveillent incessamment l'idée du besoin qu'ils en ont .

La 3e est la violence des enrôlements qui sont presque tous forcés ou frauduleux, ce qui leur donne d'abord un dégoût et très mauvaise opinion du traitement qu'ils doivent attendre.

La 4e, le peu de bonne foi des congés après le temps porté par les ordonnances, expiré bien que ce soit la première condition des enrôlements[2].

1. Ces troupes citées en exemple appartiennent à la Maison du roi et n'admettaient que des cavaliers expérimentés tirés des régiments ordinaires ou des jeunes gentilshommes effectuant là leur apprentissage du métier des armes. Ces modalités particulières de leur recrutement les mettaient à l'abri de la désertion. Elles bénéficiaient, en outre, d'un meilleur traitement que les autres. Les Gardes du corps, par exemple, avaient le privilège d'être reçus aux Invalides avec le statut d'officier.

2. Une ordonnance de 1682 avait fixé à trois années le temps de service minimum requis pour demander son congé. Cela ne signifiait pas que, passé ce délai, le congé fût accordé. En fait, l'engagement était conclu sans indication de durée et la délivrance du congé était laissée à l'appréciation du capitaine qui prolongeait le service de ses hommes bien au-delà de trois ans. Bien souvent, c'est la fin de la guerre et le licenciement du régiment, qui libéraient les soldats.

La 5e, le désespoir de pouvoir jamais parvenir à rien qui les puisse tirer de la bassesse et pauvreté où ils se trouvent engagés[1].

La 6e, la privation absolue des congés semestraux[2] qui cause à tous les nouveaux soldats la maladie du pays et qui ne se guérit guère que par retourner chez soi revoir quelque temps son clocher et ses parents.

La 7e, les châtiments auxquels ils sont exposés pour les moindres fautes.

La 8e, les mauvais traitements qu'ils reçoivent dans les hôpitaux où ils voient périr la plus grande partie de ceux qu'on y envoie.

La 9e, le peu de secours qu'ils reçoivent de leurs officiers dans leurs besoins.

La 10e, le peu de créance qu'ils ont en eux et la haine invétérée qu'ils leur portent.

La 11e, la disposition naturelle qu'ils ont d'en mal penser et de leur imputer la cause de toutes les peines et fatigues auxquelles on les expose, la plupart les croyant auteurs de tout ce qu'on leur retient, soit pour la masse, le pain, l'entretien des souliers, bas et chapeaux, s'imaginent qu'ils tournent à leur profit tout cela et qu'ils en sont perpétuellement volés, ce qui ne provient que de la pauvreté de l'officier qui les contraint de vivre fort serré à leur égard et le met hors d'état de leur pouvoir faire aucune libéralité de son chef, même dans leurs besoins plus pressants.

La 12e, est le jeu et l'ivrognerie, à quoi ils sont sujets qui les épuise et chagrine d'une part et leur échauffe la tête de l'autre, ce qui leur fait prendre des résolutions à quoi il n'oseraient avoir songé de sang froid.

La 13e est quand l'ennemi fait semer des billets par lesquels il promet de l'argent à tous ceux qui déserteront et sûreté pour où il leur plaira d'aller, ce bruit n'étant pas plutôt répandu que le désir d'avoir cet argent joint à leur mécontentement ordinaire produit aussitôt son effet et ne manque pas d'en faire déserter plusieurs.

La 14e est leur mauvaise éducation qui les empêche de connaître l'honneur et de ne rien trouver de bon ni de juste que la licence des friponneries, la débauche et le libertinage. Cela est si vrai que quand quelqu'un d'eux s'enrôle volontairement, il ne le fait que dans l'espérance que quand il aura une épée à son côté, il lui sera permis de jurer Dieu, courir la poule, battre son hôte, le rançonner, insulter le tiers et le quart et voler impunément ce qui se trouvera en son chemin. On ne doit pas s'étonner si avec de

1. Les soldats ne pouvaient guère espérer aller au-delà du grade de sergent. Contrairement à la cavalerie, qui donnait ses chances aux soldats issus du rang, l'infanterie ne permettait guère l'ascension des officiers de fortune. En 1705-1709, seuls 1,8 % des capitaines d'infanterie avaient connu ce parcours.

2. Pendant le quartier d'hiver, une partie de la troupe et des officiers recevait une permission dite de « semestre ». Mais la crainte de ne pas voir revenir les soldats ainsi libérés, dissuadait les capitaines de se soumettre à cette obligation. Vauban décrit ici un véritable cercle vicieux, puisque la hantise de la désertion ne faisait que l'alimenter.

telles dispositions, un homme se résout facilement à la désertion quand au lieu de tout cela il se voit réduit à l'observation d'une exacte et rigide discipline qui, loin de tolérer ses mauvaises habitudes, les châtie sévèrement.

La 15e, provient des mauvaises affaires qu'ils se font entre eux, soit par batteries, voleries ou autrement, vu que ne connaissant pas de moyen plus sûr pour éviter la rigueur des châtiments de la désertion, notamment quand ils ont fait quelque mauvais coup, ils s'en servent et désertent effectivement. Joignons-y encore la légèreté naturelle de ceux qui ont l'esprit faible et mal tourné, car il s'en trouve partout en quantité et de toutes conditions qui, n'étant pas capables de désertion, désertent souvent par inquiétude et sans savoir pourquoi.

Voilà, à peu de chose près, le véritable motif de la désertion qui, bien considérée en soi et par soi, on en pourra tirer cette conséquence que si une partie condamne les déserteurs, l'autre ne les justifie pas tout à fait, mais elle les met du moins en droit de mieux espérer de la bonté de Sa Majesté, puisqu'il est d'un évidence très claire que tout l'avantage de l'engagement est pour elle, que de sa part, il dispose d'eux comme il lui plaît pour autant de temps que bon lui semble, pour une solde très légère dont ils ne sauraient vivre et s'entretenir qu'avec beaucoup de peine et toujours en souffrant sans que, pour quelque cause et occasion que ce puisse être, il leur soit permis de raisonner, ni de rien espérer de plus et que de la leur, ils sont obligés à une obéissance aveugle pour tout ce qui leur est ordonné, qui les expose très souvent à la mort, aux blessures, à la prison, à la faim, à la soif, au chaud, au froid, à la nudité, à des fatigues excessives, au traitement dur et rigoureux de la discipline et à une vieillesse toujours avancée, d'autant à plaindre que quand ils ne sont plus propres au service, on les chasse le plus souvent des régiments sans leur donner de quoi se conduire à une demi-journée de là et cela après y avoir passé la meilleure partie de leur vie et pour lors, s'ils ne trouvent moyen d'entrer dans les Invalides, ils sont réduits à la mendicité dès le premier jour pour le reste de leur vie, triste récompense d'un emploi dur et rebutant s'il en fut jamais. Tout cela est cependant vrai au pied de la lettre. Qu'on examine après si ceux qui se trouvent engagés dans le cours de toutes les misères, qui les voient et qui les souffrent, ont tant de tort de s'y dérober par la fuite, quand toutes autres sortes de voies leur sont ôtées. Je sais bien qu'il n'y a rien qui puisse justifier la désertion eu égard à son importance et au péril à quoi on exposerait l'Etat si on négligeait de la punir, mais tant qu'on ne fera que cela, j'ose bien assurer qu'on ne la corrigera point. C'est pourquoi, attendu le peu de justice qu'on leur rend, je soutiens qu'elle requiert modération de peine ou un traitement plus raisonnable, ce qui paraît si juste que si ce différend se pouvait traiter juridiquement et de particulier à particulier, il est sûr que le soldat serait le plus souvent absous et justifié. Mais la raison d'Etat ne permettant pas d'en user ainsi, on doit au moins leur rendre justice d'ailleurs et les mettre dans leur tort, ce qui ne se peut que par une augmentation de paye et par prendre soin d'eux jusqu'à la fin de leur vie et en ne privant pas d'honneur et de récompense ceux qui ont quelque mérite, car qui considérera bien l'état où ils se trouvent présentement, on trouvera que leur condition est misérable en toutes façons, d'autant plus que la perpétuité du service dans lequel on les retient leur ôte tout moyen d'apprendre des métiers et de pouvoir gagner leur vie après qu'ils en sont hors, les expose continuellement à la perdre ou à être estropiés et les réduit sur la fin de leurs jours à une triste et honteuse pauvreté à moins qu'ils ne soient reçus dans les Invalides où, à la vérité, ils ont la vie et l'habit le reste de leurs jours, mais ils y sont si étroitement tenus[1] que bonne partie d'eux regarde cet état comme une espèce de prison perpétuelle et l'autre comme un hôpital, ce qui leur fait considérer cette condition non comme une retraite honnête qui puisse leur tenir lieu de quelque récompense, mais comme une continuation de servitude pour laquelle ils ont beaucoup de répugnance. Aussi ne demandent-ils à y aller que quand ils n'en peuvent plus et qu'ils ne savent où donner de la tête. Toutes ces choses bien considérées méritent que le Roi y fasse une sérieuse attention et qu'il ait tous les égards que la justice et ses propres intérêts requièrent, attendu que les ordonnances qui imposent la punition des crimes pour cause de désertion supposent toujours que les enrôlements sont libres, la paye suffisante et le soldat traité avec justice, soit dans les observations de la discipline, dans les congés après le temps du service expiré ou dans les jugements que l'on rend contre eux, ce qui n'étant pas observé au pied de la lettre, il est juste de modérer les punitions ou d'ôter en les continuant tous les sujets légitimes que les soldats ont de le faire. L'un et l'autre me paraissent très raisonnables, mais ce dernier difficile à exécuter, notamment sur le fait des enrôlements où pendant une grosse guerre, il est presque impossible que l'on puisse s'empêcher de prendre des soldats comme on les peut avoir. Ainsi puisqu'il y a de certains cas où le Roi lui-même ne peut exécuter ce que les ordonnances ont promis, il semble qu'il en faudrait diminuer la rigueur car enfin il en faut venir à la justice puisque sans elle on ne saurait rien faire qui puisse réussir ni subsister longtemps dans le monde. Et c'est en vertu de cette justice que je ne crains pas de dire que l'ordonnance de 1666, qui condamne les déserteurs à mort sans distinction de temps, de personne, ni de lieu, me paraît trop sévère et encore plus celle de 1684 qui après leur avoir ôté l'honneur et ce qui fait ressembler à l'homme[2], les

1. Le règlement de l'Hôtel des Invalides était effectivement contraignant puisque les soldats demeuraient dans l'état militaire et restaient soumis à une stricte discipline, qui ne les autorisait pas à sortir librement, ni à se marier. Les plus valides étaient affectés au service de garnison dans des places fortes peu menacées par l'ennemi.

2. Les déserteurs avaient le nez et les oreilles coupées et étaient marqués au fer rouge d'une fleur de lys sur la joue.

condamne aux galères. Le premier des ces supplices ôte la vie et quelquefois fort injustement. Le 2e a quelque chose de plus horrible en ce qu'il défigure l'image de Dieu pour laquelle les lois les plus sévères ont eu de tout temps du respect, aussi réussit-elle comme la peine du dam qui désespère et ne châtie point. Ces punitions outrées, s'il est permis de les nommer ainsi, excèdent le plus souvent l'offense. Il est certain qu'elles inspirent le désespoir à ceux qui tombent dans le cas et le dépit à ceux qui n'en sont que spectateurs. Les exemples de ceux qui désertent le lendemain d'une exécution ne vérifient que trop ce que je dis et ces supplices sont d'autant plus injustes que la plupart des enrôlements sont frauduleux et que toutes les misères qui les accompagnent n'étant mêlées d'aucun adoucissement rendent la condition du soldat bien plus malheureuse que celle des autres hommes, bien que la naissance soit commune à tous, que la leur ne les oblige à rien de plus que les autres sujets et que l'engagement qui les commet à des peines si vives, roule presque toujours sur un malheureux oui échappé par crainte ou étant ivre ou extorqué d'eux par force ou par d'autres voies qui reviennent toujours à la même chose. D'ailleurs, le soldat n'a pas l'esprit assez pénétrant pour faire de grandes réflexions sur l'horreur du supplice à quoi il se commet en désertant. Il est d'ordinaire fort peu instruit des ordonnances et plus souvent point du tout, spécialement le nouveau qui outre son ignorance a presque toujours le mal du pays à un tel excès que prévenu de l'envie qu'il a de le revoir, il s'abandonne aveuglément au plus grand de tous les périls à quoi il faut ajouter que les supplices durent peu, que les suppliciés disparaissent et que les soldats s'en font une espèce d'habitude qui ne les touche que par le dépit de voir défigurer leurs camarades. En un mot, la désertion simple, traitée juridiquement me paraît mériter un châtiment plus doux, vu que tout l'avantage de l'engagement est pour le Roi et tout le désavantage pour le soldat. Il semble que s'il n'est pas permis en conscience de s'y dérober, on ne peut du moins disconvenir que la punition de ce crime ne mérite quelque adoucissement, que si le déserteur passe du côté de l'ennemi ou s'il déserte au commencement d'une campagne ou étant de garde soit dans une place ou au camp ou en présence de l'ennemi, c'est autre chose et je conviens que pour lors, il est digne du dernier supplice, mais de lui couper comme on le fait le nez, les oreilles, le marquer aux joues par la simple désertion et après tout ce défigurement, l'envoyer sans aucune distinction de cas aux galères pour le reste de ses jours, il est bien difficile de convenir que cette manière d'exercer la justice a quelque chose de fort étrange.

L'entrée des officiers de ceux qu'on voit juger dans le conseil de guerre ne me paraît guère plus juste, étant impossible que la plupart n'y portent un esprit de colère qui ne respire que la perte des criminels qui ont pour surcroît de misère le déplaisir de se voir juger par leurs parties sans que personne s'intéresse à leur défense.

Les peines à quoi la désertion les expose ne sont pas les seules qu'on leur fait souffrir puisque, outre la servitude perpétuelle où on les tient, toutes leurs actions sont sujettes à répréhension. Pour la moindre faute, ils ont des coups de bâton, des injures, le cheval de bois[1] et la prison à souffrir et quelquefois pis. En quoi les officiers qui sont la plupart jeunes gens sans expérience mêlent souvent et presque toujours de la colère, ce qui les avilit et abat le cœur aux uns et détermine les autres à la désertion, à quoi ils ne sont déjà que trop disposés. Pour revenir encore une fois au mal que cause le mauvais usage des ordonnances contre la désertion, j'oserai dire que non seulement elles ne l'ont pas corrigée, mais qu'elles l'ont rendue beaucoup pire qu'elle n'était. Et voici comment.

Avant la paix des Pyrénées[2], il était rare qu'un déserteur passât chez les ennemis et s'il arrivait à quelqu'un de le faire, il y demeurait peu et son retour en apprenait de si mauvaises nouvelles à ses camarades, qu'ils en étaient dégoûtés pour longtemps. La désertion de ce temps-là était ordinairement d'une armée à l'autre ou pour s'en retourner chez eux. Aujourd'hui tout homme qui déserte s'en va aux ennemis et ne revient plus, ce qui cause une perte de sujets très considérable dans le royaume, parce que ce sont tous jeunes gens qui s'en vont et les plus en état de servir et de procréer leur semblable. On en a vu des exemples très sensibles depuis peu, spécialement aux deux derniers sièges de Bude[3] où il est mort plus de 5 000 Français déserteurs, tous grenadiers à la tête des attaques, qui ne seraient pas demeurés là s'ils avaient osé revenir dans leur pays. Le traitement des Allemands aux Français n'étant pas assez doux pour leur en faire trouver le service agréable. Peut-être n'a-t-on pas encore compris jusqu'où va la perte que le Roi et toute la France souffrent par la désertion. J'ai employé plusieurs moyens pour la connaître, mais aucun ne m'a si bien réussi que les galères. Un an ou deux après que l'ordonnance qui y condamne tous les déserteurs eut été publiée, désireux de savoir ce qu'elle avait produit, j'écrivis à un de mes amis, homme intelligent, officier de galères, pour savoir la quantité de déserteurs que l'on y avait reçus pendant une année. Cet officier ayant tiré un extrait du bureau des condamnations me l'envoya et il s'y trouva 500 et plus depuis la fin de février 1685 jusqu'au 20 avril 1686, sur quoi il est à remarquer que cette observation fut faite pendant la paix et, par conséquent, dans un temps qu'il y avait beaucoup moins de troupes sur pied et de déserteurs, que dans un temps de guerre. Cependant cette considération ne m'y a rien fait ajouter, m'étant réduit à faire mon calcul sur le

1. Les soldats condamnés aux « baguettes » étaient placés sur un chevalet pour recevoir leur châtiment.

2. 7 novembre 1659.

3. Les sièges de Buda furent commandés par le duc Charles de Lorraine pour reprendre la ville aux Turcs. Le premier (octobre 1684) fut un échec, mais le second (septembre 1686) réussit.

près de 500 par an. Ainsi, comptant toutes les années qui se sont écoulées depuis la publication de l'ordonnance de 1666 jusqu'à la fin de 1690, il s'en trouvera 24 à un mois près qui multiplié par 500, nombre des condamnés de chaque année, donne 12 000. Mais j'ai appris que de 40 qui ont déserté, à peine en a-t-on pu prendre un, ce que j'ai vérifié par le témoignage séparé de plusieurs majors et commandants de bataillons, qui avaient tenu registre des déserteurs de leur corps et de ceux qui avaient été repris et à qui on avait fait le procès. De sorte qu'il faut multiplier 12 000 par quarante ; viendra 480 000, nombre des déserteurs de 24 ans. Supposé présentement que le quart soit rentré dans le royaume et retourne chez eux, c'est bien le plus attendu qu'on en a ramené plusieurs du fond des provinces à leur régiment pour y être suppliciés, restera 360 000. Si tout ce nombre avait resté dans le royaume, il est à présumer qu'eux ou ceux qui les ont remplacés auraient à peu près épousé autant de femmes, ce qui aurait fait 720 000 personnes dont il serait du moins sorti autant d'enfants et partant tout cela joint ensemble, aurait pu faire le nombre de 1 480 mille âmes. Mais prenons les choses les plus favorablement qu'il sera possible et réduisons le tout à un million. Il est certain que c'est le moins que le Roi ait perdu par la désertion en 24 ans. Or un million est à peu près la 15e partie des habitants du royaume et qui pourrait être considérée comme la meilleure de toutes parce que ce sont tous jeunes gens d'âge à bien travailler et à faire nombre d'enfants robustes et vigoureux qui est le plus grand bien qui puisse arriver à l'Etat. Je ne crois pas qu'on puisse douter de la vérité de cette perte. J'ai même plusieurs moyens de le prouver, mais je me servirai de deux. Le premier est que si le Roi faisait faire le dénombrement des peuples du royaume, il s'y trouverait 14 ou 15 cent mille femmes et filles plus que d'hommes et de garçons. Si on me demandait par où j'ai pris cela, je réponds que je le sais par 18 ou 20 dénombrements de villes et places avec leurs dépendances que j'ai fait faire en différents lieux du royaume où il s'est toujours trouvé la 10e partie de femmes et de filles plus que d'hommes et de garçons. J'ai d'ailleurs de quoi prouver qu'il n'y a pas plus de 15 ou 16 millions d'âmes dans toute l'étendue de la France. Ainsi je puis dire que ma preuve est bonne et qu'il y a bien de l'apparence qu'une si grande différence ne pourrait pas avoir eu lieu sans la désertion. Ma 2e preuve est que pendant la guerre dernière, je veux dire celle de Hollande[1], il ne s'est peut-être pas trouvé une compagnie d'infanterie qu'à la fin des campagnes n'ait eu besoin de 10, 12 à 15 hommes de recrue sans excepter même les garnisons[2]. Or ce n'est point le fer, ni le feu, ni la maladie qui nous ont fait perdre tant de monde, il s'en faut bien.

1. La guerre de Hollande a duré de 1672 à 1678. Cette partie du manuscrit a été rédigée au cours de la guerre de la Ligue d'Augsbourg (1688-1697) et n'a pas été corrigée.

2. Cette estimation peut même être augmentée si l'on en croit le résultat de l'inspection de l'armée de Flandre menée par Boufflers le 10 septembre 1702, à la fin de la campagne. Il

Que l'on examine présentement la quantité qu'il y en a eu sur pied et l'on verra que s'il y a de l'erreur, ce ne peut être que pour en avoir compté moins qu'il n'y en a. Par là, on peut voir que l'étroite observation des ordonnances de 1666 et 1684 n'ont fait que rendre la désertion beaucoup plus pernicieuse qu'elle n'était. Je ne conclus par pour cela qu'il ne la faille pas punir, mais bien de le faire avec de modération et de connaissance de cause.

Pour donc apporter un tempérament plus doux dans les jugements et ne point reprendre le sang des sujets du Roi sans grande raison, il me semble qu'il faudrait premièrement distinguer la manière des enrôlements, deuxièmement le temps de services, troisièmement celui de la désertion et quatrièmement sa qualité. Car il y a différentes manières de déserter, qui aggravent plus ou moins le crime selon qu'il est plus ou moins accompagné de faits punissables, la différence étant fort grande entre déserter simplement à la fin d'une campagne et après le temps des congés expirés sans rien emporter ou au commencement après qu'on a touché le quartier d'hiver et dans le temps que l'on peut avoir à faire à l'ennemi. C'est pourquoi il y faut avoir égard et ne pas juger témérairement. De plus exclure les officiers intéressés au jugement des coupables de ceux qui seront de leur compagnie, n'étant pas juste qu'un homme plein de passion et de colère soit juge et partie d'un autre contre lequel il ne respire que vengeance, il est encore nécessaire pour que la justice soit rendue avec équité de lui donner des avocats, c'est-à-dire un officier qui, s'instruisant de leur fait et cause, les défende et expose ce qui les peut justifier attendu qu'un pauvre malheureux qui se voit près d'être jugé est tellement prévenu de l'horreur du supplice qui l'attend au sortir de là, qu'il en perd l'esprit, et la crainte le mettant hors d'état de se défendre, il s'y laisse mener comme une pauvre bête. Je ne voudrais pas entreprendre d'arrêter tout d'un coup la désertion parce qu'elle est trop enracinée, mais j'ose bien assurer que si on y veut apporter les précautions ci-après invoquées qu'on la diminuera tellement que l'Etat n'en souffrira point avant qu'il soit peu. Voici les moyens que je serais d'avis de mettre en usage pour y parvenir.

1. N'engager personne par force, ni après avoir bu, s'il ne confirme son enrôlement après être désenivré ou, beaucoup mieux, faire faire les levées aux frais du Roi par les intendants des provinces[1] qui auraient pour cet

---

y manquait en moyenne 17 hommes par compagnie de 45 (cf. Lieutenant-général de Vault, *Mémoires militaires relatifs à la succession d'Espagne sous Louis XIV*, Paris, Imprimerie Nationale, 1841, vol. II).

1. L'organisation de dépôts de recrues sous l'autorité des intendants fut mise en œuvre par Choiseul à partir de 1762. Mais cette réforme ne produisit pas les effets escomptés parce que, contrairement au système imaginé par Vauban, elle n'était pas adossée à la mise en place d'un système de conscription obligatoire. Dès 1768, l'échec des dépôts de recrues fut reconnu et l'enrôlement fut confié aux régiments.

effet un registre de leurs généralités où toutes les paroisses avec le nombre de feux qui les composent seraient contenues au moyen duquel on pourrait faire toutes les levées de bonne heure à tour de rôle sans désordre et sans confusion et avec beaucoup de ménagement de toutes façons.

2. Stipuler le temps de l'engagement à trois ou cinq années et lui faire prêter serment de fidélité en présence de toute la compagnie.

3. Augmenter la paye du soldat d'un sol et faire monter[1] ceux qui se trouveront avoir un mérite suffisant.

4. Ne les battre, ni injurier, ni leur faire aucun mauvais traitement de parole, ni de la main sans un grand sujet, auquel cas il vaudrait mieux que ce fût du plat de l'épée que de la canne qui a trop de ressemblance à un bâton[2].

5. Donner congé absolu tous les trois ans à ceux qui auront servi de temps-là s'ils le requièrent, spécialement à la fin des campagnes, à moins qu'on ne fût en présence de l'ennemi ou à portée d'y être à 12 ou 15 jours près. Et quand un soldat aura obtenu son congé, lui faire son compte et lui payer de plus de quoi se conduire afin qu'il ne soit pas obligé de se retirer en mendiant après avoir servi le Roi.

6. Leur donner de temps en temps des congés semestraux, c'est-à-dire de 2, 3 ou 4 mois pour aller chez eux voir leurs parents et amis, quand ils sont en quartier d'hiver pendant la guerre ou en garnison en temps de paix, sans leur rien rabattre de leur paye qu'après le temps du congé expiré étant d'une extrême conséquence de ne leur faire sentir la servitude que le moins qu'il est possible, à cause de l'aversion naturelle et très légitime que tous les hommes ont pour elle.

7. Ne les point charger de plus de fatigues qu'ils n'en peuvent porter, sans grande nécessité, les ménager et avoir un grand soin d'eux quand ils sont malades ou blessés.

8. Leur faire de temps en temps de petites gratifications de la part du Roi quand ils ont fait quelque belle action ou soutenu quelque fatigue extraordinaire où ils auront beaucoup souffert, soit en gros ou en détail à l'imitation des empereurs et capitaines romains[3].

9. Quand il sera question de quelque action hardie, proposer des prix d'honneur.

1. Comprendre « monter en grade ».

2. Le bâton possède une connotation infamante, car c'est l'instrument de la punition du valet par le maître. Son usage traduit bien la volonté d'humilier suggérée par Vauban. Le recours au plat de sabre est présenté ici comme une solution plus honorable. Mais, en 1776, l'introduction de ce châtiment suscita de vives réticences en raison de sa rigueur excessive et de son inspiration « prussienne », traduisant ainsi une évolution des sensibilités.

3. La politique d'attribution des gratifications ne concernait que les officiers. Elle était plus particulièrement dirigée vers les officiers subalternes ou particuliers, qui ne pouvaient ordinairement pas prétendre recevoir de pension (voir, par exemple, pour l'année 1693, A.N. G7 895).

10. Avoir soin de leurs chaussures et vêtements et en renouveler au moins tous les deux ans.

11. Leur faire fournir le pain par tout pays en temps de guerre à 2 sols la ration de bonne qualité, bien cuit, de bon froment, fidèlement déchargé de 20 livres de son par setier.

12. Que l'officier à qui un soldat aura déserté ne puisse avoir entrée dans le conseil de guerre.

13. Qu'il soit permis au soldat repris pour désertion et mis au conseil de guerre de demander un ou deux officiers à son choix, du même régiment pour être ses avocats et qu'il n'en puisse être refusé.

14. Leur donner quelques rations de fourrage par campagne pour des bêtes de somme, qui porteront leurs tentes.

15. Ne leur faire aucun tort dans les petites charges des compagnies, mais les faire monter chacun à leur tour à celles d'anspessades, caporaux et sergents quand ils en seront capables et le prix des belles actions à une [fois] lieu comme il sera proposé dans le corps de ce mémoire. Il faudra bien prendre garde à leur rendre justice à cet égard et si on fait un règlement tel qu'il sera proposé pour les vétérans et invalides, rendre justice à l'ancienneté du service et aux blessures.

16. Si un soldat traité de la sorte déserte et que dans 24 heures il se repente et retourne joindre sa compagnie, qu'il en soit quitte pour la simple réprimande et pour coucher une nuit au corps de garde.

17. S'il ne revient que dans trois jours, autant de prison et confiscation de ses prêts[1] pendant son absence, avec une réprimande en présence de la garde qu'il écoutera à genoux et tête nue.

18. S'il récidive, un mois de prison et à l'eau et confiscation de ses prêts comme dessus avec une sévère réprimande au bout.

19. Si dans huit jours, un mois de prison au pain et à l'eau et confiscation de ses prêts et de ses services passés, obligé de plus à demander pardon à genoux à la tête du régiment et de faire nouveau serment de fidélité.

20. Si ayant simplement déserté, il est retrouvé dans les provinces ou dans d'autres régiments, aux galères pour trois ans, après quoi réhabilitation et service dans le même régiment pour cinq ans et s'il déserte une autre fois, le fouet et les galères perpétuelles s'il est repris.

21. S'il est repris, les officiers courant après, aux galères pour trois ans, bien que la désertion soit simple et ensuite réhabilité et obligé de servir de nouveau dans le corps et ses services passés biffés sur le registre et rayé pour jamais.

22. S'il déserte avec ses armes et qu'il soit repris, aux galère perpétuelles.

1. Le versement de la solde était échelonné sur le mois en plusieurs portions appelées « prêts ».

23. Si étant en faction ou en garde, le fouet, la fleur de lys et les galères perpétuelles.

24. Si après avoir volé quelqu'un ou emporté l'argent du Roi sans avoir servi le temps requis, idem.

25. S'il passe dans les troupes de l'ennemi et qu'il soit repris les armes à la main, roué.

26. S'il a volé les ornements de quelque église, idem.

27. S'il déserte pendant un siège ou en présence de l'ennemi à portée de la pouvoir rencontrer dans 5 ou 6 jours, pendu.

28. Si, au lieu de se ranger à son devoir pendant un siège, au jour d'un combat, il s'absente du régiment par lâcheté, idem.

29. S'il s'est emporté avec excès et quelque grand crime, comme d'avoir violé, brûlé ou assassiné quelqu'un, pendu ou roué sans rémission.

Il y a encore plusieurs autres crimes diversement punissables, qu'il faudrait rechercher avec soin pour les comprendre dans les règlements qu'il plairait au Roi de faire sur cela.

DES REGIMENTS D'INFANTERIE SUR LE PIED OU ON PROPOSE DE LES METTRE

Après avoir représenté assez amplement l'infirmité de nos régiments d'infanterie sur le pied qu'ils sont aujourd'hui, il est temps de passer à la correction que je me suis proposé d'en faire. C'est ce à quoi je vais m'occuper sans rien changer au système général. Je ne proposerai que des choses de facile exécution, qui n'auront rien d'étrange, ni de rebutant pourvu que l'on veuille bien se rendre à la raison et n'écouter qu'elle dans les affaires où il y va du service le plus important que l'on puisse au Roi. Mon avis est donc de faire tous les régiments français égaux et de même force, c'est-à-dire de 32 compagnies chacun, y compris les deux de grenadiers, qui dans la moyenne force, c'est-à-dire quand les compagnies seront à 50 hommes, feront deux bataillons de 800 hommes chacun et le régiment complet de 1 600 hommes non compris les officiers, sergents, tambours, fraters, etc. Ces officiers consisteraient au colonel, qui est le premier chef visible du régiment, au lieutenant-colonel qui est le second, en deux capitaines de grenadiers, au major et deux aides-majors et 30 capitaines comptant le colonel et le lieutenant-colonel pour deux, 32 lieutenants, 32 sous-lieutenants, compris l'enseigne de la colonelle et celui de la lieutenance colonelle et 96 sergents parce que j'en voudrais ajouter un par compagnie pour les raisons que je dirai ci-après, 96 caporaux, autant d'appointés et 44 soldats par compagnie non compris le frater et pour ce qu'on appelle le petit état major, il me paraît que ce ne serait pas trop de deux aumôniers, un chirurgien major, un maréchal des logis, un prévôt, un greffier, sept archers comptant l'exécuteur pour un, le tout faisant 1 797 hommes de combat dans leur moyenne force. Cela supposé, nous commencerons par la levée des soldats comme la première et la plus importante des réparations à proposer.

COMMENT FAIRE LA LEVEE DES SOLDATS

Tant que la solde a été suffisante et qu'il n'a été question que de mettre des 40, 50 à 60 mille hommes sur pied on a facilement fait des soldats en France, beaucoup de gens s'engageaient volontairement dans les corps et y servaient bien, on voyait peu de désertion parce que les troupes pouvaient vivre de leur solde, et que les congés à temps et à terme étaient faciles à obtenir. Mais depuis que l'augmentation des revenus du roi a fait renchérir les denrées, la solde est devenue faible et la condition des soldats s'est continuellement empirée, ce qui joint au grand nombre de troupes dont le roi a été obligé d'augmenter ses armées[1], ont rendu les levées plus difficiles, et conséquemment les congés rares, les difficultés de faire des hommes s'étant accrues jusqu'au point que les officiers ont été contraints d'employer la ruse et la force et souvent la mauvaise foi pour faire d'assez méchantes recrues ; d'où il est arrivé que presque tous les enrôlements soient frauduleux et forcés. Je laisse à penser quelles troupes cela a dû produire et quelle fidélité on doit attendre de soldats ramassés de toutes espèces qui n'ont dans l'esprit que le chagrin d'être forcé à faire métier pour lequel ils ont peu ou point de disposition. Ce sont ces contraintes jointes à la faiblesse de la solde qui ont donné lieu à tant de désertions dans les armées pendant le cours de cette dernière guerre et causé tant de désordres parmi les peuples de la campagne, par l'enlèvement fréquent des hommes les plus en état de soutenir leurs familles et de les faire subsister du travail de leurs mains, ce qui ayant mis une infinité de femmes et de pauvres enfants hors d'état de pouvoir plus trouver de quoi vivre, grande quantité sont morts de faim et de misère. Et plusieurs autres ont été réduits à une misérable mendicité pour avoir été privés de ceux qui pouvaient les faire subsister. C'est encore ce qui a fait perdre une partie considérable des meilleurs sujets du royaume qui ont passé chez les étrangers. Il faut ajouter à ce que dessus qu'il y a bien des officiers de milice et autre qui ont malversé et commis beaucoup de désordre dans le choix des levées sous prétexte de ne vouloir que des hommes bien faits et de mesure, ce qui a fait des torts et vexations infinis aux peuples, mais la

1. Les effectifs de l'armée ont atteint un sommet au cours de la guerre de la Ligue d'Augsbourg (1688-1697) avec environ 450 000 hommes (milice comprise). Au cours de la guerre de Succession d'Espagne, l'effectif a varié entre 250 000 et 300 000.

nécessité de réparer les troupes et de les rendre complètes a obligé de tolérer bien des friponneries et malversations qui auraient été sévèrement châtiées dans un autre temps. Bien que ces enrôlements soient encore presque tous frauduleusement de l'heure que je parle, on ne laisse pas de faire le procès à la rigueur à tous les déserteurs qu'on peut attraper à moins qu'ils ne prouvent évidemment d'avoir été enrôlés par force. Dieu sait sur cela la justice des conseils de guerre, et ce qu'on doit attendre de juger fumant de colère et passionné pour la perte de ceux qui les ont trompés. Cependant on y est contraint, autrement tout déserterait, et les armées seraient dépeuplées et réduites à rien en fort peu de temps. On ne peut pas dire avec cela que la punition des déserteurs, toute rigoureuse qu'elle est, les corrige car ils ne laissent pas de déserter, mais il est certain qu'elle en intimide beaucoup qui sans cela en grossiraient encore plus le nombre. Il faut avouer que ce défaut est bien le plus pernicieux de tous ceux qui désolent les peuples et ruinent les troupes, et que les autres sont peu de chose à l'égard de celui-là. Je ne le tiens cependant pas incorrigible, si le roi veut bien faire faire la levée de ses troupes par lui-même sans s'en rapporter aux officiers, qui étant ruinés, ne savent plus comment s'y prendre, et n'ont pour toute ressource que la violence et la fourberie à mettre en usage pour s'en pouvoir acquitter qui sont d'étranges moyens pour faire de bonnes troupes.

Pour parvenir à la correction de ce défaut, il n'est question que d'établir un certain ordre dans les levées appuyé de l'autorité royale qui me paraît très possible en apportant de l'exactitude et de la sévérité où il en sera besoin.

On peut donner commencement à cet ordre en faisant faire le dénombrement de tous les feux ou ménages qu'il y a dans le royaume par généralités, élections, baillages ou gouvernements et ensuite par paroisses. Il n'y a rien là qui ne se puisse faire en six semaines de temps, car il n'y a point d'intendant qui ne sache positivement le nombre d'élections et de paroisses qui composent sa généralité.

[...]

Il n'est donc question que de savoir le nombre de feux ou ménages de chacune en commettant ce soin aux officiers des élections éclairés par des commis ou quelqu'un de leur part qui les observe et prenne soin d'empêcher qu'ils n'en abuse, cela sera bientôt, en ce faisant il faudra distinguer les exempts légitimes tels que sont les ecclésiastiques et la noblesse qui sert, remarquant que je ne voudrais pas exempter les ecclésiastiques ni la noblesse qui ne sert point de la gratification dont il sera parlé ci-après. Les matelots à cause des classes, ceux qui servent actuellement dans les troupes, les gens de robe séparant de ceux-ci une infinité d'avocats, procureurs et autres petits praticiens de villages qui ne méritent pas exemption. Les pauvres femmes veuves obligées de gagner leur vie du travail de leurs mains et qui n'ont point d'enfants ou qui n'en ont que de petits. Les estropiés, les vieillards qui ne sont plus en état de servir, les véritables mendiants qui n'en peuvent plus, les aveugles, les paralytiques, ceux qui tombent du haut mal, les jambes de bois, les sots et ceux qui ont des descentes et autres maladies qui rendent les hommes invalides.

Diviser le surplus des familles qui se porteront bien par cantons de cent feux chacun, en faire des rôles, et les déposer au greffe de chaque élection partageant ce travail aux élus chacun desquels aura soin d'une certaine quantité de cantons et tiendra registre par-devers lui des familles qui les composent, à renouveler tous les cinq ans, y comprenant comme surnuméraires tous les exempts dont nous venons de parler, non pour fournir des hommes, mais pour contribuer à la gratification de ceux à qui il échoira de marcher comme nous dirons ci-après, observant aussi que ces surnuméraires doivent entendre des exempts compris dans l'enclave de chaque canton où il faudra après les faire rentrer afin d'égaler le plus qu'on pourra, ce faisant il s'en trouvera un certain nombre dans chaque élection dont le total composera celui des généralités. Je me ferai peut-être mieux entendre par un exemple ou deux.

Nota. Que ces familles d'exempts invalides venant à se rétablir, il faudra les comprendre dans celles des cantons qui donnent souvent les hommes au renouvellement qui s'en fera.

Premier exemple

L'élection de Vézelay, généralité de Paris, contenait en 1695 et 1696 cinquante-quatre paroisses et 22 500 personnes de tous âges et tous sexes de compte fait qui réduit en feux de quatre personnes chacun, nombre que l'expérience nous a appris être le plus approchant de la vérité, donne 5 625 feux ou ménages. Supposons-en la cinquième partie montant à 1 125 feux pour les exempts de la qualité ci-devant restera 4 500 feux ou ménages qui divisés par cent viendra 45 nombre des cantons de l'élection de Vézelay dans lesquels il faudra faire rentrer les exempts par égale partie ; ce qui fera 125 feux par chaque canton dont cent fourniront des hommes. Et les 25 autres qui seront les exempts contribueront simplement à la gratification générale que tous les cantons feront aux soldats que le sort aura choisis. Cette gratification doit être de 5 d. par feu une fois payé pour chaque homme ce qui lui reviendra à 25 lt non compris la part des exempts. Remarquant que pour distinguer ces cantons il faudra leur donner le nom de paroisses principales de chacun ou les numéroter par premier, deux, trois et quatre, etc., d'une telle élection et ainsi du reste jusqu'au dernier, et faire un contrôle de chaque canton contenant le nom de tous les chefs de familles de chacun desquels on fera deux extraits. Ces contrôles seront d'un grand usage quand il faudra tirer au sort, en ce que personne ne pourra s'en ôter. Et quand ils le seraient, il sera aisé de les trouver à l'aide dudit contrôle qui indiquera le lieu, l'âge et la figure des hommes en question. Le premier des garçons depuis 18 ans jusqu'à 40. Et le second des gens mariés de même âge pour servir à ce qui sera dit ci-après.

Deuxième exemple

La généralité de Paris est composée de vingt élections qui toutes ensemble contiennent 2 029 paroisses. Supposons chaque paroisse de cent feux l'une portant l'autre. Il n'y a peut-être pas tant, peut-être aussi qu'il y a davantage, cela ne fait rien à la chose. Il s'agit ici de l'ordre et rien plus. [Il ne me paraît pas moins juste de cantonner les peuples des villes que ceux de la campagne. Cela serait un grand soulagement et les levées en seraient moins sensibles.] Ceci sur ce pied 202 900 feux, ôtons-en la 5e partie pour les exempts, restera 162 320 qui divisés par cent nombre de chaque canton, viendra 1 623 pour toute la généralité de Paris de cent feux chacun dans laquelle on fera rentrer les exempts par égale portion ce qui fera une division égale au peuple contenu dans cette généralité. [Cette division de peuple en parties égales est proposée à l'imitation des pays où la taille est réelle qui sont divisés en parties égales qui s'appellent feux, moyen unique qu'on a trouvé pour égaler les impositions et empêcher qu'une partie du pays en soit plus foulée que l'autre. Elle est très bonne à imiter dans les levées des gens de guerre – d'autant plus que la division des peuples par canton est cent fois plus aisée celle des terres.]

Il n'y aura qu'à cantonner les 19 généralités comme là, et tous les autres pays soit que la taille y soit personnelle ou non. Cela une fois divisé par canton, il n'y aura plus qu'à conditionner l'imposition des levées à tant d'hommes par canton, y observant l'égalité et l'ordre nécessaire qui est de faire précéder les levées par une ordonnance portant défense très expresse aux jeunes gens de ne point s'absenter des lieux de leur demeure dans les temps qui leur seront prescrits sous quelque prétexte que ce puisse être à peine des galères en quoi il faudra être d'une grande sévérité et observer premièrement de fixer l'âge des gens propres au service depuis 18 ans jusqu'à 45.

2ent. D'ordonner que les levées de ceux qui doivent marcher se feront au sort avec toute l'exactitude et la fidélité requise en tels cas.

3ent. De ne point faire tirer les nouveaux mariés la première année de leurs noces à l'imitation des Romains qui les exemptaient d'aller à la guerre cette première année.

4ent. De ne pas faire tirer deux frères à la fois la même année à moins que de leur plein gré ils ne le veuillent ainsi.

5ent. De ne point faire tirer les mariés tant qu'il y aura des garçons.

6ent. De fixer le temps du service des enrôlés à trois ans, après quoi que congé absolu et honorable ne puisse leur être refusé sous quelque prétexte que ce puisse être à la fin des campagnes avec une route et de quoi se conduire chez eux à proportion de leur éloignement.

7ent. Que tout soldat de quelque canton que ce puisse être qui aura achevé le service ne puisse être obligé de tirer au sort pour remarcher une autre fois que tous ceux du canton n'aient tiré leur tour comme lui.

8ent. Que si après le temps desdits services expirés il lui prend envie de continuer trois autres années, il y soit reçu par préférence à charge de la même gratification de la part du canton.

9ent. Que si un soldat exempt de tirer parce que son tour aura fini depuis peu, veut hasarder de tirer pour un autre moyennant les conventions faites entre eux, qu'il le puisse faire sans difficulté[1], et si le sort lui donne de marcher, que la gratification du canton lui soit payée comme aux autres outre et par-dessus le prix de la convention qu'il aura faite avec celui pour lequel il aura tiré. C'est ce qu'il faudra bien expliquer dans le règlement, car ces conventions pourront devenir de très bonnes choses, en ce que quantité de vieux soldats qui auront achevé leur service se commettront pour peu de chose à tirer pour d'autres, et cela amènera infailliblement tout ce qu'il y aura de meilleurs hommes dans les troupes.

Et 10ent. Que si un garçon après avoir tiré un billet blanc veut traiter avec un autre pour marcher à sa place, que cela lui soit permis, pourvu que le présenté soit de mise et que celui qui le présentera en réponde.

Faire surtout ce que dessus un régiment le plus clair et légal qu'il sera possible et l'afficher à toutes les portes des églises paroissiales, des maisons de ville et autres lieux publics afin que personne ne le puisse ignorer.

Cela présupposé, voici quelle serait ma pensée sur l'ordre qu'on peut tenir à ces enrôlements.

Pour procéder aux levées d'une manière nette et non embarrassée, il faudrait à la fin des campagnes et en entrant dans les quartiers d'hiver faire une revue générale de tous les corps pour voir ce qui leur manque de monde, en faire état et l'envoyer au ministre de la guerre qui en rendrait compte au roi lequel en pourrait ordonner l'imposition sur tous les cantons du royaume.

Supposant après cela que le roi ait par exemple ordonné une levée de 4 000 hommes pour la part et portion de la généralité de Paris et que les

1. La possibilité de se faire remplacer infléchissait la signification et l'impact social de la milice, dont le recrutement reposait, de cette façon, sur des volontaires. Autorisé en 1688 lors de la création de la milice, le remplacement fut suspendu entre 1701 et 1708, car la monarchie craignait, à juste titre, que cette procédure privât les régiments réguliers de leurs recrues.

ordres en soient expédiés à l'intendant, il faudrait commencer par établir six ou sept quartiers d'assemblées[1] dans la même généralité en distance convenable des cantons qui leur seront destinés et dans les lieux plus commodes, avec ordre aux troupes pour qui ces levées seront destinées d'y envoyer des officiers à jour nommé avec un commissaire des guerres[2] pour recevoir les nouveaux soldats et en faire les enrôlements dans les formes. Les soins extraordinaires surchargent beaucoup Mss. les intendants qui, ne pouvant pas tout faire eux-mêmes, sont obligés de se rapporter de beaucoup de choses à leurs subdélégués, qui, de leur part, ennuyés de travailler toujours gratis et de faire tant de corvées sans dédommagement, y apportent peu d'exactitude et par la protection qu'ils donnent aux leurs ou à leurs amis aux dépens de misérables qui n'en ont pas, d'où s'ensuit beaucoup d'injustice et d'irrégularité très préjudiciable au peuple sujet à leur juridiction. Pour remédier à ce défaut si considérable, il m'a paru qu'il serait juste de permettre aux intendants de lever de certaines petites sommes limitées sur leur généralité pour payer des inspecteurs, gens de bien choisis pour avoir l'œil sur ceux qui feront tirer les levées à ce qu'il ne s'y fît point de fraude.

Monsieur l'intendant ayant réglé cette imposition de 4 000 hommes sur les 1623 cantons à raison de 3 hommes par canton, ce sera 3 869, restera à imposer, ajoutons-y en 19 pour faire 250. Car il en mourra quelqu'un avant que le quartier d'hiver soit fini, cela augmentera la levée des 250 premiers cantons, d'un homme à chacun pour ceux-là, et 3 pour les autres. Ce de quoi il faudra tenir compte à ces premiers sur les prochaines levées. Cela réglé, ledit Sr l'intendant pourra distribuer les ordres du roi et les siens en conséquence, dans les quartiers d'assemblée aux élections et ces élections aux cas où le magistrat soit élu maire consul collecteur ou tel autre officier autorisé qu'il trouvera bon d'y employer, seront publiés à jour nommé au prône de la grande messe. Les ordres du roi et les mandements de Mr l'intendant portant que d'hui en jour toute la jeunesse du canton depuis l'âge de 18 ans jusqu'à 45 aura à s'assembler chez le curé, ou en tel lieu du canton qu'il lui plaira de nommer à l'issue de la grande messe, où étant tous rendus on exposera les rôles de la jeunesse faisant l'appel à haute voix nom par nom pour voir si tout est présent.

Que si quelqu'un s'en absente on tirera pour lui comme s'il était présent, sauf aux père et mère de le représenter si le sort le choisit dans huitaine, ou de mettre un homme sûr en sa place, sous peine d'encourir la

1. Le quartier d'assemblée était le lieu désigné pour le regroupement des recrues.

2. Les charges des commissaires des guerres étaient des offices vénaux. Leurs attributions de « conduite et police des troupes » furent réduites à mesure que l'armée se dota d'institutions chargées du contrôle des troupes (dans les régiments, les majors et dans chaque arme, les inspecteurs). Au début du XVIIIe siècle, la principale mission des commissaires des guerres était le contrôle des effectifs.

rigueur de l'ordonnance comme s'il était déserteur. Après cela on fera publiquement autant de billets qu'il y aura de gens en état de tirer, qu'on égalera tous, et dans lesquels on marquera le signe de ceux qui doivent marcher, qui ne sera autre que ces deux mots Pour marcher en lettres fort menues, tous les billets étant derechef exposés à la vue d'un chacun, et comptés sans qu'il y en ait aucun de plus ni de moins, et après égalés et comptés dans le chapeau que le curé tiendra, après avoir fait ranger tous ceux qui doivent tirer en haie. Ledit curé ballottera longtemps les billets et les fera tirer par un enfant de 7 à 8 ans qui aura les yeux bandés, au nom de chacun des présents, le curé les appelant à haute voix l'un après l'autre, selon l'ordre du rôle, et l'enfant les nommant après lui à mesure qu'il tirera les billets qui seront aussitôt remis à ceux qui auront été nommés, lesquels les tiendront à la main sans les ouvrir que tous ne soient tirés, après quoi chacun rapportera le sien, l'ouvrira en présence de tout le monde et le remettra sur la table pour les contrôler et voir si la ballotte est juste, qui se connaîtra aussitôt s'il y a plus de noms de billets noirs qu'on en aura mis. Si le compte se trouve juste la ballotte sera bonne, mais s'il se trouve du plus ou moins il faudra recommencer et faire arrêter celui qui aura commis la supercherie. Et si l'on peut l'en convaincre, faire marcher lui-même à la décharge de l'un de ceux que le sort aurait choisis pour marcher, ou du moins l'obliger à fournir un homme à ses dépens dont il répond. La ballotte étant donc achevée, et le sort ayant déclaré ceux qui doivent marcher, les autres garçons du canton iront les embrasser et les régaleront ce jour et tous les feux dudit canton exempts et autres sans en excepter aucun leur présent de 5 sols chacun pour gratification dont la collecte se fera à la diligence des collecteurs qui ne les délivreront qu'après qu'ils auront été reçus et approuvés par le commissaire, observant de quitter les pauvres femmes venues et autres impuissants pour deux sols six deniers chacun, on pourra même les taxer à quelque chose de moins selon qu'ils seront malaisés et ceux qui seront mieux dans leurs affaires à quelque chose de plus comptant pour beaucoup d'être exempts de marcher. *{Note marginale rognée par la reliure.}*

Cela fait on leur donnera quelques jours pour dire adieu à leurs parents et amis, et mettre ordre à leurs affaires, pendant quoi ils seront nourris aux dépens du canton à raison de six sols par jour. Bien entendu qu'ils vivront sagement et sans commettre aucun désordre, et que s'ils se licencient à quelque chose, cela leur sera rabattu sur la gratification du canton.

On pourra encore décharger les pères et mères de ces nouveaux soldats du 10e de leur taille pendant que leurs enfants seront au service en considération de ce qui les prive de leurs secours pendant ce temps.

Le temps de leur séjour étant expiré, le collecteur ou tel autre qui sera chargé de leur conduite les mènera au quartier d'assemblée où ils seront présentés au commissaire et visite faite s'ils sont de l'âge requis, sains et non estropiés. Ils seront reçus et enrôlés par ledit commissaire sans les rebuter pour cause de la médiocrité de leur taille[1], car c'est une erreur qui n'a que de vaines et fausses apparences, étant très certain que la vigueur, la force et le courage se trouvent plus communément dans les hommes de taille au-dessous de la médiocre, que dans ceux qui sont dessus, c'est ce que l'expérience vérifie tous les jours et sur quoi je pourrais citer de bons exemples.

Je dois ici avertir qu'il est arrivé en Nivernais et cela peut arriver partout que de jeunes hommes se sont blessés exprès et fait appliquer des caustiques sur les jambes pour se les faire ulcérer dans le dessein de se faire rebuter, et par ce moyen éviter de marcher. Et que d'autres ont fait les sots. Il est bon d'approfondir ces supercheries et de les punir très rigoureusement quand il s'en trouvera. [Les Romains punissaient rigoureusement ces sortes de lâcheté.] Et quand cela même irait à la corde ou du moins aux galères, il me paraît que la chose le mériterait bien. Du moins le bon ordre le voudrait ainsi, afin de ne point laisser de porte de derrière aux lâches et malintentionnés.

Celui ou ceux qui auront soin de conduire les nouveaux soldats au quartier d'assemblée doivent porter leur extrait baptistaire afin de vérifier leur âge, et le commissaire chargé des enrôlements les spécifiera avec le temps, le lieu, les noms et qualités des familles et du canton, et on donnera avis au régiment où ils seront enrôlés et à même temps décharge audit collecteur qui paiera ensuite la gratification dudit canton aux enrôlés et non plus tôt. Après quoi ils seront logés et nourris aux dépens du roi et quand la levée sera achevée, les officiers les conduiront à leur régiment où étant arrivés ils seront distribués dans les compagnies. Les capitaines les faisant connaître aux vieux soldats leur distribueront une gratification sur la main pour en faire ce qu'il leur plaira et ce ensuite du serment que le commissaire aura exigé d'eux à la première revue. [Cette gratification des capitaines envers les nouveaux soldats est nécessaire pour les obliger à en prendre soin.] Ce serment me paraît d'une conséquence à ne devoir être négligée, c'est pourquoi il est nécessaire qu'il soit conçu en termes clairs et intelligibles, tels que les suivants.

[Pour faire la chose cérémonialement, je voudrais les faire ranger sous et

1. Seules quelques unités prestigieuses exigeaient des soldats une taille minimum (cinq pieds, quatre pouces pour les gardes françaises). Les commissaires des guerres avaient cependant la faculté de rejeter les recrues pour taille insuffisante. En 1686, Joseph Torrihlon de Prades, capitaine dans le régiment de Piémont, écrivit à son père qui avait effectué un recrutement pour son compte : « J'ai eu beau écrire qu'on ne fit que de grands hommes, cela n'a pas servi ; de huit hommes que vous m'avez envoyés, il n'y a eu que *Bayard* et *L'Eveillé* de reçus et un que mon valet me fit en chemin ; les autres étaient des nains ; il valait mieux n'en pas faire, car c'est de l'argent jeté dans la rivière » (cf. Jean Torrilhon, « Un petit capitaine au Grand Siècle », *Revue historique des Armées*, n° 2-1980, pp. 5-31). Plusieurs auteurs, comme Vauban, s'insurgeaient contre le préjugé favorable aux hommes de grande taille, notamment dans la cavalerie.

entre les drapeaux en prêtant serment.] Les nouveaux soldats étant présentés au commissaire, le sergent les fera ranger en haie devant lui, après quoi il les interrogera pour savoir d'eux la vérité de leur enrôlement, le lieu de leur naissance, leurs compagnies et leurs noms, et après avoir demandé s'ils sont là pour prêter serment. Il continuera de leur adresser la parole, lui étant couvert et eux ayant le chapeau bas.

1

[Le commissaire.] Levez la main. Vous promettez à Dieu et jurez sur la part que vous prétendez au paradis, de bien et fidèlement servir le roi, pendant les trois années de votre engagement en qualité de soldats.

[Le soldat ayant levé la main.] Je le jure.

2

[Le commissaire.] Vous jurez de ne point déserter son service pour quelque cause et occasion que ce puisse être.

[Le soldat ayant la main levée.] Je le jure.

3

[Le commissaire.] Vous jurez pareillement d'obéir à vos officiers dans tout ce qu'ils vous commanderont pour le service de Sa Majesté.

[Le soldat idem.] Je le jure

4.

[Le commissaire.] Vous jurez aussi de les avertir de tout ce qui viendra à votre connaissance qui vous paraîtra être contre le service du roi.

[Le soldat idem.] Je le jure.

5.

[Le commissaire.] Vous jurez encore de ne point voler ni dérober dans les bagages du régiment, ni dans le camp, ni dans les garnisons.

[Le soldat idem.] Je le jure.

6

[Le commissaire.] Vous jurez de ne point abandonner vos officiers dans un jour de combat quand vous serez commandé avec eux et de les aider et secourir de votre mieux.

[Le soldat idem.] Je le jure.

7

[Le commissaire.] Vous jurez enfin et promettez à Dieu de ne les point abandonner ni dépouiller ni souffrir qu'on les dépouille quand il y en aura de tués ou blessés dans les actions où vous vous trouverez avec eux.

[Le soldat toujours la main levée confirme son serment.] Je le jure et promets de même que les articles ci-dessus, et en cas que j'y contreviendrais, je me soumets à toutes les peines portées par les ordonnances.

Ce serment fait en présence de témoins doit être signé par les soldats enregistrés sur le livre du régiment et sur celui de la compagnie certifié par celui qui l'aura reçu. Il sera même bon d'en donner copie aux enrôlés à ce qu'ils n'en prétendent cause d'ignorance.

Et pour éviter toutes surprises leur faire lecture de ce serment, et leur en bien faire comprendre l'obligation avant que les faire jurer.

Après la cérémonie du serment achevée qui doit être suivie de la gratification du capitaine et de gracieuses paroles de sa part et de celle des officiers et soldats de la compagnie, il faudra leur mettre l'épée au côté et les armes à la main cérémoniale, les distribuer dans les escouades et les recommander aux sergents et caporaux afin qu'ils en aient soin même de leur faire faire chambrée avec les vieux soldats qui les considéreront comme leurs neveux, et les nouveaux les vieux comme leurs oncles, cela fait ils seront pour lors soldats déclarés comme tels et obligés à tous les services à quoi cette qualité les appellera pendant trois années de temps. [La gratification sera limitée à une ou deux.]

Si on tient exactement paroles, les peuples s'accoutumeront dans peu à cette méthode et ne fuiront plus quand il faudra tirer. Dans les commencements il y aura de la difficulté sans doute et beaucoup s'absenteront. Mais mon avis est qu'il faudra tirer pour les absents comme pour les présents. Et quand il échoira de marcher à des absents, il faudra leur faire savoir que si dans huit jours ils ne se présentent ou ne mettent un homme en leur place, on fera leur procès comme à des déserteurs, et le faire en effet pourra même accompagner cela d'une défense à toutes les villes et villages, maisons de noblesse et de religieux de receler ou donner retraire directement ou indirectement aux fuyards sous peine de fournir pour eux. Je serais même d'avis d'assujettir les bas domestiques des maisons de noblesse qui sont originaires des lieux et dont les maîtres ne servent point à tirer comme les autres, remarquant que je n'entends point y comprendre les principaux secrétaires, messieurs d'hôtels, valets de chambres et hommes d'affaires puisque la guerre se fait pour la défense de l'Etat et pour empêcher les ennemis de l'opprimer. Tous les sujets en tant que membres d'icelui sont obligés de concourir à sa défense.

Par l'usage de cette méthode on pourvoirait à l'un des plus grands maux de ce royaume qui consiste à la violence des recrues et à l'impossibilité de pouvoir entretenir les troupes sur un pied complet. On lui procurerait par la même voie trois grands biens, dont le premier est que le soldat ne déserterait plus, le 2ème que les recrues ne coûteraient rien ou presque au roi, et le 3ème que les ouvrages de la compagnie n'étant plus retardés par la fuite des gens qui ont peur d'être enlevés, les peuples seraient en repos et contents, à quoi l'on pourrait ajouter que ce serait un très grand soulagement pour les officiers qui étant presque tous mésaisés et fort incommodés par les recrues continuelles à quoi ils sont obligés, ont bien de la peine à subsister et tel qui aurait grande envie de servir est contraint d'abandonner sa compagnie parce qu'il n'y saurait plus fournir.

Il y a deux objections à faire contre ce système. La première sera sans doute la difficulté de cet établissement, et la deuxe celle des congés qui feront un grand renouvellement dans les compagnies s'il fallait précisément congédier les soldats à la fin de leur terme.

On répond à la première qu'il ne fait rien sans difficulté lorsqu'il s'agit d'un nouvel établissement qui doit être à charge au peuple, mais on en fait tous les jours qui le sont davantage, et ne laissent pas réussir qui ne sont pas si justes que celui-ci.

Pour les facilités il n'y a qu'à faire semblant de vouloir continuer la levée des milices. Si on ne la reçoit pas il n'y a rien que les peuples ne fassent pour l'éviter, et quand ils auront une fois essayé de celui-ci que l'expérience les aura assurés de sa bonne foi, ils n'en feront plus de difficulté.

On peut répliquer à la 2e objection que le fond des troupes étant déjà fait il ne s'agit que des entretiens et au plus de l'augmentation, ce qui n'ira pas à fournir quatre hommes par canton dans les commencements et dans les suites un ou deux par année quand il ne s'agira que de les entretenir complètes, ce qui ne sera point une affaire étant bien ménagée.

{Note marginale rognée par la reliure.}

Je dois encore ajouter à la fin de ce chapitre qu'il est très possible d'entendre cette méthode jusqu'à pouvoir par son moyen réparer les régiments qui auraient souffert quelque échec considérable dans les commencements ou vers le milieu d'une campagne sans attendre les quartiers d'hiver. Il n'y aurait pour cela qu'à obliger les cantons au remplacement des leurs à mesure qu'il en manquerait quelqu'un. Pour cet effet, dans les temps qu'on ferait la levée et après qu'on aurait tiré pour marcher, pouvoir aussi faire tirer pour succéder en cas de mort ou désertion de quelqu'un de ceux qui doivent marcher les successeurs ne seraient pas obligés à partir à même temps que les premiers, mais de se tenir à portée de le faire au premier ordre, c'est-à-dire qu'ils n'auraient qu'à demeurer chez eux où ils pourraient continuer leurs occupations ordinaires sans s'écarter à plus d'une journée du lieu de leur demeure. Et au premier mandement se mettre en état de marche à un jour ou deux près au quartier d'assemblée et de là au corps pour lequel ils seraient destinés, ainsi les régiments qui auraient considérablement souffert dans une bataille ou dans un siège soit pour attaquer ou défendre pourraient être réparés en six semaines de temps et remis en état de servir comme au commencement des campagnes au lieu qu'ils sont presque inutiles quelque [...] des 8 ou 10 mois de l'année pendant quoi on n'en sait que faire. On ne saurait exprimer combien il serait avantageux aux armées que cela pût être ainsi. Pour le bien entendre il n'y a qu'à voir la différence qu'il y a d'un régiment bien complet entrant en compagne à ce même régiment quand il rentre en quartier d'hiver. Il peut être ainsi de tout ce qui compose les armées.

Quel avantage le roi ne tirerait-il pas de ses armées si on pouvait les avoir aussi fortes à la fin des campagnes (que l'ennemi est affaibli) qu'au commencement, que ne pourait-on pas entreprendre pendant l'automne quand il est contraint de rentrer dans les quartiers d'hiver si on se trouvait en état de pouvoir tenir la campagne un mois ou six semaines plus tard que lui ou qu'on lui fût supérieur d'un tiers ou d'un quart comme il serait aisé que cela pût être. Il est certain que rien ne serait plus avantageux au roi que ces promptes réhabilitations des régiments et que s'il y a un excellent moyen de faire de bonnes troupes et de prévenir la désertion on peut présumer qu'il est content de cette proposition, et qu'on ne s'en dispense point par dire que le projet en est bon mais l'exécution impossible.

La taille, le sel et les aides beaucoup plus à charge aux peuples ont été établis dans un temps où l'autorité des rois était bien au-dessous de celle d'à présent[1]. Cependant ils l'ont été et bien d'autres depuis qu'ils subsistent, de l'établissement desquels on ne se plaint pas, mais bien de leur exécution. Or ce ne sera jamais des excès qu'on se plaindra en celui-ci puisqu'il n'est proposé que pour les prévenir et empêcher qu'il s'en fasse.

REPARATIONS DES TROUPES APRES LES ACTIONS

Il ne m'a point paru que jusqu'ici on se soit mis en peine de remplir les places des officiers et soldats morts dans une grande action, on attend d'ordinaire à y pourvoir à la fin des campagnes et que les troupes soient entrées en quartier d'hiver, ce qui me paraît un grand défaut en ce qu'une armée se trouvant quelquefois considérablement affaiblie à moitié campagne le retard des réparations diminue beaucoup le service qu'on en pourrait espérer. Pour corriger cette négligence et remettre promptement l'armée en bon état, je serais d'avis d'examiner premièrement celui des blessés, ceux qui peuvent guérir et ceux dont on ne peut rien espérer, deuxièmement de faire incessamment revue de toute l'armée en général et de tous les régiments en particulier pour voir ce qu'il y a d'officiers, sergents et soldats à remplacer, suivant quoi le directeur[2] proposera le remplacement des officiers en y observant les formalités requises comme ci-devant, soit que la tête du régiment soit restée saine et entière ou qu'on soit obligé d'y suppléer par les officiers les plus près de ladite tête qu'on y pourra appeler pour occuper la place de ceux qui pourraient manquer au

1. La taille a été instituée par Charles VII en 1439, la gabelle (impôt sur le sel) imaginée par Philippe le Bel en 1314 fut mise en place par Philippe VI en 1343. Les aides étaient des taxes pesant sur les denrées telles que le vin ; leur prise en charge par l'administration royale est associée au règne de Charles V (1364-1380).

2. Les directeurs ont été institués en 1694 pour superviser le travail des inspecteurs chargés, dans chaque arme, de veiller au maintien de la valeur opérationnelle des troupes. Ils jouent un rôle essentiel dans le projet de réforme développé plus bas.

conseil, le livre faisant du surplus foi de l'ancienneté des services et du mérite, vie et mœurs de tous ceux qui sont à portée et en droit de prétendre aux charges vacantes aidant à décider et empêcher qu'on ne s'y trompe[1]. Cela fait dans toute la meilleure forme qui se pourra, l'envoyer en cour au plus tôt afin que les emplois vacants de ce régiment soient incessamment remplis.

A l'égard des sergents, on les choisit pour l'ordinaire entre les soldats les plus sages, et pour ce qui est des soldats, l'extrait des revues envoyé en cour faisant foi des pertes qu'on aura souffertes il n'y aura qu'à procéder aux revues suivant et conformément à ce qui a été proposé au chapitre des levées moyennant quoi les régiments seront incessamment rétablis et les armées remises en état d'agir et de servir aussi bien sur les fins des campagnes qu'au commencement.

DES CONGES A TEMPS ET A TERME

J'appelle congés à temps ceux qui ne sont que pour un, deux, trois ou quatre mois, après quoi celui qui a eu congé retourne au régiment et revient à son emploi. Ces congés se peuvent donner aux officiers et soldats à qui il arrive des affaires extraordinaires chez eux qui demandent leurs présences telles que sont les morts des pères et des mères, les mariages de sœurs et de frères, quelque partage de biens, ou autre cas considérable ou un gros procès, quelquefois la simple envie de revoir son pays et ses parents rendent ces congés si désirables que le plus grand plaisir qu'on puisse faire à ceux qui sont possédés de cette envie est de leur permettre de les aller voir pour un temps.

Congés à terme sont ceux qui se doivent accorder à tout soldat qui ayant servi le temps porté par l'ordonnance demande à se retirer chez soi. Ce congé doit être honorable et noblement circonstancié afin que sa représentation fasse honneur à celui qui le porte qu'il puisse être montré comme une marque certaine qu'il s'en acquitte et son devoir.

Rien ne chagrine tant les soldats nouvellement enrôlés que de penser qu'ils ne verront plus ni père ni mère ni sœurs ni frères ni les amis avec qui ils ont vécu ni les lieux où ils ont été nourris et élevés. Ce souvenir qui se représente incessamment à leur imagination leur fait une véritable peine et les afflige à tel point que cela leur cause ce que l'on appelle l'enervé, maladie du pays qui leur attaque premièrement l'esprit d'où elle se communique au corps de sorte que beaucoup en meurent, et d'autres plus forts et moins patients, désertent et s'en retournent, ce qui ne fait pas un des

1. Faute d'être établie sur des critères fixes, l'attribution des charges vacantes suscitait de nombreuses contestations et paraissait souvent illégitime.

moindres sujets de la désertion. Ce mal beaucoup plus grand qu'on ne pense se peut facilement prévenir. Il ne faut pour cet effet que consoler les jeunes soldats par leur espérer un congé de trois ou quatre mois au prochain quartier d'hiver pour aller revoir leurs parents, et le donner en effet à ceux qui le demandent dans ces temps-là en leur conservant leur paye ni plus ni moins qu'aux officiers qui vont en semestre. Que si ce régiment se trouvait pour lors dans quelque place avancée où il y eut lieu de craindre d'être attaqué, il ne faudrait plus donner de congé ou en donner à peu des plus pressés et remettre les autres au quartier d'hiver suivant ou quand on ne sera plus une place avancée.

A l'égard des congés à terme, j'en conçois de deux sortes, l'un que l'on stipule avec le soldat en l'enrôlant dont on lui donne assurance qu'il garde par-devers lui jusqu'à ce que son temps soit expiré, pour lors la bonne foi veut qu'on lui tienne parole et qu'on lui donne son congé ? en bonne forme et sans barguigner. [*Nota.* que les enrôlements pour un an ou deux ne sont plus permis. Il faut que ce soit au moins pour trois ans.]

L'autre espèce de congé à terme ou absolu pourrait avoir lieu si la proposition contenue en ce mémoire était acceptée et mise en usage. Le temps de ces congés est supposé de 3 ans en 3 ans ou 5 ans en 5 ans, ceux-ci doivent être inviolables et conçus en termes qui rappellent les services du soldat et fassent une honorable énumération. Il est nécessaire que ces congés soient donnés par le capitaine et approuvé par le colonel et même visé par le commissaire et que la paye de ce ce soldat lui soit continuée jusqu'à son arrivée chez lui en réglant ses journées sur le pied de 5 lieues par jour et séjour de 4 jours l'un afin que toutes choses se fassent avec justice et raison. Je me suis autrefois servi de ces congés à temps et à terme dans le temps que j'étais capitaine d'infanterie[1] et m'en suis si bien trouvé qu'il s'est passé six et sept ans de suite sans qu'il ait déserté un seul homme de ma compagnie. *Nota*. Que le temps de tous ces congés doit toujours être pendant le quartier d'hiver qui est d'ordinaire celui que l'on prend pour travailler aux réparations des troupes, et que le remplacement de celui auquel on donne congé doit être toujours certain en sorte qu'aussitôt que le soldat arrivant chez lui aura fait savoir son retour au directeur du canton, celui qui doit le relever doit être prêt à partir pour se rendre au même régiment d'où l'autre sera sorti. Je suis persuadé qu'on ferait encore mieux d'attendre l'arrivée au régiment de ceux qui doivent relever avant que de laisser aller ceux qui auront achevé leurs termes.

1. Vauban était capitaine au régiment de la Ferté-Senneterre en 1656.

CREATION DES OFFICIERS SUBALTERNES

C'est de celle des sous-lieutenants dont je veux parler comme devant faire le fondement et la base de toutes les promotions des régiments, elle est de très grande conséquence. Car selon les principes que je me suis proposés ce doit être le premier fond des officiers, c'est pourquoi on n'y saurait apporter trop de précaution. Il n'y a pas longtemps qu'on les tirait des compagnies de cadets mais ils ne réussirent pas, car n'ayant vu que les compagnies dont ils étaient sortis, ils apportaient pour tout mérite dans les corps où ils étaient reçus l'exercice du mousquet, la danse, le savoir-faire des armes, quelque légère teinture des mathématiques et un tant soit peu du service des places[1]. L'exercice du mousquet s'apprend dans les régiments mieux qu'en lieu du monde, la danse est fort inutile à la qualité de bon officier, le savoir-faire des armes qui apprend à tuer un homme avec avantage n'est guère propre qu'à faire des criminels et des gens malaisés à vivre toujours en état de tuer ou d'être tués mal à propos, en tout cas il ne me paraît pas que le roi se doive charger de cette école.

A l'égard des mathématiques le peu qu'ils en ont appris n'a servi qu'à faire des ingénieurs à nos ennemis ou à la vérité ils n'ont pas brillé beaucoup ; d'ailleurs la plupart des officiers sortis des cadets n'ont pu se soutenir dans les régiments où on les a mis par la paye seule attendu sa faiblesse, d'où il est arrivé qu'étant peu assistés de chez eux et se voyant considérés comme des intrus dans les corps où ils sont entrés ils se sont rebutés par les dégoûts qu'on leur a donnés, ce qui a fait que beaucoup ont abandonné leurs emplois. Il en est resté fort dans les régiments[2], de sorte que cette pépinière d'officiers dont on s'est promis des merveilles ayant mal réussi, le roi cassa ces compagnies, et licencia ce qui s'y trouva de cadets. Depuis ce temps-là on a rempli les charges de jeunes gens tirés de ces licenciés ou du fond des provinces[3] qui n'ont rien vu, en qui on ne connaît aucun

1. L'inadaptation de la formation des cadets au métier des armes était fréquemment dénoncée. En particulier, les insuffisances de l'enseignement de mathématiques pourtant fort utile à la guerre de siège. Par ailleurs, l'utilité de la danse et même de l'escrime était sévèrement remise en doute. Dans son *Traité de la guerre de campagne*, Villars écrit : « Je retrancherois à ces cadets le Maistre d'armes et de danser, car il est inutile pour mener des troupes à la charge de savoir pousser une botte et marcher de bonne grace, les Maitres qu'il leur faudroit entretenir ce seroit de dessein, de géographie, de mathematique, jusqu'à des Canoniers, Bombardiers et Mineurs, enfin ce qui se met en pratique pendant la guerre » (p. 33).

2. Le constat de Vauban est exagéré. En 1705-1709, 38,5 % des capitaines d'infanterie avaient débuté leur carrière comme cadet. Voir Hervé Drévillon, *L'Impôt du sang...*, *op. cit.*, p. 237

3. Les besoins du recrutement ont obligé les officiers en place dans les régiments à puiser dans les ressources de clientèles très élargies pour trouver des volontaires. La notabilité

mérite personnel, ce qui fait que ces emplois primitifs qui sont le premier pas pour monter aux autres sont fort hasardés et ne réussissent guère mieux, pour ne pas dire plus mal que du passé. Ce défaut est plus grand qu'on ne saurait dire à cause des suites, mais il se peut très bien réparer, et voici comment. Sa Majesté n'a pour cet effet qu'à ordonner deux places de cadets par compagnie qui tiendront lieu d'autant de soldats auxquels elle fera donner paye de caporal, c'est-à-dire deux sols de plus qu'aux simples soldats et permettre que ces places soient remplies au choix des capitaines avec l'agrément du colonel qui n'en doit recevoir que les bien sains de corps et d'esprit, bien faits de leurs personne et de l'âge de 17, 18 à 20 ans. Ces jeunes gens faisant service à la rigueur auront le temps d'apprendre leur métier et se trouvant dans les occasions comme les autres, on connaîtra bientôt s'ils ont du courage et ce qu'on en peut espérer. Tous les officiers, sergents et soldats étant témoins de leur conduite, les considéreront comme enfants des régiments, les corrigeront quand ils leur verront faire quelque chose mal, et par ce moyen ils auront autant de maîtres qu'il y aura d'officiers et sergents dans les corps, et comme ils seront vraisemblablement fils, neveux ou proches parents des capitaines ou de leurs amis[1], ils les recommanderont à tous, prendront soin de leur éducation et les aideront à se soutenir les premières années. J'ai vu pratiquer imparfaitement cette méthode dans l'un des meilleurs régiments de France[2] dont il est sorti de très bons officiers, partie desquels servent encore et ont fait leur chemin avec beaucoup d'honneur. il faudrait leur faire porter le mousquet un an, deux ou trois qui plus qui moins. Après quoi les faire appointés six mois et autant de temps caporaux, après cela sergents honoraires sans en avoir la paye afin de ne pas augmenter la dépense et cela jusqu'à ce qu'il y eut lieu de les faire sous-lieutenants quand il y aurait de ces emplois vacants, non en déférant aux sollicitations du tiers et du quart, mais en examinant et pesant à la rigueur dans un conseil de police leurs vie et mœurs, leur naissance, le temps de leur service, leur courage et ce que l'on

de la famille et une relation, même lointaine, avec un colonel étaient des recommandations suffisantes qui permettaient à des jeunes gens de mérite inconnu d'être reçus officiers. Il n'est pas certain, contrairement à ce que pense Vauban, que ces volontaires venus « du fond des provinces » aient été plus mauvais que d'autres.

1. En confiant le recrutement et la formation des jeunes officiers aux capitaines, Vauban envisage de renforcer le poids des clientèles au sein des compagnies et des régiments. L'alternative entre une formation centralisée du type des compagnies de cadets et un apprentissage renvoie à une opposition entre deux modèles de gestion de l'appareil militaire : d'une part un modèle administratif servi par des procédures centralisées et impersonnelles, d'autre part la reproduction au sein de l'armée des liens personnels, familiaux et clientélaires qui parcourent la société. Habituellement partisan du premier modèle, Vauban défend ici une conception traditionnelle et pragmatique.

2. Vauban fait sans doute allusion au régiment des Gardes françaises qui a longtemps accueilli des cadets au sein de chaque compagnie.

en peut espérer, ce qui se doit faire par les directeurs généraux, présidents audit conseil où ils se pourront faire apporter le registre du régiment pour voir le temps de leurs services, entendre le colonel, le lieutenant-colonel et le major et même les officiers avec lesquels ils auront été commandés quand il se sera passé quelque occasion où il y aura eu du sang répandu[1]. De tout cela dresser un procès verbal signé du conseil et l'envoyer en cour pour décider sur leur promotion à moins que sa Majesté ne veuille bien s'en remettre au directeur joint au colonel du régiment sous certaines conditions ce qui me paraît mieux qu'autrement. On y sera moins trompé, et en ce faisant on évitera les sollicitations importunes et les dépenses de voyage que la plupart de ces cadets ne sont pas en état de faire[2]. C'est sans doute la meilleure méthode qu'on puisse tenir pour la création de ces officiers qui en produira quantité de bons. Car il est certain qu'en observant cette condition, ce qui se trouverait de meilleur dans le corps viendrait par les suites à la tête et on ne serait point commis au hasard.

DES LIEUTENANTS ET CAPITAINES

C'est de l'ordre des sous-lieutenants que doivent être tirés les lieutenants, et de ceux-ci les capitaines, chacun selon le rang de son ancienneté si le mérite et les services s'y accordent. Mais quand il se trouvera plus de capacité de mérite et de service d'un côté et plus d'ancienneté et de service de l'autre, mon avis est que le mérite prévale sur l'ancienneté[3], car il y a des mérites vifs qui vont toujours au-devant du devoir et d'autres si paresseux qu'ils attendent toujours que ce devoir les vienne chercher bien que braves gens d'ailleurs et sans reproche marqué. Or je tiens que les premiers doivent être préférés aux derniers parce que le service de l'Etat devant faire la première considération, celle des particuliers ne peut ni ne doit faire que

1. Vauban atténue les inconvénients du système clientélaire en introduisant ces procédures d'arbitrage et d'évaluation.

2. Vauban souligne ici un inconvénient de la centralisation des procédures de promotion des officiers, qui en renforçant le poids des instances de gouvernement favorise le jeu des pressions de la cour et renforce le pouvoir des familles en état d'y solliciter. C'est le paradoxe d'une monarchie centralisée : tout ce qui contribue au renforcement du gouvernement central ouvre un espace de négociation aux individus, aux familles et aux puissances capables de peser sur ce gouvernement. Vauban oppose à cette dérive une sorte de pouvoir organique de l'armée.

3. Chaque promotion était un arbitrage entre deux logiques : le mérite et l'ancienneté. Le principe de l'ancienneté avait l'avantage d'introduire un critère de choix objectif et incontestable, mais il était accusé, par Saint-Simon notamment, d'encourager la médiocrité. L'idée du mérite était évidemment plus séduisante et plus conforme à la culture aristocratique de la valeur, mais elle reposait sur des critères vagues. C'est pour surmonter cette dernière difficulté que Vauban propose l'introduction de procédures d'évaluation et de décision (voir plus bas, le conseil composé par les principaux officiers du régiment).

la seconde. Quand donc il s'agira de remplir les emplois vacants je voudrais que le directeur général convoquât à jour nommé un petit conseil ou assemblée composée de lui, du colonel, du lieutenant colonel et du major et des deux capitaines de grenadiers ou supposant qu'il fût question de remplir une lieutenance vacante, on examinerait les services des trois sous-lieutenants plus à portée de la remplir, dont on ferait un verbal signé du directeur et du conseil où seraient spécifiés les noms, l'ancienneté et le mérite des services de tous les trois, leur naissance et les actions plus remarquables, leurs blessures, leur génie pour la guerre et l'avis du conseil.

Cela fait dans les formes ordonnées, l'adresser au secrétaire d'Etat de la guerre qui le présenteront au roi lequel choisirait celui des trois qui lui plairait, la concurrence desdits autres leur étant précomptée pour [figurer] dans les élections prochaines, et observer 1^{ent} la même chose dans les promotions des lieutenants aux compagnies, et 2^{ent} que le major et les capitaines de grenadiers fassent un degré sujet à promotion[1] entre l'ordre des capitaines et des deux grands officiers de la tête et les y faire passer avant que de pouvoir prétendre à la lieutenance colonelle, laquelle venant de vaquer doit naturellement être remplie par celui des trois qui en sera jugé le plus digne faisant sur cela droit à leur mérite autant que la raison et le service du roi s'y pourront accommoder, et où les choses se trouveraient tellement égales qu'on ne pût décider du plus ou du moins. Je serais d'avis de les faire tirer au sort ou de donner la préférence au plus âgé. Quand le régiment viendra à vaquer comme il n'y aura plus de concurrent, il est sans difficulté qu'il ne saurait être mieux rempli que par le lieutenant colonel qui étant accoutumé au commandant du régiment y sera bien mieux et plus agréablement reçu parce qu'il le connaîtra mieux et en étant mieux connu qu'un nouveau venu qui ne serait souffert qu'avec chagrin[2]. Si on tient cet ordre dans les promotions on rendra un grand service au roi, justice à tout ce qu'il y aurait d'officiers dont les meilleurs viendront toujours à la tête, de cette façon aucun ne parviendrait à celle des régiments qu'il n'ait passé par tous les degrés, il en résulterait que les colonels seraient toujours d'un âge mûr très habiles comme bien instruits des affaires du régiment, de la qualité des officiers, de la fonction d'un chacun d'eux, de

1. Les charges de major et de capitaines de grenadiers revêtaient un statut marginal dans la hiérarchie militaire et le *cursus* des officiers. Les majorités étaient attribuées à des officiers aptes au « détail », c'est-à-dire aux fonctions administratives, tandis que les compagnies de grenadiers étaient réservées aux « têtes brûlées ». Les uns et les autres terminaient souvent leur carrière dans ces fonctions, qui étaient trop spécialisées pour ouvrir droit à des charges plus élevées, associées à des compétences plus vastes (lieutenant-colonel, colonel, etc.).

2. Vauban, comme ses contemporains, se montre très attentif à la dimension morale et presque affective du sort des officiers. Le « chagrin » rejoint ici le « dégoût » fréquemment invoqué pour décrire le sentiment des officiers écartés d'une promotion ou maltraités par l'institution. Ces tourments constitutifs d'une véritable mélancolie sont un caractère important du portrait de l'homme de guerre à l'âge classique.

celle des sergents et soldats, jamais on ne verrait d'ignorants à la tête du corps, et l'état ne serait point commis comme il est souvent par le défaut d'expérience et d'habileté des chefs. On sait bien qu'il n'est pas impossible qu'il ne s'y rencontre des majors et capitaines de grenadiers qui ne seront pas des sujets propres à remplir la charge de lieutenant-colonel, et qu'en ce cas le roi pourrait être obligé d'en tirer de quelque autre corps, ce qui étant fort raisonnable de soi, ne laisserait pas de donner un grand chagrin à ceux à qui cela toucherait de près en particulier et à tout le régiment en général, mais en observant cette règle dans les promotions, il est moralement impossible qu'il ne se trouve pas d'assez bons officiers à la tête des corps pour remplir ces postes. Au surplus je suis toujours d'avis qu'on exige un nouveau serment des officiers pour chaque promotion qui se fera.

EXCELLENCE DES REGIMENTS
LES SUPPOSANT PURGES DE LEURS DEFAUTS AU GRE DE CE MEMOIRE

J'ai cru devoir commencer par l'anatomie d'un régiment d'infanterie pour faire connaître ce qu'il y a de plus essentiel dans les ordres et la discipline qui s'y observent ou devraient observer, j'aurais pu pousser cela plus loin et entrer dans de plus grands détails, mais j'aurais trop grossi ce mémoire et je ne tiens pas que les minutiers que j'omets en vaillent la peine. Il me suffit présentement de faire voir que de l'institution des régiments est procédée la plus excellente société en fait de troupes qui ait jamais été. J'ose même soutenir qu'elle surpasse celle des phalanges grecques des légions, des légions romaines et de tous ceux qui nous ont précédés. 1ent. En ce que les régiments tels qu'ils sont ici proposés n'étant pas de si grands corps que ceux-là l'étaient à beaucoup près sont moins embarrassants et plus aisés à manier soit dans les marches ou dans le combat, et ne sont pas à craindre comme les légions auxquelles il n'était pas facile d'imposer ce qu'on voulait et dont l'union de trois ou quatre mutinées suffisaient pour faire trembler l'empire romain.

2ent. La qualité et le nombre des officiers de nos régiments surpasse de beaucoup ceux des anciens, même des modernes des autres nations parce que les nôtres sont plus nombreux, et parce qu'étant gentilshommes ou gens à peu près équivalant naturellement disposés par leur naissance et leur éducation à avoir de la valeur et qui font [...] le point fondamental de leur honneur et affronter toute sorte de périls, [...] de gaieté de cœur et souvent sans nécessité. 3ent. Il n'y a point de convent si bien réglé puisse-t-il être où la subordination soit mieux que dans les régiments français quand la discipline y est maintenue en vigueur. Le commandement n'y est jamais équivoque ni contesté aussitôt qu'il est vacant. Il est rempli et le rang d'ancienneté décide de cela sur champ, ce qui fait qu'il n'arrive jamais aucun manquement par ce défaut quelque occupé que puisse être un régiment. 4[ent]. L'autorité du colonel est absolue en ce qui regarde le service du roi, mais hors cela elle est tempérée, aucun d'eux n'a pouvoir de faire agir un régiment contre son devoir, et en cas qu'il le voulût entreprendre, il n'y a pas un officier qui ne fût en droit de s'y opposer. Un colonel ne peut décider de la mort ou cassation d'aucun officier ou soldat de son régiment que par ordre du roi si c'est un officier, et par la voie du conseil de guerre si ce sont sergents ou soldats ou pour avoir outrepassé les bans et bien que sa recommandation pour ou contre un officier soir fort considérable il ne peut de lui-même autre chose que les arrêts et l'interdiction, son pouvoir ne s'étend pas plus loin, il ne peut donner non plus les charge de son régiment, c'est absolument le roi qui en dispose en faveur de qui il lui plaît et assez souvent contre son avis et cela me paraît bien en ce qu'ils ont toute l'autorité nécessaire pour bien faire servir le roi, mais non celle qui pourrait le porter à mésuser de leur emploi. [Le lieutenant colonel n'est pas lieutenant du colonel mais commandant en second du régiment, avec une autorité semblable à celle des lieutenants de roi des places de guerre qui commandent en l'absence des gouverneurs comme eux-mêmes, et en leur présence, pas sous ordination ; les lieutenants colonels sont à peu près la même chose dans les régiments, mais avec beaucoup de déférence pour le colonel, quoique absent. Dans un jour de combat, celui-ci commande le premier et le lieutenant colonel le second. Quand il n'y en a qu'un, le colonel se place vis-à-vis du milieu, le lieutenant colonel à la droite et le capitaine à la gauche. Les major et aide-major étant à cheval pour porter ces ordres avec plus de diligence. Rien n'est mieux établi par cet ordre qui appelle tous les capitaines aux mêmes fonctions à défaut de ces premiers officiers selon le rang de leur ancienneté sans aucune difficulté. Le même ordre regarde les lieutenants des compagnies au défaut des capitaines, ce qui se communique aussi aux sous-lieutenant et même aux sergents selon le rang et l'ancienneté de chacun, cela se fait avec si peu de difficulté que dans les occasions les plus échauffées on ne s'y trompe pas et le commandant ne peut jamais tomber à moins que tous les grands et petits officiers ne soient morts ou hors de combat, ce qui rend l'institution de ces corps admirable et plus propre aux fonctions militaires qu'aucune autre telle qu'on la puisse même imaginer.] 5[ent]. Cette grande quantité d'officiers sous-ordonnés les uns aux autres qui remplit les corps fait que tous les grands et petits détachements y sont faciles et toujours réglés, car par exemple où il y a 25 ou 30 hommes on commande un lieutenant, un sous-lieutenant et un sergent et où il n'y en a que 12 ou 15 un sergent ou un caporal et cela fait à peu près un nombre d'hommes égal à ceux qui leur est sous ordonné dans leur compagnies. Quand on fait de plus gros détachements comme de 100, 150 ou 200 hommes on y commande autant de capitaines et d'autres officiers qu'il y a de fois 50 hommes comme par exemple à cent hommes on commandera deux capitaines, deux lieutenants, deux sous-lieutenants et quatre sergents. Pour 150 trois capitaines, trois lieutenants, trois sous-lieutenants et six sergents et quand il y a 4 ou 500 hommes un lieutenant colonel et quelquefois un colonel et aussi des autres, observant que le plus ancien capitaine est toujours celui qui commande. Rien n'est plus commode que cette facilité de régler les détachements par des gradiations sous-ordonnées les uns aux autres où se trouvent toujours les officiers d'un corps par leur disposition naturelle, ce qui prouve encore la bonté de cet ordre. 6[ent]. Rien ne confirme tant l'excellence de cette institution que le cas que tous les souverains de la chrétienté en ont fait, puisqu'ils ont tous d'un consentement unanime et sans s'être concertés pris cette méthode et enrégimenté leurs troupes tant de cavalerie que d'infanterie, qu'aucun d'eux s'en soit rétracté depuis plus de 140 ans qu'elles ont été mises sur ce pied, marque évidente de l'excellence de cet établissement qui en vérité a souvent dégénéré les règles, y ayant été quelquefois fort négligés et la discipline très relâchée, notamment dans ces derniers temps, mais il est très facile de la rétablir sur le pied qui est ici proposée ce qui soit entendu par toutes les troupes françaises et étrangères qui servent le roi, car nous n'entendons pas en diversifier les règles, mais bien de les rendre uniformes et semblables dans les uns comme dans les autres.

LES DIRECTEURS

Comme il est absolument nécessaire de maintenir l'uniformité dans les troupes et d'empêcher qu'il ne s'y introduise des hérésies et fausses coutumes qui ne dérangent la discipline ainsi qu'il s'est vu dans le règne précédent au commencement de celui-ci qui ont excité une infinité de disputes et de chicanes mal fondées dans les régiments où elles ont semé la discorde et fomenté la haine entre les corps jusque-là qu'on en a quelquefois vu sur le point d'en venir aux mains ce qui n'est que trop souvent arrivé entre les officiers[1]. Et d'ailleurs il n'est pas moins nécessaire d'égaler la police des troupes dans les régiments français et de l'y maintenir avec soin.

Il me paraît qu'entre tous les officiers qu'on aurait pu choisir pour cet effet il n'y en a point de plus propres que les directeurs généraux un peu

1. Le duel est une pratique courante dans l'armée, notamment pour trancher les conflits de préséance ou d'intérêts (la concurrence pour une charge, par exemple). Le plus souvent, ces combats singuliers échappaient à la vigilance des juges grâce à la complaisance de tous les niveaux de la hiérarchie militaire à l'égard de cette manifestation de l'honneur.

plus autorisés qu'ils ne sont, chacun desquels pourrait avoir un ou deux inspecteurs pour lieutenant[1]. Je crois quant à la quantité que six, 7 ou 8 des premiers pourront suffire pour tout le royaume, mais quant à la qualité il faut des officiers considérables par leur caractère, habiles et expérimentés qui soient de la dignité des lieutenants généraux, et les inspecteurs brigadiers ou maréchaux de camp, il me semble aussi que ces directeurs doivent avoir à peu de chose près la même autorité sur les troupes que les généraux d'armées, ou que du moins leur pouvoir doit s'étendre jusqu'à l'interdiction des colonels quand il les trouveront en faute, même de pouvoir les faire arrêter et emprisonner si le cas le requiert, idem les lieutenants, les majors, aides-majors, capitaines et tous autres officiers sergents et soldats de leur département eux présents et non autrement, parce que ce pouvoir semble trop grand s'il se pouvait faire sentir de long comme de près, c'est toutefois une chose à examiner.

Il est sans doute juste qu'ils président à tous les conseils de guerre et de police des régiments qui seront dans leur département quand ils voudront s'y trouver, qu'ils puissent les convoquer et assembler toutes les fois qu'ils jugeront nécessaire avec la permission des gouverneurs des places de guerre dans lesquelles ils seront en garnison. [*Note marginale rognée par la reliure.*]

Ce doit être à eux d'examiner les sujets capables d'être employés aux charges des régiments et d'en demander leur avis après avoir pris ceux du conseil et en avoir fait un verbal signé de tous ceux qui le composent comme il est proposé au chapitre précédent.

A eux doit appartenir de se faire apporter les livres annuels des régiments, de les examiner et de voir si les services y sont fidèlement rapportés et conformes à la vérité, s'il n'y entre point de passion ou de faveur et si l'ordre et la formule en sont bonnes et légales, et d'en parapher et approuver les pages[2]. Ce n'est pas moins à eux de faire casser ou congédier les sergents et soldats défectueux qui ont manqué à leur devoir ou qui ont quelque défaut personnel contraire au service qu'on en doit attendre, ou qui ont fait quelques fautes qui les rendent indignes de la qualité de soldat. C'est à eux de faire observer l'uniformité dans les exercices et dans les évolutions, dans les marches et dans les services, de prendre garde que les tambours et les fifres des régiments n'en corrompent point les batteries ni les marches par leur négligence ou mauvais goût, et de voir si on ne change rien dans les garnisons et détachements, si tout se fait à tour de rôle et comment, si les armes sont en bon état et bien entretenues du cali-

1. Vauban décrit ici un système assez proche de celui qui existait effectivement.
2. Ces livres ont été mis en place à partir de 1705. Ils ont abouti à l'enregistrement des états de services de tous les officiers et à leur évaluation par les inspecteurs. Mais contrairement au vœu formulé ici par Vauban, le jugement porté sur les officiers ne recevait pas de sanction officielle.

bre et de la qualité requises, s'il y a des plaintes à examiner et faire rendre justice à qui il appartient, soit du soldat à l'officier, ou de l'officier subalterne à l'officier supérieur, même d'égal à égal. Ils doivent être les juges avec le conseil de tous les différends qui arrivent entre les particuliers des troupes où le roi n'est pas intéressé directement, et où il le serait directement. Ce doit être à eux de s'assurer des coupables et d'en rendre compte à Sa Majesté et aux inspecteurs et aux colonels de faire la même chose en leur absence. Ce doit être à eux de tenir la main à ce que les majors et aides-majors et tous les officiers fassent leur devoir. Il sera même bon que de fois à autre le directeur assiste au cercle quand on donnera l'ordre, le major à sa droite et l'aide-major à sa gauche, tant pour voir comme ceux-ci s'acquittent de cette fonction et les redresser s'il est besoin, que pour y donner le mot au major, l'attendre parcourir le cercle jusqu'à ce qu'il lui revienne par l'aide-major et faire dire par la même voie ce qu'il veut faire savoir au régiment. Mon avis serait aussi qu'ils fissent quelquefois ronde dans les places de guerre de leur département à chaque visite qu'ils y feront, tantôt de jour et tantôt de nuit afin de voir si le service qui s'y fait est dans la règle, et s'il n'y a rien de négligé, et s'en faire rendre compte par les majors des places, même par les gouverneneurs et lieutenants de roi, visiter les magasins à poudre et les arsenaux, voir ce qui y manque et s'en faire rendre compte par les officiers d'artillerie, comme aussi de ce qui peut et doir regarder la sûreté des places et mander sur cela leur avis en cour. Les gouverneurs et lieutenants de roi ne doivent pas faire de difficulté de rendre ces comptes aux directeurs généraux quand le roi aura une fois fait entendre sa volonté sur cela. Ils doivent aussi examiner les paiements qui se font aux troupes, se faire rendre compte de l'état de la masse, voir si on n'en mésuse point et si elle fidèlement administrée, si les capitaines font un bon emploi de ce qu'ils retiennent aux soldats, si ceux-ci sont bien entretenus de bas, de souliers, de chapeaux et de linge, s'ils ne leur retiennent rien de plus et s'ils ont soin de leurs malades, voir si le trésorier en use bien, s'il n'exige pas plus qu'il ne lui est dû des compagnies pour les rôles, et si à titre d'assistance et de prêt il n'exige point quelque usure sur les régiments. Ce devrait être encore à ces mêmes directeurs d'examiner les blés dont on fait le pain de munition, voir s'ils sont de bonne qualité et bien conditionnés, si le pain est de poids, bien boulangé et de bonne cuisson, d'écouter les plaintes et soldats sur cela et leur faire justice, et en cas de faute ou de friponnerie répréhensible de la part des munitionnaires qu'ils ayent pouvoir de les condamner à des amendes pécuniaires, même de les faire emprisonner et châtier plus rigoureusement si le cas le requiert, car entre donner du mauvais pain aux soldats, et les empoisonner, il n'y a de différence que du temps puisque le mauvais pain les fait mourir à la longue comme le poison le fait dans peu.

Ils doivent faire la visite des troupes de leur département tous les ans deux fois et les inspecteurs autant, et à chaque fois en faire des revues très exactes et à loisir sans se trop presser afin de ne pas précipiter les affaires. Ils doivent aussi examiner les revues des commissaires, s'en faire rendre compte et donner des extraits, les comparer avec les leurs, voir s'ils s'en acquittent fidèlement. Je voudrais enfin que tous les directeurs se trouvassent les hivers à Paris pour y travailler de concert à la perfection de la police et discipline des troupes en délibérant sur ce qu'ils y auront remarqué d'irrégulier et de mauvais, et proposant au roi les moyens d'y remédier par des résultat qui contiendraient ce qui devrait être supprimé et ajouté. En conséquence desquels Sa Majesté en ordonnerait ce qu'il lui plairait, quatre ou cinq assemblées de ces messieurs suffiraient pour cela, après quoi ils se pourraient séparer pour vaquer à leurs affaires, domestiquer pendant un certain temps et ensuite se rendre à leurs emplois pour en continuer les fonctions. Remarquant que quand on aura tant fait que de parvenir à une discipline raisonnable sur laquelle ils ne trouveront plus rien à dire, il faudra la continuer en cet état, la rendre stable et se faire après une religion, de n'y plus toucher de peur de l'altérer.

Pour autoriser autant ces officiers que je crois ces emplois importants, il faut spécifier toute l'autorité qu'il plaira au roi de leur donner dans leurs provisions nettement et distinctement afin que l'exposé qu'ils en feront ferme la bouche et prévienne toutes les épilogueries et difficultés qu'on leur pourrait faire dans les places de guerre et ailleurs, car ils doivent à proprement parler être considérés comme les pères de la discipline, les protecteurs des soldats et les vrais directeurs du service et des troupes dont ils ne doivent rendre compte qu'au roi, au général et au secrétaire d'Etat de la guerre[1]. Il me paraît cependant qu'ils doivent demander permission aux gouverneurs des places de guerre d'exercer les fonctions de leurs emplois dans leurs gouvernements ou du moins leur en faire honnêteté non par devoir personnel parce qu'il s'en trouvera plusieurs d'un caractère au-dessous du leur, mais par rapport à la sûreté des places dont les gouverneurs sont chargés sur leur tête et non les directeurs. Il y a de plus un devoir à rendre pour une seule fois à ceux de province et des places dont les gouverneurs sont maréchaux de France ou anciens lieutenants généraux à cause de leur qualité qui doit les obliger à ne rien faire dans leur gouvernement qu'ils ne leur en aient demandé permission qui ne pourra leur être refusé par quelque raison que ce puisse être.

1. Vauban évoque ici le problème de l'autorité des directeurs et des inspecteurs. On peut trouver un exemple des contestations dont celle-ci faisait l'objet dans les pages que le maréchal de Villars a consacrées à cette institution dans son *Traité de la guerre de campagne* : « Il arrive ordinairement qu'un homme revêtu du caractère d'inspecteur en titre d'office, qui lui donne un accès auprès du Prince, et plus de relation avec son Ministre, commence par songer à se servir de ses agréments pour faire sa fortune ». (pp. 9-11).

Ces emplois devant être d'une conséquence fort distinguée, ceux qui en seront pourvus doivent prêter serment entre les mains du roi en présence du secrétaire d'Etat de la guerre qui lira la formule de ce serment, laquelle formule doit à mon avis être libellée de tout ce qu'on voudra qu'ils observent pour être à couvert de la persécution des recommandations et faveurs que je considère ici comme la peste des troupes, parce qu'elles se mettent au travers du droit commun de la discipline, et obligent ceux qui les veulent écouter à des égards que l'on ne doit avoir que pour le vrai mérite si on veut faire de bonnes troupes, étant très certain qu'un homme qui espère aux recommandations s'évertue moins que ceux qui n'ont que du mérite pour tout appui. C'est cependant celui-là qu'il faut rechercher avec tous les soins possibles si le roi veut être bien servi. Au surplus je ne feins pas de dire que la récompense de ces officiers à la sortie d'un si pénible emploi devrait être un bâton de maréchal de France ou un gouvernement de quelque grande place s'ils s'en acquittent bien, et une privation totale du service sans honneur ni récompense s'ils s'en acquittent mal ou qu'ils se laissent corrompre. Au reste la direction de ces messieurs doit également s'étendre sur la cavalerie, l'infanterie et les dragons puisque nous les supposons lieutenants généraux ou maréchaux de camp, etc.[1]

LES INSPECTEURS

Je considère ceux-ci comme les lieutenants des directeurs qui par conséquent doivent obéir à tout ce qui leur sera ordonné de leur part et leur rendre compte de toutes les revues et visites qu'ils feront dont ils doivent leur donner copie. Ils doivent être autorisés à faire les mêmes focntions qu'eux, hors qu'ils ne doivent pas donner d'ordre dans les places ni faire des rondes ni les visites des magasins non plus que de présider dans les conseils ni présenter aux promotions, permis à eux cependant d'assister aux conseils où ils auront voix délibératrice et séance à la droite du directeur. Ceux-ci à mon avis doivent prêter serment entre les mains du chancelier de France ou du connétable s'il y en avait un. Au surplus je soumets mon jugement sur la proposition de ces emplois comme sur tout ce qui se trouvera dans ces mémoires à celui ou ceux qui en sauront plus que moi ne prétendant pas en devoir être cru qu'autant que la raison et le service du roi s'y trouveront conformes.

1. L'officier général se caractérise par l'aptitude à commander plusieurs armes conjointement. C'est pourquoi les brigadiers des armées du roi qui commandaient des regroupements de plusieurs régiments d'une même arme n'étaient pas considérés comme tels.

DES COMMISSAIRES DES GUERRES

Quoique les fonctions de tous les commissaires des guerres soient égales et qu'elles regardent la subsistance, la conduite et la police des troupes qui sont dans les départements qui leur sont assignés par le secrétaire d'Etat de la guerre, ils sont néanmoins employés en quatre manières différentes, 1^{ent} à la résidence d'une ou de plusieurs places, 2^{ent} dans les armées, 3^{ent} à la conduite et police des troupes répandues dans le plat pays, et 4^{ent} à la conduite et police d'un ou de plusieurs régiments.

Les fonctions des commissaires des guerres étant communes en général à tous ceux qui sont pourvus de cet emploi, on a jugé à propos d'en faire mention auparavant que d'expliquer le service qui doit être fait dans chacun des quatre endroits où ils sont ordinairement employés.

Les pouvoirs des commissaires des guerres en général sont de faire la revue des troupes de leur département assigné par le secrétaire d'Etat ayant le département de la guerre, et d'ordonner de leur subsistance. Il faut lors des revues que les troupes soient bien armées et équipées, et les officiers aussi de la même manière que si elles allaient au combat. Cela fait et dans le temps qu'elles sont en bataille, il examine chaque compagnie en détail soit cavalerie, infanterie ou dragons pour voir si les cavaliers sont bien montés, équipés et habillés, s'il leur manque quelque chose. Il a le pouvoir de le faire fournir sur-le-champ et d'en faire payer le prix sur solde de la compagnie ou du capitaine. Observant cependant de n'en venir à cette extrémité qu'après avoir fait connaître au capitaine que s'il ne pourvoit pas aux besoins de sa compagnie dans la première revue on sera obligé d'en user ainsi parce que c'est une manière d'affront qu'on lui fait recevoir qu'il est bon d'éviter pour ne lui pas attirer le mépris de sa compagnie, ces sortes de châtiment faisant toujours de mauvais effets.

[*Nota*. Les cavaliers et dragons qui sont répandus dans le plat pays peuvent faire quelque exception. Il est bon d'agir à cet égard de concert avec les inspecteurs généraux.]

Examiner si les cavaliers, soldats et dragons ont leur solde entière, et pour cela les interroger et en cas que leurs officiers leur retiennent quelque chose de plus que ce qui est porté par les ordonnances militaires, leur faire rendre sur-le-champ et sans aucun retardement particulièrement dans les places de guerre.

D'examiner si les brigadiers dans les compagnies de cavalerie et de dragons et les caporaux, anspessades, grenadiers, piquiers et tambours dans celles d'infanterie qui ont pour leur solde quelque chose de plus que la solde ordinaire des cavaliers, soldats et dragons, et sont entièrement payés.

Un commissaire ne saurait avoir trop d'attention sur les deux articles précédents car l'injustice la plus ordinaire que fassent les capitaines est de retenir à ceux qui servent dans leurs compagnies, principalement dans les places de guerre, quelque chose au-delà de ce qui est porté par les ordonnances ou en les obligeant à s'entretenir de souliers, bas, linge, etc., à quoi les capitaines sont obligés. L'examen des troupes en bataille étant fini, le commissaire les fait faire défiler en présence du gouverneur pour les comptes et en fournit son extrait dont je donne par après copie audit gouverneur et lieutenant de roi.

Ils ont le pouvoir d'ordonner du logement des troupes conjointement avec les maires et échevins des villes. *{Note marginale rognée par la reliure.}*

D'examiner les fourrages qui sont aux troupes et s'ils ne sont pas bons de faire donner d'autres.

D'examiner les cantines qui sont dans les places de guerre, et si le vin qui s'y débite aux officiers et soldats n'est pas de bonne qualité, il en rend compte au secrétaire d'Etat de la guerre et à l'intendant de la province, et en attendant il oblige les cantiniers à faire de meilleures fournitures.

Il doit examiner la nourriture et goûter les bouillons donnés aux soldats, malades dans les hôpitaux et leur logement, comme aussi les médicaments qui leur sont fournis et si le tout n'est pas bon y pourvoir. C'est encore un soin à quoi un commissaire doit donner beaucoup d'application, et remédier sur-le-champ avec tels abus qui sont capables de les perdre d'honneur et de le faire révoquer s'il le tolérait[1]. *{Note marginale rognée par la reliure.}* Il doit encore examiner le chauffage tant des corps de garde des places que la garnison et voir si ce qu'on donne est suffisant.

Examiner les logements de ladite garnison des villes, des citadelles et des forts, et observer que dans les villes le logement se fait en deux manières ou chez les bourgeois ou dans les casernes, en l'un et en l'autre cas la ville est obligée de faire cette dépense, c'est-à-dire de fournir les choses nécessaires pour coucher les officiers et soldats et leur donner même quelque linge et autres ustensiles pour leur table suivant le règlement qui en est fait au lieu que dans les citadelles et les forts la dépense s'en fait pour le compte du Roi. Il doit et peut assister au conseil de la guerre qui se tient dans l'étendue de son département, prenant séance à gauche de celui qui y préside, le commissaire n'a cependant point de voix délibératrice, sa fonction étant uniquement d'observer si on juge en conformité des ordonnances et des règlements de Sa Majesté[2].

[*Nota*. Les officiers généraux au nombre desquels sont censés être les brigadiers de gendarmerie, de cavalerie, d'infanterie et de dragons ne font point

1. La compromission de l'honneur des commissaires des guerres était un thème récurrent, car ils étaient souvent soupçonnés de complicité avec les malversations qu'ils étaient censés pourchasser. Mal insérés dans la hiérarchie militaire, les commissaires manquaient singulièrement d'autorité. Leur office était vénal et, depuis un édit de 1691, héréditaire.

2. La limite assignée aux fonctions des commissaires illustre et explique leur difficulté à être « autorisés » au sein de l'armée.

de serment n'y ayant que les colonels maîtres de camp et les autres officiers au dessous qui doivent le prêter entre les mains du commissaire des guerres.]

C'est lui qui fait prêter serment aux officiers pourvus de nouvelles charges, même aux colonels et maîtres de camp, en sorte que si un sous-lieutenant devient lieutenant, un lieutenant capitaine, un capitaine major, lieutenant colonel ou colonel, le commissaire est en droit de faire à chaque promotion le serment accoutumé. Autrefois ils prenaient pour le droit de serment le premier mois de la solde de l'officier auquel ils le faisaient faire, et c'était même une attribution de leur charge, mais cela a été abrogé et un commissaire des guerres s'exposerait à être révoqué s'il recevait pour cela la moindre chose quand même elle lui serait offerte volontairement.

Les colonels ou maîtres de camp ont accoutumé lors qu'on leur fait faire le serment d'envoyer une épée ou un cheval à un commissaire des guerres entre les mains duquel ils l'ont prêté, mais il ne doit recevoir ni l'un ni l'autre sans la permission du secrétaire d'Etat de la guerre.

Tout officier d'infanterie même les colonels lors qu'ils prêtent le serment doivent être à la tête de leur troupe qui est ordonnée en bataille à cet effet, ou le jour que la revue s'en fait, ils tiennent leur pique de la main gauche, et ayant la main droite levée, lui découvert et ayant le chapeau sur la tête, dit, Monsieur, jurez et promettez par la foi que vous devez à Dieu de bien et fidèlement servir le roi dans la charge dont Sa Majesté a eu agréable de vous pourvoir, de ne porter jamais les armes contre son service ni celui de ses alliés, de ne point recevoir pension des princes étrangers et d'avertir sa Majesté et celui qui commandera dans la province où vous avez ordre de servir de tout ce que vous apprendrez qui se passera contre son service, à quoi celui qui fait le serment ayant répondu OUI, la cérémonie est finie.

A l'égard des officiers de gens de cavalerie et de dragons, on leur fait faire le même serment qu'aux officiers d'infanterie excepté qu'ils sont à pied armés et équipés de la même manière que s'ils allaient au combat.

Il doit examiner les revues qui sont faites pour les troupes tant pour les hommes que pour les chevaux. Lors que les toupes font du désordre il doit y remédier sur-le-champ et en dresser un procès verbal qu'il faut envoyer au secrétaire d'Etat de la guerre.

Les commissaires des guerres sont en droit d'interdire un officier lors qu'il y donne occasion, mais il faut que l'interdiction soit prononcée à la tête des troupes lors qu'elles sont en bataille ou que l'on en fait la revue. Il n'en faut venir à cette extrémité que le plus tard qu'on peut, parce que l'officier interdit est perdu sans ressource s'il est coupable et s'il ne l'est pas cela fait un tort considérable dans l'esprit du ministre à celui qui a prononcé l'interdiction[1]. Il faut voir dans les ordonnances les cas dans les-

1. Au mépris des règlements, la hiérarchie militaire était souvent tentée de donner tort aux commissaires dans leurs conflits avec les officiers. En octobre 1691, une altercation sur-

quels l'interdiction doit être prononcée. Lors qu'on interdit un officier l'on dit à Monsieur je vous interdit de la part du roi des fonctions de votre charge, ce jusqu'à ce qu'il ait plu à sa Majesté de vous rétablir, et ensuite en s'adressant aux soldats on leur défend de la part du roi de reconnaître un tel en qualité de tel officier jusqu'à ce que sa Majesté y ait pourvu, il en faut rendre compte sur-le-champ au ministre de la guerre et l'informer des motifs qu'on a eu d'en user ainsi. Il faut aussi en informer celui qui commande dans la place et observer qu'un officier qui commanderait dans un quartier ne pût être interdit à cause de sa qualité de commandant. Il n'y a point d'exemple qu'un colonel ou maître de camp l'ait été.

Le commissaire des guerres doit donner à l'officier qu'il a interdit une lettre ouverte adressante au secrétaire d'Etat de la guerre contenant les motifs qui ont donné lieu à l'interdiction.

FONCTIONS DES COMMISSAIRES DES GUERRES DANS LES PLACES

Lors qu'un commissaire des guerres a ordre de servir dans une place, la première chose qu'il doit obtenir en y entrant est de rendre visite à celui qui y commande et de lui faire voir l'ordre qu'il a d'y servir. Il en doit user de même à l'égard des commandants des citadelles, des forts et des châteaux où il y a des troupes en garnison, après quoi il doit voir les autres officiers majors et par des manières honnêtes leur faire entendre qu'il a intention de bien vivre avec eux en faisant néanmoins son devoir et sans se relâcher de ce qui peut être du bien du service.

Si l'intendant de la province est à portée qu'on le puisse voir sans que le service en souffre, il sera bon de lui rendre visite et lui témoigner beaucoup de déférence sinon lui écrire un compliment sur son emploi. Il est à propos d'en user de même pour ce qui concerne le gouverneur général, ou le commandant de la province, soit qu'il soit dans son gouvernement ou absent. L'ordonnance qui règle la manière dont les commissaires des guerres doivent faire les revues porte qu'ils feront quatre revues par mois, savoir deux tous les 15 jours pour leur subsistance, et les deux autres pour examiner s'il leur manque quelque chose et y pouvoir, cette ordonnance a été exécutée dans les premiers temps mais on observe présentement de n'en faire que tous les 15 jours ou tous les mois pour le payement de leur solde.

---

venue entre un colonel de cavalerie nommé Le Gal et un commissaire des guerres était arbitrée de la façon suivante par Noailles : « le sieur de Le gal aurait pu avoir un peu plus de sang froid, mais que le commissaire s'est attiré assez mal à propos les choses dont il se plaint » (SHD, A1 1105, n° 46).

Lors qu'un commissaire a résolu de faire revue des troupes de la garnison il en doit avertir la veille le commandant de la place et le prier d'ordonner qu'elles s'assemblent à une certaine heure et à la manière ordinaire, le pouvoir du commissaire ne s'étendant point de faire de son autorité assembler les troupes, ni de faire battre la caisse. Cela étant réservé à celui qui commande qui n'est jamais un commissaire, quand même il n'y aurait qu'un enseigne et un sous-lieutenant dans la place.

[*Nota*. Il y a eu des ordres de M. de Louvois de faire sortir les jours de revue les soldats prisonniers et de les mettre à la queue des compagnies, à cause que les capitaines faisaient mettre en prison lors de la revue les soldats qu'ils savaient bien qui seraient [...] et qui ne seraient pas passés par le commissaire [...].

L'heure et le lieu où se doit faire la revue étant réglés, le commissaire s'y doit rendre et examiner exactement s'il manque quelque chose aux troupes et le leur faire fournir, il ne doit passer que les présents et effectifs qui sont sous les armes, ceux qui sont à l'hôpital et dans la prison suivant les certificats de celui qui a la direction de l'hôpital ou du geôlier qu'il retiendra par-devers lui, pour lui servir de décharge, observant cependant d'aller lui-même sur les lieux voir si le contenu aux certificats est véritable.

Dans les places frontières l'on observe en temps de guerre d'envoyer des partis dehors, tant pour avoir des nouvelles des ennemis que pour faire payer les contributions[1], ces partis sont composés des troupes qui sont en garnison dans la place. Si un commissaire des guerres fait la revue pendant qu'il y a des partis dehors, il faut qu'il comprenne dans son extrait de revue les troupes absentes compagnie par compagnie, le gouverneur ou le commandant et le major de la place lui devant donner un certificat signé d'eux de la quantité d'hommes qui sont en parti.

Après que le commissaire a examiné et compté les soldats qui sont sous les armes on les fait défiler 4 à 4, la cavalerie et les dragons deux à deux, ou un à un suivant qu'on le juge plus approprié, que l'on observe ordinairement de les faire ainsi défiler, cela n'est pourtant point nécessaire, et l'on peut renvoyer les soldats après qu'elles ont été examinées et c'est ainsi qu'il a été ci-dessus expliqué dans les rangs sans qu'on y puisse trouver à redire.

[Nota. Il faut que l'extrait de revue soit signé au bas de chaque feuille par le gouverneur ou commandant, par le major et le commissaire des guerres.]

Après que le revue a été faite le commissaire en dresse son extrait conforme au projet qui est dans le livre des ordonnances militaires et le fait signer au gouverneur ou au commandant et au major, ou à ceux qui en font les fonctions en leur absence. Il faut qu'il envoie une copie au secré-

1. Les reconnaissances menées par des détachements ainsi que les expéditions destinées à faire payer aux communautés un tribut appelé « contribution », étaient les opérations typiques de la « petite guerre » ou guerre de parti.

taire d'Etat, une à l'intendant de la province, une au trésorier ou au payeur des troupes, et une à celui qui commande dans la place et que toutes ces copies soient signées du gouverneur ou commandant du major et du commissaire des guerres, et qu'elles soient toutes conformes à la minute qui doit être par-devers ledit commissaire pour y avoir recours en cas de besoin, et pour cela il faut les faire collationner les unes après les autres auparavant que de les envoyer.

Nota. Il y a des gouverneurs et commandants des places qui ne se soucient point qu'on leur remette des extraits de revue des troupes qui sont en garnison dans leur place, mais cela n'empêche pas qu'un commissaire n'y soit toujours obligé, lequel pour ne manquer à rien doit en remettant son premier extrait au gouverneur ou commandant lui demander s'il désire qu'il continue d'en user de même, s'il dit qu'oui le faire fort exactement. Quoiqu'on ne doive point envoyer au gouverneur général ou commandant de la place des extraits de revue, il faut pourtant le faire, cette démarche ne pouvant produire qu'un bon effet, mais il faut pour cela qu'ils soient actuellement sur leurs lieux.

Lors que des troupes ne font que passer dans une ville ou une place qui sert de résidence, la revue en doit être faite par le commissaire des guerres conjointement avec les maires et échevins du lieu qui doivent signer l'extrait de revue avec le gouverneur et le major n'étant point dans l'obligation de le signer ni d'être présent à la revue, à moins qu'ils n'y veuillent assister volontairement.

Lors que les troupes arrivent nouvellement dans une place pour y tenir garnison un commissaire qui entend son fait et veut éviter qu'on ne lui fasse des affaires du côté de la cour, doit faire publier un ban la première fois qu'il en fait la revue. Que si on fait quelque injustice aux cavaliers, soldats et dragons ou qu'on leur retienne quelque chose au-delà de ce qui est porté par les ordonnances, qu'ils aient à s'adresser à lui et qu'il leur rendra justice sur-le-champ, quoiqu'un commissaire ne soit point obligé d'avertir les commandants particuliers de chaque corps de troupes du dessein qu'il a de faire publier des bans, il doit néanmoins le faire par honnêteté pour faire connaître qu'il veut vivre honnêtement avec eux en faisant son devoir, leur donnant à entendre que c'est un usage qu'il pratique depuis longtemps et duquel il ne se doit point départir.

Il n'est point non plus obligé d'avertir le commandant de la place, mais il le doit faire.

Il ne doit être mis dans aucune compagnie ni hommes ni chevaux qu'ils n'aient auparavant été présentés au commissaire des guerres et qu'ils n'aient été par lui agréés et si on le fait ils sont censés passevolants[1].

1. Le recours aux passevolants était une fraude particulièrement répandue parmi les capitaines, qui présentaient ainsi aux revues des effectifs artificiellement grossis par des

Les troupes qui tiennent garnison dans les places sont logées chez les bourgeois ou dans les casernes[1] qui ont été bâties pour le soulagement des habitants, et dans l'un et l'autre cas la fourniture et l'entretenement des lits se font aux dépens de la ville. Si elles sont logées dans les casernes il en faut faire la répartition suivant la force des escadrons et des bataillons le plus également que faire se peut, et si c'est chez les bourgeois il en faut faire le logement conjoint avec les échevins avec toute sorte d'égalité, le commissaire ne devant pas souffrir néanmoins que les échevins disposent d'une seule chambre sans sa participation, le détail du logement étant un des plus beaux attributs de sa charge.

Les gouverneurs et commandants des places ont souvent entrepris sur les fonctions des commissaires des guerres pour ce qui concerne le logement des troupes ayant sous différents prétextes entrepris de le faire de leur autorité, principalement lors que les bourgeois sont obligés de les loger afin de se donner plus d'autorité dans la place et diminuer celle du commissaire. Mais feu Monsieur de Louvois a toujours maintenu les commissaires ayant seulement réglé dans une contestation de cette nature que si le commandant jugeait à propos pour la sûreté de la place de faire loger plus de troupes dans un quartier que dans l'autre, il en devait donner avis au commissaire pour en faire le détail.

Les troupes qui sont dans les citadelles et dans les forts sont logées dans les casernes que le roi a fait bâtir, sa Majesté fait fournir les lits nécessaires pour les coucher, cette dépense se faisant à ses dépens et jamais à celle des villes où il y a des citadelles établies. Le commissaire des guerres doit examiner s'il y a plus de soldats dans une caserne que dans l'autre, si les fournitures en sont bonnes et si elles ne le sont pas et telles que sa Majesté l'a réglé y obliger celui qui en a le traité.

Le roi ayant plusieurs fois fait marché avec les entrepreneurs généraux pour la fourniture et l'entretenement des lits qui se fournissent aux dépens de sa Majesté dans les citadelles et les forts de ce royaume à raison de tant par an pour chaque lit, ces entrepreneurs généraux en sous-traitent ordinairement avec des particuliers auxquels les commissaires des guerres donnent des certificats de la qualité des lits qu'ils ont fournis par mois à chaque compagnie en détail, sur le pied d'un lit pour trois soldats et d'un lit pour deux cavaliers ou dragons. Comme il y a ordinairement des soldats mariés dans les compagnies des cadets des bonnes maisons et des sergents qu'on veut mieux traiter que les autres on n'exécute pas au pied de la lettre

figurants habillés en soldats alors qu'ils n'en avaient pas le statut. Les valets des officiers de la compagnie étaient fréquemment employés à cet usage.

1. La politique d'encasernement en était ici à ses débuts. Elle était censée soulager les habitants du fardeau redouté du logement des gens de guerre, mais son subventionnement posait de nombreux problèmes mal résolus. Elle se mit en place très progressivement au cours du XVIIIe siècle.

l'ordre de faire coucher trois soldats dans un même lit et sur une compagnie d'infanterie on peut passer deux ou trois lits tout au plus.

Il y a d'ordinaire un hôpital dans chaque ville de guerre où on envoie les soldats malades, l'intendant de la province traite ordinairement avec des gens du lieu à raison de tant par jour pour la nourriture de chaque soldat et pour les remèdes qui sont nécessaires pour les panser et médicamenter.

Lors qu'un soldat tombe malade et qu'on le veut envoyer à l'hôpital, il n'y doit point être reçu que sur un billet du commissaire des guerres ou du major en son absence.

Les commissaires des guerres ne sauraient aller trop souvent visiter les bouillons qu'on donne aux soldats malades afin d'obliger ceux qui ont entrepris de les fournir de les faire bons, ces sortes de gens n'ayant en vue que leur intérêt particulier sans se soucier si la nourriture est bonne ou mauvaise. Les mêmes commissaires doivent aussi examiner si l'on change les soldats malades de linge aussi souvent qu'ils en ont besoin, et si les médicaments sont bons, c'est à quoi le commissaire doit avoir le plus d'application ainsi qu'on le remarque au commencement de ces mémoires. Car s'il arrivait qu'il y eut quelque connivence de lui avec le directeur de l'hôpital ou un relâchement il serait digne d'être révoqué avec infamie.

Il doit examiner le vin des cantines tant pour les officiers que pour les soldats et s'il n'est pas bon en faire fournir de bonne qualité suivant l'adjudication qui en a été faite au cantinier.

Examiner le chauffage des corps de gardes et si on le fournit suivant le règlement qui en a été fait.

Le premier sergent de la place doit porter l'ordre tous les soirs au commissaire des guerres, lequel est en droit d'aller sur les remparts et dans tous les postes qui sont occupés par les troupes quand bon lui semble, et sans que personne s'y puisse opposer.

Lors qu'il se tient un conseil de guerre dans la place, il y doit assister et prendre la gauche de celui qui y préside ainsi qu'il a été ci-devant expliqué sans néanmoins y avoir voix délibératrice.

Au surplus ils ne relèvent que des généraux d'armée, et du secrétaire d'Etat de la guerre de qui ils dépendent absolument et un peu des intendants. Il me paraît encore que pour les choses fussent bien réglées que ces mêmes commissaires devraient rendre compte de leur revue aux directeurs généraux pour prévenir les intelligences secrètes et intéressées que beaucoup d'entre eux ont avec les corps. Au reste je voudrais qu'on ne pût rien enregistrer sur le livre des régiments qu'en présence et qui ne fût visé du commissaire.

Bien que ces charges soient militaires, les commissaires ne combattent point, autrefois il était à leur choix dans jours d'affaire de prendre la pique à gauche du commandant, c'est chose que j'ai bien ouïe dire mais que je n'ai pas vu pratiquer, aucun de ceux d'à présent ne se piquent de ces honneurs. Ces emplois sont cependant honorables et très neufs[1], c'est pourquoi il serait à désirer que ces commissaires fussent tirés des régiments et choisis entre les vieux capitaines, ils seraient moins odieux aux troupes[2], rempliraient plus noblement ces emplois qui tenant lieu de récompense à quantité d'honnêtes gens feraient fort bon effet dans les troupes, en ce que beaucoup d'officiers s'attacheraient avec affection au métier, et travailleraient à se rendre plus capables qu'ils ne sont, parce que peu de chose flatte leur espérance et les apparences de ce peu-là leur paraissent si éloignées qu'une grande partie perdent courage, par les trop longues attentes, ce qui me fait considérer cette privation comme un défaut essentiel eu égard même aux gens qui remplissent ces emplois qui très souvent sont d'un relief fort au-dessous de leurs charges. On pourrait les charger de temps en temps d'un régiment à autre pour prévenir les connivences qu'on aurait lieu d'appréhender d'eux avec leurs anciens camarades.

Enfin un commissaire ordonnateur est un diminutif d'intendants qui fait en son absence tout ce qu'il faut. Il serait à souhaiter qu'on ne fît aucun de ces derniers qu'il n'eût été deux ou trois ans commissaires avant que d'en venir là. Il est certain qu'ils connaîtraient mieux les troupes et qu'ils seraient plus en état de se bien acquitter de ces emplois.

DE LA SOLDE DE L'INFANTERIE

Après avoir expliqué ma pensée sur la perfection qu'on peut donner à notre infanterie et sur les précautions à prendre pour en avoir de bonne, j'estime qu'il est temps de parler de sa subsistance et du règlement de sa solde. Nous avons déjà fait voir qu'elle est trop faible par rapport du temps présent au passé, et que de ce défaut provient en partie le dégoût général qui cause la désertion auquel on ne peut remédier que par l'augmentation de la solde ou par ramener le prix des denrées sur le pied où il était autrefois. Comme je tiens ce dernier impossible, il faut avoir recours au premier comme au plus praticable qui est celui de l'augmentation. Nous la proposerons donc sur le pied le plus modique qu'il nous sera possible en fixant la paye commune du sol à six sols par jour. Bien entendu qu'aux quartiers d'hiver il touchera un sol d'ustensile en temps de guerre et qu'en campagne il aura le pain gratis moyennant quoi outre les fonctions ordinaires à quoi il est naturellement obligé, il le sera encore à tous les ouvrages qui

1. La nouveauté évoquée ici est très relative puisque les charges de commissaires des guerres furent pourvues à titre d'offices vénaux à partir de 1567. Vauban évoque peut-être la réforme de 1691, qui transforma ces offices casuels en 180 offices héréditaires d'une finance de 33 000 livres.

2. L'impopularité des commissaires ne tenaient pas seulement à leur statut ambigu, mais aussi à la nature même de leur fonction, qui les mettait souvent en conflit avec les officiers.

regarderont la sûreté des armées et la propreté des camps, c'est de quoi il lui en faudra faire un point d'honneur aussi bien qu'à l'officier et ce sera sur ce pied que roulera tout le calcul suivant que nous proposerons. 1[ent]. Pour une compagnie, et puis pour un régiment et ensuite pour tout le corps de l'infanterie française

1[ent]

Pour une compagnie

Officiers

Le capitaine à 3 lt par jour pour un mois de 30 jours	90	
Le lieutenant à 1 lt 10 s	45	
Le sous-lieutenant à 1 lt	30	

Bas officiers

3 sergents à 12 s par jour par mois	54	
3 capitaines à 9 s par jour	40.	10
3 appointés à 8 s	36	

Soldats

44 soldats à 6 s par chacun faisant par mois 9 lt et pour les 44	396	
Un chirurgien à 8 s	12	
Le tambour à 8 s	12	
Total d'une compagnie par mois	715.	20

Et pour 30 compagnies
nombre de ce qu'il en faut
pour composer le corps du régiment 21 465

Nota. Qu'on suppose une gradation de paye pour les officiers et soldats qui pourra être observée avec succès dans tous les corps de l'infanterie qui peut être telle.

Aux 10 plus vieux capitaines-ci	3lt	10	0
Aux suivants	3.	0	0
et aux dix derniers	2.	10	0

Aux 10 premiers lieutenants	1. 15 0
Aux 10 suivants	1. 10 0
Aux 10 derniers	1. 5 0
Aux 10 plus vieux sous-lieutenants	1. 2 6
Aux 10 suivants	1. 0 0
Aux 10 derniers	0. 17 6
Aux 32 plus vieux sergents	0. 14 0
Aux 32 suivants	0. 12 0
Aux 32 derniers	0. 10 0
Aux 32 plus anciens caporaux de chaque compagnie	0. 9 6
Aux 32 seconds	0. 9 0
Aux 32 troisièmes	0. 8 6
Aux 32 plus anciens appointés de chaque compagnie	0. 8 4
Aux 32 anciens suivants	0. 8 0
Aux 32 plus nouveaux ci-devant des trois	0. 7 4

Le tout revenant à la paye commune comme dessus, ci afin que cette gradation soit générale on la propose aussi pour les simples soldats en donnant sept sols au tiers plus ancien de la compagnie, six sols au tiers suivant et 5 s au plus nouveau et dernier tiers

Pour les deux compagnies de grenadiers

Pour une

Au capitaine à raison de 4 lt par jour faisant par mois de 30 jours	120 lt
au lieutenant à 2 lt	60
au sous-lieutenant à 1 lt 20 s	45
A trois sergents dont le 1er à 16, les seconds à 14 et le dernier à 12 s	63
Trois caporaux dont le plus ancien à 11 s le suivant à 10 s et le dernier à 9 s ce qui revient à la paye commune de 10 s	45 lt
Trois appointés à 9 s de paye réduite	40 10

44 soldats dont un tiers à 8 s le suivant à 7 s et le dernier à 6 s ce qui revient à la paye commune de 3 s	462	0
Un chirurgien à 10 s	15	0
Un tambour à 10 s	15	
Total	865	10

Et pour les deux compagnies par mois	1 731

Etat major

au colonel par mois comme colonel	300
au lieutenant colonel	150
au major	150
à un officier ingénieur	50
aux deux aumôniers l'entretien de la chapelle compris à 50 lt par mois chacun	100
au prévôt	40
au lieutenant	30
à sept archers l'exécuteur compte pour un à 12 lt chacun	84
au maréchal de logis	30
au greffier	24
au chirurgien major	24
Quatre fifres à 15 s chacun	60
Total pour un mois de la paye de l'état major	1 042

Gratifications

La paye des officiers de l'infanterie me paraissant encore trop basse je serais d'avis d'ajouter sept places de gratification par compagnie

Savoir	places
au capitaine	4
au lieutenant	2
au sous-lieutenant	1
	7

Ce qui fait pour les 32 compagnies d'un régiment 224 places qui étant à 6 s chacune feront par jour 65 lt et par mois .... 2 016 lt

Cadets

Deux places de cadets à chaque compagnie à raison de 2 s par place seulement attendu qu'ils pourront tenir lieu d'autant de soldats ce qui fera 4 s le jour par compagnie et pour 32 par mois .... 192 lt

J'estime qu'il est nécessaire de donner du fourrage à cette infanterie n'étant pas possible que les officiers se puissent passer de chevaux ni qu'ils puissent entretenir aux dépens de leur solde deux dont ils ont besoin pour leurs équipages. C'est pourquoi nous en ferons ici état comme d'une dépense nécessaire.

Places des fourrages à l'infanterie

	places
au capitaine	4
au lieutenant	2
au sous-lieutenant	1
au capitaine d'armée	1
Total	8

Ce qui fait pour les 32 compagnies d'un régiment...... 256 places

Qui estimées à 6 s chacune font 76lt 16s par jour et par mois 2304 lt
Dont il faut ôter la moitié à cause des six mois de campagne pendant lesquels on n'en donnera point, reste à faire état de .... 1 152 lt

Fourrages de l'état major

au colonel	8
au lieutenant colonel	4
au major	4
aux aides-majors	4
à l'ingénieur	3
aux aumôniers	4
au prévôt	3
à son lieutenant	2
au greffier	1
au maréchal des logis	2
	35

Qui estimés à 6 s font par jour 10 lt 10 s et par mois	315 lt
Dont il faut ôter la moitié et partant restera à faire état de	157 lt 10 s

Récapitulation

30 compagnies à 715 lt 20 par mois chacune fait	21 465	lt
2 compagnies de grenadiers à 865 lt 20 chacune par mois	1 731	
Etat major pour un mois de paye	1 042	
Places de gratification par mois	2 016	
Cadets	192	
Places de fourrages du régiment	1 152	
Fourrages de l'état major par mois	147	10
Total de la solde, du régiment par mois	27 753	10
Par an	333 066	lt

Ce régiment supposé complet à 1 600 soldats, 32 capitaines, le colonel, le lieutenant colonel compris le major et deux aides-majors, un ingénieur qui sera officier du régiment, 32 lieutenants et autant de sous-lieutenants, 96 sergents, 32 tambours, deux aumôniers, le prévôt, son lieutenant et le greffier, un maréchal des logis, 7 archers, l'exécuteur compris et quatre fifres, le tout faisant 2 042 hommes, réduits pour le combat à 1 800 hommes, qui divisés en deux bataillons feront 900 hommes chacun et en trois 600. Suivant cette dernière division la solde annuelle de chaque bataillon reviendrait à 110 986 lt non compris le pain de munition pendant les six mois de campagne en temps de guerre non plus que l'ustensile des six mois de quartier d'hiver. En temps de paix on pourra leur retenir le pain et l'ustensile et employer très utilement les soldats aux travaux publics soit de la fortification des places, réparations des grands chemins ou façon de nouveaux canaux ou à rendre les rivières navigables les payant ainsi que de raison[1].

Nous estimons que 72 régiments de cette force montant à 147 024 hommes complets pourront suffire en temps de paix et de guerre pour garder toutes les places du royaume parce qu'il faut compter sur dix mille Suisses au moins et sur cinq, six mille étrangers, sur l'infanterie de la maison du roi, sur 40 ou 50 compagnies d'invalides, sur les troupes de la

1. L'utilisation de soldats pour les grands chantiers de l'Etat était fréquente. Dirigée par Vauban, la construction de l'aqueduc de Maintenon fut assurée grâce à cette main-d'œuvre.

marine, ce que reviendra à près de 30 mille hommes ou fort approchant sur quoi il est à remarquer : 1[ent]. Qu'on pourra doubler et tiercer le nombre de l'infanterie française et de Suisses au besoin en augmentant celui des soldats et en tirer en temps de paix 30 à 40 mille hommes s'il est nécessaire pour former promptement une armée ou faire des détachements d'autant pour travailler à des ouvrages extraordinaires sans pour cela être obligé à aucune augmentation. Et partant la solde annuelle de 72 régiments de la force ci-dessus qui est la moyenne sera de

23 980 752 lt

Remarque

1[ent]. L'augmentation des places de gratification et des cadets paraîtra peut-être un peu forte mais j'ose dire que ce serait la dépense la mieux employée de toutes car, d'une part, elle mettra l'officier en état de subsister un peu plus commodément et le dédommagera en partie des faux frais et des recrues pour lesquelles je n'entends pas lui rien donner, et mettra le roi en raison d'imposer de grosses peines à ceux qui oseront introduire des passevolants dans les revenus.

2[ent]. De l'entretien de cette quantité de cadets dans les régiments il se formera une pépinière d'officiers inépuisable qui deviendront excellents par l'éducation qu'ils y recevront très conforme à la profession à laquelle ils seront destinés.

3[ent]. Nous avons cru la gradation de paye meilleure que si on la faisait toute unie, n'étant pas juste que ceux qui ne font que d'entrer dans le service quoique de même caractère tirent même paye que ceux qui y sont depuis longtemps, à joindre que cette différence de paye ne servira pas peu à retenir les soldats et même les officiers dans le service.

4[ent]. On doit remarquer que ce grand corps d'infanterie n'est proposé qu'en vue de la suppression totale des milices dont l'entretien ne vaut rien dans l'institution ni dans la pratique parce qu'elle ruine le royaume et ne pourra jamais produire que de très mauvaises troupes telles à peu près que les francs archers de Charles VI et les légions de François Ier qui furent cassées aussitôt qu'on en eut reconnu les défauts. Il est même fort étonnant qu'on se soit encore servi de milices après avoir fait si récemment l'expérience des mauvais services qu'elles ont rendus la guerre passée et des désordres et pilleries que leur levée a causés par tout le royaume[1].

1. Vauban, pourtant partisan du principe de la milice, dénonce le fonctionnement de celle qui fut instituée en 1688 par Louvois. La nouvelle levée évoquée ici a été ordonnée en 1702, mais elle a produit de bons résultats, que Vauban ignore à la date de rédaction de son manuscrit (1703). En effet, les troupes levées au titre de la milice furent intégrées aux régiments réguliers et se distinguèrent, par exemple, à la bataille de Malplaquet (1709).

DE LA MASSE DES REGIMENTS

Elle a été inventée de nos jours, elle est fort bonne pour ménager l'habillement des soldats et pour subvenir aux frais communs du régiment en certains cas. C'est pourquoi je suis d'avis non seulement de la continuer mais de l'augmenter et mettre sur pied de 9 deniers à retenir sur la solde de chaque jour entre les mains du trésorier comme un dépôt sacré à charge de ne s'en dessaisir que par les ordres du directeur général et à son défaut de l'inspecteur qui ne le donnera qu'avec connaissance de cause, et à l'égard des bas, chapeaux, chemises, cravates et souliers. Je suis d'avis que le capitaine retienne entre ses mains six deniers au lieu de quatre, ce ne sera pas trop car il lui en coûte considérablement du sien s'il veut tenir ses soldats un peu propres.

Les habits

Les habits de cette infanterie doivent être de drap de Berry rouge[1], un peu foncé, doublé de serge de même couleur, les boutons de même, les chapeaux bordés d'un petit galon de soie et deux paires de bas, dont une de même étoffe et l'autre de laine faite à l'aiguille de même couleur que l'habit, une camisole de buffle qui descendra jusqu'au milieu de la poche et rien plus, c'est-à-dire à demi-pied plus bas que la ceinture des chausses.

Les marques de distinction

Je voudrais donner à chaque homme de guerre des marques de distinction qui pussent les faire connaître pour ce qu'ils sont[2], ce qui se pourrait par le moyen d'une fleur de lys appliquée sur le justaucorps, savoir aux simples soldats de drap bleu proprement coupé et cousu sur le côté gauche dudit justaucorps au même endroit où on attache les croix du Saint-Esprit et de l'ordre Saint-Louis. Remarquant que celle des simples soldats pourrait être d'une pièce de drap bleu tout unie et rien plus, celle des appointés de bleu bordé d'un petit cordonnet rouge, celle des caporaux aussi de bleu bordée d'un petit cordonnet de soie rouge traversé d'argent au nœud, celle des sergents bordée d'un petit cordonnet d'argent tout autour et traversé

1. L'adoption d'un uniforme rouge aurait été une nouveauté pour l'infanterie française, dont le gris était plutôt la teinte dominante.

2. Dans l'armée de Louis XIV, les officiers se reconnaissaient généralement à leur hausse-col. Mais à cet usage, s'ajoutait le port de nombreuses marques de distinction (rubans, qualité des tissus et des armes, etc.) qui indiquaient un statut social plutôt qu'un grade.

de même que celle des caporaux, celle des sous-lieutenants à fond d'argent simple et sans bordure, celle des lieutenants à fond d'argent bordée d'un cordonnet d'or, celle des capitaines d'or traversée d'argent sans bordure, celle des majors d'or, comme celle des capitaines avec deux cannes d'argent passées en sautoir sur le derrière ou une feuille en pal, celle des lieutenants colonels d'or, bordée d'un cordonnet d'argent accompagné de deux drapeaux passés en sautoir sur le derrière ou d'un seul drapeau déployé et passé en pal sur le derrière de la fleur de lys, celle du colonel d'or bordée d'un cordonnet de même accompagnée de deux drapeaux passés en sautoir sur le derrière.

Ces marques serviront pour distinguer les gens de guerre, chacun selon leurs grades et dignités dans les rencontres et cas inopinés par ceux qui ne les connaissant pas perdent souvent le respect à qui est dû. Elles préviendront une infinité d'accidents qui arrivent tous les jours dans les marches d'armées et partout ailleurs par le défaut de s'entreconnaître pour ce que l'on est, au surplus il faudrait continuer ces marques de distinction de degré en degré depuis le simple soldat jusqu'au général d'armée.

Equipage des soldats

Un soldat peut avoir pour son équipage ordinaire deux chemises, un caleçon et une paire de bas dans le sac, une demi-douzaine de chaussons, deux cravates de toile peinte, et un surtout léger par-dessus son habit, tout cet équipage dans un sac de peau couvert de son poil fermant avec une petite chaîne et un cadenas.

Meubles d'une chambrée

Ils doivent être d'un chaudron ou marmite de cuivre avec son couvercle à queue fermé en plat, chacun une cuillère de buis, un couteau, une serpe ou deux ou petite hâche à la chambrée, une ou deux tasses d'étain, et s'il se peut un certain nombre de grosses hâches, de scies, de pioches et de pelles par compagnie.

Les armes

Elles doivent être premièrement de bons fusils renforcés, façon de boucaniers avec des ressorts liants et forts, des batteries bien trempées et des canons de bon fer bien éprouvés du calibre de 18 balles à la livre juste, le canon de 4 pieds trois pouces de long et de pied et demi de crosse, proprement et solidement montés, le tout faisant cinq pieds et neuf pouces de long, ce qui joint à la longueur des baïonnettes que je suppose de 15 pouces de lame fera 7 pieds de longueur à peu près équivalente à celles des hallebardes. La lame des baïonnettes doit être forte, épaisse et triangulaire ayant ses trois angles égaux, dont l'un tourne du côté du coup, forte et renforcée de la pointe au manche qui sera fait en douille de cinq pouces de long dans le trou de laquelle s'emboîtera le bout du canon très juste[1]. La fente aura son arrêt détourné de 4 à 5 lignes à côté pour recevoir le bouton de la visée en sorte que ladite baïonnette mise en sa place se tienne ferme couchée juste au côté droit quand on mettra en joue où elle ne bougera point. Il faudrait bien prendre garde de les renforcer à la jonction du genou à la douille car c'est d'ordinaire là où elles se rompent. Le fourreau de ces baïonnettes sera attaché le long et joignant celui de l'épée dont la lame aura deux pieds et huit pouces de long non compris la poignée[2]. Elle sera tranchante, des deux côtés pointue et roide, la garde à coquille couvrant le poignet de deux branches de fer écartées et contournées à l'entour du poignet par une branche biaise qui liant les deux droites l'une à l'autre sera attachée par l'une des extrémités au pommeau et par l'autre à la garde et seront cette épée et la baïonnette portées par un même ceinturon de cuir dans la ceinture duquel sera passé un gargouche[3] de bois ou de fer blanc, revêtu et couvert d'une peau de chèvre passée avec son poil en dehors qui le couvrira tout autour, outre quoi l'ouverture sera recouverte par une pendeloque de la même peau avec son poil qui sera de la longueur et largeur du gargouche et s'attachera par un bouton ou deux en recouvrement de toute l'ouverture. Le dedans s'il est de fer blanc sera divisé en trois ou quatre cellules capables de contenir 6 à 8 charges chacune, et s'il est de bois en dix trous seulement de grandeur suffisante pour en contenir une juste chacune et rien plus. On peut encore accommoder aux deux extrémités du gargouche deux petites séparations arrondies pour recevoir l'une une petite fiole de verre plein d'huile, et à l'autre un morceau de cire ramollie pour couvrir la lumière[4] quand il pleut. Outre ce que dessus à droite et à gau-

1. Le système de la baïonnette à douille, dont Vauban était l'inventeur, fut imposé en 1703, l'année même de l'ultime rédaction de ce mémoire. La fixation de la baïonnette par une douille dégageait l'axe de tir, tandis que les premiers modèles expérimentés devaient s'enfoncer dans le canon. La solution trouvée par Vauban permit de supprimer totalement les piques puisque chaque fusil pouvait ainsi se transformer en une arme d'hast d'une longueur de 1,80 mètre environ.

2. L'utilité des épées dans l'équipement du fantassin était contestée. Elle ne faisait pas partie de l'armement réglementaire et sa dotation aux soldats était laissée à l'initiative des capitaines.

3. La « gargouche » (ou « gargousse ») est un récipient qui contient une charge de poudre.

4. La « lumière » est un petit orifice par lequel la flamme du système de mise à feu (un bassinet rempli de poudre allumée par une pierre à silex) se transmettait à la munition placée dans le canon.

che, il y aura des poches pour mettre des pierres à fusil, de la bourre et un petit moule à faire gargouche, un grattoir à ressort et un tire-bourre. Le soldat aura de plus une de ses poches destinée à contenir une poire à poudre capable de contenir une demi-livre, une petite charge de bois, du papier roulé pour faire des gargouches[1] de 10 à 12 balles juste au calibre, un couteau avec un tournevis au dos. Il aura de plus une petite peau passée en maroquin attachée par les trois vis de la platine qui en sera enveloppée en sorte qu'elle soit bien couverte et pour cet effet on la tournera au tour et sera arrêtée par un bouton ou deux pour la ferrer en sorte qu'elle couvre bien juste le fusil et sa platine[2] jusqu'aux deux extrémités touchant le bois de la monture pour empêcher que ladite platine ne se mouille à la pluie.

Mais parce que la pesanteur de l'épée, de la baïonnette et du gargouche sur le ceinturon seraient fort incommodes si elle n'était soulagée, il faudra la soutenir par deux bretelles de cuir de deux bons doigts de large passées sur les épaules et croisant sur l'estomac et sur le dos qui s'attacheront au ceinturon par les extrémités avec de petits crochets ou avec des boutons plats d'étain qui supportant ce poids également sur les épaules le rendront presque insensible et incomparablement moins incommode.

Remarquer 1^ent^. Que quand les fusils sont du calibre de 18 balles à la livre, il faut que ceux qui doivent servir aux gargouches soient de 24, autrement ils n'y conviendraient pas ; 2^ent^. Que pour bien armer ces régiments il en faut supprimer toutes les piques et mousquets comme armes défectueuses qui ne sont plus de l'usage de ces temps-ci où le feu a tout à fait pris le dessus[3]. 3^ent^. Qu'il est très nécessaire que tous les officiers et sergents soient armés de bons fusils de guerre avec des baïonnettes bien faites comme les soldats et de même longueur et calibre hors qu'ils seront mieux faits et plus proprement montés et cela au lieu de leurs piques et spontons, car il est ridicule et imprudent à un point qu'on ne saurait dire de voir 192 officiers et sergents presque tous chasseurs et sans doute les meilleurs tireurs des régiments inutiles et les bras croisés pendant que leurs bataillons sont tous en feu dans les actions où il n'y va jamais moins que de la vie et de l'honneur.

1. Ici la « gargouche » est une charge de poudre enveloppée dans du papier.
2. La « platine » désigne l'ensemble du mécanisme de mise à feu.
3. L'abandon de la pique marquait effectivement la suprématie du feu, mais la baïonnette a permis le maintien d'une véritable mystique du choc à l'arme blanche.

PROJET DE SOLDE POUR UN REGIMENT DE GENDARMES ET CUIRASSIERS DE DOUZE COMPAGNIES

Je n'avais pas l'intention de parler de la cavalerie ni d'entrer dans aucun de ses détails, mais parce qu'il s'agit de voir la quantité dont on en peut avoir besoin dans le royaume et les dépenses qu'elles pourraient causer la supposant sur un autre pied que celui où elle est, je dirai succinctement ce que j'en pense sans beaucoup m'étendre sur ce qui la regarde.

Il me paraît donc que le meilleur parti qu'il y eut à prendre serait de réduire toutes les troupes à cheval en deux espèces, savoir en gendarmerie et en cavalerie légère[1] réduisant tous les autres corps à ces deux qui pourront être du nombre et de la qualité suivante commençant par la solde puisque c'est elle qui nous doit régler.

Supposant toute la gendarmerie du royaume convertie en 15 régiments de 12 compagnies chacun, chaque compagnie de 50 maîtres non compris les officiers majors et particuliers dudit non plus que les trompette, timbalier et chirurgien, la subordination et les divisions de ces corps supposées comme celles de l'infanterie, afin de rendre les règlements des uns et des autres le plus près de l'uniformité qu'il sera possible, ainsi nous tiendrons donc le même ordre dans la cavalerie que dans l'infanterie en établissant ses divisions de même hors que nous ne proposerons les régiments que de douze compagnies de cinquante maîtres chacune à condition de pouvoir être augmentés et diminués en nombre de cavaliers suivant les besoins de l'Etat sans toucher aux officiers qui doivent toujours demeurer les mêmes. Que si par des augmentations considérables on était obligé d'y ajouter des officiers comme par exemple un lieutenant et un maréchal des logis quand les compagnies seront à 80 ou 100 maîtres[2] on pourrait en temps de paix

1. Vauban propose de simplifier une nomenclature, qui en avait singulièrement besoin. La gendarmerie comprenait deux types de troupes : les gendarmes proprement dits et les chevau-légers, qui n'avaient rien de léger. Contrairement à l'usage qui sera observé à partir de la seconde moitié du XVIIIe siècle, la cavalerie dite « légère » n'était pas constituée de régiments de hussards et de dragons, qui formaient une arme distincte. On appelait donc « cavalerie légère », les régiments polyvalents qui formaient le gros de l'arme montée. L'armement et l'emploi de ces cavaliers ne les distinguaient en rien de la gendarmerie (une épée, une carabine ou mousqueton, deux pistolets). Cette confusion avait des répercussions opérationnelles puisque les unités ne recevaient guère de missions spécifiques. Il existait, par ailleurs, d'autres types de troupes à cheval, dont Vauban propose ici la suppression : mousquetaires, grenadiers à cheval.

2. Le changement de format proposé ici par Vauban est radical puisque les compagnies de cavalerie existantes n'étaient fortes que de 40 maîtres, même en temps de guerre. En augmentant le nombre de cavaliers par compagnie mais pas celui des officiers (un seul lieutenant supplémentaire pour un doublement des effectifs de 50 à 100), Vauban entendait réduire le taux d'encadrement et réaliser ainsi une économie. Cela supposait, bien sûr, que les officiers fussent déchargés du poids financier de l'entretien de la troupe.

et quand on diminuera les compagnies réformer les nouveaux officiers à la suite de leurs compagnies à charge de remplacement quand il viendra des charges à vaquer.

Nous avons trois sortes de cavalerie dans le royaume consistant en gendarmerie, cavalerie légère et dragons. La gendarmerie ne fait point de corps de régiment[1], elle est toute par compagnies franches au nombre de 16 qui devraient être de cent chevaux chacune ce qui est fort inférieur pour la discipline et le nombre des troupes aux services des régiments. C'est pourquoi je serais d'avis de l'enrégimenter ou de la réformer entièrement et de la remplacer par autant de régiments de gendarmerie cuirassés[2] du nombre des compagnies ci-devant avec tous les états majors nécessaires.

DU CHOIX DES CHEVAUX

Je ne parlerai point des chevaux, je ne m'y connais pas assez pour oser rien décider sur la qualité dont il les faut, mais je ne voudrais pas qu'on s'attachât à les avoir si grands ni à cette égalité de taille et de poids qui les rendent chers et difficiles à trouver[3]. Je les voudrais seulement de bon âge et de bonne force bien capables de porter leurs hommes sans trop s'attacher au poil ni à la taille qui souvent trompent.

DU CHOIX DES HOMMES

Je suis dans les mêmes goûts pour les hommes, il ne faut point tant rechercher la taille, car s'il est vrai que de tout poil bons chevaux, on peut dire plus sûrement de toute taille bons hommes. La grande force se trouve rarement dans les grands hommes où souvent la nature est affaiblie par le trop grand poids de sa charge, la moyenne taille est toujours la meilleure, et je puis même dire pour en avoir vu plusieurs expériences qu'il se trouve plus de ressource au-dessous de la moyenne taille qu'au-dessus. La trop grande est rarement accompagnée de force, les petits hommes un peu renforcés soutiennent pour l'ordinaire mieux la fatigue que les grands et sont plus entreprenants dans les occasions. Cela se voit très souvent dans les sièges où il se passe toujours quelques actions particulières où il entre beau-

1. La gendarmerie (c'est-à-dire gendarmes et chevau-légers) appartenait à la maison des princes, chacun (la reine, le dauphin, le duc d'Anjou, etc.) possédant une compagnie de gendarmes et une de chevau-légers.

2. En limitant le port de la cuirasse à la seule gendarmerie, Vauban introduit une véritable différence avec la cavalerie dite « légère ».

3. Les chevaux de cavalerie devaient être plus grands et coûtaient plus de 250 livres tournois. Ceux des dragons, réglementairement plus petits, valaient 25 % moins cher.

coup de hardiesse et de courage, c'est pourquoi je puis dire avec vérité qu'il s'en trouve plutôt dans cette espèce qu'on appelle chats brûlés à cause de la bassesse de leur mine que dans beaucoup d'autres qui ont plus de relief. Cela m'a tant de fois passé par les mains que je n'en puis douter, à joindre qu'on ne trouve pas toujours des gens à choisir comme on les veut, on est obligé de les prendre tels qu'on les trouve quand ils sont sains et de force à pouvoir soutenir la fatigue, on doit les recevoir, la discipline achève de les former et mettre en état comme les grands, et souvent mieux. Pour conclusion rien ne me paraît moins sensé que de juger des hommes par la taille, rien n'est plus trompeur, et quand je vois toiser un homme il me semble voir un nouveau marchand ignorant son métier qui achète à faux poids et à fausse mesure sans s'en apercevoir tant j'y trouve peu de raison. Le courage ne se mesure pas à l'aune ni par la figure, c'est se tromper que de s'en rapporter à elle. Il faut se réduire à prendre garde de ne point tomber dans l'excès en faveur des trop grandes ni trop petites et s'en faire une règle consistant à n'en point prendre au-dessus de 6 pieds[1] de haut ni au-dessous de quatre pieds 6 pouces de haut[2], en l'un et l'autre cas il arrive souvent que l'excès est vicieux, le plus et le moins entre les deux est le meilleur et c'est sur quoi je voudrais me régler, ce qui soit dit pour l'infanterie comme pour la cavalerie. Revenons à la solde de nos cuirassiers.

*1^ent^*

Pour une compagnie

Au capitaine par jour 8 lt et par mois	240	lt
au lieutenant par jours 4 lt et par mois	120	
au cornette 40 s et par mois	75	lt
à deux maréchaux des logis à 30 s par jour par mois ...	90	
à trois brigadiers à 16 s chacun, savoir au plus ancien 17 s, à l'autre 16 et à l'autre 15 s le tout revenant à la paye réduite de 15 s par jour	72	
à 43 cavaliers à 12 s réduit par jour savoir les premiers trois à 14 s de paye, le 2e à 12 s et le 3e à 10 s, faisant par mois	846	
Un chirurgien à 16 s	24	
au trompette à 16 s	24	
Un porte étendard à 10 s	18	
Total de la solde d'un mois pour une compagnie	1 509	lt

1. Environ 1,80 m.
2. Environ 1,38 m.

Rations de fourrages
à six sols

Au capitaine...	10 rations
Au lieutenant	5
Au cornette	4
Aux deux maréchaux des logis......................................	4
A 3 brigadiers	4 1/2
A 50 cavaliers compris le porte étendard, le frater et le trompette à raison de ration et demi pour chacun le tout attendu qu'on leur suppose un chazal de bagage à deux ..	75
Total des rations de fourrages	102 R 1/2

Qui estimées à 6 s font par jour 30 lt 15 s et par mois 922 lt 10 s mais il en faut rabattre la moitié à cause des six mois de campagne, partant reste à faire état de......... 461 lt 4 s

Cadets

Pour la paie de deux cadets à quatre sols chacun faisant 8 s et par mois	12
Pour sept places de gratification ainsi que l'infanterie savoir 4 au capitaine, 2 au lieutenant et une au cornette estimées à 10 s font par jour 3 lt 10 s et par mois ci	105 lt
Total d'un mois de solde pour une compagnie ci	2 087 lt
Et pour les douze d'un régiment................................	25 044 lt

Etat major de ce régiment

Au colonel par mois et 30 jours ci	400 lt
Au lieutenant colonel	200
Au major..	200
Aux deux aides-majors à 100 lt chacun.......................	200
Au prévôt..	60
A son lieutenant...	30
A son greffier	40

A sept archers compris l'exécution à raison de 12 s par jour	126	
Un aumônier à 50 lt pâr mois à charge d'entretenir la chapelle	50	
Au timbalier à 20 s	30	
Au chirurgien major à 30 s par jour	45	
Fait pour un mois	1 381	lt

Rations de fourrage

Au colonel	10	rations
Au lieutenant-colonel	6	
Au major	6	
Au deux aides-majors	8	
Au prévôt	3	
A son lieutenant	2	
A sept archers	11	
Aux aumôniers	4	
Au timbalier	2	
Au chirugien major	2	
Total	56	

Dont moitié fait 28 qui estimées à 6 s chacune fait par jour 8 lt 8 s par mois de 30 jours ci	252	
Total de la solde et des rations de fourrages de l'état major pendant un mois	1633	lt
Qui ajoutés à celle des douze compagnies du régiment font la totale de	26 577	lt

Donc un régiment de cuirassiers de douze compagnies composé d'un colonel, d'un lieutenant colonel, d'un major, deux aides-majors, 12 capitaines, 12 lieutenants, 12 cornettes, 24 maréchaux des logis 36 brigadiers, et 600 cavaliers, plus d'un prévôt, d'un lieutenant de prévôt, d'un greffier, d'un chirurgien major, de sept archers, d'un aumônier, un timbalier et douze trompettes, le tout faisant 686 hommes à cheval pour le combat, qui divisés en quatre escadrons donneront 165 pour chacun et coûteront pour la solde d'un mois tout compris .... 26 577 lt

et pour celle d'une année 318 924

Toute la gendarmerie du royaume de quinze régiments sur le même pied reviendront pour les hommes à 10 290 chevaux non compris l'état major faisant pour le service et le combat 60 escadrons et pour la solde et le fourrage d'une année ci 4 783 860

LES HABITS

Les habits de cette gendarmerie doivent être le manteau et l'habit complet de bon drap de Berry rouge avec une fleur de lys bleue attachée sur les justaucorps et un petit surtout gris et sur le manteau vis-à-vis du cœur bordée de petit cordonnet d'argent de même que le chapeau et les officiers comme ceux de l'infanterie, le chapeau aussi bordé d'or et le reste tout simple, les cheveux courts tombant de trois doigts plus bas que l'oreille sans perruque qui ne doit souffrir qu'à ceux qui auraient quelque raison bien légitime pour la prendre, encore la faudra-t-il porter aussi courte que les cheveux et pour cause mais point aux jeunes gens à moins qu'ils n'aient eu quelque grande blessure à la tête qui les y oblige.

ARMES DEFENSIVES

Pour armes défensives une veste de bon buffle sous le justaucorps qui descendra un peu plus bas que la poche, la cuirasse à preuve du pistolet devant et derrière aux cavaliers à demi-épaulières, retombant de quatre pouces plus bas que le joint de l'épaule avec le casque recrété en brun de même que la cuirasse, les arçons relevés en sorte que le haut des cuisses et le bas du ventre en soient couverts et à preuve du pistolet, une chaînette à la bride, une têtière armée et de bons gants de cerf à la main. Les officiers auront des cuirasses à preuve du mousqueton par-devant avec les arçons relevés comme la cavalerie. Les brides et les têtières des chevaux armées comme celles des mêmes cavaliers et seront vêtues de la même couleur, remarquant qu'il leur faudra donner des gargouches comme à l'infanterie pour le mousqueton et les pistolets un peu moindres pour n'être pas si embarrassés et régler leur calibre sur le pied de 18 et 24 balles à la livre afin que les mêmes calibres servent également à la cavalerie et à l'infanterie, moyennant cela on évitera bien de la confusion qui arrive d'ordinaire par la méprise des calibres.

ARMES OFFENSIVES

Pour armes offensives les officiers et cavaliers porteront de petits mousquetons de 2 pieds 4 pouces de canon, des pistolets de 15 pouces, une épée de 3 pieds de long, pointue, roide et tranchante des deux côtés avec une garde armée et garnie de deux branches de fer et de gros gants de fer qui couvrent jusque près du coude où ils s'attacheront par un bouton autour de la manche. Ils pourront encore avoir un sabre sous la cuisse pour suppléer au défaut de l'épée quand elle cassera.

CAVALERIE LEGERE ET DRAGONS

La cavalerie légère et les dragons s'approchent de si près quant aux marches, à la subsistance et aux services que tout bien considéré il vaudrait mieux les réunir en un seul corps que de continuer à les tenir séparés, vu même que le service des dragons est plus étendu que celui de la cavalerie légère, puis que ceux-là combattent souvent et heureusement à pied ce que la cavalerie ne fait point parce qu'elle n'y est point disposée ni accoutumée, mais on a souvent vu les dragons combattre à cheval avec autant de vigueur et d'adresse que la cavalerie même ce qui me persuade qu'on ne saurait mieux faire que de réunir ces deux corps en un seul et unique sous le titre de cavalerie légère[1]. Pour cela il n'y a pas grand chemin à faire, il ne faut que monter les dragons comme la cavalerie légère, leur donner des pistolets de même, ajouter de fort petites genouillères à leurs bottes, des baïonnettes à leurs fusils et les accoutumer de combattre à cheval comme la cavalerie et quant à celle-ci on peut dragoniser ses bottes, allonger leurs mousquetons comme les fusils des dragons, leur donner des baïonnettes et les accoutumer à combattre à pied selon les occasions comme les dragons, supprimant les tambours et hautbois de ces derniers en n'usant plus que des trompettes et timballes pour le bruit de guerres[2]. De cette manière toutes les troupes à cheval deviendront gendarmes et cavalerie légère, le Roi y trouvera beaucoup mieux son compte que de toute autre façon, en ce que toute la cavalerie légère sera dragonisée, c'est-à-dire cavalerie et dragons et fera le service de l'un et l'autre.

1. Cette fusion entre cavalerie légère et dragons parachève la séparation avec la gendarmerie et répond à une véritable logique opérationnelle. Vauban apparaît ici comme un véritable précurseur des réformes qui seront mises en place au cours du XVIIIe siècle, pour aboutir, sous l'Empire, à une nette distinction entre les cavaleries lourde (cuirassiers) et légère (hussards, dragons).

2. Vauban propose ici d'abolir les distinctions d'équipement et d'armement entre cavaliers et dragons. Elles portaient sur le nombre de pistolets (les dragons n'en avaient qu'un), la nature des bottes (celles des dragons étaient moins hautes et plus souples pour leur permettre de servir à pied) et le fusil (le mousqueton de la cavalerie avait un canon plus court). Enfin, la musique des dragons (tambours et hautbois) était celle de l'infanterie. Vauban propose de la remplacer par celle de la cavalerie (timbales et trompettes).

Détail de la paye d'un régiment de cavalerie dragonisé de douze compagnies telle qu'on la pourrait établir

Pour une compagnie

Au capitaine par jour 6 lt et par mois ci	180 lt
Au lieutenant 3 lt par mois	90
Au cornette 2 lt par mois	60
A deux maréchaux des logis une livre et de paye par jour chacun ci par mois	60
A trois brigadiers à raison de 12 chacun savoir au premier 13, au second 12 et au dernier 11 s, ci	54
A 47 cavaliers supposé les payes graduées par tiers à raison de 7s, 8 s, 9 s faisant de paye réduite 8 s par jour et par mois	564
Le trompette à 10 s	14
Un frater à 10 s	15
Deux cadets à 4 s de surpaye chacun	12
Total pour un mois	1 050

Fourrage

Au capitaine	
Au lieutenant	6 rations
Au cornette	4
Aux deux maréchaux des logis	3
Aux trois brigadiers	4
A 47 cavaliers ayant deux chevaux par chambrée de six	4
hommes chacune pour leur bagage	
Au chirurgien et trompette	63
Total	3
	83 rations

Qui à raison de six sols fait par jour 26 lt 2 s dont la moitié à cause des six mois de campagne fait 13 lt 1 s par jour et par mois, ci	391 lt 10 s
Pour sept places de gratification savoir	4 places
Au capitaine	2
Au lieutenant	1
à un cornette	7 places
Qui estimées à 8 s chacune font par jour 2 lt 16 s et par mois	84 lt

Total d'une compagnie 1 525 lt 10 s et pour les douze compagnies d'un régiment	18 306 lt

Etat major

Au colonel à raison de 6 lt par jour par mois	180 lt
au lieutenant colonel à 4 lt	120
au major à 4 lt	120
à deux aides-majors à 4 lt les deux	120
au prévôt à 1lt 10 s	45
à son greffier à 1 lt30	30
à 7 archers à 8 s	84
au chirurgien major à 1lt 10	45
au timbalier à 1 lt 10	45
un aumônier	50
Total de la solde de l'état major pour un mois	839 lt

Rations et fourrages
de l'état major

au colonel	6
au lieutenant-colonel	4
au major	4
aux deux aides-majors	6
au prévôt	3
à son greffier	2
aux sept archers	9
à l'aumônier	2
au chirurgien major	2
au timbalier	2
Total	40 places

Qui estimées à 6 s fait par jour 12 lt et par mois 360 lt dont il faut rabattre la moitié à cause des six mois de campagne partant reste à faire état de 180 lt

Récapitulation
de la solde dudit régiment

Reprise des douze compagnies du régiment ci	18 306 lt
Solde de l'état major	839
Fourrage du même	180
Total pour un mois	19 325
Et pour une année	231 900 lt

Donc un régiment de cavalerie légère dragonisée étant complet coûtera 231 900 lt d'entretien par an, et sera de 660 combattants, non compris l'état major qui divisés en autres escadrons feront 165 hommes pour chacun et pour 30 régiments 120 dont la solde et les fourrages sur ce pied feraient la somme de . . . . 6 957 000 lt

Qui ajoutée à celle de la gendarmerie montante à 4 783 860

fera la totale de . . . . 11 740 860 lt

Pour la solde et entretien perpétuel de 180 escadrons dont 60 de gendarmerie cuirassée et 120 de cavalerie légère dragonisée qui supposés complets à 165 hommes par escadron feraient le nombre de 29 700 chevaux que nous réduirons à 29 000 sans rien retrancher de la solde à cause des remontes que nous y comprenons comptant que celle jointe au non complet qui arrive dans toute une armée suffira pour remplacer tous les manquements dont elle pourrait avoir besoin.

HABITS DE LA CAVALERIE

Les habits de cette cavalerie doivent être les mêmes que ceux de la gendarmerie hors qu'on les peut faire un peu plus simples.

ARMES DEFENSIVES

Quant aux armes défensives je voudrais seulement un bon buffle recroisé sur l'estomac à chaque cavalier avec une espèce de hausse-col de fer à preuve du pistolet devant et derrière un peu étendu sur les épaules pour parer le coup de sabre, une calotte de fer juste à la tête doublée de laine qui couvre jusque près des oreilles dans le bas de laquelle on fera de petits trous pour y pouvoir attacher des oreilles ou mentonnières, ou pour la lier avec le chapeau par-dessous le menton, le bras armé de gants de cerf qui couvrent jusque près du coude, les gardes de l'épée à coquilles et le poignet enveloppé de deux branches de fer liées de biais de l'une à l'autre, pour garder la main, la bride et la têtière garnies comme celles de la gendarmerie, et les arçons relevés de même.

Pour ce qui est des armes offensives, des pistolets à l'ordinaire, des fusils de quelques pouces plus courts que ceux des dragons d'à présent, des baïonnettes comme celles de l'infanterie, et des bottes comme celles des dragons et afin de pouvoir combattre à pied comme eux dans les besoins et c'est à quoi je voudrais accoutumer toute la cavalerie légère et y confondre l'ordre des dragons en sorte que ces deux corps n'en fissent plus qu'un qui pût combattre à pied et à cheval.

RECAPITULATION GENERALE
DES TROUPES FRANÇAISES DE CE ROYAUME
TELLE QUE LA CI-DEVANT PROPOSEE

147 024 hommes de pied suivant le calcul divisés en 72 régiments de 32 compagnies chacun coûteront	23 980 752	lt
10 290 cuirassiers en 15 régiments de 12 compagnies chacun	4 783 860	
19 800 chevau-légers en 30 régiments de même nombre que dessus	6 957 000	
Total général de cette dépense	35 721 612	lt

On estime que le non-complet de ces troupes pendant une campagne suffira pour ses recrues, parce que les faisant comme il est proposé au chapitre des levées elles coûteront peu de chose, c'est pourquoi elles pourront aussi suffire au paiement des intendants et commissaires, des ingénieurs, compagnies de sapeurs et des mineurs à l'hôpital et aux appointements des officiers généraux, car il ne se peut qu'un si grand corps ne diminue au moins de 10 mille hommes chaque année soit par la mort et les désertions ou par les estropiés et invalides.

Le nombre de ces troupes montant à plus de 185 000 hommes suffira pour tous les temps car étant susceptible d'augmentation pendant la guerre et de diminution pendant la paix. Sans toucher aux fonds des régiments ni au nombre des compagnies on pourra les augmenter de 5 en 5 ou de 10 en 10 jusque 80 ou 100 hommes par compagnie moyennant quoi il ne sera pas nécessaire de créer de nouveaux régiments en temps de guerre ni d'en licencier aucun en temps de paix[1].

A l'égard des officiers il suffirait d'ajouter un lieutenant, un maréchal des logis et un brigadier aux compagnies de cavalerie, un sous-lieutenant et un sergent aux compagnies d'infanterie augmentant les places de gratification aux officiers à proportion de ces augmentations. Ils se chargeront avec plaisir des soins qu'il en faudra prendre.

De cette façon il y aurait beaucoup à gagner sur l'un et l'autre par ce

1. Cette solution allait à rebours de la pratique habituellement observée. En 1702, le roi créa une foule de petits régiments surencadrés au lieu d'augmenter les effectifs de ceux qui étaient déjà sur pied. La raison en était budgétaire, car il fallait répartir le fardeau financier de l'entretien de la troupe sur le plus grand nombre d'officiers.

qu'on épargnerait les états majors de ces augmentations et la paye de beaucoup d'officiers, et les troupes n'en seront pas moins bonnes. Cependant le corps de l'infanterie seul augmenté jusqu'à 100 hommes par compagnie fera plus de 260 000 hommes de pied et la cavalerie plus 50 000 chevaux en ce non compris la maison du roi, 40 ou 50 compagnies d'invalides, les Suisses, les étrangers, et les troupes de la marine qui pourraient y ajouter plus de 40 000 bons hommes à joindre qu'on pourrait encore augmenter les compagnies jusqu'à 120 dans les besoins ce qui feront plus de 340 000 hommes, cavalerie et infanterie, nombre suffisant pour faire et soutenir la guerre contre toute l'Europe jointe ensemble.

Rien ne serait meilleur que ces établissements d'infanterie et de cavalerie. Rien ne pourrait égaler la beauté et la bonté de ces troupes quand elles seraient régies et disciplinées avec l'attention et l'intelligence requises, et j'ose bien dire même que je ne crois pas que jamais les anciens non plus que les modernes aient rien fait qui ait pu approcher d'un si bel établissement.

DU PAIN DE MUNITION

Après avoir proposé la solde de l'infanterie sur un pied très modique et telle qu'il serait à désirer qu'elle fût, il faut venir au pain de munition qui en doit faire partie puisque sans lui il n'y a point d'armée qui puisse subsister ni tenir la campagne. Je ne saurais dire quels en ont été les auteurs, mais il ne paraît pas que l'invention en soit aussi ancienne que celle des troupes réglées. Les Romains ne distribuaient que du blé à leurs soldats et quand quelques troupes avaient mal fait on ne leur donnait que de l'orge jusqu'à ce qu'ils eussent réparé leur faute. La distribution du pain aux troupes est moderne et à peu près du temps que nos rois ont commencé à en avoir de réglées, il y a bien de l'apparence que ceux qui en ont réglé le poids à une livre et demie ont entendu qu'il serait de froment pur et sans mélange d'autres grains, qu'on les déchargerait de la plus grossière partie de son son comme inutile à la nourriture des hommes et nuisible au soldat qui ne peut être que surchargé de son poids et qu'il serait bien pétri, bien levé et bien cuit auquel cas le pain eût été meilleur qu'il n'est, et le soldat passablement nourri avec le secours qu'il aurait pu tirer de son prêt, il ne le fallait pas moindre, autrement il n'aurait pas pu suffire, mais fort que ce règlement n'ait pas eu lieu ou qu'il n'ait pas été bien observé. Voici ce qui se pratique dans les vivres.

1^ent^. On achète le blé comme on le trouve ordinairement très commun, souvent vieux, bruiné, salé, mal vané et plein de poussière et toujours au meilleur marché qu'on le peut avoir, à quoi sa mauvaise qualité ne contribue pas peu.

2ent. On mêle le froment d'un tiers ou de moitié de seigle qui ne nourrit pas à beaucoup près tant que le froment.

3ent. On le boulange le plus souvent avec de mauvaise eau mal proprement et la cuisson n'en est jamais achevée ni à beaucoup près si parfaite que celle du pain qui se vend chez les boulangers[1]. Cela est de fait.

Suivant cette méthode un sac de farine mêlé de froment et de seigle pesant 200 £ poids de marc boulangé avec tout son son rend 180 rations de pain de livre et demie chacune.

Mais par diverses expériences faites avec beaucoup d'application, il se trouve que le setier de blé mêlé d'un tiers de seigle mesure de Paris pesant 232 £ réduit en farine et déchargé de 20 £ de son, n'a rendu que 175 rations de pain de livre et demie chacune, raisonnablement cuit et bien boulangé, le tout pesant 262 £ 1/2 poids de marc, or ôtant 212 £ poids de setier déchargé de 20 £ de son de 262 £ du pain qui en est venu, restera 50 £ 1/2 pour le poids de l'eau restée dans le pain, d'où s'ensuit premièrement que le setier de bon blé mêlé d'un tiers de seigle mis en farine, bien boulangé et raisonnablement cuit, ne doit fournir que 175 rations de pain pour être de bonne qualité, 2e que ce même setier pour être cuit et boulangé dans la perfection requise ne doit garder que 50 £ d'eau. Voilà la qualité du pain comme elle devrait être comparons-la avec ce qui se pratique dans les vivres et pour cet effet ajoutons 32 £ de farine aux 200 pesant du sac pour achever d'en faire un setier[2] et puis disons si un sac de farine pesant 200 £ rend 180 rations de pain combien un setier pesant 232 en doit-il rendre. La règle donne 208 rations 3/4 de ce pain grossier et mal cuit selon les vivres mais l'expérience du même setier de charge de 20 £ de son boulangé et bien cuit n'en donne que 175. C'est donc 33 rations 3/4 pesant 50 £ 1/2 rations de plus qui tourne à perte pour le soldat qui a bien reçu la même quantité de pain et de même poids mais non de même qualité il s'en faut beaucoup.

Cet excès, je veux dire ces 33 R 3/4 par setier ou 50 1/2 qui ne proviennent que de la quantité d'eau superflue restée dans le pain des 20 £ de son qu'on n'en a pas ôtées fait perdre plus de la 5e partie de la nourriture au soldat, car il est certain que cette quantité superflue de son et d'eau ne fait que rendre le pain plus pesant et plus sujet à se moisir, ne nourrit point le soldat et ne fait que le surcharger d'un poids inutile qui le fait beaucoup souffrir tant par ce qu'il n'est pas suffisamment nourri que par sa mauvaise qualité qui l'empoisonne à la longue et lui cause des maladies dont il a peine à revenir. Ce défaut de nourriture fait que se sentant pressés de la faim ils se débandent et courent le pays de l'aventure ou ils se font prendre

1. La cuisson ne met pas seulement en cause la qualité gustative du pain. Elle est l'occasion d'une fraude puisque le pain moins cuit est aussi plus lourd, l'eau en étant insuffisamment évaporée.

2. Un setier représente environ 156 litres.

et tuer par les ennemis ou par les paysans qui les assomment. Cela même leur fournit le plus souvent occasion de déserter ou de commettre mille désordres sans qu'il soit possible d'y remédier ni même qu'on soit bien en droit de les punir ni de leur imposer une exacte et sévère discipline car le ventre obéit et cède bien à la mort mais non à nul autre châtiment quel qu'il puisse être. C'est un créancier pressant que rien ne rebute et qui veut un payement réel et effectif sans délai, c'est se tromper de propos délibéré de croire que des soldats fatigués et d'un âge qui demande beaucoup de nourriture se puissent passer d'un pain bis de livre et demie pesant, mal conditionné et qui nourrit peu.

Il faut donc convenir que si les premiers auteurs du pain de munition ont eu dessein de le régler comme il est proposé au commencement de ce chapitre, qu'ils ont très bien et judicieusement fait pour le roi et pour le soldat, mais que si ceux qui ont dû suivre ces règlements les ont négligés par ménage pour le roi ce qui ne peut être que très faux ou par des intérêts particuliers ils ont eu grand tort vu que ce pain qui sera toujours très bis quelque correction qu'on y puisse apporter coûte pour l'ordinaire beaucoup plus au soldat que celui qu'on prend chez les boulangers de même qualité si on excepte les années de famines qui rarement arrivent de 30 l'une. Il n'est donc pas possible de rien imaginer de plus mauvais que cette économie criminelle qui ne va pas moins qu'à attaquer la vie de 3 à 400 mille hommes à la fois, de ceux qui sont les plus nécessaires à l'Etat et dont il a le plus de besoin. Je laisserai penser des raisons d'intérêt qui peuvent entrer là-dedans. Je prie Dieu que je me trompe mais comment n'y en aurait-il pas puisque tous ceux qui ont entrepris les vivres[1] se sont enrichis en très peu de temps, quoique chargés de quantités de pots de vin et de beaucoup de rétributions tacites qui ne paraissent pas. Je ne crains pas de dire après cette discussion que de toutes les friponneries qui se font sur le roi et ses sujets celle-ci est la plus punissable parce qu'elle attaque pour ainsi dire le royaume par l'endroit le plus sensible et qui va le plus à la perte de ses peuples.

Pour remédier avec des ordres mon avis est de défendre aux entrepreneurs des vivres le pot de vin et les présents tacites de quelque nature qu'ils puissent être de même que de certaines sociétés honteuses qui n'osent paraître et tout cela sur de grosses peines tant pour ceux qui donnent que pour ceux qui recouvrent et pour cet effet enjoindre aux directeurs généraux des troupes, inspecteurs et commissaires des guerres, etc., de faire souvent la visite des blés et du pain chacun endroit soi et d'en examiner la qualité, et où ils se trouveront défectueux les confisquer sans

1. La fourniture aux armées était assurée par des entrepreneurs privés qui passaient marché avec les intendants. Les fraudes étaient nombreuses, mais les risques l'étaient aussi, en raison de l'incapacité structurelle de l'Etat à honorer ses dettes.

autre formalité et condamner le munitionnaire à une grosse amende et les boulangers à des peines afflictives. La même chose du pain mal cuit, pétri avec des méchancetés, ceux mal boulangés et malpropres et sur cela les engager par serment à ne faire aucun quartier à ceux qu'ils trouveront en faute car où il s'agit de conserver la vie et la santé des hommes on ne saurait apporter trop de rigidité contre tout ce qui la peut altérer et rien à mon avis n'est moins pardonnable que la lâcheté de ceux qui par de vilains intérêts n'ont point de honte d'employer des voies qu'on peut dire détestables pour s'enrichir aux dépens de la vie et santé de leurs concitoyens. Pour moi je serais d'avis de les punir de la peine des empoisonneurs étant certain que si on examinait bien la qualité du crime on les en trouverait très dignes.

Après toutes ces invectives et contre les malfaçons du pain de munition il est temps de proposer ce qui se pourra de mieux en y donnant un peu plus d'attention sur quoi j'estime que l'observation des six articles suivants nous mettra au fait.

1^ent^. De n'employer que du bon blé et de bonne qualité bien net et vanné avant que le porter au moulin.

2^ent^. Que du froment pur et non du seigle qui ne nourrit pas tant à moins qu'il ne survint quelque famine causée par de mauvaises années, par des sièges ou des blocus de place de longue durée où des troupes se trouveraient enfermées auquel cas on y pourrait mêler un quart, un tiers ou la moitié ou les deux tiers de seigle selon que les besoins seront pressants, même de l'orge avec la permission et l'ordre des chefs. Bien entendu que cela se ferait en présence des commissaires députés pour y avoir l'œil et y pendre garde et que dès qu'on se trouverait hors de cas il en faudrait revenir au pain de froment pur et sans mélange.

3^ent^. D'en ôter 20 £ de son par sac ou setier, cela est facile, il n'y a qu'à régler des bluteaux sur ce pied-là lesquels seront éprouvés et marqués et de temps en temps visités et corrigés. Il n'y a rien de plus aisé que de les mettre et ôter à toute sorte de moulins à farine.

4^ent^. Que la pâte en soit bien pétrie à l'eau claire nette et chaude à y pouvoir souffrir la main et non plus cuite ni plus ni moins que celui des boulangers qui se vend au marché et dans les boutiques.

5^ent^. Qu'au lieu de 28 onces de pâte crue pour en avoir 24 de pain cruit on en mette 30 pour revenir au même poids.

Et 6^ent^. Que le pain soit proprement boulangé, défendant l'usage du tabac et autres ordures aux boulangers dans le temps qu'ils pétrissent et font le pain.

Avec ces conditions religieusement observées on parviendra à faire de bon pain bien nourrissant quoique bis et grossier.

Je ne sais pourquoi on ne fait pas de biscuit au lieu de pain, attendu que quand un soldat est chargé de ses armes, de son bagage et de six rations de

Je ne sais pourquoi on ne fait pas de biscuit au lieu de pain, attendu que quand un soldat est chargé de ses armes, de son bagage et de six rations de pain il a tout ce qu'il peut porter au lieu qu'il porterait aisément dix rations de biscuit aussi bon et bien moins sujet à se gâter que le pain ordinaire. Je n'y vois point de raison d'empêchement autre que celle de la double cuisson qui en augmente les façons, car il ne faut pas plus de pâte pour l'un que pour l'autre, soit ce que l'on voudra. Il est certain que la partie plus nécessaire à l'entretien des troupes, et celle à quoi il faut plus exactement tenir la main, est le pain. Il est de plus certain que le meilleur pain quelque bien cuit qu'il soit se moisit et se gâte après 7 ou 8 jours de garde et que le pain de munition toujours plus mal cuit que l'autre se gâte encore plus tôt, ce qui n'arrive pas au biscuit dont on en pourrait porter pour un mois ou six semaines avec assez de facilité.

Voyons présentement la quantité qu'il en faudrait par jour à un régiment complet tel que nous l'avons représenté et par conséquent ce qu'il lui faudra de caissons pour en pouvoir porter pour quinze jours.

Le corps du régiment	192 rations
	128
Pour 32 capitaines à 6 rations chacun	96
32 lieutenants à 4 rations	192
32 sous-lieutenants à 3 rations	1 600
96 sergents à 2 rations	32
1 600 soldats à une ration chacun	32
32 tambours à une ration	2272
32 fraters à une ration	
Total	

Etat major	12 rations
	8
Au colonel	8
Au lieutenant colonel	8
Au major	6
Aux deux aides-majors	4
Aux deux aumôniers	3
Au prévôt	3
Au greffier	3
A sept archers l'exécuteur compris	6
Au chirurgien major	2
A quatre fifres	2 339
Au tambour major	34 085

Que nous poserons pour 36 000 parce qu'il s'en gâte toujours et qu'il en faut une quantité de plus pour en pouvoir vendre à ceux qui en ont besoin. Supposons-en après cela une distribution de six jours la veille d'une marche montante à 14 000 rations, restera à faire état de 22 000 £ pour lesquelles pouvoir bien porter commodément il faudrait 28 caissons, mettons en 30 parce qu'il y en a toujours quelqu'un en désordre. Ces 30 attelés de quatre bons chevaux chacun comptant que chaque caisson ne peut pas porter plus de 800 rations de pain et qu'il est bon d'en avoir quelque millier de plus pour suppléer au besoin des particuliers suivant les troupes à qui on n'en donne pas.

Addition

Une ration de pain de livre et demie pesant chargée de tout son son et de beaucoup de malfaçon est trop peu pour la nourriture du soldat qui n'a le plus souvent que cela pour subsister. Il n'est pas possible qu'il en puisse vivre à la longue et soutenir toutes les fatigues à quoi il est obligé, il faudrait faire le pain de deux livres poids de marc de froment pur bien cuit et boulangé déchargé de 20 £ de son par sac de 200 £ pesant, le distribuer aux troupes en paix et en guerre hiver et été dans les places comme en campagne pour le prix de 2 s. la ration à rabattre sur la paye du soldat qui vivrait par ce moyen quelque chose qui lui pût arriver, et ne serait pas contraint à tous les mauvais ménages à quoi le trop peu de gain et de paye l'engage.

Pour suppléer à ce défaut qui cause la dissipation du peu d'argent qui lui reste de son prêt et le commet souvent à de méchantes affaires j'estime que pour cet effet on pourrait former une compagnie des vivres qui les entreprendraient à long terme pour deux sols la ration, elle y trouverait son compte vu le prix des blés qui ne va jamais guère à plus de 8, 9 et 10 deniers la livre année commune, on peut dire même qu'il est plus souvent au-dessous de ce prix qu'au-dessus, et que quoiqu'il s'élève parfois au-dessus dans quelques provinces du royaume il est pour l'ordinaire au-dessous dans les autres, cette ration jointe à 2 s. de prêt par jour avec le peu qu'ils pourraient gagner d'ailleurs lui donneraient moyen de vivre un peu plus commodément et de n'être pas si souvent forcé à chercher ce qui lui manque aux dépens d'autrui.

LES VIVANDIERS

A ne fournir que le pain aux troupes avec leur prêt sans leur faciliter les moyens de pouvoir avoir de la viande et les autres besoins plus nécessaires à la vie, elles feraient mauvaise chère et le pain ne serait pas capable de les bien nourrir. Il faut de nécessité autre chose et pour cet effet soit dans les marchés ou dans les camps de séjour établir des marchés et les assurer de manière que tous ceux qui y voudront apporter des vivres y puissent venir avec toute la sûreté possible. *Les marchands* plus nécessaires à la suite des camps sont des vivandiers, des bouchers, des boulangers, des armuriers, des marchands, des cloutiers, des taillandiers pour avoir des serpes, des haches, des faux, des scies et vilebrequins, etc., tout cela fait besoin dans les armées, où il s'en perd beaucoup, plus des marchands de toile de bas et d'étoffe, des tailleurs d'habits, des apothicaires, etc. *Les denrées plus* nécessaires à la nourriture des hommes sont le pain, le vin, l'eau-de-vie, la bière, l'huile, le vinaigre et le verjus, la viande de boucherie, savoir du bœuf, de la vache, du veau, du mouton, du cochon frais et salé et surtout beaucoup de lard bien qualifié pour le porc, de la volaille, des harengs en cagues et la morue, de toutes sortes de légumes comme des pois, des fèves de toutes espèces, des lentilles, du riz, du millet, de l'orge mondé, de la farine, du beurre, du fromage de toutes sortes, des aulx, des oignons, des choux, des poireaux, des raves, des salades, etc. Idem des fruits de toutes espèces selon les saisons. En assurant bien les chemins de tous ceux qui apporteront des vivres au camp par des ordonnances rigoureuses et sévèrement observées, tout y abondera, il faut donc établir dans une armée autant de marchés que de quartiers différents et être très exact à conserver la liberté du commerce et du moins autant à faire régler le poids et le prix du pain, du vin, de la viande, du lard, du sel, et le tout par des règlements judicieux et affichés qui expliquent le poids et les mesures de chaque espèce, et les prix suivant lesquels les marchands feront leurs débits[1] le mieux à mon avis serait de réduire toutes les mesures des principales denrées qui se débitent au poids ou à la grande et petite mesure, comme le sel, le blé, l'orge mondé, le millet, les pois, les fèves, les lentilles, le riz, etc. Le vin, la bière, les eaux-de-vie, l'huile, le vinaigre et le verjus ont leur mesure réglée. Il faut seulement prendre garde à les subdiviser en plus petites afin que les soldats puissent en avoir pour le peu d'argent qu'ils ont à y mettre, car par exemple la pinte se divise en chopine, la chopine en deux quarts, le quart en 8e et le 8e en 16e. Il faudra avoir toutes ces mesures et les marquer afin qu'on ne les puisse rogner sans qu'on s'en aperçoive. Le pain, la viande, le lard, le

1. L'organisation d'un marché où les soldats viendraient librement s'approvisionner en profitant de la libre utilisation de leur solde (à l'exception des prélèvements pour la masse et les rations de munition en campagne) est une idée profondément originale. Mais l'extrême dispersion de ces marchés (Vauban en prévoit un par camp) aurait posé le problème de l'approvisionnement des marchands au détail, qui auraient alors été de toute façon dépendants des munitionnaires et entrepreneurs, dont les malversations n'auraient probablement pas cessé. Par ce projet, Vauban ne fait que déplacer le problème en introduisant entre les soldats et les entrepreneurs l'intermédiaire des vivandiers.

beurre et le fromage se doivent vendre à la livre, pareillement subdivisée en toutes ses parties jusqu'à l'once, le gibier et la volaille à la pièce. Il serait fort à souhaiter que le cochon salé avec son lard se pût donner à 4 s. la livre, le bœuf et la vache à 2 s., le veau et le cochon frais à 2 s. et le mouton à 3 s. Il faudrait convenir pour cela avec des entrepreneurs qui s'obligeraient de fournir les marchés des armées pour ces prix et pour lors en faciliter les moyens et leur donner une certaine quantité de sel à un prix modique pour leur salaison et décharger tant les grandes bêtes que les cochons et la moutonaille destinée à la consommation des armées de tous droits et de sortie du royaume ou pour avoir plutôt fait, on pourrait abonner avec les marchands par demi-droit ou tiers de droit, les consommations se peuvent aisément estimer selon la force dont les armées doivent être au commencement des campagnes. Par exemple si une armée est de 30 000 hommes comptant les consommations de la viande sur le pied de demi-livre pour chacun viendra 15 000 £, ce qui reviendrait à quelque 40 bœufs ou vaches ou équivalant par jour et pour 160 jours de campagne 4 800, ajoutons-y-en la valeur de 1 200 de plus en faveur des officiers et de ceux qui tiennent table, ce fera 6 000 bœufs, vaches ou équivalant et supposant que les droits que le roi prend sur chaque tête de bétail fussent d'un écu le tout ferait 18 000 lt, d'où ôtant la moitié pour la remise ou demi-droit restera la somme de 9 000 lt, on pourrait faire à peu près la même chose pour les vins et pour tout ce qui se consomme dans le camp. Si mieux le roi ne trouvait à propos de l'affranchir tout à fait prenant les précautions nécessaires pour empêcher qu'on n'en pût rien abuser, cela serait incomparablement mieux en toutes façons notamment le lard salé que je considère ici comme la partie plus nécessaire des vivres après le pain, étant la manne la plus convenable au soldat qui donne un bon goût à la soupe et convient presque à toute sorte de mets et de ragoûts. J'ai fait plusieurs expériences de soupe à soldats avec trois onces de lard valant un sol, une livre et demie de bœuf de 3 s., un oignon d'un denier et une demi-livre de pois valant 3 s. pour moins d'un double de sel dans lequel on coupe un pain et demi de munition de 3 s. le tout revenant à 7 s. 6 d. bien cuit et mitonné, ce qui faisait un fort bon potage pour six soldats qui en étaient bien rassasiés et très contents. J'en ai plusieurs fois essayé et fait essayer à différents soldats, tous la trouvaient fort bonne, à moi aussi qui ai assez de fois quitté la mienne pour manger de celle-là.

Je n'ai jamais estimé la distribution de vaches qu'on fait aux soldats. Cette manière de régler le poids entier de bêtes mortes par des estimations fondées sur l'expérience de 5 ou 6 qu'on aura pesées est sujette à erreur aussi bien que la distribution qui s'en fait en détail aux soldats qui rarement est fidèle, il vaut mieux leur laisser la disposition entière de leur prêt et le plaisir d'acheter eux-mêmes leurs besoins et tenir la main à ce qu'on ne leur survende pas et qu'ils ne jouent pas leur prêt. Je voudrais donc totalement supprimer cette distribution et au lieu de cela entretenir ses marchés sur le pied que nous venons de dire. Je joins ici une table des denrées plus communes telles que je l'ai autrefois fait pratiquer à la tête des camps de basse Bretagne dans le temps que j'ai eu l'honneur d'y commander après être convenu de tous les prix au rabais avec les vivandiers du camp parce que cette règle réussit très bien auprès des vendeurs et des acheteurs.

LES INVALIDES

Cet établissement n'a rien que de grand et de pieux ; c'est sans contredit le plus juste et le plus beau qui fut jamais, car que pouvait-on imaginer de mieux selon Dieu et les hommes que d'assurer du pain et un honnête entretien à des pauvres soldats qui ayant sacrifié leur vie au service du roi où la plupart ont été percés de coups, estropiés et mutilés de leurs membres et tellement usés par les longues et dures fatigues de la guerre que ne pouvant plus servir dans leurs troupes ni gagner leur vie par d'autre voie, il ne leur restait pour toute ressource qu'une dure et honteuse mendicité. C'est l'état malheureux où ils étaient réduits quand le roi par sa vigilante bonté s'en étant aperçu prit résolution de les en tirer par l'érection de l'hôtel des Invalides[1] qu'il trouva moyen de mettre en assez peu de temps sur le pied où il est à présent qui quoique de bonne et excellente institution semble n'être encore dans toute la perfection requise. Il paraît même assez évidemment qu'on y peut ajouter quelque chose car en l'état où il est et avec tout le bon ordre qu'on y tient, les soldats sont réduits dans une espèce de contrainte et sous une discipline austère qui les enchaîne et les prive à même temps de cette liberté tant désirée qui fait en tous lieux et en tous temps plus de la moitié du bonheur et de la félicité des hommes. Cela même diminue considérablement la satisfaction qu'ils ont de se voir à couvert des plus pressantes nécessités de la vie. Cette grande cour où on voit ordinairement des 7 à 800 hommes se promener en gêne et qui ne savent que devenir ni que faire fait une montre aux yeux des passants qui a des ressemblances désagréables et des airs de fainéantise peu édifiants qui n'inspirent rien qui satisfasse autant que la noblesse de cette institution le mérite. Il est certain que la disposition des Invalides en l'état qu'ils sont ne fait pas assez l'effet qui serait à désirer sur l'esprit des troupes qui considè-

1. L'institution des Invalides est créée par Louis XIV en 1670. L'hôtel édifié par Libéral Bruant, puis par Jules-Hardouin Mansart reçoit des pensionnaires à partir de 1674. En 1703, l'hôtel abritait environ 4 000 soldats et officiers, qui y étaient admis pour leurs infirmités, mais aussi et surtout en raison de leur âge et de leur incapacité à subsister sans secours. Sa fonction n'était pas tant celle d'un hôpital que d'un hospice pour vieillards indigents. La moyenne d'âge des 1 525 officiers admis entre 1688 et 1714 était de 51 ans, dont plus de 28 ans de services.

rent cet établissement comme une espèce d'honnête hôpital érigé pour les misérables où on ne les reçoit que quand ils n'en peuvent plus. Cette idée ne flatte point le cœur et n'édifie que fort peu l'esprit, car le soldat n'y voit qu'une très médiocre ressource qui lui doit coûter la liberté et le peu de bon qu'il y entrevoit est sujet à des conditions dures et si dangereuses que l'un et l'autre ne sont pas désirables. Les Invalides ne sont connus dans les provinces éloignées que par des ouï-dire incertains qui ne touchent point et n'en laissent qu'une très légère idée à laquelle personne ne s'intéresse. De sorte que bien que cet établissement soit juste, pieux et très raisonnable de soi, il ne fait pas tout l'effet qu'on en doit attendre, d'ailleurs pour le mettre sur le pied où il est est on a été obligé de construire de grands bâtiments qui ont coûté beaucoup et obligent encore actuellement à de grandes dépenses pour leur entretien et celui de quantité d'officiers et de valets pour leur service de la plupart desquels on aurait pu se passer si la chose avait été disposée autrement.

Tous ces bâtiments ont été faits de même que l'entretien journalier des invalides aux dépens des troupes par le moyen du liard pour livre retenu sur toutes les dépenses de la guerre, et par conséquent sur leur solde. Il n'y a point là de soldats de qui la dépense réduite et évaluée sur tous également ne revienne à 8 ou 9 s. par jour, et bien que le roi dispose de ces fonds-là comme il lui plaît, on ne peut pas dire qu'ils soient à lui, il ne s'en peut attribuer que l'administration.

Pour revenir aux bâtiments de l'hôtel des Invalides, on peut n'avoir pas manqué en les faisant, car s'ils ne sont pas bons à une chose ils peuvent l'être à une autre, ainsi que nous le ferons voir ci-après, mais pour ce grand et beau dôme qui a tant coûté, on ne peut pas dire qu'il soit plus nécessaire aux Invalides qu'une cinquième roue à un chariot[1]. Après cela il faut convenir que si à force de regarder les choses de près on s'aperçoit de quelques défauts dans cet établissement ils sont bien légers et que ces défauts pourraient passer ailleurs pour de grandes perfections, il y a du moins cela de satisfaisant qu'il est aisé de les corriger et d'y ajouter tout ce qui peut y manquer sans qu'il en coûte rien au roi. Voici ce qui m'a paru qu'on y pourrait faire après beaucoup de réflexions.

On peut diviser tout le corps des invalides en trois classes, savoir, en invalides parfaits qui sont les aveugles, manchots des deux bras, ceux qui ont perdu les deux jambes, les paralytiques ou ceux qui ont quelque autre mal équivalent qui rend ceux qui en sont atteints absolument incapables de pouvoir faire œuvre de leurs pieds ni de leurs mains. En invalides imparfaits, ceux qui peuvent encore rendre quelque service comme de garder les bestiaux, servir de portiers, exercer quelque petit commerce, filer,

1. Le dôme abritait une église bâtie par Jules-Hardouin Mansart et destinée aux célébrations exceptionnelles. Les pensionnaires suivaient l'office ordinaire dans la modeste église des soldats.

tricoter, coudre, et faire quelque autre ouvrage aisé et peu pénible. En invalides de service, ceux qui étant encore jeunes et non estropiés de tous les membres, tels que sont les manchots, les jambes de bois, les borgnes, les médiocrement avancés en âge et surchargés de quelque blessure qui ne leur permet plus le service des campagne mais qui leur laissant l'usage de partie de leurs membres peuvent encore servir dans les petites places où il y a peu de mouvements à faire. On pourrait fixer les pensions de ceux de la première classe à 15 s. par jour ou 22 et 10 s. par mois, leur vie durant, savoir 20 s. pour le maître et 5 s. pour le valet parce qu'ils ne se sauraient servir eux-mêmes et que de nécessité il leur faut quelqu'un pour les servir, les conduire ensuite dans les lieux de leur naissance chez leurs parents pour en avoir soin ou dans des convents à leur choix aux dépens des Invalides et leur faire payer leurs pensions chez eux par les receveurs des tailles ou par ceux qui auront l'administration des deniers du roi dans le pays avec lesquels la chambre pourra établir les correspondances nécessaires. On peut régler ceux de la deuxième classe à cinq sols par jour ou deux écus et demi par mois et les envoyer pareillement dans les lieux de leur naissance chez leurs parents où ils pourraient encore s'appliquer à quelques menus ouvrages et gagner une partie de leur vie, même se marier et faire des enfants, chose pour laquelle on ne saurait avoir trop d'attention, et pour les honorer dans leurs provinces permettre de porter l'habit militaire les jours de fêtes solennelles à ceux qui auront de quoi en avoir, leur donner un banc distingué à l'église et la primauté au pain bénit et à l'offerte, le rang à la procession après les seigneurs et magistrats des lieux, commettre toutes leurs causes s'ils en ont par-devant l'intendant de la province qui sera leur protecteur et ne les point mettre à la taille cause de leur pension, mais seulement pour le commerce qu'ils feront et pour les autres biens qu'ils pourraient posséder. Finalement que quand ils viendront à mourir les communautés des lieux où ils feront leur demeure leur fassent faire un service solennel à leur dépens, et pour mettre la jeunesse des lieux de leur demeure en goût de la guerre les faire payer manuellement de leur pension de quartier en quartier par les receveurs de tailles de chaque élection ou par leurs commis qui seront obligés de les traiter de monsieur en les payant sans qu'il leur soit permis d'en user autrement ni de se servir de termes incivils et malhonnêtes à leur égard, ces pensions exemptes de toutes saisies de quelque nature et pour quelque cause que ce pût être. Il ne faut pas douter que quand les garçons de villages verront faire de tels traitements aux invalides, eux qui ne manient que des deniers et au plus des sous et qui ne sont point honorés, n'en conçoivent une si bonne opinion et qu'elle ne contribuât à leur faire venir l'idée d'aller à la guerre ou que du moins cela leur en inspirerait bien plus de disposition qu'ils n'en ont et quand ils y seraient une fois engagés ils déserteraient bien moins qu'ils ne font.

A l'égard des invalides de la 3e classe qui peuvent encore servir, je suis d'avis d'en faire des compagnies franches[1] de 40 à 60 hommes, de leur donner des officiers tirés des Invalides mêmes et de les mettre en garnison des citadelles ou châteaux forts avec une paye de quatre sols par jour aux dépens des Invalides et de 3 s. de la part du roi pour supplément avec un habit tous les ans. Les logeant un peu au large ils y feront très bien le service, cette paye leur tiendrait lieu d'une honnête récompense dont ils s'accommoderont fort bien et parce qu'ils ne sont pas sans infirmité leur permettre l'usage des paillasses en garde quand ils en seront. Ici remarqué que les compagnies d'invalides qui sont sur pied ont beaucoup ou beaucoup plus d'exactitude au service que les autres et sont même d'un fort bon exemple. Je serais de plus d'avis de leur donner rang[2] sur toutes les autres troupes comme une justice qui leur est légitimement due parce qu'il se trouve parmi eux des soldats des premiers régiments comme des derniers et que l'état où ils sont réduits leur en est un titre valable pour autoriser leurs prétentions, que les autres troupes seraient même honteuses de leur contester car qui a-t-il de plus digne d'être considéré que ces martyrs de l'Etat à qui il en a coûté les bras et les jambes, les yeux, la santé et qui plus digne enfin de considération que ceux qui ont tant de fois prodigué leur vie pour le service de leur roi et de leur patrie et qui l'ont usée et abrégée par tant de fatigues et de blessures. Trouvera-t-on un état dans le monde dont le mérite considéré en général se puisse comparer à celui-là ?

Il faudrait donner 100 lt de paye au capitaine, 50 lt au lieutenant, 30 lt au sous-lieutenant, 21 lt à chacun des sergents par la raison que dessus afin que ces pauvres officiers puissent achever de vivre avec quelque sorte de commodité pour ce qu'ils sont ordinairement vieux et fort incommodés quand ils sont réduits aux invalidités, faire toujours les recrues dans les invalides, même renvoyant ceux qui ne pourront plus servir à la 2e classe.

A l'égard des officiers invalides qui ne seront plus en état de servir et qui n'auront pas de bien, les envoyer dans les provinces de leur naissance avec la demi-solde[3] de même qu'aux sergents, c'est-à-dire une paye qui fût moitié de celle qu'ils recevraient dans le service avec toutes les marques d'honneur qu'ils y auraient acquises.

Pour ce qui est des bâtiments, c'est-à-dire du dôme et de l'hôtel des invalides qu'on a fait aux dépens des troupes, je crois devoir dire qu'il est

1. Ces compagnies d'invalides existaient effectivement. Elles étaient affectées à la garnison des places les moins exposées à la menace ennemie. C'est une compagnie d'invalides qui défendait la Bastille le 14 juillet 1789.

2. L'ordre de préséance qui réglait de multiples aspects de la vie militaire (marches, ordres de bataille, logement des troupes, etc.) était strictement réglementé par des ordonnances royales qui attribuaient à chaque régiment un rang en fonction de son ancienneté et de son prestige.

3. Le principe de la demi-solde, promis à un bel avenir, n'était au temps de Vauban appliqué qu'aux officiers réformés.

de la justice et de la conscience du roi de se faire rapporter les états arrêtés de leur dépense et de voir par lui-même ce qu'ils auront coûté, après quoi les retenir pour le même prix et créer pour autant de rente perpétuelle non rachetable sur l'hôtel de ville de Paris au denier 18[1] au profit des troupes militaires affectées au corps des régiments sans en pouvoir jamais sortir, c'est-à-dire que ces rentes ne pourraient suivre ceux qui sortiraient des corps volontairement pour se retirer chez eux ou ailleurs ni pour entrer dans les Invalides mais y demeurer toujours attachées pour l'usage et le secours de ceux qui servent actuellement dans les régiments, que sa Majesté fit faire la même chose des revenants bons qui se trouvent à la fin des années au lieu de les distribuer à de vieux officiers comme l'on fait attendu qu'on se peut tromper et qu'on se trompe effectivement dans cette distribution parce que c'est ordinairement les plus adroits qui les obtiennent au préjudice de ceux qui les ont le mieux mérités, ajoutés à cela que la mesure de ces distributions peut encore être altérée comme font et feront toujours les maniements de deniers des commis à l'arbitrage des hommes pour un qui en usera bien ; il y en aura plusieurs qui en useront mal s'ils peuvent. Je ne veux pas dire les restes, ce qui n'arriverait pas en les employant comme nous dirons ci-après.

La maison des invalides pourrait être très utilement employée au logement du régiment des gardes[2] qui serait bien plus sûrement là que d'être répandu dans les faubourgs de Paris où il est épars et hors d'état de se pouvoir assembler avec la promptitude requise s'il s'agissait de réprimer une émotion populaire ou une sédition telle qu'il en peut arriver dans une grande ville comme celle-là dans l'intérieur de laquelle il ne faut jamais que des troupes réglées se trouvent embarrassées par mille bonnes raisons.

Que si la demeure de Paris est utile aux soldats à cause qu'ils y travaillent, on pourra leur donner des congés pour cet effet autant qu'ils en auront besoin pourvu que tous les soirs chacun se retire au quartier. On pourra même permettre aux mariés qui font quelque métier ou petit commerce dans la ville d'y tenir ménage pourvu qu'ils se rendent à certaines heures et dans ce certains temps marqués au quartier. Cela suffira. On épargnera bien des voleries et tout le régiment se trouvant ensemble serait capable de remédier à beaucoup de désordre ; on pourrait procurer la même chose au régiment des gardes suissses en les logeant vis-à-vis de l'autre côté de la Seine avec un pont de communication entre deux dont les

1. Les rentes sur l'Hôtel de Ville étaient les plus courantes. Le denier 18 représentait un intérêt de 5,55 %.

2. Les soldats des Gardes françaises, que le service retenait auprès de la cour, résidaient à Paris où ils exerçaient parfois un métier secondaire, tel que la tenue d'une auberge. Ces soldats armés et immergés dans la société civile étaient accusés d'être à l'origine de nombreux troubles, ainsi que l'attestent les 183 homicides jugés par le prévôt des bandes chargé de la justice dans le régiment, entre 1653 et 1715 (cf. SHD, Ya 289-290).

avenues seraient gardées par des corps de garde détachés de ces deux régiments.

Les prétoriens qui n'étaient autres que la garde des empereurs romains avaient leur quartier à un coin de la ville de Rome dont ils étaient séparés et où ils logeaint tous ensemble. Ce n'était qu'un camp fortifié qui renfermait souvent dans soi la destinée de l'empire romain, c'était peu de chose par rapport à la grandeur de Rome. Cependant elle était contenue par là et les empereurs en sûreté par ce moyen quand ils étaient bien avec leurs soldats.

On ne pourrait même rien faire de mieux que d'étendre et agrandir cette maison assez pour y loger les gardes du corps des chevau-légers, gendarmes, mousquetaires et grenadiers à cheval de la maison du roi[1], toutes les troupes jointes ensemble et logées dans un même quartier bien fermé feront le fer d'une armée retranchée capable d'en imposer à tous les mutins et mal gouvernés de cette grande ville et de donner le temps aux autres troupes de s'en approcher en cas de besoin.

La maison des Invalides est fermée et très bien diposée pour loger la principale garde de nos rois ; il y a même très peu de chose à adjoindre pour en faire l'équivalence d'une médiocre citadelle.

Pour revenir à cet établissement je me persuade que sa Majesté ne saurait rien faire de mieux que d'accroître en toute manière les revenus des invalides augmentant la retenue du liard pour livre jusqu'à quatre deniers en y attribuant toutes les amendes provenant des châtiments et punitions militaires pour les fautes commises par les gens de guerre généralement quelconques, hors qu'elles méritent peine de mort, d'infamie ou de prison, même de celles des congés excédés d'officiers et soldats sans cause légitime et confisquant la paye, le pain et la masse exceptés de tous ceux qui tomberaient en faute pour autant de jours qu'ils en tiendraient de prison, la même amende pouvait aussi s'étendre sur tous les gens servant au camp comme marchands, vivandiers et généralement sur tous ceux qui tirent solde du roi pour service militaire ou servant aux militaires.

Je crois devoir ajouter ici que pour bien et équitablement disposer des revenus des Invalides et ordonner de leur paiement il serait nécessaire de créer une chambre de direction uniquement destinée à cet usage pour la régie de ces fonds qui aura ses correspondances réglées avec tous les corps militaires d'infanterie, cavalerie, de la marine et de l'artillerie et avec tous les receveurs des tailles du royaume, cette chambre composée d'hommes choisis entre les plus éclairés qui auraient pour directeur général le secrétaire d'Etat de la Guerre. Elle pourrait être composée de 3, 4 ou 5 conseillers, savoir un président, 2, 3 ou 4 conseillers, un procureur ou avocat géné-

1. Vauban énumère ici toutes les troupes montées de la maison du roi. Il leur ajoute les grenadiers à cheval, qui n'en faisaient pas partie à proprement parler, mais qui marchaient avec elle.

ral, un trésorier et un secrétaire ou greffier de la chambre à qui on prescrira les ordonnances qu'ils auront à suivre de même que les manières de rendre compte de leur administration au roi et aux troupes, cette chambre pourrait avoir son bureau établi en lieu fixe où s'adresseraient tous les soldats qu'on enverra aux Invalides et les [...] des corps, toutes les lettres des receveurs des tailles et généralement tout ce qui pourrait avoir rapport aux Invalides.

Revenons à ce qu'on pourrait faire de l'épargne de leurs revenants bons supposé que sa Majesté prît goût à cette proposition, il est évident que dans peu ils deviendront fort riches car continuant à retenir le liard pour livre même quatre deniers pendant un certain temps et faisant emploi de tous les restes et revenants bons, comme nous venons de dire, ils se trouverait dans peu qu'outre leur entretien ordinaire, il y aurait de quoi distribuer nombre de pensions[1] dans les troupes, auquel cas on pourrait en régler la disposition comme ci-après.

PROJET DE PENSION
POUR UN REGIMENT D'INFANTERIE

Au colonel	1 200 lt
Au lieutenant colonel	600
Au major parce qu'il n'a point de compagnie	600
Aux deux aides-majors 300 lt chacun et pour les deux	600
Aux deux capitaines de grenadier 400 lt chacun ce pour les deux	800
Aux deux autres premiers capitaines à 400 lt chacun	800 800
Aux quatre plus anciens lieutenants à 200 lt chacun	
Aux quatre plus anciens sous-lieutenants à 150 lt chacun	600
Aux douze plus anciens sergents à cent livres chacun	1 200
Aux douze plus anciens caporaux à 75 lt	900
Aux douze plus anciens et appointés à 60 lt	720
A 128 des plus anciens soldats à 50 lt	6 400
Total des pensions d'un régiment	15 220

1. La politique d'attribution des pensions dépendait généralement du prestige des unités. Les officiers supérieurs des régiments les plus anciens (les Vieux principalement) et de la cavalerie (notamment dans le régiment des carabiniers), les officiers de la gendarmerie et de la maison du roi en étaient presque systématiquement les bénéficiaires. Dans les autres unités, l'attribution d'une pension était très aléatoire.

Et pour 72 régiments d'infanterie	1 095 840lt
On pourrait suivre le même ordre dans la cavalerie et dans les autres corps	
Supposons présentement un tiers de cette somme pour ladite cavalerie de toutes espèces, ce qui n'irait pas moins que doubler les pensions des particuliers, c'est-à-dire que le simple cavalier aura 200 lt viendra	364 280 lt
Un dixième pour l'artillerie montant à	109 528
Un tiers pour la marine	364 289
Le tout ferait	1 935 929 lt
Ajoutons-y pour les gages des administrateurs de la chambre et des frais de conduite des Invalides, ports de lettres, vacations, etc., la somme de	164 072
Le tout reviendra à	2 100 000 lt

Ce qui produira un grand nombre de pensions dans l'infanterie, la cavalerie, l'artillerie, et la marine qui serait d'autant plus considérable que ce serait autant de rentes constituées à perpétuité pour les troupes militaires, sans pouvoir être aliénées pour quelque raison que ce pût être qui ne coûteraient rien au roi et ne laisseraient pas de lui être d'une utilité inconcevable en ce que cela ferait non seulement un empêchement certain à la désertion mais lui épargnerait nombre de pensions dont beaucoup sont obtenues par brigues et par des services à demi supposés souvent exagérés qui ne méritent pas des succès aussi heureux que ceux qui arrivent à la plupart de ces demandeurs. Il est du moins certain que cela lui en épargnerait beaucoup en les renvoyant avec justice à leur régiment, ces pensions jointes aux petits avantages de la tête des corps retiendront une grande quantité de gens dans le service qui cherchent à s'en retirer de fort bonne heure parce qu'ils n'y sauraient arriver que leurs espérances ne sont que très faiblement flattés de l'avenir[1], ce qui serait excellement réparé par ce grand établissement qui se pourrait faire en assez peu de temps en faisant nouvel emploi tous les ans des revenants bons qui se trouvent à la fin des années et de tout ce qu'on y pourrait attribuer de plus. Il s'y rencontrerait même une chose fort agréable qui est qu'il n'y a point de nation qui pût imiter en

1. Les espérances des officiers peu fortunés se limitaient au grade de lieutenant-colonel, puis à l'obtention d'une charge dans l'état-major d'une place forte. Quant aux officiers les plus pauvres, ils ne pouvaient espérer accéder au grade de capitaine en raison du coût de l'entretien d'une compagnie. Cet horizon bouché alimentait certes le « dégoût » du service, mais beaucoup restaient au service malgré les faibles perspectives de promotion. Après 15 à 20 ans passés dans l'armée, dont la majeure partie en temps de guerre, le retour à la condition civile devenait difficile pour des hommes déracinés. Ce prolétariat des officiers finissait souvent sa carrière à l'Hôtel des Invalides ; cf. Hervé Drévillon, *op. cit.*, pp. 264-270.

cela la française attendu qu'elles n'ont point de solde réglée et continuée sans interruption comme elle.

Si cet établissement avait lieu, les petits avantages qui en reviendraient aux troupes mettrait toute la tête des corps passablement à leur aise et incomparablement mieux en effet de servir qu'ils ne sont. Cela ferait que chacun aimerait son régiment[1] et s'y tiendrait de peur de perdre son rang, et les troupes en deviendraient bien meilleures en ce que la porte étant ouverte au mérite pour pouvoir monter à la tête des corps et même à de plus grands emplois, il se ferait une infinité de bons officiers qui s'évertueraient pour tâcher d'y parvenir. Tout cela serait fort habile comme avant que d'en venir là et très capable de commander. On peut dire la même chose des lieutenants colonels, majors, capitaines de grenadiers, etc. Il est certain qu'un chacun travaillerait avec application et s'affectionnerait bien davantage, le roi ne serait plus trompé dans la distribution de ses grâces comme il l'est tous les jours. L'espérance certaine de parvenir soutiendrait tous les gens dans le service, ils s'y attacheraient avec affection au lieu que laissant les choses sur le pied où elles sont ceux qui peuvent l'éviter le font pour le peu de récompense et d'agrément qu'ils y trouvent.

Supposons donc cet établissement agréé et mis en pratique, les colonels d'infanterie auraient en appointement, pensions et gratification environ 6 432 lt, ce qui les mettrait en état de pouvoir susbsiter honnêtement de même que les lieutenants colonels qui auraient 4 000 lt en plus, les majors 2 400 lt, les capitaines de grenadiers à peu près autant, et les quatre capitaines pensionnaires 2 000. Et les autres à proportion à mesure qu'ils approcheraient de la tête, et par ce moyen se trouveraient en état de continuer leur service et de subsister avec beaucoup plus d'honneur, d'aisance et de commodité. [

ADDITION

Supposant que le roi prît les bâtiments des Invalides pour ce qu'ils ont coûté et qu'il en créa des rentes sur l'hôtel de ville les joignant avec les autres fonds que les Invalides peuvent avoir présentement devant eux et ceux qu'on y pourrait ajouter le tout ferait une somme assez considérable pour pouvoir établir dans peu les pensions de 18 à 20 des plus anciens

1. En favorisant la promotion interne au sein de régiments permanents, Vauban pensait à juste titre stimuler l'esprit de corps. Cet attachement à l'histoire et à l'identité de l'unité était l'apanage des anciens régiments, qui étaient les seuls permanents. Les autres, levés au début des guerres et dissous à la fin, n'avaient pas d'histoire ni de traditions. Ils étaient souvent des tremplins pour les officiers en attente d'une promotion dans un régiment plus prestigieux et offrant de meilleures garanties de pérennité de leur charge.

régiments sur le pied qu'il est ci-devant proposé, mais il en faudrait à même temps fixer la force et la paye sur le pied du rehaussement, tel qu'il est représenté au chapitre de la solde, et tous les quatre ou cinq ans continuer de pareils établissements de pension toujours suivant l'ancienneté des corps à mesure que les revenus s'augmenteront. J'avoue que cela irait bien plus vite si au lieu d'établir si tôt ces pensions on les différait de 18 ou 20 ans employant continuellement ces revenants bons en augmentation de rente comme il a été ci-devant proposé jusqu'à ce qu'on fût parvenu à la concurrence de 2 100 000 lt, mais les troupes attendraient beaucoup et toujours donner et ne rien recevoir n'est pas contentement, c'est pourquoi j'estime qu'il vaudrait mieux prendre le parti de créer ce que l'on pourrait de ces pensions dès à présent. Cela mettrait tous les corps en goût s'ils voyaient de l'effectif dans cette proposition et il se pourrait fort bien que s'y affectionnant d'eux-mêmes ils se porteraient à se cotiser pour deux liards par livre au lieu des quatre deniers ci-devant proposés afin d'abréger l'attente d'un bien qui ne saurait manquer de leur être très agréable et d'un grand secours.

Je ne sais même si on ne ferait pas bien d'y réunir l'ordre de Saint-Lazare à celui de Saint-Louis[1], non en faisant tort à ceux qui en possèdent les commanderies mais en les réunissant aux Invalides à mesure qu'elles viendraient à vaquer, on pourrait encore établir quelque dîme sur les prises et butins qui se font en guerre par mer et par terre, quelque pot de vin sur le renouvellement des fermes[2] et beaucoup d'autres choses qui traînent par ci par là dans le royaume que les plus forts ou les plus hardis se sont jadis attribuées dans les temps désordonnés à titre de bien ? ? ? parce que cela leur convenait. Ce qui est bien recherché ne contribuerait pas peu à cet établissement qui me paraît si beau et si grand que j'estime qu'on ne saurait trop faire pour le mettre incessamment à exécution dans toute la splendeur et l'abondance qu'on pourrait lui procurer sans qu'il en coûte rien au roi, car je ne voudrais pas qu'il y mît une pistole du sien, mais bien toute la protection nécessaire.

1. L'ordre militaire et hospitalier de Saint Lazare avait une double vocation de distinction honorifique pour les gentilshommes et d'accueil des anciens soldats. Le 4 février 1672, Louvois prit le commandement des ordres réunis de Saint-Lazare et de Notre-Dame-du-Mont-Carmel. L'ordre de Saint-Louis créé en 1693 était destiné à récompenser les actions de valeur sans distinction de naissance ni de rang. Mais en 1703, au moment de l'achèvement de ce mémoire, il était déjà devenu une distinction honorifique accordée quasi systématiquement selon des critères de grade et d'ancienneté. La croix de Saint-Louis récompensait alors des carrières plutôt que des actions. La fusion entre les deux ordres et les Invalides, envisagée par Vauban, était de nature à renforcer cette acception du mérite militaire en mêlant les logiques de l'assistance aux anciens soldats et de la récompense de leurs service.

2. L'adjudication des fermes donnait lieu à des versements de pots de vin, qui n'étaient pas considérés comme une forme de corruption.

DES HOPITAUX

Après avoir tant travaillé pour trouver moyen de rendre la condition du soldat moins mauvaise, il nous reste à traiter de l'une des parties la plus nécessaire au soutien des armées qui sont les hôpitaux. C'est une nécessité d'en avoir dans les places de guerre pour le service des garnisons et encore plus à portée des armées qui pour l'ordinaire amassent et traînent beaucoup plus de maladies après elles, où il est besoin de prompt secourir qui ne se trouve bien présent que dans les hôpitaux. C'est à quoi le roi a très bien pourvu, mais comme les meilleures choses se corrompent bientôt quand elles sont susceptibles de quelque intérêt et qu'elles ne sont pas surveillées par des gens d'autorité rigides et désintéressés. Il en arrive aux hôpitaux comme au pain de munition, que les directeurs soit par relâchement, inapplication ou intérêt y ont laissé introduire beaucoup de friponnerie qui pour n'avoir pas été réprimées et sévèrement châtiées se sont accrues jusqu'au point que d'avoir fort enrichi les entrepreneurs, et la plupart de ceux qui ont eu quelque inspection sur leur conduite, d'où s'est ensuivi que le roi y a été extrêmement volé par les places des ? ? qu'on lui a fait payer comme vivants[1], que les malades ont été très mal nourris, tenus et mal pansés et très mal soignés, que le pain et les viandes ont été de mauvaise qualité, les bouillons peu nourrissants et mauvais et les distributions exactes, que les draps et la paille ont été rarement changés, et qu'enfin le pain, la viande et les bouillons outre leur mauvaise qualité ont rarement été fournis de la quantité convenue par les traités des entrepreneurs. Cependant comme les causes les plus communes des maladies d'armées proviennent des fatigues extraordinaires et d'inanition, les soldats ont plus besoin de nourriture pour les remettre que d'autres choses, ce qui leur étant refusé ou diminué par l'avarice des entrepreneurs et aides par leurs médecins et chrirurgiens-majors de part avec eux ou leurs pensionnaires, il s'est ensuivi que la plupart des soldats qu'on y a mis sont morts. C'est de quoi on n'a que trop vu d'expérience dans ces dernières guerres depuis que les hôpitaux ont été donnés au rabais à raison de tant par place ce qui a causé un préjudice très notable aux armées du roi qui ont beaucoup plus souffert par la désertion et la mauvaise administration des hôpitaux que par le fer et le feu des ennemis. Il ne s'est que trop fait de malversations punissables de la corde dans les mêmes hôpitaux aux dépens du roi et de ses troupes. Il est vrai que partie de celles qui ont été découvertes ont été châtiées par des amendes pécuniaires, au profit des pauvres, et les autres par avoir été honteusement chassés de leurs emplois, mais ce sont de fai-

1. Les capitaines qui continuaient à percevoir les appointements de leurs soldats lorsque ceux-ci étaient hospitalisés, devaient verser une indemnité journalière aux administrateurs de l'hôpital qui pouvait être tenté de déclarer les décès avec retard.

bles punitions qui ne remédient pas au mal à venir parce qu'elles n'imposent pas assez de terreur à des scélérats coupables de la mort d'une infinité de pauvres soldats, de telles punitions ne sont pas capables de rebuter ceux qui n'ayant ni honneur ni conscience ne songent qu'à s'enrichir aux dépens de tout ce qui en peut arriver et ils hasardent d'autant plus volontiers leur affront qu'étant soutenus par des protecteurs muets qui ne paraissent pas ils en sont quittes pour des amendes qui n'étant que la moindre partie de ce qu'ils ont volé leur laisse de quoi se retourner chez eux pour y vivre à leur aise par rapport à l'état où ils étaient avant cela. Bien d'autres ont risqué même avant pour d'autres sujets qui n'en sont pas plus mal dans leurs affaires pour prévenir ces voleries et mettre ordre à l'avenir à ce que les malades et blessés soient mieux traités. Mon avis que je soumets toujours à plus habile que moi serait 1ent de faire régir le détail des hôpitaux par des commissaires ordonnateurs reconnus pour gens de bien qui en seraient les premiers directeurs et qui auraient les pouvoirs nécessaires pour en ôter tous les officiers subalternes, qui useront mal de leur emploi ou qui ne s'en acquitteront pas bien et cela depuis le premier jusqu'au dernier, ce qui pourrait s'étendre sur les médecins chirurgiens, apothicaires, infirmiers, valets et servants, et même sur les aumôniers et contrôleurs et surtout ce qui dépendrait des hôpitaux dont ils ne seraient responsables qu'au ministre de la Guerre et à l'intendant et que la bonne administration qu'ils en feraient leur fût un accessoire pour s'élever à de plus grands emplois.

2ent. Que si après tous les mésuses dont il a été parlé ci-devant on aime encore mieux s'en tenir aux entreprises[1], il faudrait choisir d'honnêtes gens un peu aisés par eux-mêmes, leur donner des prix raisonnables par rapport à la valeur des denrées, étant juste que des gens qui se commettent à respirer le mauvais air d'un hôpital qui peut les tuer ou les rendre malades y soient attirés par un gain honnête.

3ent. Obliger les commissaires résidents d'y aller une fois le jour voir distribuer les viandes et les boissons examinant par eux-mêmes leur qualité et celle du pain et des bouillons, si les malades sont tenus proprement et assez souvent renouvelés de paille et de draps, enfin on a soin de les nettoyer, bien aérer les salles et de les tenir propres.

4ent. Y établir des contrôleurs habilités et entendus avec de bons appointements afin de leur faire aimer leur employeur et mettre en état de faire quelque épargne au bout de l'année, ceux-ci pourraient être chargés de grande partie du bétail, et que du moins ils vissent peser la viande à l'entrée et sortie du pot, qu'ils prissent garde si elle est de bonne qualité, qu'ils goûtassent tous les jours les bouillons et la boisson et vissent si le pain est bien cuit, bien pétri, bien [...] et bien conditionné du poids et de

1. L'administration des hôpitaux était concédée à des entrepreneurs privés, de la même façon que la fourniture aux armées.

la qualité qu'il doit être suivant l'obligation des traités et qu'enfin ils entrassent en connaissance de tous les détails qui ont rapport aux consommations des hôpitaux et qu'ils fussent encore chargés du journal des soldats qu'on y reçoit, des morts qu'on y enterre et des convalescents qui en sortent, ce journal visé toutes les semaines par le commissaire et tous les mois par l'intendant.

5^{ent}. Que tous les commandants des bataillons fissent tous les jours monter un officier de leur corps à l'hôpital pour faire la visite des malades, être présent aux distributions qu'on leur fait et faire peser les viandes avant et après la cuisson, les voir aussi panser, et s'ils sont bien soignés et ont ce qu'ils leur faut, en quoi le contrôleur leur ferait voir clair, faisant toute choses en leur présence, ce que de quoi à leur retour ils rendront compte au commandant et ceux-ci aux gouverneurs et intendants s'il y avait des plaintes à faire.

6^{ent}. Faire mettre à chaque bout des salles des copies bien écrites des traités faits avec les entrepreneurs afin que les soldats apprissent par eux-mêmes les choses sur lesquelles ils peuvent avoir sujet de se plaindre à leurs officiers au commissariat des guerres ayant soin de l'hôpital, au gouverneur et à tous ceux qui ont quelque inspection dessus.

7^{ent}. Obliger les entrepreneurs, l'aumônier, les officiers de garde à l'hôpital et le [contrôleur] à écrire tous les jours sur un registre le nom des soldats morts, la compagnie et le régiment d'où ils sont et en donner copie au commissaire des guerres ou à ceux qui seront chargés de la direction afin d'en faire la vérification à la fin de chaque mois et en arrêtant les états de dépense.

8^{ent}. Empêcher que le médecin, le chirurgien major et le contrôleur ne soient intéressés dans l'entreprise de l'hôpital directement ou indirectement sous de grosses peines et à cause des abus infaillibles qui s'en [...], défendre aussi sous mêmes peines aux mêmes gens de recevoir aucun présent ou gratification directe ou indirecte des entrepreneurs parce que cela viserait à corruption manifeste, et finalement ne recevoir personne dans les hôpitaux sans un billet du commissaire ordonnateur qu'il faudra enregistrer avec la date du jour et du mois que le malade y sera entré, de même que celui de sa sortie ou de son enterrement, certifié par l'aumônier, le contrôleur et l'officier de garde de son régiment.

AUTRES MOYENS DE DIRIGER LES HOPITAUX

Le premier serait d'en faire faire la dépense par économie aux dépens du roi en réglant à chaque malade une livre de viande, les deux tiers de bœuf et l'autre de mouton, avec une chopine de vin ou un demi-pot de bière dans les lieux où il n'y a pas de vin, quelques œufs et consommés à ceux qui en auront le plus de besoin, une livre et demie de pain bis blanc et des bouillons et potages autant et suivant les besoins qu'ils en auront.

Le second en fixant le prix de la subsistance de chaque soldat malade à tant par jour eu égard au prix des denrées et autres dépenses en faisant un marché volontaire avec des entrepreneurs honnêtes gens.

Et le dernier en se réduisant à l'ordinaire qui sont les marchés par adjudication au rabais pour plus grande économie de cette dépense.

De ces trois moyens le premier est sujet à de grandes erreurs qui peuvent donner lieu à autant de passevolants qu'il mourra de soldats dans les hôpitaux, et à la dissipation des denrées, des remèdes et des ustensiles et beaucoup d'autres infidélités par les friponneries qui s'y commettent qui en doublent à peu près la dépense, ce qui arriverait sans doute si le directeur n'est parfaitement honnête et fort appliqué. [Celui-ci a rapport au premier du commencement de ce chapitre, et serait assez de mon goût.]

Le second paraît meilleur notamment quand il y a peu de maladie parce que l'entrepreneur ayant un prix raisonnable pour leur nourriture, il peut prendre un temps propre pour avoir de bonnes denrées d'ailleurs. Il s'introduirait moins de lésine et de friponneries dans les hôpitaux qui ne sont la plupart remplis à commencer par le directeur et continuer par les entrepreneurs, médecins, chirurgiens et contrôleurs, que de gens mercenaires qui n'ont dans la tête que de profiter de ce qu'ils peuvent et qui sur ce pied ont bien plus d'attention à ménager leurs intérêts que la guérison des malades. *{Note marginale rognée par la reliure.}*

Le dernier moyen proposé pour cet établissement paraît plus avantageux pour le roi, mais c'est en apparence parce qu'il y a moins de surprise à craindre sur la dépense pourvu qu'on se donne de garde des passevolants, mais c'est ce moyen qui nous a tué tant de soldats parce que les aliments leur sont retranchés et presque toujours de mauvaise qualité. Les médicaments mauvais et les malades mal soignés et mal tenus qui est la véritable cause de la quantité qui meurent, la raison est que par cette adjudication au rabais le prix de la subsistance des malades se réduit à sa juste valeur et quelquefois par l'opiniâtreté de ceux qui se trouvent à ces sortes d'entreprises à des prix si modiques que ceux à qui elles demeurent sont obligés pour éviter leur ruine totale de diminuer la dépense par toute sorte dévoyée car un entrepreneur qui ne gagne pas se sauve par où il peut et tond sur toutes choses, quelque soin que les officiers que l'on y commet prennent pour leur faire faire leur devoir. Il y a toujours de l'abus et c'est cette malheureuse économie qui a causé la mort de tant de soldats. Il y aurait un milieu à prendre sur celui qui serait que si après l'adjudication on voyait le prix de la subsistance plus bas que de raison par rapport au prix des vivres de l'augmenter jusqu'à sa juste valeur et choisir l'un de ceux qui les aurait mis au rabais qui serait connu pour le plus capable et le plus honnête homme pour le charger de l'entreprise en lui procurant un gain honnête afin de le mettre en état de faire son devoir, et de ne le pas réduire dans la nécessité de se récompenser d'un mauvais marché aux dépens de la vie des malades, choisir aussi de bons contrôleurs fidèles bien payés et désintéressés et donner l'inpection générale à des commissaires honnêtes gens. Il est sûr que le roi serait moins volé et les malades mieux traités.

Les lits sont fournis par les entrepreneurs généraux des fournitures. Cela ne regarde point ceux des hôpitaux. Pour les soldats malades ils doivent être composés d'un bois de lit de 4 pieds et demi de large sur 6 de long, une paillasse, un matelas de laine pesant au moins 30 livres £, une paire de draps de bonne toile demi-blanche et d'une couverture de laine de 18 à 20 £, laquelle ne doit plus être recevable à pareil usage lors que par son usé elle sera réduite à moins de 12 £. Les draps doivent être blanchis et changés tous les 15 jours aux dépens de l'entrepreneur de l'hôpital à cause des fréquents changements qu'il est obligé d'en faire soit par la mort des soldats ou par la saleté des maladies. Mais à l'égard des paillasses et matelas l'entretien regarde l'entrepreneur des lits, les paillasses doivent être remplies de paille tous les trois mois et leurs matelas rebatus tous les six.

Les officiers de cuisine, infirmiers et ustensiles doivent être à la charge de l'entrepreneur, mais non les médecins, chirurgien major et apothicaire, ceux-ci doivent être payés aux dépens du roi de même que le contrôleur. Il faut bien prendre garde de choisir des personnes capables de probité, car c'est d'eux dont dépend la bonne ou mauvaise administration des hôpitaux et la guérison des malades, et il n'arrive que trop souvent que quand ils sont fripons ou ignorants ils tuent plus de soldats qu'ils n'en guérissent, soit par leur incapacité, peu de soin ou par les trop grandes abstinences qu'ils leur font faire, le tout pour diminuer la dépense de l'entrepreneur avec lequel ils s'accommodent en partageant le profit ou en recevant des présents de lui. Au surplus les intendants et commissaires qui sont chargés en chef de la régie de ces hôpitaux ne sauraient être trop exacts à y donner leurs soins et à en corriger les abus par leur application, de fréquentes visites et par des très sévères châtiments. [Il ne faut pas que l'apothicaire dépende jamais de l'entrepreneur. Il vaut mieux faire un traité à part avec lui pour la fourniture de ses remèdes et tenir après la main à ce qu'ils soient bons et non surannés.]

CONSEIL DE POLICE DES REGIMENTS

J'estime que tous les régiments ont besoin d'un conseil ordinaire autre que celui de guerre qui ne regarde que le criminel et ne se tient que pour juger les déserteurs ou ceux qui ont commis quelque délit dans le corps qui mérite punition exemplaire. Celui-ci doit être composé des colonel, lieutenant-colonel, major et de tous les capitaines présents au régiment. Celui dont je veux parler doit être un conseil pour le civil qui ne doit regarder que les affaires intérieures du régiment de particulier à particulier et prendre connaissance des démêlés qui y surviennent pour les cas d'honneur et d'intérêts. C'est aussi ce conseil qui devrait juger de la validité des actions privilégiées qui mériteraient être écrites au livre d'honneur.

Mon avis c'était qu'il y eut audience toutes les semaines une fois quand le régiment sera de séjour ou en garnison et extraordinairement quand il en sera besoin le faisant à chaque fois dire à l'ordre. Il suffirait qu'il fût composé du colonel, lieutenant-colonel et des quatre premiers capitaines avec les commissaires et les greffiers du régiment et du directeur général quand il lui plaira de s'y trouver. [Il en sera parlé dans la suite de ce livre.]

LIVRE OU REGISTRE DES REGIMENTS

J'estime qu'il est du bon ordre et de la raison que chaque régiment se pourvoie de deux livres à renouveler d'année en année, savoir un qui contienne les procès des exécutions, les enrôlements de même que le nom des déserteurs et de ceux qui meurent le long d'une année spécifiant le genre de mort, le temps et les lieux où cela arrive, les inventaires des équipages et les testaments de ceux qui meurent et les noms des soldats et officiers[1].

L'autre livre devrait contenir la création des officiers, le temps de leurs services et promotions, leurs noms, celui de leurs familles et les lieux de leurs demeures de même que l'ancienneté de leurs services, et leurs actions remarquables afin que quand il s'agira de les faire monter on puisse avoir recours à ce livre pour en faire des extraits et les envoyer au secrétaire d'Etat de la Guerre qui en fera son rapport au roi pour selon leur contenu être fait droit à qui il appartiendra, car c'est ainsi que je présume qu'il en faut user pour avoir de bons officiers et éviter les passe-droits et tout ce qui s'appelle faveurs qui n'irritent seulement pas ceux à qui on fait tort, mais tous les officiers d'un régiment qui se considèrent comme gens à qui autant en pend à l'œil à la première occasion qui se présentera étant sûr que rien n'émousse tant la mauvaise volonté que de se voir préféré par de moins anciens que soi[2]. Ce défaut arrive en trois façons, l'une parce que l'officier prétendant ne sera pas bien connu par ses services ni par le relief

1. Les registres de contrôles des troupes furent institués en 1716

2. Pour les promotions, la règle de la priorité à l'ancienneté n'avait été légalement instituée que pour les officiers généraux, par l'institution de l'ordre du tableau en 1675. Pour les officiers particuliers, cette règle était admise coutumièrement et souffrait de nombreuses exceptions, qui alimentaient de fréquentes querelles. De tels conflits se terminaient souvent par un duel.

de sa personne quoiqu'il n'y autre chose à redire à lui que de n'avoir par été bon courtisan. L'autre parce que son compétiteur aura des parents et des puissantes recommandations en cour qui l'auront fait préférer à meilleur que soi. Et le 3e parce que tels colonels y a qui vendent leurs offices à qui a de quoi les payer soit d'une façon ou d'autre[1]. Il est certain que ces sortes d'injustices sont fréquentes et se pratiquent souvent dans les corps pour auxquelles remédier il n'y aurait tel moyen que d'avoir recours au registre des régiments où on trouvera l'ancienneté des services et les actions et qualités remarquables qui doivent leur attirer de la distinction[2]. Or je compte que toutes les campagnes produiront de quoi remplir ces deux livres sur le dernier desquels on observera 1^{ent}. De n'y pas mettre le détail du service commun qui ne contient rien d'extraordinaire mais toutes les actions de distinction et ensanglantées soit qu'elles aient été faites en gros par tout le régiment ou en détail par des détachements de particuliers.

2^{ent}. De ne jamais écrire dans celui-ci que par l'ordre du conseil. Le commissaire présent après avoir bien examiné la force et le poids de ce que l'on y devra mettre pour éviter les exagérations en faveur de ceux qui sont plus considérés et l'injustice au préjudice de ceux qui le sont moins.

3^{ent}. D'y marquer toutes les absences des officiers du régiment afin de les décompter sur l'ancienneté des services quand il s'agira de les faire valoir. C'est en quoi il faut être exact. Cela les obligera d'être plus assidus et de ne s'absenter que rarement pour ne rien perdre de leurs services. Remarquant qu'on ne doit pas compter pour absents ceux qui sont détachés en commandement quoique séparés du corps pour un long temps, non plus que ceux qui le sont pour le service du régiment, ni ceux qui ne le sont que par leurs blessures ou par le bénéfice des semestres.

4^{ent}. Ecrire dans ce registre toutes les actions distingués des particuliers par ordre et dans les termes conçus et corrigés par le conseil et toujours en présence du commissaire ou du directeur général.

Pour conclusion écrire dans ces deux livres tous les actes du régiment afin que rien ne se perde et que les services de chacun s'y puissent retrouver toutes et quantes fois qu'il en sera besoin.

Mon avis est que le major soit dépositaire de ces livres pendant la campagne et qu'il les tienne dans une caisse juste qui ferme à trois clefs dont le commandant en tiendra une, le directeur l'autre. Toutes les campagnes produiront chacune deux de ces livres qu'il faudra déposer après les avoir signés et certifiés au greffe de quelque ville à portée dudit régiment et en garder copie collationnée avec soi pour y avoir recours dans les besoins, au

1. Les colonels ne pouvaient vendre ce qu'ils ne possédaient pas. En réalité, ils monnayaient leur intercession auprès du secrétaire d'Etat de la guerre lorsqu'une charge était vacante dans leur régiment.

2. L'enregistrement des états de services des officiers à partir de 1705 ne produisit pas cet effet escompté par Vauban.

surplus on les propose annuellement pour en être moins embarrassés pendant les quartiers d'hiver et quand on sera en loisir on en pourra composer des volumes de 3 ou 4 années ensemble les faire transcrire proprement et collationner et après relier et certifier afin qu'ils puissent tenir lieu d'archive aux régiments à commencer du temps que cet ordre aura été établi.

DES MOYENS A TENIR POUR FAIRE UNE EXCELLENTE NOBLESSE PAR LES SERVICES[1]

Je tiens que dans un Etat bien policé il faut toujours donner moyen à la vertu de se pouvoir éclore, c'est ce que je ne me lasse point de répéter parce que c'est le véritable et plus sûr moyen de faire d'excellents hommes dans toutes les conditions.

Ayant donc pensé et repensé à celui qui peut exciter la valeur de quantité de particuliers gens de mérite qui se trouvent dans les troupes et à même temps à celui de les pouvoir récompenser de manière que sans être à charge à l'Etat ils puissent lui être utiles en contenant ceux qui se distinguent par des actions de mérite, voici à quoi se peut réduire ce qui m'a paru se pouvoir faire de mieux pour cela.

Rien ne distingue tant les hommes que la noblesse par sa première institution. Elle doit être le prix des belles actions et du sang répandu pour le service du roi et le salut de la patrie et ce n'est à proprement parler que par de longs services militaires et tissus de nombre d'actions distinguées et soutenues d'une vie sans reproche que s'acquiert la véritable noblesse. Je sais qu'il se trouve de grands hommes dans les autres professions et qui par de longs et réitérés services rendus à l'Etat la peuvent mériter. Partout il se trouve de gens vertueux et dignes d'être distingués dans la robe, dans les sciences, dans les arts et même dans le commerce. Car il y a des gens de mérite dans toutes les conditions, mais je soutiens que de tous les services qui peuvent mériter la noblesse distinguée, aucun ne peut égaler ceux des gens de guerre par la raison que ceux-ci l'acquièrent au prix de leur sang et toujours par de longs services dans l'exercice desquels il n'y va jamais moins que de la vie et de l'honneur et le plus souvent de salut. Les autres conditions ont bien leurs peines et leurs travaux, mais la vie n'y est pas exposée comme celle des militaires qui le sont encore à la faim, à la soif, au froid, au chaud, au vent, à la pluie, à coucher sur la dure, et à des sujétions infinies qui demandent de continuelles assiduités sans compter les blessures qui abrègent leurs jours et font que les hommes y sont bien plus tôt

1. Ce chapitre fait aussi partie du mémoire sur la noblesse auquel on se reportera pour l'analyse (cf. *supra* pp. 251-255).

usés que dans les autres professions après quoi la fin de tous les travaux est souvent de mourir ruinés et de laisser des familles trop incommodées. Tout cela est d'une évidence certaine qui ne peut être ignorée de personne. C'est pourquoi nos anciens rois ayant bien connu ces différences distinguèrent leur noblesse en militaire et civile et firent bien plus de cas de la militaire que de l'autre, ce qui se prouve par les alliances qu'ils prirent avec elle et par les anciennes fondations nobles de plusieurs abbayes et entre autres des collèges de Mons, de Maubeuge et de Nivelle où il est expressément porté qu'on n'y recevra que des filles issues d'ancienne noblesse, militaire bien prouvée ce qui s'y observe avec tant d'exactitude qu'il suffit qu'il se trouve un quartier de noblesse civile dans les preuves de celles qui se présentent pour en être exclues quelque illustres qu'elles puissent être d'ailleurs. Les dames de Remiremont, d'Epinal et de Bussière en Lorraine étaient sur le même pied. La plupart des gros bénéfices d'Allemagne y sont réellement et les comtes de Saint-Jean de Lyon si je ne me trompe sont encore dans le même cas de même que la chapitre de Saint-Claude en Comté et beaucoup d'autres. Pour conclusion la noblesse militaire a toujours prévalu avec beaucoup de raison. Pour la pouvoir donc acquérir dignement de manière que les gens d'un mérite distingué y pussent parvenir à force de service j'estime que le roi pourrait statuer que tous les officiers d'infanterie et cavalerie non nobles ou de noblesse imparfaite ou douteuse qui parviendraient à la lieutenance colonnelle de leur régiment sans avoir acheté pourraient jouir de leur noblesse à vie sans autre titre que leur commission sans que toutefois elle puisse passer à leur enfants à moins qu'ils ne continuassent dans le service pendant une ou deux générations. Si le même lieutenant colonel devient colonel, que sa noblesse devienne perpétuelle pour lui et ses descendants sans qu'il soit besoin d'autre titre que de sa commission qui sera pour cet effet enregistrée gratis à la cour des aides et à la chambre des comptes et partout où il sera nécessaire sans que ses descendants puissent jamais être inquiétés pour ce fait ni sujet à aucune recherche pour cause de confirmation, maintenue, réhabilitation ou tel autre prétexte qu'on puisse alléguer à moins d'une dérogeance manifeste. Quand il sera parvenu à la qualité de brigadier que sa noblesse aquière dès ce jour le degré et toute la dignité de la seconde génération avec titre de baron toujours exempte de recherche. Quand il sera maréchal de camp, que sadite noblesse équivale celle de la troisième génération avec titre de comte. En sorte que quand il s'agira de faire des preuves pour Malte ou pour le Cordon bleu ou pour quelque autre chevalerie à preuve ou tel bénéfice que ce puisse être, la dignité de maréchal de camp soit précontée pour trois générations sans aucune difficulté et dès que ce maréchal de camp sera parvenu à la lieutenance générale que cette dignité lui vale toute la noblesse de la 4e génération, avec titre de marquis, et dès qu'il aura pris jour que ses enfants puissent être reçus à Malte et ses filles dans tous les collèges du royaume sans autre preuve que celle de ses provisions qui seront enregistrées gratis dans toutes les cours souveraines où il en sera besoin. Que cette noblesse soit réputée la meilleure de toute comme en effet elle le doit être à prendre les choses par leur principe et par tout ce qui leur peut donner du relief. 1^{ent} parce qu'elle sera légitime, ce que beaucoup d'autres ne sont pas. 2^{ent} qu'elle sera neuve et non usée ni brouillée de mauvaise alliance ni affaiblie par de méchantes affaires comme le sont beaucoup de vieilles maisons, et 3^{ent} parce qu'il est moralement impossible qu'un homme puisse parvenir à cette dignité qu'il n'ait 45 à 50 ans sur la tête et plus de 30 à 35 ans de service actuel bien notés, auquel cas je ne sais pas qui peut mieux mériter une bonne et parfaite noblesse, et à bien examiner les choses on trouvera que la condition des gens de guerre mérite bien cette distinction par-dessus les autres. On ne doit pas craindre que cette manière de faire des nobles les augmente trop dans le royaume. La quantité de ceux qui demeurent en chemin et le peu de gens de fortune qui pourront y parvenir ne produira pas 50 maisons de noblesse de cette espèce en 50 années pendant quoi il s'en éteindra plus de cent autres de vieilles, et qui aurait tenu compte de toutes celles que les guerres de ce règne ont éteintes, je m'assure qu'on en trouverait bien davantage et après tout, c'est presque ce seul moyen légitime de faire de vrais nobles et d'illustrer la noblesse, moyen honorable et plein de justice qui retiendrait beaucoup d'officiers dans le service qui s'y attacheraient ad honorem avec application et travailleraient toute leur vie à s'illustrer et à se distinguer par leurs services, car à dire la vérité les hommes naissent tous roturiers, il n'y a que leurs actions qui les anoblissent. Tous les rois de la terre ne sauront anoblir un homme qui n'aura ni cœur ni esprit ni aucune action devers lui qui le distingue. Ils peuvent bien privilégier qui bon leur semble, mais ils ne sauraient anoblir qui ne l'est pas. Il faut que ce soit la vie, les mœurs et les actions des hommes de courage qui leur donnent cette qualité, encore faut-il que ce soit par des services essentiels rendus à l'Etat qui les distinguent du commun des autres. C'est sans doute le meilleur moyen qu'on puisse mettre en usage pour faire de la noblesse distinguée et à même temps le plus sûr, le moins à charge et le plus honnête que les rois puissent mettre en usage pour s'attacher les hommes de mérite.

On pourrait ici alléguer en faveur des gentilshommes qui ont toute la naissance dont ils ont besoin, que cet avantage leur serait inutile mais on peut à même temps répondre que c'est toujours une illustration de plus qui ne saurait leur faire que de bien. C'est une confirmation et un renouvellement avantageux qui les met à couvert des recherches, et un asile pour ceux qui n'ont qu'une demi-noblesse mal affermie et mêlée qui n'a pas tout ce qu'il lui faut. Or il y a beaucoup de gens de mérite à qui il manque quelque chose et dont la noblesse étant déchue par de mauvaises alliances ou par les disgrâces de la fortune et en un mot chancelante et mal affermie qui ont besoin de cette réhabilitation qui leur donnerait un nouveau lustre ou achèverait de la perfectionner.

Je ne dis rien des maréchaux de France parce que cette dignité qui les fait généraux d'armée nés, juges du point d'honneur de la noblesse et officiers de la couronne et qui devrait encore les faire conseillers d'Etat doit naturellement les mettre au-dessus de toutes preuves. Il doit suffire qu'ils soient maréchaux de France pour être capables de tous les ordres, à preuve comme du cordon bleu, de Malte et de tous les autres ordres où il faut faire preuve soit d'hommes ou de fille sans en excepter aucun et cela sans être obligés à d'autre qu'à celle de leur bâton. Il est même de la grandeur du royaume que cela soit ainsi puisqu'ils en sont les principaux officiers et qu'il n'y a que la dignité de roi qui soit au-dessus de celle de général d'armée. Quand un maréchal de France aurait pour père le plus bas roturier du royaume, la dignité de sa charge est si noble et si élevée qu'elle le met au-dessus de toute la noblesse. C'est pourquoi je ne feins pas de dire que s'il prenait envie à un maréchal de France tel que je le figure ici de se faire comte de Saint-Jean de Lyon ou chevalier de Malte supposé que le roi le permît il y devrait être reçu sans autre preuve que de son bâton. Cela ne doit pas même faire ombre de difficulté à parler selon justice et raison.

MOYENS D'ACQUERIR DE L'ANCIENNETE ET DU MERITE PAR LES ACTIONS

Je reviens encore à dire que dans un Etat bien policé, il faut toujours donner moyen à la vertu de se pouvoir éclore en quelque sujet qu'elle se puisse rencontrer attendu que Dieu créateur et souverain maître de tous les hommes loge le bon esprit où il lui plaît et ne s'assujettit pas à nos distinctions, que la plupart ne sont ni justes ni selon lui. C'est donc le mieux qu'on puisse faire que de se donner une attention particulière pour bien étudier et connaître le caractère d'esprit des hommes afin de les mettre autant qu'il est possible en état de s'acquérir du mérite et de pouvoir devenir utile à l'Etat, mais comme les meilleurs n'ont pas assez de vertu pour se porter aux actions difficiles et périlleuses s'ils n'y sont excités par l'espoir de récompenses d'honneur et d'intérêt, il faut en toutes manières leur en procurer l'envie notamment dans les troupes où il est d'une extrême conséquence d'ouvrir les moyens de se pouvoir distinguer, car comme il y a des différences de mériter infinies entre les hommes il n'est pas juste de réduire ceux en qui on voit reluire beaucoup d'esprit et de courage à l'ennuyeuse et dure nécessité d'attendre que leur tour vienne pour monter par voie d'ancienneté. Les gens qui se sentent du mérite se rebutent des longueurs qui les soutiennent longtemps en égalité avec les gens du commun et qui leur font perdre le meilleur temps de leur vie par de trop longues attentes en quoi on peut dire que s'il y a perte de leur part il est certain que le roi n'y gagne rien de la sienne attendu que par les voies longues et paresseuses il se prive du service intelligent de ces bons ouvriers. Cependant à faire passer l'un devant et l'autre derrière, il en arrive ordinairement deux inconvénients fâcheux dont le premier est que si on avance quelqu'un au préjudice d'un autre plus ancien que lui on dégoûte celui à qui cela fait tort, ce qui l'oblige à quitter ou lui donne lieu d'haïr irréconciliablement celui que l'on a avancé à son préjudice et de s'en plaindre toute sa vie. Les autres officiers même lui veulent mal parce que le même passedroit leur peut arriver et tout cela fait un fort mauvais effet dans un régiment. L'autre inconvénient est qu'on se peut tromper au choix avec les intentions du monde les plus droites parce que les hommes ne sont pas toujours ce qu'ils paraissent et souvent on croit avoir fait choix d'un bon sujet qui n'est rien moins que cela.

Pour donc prévenir ces inconvénients autant qu'il est possible et faire jour au mérite de manière à ne se point tromper et qui excitera extrêmement le courage et la valeur dans les troupes et même dans les simples soldats sans qu'il en coûte rien au roi ou du moins fort peu de chose de plus, il n'y a qu'à y proposer des honneurs soutenus par des petites pensions, en donnant prix à certain nombre d'actions de vigueur de celles qui tiennent un peu de l'extraordinaire telles que pourraient être les suivantes ou quelques autres semblables.

1ent. Pour avoir tué deux ou trois ennemis dans une même occasion où on se sera porté le premier.

2ent. Avoir secouru et sauvé son officier et tué ou pris l'ennemi qui l'emmenait ou le voulait tuer.

3ent. Pour avoir sauvé le drapeau colonel du régiment que les ennemis avaient enlevé et tué celui qui l'avait pris.

4ent. Avoir enlevé le drapeau colonel des ennemis et pris ou tué celui qui le portait.

5ent. Avoir entré le premier dans une contrescarpe attaquée de force et y avoir tué ou pris un officier ou quelque personnage de considération.

6ent. Avoir entré le premier dans une ville ou grand dehors emporté d'assaut et avoir toujours tenu la tête des gens détachés dans cette action.

7ent. Avoir été prendre un bateau à nage de l'autre côté d'une rivière sous le feu de l'ennemi, l'avoir détaché et amené de notre côté.

8ent. Avoir battu et défait l'ennemi dans un rencontre fortuit ou de propos délibéré avec moitié moins de monde que lui.

9ent. Avoir défendu un poste un temps considérable plus que son ordre ne portait et s'être tiré d'affaire avec valeur et adresse.

10ent. Avoir par une conduite extraordinaire défendu une redoute grande ou petite ou quelque autre petit fortin équivalent bien plus de temps que ne s'y était attendu avec beaucoup de valeur et de prudence.

11[ent]. Pour avoir découvert un complot d'une désertion considérable, l'avoir rompu ou en avoir donné avis à propos en sorte que les déserteurs ayant été découverts auraient été pris.

12[ent]. Avoir par adresse découvert une conspiration contre le service du roi soit dans une place ou dans l'armée et avoir saisi ou fait prendre les coupables ou averti ses supérieurs du lieu où ils étaient.

13[ent]. Avoir découvert un espion soit dans une place ou dans l'armée, l'avoir arrêté et amené à celui qui commande.

14[ent]. Avoir inventé quelque moyen extaordinaire pour tirer l'armée ou sa troupe d'un grand péril.

15[ent]. Enlevé un traître au milieu des ennemis et l'avoir amené et remis entre les mains de son supérieur.

16[ent]. Empêché ou réprimé une sédition qui aurait pu avoir de mauvaises suites.

17[ent]. S'être jeté dans une place assiégée passant au travers des ennemis et avoir pris ou tué quelqu'un d'eux en passant.

18[ent]. Avoir en entrant des premiers dans une contrescarpe ou dans un autre ouvrage surpris les mineurs ennemis, arraché la mèche de l'entrée de la mine et tué ou pris le mineur qui devait y donner feu.

19[ent]. Pour avoir en hasardant beaucoup empêché le feu, le viol ou quelque autre désordre dans une place forcée.

20[ent]. Pour avoir surpris escaladé ou pétardé un château ou petite place occupée par l'ennemi, en avoir chassé ou tué la garnison et l'avoir gardé jusqu'à ce que les troupes du roi s'en soient emparées et en aient pris possession.

Ce sont là les actions particulières qui me paraissent les plus éclatantes et les plus à portée du corps des officiers et soldats auxquels on pourra ôter, ajouter et changer ce que l'on imaginera de meilleur pour après les mettre en règle et les proposer aux troupes comme autant de cas méritoires auxquels on attacherait des récompenses d'honneur et d'ancienneté[1] comme il sera proposé par l'exemple suivant.

Supposé que dans un combat un simple soldat ou un officier ait fait une action qui ait rapport à l'un de ces cas par l'ordre et la permission de celui qui commande car il ne faut jamais entreprendre sans cela. Après l'action

1. Le système imaginé ici par Vauban permet de convertir le mérite en ancienneté, ce qui est une façon tout à fait originale de trancher un dilemme fréquemment posé. Les détracteurs de l'ordre du tableau et de la priorité à l'ancienneté (Saint-Simon, par exemple) les accusent de dissuader le mérite. Mais, à l'inverse, le mérite souffre de n'être défini nulle part et d'ouvrir la porte à toutes les faveurs et les injustices. La nomenclature des actions de valeur et leur conversion en années d'ancienneté introduisent une norme objective destinée à briser le règne de la faveur. Mais la monarchie, qui avait besoin de la contribution des réseaux de clientèles, pouvait difficilement s'en affranchir. Cf. Guy Rowlands, *The Dynastic State and the Army under Louis XIV. Royal Service and Private Interest, 1661-1701*, Cambridge, Cambridge University Press, 2002.

finie et les troupes retirées, il présentera requête par laquelle il exposera le détail de son action, ladite requête tendante à ce qu'il plaise au conseil de l'examiner pour ensuite lui être fait droit suivant l'ordonnance la requête lue et l'affaire mise en délibération, les témoins ouïs comme aussi les officiers présents à l'action, ouï aussi le rapport du major pour savoir s'il n'aura rien à dire contre la vie et mœurs du prétendant et toutes les formalités requises observées s'il se trouve que l'action soit dans l'un des cas de l'ordonnance on prononcera en faveur de l'impétrant sinon et au cas que la demande soit téméraire il sera débouté de ses prétentions mais si l'action est dans le cas requis elle sera vérifiée et lui introduit à l'audience accompagné de ses parents ou étant admis le président louera hautement et publiquement son action et l'exhortera de persévérer à bien faire pour l'avenir et surtout à vivre en honnête homme digne de l'honneur et des récompenses qu'il doit espérer de ses bonnes actions, ensuite de quoi on écrira son nom et son action au livre d'honneur et cela étant il lui sera adjugé six mois d'ancienneté pour la première fois et une petite palme en broderie cousue sur son justaucorps à côté de sa fleur de lys comme il est représenté à la première figure pour être désormais un témoin perpétuel du mérite de son action.

Si ce soldat animé par le premier succès en entreprend une seconde qui tombe dans le même cas, il faudra faire la même procédure, et si l'action se trouve bonne le conseil prononcera en sa faveur après quoi elle sera enregistrée comme la première, mais au lieu des six premiers mois d'ancienneté on lui en adjugera 12 ce qui avec les six précédents fera 18 avec une 2e palme à côté de sa fleur de lys. S'il continue à rechercher de telles entreprises et qu'il fasse une troisième action, il faudra encore faire la même procédure et au lieu des douze mois qu'il a gagnés à la 2e il faudra lui en donner 18 lui attachant une troise palme lesquels 18 mois joints avec les 18 des deux premières actions lui vaudront trois ans d'ancienneté.

Supposant que le soldat continue d'être toujours en goût de la beauté de ses actions et que par l'espoir des récompenses il se porte à une 4e elle lui vaudra trois années qui ajoutées aux trois précédentes en feront six d'ancienneté et ajouteront une 4e palme à sa fleur de lys, ce qui fera l'arrangement de la 4e figure s'il se porte à une 5e, procédant toujours de même elle lui vaudra six années qui ajoutées aux six précédentes feront douze d'ancienneté et une 5e palme à sa fleur de lys. Si touché du grain et de l'honneur que la prochaine lui promet, il en entreprend une sixième et qu'il réussisse elle lui vaudra le compte rond des six palmes et douze autres années d'ancienneté qui ajoutées aux précédentes feront 24, lesquelles jointes à pour le moins 6 d'ancienneté naturelle que je suppose qu'il aura pour lors feront les 30 années requises ce qui le mettra en droit de demander la récompense attachée aux actions d'honneur laquelle sera une pension équivalente à la moitié de la solde suivant le grade qu'il occupera pour lors dans le régiment et qui se doit faire dans les formes, c'est-à-dire en présentant une requête au conseil par laquelle il représentera qu'ayant six années ou plus d'ancienneté de service ordinaire et 24 par le mérité de ses actions particulières, il supplie qu'elles soient examinées et vérifiées et qu'en conséquence la pension d'honneur lui soit accordée conformément à l'ordonnance qui étant examiné et vérifié par le conseil, on en dressera un acte qui sera envoyé au secrétaire de la chambre des Invalides, lequel en rendra compte à la chambre et la même chambre au secrétaire d'Etat de la Guerre qui après l'avoir rendu au roi instruira la même chambre des intentions de sa Majesté qui vraisemblablement seront conformes à ses ordonnances en conséquence de quoi elle ordonnera que justice soit faire au soldat et que dès qu'il y aura une pension vacante elle lui soit accordée suivant le rang de son caractère et l'ordre de la date du brevet qui lui sera incessamment expédié et envoyé au régiment à la diligence du secrétaire de la chambre avec les assignations pour en toucher le paiement sans qu'il soit nécessaire qu'il s'absente de son corps. Cette pension de même que les marques d'honneur de sa fleur de lys seront privilégiées exemptes de toutes saisies sous quelque prétexte que ce puisse être et le suivront partout soit qu'il continue dans le service ou qu'il se retire et cela tout le temps de sa vie sans que rien la puisse altérer.

Mais si ce soldat ou cet officier continue à servir et à se porter à des actions de valeur, en entreprenait une 7e je suis d'avis qu'elle lui vaille le brevet de vétéran avec un chapelet ou cordon à l'entour de ses six palmes pour marquer d'une plus grande perfection avec le redoublement de sa pension parce que les années de ses actions jointes à son ancienneté dans le service équivalent pour lors à 54 et peut-être plus.

Nota. 1ent. Que de la cinquième action on pourra bien parvenir à la pension si l'ancienneté naturelle des services s'accorde avec celle des actions d'honneur en sorte que jointes ensemble cela fasse le nombre de 30 années.

2ent. Que ces actions pour avoir leur mérite ne doivent s'entreprendre qu'à tour de rôle avec permission expresse par écrit et suivant les règles que les supérieurs ordonneront et que pour qu'une action soit complète il lui faut demeurer et la soutenir jusqu'à ce qu'elle soit entièrement finie et la garde relevée.

[Pour que ces actions soient méritoires il faut premièrement avoir eu la permission du commandant du corps qui ne la doit donner qu'avec beaucoup de circonspection par écrit ; 2ent, prendre l'officier avec qui l'on marche et ceux avec qui l'on doit donner tous témoins de l'action qu'on doit faire, 3ent, entrer le premier si on est seul et tous ensemble si on est plusieurs, 4ent marquer son action par quelque coup de main et 5ent rester ferme après que l'action est faite et n'en revenir que le dernier ou les derniers et par commandement.]

3ent. Qu'on pourra quelquefois les permettre à 5 ou 6 hommes à la fois dans de certaines occasions chaudes et dangereuses mais non à davantage parce qu'il faut ménager les hommes et ne pas mettre à tous les jours ce que l'on a de meilleur dans un régiment qui est destiné à soutenir la perpétuité de plusieurs autres actions à quoi il ne pourrait fournir si on les aventurait si souvent.

4ent. Que le port des palmes autour des fleurs de lys ne doit être permis qu'à ceux à qui elles auront été adjugées et défenses très expresses à tous autres de s'en passer sous de très rigoureuses peines.

5ent. Que nous entendons que les pensions militaires seront prises sur le fond des Invalides quand par un bon ménage on l'aura accru jusqu'au point énoncé au [...] chapitre attendant quoi le roi pourrait y suppléer du sien, ce qui ne serait pas au-dessus de ses forces puisque tout le fond proposé des invalides pour être distribué en pensions à toutes les troupes d'infanterie, cavalerie, artillerie et marine ne doit monter qu'à deux millions cent mille livres, somme bien au-dessous de celle que le roi distribue annuellement au tiers et au quart dans lequel il se trouve nombre de gens qui en ont attrapé comme ils ont pu. Il est du moins sûr qu'il y en a très peu qui l'aient mérité comme ce soldat pourrait l'avoir fait si cette proposition qui n'est ici que pour exemple était réelle et effective. [Sur ce pied toutes les pensions aux dépens du Roi n'iraient qu'à 800 000 lt au plus quand même elles seraient toutes remplies et qu'elles s'étendraient sur toutes les troupes du royaume ce qui se doit entendre quand le fond des Invalides sera établi.]

6ent. Que ce qui est ici proposé pour un simple soldat se peut étendre à tous les officiers et sergents de même depuis le capitaine en bas.

7ent. Que l'ancienneté acquise par les actions doit précéder celle de la longueur des services en sorte qu'elle serve pour monter comme pour obtenir les pensions attendu que l'une n'est que le prix de la patience et des services ordinaires, et l'autre celui du sang et de l'honneur qui est toujours plus considérable.

8ent. Que le prévôt du régiment paraît ici devoir faire l'instruction du procès, et le major que nous considérons en ce fait comme procureur du roi doit faire les contredits nécessaires dans tous les procès qui se feront à cette occasion de ceux qui prétendront aux palmes de la part du roi et du public quand il y aura lieu de cela.

Supposant cette proposition établie et ce qu'elle contient pratiqué, que l'honneur ne rendrait-on pas même à un simple soldat qui serait revêtu de toutes les marques d'honneur énoncées en ce chapitre ? Se trouverait-il quelqu'un qui passant par-devant lui manquât à lui tirer le chapeau et quand un tel homme tomberait dans quelque besoin qui est-ce qui ne lui offrirait pas assistance selon son pouvoir à plus forte raison des officiers et sergents ? Y aurait-il quelque bien dans le monde plus noble et plus légitimement acquis que celui de ces pensions qui seraient le prix du sang versé pour le service du roi et de la patrie ? Qu'y a-t-il de plus beau et de plus juste dans le monde guerrier ? Certes rien, mais pour arriver à ces pensions il faut avouer que la poursuite en serait bien dangereuse, qu'il en demeurerait bien en chemin, et que la 6e palme et le chapelet seraient bien haut montés, mais il est vrai aussi que l'intrépidité que ces prix exciteraient dans les troupes ferait bien réussir des actions attendu que partout où il entre 4 ou 6 hommes pour l'ordinaire tout le reste y passe. Au reste il faut bien prendre garde que la corruption ne s'y mette, et c'est à quoi les directeurs, inspecteurs et commissaires des troupes aussi que les commandants ne sauraient trop apporter de soin.

[Si dans une affaire un capitaine grenadier était accompagné de 3 ou 4 officiers et autant de soldats et sergents qui entreraient avec lui, le bon succès de l'opération en serait incomparablement plus assuré.]

Je ne crois pas que ces prix d'honneur doivent s'élever plus haut que les capitaines. Je ne sais pas bien même si on doit les monter jusque-là, attendu les preuves de quantité de bons officiers qui périraient dans ces occasions ou qui s'y feraient estropier[1]. Il est vrai aussi que cela serait de grand secours dans de certaines actions qui seraient poussées bien plus vivement par le secours de telles gens qui s'y porteraient avec une valeur extrême et qui après les avoir exécutées les soutiendraient bien ce qui nous manque assez souvent.

[Si un homme avec la permission requise se présente souvent à de pareilles actions, qu'il s'y expose beaucoup et que ses précautions soient utiles sans toutefois avoir ensanglanté son épée ni aucun autrement, je suis d'avis.]

Je crois devoir ajouter ici que comme ces pensions seraient très petites et aux dépens des Invalides il serait juste que le roi y entrât pour quelque chose du sien, car comme le fond des Invalides se fait aux dépens des troupes, les pensions qui en proviendraient appartiennent naturellement à ceux qui le mériterait le mieux des mêmes troupes, mais comme il faut toujours avoir en vue d'épargner les fonds de sa Majesté autant qu'on le peut, j'estime que ce serait en user avec tout le ménagement possible si on proposait simplement le tiers en montant aux dépens de sa Majesté, auquel cas voici comme la chose pourrait être réglée.

[Quoiqu'on ne propose ici le Roi pour un tiers, ce n'est pas à dire que Sa Majesté n'y peut raisonnablement entrer pour la moitié, cela même en serait beaucoup mieux.

Quand les palmes auraient acquis une pension de 50 lt à un simple soldat, le roi y ajoutant 25 lt du sien, cela ferait 75 lt. La même chose s'adres-

1. En retirant aux capitaines le bénéfice des actions de courage, Vauban les situe dans le registre du commandement et de la distance par rapport à l'action, plutôt que de la valeur guerrière. Il s'agit là d'une véritable révolution dans la culture militaire qui assignait traditionnellement aux officiers un devoir d'exemplarité en matière de courage.

sant à un sergent, la pension étant de 100 lt, le roi y ajoutant 50 lt du sien, le total de ladite pension serait de 150. Et ainsi des autres jusqu'au capitaine, à qui le total de ces pensions vaudrait 600 lt et s'il n'en consisterait que 150 de sa Majesté. AU RESTE, outre les marques d'honneur et d'intérêt ces pensions seront encore excellentes en ce qu'elles feront monter les bons sujets bien plus vite qu'ils ne font. Ce serait fournir un moyen très légitime au mérite de se distinguer et de gagner en peu de temps la tête des corps. [*Nota.* Que cette somme serait la plus haute pension d'honneur, ce que l'on propose ainsi pour charger les fonds du Roi le moins qu'il est possible.]

J'estime qu'il y faudrait ajouter encore quelque modération pour tempérer l'ardeur des plus échauffés, car il s'y trouvera tels qui exécuteront les six actions voire les sept dans une seule campagne si on les laissait faire à leur choix[1]. Or j'estime qu'il faut mettre une année au moins d'intervalle entre chaque action afin de donner temps à la valeur de se rendre intelligente qui est une qualité non moins nécessaire que la valeur même et sans laquelle il est impossible de pouvoir faire de bons officiers.

LES SCIENCES PLUS CONVENABLES AUX GENS DE GUERRE

La guerre ne doit point exclure ses officiers de la connaissance des belles-lettres, au contraire je ne crois guère de profession où elles soient plus nécessaires que dans celles des armes. L'homme de guerre qui ne connaît que son épée n'est pas capable de grand-chose, et tels gens font ordinairement peu de fortune, et le peu qu'ils en font est bornée. Il ne tiendra cependant qu'à eux d'étudier et de se rendre habiles dans les sciences qui peuvent convenir à leur profession, si au lieu de s'occuper du jeu, du vin et des femmes qui leur font perdre un temps infini et en ruinent la plus grande partie, ils voulaient bien y donner l'application nécessaire. Car il serait très à souhaiter qu'il se trouvât des savants de toutes professions dans les armées pour n'être pas obligé d'avoir recours à gens de robe pour diriger les affaires de la guerre[2]. Rien ne ravalant tant les troupes que de les assujettir à gens qui n'étant pas de leur profession leur sont nouveaux et toujours étrangers dont ils ne s'accommodent qu'avec peine soit qu'ils les considèrent comme des intrus qui leur enlèvent des emplois qui

1. Cette remarque est tout à fait représentative de la façon dont Vauban pense le courage et l'ardeur guerrière, qui s'insèrent toujours, sous sa plume, dans une économie de la guerre et de la violence.

2. Les gens de robe chargés de l'administration de la guerre étaient les intendants d'armée, le secrétaire d'Etat et ses commis. Toutes les réformes proposées par Vauban vont dans le sens de la constitution d'un pouvoir organique au sein de l'armée par la création d'instances de contrôle et de régulation spécifiquement militaires et indépendantes du pouvoir politique.

devraient leur appartenir, ou qu'il y ait une espèce d'antipathie entre la robe et l'épée qui fait que les uns ne s'accommodent pas des autres. Il est certain que naturellement ils ne s'estiment pas beaucoup et s'aiment encore moins. Or si l'homme de guerre qui doit avoir senti le poids d'un mousquet et de ses accompagnements pendant un espace de temps considérable, pouvait joindre le savoir de l'homme de lettres à celui de l'homme d'épée[1] et se rendre capable de pouvoir bien administrer les charges de commissaire, d'intendant d'armée, de général des vivres, de directeur des hôpitaux, d'envoyé vers les princes étrangers pour négocier un cartel, quelque traité de neutralité, échange de prisonniers, diriger une capitulation, conduire la négociation d'une trêve, ou le préliminaire d'une paix, il y a beaucoup d'apparence qu'il s'en acquitterait mieux que ceux qui n'ont aucune connaissance de la guerre ni de ce qui peut y avoir rapport. Il serait donc à désirer qu'il se trouvât des officiers parmi les gens de guerre qui puissent se rendre capables de tout ces emplois, mais comme il est bien difficile qu'il se puisse bien donner l'application nécessaire pour acquérir toutes les sciences qui leur feraient besoin jusqu'à en pouvoir faire une heureuse pratique dans les occasions, il est du moins à désirer qu'ils sachent bien lire, écrire et chiffrer, qu'ils aient de bonnes teintures des mathématiques, qu'ils ne soient pas ignorants des fortifications ni de la géographie, qu'ils sachent sinon bien dessiner au moins griffonner passablement, qu'ils entendent bien la carte et s'il se peut les langues des pays qui nous environnent, qu'ils sachent quelque chose de leurs lois et coutumes, la situation de leurs pays et leurs propriétés par rapport à la guerre, qu'ils possèdent bien l'histoire antique et moderne, qu'ils aient lu et relu les auteurs qui traitent de la guerre, de la politique et des intérêts des princes, et enfin tous les traités de paix et de trêve un peu marqués qui se sont faits depuis 300 ans en ça de même que les journaux des campagnes et des sièges plus considérables avec toutes les relations de ce qui peut y voir rapport[2]. Il est impossible que la furieuse et appliquée lecture de tout cela aidée de vieilles et nouvelles cartes des pays voisins et des tables chronologiques joint à une bonne pratique de la guerre et un peu de bon esprit ne contribuent beaucoup à former de bons et excellents officiers pour toutes les gradations de la guerre qui est toujours la fin qu'on se doit proposer.

1. Le projet de réconcilier les lettres et les armes, la robe et l'épée avait inspiré les fondation des académies de gentilshommes selon le modèle imaginé en 1594 par Antoine de Pluvinel, lui-même inspiré des académies italiennes. Dans les années 1630, la lettre patente de fondation d'une académie des gentilshommes par Richelieu, indiquait : « les armes et les lettres estant germaines et comme inseparables toutes deux egallement requises à l'establissement conservation des grands esprtis, celuy ci pour pour regir et civiliser, celle la pour deffendre et proteger au dehors » (Bibliothèque Mazarine, Ms 2117)

2. Le programme d'études décrit ici par Vauban s'approche de l'enseignement dispensé dans les collèges jésuites. Au-delà des savoirs directement utiles à des hommes de guerre, il participe à la constitution d'une élite des serviteurs de l'Etat et de la chose publique.

LES JEUX QUI PEUVENT ETRE PERMIS AUX GENS DE GUERRE ET CEUX QUI DOIVENT LEUR ETRE DEFENDUS

Les jeux de quilles, de boules, de paume, de billard, le volant et le palet, courir, sauter et danser leur doivent être sans difficulté permis, parce que cela les tient gais et leur fait de bons corps.

Il est encore avantageux pour eux de savoir bien tirer au blanc de loin et de près, de l'arc, de l'arbalète, du fusil et du pistolet, de savoir jeter des pierres à la main, à la fronde et qu'ils apprennent à se bien servir de toutes sortes d'armes comme de l'épée, du sponton[1], de la pique, du bâton à deux bouts, parce que cela les peut rendre fort adroits et leur être bon en bien des rencontres. [Le tir au blanc de prix, de près et de loin, en changeant souvent de [...] est un exercice très utile.]

La chasse et la pêche leur doivent être aussi permises, mais tous les jeux de cartes, de dés et de tric-trac leur doivent être absolument défendus, parce que cela les ruine et que l'attachement qu'ils y donnent leur fait négliger leur devoir et détourne leur application, à joindre qu'il y entre pour l'ordinaire beaucoup d'emportements qui causent des démêlés et que les plus fins dupent les autres, qu'il s'y mêle toujours quantité de friponneries qui venant à être découvertes attirent des querelles qui se terminent souvent par des coups d'épée dont la suite ne peut être que très mauvaise pour les parties intéressées et souvent pour celles qui n'avaient là que faire, qui s'y sont trouvées présentes. C'est pourquoi je tiens qu'il faut être rigide sur cela et châtier sûrement les contrevenants.

DES MARIAGES

Il est constant que les gens mariés sont naturellement moins propres à la guerre que ceux qui ne le sont pas, mais je ne suis pas d'avis d'empêcher totalement les mariages, un soldat marié déserte moins qu'un autre quand il peut espérer de revoir sa femme. J'ai vu autrefois 7 à 800 soldats mariés dans le seul régiment de la Ferté qui servaient bien, c'était ceux en qui les capitaines se fiaient le plus et il en désertait rarement. [Les troupes du maréchal de La Ferté cavalerie infanterie dragons étaient presque tous mariés.] La vérité est qu'au retour des campagnes on revenait toujours dans les mêmes quartiers d'hiver où les soldats retrouvaient leurs femmes qui venaient des deux ou trois lieues au-devant d'eux, c'était des joies qui

1. Esponton : espèce de hallebarde qui était l'arme des officiers. C'était plutôt un instrument de contrôle de la troupe qu'une véritable arme offensive.

ne se pouvaient exprimer. Ces femmes n'étaient point à charge à leurs maris, au contraire elles leur aidaient à vivre, car elles travaillaient même aux plus gros ouvrages et le retour des maris qui leur apportaient toujours quelque petite chose ne contribuait pas peu de la bonne intelligence du ménage. D'ailleurs les soldats en étaient moins débauchés, la plupart se mettaient à travailler ou faire quelque métier pendant le quartier d'hiver, et on ne menait en campagne que trois ou quatre femmes par compagnie qui étaient d'une grande commodité à cause des blanchissages. Quant aux officiers, on n'y prenait pas garde, se mariait qui voulait. Bien que je n'approuve pas tout à fait les mariages des gens de guerre, il est certain qu'ils ont aussi leur bon par rapport à l'Etat qui ne peut sans souffrir nourrir des trois à quatre cent mille hommes tous des meilleurs pour le mariage qui ne sont non plus de famille que des moines. Et en effet le soin qu'on s'est donné pour empêcher les soldats de se marier[1] n'a pas peu contribué à la diminution des peuples de ce royaume et il est du moins certain que sans cet empêchement il ne s'y trouverait pas aujourd'hui comme il fait la 10e partie ou fort approchant de femmes et de filles plus que d'hommes et de garçons. [Les étrangers, surtout les allemands, suédois, danois et hollandais, sont étonnés du peu de politique que nous avons en cela.] Le milieu qu'on pourrait prendre sur cela serait de permettre à ceux qui savent des métiers de se marier quand cela fait leur ajustement sans préjudicier au temps de leur service, que si les enrôlements se faisaient à temps et à termes comme il est proposé au [...] chapitre de ces mémoires, on éviterait cet inconvénient parce que les soldats auraient moins d'empressement de se marier ailleurs quand ils seraient assez près de pouvoir retourner chez eux à la fin de leur terme.

A l'égard de l'officier, je ne crois pas qu'il le faille empêcher de se marier, si fait bien les jeunes gens de qualité qui souvent manquent sur cela de conduite comme sur bien d'autres choses, mais c'est l'affaire des familles et non celle de l'Etat qui doit toujours souhaiter l'augmentation de ses sujets. C'est pourquoi il faut laisser faire ceux qui sont d'âge à se pouvoir conduire, attendu même que tout homme de guerre marié étant obligé à plus de dépense et d'égard que ceux qui ne le sont pas, il s'ensuit nécessairement qu'ils sont plus sujets, plus soumis et incomparablement plus dociles comme ayant plus besoin de bienfaits du roi, à joindre qu'une femme et des enfants sont autant d'otages qui assurent de la fidélité des pères, et que la médiocrité des fortunes n'est pas un petit moyen pour perpétuer les hommes dans le service. Voilà ce que j'avais à dire sur les mariages des gens de guerre. Après cela la religion et la conscience m'obligent d'ajouter que leur célibat cause bien des désordres dans les lieux qui en

1. Pour se marier, les soldats devaient obtenir l'autorisation de leurs capitaines qui ne la leur accordaient jamais.

sont fréquentés, et qu'ils y corrompent beaucoup de femmes et de filles. C'est à quoi il est bien difficile de remédier, mais on pourrait obliger ceux qui les séduisent sous des promesses de mariage, de les épouser ou de les dédommager de gré à gré selon la condition des personnes séduites, et cela sans quartier, encore faudrait-il y ajouter des punitions sévères en réparation du scandale que ces dépravations causent dans les lieux où elles se commettent, en quoi on doit considérer que ceux qui en souffrent sont quelquefois vexés par les corrupteurs qui étant gens de guerre imposent une espèce d'autorité aux lieux où ils sont les plus forts qui n'est pas toujours exempte d'injustice.

LA RELIGION

On voit pour l'ordinaire nombre de libertins dans les troupes, notamment parmi les jeunes gens adonnés au vin, au jeu et aux femmes, qui se croyant bien éloignés de leur fin s'imaginent que l'impiété les fera passer pour des esprits forts et des gens intrépides qui n'ont peur de rien, et pensent donner une grande idée de leur courage et de leur esprit en insinuant qu'ils ne croient rien. C'est de quoi ils se font une vanité d'autant plus dangereuse que c'est pour l'ordinaire ceux qui ont le plus d'esprit et de savoir qui soutiennent ces impiétés par la mauvaise interprétation qu'ils donnent à la Sainte Ecriture qu'ils expliquent à leur mode et par rapport à leur inclination. Ils font souvent pire car ils en dénigrent la sainteté et nient hardiment les vérités qu'elle contient[1]. Je n'ai point de termes assez forts pour expliquer le caractère de telle sorte de gens qui pour l'ordinaire sont encore dans l'emportement d'une très vilaine débauche. Je dis de celle qui ne se punit que par le feu qui est la chose que je voudrais le moins leur épargner, mais comme il n'est pas toujours bien aisé de convaincre ceux qui en sont entachés, j'estime que la punition la plus douce qu'on en puisse faire est de les chasser honteusement des troupes et de les priver de toutes sortes d'emplois et d'honneur attendu que tout homme dénaturé et qui n'a point de religion ne connaît ordinairement de crimes que ceux qu'il ne peut cacher, pensée qui fait dresser les cheveux. Je mets dans ce genre les blasphémateurs. Je veux dire ces gens qui ne savent dire trois mots sans y mettre le nom de Dieu de travers, qui à la moindre émotion le prennent par la tête et par les pieds et le renient à tout bout de champ. Je mettrais encore volontiers les fripons et faussaires et ceux qui ont l'effronterie de soutenir une imposture en face comme une vérité, mais il y aurait

1. Le portrait du militaire blasphémateur et libertin est un véritable stéréotype, que Vauban trace ici de façon conventionnelle, notamment à travers cette image très littéraire du raisonneur impie. Il est probable, comme le souligne Vauban, que de tels personnages aient été rares.

trop de monde à punir, il vaut mieux hasarder quelque chose et en demeurer là. Je ne puis cependant m'empêcher de dire que ces gens qui font ce qu'ils peuvent pour ne rien croire et qui ne sauraient venir à bout de surmonter une certaine semence de religion que tous les hommes ont naturellement dans le cœur malgré qu'ils en aient qui les fait craindre de se tromper soutenant rarement la gageure jusqu'au bout ; on voit ordinairement ces libertins faire de belles et grandes conversations quand il n'est plus temps. Il est encore certain qu'un homme qui se sent la conscience nette est plus brave et appréhende moins la mort que les libertins qui ne sont pour l'ordinaire que des fanfarons et gens de peu de courage[1]. Au reste il s'en faut beaucoup que tous les officiers des troupes soient entachés des vices que je viens de reprocher à quelqu'un, ceux-ci sont rares par rapport à plusieurs autres dans la conduite desquels j'ai vu beaucoup de probité et de religion. Je puis même dire en avoir vu qui par leur bonne vie pourraient donner de l'admiration aux capucins les plus réformés.

LES OUVRAGES AUXQUELS LES TROUPES SONT NATURELLEMENT OBLIGEES

Tous les ouvrages qui vont à le mettre à couvert d'une péril éminent sont d'obligation parce qu'il s'agit de leur conservation, de leur repos et du salut de l'Etat. Pour en faire une espèce d'énumération, nous dirons que les façons des lignes de circonvallation dans les sièges sont des ouvrages d'obligation pour les troupes dont on les soulage autant qu'on peut quand on veut hâter besogne et se préparer le plus tôt qu'il est possible à l'ouverture des tranchées. C'est pourquoi dans les pays peuplés on les fait faire par des paysans commandés. Dans les pays dépeuplés où il est difficile d'avoir des paysans en suffisante quantité on les fait faire par les troupes qui les font gratis. Où il s'agit de contrevallation on les fait faire par les troupes parce que l'ouvrage en est bien moins considérable et qu'il y a quelque péril à essuyer du canon des places et des sorties, ceux-ci se font aussi gratis. Les camps retranchés sont tous ouvrages d'obligation gratuite, parce qu'ils sont faits pour la conservation des armées, et pour épargner les grandes fatigues aux troupes, à joindre que la solde étant continuelle tous les jours de l'année le soldat est obligé de la mériter par tous les ouvrages qui peuvent avoir rapport à son métier. Dans ce genre, je comprends aussi les

1. Certains auteurs soutenaient une véritable théologie du courage, considérant, par exemple, qu'un calviniste comme le maréchal de Gassion, était porté à l'intrépidité par sa foi dans le dogme de la prédestination ; cf. Théophraste, Renaudot, *Récit véritable de la vie et de la mort du Maréchal de Gassion. Contenant les actions héroïques qu'il a faites, & particulièrement depuis l'âge de dix-sept ans jusques à présent, tant en Savoie, Italie, Suède, Allemagne, Flandre, qu'autres lieux où il a témoigné sa valeur*, Orléans, Gilles Hotot et Gabriel Fremont, 1647.

redoutes et tous les petits forts de campagne qui peuvent être considérés commes les dehors de la fortification des camps de même que la façon des chemins et des ponts destinés à la marche des troupes.

La façon des fascines, gabions, piques et abattis de bois pour des palissades sont encore ouvrage d'exception parce qu'ils tendent à même fin que les ci-dessus.

Les façons de tranchées d'attaque et de défense, places d'armes et batteries dans les sièges et tout ce qui a du rapport, sont ouvrages d'honneur et d'obligation dont personne ne doit chercher à s'exempter, mais parce que ceux-ci sont très dangereux on les paye.

La fortification des places est encore un ouvrage d'obligation parce qu'elle se fait pour la défense de l'Etat à la conservation duquel tous les devoirs des troupes se réduisent, mais on les paye à cause de la continuité du travail qui les occupe sans relâche, ce qui les oblige à se mieux nourrir que quand ils ne travaillent pas.

S'IL EST PLUS A PROPOS DE TOUJOURS CAMPER QUE DE SE RENFERMER DANS LES VILLES PENDANT LES QUARTIERS D'HIVER

Les Romains que nous devons considérer comme les maîtres du grand art de la guerre, campaient toujours et ne se renfermaient que très rarement dans les villes. César le faisait, Scipion, Scilla, Marius et tout ce qu'il y a jamais eu de grands capitaines chez eux l'ont fait et fortifiaient toujours leurs camps selon les séjours qu'ils se proposaient d'y faire. La raison de cela était pour tenir leurs forces unies et toujours ensemble, et ne point ou peu séparer leurs armées qui étant petites et peu nombreuses se seraient dangereusement affaiblies s'il avait fallu les loger dans les villes notamment dans les pays ennemis.

J'estime donc qu'en pays de conquête, il faudrait toujours camper et se tenir ensemble le plus près de l'ennemi qu'on pourrait, et ne garder que peu des meilleures places. Si dans cet Etat il arrive quelque chose de nouveau les armées se trouvent aussitôt en état de marcher où le besoin les appelle, considération qui tient l'ennemi en respect, l'empêche d'entreprendre et lui donne de grandes inquiétudes. C'est encore un moyen de faire continuellement des entreprises de prévenir les enlèvements de quartiers à quoi les villages et petites villes mal fermées sont sujettes. En cas que l'on prît le parti de camper, il en faut bien choisir les situations, se bien retrancher tout autour et garnir le camp de tous les besoins comme une ville pour le temps qu'on y veut demeurer. [Un camp retranché comme il est se peut définit en disant que c'est une place forte ambulante dont la garnison est une armée.] César ne quittait jamais les Gaules pour s'en aller faire des brigues à Rome que ses camps ne fussent parfaitement retranchés et munis de tout ce qui leur faisait besoin.

Dans les pays dont la frontière est couverte par les places, quand les troupes quittent la campagne pour se retirer dans leur pays en lieu où l'ennemi ne puisse entreprendre sur elles pour lors on peut les loger dans les villes pendant les quartiers d'hiver. Plus elles sont séparées moins elles sont en état de mal faire, mais elles sont bien plus difficiles à rassembler quand pour quelque cas inopiné il faut marcher. De tout ce que dessus je conclus que pour bien faire la guerre il faudrait toujours camper sur le pays ennemi et en paix loger dans les villes à moins que les troupes ne soient occupées à quelque grand ouvrage public qui oblige d'en tenir des corps considérables ensemble à portée de leur travail comme nous faisons quand il s'agit de la fortification de quelque nouvelle place. Nous parlerons de ceci plus amplement ailleurs.

DE LA FORCE DES ARMEES

Je n'estime point ces grandes armées si nombreuses parce que pour l'ordinaire elles contiennent beaucoup d'hommes et peu de soldats. Elles épuisent les pays dont on les tire, ruinent l'Etat par la dépense de leur entretien et contribuent plus à lui procurer des paix désavantageuses par l'impuissance où elles le réduisent en peu de temps que pour les avantages que l'ennemi pourrait remporter sur elles. Elles ne peuvent pas subsister longtemps en même place parce qu'elles ont bientôt mangé le pays qui les avoisine et sont obligés dès le 4e ou 5e jour de séjour d'aller loin au fourrage[1], ce qui ruine les équipages. Elles sont toujours nécessiteuses, difficiles à faire subsister, pesantes à remuer, à camper et à trouver des situations propres, et au jour d'une bataille on a peine à les ranger en lieu qui lui soit totalement avantageux, et une aile ne sait que très difficilement ce qui se passe à l'autre.

Les armées médiocres, je veux dire depuis 25, 30, 35, 40 à 50 000 hommes, n'ont que peu ou point de ces incommodités-ci quand elles sont bien maniées, elles se démêlent fort bien des grandes et les ruinent à la longue.

Les Romains, ces conquérants du monde, ont fait peu de conquête avec de grandes armées, ç'a toujours été avec des médiocres qu'ils ont terminé heureusement leur guerre après avoir ruiné leurs ennemis parce que ceux-ci faisant des efforts extraordinaires pour les accabler s'épuisaient, après quoi ils en venaient facilement à bout. C'est de celles-ci plutôt que de ces

1. La ration quotidienne d'un cheval de 450 kg est d'environ 6 kg de fourrage et 3 kg de grains.

grandes avec quoi je voudrais faire la guerre, et desquelles j'espérerais plus de succès heureux par les suites. Car ce n'est pas des guerres de peu de durée dont il faille espérer de grands succès, mais de celles qu'on peut tirer en longueur étant très certain que pourvu que l'Etat puisse fournir à l'entretien de ses armées et parer aux premiers coups il poussera par les suites les ennemis à bout si les armées sont bien entretenues et employées à propos.

REGIMENT DES OFFICIERS GENERAUX

Quand un brigadier devient maréchal de camp[1] il ne peut plus être colonel, et pour lors est obligé de se défaire de son régiment s'il en a, ce que je n'approuverais pas, supposant que l'infanterie et la cavalerie fussent mises sur le pied proposé en ces mémoires parce que la paye d'un régiment serait d'un bon secours à un maréchal de camp même à un lieutenant général pour lui aider à soutenir son caractère. Je voudrais dans cette considération leur laisser un régiment jusqu'à ce qu'ils devinssent maréchaux de France ou gouverneurs de provinces ou de places très considérables, mais comme cela accroîtrait les soins des lieutenants colonels et les obligerait à plus de peine et de dépense, je serais d'avis que les colonels leur relâchassent le tiers de leur paye à commencer du jour qu'ils s'abstiendraient de leur régiment pour ne pas servir, et continuer jusqu'à leur retour, cela rendrait leur absence plus supportable à ces seconds chefs qui auraient moins sujet de s'ennuyer de leur absence. Mais à même temps que le roi laisserait les régiments aux lieutenants généraux et aux maréchaux de camp, il faudrait aussi que quand ils ne seraient pas employés dans les armées comme officiers généraux, qu'ils reprissent la tête de leur régiment et qu'ils y servissent en qualité de colonels obéissant aux lieutenants généraux, maréchaux de camp, en service quand même ceux-ci seraient moins anciens qu'eux. Cela une fois établi on n'y ferait nulle difficulté, les lettres de services en décideraient, et on s'en ferait bientôt une règle qui contenterait tout le monde parce qu'elle serait générale[2]. Les parties intéressées y trouveraient leur compte et le roi en serait mieux servi.

1. Le grade de maréchal de camp était le premier grade d'officier général et il était suivi par celui de lieutenant général. Le maréchalat n'était pas un grade mais une dignité.

2. Vauban sous-estime sans doute les difficultés de la réforme qu'il propose. L'ordre du tableau, qui établissait la suprématie du critère de l'ancienneté, avait précisément été établi pour mettre fin aux contestations engendrées par les prétentions des officiers généraux réunis dans une même armée. Bien qu'elle fût instituée par un édit de 1675, cette règle était sans cesse contestée, car chacun estimait posséder les mérites suffisants pour en être exempté. Assurément, Vauban se montre très optimiste en imaginant que des officiers généraux pussent accepter de servir sous les ordres d'homologues moins âgés.

PARALLELE DE L'INFANTERIE ET DE LA CAVALERIE OU AVANTAGES DE LA CAVALERIE SUR L'INFANTERIE ET DE L'INFANTERIE SUR LA CAVALERIE

Le premier de la cavalerie est de se pouvoir transporter plus promptement de lieu à autre et avec moins de fatigue que l'infanterie.

2ent. De la pouvoir combattre toutes les fois qu'elle y trouve ses avantages et de l'éviter quand les apparences ne sont pas pour elle, ce que l'infanterie ne saurait faire.

3ent. De ne pouvoir être totalement battue par l'infanterie quelque chose qui lui puisse arriver parce qu'elle s'en peut éloigner promptement quand elle a manqué son coup sans que l'infanterie la puisse suivre. Il faut convenir de plus qu'elle est excellente pour toutes les expéditions promptes où il faut de la diligence pour les escortes et convois pour aller à la guerre en gros et en détail, faire les gardes avancées, battre l'estrade, aller à la découverte, poursuivre une déroute, investir une place et favoriser une retraite, ce qu'elle exécute bien plus heureusement quand elle est jointe à l'infanterie mais en ce cas cet avantage leur devient commun.

AVANTAGE DE L'INFANTERIE SUR LA CAVALERIE

La présupposant bonne et armée de fuils à baïonnette ainsi qu'il est proposé au [...] chapitre de ce mémoire elle aura tous les suivants. [Il faut demeurer d'accord que la charge de la cavalerie quand elle le fait de vive force et avec impétuosité est très difficile à soutenir par de l'infanterie mais si les bataillons sont bien serrés et se présentent bien ils la peuvent soutenir et partout on pourra bien dire que la cavalerie qui aura chargé de la sorte aura bien rempli ses devoirs mais qu'elle ne sera point en état de le faire une 2e fois.]

1ent. Ses armes sont plus fortes que celles de la cavalerie et les coups plus certains soit qu'on les considère en gros ou en détail par le fer ou le feu. Car bien que la cavalerie soit armée de mousquetons, pistolets et quelqu'un de carabines tout cela n'est pas à comparer à de bons fusils et d'ailleurs leur situation branlante et toujours agitée fait qu'ils n'ajustent pas si bien que ceux qui tirent de pied ferme parce que la posture de l'homme à pied le rend bien plus sûr de lui que celle de l'homme à cheval, attendu que le corps de ces hommes à pied se meut bien plus facilement que ses bras peuvent agir tous deux à même fin et pousser des coups de pleine force, ce que les hommes à cheval ne sauraient faire embarrassés qu'ils sont de leurs chevaux.

2ent. Un soldat bien armé porte la mort certaine à dix pas de lui par la décharge de son coup après quoi son fusil devenant sponton il n'y a point de cavalier qui le puisse approcher à la longueur de son épée sans se faire tuer lui ou son cheval[1].

3^ent^. Si trois soldats se joignent ensemble pour résister à autant de cavaliers il y a fort à parier qu'ils doivent les battre s'ils savent ménager leur feu et ne tirer que bien à propos parce que celui qui aura tiré tenant son fusil en sponton devant soi pendant qu'il en essuiera la pierre et le bassinet, il trouvera tout le temps d'y couler une cartouche tandis que les deux autres tiendront l'ennemi en respect. Il est même évident que si ces trois soldats se tiennent près l'un de l'autre et ménagent bien leur feu, il doivent battre quatre cavaliers car si ceux-ci ne les enfoncent brusquement du premier coup ils ne leur feront rien[2]. Mais cet enfoncement est un coup d'ivresse ou de désespoir auquel il n'y a pas d'apparence que quatre hommes qui voient la mort de trois d'eux assurée et celle de l'autre fort aventurée sans savoir sur lesquels d'eux ces malheurs doivent tomber s'y commettent aisément. Cependant s'ils ne le font pas ils seront abattus les uns après les autres pour peu que ces cavaliers entrent dans la portée des armes de l'infanterie.

4^ent^. Les armes de l'infanterie portent beaucoup plus loin que celles de la cavalerie, plus juste et plus raide soit par le fer ou par le feu.

5^ent^. Le volume d'un homme à cheval est près de trois fois grand comme celui d'un homme à pied à cause du cheval dont la mort ou les blessures mettent hors de combat le cheval et le cavalier ce qui donne un grand avantage à l'infanterie.

6^ent^. Les mouvements de l'homme à pied sont plus courts, plus vites, plus aisés et se font bien plus à propos que ceux de l'homme à cheval qui présente un grand objet à son ennemi pour recevoir des coups et n'est qu'un demi-homme pour en donner parce que moitié de son corps et de son esprit est nécessairement occupé à conduire son cheval qui n'étant qu'une bête ne se gouverne pas aisément ni bien à propos quand il est effrayé.

Ce qui est ci-devant proposé pour trois et quatre hommes se peut soutenir pour trente, pour cinquante et pour de plus grosses troupes. Cela supposé vrai à n'en pas douter, quand quatre escadrons de deux cents chevaux chacun attaqueraient en plaine un bataillon de 800 hommes il n'y aurait pas lieu de douter d'un succès favorable pour l'infanterie[3] notamment si les officiers et sergents de ce bataillon étaient armés de fusils et baïonnettes

1. L'argument présenté ici en faveur du fusil d'infanterie en révèle aussi les limites en réduisant l'efficacité du tir à « dix pas ». Dès lors, face à une charge de cavalerie, les fantassins ne peuvent faire qu'une seule salve.

2. La parfaite maîtrise déployée ici par les fantassins paraît très théorique. Comme ses contemporains, Vauban semble surévaluer les capacités d'une formation d'infanterie à agir avec méthode et précision, tandis que les mouvements de la cavalerie sont rejetés dans le domaine de la confusion, de la spontanéité et – ici – de l' « ivresse » et du « désespoir ».

3. Les engagements de la cavalerie contre l'infanterie étaient d'autant plus rares (sans

comme les soldats car ce serait un feu hors œuvres qui étant ménagé par des hommes adroits et bons tireurs seraient capables d'une grande exécution sans commettre celui du bataillon, et pour peu que les escadrons entrassent dans la portée de leurs armes ils en auraient bientôt expédié les officiers.

Dans les pays bossus et montagneux, coupés de ruisseaux, rivières et marais, fossés, ravines et chemins creux ou couverts de bois et de broussailles, etc., tout est pour l'infanterie quand ceux qui la conduisent savent s'en prévaloir. Elle peut encore assurer la droite et la gauche de ses marches en plaine par des files de chariots et charrettes bien ordonnées et sagement conduites et quand il s'agit d'assurer les camps de séjour, elle a encore le remuement des terres pour elle en se retranchant à propos de même que les villes, bourgs et villages.

L'infanterie est celle qui prend les places et les défend, elle fait les tranchées et tous les gros ouvrages de la fortification soit pour attaquer ou défendre. Elle emploie et place l'artillerie, c'est en un mot le grand ressort de la guerre et celui qui décide de ses bons et mauvais événements. Eu égard à tous ces avantages, elle emporte de beaucoup sur la cavalerie mais la vérité est que la perfection des armées consiste à l'usage bien employé de ces deux corps joints ensemble.

Le nombre de l'infanterie doit être considérable dans le royaume par rapport à celui de la cavalerie à cause des places si elle était conditionnée comme il est proposé au chapitre .

Il suffirait que son nombre égalât la 3 ou 4e partie de l'infanterie dans les armées et la 8e ou dixe dans les garnisons des places exposées à l'ennemi[1]. Il n'est pas toujours nécessaire qu'il y en ait dans les places fortes de la 2e ligne si ce n'est autant qu'il est nécessaire pour escorter des convois. [Les Allemands mettent le tiers de leur armée en cavalerie qui est ordinairement bonne parce qu'elle est cuirassée.] Ainsi la cavalerie d'une armée de 20 mille hommes de pied pourrait être de 4 à 5 000 chevaux, et celle d'une armée de 30 mille de pied de 6, 7 à 8 000, celle d'une garnison de 3 000 hommes de pied de 3 à 400 chevaux qui est la proportion des légions romaines. L'Etat en serait mieux servi en ce qu'elle serait meilleure et coûterait moins parce qu'elle ne serait pas si nombreuse.

---

doute moins à cause de l'efficacité du feu que de l'effet dissuasif des baïonnettes) que les fantassins avaient généralement l'avantage du nombre. Dans la situation d'égalité numérique évoquée ici, il n'est pas certain que la supériorité de l'infanterie fût aussi nette.

1. Ces proportions ne paraissent pas éloignées de l'usage couramment observé, qui fixait les effectifs de la cavalerie environ au tiers de l'infanterie.

LES BAGAGES

On ne saurait se passer des bagages dans les armées ni subsister sans cela bien que le trop fasse souvent de l'embarras. Voyons cependant de quelle manière on les pourrait régler et quelle autre utilité on en pourrait tirer. Dans les pays de montagnes comme les Alpes, les Pyrénées et autres semblables on ne saurait guère employer aux bagages que des mulets et chevaux de bât à moins que de faire des chemins exprès comme on a fait plusieurs fois et comme on le peut faire quand on voudra au travers des Alpes et des Pyrénées, ce que je voudrais faire autant qu'il sera possible toutes les fois qu'il s'agirait de faire passer des armées de l'autre côté de ces montagnes et à même temps de bien assurer des passages de notre côté.

Pour les autres frontières de ce royaume les charrois peuvent rouler partout en accommodant les chemins. Cela supposé rien ne convient mieux aux bagages que les chariots et charrettes. Je voudrais donc deux charrettes à un colonel d'infanterie avec deux mulets ou chevaux de bât, une charrette au lieutenant colonel et deux mulets ou chevaux de bât, une charrette au major et un cheval de bât, après cela une charrette à deux capitaines et un cheval de bât pour les détachements et s'il se pourrait une charrette de vivandier pour chaque compagnie qui porterait jusqu'à dix livres pesant d'obligation pour chaque soldat moyennant quatre ou 5 par mois, ce qui ferait 500 lt pesant pour toute la compagnie, les vivandiers achevant le surplus de sa charge de vivres à l'usage de la compagnie comme du vin, du lard ou beurre salé, du sel, du fromage, de l'huile, du vinaigre, du riz, des pois, des fèves, des aulx et des oignons, etc. pour être vendus au poids, à la mesure et à la pièce suivant le prix convenu avec lui pour lequel on lui ferait quelque avance pendant le quartier d'hiver, moyennant quoi il serait obligé de tenir toujours sa charrette garnie et en état de fournir un demi-quarteron de lard par jour à chaque soldat et des autres vivres à proportion. On pourrait régler la mesure du riz, des pois, fèves lentilles au poids et à la pinte subdivisées en chopines, demi-septiers, quarts de septiers, mesurettes, etc., de même que les liqueurs avec un tarif contenant le prix de chaque espèce en table, toujours affiché à un poteau devant la tente des vivandiers.

Les fournitures que ces vivandiers feraient aux compagnies ne doivent pas empêcher qu'ils ne puissent débiter ailleurs s'ils étaient assez forts pour cela et cependant rien ne serait plus commode pour les troupes que de tels secours, ce qui ne déchargerait cependant pas tout à la fois le soldat qui se trouverait encore souvent obligé de porter un poids de 30 £ pesant, voire de 35 notamment quand on lui ferait prendre du pain pour 6 ou 8 jours. [Le fusil : 9 £; l'épée : 1 £ 1/2; la baïonnette : 1 ; le gargouche rempli de bretelles et le ceinturon : 3 £ 1/2. Total : 15 £.]

A l'égard des bagages de la cavalerie on peut régler ceux des colonels à peu près comme ceux de l'infanterie, mais les capitaines peuvent avoir chacun leur charrette et un cheval de bât, et les lieutenants de deux en deux une charrette, les cornettes seulement des chevaux de bât, les maréchaux des logis idem et les cavaliers deux chevaux par chambrée de six hommes chacune, outre quoi les compagnies pourront avoir des vivandiers affectés comme ceux de l'infanterie aux mêmes conditions avec des maréchaux munis de fers et de clous pour le ferrage des chevaux. Tous ces chariots et charrettes assujettis à la règle générale des marches et campements comme ceux de l'infanterie ni plus ni moins, car on pourrait faire un deuxième usage excellent de ces charrettes qui serait de les employer pour couvrir la droite et la gauche des marches et à la clôture des camps où on ne fait pas de séjour formant des enceintes avec comme nous dirons ailleurs.

DES TENTES

Comme les tentes sont une surcharge fort onéreuse aux soldats qui sont déjà fatigués du poids du pain et de leurs armes pour les soulager on pourrait acheter un cheval par compagnie au commencement des campagnes pour porter les tentes mené par un valet de la compagnie ou par un soldat détaché exempt de garde à cette occasion. Moyennant le soin qu'il en prendrait, on pourrait revendre le cheval à la fin des campagnes, à une pistole ou deux de perte on s'en déferait et toute la compagnie se trouverait extrêmement soulagée par le poids de ses tentes.

[Je crois avoir lu qu'ainsi César les tentes des Grecs et Romains étaient toutes de peaux. Je ne sais si c'était avec le poil ou non, mais il m'est entré dans l'esprit qu'on en pourrait faire de peaux de chèvre repassée avec le poil. C'est une expérience aisée à faire qui serait fort commode pour les généraux ; nous en parlerons ailleurs.]

DES CHANGEMENTS DE GARNISON

Depuis quelque temps on a trouvé à propos de changer souvent les troupes de place à autre pour les empêcher de contracter trop d'habitude dans les villes. Je trouve qu'on fait fort bien de les changer une fois l'an ou de deux en deux, mais il faudrait que cela se fît de proche en proche et non d'une extrémité du royaume à l'autre comme on fait souvent, ce qui préjudice extrêmement aux troupes et aux peuples. Aux troupes parce qu'elles usent plus d'habits et de souliers et se fatiguent davantage, outre qu'il y a toujours quelque soldat qui passant à 4 ou 5 lieues de chez lui est tenté de déserter et déserte en effet, et aux peuples parce que le soldat mange plus, que son étape fait toujours quelque désordre, le plus souvent aux dépens des poulets et cochons qui se rencontrent dans son chemin, outre que les lessives qui se trouvent étendues sur les haies sur la route il s'accommode volontiers de quelques pièces. D'ailleurs ils tourmentent les paysans de guides et de charrois pour leur équipage, les importunent souvent de demandes inciviles et qui se font donner toutes choses qui coûtent et incommodent les pays par où ils passent. En ne les changeant de garnison que de proche en proche on tomberait peu ou point du tout dans tous ces inconvénients et les officiers et soldats s'en trouveraient beaucoup mieux.

LES MARCHES ORDINAIRES PAR PAYS OU ON N'EST POINT CONTRAINT

Il y a longtemps que je m'aperçois d'un relâchement dans l'ordre des marches qui ne doit point être toléré. Autrefois les régiments sortant des quartiers se mettaient en bataille dans un lieu choisi sur le grand chemin du lieu où on voulait aller, où chaque compagnie se rendait et prenait son rang, après quoi on formait le bataillon[1]. Les mousquetaires occupaient la droite et la gauche et les piquiers le milieu, quoi fait le bataillon se mettait en marche défilant par 4, 6 ou 8, selon la largeur des chemins ce qui était ponctuellement observé pendant la marche chacun tenant son rang, moitié des capitaines avec le commandant se mettaient à la tête, l'autre à la queue, il y avait de plus capitaine, lieutenant, enseigne et deux sergents commandés pour faire joindre les traîneurs et tous les subalternes se plaçaient dans les divisions chacun dans la sienne et tous les tambours battaient ensemble jusqu'à 5 ou 600 pas hors du quartier, après quoi un seul relayé continuait de battre rondement depuis le moment du départ jusqu'à l'arrivée au quartier où ils recommençaient à battre tous ensemble dans les haltes on envoyait au logement et en arrivant on se mettait en bataille près des quartiers ou dans le quartier même. Là les fourriers qui avaient travaillé aux logements venaient rejoindre leurs compagnies pour les conduire à leurs cantonnements. Quand il y avait plusieurs bataillons, ils s'entresuivaient observant le même ordre et laissaient un intervalle de deux à trois cents pas entre deux pour les bagages. Voilà comme on marchait autrefois, présentement on ne fait presque rien de tout cela et on marche sans observer ni rang ni file, l'un devant, l'autre derrière dans un désordre effroyable étant très rare que les officiers occupent la tête et la queue des bataillons. Les tambours battent une marche languissante et interrompue qui a très méchant air. Le peu de soin qu'on a pris des tambours les a tellement fait négliger qu'ils ont gâté la marche française. Les

1. Les principes élémentaires de l'art militaire prescrivent, en effet, que la marche soit réglée de façon à permettre une conversion rapide en ordre de bataille.

fifres qui est un instrument de guerre qui convient au bruit des tambours et qui est agréable quand le jeu en est bien réglé ne jouent plus la vieille marche, et cela par pure négligence des majors ou de messieurs les inspecteurs qui s'attachent à la mesure des hommes et aux uniformités des tailles, des habits, des rubans, des bords de chapeaux, des bouts d'épée et de je ne sais combien d'autres bagatelles de peu de conséquence et négligent l'observation des anciennes ordonnances ou n'y font que de légères attentions et cela en courtisans très appliqués à ce qui peut plaire et très faiblement à ce qui est essentiel au service, et c'est qui cause tant de relâchement dans la discipline[1]. On peut dire même que ce n'est guère que depuis qu'il y a des inspecteurs qu'on s'est fort négligé sur l'éducation des troupes, ce qui soit dit sans offenser personne car ce n'est point ceux d'à présent qui l'ont gâtée, mais bien ceux qui les ont précédés, ceux-ci ne font que continuer ce qu'ils ont trouvé d'établi.

LES DIFFERENTES MANIERES DE BATAILLONNER

On a eu tort de retrancher les évolutions des exercices. Il fallait au moins conserver les nécessaires comme celles qui servent à faire doubler les rangs par demi-file et par quart de file, doubler et dédoubler les files, ouvrir et serrer les rangs et faire les contremarches[2]. Et pour cela même il fallait laisser les bataillons à 8 rangs de hauteur comme ils étaient au commencement du règne du feu roi, ou du moins à 6 comme ils l'ont été bien avant dans celui-ci. A huit rangs de hauteur on peut doubler par demi-file et par quart de file, ce qui sert à donner toute l'étendue qu'on veut au front des bataillons, on peut même les réduire à un seul rang, ce qui se peut faire en trois commandements fort simples et par trois autres les remettre en leur premier état.

Les bataillons à huit rangs sont préférables à ceux de 6 qui ne peuvent doubler qu'à la dernière file, ce qui réduisant le bataillon à trois rangs, il devient trop faible n'ayant pas assez de corps pour pouvoir ménager deux décharges de suites ni de quoi remplacer les vides des premiers rangs éclaircis par les tués et les blessés, et d'ailleurs il est trop fort pour simplement border un retranchement où il se faudrait un peu étendre. Le bataillon à huit rangs est donc meilleur et plus maniable que celui de 6 mais ce même bataillon de six rangs quoique défectueux est incomparablement meilleur que celui de cinq à qui de toutes les évolutions il ne reste que le

1. L'attention excessive des inspecteurs à l'égard de l'apparence des troupes est un grief fréquent.

2. La contremarche est un mouvement (quart de tour, demi-tour, etc.) opéré par la totalité d'une formation, tandis que dans la marche simple, chaque homme pivote sur lui-même.

quart de conversion et de pouvoir doubler les files en avant et en arrière, de file à file, ou par demi-rang et par quart de rang qui est tout ce qu'on en peut faire tous les autres mouvements lui étant impossibles, car on ne peut avec ce bataillon doubler les rangs par demi-file ni par quart de file qui sont les évolutions plus nécessaires, ni par conséquent s'étendre ni resserrer. Ce bataillon n'a donc pour raison d'établissement que l'étendue du front plus grand d'un sixième que celui de six rangs en les supposant égaux en nombre d'hommes, mais cette raison ne doit prévaloir au préjudice de toutes les autres bonnes qualités dont il est privé qui sont meilleures sans comparaison puisque quand il ne s'agira que d'étendre le front, il n'y a qu'à faire doubler les rangs par demi-file aux bataillons et de huit pour les mettre à quatre de hauteur, ce qui en étendrait le front d'un quart de plus que celui de cinq, les supposant tous deux égaux en nombre d'hommes. On pourra même étendre ce bataillon tant qu'on voudra en le réduisant à deux rangs et à un, et le resserrer en le remettant à 8, mais on ne peut faire autre chose du bataillon de cinq rangs que ce que nous en venons de dire, qui sont les évolutions les moins nécessaires de toutes, et voilà où se réduit tout ce qu'on en peut faire, lui conservant cette forme.

Je reviens donc à dire que la meilleure forme qu'on puisse donner aux bataillons est de les remettre à 8 rangs de hauteur, puisqu'en cet état par un seul commandement on les réduit à 4 quand il s'agit d'étendre le front, et par un deuxième à deux, et par un troisième à un quand il faut border la haie, le retranchement ou le rempart, et qu'il peut d'ailleurs faire tout ce que les autres font avec beaucoup plus de facilité. [Quand les évolutions étaient d'usage, tous les exercices se faisaient avec des bataillons à huit rangs de hauteur.]

Il est encore utile de pouvoir faire ouvrir les ailes à droite et à gauche par demi-rang ou quart de rang sur les ailes quand il s'agit de faire passage à un gros de cavalerie ou au canon ou à des chariots, et au contraire pouvoir faire resserrer la droite et la gauche sur le milieu quand il est nécessaire de se ranger sur de moindres espaces que ceux qu'on occupe. Or ces mouvements dépendent absolument des évolutions. La contremarche par rang et par file est encore nécessaire pour changer la tête des bataillons et la faire passer à la queue et la droite à la gauche selon les cas qui se présentent. Pour ce qui est des quarts de conversion, on les peut également faire avec toutes sortes de bataillons. C'est la seule des évolutions à laquelle on n'a pas renoncé, mais celles que l'on a quittées ne sont pas moins nécessaires et d'excellentes troupes telles que je les suppose ici ne doivent rien ignorer de tout ce qui peut appartenir à leur métier.

Je suis donc persuadé qu'il est nécessaire de reprendre les évolutions, ne voyant pas de bonnes raisons de les avoir quittées, mais bien quantité de mauvaises dont je ne veux pas charger ce papier davantage pour n'offenser personne, et partant je conclus à ce qu'elles soient rétablies, ne fût-ce que pour satisfaire aux nécessités où on se trouve souvent de faire doubler et tripler les rangs et les files, de même que pour les faire ouvrir et resserrer en avant et en arrière et faire la contremarche par rangs et par files en gagnant terrain ou en le perdant car il peut arriver des cas où tout cela peut être d'un usage réel et nécessaire.

CORRECTION DE L'EXERCICE

A même temps qu'on reprendra les évolutions il faut aussi corriger le vieil exercice, ôter tout le superflu des commandements, et n'y laisser que le nécessaire réduit en termes les plus abrégés et significatifs qu'il sera possible. Et comme il ne doit plus être question de piques ni de mousquets, il faudra retrancher tous les termes qui ont du rapport de même que cette partie de l'exercice qui ne regarde que les piques seules, mais parce qu'on a peine à se défaire de ces vieilles coutumes et que l'habitude où l'on est de faire de certaines choses impose une espèce de loi qui prenait souvent sur la raison, je dirai ici ce qui m'en semble.

EXAMEN DES PIQUES[1]

Avant l'usage de la poudre et dans le temps que les bataillons étaient de 3, 4, 5 à 6 000 hommes sur des 8, 10 à 12 rangs de hauteur, ils étaient tous hérissés de piques sans mélange d'autres armes, car les arbalétriers ne bataillonnaient pas avec elles. C'était pour lors quelque chose de terrible à voir et encore plus à combattre, soit pour opposer à de la cavalerie cuirassée comme elle était pour lors, ou pour pousser en avant contre de l'infanterie notamment quand elle était armée de corselets et de morions.

Quand les armées à feu prirent la place des arbalètes elles furent assez longtemps sans bataillonner avec les piques, et ce n'a été que fort tard qu'on les y a jointes. [A la bataille de Cerisolles, les arquebusiers ne se mêlèrent pas avec les piques.]

Dans les commencements on hasarda un tiers de mousquets aux deux tiers de piques, après quoi on fit les bataillons moitié piques et moitié mousquets, par les suites on réduisit les piques au tiers où je les ai vues assez longtemps, après quoi on les a mises au quart, et on peut dire que présentement elles sont au 5e[2]. Quand elles étaient aux deux tiers on en

1. Cette partie du mémoire a été composée avant la suppression du système pique/mousquet en 1703.

2. Les jalons chronologiques de cette évolution sont approximativement : 1 mousquet / 2 piques au milieu du XVIe siècle, parité piques/mousquets au début du XVIIe siècle, 1 pique / 2 mousquets pendant la guerre de Trente ans, 1 pique / 3 mousquets pendant la guerre de

pouvait garnir les flancs et la tête des bataillons ; à la moitié on pouvait former deux rangs de 6 du bataillon et ne garnir un peu les flancs. Au tiers on pouvait encore en former deux rangs des 6 du bataillon ou en garnir les deux flancs, passé cela on n'en savait plus que faire, car un quart de piques est trop faible pour savoir où le placer utilement. Il est de plus réduit au 5e avant la fin des deux premiers mois de campagne, et avant qu'elle soit finie il n'en reste plus ou très peu, et ce peu est si bossu et si gâté qu'elles ne sont plus propres à rien, mais je veux qu'il ne s'en gâte point. Pourrait-on me dire l'usage qu'on peut faire d'un tiers ou d'un quart de piques ? Où les placer ? Car séparées elles ne valent rien, en corps elles sont trop faibles et ne sauraient tenir contre le feu. Si bien que je ne puis m'empêcher de les considérer comme une arme embarrassante qui n'est bonne qu'à rendre autant de bons soldats inutiles, car où est-ce qu'on s'en sert et dans quelle occasion a-t-on croisé la pique avec l'ennemi depuis qu'elles ont été réduites au tiers et au quart ? Je suis persuadé qu'on aurait bien de la peine à m'en citer une ou deux qui aient été suivies de quelque événement remarquable depuis 50 ans en ça, mais supposé que cela soit arrivé une, deux ou trois fois, il s'en est passé cent où elles ont nui en ce qu'elles n'ont fait que des spectateurs de ceux qui les portaient aux dépens des bataillons qui ont été privés du service de leurs meilleurs soldats par l'occupation de ces piques. Je veux tout à fait qu'il se soit allongé quelque coup de pique de particulier à particulier, ce qui n'est d'aucune conséquence, mais non de gros à gros, du moins cela est devenu si rare que personne ne saurait dire l'avoir vu. Les piques sont devenues tellement inutiles, notamment depuis qu'on a commencé à se servir des fusils et baïonnettes, qu'il est étonnant qu'il se trouve encore quelqu'un capable de se prévenir en leur faveur. Vraisemblablement cela n'arrive que parce que l'usage de ces fusils n'est pas encore bien établi, j'aime du moins mieux le croire ainsi que d'avoir à dire que c'est faute de s'être donné la peine de les avoir bien examinées, ou de n'être pas entré dans le détail avec le bon goût et l'application requise. Quoique la chose soit claire et évidente d'elle-même, l'entêtement est si grand sur cela que la plupart des vieux corps se croiraient déshonorés s'ils n'en avaient pas[1]. Cependant interrogez-les sur l'utilité des piques, vous ne trouverez pas un officier qui puisse vous en dire une bonne raison mais bien assez qui vous répondront d'un style pompeux et enflé, qu'un grand corps de pique impose à la cavalerie et fait qu'elle n'ose enfoncer les bataillons qui en sont bien hérissés, qu'un gros bataillon de piques est inébranlable. C'est un rocher, vous diront-ils, et quand il fait tant que s'ébranler s'il

dévolution (1667-1668), 1 pique / 4 mousquets pendant la guerre de la Ligue d'Augsbourg (1688-1697).

1. Le préjugé favorable à la pique et à la supériorité du choc était effectivement une idée tenace. Les piquiers recevaient d'ailleurs une solde supérieure à celle des fusiliers.

est bien mené, pousse et renverse tout ce qui s'oppose à lui sans que rien puisse lui résister. Voilà de beaux discours s'ils étaient véritables, mais ils tiennent trop du merveilleux pour les en croire. Demandez-leur où ils en ont vu quelque expérience et combien de fois, ils ne sauront que répondre, et en effet à moins d'avoir recours à la fable on n'en saurait rien dire qui mérite la peine d'être écouté. Ce qu'il y a de plus certain est que la pique en détail est faible et ne vaut rien ou peu de chose, parce qu'il n'y a pas de sponton ni de hallebarde qui n'en gagnent le fort et qu'en gros elle vaut encore moins, car si on oppose un bataillon de piquiers à un qui lui soit égal de fusiliers, ceux-ci auront passé les piquiers par les armes[1] avant que le gros des piques puisse les approcher de leur longueur. Si un bataillon de piques en charge un de fusiliers qui soit d'un tiers moins fort que lui, il en arrivera la même chose en partageant le feu en plusieurs décharges et commençant un peu de loin, il l'aura bientôt expédié par la raison que tout bataillon qui marche la pique basse et qui veut conserver son ordre ne saurait se mouvoir que fort lentement. Que si à nombre égal un bataillon mêlé de piques et de mousquets en charge un de fusiliers et baïonnettes, celui-ci doit encore battre l'autre parce qu'il fera beaucoup plus de feu que lui, et que naturellement le grand feu l'emporte sur le médiocre. En terrain égal et quand on viendra aux mains, les fusils à baïonnette dont on suppose tout le bataillon armé faisant office de spontins après le feu de la dernière décharge l'emportera infailliblement sur les piques et mousquets l'un et l'autre pour lors fort affaiblis. Ajoutons que s'il est nécessaire de donner un assaut ou de forcer un retranchement ou une contrescarpe ou d'aller en détachement le fusil à baïonnette se porte et suit son homme partout, ce que la pique et le mousquet ne sauraient faire. Faut-il encore s'opposer à la cavalerie en pleine bataille, les bataillons et fusiliers à baïonnette le feront bien plus hardiment que les piques et mousquets parce que ceux-là pouvant combattre dans le même temps par le fer et par le feu feront bien autre exécution que le mousquet mêlé de pique. Le fusil garni de sa baïonnette est toujours terrible soit en gros ou en détail parce qu'il porte un coup certain tiré de près, après quoi il devient sponton jusqu'à ce qu'il soit rechargé sans changer de main. Et pour conclusion il n'y a point d'arme comparable à un bon fusil sûr, garni de sa baïonnette et qu'on ne parle plus après cela de pique ni de mousquet, ils n'ont rien qui en puisse approcher de quelque manière qu'on le puisse comparer.

1. L'expression « passer par les armes » était employée pour désigner une exécution par armes. Son emploi, souvent péjoratif, suggère que l'usage de l'arme à feu est porteur d'une forme de violence implacable et inhumaine.

EXAMEN DU MOUSQUET

Venons présentement au mousquet. Il y a longtemps que je suis brouillé avec lui parce que je le connais de longue main et que j'ai souvent eu lieu d'en remarquer les défauts.

Les premiers dont on s'est servi étaient fort grossiers et d'un usage pénible et dangereux. Il s'est passé même quelque temps avant qu'on leut pût trouver une figure bien maniable et assez proportionnée pour que les hommes en les exploitant n'en puissent être offensés.

Il paraît qu'on a commencé à se servir des armes à feu un peu avant le siège d'Orléans par les Anglais, et qu'à ce siège on tira du canon de part et d'autre assez maladroitement[1]. Depuis ce temps-là l'usage de ces armes s'accrut et se perfectionna de plus en plus.

Charles dernier duc de Bourgogne s'en servit beaucoup dans ses guerres[2]. Les Suisses qui le battirent à Grandson avaient 7 000 couleuvrines et l'armée des alliés qui le tua et défit à la levée du siège de Nancy en avaient 11 000 qui n'étaient autres que des mousquets à fourchette assez mal faits et d'un usage très grossier[3]. Peu de temps après on les perfectionna. On inventa ensuite les arquebuses à roues[4] qui furent fort estimées, mais elles furent renvoyées peu après aux chasseurs et aux arquebusiers à chaud à cause qu'il fallait trop d'adresse et de temps pour s'en servir. Les mousquets[5] beaucoup plus simples et plus diligents ayant pris leur place dans l'infanterie s'y sont maintenus jusqu'à présent, et la plupart de nos régiments s'en servent encore. Le fusil n'a été agrémenté que depuis 60 à 70 ans en ça. L'invention en est allemande, mais on peut dire qu'elle a reçu toute sa perfection en France. Dans les commencements on n'en fit pas grand cas, et il a été longtemps qu'il n'y avait que les chasseurs, la cavalerie et les dragons qui s'en servaient, on n'en voit pas souffrir dans l'infanterie, parce que c'était une arme délicate et très sujette à manquer, mais à force de la perfectionner on l'a si bien corrigé que présentement ils y sont reçus au grand contentement des soldats qui l'aiment beaucoup mieux que

1. Le siège d'Orléans (12 octobre 1428 - 7 mai 1429) est resté associé à l'intervention de Jeanne d'Arc. Mais l'action menée par les assiégés soutenus par une importante artillerie joua un rôle déterminant.

2. Par exemple au siège de Beauvais en juin-juillet 1472.

3. Certaines pièces d'artillerie de faible calibre (couleuvrines, veuglaires) étaient utilisées comme armes à feu individuelles. La « fourchette » évoquée ici était un pied destiné à soutenir le canon. Elle était plus communément appelée « fourquine ».

4. La « roue » ou « rouet » était un mécanisme de mise à feu par l'étincelle produite par le frottement d'une roue sur un silex. Plus commode que la platine à mèche, ce système était néanmoins trop complexe et trop coûteux pour le remplacer totalement.

5. Le mousquet n'était, en fait, qu'une nouvelle génération d'arquebuse introduite à partir des années 1560 dans les armées espagnoles. Sa principale caractéristique était alors de posséder un calibre supérieur et donc de meilleures qualités de portée et de précision.

le mousquet, parce qu'il est bien moins embarrassant et d'un service plus aisé[1]. [Ceux dont on se sert dans l'infanterie présentement ne sont pas encore fort bons parce qu'on n'y met ni le prix ni l'application et qu'on les veut avoir à trop bon marché.] Développons les bonnes et mauvaises qualités de l'un et de l'autre pour voir lequel des deux mérite d'être préféré.

Le mousquet est une arme parfaite en ce que l'on n'y peut rien ajouter. Et le fusil une arme imparfaite en ce qu'il peut être corrigé et amélioré ce que l'on a tant de fois fait et refait que l'on est parvenu à en faire qui de 30 coups n'en manqueront pas un. C'est ce que je sais d'expérience plusieurs fois réitérée.

Le mousquet et le fusil ont le canon, la calibre, la monture, la longueur en grosseur du calibre égale et de même qualité, ainsi la différence n'est que dans les platines. Celles du mousquet sont simples, grossières, peu limées sans trempe ni ressort, et se font à bien meilleur marché que celles des fusils qui sont beaucoup plus composées et plus chères, comme ayant quantité de parties trempées, finement limées, plusieurs ressorts et beaucoup de façons.

Le premier défaut du mousquet est qu'il ne tire juste que par hasard, parce que pour donner feu il faut que le poignet agisse pour faire mouvoir le serpentin ce qui cause un mouvement peu sensible au mousquet, mais qui fait varier le coup, défaut qui n'arrive pas au fusil, parce que pour lui donner feu il ne s'agit que de presser un tant soit peu la détente du bout du doigt, aussitôt le fusil se bande et donne feu, ce qui se fait dans l'instant même avec tant de promptitude que le coup n'a pas le temps de varier.

[2e défaut.] Le bassinet du mousquet s'ouvre avec la main, après quoi on couche en joue, et on donne feu avec le serpentin par un mouvement de la main ce qui se fait en temps séparés, d'où il arrive que quand il y a du vent ou qu'il fait grande pluie, le mousquet manque souvent parce que la pluie mouille l'amorce ou le vent l'emporte, ce qui n'arrive pas au fusil où tout se fait dans le même instant, sans qu'on y puisse remarquer d'entre-deux.

[3e défaut.] Pour tirer un coup de mousquet il faut premièrement souffler la mèche, 2^ent^ la compasser, 3^ent^ porter les deux doigts sur le bassinet, 4^ent^ attendre l'occasion de son coup, 4^ent^ souffler la mèche, 6^ent^ ouvrir le bassinet, 7^ent^ coucher en joue, et 8^ent^ tirer en pressant de la main la queue du serpentin contre la couche. De sorte que voilà 8 temps pour tirer un coup de mousquet, pour peu qu'on manque à l'un ou à l'autre il ne tire point ou ne tire pas juste.

Pour tirer un coup de fusil il faut premièrement les bander par un tour

1. Avant l'adoption tardive du fusil par les règlements royaux, les soldats avaient marqué leur préférence pour cette arme en la prélevant sur leurs adversaires morts, au cours des guerres de Hollande et de la Ligue d'Augsbourg.

de pouce, et 2ent coucher en joue, et 3ent toucher la détente du bout du doigt qui fait trois temps fort simples.

[4e défaut.] L'exercice du mousquet étant fort composé, il faut des deux ou trois mois pour l'apprendre, au lieu qu'il n'y a point de paysan si grossier soit-il qui en moins de demi-jour de temps n'apprenne à tirer un coup de fusil et à faire tout ce qu'il faut pour le charger et le décharger.

Comme on donne feu au mousquet avec de la mèche, il faut qu'elle ait un charbon formé lequel charbon s'use dès le premier coup, et encore plus au 3e ce qui fait manquer si on ne se précautionne par allumer l'autre bout avant que d'entrer en action, encore ne peut-il bien servir que pour tirer quatre ou cinq coup de suite après quoi les deux bouts sont usés et sujets à manquer.

Au fusil il n'y a qu'à essuyer la pierre et au surplus la battre tant soit peu avec le dos d'un couteau et en tout cas en changer après avoir tiré 24 ou 30 coups de la même.

[6e défaut.] Le mousquet manque souvent par un autre défaut de la mèche qui étant de grosseur inégale et la mâchoire du serpentin toujours égale, le soldat a souvent peine à la faire tenir, ce qui lui fait perdre du temps, et souvent l'occasion de tirer son coup.

[7e défaut.] Il arrive encore un autre accident, c'est la mèche qui tenant fort peu, elle échappe souvent au serpentin et saute çà et là, notamment quand elle est courte à ne la pouvoir plus replier entre les doigts et met le feu dans la bandoulière ou dans le fourniment du voisin, accident commun qui n'est pas à craindre au fusil.

[8e défaut.] La vis qui ouvre et serre les mâchoires du serpentin ne peut être trempée à cause qu'elle est rivée, ce qui fait qu'elle s'use dans peu à force de virer et dévirer en ouvrant et serrant les mâchoires du serpentin, ce qui la rend lâche dans l'écrou, après quoi elle ne peut plus serrer ni ouvrir ledit serpentin, auquel se joignant l'inégalité de la mèche, le soldat a de la peine à la faire tenir, ce qui l'impatientant, il cesse de se tourmenter après son mousquet et ne tire point du tout, ou s'il est contraint de le faire il se tourne du côté de l'ennemi et y met le feu à la main et le coup va où il peut, autre accident très commun au mousquet qu'on ne peut pas reprocher au fusil.

[9e défaut.] Quand on marche à quelque expédition en pays d'ennemi soit en corps d'armée ou en détachement, si c'est la nuit et qu'on soit en défiance de l'ennemi, on allume la mèche ce qui découvre tout et quelque soin que l'on prenne d'avoir des cache-mèches, elle vous fait voir de loin et de près, si bien qu'on ne peut rien faire de secret, aussi se sert-on de fusils autant qu'on le peut pour toutes les expéditions de nuit de qui dépendent les deux tiers des actions de la guerre, et on peut dire que sans le secours des fusils on ne réussirait pas à la moitié des entreprises que l'on fait.

[10e défaut.] La mèche qu'il faut presque toujours tenir allumée quand on est en pays ennemi cause une infinité d'accidents pour peu qu'on se néglige et donne lieu à beaucoup d'incendie et de brûlement qui n'arriverait pas sans elle.

[11e défaut.] Une seule charrette ou deux seraient capables de voiturer toutes les pierres à fusil nécessaires à une grande armée pendant toute une campagne, au lieu qu'il faut des 60 à 80 chariots pour mener la mèche seule, ce qui cause une dépense fort considérable.

[12e défaut.] On ne reconnaît jamais si bien les défauts du mousquet qu'au jour d'un combat quand les armées sont en présence l'une de l'autre et à portée d'en venir aux mains. Pour lors qu'elles commencent à se serrer de près on se prépare et on compasse la mèche en attendant le commandement de tirer. Dans cet état il arrivera parfois que deux ou trois escadrons tournailleront un bataillon en le tâtonnant de près pour l'obliger à faire sa décharge de loin et mal à propos, mais le commandant de ce bataillon qui les observe contient pour lors ses gens et les empêchent de tirer tant qu'il peut jusqu'à ce que les ennemis soient assez près. Dans ce contrat il se passe quelquefois une demi-heure ou trois quarts d'heure de temps, pendant quoi le soldat qui a l'œil sur ces escadrons et qui les trouve gros comme des montagnes ne songe pas à sa mèche qui continuant à brûler se met hors de mesure. Cependant à force de s'approcher le bataillon fait enfin sa décharge ; mais qu'arrive-t-il ? Que plus de moitié des mousquets manquent et ne prennent pas feu, ce qui fait un très mauvais effet, d'où s'ensuit quand cela arrive que le pauvre bataillon est taillé en pièces par la cavalerie qui lui passe sur le ventre et l'écrase. Et pour conclusion l'exercice et l'usage du mousquet est long et difficile, et celui du fusil prompt et très aisé.

DES FUSILS

Ceux-ci n'ont qu'un défaut bien considérable mais facile à corriger, c'est qu'on fait presque toujours ceux qu'on destine à la guerre mauvais parce qu'on n'y veut pas mettre le prix ni se donner l'attention nécessaire pour les avoir bons et bien conditionnés, bien que cela soit aisé et que tous les jours on en fasse d'excellents pour la chasse. Ce n'est donc que par un peu de meilleur marché que le mousquet pourrait avoir quelque avantage sur le fusil[1]. En toute autre chose il lui est tellement inférieur que l'étonnement de ceux qui connaissent l'usage de l'un et de l'autre et qui ont un peu de sens commun est qu'on ait pu souffrir des mousquets dans les troupes depuis l'invention du fusil.

1. Cet argument économique n'était pas vain. Il explique à lui seul les réticences de Louvois, puis de Barbezieux à faire adopter le fusil, alors que les adversaires de la France en étaient dotés et avaient fait la démonstration de sa supériorité.

[2e défaut.] A l'égard du reproche qu'on fait au fusil sur ce qu'il est sujet à manquer, il est très certain que le plus mauvais fusil y est moins sujet que le meilleur mousquet du monde.

[3e défaut.] On lui reproche encore qu'il est sujet à se lâcher, mais ce défaut est aussi facile à corriger que l'autre, il n'y a qu'à le vouloir.

Après le choix des hommes celui des armes est le plus nécessaire à la guerre attendu que si elles ne sont bonnes, bien faites et d'un usage facile, il est bien difficile de réussir dans les actions qu'on entreprend. Cela demande un peu plus de soin et de dépense qu'on n'y en apporte, et c'est peut-être la chose pour laquelle on en prend le moins bien que des plus nécessaires et d'une conséquence infinie, un peu de meilleur marché fait ordinairement pencher la balance du côté du mousquet au très grand préjudice de la vie des hommes et du service du roi qui sont toujours fort hasardés entre les mains des gens mal armés.

[4e défaut.] Un autre défaut du fusil est la désertion. Quand il est bon, un déserteur l'emporte[1] et cela lui aide à passer chemin, c'est ce qui n'arrive pas au mousquet, on ne corrigera totalement ce défaut que celui de la désertion n'ait précédé, mais si on a soin de les faire marquer de manière que la marque ne se puisse effacer, et de faire défense très expresse à toutes sortes de gens d'en acheter sur peine de 500 lt d'amende à tous ceux qui s'en trouveront saisir, ou des galères à ceux qui n'auront pas de quoi la payer, et que par surcroît on y ajoute la peine de la corde pour les déserteurs qui seront repris, il se trouvera peu de gens qui s'y hasarderont.

Il est très aisé de prévenir ces mauvaises façons et de stipuler avec ceux qui entreprendront les fournitures des armes, de quelque manière on les veut avoir. Il n'y a qu'à faire faire deux ou trois douzaines de fusils pour servir de modèles aux autres et convenir après de la qualité du fer, de la longueur des armes, du calibre, de la qualité des bois, de la monture, des façons et qualité des platines, de la limeuse, de la trempe, des ressorts, etc., et du tout en dresser des devis bien particularisés par rapport aux modèles où tout le détail et la qualité des armes soient bien expliqués et conclure à des prix raisonnables avec des entrepreneurs à charge des épreuves ordinaires, pour lesquelles voir faire. Ce n'en est pas trop que d'en commettre le soin à des inspecteurs généraux et à des commandants des guerres présents, l'un et l'autre intelligents et gens de confiance avec des maîtres-

1. Un grand nombre des fusils fabriqués pour la guerre dans les manufactures royales finirent leur carrière dans les demeures rurales, entre les mains des braconniers et des paysans (cf. Jean Nicolas, *La Rébellion française. Mouvements populaires et conscience sociale, 1661-1789*, Paris, Ed. du Seuil, 2002). Les guerres de Louis XIV ont puissamment contribué à armer les Français, contrairement à ce que prétend la légende dorée du règne, qui attribue trop d'importance et d'efficacité aux édits contre le port d'armes (1666, par exemple).

jurés aux gages du roi pour assister aux devis et marchés y signés et en faire la visite[1].

Je ne voudrais pas faire ces épreuves comme on les fait. Il est certain que bien que le canon soutienne l'épreuve, l'effort qu'il fait lui donne une disposition prochaine à crever.

Je dis la même chose de l'artillerie. C'est ce que l'expérience n'a que trop vérifié souvent. Cependant il faut toujours stipuler les fortes épreuves et fournir la poudre et convenir de sa qualité. Cela fait quand les entrepreneurs seront en état de livrer leur marchandise il faudra faire la visite des canons l'un après l'autre, et commencer par en démonter toutes les culasses, bien regarder les dedans par les deux bouts les tournant et retournant en tous sens au soleil, pour voir s'il n'y a point de chambre, mesurer ensuite les calibres, l'épaisseur du canon et la culasse au renfort et à la bouche pour voir s'ils sont conformes au devis et aux modèles. Bien examiner l'extérieur dudit canon en tous sens pour voir s'il n'est point pailleux[2], brûlé ou rebrasé[3], visiter la visse et l'écrou de la culasse et la faire monter et démonter devant soi. Pour voir si elle emboîte juste, mettre à part ceux dont il y aura lieu d'être content et rejeter les autres. La visite faite il faudra faire ranger les canons choisis contre une muraille au nombre de 7 à 800 ou d'un millier en prendre une douzaine à l'aventure au choix de l'inspecteur et du commissaire et les faire éprouver à la rigueur, et si tous soutiennent l'épreuve, rendre ceux que l'on aura éprouvés au maître receveur tous les autres sans épreuve et les faire marquer en leur présence. [Il faudrait, pour bien faire, chiffrer tous les canons, y ajouter une fleur de lys, la marque du maître, et celle du régiment auquel ils seront destinés.] Faire l'examen des platines avec le même soin et pour cet effet les démonter et puis remonter, manier les ressorts, faire épreuves des batteries[4], et examiner si la trempe est bonne, si la noix est bien faire, et si les redents de la détente[5] et l'arrêt sont bons et bien faits. Si le chien a toute la chasse[6] qui lui convient, si les mordants en sont bien forts, et s'ils présentent comme il faut à la batterie[7]. Il faudra encore bien examiner les vis et tout ce qui appartient à la ferronnerie tant de la platine que de la monture, plus les

1. Il est surprenant que Vauban ne songe pas à faire intervenir dans cette procédure les inspecteurs des manufactures.

2. Les pailles sont des fissures qui fragilisent un métal et le rendent cassant

3. Le rebrasage est une reprise de soudure.

4. La batterie est la pièce métallique que le silex heurte pour produire l'étincelle de la mise à feu.

5. Le mécanisme de la détente (que l'on appelle souvent à tort la « gâchette ») déclenche la libération du chien, donc la mise à feu, par une pression de l'index.

6. La chasse du chien est l'amplitude de son mouvement.

7. Les mordants sont les mâchoires qui maintiennent le silex. Elles ne doivent laisser aucun jeu susceptible d'atténuer le choc avec la batterie et donc compromettre la production de l'étincelle.

bouts de ladite monture, appartenances et dépendances, voir s'ils sont assez secs, s'ils ne sont point disposés à éclater, s'il n'y a point de mauvais nœuds, si le fût est bien garni de tenons et la crosse de talonnière de fer poli ou de cuivre, et remarquer que non seulement les platines doivent s'attacher bien juste dans leur forme, mais qu'elles n'y doivent tenir par trois vis au lieu de deux qu'on y met ordinairement, etc. Après cela visiter la baïonnettte et observer sa longueur et son renfort ; idem la gargouche et tout ce qui en dépend car l'un est l'accompagnement de l'autre. C'est particulièrement l'affaire des maîtres jurés aux gages du roi qu'il faut choisir fidèles et intelligents, et après cela que les inspecteurs et commissaires soient toujours présents à ces examens afin qu'aucun défaut ne puisse échapper s'il est possible, car le manque de soin et la malfaçon des armes du passé ont causé une infinité d'accidents de ma connaissance qui ont estropié un très grand nombre de braves soldats.

Ce que je dis ici de l'épreuve desdits canons de fusil se devrait observer pour les mousquetons et pistolets de la cavalerie.

A l'égard des carabines rayées j'en fais peu ou point de cas tant par la difficulté et lenteur de leur service, que pour avoir éprouvé qu'elles ne portent pas plus loin que les fusils ordinaires, et cela n'est pas malaisé à concevoir quand on saura qu'un coup de fusil emploie plus de poudre que deux de carabines. Qu'à chaque 3 ou quatre coups de carabine il faut la nettoyer, et qu'enfin on aura plutôt tiré six coups de fusil que trois de carabine[1]. Tout cela est de fait, et je puis l'assurer comme en ayant fait plusieurs fois l'expérience.

Après tout ce que dessus je ne crois pas qu'on puisse disconvenir que le fusil bon et bien fait ne soit en tout et partout préférable au mousquet. Celui-ci n'étant plus bon qu'à renfermer dans les magasins des places où on en pourra prendre les canons qui vaudront quelque chose pour les faire monter en fusil et garder les autres jusqu'à ce que quelque siège bien opiniâtré oblige d'y avoir recours.

Je dois encore donner ici un avis important sur les armes qui est d'en brunir les canons plutôt que de les blanchir parce que pour les entretenir clairs et nets, il faut souvent les frotter et dérouiller. C'est ce que le soldat fait, mais avec de la brique, du grain ou du sable, ce qui diminuant leur épaisseur les affaiblit et les dispose à crever en fort peu de temps.

Revenons à l'exercice et commençons par en ôter les superfluités dont il est plein, comme de ne point coucher en joue et d'appuyer la crosse du mousquet dans le milieu de l'estomac pour la bonne grâce qui est une pos-

1. Le canon rayé imprimait un mouvement de rotation au projectile qui pénétrait mieux dans l'air et possédait ainsi une meilleure portée et une meilleure précision. L'adoption de ce système fut une contribution majeure à l'amélioration technique des fusils au XIXe siècle. Vauban n'en perçoit pas les avantages car d'importants résidus (bourre, papier, poudre non consumés) s'accumulaient dans les rayures.

ture ridicule qui préfère un certain air vain et fat, au nécessaire si considérable qu'il n'y va pas moins que de la vie. Car tout homme qui tire de la sorte ne sait où va son coup, et n'ajuste que par le plus grand hasard du monde[1]. Il y a je ne sais combien d'autres mouvements inutiles, ridicules et embarrassants qu'il faut retrancher parce que l'exercice présuppose un apprentissage de plus sérieuses actions du monde dans la pratique duquel l'esprit du soldat a toujours la mort présente à 20 pas de soi, ce qui le trouble et le rend peu capable de faire des mouvements qui ne sont bons qu'à le troubler encore davantage. Il faut donc réduire l'exercice au nécessaire et retrancher le superflu comme autant de mouvements vains et fatigants, en un mot corriger le vieux et en ôter tout l'accompagnement fastidieux du mousquet de même que celui des piques et en composer un qui se réduise à l'usage du fusil simple avec la baïonnette. J'en ai vu pratiquer un inventé par le major des galères qui m'a paru tel à peu près qu'il le faudrait, ou du moins fort approchant. Je le donnerai ci-après avec ce que j'y pourrai corriger.

DES EXERCICES

Pour bien composer un exercice, il faut en premier lieu qu'il soit exempt de toutes superfluités obscures et embarrassantes.

2[ent]. Y introduire la posture et la bonne grâce convenable sans contrainte et sans gêner le naturel.

3[ent]. Qu'il soit simplement fait pour les mouvements nécessaires et les armées dont on se sert et rien de plus.

4[ent]. Que tous les commandements se fassent en termes courts et intelligibles qui s'expriment en peu de mots.

5[ent]. Qu'il soit examiné et corrigé par les directeurs assemblés à cet effet, rédigé par écrit et même figuré, après imprimé afin de le rendre commun à toutes les troupes.

6[ent]. Que pour être pleinement autorisé il soit approuvé du roi et confirmé par une ordonnance de sa Majesté portant défenses d'y rien changer.

Cela fait les inspecteurs le doivent apprendre aux majors et aides-majors des régiments, ceux-ci aux officiers et sergents et les sergents aux soldats à

1. La position décrite par Vauban (la crosse du mousquet posée sur le creux de l'estomac) traduit bien l'absence totale du souci de précision dans l'usage de l'arme à feu, dont on recherchait avant tout l'effet de masse produit par les salves. Dépourvus d'instruments de visée, les fusils ne permettaient pas plus que les mousquets, un tir de précision. Mais, comme le souligne Vauban, il était nécessaire et utile d'ajuster le tir en pointant son arme à mi-hauteur des soldats ennemis, de façon à anticiper sur le mouvement ascendant du canon produit par le recul.

qui on les fera faire en gros et en détail jusqu'à ce qu'ils en soient parfaitement instruits, observant que ce que nous appelons exercice se doit entendre du maniement des armes et des évolutions.

Cela supposé comme une règle qui doit nécessairement précéder les leçons qu'on en voudra faire aux troupes, la première chose par où on doit commander est de les mettre en bataille, les rangs à huit de hauteur, en distance de quatre pas communs l'un de l'autre et les files à 2 : un peu plus un peu moins ne doit faire une affaire, l'un de l'autre bien dressés les soldats manquent chacun leur place, on dispose après des sergents à toutes les divisions selon les évolutions qu'on veut faire faire les supposant très bien instruits, les officiers et tambours se rangent à leur place selon l'usage ordinaire après quoi on commencera par les maniements des armes comme il sera dit ci-après, mais avant que d'en venir là on doit remarquer que je suppose toute l'infanterie armée de fusils et de baïonnettes de même longueur et qu'au lieu de fourniment je donne à chaque homme des gargouches ou des poches à poudre avec des charges mesurées et des cravates de toile peinte pour servir de mouchoirs aux fusils, des épinglettes pour nettoyer la lumière des poulvrins pour amorcer, remarquant qu'on peut se passer de ce dernier si l'on veut en amorçant de la charge même, mais le mieux est d'en avoir ; cela une fois établi voici comme on s'y peut prendre.

Maniement des armes
Silence
écoutez les commandements
[*Nota.* Qu'on suppose un poulvrin et une épinglette attachés aux boutonnières du justaucorps c'est pour les avoir à portée de pouvoir nettoyer la pierre et le bassinet.]
Mettre vos armes à terre
Défaites vos cravates
Passez-les à la ceinture
Reprenez vos armes
Reposez-vous sur vos armes
Fusil sur l'épaule
Portez bien vos armes
A droite quatre fois
A gauche quatre fois
Demi-tour à droite
Remettez-vous
Demi-tour à gauche
Remettez-vous
Portez la main droite au fusil
Haut le fusil
Joignez la main gauche au fusil

Bandez le fusil
En joue
Tirez juste
Retirez vos armes
Remettez le chien en repos
Nettoyez la pierre et le bassin
Epinglez la lumière
Amorcez
Refermez le bassinet
Soufflez sur le bassinet
Passez le fusil du côté de l'épée
[à la gargouche.] Prenez la charge
Mettez-la dans le canon
Prenez la bourre
Mettez-y la balle
Ensuite la deuxième bourre sur la balle
Tirez la baguette en trois temps
Haut la baguette
Raccourcissez-la le gros bout contre l'estomac
Mettez-la dans le canon
Poussez la charge à fond
Bourrez trois coups
Retirez la baguette en trois temps
Haut la baguette
Raccourcissez-la le petit bout contre l'estomac
Remettez-la en son lieu
Soldats, prenez garde à vous
Tirez la baïonnette
Mettez-la au bout du canon
Accrochez-la dans son arrêt
A droite quatre fois
A gauche quatre fois
Demi-tour à droite
Remettez-vous
Demi-tour à gauche
Remettez-vous
En joue
Tirez
Retirez vos armes
Tenez-les devant vous
Nettoyez la pierre et le bassin
Amorcez
Prenez une gargouche

Rompez-en le bout avec les dents
Coulez-la dans le canon
Frappez trois coups de la crosse à terre
Remettez-vous en état
Remettez la baïonnette en son lieu
Reposez-vous sur vos armes
Mettez vos armes à terre
A la paille
Reprenez vos armes
Reposez-vous sur vos armes
Fusil sur l'épaule

On peut ajouter retrancher et corriger à ce maniement ce que l'on voudra, je l'ai fait court et autant conforme que j'ai pu à celui qu'on attribue au roi qui est fort instructif parce qu'il est raisonné et bien sensé.

Le maniement des armes achevé et les soldats bien instruits il en faudra venir aux évolutions. Pour cet effet diviser le bataillon en demi-rangs et quarts de rangs, et les files en demi-files et quarts de files et mettre à chaque division des sergents bien instruits pour les conduire selon les commandements qui leur seront faits.

Tome VIII

des Oisivetés
de Monsieur de Vauban

« Traité de l'attaque des places »

Pour la postérité, Vauban est avant tout l'homme qui a fait construire ou restaurer plus de cent places fortes, l'homme de la « ceinture de fer ». Pourtant, c'est comme preneur de villes qu'il a commencé sa vie militaire, puis qu'il s'est fait connaître du roi. Des premières opérations contre les places lorraines et champenoises, pendant la Fronde, aux « grands sièges » où éclate la gloire de Louis XIV, Vauban sut s'affirmer, aux yeux de l'Europe entière, comme le maître incontesté de la poliorcétique, l'art de prendre les villes.

*

Dans une France déchirée par la Fronde, le jeune Vauban eut rapidement l'occasion de faire connaître ses talents. Alors qu'il sert le prince de Condé, il se fait remarquer par un acte de bravoure au siège de Sainte-Menehould : il traverse le fossé de la place à la nage, sous le feu de l'ennemi[1]. Dès qu'il passe au service de la France, il est employé en tant qu'ingénieur dans les nombreux sièges que le jeune Louis XIV mène contre l'Espagne. Jusqu'à la paix, Vauban conduit près de quatorze sièges, en chef ou en second – c'est-à-dire sous la direction du chevalier de Clerville. Ces opérations le marquent durablement – les forteresses de Champagne ou de Lorraine sont constamment citées au long de son « Traité de l'attaque ». Outre une expérience pratique, Vauban en retire un goût pour les attaques méthodiques. Les attaques menées de façon désordonnée par le chevalier de Clerville coûtent en effet trop cher : c'est ainsi qu'en 1656, au siège de Montmédy, le jeune Vauban voit tous ses camarades ingénieurs se faire tuer dans les tranchées. Enfin, ces sièges représentent la première occasion, pour le jeune ingénieur, de s'illustrer devant le roi. Vauban participe à la reprise de Sainte-Menehould, qui est menée sous les yeux de Louis XIV – le roi assiste là à son premier siège.

Dès que la guerre reprend – il s'agit cette fois-ci de la guerre de Dévolution –, Vauban est chargé de conduire les attaques contre les places convoitées par le Roi-

1. *Bernard Pujo,* Vauban, *Paris, Albin Michel, 1991, p. 25.*

Soleil : Tournai, Douai, Lille. Tout au long de sa carrière, Vauban sut se rendre maître d'une cinquantaine de villes – de quarante-huit à cinquante et une selon les sources –, dont une vingtaine en présence du roi. Ce sont ces victoires – plus que ses talents d'architecte civil ou militaire – qui lui valurent honneurs et récompenses. Le siège de Maastricht fut récompensé par un don royal de 80 000 livres – qui lui permit d'acquérir son château de Bazoches[1] –, tandis que celui de Namur lui valut 120 000 livres[2].

*

L'art de la poliorcétique était de fait un talent particulièrement recherché au sein des armées du XVIIe *siècle. Pour s'approprier un territoire, pour progresser plus avant dans le pays ennemi, le contrôle des places fortes était un préalable indispensable. La nécessité de la guerre de siège était une conséquence de l'accroissement des besoins logistiques, eux-mêmes dus à l'augmentation de la taille des armées. Le nombre des soldats s'était considérablement accru tout au long du Grand Siècle. Alors que les troupes françaises totalisaient 55 000 hommes sous Henri IV, elles en atteignaient 200 000 à la fin du règne de Louis XIII, pour faire face aux besoins de la guerre de Trente ans. La remise en ordre du royaume opérée après la Fronde permit au Roi-Soleil de gonfler encore ces chiffres : 280 000 au début de la guerre de Hollande, 420 000 pendant la guerre de la Ligue d'Augsbourg[3]. Les adversaires du Roi-Soleil rattrapèrent rapidement leur retard numérique. Au début de la guerre de Succession d'Espagne, l'ensemble des pays alliés contre Louis XIV pouvait aligner près de 450 000 hommes[4].*

Les besoins de telles armées étaient immenses. On ne pouvait plus se contenter de vivre sur les pays occupés, en rançonnant leurs habitants, comme lors de la guerre de Trente ans. Les troupes devaient pouvoir compter sur de vastes magasins installés à l'avance, où toutes les munitions nécessaires, de bouche et de guerre, étaient disponibles pour le temps d'une campagne. Pour stocker ces denrées, il fallait des places de guerre ; pour les acheminer jusqu'aux armées, il fallait disposer de chemins sûrs, libres de troupes ennemies, c'est-à-dire libres de forteresses hostiles. Enfin, même le système de magasins le plus perfectionné ne pouvait suppléer aux multiples besoins d'une grande armée. Pour être à même de prélever sur le pays les subsistances suffi-

1. Ibid.*, p. 79.*

2. *Michèle Virol,* Vauban : de la gloire du roi au service de l'Etat*, Seyssel, Champ Vallon, 2003, p. 72. – Par comparaison, l'inspection du canal des Deux Mers, qu'il réalise à la demande du secrétaire d'Etat à la Marine, et les divers projets qu'il put en tirer, ne lui rapportèrent que 12 000 livres*

3. *John Lynn,* Giant of the *Grand Siècle* : the French army, 1610-1715*, Cambridge, Cambridge University Press, 1997, p. 55.*

4. *André Corvisier (dir.),* Histoire militaire de la France. Des origines à 1715*, Paris, PUF, 1992, t. I, p. 531. Ces chiffres indiquent les effectifs théoriques, et ne prennent pas en compte des phénomènes comme les fraudes, la désertion… Il est ainsi nécessaire de retirer environ le tiers de ce nombre pour obtenir les effectifs réels.*

santes – particulièrement les fourrages des chevaux[1] *–, il fallait se déplacer dans des territoires accueillants et cultivés, c'est-à-dire peuplés. On a pu estimer que pour subvenir aux besoins d'une grande armée européenne, une région devait compter plus de 35 habitants au km*^{2}*. Ceci restreignait la guerre en Europe à un faible nombre de contrées : l'Italie du nord, l'ouest de l'Allemagne, le nord de la France, et surtout les Pays-Bas espagnols – les théâtres d'activité de Vauban poliorcète et de Vauban architecte*[2].

La « guerre de siège » naît de cette nécessité de combattre dans des régions où la moindre ville est pourvue de fortifications modernes, et des énormes contraintes de ravitaillement, qui obligent le général à disposer de lignes sûres. Enfin, pour acheminer le gigantesque train d'artillerie nécessaire à la prise d'une ville, il faut avoir le contrôle des cours d'eau – la voie terrestre étant trop lente. Il faut s'assurer de l'ensemble des places bordant une voie navigable, sans en négliger aucune. Pour pouvoir mener un siège, il faut donc avoir recours à d'autres sièges : la guerre de siège se nourrit elle-même. Les travaux préparant l'attaque de Mons peuvent donner une idée de l'entreprise que représentait un grand siège : dès mai 1690, on fait stocker du foin dans les places voisines, tandis qu'on installe 100 tonnes de fromage de Hollande à Arras[3]*. Les intendants réunissent 120 canons, 45 mortiers, 221 affûts, 106 000 boulets, 7 000 bombes, 40 000 grenades, 200 000 mèches, 64 000 outils, 30 000 sacs à terre, tirés des places de Tournai, Condé, Valenciennes, Douai, Menin, Lille et Le Quesnoy*[4]*. Les effectifs rassemblés devant les places sont tout aussi importants : à Turin, l'armée de siège compte près de 40 000 hommes, alors qu'une autre armée de 45 000 hommes est chargée d'empêcher l'ennemi de secourir la place*[5]*. En 1692, ce sont 80 000 hommes qui assiègent Namur, tandis que les travaux sont effectués par plus de 18 000 paysans réquisitionnés dans les environs*[6]*. Néanmoins, ces chiffres ne doivent pas occulter la multiplicité des petits sièges, opposant quelques milliers d'hommes à une garnison d'une centaine de soldats.*

La guerre de siège est ainsi un aspect incontournable de l'art de la guerre au Grand Siècle. Mais le goût du Roi-Soleil pour les « grands sièges » ne s'explique pas seulement par des motifs militaires. Ce type de guerre correspond aussi à une conception profonde de l'ordre des choses selon le Roi-Soleil. Le hasard est souverain

1. *Une armée de 60 000 hommes comptait environ 40 000 chevaux. Pour nourrir ces bêtes, un total de 1 000 tonnes de fourrage par jour était nécessaire. G. Perjés, « Army Provisioning : Logistics and Strategy in the Second Half of the Seventeenth Century »,* Acta Historica Academiae Scientiarum Hungaricae, *t. 16, n° 1-2, 1970, pp. 14-17.*

2. *David Chandler,* The Art of Warfare in the Age of Marlborough, *New York, Londres, B. T. Batsford, 1976, p. 15.*

3. *Martin Barros, Nicole Salat et Thierry Sarmant,* Vauban : l'intelligence du territoire, *Paris, Editions Nicolas Chaudun et ministère de la Défense, 2006, p. 51.*

4. Ibid.

5. *Clément Oury,* Les Défaites françaises de la guerre de Succession d'Espagne : rapport d'étape, *sous la direction de MM. Olivier Chaline et Thierry Sarmant, Villeurbanne, non publié, Enssib, 2006, pp. 47 et 57.*

6. *M. Barros* et al., op. cit., *p. 52.*

à la guerre, particulièrement le jour d'une bataille. Mais lorsqu'on fait le siège d'une ville, on peut évaluer à l'avance, au vu de la qualité des fortifications, de la disproportion des forces en présence, de la proximité d'une armée de secours, combien de temps les défenseurs pourront lutter. Tout est confusion dans une bataille, tout est ordre lors d'un siège – du moins, sur les tableaux de Van der Meulen, qui réalise pour Louis XIV, à Marly, la série des Conquêtes, *ensemble de tableaux représentant les villes prises par le roi*[1]. *La dimension sanglante du combat s'efface au profit de la description technique. Les grands sièges royaux sont ainsi des instruments de propagande – le siège de Maastricht est représenté dans la galerie des glaces. Si Vauban n'apparaît pas, on peut en revanche voir Louis XIV dans toute sa gloire. Comme Lully, Le Brun ou Racine*[2], *Vauban fut le metteur en scène de la puissance monarchique – on ne peut comprendre à moins l'estime que lui accordait le souverain.*

*

C'est pour initier son petit-fils, le duc de Bourgogne, à cet élément essentiel de l'exercice du pouvoir royal que Louis XIV commande au vieux maréchal, en 1703, un mémoire sur l'attaque des places fortes. Vauban avait déjà eu l'occasion d'instruire le duc de Bourgogne à l'art du siège. Ce dernier venait de commander – sous la conduite du maréchal de Tallard – l'armée qui avait mis le siège devant Brisach. Vauban avait été chargé de mener les attaques, et le duc de Bourgogne, âgé à peine de quatorze ans, avait pu visiter la tranchée à ses côtés. Un traité théorique devait désormais éclairer l'expérience sensible vécue par le jeune prince. Le texte demandé à Vauban pouvait ainsi être perçu comme l'équivalent, sur le plan militaire, du Télémaque *écrit par Fénelon, le précepteur du duc de Bourgogne (connu en manuscrit en octobre 1698, publié en mars-avril 1699), ou des* Mémoires des intendants, *commandés par le duc de Beauvillier, gouverneur du jeune duc, en 1697*[3].

Une telle commande ne représentait pourtant pas, pour le maréchal, un travail inédit. En effet, bien des années auparavant, en 1669, le marquis de Louvois lui avait déjà demandé de coucher par écrit ses idées sur la poliorcétique. Le résultat en fut, au début de l'année 1672, un « Mémoire pour servir d'instruction dans la conduite des sièges », de près de 200 pages et d'une vingtaine de planches. Cet

1. *Isabelle Richefort, « Les représentations de la guerre chez Van der Meulen », dans* L'Art de la guerre. La vision des peintres aux XVIIe et XVIIIe siècles, actes du séminaire tenu à l'Ecole militaire, *le 7 juin 1997, Paris, ADDIM, 1998, pp. 86-89.*

2. *Racine fut l'auteur de la* Relation du siège de Namur *et Boileau d'une* Ode sur la prise de Namur, *publiée en 1693 chez Thierry, à Paris, qui fut lue à l'Académie française et remise au roi. M. Virol, « Le siège de Namur de 1692 : l'héroïsme et la technique »,* XVIIe siècle, *228, juillet 2005, n° 3, pp. 465-488.*

3. *Michèle Virol, « La conduite des sièges réduite en art. Deux textes de Vauban », dans H. Vérin et P. Dubourg-Glatigny (dir.),* La Réduction en art, d'Alberti à l'Encyclopédie, *ENS éd., à paraître.*

ouvrage, lointain prédécesseur du « Traité... » de 1704, n'en représente pas moins une étape décisive dans le cheminement intellectuel de l'ingénieur. Il s'agit pour lui de la première tentative de « réduire en art » les différentes méthodes pour conduire les attaques d'une place, méthodes qui dépendent pourtant d'une multiplicité de facteurs conjoncturels. D'autre part, bien loin de se contenter de faire le point sur les techniques alors à disposition des ingénieurs, Vauban veut faire avancer son art, et convaincre Louvois de mettre en œuvre les réformes nécessaires.

Pour appuyer son propos et établir ses idées, Vauban dresse d'abord un tableau peu flatteur des manières contemporaines de mener un siège, avant de présenter ses propres solutions. Il expose en premier lieu tous les dysfonctionnements qu'on constate lors des attaques : absence de respect du secret, mauvais choix des chemins d'approche, peu de soin des travaux, inefficacité de l'artillerie, sous-alimentation des soldats... Mais c'est surtout aux officiers généraux qu'il s'en prend, les accusant de sacrifier leurs hommes par incompétence et par ambition. Vauban pense peut-être à l'attitude du prince de Condé à Arras, en 1654, qui perd un millier de ses hommes dans des attaques prématurées, ou à celle du maréchal de Grammont au siège de Tournai, en 1667, qui fait prendre d'assaut le chemin couvert contre le sentiment de Vauban[1]. Pourtant, dans ce Mémoire, c'est de ses propres erreurs que Vauban préfère tirer leçon : il prend l'exemple du siège de Lille, en 1667, qui représente pourtant un indéniable succès, pour identifier tout ce qui s'est fait « contre les règles du métier ».

Car pour Vauban, l'attaque des places doit suivre une méthode rationnelle et obéir à des règles rigoureuses. L'approximation et le hasard ne doivent pas être de mise. Il résume d'abord sa pensée en une série de neuf axiomes et dix-neuf maximes. Il reprend ensuite l'ensemble des fautes déjà évoquées, pour identifier les moyens de ne plus les commettre : soin du renseignement, bon ordonnancement des lignes et des tranchées... Enfin, il insiste sur un des projets qui lui tient le plus à cœur – et qu'il n'abandonnera jamais, malgré tous les refus essuyés de la part du roi : la création d'un corps de troupes particulier, qui effectuerait toutes les tâches spécialisées requises par un siège. Il n'hésite pas à entrer dans tous les détails concernant le recrutement, le commandement, l'équipement et la conduite de ces soldats.

Ce traité resta confidentiel, à l'usage exclusif du marquis de Louvois. Il s'agit pourtant là d'un texte essentiel : toutes les idées fortes de Vauban, celles qu'il expose dans le traité de 1704, y sont déjà énoncées. Il est vrai que le maréchal utilisa son mémoire de 1669-1672 comme point de départ, lorsque Louis XIV lui demanda un texte pour l'instruction du duc de Bourgogne. Certains passages sont même repris à l'identique. Pourtant, la démarche adoptée et l'ampleur de l'ouvrage ne sont plus les mêmes.

1. M. *Barros* et al., op. cit., *p. 47. L'ingénieur dresse un portrait sévère de l'attitude des officiers généraux : « Ce que je trouve de surprenant est qu'on verra ces messieurs le lendemain qu'ils auront relevé la tranchée se plaindre ou plutôt se vanter avec un air satisfait et content qu'ils auront perdu cent ou cent cinquante hommes parmi leur garde, parmi lesquels il y aura peut-être 8 ou 10 officiers et quelque brave ingénieur qui aurait bien pu servir ailleurs. Y a-t-il bien là de quoi se réjouir ? » Cité par* A. *Blanchard,* op. cit., *p. 169.*

*

Le « Traité de l'attaque des places » de 1704 est d'abord beaucoup plus volumineux. L'exemplaire remis au duc de Bourgogne compte 623 pages, illustrées de 31 planches aquarellées. Après avoir rapidement démontré l'utilité des places fortes, Vauban décrit systématiquement toutes les étapes de l'attaque d'une place. La première phase est celle de l'investissement : la place est encerclée par l'avant-garde de l'armée de siège, qui la coupe de toute communication avec l'extérieur. Ensuite le gros des troupes arrive et installe son campement. Les troupes s'entourent d'une double série de retranchements : les lignes de circonvallation, qui protègent l'armée de siège contre une armée de secours, et les lignes de contrevallation, qui empêchent toute sortie de l'ennemi. Ainsi installée, l'armée peut commencer son inexorable avance vers la place. La tranchée est ouverte : soldats ou paysans réquisitionnés dans les environs, armés de pelles et de pioches, creusent les boyaux qui vont s'avancer vers les fortifications adverses. Puis, lorsqu'on s'approche trop de la place ennemie, on se met à utiliser la « sape » pour faire progresser la tranchée : les sapeurs, restant au fond de la tranchée, excavent la terre qu'ils ont devant eux, en se défendant tant bien que mal des tirs adverses par des protections de terre ou de bois. A trois reprises, ces diverses tranchées sont reliées entre elles par des parallèles, que Vauban qualifie de « places d'armes ». La troisième et dernière place d'armes n'est qu'à une trentaine de mètres du chemin couvert (le chemin couvert est la première ligne de défense ennemie, séparée du corps de la place par le fossé).

La prise du chemin couvert représente une étape décisive, puisqu'elle marque la fin des travaux d'approche de la place. Mais elle est souvent sanglante, surtout si l'artillerie des assiégés n'est pas neutralisée par les batteries des assaillants. Lorsque ces derniers se sont emparés du chemin couvert, ils doivent s'y loger, c'est-à-dire installer les protections qui permettront d'y demeurer en sécurité. Il s'agit ensuite de ruiner les ouvrages défensifs au-delà du fossé (par l'artillerie ou par la mine), et de se préparer les moyens de traverser le fossé (en installant des descentes, ou des ponts si le fossé est plein d'eau).

Enfin, il faut s'emparer de toutes les pièces dans lesquelles on a pu faire brèche : la demi-lune, d'abord, ouvrage séparé du corps de place et qui protège les bastions, le bastion enfin, qui appartient à l'enceinte de la place. La prise d'assaut du bastion termine nécessairement un siège, puisque les troupes assiégeantes peuvent se répandre dans la forteresse et passer la garnison au fil de l'épée. Mais il est excessivement rare, lors des guerres du XVIIe siècle, que l'on en arrive à une telle extrémité. Le gouverneur d'une place a toujours soin d'épargner la vie de ses hommes, et celle des habitants de la ville qu'il défend ; il cherche aussi à négocier une capitulation honorable, où la garnison peut sortir libre, tous drapeaux déployés. L'essentiel est de savoir quand on doit capituler – trop tôt, la place s'est mal défendue ; trop tard, l'assiégeant exigera que la garnison soit prisonnière de guerre. Une reddition était en général considérée comme honorable dès que l'ennemi avait réussi à se loger sur le *chemin couvert et si le gouverneur obtenait la liberté pour ses hommes. En revanche, une capitulation qui n'arrivait que lorsque l'un des bastions de la place était en brèche était perçue comme héroïque. Ainsi, la guerre de siège est par essence une guerre de négociation et de « bluff » : c'est la force militaire et la détermination supposées de l'une des deux parties qui vont amener l'autre à abandonner.*

De la conduite d'un siège, telle qu'elle est décrite par Vauban, se dégage l'idée qu'une place est condamnée à capituler, pour peu que l'attaque soit menée par un ingénieur connaissant les règles de l'art. La seule chose que les défenseurs puissent faire, c'est de rester attentifs à la moindre erreur de l'adversaire, pour contraindre l'attaquant à ne se jamais hâter. Après avoir évoqué toutes les étapes de la prise d'une place, Vauban aborde quelques points particuliers. En premier vient la question des mines – il est vrai que c'est une des opérations les plus périlleuses de la guerre de siège. Miner une place ennemie consiste à creuser un trou dans les fondations de la forteresse, sous le feu de la défense adverse, puis à placer une charge de poudre sous les remparts afin de les faire sauter. La dangerosité d'une telle entreprise explique la mortalité effroyablement élevée qui sévit chez les mineurs. Ensuite, Vauban examine huit exemples de places irrégulières, pour montrer que chaque attaque doit être pensée en fonction du terrain et des caractéristiques de la forteresse qu'on assiège. La question du commandement lors d'un siège, notamment la façon dont on doit se comporter en présence du roi, fait l'objet d'un troisième examen spécifique. Enfin, le maréchal s'intéresse aux secours qu'une armée amie peut apporter aux forces assiégées.

*

Le traité se termine par deux séries de maximes, la première concernant la façon de construire les lignes, la seconde résumant les règles à suivre pour attaquer les places. En ces quelques lignes se dégagent toutes les convictions du vieux maréchal. Vauban insiste en premier lieu sur la nécessité de toujours s'adapter aux circonstances particulières d'un terrain ou d'une place. L'observation et le renseignement sont les clefs du succès. Le repérage prend certes du temps, mais Vauban est ennemi de la précipitation. Avant de se lancer dans des attaques, il faut également s'assurer de disposer de toutes les ressources nécessaires, sans quoi le siège traîne en longueur et des soldats se font tuer inutilement. Le souci d'épargner la vie des troupes est en effet une des obsessions du maréchal – il est exprimé dans sept maximes sur trente[1]. Les morts inutiles du siège de Montmédy, le mépris des officiers généraux pour ceux qui risquent leur vie accroupis dans des tranchées, l'ont toujours scandalisé. Le maréchal justement n'hésite pas à entrer dans des détails que ses homologues jugeraient triviaux : il compare les qualités respectives des divers types de pelles et de pioches, il décrit très précisément la manière dont un artilleur doit charger son canon… Ce souci du concret, on le retrouve dans le goût de Vauban pour les énumérations. On apprend ainsi dans le « Traité » qu'il faut quarante mille grenades, dix mille

1. *Il s'agit des maximes 7, 14, 15, 17, 18, 19 et 29.*

mèches, cent mille pierres à fusil, ou encore cinquante mille sacs à terre avant de commencer un grand siège ; et que pour faire s'effondrer un rempart de 30 pieds de hauteur, il faut creuser une galerie de 15 pieds, terminée par un trou de 1 pied 8 pouces en hauteur, en largeur et en profondeur, dans lequel on doit charger 370 livres de poudre… Tous ces chiffres et ces calculs n'ont qu'un objectif : réduire le plus possible les hasards d'une opération militaire. Pour dompter les aléas du réel, Vauban, en homme de l'art, prône un respect absolu des règles du siège, celles de l'approche méthodique et raisonnée vers la place ennemie. Ainsi finit-il son ouvrage : « Finalement, ne jamais s'éloigner de l'observation de ces maximes, parce qu'on ne le saurait faire sans manquer dans une chose ou dans l'autre, et souvent dans toutes ».

*

La plupart des règles que Vauban enjoint de respecter ne sont pourtant pas nouvelles. Le système des lignes de circonvallation et de contrevallation avait été mis au point par les ducs d'Alva et de Parme, les généraux espagnols qui tentaient de reconquérir les places hollandaises pendant la guerre de Quatre-Vingt ans[1]*. Les tranchées en zigzag progressant vers les remparts avaient été conçues par leurs adversaires, les* stathouders *hollandais Maurice et Frédéric-Henri de Nassau, dans les années 1620. A ces éléments essentiels de l'attaque des places, Vauban apporte trois principales améliorations, toutes évoquées dans les maximes de la conclusion – cette liste des trois innovations, établie par l'historiographie, venant commodément faire écho aux trois « systèmes » de défense qu'il aurait successivement appliqués.*

La première de ces inventions, sur laquelle le maréchal insiste tout au long de son ouvrage, ce sont les parallèles, ou places d'armes, qui relient perpendiculairement les différentes tranchées creusées en direction de la place. Avant l'utilisation des places d'armes, chaque tranchée était isolée, et susceptible d'être abandonnée à chaque sortie de la garnison ennemie. Vauban les met en œuvre pour la première fois au siège de Maastricht, en 1673. Il avait été influencé par les récits du siège de Candie, où les Turcs avaient multiplié le nombre de tranchées.

La seconde innovation est plus tardive, Vauban la conçoit lors du siège de Luxembourg, en 1684 : il s'agit des cavaliers de tranchées, levées de terre que Vauban fait dresser face au chemin couvert. Grâce à eux, les assiégeants disposent désormais d'une position surélevée, d'où ils peuvent dominer les ennemis, et les chasser du chemin couvert, sans même avoir à le prendre d'assaut.

Enfin, c'est devant Philippsbourg, en 1688, que Vauban réalise ce qu'il décide d'appeler le « tir à ricochet ». Il dispose ses pièces d'artillerie de manière à prendre en enfilade les batteries adverses. Pour les renverser, il augmente l'angle de tir de ses canons, tout en diminuant la charge de poudre. Le boulet ainsi lancé rase le parapet ennemi, s'abat sur le sol puis fait plusieurs rebonds, en balayant toute la ligne de

1. *John Childs,* La Guerre au XVIIe siècle, *Paris, Autrement, 2004, pp. 141-142.*

défense ennemie. Même si ce genre de tir nécessite de nombreux ajustements préalables, il est particulièrement redoutable et économique, puisqu'un seul boulet peut balayer toute une batterie adverse, et traumatiser durablement la garnison.

On a souvent voulu contester le caractère novateur de ces trois techniques. On a d'abord refusé à Vauban l'honneur d'avoir le premier mis en œuvre les parallèles dans les sièges européens. Devant Stenay, en 1654, le maréchal de Fabert eut de fait l'idée de relier entre eux plusieurs boyaux – Vauban était présent, mais seulement comme ingénieur volontaire. La volonté de prendre en enfilade les lignes de défense adverse n'est pas neuve non plus, elle avait été évoquée dès 1629 dans les Pratiques du sieur Fabre, *écrit par un ingénieur français*[1]. *D'autres historiens ont argué du fait que Vauban lui-même s'était peu servi de ses propres innovations. Ainsi, ce n'est qu'au siège d'Ath que Vauban utilise pleinement le ricochet – c'est-à-dire à la fin de sa carrière militaire*[2].

*

Pour autant, faut-il considérer que le « Traité » n'est qu'un panorama des différentes méthodes d'attaques au crépuscule du Grand Siècle, et ne fait qu'exposer des méthodes largement pratiquées ? Ce serait négliger, en premier lieu, que Vauban est le seul à avoir mis en pratique, de façon aussi systématique et aussi efficace, les méthodes qu'il expose – il est vrai qu'il bénéficiait des exceptionnelles capacités logistiques de l'armée française, véritable « Géant du Grand Siècle », selon l'expression de John Lynn[3]. *D'autre part, Vauban dans son traité ne fait pas un catalogue de tous les expédients utiles à la prise d'une place, il décrit une mécanique rigoureuse, implacable, qui passe par un nombre indispensable d'étapes, que l'on ne peut jamais négliger, et en laquelle réside une logique interne : la supériorité de « l'industrie » sur la force, de l'économie des moyens poussés à leur efficacité maximale sur les méthodes brusquées, et en définitive moins profitables. Bien que le maréchal expliquât qu'il y a une méthode d'attaque différente par place attaquée, il existe un siège « à la Vauban », c'est celui que décrit le « Traité », et que Vauban a toujours tenté d'approcher dans ses réalisations – le siège d'Ath, en 1697, en étant le plus brillant exemple. Les différentes méthodes décrites par Vauban ne sont pas systématisées – elles ont très rarement été utilisées toutes lors d'un même siège –, mais elles sont érigées en système.*

*

L'exposé de ce système méthodique d'attaque ne devait pas tomber dans des mains ennemies. C'est pourquoi Vauban voulait que l'on ne diffuse pas le manuscrit dédié au duc de Bourgogne, encore moins qu'on le publie. Pourtant, la réputation du vieux

1. *M. Barros* et al., op. cit., *p. 49.*
2. *J. Ostwald,* op. cit., *p. 70.*
3. *John Lynn,* Giant of the *Grand Siècle, op. cit.*

maréchal était telle que l'ouvrage fut immédiatement recherché à prix d'or par un public avisé. Cette demande entraîna des « fuites », comme celle qui se produisit à la mort de Vauban, en 1707. Le sieur de Langot, un de ses dessinateurs, s'empara alors de brouillons du manuscrit. Peu de temps après, Langot fut envoyé à l'armée d'Espagne. Ses bagages, qui le suivaient, furent interceptés par un intendant de province, qui en fit subrepticement des copies[1]. *D'abord rares, les copies du manuscrit se multiplièrent, cette prolifération incontrôlée rendant les textes de moins en moins fiables : « Le grand nombre de copies manuscrites qui se sont répandues de cet ouvrage, ont donné lieu aux fautes sans nombre qui s'y sont glissées : quelques maîtres de mathématique de Paris, animés par un intérêt sordide, en ont fait un trafic honteux, et trahissant l'intention de M. de Vauban, ont pris la liberté d'y faire des changements et des additions qu'ils ont mis {*sic*} sur le compte de M. de Vauban »*[2].

Finalement, c'est en 1737 qu'eut lieu la première édition du « Traité de l'attaque des places ». Elle fut l'œuvre d'un Hollandais, Pierre De Hondt, et dédiée au roi de Prusse. Dans sa préface, ce libraire déclare avoir d'abord sollicité une copie directe du manuscrit conservé « au fond de la bibliothèque du Roi Très-Chrétien », les échecs réitérés de ses demandes l'ayant amené à faire son édition à partir d'une copie « pirate »[3]. *L'ouvrage, qui compte 188 pages au total, réunit les traités de l'attaque, mais aussi de la défense des places, écrit peu de temps après*[4]. *Les planches, en noir et blanc, sont éditées tout au long du livre.*

Cette édition, qui ne comporte pas l'adresse au duc de Bourgogne, ni le passage sur l'utilité des places fortes, se ressent des erreurs qui ont pu se multiplier au fil des différentes copies du manuscrit. On peut même y découvrir certaines énormités. Ainsi, on lit à la sixième page, à propos de l'investissement des places : « C'est ainsi que les Alliez, en 1710, paraissant menacer Ipres, donnèrent occasion de tirer la meilleure partie de la garnison de Tournai, qui, ayant été investie le lendemain, ne fut pas en état de faire la résistance qu'on devait en attendre, quoiqu'elle soit une des plus fortes places des Pays-Bas »[5]. *La mention, dans un manuscrit censé être de Vauban, d'un événement qui eut lieu trois ans après sa mort, qui plus est tout à la gloire de ses ennemis, ne rebuta pas l'éditeur !*

Ceci n'empêcha pas, en 1742, le même éditeur de publier une nouvelle édition du « Traité », augmenté de différents textes[6]. *Le premier est un « traité des mines »,*

1. *AN fonds Rosanbo, microfilm 155 MI 1, f° 126 v°, note manuscrite du comte d'Aunay, cité par M. Virol,* Vauban, op. cit., *p. 88. Selon le petit-fils de Vauban, c'est cette fuite qui a donné lieu aux copies qui servent de fondement à l'édition de 1737.*

2. *Sébastien Le Prestre de Vauban,* Œuvres de M. de Vauban, *Amsterdam et Leipzig, Arkstée et Merkus, 1771, avertissement des libraires, non paginé.*

3. *Sébastien Le Prestre de Vauban,* De l'attaque et de la défense des places. Par M. de Vauban, maréchal de France et directeur général des fortifications du royaume, *La Haye, Pierre de Hondt, 1737, préface, non paginé.*

4. *Voir le tome* IX Défense des places, *ici pp. 1337-1482.*

5. *S. Vauban,* De l'attaque…, op. cit., *édition de 1737, p. 6.*

6. *Sébastien Le Prestre de Vauban,* De l'attaque et la défense des places…, *La Haye, Pierre De Hondt, 1742, 2 t. en 1 vol in-4°.*

que De Hondt tient « d'un officier de marque au service du Roi très chrétien, qui l'a assuré que cet ouvrage était réellement de M. de Vauban »[1] *– il s'agit en réalité d'un faux*[2]*. Pour gonfler encore l'ouvrage, Pierre De Hondt adjoint un « traité de la guerre en général », par un « officier de distinction »*[3]*. Enfin, l'éditeur ajoute dans la préface le « Discours sur l'utilité des places fortes », qu'il a trouvé dans un autre exemplaire manuscrit du* Traité des sièges *de 1704*[4].

Pierre De Hondt n'est pas le seul à vouloir diffuser la pensée du maréchal. Son petit-fils, Charles de Mesgrigny, comte d'Aunay, choqué par les erreurs contenues dans l'ouvrage du libraire hollandais, entame une nouvelle édition, qui ne vit jamais le jour. En revanche, un Mémoire pour servir d'instruction dans la conduite des sièges et dans la défense des places, dressé par le maréchal de Vauban et présenté au roi en 1704, *paraît en 1740 à Leipzig, chez Jean et Herman Verbeek*[5]*. Il s'agit en réalité d'une copie du « Mémoire » de 1669-1672, que les éditeurs ont confondu avec son successeur de 1704.*

*De son côté, le marquis de Quincy, dont l'*Histoire militaire de Louis le Grand *sort en 1726, y intègre, sous le titre de « traité des mines », les chapitres 17 à 21 du* Traité *de 1704*[6].

C'est censément pour réagir contre toutes ces erreurs que les libraires Arkstée et Merkus font paraître une nouvelle édition des Œuvres de M. de Vauban, maréchal de France, et directeur général des fortifications du royaume *en 1771*[7]*. Le premier tome en est le traité de l'attaque des places. Les libraires disent tenir cette nouvelle version, plus fidèle et plus complète, d'un autre manuscrit, apporté par un officier français « très au fait des mathématiques »*[8]*. Les erreurs grossières identifiées dans l'édition de Pierre De Hondt demeurent – elles apportent toujours un supplément d'information – mais elles sont notées en italique, pour ne pas tromper le lecteur.*

*

1. Ibid., *préface, non paginée.*
2. *Pierre-Alexandre-Joseph Allent,* Histoire du corps impérial du génie, *Paris, Magimel, 1805, t. I, p. 710.*
3. *Selon Allent, il s'agit de Guillaume de La Fon de Boisguérin, seigneur Deshoulières.*
4. *S. Vauban,* De l'attaque…, *op. cit., édition de 1742, préface, non paginé.*
5. *Sébastien Le Prestre de Vauban,* Mémoire pour servir d'instruction dans la conduite des sièges et dans la défense des places, dressé par M. le maréchal de Vauban et présenté au roi Louis XIV, en 1704, *Leyde, J. et H. Verbeck, 1740, 204 p. in-4°.*
6. *Charles Sevin, marquis de Quincy,* Histoire militaire de Louis le Grand, *Paris, D. Mariette, 1726, 7 t. en 8 vol. La seconde partie du t. VII de l'*Histoire militaire… *s'intitule « Maximes et instructions sur l'art militaire, par M***, officier général des armées du roi ». Elle comprend ledit « traité des mines » (pp. 385-407). Ces « Maximes » ont fait l'objet de rééditions séparées en 1727, 1728 et 1740.*
7. *Sébastien Le Prestre de Vauban,* Œuvres de M. de Vauban, *Amsterdam et Leipzig, Arkstée et Merkus, 1771, 3 vol. in-4°.*
8. *S. Vauban,* Œuvres…, op. cit., *édition de 1771, Avertissement des libraires, non paginé.*

Il faut attendre la fin du XVIIIe *siècle pour voir le « Traité » édité en France. En 1779, l'éditeur français Jombert fait une nouvelle édition des œuvres de Vauban, en regroupant le faux traité des mines de l'édition De Hondt en 1742 et les chapitres sur les mines que Quincy a extraits du « Traité » de 1704. Cela donne le troisième et dernier tome de son ouvrage, les deux premiers étant le traité de l'attaque (expurgé des chapitres sur les mines), et celui de la défense*[1].

En l'an III, le général Philippe-François de Latour-Foissac reprend l'édition de Jombert[2]. *Il n'hésite pas à l'enrichir de notes, pour développer quelques principes énoncés par Vauban et pour adjoindre l'opinion des auteurs les plus récents.*

Mais l'édition la plus fiable du « Traité » fut donnée par le colonel Augoyat en 1829[3]. *Son objectif était de revenir au manuscrit le plus fidèle, celui de la bibliothèque du Génie, et de supprimer toutes les scories et tous les ajouts qui avaient pu l'altérer. D'autre part, il y adjoint à la suite un mémoire sur l'artillerie, et un autre sur un régiment de sapeurs, que Vauban a présentés en même temps que son « Traité », et qui sont copiés dans le manuscrit de référence*[4].

Les éditions suivantes du traité furent des éditions tronquées. Albert de Rochas d'Aiglun, dans son édition des Oisivetés, *ne reprend que quelques extraits : l'épître dédicatoire, les passages évoquant le rôle des ingénieurs, la reconnaissance des places, les précautions à prendre en présence du roi, les maximes de la conclusion*[5]. *Enfin, la dernière édition française du « Traité de l'attaque des places » fut donnée par Nicolas Faucherre et Philippe Prost*[6]. *Illustré des planches de Vauban en couleur, ce livre présente les passages essentiels du « Traité », le reste faisant l'objet de résumés succincts.*

La langue française, parlée par toutes les élites européennes, garantissait au « Traité » de Vauban une audience internationale. Il n'en fut pas moins traduit à de multiples reprises. En 1744 parut une édition en allemand du « Traité »[7] *– l'al-*

1. *Sébastien Le Prestre de Vauban,* Œuvres contenant le Traité de l'attaque des places et le Traité de la défense des places, *Paris, Barrois et Jombert, 1769, 2 vol. in- 8°.*

2. *Sébastien Le Prestre de Vauban,* Œuvres militaires, *éd. par le général Philippe-François de Latour-Foissac, Paris, Magimel, an III, 3 vol. in-8°.*

3. *Sébastien Le Prestre de Vauban,* Traité des sièges et de l'attaque des places, par le maréchal de Vauban. Nouvelle édition, entièrement conforme au ms. présenté par l'auteur au duc de Bourgogne, *éd. par le colonel Augoyat, Paris, Anselin, 1829, 2 vol. in-8°.*

4. *Voir les « Notes sur la présente édition », p. 1173 .*

5. *Albert de Rochas d'Aiglun,* Vauban : sa famille et ses écrits, ses oisivetés et sa correspondance : analyse et extraits, *Genève, Slatkine, 1972, t. I, pp. 235 à 247.*

6. *Sébastien Le Prestre de Vauban,* Le Triomphe de la méthode : le traité de l'attaque des places de monsieur de Vauban, ingénieur du roi, *présenté par Nicolas Faucherre et Philippe Prost, Paris, Gallimard, 1992, 76 p.*

7. *Sébastien Le Prestre de Vauban,* Der Angriff und die Vertheidigung der Festungen, durch den Herrn von Vauban… In franztössischer Sprache beschrieben, un nunmehro auf hohen Befehl ins Deutscher übersetztet, wie auch zu desto bequemerem Gebrauch derer Preussischen Herren Officiers mit einigen Anmerckungen erlautert [von de Humbert], *Berlin, Christian Siegismund Bergamann, 1744, 2 t. en 1 vol. in-8°, planches.*

Notons qu'il existe une autre traduction du Traité en allemand, effectuée à partir de l'édition du colonel Augoyat : Sébastien Le Prestre de Vauban, Angriff und Belagerung fester Plätze. Einzig

lemand étant la langue la plus couramment usitée dans les armées. La même année était publiée une version russe[1]*, suivie un demi-siècle plus tard d'une traduction en turc*[2]*.*

*

Le destin éditorial de ce manuscrit, qui n'avait jamais été écrit pour être publié, est ainsi exceptionnel. Et pourtant, jamais la pensée de Vauban n'a cessé d'être contestée. Dès les premiers grands sièges, ses approches méthodiques impatientaient les généraux d'armée. Lors du siège de Maastricht, malgré les objurgations de Vauban, qui voulait attendre les effets de son artillerie, l'assaut fut mené de vive force contre le chemin couvert. Le capitaine d'Artagnan y trouva la mort[3]*. On se plaignait, à Versailles, de l'inactivité de Vauban lors du siège de Philippsbourg, en 1688, comme à celui de Charleroi, en 1693. Lors du siège d'Ath, c'est Louis XIV en personne qui enjoignit le maréchal d'accélérer ses travaux d'approche, considérant que la ville ne méritait pas une telle attaque en règle*[4]*. Comme tous ses homologues, Vauban souffrit beaucoup de l'opposition traditionnelle entre les ingénieurs et les chefs d'armée, aussi bien qu'entre les ingénieurs et les officiers d'artillerie. C'est pourquoi, à plusieurs reprises, dans son* Traité, *Vauban insiste sur l'importance d'accorder à « une seule tête », le directeur de la tranchée, la conduite des attaques, le général en chef devant éviter de trop s'impliquer.*

Ce texte est d'ailleurs écrit au moment où la contestation des pratiques du maréchal semble à son apogée. La mort de Louvois en 1691, le retrait du roi en 1693, qui ne visite plus les tranchées, ont amoindri l'influence de Vauban. Les généraux de la guerre de Succession d'Espagne n'hésitent pas à se gausser des conseils de prudence de l'ingénieur devenu septuagénaire. En 1703, Villars se fait fort de s'emparer de Kehl « sans trop [s']assujettir aux règles », et sans respecter les conseils de Vauban, qui s'était pourtant offert de venir le seconder[5]*. Quelques mois avant sa mort, Vauban subit même une véritable humiliation à propos du siège de Turin. La prise de cette place, en 1706, devait permettre aux Français de se rendre maîtres de toute l'Italie du nord. C'est l'armée du duc de La Feuillade qui fut chargée de conduire le siège. Ce dernier n'était que lieutenant général, et ne voulait pas se voir adjoindre*

---

vollständige und offizielle Ausgabe besorgt durch M. Augoyat... Sinn- und wortgetreu übersetzt von einem preussichen Offizier..., *Berlin, C. Heymann, 1841, 263 p. in-8°.*

1. *Sébastien Le Prestre de Vauban,* Книга о атаке и обороне крепостей..., *éd. par Ivan Semenovich Remezov, Saint-Pétersbourg, Académie impériale des Sciences, 1744, 184 p.*

2. *Sébastien Le Prestre de Vauban,* Vōbān nām-e-mü'ellifin fen-e-lâgimda te'līfkerdesī ōlān risālenin terüme-si..., (dir,*), Istanbul, 1791, 75 ff. in-fol.*

3. *B. Pujo,* op. cit., *p. 67.*

4. *J. Ostwald,* op. cit., *p. 191.*

5. *Claude-Louis-Hector, maréchal de Villars,* Mémoires du maréchal de Villars, *éd. Petitot et Monmerqué, Paris, Foucault, 1828, t. II, pp. 40 et 45. Kehl ne fut prise qu'en 13 jours de tranchée ouverte, Villars ayant eu constamment recours à des assauts menés par des grenadiers, qu'il dirigeait personnellement.*

Vauban, qui était maréchal de France[1]. *Pourtant, Vauban supplia le roi de lui permettre de diriger les travaux d'attaque de Turin : « Il faudrait que je fusse insensé, si, aussi voisin de l'âge décrépit que je suis, j'allais encore voler le papillon et rechercher à commander des armées dans des entreprises difficiles et très épineuses, moi qui n'en ai point d'expérience, et qui me sens défaillir au point que je ne pourrais souffrir le cheval quatre heures de suite »*[2]. *A ces marques d'humilité, La Feuillade répondit par le mépris : « Il y a des gens nés pour commander et ces sortes de messieurs-là {les ingénieurs} sont faits seulement pour exécuter les ordres qu'on leur donne »*[3]. *La Feuillade fut appuyé par son beau-père, le secrétaire d'Etat de la Guerre, et par le duc de Vendôme lui-même. C'est pourquoi, malgré les objurgations de Vauban, Louis XIV refusa de lui permettre de terminer sa carrière par ce coup d'éclat*[4].

*

Les généraux hostiles aux méthodes de Vauban faisaient volontiers référence à un contre-modèle : Menno van Coehoorn[5]. *Né en 1641, cet ingénieur fut surnommé le « Vauban hollandais », étant à la fois le meilleur poliorcète et le meilleur architecte militaire des Provinces-Unies. Il affronta son homologue français à différentes reprises : il était à la défense de Maastricht, en 1673, comme à celle de Namur, en 1692*[6]. *En 1695, c'est lui qui fut chargé, avec succès, de reprendre Namur, entretemps restaurée par Vauban. Les méthodes de Coehoorn, plus brutales, plus spectaculaires et plus expéditives, plaisaient mieux à certains officiers généraux du Roi-Soleil. Elles reposaient sur l'emploi massif de canons, tirant de plein fouet par batteries de cinquante, à grande distance de la place. La victoire était obtenue par des fusils, et non par des pioches : à Namur, le chemin couvert fut enlevé par un assaut lancé à 600 mètres – on est loin des 30 mètres de la troisième parallèle du*

1. *Ce n'était pas le seul motif de discorde entre La Feuillade et Vauban. La Feuillade reprochait au maréchal d'avoir été trop prudent en dissuadant le roi d'entamer le siège de Turin dès la fin de l'année 1705 ; d'autre part, Vauban et La Feuillade divergeaient sur la façon d'attaquer Turin, le premier voulant attaquer par l'est, le second par la citadelle, à l'ouest.*

2. *SHD AG A*[1] *1975, n° 1, Vauban à Chamillart, Paris, 16 janvier 1706, édité Louis Pelet et François-Eugène de Vault,* Mémoires militaires relatifs à la succession d'Espagne sous Louis XIV: extraits de la correspondance de la cour et des généraux, *Paris, Impr. royale, 1835-1862, t.* VI, *pp. 599-608.*

3. *A. Blanchard,* Vauban, op. cit., *p. 510.*

4. *Certes, c'est un ingénieur de talent, Laparra de Fieux, qui fut choisi pour conduire les attaques. Mais lorsqu'il fut tué devant les murs de Barcelone, plutôt que de se tourner à nouveau vers Vauban, on préféra Rémi Tardif, un ingénieur qui n'avait jamais dirigé que des sièges de second ordre. Même Chamillart, le secrétaire d'Etat de la guerre, reconnaissait que « par ce que j'en ay ouï dire, il me semble que son expérience n'est point assez consommée pour un siège de cette importance » (SHD AG, A*[1] *1966, n° 177, Chamillart à La Feuillade, Versailles, 3 mai 1706).*

5. *La Feuillade affirmait vouloir prendre Turin « à la Coehoorn ».*

6. *Jean-Pierre Rorive,* Les Misères de la guerre sous le Roi-Soleil : les populations de Huy, d'Hesbaye et du Condroz dans la tourmente du siècle de malheur, *Liège, Edition de l'université de Liège, 2000, p. 54.*

Français[1]*. Vauban méprisait les méthodes de son homologue hollandais, qu'il ne jugeait valables « que contre des bicoques »*[2]*.*

Si les méthodes d'attaque de Vauban étaient moins sanglantes et moins spectaculaires, il n'est pas prouvé qu'elles étaient moins efficaces. Certes, la prise de Kehl par Villars en 1703, celle de Nice par Berwick en 1705, furent menées contre les conseils de Vauban, et aboutirent plus rapidement. Mais le siège de Turin par La Feuillade fut un désastre : après trois mois de tranchée ouverte, la place toujours insoumise était libérée par l'armée de secours du prince Eugène. Enfin, l'éventuelle supériorité de Coehoorn lui-même sur Vauban est encore objet de débats chez les historiens. Certes, à l'été 1706, Menin, fortifiée par Vauban, tomba en 19 jours, après avoir subi le feu de 115 canons ennemis. Mais Coehoorn mit deux fois plus de temps que l'ingénieur français à s'emparer de Namur, en 1695. Et à un prix incomparablement plus élevé : lors de la seule prise d'assaut du chemin couvert de Namur, trois colonnes de fantassins anglais furent massacrées[3]*.*

En définitive, les ingénieurs de toutes les nations puisèrent leurs idées aussi bien chez l'un que chez l'autre. En 1702, s'inspirant de Vauban, les Alliés utilisèrent des cavaliers de tranchée contre le chemin couvert de Venlo. En 1706, ils creusèrent des parallèles entre leurs tranchées progressant vers la place assiégée de Menin[4]*. Même si on ne saurait créditer Vauban d'en avoir été le seul instigateur, c'est de son temps que l'art de la poliorcétique atteint sa pleine maturité. On ne trouve plus, sous le règne de Louis XIV, de sièges aussi longs que ceux de Florence (11 mois, de 1529 à 1530), Anvers (13 mois, de 1584-1585) ou Casal (11 mois, tout au long de l'année 1628)*[5]*. Dans ses écrits, Vauban fait ce constat à plusieurs reprises*[6]*.*

*

Malgré les évolutions futures des méthodes de fortifications, les étapes et les procédés utilisés par Vauban – investissement, tranchées, installation des batteries, guerre des mines – furent employés tout au long des XVIII*e et* XIX*e siècles. L'usage du tir à ricochet ne disparut qu'avec la généralisation de l'artillerie de siège rayée dans*

1. *M. Barros* et al., op. cit., *p. 71. Il ne faut pas pour autant surestimer la brutalité et le mépris des règles de la poliorcétique qu'aurait manifestés Coehoorn. Les chefs alliés le trouvaient souvent trop lent et trop prudent. Au siège de Venlo, un officier anglais se plaignait ainsi que l'ingénieur hollandais refusait de commencer son attaque avant de disposer de l'ensemble des fournitures nécessaires. J. Ostwald,* op. cit., *p. 194.*
2. *M. Virol,* Vauban…, op. cit., *p. 90.*
3. *M. Barros* et al., op. cit., *pp. 71-72.*
4. *J. Ostwald,* op. cit., *p. 73. Ces deux places se trouvent dans les Pays-Bas espagnols.*
5. Ibid., *p. 58. On peut néanmoins déplorer, avec cet auteur, qu'aucune étude systématique de la durée moyenne des sièges au cours de l'Ancien Régime n'ait encore été menée.*
6. *Par exemple « autrefois {…} les sièges duraient le double et le triple de ce qu'ils font aujourd'hui » (p. 1208 du « Traité »). Vauban note encore que pendant la guerre contre l'Espagne « on retranchait même la plupart des quartiers tout autour, ce qui ne se fait plus présentement ; la promptitude avec laquelle on expédie les sièges ne le permettant pas » (p. 1194).*

les années 1860[1]*. Le siège de Sébastopol (1852), pendant la guerre de Crimée, et la prise du fort d'Ivry par l'armée de Versailles, sous la Commune, furent encore conduits selon les méthodes et les principes énoncés dans le* Traité des sièges et de l'attaque des places.

Clément OURY

1. *M. Barros* et al., op. cit., *pp. 72-73.*

NOTES SUR LA PRESENTE EDITION

Edition de référence

Cette édition est fondée sur la version publiée par le colonel Augoyat à partir du manuscrit de la Bibliothèque du Génie – bibliothèque aujourd'hui intégrée au SHD – qui semble être celui que Vauban remit au duc de Bourgogne[1]. *Très complet, le « Traité des sièges et de l'attaque des places, par le maréchal de Vauban, 1704 » compte 623 pages, en intégrant deux mémoires antérieurs, que Vauban a également présentés au duc de Bourgogne : un mémoire sur l'artillerie, écrit à l'hiver 1691, et un projet pour une compagnie de sapeurs. Le tout est agrémenté de 31 planches en couleurs.*

Voici comment Augoyat décrit le manuscrit : « C'est un bel exemplaire in-folio, doré sur tranches et relié avec luxe en maroquin rouge. Sur les plats de la couverture sont des filets à fleur de lys en or, qui encadrent les armes de France. Le dos présente 7 entre-nerfs, dans le second est écrit " Traité des sièges ", dans les autres sont deux L couronnés et quatre fleurs de lys en sautoir »[2].

Les deux mémoires additionnels – sur l'artillerie et sur les sapeurs – ne font pas l'objet d'une édition dans cette publication intégrale des Oisivetés. *En effet, ils n'appartiennent pas au* Traité *à proprement parler ; d'autre part, ils ne sont pas imprimés à la suite des différentes éditions du traité, jusqu'à celle d'Augoyat ; enfin, ils ne sont pas transcrits dans le manuscrit conservé dans le fonds Rosanbo.*

Notons que les passages notés en italique dans le corps du texte sont ceux qui étaient écrits en lettres rondes dans le manuscrit de la Bibliothèque du Génie.

Notes de bas de page

En note, l'édition d'Augoyat est comparée avec celle conservée dans le fonds Rosanbo[3]. *Ces deux versions ont été considérées comme les plus fiables, le très grand nombre de copies ayant circulé rendant illusoire la tentative d'une édition critique s'appuyant sur l'ensemble des manuscrits identifiés.*

Les variantes entre les deux versions sont multiples, au point qu'une édition critique cherchant à les recenser toutes serait devenue illisible. En revanche, les deux textes ne sont pas suffisamment différents pour justifier qu'ils soient édités séparément. C'est pourquoi une approche médiane a été adoptée. Toutes les différences mineures

1. *SHD, Bibliothèque du Génie, F° 1, « Traité des sièges et de l'attaque des places par le maréchal de Vauban ».*
2. *Sébastien Le Prestre de Vauban,* Traité des sièges…, op. cit., *édition de 1829, préface, non paginé.*
3. *AN Fonds Rosanbo, microfilm 155 MI 1 : « Attaque des places ».*

entre les deux textes – variantes orthographiques, syntaxiques, stylistiques – ont été négligées. En revanche, les différences signifiantes ont été conservées : divergences dans les chiffres, ajouts ou suppressions de morceaux de phrase, voire de paragraphes entiers. A quelques reprises, la formulation adoptée dans le manuscrit du fonds Rosanbo, plus explicite que celle de l'édition d'Augoyat, a été indiquée, pour éclairer le sens du texte.

D'autre part, les planches éditées dans le présent ouvrage sont celles du manuscrit du fonds Rosanbo. C'est pourquoi, pour plus de commodité, toutes les références aux planches ont été modifiées directement dans le corps du texte. Ces modifications sont indiquées par des crochets { }. Lorsqu'un paragraphe de la version Augoyat ne fait que décrire une planche dont le dessin est sensiblement différent dans Rosanbo, ce paragraphe est directement remplacé, dans le corps du texte, par son équivalent dans Rosanbo ; ceci est indiqué par les crochets.

Quelques notes sont marquées comme étant de Vauban. Il s'agit de notes écrites directement sur le manuscrit du SHD, probablement de la main même de Vauban.

Enfin, les autres notes servent à faciliter la lecture du Traité. *Les personnages sont identifiés, les événements historiques évoqués – notamment les sièges – sont datés, les villes et les places fortes citées sont localisées (à l'exception des plus connues). Pour les villes et lieux dits français, sont systématiquement indiqués leur département, leur arrondissement, leur canton, voire leur commune de rattachement. En revanche, on n'indique pas l'arrondissement ou le canton si la ville en question en est le chef-lieu. Pour les localités étrangères, on se contente d'indiquer la province/région (*land *pour l'Allemagne).*

Les notes de bas de page peuvent aussi donner des informations de contexte. Tous les termes techniques, qu'ils appartiennent au domaine de la fortification, des mines ou de la menuiserie, sont expliqués. Toutefois, les mots les plus couramment utilisés sont recensés dans un glossaire. Ces mots sont identifiés par le signe (♦) dans le corps du texte, la première fois qu'ils sont cités. Enfin, les équivalents actuels des mesures employées par Vauban sont aussi indiqués à part.

Grammaire et orthographe

L'édition du colonel Augoyat présente une orthographe modernisée ; notamment, les « oit » ont été remplacés par les « ait ». En revanche, les éventuelles fautes de grammaire, la graphie des noms propres et les tournures de phrase particulières à Vauban (« à preuve de » au lieu de « à l'épreuve de ») ont été conservées.

Par souci de cohérence et de lisibilité, cette démarche a été appliquée pour la transcription du manuscrit du fonds Rosanbo.

GLOSSAIRE DE LA POLIORCETIQUE

ANGLE RENTRANT : *angle en creux par rapport à l'assiégeant.*

ANGLE SAILLANT : *angle en pointe par rapport à l'assiégeant.*

BANQUETTE : *emplacement surélevé, le long du parapet, d'où peuvent tirer des fantassins ou des pièces d'artillerie.*

BASTION : *ouvrage pentagonal faisant saillie sur une enceinte. Deux bastions sont reliés entre eux par la courtine.*

BERME : *chemin étroit laissé entre le pied du rempart et un fossé, ou entre le pied du rempart et la pente de la montagne.*

BOMBE : *projectile creux, rempli d'une charge explosive à laquelle on met feu par une mèche de taille variable.*

CAPITALE : *ligne passant successivement par la pointe des angles saillants d'une pièce et de son chemin couvert. Elle constitue une ligne bissectrice dans les ouvrages réguliers.*

CAVALIER : *ouvrage en terre-plein élevé au-dessus d'un autre ouvrage (ouvrage de fortification ou tranchée), pour doubler ses feux, et pour bénéficier d'une position plus en hauteur.*

CHEMIN COUVERT : *séparé de la place par le fossé, le chemin couvert est protégé de l'extérieur par un parapet. Il sert de banquette de tir et de chemin de ronde.*

CIRCONVALLATION : *ligne de retranchements destinée à défendre les assiégeants contre une armée de secours.*

CONTREFORT : *élément de maçonnerie dressé contre un autre ouvrage pour l'aider à soutenir une charge.*

CONTRE-GARDE : *ouvrage séparé, le plus souvent en forme d'équerre, placé en avant d'un bastion pour le défendre. Ses faces sont parallèles à celles du bastion.*

CONTRE-MINE : *voir mine.*

CONTRESCARPE : *versant d'un fossé situé du côté extérieur par rapport à la place.*

CONTREVALLATION : *ligne de retranchements destinée à défendre les assiégeants contre les sorties de la place.*

CORPS DE PLACE : *enceinte principale d'une ville ou d'une citadelle.*

COURTINE : *portion de muraille reliant deux tours ou deux bastions.*

DEHORS : *pièce défensive détachée de la place*

DEMI-LUNE : *ouvrage triangulaire séparé, entièrement entouré de fossés, et placé devant une courtine. La demi-lune flanque les faces des bastions, qui eux-mêmes la couvrent.*

EMBRASURE : *ouverture dans un parapet ou une muraille, pour permettre le tir. Synonyme de créneau.*

ENFILER : *soumettre à un tir en enfilade, c'est-à-dire un tir qui traverse tout le long d'un ouvrage défensif. Etre enfilé : être susceptible d'être soumis à un tir en enfilade.*

EPAULE : *point de jonction entre la face et le flanc d'un bastion.*

ESCARPE : *versant d'un fossé situé du côté de la place.*

FACE : *les deux faces d'un ouvrage défensif sont ses deux côtés les plus opposés à l'extérieur. Ils forment entre eux un angle saillant.*

FASCINE : *fagot de branchages utilisé pour combler un fossé ou comme protection contre des tirs adverses. Fasciner : remplir de fascines.*

FAUSSE BRAIE : *ouvrage bas remparé, c'est-à-dire renforcé par un massif de terre, formant un enceinte supplémentaire pour tout ou partie de la place.*

FLANC : *partie du bastion qui joint une face à la courtine.*

FLANQUER : *défendre un ouvrage par des tirs ou des opportunités de tirs parallèles à cet ouvrage. On dit qu'une fortification se flanque lorsque ses ouvrages sont capables de se protéger mutuellement par des tirs de flanquement.*

FRAISE : *palissade inclinée.*

GABION : *panier cylindrique rempli de terre, constituant une protection contre les tirs adverses.*

GLACIS : *plan de terre incliné en pente douce, reliant le sommet du chemin couvert au relief du terrain naturel entourant la place forte. Il est le plus souvent gazonné.*

GORGE : *côté d'un ouvrage de fortification tourné vers la place.*

GUERITE : *petite tourelle ronde ou polygonale, placée à la pointe ou à l'épaule de certains bastions, ouverte par des meurtrières pour le guet ou le tir.*

LOGEMENT : *ensemble des protections destinées à permettre aux assiégeants de se tenir en sécurité sur un élément de fortification dont ils se sont emparés.*

MANTELETS : *abri portatif composé de madriers, qu'on pousse devant soi pour se protéger des coups des défenseurs.*

MINE : *cheminement souterrain destiné à déposer une charge de poudre sous un ouvrage adverse, afin de le faire sauter. C'est aussi le nom de la charge elle-même. On la distingue de la contre-mine : travail identique à la mine, conduit par les défenseurs d'une place, pour s'emparer des galeries des assiégeants, les faire sauter, ou faire sauter leurs ouvrages d'approche.*

MORTIER : *bouche à feu courte destinée au tir courbe.*

ORILLON : *forme arrondie et demi-circulaire, située à la jonction entre la face et le flanc de certains bastions, pour en protéger le flanc.*

OUVRAGE À CORNE : *grande pièce, détachée du corps de place, composée d'un front bastionné relié à la place par deux ailes. Il est destiné à couvrir une partie particulièrement exposée de la place, en opposant une ligne de défense supplémentaire.*

PLACE D'ARMES : *tranchée reliant deux attaques progressant vers une place forte, destinée à permettre la communication entre les boyaux, à flanquer les tranchées perpendiculaires, et à rassembler un grand nombre de soldats. Dans cette acception, ce terme est synonyme de « parallèle » ;*

– : *espace libre aménagé sur le chemin couvert pour recevoir un grand nombre de soldats, notamment pour préparer des sorties. On peut les aménager sur les angles saillants ou rentrants ;*

– : *lieu de réunion au centre de la place forte. Toute la garnison peut s'y grouper, pour une inspection par exemple.*

PLONGER : atteindre par un projectile venant du haut vers le bas. On peut plonger une situation adverse par des tirs droits, en disposant d'une position plus élevée, ou par des tirs courbes.
POINTE : point de jonction entre deux faces d'un ouvrage défensif.
POTERNE : porte, située dans le fossé, qui donne accès à la place.
REDAN : terme générique pour désigner un ouvrage de fortification formant deux angles saillants.
RENTRANT : voir angle rentrant.
REVERS : arrière d'une pièce.
SAILLANT : voir angle saillant.
SAPE : tranchée réalisée par les assiégeants pour parvenir au plus près d'une pièce adverse.
TALUS : pente à la base d'un rempart.
TENAILLE : ouvrage bas placé devant la courtine, composé de deux faces formant un angle rentrant.
TOUR BASTIONNEE : bastion peu saillant, précédé d'un bastion détaché ou contre-garde.
TRAVERSE : mur ou massif de terre construit en épi, dans la largeur d'un ouvrage (chemin couvert, bastion...) pour se défendre des tirs en enfilade.

MESURES EMPLOYEES

Taille

Un pouce : 27,07 mm.
Un pied : 12 pouces, soit 0,33 mètre (3 pieds : 1 mètre).
Pas : 4 pieds, soit 1,33 mètre.
Une toise : 6 pieds, soit 1,949 mètre.
Une toise carrée : 3,8 m^2.
Une toise cube : 7,4 m^3.
Une lieue : 2 000 toises, soit 3,9 km (lieue de Paris) ou 2 282 toises, soit 4,4 km (lieue commune de France).

Masse

Livre : unité de poids variant selon les régions de 380 à 522 grammes. Se subdivise en onces.

Monnaie

Une livre : 20 sols.
Un sol : 12 deniers.

A MONSEIGNEUR LE DUC DE BOURGOGNE[1]

MONSEIGNEUR,

Ce n'est qu'en tremblant que je prends la liberté de vous dédier cet ouvrage : je l'aurais fait plus hardiment au ROI votre grand-père, parce qu'ayant le bonheur d'être connu de lui depuis longues années, sachant quel est mon génie et de quoi je suis capable, il aurait la bonté de me pardonner les fautes qui pourraient m'échapper à cet égard, persuadé qu'il est que mon cœur n'y aurait point de part. Je suis si peu connu de vous, Monseigneur, que je n'ose m'en promettre la même grâce ; je brûle cependant du désir de vous plaire ; et ce que je prends la liberté de vous présenter, en est une preuve évidente. Vous n'en trouverez pas le style fleuri ni éloquent, mais très simple, et d'un homme, qui n'ayant point d'étude, cherche à se faire entendre du mieux qu'il peut. Trop heureux si je puis me rendre assez intelligible pour que vous ne soyez pas ennuyé de sa lecture. Tel qu'il est, c'est le précis de ce que j'ai pu recueillir et imaginer de mieux depuis cinquante ans et plus, que je pratique la fortification, pendant lequel temps il m'a passé presque autant de sièges par les mains, dont bonne partie sous les yeux du roi même ; une autre sous ceux de Monseigneur[2] ; et un seulement sous l'honneur de vos ordres, qui vérita-

1. Louis de France, duc de Bourgogne, 1682-1712. Petit-fils de Louis XIV, fils du Grand Dauphin, il était destiné à hériter de la couronne, jusqu'à sa mort prématurée à l'âge de 29 ans. C'est pour parfaire son éducation militaire que le roi lui confia des commandements militaires, sous les conseils d'un maréchal. Il commanda en 1702 et en 1708 en Flandres (avec Boufflers puis Vendôme), en 1703 en Allemagne (accompagné par le maréchal de Tallard et Vauban).

2. Louis de France, Dauphin, dit Monseigneur, 1661-1711, fils de Louis XIV. Il s'agit du siège de Philippsbourg, en 1688.

blement n'a pas été un des moindres ; d'ailleurs, j'espère de n'en pas demeurer là. La grâce que j'ose vous demander, Monseigneur, est de vouloir bien vous donner la peine de lire ce traité avec attention, et qu'il vous plaise de le garder pour vous, et de n'en faire part à personne, de peur que quelqu'un n'en prenne des copies qui, pouvant passer chez nos ennemis, y seraient peut-être mieux reçues qu'elles ne méritent. Si cet ouvrage ne vous est pas désagréable, je tâcherai dans peu de vous en présenter un autre[1]. Trop heureux encore une fois, Monseigneur, si je puis faire quelque chose qui vous prouve le zèle très ardent, et le profond respect avec lequel je suis,

Monseigneur,

Votre très humble et très obéissant serviteur,

Vauban[2]

1. Il s'agit du *Traité de la défense des places.*
2. Le manuscrit du fonds Rosanbo ne comporte pas d'adresse au duc de Bourgogne.

TRAITE
DE
L'ATTAQUE DES PLACES[1]

UTILITE DES PLACES FORTES.

Si les sieges et la prise des places ennemies nous rendent maîtres de leurs pays, la fortification nous en assure la possession, et peut garantir nos frontières des suites fâcheuses de la perte d'une bataille qui, sans ces précautions, pourrait donner lieu à l'ennemi d'étendre bien loin les fruits de sa victoire : c'est de quoi nous avons de grands exemples en France, aux Pays-Bas, en Italie, en Allemagne, et même en Espagne, tous pays dont les frontières sont fortifiées par quantité de bonnes places, notamment les Pays-Bas, où il y a peu de villes qui ne le soient. Tout le monde sait assez le temps qu'il y a qu'on y fait la guerre, sans qu'on ait jamais pu les conquérir totalement ; et qui voudrait faire attention sur ce qui s'y est passé depuis deux cents ans, trouverait qu'on y a donné plus de soixante batailles, fait plus de deux cents sièges de places en attaquant et défendant, sans qu'on ait pu les réduire entièrement[2]. La raison est que les places fortes arrêtent la poursuite des armées victorieuses, servent d'asile très sûr à celles des ennemis qui ont été battues et donnent moyen de tirer la guerre en longueur ; pendant quoi il arrive des conjonctures bizarres et des changements d'intérêt dans les Etats voisins (naturellement ennemis des prospérités l'un de l'autre), qui font que vos amis devenant vos envieux, cessent de vous assister, ou ne le font pas de bonne foi, ou changent ouvertement de parti ; ce

1. *Attaque des places* dans Rosanbo.

2. Vauban évoque ici les guerres entre les Valois (François Ier et Henri II) et les Habsbourg (Charles Quint et Philippe II d'Espagne), la guerre de Quatre-vingts ans entre l'Espagne et les Provinces Unies, les guerres de Louis XIV.

qui est arrivé si fréquemment dans ces derniers temps, que l'on a souvent vu les progrès des conquérants arrêtés par de telles et semblables conduites, et eux contraints de passer de l'offensive à la défensive, dans le temps que le bonheur de leurs armes semblait leur promettre le plus d'avantages ; d'où s'est ensuivi des retours de prospérité qui ont produit des paix à des conditions onéreuses qui les ont obligés à restituer tout ou la meilleure partie de ce qu'ils avaient conquis, après des consommations immenses d'hommes et d'argent, et beaucoup de pays ruinés. Qui voudrait pousser cette digression plus loin, et repasser sur ce qui est arrivé dans le monde connu, depuis que les hommes ont commencé à rédiger par écrit les démêlés qu'ils ont eus entre eux, trouverait qu'il a bien moins fallu de temps et d'efforts pour se rendre maître de l'Asie, et de beaucoup d'autres pays d'une étendue immense, qu'il n'en a fallu pour conquérir une partie des Pays-Bas, qui ne contiennent pas la centième partie près l'étendue de ceux-là. La raison en est évidente : c'est qu'une bataille perdue dans ces pays-ci n'a pour l'ordinaire que peu de suite. La poursuite d'une armée battue ne s'étend pas à plus de deux, trois ou quatre lieues au plus ; parce que les places voisines des ennemis arrêtent les victorieux, donnent retraite aux vaincus ; les empêchent d'être totalement ruinés et font qu'à l'abri de leur protection ils se raccommodent en peu de temps et obligent l'armée victorieuse à se contenter de la supériorité le reste de la campagne, ou au plus de la prise d'une place qui lui coûte beaucoup, l'affaiblit considérablement, et donne temps à l'armée battue de se mettre en état de reprendre la campagne et de se saisir des postes qui fixent les progrès de son ennemie ; au lieu que, dans ces vastes pays où il n'y a point ou peu de places fortes, l'armée du vainqueur pousse l'armée vaincue jusqu'à son entière dissipation, qui est ordinairement suivie d'un saccagement de pays, qui le force à recevoir la loi du vainqueur. C'est ce qui arriva à Alexandre, qui, en trois batailles, se rendit maître de ce prodigieux empire des Perses ; et ce qui est arrivé à César après la conquête des Gaules, car il assujettit tous les pays où il porta la guerre, après le gain d'une ou de deux batailles ; et pour ne pas remonter si haut, l'Espagne ne fut-elle pas conquise par les Maures, après la perte d'une bataille ? Teimurlangt[1], ce fameux conquérant de l'Asie, ne se rendit-il pas maître de la Perse, de l'Arménie, de l'Indostan et de beaucoup d'autres Etats, après le gain de trois ou quatre batailles ? S'il y avait eu de bonnes places dans ces grands pays, il est certain qu'il n'en serait pas venu si facilement à bout, puisque trois ou quatre villes que César trouva dans les Gaules en état de lui résister lui firent tant de peine qu'elles l'obligèrent à y employer onze années pour les réduire : pareille chose est arrivée à tous les conquérants qui se sont trouvés dans ce cas : ce qui prouve aux souve-

1. Timur-I-Lang, plus connu sous le nom de Tamerlan, 1336-1405, chef de clan türko-mongol qui conquit l'Asie centrale, l'Iran, la Syrie, la Turquie, l'Inde.

rains la nécessité des places fortes pour posséder leurs Etats en sûreté contre le dedans et le dehors, et à même temps celle de se former un art de prendre les places de leurs ennemis qui peuvent les inquiéter et s'opposer à leurs desseins. C'est ce qui va faire le sujet de ce Traité[1].

RESOLUTION DES SIEGES[2].

La résolution des sièges s'agite et se prend dans le cabinet[3] ; mais l'exécution qui s'en fait en campagne étant une des plus sérieuses parties de la guerre est celle qui demande le plus de mesure et de circonspection ; car elle dépend :

1° Du secret, sans quoi rien ne réussit.

2° Des forces que l'on a sur pied pour attaquer et défendre ; car ce n'est pas tout de faire des sièges, il faut se mettre en état d'empêcher que l'ennemi n'en fasse dans votre pays.

1. Ce chapitre est remplacé dans Rosanbo par : « Depuis que tant de princes ambitieux ont mis tout en usage pour étendre leur domination, et qu'ils n'ont connu que la loi du plus fort, les souverains attentifs à la conservation de leurs Etats ont été obligés à chercher les moyens de repousser les violences de leurs voisins et de s'opposer à leurs entreprises. De là est venue la nécessité d'entretenir des troupes et de fortifier des places.

« C'est par le secours des places fortes que l'on est à couvert des suites de la perte d'une bataille, et qu'on peut arrêter les progrès rapides d'un conquérant. La France, l'Allemagne, l'Italie, la plupart des Etats de l'Europe nous en fournissent bien des preuves. Pourquoi a-t-il fallu bien moins de temps et d'efforts pour se rendre maître de l'Asie et des plus grands empires, qu'il n'en a fallu pour conquérir seulement une partie des Pays-Bas, où depuis 200 ans il s'est donné plus de 60 batailles et fait plus de 200 sièges, sans qu'aucune puissance ait pu les réduire entièrement à son obéissance ? C'est qu'une bataille perdue dans un pays qui abonde en villes bien fortifiées n'a pour l'ordinaire que peu de suites. Le vainqueur est bientôt arrêté par les places fortes qui servent de retraite aux vaincus et leur donnent le temps de se rétablir, au lieu que dans ces vastes pays où il n'y avait presque point de places fortes, l'armée victorieuse ne cessait de poursuivre les vaincus qu'elle ne les eut entièrement dissipés et forcés de recevoir la loi du vainqueur. C'est ce qui arriva à Alexandre, qui, en trois batailles, se rendit maître de ce prodigieux empire des Perses. Et sans remonter si loin, l'Espagne ne fut-elle pas conquise par les Maures, après la perte d'une bataille ? Tamerlan, ce fameux conquérant de l'Asie, ne se rendit-il pas maître de la Perse, de l'Arménie, de l'Indostan et de beaucoup d'autres Etats par le gain de trois ou quatre batailles ? S'il y avait eu de bonnes places dans ces régions immenses, il est certain qu'il n'en serait pas venu à bout si facilement, puisque trois ou quatre villes que César trouva en état de lui résister dans les Gaules l'obligèrent à employer neuf ou dix années pour les réduire.

« Ces exemples prouvent suffisamment l'utilité des places fortes, pour mettre les Etats en sûreté contre le dedans et le dehors, et en même temps combien il est important de se former un art, soit pour les défendre, soit pour les reprendre, quand on les a perdues. C'est dans cette vue que j'ai fait un système de l'attaque et de la défense des places, fondé sur cinquante années d'expérience. Je souhaite ardemment qu'il puisse être utile à ma Patrie, et qu'il l'aide à former les élèves qui entreront dans le génie. »

2. « De la résolution de faire des sièges » dans Rosanbo.

3. « La résolution de faire un siège est une affaire de cabinet » dans Rosanbo.

3° De la disposition des ennemis ; car s'ils sont réunis et aussi forts que nous, ils peuvent nous empêcher d'en faire.

4° De l'état des magasins[1] les plus à portée des lieux sur lesquels on peut entreprendre[2].

5° De la conjoncture des temps[3], car tous ne sont pas propres aux sièges : rien n'étant plus ruineux pour les armées que ceux d'hiver, on doit les éviter tant que l'on peut.

Et 6° des fonds nécessaires à leur dépense car l'argent étant le nerf de la guerre, sans lui on ne saurait réussir à rien.

Ce sont toutes mesures à prendre de longue main, qui doivent être digérées à loisir : et après tout cela, quand on croit les avoir bien prises, souvent tout échappe, car l'ennemi qui n'est jamais d'accord avec vous, pourra vous interrompre, parce qu'il sera aussi fort ou plus fort que vous, et qu'il vous observera de près ; ou qu'il aura aussi dessein d'entreprendre de son côté sur des places à la conservation desquelles il vous importe de veiller par préférence à celles sur lesquelles vous pourriez entreprendre, ou de vous tenir en état de l'empêcher de courir sur votre pays et d'y porter la désolation, pendant que vous serez occupé au siège d'une place dont la prise, qui peut être incertaine, ne vous dédommagerait pas des pertes que vous en pourriez souffrir : ou enfin parce qu'il pourrait se mettre à portée de vous combattre avant que vous puissiez être établi devant la place que vous voulez attaquer : toutes considérations qu'il faut bien peser avant que de se déterminer, et toujours prendre si bien son temps qu'il ne puisse vous tomber sur les bras avant votre établissement[4]. Dans l'un et l'autre cas, le mieux est d'être le plus fort et d'avoir deux armées, quand on le peut ; savoir, une qui assiège et l'autre qui observe. Celle qui assiège se renferme dans ses lignes, comme nous dirons ci-après, et celle qui observe ne fait que rôder et occuper les avenues par où l'ennemi peut se présenter, ou prendre des postes et s'y retrancher, ou le suivre s'il s'éloigne en le côtoyant, et se postant toujours entre lui et l'armée assiégeante le plus avantageusement qu'il sera possible, afin de n'être pas obligé à combattre contre sa volonté : quand on peut gagner quelques jours, c'est un grand avantage.

Ces deux armées doivent toujours se tenir à portée l'une de l'autre, surtout dans les commencements, afin de se pouvoir entresecourir et tenir l'ennemi éloigné, qui doit de son côté appréhender de les approcher de

1. Magasins : vastes dépôts, souvent constitués avant l'ouverture de la campagne, contenant des réserves de matériel, de poudres ou encore de vivres. L'établissement d'un réseau de magasins préétablis est une des grandes avancées de la logistique de l'armée française sous Louis XIV, avancée qui est principalement à mettre au crédit de Louvois.
2. Cette phrase est absente dans Rosanbo.
3. « Des saisons » dans Rosanbo.
4. Ces quatres propositions sont numérotées de 1) à 4) dans Rosanbo.

trop près, crainte que les deux ensemble, si elles sont les plus fortes, ne tombent sur lui et ne le prennent à leur avantage.

L'armée d'observation est encore d'un grand secours à l'assiégeante dans les commencements du siège, parce qu'elle veille à sa conservation, la peut fortifier, escorter ses convois, lui fournir des fascines* et faire plusieurs autres corvées. Réciproquement l'armée assiégeante la peut renforcer dans le besoin, après les six ou sept premiers jours de tranchée, quand elle a bien pris ses avantages contre la place[1] : c'en est encore un bien considérable de pouvoir attaquer avant que l'ennemi se puisse mettre en campagne avec toutes ses forces, ou dans l'arrière-saison, après qu'une partie de ses troupes s'étant retirée, il n'est plus assez fort pour s'opposer à nos entreprises. Pour pouvoir exécuter le premier, il est nécessaire d'avoir de grands magasins de vivres et de fourrages secs à portée des lieux sur lesquels on veut entreprendre, et toujours une armée d'observation, s'il est possible.

MAGASINS.

Nous avons dit qu'il était nécessaire d'avoir ses magasins prêts et à portée des places sur lesquelles l'on a dessein : mais nous n'avons pas dit quels, ni combien de chaque espèce ; cela est difficile, et ne se peut guère régler que par rapport aux places qu'on attaque ; on ne saurait toutefois manquer de compter sur un mois de tranchée ouverte, parce qu'il n'y a guère de place qui ne puisse tenir ce temps-là quand elle est un peu raisonnable et défendue par gens intelligents qui veulent faire leur devoir[2]. Le plus de munitions ne saurait jamais rien gâter, mais si ferait bien le moins[3].

Nous compterons donc pour les poudres, huit à neuf cents milliers[4], selon que la place est plus ou moins forte[5].

Soixante mille gros boulets.

Vingt mille de huit et douze[6].

Quatre-vingts pièces de gros canon bien sain et en bon état.

Trente à trente-cinq de huit et de douze livres de balle.

Dix-huit ou vingt, de quatre, pour les lignes[7].

Quinze à seize mille bombes*.

1. « quand elle a bien pris ses précautions et assuré ses postes » dans Rosanbo.
2. « … tranchée ouverte. Il n'est point de place un peu considérable dont la défense bien conduite ne doive durer ce temps-là » dans Rosanbo.
3. « le moins peut faire échouer l'entreprise » dans Rosanbo.
4. Milliers : mille livres.
5. « selon que… forte » absent dans Rosanbo.
6. Une ligne supplémentaire « six mille boulets de quatre » ajoutée dans Rosanbo.
7. Rosanbo rajoute « sans le canon de l'armée ».

Quarante mille grenades.
Dix milliers de mèche.
Et cent quatre-vingts milliers de plomb.
Cent mille pierres à fusil, fortes et bien choisies[1].
Cinquante mille sacs à terre.
Trente mille petites charges de bois à mettre dans la poche à poudre[2].
Cent plates-formes de canon complètes.
Soixante de mortiers♦.
Vingt-quatre mortiers à bombes, et autant à pierres.
Soixante affûts[3] de rechange.
Trente pour les mortiers.
Plusieurs crics[4], chèvres[5], triqueballes[6] et traîneaux.

Des escoupes[7] pour jeter de l'eau sur le feu, semblables à celles dont les blanchisseuses se servent en Flandre.

Et quantité de bois de charronnage, des madriers[8] de réserve, et de menue charpenterie.

Deux cents brouettes.
Autant de hottes avec les bretelles.

Quarante mille outils bien emmanchés pour la tranchée et les lignes : car rarement les paysans en apportent-ils de tels qu'il les faut ; on est toujours obligé de leur en fournir de l'artillerie. Il y a plusieurs autres choses dont il faut se pourvoir, comme d'outils de mineurs♦, de bois à mantelets♦, de plusieurs forges et forgerons, quantité de charpentiers et de charrons ; et surtout d'un gros équipage d'artillerie[9]. On se sert encore de chariots et de paysans commandés. Si c'est une place un peu considérable, dont la circonvallation♦ puisse avoir quatre ou cinq lieues de tour, compris les bossillements[10] qu'on lui fait faire, il en faudra au moins commander quinze à dix-huit mille, et deux à trois mille chariots, même quatre mille[11], selon que la place est grande, et que la circonvallation doit avoir d'étendue,

1. « fortes et bien choisies » absent dans Rosanbo.
2. « pour les gargouches » dans Rosanbo.
3. L'affût est le support d'une pièce d'artillerie qui sert à la pointer ou à la déplacer.
4. Appareil à crémaillère et à manivelle permettant de soulever à une faible hauteur certain matériaux très lourds.
5. La chèvre est un appareil de levage composé le plus souvent de trois poutres disposées en pyramide triangulaire, dont le sommet soutient une poulie manœuvrée à l'aide d'un treuil.
6. La triqueballe (ou trinqueballe) est une voiture utilisée pour le transport de charges lourdes, comportant deux ou quatre roues et un essieu, au-dessous duquel est suspendue la charge.
7. Escoupe : sorte de pelle destinée à soulever de l'eau (voir planche IV).
8. Planche d'une grande épaisseur.
9. « de chevaux d'artillerie » dans Rosanbo.
10. Inégalités du terrain.
11. « quatre, cinq à six mille chariots » dans Rosanbo.

parce qu'il y aura toujours beaucoup des uns et des autres qui manqueront. Il faut avoir de la rigidité pour cela, et châtier sévèrement les défaillants, et ceux qui déserteront ; autrement plus de la moitié vous abandonnera dès les premiers jours. Quand les lignes sont achevées, on congédie les paysans ; mais il est bon de retenir cent chariots pour voiturer les gabions♦ et fascines à la queue de la tranchée, et les blessés à l'hôpital, et cinq à six cents paysans pour faire des fascines et gabions, et pour entretenir les ponts et les chemins. On fait donner le pain double aux paysans, et rien de plus, tout ce qu'on leur fait faire étant ouvrages de corvée, qui ne sont payés que par leurs villages, avec qui ils ont accoutumé de s'accommoder.

J'estime toutefois qu'il serait raisonnable de payer ceux qu'on retient, à raison de six sous par jour, et le pain double ; cela leur fera prendre patience et les empêchera de déserter[1].

INVESTITURE[2].

Supposons présentement qu'on puisse éluder tous les inconvénients dont nous venons de parler ; que toutes les mesures soient bien prises, les résolutions d'un siège arrêtées, et enfin les armées en campagne en état d'agir, toutes choses étant préparées, le général, par ses mouvements, doit faire son possible pour éloigner les soupçons que l'ennemi peut avoir de ses desseins, et les détourner autant qu'il pourra. Quelquefois cela va jusqu'à investir une place qu'on ne veut pas attaquer, pour lui faire prendre le change, et lui donner lieu d'affaiblir la garnison de celle sur qui on a dessein ; ou bien on pousse l'ennemi pendant quelques jours pour l'éloigner de la place à qui l'on en veut, après quoi, et quand les affaires sont réduites au point qu'on les désire, la première chose qu'on doit faire est l'investiture de la place ; ce qui se fait ordinairement par un détachement de quatre ou cinq mille chevaux, plus ou moins, selon que la garnison est forte[3], commandés par un lieutenant général[4], et deux ou trois maréchaux de camp[5], qui pour bien faire doivent marcher jour et nuit, avec toute la diligence possible, jusqu'à

1. « leur fera prendre patience » absent dans Rosanbo.
2. « De l'investiture des places » dans Rosanbo..
3. « plus ou moins, selon que la garnison est forte » absent dans Rosanbo.
4. Le grade de lieutenant général (créé vers 1621) est directement inférieur à celui de maréchal d'armée. Le jour de la bataille, les lieutenants généraux sont chargés de commander une des ailes de l'armée dirigée par le maréchal ; en campagne, ils peuvent diriger des détachements séparés, voire des corps d'armée. Lors des sièges, chaque attaque séparée est dirigée par un lieutenant général, chaque jour différent. On parle du lieutenant général « de jour » ou « de tranchée ».
5. Les maréchaux de camp (grade créé vers 1552) sont directement subordonnés aux lieutenants généraux. Leur nom vient du fait qu'ils étaient spécifiquement chargés de marquer les camps d'arrivée de l'armée, lors de ses mouvements.

ce qu'ils soient à une lieue on deux de la place, où faisant halte, ils règlent leurs détachements particuliers et les dispositions de l'investiture, en sorte qu'ils puissent arriver tous à la même heure à un peu plus de la portée du canon de la place, à laquelle on ne se doit montrer que par des détachements qui, poussant de tous côtés jusqu'aux portes de la ville, enlèvent tout ce qui se trouve dehors, hommes et bestiaux. Ces détachements doivent être soutenus par quelques escadrons qu'on fera avancer autant qu'il sera nécessaire ; il sera même bon d'essuyer quelques volées de canon pour avoir lieu d'en remarquer la portée. Pendant que cette petite expédition se fait, on doit se saisir de toutes les avenues favorables au secours qui pourrait se jeter dans la place. En un mot, bien investir la place, la serrant le plus près que l'on peut par les postes que l'on prend tout autour. Le jour on se tient hors la portée du canon, et toujours en état de se donner la main les uns aux autres. De nuit on s'approche à la portée du mousquet pour pouvoir former autour de la place un cercle garni de troupes, en sorte qu'il n'y reste point ou peu de vide qui n'en soit rempli. En cet état on tourne le dos à la place, et on dispose des petites gardes devant et derrière pour n'être pas surpris ; on fait enfin tête à l'ennemi de quelque côté qu'il se puisse présenter, tenant toujours moitié de la cavalerie à cheval, pendant que l'autre met pied à terre, pour un peu reposer les chevaux et les hommes. Le matin on se retire peu à peu avec le jour, faisant souvent halte, jusqu'à ce que le lever du soleil donne lieu de se retirer au quartier, posant des gardes ordinaires qui font tête à la place, et d'autres plus fortes sur les avenues du côté des secours ; après quoi, les escadrons qui ne sont pas de garde se retirent au camp pour prendre un peu de repos, sans se déshabiller ni desseller les chevaux, qu'autant de temps qu'il est nécessaire pour les panser.

Pendant ce temps-là, celui qui commande envoie des partis[1] à la guerre pour apprendre des nouvelles des ennemis et continue de s'arranger et de régler ses gardes. On commence aussi à reconnaître la situation plus convenable pour asseoir les camps et les lignes quand l'armée sera arrivée ; et c'est à quoi les ingénieurs qu'on suppose devoir être arrivés aussi tôt que le détachement se doivent particulièrement appliquer. Quand ceux qui investissent ont quelques troupes d'infanterie avec eux, on les dispose par petites gardes sur les principales avenues de la place, soutenues par de plus grandes, que l'on poste derrière elles ; au défaut d'infanterie, on y emploie des dragons[2].

1. Les partis sont des détachements particuliers d'une armée, chargés de battre la campagne pour reconnaître le terrain, intercepter des troupes ennemies, ramener vivres et fourrages…

2. Les dragons sont des soldats, équipés comme des fantassins, montés sur des chevaux. Relativement polyvalents, ils peuvent combattre à cheval ou à pied. Ce caractère hybride leur attira des critiques de la part de beaucoup d'auteurs militaires, qui les jugeaient, sur le champ de bataille, inférieurs aussi bien à la cavalerie qu'à l'infanterie. Au contraire, Vauban proposait d'augmenter leur nombre au détriment de celui des cavaliers, qui se montraient moins actifs lors des sièges.

Dès le jour même que la place est investie, tout se met en mouvement, l'artillerie et sa suite ; les vivres et tous les caissons ; les paysans commandés, et les chariots ; enfin tout charge dans les places voisines, et se met en marche pour se rendre devant la place investie ; ce qui se fait à la diligence de l'intendant de l'armée qui a ses correspondances avec ceux des provinces voisines[1], et qui a fait les envois dans les pays voisins quelques jours avant l'investiture, et à celle du lieutenant général de l'artillerie, qui de sa part tire les munitions de tous les magasins où il a fait ses amas : il emploie à cet effet les chevaux d'artillerie et les chariots que l'intendant lui fait fournir ; le tout en conséquence des ordres du général, qui a, pour l'ordinaire, le commandement supérieur sur les provinces voisines, et à portée de la place dont il s'agit.

Pendant que les dispositions de l'investiture se font, l'armée marche à grandes journées, et arrive devant la place, pour l'ordinaire deux, trois, quatre ou cinq jours après l'investiture ; le lieutenant général qui l'a faite, va au-devant d'elle, une demi-lieue ou environ, pour rendre compte au général de ses diligences ; lequel général fait ensuite sa première disposition pour le campement de l'armée autour de la place, le lendemain il le rectifie, et fait avec les officiers généraux, et les principaux ingénieurs, le tour de ladite place pour en déterminer la circonvallation ; et après avoir résolu la figure et le circuit des lignes, qui est toujours celui qui doit être la règle du campement, toutes les troupes se placent selon les quartiers qui leur sont destinés, et le général distribue aux officiers généraux chacun le leur. On règle à même temps le quartier du roi ; celui des vivres, et le parc de l'artillerie[2] ; ce qui se rectifie les jours suivants, et, autant qu'il est possible, par rapport aux attaques[3] de la place, dont on doit déjà avoir quelque notion. On doit cependant disposer des petites gardes avancées aux environs de la place, soutenues par de plus fortes pour la resserrer autant que l'on peut, et les poster le plus avantageusement qu'il sera possible, pour empêcher la garnison de sortir et de fourrager. Après quoi les ingénieurs tracent les lignes à la perche[4] et aux piquets, afin que les troupes puissent régler leurs camps à demeure ; ce qui se fait en établissant le front de bandière[5], parallèle aux lignes, à la distance de 60, 80, 100 ou 120 toises au plus ; on les trace après cela au cordeau avec un peu plus de loisir et de rectitude.

1. Les intendants sont des civils chargés, dans une province, de traiter les affaires de justice, de police et de finances. On a pu les comparer aux préfets.

Les intendants d'armée sont chargés d'exercer la justice sur les gens de guerre, et plus largement, de traiter tous les problèmes logistiques : ravitaillement, logement, hôpitaux... Seuls les généraux d'armée leur étaient hiérarchiquement supérieurs. L'intendant d'une armée est souvent celui de la province la plus proche du théâtre d'opérations.

2. Ces trois espaces particuliers sont situés à l'arrière du camp ; le « quartier du roi » est l'espace reservé au campement des chefs de l'armée.

3. « au projet d'attaque » dans Rosanbo.

4. « perche » remplacé par « toise » dans Rosanbo.

5. Le front de bandière est la ligne constituée par des groupes de fusils posés en faisceaux.

LES PONTS A FAIRE POUR SERVIR A LA COMMUNICATION DES QUARTIERS[1].

[planche I]

Si les quartiers sont séparés par des rivières grandes ou petites, il y faudra faire des ponts sur chevalets[2], si l'on peut, ou sur bateaux ; mais plutôt sur chevalets, parce qu'ils sont ordinairement plus sûrs et plus fermes, notamment si la place était en état de donner quelque grande éclusée d'eau, qui fût capable de rompre ceux de bateaux, comme cela nous arriva à la levée du premier siège de Valenciennes[3].

Le mieux qu'on puisse faire est d'en faire trois ou quatre à chaque passage. de quatre ou cinq toises de largeur chacun, à quelque cinquante ou soixante toises les uns des autres, et de les renfermer tous dans la ligne ; en fortifier les avenues par quelques redans♦ ; et après cela accommoder les accès, les rendre commodes et aisés, et y mettre des gardes pour s'en mieux assurer, et empêcher qu'on n'y gâte rien.

Ce que l'on doit observer dans la disposition des lignes, est :

1° D'occuper le terrain le plus avantageux des environs de la place, soit qu'il se trouve un peu plus près ou un peu plus loin ; cela ne doit pas faire un scrupule[4] ;

2° De se poster de manière que la queue des camps ne soit pas sous la portée du canon de la place ;

3° De ne se point trop jeter à la campagne, mais d'occuper précisément le terrain nécessaire à la sûreté des camps ;

4° Celui qui leur peut être le plus avantageux, évitant de se mettre sous les commandements[5] qui pourront incommoder le dedans des camps et de la ligne par leur supériorité, ou par leurs revers♦[6]. Où ces défauts se

1. « Des lignes et des ponts à faire pour servir à la communication des quartiers » dans Rosanbo.

2. Un chevalet est un assemblage de plusieurs pièces de bois, qui sert à porter un pont de fascines ou de madriers, pour faire passer une petite rivière à un corps de troupes, ou pour communiquer aux ouvrages détachés dans le fossé des places de guerre.

3. « que l'on fut obligé de lever en mil six cent cinquante six » ajouté dans Rosanbo. Valenciennes, assiégée par les troupes de Turenne, fut libérée par Condé (au service de l'Espagne) le 16 juillet 1656.

4. « cela ne doit pas faire un scrupule » absent dans Rosanbo.

5. Un commandement est une position permettant de dominer, par son feu, une autre position.

6. Les points 3 et 4 sont remplacés dans Rosanbo par :

rencontreront, il vaut mieux les occuper, soit en étendant les lignes jusque-là, ou en y faisant de bonnes redoutes ou fortins, que de s'y soumettre ; observant aussi de faire servir à la circonvallation les hauteurs, ruisseaux, ravines, escarpements, abattis de bois et buissons, et généralement tout ce qui approche de son circuit et qui la peut avantager. A mesure qu'on les trace, on en distribue le terrain aux troupes (si on est en pays où on ne puisse avoir de paysans), ce qui se fait également à la cavalerie comme à l'infanterie, personne n'étant exempt de cette corvée[1] ; mais quand on peut avoir des paysans, c'est à eux qu'on le distribue à mesure qu'ils se présentent, à raison de cinq ou six pieds courants chaque homme.

La mesure commune des lignes, quant au plan, doit être de cent vingt toises d'une pointe♦ de redan à l'autre ; dix à douze de plus ou de moins ne doivent pas faire une affaire[2] ; on doit observer de les placer toujours sur les lieux les plus éminents, et jamais dans les fonds, et que les angles des redans soient toujours moins ouverts que le droit ou carré[3]. On donne pour l'ordinaire dix-huit, vingt à vingt-cinq toises de face à ces mêmes redans, sur quatre-vingt-dix à cent toises de courtine♦ ; du surplus on accommode le circuit de la ligne à l'irrégularité du terrain : pourvu qu'elle se flanque♦ bien, il suffit.

L'ouverture du fossé des lignes doit être de quinze, seize à dix-huit pieds, un peu plus, un peu moins[4], sur six à sept pieds et demi de profondeur, talutant du tiers de la largeur.

De cette façon, leur fossé aura dix-huit pieds de large à l'ouverture ; sa largeur au fond sera de six pieds ; ce qui donne douze pieds de commune largeur, et sept pieds et demi de profondeur, revenant par toise courante à deux toises et demie cubes, qui est l'ouvrage qu'un paysan peut faire en sept jours à ne pas beaucoup travailler ; car je compte qu'il n'y a pas d'homme qui ne puisse aisément remuer un tiers de toise par jour à la jeter à la main, quelque mauvais ouvrier qu'il puisse être.

Sur ce pied-là, nous proposerons les mesures des six profils suivants, dont on pourra se servir pour régler toutes sortes de circonvallations, n'estimant pas qu'il soit nécessaire d'en employer de plus forts, ni qu'on doive se servir de plus faibles.

« 3° De ne se point trop jeter à la campagne, mais d'occuper précisément le terrain nécessaire à la sûreté des camps, et celui qui leur peut être le plus avantageux.

« 4° D'éviter de se mettre sous des commandements qui pourraient incommoder le dedans des camps de la ligne par leur supériorité, ou par leurs revers. »

1. Les officiers de cavalerie répugnaient généralement à effectuer les travaux de terrassement, trop peu honorables.

2. « dix à douze de plus ou de moins ne doivent pas faire une affaire » absent dans Rosanbo.

3. « ou carré » absent dans Rosanbo.

4. « un peu plus, un peu moins » absent dans Rosanbo.

TABLE
CONTENANT LES MESURES DES SIX PROFILS SUR LESQUELS ON PEUT REGLER LES LIGNES.

PREMIER PROFIL

	Pieds.	Pouc.
Largeur du fossé à l'ouverture	18	0
Largeur du même sur le fond	6	0
Sa profondeur	7	6
Contenu solide de son excavation par toise courante	15	0[1]
Le temps nécessaire à ses façons	7 jours.	

SECOND PROFIL.

	Pieds.	Pouc.
Largeur du fossé à l'ouverture	16	0
Largeur du même sur le fond	5	4
Sa profondeur	7	0
Contenu solide de son excavation par toise courante	12	5[2]
Le temps nécessaire à ses façons	6 jours.	

TROISIEME PROFIL

	Pieds.	Pouc.
Largeur du fossé à l'ouverture	14	0
Largeur du même sur le fond	4	8
Sa profondeur	6	6
Contenu solide de l'excavation	10	1[3]
Le temps nécessaire à ses façons	5 jours	

QUATRIEME PROFIL.

	Pieds.	Pouc.
Largeur du fossé à l'ouverture	12	0
Largeur du même sur le fond	4	0
Sa profondeur	6	0
Contenu solide de l'excavation par toise courante	8	0[4]
Le temps nécessaire à ses façons	4 jours	

1. Cette ligne est remplacée dans Rosanbo par :
Contenu solide de son excavation : .... 3 toises 4 pieds 6 pouces cubes
Par toises courantes .... 2 toises 3 pieds
2. Cette ligne est remplacée dans Rosanbo par :
Contenu solide de l'excavation : .... 3 toises 107 pieds cubes
3. Cette ligne est remplacée dans Rosanbo par :
Contenu solide de l'excavation : .... 2 toises 4 pieds cubes
4. Cette ligne est remplacée dans Rosanbo par :
Contenu solide de l'excavation :.................... 13 toises cubes 1/3 de toise

CINQUIEME PROFIL.

	Pieds.	Pouc.
Largeur du fossé à l'ouverture	10	0
Largeur du même sur le fond	3	4
Sa profondeur	5	6
Contenu solide de l'excavation par toise courante	6	1[1]
Le temps nécessaire à ses façons	3 jours[2]	

SIXIEME PROFIL.

	Pieds.	Pouc.
Largeur du fossé à l'ouverture	8	0
Largeur du même sur le fond	2	8
Sa profondeur	5	0
Contenu solide de l'excavation	4	6[3]
Le temps nécessaire à ses façons	2 jours.	

Nota. Que la solidité des parapets doit égaler celle des fossés des lignes, y compris un rebord qui doit être formé des terres provenantes de l'achèvement des talus♦.

FAÇONS DES LIGNES.

On emploie ordinairement huit, neuf ou dix jours à la façon des lignes pour les bien faire : aux apprêts du parc ; à l'arrivée des paysans et des munitions, et à se préparer pour l'ouverture de la tranchée. Pendant ce temps les ingénieurs sont distribués le long des lignes, qu'ils se partagent entre eux, pour avoir soin que les mesures y soient observées et qu'elles se fassent bien. La diligence avec laquelle elles se font ne permet pas qu'on y puisse apporter grande façon. Il faut cependant faire exactement observer les talus des fossés et les profondeurs demandées par les profils ; autrement, soit que ce travail se fasse par des paysans ou par des soldats, ils en feront les talus gras ou renflés, et ne donneront jamais la profondeur nécessaire au fossé, ni la largeur requise à son fond. Le principal soin de ces ouvrages est l'affaire des officiers généraux, chacun à son quartier ; et celui des ingénieurs, quant aux mesures et façons qu'il faut leur donner. Il faut aussi donner quelque forme au devant et au derrière des parapets de la ligne, ce qui se peut faire, quant au devant, en piétonnant et foulant bien

1. Cette ligne est remplacée dans Rosanbo par :
Contenu solide : .... 192 pieds cubes
2. « 2 jours et demi » dans Rosanbo.
3. Cette ligne est remplacée dans Rosanbo par :
Contenu solide : .... 100 pieds cubes

les terres par lits de demi-pied d'épais sur deux ou trois de large, les tapant aussi en talus avec la pelle et le plat de la pioche. La finesse de l'œil est ce qui doit régler le talus extérieur des terres, qui ne devant servir que peu de temps, on n'y fait pas grande façon. Il faut cependant recouper les terres du talus intérieur, les fouler et piétonner, même fasciner si l'on peut de fougère, de balais, d'épines, de paille, d'éteules[1], de grandes herbes, de menus branchages, et enfin de tout ce qu'on peut, même de gazons grossièrement coupés sur le lieu, afin de soutenir les terres de derrière sur un moindre talus que celui du devant, et que les soldats puissent au besoin joindre le parapet et faire jeu par-dessus. Il y faut aussi faire une banquette♦, et, pour conclusion, il faut rendre l'élévation des lignes, à très peu de chose près, conforme à celles des profils qu'on aura choisis ; les ingénieurs subalternes doivent assidûment prendre ce soin, pendant que celui qui les dirige en chef s'occupe avec les principaux à reconnaître le fort et le faible de la place, pour, après en avoir rendu compte au général, former le dessein des attaques[2].

On faisait autrefois des épaulements[3] dans l'intervalle des lignes et de la tête des camps à quelque vingt toises de ces dernières, et de trente-cinq à quarante de long, notamment dans les parties exposées à quelque commandement des dehors♦ ; rarement sur les autres. Ils étaient disposés par alignements et parallèles à la tête des camps, et de neuf pieds de haut sur dix à douze d'épais mesurés au sommet ; je me souviens d'en avoir vu dans les lignes d'Arras[4] : la cavalerie des assiégeants se met derrière à couvert quand on attaque les lignes, et ne les quitte que quand il faut charger ; cela la met à l'abri du canon. Je n'en ai point vu depuis ce temps-là, qui était fort voisin de celui où l'on fortifiait les lignes par des forts et redoutes palissadées de distance en distance ; on retranchait même la plupart des quartiers tout autour, ce qui ne se fait plus présentement ; la promptitude avec laquelle on expédie les sièges ne le permettant pas.

1. L'éteule est le chaume qui reste sur place après les moissons.

2. Dans Rosanbo, ce paragraphe est remplacé, à partir de « Il faut cependant faire exactement observer... », par : « Il faut cependant faire exactement observer les talus des fossés, les profondeurs et largeurs demandées, former les parapets, talus et banquettes, en sorte que le soldat puisse joindre le parapet, faire feu par dessus, et rendre les lignes conformes au profil qu'on aura choisi. C'est le fait des officiers généraux, chacun dans leurs quartiers, de veiller à l'exécution et de presser l'ouvrage. »

3. Epaulement : levée de terre.

4. En 1654, l'armée espagnole de Condé assiégea Arras. Après près de deux mois de siège, les troupes de Turenne s'emparèrent de la circonvallation espagnole, la nuit du 2 août. Les Espagnols, se sentant pris au piège entre Arras et l'armée de secours, se retirèrent précipitamment. Dans l'armée française, Vauban, qui avait été blessé au siège de Stenay, assista à l'action sans y prendre part.

PORTES ET BARRIERES DES LIGNES[1].

On fait les portes et barrières des lignes sur les avenues et grands chemins ordinaires, par préférence aux autres, et après cela de deux courtines l'une[2] ; on y fait aussi une porte de 22 pieds de large, qui ferme par une barrière à fléau, tournante sur un poteau, dont le sommet taillé en pivot et planté sur le milieu, où il partage l'ouverture en deux passages égaux ; lequel fléau bat contre deux autres poteaux plantés aux deux extrémités des passages avec des entailles pattées, auxquelles il s'accroche et se ferme avec une cheville plate ou chaînon de bois, comme la représentée à la [planche III].

On doit observer de les placer toutes à peu près sur le milieu des courtines et de les couvrir de redans en forme de demi-lune♦ ; l'un et l'autre faits comme les représentés à la même [planche].

CONTREVALLATIONS♦.

Les contrevallations sont de même qualité que les lignes, hors que le profil n'en est pas si fort. Elles ne sont pas à négliger, notamment aux sièges des places dont la garnison est forte et l'armée assiégeante faible. Le circuit de celles-ci doit passer par le derrière de la queue des camps, en distance à peu près double de la tête des mêmes camps à la circonvallation[3], serrant la place le plus près qu'on pourra, sans les trop exposer au canon. On doit profiter de tous les avantages du terrain qui s'y rencontrent comme aux autres ; on y fait aussi des passages et issues fermés de barrières de même, hors qu'il n'est pas nécessaire qu'elles soient si fréquentes, ni de les couvrir par des ouvrages détachés.

On les flanque de redans, mais petits et moins fréquents que ceux de la circonvallation.

En voilà assez pour toutes les espèces de lignes dont on se pourra servir, lesquelles se doivent toujours régler selon les besoins ; c'est-à-dire que si on est résolu d'attendre l'ennemi dans les lignes, il faut les faire bonnes comme au premier profil ; si on prend le parti d'aller au-devant de lui, on les peut faire comme on voudra ; mais le plus sûr est de les faire bonnes. Les deux profils suivants pour les médiocres, et les derniers pour les lignes des petits sièges, où on ne laisse pas d'être obligé à prendre des précautions contre les secours.

1. Un sous-titre « Des lignes » rajouté dans Rosanbo.
2. « et de deux courtines à deux courtines » dans Rosanbo.
3. « en distance... circonvallation » remplacé par « et en doit être distant de 150 à 200 toises » dans Rosanbo.

PREPARATIFS DES ATTAQUES.

Dès le commencement du siège, on doit faire provision de gabions, et tenir la main à ce qu'ils soient bien faits, de bonne assiette et tous égaux, de huit, neuf ou dix piquets, chacun de quatre à cinq pouces de tour, lacés, serrés et bien bridés haut et bas avec de menus brins de fascines en partie élagués. On leur donne deux pieds et demi de haut[1] sur autant de diamètre, afin de les rendre plus maniables ; et trois ou quatre jours avant l'ouverture de la tranchée, à peu près dans le temps que les troupes ont achevé de camper et se munir de fourrages, on commande des fascines et piquets à tant par bataillon et tant par escadron, ce qui va à deux ou trois mille pour les premiers et douze ou quinze cents pour les derniers. La longueur des fascines doit être de six pieds, sur vingt-quatre pouces de tour aux reliures[2] qui seront doubles, et lesdites fascines bien faites, les gros et petits brins recroisant également l'un sur l'autre par liaison alternative. Les piquets doivent avoir trois pieds de long, sur cinq à six pouces de tour mesuré par le milieu ; remarquant que des fascines et piquets sont des ouvrages de corvée, de même que les lignes ; mais les gabions se paient ordinairement à cinq sous pièce, à cause de la difficulté de leur facture, qui demande du soin et de l'adresse. Tous les corps font amas de ces fascines à la tête de leurs camps, où chacun d'eux fait son magasin près des sentinelles. Quant aux gabions, c'est un ouvrage de sapeurs◆ et de mineurs bien instruits, et d'un détachement de Suisses qu'on demande pour cet effet ; ceux-ci parce qu'ils sont pour l'ordinaire plus adroits que les Français à ces sortes d'ouvrages. On doit aussi faire amas de toutes les chapes et barriques vides de l'artillerie, de même que celles qu'on peut trouver chez les vivandiers et à la campagne, desquelles on payera la même chose que des gabions.

PREPARATIFS DU PARC.

Pendant qu'on travaille aux lignes et aux préparatifs de la tranchée, l'artillerie de son côté travaille à fermer son parc et son magasin à poudre ; à monter les pièces sur leurs affûts ; préparer les plates-formes du canon et des mortiers ; les séparer, ranger les bombes, boulets, grenades, les outils ; à radouber[3] ce qui en a besoin ; faire des portières et fronteaux de mire[4].

1. « non compris les pointes » rajouté dans Rosanbo.
2. « liens » dans Rosanbo.
3. « radouber » a ici le sens de raccommoder.
4. Le fronteau de mire est un « morceau de bois de quatre pouces d'épaisseur, d'un pied de haut, ou de deux pieds et demi de long ou environ, dont on se sert pour pointer le

On travaille à même temps à faire des blindes de bois rond ou carré[1], de trois ou quatre pouces carrés, larges de deux pieds et demi à trois pieds, entre deux poteaux pointus par les deux bouts, longues de cinq à six pieds, entre deux traverses, et de 15 pouces de pointe à chaque bout.

A l'égard des chandeliers[2] et berceaux, je ne m'en suis jamais servi, les blindes pouvant être employées au même usage quand elles sont fortes et bien faites.

On doit aussi faire amas de roulettes de charrue et de madriers pour les mantelets roulants à l'usage des sapes.

Idem de crocs, fourches de fer et gros maillets à longs manches, de même que de pioches et pelles de fer choisies, emmanchées long pour les sapes ; des brouettes ; sacs à terre et paniers dont il faut toujours avoir bonne quantité[3].

FAÇON DES MANTELETS.

Suite des préparatifs du Parc[4].

Les mantelets propres aux sapeurs sont des machines roulantes qui ne conviennent qu'à la sape[5].

canon » (définition dans Gaigne, Alexandre-Toussaint de, *Nouveau dictionnaire militaire*..., Paris, Métier, an X, 1801, article « fronteau de mire »). Voir planche IV.

1. La blinde est une pièce de bois formée de quatre poutres reliées aux extrémités, destinée à soutenir des fascines. Voir la planche IV.

2. Un chandelier est un étai formé de deux piquets de bois fixés sur une planche. On se sert de deux chandeliers pour fabriquer un rempart de fascines, en installant chaque extrémité des fascines entre les deux piquets de chacun des chandeliers.

3. Ce chapitre est remplacé dans Rosanbo par : « Pendant qu'on travaille aux lignes et aux préparatifs de la tranchée, l'artillerie de son côté travaille à fermer son parc et son magasin à poudre, à monter les pièces sur leurs affûts, à préparer les plates-formes du canon et des mortiers, à ranger les bombes, boulets, grenades, et tous les outils, ceux propres à remuer la terre douce, pierreuse, et le roc ; ceux des forgerons, taillandiers, charrons, charpentiers, menuisiers, tourneurs, sapeurs et mineurs ; des crocs et des fourches de fer, de gros maillets et des sacs à terre. Elle s'occupe en même temps à faire des portières, des fronteaux de mire, des coins, des paniers, des brouettes, des madriers, des roues de charrue pour les mantelets roulants, à l'usage des sapes, des planches pour les galeries et descentes de fossés, des blindes de bois rond ou carré, de quatre pouces de grosseur, sur deux pieds et demi à trois pieds de largeur, et sur cinq à six de hauteur, entre deux traverses (non compris les pointes des deux montants qui doivent être de quinze pouces à chaque bout).

« A l'égard des chandeliers et berceaux, je ne m'en suis jamais servi, les blindes pouvant être employées au même usage quand elles sont fortes et bien faites. Voyez dans la planche quatre la figure de la plus grande partie des choses qui composent le parc. »

4. « Suite des préparatifs du parc » absent dans Rosanbo.

5. « Quoique les mantelets propres aux sapeurs soient connus de tout le monde, beaucoup en ignorent la construction et les proportions qu'ils doivent avoir » dans Rosanbo.

Pour les faire, on cherche des roulettes de charrue à la campagne, auxquelles on met un essieu[1] de quatre à cinq pouces de diamètre, sur quatre à cinq pieds de long entre les moyeux[2], au milieu duquel on assemble une queue fourchue de sept à huit pieds de long, à tenons et mortaises passantes[3], les bouts de la fourche entaillés dans l'essieu où on les arrête ferme par des chevilles ou des clous, les deux bouts traversant sur l'essieu, passant au travers du mantelet, qui est un assemblage de madriers de deux pieds huit pouces de haut sur cinq pieds de large[4] et sur quatre pouces d'épais, penchant un peu sur l'essieu du côté de la queue, pour l'empêcher de culbuter en avant. Les madriers qui composent le mantelet sont goujonnés[5] l'un à l'autre et tenus ensemble par deux traverses de quatre pouces de large et deux d'épais, auxquelles ils sont cloués ou chevillés, et tout le corps du mantelet appuyé sur une ou deux contre-fiches, assemblées dans les traverses du mantelet par un bout d'une part, et sur la queue du même de l'autre, auquel elles sont fortement chevillées. Les plans et profils de la [planche IV] représentant cette machine achèveront de faire entendre sa construction. Comme le transport en est incommode à cause de sa figure et pesanteur, le mieux sera, après que toutes les pièces auront été préparées et présentées l'une à l'autre, de les marquer et faire porter toutes démontées à la tête des sapes, et de les monter là, il y aura bien moins d'embarras.

LES OUTILS.

Les outils dont on se sert dans les sièges sont[6] : pics à hoyaux[7], pics à roc, pioches simples, pelles de fer, bêches communes, feuilles de sauge[8], pelles de bois ferrées et non ferrées, et louchets[9] de Flandre. Ces derniers sont les meilleurs de tous en bon terrain comme celui des Pays-Bas, rare-

1. L'essieu est une longue pièce placée transversalement sous la pièce d'une voiture et dont les extrémités entrent dans les moyeux des roues.
2. Le moyeu est la partie centrale de la roue, que traverse l'axe ou l'essieu autour duquel elle tourne.
3. Tenon et mortaise : système d'attache, où le tenon est la partie mâle, saillante, d'une pièce (en bois, en métal...), qui s'ajuste dans la mortaise, la partie femelle, qui est une entaille faite dans une autre pièce.
4. « deux pieds huit pouces à trois pieds de haut, et sur quatre pieds de large » dans Rosanbo.
5. Goujonné, c'est-à-dire fixé par un goujon, tige de bois ou de métal servant à lier deux pièces (vissé par l'une de ses extrémités dans l'une des pièces, le goujon traverse la seconde pièce de part en part et reçoit à l'autre extrémité un écrou de serrage).
6. « Comme les outils dont on se sert dans les sièges ne sont pas connus de tout le monde, j'en ferai l'énumération » dans Rosanbo.
7. Pour la forme du « pic à hoyaux », voir planche IV.
8. Les feuilles de sauge sont une sorte de pic.
9. Le louchet est une sorte de pelle. Voir planche IV.

ment sont-ils propres ailleurs, parce que le plus souvent les terres sont dures et mêlées de tuf, cailloux et pierrailles, où ils ne sont pas d'un bon usage. Les pics à hoyau qui ont une pioche d'un côté et une pointe de l'autre, sont bons, mêlés parmi les tranches ou pioches communes. Les pelles de fer appelées escoupes ne sont pas mauvaises quand elles ont une bonne douille et qu'elles sont bien emmanchées. Les bêches un peu longues, qui s'enfoncent dans terre avec les pieds, ne sont pas mauvaises[1], parce qu'elles enlèvent la terre et font excavation d'un même coup. Les pelles de bois ferrées sont bonnes, parce qu'elles prennent beaucoup de terre à la fois, mais elles se cassent facilement ; les moindres de toutes sont les pelles de bois non ferrées, parce qu'elles sont très cassantes et de peu de durée. Toutes ces espèces d'outils sont à terre et à rocailles. Les suivants sont pour le bois, savoir : serpes, haches communes, scies de toutes espèces, ciseaux, fermoirs, tarières de toutes grandeurs[2], hachettes, doloires[3], herminettes[4], etc., et tous autres outils appartenant à la charpenterie, ferronnerie et serrurerie, desquelles il doit y avoir plusieurs boutiques complètes dans le parc ; même à tourneurs[5] pour faire les porte-feux de bombes et de grenades, plateaux de bois pour les pierriers, tampons pour les mortiers et le canon. Il y doit avoir de plus des outils de mineurs pour la terre franche, le roc, le tuf, les murs, etc. Toutes ces sortes d'outils qui doivent être bien emmanchés se tirent des magasins du roi, où il y en a pour l'ordinaire de grands amas de longue main assemblés et à loisir. Pour être bons, ils doivent être du poids de quatre à cinq livres, fabriqués de très bon fer, de bonne trempe, et bien acérés sur les tranchants, les pointes bien renforcées, et de bonnes et fortes douilles à la tête ; ce qui se voit rarement, parce que tout cela se prend à des prix faits, dont les exécutions sont peu surveillées, eu égard à l'exactitude telle qu'il la faudrait avoir[6].

J'ai cru devoir expliquer la qualité des outils plus nécessaires aux sièges, parce que souvent ceux qu'on tire des magasins du roi se trouvent fort mauvais[7].

1. « sont très bonnes » dans Rosanbo.
2. La tarière est une grande vrille servant à percer des trous. Voir planche IV.
3. La doloire est un outil tranchant (souvent en forme de hache) utilisé pour amincir ou aplanir le bois.
4. L'herminette est une hachette à tranchant recourbé.
5. C'est-à-dire une boutique de tourneur, artisan qui travaille au tour, dispositif qui sert à façonner des pièces en leur imprimant un mouvement de rotation.
6. « fortes douilles. Rarement sont-ils bien conditionnés, parce que ce sont les entrepreneurs qui les fournissent. Voyez la 4e planche » dans Rosanbo.
7. Ce paragraphe est absent dans Rosanbo.

OBSERVATIONS A FAIRE SUR LA RECONNAISSANCE DES PLACES.

Il y a présentement peu de places dans l'Europe, à notre portée, dont nous n'ayons des plans ; la plupart même sont imprimés et se vendent dans les boutiques des graveurs et libraires de Paris, avec privilège, notamment les nôtres. Pour peu qu'on en fasse rechercher, il se trouve toujours quelqu'un qui en a de celles des ennemis. Bien que la plupart soient fautifs et peu exacts, on ne laisse pas de s'en aider et d'en tirer des lumières qui ne sont pas inutiles ; c'est pourquoi je suis d'avis de ne les pas négliger, non plus que les cartes des environs.

On trouve encore moyen d'apprendre quelque chose de l'état des places par des gens du pays ; notamment par des ouvriers un peu intelligents, comme maçons, tailleurs de pierre, appareilleurs, terrassiers, entrepreneurs, etc. avec quelques libéralités. On peut encore introduire quelqu'un dedans qui, après y avoir demeuré quelque temps, vous apporte des nouvelles de ce que vous avez envie de savoir.

A tout ce qu'on peut apprendre de la sorte, à quoi il ne se faut pas trop fier, on doit y ajouter ce que l'on en peut découvrir par soi-même. C'est pourquoi il faut les reconnaître en personne ou faire reconnaître par gens sûrs et intelligents ; ce qui se doit faire à petit bruit, de jour et de nuit.

De jour, on n'a pas la liberté de s'approcher de bien près, à moins qu'on ne le fasse presque seul, parce que les gardes avancées de la place et le canon vous inquiètent quand vous êtes accompagné, et vous empêchent d'approcher.

Le mieux est d'avoir de petites gardes avancées derrière soi, cachées dans des haies ou dans quelque fossé, soutenues par d'autres un peu plus éloignées, à la faveur desquelles on s'avance seul ou très peu accompagné ; c'est ce que j'ai presque toujours fait, et ce qui m'a bien réussi.

Ce sont de ces sortes de choses qu'il faut dérober comme on peut, et les revoir plusieurs fois.

Ces manières de reconnaître n'instruisent guère que du chemin à tenir pour les attaques, du nombre et grandeur des bastions♦, cavaliers♦, demi-lunes, ouvrages à corne♦, redans, chemins couverts♦, etc., qui est toujours beaucoup. Mais s'il y a des fonds près de la place et autres couverts qui vous puissent être bons à quelque chose, on a peine à les bien démêler, et d'ordinaire on ne les reconnaît que fort imparfaitement, non plus que les eaux dormantes et courantes qui sont près de la place.

Pour bien démêler tout ceci, il faut les reconnaître de nuit, bien accompagné, afin de les pouvoir approcher et toucher, comme on dit, du bout du doigt, ce qui ne se fait pas sans péril, et si on ne voit pas grand-chose ;

mais le matin en se retirant peu à peu avec le jour, on découvre ce qu'on voulait voir d'une manière plus parfaite.

C'est en quoi il ne faut rien négliger, car d'une place bien reconnue vous en tirez de grands avantages.

Au surplus, ce n'est pas une chose aisée que de bien démêler le fort et le faible d'une place ; vous avez beau la reconnaître de jour et de nuit, vous ne verrez pas ce qu'elle renferme dans soi, si vous ne l'apprenez par d'autres ; c'est sur quoi il ne faut encore rien négliger.

L'ignorance de la nation sur l'attaque des places a été autrefois si grande que j'ai vu mettre en question fort sérieusement s'il n'était pas plus à propos d'attaquer une place par son fort que par son faible, et sur cela disputer du pour et du contre avec chaleur.

Il n'y a point de place qui n'ait son fort et son faible, à moins qu'elle ne soit d'une construction régulière, dont les pièces de même qualité soient toutes égales entre elles, et situées au milieu d'une plaine rase qui l'environne à perte de vue, et qui n'avantage en rien une partie plus que l'autre[1]. Pour lors, on la peut dire également forte et faible partout ; et en ce cas il n'est plus question que d'en résoudre les attaques par rapport aux commodités, c'est-à-dire par le côté le plus à portée du quartier du roi, du parc de l'artillerie, des lieux dont on peut tirer des fascines et gabions, et des accès plus commodes. Mais comme il se trouve peu de places fortifiées de la sorte, et que presque toutes sont régulières en des parties et irrégulières en d'autres par rapport à leurs fortifications presque toujours composées de vieilles et de nouvelles pièces, ou à quelque défaut ou avantage de la situation plus grand à un côté qu'à l'autre, ou de la campagne des environs, cela fait une diversité qui vous oblige à autant de différentes observations.

Développons ceci le mieux que nous pourrons,
la chose en vaut bien la peine.

Si la fortification d'une place a quelque côté situé sur un rocher de 25, 30, 40, 50 ou 60 pieds de haut, que ce rocher soit sain et bien escarpé, nous la dirons inaccessible par ce côté. Si ce rocher est battu au pied d'une rivière, ou d'eau courante ou dormante, ce sera encore pis. Si quelque côté en plein terrain est bordé par une rivière qui ne soit pas guéable et qui ne puisse se détourner, que ladite rivière soit bordée du côté de la place d'une bonne fortification capable d'en défendre le passage, on pourra la dire inat-

1. « Comme le neuf Brisach », ajouté dans Rosanbo. Neuf-Brisach (commune française du Haut-Rhin, arr. de Colmar) est la neuvième et dernière des places créées *ex nihilo* par Vauban. Elle a été construite en 1698, sur le terrain parfaitement plat de la plaine d'Alsace, pour remplacer la perte de Brisach, rendue après le traité de Ryswick.

taquable par ce côté ; que si son cours est accompagné de prairies basses et marécageuses en tout temps, elle le sera encore davantage. Si ladite place est environnée d'eau et de marais qui ne se puissent dessécher, et si elle est en partie accessible par des terrains secs qui bordent lesdits marais ; que ces avenues accessibles soient bien fortifiées, et qu'il y ait des pièces dans les marais qui ne soient pas abordables, et qui puissent voir à revers les attaques du terrain ferme qui les joint, ce ne doit pas être là un lieu avantageux aux attaques, attendu ces pièces inaccessibles, et qu'il faut pouvoir embrasser ce que l'on attaque. Si ladite place est toute environnée de terres basses et de marais, comme il s'en trouve aux Pays-Bas, et qu'elle ne soit abordable que par des chaussées, *il faut :*

1° Considérer si on ne peut point dessécher les marais, et s'il n'y a point de temps dans l'année qu'ils se dessèchent d'eux-mêmes, et en quelle saison ? En un mot, si on ne peut pas les faire écouler et mettre à sec[1].

2° Si les chaussées sont droites ou tortues, enfilées en tout ou en partie de la place, et de quelle étendue est la partie qui ne l'est pas, et à quelle distance de ladite place ? quelle en est la largeur, et si on peut y tournoyer une tranchée en la défilant ?

3° Si on peut asseoir des batteries dessus ou à côté sur quelque terrain moins bas que les autres, qui puissent croiser sur les parties attaquées de la place ?

4° Voir si elles sont si fort enfilées♦ qu'il n'y ait point de transversale un peu considérable qui fasse front à la place d'assez près, et par quelque endroit qui puisse faire un couvert considérable contre, en relevant une partie de leur épaisseur sur l'autre, et à quelle distance de la place elle se trouve ?

5° Si des chaussées voisines l'une de l'autre, qui aboutissent à ladite place, se joignent, et en quel endroit ? et si étant occupées par les attaques, elles se peuvent entre-secourir par des vues de canon croisées, ou en revers sur les pièces attaquées ?

Et 6° de quelle nature est le rempart de la place et de ses dehors ? si elle a des chemins couverts ? si les chaussées qui les abordent y sont jointes ? et s'il n'y a point quelque avant-fossé plein d'eau courante ou dormante qui les sépare ? Où cela se rencontre, nous concluons qu'il ne faut jamais attaquer par là, pour peu qu'il y ait d'apparence d'approcher de la place par ailleurs, attendu qu'on est presque toujours enfilé et continuellement écharpé du canon, sans moyen de s'en pouvoir défendre, ni de s'en rendre maître, ni d'embrasser les parties attaquées de la place.

1. « En un mot… à sec » absent dans Rosanbo.

A l'égard de la plaine, il faut :

1° Examiner par où on peut embrasser les fronts de l'attaque, parce que ceux-là sont toujours à préférer aux autres.

2° La quantité de pièces à prendre, avant de pouvoir arriver au corps de la place♦ ; leur qualité et celle du terrain sur lequel elles sont situées.

3° Si la place est bastionnée et revêtue[1].

4° Si la fortification en est régulière, ou à peu près équivalente.

5° Si elle est couverte par quantité de dehors, quels et combien ? parce qu'il faut s'attendre à autant d'affaires qu'il y aura de pièces à prendre.

6° Si les chemins couverts sont bien faits, contre-minés et palissadés ? et si les glacis♦ en sont roides, et non commandés des pièces supérieures de la place.

7° S'il y a des avant-fossés, et quels ?

8° Si les fossés sont revêtus et profonds ? secs ou pleins d'eau ? de quelle profondeur ? si elle est dormante ou courante ? et s'il y a des écluses, et la pente qu'il y peut avoir de l'entrée des eaux à leur sortie ?

9° S'ils sont secs, et quelle en est la profondeur ? et compter que les plus mauvais de tous sont les pleins d'eau quand elle est dormante, si les bords en sont bas et non revêtus.

Après cela, ceux qui sont secs, profonds et revêtus sont bons ; mais les meilleurs sont ceux qui étant secs, peuvent être inondés d'une grosse eau dormante et courante quand on le veut ; parce qu'on peut les défendre secs, et ensuite les inonder, et y exciter des torrents qui en rendent les trajets impossibles. Tels sont les fossés de Valenciennes du côté du Quesnoy qui sont secs, mais dans lesquels on peut mettre telle quantité d'eau dormante ou courante qu'on voudra, sans qu'on le puisse empêcher. Tels sont encore les fossés de Landau*[2], place moderne, dont le mérite n'est pas encore bien connu des médiocrement intelligents, bien que toute neuve et sans être achevée, elle ait déjà soutenu deux grands sièges[3].

1. Revêtu : c'est-à-dire pourvu d'un revêtement, mur destiné à soutenir la terre du rempart.

* « Fossés les meilleurs. Ceux de Landau sont de cette nature. » [*Note de Vauban.*]

2. Landau [land Rhénanie-Palatinat] : cette place fortifiée par Vauban à partir de 1688 est une de ses réalisations les plus remarquables, elle protégeait l'Alsace et constituait une clef vers le Palatinat. Elle fut l'une des places les plus disputées de la guerre de Succession d'Espagne. Prise en 1702 par les Alliés après 84 jours de tranchée ouverte, reprise par les Français (armée du maréchal de Tallard, attaque conduite par Laubanie) en moins d'un mois, elle retomba aux mains des Alliés (Louis de Bade et archiduc Joseph) en 1704, après deux mois et demi de siège. Il fallut près d'un mois à Villars, en 1713, pour s'en emparer à nouveau.

3. « place moderne, dont M. de Laubanie sut faire usage, lors du siège par le Roi des Romains » dans Rosanbo.

Les places qui ont de tels fossés avec des réservoirs d'eau qu'on ne leur peut ôter sont très difficiles à forcer, quand ceux qui les défendent savent en faire usage.

Les fossés revêtus dès qu'ils ont 10, 12, 15, 20 et 25 pieds de profondeur sont aussi fort bons, parce que les bombes ni le canon ne peuvent rien contre ces revêtemens, et qu'on n'y peut entrer que par les descentes, c'est-à-dire en défilant un à un, ou deux à deux au plus, ce qui est sujet à bien des inconvénients ; car on vous chicane par de fréquentes sorties sur votre passage et vos logements* de mineurs, ce qui cause beaucoup de retardement et de perte ; outre que quand il s'agit d'une attaque, on ne le peut que faiblement, parce qu'il faut que tout passe par un trou ou deux, et toujours en défilant avec beaucoup d'incommodité.

Il faut encore examiner si les fossés sont taillés dans le roc ; si ce roc est continu et dur : car s'il est dur et malaisé à miner, vous serez obligé à combler ces fossés jusqu'au rez du chemin couvert pour faire votre passage, qui est un travail long et difficile, notamment s'il est profond, car ces manœuvres demandent beaucoup d'ordre et de temps ; pendant quoi l'ennemi qui songe à se défendre vous fait beaucoup souffrir par ses chicanes, en ce qu'il détourne les matériaux, arrache les fascines, y met le feu, vous inquiète par ses sorties, et par le feu de son canon, de ses bombes et de sa mousqueterie, contre lequel vous êtes obligé de prendre de grandes précautions, parce qu'un grand feu de près est fort dangereux ; c'est pourquoi il faut de nécessité l'éteindre par un plus grand bien disposé.

Après s'être bien instruit de la qualité des fortifications auxquelles on doit avoir affaire, il faut examiner les accès, et voir si quelque rideau, chemin creux ou bossillement de pays peut favoriser vos approches et vous épargner quelque bout de tranchée.

S'il n'y a point de commandement qui puisse vous servir ?

Si le terrain par où se doivent conduire les attaques est doux et aisé à remuer ?

S'il est dur et mêlé de pierres, cailloux et rocailles, ou de rocher pelé dans lequel on ne puisse que peu ou point s'enfoncer ?

Toutes ces différences sont considérables, car si c'est un terrain aisé à manier, il sera aisé d'y faire de bonnes tranchées en peu de temps, et on y court bien moins de risque.

S'il est mêlé de pierres et de cailloux, il sera beaucoup plus difficile, et les éclats de canon y sont dangereux.

Que si c'est un roc dur et pelé, dans lequel on ne puisse s'enfoncer, il faut compter d'y apporter toutes les terres et matériaux dont on aura besoin, de faire les trois quarts de la tranchée de fascines et de gabions, même de ballots de bourre et de laine, ce qui produit un long et mauvais travail qui n'est jamais à preuve du canon, et rarement du mousquet, et dont on ne vient à bout qu'avec du temps, du péril et beaucoup de dépense ; c'est pourquoi il faut éviter d'attaquer par de telles avenues, tant que l'on peut.

A front de place et terrain égal, il faut examiner et compter le nombre des pièces à prendre ; car celui qui en aura le moins ou de plus mauvaises doit être considéré comme le plus faible, si la qualité des fossés ne s'y oppose.

Il y a beaucoup de places situées sur les rivières qui n'en occupent que l'un des côtés, ou si elles occupent l'autre, ce n'est que par de petits forts, ou des dehors peu considérables avec lesquels on communique par un pont et par des bateaux au défaut du pont.

Telle était autrefois Stenay, et telles sont encore Sedan, Mézières, Charlemont et Namur sur la Meuse, Metz et Thionville sur la Moselle, le Vieux-Brisach[1], Strasbourg et Philisbourg sur le Rhin, et plusieurs autres.

Où cela se rencontre, il est plus avantageux d'attaquer le long des rivières, au-dessus ou au-dessous, appuyant la droite ou la gauche sur l'un de leurs bords et poussant une autre tranchée vis-à-vis, le long de l'autre bord, tendant à se rendre maître de ce dehors, ou d'occuper une situation propre à placer des batteries de revers sur l'opposé aux grandes attaques[2].

Comme les batteries de cette petite attaque peuvent aussi voir le pont servant de communication de la place à ce dehors, les grandes attaques de leur côté en pourraient faire autant, moyennant quoi il serait difficile que la place y pût communiquer longtemps ; d'où s'ensuivrait que pour peu que ce dehors fût pressé, l'ennemi l'abandonnerait ou n'y ferait pas grande résistance, notamment s'il est petit et peu contenant. Mais ce ne serait pas la même chose, si c'était une partie de ville ou quelque grand dehors, à peu près de la capacité de Wick, qui fait partie de la ville de Mastrick[3]. *Tout cela mérite d'être bien démêlé et qu'on y fasse de bonnes et sérieuses réflexions ;* car il est certain qu'on en peut tirer de grands avantages.

Après cela il faut encore avoir égard aux rivières et ruisseaux qui traversent la ville, et aux marais ou prairies qui accompagnent leur cours ; car quand les terrains propres aux attaques aboutissent contre ou les avoisinent de près, soit par la droite ou la gauche, cela donne moyen, en prolongeant les places d'armes♦ jusque sur les bords, de barrer les sorties de ce côté-là, et encore moyen de mettre toute la cavalerie ensemble sur le côté

1. « le Vieux-Brisach » absent dans Rosanbo.

2. « ou d'occuper une situation sur l'opposé aux grandes attaques, propre à placer des batteries de revers, de ricochet, et même à battre en brèche, comme on fit au siège du vieux Brisach en 1703, sous les ordres de monseigneur le duc de Bourgogne » dans Rosanbo.

3. Mastrick : Maastricht, enclave hollandaise sur la rive gauche de la Meuse, entre les pays de Liège et de Juliers. En 1673, la place fut investie au début du mois de juin par l'armée commandée par Louis XIV en personne. Elle se rendit le 29 juin, après 13 jours de tranchée ouverte. Voir l'introduction. Le fort de Wick est aujourd'hui un quartier de la ville de Maastricht.

des attaques qui n'est point favorisé de cet avantage ; ce qui en est un autre bien considérable, parce que se trouvant en état de se pouvoir porter toute ensemble à l'action, elle doit produire un bien plus grand effet que quand elle est séparée en deux parties éloignées l'une de l'autre.

Outre ce que dessus, je suis encore d'avis de commander journellement un piquet de cavalerie et dragons[1] dans les quartiers plus voisins des attaques, les pousser de ce côté-là s'il arrivait quelque sortie extraordinaire qui bouleversât la tranchée.

Pour conclusion, on doit toujours chercher le faible des places et l'attaquer par préférence à tous autres endroits à moins que quelque considération extraordinaire ne vous oblige d'en user autrement.

Quand on a bien reconnu la place, on doit faire un petit recueil de ces remarques avec un plan et le proposer au général et à celui qui commande l'artillerie, avec qui il faut agir de concert ; convenir après cela du nombre des attaques qu'on peut faire ; cela dépend de la force de l'armée et de l'abondance des munitions.

Pour moi, je ne suis pas d'avis d'en faire de fausses, parce que l'ennemi s'apercevant de la fausseté dès le trois ou quatrième jour de l'ouverture de la tranchée, il n'en fait plus de cas et les méprise.

Je ne suis point d'avis non plus des attaques séparées, à moins que la garnison ne soit très faible, ou l'armée très forte ; parce qu'elles vous obligent à monter aussi fort à une seule qu'à toutes les deux quand elles sont jointes, et que la séparation les rend plus faibles et plus difficiles à servir.

Mais je suis pour les attaques doubles qui sont liées, parce qu'elles peuvent s'entre-secourir, sont plus aisées à servir, se concertent mieux et plus facilement pour tout ce qu'elles entreprennent, et ne laissent pas de faire diversion des forces de la garnison.

Il n'y a donc que dans certains cas extraordinaires et nécessités pour lesquels je pourrais être d'avis de n'en faire qu'une, qui sont quand les fronts attaqués sont si étroits qu'il n'y a pas assez d'espace pour y en pouvoir développer deux.

Il faut encore faire entrer dans la reconnaissance des places celle des couverts pour l'établissement d'un petit parc[2], d'un petit hôpital et du champ de bataille pour l'assemblée des troupes qui doivent monter la tranchée, et des endroits les plus propres à placer les gardes de cavalerie.

Le petit parc se place en quelque lieu couvert, à la queue des tranchées de chaque attaque ; il doit être garni d'une certaine quantité de poudre, de

1. Le piquet est une compagnie d'élite d'un régiment. Dans toutes les actions particulières, cette compagnie est employée de préférence à toutes les autres, à l'exception des grenadiers pour l'infanterie.

2. Le « petit parc » de l'artillerie est disposé à portée des troupes ; il est alimenté par le grand parc, situé plus en arrière, hors de portée des attaques ennemies. Le « petit hôpital » est de même une « antenne » avancée de l'hôpital.

balles, grenades, mèches, pierres à fusil, serpes, haches, blindes, mantelets[1], outils, etc., pour les cas survenants et pressants, afin qu'on n'ait pas la peine de les aller chercher au grand parc quand on en a besoin.

Près de lui se range le petit hôpital, c'est-à-dire les chirurgiens et aumôniers avec des tentes, paillasses, matelas, et des remèdes pour les premiers appareils des blessures. Outre quoi, chaque bataillon mène avec soi ses aumônier, chirurgien-major et fraters[2] qui ne doivent point quitter la queue de leurs troupes.

A l'égard du champ de bataille pour l'assemblée des gardes de tranchée qui doivent monter, comme il leur faut beaucoup de terrain, on les assemble pour l'ordinaire hors la portée du canon de la place, et les gardes de cavalerie, de même ; celles-ci sont placées ensuite sur la droite et la gauche des attaques le plus à couvert que l'on peut du canon ; et quand il ne s'y trouve point de couvert, on leur fait des épaulements à quatre ou cinq cents toises de la place pour les gardes avancées, pendant que le gros se tient plus reculé et hors la portée du canon.

Quand il se trouve quelque ruisseau ou fontaine près de la queue des tranchées ou sur leur chemin, ils sont d'un grand secours pour les soldats de la garde ; c'est pourquoi il faut les garder pour empêcher qu'on ne les gâte ; et quand il serait nécessaire d'en assurer le chemin par un bout de tranchée fait exprès, on n'y doit pas hésiter.

On doit aussi examiner le chemin des troupes aux attaques, qu'il faut toujours accommoder et régler par les endroits les plus secs et les plus couverts du canon.

Quand le quartier du roi s'en trouve à portée, elles en sont plus commodes, mais cela ne doit pas faire une sujétion considérable.

Il est bien plus important que le parc d'artillerie en soit le plus près qu'il sera possible.

C'est encore une espèce de nécessité de loger les ingénieurs, mineurs et sapeurs le plus près des attaques que l'on peut, afin d'éviter les incommodités des éloignements.

Les attaques étant donc résolues, on règle les gardes de la tranchée, savoir, l'infanterie sur le pied d'être du moins aussi forte que les trois quarts de la garnison, et la cavalerie d'un tiers plus nombreuse que celle de la place ; de sorte que si la garnison était de quatre mille hommes de pied, la garde de la tranchée doit être au moins de trois mille ; et si la cavalerie de la place était de 400 chevaux, il faudrait que celle de la tranchée fût de 600.

Autrefois nos auteurs estimaient que pour bien faire le siège d'une place, il fallait que l'armée assiégeante fût dix fois plus forte que la garnison ;

1. « pierres à fusil, serpes, haches, blindes, mantelets » absent dans Rosanbo.
2. Le frater est un assistant du chirurgien.

c'est-à-dire que si celle-ci était de 1 000 hommes, l'armée devait être de 10 000 ; si 2 000, l'assiégeante doit être de 20 000 ; et si de 3 000, il fallait que l'armée, à peu de chose près, fût de 30 000 hommes, selon leur estimation : en quoi ils n'avaient pas grand tort ; et qui examinera bien toutes les manœuvres à quoi les troupes sont obligées pendant un siège n'en sera pas surpris. Car il faut tous les jours monter et descendre la tranchée, fournir aux travailleurs de jour et de nuit, à la garde des lignes, à celle des camps particuliers et des généraux, à l'escorte des convois, des fourrages ; faire des fascines, aller en commandement, au pain[1], à la guerre, etc. De sorte qu'elles sont toujours en mouvement, quelque grosse que puisse être une armée. Ce qui était bien plus fatigant autrefois qu'à présent, parce que les sièges duraient le double et le triple de ce qu'ils font aujourd'hui, et qu'on y faisait de bien plus grandes pertes. On n'y regarde plus de si près, et on n'hésite pas d'attaquer une place à six ou sept contre un, parce que les attaques d'aujourd'hui sont bien plus savantes qu'elles n'étaient autrefois.

Il y a toutefois une chose à remarquer sur la vieille hypothèse de l'attaque des places, qui est que je ne conseillerais pas à une armée de dix mille hommes d'attaquer une place où il y en aurait mille, qu'on serait obligé de circonvaller ; la raison est que toute circonvallation devant se régler sur la portée du canon de la place et sur les défauts et avantages de la campagne des environs, on est obligé de la faire aussi grande pour les petites armées que pour les grandes.

Or il est bien certain qu'une armée de dix mille hommes circonvallerait très mal une place, si on voulait l'attaquer dans les formes ordinaires, et qu'une de vingt mille ne la circonvallerait même que faiblement ; par la raison qu'il n'y en a point, si petite soit-elle, qui n'ait du moins trois [mille] quatre cents toises de diamètre avec ses fortifications ; de là aux lignes il doit encore y avoir quatorze ou quinze cents toises, pour n'avoir pas le canon dans le derrière des camps, ce qui fait 3 000 toises ; joignez-y les 400 de diamètre, viendra 3 400 ; triplez cette somme, et y ajoutez un septième, vous aurez 10 686 toises pour la circonférence d'un cercle égal au circuit de vos lignes, auxquelles ajoutant pour les redans et sinuosités de la ligne 1 314, on trouvera qu'il n'y a guère de circonvallation, si petite soit-elle, qui n'ait au moins 12 000 toises de circuit, c'est-à-dire, près de cinq lieues de 2 500 toises chacune, qui sont à peu près les communes de France[2].

1. « en commandement, au pain » absent dans Rosanbo.

2. « il n'y en a point, si petite qu'elle soit, qui n'ait avec ses fortifications du moins trois mil quatre cent toises de diamètre. Si vous triplez ce nombre et y ajoutez un septième, vous aurez 11 657 toises pour la circonférence du cercle égal au circuit de vos lignes, auxquelles ajoutant 333 pour les redans et les sinuosités de la ligne, on trouvera qu'il n'y a guère de circonvallation, si petite soit-elle, qui n'ait au moins 12 000 toises de circuit, c'est-à-dire, près de cinq lieues communes de France » dans Rosanbo.

Or il est certain que des lignes de cette étendue seraient très faiblement gardées par une armée de 10 à 12 000 hommes, qui serait chargée de l'attaque d'une place et de toutes les autres corvées indispensables des sièges ; ce qui prouve évidemment qu'une armée de cette force ne serait pas en état de soutenir l'attaque d'une armée de secours, qui se présenterait à ses lignes ; c'est ce qui fait que cette proportion qui serait fort bonne pour les armées au-dessus de 20 000 hommes, ne le serait pas pour celles qui sont au-dessous, à moins qu'elles ne fussent épaulées par une armée d'observation capable de tenir l'ennemi en respect et de l'empêcher de tenter un grand secours.

Pour les petits, comme ils se font à la dérobée, quand les lignes sont faites, il n'en passe que rarement, et même l'ennemi ne le tente pas.

Revenons à la disposition des attaques.

C'est ici où les ingénieurs doivent faire paraître ce qu'ils sont.

Il n'y avait autrefois rien de plus rare en France que les gens de cette profession, et le peu qu'il y en avait subsistait si peu de temps qu'il était encore plus rare d'en voir qui eussent vu cinq ou six sièges, et encore plus qui en eussent tant vu sans y avoir reçu beaucoup de blessures qui, les mettant hors de service dès le commencement ou le milieu d'un siège, les empêchaient d'en voir la fin, et par conséquent de s'y rendre savants ; cela joint à bien d'autres défauts dans lesquels on tombait journellement ne contribuait pas peu à la longueur des sièges et aux pertes considérables qu'on y faisait.

Je me souviens qu'à celui de Montmédy[1] où il n'y avait que 700 hommes de garnison qui furent assiégés par une armée de 10 000 hommes, que de quatre que nous étions au commencement du siège, destinés à la conduite des travaux, je me trouvai le seul cinq à six jours après l'ouverture de la tranchée, qui en dura quarante-six ; pendant lesquels nous eûmes plus de 300 hommes de tués et 1800 blessés, de compte fait à l'hôpital, sans y comprendre plus de 200 qui n'y furent pas ; car dans ces temps-là, les hôpitaux étant fort mal administrés, il n'y allait que ceux qui ne pouvaient faire autrement, et pas un de ceux qui n'étaient que légèrement blessés[2] ; *il faut avouer que c'était acheter les places bien cher.*

Quelques années avant cela nous prîmes Stenay[3], avec une perte à peu de chose près égale ; la vérité est qu'on n'y entendait pas grande finesse ; aussi

1. Montmédy : commune française [Meuse, arr. Verdun]. C'est en juin 1657 que débuta le siège de cette place située à la limite nord du duché de Lorraine. La ville elle-même tomba facilement mais les troupes espagnoles se réfugièrent dans la forteresse et menèrent une solide défense. Ce siège, conduit par le chevalier de Clerville, a laissé un cuisant souvenir à Vauban, voir introduction.

2. « de compte fait… légèrement blessé », absent dans Rosanbo.

3. Stenay : commune française [Meuse, arr. Verdun]. Le siège de Stenay, place qui contrôlait la vallée de la Meuse et les accès à la Champagne et au Barrois, fut conduit en 1654 par le maréchal de Fabert, sous la couverture de l'armée de Turenne. C'est le chevalier de Clerville qui conduisit le siège. Sous sa direction, Vauban fut blessé à deux reprises, par un coup de mousquet et par un coup de pierre.

notre infanterie était-elle absolument ruinée. Mais depuis que le roi a commencé à faire la guerre en personne, sa présence a inspiré plus d'esprit et de conduite aux armées : et Sa Majesté ayant reconnu par elle-même combien il lui était nécessaire d'avoir des gens éclairés capables de la servir dans les sièges et dans les places, elle a mis sur pied et entretenu un bon nombre d'ingénieurs, quantité de gens s'étant jetés dans cette profession, attirés par ses bienfaits et par la distinction qu'ils y ont trouvée ; de sorte que bien qu'on en tue et estropie beaucoup encore, le roi n'en manque pas, et on ne fait point de siège depuis longtemps, qu'il ne s'y en trouve des trente-six ou quarante, qu'on sépare ordinairement en six brigades de six ou sept chacune, afin que chaque attaque en puisse avoir trois, qui se relèvent alternativement toutes les vingt-quatre heures ; ce qui fait que jamais la tranchée n'est sans ingénieurs, lesquels se partageant les soins du travail, font qu'il va toujours et qu'il n'y a pas une heure de temps perdue.

Comme il faut de la subordination dans tous les corps, celui-ci en a plus besoin qu'aucun autre, parce que tout ce qu'il fait doit être concerté et dirigé par un supérieur très intelligent, qui distribue à chacun d'eux ce qu'il a à faire, et auquel tous répondent. Il y a autant de brigadiers que de brigades ; lesquels ont chacun leur sous-brigadier, qui commande aux autres en second, et qui, avec le brigadier, distribue le travail à toute la brigade. Tous se doivent relayer tour à tour, parce qu'il n'y a guère d'hommes, si robustes soient-ils, qui puissent soutenir un aussi grand travail que le leur trente heures durant ; car pour bien s'acquitter de leurs fonctions, le jour qu'ils relèvent, ils doivent aller dès les 10 à 11 heures du matin à la tranchée avec les principaux reconnaître ce qu'ils auront à faire, et régler leurs dispositions, pour ensuite distribuer les travailleurs qui leur sont donnés, selon les besoins qu'ils ont reconnu en avoir : après quoi ils vont les recevoir au rendez-vous, où ils les séparent suivant les dispositions qu'ils ont faites ; ils peuvent bien se partager et se relayer la nuit et le jour ; mais ils ne doivent jamais quitter la tranchée que ceux qui les relèvent ne soient arrivés et qu'ils ne leur aient consigné le travail.

OUVERTURE DE LA TRANCHEE.

Quand tout est bien disposé, que tous les paysans sont établis, les lignes à peu près avancées aux deux tiers ou trois quarts de leur façon ; qu'il y a de bons amas de fascines à la tête des camps, que l'artillerie est en état de pouvoir mettre du canon en batterie dans trois ou quatre jours ; la place étant bien reconnue et ne paraissant rien au dehors qui puisse vous traverser, et les attaques enfin résolues, on prend jour pour l'ouverture de la tranchée ; on résout à même temps les lieux les plus propres à ladite ouverture, où on met des marques. On reconnaît les alignements prolongés des capitales♦ des pièces qu'on doit attaquer [ainsi qu'ils sont marqués planche V], le long desquels on se doit conduire, et qu'il faut marquer par des piquets bouchonnés de paille [voyez la même planche] ; le prolongement des capitales se reconnaît et se dirige en alignant la pointe des pièces qu'on doit attaquer, par celle du chemin couvert qui les enveloppe, ce qui donne deux points : le troisième marqué par un piquet en alignement des deux premiers en lieu sûr, où vous pouvez approcher commodément ; le quatrième se prend encore en alignement des trois premiers ; après quoi on n'a qu'à continuer sur les deux derniers, et tournant le dos à la place, poursuivre le prolongement à mesure qu'on s'approche, par autant de piquets qu'on en a besoin.

Moyen de mesurer la distance de l'ouverture de la tranchée au chemin couvert.

On ne saurait trop prendre de connaissances de la qualité des places que l'on veut attaquer. Celle de savoir leur éloignement jusqu'à l'ouverture des tranchées n'est pas la moins nécessaire, puisqu'elle peut donner moyen aux assiégeants de savoir à point nommé l'éloignement où l'on se trouve journellement de ses dehors les plus avancés, pendant le cours des attaques ; ce qui donnera moyen à même temps de bien placer les places d'armes, servira pour diriger le chemin des tranchées, parce qu'on sait toujours où l'on est, et combien il vous en reste à faire pour arriver aux ouvrages de la place.

Supposé donc le lieu pris dans le prolongement de l'une des capitales marquées pour l'ouverture de la tranchée ; si l'on veut savoir précisément la distance qu'il y a de là à l'angle plus avancé du chemin couvert, il n'y a qu'à se servir d'un peu de *trigonométrie* pour réussir ; mais comme on n'a pas toujours des *sinus* ou *logarithmes* à la poche, voici un moyen simple, qui n'est pas moins géométrique que les autres.

Soit donc la capitale prolongée, [A.D., planche VI], l'angle du chemin couvert, [A.], et le lieu d'où l'on veut ouvrir la tranchée, [D.], après avoir pris garde à se mettre en lieu où l'on puisse avoir l'espace nécessaire à l'opération, il n'y a qu'à former l'angle droit [a.b.D.], et tirer la ligne [a.b.], avec des piquets, ladite ligne terminée à 60, 80 ou 100 toises, plus ou moins, que vous couperez en trois ou quatre parties égales, voire six. Cela fait, sur son extrémité [b.], formez un autre angle droit alterne au premier, et tirez la ligne [b.g.], indéterminément, alignez l'un des piquets de la transversale [a.b.], comme [d.], avec l'angle du chemin couvert [A.], vous aurez deux points qu'il faut marquer avec des piquets ou jalons sur la ligne de ces piquets en reculant jusqu'à ce que vous tombiez dans la ligne [b.g.], que vous couperez au point [g.] ; mesurez ensuite [g.d.] avec une toise pour connaître sa longueur ; ensuite si [b.d.] est le tiers de [b.a.], prenez trois fois la longueur [g.d.], vous aurez la distance [A.D.], connue en toises.

Car les deux triangles [A.a.d.], [b.d.g], étant semblables, le côté [b.a.] est au côté [b.d.], comme [g.d.] est à [d.A.] ; mais [d.a.] est triple de [b.d.], donc [A.d.] sera triple de [d.g.], et par conséquent pour avoir [d.A], il faut prendre trois fois la longueur de [d.g].

Il faudra en faire autant aux autres attaques pour être sûr de toutes vos distances.

Son usage est que toutes et quantes fois qu'on veut savoir le chemin qui vous reste à faire, il n'y a qu'à faire mesurer ce que l'on a fait, le reste sera ce qui vous reste à faire ; ce qui vous marquera la distance la plus propre à placer vos places d'armes, batteries, logements, etc.

Pendant que tout cela se dispose, le général règle l'état des gardes d'infanterie et de cavalerie, sur le pied d'avoir cinq ou six jours de francs.

On règle à même temps la cavalerie qui doit porter la fascine et les travailleurs de jour et de nuit, qui doivent être fort nombreux les première et seconde gardes ; ce qui se fait un jour ou deux à l'avance, à la diligence du major général et du maréchal général des logis de la cavalerie, qui ont soin d'avertir les troupes et de bien reconnaître la situation des gardes[1].

Ces deux officiers doivent s'entendre avec le directeur général de la tranchée, recevoir de lui les demandes journalières qu'il est obligé de leur faire sur les besoins de ladite tranchée, et avoir soin de les y faire fournir très exactement.

Tout cela préparé, le directeur règle son détail avec les ingénieurs, de même que les endroits par où il veut ouvrir la tranchée, et a soin de leur faire prendre de la mèche, des piquets et des maillets pour la tracer ; ce qu'on fait porter en paquets par des soldats qui sont ordinairement des sapeurs, lesquels ont soin de les tenir prêts[2]. Tout cela étant réglé, on pose une petite garde près des lieux destinés aux ouvertures, pour empêcher qu'on n'y dérange rien et qu'on ne les fréquente pas trop : *car il est bon de cacher son dessein tant qu'on peut.*

Le jour de l'ouverture étant venu, les gardes s'assemblent sur les deux ou trois heures après-midi et se mettent en bataille, après quoi on fait la prière ; le général les voit défiler, si bon lui semble. Les travailleurs s'assemblent aussi près de là, tous munis de fascines, de piquets, et chacun

1. Le major général (pour l'infanterie) et le maréchal général des logis (pour la cavalerie) occupent dans l'armée la charge qu'un major occupe pour un simple régiment. Leur tâche, d'essence administrative, est de visiter les troupes, ordonner les détachements, distribuer les terrains…

2. « Au siège d'Ath, on se servit de lanternes sourdes au lieu de mèches, comme aussi à l'attaque de la gauche au vieux Brisach. L'usage m'en paraît fort bon, la lumière ne paraissant que du côté du camp, sans pouvoir être aperçue du côté de la place », ajouté dans Rosanbo.

d'une pelle et d'une pioche ; et quand la nuit approche et que le jour commence à tomber, les gardes se mettent en marche, chaque soldat portant une fascine avec ses armes ; ce qui doit être répété à toutes les gardes. A l'égard des outils, il suffit d'en faire prendre aux travailleurs les deux premières gardes et de les faire laisser à la tranchée où on les retrouve.

La garde de cavalerie va dans le même temps prendre les postes qui lui ont été marqués sur la droite et la gauche des attaques, ou sur l'une des deux, selon qu'il a été jugé convenable. Tout cela se fait le premier jour en silence, et sans tambour ni trompette ; les grenadiers[1] et autres détachements marchent à la tête de tout, suivis des bataillons, et ceux-ci des travailleurs, lesquels sont tous disposés par divisions de cinquante en cinquante, chaque division commandée par un capitaine, un lieutenant et deux sergents ; on les fait marcher par quatre ou par six de front, jusque près de l'ouverture de la tranchée, où quand la tête des troupes est arrivée, le brigadier ingénieur de jour, qui a son dessein réglé, va poser les grenadiers en avant par où se doit conduire la tranchée, pendant que les bataillons se rangent à droite et à gauche de l'ouverture de ladite tranchée, derrière les couverts qui s'y trouvent, sinon aux endroits qui auront été marqués à leurs majors, où ils déchargent leurs fascines ; quoi fait, ils se tiennent sur leurs armes en silence, toujours prêts à exécuter les ordres qui leur sont donnés. Pendant cet arrangement, le brigadier de jour qui a posté des détachements, donne le premier coup de cordeau et montre ce qu'il y a à faire au sous-brigadier pour continuer le tracé[2] ; il fait ensuite défiler les travailleurs un à un, portant la fascine sous le bras droit, si la place est à droite, et sous le bras gauche, quand on la laisse à gauche, et commence lui-même par poser le premier des travailleurs, et puis le deux, trois, quatre, cinq, etc., l'un après l'autre, leur recommandant :

Premièrement, le silence ;

Secondement, de se coucher sur leur fascine ;

Troisièmement, de ne point travailler qu'on ne leur commande.

Quand il en a posé quelque nombre, il cède la place au premier ingénieur, qui continue à poser et à faire poser, pendant que le brigadier va prendre garde au tracé ; tout cela se continue de la sorte jusqu'à tant qu'on ait tout posé, observant bien,

1° Tous les replis et retours de la tranchée ;

2° De faire avancer les gens détachés, à mesure qu'on avance la pose ;

1. Le grenadier est un soldat d'élite des régiments d'infanterie, armés à l'origine d'une grenade. Dans chaque régiment, il y a une compagnie de grenadiers pour 12 de fusiliers. En bataille, ils tiennent la droite du régiment. Dans les sièges, ils sont utilisés de préférence à tous les autres dans les actions dangereuses.

2. « le brigadier des ingénieurs de jour qui a posté ses détachements, prend la fascine du premier travailleur, la pose et montre au sous-brigadier l'alignement qu'il doit continuer » dans Rosanbo.

3° De couvrir toujours les brisures des retours par un prolongement de 2 à 3 toises en arrière pour couvrir les enfilades ; ce qui se fait aux dépens de la ligne en retour[1], et ainsi de toutes les autres ;

4° De faire toujours jeter la terre du côté de la place ;

5° De prendre bien garde de ne pas s'enfiler, ni aussi de se trop écarter ; mais de raser les parties plus avancées des dehors de la place, à quelque 10 ou 12 toises près ; ce qui se fait plutôt par estime qu'autrement, à moins qu'on n'ait commencé à tracer avant que le jour soit tout à fait tombé, ce que je suis toujours d'avis de faire[2] ;

6° De ne se pas éloigner des capitales prolongées [A.D.], dont il faut renouveler les piquets, de temps en temps, et les coiffer d'un bouchon de paille, afin de les reconnaître, même de quelque bout de mèche allumée pendant la nuit[3] ; parce qu'il se faut faire une loi de ne s'en pas éloigner et de les fréquemment croiser, et par conséquent les reconnaître de temps en temps pour toujours se pouvoir diriger selon elles, afin d'éviter les écarts et retours inutiles, parce que ce sont les vrais guides qui doivent nous mener à la place.

Pour mieux faire, il faut poser les retours à fascines comptées, afin d'en savoir toujours les mesures. Si la situation des ouvertures est favorable, il ne sera pas impossible qu'on puisse parvenir jusqu'à la première place d'armes dès la première nuit ; mais si on est obligé d'ouvrir de fort loin, cela sera moins aisé et il faudra employer beaucoup plus de travail.

Il est à présumer que le directeur général aura fait son projet sur le pied d'avancer jusque là ; à quoi j'ajoute, si cela se peut, de la commencer en retour, ne fût-ce que par une cinquantaine de travailleurs.

Ce qui est dit ici pour l'attaque de la droite se doit aussi entendre pour celle de la gauche, chacune d'elles devant aller le même train, et toujours marcher de concert ; de sorte que quand l'une trouve quelque difficulté qui la retarde, l'autre doit l'attendre pour éviter les inconvénients auxquels sont sujets ceux qui, allant trop vite, ne se précautionnent pas assez.

Quand le travail est disposé, on fait *haut les bras*, et tout le monde travaille, avertissant toujours les travailleurs de jeter la terre du côté de la place. On se diligente tant que l'on peut, jusqu'au grand jour ; pour lors on fait mettre les détachements à couvert sur le revers de ce qu'il y a de fait de la place d'armes, et derrière les plus proches replis de la tête des tranchées, où on les fait coucher sur le ventre, car elles sont encore bien faibles au matin ; après cela on congédie les travailleurs de la nuit, et on les relève par un pareil nombre de jour, commençant par la tête, au contraire de ceux de la nuit qu'on a commencés par la queue.

1. « ce qui se fait... autres » est remplacé par « dont le tracé sera de trois fascines de long, et ainsi des autres » dans Rosanbo.

2. « ce qu'il faut toujours faire lorsque l'on peut, sans trop de risque d'être découvert » dans Rosanbo.

3. « ou des lanternes sourdes », ajouté dans Rosanbo.

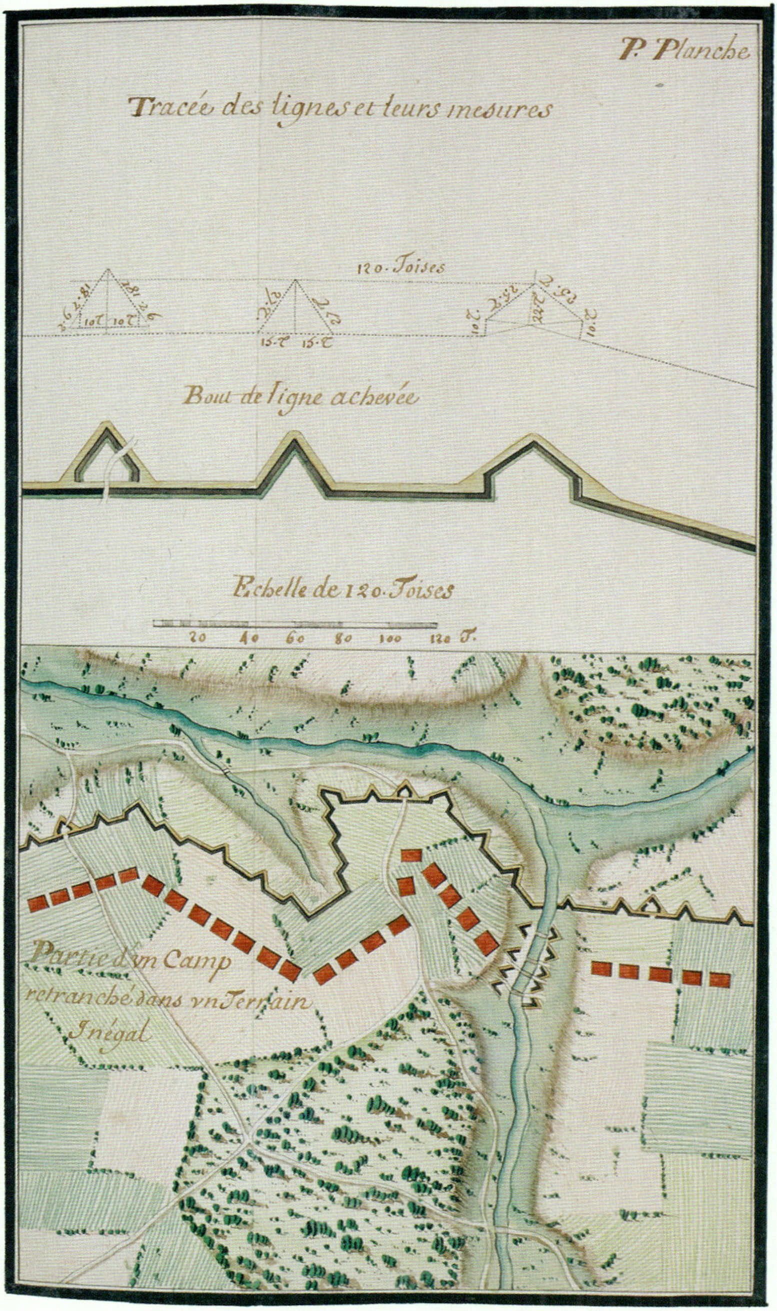

Planche I du *Traité de l'Attaque des places*

« On emploie ordinairement huit, neuf ou dix jours à la façon des lignes {…} », pp. 1193-1194.

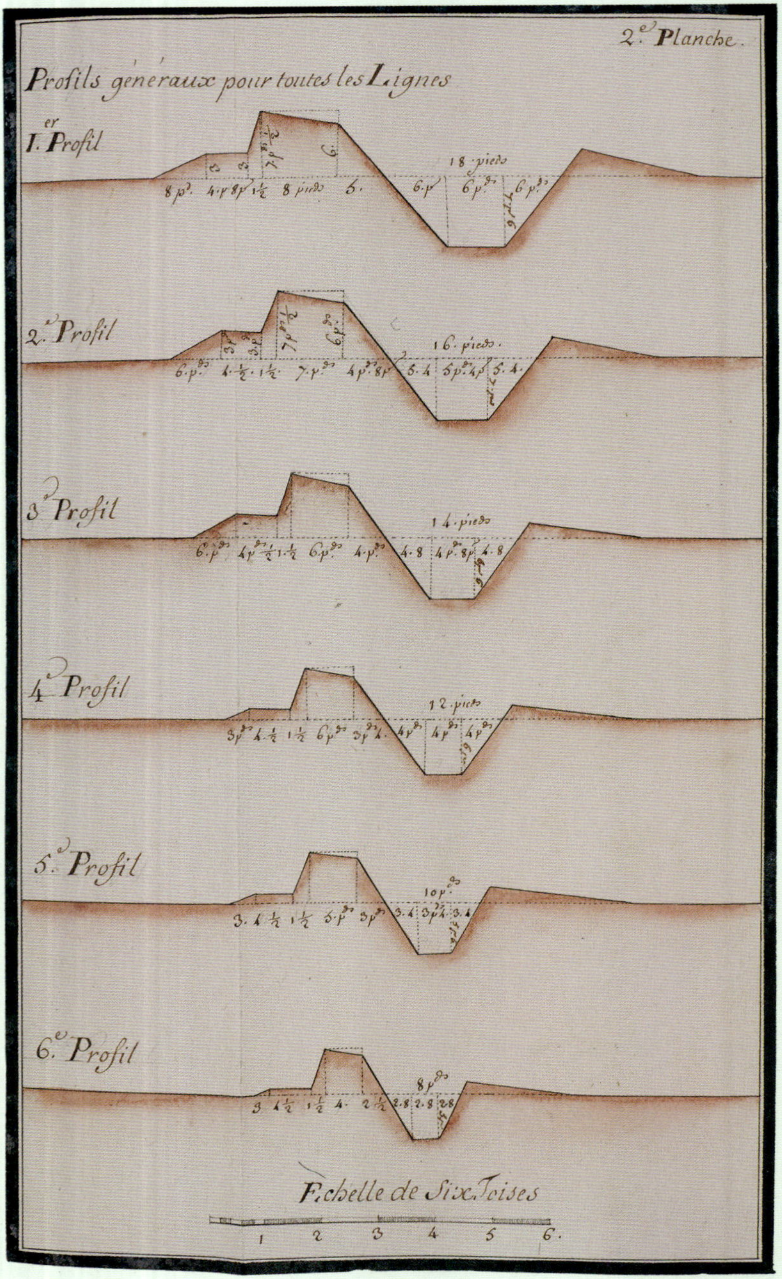

Planche II du *TRAITÉ DE L'ATTAQUE DES PLACES*

« {Voilà} toutes les espèces de lignes dont on se pourra servir {…} », pp. 1195-1196.

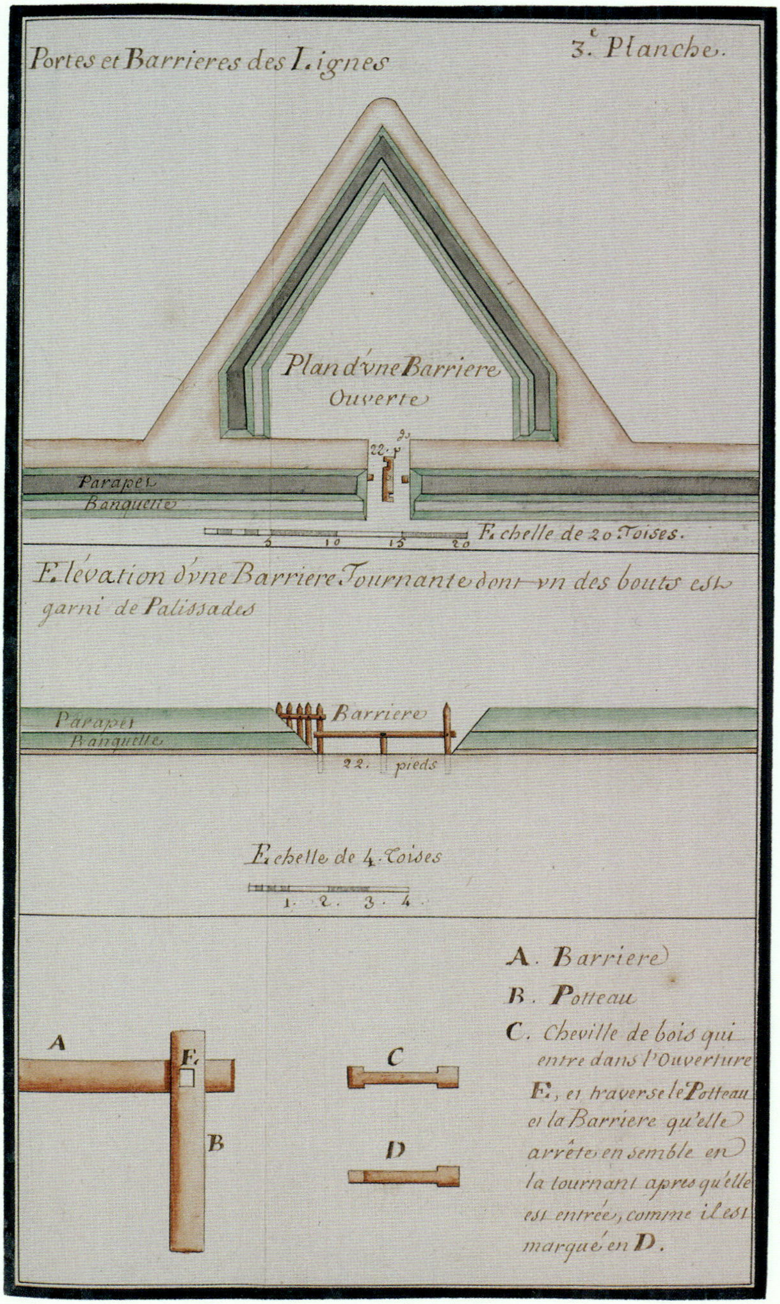

Planche III du *Traité de l'Attaque des places*
« On fait les portes et barrières des lignes sur les avenues et grands chemins ordinaires (…) », p. 1195.

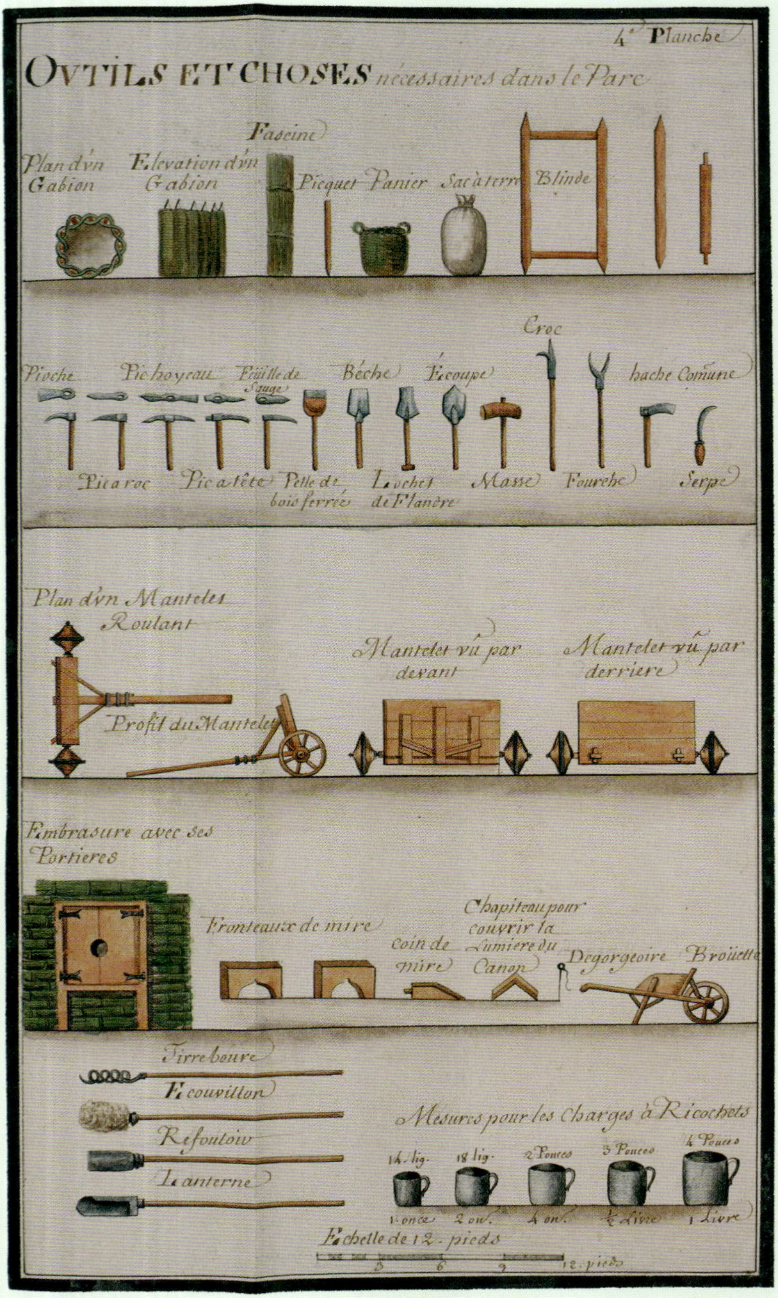

Planche IV du *Traité de l'Attaque des places*

« J'ai cru devoir expliquer la qualité des outils plus nécessaires aux sièges (…) », pp. 1199-1202.

Planche V du *Traité de l'Attaque des places*

« On reconnaît les alignements prolongés des capitales des pièces qu'on doit attaquer {…} »

pp. 1210-1211.

ATTAQUES RÉGULIERES *La Tranchée étant ouverte à*

AB. Bastions du front de l'Attaque
C Demi-Lune du même front
D Prolongement des Capitales des Bastions AB
E Prolongement de la Capitale de la Demi-Lune C
F Picquets sur le prolongement des Capitales
G Batteries à Ricochets des Faces de la Demi-Lune C
H. Batteries à Ricochets de la Face droite du Bastion A
I Batteries à Ricochets de la Face droite du Bastion B

L Batteries à Ricoch
deux Bastions A
M Batteries à Ricoc
couvert des Demi-
les Attaques.
P Batteries à Bombe
Q Cavaliers de Tranc
T Places sur la Secon

Planche VI du *Traité de l'Attaque des places*

« Supposé donc le lieu pris dans le prolongement de l'une des capitales marquées pour l'ouverture de la tranchée {…} », pp. 1211-1212.

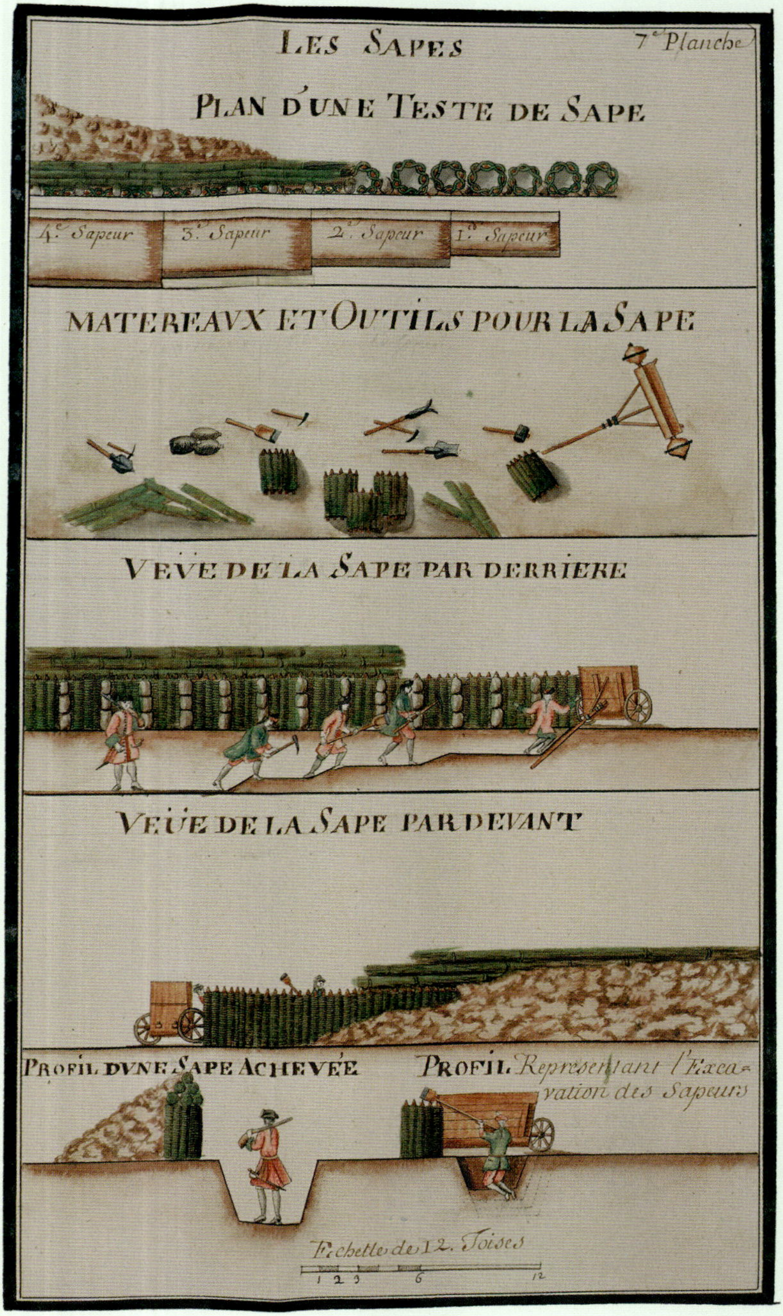

Planche VII du *Traité de l'Attaque des places*
« Nous entendons par sape la tête d'une tranchée poussée pied à pied {…} », pp. 1216-1220.

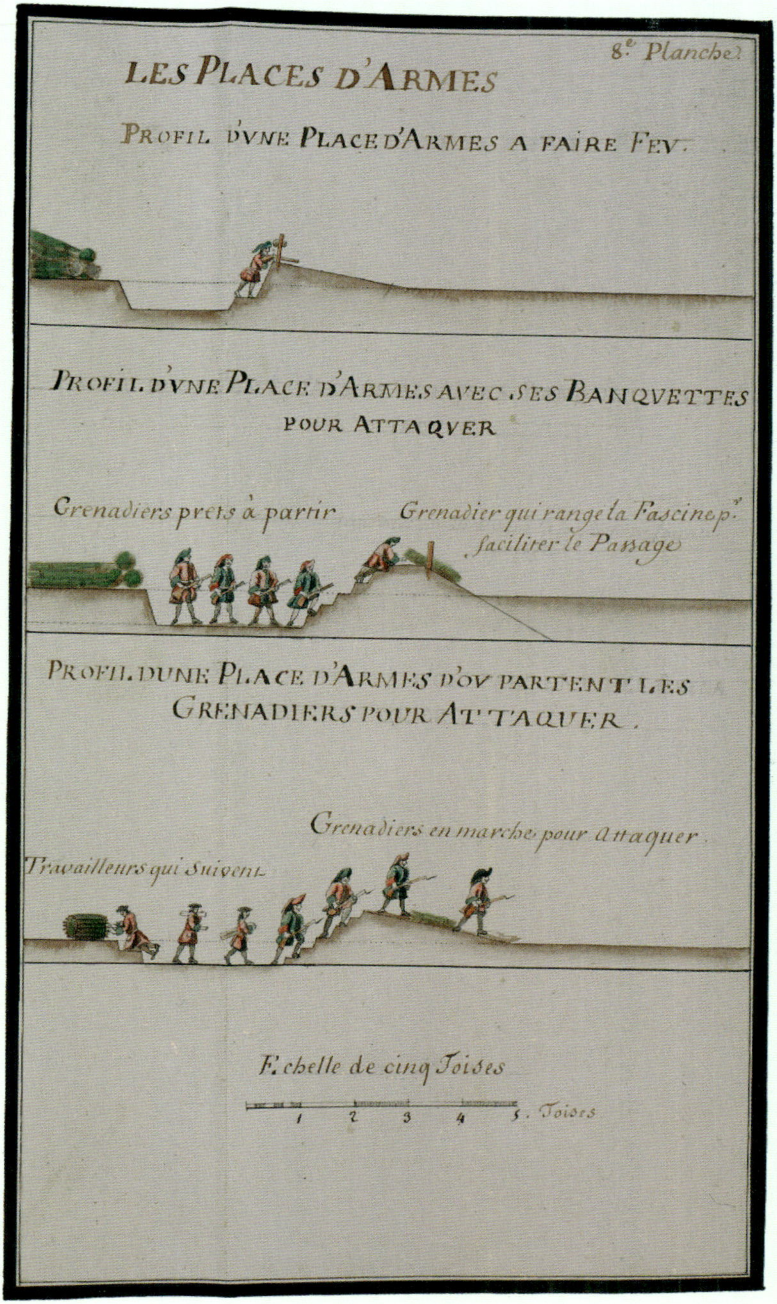

Planche VIII du *Traité de l'Attaque des places*
« Ces trois grandes pièces relient et communiquent les attaques les unes aux autres {…} »,
pp. 1225-1230.

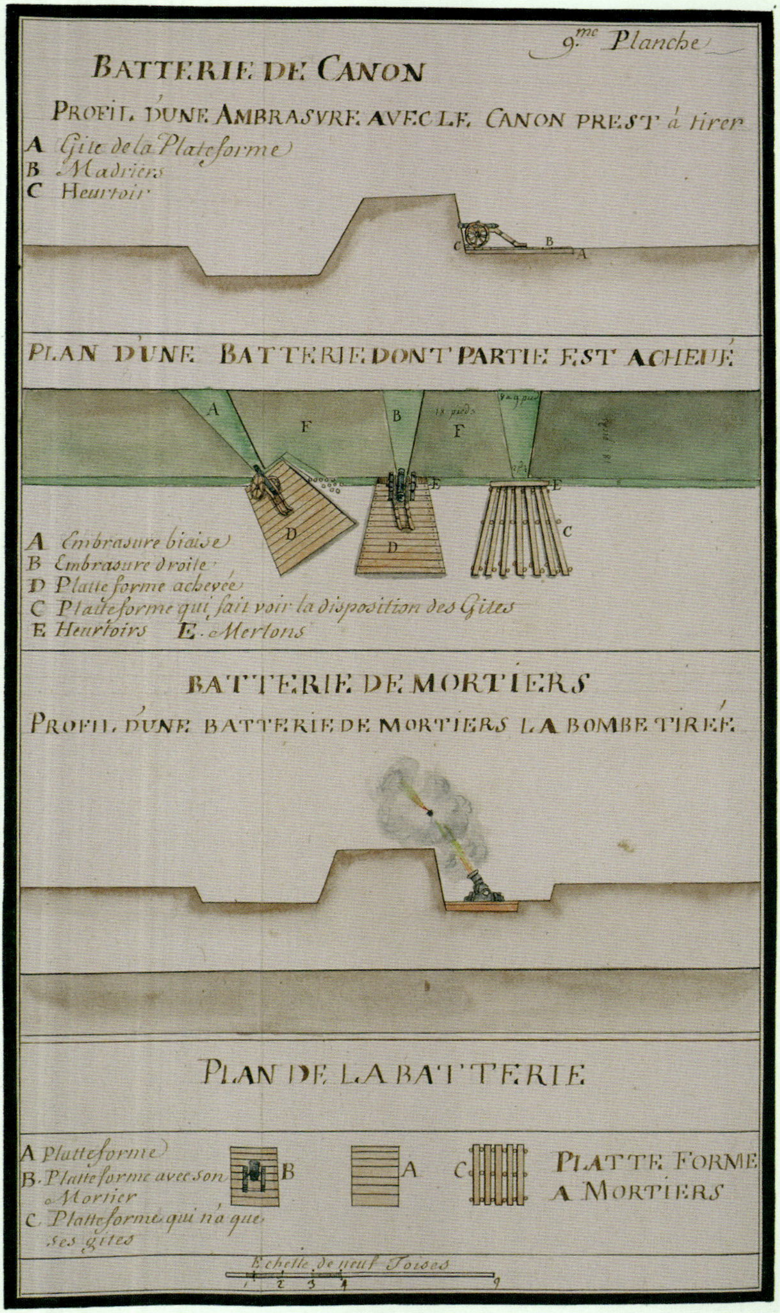

Planche IX du *Traité de l'Attaque des places*

« Les batteries achevées, on y mène le canon et ce qu'il faut pour l'exploiter (…) », pp. 1236-1241.

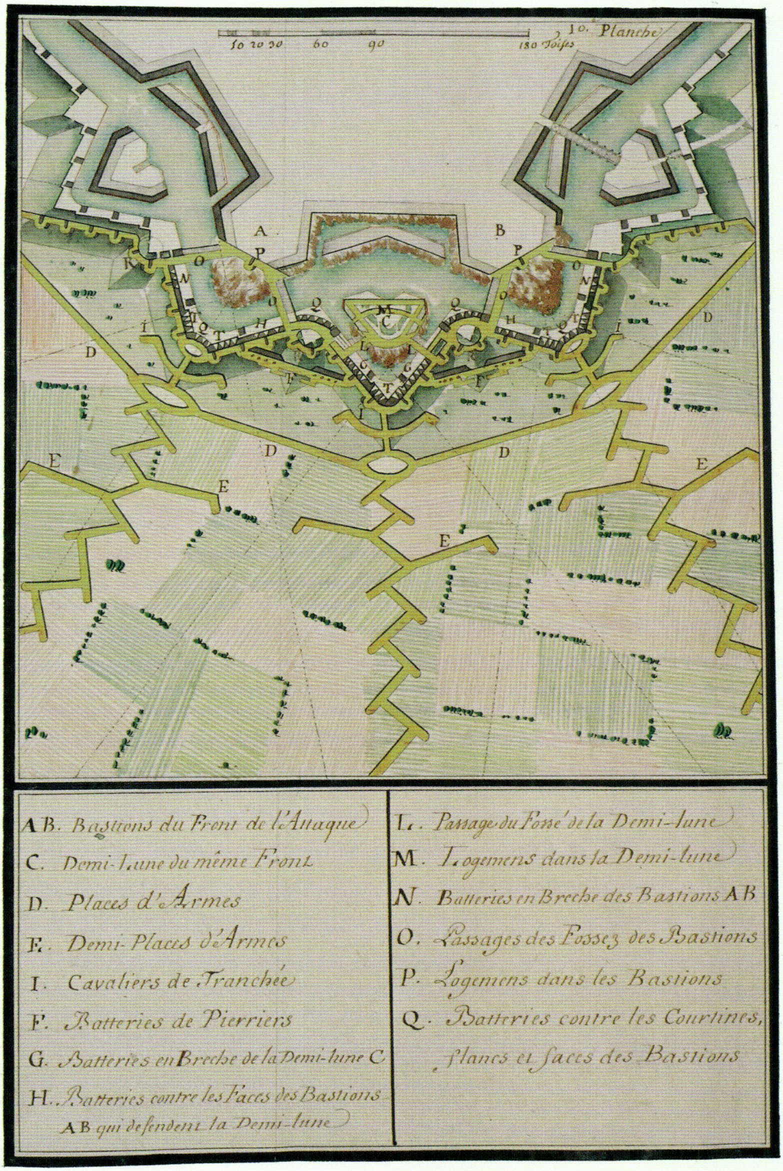

Planche X du *Traité de l'attaque des places*
« Voilà à peu près toutes les batteries praticables {…} *»*, pp. 1241-1245.

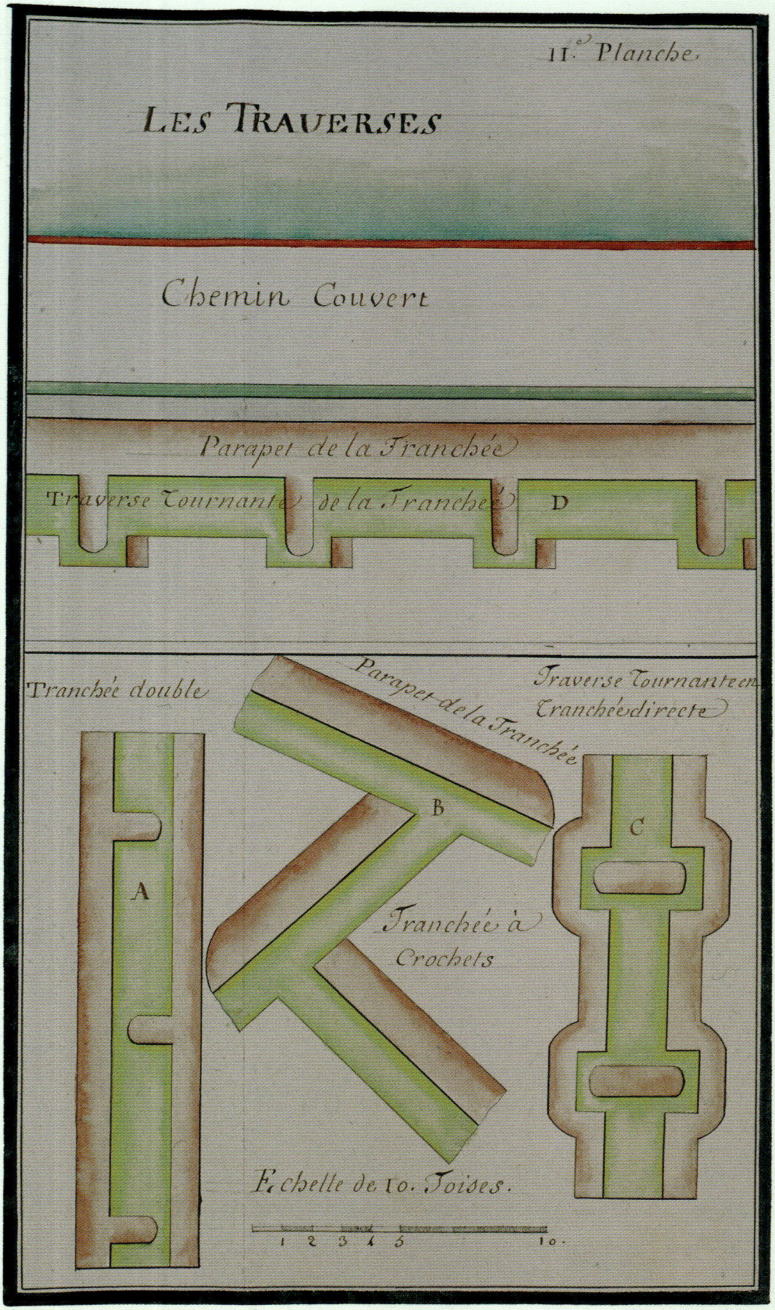

Planche XI du *Traité de l'Attaque des places*
« Les traverses sont bouts de tranchée séparés, qui servent à couvrir les revers {...} », *pp. 1243-1244.*

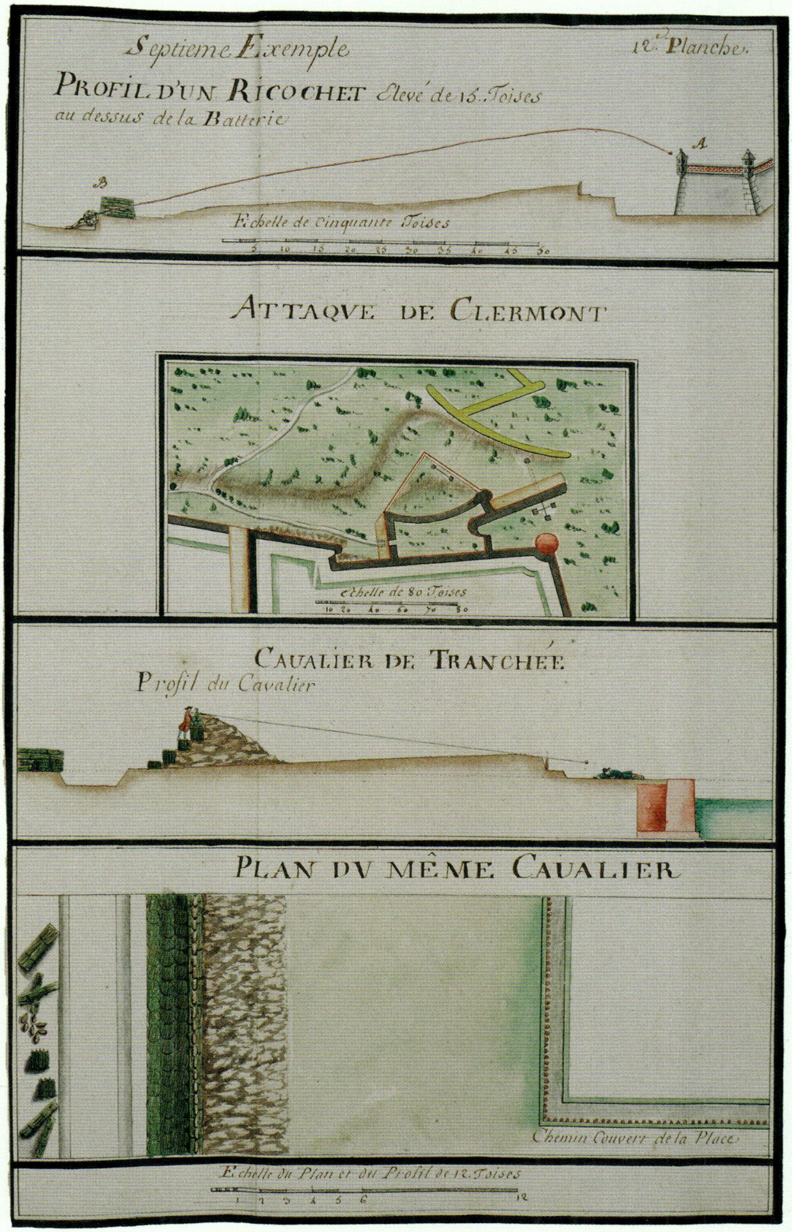

Planche XII du *TRAITÉ DE L'ATTAQUE DES PLACES*
« Tout cela bien poussé peut être fini au grand jour, et en état d'y faire monter des grenadiers {…} », pp. 1248-1250 et 1289.

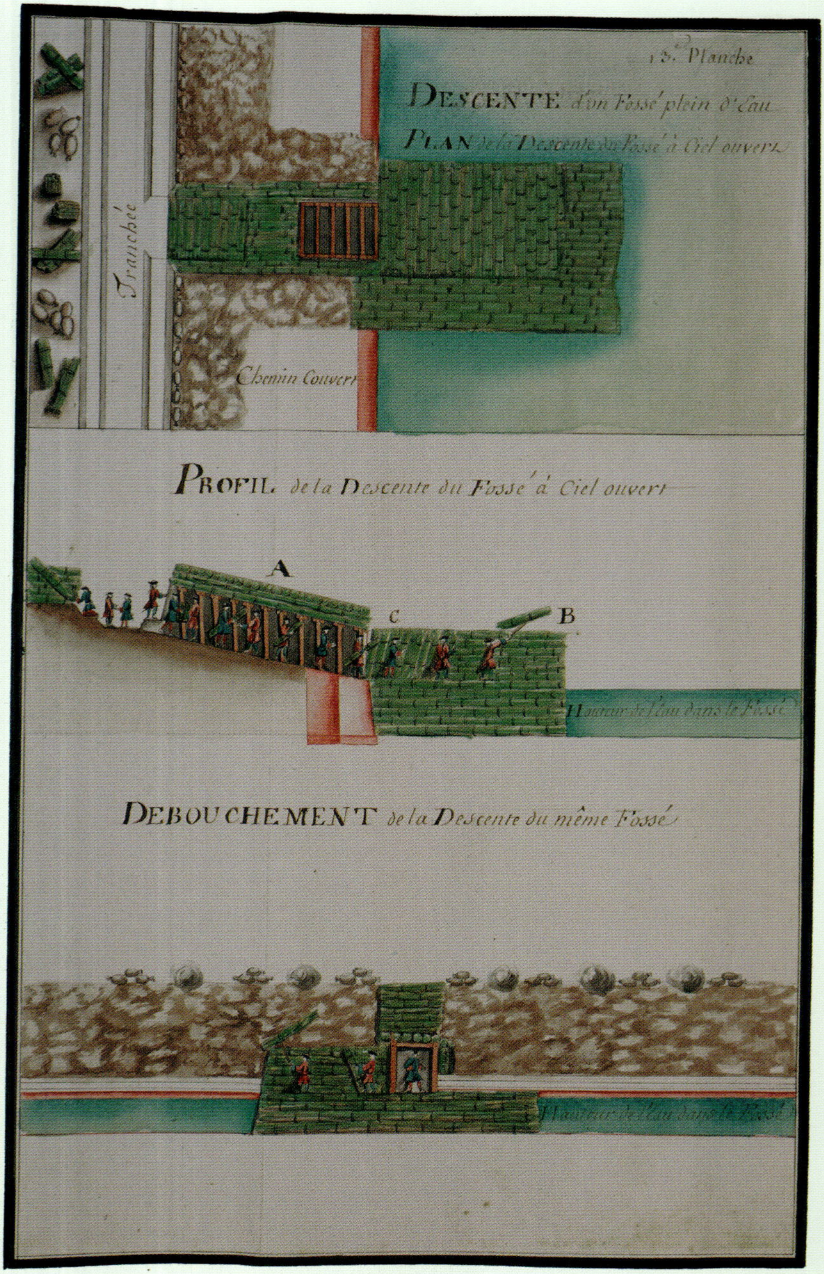

Planche XIII du *TRAITÉ DE L'ATTAQUE DES PLACES*
« Pendant l'attaque de la demi-lune, il est à présumer que les descentes du fossé aux bastions auront fait leur chemin {…} », pp. 1256-1257 et 1261-1267.

Planche XIV du *Traité de l'Attaque des places*
« Il faut demeurer d'accord que cet ouvrage est extrêmement dangereux {…} »,
pp. 1257 et 1261-1267.

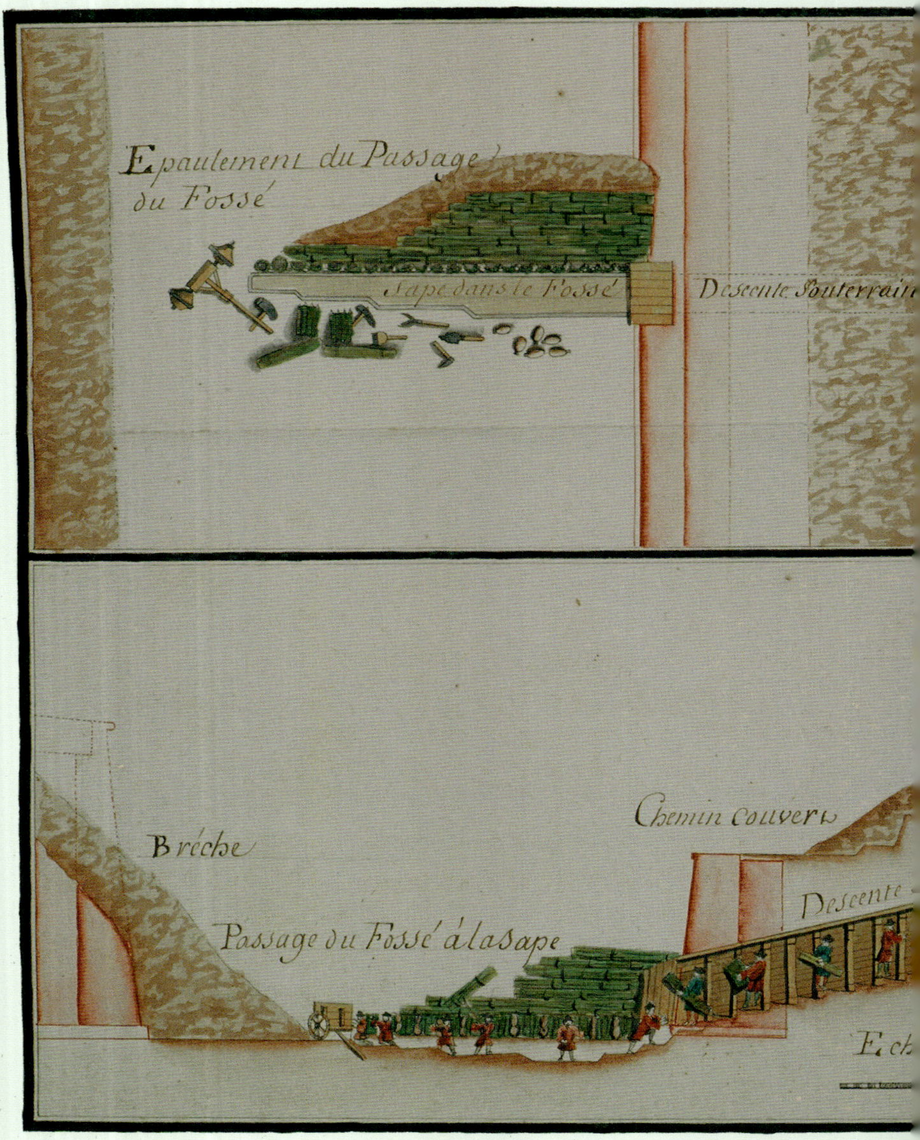
Epaulement du Passage du Fossé
Sape dans le Fossé
Descente Souterrain
Brèche
Chemin couvert
Descente
Passage du Fossé à la sape

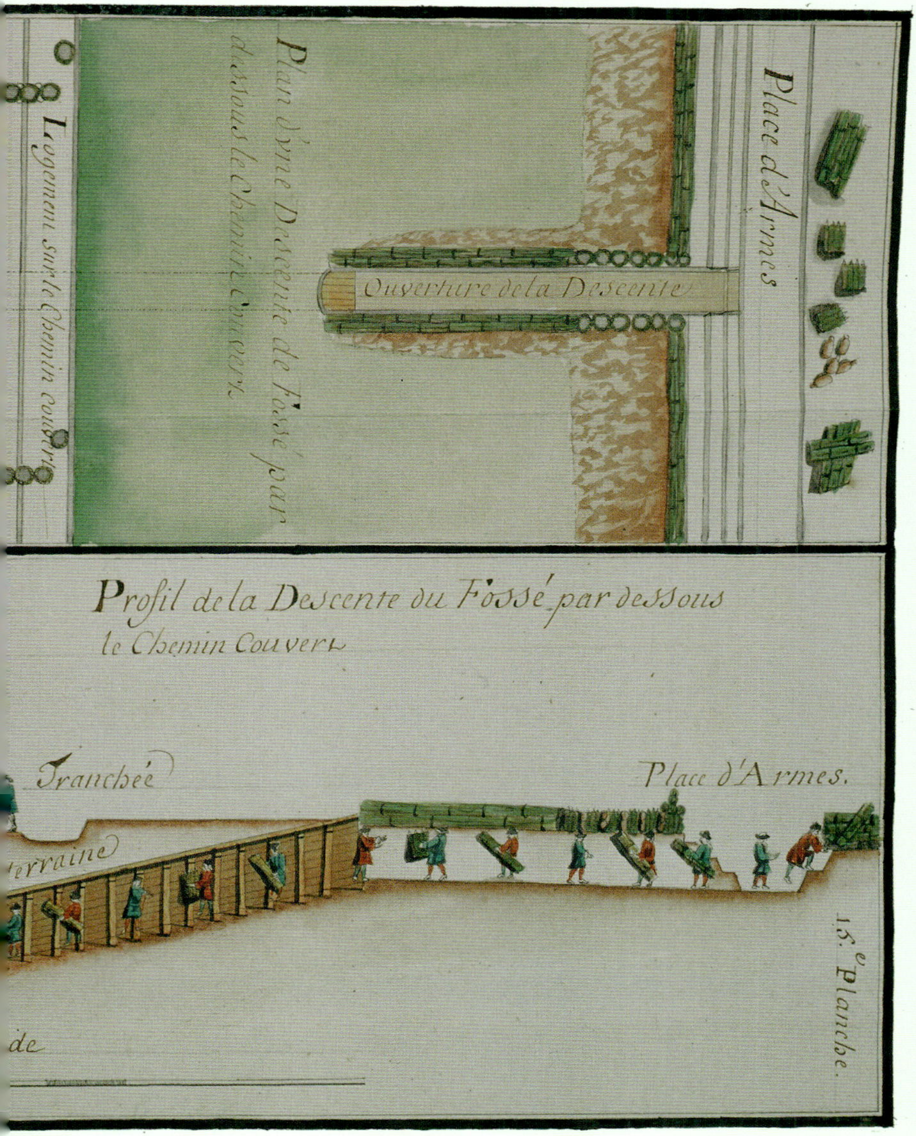

Planche XV du *Traité de l'Attaque des places*
« Leur ouverture dépend de la profondeur du fossé {…} », pp. 1251-1252.

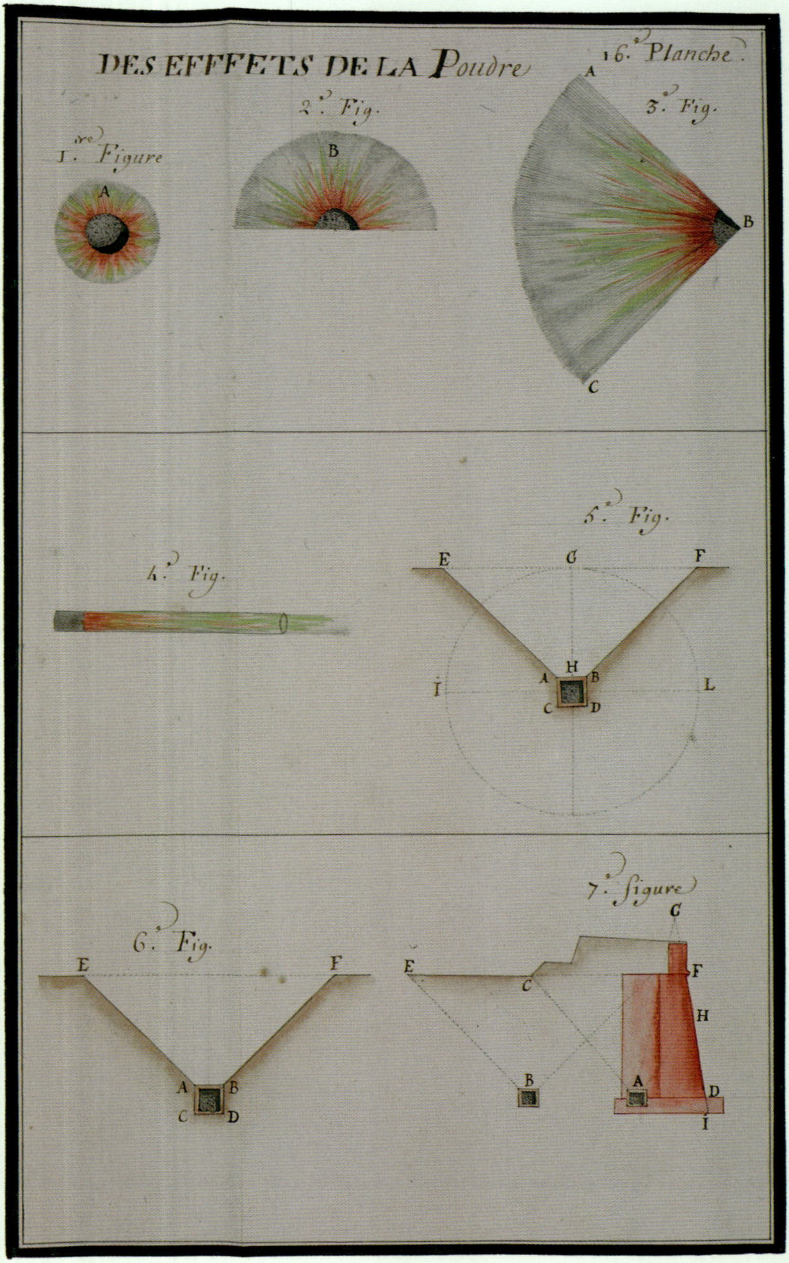

Planche XVI du *Traité de l'Attaque des places*
« L'activité de la poudre est si grande que les sens ne peuvent distinguer d'intervalle entre son inflammation et son action (…) », pp. 1264-1270.

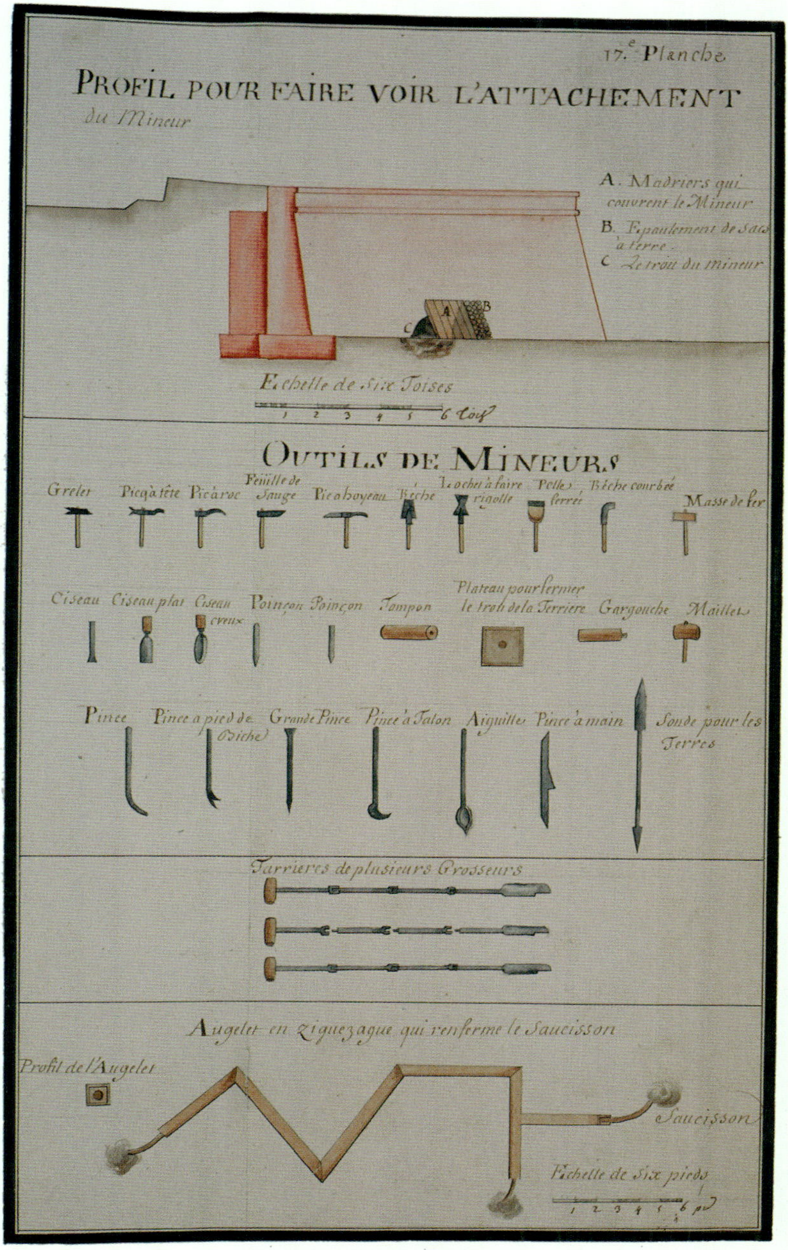

Planche XVII du *TRAITÉ DE L'ATTAQUE DES PLACES*

« La condition d'un mineur en cet état est extrêmement dangereuse et recherchée de peu de gens {...} »,

pp. 1275-1278.

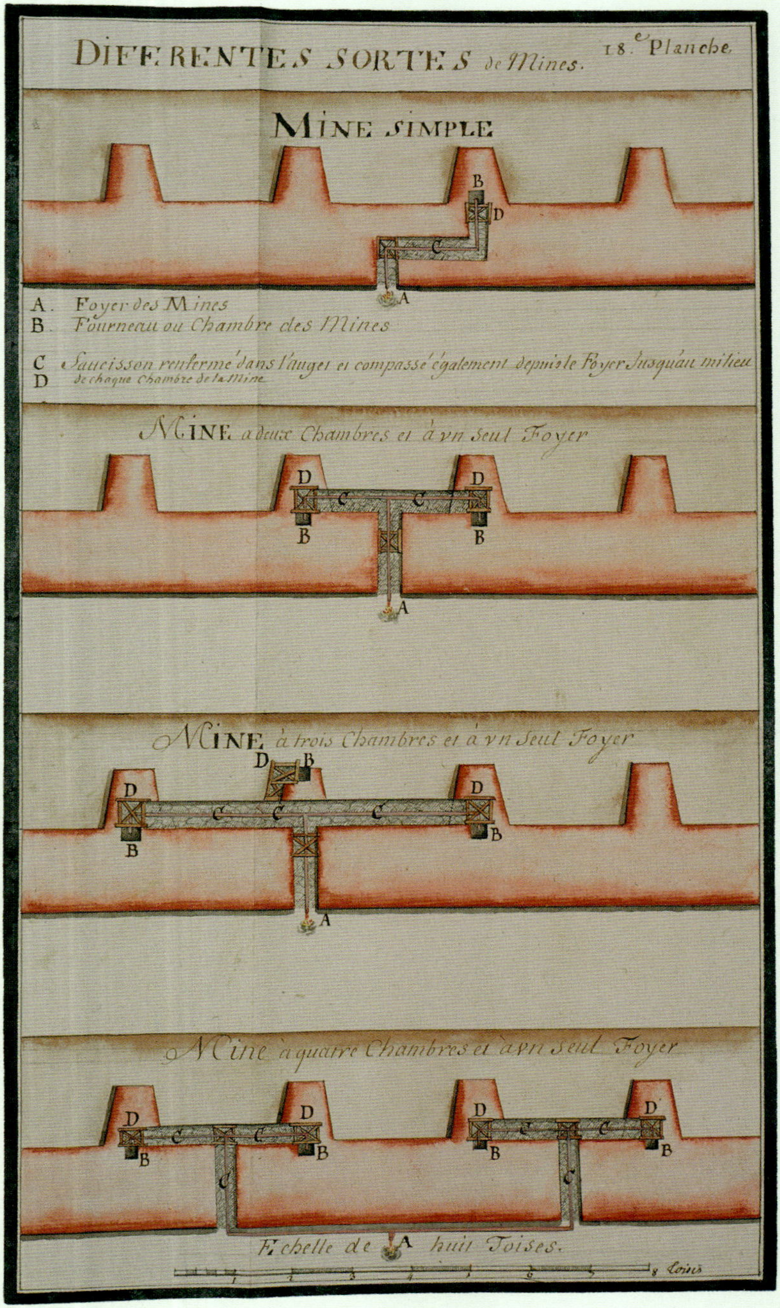

Planche XVIII du *TRAITÉ DE L'ATTAQUE DES PLACES*

« Comme les parties qu'on peut renverser diffèrent beaucoup entre elles par leur force, et leur étendue, on fait aussi différentes mines, les unes simples ou directes {…}, pp. 1278-1279.

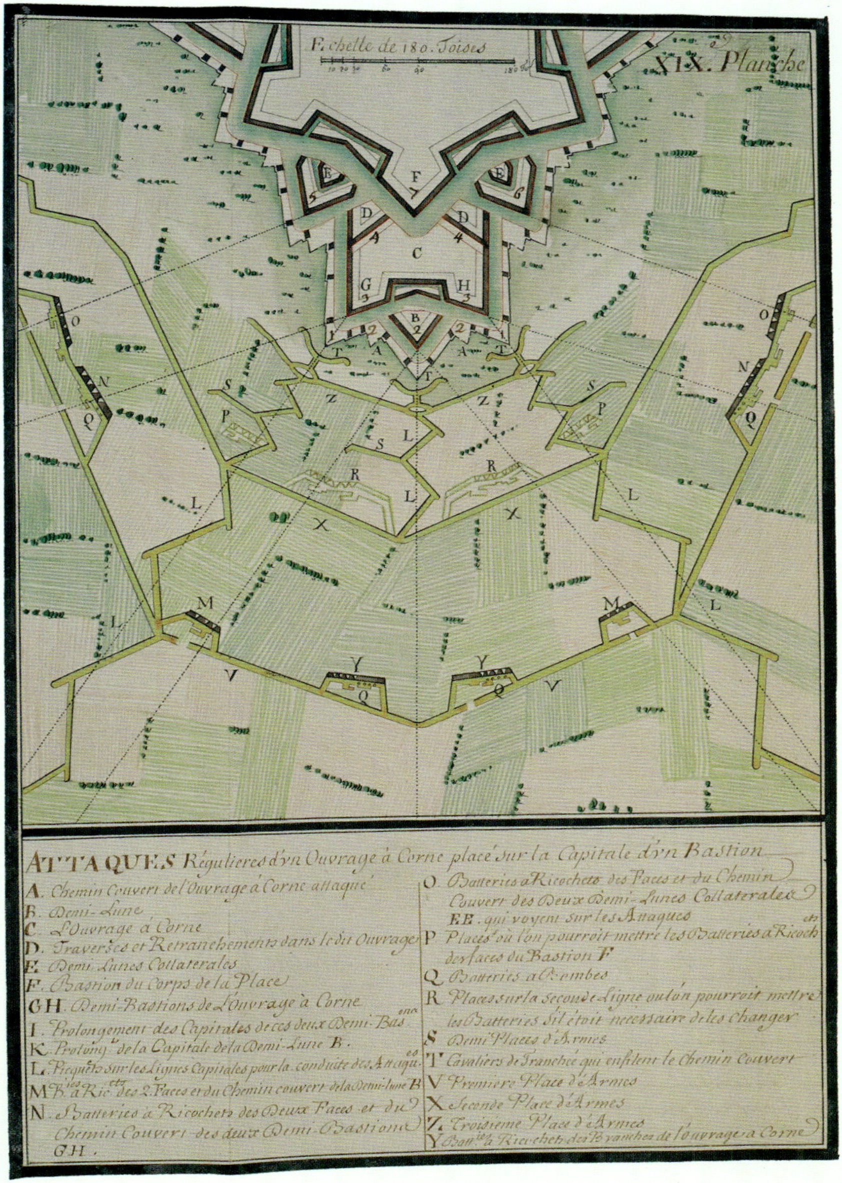

Planche XIX du *TRAITÉ DE L'ATTAQUE DES PLACES*
« De tous les dehors ajoutés à la fortification, aucun n'égale en mérite les ouvrages à corne bien placés », pp. 1284-1286.

Planche XX du *Traité de l'Attaque des places*

« Vous avez eu cinq pièces à prendre avant d'être au bastion, sans parler du chemin couvert »,

pp. 1285-1287.

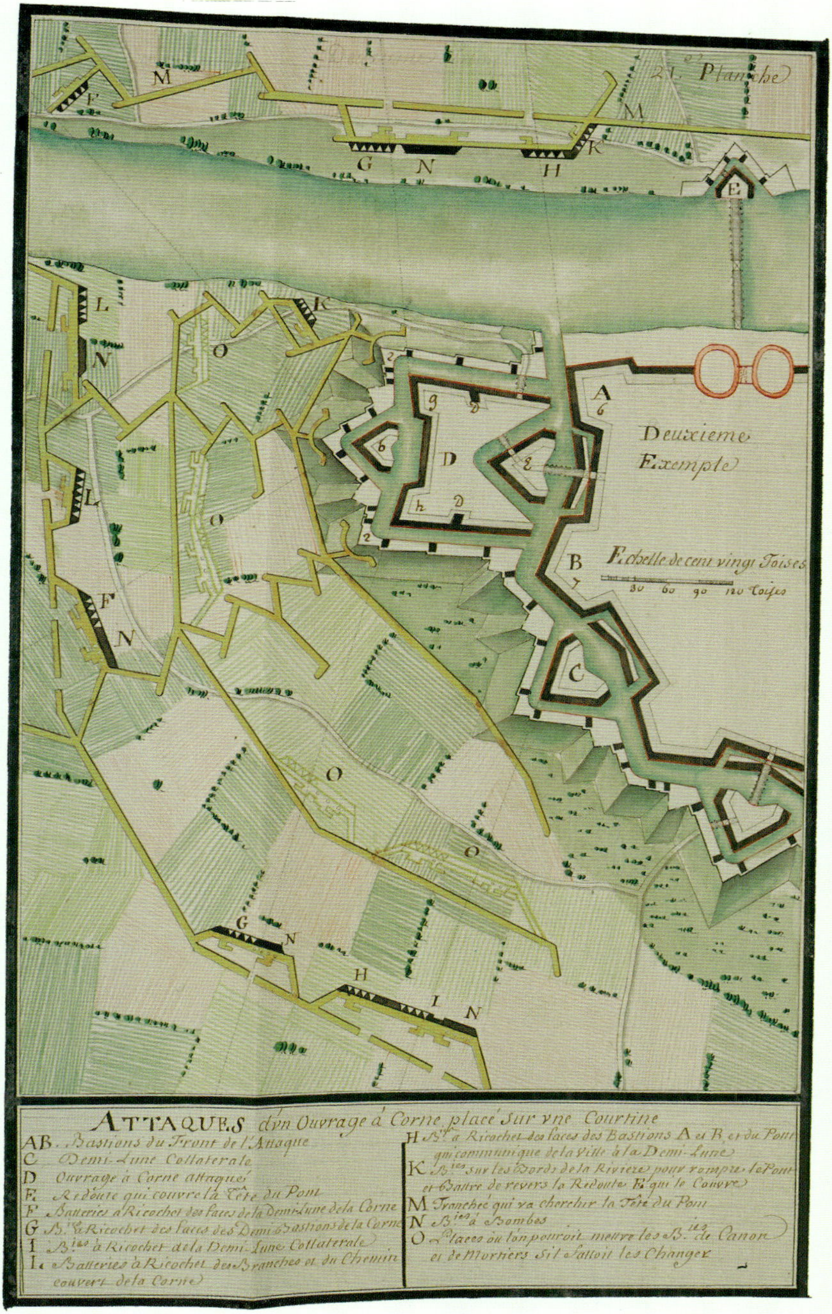

Planche XXI du *Traité de l'Attaque des places*
« D'où résulte que les ouvrages à corne placés sur les capitales prolongées des bastions sont en tout et partout préférables {…} », pp. 1285-1287.

SUITE DES ATTAQUES D'UN OUVRAGE A CORNE PLACÉ SUR UNE COURTINE.

A	Cavaliers de Tranchée
B	Batteries de Pierriers
C	Batteries en Brêche de la Demi-Lune de la Corne
D	Batteries contre les Défences de la Demi-Lune
E	Passages du Fossé de cette Demi-Lune
F	Logemens sur la Demi-Lune
G	Batteries contre les Flancs des Demi-Bastions de la Corne
H	Batteries en Brêche de ces Demi-Bastions
I	Batteries contre la Courtine de la Corne
K	Passages du fossé des deux Demi Bastions
L	Logemens sur les Demi Bastions et dans la Corne
M	Batteries en Breche de la Demi-Lune du Corps de la Place
N	Batteries contre les Defenses de la Demi-Lune
O	Passages du Fossé de la Demi-Lune
P	Logemens dans la même Demi-Lune
Q	Batteries contre la Courtine du Corps de la Place
R	Batteries contre les Defences des Bastions de la Place
S	Batteries en Brêche de ces Bastions
T	Passages du fossé des Bastions
V	Logemens sur les dits Bastions
X	Passage de Fascines pour mener le Canon aux Bastions
Z	Batteries des deux côtez de la Riviere qui la croisent.

Planche XXII du *Traité de l'Attaque des places*
« Soit une tête de place, dont l'attaque a été résolue, bâtie sur le bord d'une rivière {…} », p. 1286.

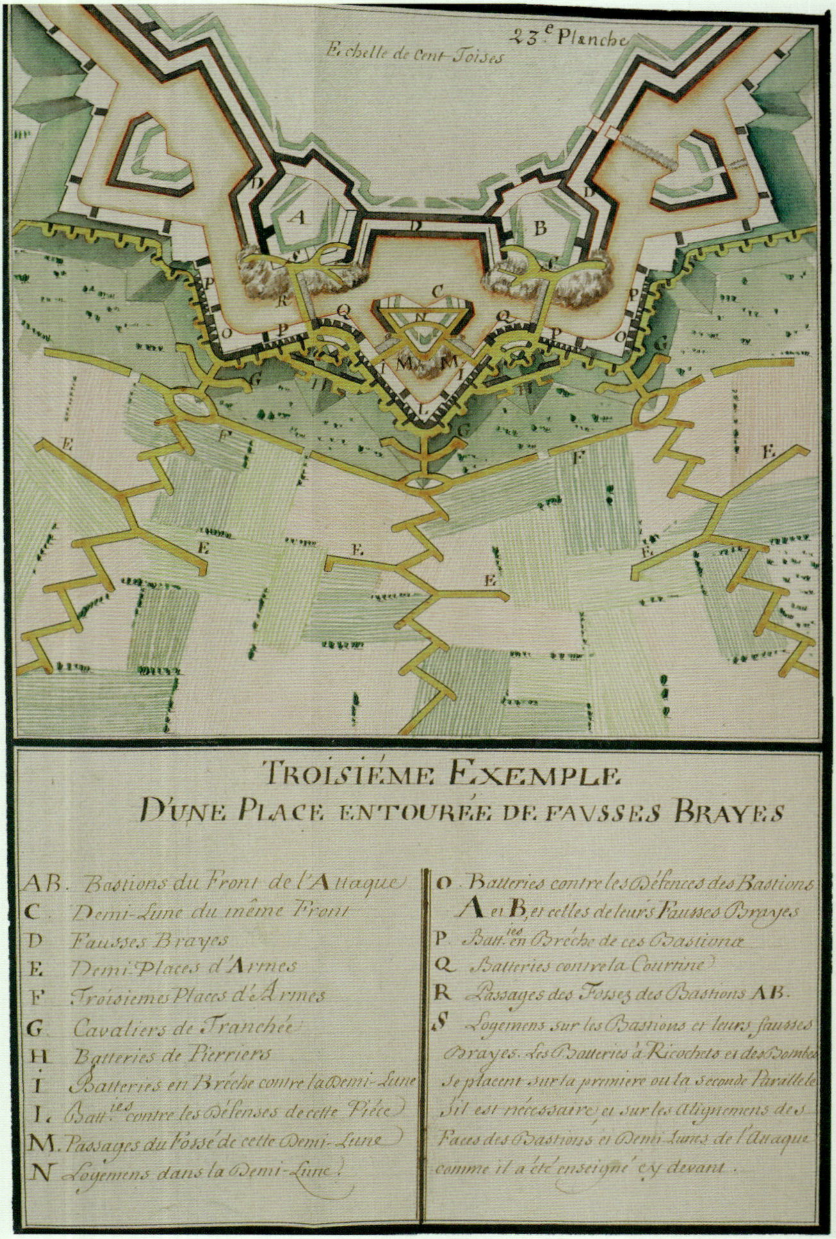

Planche XXIII du *TRAITÉ DE L'ATTAQUE DES PLACES*
« S'il était question de l'attaque d'une place où il y eût fausse braie qui est une défense double {…} », p. 1287.

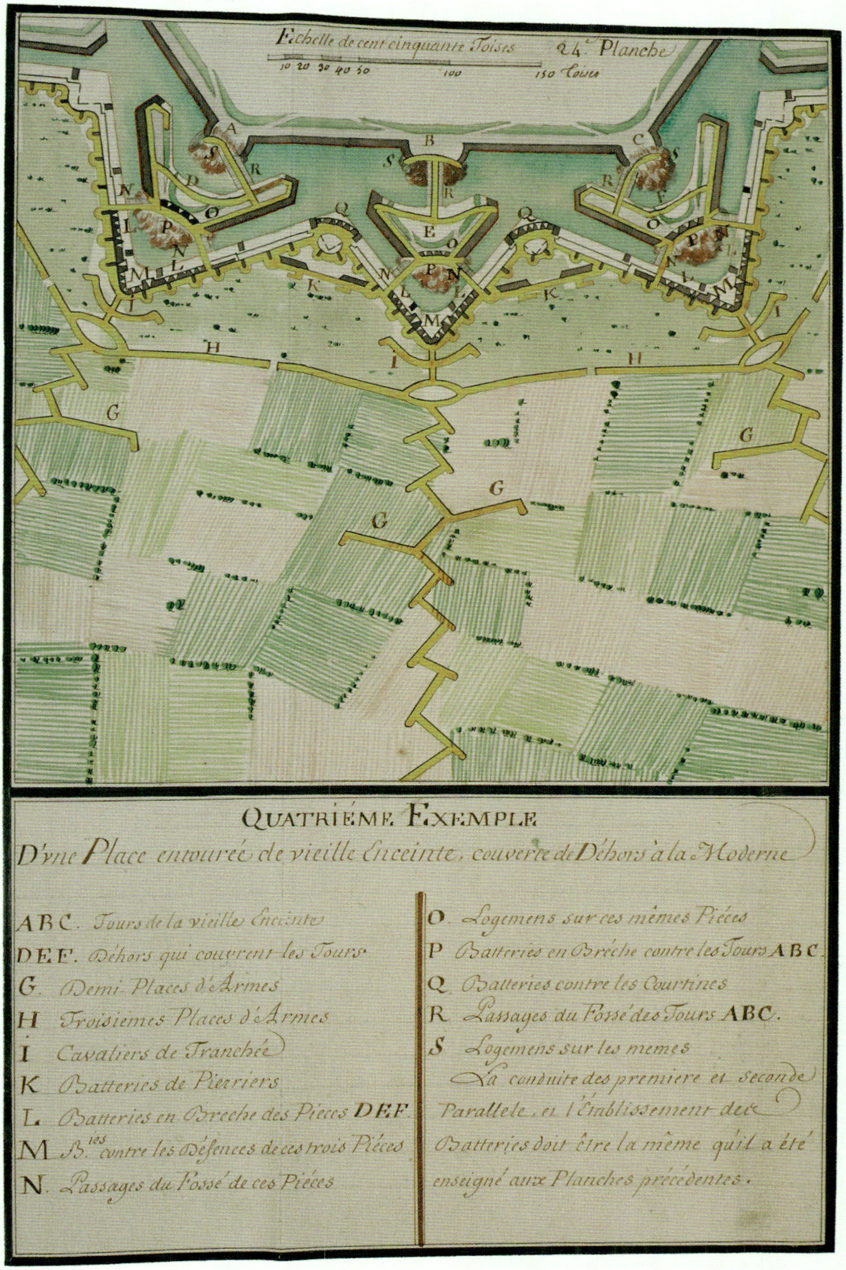

Planche XXIV du *Traité de l'Attaque des places*
« Il y a beaucoup de vieilles places qui sont fortifiées de la sorte (...) », pp. 1287-1288.

Planche XXV du *Traité de l'Attaque des places*
« Le siège de Mons a été une espèce de composé de tout cela {…}, pp. 1289-1290.

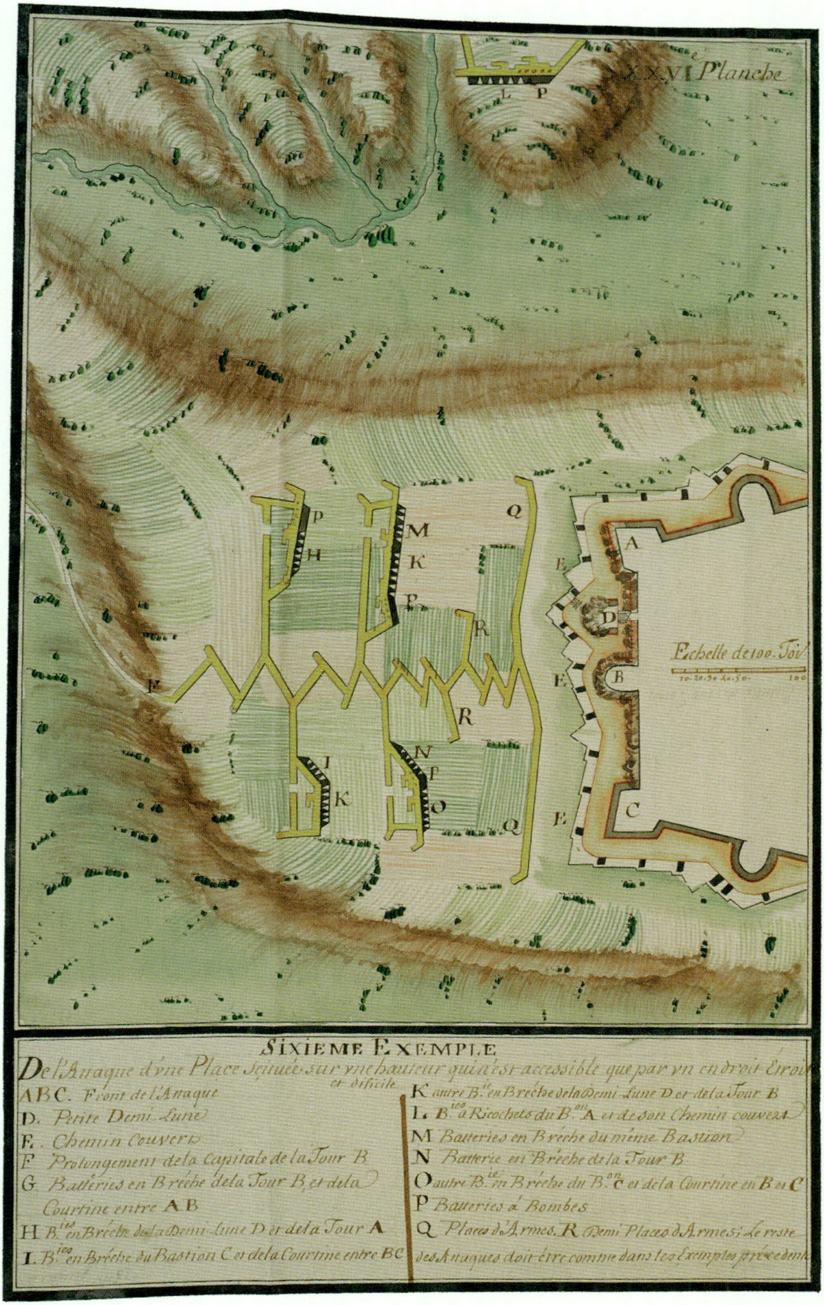

Planche XXVI du *Traité de l'Attaque des places*
« Il y en a qui n'ont d'accès possibles que par les avenues de leur entrée, qui sont pour l'ordinaire étroites, pierreuses et pleines de roc [...] », pp. 1293-1298.

Planche XXVII du *TRAITÉ DE L'ATTAQUE DES PLACES*
« Il y a encore fort peu de places fortifiées à tours bastionnées, {…} », pp. 1291-1292.

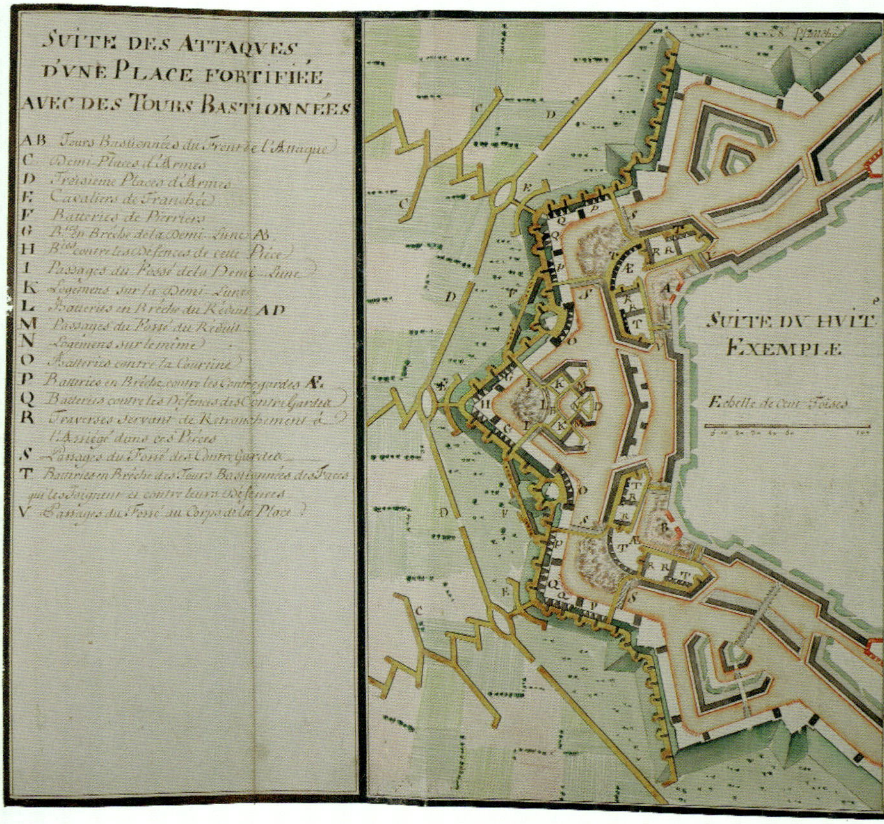

Planche XXVIII du *TRAITÉ DE L'ATTAQUE DES PLACES*

« Occuper entièrement le dedans des contre-gardes, en coulant par le haut et le bas de leur rempart vers le derrière de leurs flancs {…} », pp. 1291-1292.

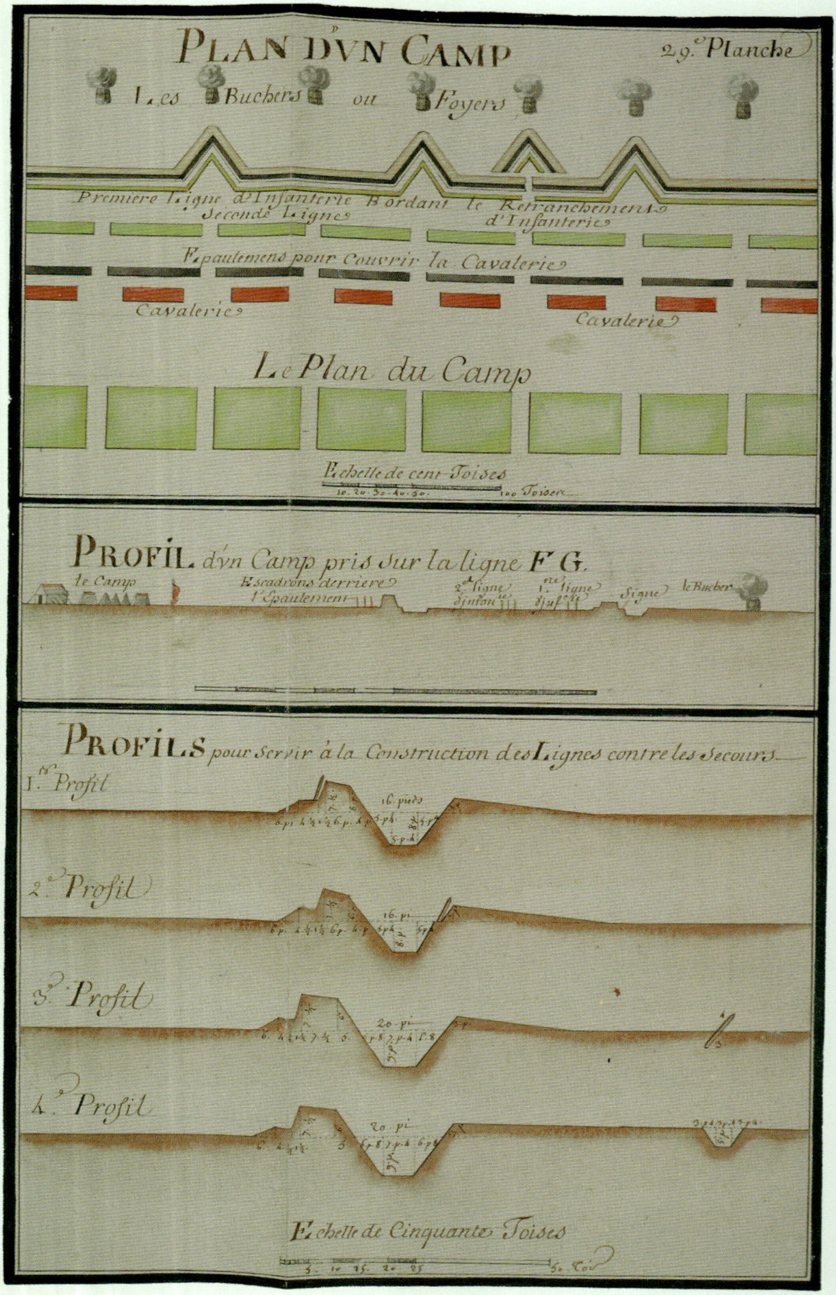

Planche XXIX du *Traité de l'Attaque des places*

« (…) il me reste encore à expliquer la conduite que les assiégeants peuvent tenir pour empêcher les secours (…) », pp. 1304-1306.

Il est rare que cette première journée puisse bien achever les ouvrages qu'on a commencés, quelque soin qu'on se puisse donner pour cela, parce que d'ordinaire on entreprend beaucoup.

On ne doit pas cependant congédier les travailleurs de jour, qu'ils n'aient à peu près achevé l'ouvrage de la largeur et profondeur qu'on le veut mettre[1], ce qui est bien difficile d'obtenir des ouvriers qui ont toujours grande envie de s'en retourner et très peu d'achever.

C'est pourquoi je suis d'avis de faire parcourir le deuxième jour le travail de la première nuit par un détachement de cent ou deux cents hommes à chaque attaque, qui ne feront autre chose que d'achever et parer ce qui a été commencé la première nuit.

La deuxième garde, *le masque étant levé*, on monte la tranchée tambour battant et on pose encore à découvert ; mais il s'en faut bien qu'on entreprenne autant de travail que la première nuit.

Celle-ci doit s'employer par préférence à la continuation de la première place d'armes, à qui il faut donner toute l'étendue nécessaire ; et cependant pousser ce qu'on pourra en avant, en croisant toujours les capitales, dont il faut avoir soin de marquer les prolongements à mesure qu'on s'avancera vers la ville, et les piqueter à chaque fois qu'on les croise, afin de les rendre toujours plus remarquables.

La place d'armes entreprise sur toute sa longueur doit être achevée dans toute la perfection qu'on pourra lui donner à la fin de la troisième garde ; parce qu'elle doit être la demeure fixe des bataillons, jusqu'à ce que la deuxième soit faite[2].

Outre la première place d'armes, que je considère comme l'ouvrage de la deuxième et de la troisième nuit, quoique commencée dès la première, je suppose que les deux tranchées auront marché encore en avant considérablement, mais non jusqu'à la deuxième place d'armes : il ne serait pas prudent de se tant avancer.

Les travailleurs de jour de cette garde doivent être fournis en nombre égal à ceux de la nuit, et le travail de jour commencer par la tête, comme celui de nuit par la queue.

Tout le monde doit contribuer à presser et perfectionner le travail de jour tant que l'on peut ; après quoi, et quand il est en état, il faut faire avancer les premiers bataillons dans la place d'armes et ne mettre que des détachements dans les ouvrages de la tête, avec ordre de ne point tenir ferme si l'ennemi vient à eux.

Le troisième jour il faudra encore monter fort de travailleurs, afin d'en

1. « qui devrait être de douze pieds de largeur sur trois de profondeur, lorsque le terrain le permet », ajouté dans Rosanbo.

2. « Cette place d'armes doit avoir douze pieds de largeur sur trois de profondeur, et une banquette, ou deux, tant pour monter sur le revers, en cas de sortie, que pour asseoir le soldat », ajouté dans Rosanbo.

pouvoir employer trois ou quatre cents à perfectionner ce qui manquera des jours précédents, et arriver à la deuxième ligne ou place d'armes, à laquelle il faudra aussi travailler avec la même vivacité.

Comme le feu doit commencer à devenir dangereux, il faudra employer les sapes ; non que je renonce tout à fait à poser encore à découvert quelque partie de la troisième nuit, mais il faut le faire discrètement, et pour cela trouver quelque terrain favorable qui fournisse un demi-couvert, ou prendre le temps que le feu de la place est fort ralenti, comme il arrive souvent après les deux ou trois premières heures que les gens sont las de tirer.

Pour lors on peut dérober une pose de 100 ou 120 travailleurs et plus, si le feu continue à mollir[1]. Mais c'est de quoi il ne faut pas abuser, parce qu'il faut tenir pour maxime de ne jamais exposer son monde mal à propos et sans grande raison ; ce qui se fait bien moins souvent qu'il ne serait à désirer parmi nous, sans que cela nous avance beaucoup ; bien au contraire, je ne vois rien plus capable de nous retarder : c'est pourquoi, tout bien considéré, après la seconde nuit, je ne voudrais plus poser à découvert[2].

LA SAPE.

La sape faisant une partie considérable de la tranchée, j'estime qu'il est à propos d'instruire sa conduite avant que de passer outre.

Nous entendons par sape la tête d'une tranchée poussée pied à pied, qui chemine jour et nuit également. Quoiqu'elle avance peu en apparence, elle fait beaucoup de chemin en effet, parce qu'elle marche toujours. C'est un métier qui demande une espèce d'apprentissage pour s'y rendre habile, auquel on est bientôt fait quand le courage et le désir du gain sont de la partie.

Voici comme elle se conduit [Planche VII] :

L'ouvrage étant tracé et les sapeurs instruits du chemin qu'ils doivent tenir, on commence par faire garnir la tête de gabions, fascines, sacs à terre, fourches de fer, crocs, gros maillets, mantelets, etc.

Cela fait, on perce la tranchée par une ouverture que les sapeurs font dans l'épaisseur de son parapet, à l'endroit qui leur est montré.

Après quoi le sapeur qui mène la tête commence par faire place pour son premier gabion qu'il pose sur son assiette, et l'arrange de la main, du croc et de la fourche du mieux qu'il peut, posant le dessus dessous, afin que la

1. « Vous pouvez établir une centaine de travailleurs à la fascine en grand silence, mais il faudra le faire avec les gabions, s'ils sont absolument à découvert » dans Rosanbo.

2. « Il serait à désirer que cette faute fût moins ordinaire parmi nous, et qu'on ne posât plus à découvert après la deuxième nuit » dans Rosanbo.

pointe des piquets des gabions, débordant le sommet, puisse servir à tenir les fascines dont on le charge. Cela fait, il le remplit de terre en la jetant de biais en avant, et se tenant un peu en arrière pour ne pas se découvrir. A mesure qu'il remplit le premier gabion, il frappe de temps en temps de son maillet ou de sa pioche contre, pour faire entasser la terre.

Ce premier rempli, il en pose un deuxième sur le même alignement, qu'il arrange et remplit comme le précédent ; et après, un troisième avec les mêmes précautions, qu'il remplit de même ; après ce troisième, un quatrième, se tenant toujours à couvert et courbé derrière ceux qui sont remplis, ce qui se continue toujours de la sorte ; mais parce que les joints des gabions sont fort dangereux avant que la sape soit achevée, il les faudra fermer de deux à trois sacs à terre posés bout sur bout sur chaque joint, que le deuxième sapeur arrange, après que le troisième et le quatrième les lui ont fait passer.

Au vingtième ou trentième gabion posé et rempli, on reprend les sacs de la queue pour les reposer en avant, afin de les épargner de sorte qu'une centaine de sacs à terre bien ménagés peuvent suffire à conduire une sape depuis le commencement du siège jusqu'à la fin.

A l'égard de l'excavation de la sape, *voici comme elle se doit conduire.*

Le premier sapeur creuse 1 pied et 1/2 de large sur autant de profondeur, laissant une berme♦ de 6 pouces au pied du gabion, et talutant un peu du même côté.

Le deuxième élargit de 6 pouces et approfondit d'autant ; ce qui fait 2 pieds de large et autant de profondeur.

Le troisième creuse 6 pouces de plus et élargit d'autres 6 pouces ; ce qui donne 2 pieds 1/2 de large et autant de profondeur.

Le quatrième creuse encore un demi-pied et élargit d'autant, fait les talus et réduit la sape à 3 pieds de profondeur et autant de large par le haut, revenant à 2 et 1/2 sur le fond, les talus parés ; qui est la mesure que nous demandons pour la rendre parfaite. Reste quatre hommes à employer de la même escouade, qui, se tenant en repos derrière les autres, font rouler les gabions et fascines aux quatre de la tête, afin que les premiers sapeurs les trouvent sous la main ; ils leur font aussi glisser des fascines pour garnir le dessus des gabions quand ils sont pleins ; savoir deux sur les bords et une dans le milieu qu'on a soin de faire entrer dans les piquets pointus des gabions, qui surmontent le sommet, afin de les tenir ferme ; après quoi on les charge de terre. L'excavation de ces trois pieds de profondeur fournit les terres nécessaires à remplir les gabions, et une masse de parapet formant un talus à terre courante du côté de la place, rempli de haut en bas, qui ne peut plus être percé que par le canon.

Quand les quatre premiers sapeurs sont las et qu'ils ont travaillé une heure ou deux de force, ils appellent les quatre autres, lesquels prennent la place des premiers et travaillent de même force, jusqu'à ce que la lassitude les oblige à rappeler les autres ; observant que celui qui a mené la tête prend la queue des quatre, à la première reprise du travail ; car chacun d'eux doit mener la tête à son tour et poser une pareille quantité de gabions, afin d'égaler le péril et le travail. De cette façon, on fait une grande diligence à la continue, quand la sape est bien fournie.

Au surplus, on marche à la sape non seulement en avant, mais aussi à côté, sur les prolongements de la droite et de la gauche ; et pour l'ordinaire, on voit des quatre, cinq et six sapes dans une seule tranchée, qui toutes cheminent à leur fin.

Dans le même temps celui qui dirige les sapeurs doit avoir soin de faire servir des gabions et fascines à la tête des sapes ; ce qui se fait par l'intervention de celui qui commande la tranchée, qui lui fait fournir le monde dont il a besoin.

Le moyen d'être bien servi serait de donner six deniers de chaque fascine portée de la queue des tranchées à la tête des sapes, sur-le-champ à la fin des voyages, ou d'une certaine quantité ; chaque soldat en peut aisément porter trois et faire trois ou quatre voyages. Il faudrait par la même raison donner un sou des gabions ; en observant cette petite libéralité, les sapes seraient toujours bien et aisément servies.

Il est encore à remarquer que quand on a affaire à des ennemis un peu éveillés, ils canonnent la tête des sapes avant que votre canon tire, de manière que souvent on est obligé de les abandonner ; mais si on le fait de jour, on s'en dédommage pendant la nuit.

A mesure que la sape avance, on fait garnir celle qui est faite par les travailleurs de la tranchée qui l'élargissent, jusqu'à ce qu'elle ait dix à douze pieds de large sur trois de profondeur ; pour lors elle change de nom et s'appelle tranchée, si elle sert de chemin pour aller à la place ; mais on la nomme *place d'armes*, si elle lui fait face, et qu'elle soit disposée pour y poser des troupes.

Le prix plus raisonnable de la sape, doit être de :

40 sols la toise courante au commencement, savoir tout le long du travail de la seconde place d'armes, et ce qui s'en trouve entre elle et la troisième.

2 liv. 10 s. pour la troisième place d'armes et le travail jusqu'au pied du glacis.

3 liv. pour celle qui se fait sur le plat du glacis.

3 liv. 10 s. pour celle qu'on fait sur le haut du chemin couvert.

5 liv. pour celle qui entre dans ledit chemin couvert.

10 liv. pour celle qu'on fait au passage des fossés secs.

20 liv. s'ils sont pleins d'eau.

Et quand elle sera double, comme cela arrive quelquefois, il faudra la payer double, selon les endroits où on la fera. A l'égard de celle qui se fera dans les brèches des bastions et demi-lunes, elle n'a point de prix réglé, parce qu'elle est exposée à tout ce que la place a de plus dangereux. C'est pourquoi selon le péril auquel ils seront exposés, il faudra donner ce qu'on jugera à propos.

Le toisé[1] se doit faire par un seul ingénieur préposé pour cela à chacune des attaques. Le même fait le compte des brigades en présence des officiers et sergents, qui ont soin après de faire distribuer aux escouades ce qui leur revient ; c'est pourquoi ils doivent contrôler tous les jours ce que chacune aura fait d'ouvrage, de concert avec l'ingénieur qui fera les toisés, sur le prix desquels je suis d'avis de retenir un dixième pour les officiers et sergents, afin de les rendre plus exacts à relever et faire servir les sapes.

En observant cet ordre, comme tous seront intéressés à ce travail, il ne faut pas douter qu'il ne se pousse avec toute la diligence possible, car tout le monde veut gagner.

Au surplus l'ingénieur qui les toisera, le doit faire toutes les 24 heures, et toujours laisser des marques sensibles à la fin de chaque toisé, et tenir registre du tout, afin que quand on voudra le vérifier, on le puisse faire sans confusion.

Je considère le dixième retenu sur le travail des sapeurs comme l'argent le mieux employé de tout, si les officiers et sergents font bien leur devoir.

Si ces derniers sont doubles des officiers, la moitié du dixième doit rester pour eux ; s'ils sont égaux, les officiers en doivent avoir les deux tiers et les sergents l'autre. Les sapeurs ne laisseront pas de faire un gain considérable, car supposé la sape bien menée et qu'il n'y ait pas de temps perdu, ils doivent faire 80 toises toutes les vingt-quatre heures.

Or 80 toises à 2 liv. la toise font 160 liv., d'où ôtant le dixième, montant à 16 liv., restera pour les sapeurs 144 liv. qui, distribuées à 24 hommes, font 6 liv. pour chacun, qui est un gain raisonnable ; ils ne gagneront guère davantage dans le courant du siège, bien que le prix de la sape augmente à mesure qu'ils approchent de la place, parce que le péril augmente aussi, et qu'il est sûr que plus ils en approcheront, moins d'ouvrage ils feront.

On a accoutumé de leur payer quelque chose de plus que le prix de la toise courante pour chaque coupure qu'ils font dans la tranchée, par la raison qu'il y a là plus d'ouvrage qu'ailleurs ; cela se peut réduire à doubler le prix de la première toise, et rien plus.

Au reste, il y a une chose à quoi ces officiers doivent bien prendre garde, c'est que souvent les sapeurs s'enivrent à la tête de leur sape ; après quoi ils se font tuer comme des bêtes, sans prendre garde à ce qu'ils font ; c'est de quoi il faut les empêcher, en ne leur permettant pas d'y porter du vin qu'il ne soit mêlé de beaucoup d'eau.

Comme rien n'est plus convenable à la sûreté, diligence et bonne façon des tranchées, que cette manière d'en conduire les têtes et de les ébaucher,

1. Toisé : mesurage des travaux effectués.

rien n'est aussi plus nécessaire que d'en régler la conduite ; car outre que la diligence s'y trouvera, il est certain qu'on préviendra beaucoup de friponneries qui s'y font par la précipitation confuse avec laquelle elles se conduisent, qui font qu'il y a toujours de l'embrouillement, et quelqu'un qui en profite[1].

1. Le chapitre consacré à la sape est suffisamment différent dans Rosanbo pour qu'il soit édité de façon séparée :

« De la sape.

« Nous entendons par sape la tête d'une tranchée. Il en est de deux sortes : l'une couverte, qui est celle dont on se servait anciennement dans les lieux où le terrain permet d'approfondir, et où l'on ne craint point l'eau : les Hollandais s'en sont encore servi dans la dernière guerre. Cette sape est une galerie couverte dont l'ouvrage n'est point apparent. Elle épargne beaucoup de sang, mais sa longueur la fait abandonner.

« L'autre espèce de sape est celle que nous faisons avec les gabions. Il y en a de simples et de doubles. Quoiqu'elles ne se conduisent que pied à pied, elles font cependant beaucoup de chemin, parce qu'on y travaille jour et nuit. Pour les construire, il faut des gens qui y aient été formés, ainsi le métier de sapeur demande une espèce d'apprentissage. On y devient bientôt habile, et l'ouvrage avance beaucoup, quand le courage et le désir du gain sont de la partie.

« Avant que d'ouvrir la tête des sapes, il faut avoir un amas de gabions, de fascines, de sacs à terre, fourches de fer, crocs et mantelets, sur le revers des places d'armes et des tranchées les plus près de la place. Cette précaution prise, et l'ingénieur ayant montré aux autres sapeurs d'où ils doivent partir, et l'alignement qu'ils doivent suivre, celui qui mène la tête fait une ouverture dans l'épaisseur du parapet, et une place où il pose avec une fourche son premier gabion, la tête en bas, et les pointes en haut, afin d'arrêter les fascines qu'on posera dessus. Ensuite, il le remplit de terre en la jetant en avant et de biais pour ne pas se découvrir, et ayant soin de frapper de temps en temps avec sa pelle contre le gabion à mesure qu'il le remplit, pour faire affaisser la terre. Après que ce premier est rempli, il en pose un second qu'il arrange, et qu'il remplit de même, ensuite un troisième, un quatrième, etc., travaillant toujours courbé ou à genoux.

« Comme les joints des gabions sont extrêmement dangereux, le second sapeur doit avoir soin de les garnir avec des sacs à terre mis debout, qu'il reçoit du troisième et du quatrième.

« Lorsqu'il y a assez de gabions posés et remplis de terre, pour qu'on puisse poser les fascines dessus, on y en couche trois en long que l'on fait entrer dans les piquets, premièrement deux sur les bords du gabion, et ensuite la troisième dans le milieu.

« Quand on a assez de terrain pour employer les quatre sapeurs, on les fait travailler en même temps à l'excavation de la sape. Le premier doit lever un pied et demi de terre de profondeur sur autant de largeur, et laisser une berme taluée de 9 à 10 pouces au pied du gabion. Le second approfondit et élargit de six autres pouces du côté du revers. Le troisième l'augmente d'autant, et enfin le quatrième donne à la sape les trois pieds de profondeur et de largeur qu'il lui faut par le haut et y fait le talus.

« Après une heure ou deux de travail, ces quatre sapeurs sont relevés par quatre autres de leur même escouade, qui est de huit. Pendant qu'ils continuent la sape, les premiers leur coulent des gabions, et leur font passer les fascines. L'excavation de la sape suffit pour faire l'épaulement à l'épreuve du fusil, mais le petit canon le perce.

« Lorsque les quatre derniers sapeurs sont las, les quatre premiers reprennent leur place, en observant que celui qui a mené la tête prend la queue, et ainsi alternativement chaque fois qu'ils se relèvent, pour égaler le travail et le péril.

« C'est ici qu'on commence à employer le mantelet, lorsque le débouché devient direct à la place, ou si peu oblique que le sapeur serait vu d'écharpe. Il le pousse devant lui à mesure qu'il avance, et par ce moyen, il travaille à l'abri et avec moins de risque.

PLACES D'ARMES [voyez la planche VIII].

Après avoir décrit la sape, sa conduite et le moyen de l'employer utilement, nous la laisserons pour un temps se diriger à droite et à gauche des

---

« L'officier des sapeurs doit avoir soin que les gabions, les fascines et les sacs à terre ne manquent pas, et de demander à l'officier général de tranchée des soldats pour les faire apporter de la queue à la tête de la tranchée. Si on donnait six deniers du transport de chaque fascine, le soldat gagnerait quatre à cinq sols sans se fatiguer. Ces petites récompenses l'animeraient et diligenteraient beaucoup le transport.

« Si l'ennemi est un peu attentif, il ne manquera pas de pointer du canon sur vos sapes, et de vous y incommoder considérablement, tant que le vôtre ne l'aura pas démonté. Alors il faut faire retirer les sapeurs le jour, et s'en dédommager la nuit, en posant quelques gabions à découvert, dans le temps que le feu est lent.

« Dès qu'on aura fait un espace de sape un peu considérable, il y faudra mettre des travailleurs, pour l'élargir jusqu'à douze pieds, ce qui donnera des terres, pour rendre l'épaulement à l'épreuve du canon, et une largeur convenable pour y tenir les troupes, et pour faire le service de la tranchée sans embarras. Lorsque la sape est en cet état, elle change de nom. Si elle va en l'avant vers la place, on l'appelle tranchée, et on la nomme place d'armes, si elle est parallèle à la place.

« Les sapeurs sont payés de leur travail à proportion qu'ils approchent de la place et que le péril augmente. Toute la seconde place d'armes doit être payée de quarante sols la toise, l'ouvrage entre la seconde et la troisième à cinquante sols, la troisième place d'armes et ses rameaux jusque sur le glacis à 3 livres, et tout le travail qui se fait sur le glacis à 3 livres 10 sols sur le haut du chemin couvert, et ce qui entre dedans cinq livres. Celui qui se fait au passage du fossé sec 10 livres, et s'il est plein d'eau 20 livres, mais si les sapes étaient doubles, comme cela arrive quelquefois, il faudrait payer 40 livres.

« A l'égard de la sape qui se fera dans les brèches des demi-lunes et des bastions, elle n'a point de prix réglé, parce qu'elle est exposée à tout ce que la place a de plus dangereux. Il faut être libéral pour ceux qui y seront employés.

« Un seul ingénieur doit être chargé du toisé de toutes les sapes, et le faire de façon qu'un toisé général se trouve conforme à son état. Il doit le faire chaque jour, conjointement avec l'officier et les sergents des sapeurs qui ont le contrôle des sapeurs employés, et leur distribuent ce qui leur revient à chacun.

« Ce serait un bien pour le travail qu'on retînt un dixième aux sapeurs pour l'officier et les sergents. Si l'officier avait deux sergents avec lui, il aurait la moitié de ce dixième, et les deux sergents auraient l'autre. S'il n'avait qu'un sergent, il prendrait les deux tiers, et l'autre tiers serait pour le sergent. Cette gratification les engagerait à presser leurs sapeurs, et à leur faire servir diligemment les fascines, les gabions et sacs à terre. L'ouvrage en irait plus vite, l'argent étant un appât qui tente presque tous les hommes.

« Cette retenue du dixième ne serait point onéreuse pour les sapeurs. Comme ils seraient mieux servis, ils feraient plus d'ouvrage. 24 hommes pourraient faire, en 24 heures, 80 toises, qui à 2 livres la toise, feraient 160 livres, et dont le dixième serait 16 livres. Il resterait donc pour les sapeurs 144 livres, qui partagées seraient 6 livres pour chacun, ce qui est un gain raisonnable, qui augmentera de peu pendant le siège, parce qu'à mesure qu'on approche de la place, le péril devient plus grand, et que les précautions qu'on est obligé de prendre ralentissent l'ouvrage. On paie d'ordinaire, pour chaque coupure, la première toise double, à cause de l'épaisseur du parquet à percer.

« L'officier doit bien veiller à ce que les sapeurs ne s'enivrent pas. Le vin les fait négliger leur conservation, et périr misérablement. »

capitales, et faire son chemin vers la place, pendant que nous expliquerons la façon, l'usage et les propriétés des places d'armes, que nous nommerons ci-après, *lignes*[1], *première*, *deuxième*, et *troisième*, pour éviter la confusion que la ressemblance de leur nom à celui de la place pourrait causer.

Soit donc qu'on ouvre la tranchée de près ou de loin, *la première* s'établit à 300 toises ou environ des dehors plus avancés de la place ; *quand on peut l'établir plus près, il n'en est que mieux.*

Cette distance doit être observée dans toute la circulation qu'on lui fait faire, et considérée comme le plus grand éloignement où les sorties des ennemis puissent donner atteinte ; c'est pourquoi on n'en propose l'établissement qu'à cette distance[2].

Comme on n'a point donné de règles certaines jusqu'ici pour la façon et situation des places d'armes, cela a fait qu'il y a toujours eu quelque confusion et qu'elles n'ont pas toujours été fort bien situées.

Je pourrais même dire que depuis le siège de Mastrick, qui est la première fois que je m'en suis servi, elles n'ont été bien régulièrement observées qu'au siège d'Ath, encore y a-t-il eu quelque chose à dire[3].

La figure de la première doit être circulaire, un peu aplatie sur le milieu[4] ; elle doit aussi embrasser toutes les attaques par son étendue, qui sera fort grande, et déborder la deuxième ligne de 25 à 30 toises de chaque bout. Quant à ses autres mesures, on peut lui donner depuis 12 jusqu'à 15 pieds de large sur 3 de profondeur ; remarquant que dans les endroits où on ne pourrait pas creuser 3 pieds, à cause du roc ou des marais qui peuvent se rencontrer dans le terrain qu'elle doit occuper, il faudra l'élargir davantage, afin d'avoir les terres nécessaires à son parapet. Jusqu'à ce qu'elle soit achevée, on n'y doit pas faire entrer les bataillons, mais seulement des détachements à mesure qu'elle se perfectionnera.

L'usage de cette ligne sera,

1° De protéger les tranchées qui se poussent en avant jusqu'à la deuxième ;

2° De flanquer et dégager la tranchée ;

3° De garder les premières batteries ;

4° De contenir tous les bataillons de la garde sans en embarrasser la tranchée ;

1. Dans cette acception, le terme de lignes est systématiquement remplacé par celui de parallèles dans Rosanbo.
2. « c'est pourquoi… distance » est raturé dans Rosanbo.
3. Ath : commune belge [Hainaut]. Ath fut assiégée par l'armée de Catinat en 1697. La tranchée fut ouverte, sous la conduite de Vauban, dans la nuit du 22 au 23 mai. La reddition de cette place, que Vauban connaissait d'autant mieux qu'il l'avait fortifiée 20 ans auparavant, eut lieu le 6 juin, 14 jours plus tard. Pour les méthodes d'attaque employées par Vauban au siège d'Ath, voir l'introduction.
4. « un peu aplatie sur le milieu » absent dans Rosanbo.

5° De leur faire toujours faire front à la place sur deux ou trois rangs de hauteur ;

6° De communiquer les attaques de l'une à l'autre, jusqu'à ce que la seconde ligne soit établie ;

7° Elle fait encore l'effet d'une excellente contrevallation contre la place, de qui elle resserre et contient la garnison.

La *deuxième ligne* doit être parallèle à la première et figurée de même, mais moins étendue de 25 à 30 toises de chaque bout, et plus avancée vers la place de 120, 140, ou 145 toises ; ses largeurs et profondeurs doivent être égales à celles de la première. II faut faire des banquettes à l'une et à l'autre, et border leur sommet de rouleaux de fascines piquetées pour leur tenir lieu de sacs à terre ou de paniers. Jusqu'à ce qu'elle soit achevée, on n'y fait entrer que des détachements. Pendant qu'on y travaille, la tranchée continue toujours son chemin, jusqu'à ce qu'elle soit parvenue à la distance marquée pour la *troisième* ligne : de sorte que la deuxième n'est pas plutôt achevée, qu'on commence la troisième, et avant même qu'elle le soit totalement. Pour lors on y fait entrer les bataillons de la *première ligne*, et on ne laisse dans celle-ci que la réserve qui est environ le tiers de la garde ; pendant quoi le travail de la tranchée fait son chemin de l'une à l'autre jusqu'à la *troisième.*

Les propriétés de la *deuxième* ligne sont les mêmes que celles de la première ; il n'y a point d'autre différence, si ce n'est qu'elle approche la place de beaucoup plus près.

A 120, 140 ou 145 toises, un peu plus, ou un peu moins, au-delà de la *deuxième ligne*, on établit la *troisième ligne* plus courte et moins circulaire que les *deux premières* ; ce que l'on fait pour approcher le chemin couvert[1], le plus près que l'on peut, et éviter les enfilades qui sont là fort dangereuses.

De sorte que si la *première* est à 300 toises des angles plus avancés du chemin couvert, la deuxième n'en est plus qu'à 160, et la *troisième* à 15 ou 20 toises seulement ; ce qui suffit à l'aide des demi-places d'armes, dont nous parlerons tantôt, pour soutenir toutes les tranchées que l'on pousse en avant, quand les batteries ont tellement pris l'ascendant sur les ouvrages de la place, que le feu en est éteint ou si fort affaibli qu'on le peut impunément mépriser.

Mais si la garnison est forte et entreprenante, et les ricochets empêchés, il faut s'approcher jusqu'à la portée de la grenade, c'est-à-dire à 13 ou 14 toises près des angles saillants♦[2].

Comme les sorties sont bien plus dangereuses de près que de loin, il faut aussi plus perfectionner cette ligne que les deux autres, lui donner plus de largeur et la mettre en état de faire un grand feu, et qu'on puisse passer par

1. « les angles saillants du chemin couvert » dans Rosanbo.
2. « c'est-à-dire... saillants » absent dans Rosanbo.

dessus en poussant les sacs à terre, ou les rouleaux de fascines devant soi ; ce qui se fait en lui faisant un grand talus intérieur, avec une banquette au plus, dans le haut dudit talus.

C'est sur le revers de cette *dernière* qu'il faut faire amas d'outils, de sacs à terre, piquets, gabions et fascines, fort abondamment, pour fournir au logement du chemin couvert, et les ranger en tas séparés, près des débouchements, avant que de rien entreprendre sur le chemin couvert.

Sur quoi il y a une chose bien sérieuse à remarquer ; c'est que comme les places de guerre sont presque toutes irrégulières et différemment situées, il s'en trouve sur des hauteurs où le ricochet ayant peu de prise ne pourrait pas dominer avec assez d'avantage, soit parce que les angles des chemins couverts en sont trop élevés, ou qu'on ne trouve pas de situation propre à placer ces batteries ; telle est, par exemple, la tête du Terranova du château de Namur, celle du fort Saint-Pierre à Fribourg en Brisgau, le fort Saint-André de Salins, la citadelle de Perpignan, celle de Bayonne, celle de Montmédy, quelques têtes de Philisbourg, et plusieurs autres de pareille nature.

Il y a encore celles où les situations qui pourraient convenir au ricochet sont en marais ou coupées de rivières qui empêchent l'emplacement des batteries ; et celles enfin où les glacis élevés par leur situation sont si roides qu'on ne peut plonger◆ le chemin couvert par les logements élevés en cavaliers, qu'on peut faire à mi-glacis. Où cela se rencontrera, il se pourra qu'on sera obligé d'attaquer le chemin couvert de vive force ; en ce cas, il faudra approcher la *troisième ligne* à la portée de la grenade, comme il a été dit, sinon en faire une quatrième, afin de n'avoir pas de longues marches à faire pour joindre l'ennemi, et toujours la faire large et spacieuse, afin qu'on s'y puisse manier aisément, et qu'elle puisse contenir beaucoup de monde et une grande quantité de matériaux sur ses revers.

Cette *ligne* achevée, on y fera entrer le gros de la garde, ou les gens commandés, et la réserve dans la *deuxième ligne*, la *première* demeurant vide et ne servant plus que de couvert au petit parc, à l'hôpital de la tranchée qu'on fait avancer jusque-là, et aux fascines de provision que la cavalerie décharge dans les commencements le long de ses bords ; et quand il s'agit d'un renfort extraordinaire de la garde ou de travailleurs (ce qui n'arrive que quand on veut attaquer le chemin couvert, ou quelque autre pièce considérable des dehors), on les y peut mettre en attendant qu'on les emploie.

Au surplus, si le travail de la première et de la seconde nuit de tranchée peut se poser à découvert, celui des deux premières places d'armes se pourra poser de même, parce qu'on est assez loin de la place pour que le feu n'en soit pas encore fort dangereux ; et ce n'est guère que depuis la *deuxième ligne* qu'on commence à marcher à la sape ; mais pour ne point perdre de temps et pouvoir faire chemin de jour et de nuit, on peut employer la sape à la façon de la *deuxième*[1].

Outre les propriétés que la *troisième* a communes avec les deux *premières*, elle a encore celle de contenir les gens commandés qui doivent attaquer et tous les matériaux nécessaires sur ses revers.

C'est enfin là où l'on délibère et résout l'attaque du chemin couvert, où l'on fait les dispositions, où l'on range les troupes qui doivent attaquer et d'où l'on part pour l'insulte dudit chemin couvert.

Nota [planche VI]. Que c'est de la deuxième ligne qu'on doit ouvrir une tranchée contre la demi-lune C., qui se conduit comme les autres, c'est-à-dire à la sape, et le long de sa capitale prolongée [C.Y.], et quand les trois têtes de tranchée seront parvenues à la distance demandée pour l'établissement de la *troisième ligne*, on y pourra employer six sapes à même temps, savoir deux à chacune, qui prenant les unes à droite et les autres à gauche, se seront bientôt jointes ; pendant quoi comme les parties plus voisines de la tranchée se perfectionnent les premières, on pourra y faire entrer les détachements à mesure qu'elle s'avancera, lesquels on fortifiera plus ou moins, selon que les sorties seront plus ou moins à appréhender.

DEMI-PLACES D'ARMES [planche VI].

Quand la garnison est nombreuse et entreprenante et que les intervalles des grandes lignes sont de 140 ou de 145 toises (comme il faudrait qu'ils fussent pour être bons), on pourra couper ces mêmes intervalles en deux parties à peu près égales par des crochets ou demi-lignes de 40 à 50 toises de long, figurées comme les marquées [S.S.] ; elles serviront à placer les détachements qui doivent escorter le travail ; ceux-ci ne sont bien nécessaires qu'entre la *deuxième* et la *troisième* ligne, pour pouvoir soutenir de près les têtes avancées de la tranchée jusqu'à ce que cette dernière soit achevée : leurs largeurs et profondeurs doivent être comme celles des tranchées, et encore mieux, comme celles des *grandes lignes*[2].

PROPRIETES GENERALES DES TROIS PLACES D'ARMES.

Pour conclusion, ces trois grandes pièces relient et communiquent les attaques les unes aux autres par tous les endroits où il est besoin. *C'est* sur

1. Ce paragraphe est absent dans Rosanbo.
2. « leur largeur et profondeur doivent être comme celles des grandes parallèles » dans Rosanbo.

leur revers que se font tous les amas des matériaux. *Elles* dégagent les tranchées et les débarrassent des troupes, laissant le chemin libre aux allants et venants. *C'est chez elles* que se rangent les détachements commandés pour les attaques, et que se règlent toutes les dispositions quand on veut entreprendre quelque chose de considérable, soit de vive force ou autrement. *Elles* ont enfin pour propriétés singulières et très estimables d'*empêcher* les sorties, ou de les rendre inutiles, et de vous mettre à portée de ne point manquer le chemin couvert[1].

DES SORTIES.

Maximes générales qui leur peuvent convenir.

I. La première et plus importante de toutes est de bien faire et perfectionner les trois places d'armes, les mettre en état de servir[2] de même que les autres logements à feu que nous appelons demi-places d'armes.

II. De ne faire aucun ouvrage qui n'en soit flanqué à bonne portée.

III. De n'en point pousser en avant, que ceux qui les doivent soutenir ne soient en état.

IV. De bien disposer les troupes dans les places d'armes ; tenir les ailes et le milieu toujours plus forts que les autres parties, et destiner le gros de la garde pour faire feu, et les grenadiers et gens détachés pour marcher aux ennemis, quand il sera temps, n'oubliant pas de se ménager une réserve, réserve qui sera forte du tiers ou du quart de la garde, et qui tiendra lieu de troisième ligne[3].

V. Instruire journellement la garde de cavalerie de ce qu'elle aura à faire en cas de sortie et l'obliger d'envoyer au lieutenant général de tranchée quelque officier intelligent pour recevoir ses ordres.

VI. Renouveler tous les jours la disposition des gardes, à cause de l'avancement des tranchées et les régler comme si on était assuré que l'ennemi dût faire sortie ; en conséquence de quoi, bien instruire les postes de ce qu'ils auront à faire.

VII. Ne jamais s'opiniâtrer au soutien des ouvrages imparfaits, mais céder et faire retirer les gens armés et les travailleurs sur le revers des places d'armes prochaines, laissant agir le feu de la tranchée, qui fera beaucoup plus de mal à l'ennemi que la résistance qu'on pourrait lui faire en s'opiniâtrant à tenir tête dans des lieux désavantageux, qui ne seraient pas en état.

1. « et de… chemin couvert » remplacé par « comme nous allons le faire voir dans le chapitre suivant » dans Rosanbo.

2. « les mettre en état de servir » remplacé par « les mettre en état que le soldat y puisse tirer aisément » dans Rosanbo.

3. « et qui tiendra lieu de troisième ligne » absent dans Rosanbo.

VIII. Par la même raison, ne se presser point d'aller au-devant de lui, mais l'attendre ; le laisser engager et essuyer le feu des places d'armes, tant et si longuement qu'il trouvera à propos de s'y exposer ; et quand il sera affaibli et bien engagé, le faire charger par les grenadiers et gens détachés ; comptant que la garde de cavalerie qui aura eu le temps de venir, tombera sur lui de son côté, soit en le coupant ou le prenant par les flancs.

IX. Après avoir battu la sortie, ne la point poursuivre avec trop d'opiniâtreté, mais se contenter de la pousser et renfermer chez elle ; après quoi se jeter promptement dans la tranchée, pour ne pas demeurer exposé au feu de la place, qui étant préparé, sera pour lors fort dangereux.

X. Tenir encore une fois pour maxime très certaine de ne se jamais trop presser, mais de laisser agir votre feu quand il est bien disposé, et ne revenir sur l'ennemi que quand on le verra en désordre et fort engagé ; et pour conclusion, ne se pas faire une affaire de lui voir renverser une douzaine ou deux de gabions, et mettre le feu à quelque bout de travail imparfait ; attendu que si votre feu est bien conduit, il le paiera très chèrement.

Ces maximes suffiraient pour indiquer les dispositions nécessaires à se pouvoir opposer aux sorties avec beaucoup d'avantage, et même pour empêcher l'ennemi d'entreprendre rien de considérable ; car il est certain que si on établit des places d'armes, comme il est proposé dans ces Mémoires, que la disposition des troupes y soit bien appropriée, l'ennemi ne pourra faire de sorties qu'il ne rencontre tête pour tête toute la garde de la tranchée ; et que si d'autre côté les batteries à ricochets sont bien servies, il ne pourra s'assembler en nul endroit des chemins couverts opposés aux attaques. *Ainsi, peu ou point de sorties*[1].

Je pourrais donc en demeurer là et finir ce chapitre ; mais comme on pourrait ne le pas trouver assez détaillé, je m'étendrai davantage dans ce qui suit, au hasard de me rendre un peu ennuyeux[2].

CONTINUATION DU CHAPITRE CONTRE LES SORTIES[3].

Les *sorties* ont toujours pour objet de faire du mal aux assiégeants[4], soit pour *battre la tranchée*, en tout ou en partie ; ou *raser* quelque bout considérable et mal protégé de ses logements ; *retarder* le progrès des attaques ; *attirer* l'assiégeant sous le feu de la place, pour lors très bien préparé[5] ; *reprendre* quelque partie de chemin couvert nouvellement perdue, et où

1. Cette phrase absente dans Rosanbo.
2. Ce paragraphe remplacé par « Faisons maintenant l'application de ces maximes » dans Rosanbo.
3. « Des sorties extérieures » dans Rosanbo.
4. « faire du mal aux assiégeants, soit pour » absent dans Rosanbo.
5. « pour lors très bien préparé » absent dans Rosanbo.

l'assiégeant ne sera pas bien établi ; le *chasser* d'une brèche où il sera encore mal affermi, soit dans les demi-lunes, contre-gardes♦, ouvrages à corne, ou dans l'enclos de la place même ; de *chicaner* le passage du fossé ; et enfin *chasser ou tuer* le mineur dans son trou. Voilà en général les objets de toutes les sorties[1].

Nous les diviserons en extérieures et intérieures. Les extérieures sont toutes celles qui se font hors des chemins couverts. Les intérieures sont celles qui se font dans l'enclos des mêmes.

On peut encore diviser les extérieures, en générales et particulières. Les générales ne s'entreprennent que quand une garnison est bien forte, ou que la place a reçu quelque renfort considérable, qui la met en état de braver les assiégeants et de pouvoir faire impunément de grandes entreprises sur eux.

Ces sorties se peuvent réduire à celle de *battre la tranchée*, ou *d'enlever* quelque quartier des plus à portée ; ce dernier ne se peut que quand l'assiégeant est trop faible par rapport à la garnison ; pour lors c'est à lui à se sentir et à voir s'il est en état de continuer le siège ; s'il ne l'est pas, il doit lever le piquet le plus promptement qu'il lui sera possible. S'il se trouve en état de le continuer, il est à présumer qu'il ne se laissera pas surprendre, qu'il sera précautionné d'une bonne contrevallation, que les quartiers les plus exposés à la place seront bien retranchés, qu'on y fera bonne garde de nuit et de jour, que pendant la nuit ils auront des batteurs d'estrade[2] entre eux et la place pour les avertir, que tous les jours ils renforceront leurs gardes ; et enfin qu'ils se mettront en état de n'avoir rien à craindre de ce côté-là, et que de plus ils y auront toujours un piquet commandé, de cavalerie et d'infanterie, pour en tous événements s'en pouvoir servir au besoin ; moyennant ces précautions, il est moralement impossible qu'une sortie, quelque grande et bien concertée qu'elle puisse être, réussisse.

Si la sortie se fait sur la tranchée, l'ennemi ouvrira toutes les barrières du chemin couvert opposé aux attaques, et même celles de la droite et de la gauche qui les débordent à même temps, afin de pouvoir sortir plusieurs corps à la fois. Tous ensemble attaqueront tout le front des tranchées. Si cela arrive à la première ou à la deuxième garde de tranchée, cette sortie pourrait échouer et s'exposer à souffrir une grande perte, parce qu'elle s'éloignerait trop de la place et qu'elle essuierait longtemps le feu de la tranchée, avant que d'en pouvoir venir aux mains, sans que de sa part elle puisse lui rendre la pareille[3] ; et que de plus elle se mettrait en état d'être coupée par la cavalerie, tant de la garde que du piquet, et chargée à même temps par les grenadiers et gens détachés de la tranchée, soutenus des

1. Cette phrase est absente dans Rosanbo.

2. Batteurs d'estrade : « enfants perdus », petits groupes de soldats détachés en avant d'une position pour parcourir le terrain et observer l'ennemi.

3. « sans que… la pareille » absent dans Rosanbo.

bataillons, ce qui serait très capable de la battre et défaire entièrement ; c'est pourquoi, quelque forte que puisse être une garnison, je ne crois pas qu'elle se commette jamais à de pareilles aventures, les deux ou trois premiers jours de tranchée, si fait bien quelque galopade de cavalerie de peu d'effet et incapable de rien déranger aux attaques.

Les quatre ou cinq premiers jours de la tranchée, on sera encore loin du chemin couvert ; mais comme la deuxième place d'armes pourrait bien n'être pas achevée, il ne serait pas impossible que l'ennemi, dans le désir de profiter de cette imperfection, ne pût hasarder une sortie, s'il était bien fort. Il est à présumer que la première place d'armes sera pour lors achevée et occupée par la garde, et la deuxième commencée mais non tout à fait achevée ; en ce cas, la disposition suivante pourra servir à repousser la sortie et rendre ses efforts inutiles.

1° Bien garnir les deux extrémités de la première place d'armes, et le milieu par les grenadiers et gens commandés, et le surplus de la même, bordé par les bataillons.

2° Si la deuxième place d'armes est bien avancée, quoique non achevée, y faire tenir deux ou trois bataillons avec des détachements et des grenadiers à l'extrémité des ailes.

3° Une compagnie de grenadiers à la queue des travailleurs les plus avancés, et quelques détachements pour les soutenir, avec des sentinelles à la tête du travail, bien averties de ce qu'elles auront à faire ; et le surplus de la garde posté de manière qu'elle puisse border les places d'armes, et tous les logements à feu qui seront en état.

Cela bien disposé, et toutes les gardes faisant front à la place, il faudra encore bien avertir tous les postes des choses qu'ils auront à faire, dont la première est de ne se pas laisser surprendre.

La deuxième, de ne point tenir dans les parties imparfaites du travail, mais de céder, et faire retirer les travailleurs et gens armés de la tête, dans les revers marqués des places d'armes prochaines, et laisser agir le feu de la tranchée.

La troisième, de ne se pas presser d'aller aux ennemis, mais d'attendre qu'ils soient à quinze pas de la tranchée, avant que de faire sortir les grenadiers et gens commandés pour aller sur eux.

La quatrième, de faire faire tout le feu possible des logements et places d'armes pendant tout le temps qu'ils seront en marche pour venir à nous : cela bien observé, donnera un grand avantage à l'assiégeant.

Pendant ce temps, la garde de cavalerie, qui doit être avertie dès en montant la tranchée, de ce qu'elle aura à faire en cas de sortie, aura vraisemblablement disposé devant elle deux ou trois petites troupes de trente ou quarante maîtres chacune, commandées par de bons lieutenants, qui, observant la marche des ennemis, attendront qu'ils soient bien engagés, et le signal qui leur sera fait de la tranchée avant que de partir ; et quand ils se verront à quelque trente ou quarante pas près[1], pour lors ces petites troupes doivent partir et prendre aussitôt le galop, pour aller charger par les flancs ou en les coupant tout à fait, pendant que les grenadiers sortant des places d'armes les attaqueront par la tête. Le gros de la garde de cavalerie, divisé en plusieurs escadrons, doit suivre au trot pour soutenir ces détachements et faire son possible pour couper la sortie. Si elle est soutenue par la cavalerie de la place, comme il n'en faut pas douter, il ne faudra pas manquer de la faire charger par quelques-uns de nos escadrons, pendant que d'autres soutiendront les petites troupes, et se joindront avec elles pour achever de rompre le gros de la sortie, qu'il faudra poursuivre tant que l'on pourra se mêler avec elle, et s'en épauler contre les feux de la place ; mais dès aussitôt que les ennemis seront recoignés dans leur chemin couvert, il faut que toute l'infanterie qui aura chargé se rejette aussitôt dans la tranchée, et que la cavalerie s'éloigne promptement ; car le feu de la place, qui sans doute sera bien préparé, deviendra fort dangereux.

Voilà de quelle manière on peut repousser les grandes sorties sans grande perte les quatre on cinq premiers jours de l'ouverture de la tranchée. Quand la première et la seconde places d'armes seront achevées de tous points et garnies des troupes qui leur conviennent, les ennemis n'en entreprendront plus de semblables.

Mais comme la troisième place d'armes se fait pour l'ordinaire fort près de la place, et qu'elle est assez éloignée de la deuxième, il se pourrait bien que l'ennemi entreprendrait encore dessus, avant qu'elle fût achevée. Cependant les première et deuxième places d'armes étant pour lors bien garnies, l'ennemi sera moins en état de réussir que ci-devant, car il sera beaucoup resserré ; cependant jusqu'à ce que la troisième soit en état de recevoir du monde, il pourra bien être tenté d'entreprendre ; c'est pourquoi quand la tranchée sera poussée jusqu'à l'endroit de sa situation, il faudra la diligenter avec application ; la garnir et border de troupes à mesure que quelque partie s'achèvera, avant que de pousser la tranchée plus avant ; et enfin la mettre en état de recevoir quelques bataillons.

Quoi fait, et cette place d'armes une fois remplie des troupes qui lui conviennent, il n'y aura plus d'autres sorties à craindre que celles qui se feront à la dérobée, qui sont toujours petites, et ne s'entreprennent guère que de nuit ; supposé cependant que l'ennemi en entreprît quelqu'une de considérable avant qu'elle fût achevée, il ne faudra pour les repousser que tenir la conduite ci-devant proposée pour les quatre ou cinq premières gardes.

Toutes les sorties à faire entre la troisième place d'armes et le chemin couvert ne se font que pour tâcher de *surprendre* quelque bout de sape imparfait, *renverser* le travail, y mettre le feu et *obliger* les postes avancés de la tranchée, à se découvrir.

1. « et le signal… quarante pas près » absent dans Rosanbo.

Ces sorties se font ordinairement par dix, vingt, trente et quarante hommes, appuyés de beaucoup de feu préparé contre ceux de la tranchée qui se découvriront pour les charger, ce qui ne saurait manquer d'être fort sanglant, vu la proximité du chemin couvert.

C'est pourquoi il ne s'y faut pas exposer, mais bien apprêter le feu de la troisième place d'armes, et le laisser agir ; après quoi quand il sera temps d'y faire marcher quelque compagnie de grenadiers, se servir des couverts de la tranchée tant qu'on pourra ; et surtout ne se point presser d'aller au-devant de ces sorties, mais céder et leur donner lieu de s'engager pour les attirer sous notre feu ; ensuite de quoi, et quand ils seront bien en désordre, les faire pousser par nos grenadiers sans poursuivre trop loin, mais se contenter de les recoigner chez eux, et puis se retirer dans nos couverts.

Comme ces sorties ne peuvent avoir pour objet que de surprendre quelque tête de tranchée imparfaite, obliger votre monde à s'exposer au feu apprêté pour cela ; il faut, pour ne s'y point commettre, donner ordre aux sapes et à ceux qui les soutiendront de se retirer promptement sur les revers de la place d'armes sitôt qu'on verra paraître les premières têtes de la sortie, laisser agir quelque temps le feu de la même, et revenir sur eux quand on les verra assez engagés, sans se faire une affaire de leur voir renverser une douzaine ou deux de gabions et y mettre le feu, pourvu qu'on leur fasse bien acheter. Une heure de réparation bien employée fera qu'il n'y paraîtra plus.

Ceci est une répétition de ce qui a été déjà dit, je l'avoue ; mais l'importance de la chose mérite bien qu'on la répète plusieurs fois, plutôt que de manquer à la bien éclaircir[1].

1. Les sept derniers paragraphes, de « Mais comme » à « bien éclaircir », sont remplacés dans Rosanbo par : « Mais comme la première place d'armes se fait pour l'ordinaire fort près de la place, et qu'elle est assez éloignée de la 2ᵉ, il se pourrait que l'ennemi, avant qu'elle fût achevée, entreprendrait encore dessus, quoique avec moins d'avantages. S'il le hasarde, il faudrait se gouverner comme il est dit ci-devant. »

« On ne saurait apporter trop de soin et de diligence à perfectionner la troisième parallèle, et à y faire entrer les troupes, parce que dès qu'elle est en état, l'assiégeant ne peut plus tenter de grosses sorties. Il faut observer de ne point pousser de tranchée en avant que cette parallèle ne soit en l'état désiré. L'ennemi pourra faire quelques sorties de nuit pour vous inquiéter, mais elles ne feront pas grand effet. Elles se font ordinairement par 10, 20, 30, et 40 hommes soutenus d'un grand feu.

« Comme ces sorties ne peuvent avoir pour objet que de surprendre quelque tête de tranchée imparfaite, et obliger vos troupes à s'exposer au feu de la place, pour ne s'y point commettre mal à propos, il faut donner ordre aux sapeurs, et à ceux qui les soutiendront, de se retirer promptement sur les revers de la place d'armes, sitôt qu'on verra paraître les premières têtes de la sortie, laisser agir quelque temps notre feu, sans s'embarrasser de leur voir renverser une douzaine ou deux de gabions, et y mettre le feu, une heure ou deux de réparation bien employée feront qu'il n'y paraîtra plus. Mais il faut, quand on les verra bien engagés, tomber sur eux et le leur faire payer cher. Dès qu'on les voit rentrer dans le chemin couvert, il faut, comme on l'a déjà dit, se retirer promptement. »

SORTIES INTERIEURES.

Si après être logé sur le parapet du chemin couvert, les ennemis s'avisaient d'y revenir, avant que le logement fût bien établi, mon avis est de ne se point opiniâtrer à le soutenir, mais de retirer les travailleurs et gens armés à l'abri des cavaliers et de leur laisser jeter leur feu, qui se réduira peut-être à faire jouer quelques fougasses[1], pendant quoi il faut faire servir les ricochets et remonter sur les cavaliers pour leur faire feu ; il est sûr qu'ils ne sortiront pas de leur chemin couvert pour défaire ce logement ; c'est pourquoi ils n'y feront pas grand mal : leur laisser donc quelque temps jeter leur première fougue, après quoi les mêmes gens qui étaient à la garde du logement, ayant repris haleine, ou d'autres gens frais bien munis de grenades et de ce qui leur fera besoin, reviendront sur la sortie et achèveront de leur faire quitter le logement, qu'il faudra réparer et mettre en état de se pouvoir soutenir lui-même, le plus tôt qu'il sera possible.

Si après qu'on aura pris les premières traverses♦ plus prochaines, l'ennemi fait mine d'y revenir : vraisemblablement il ne le fera que pour avoir le temps de faire jouer quelques fougasses et attirer ce qu'il pourra de notre monde dessus ; c'est pourquoi sans avoir d'empressement de s'y mettre, il faudra céder d'abord, et quelques moments après le faire brusquement attaquer par une compagnie de grenadiers, qui le pousse et déloge de là, et à même temps en faire entrer trois ou quatre dans le chemin couvert pour chercher le trou de la mine, en tirer la saucisse[2], la rompre ou l'enterrer, si on ne peut l'arracher.

Que si pendant toute la bagarre que cette action causera, la fougasse joue, il faudra se loger dans le trou qu'elle fera et s'y couvrir aussitôt ; après quoi s'étendre et achever de s'y établir.

Quand on se sera rendu maître des places d'armes des angles rentrants♦, si avant d'avoir mis les logements en état, les ennemis s'avisaient d'y revenir par une sortie, il faudrait procéder comme ci-devant, sans se presser ni se mettre en peine de les soutenir de vive force, parce que le feu de la place d'armes et celui des ricochets, des bombes, et l'effet des pierres nous en feront raison dans peu.

Après quoi, s'ils ne l'abandonnent pas d'eux-mêmes, la moindre charge qu'on leur fera les déterminera à s'en aller : ce qui doit être suivi d'une réparation et d'un achèvement parfait, qui nous mette hors de la portée de pareilles entreprises.

1. La fougasse est une petite mine enterrée. Des fougasses sont souvent disposées par les défenseurs, avant l'investissement, sous les ouvrages de fortification autour du corps de place, pour les faire sauter au fur et à mesure qu'ils sont pris.

2. La saucisse (ou saucisson) est un rouleau de toile rempli de poudre, destiné à mettre le feu à distance à une mine. Voir planche XVII.

Si l'ennemi fait sortie dans le fossé, ce ne pourra être que dans ceux qui seront secs, pour tâcher d'en traverser le passage, y apporter du retardement et nuire à l'attachement du mineur[1].

Les précautions à prendre contre ces sorties qui sont ordinairement faibles sont de bien faire plonger les logements du chemin couvert dans le fossé, le plus près que l'on pourra, même les batteries contre les flancs♦ où il sera bon d'avoir quelques gargouches chargées à balles de mousquet[2], pour, en cas de besoin, en charger promptement quelques pièces.

Outre ce que dessus, dès en débouchant dans le fossé, il faudra débuter par établir des logements adossés contre son bord extérieur, qui flanqueront le passage des deux côtés, lesquels soient assez étendus pour pouvoir y mettre à couvert vingt-cinq à trente grenadiers.

Après cela et quand on travaillera à l'épaulement, le charger de terre le plus qu'on pourra, afin qu'il soit moins facile à brûler, car si les ennemis l'attaquent, ce ne sera que dans cette vue ; c'est pourquoi, supposé que l'eau fût près de la superficie du fond, il y faudrait faire des trous et se pourvoir d'escoupes pour en jeter de temps en temps sur l'épaulement et le mouiller. Il sera bon aussi de percer dans ledit fossé par plusieurs descentes et d'avoir dans le logement plus prochain quelque compagnie de grenadiers pour accourir au secours dudit épaulement.

Quant au mineur, si on fait brèche avec le canon, il ne sera pas question de sorties sur lui ; et si après l'éboulis dudit canon, on juge qu'il soit nécessaire d'y en attacher un, l'épaulement qui sera pour lors achevé, et le logement fait pour le soutenir, l'un et l'autre munis du monde nécessaire, seront suffisants pour le protéger, sans se mettre en peine d'y faire autre chose.

A l'égard du retour des ennemis sur des logements en brèche, sur lesquels on ne serait que faiblement établi, c'est une chose assez commune aux gens qui veulent se défendre quand on se presse trop[3].

Nous dirons de quelle manière on doit se procurer cet établissement, au chapitre de la *Prise de la demi-lune*[4], qui est un moyen sûr de prévenir les retours et de faire du moins qu'ils ne soient pas dangereux : et attendu que ce qui se fait pour une demi-lune en cas pareil se peut faire pour une

1. L'attachement est une ouverture, au pied de l'ouvrage défensif, de l'excavation à partir de laquelle le mineur pourra entamer sa galerie.

2. Une gargouche est la charge d'une bouche à feu, contenue dans une enveloppe. Par extension, la gargouche peut désigner cette enveloppe elle-même, ou toute charge de poudre.

On pouvait charger une pièce d'artillerie avec une gargouche remplie de balles de mousquet, qui explosait à sa sortie de la gueule du canon.. Les balles se dispersaient alors, pour toucher un grand nombre de cibles. Cette forme de mitraille, très meurtrière, n'était efficace qu'à faible distance.

3. « Mais quand le logement sera parfait, ils ne le tenteront pas » ajouté dans Rosanbo.

4. « au chapitre de la Prise de la demi-lune » absent dans Rosanbo.

contre-garde, ouvrage à corne, bastions et toutes autres pièces revêtues ; nous finirons ici le chapitre des *Sorties* qui sont très peu fréquentes depuis l'usage des places d'armes et des ricochets, du moins les grandes[1].

BATTERIES DE CANON.

Si on s'en rapporte à l'opinion commune de la plupart des gens, et notamment des officiers d'artillerie[2], il faut mettre du canon en batterie dès le premier jour de la tranchée ; *manœuvre qui, dans le fond, n'est bonne qu'à faire du bruit*, et consommer des munitions très inutilement, parce que du canon tiré de cinq ou six cents toises n'a point de force contre des parapets à preuve, et n'ajuste que par le plus grand hasard du monde. C'est pourquoi je ne puis être de ce sentiment, et jamais je ne conseillerais d'y en mettre, à moins que quelque bossillement extraordinaire des avenues ne nous approche à raisonnable portée.

Il faut de nécessité avancer jusqu'à la première ligne, même jusqu'à la deuxième, pour faire des batteries qui puissent faire l'effet qu'on se propose, qui doit être de démonter le canon ennemi et le chasser de ses défenses.

Au premier cas, on peut travailler aux batteries le troisième jour pour tirer le cinquième.

Au second, on ne doit pas espérer d'en pouvoir tirer avant le sixième ; ce qui n'empêche pas de prendre le parti du second par préférence au premier, parce que si l'on attend jusque-là, il ne tiendra qu'à vous de le bien placer, et on ne sera pas obligé de le changer de place, tant que le siège durera, qui est un grand bien et un ménage considérable en ce qu'on bat de plus près, et qu'on ne consomme point tant de munitions mal à propos.

L'objet de ces batteries doit être double, savoir de démonter le canon qui est devant vous et d'éteindre le feu de l'ennemi en le chassant de ses défenses. Pour cet effet, il n'est pas nécessaire de placer vos batteries différemment, si elles se trouvent bien pour l'un, elles seront bien pour l'autre[3].

Soit donc le front de place attaqué A.B., ayant pour dehors la demi-lune C., il faut chercher le long des places d'armes où les prolongements des faces♦ attaquées, tant de la demi-lune que des bastions, viendront les couper et le marquer ; rendre ces lignes sensibles par des piquets, comme [N], et à même temps résoudre la situation des batteries qui doivent toujours se placer en avant, et hors la place d'armes, comme en [H].

Quoi fait, ouvrir des sapes en conséquence pour y communiquer par un

1. « nous finirons… les grandes » absent dans Rosanbo.
2. « Si on veut suivre l'opinion commune de la plupart des officiers d'artillerie » dans Rosanbo.
3. Ce paragraphe est absent dans Rosanbo.

bout de tranchée qu'on fait exprès[1] : après quoi on en distribue le terrain à l'artillerie qui fait incessamment ses préparatifs pour cet effet.

Quand la nuit commence à brunir, on achève de les disposer ; sur quoi on doit observer :

I. De faire front direct à ce qu'on veut battre.

II. De porter tellement les découvertes sur l'intérieur des pièces attaquées, que les deux tiers des canons puissent enfiler directement et par plongées les faces des pièces opposées aux attaques.

III. D'ouvrir les embrasures♦, de manière que des mêmes on puisse écharper en revers sur les chemins couverts, qui font face aux attaques.

IV. D'établir les plates-formes de ces batteries aussi haut que le niveau de la campagne, et plus, si l'on peut ; mais parce qu'il est impossible de bien ajuster quand les plates-formes sont pliantes et mal faites, comme le sont d'ordinaire toutes celles de nos batteries[2], je *mettrai ici* le détail d'une, telle qu'il faudrait qu'elle fût pour être de la qualité requise.

Il serait à souhaiter que le lit du canon fût élevé de cinq ou six pieds au-dessus de la terre ferme pour être à raisonnable hauteur ; mais cela nous ferait perdre plus de temps qu'il ne nous en pourrait rendre ; et les Français ne sont pas gens à se donner tant de patience.

Il faut donc se réduire à l'usage ordinaire, qui est de les élever jusqu'au niveau de la campagne, et quelques pieds de plus s'il est possible, mais jamais moins.

Disposer l'espace sur le pied de 18 à 20 pieds du milieu d'une embrasure à l'autre, sur la largeur de 18 à 20 pieds de plate-forme.

Faire les parapets de trois toises d'épais, sur la hauteur de sept pieds et demi au moins. La matière de ces parapets, que l'artillerie appelle *épaulements*, doit être de la même terre du lieu, prise en avant, battue à la demoiselle[3], foulée de lit en lit, et fascinée en boutisses et parements[4] proprement reliés et bien piquetés, ce qui doit faire liaison avec les lits posés en boutisse, afin que ledit parement se soutienne et ne surplombe pas ; remarquant que celui des embrasures doit être aussi fait de même.

Les mêmes embrasures doivent avoir deux pieds et demi à trois pieds[5] d'ouverture à la gorge au plus étroit, et huit à neuf au plus large, sur deux pieds et demi à trois de genouillère[6].

1. « par un bout de tranchée qu'on fait exprès » absent dans Rosanbo.

2. « mais parce qu'il… nos batteries » remplacé par « mais nous apportons si peu de soin à bien faire les batteries » dans Rosanbo.

3. Une demoiselle est une masse dotée de deux anses, servant à enfoncer les pavés ou à compacter le sol.

4. Une boutisse est un élément de construction dont la plus grande partie est placée dans l'épaisseur d'un mur, mais dont une extrémité, le parement, est en saillie.

5. « deux pieds à deux pieds et demi » dans Rosanbo.

6. La genouillère est la partie basse de l'embrasure d'une batterie, nommée ainsi parce qu'elle se trouve à peu près à la hauteur du genou.

Les plates-formes doivent être composées de cinq à six gîtes[1] par embrasure, de bois carré de cinq à six pouces sur dix-huit à vingt pieds de long, d'un heurtoir[2] de six à sept pouces carrés, et de six à sept pieds de long, de dix-huit madriers d'un pied de large, deux pouces et demi d'épais, sur sept pieds et demi de long près du heurtoir, revenant à treize et demi sur le derrière des plates-formes.

Les gîtes de ces plates-formes doivent être posés sur la terre battue et bien également aplanie, assemblés par entaille avec leurs heurtoirs en égale distance, ouvrant également sur le derrière, comme il est figuré à leur plan particulier [voir planche IX]. Ces gîtes proprement arrêtés par des piquets, et l'entre-deux rempli de menue terre battue et bien pressée, sur laquelle on pose après les madriers[3].

Toute la plate-forme d'une pièce doit avoir dix-huit à vingt pieds de long, sur sept et demi de large au heurtoir, revenant à treize et demi sur le derrière, avec pente de quatre à six pouces du derrière au devant, et non plus, observant de la tenir toujours la plus élevée qu'il sera possible[4].

Il faut de plus border l'intérieur de chaque embrasure d'un cordon de fascines, et les blinder avec de gros rouleaux bien liés, les armer de portières, et que chaque pièce soit munie d'un fronteau de mire, l'un et l'autre à preuve du mousquet.

Les batteries achevées, on y mène le canon et ce qu'il faut pour l'exploiter. Au surplus, pour bien faire une batterie, il faut du moins employer deux jours et une nuit, ou deux nuits et un jour, et relayer souvent d'ouvriers : j'aimerais mieux plus que moins, et qu'elles fussent bien faites[5].

Tant qu'il s'agira de démonter le canon ennemi, on pourra battre à pleine charge, mais aussitôt qu'il sera démonté, il faut battre en ricochet ; et pour cet effet, mettre les pièces sur la semelle[6], c'est-à-dire à toute volée, et charger avec des mesures rempliées et raclées avec autant d'exactitude que les sauniers en apportent à mesurer le sel[7], versant la charge dans la lanterne[8], la conduire doucement au fond de la pièce, sur laquelle on coule

1. Le gîte est une pièce de bois qui supporte les madriers sur lesquels une pièce d'artillerie est disposée.

2. Le heurtoir est une pièce de bois sur laquelle on vient caler l'avant des roues d'une pièce d'artillerie. Voir planche IX.

3. « et on arrête le dernier avec de bons piquets de charpente enfoncés en terre d'environ trois pieds » ajouté dans Rosanbo.

4. « observant… possible » absent dans Rosanbo.

5. « j'aimerais… faite » absent dans Rosanbo.

6. La semelle est une pièce plate de bois ou de métal, disposée par-dessous un objet – ici une pièce d'artillerie – pour lui servir d'appui ou de renfort.

7. « avec autant… le sel » absent dans Rosanbo.

8. La lanterne est un réservoir de poudre monté sur une hampe, destiné à verser la poudre directement au fond du canon. Voir planche IV.

la bourre[1], appuyant dessus du refouloir[2], sans battre, ladite pièce chargée de la sorte, pointée et abattue sur la semelle, comme il est dit ci-dessus, il n'y aura plus que le trop, ou le trop peu de charge qui puisse empêcher le coup d'aller où on veut ; mais on a bientôt trouvé la véritable charge qu'il lui faut, quand chargeant toujours de même poudre et de mesure, on l'augmente et diminue jusqu'à ce qu'on voie le boulet entrer dans l'ouvrage, effleurant le sommet du parapet ; ce qui se voit aisément, parce qu'on conduit le boulet de l'œil.

Quand on a une fois trouvé la vraie charge, il n'y a qu'à continuer : comme la pièce ne recule pas, tant que la même poudre dure, le boulet se porte toujours où il doit aller.

Observer aussi que quand on change de poudre, il faut prendre garde au ricochet et le régler de nouveau ; et quand il est trop fort, c'est-à-dire quand il élève considérablement, il sera bon de l'abaisser et d'employer pour cet effet le coin de mire[3] et en augmenter la charge afin de le roidir un peu davantage ; il en devient plus dangereux, mais il faut prendre garde à deux choses : *l'une*, de ne pas trop le roidir, parce qu'il pourrait passer sans plonger ; et *l'autre*, qu'il rase toujours les paniers[4] ; et quand il en abat quelqu'un, il n'est que meilleur, car c'est la perfection du bien tirer que de raser le sommet du parapet le plus près qu'il est possible sans le toucher ; un peu d'exercice et de bon sens l'ont bientôt réglé.

Il faut encore bien prendre garde à une chose, c'est que le ricochet ne doit pas faire bond sur le parapet des faces prolongées, mais sur le rempart qui est derrière ; c'est pourquoi il faut toujours laisser quatre toises ou environ depuis le devant des pièces que l'on bat, jusqu'à l'endroit où l'on pointe.

Quand il y a lieu de changer d'objet, et de battre en revers sur le chemin couvert ou dans le fossé, ou sur l'arrière des bastions, il n'y a qu'à donner un peu de flasque à la pièce, la repointer et toujours l'abattre sur la semelle, et remonter ensuite le ricochet, jusqu'à ce qu'on soit ajusté ; après quoi il n'est plus nécessaire d'y toucher. Quand les pièces sont dirigées sur ce que l'on veut battre, comme elles ne reculent point, on peut le faire pour la nuit et le jour, et quand même il faudrait les contenir par des tringles clouées sur les plates-formes pour s'en mieux assurer, cela n'en serait que mieux.

Le nombre des pièces aux batteries à ricochet doit être depuis 5 jusqu'à 8 ou 10 ; en mettre moins, il serait trop lent et laisserait des temps à l'en-

1. Bourre : tout corps (souvent du carton ou du tissu) tassé entre la poudre et le boulet, dans le canon d'une arme ou d'une bouche à feu.

2. Le refouloir est un cylindre monté sur une hampe destiné à refouler la charge dans les canons. Voir planche IV.

3. Le coin de mire est une cale, de forme prismatique, destinée à ajuster l'élévation d'une pièce d'artillerie. Voir planche IV.

4. « les sommets du parapet » dans Rosanbo.

nemi, dont il pourrait se prévaloir pour se traverser et travailler à ses retranchements.

Par cette raison, on ne doit jamais permettre de tirer *en salve,* mais toujours *coup après autre* par intervalles égaux[1].

On ne doit non plus jamais tirer en ricochet, qu'on ne charge de mesure, c'est de quoi il faut être abondamment fourni[2].

Les mesures nécessaires doivent être de fer-blanc comme celles dont on mesure le sel ; savoir d'une once, de deux, de trois, de quatre, de huit onces qui font la demi-livre, et enfin de seize onces qui font la livre.

J'estime que telle quantité pour chaque pièce peut suffire, et que même on se pourrait passer à moins ; car s'il s'agit de charger d'une once, vous en aurez la mesure ; si de deux, vous l'avez aussi ; si de trois, de même ; si de quatre, vous l'avez encore ; si de cinq, ajoutez un à quatre ; si de six, ajoutez deux à quatre ; si de sept, ajoutez trois à quatre ; la huitième fait la demi-livre, qui répétée deux fois fait la livre ; trois fois fait la livre et demie ; quatre fois, fait deux livres.

Il vaut mieux néanmoins avoir quelques mesures de plus, pour ne point tâtonner[3], et les faire toutes numéroter avec bien de l'exactitude et de l'application. On est bientôt accoutumé au ricochet, qui est la meilleure et la plus excellente manière d'employer utilement le canon dans les sièges, qui se soit jamais mise en usage.

Les propriétés de ces batteries dans les commencements sont

1° De démonter promptement les barbettes[4], et toutes les autres pièces[5] montées le long des faces des bastions et demi-lunes, qui peuvent incommoder la tranchée, en battant à pleine charge

2° De chasser l'ennemi des défenses de la place opposées aux attaques, en battant en ricochet[6].

3° De plonger les fossés, y couper les communications de la place aux demi-lunes, notamment s'ils sont pleins d'eau.

4° De chasser l'ennemi des chemins couverts, et de tellement l'y tourmenter par la rupture des palissades, en les plongeant d'un bout à l'autre, qu'il soit obligé de les abandonner.

5° De prendre le derrière des flancs et courtines qui peuvent s'opposer aux passages des fossés et les rendre inutiles.

1. « On pourrait même rendre le feu continuel, si l'on rechargeait promptement chaque pièce à mesure qu'elle tire, la première se trouverait en état de faire feu avant que la dernière eût fait sa décharge » rajouté dans Rosanbo.
2. Ce paragraphe est absent dans Rosanbo.
3. « néanmoins… tâtonner » absent dans Rosanbo.
4. La barbette est une pièce ou arme à feu tirant à barbette, c'est-à-dire à l'air libre au-dessus du parapet, sans la protection d'embrasures, de créneaux ou de meurtrières.
5. « le canon à barbettes sur grands et petits affûts » dans Rosanbo.
6. « en battant en ricochet » remplacé par « en les prenant de long, d'écharpe ou de revers » dans Rosanbo.

6° D'être d'une grande économie, en ce qu'elles peuvent servir tant que le siège dure sans être obligé de les changer de batterie[1].

7° De consommer sept ou huit fois moins de poudre que les autres batteries, et de jamais ne tirer inutilement[2].

8° De tirer plus juste et plus promptement, et bien plus efficacement que toutes les autres manières de battre.

Après les batteries à ricochet, je n'en vois pas de nécessaires que celles du chemin couvert ; car pour ce qui est de rompre les défenses, outre qu'elles sont de longue discussion, c'est une erreur, on ne le fait jamais ; du moins je n'ai jamais vu de parapet à preuve assez rasé pour ne s'en pouvoir plus servir ; et d'ailleurs cela est inutile quand le ricochet est bien placé et qu'il fait son devoir.

Au surplus, je sais bien que la réputation du ricochet est faiblement établie, parce qu'on n'en connaît pas le mérite, et que son nom qui sent un peu la polissonnerie peut lui faire tort ; mais je n'en ai point trouvé de plus propre, ni qui puisse s'exprimer d'un seul mot : si quelqu'un en peut trouver un meilleur et qui l'exprime mieux, je suis prêt à m'y rendre[3].

Toutes les autres batteries nécessaires doivent s'établir sur le haut du parapet du chemin couvert qu'elles doivent border ; elles sont toutes de même espèce, mais elles ont différents usages.

Les premières en ordre doivent être les deux [G.G., planche X] ; de quatre pièces chacune, destinées à l'ouverture de la demi-lune ; on les place de part et d'autre de son angle, à peu près dans les endroits figurés [G.G.] ; et quand la demi-lune est prise, on peut les changer de place en les mettant un peu à droite et à gauche pour enfiler son fossé, afin de pouvoir battre en brèche les épaules♦ des bastions, comme les figurées [O.].

Après que les brèches sont faites, soit à la demi-lune ou aux bastions, et bien éboulées, on tient ces batteries dans leur premier état, toujours prêtes à battre le haut, jusqu'à ce qu'on en soit le maître ; on biaise même les embrasures pour agrandir les brèches davantage ; observant que pour faire brèche avec le canon, il faut toujours battre en sape, et le plus bas qu'on peut, mais jamais le haut ; parce que cela attire des ruines au pied, qui rompent l'effet du canon[4] ; mettre tous les coups ensemble et tirer en salve.

1. « et qu'elles consomment peu de poudre » ajouté dans Rosanbo.

2. Ce paragraphe est absent dans Rosanbo.

3. Ce paragraphe est remplacé par « Le ricochet bien placé, et bien servi, soutenu par les bombes, suffit pour se mettre en état d'avoir peu à redouter le feu venu de ces défenses. Il serait encore nécessaire d'avoir des batteries à ricochet sur l'alignement des faces des demi-lunes collatérales à l'attaque, comme en V [planche 5] qui, ayant vu sur la droite et la gauche des attaques, peuvent beaucoup incommoder.

« Le peu de temps qu'il y a qu'on pratique cette façon de tirer lui fera trouver beaucoup de contradiction. Mais l'expérience que j'en ai faite me la fera toujours préférer à tout autre pour abattre le feu de l'ennemi et lui faire abandonner ses postes » dans Rosanbo.

4. « et laissent trop de hauteur au revêtement » ajouté dans Rosanbo.

Pour bien faire, il ne faut pas que la sape ait plus de 6 à 7 pieds de haut ; on ne doit jamais quitter le trou que l'on bat, qu'on ne l'ait enfoncé de 8 ou 10 pieds au moins[1]. Après quoi, on leur fait faire le chemin ci-dessus[2], qui est une affaire de vingt-quatre heures au plus. On peut donc dire que les batteries des demi-lunes ont trois usages : *le premier, est celui*

D'ouvrir la pièce attaquée[3].

Le second,

De battre le haut de la brèche.

Et *le troisième,*

D'ouvrir le corps de la place près des orillons♦.

Les deuxièmes batteries en ordre sont celles marquées [H.H.N.N.] qui s'établissent sur le haut du chemin couvert devant les faces des bastions A. et B. [planche X] qu'on veut ouvrir. Celles-ci sont composées de 6, 7 à 8 pièces chacune ; leur usage est de battre en sape le pied des bastions sur toute l'étendue des faces, pour y faire brèche ; et quand elles sont faites et autant abattues qu'on le désire, on en conserve une partie pour battre dans le haut, et on en recule trois ou quatre sur le derrière de la plate-forme, desquelles on bouche les embrasures avec une barrique remplie de sacs à terre, et d'autres qu'on range à côté ; elles servent pour lors à chasser l'ennemi du haut des brèches, et achever d'abattre les défenses pendant que les ricochets continuent à plonger et enfiler les dedans et l'empêcher de s'y présenter.

La troisième espèce de batteries du chemin couvert sont les marquées [P.P.], qu'on oppose aux flancs. Celles-ci sont pour l'ordinaire de 5, 6, à 8 pièces, selon l'espace que vous pouvez avoir ; leur usage est de démonter le canon des flancs opposés, ce qui n'est pas bien aisé et ne se fait qu'en rompant le flanc, même en abattant toutes ses défenses ; ce qui va quelquefois à une longue contestation quand elles ne sont pas aidées par les échappées des ricochets et par les bombes, même par les pierres, l'un et l'autre y pouvant être très utilement employés quand elles sont bien placées[4].

On peut encore placer des batteries de canon sur les places d'armes des angles rentrants, comme il est figuré au même plan en [Q.Q.], dont l'usage est de faire brèche à la courtine, et de tourmenter les tenailles♦. Celles-ci sont rares et ne doivent pas trop bien réussir ; c'est pourquoi j'aimerais mieux y mettre des pierriers.

Outre ces batteries, qui toutes se placent sur le haut du chemin couvert, on peut encore ajuster des ricochets sur les flancs ; moyennant quoi, il y en aura peu où le canon de l'ennemi puisse tenir longtemps.

1. « et que l'on ne voie la terre couler » ajouté dans Rosanbo.

2. « après quoi… ci dessus » est remplacé par « pour lors on tirera à côté, et sur la même ligne » dans Rosanbo.

3. « la demi-lune » dans Rosanbo.

4. « ce qui va… bien placées » est remplacé par « et à l'aide des bombes des pierriers et des ricochets de revers » dans Rosanbo.

Voilà à peu près toutes les batteries praticables, à moins qu'on n'ait recours à des revers éloignés et séparés des attaques par des rivières et des eaux non guéables ; ce qui arrive assez souvent aux places qui sont fort irrégulières et situées sur des rivières[1].

BATTERIES A BOMBES.

Les batteries à bombes doivent être situées à droite et à gauche de la tranchée, assez éloignées d'elle pour que les allants et venants n'en soient point incommodés.

A l'égard de leur distance à la place, il faut les placer entre la première et la seconde place d'armes, ou attenant et joignant les batteries à ricochet, afin qu'elles puissent aussi battre d'enfilade. Leur situation plus convenable est conséquemment les endroits marqués [P.P. aux planches V et VI].

Leur parapet doit être de la qualité de celui des canons, hors qu'on y fait peu d'embrasures. Comme il importe peu que leurs plates-formes soient élevées ou non, on peut les enfoncer de 2 ou 3 pieds pour plus grande commodité, et pour avoir plus tôt fait, et les éloigner de 9 ou 10 de l'épaulement[2].

Pour ce faire, il est nécessaire de préparer un espace de 10 à 12 pieds carrés pour chaque mortier, qu'il faudra aplanir et bien battre à la demoiselle, avec pente de 4 pouces du derrière au devant ; sur lequel on posera des poutrelles de bois carré, tant plein que vide, de 8 à 9 pouces de gros[3], sur 9 à 10 pieds de long, qu'on arrêtera ferme sur le terrain par des piquets ; et après avoir égalé leur distance et leur pente, on remplit les environs et les entre-deux de la plate-forme de menue terre battue et égalée au rez des poutrelles, qui seront incessamment couvertes de madriers bien joints sur les poutrelles, et l'un contre l'autre, de 3 pouces d'épais, sans être cloués ni chevillés sur les poutrelles, mais seulement arrêtés par les piquets tout autour ; de manière que quand il s'agira de les défaire, on le puisse sans les gâter. Cela fait, environner la plate-forme d'une tringle tout autour, pour arrêter le recul du mortier ; et bien déblayer et aplanir les environs, afin que leur service soit libre et dégagé[4] ; remarquant que la distance d'un mortier à l'autre doit être de 15 à 16 pieds. Il faudra à même temps prolonger un bout de l'épaulement et faire un trou ou deux bien couverts, à quelque distance séparée de la batterie, pour mettre en sûreté les poudres et les bombes chargées[5].

1. « comme on le pratiqua lorsque le roi prit Namur, et au vieux Brisach, sous les ordres de M. le duc de Bourgogne » ajouté dans Rosanbo.
2. « de 2 à 3 pieds de l'épaulement » dans Rosanbo.
3. « 6 à 7 pouces d'épais » dans Rosanbo.
4. Cette phrase, de « Cela fait » à « dégagé », est absente dans Rosanbo.
5. Cette phrase est absente dans Rosanbo.

Tout cela préparé de la sorte, il n'y aura plus qu'à mettre les mortiers sur les plates-formes. Si on les place bien la première fois, il ne sera plus nécessaire de les changer ; c'est pourquoi il faudra les approcher dès le commencement, du moins autant que les batteries à ricochet, figurées [G.H.I.L.][1].

Cela fait, et les mortiers montés sur les plates-formes, il faudra simplement tirer aux défenses et batteries de la place, et dans le centre des bastions et demi-lunes où on peut faire des retranchements, et non aux maisons, parce que ce sont autant de coups perdus qui ne contribuent en rien à la prise de la place, bien éloigné de cela, et le dommage qu'on y fait tourne toujours à perte pour le roi : c'est pourquoi il est nécessaire de bien apprendre aux bombardiers ce qu'ils doivent battre, et leur défendre très expressément de tirer aux bâtiments[2].

MORTIERS A PIERRES.

Les pierriers se doivent mettre bien plus près que les batteries à bombes. Leur situation, quant à la distance, se partagera en deux, dont la *première* sera entre la troisième place d'armes et le pied du glacis [comme il est marqué à la figure F.F., planche X], parce qu'ils ne portent pas loin ; et la *deuxième*, sur les angles saillants et rentrants du chemin couvert, tant de la demi-lune que des bastions. Il ne faut à ceux-ci qu'un épaulement comme aux batteries à bombes, et une plate-forme toute simple, parce qu'il ne s'agit pas de soutenir l'effort d'une grosse charge, comme aux mortiers.

Le vrai lieu de bien placer celles-ci serait dans le chemin couvert sur les angles flanquants[3] et rentrants ; mais elles y seraient trop difficiles à servir.

Au surplus, les mortiers à bombes en question sont de 12 ou 13 pouces de diamètre[4].

Si on en pouvait avoir une demi-douzaine de l'espèce appelée *Comminge*, qui ont 16 ou 18 pouces, et mille bombes par mortier, elles seraient très utiles pour faciliter l'éboulement des brèches et défigurer les retranchements. Ceux de 8 pouces sont de peu de service ; les pierriers sont beaucoup plus déchargés de métal que les autres, et doivent être de 18 pouces de diamètre.

1. Ce paragraphe est absent dans Rosanbo. Il est remplacé par un autre paragraphe : « Je ne dis rien des petits magasins de poudre et de bombes qu'il faut faire pour les mortiers, c'est le fait de MM. de l'artillerie. »
2. « On emploierait utilement dans un siège une demi-douzaine de ces mortiers de 16 à 18 pouces de diamètre avec un millier de bombes de calibre, pour ébouler les brèches et rompre quelques portes d'écluses qu'on ne peut voir avec le canon. Les bombes de calibre ordinaire sont trop faibles et n'y causent pas assez de désordre » ajouté dans Rosanbo.
3. « flanqués » dans Rosanbo.
4. « Ils seraient bien meilleurs s'ils en avaient de 16 à 18 pouces » ajouté dans Rosanbo.

On ferait fort bien de battre en ricochet les faces des demi-lunes collatérales M. et N., qui ont vue sur la droite et la gauche des attaques, parce qu'elles ne laissent pas d'incommoder beaucoup de leur mousqueterie et du canon.

Je me suis beaucoup arrêté au détail des sapes, des places d'armes et des batteries à ricochet, parce que ce sont des nouveautés dont les propriétés ne sont pas encore bien développées, non plus que la manière de bien placer les mortiers à bombes et les pierriers[1].

Les Hollandais emploient depuis peu quantité de petits canons courts qu'ils appellent obus, et de petits mortiers à grenades portatifs par deux hommes, avec quoi ils en tirent une fort grande quantité ; mais je ne fais grand cas ni des uns ni des autres ; cela demande trop de service et de dépense, et ils ne sont pas d'un grand effet ; il vaut mieux s'en tenir aux gros canons, à nos bombes et aux pierriers.

Ce n'est pas que je désapprouve le canon de 4, de 8 et de 12 livres de balles à la tranchée, j'en suis fort éloigné, mais en augmentation des batteries à ricochet seulement.

Voilà ce qui m'a paru devoir être particulièrement expliqué[2].

Reprenons présentement la conduite de nos tranchées.

Si elles ont fait leur chemin à même temps que les places d'armes, elles seront arrivées au pied du glacis aussitôt que la troisième ligne ; *jusque-là la conduite en doit être uniforme*. On a dû seulement observer :

1° De ne jamais s'éloigner des capitales prolongées qui leur servent de guides[3].

2° De raccourcir leurs retours à mesure qu'on s'approche de la place, comme il est figuré au plan.

3° De ne les jamais enfiler sans une nécessité absolue ; et où on sera contraint de le faire, de couvrir les enfilades par de bonnes traverses, avant que l'ennemi en puisse profiter.

DES TRAVERSES.

Les traverses sont bouts de tranchée séparés[4], qui servent à couvrir les revers et enfilades selon les endroits où on les applique. Comme elles sont de différentes figures, nous les expliquerons par les qualités qui conviennent le plus à l'usage qu'on en fait ; *savoir* :

Les tranchées doubles A. Les traverses à crochet B. Les directes[5] C. Et les tournantes D. [planche XI].

1. Ces trois derniers paragraphes sont absents dans Rosanbo.
2. Ces deux derniers paragraphes sont absents dans Rosanbo.
3. Ce paragraphe est absent dans Rosanbo.
4. « Les traverses qu'on fait dans les tranchées sont des épaulements » dans Rosanbo.
5. « Traverses de front » dans Rosanbo.

Les tranchées doubles[1] sont celles dont l'un des côtés sert de traverse à l'autre, pour se couvrir mutuellement contre les revers et enfilades qui viennent des deux côtés.

Les traverses à crochet se font sur tous les retours de la tranchée, sur les extrémités des lignes et places d'armes, et sur celles des cavaliers.

Les *directes* servent à boucher les enfilades à quoi on est quelquefois contraint.

Et les tournantes sont principalement employées, tant dans les logements du chemin couvert dont on n'est pas encore bien le maître, que dans les grandes pièces, comme bastions, demi-lunes et ouvrages à corne. On les emploie aussi quand, après en avoir pris quelqu'un, on prolonge la tranchée vers leur centre, pour achever d'en occuper le dedans et y faire quelque établissement. Les figures de tous ces ouvrages sont représentées [planche XI].

AVANT-FOSSES.

Où il se trouvera des avant-fossés pleins d'eau, il faudra les combler un peu en biaisant, s'enfilant de l'arête du glacis, et du surplus s'épauler comme aux passages des fossés des demi-lunes.

Ceux-ci sont beaucoup plus aisés ; mais il est à remarquer qu'il ne faut pas entreprendre ces passages que le bord ne soit fortifié par une grande et forte parallèle : ou plutôt que la troisième ligne ou place d'armes ne soit bien établie, et en état de soutenir par son feu le passage, et tout ce qui se fera au-delà de l'avant-fossé ; et quand on l'aura passé, il faudra s'étendre un peu le long du bord de ce glacis, à droite et à gauche, afin d'y loger quelques détachements pour soutenir les travailleurs de près, qui, après cet établissement, gagneront le milieu de l'arête, environ à moitié chemin de la palissade, pour de là s'étendre à droite et à gauche, et gagner l'enfilade du chemin couvert par un des côtés de son angle, pendant que le ricochet l'enfilera par plongées de l'autre, établissant aussi les cavaliers dans leur temps aux fins proposées pour l'attaque des chemins couverts des pays secs[2].

Quand le glacis est plat et fort large, on y fait quelquefois passer la troisième ligne tout entière, auquel cas la prise du chemin couvert en est plus facile ; mais il se trouve rarement assez large, et quand cela est ainsi, on doit faire plusieurs passages de fossé, car il faut toujours être en état de pouvoir partir en grosses troupes.

1. « traverses ou tranchées doubles » dans Rosanbo.
2. « des pays secs », absent dans Rosanbo.

PRISE DU CHEMIN COUVERT.

Or, supposant la tranchée arrivée à moitié du glacis, on sera en état de choisir de deux partis l'un ; savoir, d'attaquer le chemin couvert de vive force, ou par industrie. Si par industrie, ce ne pourra être que par l'effet des batteries à ricochet, secourues de la proximité des places d'armes et des cavaliers qu'on aura faits pour imposer audit chemin couvert parce que les unes mettent les palissades en désordre et chassent l'ennemi de ses défenses, et les autres imposant par leur supériorité, la place ne sera plus tenable.

Attendu même la proximité de cette troisième ligne, ou place d'armes, qui pouvant contenir et contenant en effet de fort gros détachements, joints à toute la garde de la tranchée, pourront mettre les assiégeants en état de tomber tout d'un coup sur le chemin couvert par un gros corps, et d'envelopper et tailler en pièces tout ce qui se trouvera dedans dans un tour de main ; chose à quoi l'ennemi doit s'attendre, sans qu'il y ait apparence d'éviter ce coup.

Ce qui bien considéré, la raison veut que les assiégés ne se commettent pas à recevoir un échec qui paraît effroyable, sans fruit et sans aucune apparence de le pouvoir éviter que par l'abandon du chemin couvert ; c'est pourquoi ils n'attendront pas la répétition de cette funeste expérience qu'ils ont tant de fois éprouvée à leurs dépens[1].

Les apparences presque certaines sont donc qu'ils ne s'y hasarderont pas, et qu'ils n'y laisseront que de petits détachements ; auquel cas, les ricochets et les petits cavaliers [I.I.I., planche X], que nous supposons faits à mi-glacis[2], prendront infailliblement le chemin couvert, sans coup férir de notre part.

Mais si ce chemin couvert n'est point battu des ricochets, qu'on ne soit pas en état de le dominer par les petits cavaliers, qu'il soit bien traversé et la garnison forte, on sera peut-être obligé d'en venir aux mains et de les forcer par une attaque générale.

En ce cas, après avoir bien achevé et muni abondamment la troisième ligne d'outils, sacs à terre, gabions et fascines, on fait commander huit ou

1. Les deux derniers paragraphes sont remplacés dans Rosanbo par : « La proximité de la 3e place d'armes, qui est remplie de troupes et qui peuvent être augmentées par des détachements, doit faire craindre aux assiégés d'être attaqués à tout moment, d'être emportés de vive force, et de voir égorger ce qu'ils y auront de troupes, sans aucun fruit. Ces raisons doivent les obliger de se retirer de traverses en traverses, et d'abandonner le chemin couvert, à mesure que la parallèle s'avancera. Mais s'ils sont assez téméraires pour vouloir le soutenir de pied ferme, trois ou quatre compagnies de grenadiers soutenues d'un pareil nombre de travailleurs avec tous les matériaux nécessaires les feront repentir de leur audace, avec peu de perte de votre part. »

2. « que nous supposons faits à mi-glacis » absent dans Rosanbo.

dix compagnies de grenadiers d'extraordinaire, plus ou moins, selon que la garnison sera forte ou faible, que l'on joint à ceux de la tranchée avec d'autres détachements de fusiliers disposés tout le long de la troisième ligne ou place d'armes, sur trois ou quatre rangs de hauteur rangés contre le parapet, les travailleurs commandés derrière eux, sur et joignant le revers de ladite place d'armes, fournis de gabions, fascines, sacs à terre, etc., et chacun de deux outils.

Quelque temps avant cela, on doit avoir averti les batteries de canons, bombes et pierriers de se tenir prêtes, et de ce qu'elles ont à faire, comme aussi du temps qu'on attaquera, afin qu'elles se mettent en état de même que les autres postes de la tranchée qui doivent concourir à l'action [voyez la planche VIII] ; et quand tout est prêt et l'heure venue, on donne le signal, ce qui se fait par une certaine quantité de coups de canon ou de bombes, desquelles les trois ou quatre dernières traînent un peu, afin de donner le temps aux troupes de se développer ; et quand le dernier coup a fini le signal, tous les gens commandés passent brusquement par-dessus le parapet de la place d'armes, marchent à grands pas au chemin couvert, qu'ils enveloppent de tous côtés, et entrant dedans par les ouvertures, chargent tout ce qu'ils rencontrent et chassent l'ennemi hors dudit chemin couvert, pendant que les ingénieurs établissent promptement les travailleurs sur le haut de son parapet, qui ne sont pas plutôt arrangés qu'on leur fait incessamment servir des sacs à terre et des fascines par d'autres.

On rappelle presque à même temps les troupes qui ont chargé, lesquelles se viennent rallier derrière les travailleurs, où elles restent, genou en terre, jusqu'à ce que le logement soit en état de les couvrir.

Pendant cette action qui est toujours très violente, toutes les batteries de canons et de mortiers tirent incessamment aux défenses de la place, aussi bien que les places d'armes de la tranchée qui ont des vues sur les mêmes défenses.

La place de son côté se défend et fait du pis qu'elle peut ; et comme la plus grande partie, ou pour mieux dire, tout ce spectacle se fait à découvert de la part des assiégeants, et dure quelquefois deux ou trois heures, il y a toujours beaucoup de sang répandu de la part de ceux qui attaquent, et de ceux qui défendent ; mais pour l'ordinaire, beaucoup plus des premiers que des derniers.

C'est pourquoi toutes les fois qu'on peut se rendre maître du chemin couvert par industrie, sans être obligé d'en venir aux mains, c'est, sans contredit, le meilleur moyen qu'on y puisse employer[1].

Supposons présentement que les ricochets soient bien disposés, et que leur effet, joint à celui des *cavaliers* et de la place d'armes, puisse nous don-

1. « On doit toujours se ressouvenir qu'il faut 25 ans pour remplacer un soldat qu'on perd, encore souvent l'est-il mal », ajouté dans Rosanbo.

ner assez d'ascendant sur le chemin couvert pour imposer à un ou à plusieurs de ses angles par les enfilades ou plongées des cavaliers : pour lors, quand la tranchée sera parvenue au pied du glacis, il n'y aura plus guère de retours à faire, encore ne pourra-t-on pas s'empêcher de les enfiler[1]. Mais il faut tâcher que ce ne soit que du chemin couvert, et briser souvent : moyennant quoi on couvre aisément les enfilades, dont les coups partant d'un lieu près et peu élevé, ne font que raser l'horizon et ne plongent guère[2].

Après le deuxième ou troisième retour au plus, le mieux sera de s'enfiler le long de l'arête du glacis par une sape double, qui se couvre des deux côtés à l'ordinaire, et sa tête par des mantelets roulants ou des gabions pleins de fascines et de sacs a terre, que les sapeurs poussent et arrangent devant eux, selon leur besoin : moyennant quoi, cette tranchée s'achève sans beaucoup de péril, pourvu qu'on suive directement l'arête ; car les ouvertures de la palissade qui sont à la pointe, et joignant le parapet, font un biais qui ne présente point à l'arête, mais vis-à-vis des faces seulement. Il n'y a tout au plus que la place d'un fusilier ou deux, qui puissent voir la tête des tranchées, à qui il est facile d'imposer par le feu de la troisième ligne, qui doit être pour lors en état, et par les ricochets.

Quand on sera assez avancé pour juger qu'on n'est plus qu'à 13 ou 14 toises du chemin couvert, ce qui se connaît par le jet des grenades à main dont la portée ne va pas plus loin, il faudra s'arrêter là, et s'étendre à droite et à gauche, parallèlement au chemin couvert, ayant soin de se bien couvrir contre les enfilades des angles saillants de la droite et de la gauche, et quand on sera parvenu jusqu'à doubler ledit chemin couvert de 7 ou 8 toises de chaque côté, il faut se barrer contre les enfilades par de grosses traverses assez étendues pour couvrir entièrement le derrière des cavaliers.

Il est à remarquer que la distance de 14 toises met l'intérieur de ces cavaliers à couvert de l'effet des grenades et hors de la situation des mines ; car si l'ennemi ne veut pas chambrer[3] trop près de sa palissade de peur de la faire sauter et de s'ouvrir, il ne voudra pas non plus les faire si éloignées que leur effet ne puisse nuire au logement établi sur le haut du parapet, ce qui arriverait s'il les poussait à une distance à peu près égale à celle des cavaliers : c'est pourquoi il ne le fera pas, et vraisemblablement il prendra un milieu, qui sera de ne point hasarder le saut de la palissade et de chambrer sa mine à portée de pouvoir nuire au logement ; cela veut dire qu'il aura fait ses mines à 4, 5 à 6 toises de la palissade, qui est à peu de chose

1. C'est-à-dire : qu'ils ne soient pris en enfilade.

2. Cette phrase est remplacée par « Mais il faut tâcher que ce ne soit que du chemin couvert, parce que les coups rasant beaucoup, il est aisé de les parer, en élevant les traverses du crochet » dans Rosanbo.

3. Chambrer : creuser la chambre, c'est-à-dire l'espace dans lequel est disposée la charge de la mine.

près la moitié de la distance aux cavaliers ; en ce cas, elles ne feront pas de mal au logement en bordant ledit chemin couvert de près, ni aux cavaliers, parce qu'ils en seront distants de 7 à 8 toises, si ce n'est par la chute de quelques débris de mine, qui étant peu de chose ne feront pas grand fracas.

Au surplus, comme les mines se font et se chargent avant l'érection des cavaliers, leur situation aussi bien que leur effet sont toujours fort incertains.

FAÇON DES CAVALIERS.

Supposant la tranchée étendue à droite et à gauche des angles saillants d'où on veut chasser l'ennemi, à la distance de 14 ou 15 toises, ci-devant énoncée, en doublant ledit angle de 7 à 8 toises, il faudra [planche XII] :

1° Leur donner la capacité des places d'armes ; dans cette situation, il est à présumer qu'on sera à peu près au niveau du chemin couvert[1].

2° Avoir fait grand amas de gabions, sacs à terre et fascines de toutes espèces, au plus près de ces logements[2].

3° Avoir des travailleurs de relais tout prêts ; et quand le jour commencera à tomber, travailler de force à l'élévation de ces logements ce qui se fait promptement, en y employant trois ou quatre rangées de gabions posés l'un sur l'autre en retraite d'un pied et demi l'un de l'autre, pour servir de relais et d'autant de banquettes.

4° Araser[3] le dessus de chaque rang de gabions après qu'ils seront remplis de fascines et de terre, jusqu'à ce que, de cette élévation, on puisse plonger à l'aise dans le chemin couvert ; après quoi border le sommet de ces cavaliers de sacs à terre, y faisant les créneaux nécessaires et observant d'élever aussi les traverses à pareille hauteur et même un peu plus.

Tout cela bien poussé peut être fini au grand jour, et en état d'y faire monter des grenadiers qui, plongeant de près dans ledit chemin couvert, en chasseront infailliblement l'ennemi, aidés qu'ils seront des bombes et batteries à ricochet ; et étant instruits des endroits où il faudra tirer, ils ne manqueront pas de bien tourmenter l'ennemi dans ses défenses, et dans les parties du chemin couvert un peu éloignées des pointes plus avancées.

L'ennemi, en abandonnant, ne manquera pas de mettre le feu à ses mines, s'il y en a, ce qui fera le signal de sa retraite. S'il le fait, il y faudra faire passer des travailleurs[4] qui se logeront dans le trou qu'elles auront fait, et à même temps occuper les deux côtés de l'angle, en se logeant le long de la palissade et s'y couvrant en toute diligence.

1. « dans cette… chemin couvert » absent dans Rosanbo.
2. « au plus près de ces logements » absent dans Rosanbo.
3. Araser : mettre à niveau, diminuer une partie saillante.
4. « par les têtes des sapes » ajouté dans Rosanbo.

Pour cet effet, il faudra avoir ménagé des sorties par la tête de la double sape ; je dis par la tête, car il vaut mieux que ce soit par là que par les extrémités de la droite et de la gauche, parce qu'on[1] n'aura qu'à écarter un peu les mantelets et les sacs à terre, qui pourront faire empêchement, ce qui sera bientôt fait.

Peu de temps après, on fera la communication au logement par la prolongation de ladite sape : il suffira pour le coup de poser 25 à 30 gabions de chaque côté de l'angle et d'y faire passer à même temps beaucoup de sacs à terre pour couvrir les joints des gabions et donner moyen aux travailleurs de se mettre à couvert promptement, n'oubliant pas de se bien traverser aux deux extrémités : si les ricochets et les bombes font bien leur devoir dans ce temps-là, on n'aura pas grand feu à essuyer.

Le travail de ce logement doit être continué par des travailleurs relayés, qui en peu de temps le mettront en état d'y demeurer en sûreté ; il faudra continuer à le perfectionner jusqu'à ce qu'il soit en état de faire feu aux défenses de la place ; ce qui demande un peu plus de soin qu'on ne se donne ordinairement, parce qu'il faut que ce logement soit sûr et commode, que les créneaux soient bien faits et qu'ils puissent plonger dans le fond du chemin couvert, biaiser sur les bastions et demi-lunes et que la communication soit bien achevée.

Aussitôt que ce logement sera en état, il faudra y faire entrer un détachement, avec ordre de n'en pas opiniâtrer le soutien dans les commencements, si l'ennemi, contre toutes les apparences, se mettait en tête d'y revenir ; mais de laisser agir les ricochets et les bombes qui, joints au feu de la place d'armes et des cavaliers, l'auraient bientôt écarté ; établir après cela des sapes à droite et à gauche pour prolonger et étendre le logement sans s'écarter du bord du parapet qu'il faut toujours serrer de près, réduire celui des logements à l'épaisseur nécessaire pour résister au canon, et toujours perfectionner ce qu'on fera à mesure qu'on avancera, et les bien traverser contre les enfilades et revers des bastions et demi-lunes.

Quand on sera parvenu près des premières traverses du chemin couvert, si l'ennemi les garde encore, comme il ne pourra y avoir que peu de monde, on pourra les en chasser par une compagnie de grenadiers et jeter six ou sept hommes assurés dans le passage de la traverse, avec des outils, afin qu'ils s'y logent, et à même temps prendre garde à la fougasse ; car s'ils demeurent là, ce ne sera qu'en intention de la faire jouer à propos s'ils peuvent ; c'est pourquoi soit qu'on prenne le chemin couvert de force ou par industrie, il ne faut pas manquer de faire entrer deux ou trois hommes hardis dans ledit chemin couvert, pour chercher l'embouchure des mines et en arracher le saucisson, *prévoyance qui nous a presque toujours réussi* dans

1. « à cause de la proximité, et parce qu'on » dans Rosanbo.

les sièges où je me suis trouvé, et récemment dans celui du Vieux-Brisach[1].

Quand on sera parvenu aux traverses plus prochaines de la pointe, qui sont celles qui pour l'ordinaire bornent la place d'armes, faire une entrée dans le chemin couvert, et la percer vis-à-vis le milieu des premières traverses, afin d'en couvrir ladite tranchée pour la défiler, bien enfoncer ces passages, les faire de bonne largeur et les blinder ; plus, les rendre aisés et commodes, et les produire vers le bord du fossé à la sape, se couvrant de la traverse ; et quand on y sera parvenu, les joindre de part et d'autre le long de la portion de cercle autour de la pointe du fossé, laissant une épaisseur à preuve devant soi, à cause du canon des flancs et courtines.

Ce logement ainsi établi sera tenu bas et fort enterré afin qu'il ne fasse point d'empêchement à celui qui sera derrière lui sur le haut du parapet du chemin couvert ; son usage sera de faire feu sur les brèches de près et d'y placer des pierriers en cas de besoin.

Continuer à couler[2] dans l'épaisseur des parapets du chemin couvert jusqu'aux places d'armes des angles rentrants, d'où il faudra peut-être chasser les ennemis de vive force, supposé qu'ils y tiennent encore, comme cela se peut ; il est cependant vrai que le canon des ricochets et les bombes pouvant fort les incommoder sur le derrière de leurs places d'armes, il n'y a guère d'apparence qu'ils s'opiniâtrent à y demeurer, notamment quand ils se verront serrés de près par les sapes de la droite et de la gauche, le feu des bastions et des demi-lunes ne les y soutenant que très faiblement, attendu qu'il sera contenu par celui des bombes et des ricochets des attaques qui doivent être d'une grande vivacité dans ces temps-là ; en tout cas, ce sera l'affaire d'une ou deux compagnies de grenadiers qu'il faudra faire partir à propos, après avoir averti et fait apprêter les batteries de canon et de mortiers, avec lesquelles il faudra convenir d'un signal[3]. La prise des places d'armes du chemin couvert achèvera de l'occuper tout entier ; quoi fait il faudra s'établir tout le long, et le bien traverser jusqu'à ce que tout soit bien occupé ; couper ces mêmes places d'armes par les gorges♦, comme celles des angles flanqués, entrer dedans et s'y bien établir ; les endroits [R.R.R.R., planche X] montrent comme cela se peut faire,

1. Vieux-Brisach : Brisach [land Bade-Wurtemberg]. En 1703, l'armée du maréchal de Tallard, sous la direction théorique du duc de Bourgogne, mettait le siège devant Brisach, sur la rive droite du Rhin. Investie le 15 août, la ville tomba le 5 septembre, après 14 jours de tranchée ouverte.

2. « Continuer le logement » dans Rosanbo.

3. « ce sera l'affaire d'une ou deux compagnies de grenadiers qui les chargeant à propos, les chasseront facilement » dans Rosanbo.

BATTERIES DU CHEMIN COUVERT.

Sitôt qu'on sera maître du chemin couvert, on doit, sans perdre de temps, s'appliquer à trois choses :

La première, de distribuer la place aux batteries qui doivent agir contre les flancs ;

La seconde, aux batteries destinées à faire brèche ;

Et *la troisième*, aux descentes du fossé.

La place des batteries opposées aux flancs [est l'espace renfermé entre l'alignement de la contrescarpe et l'escarpe♦ marqué T.T.T.T.], et celle des batteries qui doivent ouvrir les bastions, [N.N.H.H., planche X].

A l'égard des descentes, les endroits les plus propres à les faire sont marqués [O.O. et L.L.], tant à la demi-lune qu'aux bastions.

La façon des batteries a été instruite à leur chapitre. C'est pourquoi nous ne continuerons celui-ci que pour dire qu'en établissant les batteries sur le chemin couvert, il faudra encore avoir égard à trois choses :

La première, à l'épaulement qu'il faut mettre fort près du bord du parapet ;

La deuxième, de bien ouvrir les embrasures ;

Et *la troisième*, de les bien dégorger et de leur donner une grande pente du derrière au devant, pour les mettre en état de plonger jusqu'au bas du revêtement où l'on veut faire brèche.

DESCENTE DU FOSSE.

Leur ouverture dépend de la profondeur du fossé, car si elle est fort grande, comme de 18, 20, 25 à 30 pieds, il faudra ouvrir à mi-glacis et passer en galerie de mineur par dessous le logement de la contrescarpe♦ et le chemin couvert, pour sortir à peu près aussi bas que le fond du fossé [voyez la planche XV aux endroits marqués A.A.A.]. C'est ce que nous fîmes à Montmédy et à Stenay fort heureusement, et ce que l'on doit faire en cas pareil à toutes les places.

Si le fossé n'a que 12 à 15 pieds de profondeur, il suffira de faire un passage au travers des parapets du chemin couvert et avoir soin de le bien blinder, et de s'enfoncer 4 à 5 pieds au-dessous de la banquette, prolongeant la rampe en arrière autant qu'il sera nécessaire pour l'adoucir en avant et la rendre moins roide ; conduire ensuite le reste en rampe et à sape découverte sur tout le travers du chemin couvert, se prolongeant le long des traverses jusque sur le bord du fossé, et quand on l'aura joint, travailler à l'approfondissement de la descente autant qu'il sera nécessaire, réglant le fond en marches d'escalier, s'il est nécessaire, soutenues par des planches arrêtées de piquets, observant de bien étayer les terres des bords pour les empêcher de s'ébouler et tomber dans la descente[1].

Si le fossé est plein d'eau dormante dont la superficie soit élevée de 3, 4 ou 5 pieds près du bord, la descente sera plus facile, parce qu'il n'y aura que peu de rampe à faire ; mais il faudra toujours s'épauler très fortement du côté des flancs et marcher en galerie couverte, composée de fascines soutenues par de fortes blindes plantées de part et d'autre à 5 ou 6 pieds l'une de l'autre, et posées en travers, ce qui fera la largeur de la galerie sur six pieds de hauteur, la charger de deux ou trois lits de fascines posées avec la fourche et bien arrangées afin qu'il n'y reste pas de jour. Autrefois on les faisait par des assemblages de charpenterie de bois carré, couverts par les côtés et les descentes et par le dessus de madriers à preuve du mousquet, et sur le tout, par des peaux de bœufs fraîchement tués ; outre quoi, le côté opposé au flanc se faisait à preuve du canon, ce qui, se continuant sur tout le passage du fossé, employait bien du temps et de la dépense, et ne laissait pas souvent d'être interrompu, parce que rarement le feu du canon de la place (qui pouvait avoir vue dessus) était bien éteint, non plus que celui de la mousqueterie ; mais depuis qu'on a su s'en rendre maître, on y fait moins de façon.

PRISE DE LA DEMI-LUNE.

La prise de la demi-lune devant précéder celle des bastions, nous nous attacherons à décrire les préparatifs qui doivent précéder son attaque et sa prise, selon les règles que j'y voudrais observer.

Comme on embrasse les angles des demi-lunes des deux côtés, il faut aussi les battre des deux côtés de 4 ou 5 pièces de canon chacun, commençant les deux ensemble par la pointe en tirant vers les épaules, jusqu'à ce qu'on ait fait 12 à 15 toises de brèche bien éboulée de part et d'autre de son angle flanqué[2].

1. Ce paragraphe est remplacé dans Rosanbo par : « Si le fossé n'a que 12 ou 15 pieds de profondeur, il suffira de venir à sape découverte jusqu'à 5 ou 6 toises du parapet du chemin couvert, dans lequel on percera, et on s'enfoncera jusqu'à 4 ou cinq pieds plus bas que la banquette ; en conservant une pente aisée, on arrivera à la contrescarpe. On aura dû s'épauler de la traverse et bien blinder, tant contre les coups de mousquet que contre les grenades à cuiller.

« Il faudra que cette descente ait 5 à 6 pieds de profondeur, qu'elle soit bien épaulée contre la place, et que les blindes soient plus fortes qu'à l'ordinaire. Mais si on s'aperçoit qu'on soit trop élevé, il faudra creuser davantage et former des marches d'escalier avec des planches et des piquets, bien soutenir les terres des côtés, et bien charger le blindage. Voyez le profil de la XVe planche. »

2. « ce qui sera une affaire de 24 heures au plus si le canon est bien servi » ajouté dans Rosanbo.

Observant de toujours battre en sape à 2, 3, 4, 5 à 6 pieds près du pied des murs au plus, et de ne pas tirer un seul coup de ces batteries contre le haut, mais toujours contre le bas et en salve ; ramasser tous les coups ensemble, et ne pas quitter les endroits auxquels on se sera attaché, qu'on ne voie tomber la terre du derrière du revêtement ; cela marquera qu'il est entièrement coupé.

Cette manœuvre exécutée à la lettre, on biaise les pièces sur ce qui n'a point été entamé ; on fait aussi deux descentes et autant de passages de fossé, vis-à-vis l'extrémité des brèches du côté des épaules, etc.

Nous avons déjà dit qu'il fallait couvrir en galerie le trajet du chemin couvert, parce qu'il est plongé, enfilé et sujet aux pierres et grenades à cuillers[1] ; cette galerie ne doit pas avoir moins de quatre pieds et demi à cinq pieds de large, même six ; il suffit de l'épauler du côté de la place. Pour la bien faire, il faut avoir des blindes, plus fortes de bois que les communes[2].

Si le fossé de la demi-lune est sec, il faudra prendre dans le fond même la terre nécessaire à se couvrir si on peut s'y enfoncer et y employer beaucoup de fascines et de sacs à terre.

Quand la terre est rare, on en fait brouetter si la galerie est large et commode ; sinon on la fait passer de main en main avec des paniers ou à la pelle ; outre quoi, on y emploie encore une grande quantité de fascines, qui est l'espèce de matériaux les plus en usage pour ces sortes d'ouvrages [voir la planche XIII].

Pendant qu'on y sera employé, il faudra animer les ricochets un peu vivement, et même les renforcer de quelques pièces, un jour ou deux avant l'attaque ; il y faudra aussi ajuster les batteries à bombes et à pierres, afin d'occuper ceux qui seront à sa défense, les empêcher d'inquiéter le passage du fossé et de se retrancher dans sa gorge ; il faudra même faire chercher sa communication à la place par les ricochets des bastions.

Si tout cela est bien mené, la défense de cette pièce deviendra très dangereuse pour ceux qui la soutiendront ; il ne se faudra point presser de l'attaquer, mais laisser bien ouvrir les brèches en battant toujours en sape[3].

Le parapet suivra l'éboulis, et quand le revêtement sera tombé, si les

1. Plus lourdes que les grenades à main, les grenades à cuiller sont lancées à l'aide d'un instrument de bois de la longueur d'une pelle, de la forme d'une cuiller à pot. Les troupes chargées de les lancer se plaçaient sur deux rangs. Les soldats du premier rang plaçaient horizontalement la cuiller sur leur épaule droite, et la tenaient à deux mains. Ceux du second rang chargeaient la cuiller et mettaient le feu à la mèche. Le premier rang pouvait alors faire basculer la cuiller et envoyer la grenade selon un tir courbe. Ce système permettait de lancer les grenades plus loin que par un jet à la main, et avait l'avantage de permettre un « feu de salve » de grenades, puisqu'on pouvait les envoyer toutes en même temps.

2. Ces trois derniers paragraphes sont remplacés dans Rosanbo par : « Si après la chute du revêtement, on s'apercevait que les contreforts n'eussent pas suivi, il faudrait y réunir tous les coups et battre en écharpe, autant qu'on le pourrait. Pendant qu'on bat en brèche, on fait deux passages de fossés vis-à-vis les extrémités des brèches, du côté des épaules. »

3. « pour en ébouler mieux les terres », ajouté dans Rosanbo.

contreforts♦ ne suivent pas, il les faudra battre aussi et y employer le canon des batteries biaisées, qui peu de temps après et quand la demi-lune sera expédiée, pourront être utilement employées contre les bastions ; faire aussi tirer des bombes dans l'excavation et sur le bord même des brèches, et du canon dans le haut quand il ne reste plus que peu d'épaisseur au parapet[1].

Et pendant qu'on travaillera à cet éboulement, continuer les passages du fossé de part et d'autre et les très bien épauler, en sorte qu'on y puisse être à couvert et que la descente soit libre et dégagée ; se préparer à même temps au logement par l'amas des matériaux nécessaires pour se loger comme fascines, gabions, sacs à terre, et quantité d'outils[2] dont il faudra faire de bons amas le plus près qu'il sera possible, sans embarrasser la tranchée, les ranger sur les revers en tas : bien accommoder les logements qui doivent faire feu ; préparer toutes les batteries de canons, de bombes et de pierriers ; faire commander cinq ou six compagnies de grenadiers d'extraordinaire, à telle fin que de raison, et avertir ceux qui commanderont les batteries de ce qu'ils auront à faire, suivant les signaux qu'on leur fera ; et pour cet effet, les faire venir sur les lieux pour les voir de plus près et recevoir leurs instructions.

Le signal se pourra faire par un drapeau qu'on élèvera sur la pointe des logements du chemin couvert, en lieu où il puisse être vu de toutes les batteries à même temps et des logements, observant de faire ôter tous les autres. Moyennant quoi, tout étant prêt, les fusils passés entre les sacs à terre prêts à faire feu, ils attendront en silence le signal qui sera de hausser le drapeau quand il faudra faire feu, et de le baisser quand on le voudra faire cesser[3].

Cela préparé de la sorte, et les brèches en l'état désiré, on fera monter deux ou trois sapeurs dans la brèche, non vers la pointe, mais sur la droite et la gauche, joignant les endroits où finira la rupture des murs du côté des épaules, où il se fait pour l'ordinaire un couvert entre la partie du revêtement qui demeure sur pied et celle qui tombe.

Ces deux ou trois sapeurs se mettent dans ces couverts et tirent les décombres en bas en remontant vers le haut, ils feront place pour eux et pour deux ou trois autres qu'on y fera monter, avec ordre à tous de s'en revenir quand l'ennemi se mettra en devoir de les en chasser ; auquel cas, aussitôt qu'ils en seront dehors, il faudra faire le signal, et les batteries de toutes espèces et les logements faisant leur devoir, il est sûr que l'ennemi n'y demeurera pas longtemps et qu'il en sera bientôt écarté.

1. Ce paragraphe est absent dans Rosanbo.
2. « pour se loger… quantité d'outil », absent dans Rosanbo.
3. Ce paragraphe est remplacé par « Ce signal est d'ordinaire un drapeau placé en un lieu apparent, qu'on lève quand il faut faire feu, et qu'on baisse quand on veut le faire cesser. Il faudra avoir eu soin de faire retirer tous les autres drapeaux dans la tranchée » dans Rosanbo.

Sitôt qu'on s'en apercevra, il faudra baisser le drapeau et faire remonter les sapeurs qui, reprenant leur ouvrage, le diligenteront de leur mieux, avec ordre de l'abandonner comme la première fois dès que l'ennemi s'y représentera, ce qu'il pourra bien faire une deuxième fois, et même une troisième[1] ; à chaque fois il faudra toujours recommencer le carillon des batteries, même de celles du chemin couvert ; cela ne saurait faire qu'un spectacle réjouissant dont le dénouement tournera bien certainement à la confusion de l'ennemi. Ce ne sera apparemment qu'à la première ou deuxième fois qu'il reviendra, qu'il fera jouer des mines, s'il y en a, ce qui sera le signal de l'abandon de la pièce : cependant ces mines ne seront pas d'un grand effet, attendu qu'elles joueront à vide si nos gens n'y sont pas, ou dans l'endroit où il n'y aura personne, comme à la pointe ; ou dans celui où il y en aura peu, auquel cas elles ne pourront attraper que trois ou quatre hommes au plus. Cependant nos sapeurs auront préparé quelques couverts dans l'excavation, qu'il faudra occuper par de petits détachements quand il en sera temps, sans se trop presser ; mais sitôt qu'il aura abandonné, il faudra travailler de vive force au logement, le faire et bien assurer dans l'excavation des brèches et non plus avant ; et ensuite l'étendre à droite et à gauche sur le rempart et y entrer par des sapes formant une portion de cercle qui occupe tout le terre-plein de son angle flanqué, d'où on coulera après par les extrémités le long des faces de la droite et de la gauche, jusqu'à ce qu'on se soit mis en état de forcer les retranchements de la gorge, ce qui n'ira pas loin[2].

La suite du logement de la demi-lune sera continuée jusqu'à son entière occupation, qui ne sera terminée que par la prise du retranchement de la gorge, et par s'établir tout le long de ses bords ; ce qui se fera par le prolongement des sapes à droite et à gauche le long du rempart, comme il est dit ci-dessus, et par une tranchée menée par le dedans de la pièce : les uns, *savoir*, les prolongements des sapes vous mettront à portée de prendre les traverses, et en état de voir la communication de la tenaille à la demilune ; et l'autre, d'attaquer les retranchements de la gorge quand il en sera temps.

Pendant que cette manœuvre achèvera de se discuter, *disons notre pensée sur les demi-lunes de terre*[3].

1. « et même une troisième », absent dans Rosanbo.

2. « jusqu'à ce qu'on... loin » est remplacé par « ce qui vous donnera une vue sur la tenaille, et vous mettra en état de forcer les retranchements de la gorge » dans Rosanbo.

3. Ces deux paragraphes sont remplacés dans Rosanbo par : « Quand vous en serez là, il n'y a guère d'apparence que l'ennemi ose attendre davantage, sa retraite devenant trop difficile. Dès que vous en serez maîtres, vous continuerez votre logement le long de la gorge, mais si par une opiniâtreté mal entendue, il voulait soutenir son retranchement, il faudra pour communiquer de plus près vos sapes, mener une tranchée d'une des faces à l'autre, qui, à leur aide, embrassera ce logement de si près, qu'il se trouvera trop heureux d'avoir la vie sauve. »

Jusqu'ici nous n'avons parlé que des revêtues ; parlons maintenant de celles qui ne le sont pas, ou qui ne le sont que de gazons ou de placage[1], fraisées et palissadées.

Il faut procéder à leur attaque, de même qu'à celles qui sont revêtues, jusqu'à l'ouverture des brèches, c'est-à-dire que les attaques, batteries de toutes façons, logements du chemin couvert, descentes et passages de fossé, doivent être la même chose.

A l'égard des brèches, comme il ne sera pas question de revêtement, il suffira de raser la fraise♦, les palissades, ou la haie vive[2] s'il y en a, de bien labourer les talus extérieurs de la pièce et d'en rompre la pointe, afin que tous ces éboulis fassent et facilitent de grandes montées dont on se servira quand on voudra la faire attaquer, soit en gros ou en détail[3] ; soit par l'une ou l'autre des manières ci-devant énoncées[4].

Voyons présentement ce qui se passe à l'attaque des bastions.

PASSAGE DU GRAND FOSSE DE LA PLACE.

Pendant l'attaque de la demi-lune, il est à présumer que les descentes du fossé aux bastions auront fait leur chemin ; j'estime même qu'elles auront percé dans le grand fossé ; auquel cas, s'il est sec, il faudra procéder à son passage comme à celui de la demi-lune, et ne pas manquer de l'assurer par jeter quelque monde dedans, à qui il faudra faire un petit couvert.

S'il est de la nature de ceux qui se peuvent défendre secs et pleins d'eau, il faudra prendre garde à ne pas déboucher plus bas que la superficie de l'eau quand il est plein, parce qu'elle inonderait la descente, ce qu'il faut éviter.

Voici donc quelle doit être la manœuvre de ce passage {planche XIII}.

Quand il est plein d'eau, on fait passer la fascine de main en main en rangeant 100 ou 120 hommes (plus ou moins), en haie, selon les besoins, à deux pas l'un de l'autre, adossés contre le parapet, qui la font passer de main en main jusqu'à la tête du pont ; et à mesure qu'on la passe, le sapeur qui mène la tête, la jette en épaulement sur sa droite ou sur sa gauche, selon le côté dont il a à se couvrir ; et puis quand il en a jeté une assez grosse masse [C.] pour pouvoir en être couvert, il s'avance quelques pas, et pour lors il travaille au pont [B.], et pique la fascine♦ de haut en bas

1. Un placage est un revêtement, sur un rempart, composé d'une terre noirâtre, sur laquelle on applique du gazon.

2. La haie vive est formée d'arbustes en pleine végétation.

3. « soit en gros ou en détail » absent dans Rosanbo.

4. « Il y a peu d'exemples que l'ennemi ait attendu à abandonner les demi-lunes non revêtues, que le logement sur la brèche ait été fait à cause du hasard qu'il court d'être coupé par la gorge, en se coulant le long des bermes, et de vous enlever toute la troupe qui était commise à sa défense », ajouté dans Rosanbo.

devant lui, en la plongeant dans l'eau ; et quand elle vient à hauteur de la superficie, il en pose des lits en travers sur lesquels on fait voiturer un peu de terre, qu'on répand le long pour la faire enfoncer ; ensuite de quoi, on recharge sur le même lit jusqu'à ce que le passage soit ferme et élevé de quelques pieds au-dessus de la superficie de l'eau, sur la largeur de 12 à 14 pieds, qui est celle qu'il lui faut donner.

Pendant cette manœuvre, on fortifie toujours l'épaulement en y jetant les fascines un peu en avant à la fourche, qu'on arrange comme on peut ; on l'élève considérablement, parce que les fascines s'affaissent toujours assez.

Quand on s'aperçoit que la fascine touche le fond du fossé et que l'épaulement est affermi, on lui fait un parement de fascines reliées et attachées avec des piquets.

Nota. Que si le débouchement est plongé des bastions, il faudra commencer ce passage par former une montagne de fascines devant soi, qu'on élève de 8, 9 à 10 pieds de haut ; on se coule derrière pour travailler à l'épaulement, et ensuite à la galerie, entretenant toujours ladite montagne et la poussant en avant, jusqu'à ce que l'on soit tout à fait au-dessous des plongées ; après quoi on retire peu à peu les fascines de la montagne et on les emploie à l'épaulement et au pont, continuant toujours ledit passage jusqu'au pied des brèches, que je présume être fort avancées quand on y parviendra.

Que si le bastion plonge sur le débouchement, ce ne sera pas assez de cette montagne de fascines devant soi, il y faudra ajouter une bonne et forte galerie qu'on avancera peu à peu à l'abri de la montagne, comme il a déjà été dit ; ce qui sera continué aussi loin que la plongée se pourra étendre, et même au-delà[1].

Mais si l'eau du fossé est grosse et courante, ou qu'elle puisse devenir telle, il faut convenir de bonne foi que la plus difficile manœuvre des attaques est celle du passage de ce fossé, spécialement quand on ne peut détourner le courant ni l'affaiblir par le dehors, et qu'à moins d'y apporter bien du soin et de l'adresse, il est bien difficile d'y réussir, si on ne trouve moyen d'éteindre totalement le feu de la place et que l'ennemi ne puisse plus tirer des flancs, des faces, ni des courtines, non plus que des tenailles ; encore ne peut-on éviter que les bombes, les pierres et les grenades ne vous inquiètent beaucoup.

Si on pouvait éluder tout cela, on ferait ce qu'on voudrait, et on travaillerait dans ce fossé comme ailleurs. Mais on a beau faire, on n'en peut éviter qu'une partie, et il faut demeurer d'accord que cet ouvrage est extrêmement dangereux ; car on n'y peut travailler qu'à découvert, et pour peu qu'on soit vu, on n'y réussira que fort lentement et à force d'y perdre du monde.

1. Ce paragraphe est absent dans Rosanbo.

Tablons cependant sur quelque chose, et supposons pour cela un fossé de place dans lequel passe un courant considérable, ce courant nourri par une rivière qui le fournira de son eau, ou par un réservoir qui le distribuera dans le fossé de temps en temps, au moyen des écluses qui, ouvrant et fermant par reposées, comme il s'en trouve à beaucoup de nos places, donneront des courants tels que l'ennemi les voudra. Soit l'un ou l'autre, il est sûr que le courant sera continu fort ou faible, ou répété de temps en temps par éclusées, et que pour lors il n'y aura d'autre moyen d'en faire le passage que par une grosse digue au travers du fossé, assez forte pour arrêter les eaux à la même hauteur que les écluses peuvent les retenir, en sorte que leur niveau ne puisse surmonter celui de la digue, à deux pieds près.

Pour parvenir à cet effet, il faut faire amas d'une très grande quantité de fascines bien fourrées de pierres, de gazons et de terre, afin qu'elles aillent plus promptement à fond ; l'entreprendre sur une grande largeur et la fortement terrasser ; battre même les terres et piloter la digue pour l'attacher sur le fond du fossé en un mot, la rendre fort solide, l'avançant peu à peu jusqu'à 3 ou 4 toises près du pied du revêtement, où pour lors le courant tourmentant beaucoup, il faudra se servir de tout ce que l'on pourra pour faire chemin, comme de gros gabions farcis de pierres et coulés à fond, qui laisseront quelque passage à l'eau, tonneaux remplis de même, chevalets tels quels, sur lesquels on chargera de pierres, terre et fascines tant que l'on pourra, même de bateaux coulés à fond si l'on en peut avoir : le tout avant que de tirer un seul coup de canon vis-à-vis pour faire brèche ; et après qu'on sera parvenu par toutes sortes de moyens de pousser ce courant jusqu'à ne lui plus laisser que 2, 3 ou 4 toises de passage au pied du revêtement, et qu'on aura bien assuré la tête de la digue, et si fort élevée que le regonflement des eaux ne la puisse surmonter : il faudra pour lors battre vivement le pied du revêtement vis-à-vis, jusqu'à ce qu'il tombe dans le fossé, ce qui achèvera vraisemblablement d'en barrer le passage.

Que s'il ne l'est pas tout à fait, il faudra attacher un mineur sur la jonction du mur resté debout avec la partie éboulée, et enfoncer la mine bien avant vis-à-vis la tête du pont, afin que son effet achève de combler ce qui sera resté du courant ; sinon et au cas qu'il en reste quelque partie qui ne le soit pas, faire passer quelques travailleurs au pied de la brèche, qui s'y logeront, et y feront les établissements nécessaires à pouvoir contribuer à son achèvement en y travaillant de leur côté.

Au surplus, pour donner quelque mesure sur laquelle on puisse compter et qui puisse servir de règle à ces passages, *nous dirons* :

1° Que la première connaissance sur laquelle on doit être informé touchant ce passage, est de savoir de combien l'élévation de l'eau doit charger sur les écluses.

2° Quelle est leur ouverture ?

3° Quelle est la largeur du fossé ?

4° Quel volume d'eau il charrie quand les écluses sont ouvertes ?

5° De quelle profondeur il est, quand les eaux y jouent de pleine force ?

6° A quelle hauteur elles peuvent monter ?

Supposons après cela une charge d'eau sur les écluses de 6 pieds de haut, de 4 de profondeur ordinaire au bas des mêmes écluses, et de 2 pieds de pente depuis l'écluse jusqu'au passage du fossé ; le tout fera 12 pieds, auxquels il en faut ajouter 2, pour supplément d'élévation de la digue[1], ce qui fera 14 pieds en tout pour l'élévation totale de ladite digue, à quoi il faut au moins donner le double d'épaisseur, faisant 28 pieds, si on veut la bien assurer ; et, comme il a été déjà dit, la bien terrasser, charger de pierres et piloter, en ce non compris l'épaulement, qui n'étant composé que de fascines n'aura de résistance contre la poussée de l'eau que celle qui lui sera donnée par la digue : c'est-à-dire que voilà de quoi employer cinquante milliers de fascines pour un seul passage, sans compter celles que le courant entraînera, les sacs à terre, les pilotis et autres matériaux, et le temps qu'il y faudra employer, qui sera bien long, encore n'oserait-on s'assurer d'y réussir. Ce qui prouve la bonté des fossés pleins d'eau courante au-dessus de tous les autres, et encore mieux la difficulté de les passer : voilà cependant la manière plus assurée de le pouvoir faire, et à laquelle il en faudra venir si on veut faire passer des troupes et du canon aux bastions.

Il y a encore un autre moyen qui est excellent, mais il n'est praticable que dans les fossés étroits, revêtus et fort hauts de bord, *qui serait* d'attacher deux mineurs, *un* au bastion et *l'autre* sous le bord du fossé, vis-à-vis l'un de l'autre.

Si on chambre assez avant de part et d'autre et que les mines soient grandes et bien chargées, il se pourra que leur effet comblera le fossé tout d'un coup, notamment si l'eau arrêtée ne peut pas s'élever de plus de 5 ou 6 pieds au-dessus du courant.

C'est ainsi que nous avions compté de passer le fossé de la porte d'Anzin de Valenciennes, si la résistance de la place nous eût obligés d'en venir là[2].

Ce coup est bon, mais il n'est pas tout à fait si assuré que l'autre, aussi n'est-il pas si long à faire et ne coûterait pas à beaucoup près tant.

De sorte que si on ne trouve moyen de rompre les écluses comme nous fîmes à Ath, ou de s'en rendre maître de quelque autre manière, je ne vois aucun autre expédient qui puisse être valable pour empêcher leur effet.

Sitôt que par l'un ou l'autre de ces expédients on aura arrêté le courant, il faudra travailler en diligence et avec une extrême application à achever de donner toute la solidité possible à la digue.

1. « pour l'élévation de la digue au-dessus de l'eau » dans Rosanbo.
2. La place de Valenciennes fut assiégée et prise par Vauban en mars 1677.

Il n'y a pas d'autre moyen de le passer, sur lequel on puisse compter pour quelque sûreté ; car d'y employer des chevalets, ponts volants et radeaux (outre qu'il en faudrait toujours venir au pont solide), on n'y pourrait travailler qu'à découvert, et on ne trouverait ni sûreté, ni possibilité, ni utilité à leur structure.

C'est pourquoi, sans en parler davantage, j'estime que tout ce que dessus suffira pour les places médiocrement défendues, et où les courants seront faibles. Mais si la garnison était forte, et la défense dirigée par de bonnes têtes, et qu'il y eût des tenailles, il faudrait y apporter plus de précaution, parce que les tenailles n'étant point exposées aux ricochets, aux revers ni au passage du fossé, on ne peut les battre que de biais*.

Dans cette situation, elles pourraient faire beaucoup de mal au passage du fossé, si on n'emploie pas toutes sortes de moyens pour les maîtriser et les en empêcher.

Soit donc qu'il fût sec ou plein d'eau, s'il s'en rencontre où l'on prévoie que cela puisse arriver[1], il faudra occuper toute la demi-lune jusqu'à la gorge, comme il a déjà été dit à son chapitre, et à même temps faire un passage ouvert du chemin couvert à la brèche vis-à-vis ; travailler à l'établissement d'une batterie de 4 ou 5 pièces sur l'angle flanqué de ladite demi-lune, et les y faire passer à force de bras, de capestans[2] et de chèvres ; cette batterie préparée contre le milieu de la courtine, et spécialement contre la tenaille et la porte de sortie par où on y communique [planche X].

Pour cet effet, il faudra bien affermir l'un des passages du fossé, et afin qu'il puisse servir au canon, le paver de gîtes et de madriers pour le rendre plus commode, et ouvrir le chemin couvert pour achever de lui faire un passage, et à même temps une rampe sur la brèche pour en faciliter la montée. Il vaut mieux mettre cette batterie sur la pointe que dans le fond de la gorge, parce qu'elle sera plus aisée à placer et à servir, plongera davantage, découvrira mieux la poterne♦[3], et la communication n'en sera pas si dangereuse qu'elle serait si on l'avançait jusque dans la gorge ; faire à même temps deux autres batteries sur les deux places d'armes du chemin couvert, d'autant de pièces [Q.Q.], et une de mortiers à pierres dans le logement plus avancé de la gorge de cette demi-lune, duquel il faudra bien avancer la communication et la rendre commode au brouettage des pierres qu'il y faudra voiturer ; ce sera bien tout ce que ces batteries pourront faire ; je dis les deux des places d'armes, et celles de la demi-lune avec les

* « Excellente qualité de tenailles. » *{Note en marge de Vauban.}*

1. « s'il s'en rencontre… arriver » absent dans Rosanbo.

2. Le capestan est un appareil destiné à tirer les charges lourdes. Il est composé d'une poutre ronde posée à la verticale, munie de barres qui la traversent de part en part. Autour de la poutre s'enroule la corde destinée à tirer la charge. La poutre est fichée sur un planche, et encadrée par un appareillage en bois.

3. « découvrira mieux la poterne » absent dans Rosanbo.

pierriers et les bombes, que d'imposer à cette tenaille jusqu'au point d'empêcher qu'elle ne nuise beaucoup au passage des grands fossés.

A l'égard des deux flancs de l'attaque, quoique les échappées des ricochets les prennent par derrière, les batteries directes par devant, et les bombes et les pierres par tous les côtés, j'estime cependant qu'on fera bien de leur préparer à chacun un ricochet de trois pièces, à telle fin que de raison ; car s'il y a beaucoup de canons dans la place, ils en pourront tant rechanger qu'ils trouveront moyen d'en substituer toujours quelques pièces à celles qui seront démontées. Les officiers d'artillerie des places qui savent leur métier ne manquent pas de mettre du canon sur la courtine opposée aux attaques, moins pour tirer directement devant elles que pour battre d'écharpe[1] sur les logements du chemin couvert devant les bastions A. et B. Ces pièces tirées par des embrasures biaisées, coupées dans l'épaisseur des parapets de la courtine, incommodent fort ces logements, et le débouchement de la descente du fossé, même le commencement du passage dont elles voient bonne partie, et sont très mal aisées à démonter ; parce que les batteries opposées aux flancs ne les peuvent voir, et que leur recul étant fort enfoncé, il est très difficile de les trouver, à moins que de mettre du canon sur les parapets des places d'armes, d'où on les puisse battre directement ; et c'est à quoi il ne faut pas manquer dès qu'on en sera maître, et qu'on s'apercevra qu'il y aura des pièces de canon sur la courtine, non plus que de les faire rechercher par les bombes et les pierres. II faudra aussi tâcher de les servir d'un ricochet ou deux : ce qui est assez difficile, à moins qu'il n'y ait quelque marque sur la courtine qui puisse en faire connaître l'alignement par-dessus les bastions, comme un portail, des guérites♦, quelque grand bâtiment adossé contre le derrière du rempart, ou des arbres plantés à la ligne. Toutes ces remarques ne doivent pas manquer d'être observées.

Un bon plan peut beaucoup aider à ces découvertes, parce que si le prolongement de la courtine coupe en quelque endroit les faces, comme en [+, planche VI], cela joint aux autres remarques, pourra indiquer son enfilade, et à même temps les endroits où l'on se pourra mettre pour placer les ricochets. Les batteries [M.] des demi-lunes collatérales pourront faire cet effet, sinon en faire sur les extrémités de la seconde place d'armes, comme en [R.R.]. Soient les unes ou les autres de ces batteries, il faudra se souvenir d'élever le coup et de roidir un peu plus les ricochets.

Au surplus, il faut si bien prendre ses mesures sur tous ces expédients que les besoins qu'on en pourrait avoir soient toujours prévenus et que toutes choses se fassent dans leur temps ; car c'est là le grand secret pour bien conduire des attaques que de savoir faire cadrer toute chose à son temps.

1. Battre d'écharpe : tirer dans une direction de 45° par rapport au front battu.

Le mieux est de considérer toujours la place qu'on attaque, comme devant faire son devoir et de ne jamais compter sur la faiblesse de la résistance, car on y est presque toujours trompé[1].

Supposons présentement les passages du fossé des bastions en état, et les brèches ouvertes et bien éboulées, il y faudra procéder comme à la demi-lune, y faire monter fort peu de monde dans les commencements, jusqu'à ce qu'ayant tiré le parapet en bas et bien adouci la montée, on soit en état d'y faire monter de petits détachements ; et pour lors le faire avec ordre, de ne rien opiniâtrer, préparant les ricochets, batteries directes, bombes et pierriers, pour être servis comme à la demi-lune, toujours en vue d'y répéter les mêmes manœuvres.

Mais si les bastions avaient des retranchements revêtus dans leur gorge, il se pourrait que l'ennemi opiniâtrât le soutien des brèches ; en ce cas, il faudra se préparer à l'y forcer, et après les avoir bien reconnus et préparé les montées, le faire attaquer à la seconde ou troisième fois de vive force par de gros détachements, et le faire repousser avec ordre toutefois de se loger sur le haut dans l'excavation des brèches, et non dans le dedans des pièces ; et après les logements achevés, ouvrir des sapes à droite et à gauche pour les agrandir et gagner du terrain vers les gorges.

Que si c'était un vieux corps de place revêtu, qui fermât ces mêmes gorges, comme à Barcelone, et à beaucoup d'autres places où cela se trouve, il se pourrait que l'on serait obligé de monter du canon sur les bastions[2], à quoi il ne faudra pas hésiter ; et cependant couler à droite et à gauche vers les flancs le long du pied des banquettes.

On pourra faire abandonner les tenailles chemin faisant, en coupant de petits logements dans l'épaisseur des parapets des flancs, quand on aura coulé jusque-là, pendant quoi s'approcher du retranchement de la gorge par le haut et le bas dans le même temps*.

Les défenses de ce retranchement seront quelque temps après battues sans relâche du canon qu'on aura monté sur les bastions ; il faudra aussi chercher à le battre de bombes et de pierres, tant qu'on pourra, et finalement y attacher le mineur.

1.« Il faut au contraire s'attendre qu'elle se défendra avec art et opiniâtreté » ajouté dans Rosanbo.

2. « il faudra aussi y faire jeter des bombes et des pierres, et enfin y attacher le mineur, si l'ennemi s'opiniâtre », ajouté dans Rosanbo.

* « Cette manœuvre ne pourrait manquer d'être nécessaire dans une défense opiniâtre, prouve encore le bon usage qu'on peut faire des tenailles. » [*Note en marge de Vauban.*]

DES MINES.

J'emploie peu l'usage des mines dans le courant des attaques, ce n'est pas que j'y renonce, j'en suis fort éloigné, mais je leur préfère celui du canon, parce que son effet n'est pas, à beaucoup près, si incertain.

Avec le canon on fait brèche où on veut, quand on veut, et telle qu'on la veut ; ce que la mine ne peut pas faire avec la même certitude.

Quand les brèches sont au point que vous les désirez, vous battez le haut avec les mêmes pièces, sans être obligé de les changer, *service qu'on ne saurait attendre des mines que par hasard.*

Cependant il est vrai de dire que de l'usage du canon et des mines joints ensemble et employés à propos résultent les moyens plus certains et presque les seuls que nous ayons pour forcer et défendre les places, sans quoi tous autres sont longs, difficiles et de peu d'effet[1].

Comme il ne se peut que l'on n'ait très souvent besoin du secours des mines, soit pour attaquer ou défendre les places, et même pour les raser, je mettrai ici ce que j'en ai appris, après avoir expliqué les effets et la façon des poudres.

FABRIQUE DES POUDRES.

La dose de la meilleure et plus fine est de trois quarts de salpêtre de trois eaux par livre, sur un demi-quarteron de bon soufre, et autant de charbon de chènevottes[2], ou de bois puant[3], de coudre ou de saule ; le meilleur de tous est le plus léger, le moins gras et le plus sec, le tout faisant une livre de composition.

Ces matières étant bien mêlées sont exposées à la meule roulante jusqu'à ce qu'elles soient bien broyées ; remarquant qu'il les faut arroser et remuer presque incessamment, après quoi on les tire de là pour les mettre dans les pots ou mortiers de fer fondu des moulins à poudre, où elles sont humectées de temps en temps d'eau de fontaine, et battues au pilon 16 ou 18 heures durant, sans intermission, quelquefois davantage, les remuant et arrosant de temps en temps ; et après les avoir tirées de là un peu humides, elles sont roulées et passées au grenoir[4], où la poudre prend sa forme et son

1. « sans quoi... effet » est remplacé par « depuis que notre manière de fortifier a rendu tous les autres inutiles » dans Rosanbo.

2. le chènevotte est le bout de tige du chanvre.

3. Le bois puant (« anagyris foetida ») est un arbrisseau de 2 m de haut, poussant dans le sud de la France, qui dégage une odeur fétide.

4. Le grenoir, ou grainoir, est une espèce de crible par lequel on fait passer la poudre encore humide, pour lui donner sa forme.

grain ; après quoi on la fait bien sécher au soleil pendant l'été, et dans les poêles pendant l'hiver.

Cela fait, on l'encaque[1] dans des tonneaux faits exprès qui en contiennent ordinairement 200 livres juste, lesquelles sont doublement renfermées par une deuxième futaille appelée *chape*, et ensuite mises dans les magasins.

Voilà comme se fait cette poudre si terrible, et si peu connue des Anciens, tellement hors de toute apparence de pouvoir jamais être inventée il y a 400 ans, que si quelqu'un s'était avisé de la proposer comme une vérité prête à éclore, à laquelle il ne manquait qu'un peu de spéculation et de curiosité pour la mettre au jour, et qu'enfin il y eût ajouté combien elle serait commune, et ses effets surprenants, on l'aurait sifflé et traité de visionnaire et de fou, aussi extravagant que ceux qui ont cru avoir trouvé, à peu de chose près, la pierre philosophale, dont l'invention (supposé qu'elle soit possible) n'aurait peut-être rien de plus admirable que celle de la poudre[2].

DEMONSTRATION DES EFFETS DE LA POUDRE.

Remarquez premièrement, que l'activité de la poudre enflammée est si vive et son action si prompte, qu'on ne saurait distinguer d'intervalle entre les deux. Tout se fait dans le même instant avec une violence qui ne va pas moins qu'à rompre et mettre en pièces tout ce qui lui fait obstacle[3].

Imaginons-nous après cela un globe de poudre A., de telle grandeur qu'on voudra[4], suspendu en l'air, sans qu'aucune de ses parties touche à

1. Encaquer, c'est-à-dire entasser, serrer dans un petit espace.

2. L'ensemble de ce chapitre remplacé dans Rosanbo par : « Si je parle de la composition de la poudre, ce n'est pas que je veuille m'ingérer de donner des préceptes sur une matière qui n'est pas de ma compétence, mais comme je dois parler de ses effets, j'ai cru faire plaisir de dire les doses des matières qui entrent dans la composition de la meilleure, et à peu près comme elle se fait. On prend trois quarterons de salpêtre de trois eaux, un demi quarteron de bon soufre, et autant de charbon de bois, le plus doux et le moins gras. Le charbon le plus léger est le meilleur. On mêle bien ces trois matières et on les broie longtemps et le mieux qu'il est possible à la meule roulante, en les arrosant de temps en temps d'un peu d'eau de fontaine. On les porte ensuite dans le moulin à poudre, où elles sont encore longtemps battues dans des mortiers de fer, et souvent remuées et un peu arrosées. Après cela, on prend cette pâte molle, et on la fait passer au grenoir où elle se graine et prend la figure ronde. Il n'y a pour lors d'autre façon à y faire que de la bien sécher au soleil avant que de la renfermer dans des tonneaux qui en contiennent d'ordinaire deux cents livres. Ces tonneaux sont encore renfermés dans d'autres qu'on appelle chapes. Voilà de quelle manière se fait cette poudre admirable dont les effets sont si terribles et si surprenants. »

3. « L'activité de la poudre est si grande que les sens ne peuvent distinguer d'intervalle entre son inflammation et son action, dont l'effet est si violent que rien ne peut lui résister » dans Rosanbo.

4. « de telle grandeur qu'on voudra » absent dans Rosanbo.

terre, il est certain que si on y met le feu, l'étendue de son inflammation formera un autre globe autour du premier, dont tous les rayons seront égaux ; que tous s'éloigneront également du centre dans le même instant et qu'ils s'étendront autant vers le bas que vers le haut ; et bien que le feu de sa nature monte toujours, l'activité de la poudre enflammée ne donnera pas le loisir à celui-ci de s'assujettir à cette loi [Voyez la planche XVI].

Mais si ce même globe était à demi plongé, comme B., fig. 2, dans une matière dure et capable de résister à l'action de la poudre, il est évident que toute l'activité de son embrasement se porterait sur la partie libre, qui, n'étant point contenue, les rayons de la partie contrainte se joignant à ceux de la partie libre, produiraient sur ce demi-globe tout l'effet répandu autour du globe entier ; d'où s'ensuivrait que les rayons de la partie contrainte joindraient toute leur force à ceux de la partie libre, ce qui doublerait la force des deux, et à même temps l'étendue de leur embrasement, représentée par les rayons de la deuxième fig. B.[1]

Que si cette même quantité de poudre était encore plus resserrée et qu'au lieu de lui laisser le demi-globe entier, on ne lui laissait que le quart contenu par l'angle A.B.C., fig. 3, le surplus de ce qui pourrait l'environner étant de matière dure capable de la résistance nécessaire, alors tous les rayons de l'embrasement se joignant dans la partie libre redoubleraient encore de force et s'allongeraient au double de ceux du demi-globe, et au quadruple de ceux du globe entier ; d'où s'ensuivrait encore que toute la violence qui accompagne son activité continuerait toujours à s'unir et renforcer à mesure que l'ouverture de son inflammation serait diminuée, comme il est représenté par la troisième figure.

Si on continuait à resserrer de plus en plus les ouvertures de cette même quantité de poudre, elle augmenterait toujours de force et d'activité à proportion de la diminution de l'ouverture qu'on laisserait à sa fuite ; et cela, sans rien perdre de sa force : car si au lieu de réduire la fuite de son embrasement au quart du globe, comme ci-dessus, on la réduit au huitième, certainement les rayons dudit embrasement s'allongeront huit fois autant que ceux du globe entier, et réuniront en eux toute la force et l'activité dudit globe[2].

Que si, au lieu de cette ouverture angulaire, on réduit l'espace de sa fuite à un canal rond ou carré, de capacité proportionnée à celle des poudres destinées à l'embrasement, et que les environs de ce canal soient de matière dure et capable de toute la résistance nécessaire, l'embrasement de la poudre qui se dirigera par ce canal agira avec une violence extrême dans toute sa longueur et poussera avec un éclat et une impétuosité surprenante tout ce qu'elle trouvera à son chemin, bien loin au-delà de la bouche dudit canal [voyez la quatrième figure].

1. « d'où s'ensuivrait… fig. B », absent dans Rosanbo.
2. Ce paragraphe est absent dans Rosanbo.

Rendons présentement l'effet des mines intelligible, autant que le sujet le pourra permettre.

Soit donc la mine [H.] engagée de 3 ou 4 toises sous la superficie de la terre, le plus ou moins n'y fait rien. Si nous la supposons enflammée, les rayons de l'inflammation seront sûrement contenus par le bas, soutenu de tout le globe de la terre opposé au vide [E.F.] qui est à sa superficie ; ils le seront aussi par les côtés [I.L.], segments de ce même globe, d'une épaisseur immense. Ils le seront encore par les deux triangles [E.A.I. F.B.L.], parce qu'ils participent encore beaucoup des solides précédents, à joindre que [E.F.] représente la superficie de la terre, dont la distance au centre de l'embrasement est la moindre de toutes, et conséquemment le plus faible des environs. Il est donc évident que l'effort de la mine se fera par le point [G.], qui est le plus près de l'embrasement, puisque c'est la partie la plus faible, et que les parties [E.H. et H.F.], participant beaucoup de cette faiblesse, seront à peu près enlevées de même, ou du moins fort écartées de leur place [G.].

[L'excavation formera un cône renversé dont l'angle sera à peu près droit, qui est l'effet qu'on a reconnu par les expériences qu'on a faites sur les mines en rase campagne, qui servent de règle pour calculer leur excavation, et qui ont conduit à savoir avec assez de précision la quantité de poudre nécessaire pour les faire].

Nota. Que bien que l'effet d'une mine soit ici représenté en terrain égal ou de niveau, et que par conséquent il semble devoir être tel que le représenté à la [cinquième] figure, il ne l'est ainsi que pour en faciliter la démonstration ; car on ne fait guère de mine de la sorte, si ce n'est quelque fougasse sous des glacis de contrescarpe, pour faire sauter un logement de tranchée trop avancé.

Celles que l'on fait sont d'ordinaire sous des remparts de place, des tours, des dehors et des bords de fossé, pour ébouler, abattre, tirer bas ou pousser en avant, et non pour élever à plomb. Mais bien que les superficies en soient fort inégales, et l'action biaise, les mêmes principes subsistent toujours, et il suffit de diriger le faible de la résistance du côté où vous voulez faire l'éboulis, de charger à propos et bien boucher, pour être sûr qu'elle poussera son effet de ce côté-là, quelque inégalité qu'il se trouve dans le haut des terres.

REFLEXION.

Quoique l'action de la poudre enflammée soit d'une force incompréhensible on n'a pas laissé de trouver moyen de soumettre ses efforts à des règles certaines. *Par exemple*, les canons de toutes espèces et toutes les armes à feu dont on se sert se chargent toutes avec des quantités de poudre mesurées.

On a longtemps agi par estimation sur la quantité qu'il en fallait pour charger les mines, sans avoir rien de déterminé sur le plus ou le moins de leur charge, mais à force d'étude et d'expériences *faites de ce règne*[1], on est parvenu à trouver les proportions convenables ; d'où il suit que leur usage peut avoir présentement des règles aussi certaines que celles des armes à feu. C'est de ces expériences plusieurs fois réitérées, qu'on a tiré les connaissances suivantes

I. Que pour enlever une toise cube de terre commune, il y faut employer 12, 15 à 18 livres de poudre[2] ; et 20, 25 livres pour les grosses murailles solides, et de longtemps rassises ; un peu plus, un peu moins, selon que la poudre est bonne et que les terres sont plus ou moins fortes[3].

II. Que pour contenir 80 livres de poudre, il fallait un peu plus d'un pied cube de vide.

III. Que la poudre agit toujours contre le plus faible de la mine, et qu'ainsi il est aisé de lui faire faire son effet du côté qu'on voudra, puisqu'il n'y a qu'à lui donner le faible de ce côté-là[4].

IV. Que si on fait une mine en terrain, dont la superficie soit de niveau, son effet formera un cône tronqué et renversé, la pointe en bas, dont la base sera double de la hauteur du cône entier.

V. Qu'en fait de mine, celui qui tient le dessous a toujours l'avantage, parce qu'il est en état de faire sauter celui qui est au-dessus.

De la première de ces maximes, il s'ensuit qu'on peut supputer la quantité de poudre nécessaire à toutes sortes de mines ; car supposé que vous ayez à faire brèche dans un rempart qui vous paraisse de 32 pieds d'élévation, si vous en rabattez 6 pour la hauteur du parapet, restera 26 pour l'élévation du rempart que vous voulez ouvrir.

Joignons à cela : 1° La considération du revêtement qui, étant d'une matière plus solide que la terre du rempart, mérite aussi une attention particulière ; 2° La conjecture de l'épaisseur du rempart que vous ne pouvez pas connaître. Et la réflexion vous déterminera à ne donner à cette galerie que le tiers ou la moitié au plus de cette hauteur, savoir 12 ou 15 pieds de long directs, non compris les retours, de peur que si on la poussait plus loin, la mine ne fît son effet du côté de la place et ne vous privât des avantages qu'on en doit espérer[5].

1. « sous le règne de Louis XIV » dans Rosanbo.
2. « 14 à 15 livres de poudre » dans Rosanbo.
3. « selon la solidité des matières à renverser » dans Rosanbo.
4. « puisqu'il... côté-là », absent dans Rosanbo.
5. Ce paragraphe est remplacé dans Rosanbo par : « On doit de plus considérer que le revêtement étant d'une matière plus solide que la terre, on sera obligé de ne donner de longueur directe à cette galerie que le tiers ou la moitié de la hauteur du rempart, c'est-à-dire 12 à 13 pieds, autrement il y aurait à craindre que la mine ne fît effet du côté intérieur de la place, et non pas du côté du fossé. »

Poudre	Composition	Grosseur des grains Millimètres	Poids du litre* Grammes
à canon	75 salpêtre 12 1/2 soufre 12 1/2 charbon	1,4 à 2,5	810 à 870
à fusil	*idem*	0,6 à 1,40	780 à 840
de chasse	78 salpêtre 10 soufre 11 charbon	0,5 à 1	890 à 920
de mine pour les déblais dans le roc	65 salpêtre 20 souffre 15 charbon	2 à 4	780 à 810

* La mesure est cylindrique, et a deux décimètres de profondeur[1].

MANIERE DE SUPPUTER L'EXCAVATION DES MINES.

L'éboulis d'une mine est le trou ou l'excavation que laissent les terres qui en ont été chassées ; ce trou fait l'effet d'un cône rectangle renversé dont la pointe est vers le milieu de la chambre ou fourneau[2], et le diamètre de sa base doit être double de sa profondeur.

Supposons que A.B.C.D., [fig. 5, planche XVI], soit le profil de la chambre, et que G.H. soit la hauteur des terres au-dessus ; ajoutez à la hauteur H.G. moitié de la largeur A.B. de la même chambre, vous aurez la profondeur entière du cône H.G., dont le diamètre E.F. est le double.

Pour avoir présentement la solidité de ce cône, multipliez cette profondeur par elle-même, vous aurez son carré ; multipliez ce carré par la même profondeur, vous aurez le solide de l'excavation.

On propose cette méthode parce qu'elle est simple et la plus abrégée de toutes ; l'exemple qui suit éclaircira ce fait.

Supposons la largeur de la chambre A.B.C.D., de deux pieds et demi, la hauteur de la terre au-dessus G.H., de vingt-deux pieds ; ajoutez-y la moitié de la largeur de la chambre, savoir un pied un quart, la somme sera de vingt-trois pieds un quart ou environ ; supposons quatre toises pour éviter les fractions ; multipliez quatre par quatre, vous aurez son carré seize, qu'il faut derechef multiplier par quatre, pour avoir le cube 64, qui marque assez précisément la quantité de cette excavation[3].

1. Ce tableau est absent dans Rosanbo.
2. Le fourneau est un synonyme de chambre.
3. Ces quatre derniers paragraphes sont remplacés dans Rosanbo par : « Si vous voulez avoir la solidité de ce cône, multipliez par elle-même sa profondeur, que je suppose de 4 toises, vous aurez 16 pour le carré, et en multipliant encore ce carré de 16 par 4 même profon-

Pour savoir la quantité de poudre dont vous devez charger la mine, il n'y a qu'à multiplier la quantité de toises cubes que vous avez trouvée, par 15 livres ; ainsi multipliant 64 par 15 livres, viendra 960 livres pour la charge de cette mine, à laquelle ajoutant un cinquième en considération de la maçonnerie et des humidités que les poudres peuvent contracter par leur séjour dans la mine même, ou dans le parc, et même dans les magasins où sa sécheresse n'est pas toujours bien entretenue, viendra 1 152 livres pour la charge plus raisonnable de cette mine.

Nota. Que si le terrain de la mine était peu lié et sablonneux, on pourrait épargner le cinquième.

Ceux qui ont recherché à fond les propriétés plus précises des mines, ont trouvé qu'un pied cube de poudre pèse environ 80 livres ; ainsi, divisant les 1 152 livres de poudre de la mine précédente par 80, l'on aura 14 pieds pour le cube de la poudre : mais la chambre des poudres doit occuper un espace d'un tiers ou environ plus grand que le cube de la poudre qu'elle doit contenir, à raison des planchers, sacs à terre et paille dont on se sert pour mettre la poudre à sec ; c'est pourquoi l'excavation totale doit occuper 16 à 18 pieds cubes de vide.

Le calcul raisonné ci-dessus se réduit à supposer une mine en plein terrain, dont l'effet également retenu de tous côtés par le bas ne se peut faire que par le haut.

Mais comme l'excavation d'une mine de cette sorte ne vaudrait rien dans un siège où son usage est de faire brèche dans un rempart, en le renversant dans le fossé, il faut diriger l'effort de la mine du côté que l'on veut qu'il se fasse ; ce qui ne se peut qu'en plaçant la chambre des poudres de sorte que le faible se trouve du côté que l'on veut que se fasse l'effet. *Par exemple,* soit un rempart de 30 pieds de haut, comme celui qui est représenté [à la planche XVI, fig. 7]. Il faut établir le fourneau, ou la chambre A., de sorte que l'effort se fasse du côté B., et non du côté [D.], en tenant la partie [A.H.], plus faible que la partie [A.C.A.G], et que toutes les autres qui environnent la chambre A.

Pour connaître à peu près, le degré de faiblesse qu'il faut donner à A.B., par rapport à A.C., on a réglé la profondeur de la galerie dans les terres sur le pied de la moitié de la hauteur du rempart ; de sorte que s'il a 50 pieds de haut, le mineur doit s'enfoncer de 12 à 15 pieds directement.

---

deur, vous en aurez 64 pour le solide à l'excavation. Si cette méthode n'est pas la plus précise, elle est si simple et si abrégée qu'on la propose avec d'autant plus de confiance qu'il ne peut y avoir de différence sensible que dix livres de poudre mises d'augmentation ne rectifient beaucoup de l'erreur. »

PREMIERE DEMONSTRATION.

Si la chambre était poussée aussi avant dans les terres que le rempart a de hauteur, c'est-à-dire en [B.], il est certain que l'effet se ferait du côté de [E.], comme le plus faible ; et pour lors l'excavation une profondeur formant le cône renversé [E.B.C.], toute la muraille de [C.] en [D.] resterait debout, outre que la plus grande partie des terres enlevées retomberaient dans leur trou.

SECONDE DEMONSTRATION.

Faisant la chambre à 12 ou 15 pieds de profondeur égale à la moitié de la hauteur du rempart, tout l'effort se fera du côté de [D.], comme le plus faible, et pour lors l'effet cherchera à former le cône [C.A.H.] ; mais étant empêché par le bas, de [D. à H.], l'effort ne perdant rien se tournera d'autant vers le haut qu'il aura été retenu ; et par conséquent de [C. à F.] ; de sorte que l'effet de la mine placée ainsi à la moitié de la hauteur de la terre ou de la maçonnerie fera l'excavation [D.A.F.], qui est toute la muraille, qui, tombant entière, entraînera avec elle non seulement les terres qu'elle avait à soutenir, mais encore celles que l'effort de la mine aura ébranlées.

C'est sur ce raisonnement qu'on a fait la table suivante, composée de quatre colonnes.

La première marque en pieds les différentes hauteurs des remparts au-dessus des mines, depuis 10 jusqu'à 80 pieds.

La seconde marque en pieds les différents enfoncements des chambres, qui sont égaux à la moitié de la hauteur des remparts.

La troisième marque les dimensions en pieds et pouces courants des chambres, les supposant cubiques comme un dé, et dont les capacités sont d'un tiers ou approchant, plus grandes que les cubes des poudres qu'elles doivent contenir, en considération des planches, pailles, sacs à terre, etc., dont on fait le lit des poudres.

La quatrième marque les quantités de poudre nécessaires à la charge des mines indiquées dans les autres colonnes à côté.

TABLE

Pour les différentes grandeurs des mines dont on se peut servir dans les sièges, réglées suivant la moindre épaisseur des terres qu'elles ont à chasser, depuis 5 pieds jusqu'à 40, ou depuis 10 pieds de hauteur de rempart jusqu'à 80.

Hauteur des remparts au-dessus des chambres	Profondeur des galeries jusqu'aux chambres	Mesures des chambres en pieds et en pouces courants		Quantités de poudre nécessaires à la charge des mines
10 pieds	5 pieds	0 pied	7 pouces	10 livres
12	6	0	8	18
14	7	0	10	28
16	8	0	11	42
18	9	1	1	60
20	10	1	2	82
22	11	1	3	109
24	12	1	4	142
26	13	1	5	180
28	14	1	7	226
30	15	1	9	277
32	16	1	10	336
34	17	1	11	403
36	18	2	1	479
38	19	2	2	564
40	20	2	4	657
42	21	2	5	761
44	22	2	6	875
46	23	2	8	1000
48	24	2	9	1136
50	25	2	10	1294
52	26	3	0	1444
54	27	3	1	1617
56	28	3	3	1803
58	29	3	4	2004
60	30	3	6	2218
62	31	3	7	2447
64	32	3	8	2692
66	33	3	10	2952
68	34	3	11	3229
70	35	4	0	3522
72	36	4	2	3883
74	37	4	3	4161
76	38	4	4	4510
78	39	4	6	4873
80	40	4	7	5258

USAGE DE CETTE TABLE.

Connaissant la hauteur du rempart, connaître la capacité de la mine qui lui convient.

EXEMPLE.

Si le rempart a 30 pieds de haut, cherchez dans la première colonne, hauteurs des remparts, le chiffre 30 : vous trouverez vis-à-vis dans la seconde colonne, 15, qui est l'enfoncement du mineur dans les terres ; dans la troisième, le chiffre 1 pied 8 pouces dénote la dimension de la chambre en tous sens ; c'est-à-dire un pied 8 pouces de haut, sur un pied 8 pouces de large, et autant de profondeur ; et dans la quatrième colonne vous trouverez 277 livres, qui est le nombre de livres de poudre nécessaire à charger la chambre, auquel vous pouvez ajouter un tiers ou un quart, en considération de la solidité du revêtement et de l'humidité des poudres ; ainsi, si à 277 vous ajoutez 93, viendra 370 livres pour la charge de la mine ; la grande précision est ici peu nécessaire ; il peut être ainsi de toutes les autres.

Nota. 1° Que quand on fixe la longueur des galeries directes à moitié de la hauteur, cela ne se doit pas toujours prendre au pied de la lettre et doit s'entendre sans compter les retours.

2° Que quand il s'agit d'ouvrir de grandes élévations, il vaut mieux séparer les mines en plusieurs chambres, parce que cela fait bien plus d'ouverture.

De sorte que s'il s'agissait d'ouvrir un rempart de 80 pieds de haut, la première colonne donnerait 80 pieds ; la deuxième, 40 de galerie ; la troisième, 4 pieds 7 pouces de chambre, et la quatrième 5 258 livres de poudre pour la charge ; et en ce cas, on pourrait pousser la galerie en avant de six pieds de moins, et ajouter environ le tiers de 5 258, viendrait 7 010 livres de poudre pour la vraie charge, qui, divisée en trois, produirait de quoi charger une mine tréflée à trois chambres, dont la charge, si elle était égale, serait de 2 336 livres de poudre pour chacune ; mais attendu que celle du milieu doit être enfoncée de 7 à 8 pieds plus que les autres, j'y mettrais 3 010 livres de poudre, et 2 000 livres dans chacune des autres ; ce qui ne pourrait manquer de produire un grand effet.

A l'égard de la grandeur des chambres qui peuvent convenir à ces différentes quantités de poudre, il n'y a qu'à prendre garde au nombre de la quatrième colonne qui approche le plus de cette quantité ; ainsi 2 952 étant le chiffre qui a le plus de rapport à 3 010, je regarde vis-à-vis dans la troisième, et je trouve 3 pieds 10 pouces pour la hauteur, longueur et largeur de la chambre ; et à l'égard de celles à 2 000 livres, la capacité des chambres se trouvera vis-à-vis le nombre de 2 004, qui est celui de la quatrième colonne qui en approche le plus près ; je regarde donc à la troisième colonne vis-à-vis, et je trouve 3 pieds 4 pouces, qu'il faut entendre en tous sens, comme la précédente, pour la grandeur des chambres qui leur conviennent ; et ainsi de toutes les autres ; remarquant que bien que les règles de la table soient bonnes d'elles-mêmes, il se trouve de si grandes différences tant dans la qualité des terres, dont les unes glaises, les autres grasses, d'autres sablonneuses, et d'autres mêlées de roc ou rocailles, et même d'autres de roc solide, que dans la solidité des revêtements, dont les uns se défendent incomparablement mieux que les autres ; d'ailleurs il y a tant d'inégalité dans la force des poudres que le plus sûr est de fortifier toujours la charge ; le plus ne pouvant faire de mal, si ferait bien le moins.

3° Bien qu'il ait été parlé de l'importance extrême d'égaler les feux pour les pouvoir donner juste à plusieurs chambres à la fois, je dois répéter ici qu'il n'y a rien de plus nécessaire, et que non seulement on doit bien prendre garde de tenir la saucisse sèchement, et non trop pressée dans les augelets[1], mais qu'il la faut bien compasser ; en sorte qu'il n'y en ait pas un demi-pouce de long à l'un des bras de la mine plus qu'à l'autre ; et dans celles où il y a plusieurs fourneaux, comme les galeries doivent être de différentes longueurs, il faut faire aller la saucisse de droite à gauche dans la galerie, en forme de zigzag, comme elles sont représentées aux planches [XVII et XVIII], et surtout bien placer le foyer, qui est le lieu choisi pour donner feu à la mine[2].

1. Augelet, ou auge de mine : petit canal de planches, d'environ trois pouces de diamètre, où l'on renferme le saucisson rempli de poudre pour faire sauter la mine.

2. Les chapitres « première » et « seconde démonstration », « table » et « usage de cette table », ainsi que le dernier paragraphe du chapitre sur la « manière de supputer l'excavation des mines », sont remplacés dans Rosanbo par : « On a supposé que le rempart avait 30 pieds de haut. Le fourneau A étant à 3, 4 ou même 6 pieds au-dessus du fond du fossé, il reste 24 pieds de charge au-dessus du fourneau.

« Le rempart E.F., le parapet compris, a par haut 48 pieds d'épaisseur, et au moins 65 à la hauteur du fourneau. Si l'on n'enfonce la galerie que de 15 pieds directs, il restera 50 pieds d'épaisseur du fourneau A au derrière du rempart pour s'opposer à son effort.

« Les côtés A.C. du fourneau qui ont pour appui le rempart dans sa longueur, sont encore infiniment plus solides. L'effort de la poudre se fera donc certainement du côté du revêtement H., puisqu'il n'a que 15 pieds d'épaisseur à opposer à 24, partie du rempart la plus faible.

« On a démontré que la direction des rayons de l'inflammation de la poudre est du centre à la circonférence, et est angulaire. L'effort ne se fera donc pas seulement sur la partie faible de 15 pieds, mais il s'étendra aussi sur la partie supérieure des terres et du revêtement qui est celle qui participe le plus de sa faiblesse, et de plus les terres qui ne se trouveront plus soutenues de la muraille, et qui auront été meurtries par l'effort de la poudre, tomberont d'elles-mêmes.

« Mais si l'on poussait le fourneau plus avant, comme en B., de façon qu'il n'y eût sur lui que 3 ou 4 pieds de hauteur de terre de plus que d'épaisseur de muraille et de terre du côté H., qu'on veut renverser, il arriverait que les terres du dessus seraient enlevées, et que le revêtement resterait sur pied, parce que le poids de 3 ou 4 pieds de terre sur la mine ne

ATTACHEMENT DU MINEUR ET SA SUITE.

Après avoir suffisamment expliqué l'effet et la nature des mines, j'estime qu'il est temps d'en faire entendre l'usage[1].

L'attachement du mineur se fait au milieu environ des faces, sinon au tiers, à le prendre du côté des angles saillants des bastions, demi-lunes, ou autres ouvrages équivalents [planche XVII]. Il vaudrait mieux que ce fût en approchant des épaules, parce que l'effet de la mine couperait partie des retranchements ; mais on va pour l'ordinaire à la partie la plus tôt en état et la plus commode. Cet attachement doit toujours être précédé de l'occupation du chemin couvert, de l'établissement des batteries nécessaires sur le même, de la rupture des flancs qui peuvent avoir vue sur le logement du mineur, et de la descente et passage du fossé, auquel il faut ajouter un logement capable de 20 ou 30 hommes dans le même fossé, pour la garde du mineur.

Dans le temps qu'on achève ces préparations, on doit travailler à l'établir ; ce qui se fait en deux manières, l'une ancienne et l'autre moderne ; l'ancienne est d'envoyer deux ou trois travailleurs, qui s'enfoncent dans les décombres tombés au pied du revêtement, où ils font place pour poser des madriers, remarquant que si c'est un fossé plein d'eau, il faut se mettre en état de commencer l'œil de la mine à un pied au-dessus de la superficie de l'eau, supposé qu'on ne la puisse pas rehausser ; et si c'est un fossé sec, il le faut commencer le plus près du fond qu'on pourra, afin de tenir toujours le dessous[2].

Après la place préparée, on y fait porter 6, 7 ou 8 madriers de 7 à 8 pieds de long chacun, sur un de large, et 4 pouces d'épais, couverts de fer blanc, à cause des feux d'artifice[3] : on les appuie bien joints les uns aux autres contre le mur, leur donnant assez de pied pour que deux mineurs se puissent loger dessous un peu commodément, et y travailler à leur aise.

On les couvre après cela de peaux de bœufs fraîchement tués, quand on en a, et on bouche l'ouverture sous les madriers du côté du flanc, avec des sacs à terre, donnant toute l'épaisseur qu'on peut à cet épaulement.

---

serait pas équivalent à la résistance du revêtement qui est beaucoup plus lourd et plus solide. Il faut donc, pour que la mine fasse l'effet qu'on en attend, que le fourneau soit placé de façon que son effort soit dirigé contre la partie qu'on veut renverser, et que la poudre soit proportionnée au solide des terres et des murailles qu'elle doit pousser. »

1. Cette phrase est absente dans Rosanbo.

2. « remarquant… dessous », absent dans Rosanbo.

3. Les feux d'artifice sont des fusées lancées par d'autres fusées porteuses, les premières devant s'allumer après les secondes. Les deux types de fusées sont chargées d'un mélange pyrotechnique à base de salpêtre, de soufre et de charbon.

Après quoi, on fait entrer le mineur sous les madriers, qui commence aussitôt à percer dans le parement, et à s'enfoncer dans le corps du mur du mieux qu'il peut[1].

Il faut avouer que cette méthode est dure, longue, très dangereuse, et qu'elle a fait périr une infinité de mineurs, car ils sont longtemps exposés :

1° Au canon des flancs, dont l'ennemi vous dérobe toujours quelques coups de temps en temps, bien que démontés et en grand désordre, parce qu'il y remet de nouvelles pièces avec lesquelles il tire quand il peut et ne manque guère le logement du mineur.

2° Au mousquet des tenailles et des flancs hauts et bas, s'il y en a qui soient un peu en état.

3° Aux pierres, bombes, grenades et feux d'artifices, que l'ennemi tâche de pousser sur lui du haut en bas des parapets.

4° Aux surprises des sorties dérobées, dont on ne manque pas de le régaler souvent, et par-dessus cela, à toutes les ruses et contradictions des contre-mines♦.

De sorte que la condition d'un mineur en cet état est extrêmement dangereuse et recherchée de peu de gens ; et ce n'est pas sans raison qu'on dit *ce métier être le plus périlleux de la guerre.*

Quand cet attachement est favorisé du canon en batterie sur les chemins couverts, c'est tout autre chose, le péril n'en est pas à beaucoup près si grand. On enfonce un trou de quatre ou cinq pieds de profondeur[2] au pied du mur, où le mineur se loge et se met à couvert en fort peu de temps du canon et du mousquet des flancs, des bombes, grenades et feux d'artifice qui ne peuvent plus lui rien faire peu de temps après son attachement ; il n'a plus que les sorties et les contre-mines à craindre.

Ajoutons à cela que si après avoir décombré et vidé de son trou de ce qu'il y aura trouvé d'ébranlé du canon, il en ressort pour un peu de temps et qu'on recommence par y faire tirer 50 ou 60 coups de canon bien ensemble, cela contribuera beaucoup à l'agrandir et enfoncer.

Ce même canon lui rend encore un bon office, quand il y a des galeries en contre-mines dans l'épaisseur des murs, parce qu'il les peut enfoncer à droite et à gauche, à quelque distance du mineur ; et, par ce moyen, en interdire l'usage à l'ennemi ; il sert même à disposer la prochaine chute du revêtement et à la faciliter.

Les mineurs se relèvent de deux heures en deux heures, et travaillent avec toute la diligence possible, jusqu'à ce qu'ils soient prêts à chambrer. Pendant qu'ils avancent leur ouvrage, on fait approcher les poudres, les sacs à terre et les fumiers nécessaires au bouchement de la mine, à portée dans les places d'armes plus prochaines ; les charpentiers de l'artillerie pré-

1. « et à s'enfoncer... qu'il peut », absent dans Rosanbo.
2. « 5 à 6 pieds de profondeur » dans Rosanbo.

parent à même temps les étais, les bois, les planches pour la galerie et pour boucher[1].

La galerie doit avoir trois pieds et demi de haut sur deux et demi de large bien francs ; et quand on travaille aux rameaux[2], on réduit, autant que l'on peut, leur galerie à deux pieds et demi de haut sur deux de large.

Le mineur doit extrêmement se méfier des contre-mines, souvent écouter s'il n'entend pas travailler pour venir à lui, auquel cas il doit sonder du côté qu'il entendra le bruit ; souvent on en fait d'un côté pendant qu'on travaille de l'autre, pour tromper l'ennemi (ce qui ne se peut guère que quand on est dans les terres) ; pour lors on peut travailler avec de gros ciseaux plats, qu'on pousse de la paume de la main, sans frapper autrement que par le poing sur le manche, pour faire éclater la terre sans bruit.

Si l'ennemi vous presse, il faut le prévenir, s'il se peut, par une fougasse qui l'étouffe dans sa contre-mine ; pour cet effet, on pourrait se servir de sondes faites en tarières brisées de deux ou trois pièces qui s'ajustent les unes aux autres[3].

Ces tarières, qui sont de différents calibres, s'introduisent dans le trou l'une après l'autre, pour l'agrandir jusqu'à lui donner cinq ou six pouces de diamètre ; on l'enfonce le plus avant que l'on peut du côté de l'ennemi, comme de 5, 6 à 7 pieds, après quoi on y pousse une grosse gargouche de même calibre, contenant 10 ou 12 livres de poudre, qu'il faut bien boucher et tamponner de notre côté, la très fortement étayer et y donner le feu par un tuyau percé de long et par le milieu du tampon, comme ceux des bombes.

Si la galerie de l'ennemi n'est qu'à 4 pieds de la tête de cette fougasse, il est sûr qu'elle en sera enfoncée[4].

D'autres se servent de deux à trois bombes jointes ensemble pour faire cet effet ; d'autres d'un mouflet, petit fourneau de 80 à 100 livres de poudre, fait à la hâte, pour enfoncer la galerie de l'ennemi, qui quelquefois vous prime aussi de son côté ; comme il ne manque pas de sonder pour savoir à quelle distance vous êtes de lui, il faut être alerte, et quand le bout de la sonde paraît, être prompt à remplir le trou, quand il la retire, par le bout d'un pistolet, qui, étant introduit juste et à propos par un homme assuré, ne manque guère de tuer le mineur ennemi.

Il faut faire suivre ce coup de trois ou quatre autres, après quoi y pousser une sonde pour nettoyer le trou et empêcher qu'il ne le bouche de son côté.

1. « pour boucher » est remplacé par « pour contrebander les retours » dans Rosanbo.
2. Les rameaux sont des ramifications de la mine.
3. Ce paragraphe est remplacé dans Rosanbo par : « S'il découvre l'ennemi et qu'il en soit pressé, il faut le prévenir. On emploie divers moyens pour le chasser, les uns se servent de tarières de différents calibres. »
4. « et le mineur sera obligé d'abandonner » dans Rosanbo.

Nota. Qu'il est bon, dans ces rencontres, d'être précautionné d'un plateau de bois grand comme un plat, de quatre pouces d'épais, avec une cheville dans le milieu, pour le tenir et l'opposer à ce trou, comme un bouclier, si l'affaire tourne en dispute.

Plus, avoir une lance à feu puante[1], toute prête pour l'introduire dans le même trou, et, après lui avoir donné feu, bien boucher de notre côté, afin que toute la fumée passe dans la galerie de l'ennemi, d'où on le chassera pour quelque temps ; pendant quoi il ne faut pas manquer de chambrer et de lui faire jouer un petit fourneau qui le chasse tout à fait de sa galerie et la crève.

Selon que les ouvertures sont grandes de l'une à l'autre, on y insinue quelquefois une bombe, qui y fait merveille.

D'autres fois des porte-feux, seulement pour l'épouvanter ; d'autres fois des grenades : le meilleur est la bombe, quand on le peut, car elle rompt la galerie. Un pétard[2] y peut être aussi employé quand il y reste peu à percer ; et, pour conclusion, on se fait tout du pis qu'on peut.

Voilà à peu près les chicanes qui se font sous terre de mineur à mineur, où les plus adroits et les mieux précautionnés ont ordinairement l'avantage ; mais, quand on craint de tomber dans ces cas, le mieux est de mettre la chose en deux, et de faire jouer une mine médiocre dans le commencement, pour crever les galeries des ennemis et les en chasser pour deux ou trois jours, pendant quoi on rattache le mineur de notre côté, et pour le coup on s'enfonce hardiment dans la masse du rempart.

On dit chasser l'ennemi de sa galerie pour deux ou trois jours, parce que la terre *s'émeut et se meurtrit* (pour parler en terme de mineur) à 5 ou 6 toises de l'endroit où la mine a joué, et remplit tout de fumée si puante que personne ne peut en soutenir l'odeur, ce qui ne fait pas le même effet du côté de l'assiégeant, parce qu'il a plus d'air et qu'il n'est pas question d'employer de si longues galeries.

Quand l'effet des mines est soutenu par celui des grosses batteries établies sur le bord du fossé contre les flancs et les brèches, que les bombes sont abondamment servies, et que les pierres se mettent de la partie, les conditions de l'ennemi deviennent dures et si mauvaises dans les pièces attaquées, où tombent tous ces orages, qu'il ne s'y peut remuer en grosses troupes sans être exposé à mille dangers qui lui déciment à tous moments son monde, et toujours en diminution de sa garnison : c'est pourquoi il paie de patience et ne fait pour l'ordinaire pas grand bruit quand il est bien entrepris[3].

1. La lance à feu puante est une tige de bois enduite à un bout de produits dégageant, à leur inflammation, une fumée à l'odeur nauséabonde.

2. Le pétard est une petite charge de poudre placée dans une enveloppe, à laquelle on met le feu grâce à une mèche.

3. « c'est pourquoi... entrepris », absent dans Rosanbo.

DIFFERENCE DES MINES.

Je crois qu'il ne sera pas inutile d'expliquer ici ce que c'est que *mine directe*, *mine double* ou faite en *T*, *mine triple ou tréflée*[1].

On n'en fait guère de quadruples dans les sièges ; cependant on en pourrait faire, et même de quintuples et de sextuples si on voulait ; mais cela serait long et de peu d'utilité[2].

La mine directe est celle qui n'a qu'une chambre et qu'une galerie ; par conséquent, celle-ci établit sa chambre pour l'ordinaire à la racine des contreforts, quand il y en a, et emploie plus de poudre à proportion que les autres. [Voyez la planche XVIII, fig. 1].

Mine double ou en *T,* est celle qui, après avoir percé l'épaisseur du revêtement, se sépare en deux rameaux égaux, qui, s'étendant derrière ledit revêtement, vont chercher la racine des deux contreforts voisins, dans la solidité desquels on chambre [Voyez la 2e figure].

Mine triple ou treflée, est celle où, non content de deux fourneaux séparés, on en pousse un troisième dans les terres, qui va chercher le derrière des contreforts ; celle-ci en embrasse ordinairement trois et procure un grand éboulis de terre et une profonde excavation quand elle réussit bien. Ces fourneaux doivent être faits en égale distance les uns des autres quand on le peut ; mais les porte-feux doivent être nécessairement égalés avec une grande justesse ; autrement, il y aurait danger que celui de quelqu'un des fourneaux ne s'étouffât, comme il arrive assez souvent : c'est à quoi on ne saurait trop apporter de circonspection[3]. On charge ordinairement de quelques sacs de poudre le fourneau du milieu plus que les deux autres. [Voyez la 3e figure] ;

On y peut ajouter plus de fourneaux, mais je tiens qu'en voilà assez pour une brèche raisonnable ; en tout cas, [la planche XVIII propose] plusieurs plans qui serviront à secourir l'idée de ceux qui en voudront davantage[4].

Au reste, la conduite des galeries ne doit pas être directe ; il faut du moins la briser deux ou trois fois carrément ou à angle droit, pour avoir

1. « Comme les parties qu'on peut renverser diffèrent beaucoup entre elles par leur force, et leur étendue, on fait aussi différentes mines, les unes simples ou directes, et les autres doubles, triples, et quelquefois quadruples, pour les proportionner aux choses qu'on se propose d'abattre » dans Rosanbo.

2. Ce paragraphe est absent dans Rosanbo.

3. « il y aurait danger... circonspection » est remplacé par « il y aurait à craindre que le premier enflammé n'ébranlât la terre, et n'étouffât le feu de la saucisse, ce qui rendrait les autres inutiles, ce qui arrive assez souvent » dans Rosanbo.

4. Ce paragraphe est remplacé par : « On peut faire des mines plus composées, mais il est rare qu'elles soient nécessaires. Celles-ci suffisent pour faire une brèche capable de monter vingt hommes de front, ce qui est beaucoup plus que le passage du fossé ne le peut permettre » dans Rosanbo.

plus de facilité à bien boucher, et faire même des feuillures[1] de 4 ou 5 pouces de large, et autant d'enfoncement dans les endroits qui pourraient servir pour aider à leur fermeture.

Les chambres doivent être proportionnées à la quantité des poudres que vous y voulez employer, ce qui est à peu près réglé par la table ci-devant, pour toutes sortes de mines, grandes et petites[2] ; quant à la figure des chambres, les rondes ou carrées sont celles qui leur conviennent le mieux.

Il faudra en unir le fond le mieux qu'on pourra et donner quelque rehaussement à son cul de four[3], et la bien nettoyer.

Quant aux manières de les charger, il faut, en premier lieu, prendre garde que le fond de la chambre ne soit pas trop près de l'eau.

En second lieu, de l'enfoncer d'un pied ou un pied et demi plus que la galerie si le terrain le permet.

En troisième lieu, de les bien nettoyer, et préparer ce qui doit servir à leur fermeture.

Et en quatrième lieu, avoir des augelets et saucisses prêtes et bien faites ; celles-ci sont de longs boudins de toile, de grosseur à passer un œuf de poule, qu'on remplit de poudre de manière qu'elle y soit bien continue, et non trop pressée. *Tout cela étant prêt, on charge.*

On a autrefois employé trois moyens pour charger les mines : le premier, avec des barriques entières, arrangées dans les chambres, dont, en ôtant les chapes, on débouchait les bondons[4], rompant aussi quelques douves[5] et répandant un peu de poudre entre deux.

Cette méthode était fort incommode dans les lieux étroits et ne donnait pas une assez bonne disposition à l'embrasement des poudres.

On l'a quittée pour charger avec des sacs à terre remplis de poudre, qu'on arrange par tas dans la chambre, le mineur ayant soin de donner un coup de couteau à chacun pour les ouvrir, et de répandre de la poudre entre deux. Plusieurs pratiquent encore celle-ci.

Mais la meilleure de toutes est de planchéier de madriers, si l'on peut, le fond de la chambre ; de répandre bien également sur ce plancher un pouce d'épais de paille, recouverte par un tapis de sacs à terre vides, pour empêcher que la poudre ne prenne trop tôt l'humidité ; après quoi on la verse en tas, comme un monceau de blé, qu'on empêche de toucher aux bords de la chambre, par les raisons que dessus, en continuant de les garnir tout autour de paille et sacs à terre pour éviter l'humidité.

1. La feuillure est un angle rentrant, le plus souvent d'équerre, ménagé le long d'une partie de construction, pour recevoir une partie de menuiserie fixe ou mobile.

2. « ce qui... petites » est remplacé par « pour cent livres de poudre, il faut d'excavation un pied, deux pouces, onze lignes cubiques » dans Rosanbo.

3. Un cul de four est une voûte en forme de demi-coupole (soit un quart de sphère).

4. Un bondon est un morceau de bois court et cylindrique servant à boucher la bonde d'un tonneau.

5. Une douve est une planche servant à la fabrication des tonneaux.

Celui qui conduit la charge est ordinairement un officier des mineurs, un sergent, ou du moins un caporal, qui[1] doit avoir grand soin d'introduire le bout de la saucisse dans le milieu des poudres, afin qu'elle puisse porter son feu également ; observant encore de la contenir en cet état par le moyen d'une broche ou cheville de bois, de trois ou quatre pouces de long et de cinq ou six lignes de diamètre, dont il la perce de part en part en dedans de la chambre et le plus près qu'il peut des madriers, pour l'arrêter et empêcher qu'on la puisse arracher en la tirant par l'autre bout, ou que la violence du feu de la poudre dans toute la longueur de la saucisse ne fasse cet effet.

Après cela, on renferme sa suite dans l'augelet qui est conduit jusqu'à l'entrée de la mine, observant de tenir toujours le milieu tant que l'on peut.

La mine une fois chargée de la quantité de poudre qu'on y veut mettre, on travaillera à la boucher, et c'est ce qu'il y a de plus important à faire dans cette conduite, et où il faut que les maîtres mineurs paient de plus d'adresse et de savoir-faire.

La mine se ferme par des bouts de madriers fort épais, joints l'un à l'autre et bien contrebutés ; on maçonne tout le vide avec de gros moellons et du fumier qui leur sert de mortier, serrant les joints avec quantité de coins de bois faits exprès et battus à la masse, et on traverse souvent la galerie de madriers bien étrésillonnés[2], ce qui s'observe dans toute sa longueur : *à la portée* de la chambre, et au premier retour, on se barre avec encore plus de soin avec des madriers bien contrebandés d'étais, et on continue de maçonner avec la même application jusqu'au trois ou quatrième retour qu'on ferme toujours de même, prenant sur cela toutes les précautions possibles ; et toujours prendre garde à ce que les augelets ne se dérangent point, et que la saucisse soit bien conduite et tenue sèchement.

Quand on juge que la mine est suffisamment bouchée, on en demeure là, et pour lors on établit le foyer ou la lumière[3] de la mine, qu'on couvre soigneusement en attendant l'ordre d'y mettre le feu.

Pendant que la mine se bouche, on fait les préparatifs de l'assaut, si on y en veut donner un. Soit cela ou un logement en brèche, il faut avoir de grandes provisions de matériaux et d'outils dans les places d'armes prochaines ;

Que les batteries de canon, de bombes et de pierriers soient pourvues pour tirer au moins 50 ou 60 coups par pièce ;

Un gros détachement de grenadiers prêts, avec ceux qui les doivent soutenir ; et tous les travailleurs nécessaires, garnis d'outils, de matériaux,

1. « est ordinairement… caporal, qui » est absent dans Rosanbo.
2. Etrésillonné, c'est-à-dire pourvu d'étrésillons, pièces de bois qui soutiennent les parois d'une tranchée ou d'une galerie de mine.
3. La lumière est l'orifice par où l'on peut enflammer la poudre.

etc., le tout placé, arrangé et bien instruit de ce qu'ils auront à faire, avec un détachement de 100 travailleurs à la tête, pour déblayer et réparer promptement les désordres que la mine pourra faire aux têtes plus avancées de la tranchée.

Toutes choses étant prêtes, il faudra commencer par faire retirer les troupes peu à peu et sans bruit, hors la portée des éclats de la mine, ce qui ne se peut faire qu'estimativement, car quelquefois elle éclate loin, et d'autres fois elle ne fait que renverser.

Les troupes étant retirées, il faudra aussi faire retirer les sentinelles, et ne laisser que quatre ou cinq fusiliers bien dispos pour escorter la retraite du mineur ; cela fait et disposé, lui envoyer ordre d'y mettre le feu et se retirer.

Sitôt que la mine a fait son effet, les officiers d'artillerie de toutes espèces regagnent leurs batteries et raccommodent incessamment ce qu'il peut y avoir de gâté ; tous les gens commandés retournent à leurs postes, et la première chose qu'on y fait est de parcourir toute la tête des tranchées et le passage du fossé avec les travailleurs commandés[1], et rétablir ce que l'effet de la mine y a gâté ; pendant cela, on fait reconnaître la brèche, et les batteries se tiennent en état de battre, suivant les ordres qu'elles en ont eus, pour achever de l'aplanir, empêcher les ennemis de s'y présenter et les inquiéter dans leurs retranchements ; les gens commandés pour faire feu bordent les logements, et après avoir rangé les sacs à terre, ils passent les armes entre deux, et se mettent en état de faire feu sur tout ce qui paraîtra du rempart.

Toutes ces mesures étant bien prises et sagement exécutées, il sera bien difficile que l'ennemi se puisse présenter en grosses troupes au soutien de ces brèches, et encore plus qu'il y puisse tenir, non plus qu'à ses retranchements.

Pour cela, il ne se faut pas presser ni rien entreprendre étourdiment, mais se conduire selon la disposition où on verra les choses, et toujours par les voies les plus sûres ; car deux ou trois heures de plus ou de moins n'avancent ni ne reculent guère les affaires d'un siège et coûtent quelquefois bien du monde quand elles sont mal employées et qu'on se presse trop.

Les choses étant donc rétablies et toutes en état, il y aura deux partis à prendre : celui de se loger de plein saut sur le haut des brèches, poussant de vive force tout ce qui s'y présentera, ou de s'y prendre comme il a été proposé pour les brèches à canon, page [1254] de ces Mémoires.

Que si l'entreprise paraît trop dure et hasardeuse, il vaudra mieux rattacher encore une fois le mineur et recommencer à canonner, pour donner toute l'étendue désirable aux brèches, qui est un parti préférable à tous les autres et que l'ennemi ne soutient presque jamais, et cependant gagner toujours terrain[2].

1. « les cent travailleurs commandés » dans Rosanbo.
2. « et cependant gagner toujours terrain » absent dans Rosanbo.

Voilà, à mon sens, le chapitre des mines suffisamment expliqué, à l'aide des dessins contenus dans les {planches XVI, XVII et XVIII}.

Il y aurait encore deux autres explications à faire, qui seraient celles des contre-mines et l'usage des mines dans les démolitions mais le premier regardant la défense des places, et l'autre leur démolition, je remets celui-là à un traité que je ferai, peut-être, sur la défense. Pour le second, je m'en remets à la capacité des mineurs du roi, qui ont toute l'intelligence nécessaire pour les mines où il ne s'agit que de démolir.

Si l'exécution du contenu en ces Mémoires, tant en ce qui regarde l'usage des mines que celui du canon et des bombes, est fidèlement observée et bien conduite, on pourra s'assurer que l'ennemi sera bientôt forcé de battre la chamade[1], quelque opiniâtre qu'il puisse être.

On ne va plus, à beaucoup près, si loin, et nous ne voyons point de place de ce temps-ci qui se laisse pousser à cette extrémité[2].

La défense de celles qui sont attaquées de la sorte devient trop dangereuse pour pouvoir durer si longtemps : quand les attaques y sont menées méthodiquement, les assiégés y doivent perdre trois hommes contre les assiégeants deux ; nous avons fait plus d'un siège où cela s'est vu, sans qu'elles fussent menées avec tant d'art qu'il en est ici proposé : *la raison en est claire.*

La tranchée ne se fait point à découvert dès qu'elle commence à devenir dangereuse ; il ne se fait point de grosses attaques qui exposent un grand monde à la fois, et la garde ne se monte que de cinq ou six jours l'un ; au lieu que les assiégés, quelque bonne conduite qu'ils puissent tenir, ne peuvent pas se dispenser d'avoir le tiers de leur monde en garde, l'autre au bivouac, et la plus grande partie de l'autre occupée aux retranchements, réparations, et au service du canon, ce qui les expose presque continuellement ; de sorte que de trois jours il y en a du moins deux où on peut dire que les deux tiers de la garnison souffrent beaucoup ; la bonne disposition de nos batteries de toutes espèces les allant chercher partout ; et l'on peut dire qu'il n'y a pas un seul endroit dans toute la partie de la place opposée aux attaques qui ne soit très dangereux, ce qui ne se peut sans souffrir de grandes pertes.

Il ne se faut donc pas étonner si les places se rendent plus tôt qu'elles ne faisaient autrefois ; la quantité de dehors qu'elles ont de plus, dont la

1. Battre la chamade, c'est faire jouer par un tambour le signal proposant la capitulation.

2. Ces quatre derniers paragraphes sont remplacés dans Rosanbo par : « Je crois avoir assez expliqué les mines, pour l'usage des assiégeants. Celles qui s'emploient pour les démolitions n'étant point de mon sujet, je laisse aux officiers de mineurs à en donner l'instruction.

« On peut s'assurer que si l'on unit bien ensemble les mines, le canon et les bombes, comme je l'ai expliqué, il n'y a point d'assiégé qui ne capitule dans peu. Il n'y a point eu de ville de nos jours qui ait attendu à se rendre que la mine attachée au corps de la place ait joué. »

défense fatigue et consomme bien du monde, et les avantages que les attaques prennent sur elles, bien plus considérables que du passé, affaiblissent tellement les garnisons qu'il n'y en a guère (et j'ose dire pas une) qui soit assez hardie pour se commettre à une dernière affaire, dont le mauvais succès, presque certain, les exposerait à être taillées en pièces[1].

Voilà nos attaques conduites à leur fin par les voies les plus courtes, les plus raisonnables et les moins ensanglantées qui se puissent mettre en usage.

Les principes sur lesquels je me suis fondé sont puisés dans ceux de la fortification même, qui en suppose le système régulier comme le plus parfait, et auquel tout ce que l'on fait doit se rapporter, autant que les différentes situations le peuvent permettre.

Je l'ai imité en supposant un front de place régulier, régulièrement attaqué par un terrain plein et uni, qui n'est avantagé de rien dans un endroit plus que dans l'autre. Ce n'est cependant pas à dire que cela se trouve partout, il s'en faut bien ; il est même très rare de rencontrer de pareilles places et de pareilles situations. La plupart tiennent bien quelque chose du régulier, mais beaucoup plus de l'irrégulier, parce que les villes ayant été bâties et fermées de murailles, ou fortifiées à l'antique avant que la fortification moderne fût en usage, on a profité, autant que l'on a pu, de ce que la vieille avait de meilleur, pliant, accommodant, et même altérant les règles de la nouvelle fortification en faveur de ce que l'on a trouvé de bon de la vieille. C'est ce qui fait qu'on trouve peu de fortification de grandes places qui soit régulière ; tout est plein d'irrégularités et de pièces accommodées à la situation, hautes ou basses, plates ou coupées de rivières, ou accommodées à ce qu'il y a de vieux fait, et très souvent selon le caprice de ceux qui les ont bâties. On prend seulement garde qu'il n'y ait rien de contraire aux *bonnes maximes* de la fortification, et c'est le mieux qu'on puisse faire ; et tout cela se réduit à observer que toutes les pièces se flanquent bien, que la ligne de défense ne soit point trop longue, que les parties se soutiennent l'une l'autre et se puissent entre-communiquer, et que tous les parapets soient à preuve du canon, et ces mêmes pièces environnées de fossés et chemins couverts, palissades, etc.

Quand tout cela est à peu près observé, le reste tombe dans des règles fort communes pour lesquelles on n'a souvent eu que de faibles attentions.

Or, tout ainsi que la diversité des situations contraint souvent les règles de se relâcher, et même de céder et d'admettre des figures fort bizarres, qui ne laissent pas d'avoir du bon, il arrive aussi que le fort et le faible des pla-

1. « affaiblissent tellement les garnisons qu'elles sont réduites au tiers quand on en est au corps de la place. C'est ce qui est cause qu'il y a peu de commandants, et j'ose dire même dire qu'il n'y en a pas un qui soit assez hardi pour se commettre à une dernière affaire, dont le mauvais succès, presque certain, exposerait ses troupes à être taillées en pièces, et sa place à être livrée au pillage » dans Rosanbo.

ces se présentent fort diversement, et que les accès à ces mêmes places y causent une infinité de diversités *par* la manière dont la fortification se présente aux attaques : *par* le haut et le bas des accès ; *par* les entrecoupements de leurs avenues ; *par* la bizarrerie des couverts qui les environnent ; *par* la multiplicité des dehors bâtis en différents temps, et par des génies fort différents ; *par* l'étrécissement des espaces qui peuvent nous y conduire ; et *par* je ne sais combien d'autres accidents de terrain, qui accompagnent presque toujours les vieilles fortifications[1].

Il faudrait autant de règles qu'il y a de places, si on voulait proposer leurs attaques toutes instruites et corrigées[2] ; c'est ce que nous n'entreprendrons pas de faire, cela nous mènerait trop loin : nous nous contenterons de proposer, dans ce qui nous reste à dire, une certaine quantité de places de différentes figures, comme autant d'exemples capables de nous donner les ouvertures nécessaires à l'instruction de celles qui peuvent avoir quelque rapport avec elles.

AVIS PARTICULIER

Sur l'attaque des places irrégulières, contenant huit exemples.

PREMIER EXEMPLE.

De tous les dehors ajoutés à la fortification, aucun n'égale en mérite les ouvrages à corne bien placés ; non sur le milieu des courtines comme on le fait communément[3], mais sur les capitales des bastions, dont ils embrassent les faces entières. En cet état, leurs longs côtés sont défendus du canon des courtines à feu rasant ; les mêmes côtés par deux demi-lunes collatérales [E.E., planche XIX], qui leur donnent des flancs fichants de 40 à 50 toises chacun, qu'on ne leur peut ôter, parce que la tête de cet ouvrage voit de revers sur l'attaque de ces pièces, et les soutient jusqu'à ce que l'on s'en soit rendu maître.

Or supposé la place bien revêtue, l'ouvrage à corne ou sa demi-lune avec les deux d'à-côté aussi revêtues, leurs fossés profonds et revêtus, et le tout environné d'un chemin couvert bien conditionné, il est certain que ce serait une des plus grandes perfections qu'on pût donner à la fortification ; car il ne faut pas moins de cérémonies pour se rendre maître de ce seul ouvrage, que pour le front du corps de la place bien bastionné ; et même

1. « et que les accès… vieilles fortifications » est remplacé par « tant à cause de la diversité des accès, qui sont, ou montueux, ou couverts, marécageux, coupés de rivières, étroits aux abords des places, etc., que par les pièces qui composent le front opposé aux attaques dont la multiplicité leur tient souvent lieu de bonté » dans Rosanbo.
2. « si on voulait… corrigées » absent dans Rosanbo.
3. « non sur… communément, mais » absent dans Rosanbo.

quand il est pris, la place demeurant en son entier, il faut faire nouvelle procédure et recommencer par attaquer la place par le dedans de la gorge, qui est toujours un pays fort difficile.

Pour juger de son mérite par rapport à ceux qu'on érige sur les courtines, il est à savoir que pour s'en pouvoir rendre maître, il faut prendre son chemin couvert (1), sa demi-lune (2), l'ouvrage à corne (3)[1], avec toutes les traverses (4), les deux demi-lunes collatérales (5 et 6), ce qui ne vous mène qu'à un bastion (7), que vous êtes après obligé d'attaquer par les deux faces avec beaucoup d'incommodité[2] ; cependant tout cela ne produit que l'équivalent d'une attaque ; et voilà 5 pièces à prendre pour y parvenir, compris le chemin couvert[3], sans compter les retranchements intérieurs de cet ouvrage, qui méritent encore considération.

Mais quand ces ouvrages à corne sont situés sur le milieu des courtines, comme ceux de la planche [XXI], on n'a que le chemin couvert [2] à prendre, la demi-lune de sa tête [B.] 2, la corne[4] [G.H.], avec les traverses [D.], et quelquefois une demi-lune[5] [E.], qui pour l'ordinaire est petite et disgraciée par les supériorités que l'élévation du rempart de la corne prend sur elle. Tout cela ne fait que 4 pièces à prendre : cependant la prise de cet ouvrage vous mène aux deux bastions 6 et 7, avec bien plus d'aisance et de commodité, que la première corne ne fait à l'unique bastion 7 de la planche [XXI] : d'où résulte que les ouvrages à corne placés sur les capitales prolongées des bastions sont en tout et partout préférables à ceux des courtines ; ce qui soit dit en faveur de la fortification moderne.

Où de telles pièces se trouveront, on fera bien d'éviter autant qu'on le pourra de les attaquer ; mais où on sera nécessité de le faire, il faut s'y prendre comme au corps de la place, et y employer les tranchées, places d'armes, cavaliers, batteries à ricochet, de même que partout ailleurs. La planche [XIX] montre la meilleure figure qu'on puisse donner à cet ouvrage, et à même temps la disposition de ses attaques, le prolongement de ses capitales, et celle des batteries à ricochet ; elle montre enfin les attaques, telles qu'elles se peuvent conduire en terrain uni.

Comme elles n'ont rien que de semblable aux attaques que nous avons déjà instruites, non plus que les descentes et passages de fossés[6], nous n'en dirons rien de plus particulier jusqu'à la prise de la corne ; mais quand on en sera maître, il faudra loger 3 ou 4 pièces de canon sur chacun des deux

1. « ses deux demi-bastions (3) » dans Rosanbo.
2. « avec beaucoup d'incommodités » remplacé par « ce qui réunit les forces de l'assiégé, n'ayant plus qu'on point à défendre » dans Rosanbo.
3. « et vous avez eu cinq pièces à prendre avant d'être au bastion, sans parler du chemin couvert » dans Rosanbo.
4. « les deux demi-bastions » dans Rosanbo.
5. « la demi-lune de sa gorge » dans Rosanbo.
6. « et à même temps... fossés », absent dans Rosanbo.

demi-bastions, et 6 ou 8[1] sur le milieu de la courtine pour être employées,

1° Contre les retranchements et traverses du dedans,

Et 2° contre le bastion même, dont il faudra battre les défenses ; et si on pouvait le plonger assez bas, le battre en brèche ; sinon occuper son chemin couvert à l'ordinaire et y établir des batteries, comme il est proposé aux endroits [Z.Z.] de la planche [XX], pour faire brèche aux deux faces, dans le temps qu'on travaillera aux passages de leurs fossés[2].

Pendant que la tranchée fera chemin par le dedans de l'ouvrage à corne, on marchera aux demi-lunes collatérales 5 et 6, dont la prise suivra celle de ce grand ouvrage, à quelques jours près. La planche [XX] montre la disposition de ces attaques depuis le chemin couvert jusqu'à la place, de même que la situation des batteries intérieures, et les ruptures et rasements de rempart à faire, pour faciliter le chemin du canon aux batteries du chemin couvert.

SECOND EXEMPLE.

Soit une tête de place, dont l'attaque a été résolue, bâtie sur le bord d'une rivière de 80 ou 100 toises de large, avec un pont dessus fait de bateaux ou sur pilotis, soutenu à la tête par une espèce de dehors ou petit fort [E., planche XXI], et le front attaqué de cette place renforcé par un ouvrage à corne, fait comme le figuré [D.], et la tranchée supposée avancée jusqu'à la troisième place d'armes. Nous reprendrons les attaques pour les conduire à leur fin, suivant l'ordre ci-devant prescrit pour la disposition générale des attaques, dont il ne faut jamais s'éloigner jusqu'à la prise de la corne, ce qui se fait comme à un front de place ; quoi fait, il faudra établir des batteries sur les demi-bastions de la même corne, comme à la ci-devant proposée du premier exemple, et percer dans l'ouvrage par les angles rentrants de la courtine et des flancs [Y.], etc. ; et de là marcher en avant vers les traverses (4), [voyez la planche XXII].

A mesure qu'on se rend maître de la tête de cette corne (3), on doit couler le long des chemins couverts de ses longs côtés, continuer la tranchée vers les bastions, se dirigeant par les capitales ; on s'approchera des angles du chemin couvert, dont on se pourra emparer fort peu après la prise de la corne. Le surplus se doit conduire à l'ordinaire. [16 et 19] marquent les places des batteries à ricochet, à prendre de l'autre côté de la rivière ; [M.] une tranchée qui va chercher le fort ; [K.], des batteries de çà et de là pour tirer au pont et le couper ; le surplus de ces attaques tombant dans la conduite ordinaire, n'a pas besoin de plus grande explication.

1. « 7 ou 8 » dans Rosanbo.
2. « pour faire brèche… fossés », absent dans Rosanbo.

TROISIEME EXEMPLE.

S'il était question de l'attaque d'une place où il y eût fausse braie♦ qui est une défense double, basse et rasante, très contraire au passage du fossé de la place, on pourra la rendre inutile par l'effet du ricochet qui est leur grand destructeur, et par les batteries du chemin couvert qui les enfilent de revers et de plongée, de sorte qu'on les fait aisément abandonner ; mais comme l'ennemi y peut revenir de temps en temps et faire abandonner le passage du fossé avec grande perte pour peu qu'on y demeure, le mieux est d'en précautionner la tête par cette montagne de fascines, dont il est parlé aux passages des fossés, à quoi il faut ajouter l'usage toujours prêt des bombes et des pierres. [Voyez la planche XXIII].

QUATRIEME EXEMPLE.

Quand on attaque de vieilles places, dont les corps ne sont flanqués que par des tours à revêtement terrassé et fondé sur berme, comme il s'en rencontre assez communément, qui, ayant de bons fossés, sont d'ailleurs environnées de dehors qui suppléent assez bien au défaut des bastions, on attaque celles-ci par tranchées et batteries, comme les autres, auquel cas les ricochets, places d'armes et sapes y peuvent être d'usage comme aux autres places.

Soit donc un front de place attaqué A.B.C. [planche XXIV], comme le plus faible, ayant ses remparts à l'ordinaire environnés d'un bon fossé tout autour et d'une ceinture de dehors, disposés comme D.E.F. ; il en faudra diriger les attaques à l'ordinaire, y employant les trois places d'armes, les lignes de direction, batteries, sapes et tranchées, ainsi qu'à toutes les autres.

Il y a beaucoup de vieilles places qui sont fortifiées de la sorte et qui ne laissent pas d'être assez bonnes ; mais cette bonté ne va pas bien loin, car si le fossé est sec et les dehors de terre non revêtus, de grosses batteries bien placées les mettent bientôt en désordre par la rupture de leurs fraises et palissades, et par le déchirement de leur gazonnage et de leur haie vive, s'ils en ont.

Rarement après le chemin couvert perdu, et les descentes et passages des fossés avancés, les garnisons attendent une insulte générale, notamment si le corps de la place est fort endommagé et ouvert ; c'est pourquoi il faut aussi se prolonger sur les batteries à ricochet et battre en brèche de celles des places d'armes à même temps qu'on travaille aux passages des fossés[1].

1. « notamment... fossé » est remplacé par « principalement si le corps de la place est ouvert, comme il le sera sûrement si vous avez dressé les batteries des places d'armes, et que vous les ayez fait tirer pendant qu'on travaille au passage des fossés » dans Rosanbo.

La défense de ces dehors de terre à fossés secs est fort dangereuse quand les batteries des assiégeants font bien leur devoir ; car, croisant de toutes parts, il n'y a guère de fraises ni de palissades qui n'en soient rompues.

Si les fossés sont pleins d'eau, c'est autre chose : on peut attendre le passage du fossé à toutes les pièces, tant que leur communication à la place peut subsister ; mais quand elle est rompue, il est fort dangereux de les soutenir de vive force avec un gros monde ; car si elles sont vivement battues de canons et de bombes, il est difficile que les retranchements non plus que les communications puissent subsister ; auquel cas le plus sûr pour ceux qui défendent quand ils se voient en cet état est de n'y hasarder que peu de monde à la fois et de ne pas attendre l'extrémité[1].

Il n'en est pas de même du corps de la place, s'il a un bon fossé ; comme on ne pourra l'aborder que par les comblements et passages qu'on y fera, s'il n'y a plusieurs brèches et même d'assez grandes, la garnison, selon qu'elle sera forte, pourra hasarder d'y soutenir un assaut ou deux, parce qu'on ne pourra aller à elle qu'en défilant ; mais il n'en serait pas de même s'il y avait des batteries à ricochet qui enfilassent le rempart par les deux bouts ; pour lors, il ne serait pas au pouvoir de la garnison de s'y présenter en grosses troupes, à moins d'être fréquemment traversée, ce qui ne serait pas capable d'empêcher qu'elle ne fût emportée, si les brèches étaient grandes et les assiégeants en état de s'assembler au pied des brèches avant que de monter.

CINQUIEME EXEMPLE.

Supposons une autre place tellement environnée d'un marais qu'on ne la puisse aborder que par des chaussées [A.A.A., planche XXV].

Si ce marais a quelques écoulements, il ne faudra pas manquer de les rechercher et de le dessécher tant qu'on pourra, c'est-à-dire en tout ou en partie, et de détourner en même temps les eaux qui le nourrissent, soit ruisseaux ou rivières, ce qui se doit faire dès le commencement du siège et se fait assez facilement en pays plat. Mais si tout cela ne suffit pas et qu'on n'en puisse venir à bout, il faudra s'y prendre d'autre façon et tâcher d'aborder la place par les chaussées ; auquel cas examiner leur largeur et élévation au-dessus du marais, et le terrain sec de leur droite et de leur gauche qui les borde ; et surtout si elles sont enfilées de la place en tout ou en partie.

1. « il est fort dangereux… l'extrémité » est remplacé par « [l'ennemi] ne doit pas les soutenir de vive force avec de gros détachements : si elles sont vivement battues du canon et des bombes, les retranchements seront éboulés, et il perdrait trop de monde s'il voulait s'opiniâtrer à les soutenir. On peut donc s'assurer qu'il abandonnera ou fera très peu de résistance » dans Rosanbo.

Si les chaussées n'ont d'élévation que celle qui est nécessaire au dessèchement des chemins, c'est-à-dire presque au niveau du marais, cela ne vaudra rien, parce qu'on ne se pourra enfoncer sans trouver l'eau.

Si la chaussée est étroite, comme de deux toises ou au-dessous, et enfilée, elle ne vaudra rien non plus, parce qu'on ne pourra s'y avancer par détours.

Si elle n'est point avoisinée par quelque pièce de terre qui puisse servir à placer du canon, il n'y aura pas moyen de rien faire.

Mais si la chaussée est de 5, 6 à 7 toises de large, sur 3, 4 à 5 pieds de haut, avec de bons talus des deux côtés ; qu'il y ait quelque pièce de terre attenante, élevée d'un pied et demi, 2 ou 3 pieds au-dessus de la superficie du marais, et que plusieurs autres chaussées pareilles concourent à la même avenue, on pourra s'en servir faute de mieux.

Il faudra d'ailleurs examiner où l'on pourra placer les batteries à ricochet et à bombes, et le faire à droite et à gauche des chaussées tant qu'on le pourra, pour n'en embarrasser la tranchée que le moins qu'il sera possible ; sinon au cas que le terrain soit si ingrat qu'on ne puisse trouver où les mettre, les placer sur les chaussées, en les faisant à redans, comme les figurées [L.L. à la planche XXV].

Le siège de Mons a été une espèce de composé de tout cela[1] ; car on détourna la Trouille de la place, et tant que le siège dura, on travailla à l'égout des marais qui avoisinent la sortie de cette rivière de la ville, et on marcha toujours par des avenues fort étroites[2]. La planche [XXV] montre assez clairement le surplus de la conduite qu'on peut tenir à ces attaques, qu'il est bon d'éviter tant qu'on pourra[3].

SIXIEME EXEMPLE.

Supposons présentement une place d'une autre espèce située sur une hauteur, qui présente pour son faible un front si élevé et dont l'avenue soit si étroite qu'on ne puisse trouver où placer le ricochet [planche XII], telle à peu près qu'au front attaqué de Charleroi[4] et du château de Namur[5], et

1. « Au siège de Mons, on trouva une partie de ces inconvénients » dans Rosanbo.

2. Le siège de Mons, en 1691, est une des plus belles réussites de Vauban. Investie par surprise la nuit du 16 au 17 mars, Mons fut cernée par une ligne de circonvallation creusée par 20 000 pionniers. Sous les yeux du roi, Vauban fit détourner la rivière qui inondait les approches de la place, avant de faire creuser la tranchée. Le 9 avril, la place capitula, après avoir perdu le tiers de sa garnison de 7 000 hommes, contre quelques centaines de tués et blessés du côté français.

3. « qu'il est bon d'éviter tant qu'on pourra » absent dans Rosanbo.

4. Charleroi fut investie le 10 septembre 1693, puis assiégée sous la conduite de Vauban. Malgré le mauvais temps, elle capitula le 11 octobre.

5. Au confluent de la Sambre et de la Meuse, Namur avait été fortifiée par Coehoorn. Lorsque Louis XIV l'investit par surprise, le 24 mai 1692, elle était forte d'une garnison de 9 000 hommes. Elle se rendit le 30 juin.

qu'il est au fort Saint-Pierre de Fribourg ou au fort Saint-André de Salins, ou aux citadelles de Perpignan et de Bayonne ; on ne pourrait pas y observer toutes les règles ci-devant prescrites, ni poster des batteries à ricochet partout où il en serait besoin ; en ce cas, il faut faire en partie ce qu'on ne peut faire en tout, et en placer où on peut, car il n'y a point de place, si avantagée soit-elle, qui ne présente toujours quelque partie faible qui peut être en prise[1].

Si la situation est bien reconnue et le ricochet placé, il est rare qu'on ne trouve moyen d'enfiler quelqu'une des pièces attaquées ; et c'est à celle-là qu'il faut principalement s'attacher, sans toutefois cesser d'agir contre les autres par les voies ordinaires[2].

Quant à celles qui ne peuvent être battues à ricochet pour être trop élevées, il faut voir à quoi peut aller cette élévation à peu près ; car, si une pièce n'est élevée au-dessus de la situation du ricochet que de 5, 10, 15 à 20 toises, et que la batterie soit distante de 250, 300, 350 toises, on pourra l'enfiler par plongées ; il n'y a qu'à bien régler la charge et mollir le ricochet jusqu'à qu'on voie entrer le boulet dans la pièce en effleurant le parapet.

Soit, par exemple, la face d'un bastion attaqué A., élevée de 15 toises au-dessus du niveau de la batterie B., et ladite batterie située à 350 toises de la pièce, on voit par le coup de canon tiré de la batterie et réglé à une certaine élévation qu'il ne laissera pas de la plonger et d'y faire son effet ; il n'y a pour cela qu'à mollir le coup, il est certain qu'on portera le boulet où on voudra.

Quand on ne pourra pas placer le ricochet directement sur l'enfilade, il faudra l'ajuster un peu plus au-dessus ou au-dessous, il ne laissera pas d'être encore bon et de faire effet, mais à la vérité moins grand que quand il est direct.

Au surplus, où la situation est tellement disgraciée qu'on ne peut pas trouver où placer ce ricochet, il faut avoir recours aux batteries directes et les faire croiser tant qu'on peut.

Mont-Royal, ci-devant l'une des meilleures places de l'Europe, était absolument inaccessible au ricochet, de quelque côté qu'on le pût tourner[3]. Toutes les places qui sont situées sur des élévations plus grandes que celles que je viens de nommer, sont presque hors des atteintes du ricochet, parce

1. « en ce cas… prise » est remplacé par : « pour lors il faut faire ce qui en approche le plus, et profiter de tout. Il est rare qu'on ne trouve moyen d'enfiler quelques-unes des pièces attaquées, et c'est à celles-là qu'il faut principalement s'attacher, sans toutefois cesser d'agir contre les autre par les voies ordinaires » dans Rosanbo.

2. Ce paragraphe est absent dans Rosanbo.

3. La forteresse de Mont-Royal fut édifiée entre 1687 et 1692. Située dans un méandre de la Moselle, sur la presqu'île de Traben, elle devait renforcer la place de Trarbach et contrôler Trêves et Coblence.

que, quand il faut pointer le canon si haut, l'affût n'y peut consentir, ou il faut tellement mollir le coup que le boulet n'a pas la force de se relever.

Contre ces sortes de places, on trouve ordinairement de l'avantage à couler le long des rampes ; on n'y est pas tant vu et le terrain y est meilleur ; mais il faut à même temps marcher par le haut ; autrement, les sorties seront fort dangereuses pour les tranchées qui se trouveront dans le bas.

SEPTIEME EXEMPLE.

Il y a encore fort peu de places fortifiées à tours bastionnées♦, et, hors Landau, le Neuf-Brisach, Belfort et quelques parties de Besançon, je n'en sais point d'autres ; mais le système en étant fort bon par rapport aux sièges de ce temps-ci, il ne faut pas douter qu'on ne fortifie des places ci-après suivant ces règles, soit de notre part ou de celle des ennemis [planches XXVII et XXVIII].

Quand donc il y aura lieu d'en attaquer de semblables, il faudra s'y conduire comme aux fortifiées selon l'usage ordinaire et y employer les tranchées, places d'armes, ricochets, cavaliers de tranchée, logements de chemin couvert et passages des fossés jusqu'à la prise des contre-gardes, desquelles le logement sera sans doute plus difficile et contesté avec beaucoup plus d'avantage de la part des ennemis que ceux des bastions ordinaires, parce qu'étant détachées et soutenues par les retranchements revêtus qui mettent le corps de la place en sûreté et en état de faire sa défense particulière, bien mieux que celle des bastions attachés, qui ne sont retranchés que par des parties de vieux corps de places qui passent par leur gorge, lesquelles n'ayant pas été bâties avec les mêmes vues n'ont pas les mêmes avantages.

Ce qu'il faut donc faire à celles-ci, sera :

1° D'employer les batteries qui auront servi contre les flancs des contre-gardes pour rompre les coins de ces mêmes flancs, qui empêchent la vue de ceux des tours bastionnées, afin de les découvrir et d'en pouvoir battre le haut et le bas des mêmes canons, sans les changer de place ;

2° D'occuper entièrement le dedans des contre-gardes, en coulant par le haut et le bas de leur rempart vers le derrière de leurs flancs, et se loger sur le bord du fossé qui les sépare des tours, laissant le milieu de la pièce libre [comme il est figuré à la planche XXVIII] ;

Et 3° de raser un espace de 15 ou 18 toises de large dans la pointe de chacune des contre-gardes, pour donner jour au feu de cinq ou six pièces de canon, de la pointe du chemin couvert, dont on disposera les embrasures et plates-formes pendant qu'on sera occupé à ce rasement, qu'il faudra abaisser aussi bas que le chemin couvert, afin de pouvoir battre en sape les tours le plus bas qu'il sera possible, pour les ouvrir entièrement et les percer jusque dans le fond de leurs voûtes ; et pour lors, outre que l'ouverture que le canon y fera sera de toute la capacité de la tour, il en rendra les flancs hauts et bas inutiles, et cela ira même jusqu'à rompre les petites défenses du derrière, même le pilier qui soutient le milieu de la voûte, jusqu'à la faire tomber tout à fait ; moyennant quoi il n'y restera que la carcasse des flancs : on pourra même, s'il y a jour, battre encore à droite et à gauche des mêmes tours, pour en chasser le canon ennemi, qui de là ne manquerait pas d'incommoder nos logements.

Pendant que cela se fera, comme on aura occupé le terre-plein du rempart des contre-gardes, quand on sera parvenu aux flancs, il faudra percer au travers et y faire de petits logements pour chasser l'ennemi des tenailles ; et à l'égard du dedans de la pièce, il est à présumer qu'on aura joint le bord du fossé, où étant parvenu, il y aura deux manœuvres à faire : l'une doit consister aux passages dudit fossé de part et d'autre des tours, et l'autre à faire des mines sous le bord du même, pour le renverser dedans et faciliter son comblement.

Cela étant exécuté à propos, on se rendra aisément maître des tours ; la place ne sera pas cependant encore ouverte, mais comme elle sera bien près de l'être, et qu'il ne restera plus de flanc aux ennemis (le plus de résistance ne servant qu'à empirer leur condition et à les faire prendre prisonniers de guerre), c'est hasard s'ils ne battent la chamade. C'est pourquoi je ne vois pas lieu de douter qu'ils ne se rendent incessamment, notamment si pendant les attaques de la contre-garde et de la tour, on a eu soin de bien tirer des bombes et des pierres dans les derrières et aux environs des tours.

Que s'ils ne le faisaient pas, il faudrait s'établir dans les ruines de ces tours, s'y fortifier, et rompre les galeries de la droite et de la gauche par des fougasses, et ensuite en venir à de plus grandes mines, dont l'effet achèverait d'ouvrir la place, si l'ennemi soigneux de son salut, ne nous prévient par une prompte reddition ; sur quoi on sera pour lors en état de lui faire des conditions fort dures[1].

1. Les quatre derniers paragraphes, de « et 3° » à « fort dures », sont remplacés dans Rosanbo par : « 3), établir sur le haut de la brèche une batterie de 4 à 5 pièces de canon, qui rasera les parapets de la tour, y fera brèche aisément, par sa plongée, et abattra le dé qui porte les voûtes et qui en tombant les entraînera par sa chute, ce qui comblera les flancs bas et en ôtera totalement l'usage à l'ennemi. Cette batterie rasera encore le retranchement qui est à la gorge de tours bastionnées.

« Il faudra aussi établir à la droite et à la gauche de celle-ci deux autres batteries de 5 à 6 pièces chacune, pour opposer au canon que l'assiégé pourra avoir sur les faces du bastion, et pour faire brèche à ces faces.

« Pendant qu'on minera sous la contrescarpe pour la renverser dans le fossé, et le combler, tant vis-à-vis de la tour que des deux brèches des faces, on aura ouvert de loin les descentes du fossé. L'état où l'ennemi se trouvera, quelque déterminé qu'il soit, l'obligera à battre la chamade, par l'impossibilité où il sera de soutenir un assaut. Vos brèches des faces l'ont resserré jusque contre ses flancs, elles prennent, par le derrière, partie des traverses qu'il a pu faire, et vous rendent maître d'un terrain où vous pouvez aisément vous loger sans

HUITIEME EXEMPLE[1].

Je reviens encore aux places situées sur de grandes hauteurs, parce qu'il n'a été question jusqu'à présent que des médiocres, et qu'il s'y en trouve de beaucoup plus élevées sur des sommets de montagnes et rochers presque inaccessibles, avec des escarpements naturels ou faits à la main qui les avantagent considérablement ; ce qui mérite bien qu'on en éclaircisse le bon et le mauvais un peu plus amplement [planche XXVI].

Il y en a qui n'ont d'accès possibles que par les avenues de leur entrée[2], qui sont pour l'ordinaire étroites, pierreuses et pleines de roc dont la superficie est pelée, et les abords très peu spacieux pour des attaques, et point du tout pour les batteries à ricochet et les places d'armes, pas même pour les petits cavaliers du chemin couvert ; telle est en partie Luxembourg, et telle était Mont-Royal, la Mothe[3], Clermont en Argonne[4], Hombourg[5] et Bitche[6], petites places de Lorraine très bien fortifiées en leur temps[7].

De telles places sont ordinairement petites et incommodes pour les abords du commerce nécessaire à leur entretien, sujettes à leur entretien[8], sujettes à manquer d'eau, très aisées à bloquer, et de peu de ressource pour la guerre de campagne, à moins qu'elles n'aient des villes qui leur soient attachées, auxquelles elles servent de citadelles. Celles qui n'en ont point ne sont bonnes qu'à faire valoir les contributions, inquiéter les pays voisins et les armées par leurs partis.

---

crainte de fourneau, car il ne sera pas assez téméraire pour hasarder une mine qui ouvrirait le corps de la place, qui ne peut avoir de retranchement à opposer. Il n'en serait pas de même, si vous vous logiez dans les ruines de la tour, parce qu'il ne peut faire sauter toute la partie extérieure, sans que la place en reste ouverte. De plus, comme ces tours sont toutes de maçonnerie, le logement serait long et difficile à faire. Ajoutons à la situation des assiégés les désordres que leur causeront les ricochets, les revers, les bombes et les pierres, qui les trouvant resserrés et rassemblés, en tueront et blesseront le plus grand nombre. On peut donc s'assurer qu'ils n'attendront point cette extrémité, et que dès qu'ils verront le commencement de vos batteries sur la brèche, ils se rendront. »

1. Le septième et le huitième exemple sont inversés dans Rosanbo.

2. « porte » dans Rosanbo.

3. La Mothe : lieu-dit français [Meuse, arr. Verdun, C. Stenay, comm. Autréville Saint-Lambert].

4. « en Argonne » absent dans Rosanbo.

Clermont en Argonne : commune française [Meuse, arr. Verdun].

5. Hombourg : Hombourg Haut, commune française [Moselle, arr. Forbach, C. Saint Avold]. Une forteresse y existait depuis 1254. Ses fortifications furent détruites en 1635, Louis XIV les fit rétablir à la fin du XVIIe siècle, et elles furent détruites à nouveau sous Louis XV.

6. Bitche : commune française [Moselle, arr. Sarreguemines]. Le fort de Bitche, qui existait depuis la Haute Antiquité, avait été rasé pendant la guerre de Trente ans, relevé par Vauban, rasé après la paix de Ryswick, pour être rétabli par le comte de Bombelles en 1741.

7. « et dont aujourd'hui plusieurs sont démolies » ajouté dans Rosanbo.

8. « sujettes à leur entretien » absent dans Rosanbo.

Telles étaient Hombourg, Dabo[1], Schonek[2], Faquelstein[3], Sainte-Anne[4] en Comté ; et telles sont encore le château de Joux[5], le fort Saint-André[6] et Château-Belin[7] dans la même province, et plusieurs autres ; et telles furent encore Longwy et Clermont, Sierk[8], Lanstoul[9] et Mouzon[10].

Dans les siècles plus reculés, il y en avait une infinité d'autres (car on ne fortifiait guère que sur des hauteurs presque inaccessibles) qui ont été démolies, et la plupart abandonnées à cause de la difficulté de leurs accès ; parce que ces places ne pouvant contenir que des garnisons faibles et de peu d'entreprise, on n'y peut faire d'entrepôts ni de magasins pour les armées, à cause de leur petitesse et de la difficulté de leurs abords, toujours roides, difficiles et embarrassants pour les charrois ; mais elles sont excellentes pour contenir les pays conquis, à peu de frais, inquiéter le pays ennemi et étendre la contribution[11].

Les sièges plus convenables à la reddition de ces places, quand on est faible[12], sont des blocus de 3, 4, 5, 6, 7 et huit mois ; pendant quoi leurs munitions se consomment et leurs garnisons s'affaiblissent par la désertion. Si cela ne suffit pas pour les réduire, on prend son temps pour les attaquer[13]. C'est ainsi que se firent les sièges de Clermont[14] et de Mouzon[15], après avoir été bloquées des cinq ou six mois.

1. Dabo : commune française [Moselle, arr. Sarrebourg, C. Phalsbourg].
2. Schonek : Schoeneck, commune française [Moselle, arr. Forbach, C. Stiring Wendel].
3. Faquelstein : Falkenstein, lieu-dit français [Moselle, arr. Sarreguemines, C. Bitche, comm. Baerenthal].
4. Sainte-Anne : commune française [Doubs, arr. Besançon].
5. Joux : lieu-dit français [Jura, arr. Lons-le-Saunier, C. Champagnol, comm. Supt].
6. Ce fort protégeait la ville de Salins.
7. Ce lieu n'a pas pu être identifié.
8. Sierk : Sierck-les-Bains, commune française [Moselle, arr. Thionville est].
9. Lanstoul : il pourrait s'agir de Launstroff, commune française [Moselle, arr. Thionville est, C. Sierck-les-Bains].
10. Mouzon : commune française [Ardennes].
11. Ces deux derniers paragraphes sont remplacés par « Tels étaient en Franche-Comté le château de Joux, le fort Saint-André, le château Bellin et plusieurs autres, et tels furent Longwy, Clermont, Sirk, Lanstoul et Mouzon.

« Dans les siècles passés, on ne fortifiait guère que sur des hauteurs presque inaccessibles. La plupart de ces places ont été démolies et abandonnées. Elles étaient inutiles pour les grandes entreprises, ne pouvant contenir de gros entrepôts, ni de magasins à cause de leur petitesse, et de la difficulté de leur accès » dans Rosanbo.

12. « quand on est faible » absent dans Rosanbo.
13. Cette phrase est remplacée par « et l'on en a bien meilleur marché, lorsqu'on veut les attaquer en règle » dans Rosanbo.
14. En 1654, Vauban, en l'absence du chevalier de Clerville, malade, fut chargé de s'emparer de cette place qui contrôlait le débouché de l'Argonne. Il s'en empara d'autant mieux qu'il avait été précédemment chargé par Condé de la remettre en état, en 1652.
15. A l'automne 1650, la modeste place de Mouzon résista sept semaines à l'armée de Turenne, alors au service des Espagnols. Elle fut reprise en septembre 1653 par les Français, à nouveau sous la conduite de Turenne, qui avait entre-temps changé de maître.

Quand les sièges commencent par des blocus on saisit les avenues, on resserre les places le plus près que l'on peut, on les circonvalle quelquefois avec des lignes et des forts, quand elles sont un peu considérables ; on prend enfin toutes les mesures possibles pour empêcher qu'il n'y entre ni secours ni vivres.

De tels blocus ne se pratiquent plus guère, et, depuis le siège de Perpignan par le feu roi[1], nous n'en avons vu en France que celui de Montmélian[2] et de Bercello[3] en dernier lieu : si fait bien, en Allemagne[4], Hongrie, Transylvanie, Croatie et Dalmatie, où il s'en est fait plusieurs pendant les dernières guerres de l'empereur contre les Turcs[5].

Ceux qui se font par des corps médiocres, prennent des quartiers à quelque distance de la place, d'où ils harcèlent sans cesse la garnison et les habitants par des partis, et par rôder tout autour ; battre l'estrade le jour et la nuit sur les avenues, pour empêcher que rien n'y entre ni en sorte.

Quand ce blocus se convertit en siège réglé, on resserre davantage la place ; et, après avoir pris toutes les précautions possibles contre les secours et fait les préparatifs nécessaires, on ouvre enfin la tranchée par des avenues plus praticables. Sur quoi on doit observer trois choses :

1° D'éviter tous les endroits inaccessibles ;

2° De ne point attaquer par des rampes unies et fort roides, le long desquelles les ennemis puissent rouler de grosses pierres, bombes, barils foudroyants, chevaux de frise[6] roulants, chariots chargés de pierres et de feux, et autres artifices ;

Et 3° de ne point attaquer par des lieux trop sujets aux plongées de la place et tout à fait dénués de situation qui puisse avantager les batteries et places d'armes, mais bien par les plus accessibles et où le terrain sera le moins contraire ; car il est certain qu'il n'y a point de place élevée où il n'y ait des accès plus favorables les uns que les autres.

Après donc que, par d'exactes observations, on se sera bien assuré du fort et du faible de la place et ensuite déterminé sur le choix des attaques,

1. Commencé le 23 avril 1642, le siège de Perpignan dura jusqu'au 9 septembre. L'armée française, incapable de prendre d'assaut une ville protégée de solides remparts et de 150 pièces d'artillerie, dut se résoudre à attendre que la famine contraigne la garnison à capituler.

2. Montmélian : commune française [Savoie, arr. Chambéry]. Le blocus de la ville de Montmélian, assiégée par le maréchal de Catinat en 1691, dura cinq mois.

3. « Verceil » dans Rosanbo. La place de Brescello, en Piémont, fut bloquée par un détachement de l'armée du duc de Vendôme pendant près d'un an. Une série de forts avaient été construits pour empêcher le ravitaillement de la place. Les troupes, affamées, capitulèrent le 20 juillet 1703.

4. « en Allemagne » absent dans Rosanbo.

5. « pendant la guerre de l'Empereur contre les Turcs, terminée par la paix de Carlowitz » dans Rosanbo.

6. Le cheval de frise est une pièce de bois ou de fer hérissée de pointes de fer, destinée à arrêter l'ennemi, ou à lui rouler dessus s'il est envoyé depuis une position haute.

il faudra faire comme aux autres places dont il a été parlé ci-devant et y employer le couvert et le découvert[1], la sape, les places d'armes et les batteries directes au défaut des ricochets ; et, bien que lesdites places d'armes ne puissent envelopper[2] le front de l'attaque autant qu'il serait à désirer, il ne faut pas laisser d'en accompagner la tranchée, ne dussent-elles avoir que 50, 60 à 100 toises d'étendue, afin de pouvoir soutenir ce que l'on poussera en avant ; placer du mieux qu'il sera possible les batteries, et surtout, qu'elles découvrent bien ce que l'on voudra battre ; qu'elles croisent, autant qu'il sera possible, sur les défenses, et les grossir de plusieurs pièces afin qu'elles puissent faire de grands effets en peu de temps. Les batteries à bombes ou à pierres bien placées doivent être d'un bon usage contre ces petits lieux, qui étant pour l'ordinaire serrés, pierreux, pleins de roc et rocailles, sont sujets à beaucoup d'éclats[3].

C'est à la faveur de toutes ces batteries qu'il faut pousser la tranchée jusqu'au pied du glacis, et là établir la dernière place d'armes à 14 ou 15 toises du chemin couvert, s'il y en a, pour, après qu'elle sera bien achevée et abondamment munie de tout ce qui lui fera besoin, pouvoir insulter le chemin couvert avec avantage ; s'entend, après avoir bien ruiné les défenses, labouré le haut de son parapet et mis sa palissade dans le plus grand désordre qu'il sera possible par le canon et les bombes ; mais parce que les palissades ne se ruinent pas, à beaucoup près, si facilement par les batteries directes que par les revers et ricochets, il faudra faire de fort grands amas de fascines et de sacs à terre avant d'attaquer, tant pour fournir au logement du chemin couvert que pour en pouvoir faire jeter quantité entre les palissades et le bord du parapet, par les gens armés, afin de se faire passage[4].

Ce logement fait et bien établi, il faudra suivre les règles générales du mieux qu'on pourra, c'est-à-dire placer du canon sur le haut dudit parapet pour battre en brèche et faire des trous de mineurs, et travailler aux descentes, soit en perçant par dessous le chemin couvert si le fossé est profond, ou à ciel ouvert s'il ne l'est pas ; trouver après cela moyen de battre les flancs du canon, des bombes et des pierres, ce qui n'est pas toujours aisé. A Montmédy nous ne pûmes battre le flanc de notre droite que de l'angle rentrant du chemin couvert vis-à-vis le milieu de la courtine, l'angle saillant opposé manquant d'espace, et étant d'ailleurs trop sous le feu

1. « le couvert et le découvert » absent dans Rosanbo.
2. « si les places d'armes ne peuvent envelopper » dans Rosanbo.
3. « sont sujets à beaucoup d'éclats » remplacé par « y causent plus de désordres par leurs éclats que dans les terrains de terre dure » dans Rosanbo.
4. « il faudra… passage » est remplacé par « il faudra que les gens commandés soient munis chacun d'une fascine, qu'ils jetteront entre la palissade et le chemin couvert, pour se donner plus de facilité à franchir celles qui ne se trouveront pas rompues, à sauter dans le chemin couvert et à s'y loger le plus diligemment que la nature du terrain pourra le permettre » dans Rosanbo.

des grenades du bastion devant lui, et trop exposé aux revers et écharpes de sa gauche. Comme ce flanc était couvert d'un petit orillon, on fut assez longtemps à le battre sans le pouvoir démonter tout à fait.

Il se trouve souvent que les revêtements de ces places ont de grands escarpements de roc au pied ; il en faut bien examiner la hauteur, pour voir si l'éboulis des brèches à canon pourrait s'élever jusqu'au défaut du roc, et s'il n'y a point de fente ou veine dans le rocher, qui puisse favoriser l'attachement du mineur, et enfin si le roc est dur, mou, à bancs rompus ou feuillus[1].

A Montmédy, nous trouvâmes bien un grand escarpement au pied du bastion, mais à même temps un roc fort veineux ; c'est de quoi nous nous prévalûmes assez heureusement par l'attachement du mineur. Il est aussi à remarquer que nous perçâmes, dès la moitié du glacis par dessous le chemin couvert de cette place, trois descentes de fossé qui débouchèrent à même temps au niveau de son fond, ce qui nous donna moyen d'y mettre du monde pour attacher et soutenir le mineur qui, sans ce secours, n'aurait pu y tenir, parce que le canon du flanc gauche tourmentait beaucoup son logement, et nous y tua du monde avant que le flanc fût démonté. Les ennemis y jetèrent d'ailleurs une infinité de feux d'artifice, bombes et grenades qui nous firent beaucoup de peine jusqu'à ce que le mineur fût tout à fait enfoncé dans le roc ; c'est sur quoi il faut extrêmement se précautionner.

A Stenay, ils allumèrent un grand feu au pied du bastion de l'attaque gauche, devant le trou du mineur, qui nous en chassa sans retour.

Au premier siège de Sainte-Menehould[2], les mineurs furent chassés de leur trou, et l'ennemi obligé de changer d'attaque.

Au siège de Mouzon, les assiégés allumèrent un si grand feu au pied de la brèche, qu'on fut deux jours sans en pouvoir approcher. Cela s'est vu à plusieurs autres places[3].

A Clermont, on s'y prit d'autre façon [planche XII] ; on attacha trois mineurs presque en même temps, l'un sous la pointe d'une grande demi-lune bâtie sur le penchant de la montagne, qui couvrait l'unique porte de cette place, et dont le revêtement était beau et très épais, mais sans contreforts ; c'est pourquoi les faces n'étaient point terrassées, mais seulement les flancs, d'une épaule à l'autre, soutenus par un deuxième revêtement bâti en portion de cercle.

1. Les différents bancs d'un roc sont les différentes strates ou couches de pierre qui le composent.

2. La place de Sainte-Menehould, actuellement située dans la Marne, contrôlait le défilé qui permettait à la route de Paris de traverser le massif de l'Argonne. Place stratégique, elle avait déjà été assiégée cinq fois lorsque Condé, en 1652, décida de s'en emparer. Il s'agit du premier siège auquel participa le jeune Vauban. Il y travailla aux mines.

Le second siège, en 1653, fut mené par le chevalier de Clerville, secondé par Vauban, qui avait abandonné le service de Condé. Louis XIV et Mazarin étaient présents.

3. « Cela s'est vu à d'autres places » absent dans Rosanbo.

Les deux autres mines étaient ouvertes à moitié des glacis, les galeries étant poussées plus de 30 pieds au-dessous du chemin couvert, dont nous n'étions ni ne pouvions être les maîtres à cause de la trop grande proximité des bastions, dont le pied ne laissait que deux toises entre lui et le parapet dudit chemin couvert, *sans fossé* entre deux. On pénétra plus de trente pieds sous le corps de la place ; et je me souviens que la première de ces mines devait être chargée de 1 600 livres de poudre, la deuxième de 6 000 livres, et la troisième du côté du bourg, poussée sous la partie appelée donjon, bien qu'il n'y en eût plus, devait l'être de 16 à 18 mille livres.

Ces mines étaient prêtes à charger, et on en prétendait de terribles effets ; mais il est sûr que celle de la demi-lune n'aurait fait qu'ouvrir le premier revêtement, et que le reste n'aurait pas suivi, parce qu'il n'y avait rien que le retranchement derrière, qui était loin et très bien revêtu.

Il y avait beaucoup d'apparence que les deux autres auraient fait de grands escarpements et que les brèches n'auraient pas été accessibles[1]. On les fit voir aux ennemis dans le temps qu'on allait les charger ; ils en eurent peur et se rendirent. S'ils avaient été bien habiles en fait de mines, ils ne l'auraient pas fait et se seraient tirés d'affaire avec bien plus d'honneur qu'ils ne firent.

Il y aurait beaucoup d'autres choses à dire sur l'attaque des places de toutes espèces, mais on n'aurait jamais fait ; car, comme il n'y en a pas une qui se ressemble de figure ni de situation, il n'y en a point qui ne nous nécessite à quelque diversité, de laquelle il faut se tirer comme on peut ; et où l'observation des règles devient impossible en tout ou en partie, il faut que le bon sens y supplée et nous tire d'affaire, mais toujours en vue de ne s'en éloigner que le moins que l'on peut. Il y en a même de générales qui se peuvent observer presque partout, comme de ne se pas enfiler sans couvrir l'enfilade par des traverses ; de ne point faire de lignes inutiles ; de marcher à la sape dès que la tranchée devient dangereuse ; d'appuyer toujours la marche de la tranchée par de bonnes places d'armes, et de placer la dernière tout contre le chemin couvert ; à quoi si vous ajoutez le bon usage des batteries de toutes espèces, on ne fera que très peu de fautes, quelques places que l'on puisse assiéger[2].

1. « mais vraisemblablement les brèches n'auraient pas été accessibles » dans Rosanbo.
2. Ce paragraphe est absent dans Rosanbo.

DES FONCTIONS
DES OFFICIERS GENERAUX A LA TRANCHEE.

Si les attaques sont séparées, le lieutenant général de jour choisit celle qui lui plaît ; si elles sont liées, comme il a le commandement général, il commande aux deux, et par conséquent il doit occuper le milieu entre les deux, non à la tête des attaques, parce que les allées et venues des gens qui ont affaire à lui, embarrasseraient le travail, à joindre qu'il serait trop éloigné du gros des troupes ; mais le milieu de la tête des bataillons est le lieu qui lui convient le mieux[1]. Il peut et doit visiter de temps en temps la tête des ouvrages. Le plus ancien maréchal de camp doit se mettre à la droite, l'autre à la gauche ; les brigadiers à la queue des détachements plus avancés. Le lieutenant général de jour[2] commande à la cavalerie, infanterie et artillerie, ingénieurs et mineurs[3], et généralement à tout ce qui regarde la sûreté et avancement des attaques ; mais il se doit concerter avec le directeur de la tranchée et ne rien entreprendre ni résoudre sans sa participation ; car ce dernier est l'âme et le véritable mobile des attaques.

L'application particulière du lieutenant général doit être de *bien poster* les troupes, *régler* les détachements, *faire servir* les têtes de la tranchée, et *faire fournir* des travailleurs extraordinaires, quand on lui demandera. Les maréchaux de camp font la même chose que lui, par sous-ordination, et doivent recevoir ses ordres, et les rendre aux brigadiers[4], et ceux-ci aux colonels qui les distribuent à leurs régiments, à qui ils ont soin de les faire exécuter.

Quand il y a quelque entreprise à faire, c'est le lieutenant général qui doit ordonner de l'exécution par l'avis et sur l'exposé du directeur, ce qui se fait presque toujours en exécution des ordres du général qui ordonne, tranche, taille et fait sur cela comme il lui plaît.

Je parle des attributs du lieutenant général et de ce qui se devrait faire par les officiers généraux, et non de ce qui se fait. Au surplus quand il y a peu de ces premiers officiers dans une armée, ce n'est pas une nécessité que le lieutenant général de jour couche à la tranchée, il suffit qu'il la visite pendant le jour, et qu'il y donne ses ordres.

J'estime qu'il suffirait de quatre lieutenants généraux au plus pour une armée commandée par un maréchal de France ; le double de maréchaux de

1. Le paragraphe de « si elles sont liées » à « le mieux » est remplacé par « si elles sont liées, il commande aux deux, et doit occuper la parallèle où est le gros des troupes » dans Rosanbo.

2. « de tranchée » dans Rosanbo.

3. « et sapeurs », ajouté dans Rosanbo.

4. « Les maréchaux de camp qui ont pris l'ordre de lui le donnent aux brigadiers » dans Rosanbo.

camp, et le double de ceux-ci en brigadiers[1] ; c'est-à-dire que s'il y a quatre lieutenants généraux, il y devrait avoir huit maréchaux de camp et seize brigadiers ; j'estime le surplus de ce nombre inutile[2], et bien plus à charge que nécessaire dans les armées[3].

DU GENERAL.

Il est très important que le général visite la tranchée, mais de temps en temps seulement et non tous les jours[4] ; parce que ses visites ne pouvant être courtes, elles lui causeraient trop de distraction et de retard pour les autres affaires du siège, non moins de conséquence pour lui que la conduite des tranchées qui peut aller son train (lui absent) comme présent. Il suffit qu'il y vienne de temps en temps peu accompagné, pour s'instruire par lui-même de ce que l'on y fait ; quand cela lui arrive, il doit tout voir et se faire rendre compte sur les lieux de chaque chose en particulier, et donner ses ordres sur toutes, autant qu'il le jugera nécessaire.

LE ROI,
MONSEIGNEUR, ET MONSEIGNEUR LE DUC DE BOURGOGNE.

Si le roi était en personne à l'armée, ou *Monseigneur*, ou *Monseigneur le duc de Bourgogne*, et qu'il voulût voir la tranchée (chose que je ne désapprouve

1. Il ne faut pas confondre le brigadier dont Vauban parle ici avec les brigadiers ingénieurs qu'il a précédemment évoqués à plusieurs reprises. Les brigadiers occupaient un rang intermédiaire, entre les officiers généraux et les officiers supérieurs.

2. La multiplication du nombre des officiers généraux dans les armées fait l'objet d'une critique constante de la part des écrivains militaires. Voir par exemple Antoine de Pas, marquis de Feuquières, *Mémoires sur la guerre, où l'on a rassemblé des maximes les plus nécessaires dans les opérations de l'art militaire*, Amsterdam, F. Changien, 1731, p. 19.

3. Ces trois derniers paragraphes sont remplacés dans Rosanbo par : « Quand il y a quelque entreprise à faire, le lieutenant général de tranchée, sur l'avis et l'exposé du directeur, donne ses ordres pour la disposition de l'exécution, après cependant avoir eu l'ordre ou le consentement du général, si l'affaire est un peu considérable, mais s'il ne s'agit que de profiter de certains moments favorables, pour faire un cavalier de chemin couvert, ou même un logement facilité par le peu de monde qu'on voit dedans, en ce cas il doit le faire faire et n'a pas besoin d'attendre d'ordre ; une heure de temps perdu à un siège coûte souvent la vie à bien des hommes.

« S'il y avait peu de lieutenants généraux à l'armée, ils pourraient ne pas coucher à la tranchée. Il suffit qu'ils la relèvent, et que le matin ils aillent visiter les ouvrages qu'on aura faits pendant la nuit, suivant les ordres qu'ils auront donnés. Mais ce cas ne peut guère arriver présentement, on en emploie tant, que dans un grand siège ils n'ont pas deux tranchées à monter. »

4. « et toujours peu accompagné » ajouté dans Rosanbo.

pas), il faudrait prendre les précautions suivantes sur les temps les plus propres à ces visites[1].

1° Que cela ne lui arrive pas souvent, mais seulement deux, trois ou quatre fois pendant un siège, et non plus.

2° Que ce ne soit qu'à des places considérables, et non à des bicoques.

3° Que la tranchée soit bonne, et autant assurée qu'on le peut faire.

4° Qu'il voie l'ouverture de la tranchée si bon lui semble ; mais qu'il ne la visite plus que son canon ne se soit rendu maître de celui de la place.

5° Que la nuit qui précédera les visites qu'il voudra faire, on envoie une partie de ses gardes à la tranchée, distribués par petits pelotons en différents endroits, pour plus grande sûreté de sa personne.

6° Qu'il y aille fort peu accompagné, et seulement de son capitaine des gardes, de trois ou quatre de ses officiers, et de cinq ou six seigneurs de sa cour ou de ses officiers généraux, et du directeur de la tranchée qui doit marcher immédiatement devant lui, lui servir de guide et lui rendre compte chemin faisant de toutes choses.

7° Qu'il ne se fasse aucun mouvement de troupes pendant qu'il sera à la tranchée ; mais qu'elles se rangent toutes sur le revers, laissant le côté du parapet à sa marche.

8° Qu'on fasse asseoir tous les soldats leurs armes à la main, les officiers se tenant debout du même côté le chapeau à la main, sans laisser paraître leurs spontons[2] par dessus la tranchée.

9° Qu'il visite tout jusqu'à la troisième place d'armes, même jusqu'à la queue des sapes, afin qu'il en soit mieux instruit.

10° Qu'il monte de petits chevaux, bas de taille, bien traversés, doux, et qui ne soient point ombrageux, pour faire ses tournées, n'étant pas possible qu'il y puisse fournir à pied quand les tranchées sont un peu avancées.

11° Qu'on lui fasse un ou deux reposoirs dans les endroits de la tranchée les plus convenables ; ces mêmes lieux pourraient servir après d'abri-vent aux officiers généraux de garde.

Après tout ce que nous avons dit sur la tranchée, je me sens obligé de déclarer ici une vérité essentielle, qui est qu'il n'y a aucun lieu sûr dans

1. Chaque visite de tranchée représentait un épisode important dans l'exaltation des talents guerriers de la personne royale. Louis XIV, qui n'aimait pas se prêter au hasard des batailles, appréciait en revanche l'ordre et la méthode d'un grand siège. Il n'hésitait pas à s'approcher au plus près des défenses ennemies, exposant sa personne aux sièges de Douai (1667), Lille (1667), Valenciennes (1677), Cambrai (1677), Mons (1691)... A celui de Tournai (1667), alors qu'il s'avançait en première ligne avec les mousquetaires, l'un de ses pages et deux chevaux furent abattus à ses côtés. Son fils, le Grand Dauphin, visita de même la tranchée devant Philippsbourg, en 1688, tout comme son petit-fils, le duc de Bourgogne, devant Brisach en 1703.

2. Le sponton, ou esponton, est une demi-pique, de plus de 2 mètres de hauteur, portée par les officiers. Tout en indiquant leur rang, il leur permettait, lors des batailles, de vérifier les distances entre les troupes, et l'alignement des fusils.

ladite tranchée, quelque soin qu'on se puisse donner de la bien faire ; car il n'y a rien qui nous puisse mettre à couvert des bombes et des pierres quand on est sous leur portée, et que la place en tire ; il n'y a point non plus de parapet de tranchée qui ne perce au canon à trois pieds au-dessous du sommet ; et dans l'infinité de coups de mousquet qui se tirent, il y en a toujours quantité dont les balles, pinçant le haut des parapets, s'amortissent et plongent, la plupart, avec encore assez de force pour blesser et tuer ceux qui en sont atteints ; il y a de plus les coups de biais, d'écharpe et d'accident, qui pincent et s'amortissent aussi, qui ne sont pas moins dangereux et qu'on ne peut guère éviter.

C'est bien autre chose quand on est sous la portée des grenades ; les coups de feu sont là roides, expéditifs, et bien plus certains ; outre que les éclats des grenades et des bombes volent partout et vont le plus souvent tomber où on ne les attend pas ; c'est pourquoi je ne suis point d'avis que le *roi, Monseigneur, ou Monseigneur le duc de Bourgogne*, dans les visites qu'ils feront à la tranchée, passent au-delà de la troisième place d'armes, ni que même ils aillent souvent jusque-là[1].

1. Ce chapitre est rédigé de façon sensiblement différente dans Rosanbo :

« Le Roi et Monseigneur le Dauphin

« Si le roi est à l'armée, ou Monseigneur le Dauphin, et qu'ils veulent voir la tranchée, ce qu'ils ne doivent faire que lorsqu'elle est assurée autant qu'elle le peut être, et qu'à des places considérables, il faut prendre les précautions suivantes.

« La 1re, c'est qu'après avoir vu l'ouverture de la tranchée, ils ne la visitent plus que le canon ne se soit rendu maître de celui de la place.

« La deuxième, que la nuit qui précédera les visites qu'ils voudront faire, on envoie à la tranchée une partie de leurs gardes, distribuées par petits pelotons en différents endroits, pour plus grande sûreté de leurs personnes.

« La 3e, qu'ils aillent fort peu accompagnés, et seulement de leur capitaine des gardes, de 3 ou 4 de leurs officiers, et de 4 ou 5 seigneurs de leur cour, ou de leurs officiers généraux, et du directeur de la tranchée, qui doit marcher immédiatement devant eux, leur servir de guide, et leur rendre compte chemin faisant de toutes choses.

« La 4e, qu'il ne se fasse aucun mouvement de troupes pendant qu'ils seront à la tranchée, mais qu'elles se rangent toutes sur le revers, pour leur laisser le côté du parapet libre pour leur marche.

« La 5e, qu'on fasse asseoir tous les soldats, leurs armes à la main, les officiers debout, du même côté, le chapeau à la main, sans laisser paraître leurs espontons par-dessus la tranchée.

« La 6e, que s'ils ne peuvent la visiter à pied, ils montent de très petits chevaux.

« La 7e, qu'ils voient tout jusqu'à la troisième place d'armes, et même plus jusqu'à la queue des sapes, afin qu'ils en soient mieux instruits.

« Quelques précautions qu'on prenne pour faire de bonnes tranchées, larges, et avec de bons parapets, on ne saurait empêcher qu'il n'y ait toujours beaucoup de danger. Il n'y a rien qui puisse mettre à couvert des bombes et des pierres, quand on est sous leur portée. Il n'y a point de parapet de tranchée que le canon ne perce à trois pieds au-dessous du sommet, et dans le nombre infini de coups de mousquet qu'on tire, il y en a toujours beaucoup dont les balles, en pinçant le sommet du parapet, s'amortissent en plongeant avec assez de force pour blesser ou tuer.

« Il y a de plus les coups de biais et d'écharpe, qui plongeant la tranchée, sont encore plus à craindre que les directs. Le péril augmente beaucoup quand on est à la portée des grenades.

AVIS PARTICULIER
PAR FORME DE SUPPLEMENT SUR LES BATTERIES QUI TIRENT A PLEINE CHARGE[1].

Il n'y a rien de plus important que le bon usage du canon dans un siège ; mais il est très rare d'en voir qui soit bien servi, et encore plus, qui ajuste comme il le devrait[2]. On s'étonne avec raison de l'inégalité de ses coups et de leur peu d'effet ; mais peu de gens en voient le défaut ; il est cependant très visible, puisqu'il ne provient que de la malfaçon des plates-formes et de l'inégalité de la charge qu'on lui donne.

Pour donc tirer plus juste, il n'y a premièrement qu'à faire ces plates-formes complètes, solides et non pliantes, comme celles dont on se sert, qui ne méritent pas d'en porter le nom ;

2° Charger de mesure comme il est proposé pour les batteries à ricochet ;

3° Observer les coups qu'on tire, et quand on aura bien ajusté, les marquer sur le coin de mire ou sur la semelle, et recharger de même, tant qu'il y aura de la même poudre ; et quand les barils sur lesquels on se sera réglé seront vides, se corriger sur les premiers dont on se servira ; il est sûr que tant qu'on chargera de la même poudre, les coups ajusteront incomparablement mieux.

Finalement ne se point négliger sur les batteries, comme on fait, mais les faire solidement avec les soins et précautions proposés à leur chapitre, page [1234][3] ; moyennant quoi on en verra des effets très différents de ceux de ces derniers temps. C'est sur quoi le général doit étendre ses soins avec application et ne s'en pas rapporter aux officiers d'artillerie, qui, par un relâchement général qui infecte aujourd'hui tout ce qui a rapport à la guerre, ou par intérêt, ne font rien moins que ce qu'ils devraient faire à cet égard. Cependant il est d'une conséquence infinie que ce mal soit incessamment corrigé, car c'est le bon emploi du canon et des bombes, qui prend les places, et qui abrège les sièges.

Les coups qui viennent de près sont dans toute leur force, et bien mieux ajustés. Les éclats de bombes et de grenades volent partout, et nul endroit n'en est à couvert. C'est pourquoi il ne faut pas que le roi ni Monseigneur le Dauphin, dans les visites qu'ils feront à la tranchée, passent au-delà de la 3e place d'armes, ni même qu'ils aillent souvent jusque là, et de plus il serait à propos de leur faire un ou deux reposoirs dans les endroits de la tranchée les moins dangereux. »

1. Dans Rosanbo, cet avis est situé plus haut, entre le chapitre sur les batteries de canon et celui sur les batteries à bombes.

2. « Je n'entends point parler des pièces folles » ajouté dans Rosanbo.

3. La phrase de « Finalement » à « chapitre » est remplacée par « Faire les épaulements solides avec les précautions proposées » dans Rosanbo.

Les trois derniers qu'on a faits ne prouvent que trop ce que j'avance ici, car le canon a été très mal servi à ceux de Kehl[1] et de Brisach, et encore plus à celui de Landau[2], où il a imposé aussi peu à celui de la place qu'au feu de la mousqueterie, d'où s'est ensuivi de grandes pertes, et beaucoup de retardement.[3]

J'insiste d'autant plus sur la correction de ce défaut qu'il est de la dernière conséquence d'y remédier, sans quoi on ne doit plus songer à faire des sièges[4].

DES SECOURS.

Après avoir exposé dans les chapitres précédents tout ce que j'ai appris et[5] ce qui m'a semblé de meilleur pour l'attaque des places, il me reste encore à expliquer la conduite que les assiégeants peuvent tenir pour empêcher les secours. Pour à quoi parvenir, il est premièrement nécessaire que les lignes soient bonnes, bien faites, achevées et palissadées s'il est possible, en tout ou en partie, non sur le haut du parapet, comme on les fit à Montmédy ; ou dans le fond du fossé comme en d'autres lieux ; les palissades ne valent rien là, ou fort peu de chose ; attendu que la première peut autant servir à l'ennemi qu'à nous et que la deuxième n'empêche pas que le fossé ne soit rempli en fort peu de temps par la grande quantité de fascines que l'ennemi y jette. Il faut donc la planter le long du bord comme on le fait aux chemins couverts, observant que l'élévation de sa pointe ne doit surpasser celle dudit bord que de quinze à dix-huit pouces au plus, autrement elle pourrait nuire au feu de la ligne[6]. Sinon et encore mieux, la planter tout à fait hors ladite ligne, à 25 ou 30 pas du fossé, comme [au troisième profil, planche XXIX], auquel elle doit être parallèle, penchée vers le dehors d'environ 45 degrés, enterrée de trois pieds mesurés à plomb, en ayant quatre de saillie hors de terre, et la pointe élevée de trois pieds au-dessus de la campagne, et non plus. En cet état, elle ne fera que peu ou point d'empêchement au feu de la ligne, et l'ennemi ne la pouvant couper ni sauter, elle l'arrêtera tout court un espace de temps assez considérable, pendant quoi le feu de la ligne le fera beaucoup souffrir ; mais ce moyen

1. « en 1702 » ajouté dans Rosanbo.
Kehl [land Bade-Wurtemberg, kreis Ortenau] : en 1702, le maréchal de Villars s'empara du fort de Kehl en 12 jours de tranchée ouverte.
2. « en 1703 », ajouté dans Rosanbo.
3. « d'où s'est ensuivi… retardement » est remplacé par « ce qui apporta beaucoup de retardement » dans Rosanbo.
4. Ce paragraphe est remplacé par « Il est d'une conséquence infinie de se corriger sur un défaut aussi essentiel qui fait périr bien de braves gens » dans Rosanbo.
5. « tout ce que j'ai appris et » absent dans Rosanbo.
6. Cette phrase est absente dans Rosanbo.

est plus à désirer qu'à espérer, à cause de la difficulté et presque impossibilité d'avoir une assez grande quantité de palissades, et du long temps qu'il y faudrait employer, qui est absolument contraire à la diligence avec laquelle on est obligé de faire les lignes. Il faut donc se réduire à la façon commune, les faire bonnes et leur parapet à deux banquettes, quand on ne peut autrement. Mais comme elles ne sont pas toujours accessibles de tous côtés et qu'il se peut trouver des rivières, étangs, marais, quelque grand ravin ou escarpement qui fortifie les approches et en couvre une partie, il se peut que la place assiégée se trouvant dans un pays de bois, on pourrait en armer les endroits les plus faibles, en ce cas il ne faudrait pas manquer de faire la palissade.

2° Faire, s'il est possible, quantité d'épaulements à la moitié de la distance entre la ligne et la tête des bataillons[1], parallèles à l'une et à l'autre[2]. Ces épaulements ayant 40 toises environ de long, et 9 à 10 pieds d'épais mesurés au sommet, sur autant de hauteur, en distance les uns des autres de 50 à 60 toises, servent à couvrir la cavalerie qui se met derrière, et même les bataillons, contre les plongées du canon et du mousquet pendant une attaque. Les princes d'Orange, Maurice et Frédéric-Henri[3] se faisaient une si grande application de bien faire leurs lignes qu'ils y employaient des mois entiers ; aussi étaient-elles si bonnes qu'on ne les y a jamais forcés, bien qu'elles aient été souvent attaquées[4] : ils ne se contentaient pas de faire de bonnes lignes, ils y ajoutaient des forts particuliers de distance en distance et fortifiaient leurs quartiers séparément, selon l'usage de ce temps-là ; ils ajoutaient même des dehors sur les avenues plus exposées, qui arrêtaient les ennemis, et donnaient le temps aux troupes des quartiers voisins d'arriver et de secourir les endroits attaqués, ce qui les a toujours fait échouer et mis en danger d'être battus dans leur retraite. On y faisait aussi des avant-fossés, mais l'expérience a fait connaître qu'ils n'étaient bons qu'à fournir un grand couvert à l'ennemi.

3° Faire des bûchers de deux ou trois charretées de bois sec, à quelque quarante ou cinquante pas hors de la ligne, vis-à-vis des angles flanqués et sur le milieu des courtines, également espacés, et les arranger comme les

1. « tête du camp » dans Rosanbo.
2. « parallèles à l'une et à l'autre » absent dans Rosanbo.
3. « Frédéric » dans Rosanbo.

Maurice, comte de Nassau puis prince d'Orange à la mort de son frère Philippe-Guillaume (1618), 1567-1625. Stathouder (chef des armées) des Provinces-Unies, il lutta contre l'Espagne.

Henri-Frédéric, comte de Nassau puis prince d'Orange à la mort de son frère Maurice (1625), 1584-1647. Il fut également Stathouder des Provinces-Unies. Les deux frères furent d'importants réformateurs militaires, instituant notamment la contremarche dans l'armée hollandaise, méthode de tir permettant à l'infanterie de fournir un feu constant dans une bataille rangée.

4. « bien qu'elles aient souvent été attaquées » absent dans Rosanbo.

vignerons font les tas d'échalas dans les vignes[1], après les avoir arrachés et mis en réserve pour l'année suivante, garnissant le milieu de menu bois et de paille sèche, avec une petite trouée pour y mettre le feu, quand on a donné le signal. Les dessins de la [planche XXIX] achèveront de faire entendre comme cela se peut faire.

Voilà quels peuvent être les préparatifs plus praticables des lignes contre les secours ; venons à l'application et disons que, quand on peut avoir une armée d'observation, elle remédie sans contredit à tous les inconvénients des secours, et pour lors il n'est pas nécessaire de se tant précautionner.

Nous ne connaissons que quatre manières de secourir les places, qui sont d'y introduire des secours à la dérobée, qui n'obligent pas toujours à la levée du siège, ou de vive force quand l'assiégeant sortant de ses lignes va au-devant de l'armée de secours et lui donne bataille, ou quand l'ennemi prend le parti le plus sûr, qui est de faire diversion en attaquant une de nos places qui puisse lui tenir lieu d'une espèce d'équivalent, ou enfin quand il prend le parti d'attaquer les lignes de jour ou de nuit.

Nous avons dit à peu près ce qu'il y a à dire sur le premier au chapitre de l'investiture, page [1187], reste à m'expliquer un peu au long sur les trois autres.

Il arrive donc assez souvent que quand l'armée assiégeante se sent supérieure ou égale à celle de secours, qu'elle sort des lignes, marche au-devant, prend poste le plus avantageusement qu'elle peut et lui présente bataille.

Pour se mettre en cet état, l'assiégeante laisse au moins la tranchée garnie et fortifiée de quelques troupes, et le surplus faiblement investi de quelques autres pour garder le camp et les bagages. Ce moyen est très hasardeux et peu sûr, c'est pourquoi je ne le propose pas comme bon.

Il y a celui de la diversion quand l'ennemi au lieu de secourir la place, prend le parti d'en assiéger une de son côté ; celui-ci ne secourt pas la place assiégée, mais il cherche à se consoler au meilleur marché qu'il peut de sa perte par la prise d'une autre place qui puisse lui tenir lieu d'équivalent. Ce qu'il y a pour l'assiégeant, c'est qu'il achève le siège en repos, et que si l'ennemi ne se presse, vous avez le temps de prendre la place peut-être assez tôt pour marcher au secours de celle qu'il assiège, et la sauver. Venons à la manière plus ordinaire des secours.

Une armée qui se dispose à secourir une place se précautionne premièrement de tous ses besoins ordinaires et extraordinaires : les ordinaires sont les outils à remuer la terre et couper du bois, le canon et son attirail ; ceux-

1. « et les arranger… vignes » absent dans Rosanbo.
Un échalas est un pieu en bois que l'on enfonce dans le sol au pied d'un cep de vigne pour le soutenir.

là la suivent partout ; les extraordinaires consistent à se munir de beaucoup de fascines et de claies pour combler les fossés des lignes ; ceux-ci se trouvent sur les lieux et dans le temps et selon que les besoins le requièrent. Cette armée ne manque pas de tirer aussi tout ce qu'elle peut de troupes de ses garnisons pour se renforcer. Cela fait, et l'armée en corps, elle s'approche peu à peu et prend poste près des lignes le plus avantageusement qu'elle peut. A Arras, l'armée française se campa à Monchy-le-Preux[1], poste avantageux, et s'y retrancha ; à Valenciennes, les ennemis se postèrent à Famars[2], autre poste avantageux, où ils se retranchèrent pareillement.

Il ne faut pas douter que toutes les armées de secours n'en fassent autant, et qu'elles ne commencent par là, car elles n'iront pas étourdiment donner dans des lignes, au moment de leur arrivée ; on veut voir clair à ce que l'on fait ; et de plus, comme il est bon de laisser affaiblir les assiégeants, elle mesure son temps et se choisit une situation avantageuse à une lieue ou environ des lignes. Là elle se retranche et attend le moment du berger, pendant quoi elle se saisit des petits postes avantageux des environs qui peuvent lui être bons à quelque chose. Après cela, elle fait reconnaître les lignes et ne manque pas de donner toute la jalousie possible aux assiégeants, et cela de tous côtés, ce qui ne se passe guère sans plusieurs petites affaires de cavalerie qui ne décident rien, et qu'on n'engage de la part des ennemis que pour avoir lieu d'approcher les lignes de plus près, et d'en reconnaître mieux les abords, et de la part des assiégeants, que pour les en empêcher. Pendant que cela se passe, l'armée de secours se prépare des chemins, fait des ponts sur les rivières s'il y en a, et qu'il lui soit nécessaire d'en avoir, et se met en état de donner de la défiance aux assiégeants de tous côtés, donne de ses nouvelles à la place, en reçoit des siennes et se concerte avec elle pour le temps et la manière de l'attaque.

Les assiégeants qui l'observent, et qui ont dû se le tenir pour dit, dès qu'ils ont vu l'ennemi prendre poste près d'eux et s'y retrancher, donnent de leur part tout le bon ordre qu'ils peuvent à leurs affaires, en réglant et partageant les postes que chaque régiment doit soutenir. On couche réglément au bivouac pour n'être pas surpris pendant la nuit ; on ordonne des piquets et des corps de réserve par tous les quartiers, afin de se pouvoir porter en diligence aux lieux attaqués, à quoi les dragons sont plus propres que les autres troupes, parce qu'ils se peuvent porter avec promptitude sur les lieux, suppléer au défaut d'infanterie, border la ligne pour un temps et charger à cheval quand il en est besoin. On distribue des munitions aux troupes afin qu'elles n'en manquent pas ; on fait de petits magasins aux postes ; on dispose le canon aux endroits où on le croit mieux placé ; on envoie de grands et petits partis hors des lignes pendant la nuit pour avoir

1. Monchy-le-Preux : commune française [Pas-de-Calais, arr. Arras, C. Vitry en Artois].
2. Famars : commune française [Nord, arr. Valenciennes, C. Valenciennes Sud].

des nouvelles des ennemis et tâcher de découvrir leurs mouvements, et on réveille les intelligences et les espions. Le temps pris pour l'attaque étant venu elle se fera de jour ou de nuit ; si de jour, toute feinte étant inutile, l'ennemi se met en bataille, l'infanterie en première et deuxième lignes, et la cavalerie derrière elle en deux ou trois autres, chaque bataillon portant des fascines pour combler les fossés de la ligne. En cet état, et après avoir choisi l'endroit qu'il veut attaquer, il marche droit à la ligne, toujours en bataille, avec nombre de détachements devant lui pour essuyer les premiers feux.

L'assiégeant qui a dû se préparer à tout événement, voyant l'ennemi venir à lui, ne s'endort pas ; il règle ses dispositions sur les siennes et fait border ses retranchements le plus épais qu'il peut, ce qui lui tient lieu de première ligne, derrière laquelle il en range une seconde, pour servir de renfort à la première, et derrière celle-ci, une ou deux de cavalerie, et tout cela composé des troupes tirées des quartiers éloignés qui ne paraissent pas pouvoir être attaqués.

Quand on a le temps de se préparer de la sorte, il n'est guère possible que l'ennemi puisse forcer la ligne, et je n'ai point ouï dire qu'on y ait réussi depuis très longtemps, si ce n'est à celles de Casal, par M. le comte d'Harcourt[1], qui en vint à bout comme par miracle, après y avoir été repoussé trois ou quatre fois, et il y a plus de 60 ans que cela est arrivé[2].

Si l'ennemi prend le parti d'attaquer de nuit, c'est-à-dire à la pointe du jour, l'affaire sera bien plus sérieuse, car il dérobera sa marche et cachera son dessein le plus qu'il lui sera possible, fera mine de vouloir attaquer par un endroit de la ligne pendant qu'il se préparera à tomber sur l'autre, tâchant par tous moyens de donner le change par de fausses apparences,

1. Henri de Lorraine, comte d'Harcourt, 1601-1666, général au service de Louis XIII et de Louis XIV.

En 1640, au cours de la guerre de Trente ans, Casal, en Piémont, fut assiégée par l'armée du général espagnol Leganès. L'arrivée du comte d'Harcourt le contraignit à lever le siège.

2. Ces onze derniers paragraphes, de « Voilà quels peuvent être les prépératifs... » à « ... plus de 60 ans que cela est arrivé » sont remplacés dans Rosanbo par :

« Voilà les préparatifs des lignes contre les secours, qui deviennent inutiles, si on a une armée d'observation.

« Nous ne connaissons que quatre manières de secourir les places, qui sont d'y introduire à la dérobée des secours, qui n'obligent pas toujours à la levée du siège, ou bien de les faire entrer de vive force, quand l'assiégeant sort de ses lignes pour aller donner bataille à l'armée de secours, ou lorsque l'ennemi vient attaquer vos lignes, ou enfin qu'il prend le parti le plus sûr pour faire diversion, qui est d'attaquer une de vos places qui puisse lui tenir lieu d'équivalent.

« Une armée qui se dispose à secourir une place doit se précautionner contre tous les besoins ordinaires et extraordinaires. Les ordinaires sont les outils à remuer la terre, et à couper du bois, le canon, tout l'attirail qui doit suivre partout. Les extraordinaires sont beaucoup de fascines et de claies, pour combler les fossés des lignes. Ceux-ci se trouvent et se font sur les lieux. Elle tire tout ce qu'elle peut de troupes de ses garnisons pour se renforcer, s'approche enfin des lignes, et occupe le poste le plus avantageux pour son entreprise.

« A Arras, l'armée française se campa à Monchy-le-Preux, poste avantageux, et s'y retrancha. A Valenciennes, les ennemis se postèrent à Famars, autre poste excellent, où ils se retranchèrent pareillement.

« Toute armée de secours en doit faire de même, en sûreté dans son camp, elle reconnaît les avenues des lignes, leur situation et leur faible. Elle se saisit des petits postes qui peuvent être avantageux, elle donne jalousie de tous côtés, en faisant faire des chemins sur différentes routes, et des ponts sur les ruisseaux et les rivières. Elle reçoit et donne des nouvelles à la place, se concerte avec elle, engage des escarmouches pour pouvoir s'approcher de la ligne, et la bien reconnaître. Enfin elle fait ses préparatifs.

« J'ai dit à peu près ce qui se pouvait dire sur l'investiture. Il reste à m'expliquer un peu au long sur les trois autres.

« Il arrive assez souvent que lorsque l'armée assiégeante se sent supérieure ou égale à celle de secours, elle sort de ses lignes et va au devant lui présenter bataille, après avoir pris la précaution de laisser la tranchée garnie de troupes, et des détachements ou corps entiers pour garder le camp ou les bagages. Cette entreprise est très hasardeuse, aussi je ne la conseille pas.

« Si l'ennemi au lieu de secourir la place, prend le parti d'en assiéger une de son côté qui puisse lui tenir d'équivalent, l'assiégeant peut achever le siège en repos, et si les tranchées sont ouvertes avant que les ennemis se soient déterminés, il y a toute apparence qu'il sera maître de la place avant qu'ils aient fini leur entreprise, et qu'il aura le temps d'aller au secours de celle qu'ils assiègent.

« Dans cette circonstance, les assiégeants doivent redoubler leurs attentions, augmenter les fortifications des parties faibles, tenir les postes alertes, faire coucher l'armée au bivouac, avoir des réserves prêtes à se porter dans les lieux où l'ennemi dirigera sa marche, et pour en être averti, avoir dehors de petits et de gros partis, redoubler les espions, tenir les dragons du côté où l'ennemi fait front, afin qu'ils puissent se porter dans les lieux attaqués, ce qu'ils font beaucoup plus diligemment que l'infanterie. Et comme le feu doit être vif et soutenu, il faut avoir muni le soldat de poudre et de balles, et tenir des charrettes composées à portée des troupes.

« Si l'attaque se fait de nuit, il est difficile de juger quelle sera la vraie attaque, et on ne le peut que par conjecture de l'état de la ligne. Si c'est de jour, ce sera aisé de la découvrir et de s'y opposer avec ses plus grandes forces.

« La manière d'attaquer les lignes en plein jour est d'y marcher en bataille, sur deux lignes d'infanterie, la cavalerie derrière en 3e et 4e ligne, et vis-à-vis les parties qu'on s'est proposé de forcer. On forme une colonne de 4 ou 5 bataillons qui, se succédant les uns aux autres, et s'entrepoussant, forcent le plus ordinairement l'endroit qui leur est opposé.

« Avant l'attaque, on a dû faire prendre des fascines et des claies aux soldats, pour combler le fossé, et avoir fait marcher des petits détachements en avant, pour essuyer le premier feu des assiégeants, qui observent les mouvements de l'ennemi et règlent leurs dispositions sur les siennes. Ils font border leurs retranchements le plus épais qu'ils peuvent, ce qui leur tient lieu de première ligne, derrière laquelle ils en rangent une seconde pour servir de renfort à la première, et leur cavalerie derrière les épaulements. La plus grande partie de ces troupes sont tirées des quartiers éloignés, et qui ne paraissent pas pouvoir être attaqués.

« Si on découvre que l'ennemi ait quelque colonne, on augmentera d'une 3e ou 4e ligne vis-à-vis, composée seulement d'un ou deux bataillons. Il est bien difficile qu'avec ces dispositions il puisse vous forcer, et s'il perce en quelque endroit, ce ne doit être qu'à sa confusion, votre cavalerie pouvant tomber sur ce qui sera rentré, et le trouvant fort en désordre, doit le renverser et le sabrer, tandis que l'infanterie qui a plié s'est ralliée et vient achever de le repousser. »

pour obliger l'assiégeant à demeurer sur ses gardes également partout[1] ; s'il peut vous trouver en cet état, c'est hasard s'il ne réussit quand l'affaire est bien menée. Car telle partie qui sera gardée par mille hommes, peut être attaquée par dix mille, qui se portant vigoureusement et se soutenant par plusieurs corps l'un devant l'autre, il est bien difficile d'empêcher qu'il ne parvienne jusqu'à la ligne, et que, s'attachant au parapet, il ne le borde de son côté, et ne chasse les assiégeants de l'autre par un feu supérieur sur le dedans, pendant qu'avec des travailleurs, il y fera des ouvertures pour faciliter l'entrée de ses troupes[2]. Ce coup est d'autant plus à craindre que, si on n'est pas bien averti du dessein de l'ennemi, on se tient à peu de chose près également partout sur ses gardes, qui est un très mauvais parti à prendre.

Comme une ligne en cet état ne peut être que très faible, l'ennemi a de grands avantages sur elle, car il se porte à la faveur de l'obscurité, jusque fort près du fossé avant que d'être découvert, où ne trouvant qu'une faible résistance il force les lignes avant que le piquet et les secours des assiégeants soient arrivés au lieu de l'attaque.

C'est ainsi que les lignes de Lérida en Catalogne[3], d'Arras et de Valenciennes en Flandre furent autrefois forcées, et que toutes celles qu'on attaquera de la sorte le seront ou seront en grand danger de l'être, si on ne prend pas des mesures plus justes que celles que l'on prend ordinairement.

Ce qu'on doit faire en cas pareil est donc à mon avis de tâcher en toute manière de découvrir le dessein de l'ennemi sur le lieu et le temps qu'il doit attaquer.

Ce dessein qu'il a intérêt de cacher ne peut être découvert que par une exacte observation de ses mouvements, et par avoir plusieurs espions dans son camp, qui doivent se jeter journellement dans le nôtre, notamment dans le temps qu'ils le verront partir pour venir aux lignes, et par les prisonniers qu'on fera[4].

Si on voit l'ennemi s'attacher à reconnaître un côté de la ligne plus que les autres, et que ce côté soit assez près de lui pour qu'il s'en puisse approcher assez dans une nuit de marche pour pouvoir attaquer le lendemain au

1. « fera mine… partout » est remplacé par « Il fera paraître plusieurs têtes opposées à sa vraie attaque, et vous obligera à disperser vos troupes pour lui faire face » dans Rosanbo.

2. « il est bien difficile… ses troupes » est remplacé par « entreront dans vos lignes, en combleront diligemment une partie pour faciliter l'entrée au reste de l'infanterie et à la cavalerie » dans Rosanbo.

3. Lérida : commune espagnole [Catalogne]. En 1646, le comte d'Harcourt entama le siège de Lérida, et résolut de la réduire par la famine. La nuit du 21 au 22 novembre, les troupes du marquis de Leganès parvinrent à franchir les lignes de circonvallation, et à porter de la farine dans la ville. Le comte d'Harcourt fut contraint de lever le siège.

4. « notamment… prisonniers qu'on fera » est remplacé par « Les gros et les petits partis que vous devez avoir répandus hors de vos lignes et sur l'ennemi peuvent encore vous en donner quelque indice » dans Rosanbo.

point du jour ; si la place ou l'enclos des lignes est traversé par des rivières dont l'un des côtés seulement soit occupé par l'ennemi, et qu'il fasse plusieurs ponts dessus, comme 3, 4 ou 5, c'est un signe évident qu'il a dessein d'y faire passer plusieurs colonnes à la fois ; de même, s'il se saisit de quelque château ou maison forte au-delà de cette rivière, qui ne lui soit nécessaire que pour l'aider à cacher son dessein.

Joignant toutes ces apparences ensemble, on pourra conjecturer que l'ennemi a dessein d'attaquer par le côté plus à portée de ces ponts, notamment si le bossillement du pays y convient[1], ou qu'il soit composé de plaines unies et non entrecoupées de rien qui puisse retarder sa marche, et qu'il ne fera que de fausses attaques vis-à-vis de son camp et partout ailleurs, ce qui arrivera infailliblement.

Une autre observation importante à faire est si après avoir estimé la distance qu'il y a des autres côtés de la ligne au camp de l'ennemi, on trouve qu'il n'en puisse faire le chemin, ni arriver avant le jour par la marche d'une nuit d'été qui ne dure que cinq à six heures, et voir si le temps qu'il lui faut peut s'accorder avec ce que l'on aura appris des espions, des prisonniers et des rendus.

A propos d'espions, je dois dire ici qu'on n'en saurait trop avoir, et qu'il est à souhaiter qu'on en puisse recevoir tous les jours, plutôt deux fois qu'une, notamment quand l'ennemi se prépare à vous attaquer, et enfin quand il se mettra en marche pour venir aux lignes. C'est alors qu'ils peuvent, en observant de quel côté l'ennemi tourne la tête, voir sur quelle partie de la ligne il va tomber.

Si à tout ce que dessus, on ajoute encore la découverte des grands et petits partis qui doivent battre l'estrade pendant la nuit sous la portée du canon des lignes, il est presque impossible que l'ennemi puisse s'empêcher d'être découvert de fort bonne heure ; auquel cas, il faudra achever de bien garnir les côtés de la ligne par où il peut aborder, aux dépens de ceux qui n'en sont pas à portée par leur trop d'éloignement[2].

Ne pas oublier aussi de la garnir de canon, quelques jours auparavant et de la tenir en bon état[3] ; de faire garder les bûchers, s'il y en a, par deux ou trois soldats à chacun, qui auront ordre d'en allumer les feux au signal qui se fera par un certain nombre de coups de canon dont on sera convenu. Quoi fait, et quand on sera assuré du côté par où l'ennemi s'approche, don-

1. « surtout si le terrain est favorisé de petites hauteurs » dans Rosanbo.

2. Ces deux derniers paragraphes sont remplacés dans Rosanbo par : « En ne négligeant aucune de ces précautions, il est bien difficile que l'ennemi ne soit découvert de fort bonne heure, en ce cas il faudra achever de bien garnir les deux côtés de la ligne par où il peut aborder aux dépens de ceux qui n'en sont pas à portée par leur trop grand éloignement. »

3. « Il sera nécessaire de garnir de canon les parties où l'on craint le plus » dans Rosanbo.

ner ledit signal quand il sera aux deux tiers de la portée du canon près, et aussitôt allumer les bûchers et faire retirer les boute-feux dans la ligne par des endroits qui leur auront été marqués. Ces feux allumés suppléeront au défaut de la lumière qui pourrait encore manquer, et feront un jour artificiel d'autant plus dangereux pour l'ennemi qu'on tire beaucoup mieux et plus droit à la lueur du feu pendant la nuit que de jour. Si toutes ces observations sont faites avec soin, je me persuade qu'on parviendra à corriger le malheur des lignes attaquées de nuit, par la raison que ne provenant que de l'incertitude où l'ennemi vous tient, elle sera levée sitôt qu'on sera averti de son dessein[1]. Après tout ce que dessus et ce que l'on y pourrait ajouter[2], il faut convenir de bonne foi que de tous les retranchements que la guerre emploie pour attaquer et défendre, aucun n'est si mauvais que les lignes de circonvallation. La raison est que leur circuit est toujours de beaucoup trop grand pour le nombre des troupes qui doivent les défendre ; car supposé le diamètre d'une circonvallation de 3 200 toises, qui est le moins qu'il puisse avoir, la circonférence régulière sera de 10 057 toises, à laquelle ajoutant pour l'irrégularité et pour les redans 943 toises, qui est bien le moins que cela puisse avoir, le tout fera 11 000 toises, qui divisées en lieues communes de 2 500 toises chacune, vaudra 4 lieues 1/2 un peu moins[3]. Que si, pour border une ligne de cette étendue, on donne seulement 3 pieds à chaque soldat, viendra 22 000 hommes pour un seul rang, et pour trois de hauteur 66 000 hommes de pied, sans rien compter pour la seconde ligne, ni pour les tranchées et les autres gardes qui demanderaient bien encore autant de monde pour que tout fût suffisamment garni : or, où trouver des armées de cette force ? Je crois qu'il est fort inutile d'en chercher, et quand on dégarnirait la moitié la moins exposée des lignes, pour renforcer celle qui le serait le plus, on ne parviendrait pas à les garnir suffisamment à beaucoup près, et ce d'autant plus que si les places assiégées sont un peu considérables, la circonvallation deviendra bien plus grande que celle qui est ici supposée, ce qui nous éloigne encore plus de la possibilité de les pouvoir bien garnir. Et partant, je conclus que de tous les retranchements d'armée, la circonvallation des places est toujours le plus mauvais, quelque soin qu'on puisse prendre de la rendre bonne, et que le mieux qu'on puisse faire dans un siège réglé est d'avoir recours aux armées d'observation[4].

1. « Si toutes ces observations... son dessein » est remplacé par : « Je ne sais pas d'autres moyens pour corriger le malheur des lignes attaquées de nuit. L'incertitude où l'ennemi vous tient, sera levée dès qu'on sera averti de son dessein » dans Rosanbo.

2. « Après tout... ajouter » absent dans Rosanbo.

3. « car supposée... un peu moins » remplacé par « une circonvallation parfaitement ronde ne peut avoir moins de douze mille toises » dans Rosanbo.

4. « Je crois qu'il est fort inutile d'en chercher... aux armées d'observation » est remplacé dans Rosanbo par : « Et si l'armée assiégeante pouvait être aussi considérable, elle n'attendrait pas l'ennemi dans ses lignes, elle irait le chercher.

Il me reste à éclaircir un doute, qui est de savoir quelle doit être la force d'une armée d'observation par rapport à celle de secours ; cela n'est pas fort aisé, mais je ne laisserai pas de dire ce que j'en pense. Il est certain qu'elle doit toujours être proportionnée aux forces de l'ennemi, mais comme ce dire n'éclaircit rien, il faut avoir recours à quelques exemples[1].

Je dis donc qu'il est absolument nécessaire d'être bien informé des forces que l'ennemi peut mettre en campagne, et c'est à quoi on ne saurait donner trop d'attention. Supposons après cela qu'il puisse y mettre 25 000 hommes, et nous 35 000 ; s'il s'agit d'un siège, on pourra faire une armée d'observation, et si on se peut donner quelques jours d'avance pour faire les lignes, la chose n'en sera que plus aisée. Que cela soit ou non, si l'ennemi se met en état de les approcher, on pourra lui opposer 18 à 20 000 hommes en observation, qui prenant un poste avantageux à portée des lignes, s'y doivent bien retrancher ; car si une armée bien postée ajoute un bon retranchement aux avantages de la situation qu'elle occupe, elle fera aisément tête à une qui sera d'un tiers plus forte qu'elle, et quand même elle le serait davantage[2], si l'armée d'observation sait bien se conduire, il est sûr que l'ennemi n'osera l'attaquer, attendu que quand elle se trouvera plus ou moins pressée, elle pourra encore tirer des secours de l'assiégeante, de même qu'elle pourra lui en donner de son côté. Or, ce qui est ici proposé par cet exemple peut s'appliquer à de plus grandes armées, et se restreindre à de plus petites, selon la force de l'ennemi à qui l'on a affaire[3].

Que s'il se présente à quelque côté des lignes éloigné de l'armée d'observation, il sera au choix de celle-ci d'entrer dans les circonvallations et de se présenter en deux lignes du côté qu'il pourrait attaquer, ou de prendre poste à côté de lui pour le charger en flanc, pendant qu'il attaquera de front[4]. Ce sont des pensées qui peuvent recevoir de l'accroissement et différentes rectifications selon que la situation des lieux le permettra[5].

« On voit par cette petite digression combien il est difficile de défendre des lignes, et qu'on ne peut se flatter de n'y être pas forcé, qu'on n'ait été assez heureux pour découvrir et prévenir l'attaque de l'ennemi. Il doit donc passer pour constant qu'une armée assiégeante n'est point en sûreté sans une armée d'observation. »

1. « mais comme… exemples » absent dans Rosanbo.
2. « et quand même elle le serait davantage » absent dans Rosanbo.
3. Cette phrase est absente dans Rosanbo.
4. « ou encore de l'aller chercher, s'étant fortifiée d'une partie de l'armée du siège », ajouté dans Rosanbo.
5. Cette dernière phrase est remplacée dans Rosanbo par : « Voilà ce que je pense au sujet de l'armée d'observation. Je le soumets à la décision des gens expérimentés. »

MAXIMES GENERALES
POUR SERVIR A LA CONSTRUCTION DES LIGNES.

I.

Les faire bonnes et avantagées de tout ce que l'on peut[1].

II.

Donner à leur circuit tout l'espace nécessaire et rien plus.

III.

Ne point exposer les camps sous la portée du canon de la place.

IV.

Ne les point commettre aux commandements extérieurs du dehors, qui puissent en incommoder les dedans du canon et du mousquet[2].

V.

Occuper tous les commandements des environs qui pourraient nuire à la ligne et aux camps, soit par la ligne même ou par des forts et redoutes détachés, plutôt que de hasarder à les laisser occuper par une armée de secours.

VI.

L'observation de ces maximes présupposée, il ne doit rester d'étendue au circuit des lignes que celle qu'elles doivent précisément occuper[3].

VII.

Si la ligne est coupée de rivières ou de canaux, y faire le plus de ponts qu'on pourra ; c'est-à-dire plutôt deux qu'un, ou plutôt trois que deux, même plutôt quatre que trois, afin de faciliter le prompt transport des secours d'un côté à l'autre, et éviter la confusion où l'on se trouva à la levée

1. « Il faut faire les lignes bonnes, et profiter autant qu'on le peut de tous les avantages du terrain » dans Rosanbo.
2. Ces deux dernières maximes sont regroupées dans Rosanbo.
3. Cette maxime est absente dans Rosanbo.

du premier siège de Valenciennes, où ce défaut fit périr une partie de l'armée[1].

VIII.

Employer les bois, rivières, ruisseaux, étangs, marais, ravines, fossés, escarpements, chemins creux, et généralement tout ce qui peut avantager la situation des lignes, et l'appliquer à leur fortification, savoir, les bois par les abattis ; les rivières et ruisseaux, par en rompre les gués et les faire servir d'avant-fossés aux lignes ; les étangs, par les mettre entre vous et l'ennemi ; les marais, par augmenter leur marécage et les mettre devant les lignes ; les ravines, grands fossés et escarpements, par les y mettre à même fin ; finalement, faire servir toutes ces diversités de terrain à leur fortification, comme autant d'avantages favorables que la nature nous présente, et qu'il ne faut pas négliger[2].

IX.

Les avant-fossés des lignes ne sont raisonnables qu'autant qu'ils peuvent être remplis d'eau ; de toute autre façon ils ne valent rien, parce qu'ils ne servent qu'à cacher l'ennemi quand il a tant fait que de s'avancer jusque-là.

X.

Que la distance de la tête des camps à la ligne ne soit pas éloignée plus de 120 toises, ni plus près de 60.

XI.

Que l'éloignement de la pointe d'un redan à l'autre ne soit guère plus de 120 toises, ni moins de 80 : à moins qu'on n'y soit contraint par les bossillements du terrain[3].

XII.

Que les lignes de contrevallation puissent au besoin s'approcher de la place assiégée jusqu'à l'extrême portée du canon, et non plus.

1. « Si la ligne est coupée de rivières, il faut y faire beaucoup de ponts et de communications larges et spacieux, pour faciliter le passage des secours d'un côté à l'autre » dans Rosanbo.
2. « et l'appliquer... pas négliger » absent dans Rosanbo.
3. « inégalités du terrain » dans Rosanbo.

REGLES OU MAXIMES GENERALES
QUI PEUVENT SERVIR A L'ATTAQUE DES PLACES.

I.

Etre toujours bien informé de la force des garnisons avant que de déterminer les attaques.

II.

Attaquer toujours par le plus faible des places et jamais par le plus fort, à moins qu'on n'y soit contraint par des raisons supérieures, qui, comparées aux particulières, font que ce qui est le plus fort dans les cas ordinaires, se trouve le plus faible dans les extraordinaires : ce qui dépend des lieux, des temps et des saisons que les places sont attaquées, et des différentes situations où on se trouve.

Quand le roi assiégea Valenciennes, Sa Majesté n'ignorait pas que le front de la porte d'Anzin ne fût le plus fort de la place ; cependant il la fit attaquer par là :

1° A cause de la facilité des approches par la chaussée de Rhume[1], qui, étant pavée, amenait toutes nos munitions depuis Dunkerque, Ypres, Lille, Douay et Tournay, jusqu'à la queue des tranchées, ce qui ne se pouvait partout ailleurs ;

2° De la facilité d'avoir des fascines, y ayant de grands bois près de là qui pouvaient abondamment fournir toutes celles dont on avait besoin ;

Et 3° De pouvoir contrevaller, comme nous fîmes par la tranchée, toute cette partie qui s'étend depuis l'inondation au-dessous de la place jusqu'à celle au-dessus ; ce qui étant répété par deux places d'armes, l'une devant l'autre, et par tous les plis et replis de la tranchée, l'ennemi fut enfermé dans sa place et réduit à ne pouvoir pas sortir quatre hommes hors de son chemin couvert, depuis la porte de Tournay jusqu'à la porte Notre-Dame ; de sorte que s'il se fût présenté un grand secours, le roi aurait pu, en renforçant la tranchée de deux bataillons et de trois ou quatre escadrons, lever tous les quartiers de ce côté-là, qui faisaient les deux cinquièmes du circuit des lignes, pour en renforcer son armée et se présenter aux ennemis, sans que les attaques eussent cessé de faire leur chemin.

Ces raisons ou autres semblables prises hors-œuvre prévalent quelque-

1. Rhume : Raismes, commune française [Nord, arr. Valenciennes, C. Saint Amand-les-Eaux rive droite].

fois sur les communes très avantageusement ; c'est pourquoi où cela se trouve, on ne doit pas hésiter à les faire valoir[1].

III.

Ne point ouvrir la tranchée que les lignes ne soient fort avancées, et les munitions et matériaux nécessaires en place, prêts et à portée ; car il ne faut point languir par ce manquement, mais avoir toujours les besoins nécessaires sous la main[2].

IV.

Embrasser toujours tout le front des attaques, afin d'avoir l'espace nécessaire aux batteries et places d'armes.

V.

Faire toujours trois grandes lignes ou places d'armes ; les bien situer et établir, leur donnant toute l'étendue nécessaire.

VI.

Les attaques liées sont préférables à toutes les autres.

VII.

Employer la sape dès que la tranchée deviendra dangereuse, et ne jamais faire à découvert ni par force ce que l'on peut par industrie, attendu que l'industrie agit toujours sûrement, ce que la force qui est quelquefois sujette à manquer ne fait pas toujours, et hasarde pour l'ordinaire beaucoup[3].

VIII.

Ne jamais attaquer par des lieux serrés et étroits, ni par des marais, et encore moins par des chaussées, quand on le peut par des lieux secs et spacieux.

1. Cette maxime est remplacée dans Rosanbo par : « Attaquer toujours par le plus faible, et jamais par le plus fort, à moins qu'on n'y soit contraint. »
2. « car il… sous la main » absent dans Rosanbo.
3. « attendu que… beaucoup » est remplacé par « qui réussit toujours mieux, et avec moins de perte » dans Rosanbo.

IX.

Ne jamais attaquer par des angles rentrants qui puissent donner lieu à l'ennemi d'envelopper ou croiser sur la tête des attaques[1], parce qu'au lieu d'embrasser, il se trouverait par les suites que la tranchée serait enveloppée.

X.

Ne point embarrasser la tranchée de troupes ni de travailleurs ni de matériaux : mais ranger les uns et les autres dans les places d'armes de la droite et de la gauche, et laisser les chemins libres pour le service du travail et des allants et venants[2].

XI.

Le moyen le plus sûr de bien réussir à un siège est d'avoir une armée d'observation[3].

XII.

Ne jamais porter un ouvrage en avant près de l'ennemi, que celui qui le doit soutenir ne soit en état de le faire.

XIII.

Que les batteries plongeantes dites ricochets soient toujours situées sur les enfilades et revers des pièces attaquées et non autrement.

XIV.

Employer lesdites batteries à ricochet, et les cavaliers à la prise des chemins couverts, par préférence aux attaques forcées, dans tous les endroits où il y aurait possibilité de le faire.

1. « donner lieu à l'ennemi de voir de revers et enfiler la tête des attaques » dans Rosanbo.
2. « et laisser… venants » absent dans Rosanbo.
3. Cette maxime est absente dans Rosanbo.

XV.

Observer la même chose à celle de tous les dehors, et du corps de la place[1].

XVI.

Ne jamais tirer aux bâtiments des places, parce que c'est perdre temps et consommer des munitions mal à propos pour des choses qui ne contribuent en rien à leur reddition, et dont les réparations vous coûtent toujours beaucoup après la prise.

XVII.

La précipitation dans les sièges ne hâte point la prise des places, la recule souvent et ensanglante toujours la scène ; témoin *Barcelone*[2], *Landau* et plusieurs autres.

XVIII.

Il est des sièges et de l'attaque des places, comme de la plupart des affaires considérables de ce monde, qui demandent un point de maturité pour être résolues et bien conduites à leur fin[3].

XIX.

La saison la moins propre à l'attaque des places est l'hiver, parce que c'est celle des mauvais temps et des grands froids qui font beaucoup souffrir les troupes.

XX.

Attaquer les places marécageuses, dont les environs sont humides et à demi-mouillés, dans les temps les plus secs de l'année ; parce que vraisemblablement on y sera moins incommodé des eaux[4].

1. Ces deux dernières maximes sont remplacées par une seule dans Rosanbo : « Il faut employer les batteries à ricochets et les cavaliers à la prise des chemins couverts, et à celle de tous les dehors et du corps de la place, lorsque cela sera possible. »

2. Barcelone fut prise par le duc de Vendôme en 1697.

3. Ces deux dernières maximes sont regroupées dans Rosanbo.

4. Cette maxime est remplacée dans Rosanbo par : « Il faut choisir le temps le plus sec de l'année pour faire le siège des places marécageuses ».

XXI.

A place régulière, régulière attaque mais à place irrégulière, on doit attaquer comme on peut[1], sans toutefois s'éloigner de l'observation des règles que le moins qu'il est possible.

XXII.

Aux places où il y a château et citadelle, attaquer tant qu'on pourra par la citadelle, si d'autres raisons ne prévalent ; parce que celle-ci prise, la ville suit nécessairement au lieu qu'attaquant la ville la première, on a deux sièges à faire pour un.

XXIII.

Ne jamais s'écarter ni s'éloigner de l'observation des règles sous prétexte qu'une place n'est pas bonne, de peur de donner lieu à une mauvaise de se défendre comme une bonne[2].

XXIV.

Les attaques par des lieux serrés et étroits sont toujours difficiles et sujettes à de grands inconvénients, parce qu'on n'y peut pas toujours observer les règles.

XXV.

Toute fortification réglée par les maîtres de l'art a toujours quelque chose de régulier ou fort approchant, à moins que la situation n'y répugne tout à fait ; il en doit être ainsi de la conduite des attaques bien entendues[3].

XXVI.

Les pays de marais qu'on ne peut écouler ni épuiser ne sont propres à l'attaque des places qu'autant que la faiblesse de leur fortification et de leur garnison s'y accorde, et que les digues par où l'on peut les aborder donnent moyen par leur largeur et hauteur de pouvoir conduire une tranchée tout le long avec les retours nécessaires, sans être contraint de s'enfi-

1. « attaquer suivant le terrain » dans Rosanbo.
2. « de peur de lui donner lieu de profiter de notre négligence, et de faire une longue défense » dans Rosanbo.
3. Cette maxime est absente dans Rosanbo.

ler, et qu'il se trouve quelque terrain sec à côté plus élevé que la superficie du marais, pour y pouvoir utilement établir des batteries de toutes espèces qui suppléent en partie aux conditions demandées dans les cas ordinaires[1].

XXVII.

Attaquer de jour quand la tranchée a tellement pris ses avantages qu'il n'y a plus d'endroits dans tout le front attaqué qui se puissent dire exempts de la supériorité du canon, des bombes, des pierres et de la mousqueterie. *Et de nuit*, quand une grande partie de ces endroits ne sont pas dans le cas[2].

XXVIII.

Tout siège de quelque considération demande un homme d'expérience, de tête et de caractère, qui ait la principale direction des attaques, sous l'autorité du général ; que cet homme dirige la tranchée et tout ce qui en dépend, place les batteries de toutes espèces, et montre aux officiers de l'artillerie ce qu'ils ont à faire ; à quoi ceux-ci doivent obéir ponctuellement, sans y ajouter ni diminuer. Où cela ne s'est pas exécuté au pied de la lettre, tout a tourné à confusion, et jamais le canon n'a été bien placé ni bien servi, et n'a produit l'effet qu'on a dû en attendre.

XXIX.

La même raison fait encore que cet homme doit commander aux ingénieurs, mineurs, sapeurs, et à tout ce qui a rapport aux attaques, dont il est comptable au général seul : par la raison que quand il y a plusieurs têtes à qui il faut rendre compte, il est impossible que la confusion ne s'y mette ; après quoi, tout ou la plus grande partie va de travers, au grand détriment du siège et des troupes[3].

1. « et qu'il se trouve... cas ordinaires » absent dans Rosanbo.

2. Cette maxime est remplacée dans Rosanbo par : « Pour attaquer de jour, il faut que le feu de la place soit presque éteint, et qu'il n'y ait aucun endroit dans tout le front attaqué qui ne soit dominé par le feu du canon, des mortiers, et de la mousqueterie. Lorsque le feu est encore trop vif, il faut attaquer de nuit. »

3. Ces deux maximes sont remplacées par une seule dans Rosanbo : « Dans un siège de quelque importance, il faut toujours un homme d'expérience, de tête, et de caractère, qui ait, sous l'autorité du général, la principale direction des attaques, qui ordonne de la tranchée, et de tout ce qui en dépend, qui montre aux officiers de l'artillerie ce qu'ils ont à faire, et qui commande aux ingénieurs et sapeurs, etc. »

XXX.

Finalement, ne jamais s'éloigner de l'observation de ces maximes, parce qu'on ne le saurait faire sans manquer dans une chose ou dans l'autre, et souvent dans toutes.[1]

1. Cette maxime est remplacée dans Rosanbo par : « Pour peu qu'on s'éloigne de ces maximes, il est presque impossible de ne pas manquer à quelque partie essentielle. »

TABLE

DES CHAPITRES CONTENUS EN CE TRAITE

Utilité des places fortes 1181
Résolution des sièges 1183
Magasins 1185
Investiture 1187
Les ponts à faire pour servir à la communication des quartiers... 1190
Table contenant les mesures des six profils sur lesquels on peut régler les lignes 1192
Façons des lignes 1193
Portes et barrières des lignes 1195
Contrevallations 1195
Préparatifs des attaques 1196
Préparatifs du parc 1196
Façon des mantelets 1197
Les outils 1198
Observations à faire sur la reconnaissance des places 1200
Ouverture de la tranchée 1210
La sape 1216
Places d'armes 1221
Demi-places d'armes 1225
Propriétés générales des trois places d'armes 1225
Des sorties 1226
Batteries de canon 1234
Batteries à bombes 1241
Batteries de pierriers 1242
Des traverses 1243
Avant-fossés 1244
Prise du chemin couvert 1245
Façon des cavaliers 1248
Batteries du chemin couvert 1251
Descente du fossé 1251
Prise de la demi-lune 1252
Passage du grand fossé de la place 1256
Des mines 1263
Fabrique des poudres 1263
Démonstration des effets de la poudre 1264
Réflexion 1266
Manière de supputer l'excavation des mines 1268
Table pour les différentes grandeurs des mines 1271
Attachement du mineur et sa suite 1274

Différence des mines 1278
Avis particulier sur l'attaque des places irrégulières 1284
1er exemple 1284
2e 1286
3e 1287
4e 1287
5e 1288
6e 1289
7e 1291
8e 1293
Des fonctions des officiers généraux à la tranchée 1299
Du général 1300
Le Roi, Monseigneur, et Monseigneur le duc de Bourgogne 1300
Avis particulier par forme de supplément sur les batteries qui tirent à pleine charge 1303
Des secours 1304
Maximes générales pour servir à la construction des lignes........ 1314
Règles ou maximes générales qui peuvent servir à l'attaque des places[1]. 1316

1. Cette table est absente dans Rosanbo.
La version de la Bibliothèque du Génie comportait, à la suite de cette table, les chapitres relatifs aux mémoires sur l'artillerie et sur les sapeurs. Voir la « note sur la présente édition ».

Tome IX

des Oisivetés
de Monsieur de Vauban

« Traité de la Défense des places »

Avec les traités de l'attaque des places (1704) et de la fortification de campagne (1705), celui consacré à la défense des places est de rédaction tardive : la date portée sur la page de titre de certains manuscrits est 1706. Comme le signale lui-même Vauban, c'est la situation militaire dramatique du moment qui le fait composer cet ouvrage[1] *: Villeroy perd la bataille de Ramillies le 23 mai, le désastreux siège de Turin est levé le 7 septembre, Ath, dans les Pays-Bas espagnols, est perdu le 3 octobre. Le royaume de France est désormais sur la défensive, acculé de toutes parts.*

Vauban rassemble la première et la troisième partie du Traité à son retour de Flandres à la fin de l'année 1706, son petit-fils, Charles de Mesgrigny, comte d'Aunay, précisant sur le manuscrit du fonds Rosanbo : « Quand en 1706 on perdit beaucoup de nos places, cela engagea Vauban à écrire un Traité de défense des places et la mort l'empêcha de le finir entièrement »[2].

Sa fortune éditoriale est bien moindre que celle du traité de l'attaque, d'autant que les premiers éditeurs hollandais n'ont pas eu de copie du manuscrit. Dans l'édition donnée par Pierre de Hondt en 1737 – reprise en version portative au format in octavo par le même en 1742-1743 –[3]*, le tome II contient un texte*[4] *écrit en réalité*

1. *En tout cas dans la version conservée au SHD et éditée en 1829.*

2. *Cité par Michèle Virol,* Vauban, De la gloire du roi au service de l'Etat, *Seyssel, Champ Vallon, 2003, p. 106.*

3. Traité de l'attaque et de la défense des places par Monsieur de Vauban, *La Haye, Pierre de Hondt, 1737, 2 vol. in 4° ;* De l'attaque et de la défense des places par Monsieur de Vauban. Nouvelle édition enrichie de notes instructives et de l'éloge de Vauban *(par Fontenelle), La Haye, Pierre de Hondt, 1742-1743, 2 vol. in 8°. Notons ici que le « Traité des mines » figurant dans les mêmes éditions est également un apocryphe.*

4. *Guillaume de Lafon de Boisguérin, seigneur des Houlières (1621-1694), ingénieur ordinaire, lieutenant de Roy et aide de camp des armées, a fait campagne chez Condé pendant la Fronde et a servi aux Pays-Bas espagnols, avant de fortifier Djidjelli en Afrique, contre les Turcs, puis de prendre une part importante à la construction de la citadelle de Tournai. Son traité de la défense des places date de 1675. Son épouse, Antoinette du Ligier de La Garde, est connue par ailleurs comme femme de lettres, tragédienne*

par Deshoulières et relativement sommaire, que reprend une troisième édition hollandaise postérieure[1].

Il faut attendre 1769 et la parution parisienne du « Traité de la défense des places » par Charles-Antoine Jombert pour en voir une première version encore inexacte et avec neuf planches dont seulement huit d'après celles du manuscrit[2]. *Nonobstant, Jombert insiste : « ouvrage original de M. Le maréchal de Vauban » (page de titre), « ce traité {...} que nous donnons au public pour la première fois » (avertissement). Telle quelle, cette version est rééditée en 1781 puis en 1795*[3]. *Toutefois, c'est en 1829 que le baron de Valazé donne une édition relativement conforme au manuscrit original, expurgée des interpolations faites à partir du texte de Deshoulières qu'il édite en annexe, accompagnée d'une introduction critique, avec les principales planches*[4].

Donc, au total, quatre éditions incomplètes et une seule intégrale pour la « Défense », assez tardive, contre six basées sur un bon manuscrit pour « L'attaque ».

La dernière édition de la « Défense », que l'on doit en réalité considérer comme la seule originale, correspondrait à la première construction du mythe vaubanien : elle est en effet contemporaine de la première série de médailles, de portraits peints et gravés et de biographies produite à partir de la Restauration[5].

En ce qui concerne la tradition manuscrite, il ne semble pas avoir circulé beaucoup de copies[6]. *Celle qui a servi pour l'édition Jombert de 1769 est fournie par Bernard Forest de Bélidor (1697-1761)*[7]. *Dans l'avertissement, l'éditeur signale « l'extrême rareté des manuscrits de la Défense des places »*[8].

---

et poétesse. Augoyat, Aperçu historique sur les fortifications, les ingénieurs et sur le corps du génie en France, *Paris, 1860, t. I, p. 78 ; E. Ouverleaux,* Mesgrigny, *Bruxelles, 1920, pp. 5-6 et 73-76 ; A. Blanchard,* Dictionnaire des ingénieurs militaires 1691-1791, *Montpellier, 1981, p. 409.*

1. Œuvres de Monsieur de Vauban, *Amsterdam, Arkstée et Merkus, 1771, 2 vol. in 4.* « La Défense et les Mines » *composent le tome II.*

2. *Format in octavo. Les planches originales reproduites sont les 5e (= pl. 9 éditée), 6e (= pl. 1), 7e (= pl. 2), 8e (= pl. 3), 12e (= pl. 4), 13e (= pl. 5), 14e (= pl. 6), 15e (= pl. 7) et 16e (= pl. 8).*

3. *Paris, Colot et Jombert, 3 vol. in 8°; Paris, Magimel, an III de la République, 3 vol. in 8°.*

4. Traité de la défense des places par Monsieur le Maréchal de Vauban. Nouvelle édition augmentée des agendas du maréchal sur l'attaque et la défense et de ses notes critiques sur le discours de Deshoulières, relatif à la défense, publié avec l'autorisation du Ministre de la Guerre, *Paris, Anselin, 1829, 1 vol. in 8° et 1 atlas in fol.*

5. *Sans exhaustivité : médaille par Caque dans la* Galerie métallique des grands hommes français, *1821 ; portrait en pied peint par Larivière pour la salle des maréchaux à Versailles, 1834 ; les notices biographiques et livres de vulgarisation de Charles Liadières (1821), de Charles de Courcelles (1823), du général Chambray (1835), de E. Roy (1844).*

6. *D. Auger,* Bibliographie des ouvrages de Vauban ou concernant Vauban, *Saint-Léger-Vauban, 1994, t. II, p. 195, signale l'original « introuvable » mais plusieurs copies partielles ; l'un de la Section Technique du Génie (MR in f° n° 7) est celui employé pour l'édition de Valazé. Daniel Auger indique en outre quatre autres manuscrits (DCM, 163-2745 ; SHD, STG, MR in f n° 8 ; CHA Ms 296 ; A&M, Qc 3).*

7. *Mathématicien et commissaire d'artillerie, auteur de* La Science des ingénieurs *(1729), du* Bombardier françois *(1731), de l'*Architecture hydraulique *(1737-1753), du* Dictionnaire portatif de l'ingénieur *(1755), du* Nouveau cours de mathématiques à l'usage de l'artillerie *(1757), il a contribué à diffuser différents aspects de la pensée militaire et technique de Vauban.*

8. *Page v. A signaler, le manuscrit de la Bibliothèque Municipale de Lyon, n° 1524.*

Le texte du manuscrit du fonds Rosanbo diffère sensiblement dans la forme de celui utilisé pour l'édition de 1829. Il s'agit d'une mise au net sans ratures ni reprises, mais qui semble moins élaborée par certains aspects, moins précise parfois, somme toute moins affinée dans la réflexion. Dans les deux cas, le style est identique, avec les tournures de phrase typiques de l'écriture de Vauban. Des variantes apparaissent également dans les évaluations chiffrées : le manuscrit Rosanbo donne en général des chiffres plus élevés, mais ne détaille pas autant par exemple le rôle de la bourgeoisie. Nous avons préféré reprendre le texte de l'édition de 1829, en incluant en notes les pages d'introduction des trois parties du manuscrit Rosanbo, qui contiennent les différences les plus notables.

Le contenu

Il s'agit bien d'un traité, « sujet sur lequel on écrit », terme employé par les auteurs qui « divisent leurs livres en traittez sur plusieurs matières »[1]. Trois parties le composent. Encore une fois, Vauban explique l'aspect composite de son ouvrage : les première et troisième parties sont rédigées rapidement à la fin 1706, tandis que la deuxième, comprenant les tableaux synthétiques, remonte « à plusieurs années ». En effet, non seulement ils constituent la plus grande partie du tome VI des Oisivetés, *– ce qui a fait considérer comme inutile l'édition à part de celui-ci –, mais il en existe des versions partielles dès 1691[2]. L'impression globale est en effet d'une juxtaposition d'éléments parfois redondants (par exemple reprise d'une planche du traité de la fortification de campagne, passage sur les camps retranchés dans la deuxième et dans la troisième partie), parfois contradictoires (par exemple sur les fossés secs ou en eau, sur les sorties qu'il condamne en première partie), en tout cas l'ensemble est moins cohérent que le traité de l'attaque. Vauban fait de nombreuses digressions et éprouve le besoin de recentrer son propos (« revenons à notre sujet »). Ce texte dénote encore chez son auteur une apparente boulimie de savoirs et de leur transmission.*

La réflexion va beaucoup plus loin que la simple défense des places : l'économie de guerre et la planification étatique y transparaissent. Le discours ne reste pas borné à un exposé technique, il y a des allers et retours entre ce type de considérations et d'autres de politique générale. Au point de vue méthodologique, Vauban se fonde sur l'expérience, et notamment sur son expérience personnelle de la guerre de siège : ceux de sa jeunesse, Sainte-Menehould, Stenay, Landrecies, Mouzon, Montmédy (1652-1657), quelques-uns des deux dernières décennies du XVII*e siècle, Luxembourg*

1. *A. Furetière,* Dictionnaire universel contenant généralement tous les mots françois tant vieux que modernes, et les termes de toutes les sciences et les arts, *La Haye- Rotterdam, 1690, t. III, p. 722.*

2. *Ainsi le « Mémoire sur les garnisons des places » (1691), et les « Instructions » particulières pour les défenses de Sélestat, de Thionville, de Verdun, du Quesnoy, de Furnes, de Dunkerque, de Lille (dates diverses), manuscrits conservés soit au SHD, soit dans le fonds Rosanbo.*

(1683), Charleroi (1693), Ath (1698) : « je sais cela pour avoir vu les uns et les autres » et, plus loin, « j'en ai les preuves entre les mains ».

La première partie constitue une véritable théorie de la fortification permanente, ce à quoi Vauban s'était pourtant toujours refusé. C'est une bonne raison pour s'y attarder un peu plus. Curieusement, il ne propose que des tracés à bastions orillonnés et retranchés à la gorge tels que mis en œuvre notamment à Philippeville[1]*, qu'il préfère « grands ». Le retranchement de gorge doit être fait à l'avance et non au cours d'un siège, ce qui était l'usage depuis le XVI*e *siècle. Il est souhaitable de réinstaller un chemin de ronde devant le parapet, solution abandonnée depuis les années 1650 mais que prévoyaient d'office les théoriciens hollando-allemands. Les souterrains sont indispensables, pratiqués sous les bastions, munis de cheminées pour le chauffage et étanchéisés ; il en a fait établir dans les bastions de la citadelle de Lille en 1693, comme il en faisait creuser dans le sol des châteaux de Namur au même moment*[2]*. Naudin puis Bélidor en diffuseront les plans*[3]*. Nombre d'indications pratiques sont d'ailleurs publiées par ce dernier. Les dehors parfois complexes constituent des lignes de défense multipliées, depuis les demi-lunes jusqu'aux lunettes précédant un avant-chemin couvert ; des fossés, qu'il préfère une fois en eau, une fois secs (dans la troisième partie), séparent ces organes de défense et le chemin couvert est barré de nombreuses traverses, parade efficace au tir à ricochet ; le tout constitue à peu de choses près ce que ses successeurs ont nommé le « premier système ». La fortification à tours bastionnées qu'il a employée à partir de 1679 n'est pas autrement mentionnée que dans les « remarques nécessaires » ajoutées* in fine[4]*, pas plus que les solutions multiples utilisées sur les côtes et en montagne, qui comprennent des tours d'allure parfois archaïsante et révèlent un étonnant polymorphisme*[5]*. Notons également que, d'une manière générale, les tracés proposés concernent des villes situées en plaine. S'il préfère un parement en maçonnerie, Vauban fait preuve d'une grande lucidité sur la résistance des remparts : face au boulet, la cuirasse est vulnérable.*

La deuxième partie contient des tableaux chiffrés des garnisons, de l'équipement et des munitions des places de guerre en fonction du nombre de bastions flanquant

1. *Ville neuve créée en 1555 dans l'Entre-Sambre-et-Meuse, Philippeville devient française pour presque trois siècles au traité des Pyrénées. Vauban y fait faire d'importants travaux entre 1671 et 1696, P. Toussaint, « Philippeville, place forte de la renaissance améliorée sous terre », dans Ph. Bragard (dir.),* Vauban entre Sambre et Meuse 1707-2007, *Namur, 2007, pp. 96-102.*

2. *Sur Lille, voir Papiers Vauban, Rosanbo, 35, dossier 6, avec des plans. Sur Namur, Ph. Bragard (dir.),* La Termitière de l'Europe. Les souterrains de la citadelle de Namur, *Namur, 2002, pp. 30-34.*

3. *Naudin,* L'Ingénieur françois, *Paris, 1695, pp. 148-149 et pl. 15 et 16 ; B. Forest de Bélidor,* La Science des ingénieurs dans la conduite des travaux de fortification et d'architecture civile, *Paris, 1729, livre III, pp. 79-83.*

4. *Vauban estime en effet, peut-être présomptueusement, que c'est le meilleur système et que peu de villes fortifiées de telle manière doivent redouter un siège en règle. Il omet de dire que Landau, qu'il a fortifiée en 1687, subit trois sièges victorieux en 1702, 1703 et 1704.*

5. *Ce que certains auteurs ont parfois considéré comme un « quatrième système ». P. Lazard,* Vauban 1633-1707, *Paris, 1934, pp. 391-393, parle même d'un « cinquième » et d'un « sixième système ».*

*leur enceinte. Vauban mathématise le fait militaire pour en rendre prédictibles toutes les opérations et en particulier le coût. Cette question est d'autant plus aiguë que le contexte est financièrement difficile : depuis la guerre de la Ligue d'Augsbourg, Louis XIV peine à réunir l'argent nécessaire à la poursuite de la guerre (plusieurs dévaluations de la livre entre 1689 et 1700, fonte de la vaisselle royale d'or et d'argent en 1689 et introduction de la capitation en 1695). Des remarques comme celle sur le tabac témoignent de l'intérêt de Vauban pour l'économie en général et le souci du soldat. Les lignes sur l'importance de réguler les calibres de l'artillerie et des armes portatives préfigurent les systèmes d'armes modernes mis au point dans la seconde moitié du XIX*e *siècle. Il termine cette deuxième partie par une réflexion sur la création, dans chaque place, de compagnies franches constituées d'autochtones, militarisant ainsi les bourgeois qui prennent une part à la défense en cas de siège. Une seconde réflexion porte sur la création de camps retranchés pour les places les plus stratégiques, sans qu'il renvoie à son traité sur la « Fortification de campagne » où ce projet est abondamment décrit*[1].

La troisième partie, qui couvre les trois cinquièmes du traité, semble s'adresser à un gouverneur de place, mais ce n'est pas toujours clair. Il y définit les tâches de chaque responsable, ce qui rappelle la structure de son mémoire sur « Le directeur général des fortifications », rédigé vers 1680 et publié en Hollande en édition « pirate » dès 1685[2]*. C'est plus une actualisation des missions de chaque officier supérieur en fonction de la modernisation de la guerre de siège depuis un demi-siècle. Suit le déroulement du siège jour après jour, vu du point de vue des défenseurs et dont les opérations sont calquées sur celles qui sont développées dans le traité de l'Attaque. Le texte est continu, sans organisation détaillée, et contient des indications techniques sur la fortification et sa construction qui complètent ou font double emploi avec l'exposé de la première partie.*

La théorie de la défense des places avant Vauban.

Vauban n'est certes pas le premier à se pencher sur les principes théoriques de la défense des places, mais il s'agit le plus souvent de quelques chapitres de portée générale placés à la fin d'un ouvrage sur la fortification. Il est difficile de déterminer ou même de proposer une quelconque filiation ou inspiration de l'un de ceux-ci pour l'élaboration du traité de Vauban. L'inventaire de sa bibliothèque à Bazoches[3] *ne mentionne pas d'exemplaire de Jean Errard ni d'Antoine de Ville, mais peut-on en déduire qu'il ne les avait pas lus ? On n'y trouve pas plus d'édition du traité de Pagan, pourtant Vauban y fait référence à plusieurs reprises. Y figurent par contre les livres de Matthias Dögen et d'Alain Manesson-Mallet.*

1. *Ces deux notes ne figurent pas dans le manuscrit Rosanbo.*
2. Vauban, le directeur général des fortifications, *La Haye, éd. Van Bulderen, 1685.*
3. *Liste reconstituée par M. Virol,* Vauban, de la gloire du roi au service de l'Etat, op. cit., *pp. 421-427.*

Antoine de Ville (1596-1657) semble le plus proche dans La Charge des gouverneurs des places *(première édition en 1639). Il y définit le rôle du gouverneur dans ses différents aspects, et fournit des indications sur la force des garnisons et les approvisionnements nécessaires. Il n'y a cependant pas de systématisme dans les chiffres donnés, qui restent à l'estimation du commandant de place. Les considérations techniques s'y mêlent avec d'autres plus générales de portée militaire voire politique. Douze des cinquante chapitres concernent la fortification, quinze autres la défense proprement dite. Le traité* Les Fortifications, *publié onze ans auparavant, comporte déjà au troisième livre ces chapitres sur la défense, présentés différemment*[1].

Né à Hambourg en 1605/06, Matthias Dögen entre au service des Provinces-Unies après des études à l'école de mathématiques de Leiden, où il publie en 1647 son traité Architectura militaris moderna variis historiis tam veteribus quam nivis confirmata et praecipuis totius Europae munmentis ad exemplum adductis exornata, *traduit en français par Hélie Poirier et en allemand l'année suivante*[2]. *Les quarante dernières pages sont sur la défense, qu'il nomme « aerotectonique ». Elles s'adressent à l'ingénieur, à l'exclusion des « capitaines et des soldats » comme des gouverneurs, mais il s'étend sur les tâches de ces derniers. A l'appui de ses idées, il cite des épisodes tirés de l'Antiquité et de l'histoire militaire récente comme les sièges de Breda (1626), de Bois-le-Duc (1629) et de Maastricht (1632). Contre-approches, contremines, retranchement des brèches sont les aspects essentiels de sa théorie. Celle-ci se révèle d'ailleurs être un décalque de ce qu'écrivait Adam Fritach ou Freitag (1602-1664) auparavant, dans* L'Architecture militaire ou la fortification nouvelle, *où des instructions pour la défense sont mêlées à des considérations techniques pour l'attaque*[3].

D'abord au service du roi du Portugal, Alain Manesson-Mallet (1630-1706) fait paraître en 1672 ses Travaux de Mars *en trois volumes, augmentés en 1685 et réédités en 1696*[4]. *Seules une trentaine de pages traitent de la défense des places (tome III, pp. 232-264) : sorties, défenses des ouvrages et retranchements intérieurs exécutés pendant un siège en constituent la matière principale.*

1. *K. Jordan,* Bibliographie, *2004, n° 3947-3964.* Les Fortifications *connaissent neuf éditions françaises jusqu'en 1696 ;* De la charge des gouverneurs *cinq jusqu'en 1674.*

2. Allgemeine Deutsche Biographie, *Leipzig, 1875-1912, t. V, pp. 294-295 ; K. Jordan, Bibliographie, op. cit., 2004, n° 909-912.*

3. *Physicien, médecin et philosophe, Freitag était au service de la Pologne avant d'arriver aux Pays-Bas septentrionaux. Il a participé activement aux sièges de Bois-le-Duc en 1629 et de Maastricht en 1632. Son livre est publié en 1631 et traduit en français en 1635 (K. Jordan,* Bibliographie, op. cit., 2004, n° 1299-1306). Les chapitres en question parlent des contre-approches, des contremines et des retranchements.

4. *K. Jordan,* Bibliographie, op. cit., *2004, n° 2338-2347.*

Les successeurs

Un des aspects les plus intéressants de la pensée de Vauban est matérialisé dans son traité par des tableaux synthétiques quantifiant le nécessaire pour défendre une place forte en fonction du nombre de bastions flanquant son enceinte, depuis le simple quadrilatère bastionné jusqu'à la forteresse à dix-huit bastions (tome VI initial des Oisivetés*).*

Ce sont ces tableaux qui, assez rapidement, sont publiés, copiés ou aménagés. Ils figurent d'abord en annexe de l'histoire militaire du règne de Louis XIV due à Charles Sevin de Quincy (1666-1736)[1]*. Selon Jombert, celui-ci les aurait eus de Vauban ; c'est plausible, mais il est plutôt envisageable qu'il ait eu en communication un des manuscrits de la Défense, peut-être dans le cadre de sa lieutenance de Roy en Basse-Auvergne.*

Le général Bardet de Villeneuve (vers 1680-après 1742)[2] *en fait un emprunt plus pédagogique dans son* Cours de la science militaire[3] *et, peu après, Guillaume Le Blond (1704-1781) les insère dans le troisième tome de ses* Elémens de la guerre de siège *qui sont destinés à l'enseignement des futurs officiers*[4]*. Dans ce dernier, les chiffres semblent avoir fait l'objet de nouveaux calculs : par exemple, et outre quelques différences minimes résultant peut-être d'erreurs de transcription (un 0 devenu 6), les provisions de grains, d'ail, d'oignon, de lard, de viande, de poisson, de beurre, de fromage sont augmentées comme celles de vin et de*

1. *Charles Sevin de Quincy (1666-1736), lieutenant général de l'artillerie,* Histoire militaire du règne de Louis XIV, *Paris, Mariette, 1726, 8 vol., in fine du tome VIII.*

2. *L.G. Michaud,* Biographie universelle ancienne et moderne, *Paris, 1834, t. LVII, p. 154.*

3. Cours de la science militaire à l'usage de l'infanterie, de la cavalerie, de l'artillerie, du génie et de la marine, *La Haye, 1740-1757, 16 vol. Le* Traité de la défense des places : où l'on enseigne d'une manière courte et facile la méthode la plus avantageuse de disputer le terrain à l'ennemi et de se défendre avec succès contre toutes sortes d'attaques ; avec les fonctions et les devoirs d'un gouverneur et des autres officiers dans une place assiégée et les remarques nécessaires sur les méthodes de M. de Vauban et autres habiles maîtres, *constituant le tome 10, est imprimé en 1742. P.P.A. Bardet de Villeneuve, d'abord au service de l'Espagne, sert dans l'artillerie française avant d'être ingénieur ordinaire de Charles III, roi des Deux-Siciles.*

4. Traité de la deffense des places, avec un mémoire contenant plusieurs observations générales sur la visite des places, *Paris, Charles-Antoine Jombert, 1743. Professeur de mathématiques des Pages de la Grande Ecurie du Roy puis précepteur des Enfants de France, Le Blond est parfois mal considéré en raison de son peu d'originalité. Effectivement ses différents ouvrages sur l'artillerie, la fortification, la castramétation, la tactique, la géométrie, ne veulent pas exposer de grandes idées, mais être des manuels pédagogiques qui ont connu un certain succès comme le prouvent leurs nombreuses rééditions jusqu'à la fin du* XVIII*e* *siècle. En outre, Guillaume Le Blond est le rédacteur de plus des deux tiers, sinon des trois quarts, des articles relatifs à l'art militaire dans l'*Encyclopédie *de Diderot et d'Alembert (F. A. Kafker,* A list of contributors to Diderot's encyclopedie, *dans* French Historical Studies, *vol.3, n° 1, 1963, pp. 106-122 ; J.A. Lynn,* The Treatment of Military subjects in Diderot's Encyclopédie, *dans* The Journal of military history, *65, 2001, pp. 131-165).*

bière ; par contre, il compte moins d'avoine. Le nombre de pièces d'artillerie est également revu à la hausse pour les places comptant treize bastions et plus, comme le nombre de boulets, alors que le chiffre des mortiers est diminué. Mais ces différences peuvent s'expliquer aussi par l'emploi d'un manuscrit proche de la version de celui resté dans le fonds Rosanbo.

Louis de Cormontaigne (1695-1752) se veut le continuateur de Vauban dans la théorie de la défense également. Si la première édition du traité portant son nom est en grande partie apocryphe comme il s'en est plaint plus tard[1]*, l'édition posthume du* Mémorial pour la défense des places *reflète bien sa pensée et se base sur ses propres manuscrits. Il reprend les tableaux de Vauban en recalculant au plus précis toutes les données, et en extrapolant une comparaison entre les systèmes de fortifications existants.*

Par contre, un autre pédagogue militaire, l'abbé Deidier (1696-1746), mathématicien et professeur à l'école d'artillerie de La Fère, dont le Parfait ingénieur françois *connaît plusieurs éditions entre 1734 et 1772, reprend les anciens thèmes remontant au* XVIIe *siècle : défense contre l'escalade, contre le pétard, des places irrégulières, etc.*[2] *La mathématisation de la guerre n'est ni une réalité ni un besoin pour tous, même après le développement du mythe Vauban.*

Enfin, Lazare Carnot (1753-1823) constitue en quelque sorte une rupture avec la pensée de Vauban dans la théorisation de la défense : le sixième chapitre de son propre traité De la défense des places fortes *est intitulé : « absurdité des calculs par lesquels on prétend déterminer la durée d'un siège et en fixer le terme. Contradictions de ceux qui établissent de semblables calculs. Ils sont démentis par les faits les plus importants. Ils ne tendent qu'à affaiblir l'énergie des défenseurs »*[3]*. Il est vrai que les conditions générales de la guerre et de la poliorcétique ont changé : les armées issues de la Révolution sont des troupes de conscrits et la pratique de la guerre est tournée vers le mouvement. Napoléon lui-même n'a accordé qu'une importance mineure aux réseaux de forteresses bordant l'ancienne frontière de France, ce qu'il se reprochera d'ailleurs après son abdication*[4]*. Ce n'est pas tant l'aspect prévisionnel des tableaux de Vauban que Carnot critique, c'est l'usage et l'interprétation qu'on en fait : les chiffres de résistance considérés comme des maxima devraient n'être que des minima, et d'autre part ils ne tiennent pas compte du facteur psychologique ni de la « généreuse résolution des braves ». Les soldats de la Révolution*

1. Architecture militaire, ou l'art de fortifier, qui enseigne d'une manière courte et facile la construction de toutes sortes de fortifications régulières et irrégulières, *La Haye, Jean Neaulme et Adrien Moetjens, 1741. K. Jordan,* Bibliographie, op. cit., *2003, n° 765. Cormontaigne signale cette édition pirate dans la refonte de son manuscrit réalisée en 1742.*

2. *R. Hahn,* L'Enseignement scientifique aux écoles militaires et d'artillerie, *dans R. Taton (dir.),* Enseignement et diffusion des sciences en France au XVIIIe siècle, *coll. « Histoire de la pensée », t. IX, Paris, 1964, pp. 513-545 ; K. Jordan,* Bibliographie, op. cit.

3. *Edition Paris, vve Courcier, 1812 (3e édition), pp. 59-81. K. Jordan,* Bibliographie, op. cit., *2003, n° 611.*

4. *Camon,* La Fortification dans la guerre napoléonienne, *Paris/Nancy, 1914. Grisot (éd.),* L'Art de la guerre de Napoléon Ier, *Paris, 1965, pp. 306-314.*

sont des patriotes pleins de courage. Il considère également que ces calculs, faits en fonction d'un système de fortification, sont désormais caduques car le tracé fortifié a considérablement évolué : « l'art de fortifier s'est perfectionné », écrit-il, et les raisonnements abstraits et théoriques ne sont plus de mise. Ramener la défense à des tables de calcul n'a plus de sens face aux transformations de la guerre issues de la révolution politique survenue à la fin du XVIIIe *siècle.*

Philippe BRAGARD ET *Yves* ROUMEGOUX

TRAITE
DE
LA DEFENSE DES PLACES

PREMIERE PARTIE.

QUAND je fis le *Traité de l'attaque des places*[1], je ne m'attendais à rien moins qu'à en devoir faire un de leur défense, ne croyant pas qu'elle nous pût être nécessaire, vu l'état florissant de nos affaires, et l'heureuse prospérité dont nous jouissions depuis longtemps, qui paraissait fort éloignée de ce qui pouvait la troubler ; mais ce qui nous est arrivé depuis peu, m'ayant ouvert les yeux et fait comprendre qu'il n'y a point de bonheur dans le monde sur la durée duquel on puisse compter, quelque bien établi qu'il paraisse être, je me suis résolu à faire ce Traité, où j'ai mis tout ce que l'expérience de plusieurs années d'application, la mémoire et l'imagination m'ont pu fournir de meilleur. Si j'avais pu y employer plus de temps, peut-être aurais-je mieux fait ; mais tel qu'il est, je le donne de bon cœur, et je souhaite avec passion qu'il puisse être de quelque utilité à ceux qui

1. Pour comprendre le commentaire introductif de Vauban, il convient de se replacer dans le contexte de l'époque et d'évoquer les évènements marquants du début de la guerre de Succession d'Espagne. Vauban rédige le « Traité de l'attaque des places » en 1704, très probablement avant la cuisante défaite essuyée en Bavière par l'armée française le 13 août 1704 qui met un terme à « l'heureuses prospérité » des affaires de la France. Le présent « Traité de la défense des places » n'est achevé par Vauban qu'après novembre 1706, après son retour de Dunkerque et les choses n'ont fait que s'aggraver avec en particulier une seconde défaite subie à Ramillies le 23 mai 1706 qui provoque l'abandon de la plus grande partie des Pays-Bas espagnols, puis le siège de Turin au cours duquel les troupes françaises qui assiégeaient la ville sont battues le 7 septembre 1706 par une armée de secours alliée sous le commandement du prince Eugène de Savoie. Ce désastre entraîne l'évacuation de l'Italie du Nord.

sont dans l'engagement du service, et à portée de pouvoir être renfermés dans les places assiégées, et même d'y commander.

Au reste, je crois devoir avertir ceux qui prendront la peine de lire ces Mémoires, que la première et la troisième partie ont été commencées depuis mon retour de Flandres[1], sur la fin de l'année 1706, dans l'intention de les achever avant le commencement de la campagne suivante ; ce qui m'ayant obligé de me presser, a causé le peu d'arrangement qui s'y trouve : c'est pourquoi je prie mon lecteur de pardonner l'empressement que j'ai eu de les finir.

Ce Traité sera divisé en trois parties : la première contiendra une espèce d'explication de la fortification des places qui peuvent être assiégées, l'usage et les propriétés des principales pièces qui les composent ; et, en passant, leurs défauts et avantages plus connus.

La deuxième indiquera les munitions de guerre et de bouche nécessaires à leur défense par rapport à leur force ; le moyen de se faire un plan de la durée des sièges, proportionnée à la grandeur des places, et conséquemment celle des garnisons nécessaires à leur défense.[2]

La troisième partie contiendra le détail de leur défense depuis l'investiture des places, jusqu'à leur reddition.

Mais comme il n'y a point d'art ni de science qui ne soit fondé sur quelques principes, avant que de passer outre, nous expliquerons ce que c'est que places de guerre, et l'état où elles doivent être pour pouvoir bien soutenir un siège réglé sans y faire de fautes considérables*.

1. Après la défaite de Ramillies, Vauban est missionné à Dunkerque le 12 juin 1706 pour assurer le commandement et la mise en défense des places de la Flandre maritime. Sur place dès le 20 juin 1706, il réalise un vaste camp retranché entre Dunkerque et Bergues qui dissuade les ennemis de porter leur offensive sur ce point de la frontière. Ces derniers se contenteront de prendre Ostende, Menin et Termonde en conclusion de la campagne de 1706. En juillet 1706, Vauban est même nommé au commandement de la marine et de la petite flottille de galères basée à Dunkerque. C'est au cours de ce séjour dans les Flandres qu'il réalise le repérage des cours d'eau entre Lille et Gravelines pour son « Projet de navigation d'une partie des places des Flandres à la mer » (Tome XII), ici pp. 1675-1687.

2. C'est le Tome VI des *Oisivetés*, repris dans le « Traité de la défense des places ».

*. *{Autre introduction dans le manuscrit Rosanbo}* :

« Il n'est point de prospérité qui ne soit sujette à des revers et les conquêtes les plus étendues ne mettent pas toujours nos frontières à l'abri des insultes de nos ennemis. Il y en a bien des exemples. Nous en avons surtout de si récents et qui intéressent tellement la France que j'ai cru qu'après avoir donné des règles pour assiéger et prendre des places, il n'était pas moins important pour le service du Roi d'en donner pour les défendre. Souvent le gain d'une bataille ne détruit pas autant d'ennemis qu'un long siège qui est capable de faire changer le succès des armes et d'arrêter l'ennemi dans ses vastes projets.

La défense d'une place est un art qui demande de l'application et une étude particulière du gouverneur qui ne s'y est jamais appliqué et qui, par le peu ou point de résidence qu'il fait à son gouvernement, ne connaît pour ainsi dire que de nom sa place, est-il en état de la bien défendre ? Il n'en connaît ni le fort ni le faible, il ignore les avantages qu'on peut tirer

La place de guerre est une forteresse située sur la frontière près des pays ennemis, où elle est nécessaire pour la sûreté du nôtre ; la clôture de laquelle est un rempart revêtu[1], surmonté d'un parapet à preuve du canon, bien flanqué, lequel est environné de fossés secs ou pleins d'eau et de plusieurs dehors qui conviennent à son enceinte ; le composé de laquelle rapporté au corps de la place achève sa fortification, et c'est ce que nous appelons place ou ville de guerre.

Les places sont régulières ou irrégulières, ou composées de toutes les deux.

Les places régulières sont celles dont tous les angles et les lignes de même nature sont égaux et égales entre elles.

Les irrégulières sont celles qui n'ont rien d'égal dans leur enceinte, soit parce qu'on a été contraint par la situation, ou pour avoir été bâties en différents temps par des gens de goûts différents, ou parce que c'étaient des places fortifiées à l'antique qui avaient de bons restes qu'on a voulu conserver et approprier à la fortification moderne.

---

des pièces et les ouvrages à faire pour en corriger les défauts et en contester la prise. Combien n'avons-nous pas de gouverneurs dans ce cas et qui s'imaginent avoir rempli tout leur devoir quand ils ont donné des marques de bravoure en exposant leur vie avec courage en toute occasion. Mais ils se trompent, leur devoir n'est rempli que lorsqu'ils ont fait ce qu'ils ont dû pour bien défendre la place dont le Roi leur a confié le gouvernement. C'est pour leur apprendre à le faire que j'ai fait un traité de la défense des places qui puisse guider avec sûreté la plupart des opérations et des chicanes qu'on peut employer pour prolonger la défense. J'y joins un détail de toutes les munitions nécessaires pour soutenir un siège proportionné à la grandeur de la place, et au nombre des soldats qui la défendent.

Je souhaite que cet ouvrage puisse être utile à mon Prince et à ma Patrie, c'est l'unique but que je me suis proposé en le faisant.

Ce traité est divisé en trois parties. La première contient une explication de la fortification des places qui peuvent être assiégées, l'usage et les propriétés des principales pièces qui les composent, leurs défauts et leurs avantages les plus communs.

La 2e traite des garnisons nécessaires à leur défense, proportionnées à leur grandeur et à leur force, des munitions de guerre et de bouche nécessaires sur le pied de la garnison et sur le plan qu'on s'est fait de la durée de leur siège.

La 3e contient le détail de leur défense depuis l'investiture jusqu'à la reddition.

Comme il n'y a point d'art qui n'ait ses termes et ses définitions, avant d'entrer en matière, nous expliquerons ce que c'est que place de guerre et l'état où elle doit être pour pouvoir bien soutenir un siège réglé sans y faire de fautes considérables.

La place de guerre [...] »

1. La fortification de tradition française préfère en effet un revêtement de maçonnerie, alors que la pensée germano-hollandaise préconise l'emploi presque exclusif de la terre gazonnée.

Les composées sont celles qui ont des parties régulières et d'autres irrégulières, il s'en trouve beaucoup de celles-ci et de la dernière espèce ; mais peu de grandes de la première qui semble n'avoir été inventée que pour les places de 6, 7 à 8 bastions au plus, et pour les citadelles et forts de campagne.

Les places sont accessibles partout ou inaccessibles, ou en partie accessibles et en partie inaccessibles. Les accessibles sont celles qui peuvent être attaquées partout.

Les inaccessibles sont celles qui n'ont aucun accès que par des chaussées fort étroites, parce qu'elles sont environnées d'eau, de marais, ou de précipices et lieux escarpés qui en empêchent les approches[1].

Les accessibles et inaccessibles en partie sont celles qui ont des avenues par où elles peuvent être attaquées, et d'autres par où on ne peut les approcher. Toutes ces différentes situations demandent d'être fortifiées selon leur besoin, et par rapport à leur figure et aux avantages que la situation peut recevoir.

Toutes les places de guerre doivent être environnées d'un rempart de 15, 18 à 20 pieds de haut, large au terre plein de 4, 5 à 6 toises, non compris les banquettes ; l'intérieur du rempart soutenu par des talus naturels et réglés à terre courante[2], et l'extérieur par de gros murs de maçonnerie appelés revêtements, ou par des gazonnages ou placages fascinés[3]. Voyez les profils de la première planche.[4]

Les revêtements de maçonnerie sont composés de briques, de pierres de taille et moellons en mortier de chaux et sable. Les murs ou revêtements sont de différentes espèces, car les uns sont fondés sur berme de terre, comme il paraît à quantité de vieilles places. Voyez F à la première planche.
D'autres sont fondés plus bas que le fond du fossé ; mais élevés à mi hauteur seulement, l'élévation du surplus étant achevée en gazon ou en placage ; celui-ci ne se pratique que pour l'épargne et dans les lieux où la maçonnerie est fort chère, comme Strasbourg et à Colmar, avant que ces places fussent sous l'obéissance du Roi. Voyez le profil C à la 1ère planche.

1. Vauban met l'accent sur les éléments naturels de mise en défense d'une place dont il saura pleinement tirer parti dans de nombreux projets de fortifications comme par exemple la citadelle de Lille où il recourt à l'inondation pour la mise en défense ou la citadelle de Besançon, protégée sur ses flancs par des escarpements naturels.
2. Soit avec une pente de 35° à 45°.
3. Vauban développe le procédé utilisé dans le paragraphe qui suit sur les revêtements.
4. Les planches du manuscrit Rosanbo sont reproduites dans les cahiers hors-textes ci-après.

Ceux de la troisième espèce sont toujours fondés sur le bon fonds, et plus bas que celui du fossé, à moins qu'il ne se trouve du roc assez bon pour y suppléer. Leur élévation est de 20, 25 à 30 pieds de la retraite au cordon, non compris le garde-fou ou parapet des rondes, qui a ordinairement 7 pieds 1/2 d'élévation au-dessus du cordon, sur un et demi d'épais. Voyez le profil B à la 1ère planche.

Quant à l'épaisseur de ces murs, elle est toujours proportionnée à leur élévation ; ceux-ci peuvent avoir huit pieds réduits d'épais non compris les contreforts qui pour l'ordinaire emportent un tiers de la solidité.

De ces trois espèces de murs, le premier est ordinairement le plus mauvais ; parce que dans le temps de sa construction on ne songea pas à lui faire porter un rempart de terre[1].

La berme de ceux-ci ne laisse pas de mériter considération, car si on plante sa superficie d'épines depuis le bas jusqu'en haut, soigneusement cultivées, entretenues et bien entrelacées les unes dans les autres, il n'y a point de palissade ni de fraise qui la puisse égaler en bonté, de quelque manière qu'on les pût planter. Voyez le profil F, 1ère planche.

Le deuxième n'est pas meilleur que le précédent, et à moins qu'on ne ménage une retraite à son sommet, de 4, 5 à 6 pieds de large, pour y planter une haie vive[2], ils ne valent pas grand-chose, et rarement a-t-on sujet de s'en louer. Voyez le profil C, 1ère planche.

Le dernier, comme le plus solide, est le meilleur et plus assuré de tous ; aussi est-il le plus cher. Pour que celui-ci eût toutes les qualités requises, il faudrait (outre les bonnes façons) que son élévation de la retraite au cordon fût terminée à un pied ou deux plus haut que le parapet du chemin couvert, ce qui se doit entendre si les fossés sont de bonne profondeur, afin d'en dérober la vue aux batteries ennemies de la campagne, et que son chemin des rondes fût couvert par un garde-fou ou parapet de maçonnerie, élevé à plomb des deux côtés de sept pieds et demi au-dessus du cordon, sur deux d'épais, percé de créneaux de 6 pieds en 6 pieds, avec des regards de distance en distance pour voir dans le fossé. Voyez le profil B, 1ère planche.

Au surplus, on ne doit pas attendre une grande résistance de ces revêtements ; ils ne sont pas faits en vue de souffrir longtemps le canon, comme plusieurs se l'imaginent, mais pour soutenir le rempart et empêcher l'effet d'une escalade ouverte ou dérobée, puisqu'il est certain que si on met une batterie de huit ou dix pièces sur le parapet d'un chemin couvert, à dessein de faire brèche dans la face opposée du bastion, et qu'elle soit bien servie, en moins de deux fois vingt-quatre heures elle l'ouvrirait jusqu'aux fonde-

1. Vauban s'inscrit donc à l'opposé de la technique de construction proposée par Menno van Coehoorn.

2. De telles haies vives d'épineux sont fréquentes en Flandre à cette époque et Vauban a sans doute pu en observer à maintes reprises.

ments, percerait jusqu'aux terres, et, quelque solidité que le revêtement pût avoir, elle le renverserait, mais non pas toute la masse des terres, qui conserve toujours assez d'élévation et de solidité pour faire de la peine à l'ennemi quand il y voudra monter. Au reste, quand on charge les revêtements de terre, on doit avoir un grand soin de les bien fasciner de lit en lit d'un pied d'épais sur dix à douze de large de terre bien arrangée entre les contreforts, battue et pilée au long et du large, tant qu'elle soit bien comprimée. La meilleure manière de bien affermir les terres serait de les arranger par lits de huit à neuf pouces d'épais, et de faire promener de la cavalerie en troupes par plusieurs allées et venues le long du rempart, jusqu'à ce que la superficie en devienne ferme et dure comme celle des grands chemins.

Le sommet du rempart que nous appelons terre-plein doit être uni et bien affermi, avec un pied et demi de pente du bas de la banquette au derrière, pour faciliter l'écoulement des eaux. C'est sur le haut et le devant de ce terre-plein qu'on établit le grand parapet de bonne terre bien battue, non pierreuse ni graveleuse, de 18, 20 à 22 pieds d'épais, mesuré au sommet, selon que les terres sont plus ou moins bonnes, sur la hauteur de 6 pieds au-dessus du terre-plein, ledit parapet gazonné par derrière et revêtu par devant, sur deux à deux pieds et demi de pente du derrière au devant, pour servir à la direction de ses feux.

A plusieurs places modernes de celles qui ont de gros revêtements, le grand parapet est appuyé sur le garde-fou des rondes, remarquant que celui-ci n'a point de chemin de ce nom. Voyez le profil A à la 1ère planche.

A d'autres, le même parapet est détaché du petit par le chemin des rondes ; on l'appelle ainsi, parce que c'est par là qu'elles se doivent faire : tous deux ont leur bon et leur mauvais*. Voyez le profil B premi(ère) planche.

Aux places qui n'ont point de chemin des rondes, elles se font par le terre-plein ; elles se devraient faire au moins par le dessus de la banquette, ce que l'on ne fait pas.

Le premier défaut de celui-ci est que les rondes ne font pas l'effet qu'elles devraient à beaucoup près, parce qu'elles se font par le derrière du grand parapet, qui les éloigne et empêche de voir et d'entendre ce qui se passe dans le fossé.

Pour ce deuxième défaut, quand l'ennemi avance ses batteries sur le parapet du chemin couvert, à dessein de faire brèche, et que pour cet effet il bat en sape, la chute du gros parapet suit, et entraîné qu'il est par celle du revêtement, fait de grands éboulis qui vont souvent jusqu'à découvrir

* *{Variante du manuscrit Rosanbo.}* :

« A celles où il y a un chemin des rondes, le pied du talus extérieur du parapet doit être distant de 4 pieds et demi de la muraille qui fait le parapet des rondes ; cette muraille a d'ordinaire 4 pieds et demi de hauteur sur deux d'épaisseur ».

le terre-plein, ce qui arrive très rarement à l'autre, parce qu'il est plus reculé. Ce que celui-ci a de bon, est qu'on peut rouler des tonneaux et gabions pleins d'artifices, bombes, grosses pierres, de bois et de feu du haut des parapets sur le mineur, ce qu'on ne peut faire avec la même facilité où il y a chemin des rondes, parce que ce chemin faisant l'effet d'un relais, arrête tout ou la plus grande partie de ce que l'on y jette. J'en ai vu un exemple au siège de Gravelines[1], où les ennemis ne purent rien faire tomber sur l'attachement du mineur[2], parce que tout demeurait dans le chemin des rondes, aidé d'un reste de garde-fou demeuré sur pied par hasard, que nous épargnâmes à cause de ce bon office.

Aux sièges de Stenay, Montmédy, Landrecy, Mouton, Sainte-Menehould[3], et à plusieurs autres où il n'y avait point de chemin des rondes, les assiégés jetèrent sur l'attachement des mineurs ce qu'ils voulurent, jusque-là qu'ils descendirent à Montmédy un ponton attaché par des chaînes de fer, plein de bois et de feu d'artifice, qui fut suivi d'une grande quantité d'autres bois, au moyen duquel ils firent un grand embrasement au pied du bastion, qui en chassa le mineur pour un temps assez considérable. A Stenay, après avoir roulé quantité de grosses pierres qui rompirent les madriers du logement du mineur, ils y firent tomber un grand gabion allumé plein de fascines goudronnées, ensuite de quoi ils y jetèrent tant de bois qu'il s'y fit un grand feu dont la flamme s'éleva jusque près du cordon, ce qui nous obligea d'abandonner pour un temps la mine ; et ce ne fut qu'avec bien des tués, blessés et beaucoup de sang répandu, qu'on vint à bout d'éteindre le feu et d'y revenir. A Landrecy, ils nous firent à peu près la même chose. A Mouzon, ils allumèrent un feu au bas de la brèche, qui la fit abandonner pendant deux fois vingt-quatre heures. A Sainte-Menehould, qui n'était défendu que par des bourgeois et 120 Irlandais quand M. le Prince l'assiégea, ils brûlèrent les mineurs père et fils dans leur trou, sans qu'on les pût sauver. Je me suis trouvé à tous ces sièges ; c'est pourquoi j'en puis parler en homme qui ai vu ce que j'en écris. Ces différentes propriétés m'ont fait longtemps balancer sur le choix des deux profils *A* et *B*, car celui des rondes a un défaut, c'est que son rempart demande plus d'épaisseur et d'élévation que l'autre, et par conséquent plus de dépense ; mais il a deux propriétés excellentes, c'est que les rondes s'y font plus aisément et mieux dans les règles qu'à l'autre, et que jamais le grand parapet ne suit tout à fait la chute du revêtement, et même le canon n'y fait pas, à beaucoup près, tant d'effet que sur celui de l'autre, parce que

1. Après la victoire des Dunes, remportée par Turenne en juin 1658, Vauban va participer au siège de Gravelines qui capitule le 27 août 1658.

2. Attachement des mineurs : action de mettre les mineurs après le corps du mur.

3. Tous ces sièges menés contre les forces du prince de Condé appartiennent à la période du « noviciat » d'ingénieur de Vauban, comme l'appelle Anne Blanchard : Mouzon et Sainte-Menehould en 1653, Stenay en 1654, Landrecies en 1655 et Montmédy en 1657.

les ruines de celui-ci étant arrêtées par le chemin des rondes, augmentent son épaisseur et ne tombent guère au pied du revêtement jusqu'à ce que l'ennemi ait établi son canon sur le parapet du chemin couvert, et cela fait que si j'avais à recommencer de nouvelles places, je préférerais le chemin des rondes aux autres.

Les fortifications qui n'ont point de revêtement sont gazonnées ou plaquées et armées du mieux que l'on peut de fraises et palissades sur les bermes et dans le fossé. On plante aussi des haies vives sur les bermes, qui deviennent avec le temps bien meilleures que les palissades, quand elles sont crues de la grandeur nécessaire, garnies, lacées et bien entretenues ; les remparts en sont d'ailleurs mieux faits et mieux réglés, mais rien ne les assure tant qu'un fossé plein d'eau non guéable, bordé de quantité de bons dehors. Ces places demandent de grands entretiens, et peuvent bien résister jusqu'au passage du grand fossé ; mais quand l'ennemi commence à toucher le pied des bermes, à moins qu'il n'y ait de bons retranchements derrière, il est temps de songer à ses affaires, supposé que les talus extérieurs de la place soient si labourés et les fraises et palissades tellement rompues, que rien ne puisse plus empêcher de monter partout.

On fait quelquefois des espèces de revêtements de saucisses[1] et de fascines qui, étant bien faits, peuvent durer trois ou quatre ans ; et quand ils sont fraisés et palissadés, ils ne laissent pas d'être de défense.

Au surplus de quelque manière qu'un corps de place soit revêtu de maçonnerie ou de gazon, il doit être très bien flanqué partout, en sorte qu'il n'y ait aucune partie de son circuit qui ne puisse être vue de plusieurs endroits à la fois, et c'est pour cela que les tours furent anciennement inventées, et que les bastions l'ont été depuis l'invention de la poudre et du canon.

L'expérience nous a appris peu à peu que les gros bastions bien revêtus sont toujours les meilleurs ; la raison est qu'ils doivent être de grande capacité pour pouvoir contenir beaucoup de monde, de canons et de mortiers ; ce sont toujours ceux-là à qui l'ennemi s'adresse comme aux parties les plus faibles ; mais quand ils sont retranchés, ce défaut se trouve bien réparé. Les bastions protègent toutes les autres parties de la fortification par leurs flancs ; les courtines entre deux n'ont rien à craindre tant que les flancs subsistent en leur entier, parce qu'elles en sont doublement protégées ; ces flancs sont aussi défendus par les courtines et par les vues directes de l'un et l'autre. Les faces sont les seules exposées et toujours les pre-

1. Saucissons ou saucisses : fagots faits de troncs d'arbrisseaux ou de grosses branches d'arbres, liés par le milieu et les deux bouts, servant à se couvrir et à faire des épaulements.

mières attaquées, comme les plus accessibles des corps de place. On n'a rien trouvé de mieux jusqu'à présent pour la défense des places que les bastions, dont les meilleurs sont ceux qui ont des flancs à orillons faits à la moderne, et des flancs bas intérieurs, lesquels, outre leur usage ordinaire, peuvent encore servir de souterrains quand ils ne sont pas attaqués[1]. Les bastions qui n'ont pas de cavaliers qui remplissent leur capacité sont meilleurs que les autres, parce qu'ils ne coûtent pas tant et qu'on peut faire de bons retranchements revêtus dans leur gorge, ce qui ne se peut pas où il y a des cavaliers qui remplissent leur vide.

Les retranchements sont si considérables dans une place assiégée, que sans leur secours il y aurait de l'imprudence de hasarder le soutien d'un assaut au corps de la place, si les accès en étaient bien préparés, et qu'il y eût brèche raisonnable, parce que, si la garnison a fait son devoir à la défense des dehors, elle doit être considérablement affaiblie et le reste bien fatigué ; à joindre que si on était forcé, la place avec tout ce qu'elle contient, gens de guerre et habitants, seraient absolument perdus et à la discrétion du vainqueur, qui, dans de pareilles occasions, ne fait guère de grâce. C'est pourquoi ce n'est pas assez que des chemins couverts soient bien traversés[2], les demi-lunes doublées et bien retranchées[3], il est encore nécessaire de les bien défendre, et que, pour couronner l'œuvre, les bastions soient aussi bien défendus, et par conséquent bien retranchés non par des ouvrages faits à la hâte, qui ne peuvent être bons ni solides quand on attend que les attaques soient déclarées, à cause des empêchements que l'ennemi y met et du peu de temps que l'on a devant soi pour les bien faire, mais par des ouvrages faits à l'avance et à loisir si on veut les avoir bons et solides, et surtout qu'ils soient bien revêtus, leur rempart large et capable de porter du canon, élevé à hauteur de celui de la place même, et armé d'un parapet à preuve[4], le tout bien contre-miné avec une galerie majeure, les flancs casematés[5], le bord du fossé relevé et revêtu jusqu'à la hauteur du terre-plein de la place, y ajoutant à même temps toutes les communications hautes et basses qui seront nécessaires pour les contre-mines, les sorties et le commerce du terre-plein ; pour auquel communi-

1. Les bastions avec orillons et flancs bas intérieurs suggèrent des dispositions en usage vers le milieu du XVIIe siècle et qui s'apparentent plus volontiers à ce qu'on a appelé le « Premier système de Vauban ». Il est singulier de voir que Vauban se réfère encore à ce type de bastion au tout début du XVIIIe siècle alors qu'il a eu l'occasion d'expérimenter d'autres solutions plus modernes de fortifier dont la plus aboutie est certainement celle adoptée à Neuf-Brisach en 1698 avec ses bastions détachés et ses courtines à tracé bastionné.

2. C'est-à-dire bien garnis de traverses.

3. Vauban évoque peut-être ici la présence de réduits de demi-lune.

4. A l'épreuve (de la bombe ou du canon).

5. Les flancs des bastions munis de casemates, garnies le plus souvent de pièces d'artillerie.

quer plus commodément, il faudra faire des ponts à charrois sur les coupures, capables de pouvoir porter du canon. Voyez les profils T, R et X à la planche XI. Bien prendre garde après cela de ne rien retrancher de la capacité des flancs de la place ni à leur terre-plein.

Les retranchements doivent donc être des ouvrages de prévoyance, faits à loisir, avec libéralité et de longue main préparés, n'étant pas possible de rien faire de solide en présence de l'ennemi. Bien loin de cela, on est si cruellement tourmenté des bombes, des pierres et du canon, que loin de pouvoir travailler à des retranchements, on ne saurait tenir sur le terre-plein sans être exposé à un danger manifeste. Au siège de Charleroy[1] nous n'avions que quinze mortiers qui ne tiraient point de pierres et pas toujours des bombes ; cependant jamais M. de Villadarias, avec toute son habileté, ne put venir à bout de faire faire un mauvais retranchement sur les bastions de l'attaque ; quand il y avait travaillé cinq ou six heures, l'orage des bombes recommençant les détruisait en moins de deux heures de temps.

A Luxembourg[2], il arriva la même chose et encore pis ; car ils ne purent maintenir une seule pièce de canon devant les attaques, nous n'y avions cependant que douze mortiers en batterie. Il arriva encore la même chose à Ath[3], par l'effet des bombes et des ricochets, je sais cela pour avoir vu les uns et les autres.

L'utilité de ces retranchements surpasse ici celle de tous les autres, puisqu'elle met les assiégés en état de soutenir plusieurs assauts au corps de la place, sans hasarder d'être emportés ; de pouvoir longtemps disputer les brèches ; de faire valoir les traverses, les mines et fougasses, feux d'artifice, etc. ; d'obliger l'ennemi à monter du canon sur les bastions où on peut encore lui en disputer la préséance assez longtemps par celui des retranchements ; et pour conclusion, de l'occuper un bon espace de temps sur le terre-plein du bastion même, et d'avoir encore bonne capitulation, car je ne vois rien de plus difficile à forcer que des gens qui voudront bien se défendre dans le dernier retranchement.

Les cavaliers et grosses traverses sont nécessaires à plusieurs places ; les traverses, pour parer aux enfilades[4] de quelque partie commandée, et les cavaliers pour faire le même effet, et commander en quelque partie du dehors où l'élévation des remparts ne peut découvrir ; mais il ne faut point les mettre dans les bastions s'ils ne sont revêtus et absolument séparés de

1. Après la victoire de Neerwinden remportée par le maréchal de Luxembourg le 29 juillet 1693, Vauban mène le siège de Charleroi, qui se rend le 11 octobre suivant.

2. La place de Luxembourg est investie le 28 avril 1684 et capitule le 4 juin suivant.

3. A la fin de la guerre de la Ligue d'Augsbourg, Ath est investi le 15 mai 1697 et se rend le 6 juin suivant. C'est au cours de ce siège que Vauban va perfectionner la méthode du tir à ricochet, expérimentée au siège de Philippsbourg en 1688.

4. Les tirs en enfilades, dont l'effet est accentué par la méthode du tir à ricochet.

leur terre-plein. Voyez le cavalier P de la VIIe planche et les traverses S de la XIe.

Les commandements[1] nuisibles aux places sont ceux qui se trouvent dans l'étendue de la portée du canon ; plus ils sont près, plus ils sont dangereux ; quand ils en sont si près, le mieux est de les occuper par quelque bon ouvrage bien contre-miné, si on ne peut les raser, sinon se bien traverser contre ou s'en éloigner, en sorte que toutes les vues d'enfilades qu'ils pourraient avoir sur la fortification leur soient bouchées par des traverses à preuve, placées à propos et capables d'en pouvoir rompre l'effet.

Je ne parlerai point ici des corps de garde, casernes, magasins à poudre et arsenaux, tout le monde les connaît, mais bien des souterrains dont on ne saurait trop avoir dans une place de guerre. Leur situation est bonne partout, mais spécialement sous les cavaliers, grosses traverses, batteries en barbe[2] sous la pointe des bastions, les flancs et le milieu des courtines. L'expérience nous a appris que, quand ils sont voûtés à plein cintre, la voûte bien faite, de 3 à 4 pieds d'épais sur les reins, avec 5, 6, 7 à 8 pieds de terre au-dessus, ils résistent fort bien à la bombe, quelque grosse qu'elle puisse être. Les voûtes dont on se sert pour cela peuvent avoir toute la longueur qu'on leur voudra donner ; mais elles ne doivent jamais avoir plus de 18 à 20 pieds de large entre les pieds-droits. Au surplus, le dessus de toutes ces voûtes doit être chapé et cimenté avec autant de soin que les citernes mêmes, parce qu'il ne faut pas que l'eau les puisse pénétrer ; et, par la même raison, on doit envelopper leurs pieds-droits extérieurement par des murailles sèches ou pierrées de pied et demi d'épais, fondées aussi bas que les gros murs, la pierre moussée, arrangée à la main avec autant de soin et de propreté que si on devait la mettre en mortier ; le tout pour prévenir la pénétration des eaux du dehors, observant de terminer le sommet de cette pierrée par deux pieds d'épais de bonne maçonnerie, sur laquelle sera prolongée la chape de ciment, afin d'éloigner d'autant la chute des eaux du corps de la muraille. Après cela, paver les dedans de briques choisies posées de chant[3], et y ajouter des cheminées étroites dans le fond et des jours sur le devant, avec toutes les précautions possibles pour les tenir toujours bien sèches.

Tout rempart présuppose un fossé, les plus profonds sont toujours les meilleurs. Quand ils sont secs et revêtus, ils sont bons ; mais quand ils ont depuis 6, 7 à 8 pieds d'eau, et que par-dessus cela ils sont revêtus, ils n'en sont pas moins bons. Quand ils n'ont que 3 à 4 pieds de bord, le revête-

1. Commandement : hauteur qui domine la place ou ses dehors et qui, le cas échéant, constitue une menace.

2. La batterie à barbette tire non par des embrasures, mais par-dessus le parapet qui, pour ce faire, est moins haut à cet endroit. On dit : tirer à barbette, quand on tire avec le canon à découvert.

3. Poser une brique de chant, c'est la poser sur le côté étroit de sa longueur.

ment est inutile, un fossé qui a 10, 12 16 toises de large sur 3 à 4 de profondeur est toujours excellent quand il est revêtu, les bombes ni les pierres n'ont aucun pouvoir sur son revêtement, on n'entre jamais dans ce fossé que par des défilés forts étroits et très incommodes, et on ne les passe que par des digues de terre et de fascines, étroites et peu solides, faites avec grand péril sous le feu prochain du corps de la place, ce qui en rend le trajet très dangereux, les entreprises d'une exécution difficile, et d'un succès fort douteux, parce qu'il faut défiler étroitement avec beaucoup d'incommodités. Et pour conclusion, un bon fossé est toujours la meilleure pièce d'une fortification.

Dans les places à fossé plein d'eau, dont la plénitude ne se peut soutenir que par l'effet des écluses et batardeaux, on doit placer ceux-ci en prolongement des capitales des bastions, comme le marque notre 7e feuille, si l'on peut, sinon sur ceux des faces, comme *o*, même feuille, pour les mieux dérober aux vues du canon ennemi, qui ne manque jamais de rompre ceux qui sont sur le milieu des courtines. Pour les écluses, il faut les cacher dans la place même, si l'on peut, sinon derrière les tenailles, où elles pourront être à couvert ; mais en ce cas, il faut faire les batardeaux sur le milieu des courtines, au péril de tout ce qui en peut arriver. Si on en fait dans le chemin couvert, il faut doubler les fermetures de celle-ci et les faire à trois coulisses séparées qui se puissent fermer avec des poutrelles, et éloigner ces fermetures de 16 à 18 pieds l'une de l'autre, afin de pouvoir remplir les entre-deux de terre et de fumier quand l'ennemi les recherchera avec des bombes.

Les tenailles sont des ouvrages bas et de peu de dépense, inventées depuis peu et placées devant les courtines, où elles occupent un grand vide ci-devant inutile ; elles doivent être de terre avec des fossés pleins d'eau, et revêtues s'ils sont secs ; leur usage est de couvrir la poterne du milieu de la courtine, d'ajouter de grands flancs bas à la place, de faciliter et protéger les communications aux demi-lunes et les sorties que l'on fait sur le passage du fossé. Si ce fossé est sec, on fait la communication sèche avec des parapets en chemin couvert palissadés, qui opposent leurs défenses de part et d'autre aux avenues par où l'ennemi peut aborder ; on y ajoute des sorties dans le milieu ou joignant le derrière des demi-lunes. Voyez les endroits I et M de la IIIe planche.

Si ce sont des fossés pleins d'eau, ces communications se font par des ponts à fleur d'eau, des radeaux, des pontons et des bateaux armés qui sortent et rentrent par les extrémités près des flancs – voyez la XIIIe planche - et par des petits bateaux qui peuvent aller et venir au moyen de cinquenelles qu'on y peut appliquer. Voyez le bateau Q à la planche XII.

Les demi-lunes sont sans contredit les meilleures et plus excellentes pièces des dehors, parce que ce sont elles qui sont les mieux défendues, et qu'elles sont situées sur des angles rentrants qui leur donnent beaucoup d'avantage ; elles dominent et protègent le chemin couvert et les autres dehors qui sont devant et à côté d'elles, elles doivent être revêtues, leur fossé profond à peu près comme celui de la place même, et de moitié ou des deux tiers de sa largeur ; leur élévation doit être moindre que celle du corps de la place de 4, 5 à 6 pieds. Quand elles sont grandes et bien faites, ce sont de tous les dehors les plus difficiles à prendre. Et si, dans la capacité des grandes, on en fait de petites[1] qui soient revêtues à même hauteur que la première, qui aient leurs parapets à preuve et un fossé revêtu tout autour, on pourra défendre toutes les traverses de la grande pied à pied, et tout l'intérieur de la demi-lune, jusqu'à obliger l'ennemi à monter du canon sur sa pointe qui n'y fera pas toujours l'effet qu'il pourrait désirer, parce que les batteries des courtines *Z Z* le pourront beaucoup incommoder si elles sont prêtes et disposées à l'avance pour cet effet, en sorte qu'il n'y ait plus qu'à ouvrir les embrasures. On peut encore le tourmenter par les mines, fougasses et feux d'artifices, préparés sous la jonction des traverses au parapet. Et pour conclusion, une demi-lune bien faite et environnée d'un bon fossé, est un excellent ouvrage. Voyez la XIIe planche.

Les contre-gardes que l'on met devant les angles des bastions, et qui en couvrent et embrassent les faces, sont encore bonnes ; mais elles n'ont pas tant de mérite que les demi-lunes. Si on les fait défendre par les flancs de la place, elles en sont meilleures, parce que c'est un avantage qui leur produit des flancs doubles, savoir, deux rasants à canon qui sont ceux de la place, et deux autres fort grands, rasants et fichants[2], qui sont les faces des demi-lunes de droite et de gauche, ce qui n'est pas sans défaut, car les demi-lunes ne pourraient voir le fond du fossé de la contre-garde vers la pointe à cause des angles rentrants du fossé et du chemin couvert, et les flancs de la place en sont affaiblis, en ce qu'ils peuvent être battus de deux endroits à la fois, savoir, du dessus de la contre-garde quand elle sera prise, et de l'opposé du chemin couvert, ce qui ne sera pas quand elles ne seront défendues que des demi-lunes ; ce défaut est fort peu de chose ; au reste, ces pièces doivent être revêtues comme les demi-lunes, terrassées, traversées et gazonnées de même, et avoir autant d'élévation par rapport au corps de la place, pour être bonnes et bien conditionnées.

Après les demi-lunes et les contre-gardes suivent les ouvrages à cornes, qui sont pour l'ordinaire de grandes pièces bâties pour occuper plus de terrain sur quelque avenue problématique, ou commandement nuisible à la place, ou pour en augmenter les fortifications dans des endroits faibles ou qui ne sont pas d'une égale force aux autres[3]. On les place ordinairement sur

1. Communément appelées aussi réduits de demi-lunes.
2. C'est-à-dire permettant les tirs plongeants.
3. Vauban semble avoir eu une particulière prédilection pour les ouvrages à cornes dans la mise en défense des villes et la maîtrise des commandements proches des enceintes urbaines. Il en fait notamment usage à Lille, qu'il dote de quatre ouvrages à cornes.

le milieu des courtines ou devant la pointe des bastions, dont la capitale prolongée les coupe en deux parties égales par le milieu ; l'une et l'autre situation sont bonnes. Il n'y en a point qui leur puisse mieux convenir ; mais celle de la pointe des bastions porte plus loin ses découvertes, recule davantage l'ennemi, et ne nuit point aux demi-lunes intérieures comme les autres ; au contraire, les demi-lunes de droite et de gauche lui fournissent de grands flancs fichants, et le corps de la place des rasants. La tête de ces ouvrages étant bien bastionnée présente aux attaques à peu de chose près l'équivalent d'un front de place ; aussi sont-elles capables de la même défense.

Quand ces ouvrages sont bien revêtus, leur fossé profond et revêtu avec de bonnes demi-lunes accommodées de même, et le tout enveloppé d'un chemin couvert bien traversé, il n'y a rien de meilleur. On peut encore employer le canon et les mines à leur défense particulière, comme à celle du corps de la place même : ce sont enfin de très bonnes pièces quand elles sont bien faites, et pourvues de ce qui peut leur faire besoin. Voyez les IIe et IIIe planches.

Les ouvrages couronnés suivent immédiatement après ceux des cornes ; ceux-là sont doubles des autres et quelquefois triples, mais rarement. Ils sont ordinairement faits pour occuper quelque grande avenue faible, pour couvrir quelque partie défectueuse d'une place, pour occuper un grand terrain ou commandement nuisible, ou pour servir de clôture à quelque faubourg ou partie de place mal assurée. Pour que ces ouvrages soient bons, leur rempart doit être soutenu par un revêtement, leur fossé revêtu, à moins qu'il ne fût plein d'eau ; le surplus demande des remparts, fossés, chemins couverts et demi-lunes comme ceux des ouvrages à cornes et autres grandes pièces de la place. Voyez la IVe planche.

Après les grands dehors suivent les chemins couverts qui sont les plus grands de tous, puisqu'ils enveloppent tous les autres. ceux-ci doivent avoir depuis 3 jusqu'à 6 toises de large, non compris les banquettes ; cet espace est couvert d'un parapet de 6 à 7 pieds 1/2 de haut, rabattu en glacis vers la campagne où il se perd insensiblement en se joignant à elle ; ce glacis, qui a ordinairement 15 à 20 toises de large, doit être aplani et soumis au feu du rempart de la place, et de tous les dehors, sans qu'il y ait aucune partie dans sa superficie qui puisse échapper à leur découverte. Ces mêmes chemins couverts sont quelquefois revêtus par les dedans jusqu'à un pied et demi près du sommet, qui est terminé par un gazonnage ; ils sont aussi palissadés, et la palissade plantée en dedans ne doit déborder le sommet du parapet que de neuf pouces sur la distance de pied et demi du sommet.

On fait des places d'armes sur les angles rentrants du chemin couvert, et quantité de traverses à preuve, dont les passages se couvrent par de petits redans faits en crochets[1] pris dans l'épaisseur du parapet. Voyez les endroits

1. En chicanes.

B et S de la 2e planche. Les chemins couverts sont très nécessaires à quelque fortification que ce puisse être. C'est là où on s'assemble pour faire des sorties, et d'où on les soutient ; là on reçoit les secours qui se jettent à la dérobée dans la place. C'est ordinairement celui de tous les dehors qui coûte le moins à faire et le plus à prendre, quand la défense en est bien entendue, mais celle qui l'est le moins, et sur laquelle plus de gens se trompent. Quand il y a un avant fossé plein d'eau au bas du glacis, on y fait (mais non pas toujours) un avant-chemin couvert parallèle au premier, enfoncé de quelques pieds de plus et élevé d'une banquette de moins pour conserver la supériorité au premier[1].

Cet avant-chemin couvert supplée au défaut de l'avant-fossé, qui est d'interdire les sorties et les petits secours. Celui-ci fait le même effet que le précédent, en procurant aux assiégés de se pouvoir assembler et sortir par plusieurs endroits à la fois et rentrer de même. Il les soutient par son feu, leur facilite la rentrée, reçoit les petits secours et les espions qui se veulent jeter dans la place et les protège, et retarde considérablement les assiégeants qui, après l'avoir pris, n'en sont guère plus avancés. Voyez figure A planche VII.

Pour mieux soutenir cet avant-chemin couvert, on doit faire des lunettes[2] entre les deux devant les angles saillants des places d'armes du premier chemin couvert. Ces lunettes ne sont autres que des petites demi-lunes qu'on nomme ainsi pour les différencier des grandes ; elles sont un peu plus élevées que le parapet du grand chemin couvert, on les gazonne devant et derrière, avec une berme et des parapets à preuve ; elles doivent de plus être isolées d'un bon fossé plein d'eau. Voyez C, VIIe planche.

Les communications à ces pièces s'enfoncent dans l'arête du glacis du grand chemin couvert de la place d'armes, derrière, et viennent aboutir à un pont à fleur d'eau, couvert par l'extrémité de ses faces, qui en achève la communication. Pour les perfectionner davantage, il est nécessaire de faire deux traverses sur le milieu de leur face pour les défiler. On peut même ajouter de petits surtouts, avec des batteries sur leurs angles flanqués, élevés de pied et demi plus que les autres parties. Ces pièces sont de peu de dépense et d'un très bon service, parce qu'elles flanquent et enfilent l'avant-chemin couvert et l'avant-fossé, et voient à revers les grands angles du premier chemin couvert, en sorte qu'on n'y saurait assurer de logement sans les avoir prises. Voyez la figure C, planche VII.

Je ne parle pas ici des doubles palissades du chemin couvert, dont je vois bien des gens entêtés, parce que je ne les estime pas ; les revers du ricochet ayant trop de prise sur elles pour ne les pas rendre inutiles, outre qu'elles

1. Vauban adopte ce type de disposition avec avant-chemin couvert autour de la citadelle de Lille.

2. De même à la citadelle de Lille, l'avant-chemin couvert est soutenu par sept lunettes édifiées entre les deux chemins couverts du côté des dehors extérieurs à la ville.

le seraient encore tout à fait contre la véritable manière de les attaquer. Voyez le profil à la VIIe planche.

Pour achever de dire ce que je pense sur la disposition des chemins couverts, je ne sais que trois manières de les attaquer, dont la première est de vive force, quand l'assiégeant peut envelopper tout le front de l'attaque, en faisant places d'armes au pied du glacis, dont on remplit les revers de tous les matériaux et outils nécessaires ; après quoi on prend ses mesures, et dans le temps que l'assiégé y pense le moins, on tombe tout à coup sur lui par un très grand front qui ne manque jamais de l'emporter avec une grande perte de sa part ; mais ce moyen est fort sanguinaire ; car les assiégeants y perdent aussi beaucoup.

La deuxième manière d'attaquer les chemins couverts est de le faire par des petits cavaliers élevés sur la tête des logements, à la distance de 12 ou 13 toises de la palissade, où on tourne les angles que l'on veut attaquer jusqu'à ce qu'on les puisse enfiler[1] ; cela fait, on élève ces cavaliers jusqu'à la plongée des mêmes angles qui sont toujours les plus prochains, ce qui s'exécute en une nuit de travail un peu diligenté. Après quoi on fait monter des grenadiers sur les cavaliers qui plongent de leur feu les angles du chemin couvert de 15 ou 16 toises près, en chassent les ennemis dans l'instant même ; quoi fait, l'assiégeant, qui doit avoir fait ses préparatifs, se loge diligemment sur le haut du parapet : ce qui s'observe de même à l'attaque des autres angles. Cette attaque est la plus sûre et la moins sanglante de toutes. Voyez la figure T, VIIe planche.

La troisième manière d'attaquer les chemins couverts consiste à les prendre pied à pied par l'effet des mines, méthode qui a été fort pratiquée en Piémont pendant cette dernière guerre. C'est la pire de toutes, ou, pour mieux dire, elle ne vaut absolument rien, parce que les ennemis sont toujours en état de vous prévenir[2].

On avance encore quelquefois des redoutes au-delà de la fortification sur des avenues dangereuses ou dans des marais, à la faveur desquelles on veut prendre des revers sur les attaques. Le surplus ne tombe point dans les règles et s'approprie aux figures des situations les plus avantageuses qu'on puisse leur donner, l'expérience et le bon sens en cette matière consistent à les bien choisir et à les occuper utilement.

Outre ce qui a été dit ci-dessus, on fait souvent des forts et fortins selon les lieux les plus convenables, et qui demandent quelque secours. Par

1. On attribue communément à Vauban la paternité de ces cavaliers de tranchée, bien qu'ils semblent avoir été en usage auparavant.

2. Vauban fait ici sans conteste référence au désastreux siège de Turin (cf. note 1, p. 1339) Il nous livre son opinion très négative sur la manière dont a été mené ce siège par l'incompétent et présomptueux duc de La Feuillade. Ce dernier fait fi des avis de Vauban qui lui conseillait d'effectuer un siège en règle de la capitale piémontaise plutôt que de s'épuiser en assauts inutiles contre la seule citadelle.

exemple, nous avons le fort Nieulay près Calais, bien revêtu, les forts Louis et Français entre Dunkerque et Bergues, aussi revêtus, mais faiblement ; le fort de la Quenock[1] sur la fourche de l'Yser et de l'Yper, petit et revêtu sur berme, le Nieuvendam près de Nieuport, non revêtu ; le fort Saint-François à Aire, et celui de la Scarpe près de Douai, l'un et l'autre bien revêtus et de bonne capacité. En Alsace, nous avons le fort Louis du Rhin, le fort de Kehl, qui tiennent lieu d'autant de places, et le petit fort du Rhin dans une île. En Comté, nous avons Château-Belin et le fort Saint-André[2], le château de Joux, et plusieurs autres ailleurs, de différente figures. De ces forts, les uns sont carrés et bastionnés régulièrement, les autres carrés longs comme les forts Louis du Rhin et Nieulay, les autres de figure pentagonale. Les uns ont des dehors et des chemins couverts, et les autres n'en ont point du tout. Presque tous sont réguliers, et on a grand soin de les bien placer. A l'égard de leurs capacités, elles sont fort diverses, car les uns sont bâtis sur des polygones qui n'ont pas plus de 80 toises, et les autres en auront 100 à 120.

Ce que nous appelons lignes et retranchements d'armée sont bien construits suivant l'idée qu'en donne la fortification, qui est de ne pas éloigner les redans l'un de l'autre, de plus 120 toises sans grande nécessité ; de leur donner toujours 20 à 30 toises de face, de les placer sur le terrain plus avantageux, de leur faire des parapets d'élévation suffisante à pouvoir couvrir les hommes qui sont employés à leur défense, avec des fossés que les chevaux ni les hommes ne puissent sauter. Du surplus, on ne fait les parapets que de 5 à 6 pieds d'épais au sommet ; non qu'ils n'en fussent bien meilleurs si on les faisait à preuve ; mais c'est que cela demanderait bien plus de temps et de dépense qu'on n'y en veut employer.

Le territoire des environs des places fortifiées est ordinairement composé de plaines et de coteaux, qui plus qui moins bossillés, lesquels peuvent être coupés de ravines, chemins creux, rideaux, monticules, ruisseaux et rivières. Si c'est plaine bien unie qui ne soit entrecoupée de rien, et qui s'étende jusqu'à la grande portée du canon des places, il n'y aura rien à désirer ni à craindre ; s'il y a des coteaux médiocrement élevés qui en soient éloignés de la portée du canon, ils ne sauraient lui faire de mal ; si seulement à demi-portée, les places en pourront souffrir ; mais il faut leur opposer des ouvrages qui puissent contrebalancer les avantages que l'ennemi en pourrait tirer, et en tout cas se bien traverser contre leurs mauvais effets. Si le territoire est coupé de ravines, chemins creux et rideaux qui ne

1. Acquis par la France en 1678, le fort de Knocke ou de la Kénoque contrôle la navigation fluviale entre Ypres et le littoral. De dimension modeste, mais « d'une beauté à éblouir » d'après Vauban, il était de plan triangulaire, flanqué de trois grandes demi-lunes.

2. Le fort Belin et le fort Saint-André sont deux forts dominant la ville de Salins dans le Jura. Suite à la prise de la ville en 1674, Vauban va restructurer de façon importante les défenses du fort Saint-André.

soient point enfilés des ouvrages de la place, et qui en approchent assez près pour pouvoir avantager l'ennemi de quelques nuits, et qu'on ne puisse les enfiler par des ouvrages avancés, ou les combler, on pourra ajouter quelques dehors à la place vis-à-vis pour équivaler les avantages et les reculer d'autant plus ; si le même territoire est coupé de ruisseaux dont l'enfoncement ne fasse point d'élévation ni de couvert qui puisse nuire à la place, il n'y aura pas lieu de s'en mettre en peine ; mais s'il y a du couvert qui puisse avantager les approches, il faudra prendre ses précautions contre, comme les ci-dessus proposées pour les rideaux. Si c'est une rivière qui passe fort près de la place, on pourra s'en rendre maître en faisant quelque grand ouvrage de l'autre côté, à la tête de ses ponts, comme on a fait à Thionville, à Sarre-Louis, à Mézières et à Sedan[1] ; et comme on voulait faire à Metz, si son dessein avait été exécuté et à même temps y faire des ponts pour y communiquer et se procurer l'usage de ces nouvelles avenues.

Si cette rivière passe dans la place, on peut s'en rendre maître par le moyen des écluses et des batardeaux qui serviront à la soutenir et à la faire renfler dans son lit, jusqu'à pouvoir inonder les environs de ses abords à la place, et la mettre en état d'en disposer, pour la faire courir au besoin dans les fossés et avant-fossés de la place, si tant est qu'il y ait possibilité à cela. C'est ce que nous avons heureusement pratiqué à Maubeuge, Valenciennes, à Condé, à Douai, à Tournai et à Menin, dont plus de moitié de leur circuit pourrait être inondé par la retenue des écluses que le Roi y a fait faire[2]. Ces avantages sont si considérables qu'on ne doit rien négliger pour se les procurer.

La plupart des remparts de nos places sont plantés de bois, mais nos fortifications sont trop modernes pour que les arbres soient assez grands et gros pour en pouvoir tirer des affûts et des plates-formes ; mais on en peut faire des palissades et des fascines de leurs branchages, quelques gabions et paniers, beaucoup de rondins de 7 à 8 pouces de diamètre sur 9 ou 10 pieds de long pour cabaner contre l'effet des pierres et des bombes.

A l'égard de la campagne, je crois pouvoir dire qu'on ne saurait trop prendre de précautions pour la bien nettoyer et mettre en état de voir clair à l'entour de soi jusqu'à l'extrême portée du canon en rasant toutes les haies et buissons qui pourraient faire couvert ; comblant les fossés et abattant les maisons nuisibles, en sorte qu'il n'y reste rien qui puisse servir à l'ennemi. Et pour cela il ne faut pas attendre qu'il investisse la place, car il ne serait plus temps d'entreprendre cette manœuvre ; il suffit pour en venir là d'être autorisé par le soupçon bien fondé d'un siège prochain.

1. Dans ces places, Vauban aménage un ouvrage à cornes pour protéger la tête de pont.
2. Toutes ces places appartiennent au Pré-Carré de la frontière du Nord et montrent le rôle prépondérant joué par l'eau et le recours à l'inondation dans les anciens Pays-Bas.

Voilà par où j'ai cru devoir commencer le *Traité de la défense des places*, afin que par le moyen de cet abrégé, qui pourra donner une notion assez précise du mérite des pièces qui composent leur fortification, on puisse avoir plus de facilité à les démêler et de mettre au fait les gouverneurs, commandants, lieutenants de roi et majors des places, entre les mains de qui cet ouvrage pourra tomber ; en leur faisant connaître l'usage qu'on peut faire de chaque pièce en particulier et de toute la place en général ; et leur en fournir une idée qui puisse leur servir dans les besoins. Je les exhorte donc à s'en faire une étude particulière, comme d'une chose qui peut faire tout leur bonheur s'ils s'en acquittent bien, et leur causer le plus grand des malheurs s'ils s'en acquittent mal.

Venons présentement à la deuxième partie.

TRAITE
DE
LA DEFENSE DES PLACES

DEUXIEME PARTIE[2].

IL Y A LONGTEMPS que, faisant réflexion sur la quantité des munitions nécessaires à la défense des places, j'ai reconnu que non seulement il y avait beaucoup de difficultés à les munir de toutes celles dont elles peuvent avoir besoin pour le soutien d'un siège mais qu'il était même assez malaisé d'en pouvoir dresser des états bien justes, par rapport à leur grandeur, à leur fortification et à leur défense. Ces pensées, qui m'ont paru assez importantes pour m'obliger à repasser sur quantité de sièges de ma connaissance, dont la plus grande partie des places ont moins résisté qu'elles ne devaient, par les manquements qui s'y sont trouvés, m'ont persuadé qu'il y allait du service du Roi de s'en faire une étude particulière et d'en dresser une espèce d'instruction qui pût servir à toutes les places fortes du royaume, grandes et petites. C'est ce qui m'a donné lieu de travailler à celle-ci dans mes heures de loisirs, et de rédiger ces états en tables pour plus de facilités, lesquelles comprennent non seulement la quantité de munitions de toutes espèces nécessaires à chaque place, mais encore le nombre des officiers extraordinaires, outre les états-majors, tant pour la police et les vivres que pour les hôpitaux, celui des ingénieurs, la force des garnisons et généralement tout ce qui peut contribuer à leur défense, recherché avec le plus d'exactitude qu'il m'a été possible pour toutes les places qui ont depuis quatre bastions royaux de circuit jusqu'à celles qui en dix-huit ou équivalent, qui sont les plus grandes que nous ayons.

1. Cette deuxième partie constitue le tome VI des *Oisivetés*, cf. pp. 961-963.

Avant que d'entrer en matière, j'estime qu'il est bon d'avertir que les places de guerre sont fermées de remparts élevés et assujettis à de certaines règles qui sont que toutes leurs parties s'entrevoient et se défendent mutuellement. Mais il est à remarquer que toutes ces parties sont de grosses masses inanimées, qui n'ont de vertu que dans leur solidité et dans la disposition de leur figure, ni autre action que celle qui leur est donnée par les hommes employés à leur défense et à les faire valoir ; et cette défense est plus ou moins grande selon que la fortification est bien ou mal faite et la défense bien entendue. Or, c'est dans la connaissance de son usage et de la quantité d'hommes et de munitions nécessaires à les faire valoir qu'il faut entrer, sur quoi il est nécessaire de s'ouvrir l'esprit[1]. Autrement, la plupart des places sur lesquelles on compte pour la sûreté de ce royaume ne feront pas la résistance qu'on en doit attendre, soit par manque d'une chose ou d'une autre, ou par leur usage mal entendu, ou leur défense mal réglée. Car on ne manque jamais de prétexte pour excuser la médiocrité de leur résistance. Je pourrais même dire n'en avoir point encore vu qui ait été poussée jusqu'où elle pouvait raisonnablement aller ; il y a toujours quelque bonne ou mauvaise raison qui oblige à les rendre plutôt qu'on ne devrait. Car, bien qu'il y ait quelquefois de la faute des places mêmes pour avoir manqué de quelque chose dans leur fortification ou n'avoir pas été bien achevées, ou mal entretenues, il est certain qu'il y a encore plus de la faute des hommes, soit pour les avoir mal fournies de choses nécessaires, ou pour en avoir mal ménagé les munitions pendant un siège, ou pour n'avoir pas bien entendu l'usage de leur fortification et s'être faiblement servi de leurs défenses, ou enfin pour n'avoir pas su bien juger de la qualité du péril où les assiégés se trouvent dans un siège, spécialement vers sa fin. Je ne prétends pas pouvoir donner ici des préceptes infaillibles ni suffisants de remédier à tous ces défauts, mais bien d'avertir des moyens de prévenir et de remédier à la plus grande partie et aux plus considérables.

Avant que de finir cet avertissement, je dois encore dire que je ne vois rien à quoi un gouverneur assiégé doive prendre garde de plus près qu'à bien économiser la consommation de ses munitions de guerre et de bouche, c'est de quoi il se doit faire une étude très particulière, car je tiens que non seulement on n'en doit faire aucune distribution sans ses ordres précis : mais qu'il se doit tous les jours faire rendre un compte exact des consommations de chaque garde, et surtout de celles des poudres et des plombs comme des plus importantes[2].

1 La cible de Vauban est bien entendu les officiers responsables de la défense. Le facteur humain dont il est ici question ne concerne que le gouverneur et ses adjoints, alors qu'un siècle plus tard, Carnot prendra en compte le sentiment et l'esprit du soldat, évidemment dans un tout autre contexte politico-militaire.

2. On voit bien sûr ici transparaître les principes d'économie des moyens, souci récurrent chez Vauban.

Les moyens les plus sûrs de ménager les poudres sont : premièrement, de ne les employer que dans les nécessités pressantes. Deuxièmement, de n'y toucher de la main que le moins qu'on pourra. Troisièmement, de les délivrer aux postes par barriques couvertes de leur chape et d'une peau de vache, avec son poil, fraîchement tuée ou repassée, et tenir une sentinelle auprès qui ne souffre pas que d'autres que ceux qui sont chargés de leur distribution y touchent. Quatrièmement, de les distribuer aux soldats avec des mesures de fer-blanc[1] de demi-quarteron, d'un quarteron, de demi-livre, d'une livre, et de la leur verser dans la poche droite de leur haut de chausse, sans souffrir qu'ils y touchent de la main[2]. Cinquièmement, de ne pas laisser tirer du canon mal à propos et sans nécessité, comme on fait presque toujours, notamment des grosses pièces. Sixièmement, de modérer le feu de la mousqueterie, du canon et des bombes, où il n'y a pas nécessité de tant tirer, spécialement de jour, quand l'ennemi n'entreprend rien, et qu'il n'est question que de le tenir en respect. Septièmement, de tenir la main à ce que les soldats ne la dérobent pas ou ne la répandent malicieusement. Huitièmement, de prendre garde après les deux ou trois premiers jours d'attaque, d'en donner peu à ceux des gardes précédentes qui ne doivent monter qu'au bivouac, et en garde aux lieux non attaqués, parce qu'il est à présumer qu'ils en auront de reste des gardes précédentes. Neuvièmement, de ne pas souffrir que les soldats la dissipent mal à propos en chargeant à poignée dans les affaires pressées, comme ils font ordinairement ; mais les obliger à charger avec de petites charges de bois ou de fer-blanc faites exprès, calibrées sur le pied de 35 ou 40 à la livre, ou avec des cartouches de papier calibrées de même, que j'estimerais encore plus s'il n'en fallait pas tant[3]. Finalement, de prendre le même soin pour le plomb, les pier-

1. L'usage du fer-blanc permet d'éviter de provoquer des étincelles.

2. Ce procédé peut surprendre à une époque où la cartouche, ancêtre de la giberne, et le fourniment étaient déjà largement répandus parmi la troupe. Cependant, cette manière de faire est attestée par certains textes comme ce courrier de Louvois aux inspecteurs d'infanterie en date du 3 décembre 1689 [SHAT] qui préconise que « le soldat après avoir consommé les 7 à 8 charges de poudre qu'il aura dans sa gibecière, reversera la poudre dans sa poche droite où il les prendra avec lesdites charges ou avec la main pour charger, selon qu'ils seront pressés. » Cité par Michel Pétard, *Equipements militaires de 1600 à 1870, Tome I : De 1600 à 1750*, 1984, p. 58.

3. Vauban se soucie cependant de rationaliser le mode de chargement, bien souvent erratique, des armes individuelles par l'usage de la cartouche de papier calibrée tout en déplorant qu'il en faille un si grand nombre. Certains témoignages contemporains font en effet état des conséquences néfastes des pratiques en usage : « la plupart des fusils de nos soldats crèvent à cause que dans les occasions les soldats mettent sans mesure des poignées de poudre dans leurs fusils, qui mettent lesdites armes en pièces et blessent les soldats. S'ils se servaient de cartes-touches ces accidents n'arriveraient point » [SHAT, Manuscrit 18 juin 1703, Lafite, capitaine commandant le 3e bataillon de Royal à Chamillart], cité par Michel Pétard, *op. cit.*, p. 59.

res à fusil[1], la mèche et les autres munitions ; et de charger les majors particuliers des corps de faire ramasser tous les matins celles qui sont répandues dans les postes, comme les balles, la mèche, les sacs à terre, armes rompues, et outils pour les faire porter aux magasins, les raccommoder et remettre en état.*

1. L'usage de la pierre à fusil, longtemps différé dans l'armée française pour des raisons d'économie, s'est finalement imposé au début de la guerre de Succession d'Espagne.

* *[Autre introduction du manuscrit Rosanbo]*:

« Plus j'ai réfléchi sur la quantité de choses nécessaires à la défense des places, plus j'ai trouvé de dificultés à dresser un état juste de toutes les munitions de guerre et de bouche dont on a besoin. La grandeur de la place et ses fortifications, la quantité d'attaques que l'ennemi y peut faire, une nombreuse garnison, un gouverneur habile et ferme, sont autant de sujets d'examen qui méritent une grande attention.

Le nombre de sièges où je me suis trouvé m'a appris qu'il y a véritablement des places qui n'ont point fait la défense qu'elles pouvaient, faute des munitions nécessaires auxquelles l'habilité des gouverneurs n'a pu suppléer. Ce qui m'a fait faire des recherches exactes pour dresser des tables qui puissent instruire de la quantité de munitions nécessaires pour faire une bonne défense proportionnée à la grandeur de la place, à son mérite et à sa garnison. Ces tables comprennent les munitions pour les troupes, les états-majors, pour les officiers qu'il faut d'augmentation, les ouvriers pris dans la ville, les hôpitaux, la police, les ingénieurs et généralement tout ce qui peut être employé à la défense, à compter depuis une place à quatre bastions royaux jusqu'à une de 18 qui est la plus grande place que nous ayons.

Nous avons dit que les ouvrages d'une place doivent être bien flanqués et que ceux qui sont les plus près de la place doivent commander aux plus éloignés Mais ces règles seront inutiles si la place n'est pas fournie de bonnes troupes et d'habiles gens pour donner une action à ces ouvrages et en tirer la défense qu'on en espère. Il faut convenir qu'il y a dans les places des parties défectueuses, soit qu'elles aient été mal faites ou mal placées, soit qu'il se trouve dans la campagne des commandements, des revers ou des couverts trop près de la place. Si la disette des munitions venait à rejoindre à tous ces défauts qu'on a négligés, on ne manquerait pas de prétextes spécieux pour excuser une mauvaise défense qui n'est que trop ordinaire. De toutes les villes que j'ai assiégées, il n'y en a pas une qui n'eût pu tenir plus longtemps qu'elle n'a fait.

Je n'entreprends pas de donner des instructions capables de suppléer à tous ces défauts. Cela serait un ouvrage d'une trop grande étendue, le peu de temps que j'ai ne me le permet pas, mais j'espère donner assez pour remédier aux plus grands. C'est dans la 3e partie de cet ouvrage qu'on les trouvera. Je ne parle dans celle-ci que des garnisons et des munitions de guerre et de bouche qui demandent un grand ordre dans leur distribution, surtout la poudre dont on fait un grand dégât auquel il est aisé de remédier de cette sorte.

Jusqu'à ce que l'ennemi soit à la petite portée du fusil (a), comme le feu de la place est lent, trois quarterons de poudre par garde avec une vingtaine de balles suffisent par chaque soldat.

Au bivouac un quarteron, parce que sûrement il lui en reste toujours quelques coups de sa garde.

Quand l'ennemi est à la petite portée du fusil, il faut deux livres et demie de poudre par garde et demi-livre au bivouac.

Il serait avantageux que l'on eut des gargouches (b). Les charges seraient égales, elles se feraient plus vite et la poudre ne se répandrait pas. Il faut qu'il y ait toujours à portée des attaques de petits magasins d'un tonneau ou deux de poudre mis sur le cul (c), défoncés par le haut et couverts d'une peau de vache fraichement tuée, et des balles avec une sentinelle

POUR FAIRE L'ESTIMATION GENERALE
DE LA DUREE D'UN SIEGE.

Avant que de se déterminer sur les magasins à faire dans une place et sur la force de sa garnison, il est nécessaire de supputer la durée du siège qu'elle peut soutenir. C'est ce que nous allons faire ici, plutôt pour servir d'instruction que pour en proposer une règle bien certaine ; parce que les places étant toutes différentes les unes des autres, il faut s'y conduire par rapport au plus ou au moins de pièces qu'elles peuvent opposer à l'ennemi, et selon que les accès en sont plus ou moins faciles ; et toujours supposer deux choses, l'une, que la garnison y fera tous les devoirs possibles, et l'autre, que l'ennemi attaquera par le plus fort, ce qui arrive assez souvent : auquel cas il ne faut pas qu'un gouverneur brave homme et intelligent, soit contraint de se rendre avant le temps, par manque d'avoir de quoi prolonger sa défense aussi loin qu'elle peut raisonnablement aller.

Nous supposerons donc une place régulière de six bastions, bien revêtus et terrassés à preuve ; toutes ses demi-lunes revêtues de même ; son fossé aussi revêtu, soit qu'il soit sec ou plein d'eau, le tout enveloppé d'un chemin couvert, palissadé et traversé, avec les glacis bien faits, et la campagne des environs unie sans aucun couvert ni commandement jusqu'à l'extrême portée du canon le tout sans autre dehors ni retranchements extraordinaires. Sur ce pied, nous réglerons cette estimation comme ci-après :

Pour l'investiture de la place, façon des lignes, amas de matériaux et préparatifs pour l'ouverture de la tranchée .... 9 jours

C'est à peu près le temps que nous y avons employé.

Depuis l'ouverture de la tranchée jusqu'à portée de l'attaque du chemin couvert 9

C'est encore le temps plus commun que nous y avons employé.

Attaque et prise dudit chemin couvert, y compris les discussions d'armes et traverses, et un parfait établissement 4

---

pour empêcher qu'on n'y touche. Cette poudre ne doit être distribuée que dans les besoins pressants et avec ordre, de même que les balles, les mèches et les pierres à fusil.

Il faut charger les majors des corps de faire ramasser tous les matins celles qui sont répandues dans les ouvrages, comme aussi les sacs à terre et les armes rompues, pour les faire racommoder.

Pour supputer la durée d'un siège. [...] »

(a) La portée estimée est de 120 à 150 toises, soit 240 à 300 m d'après les *Mémoires d'artillerie* de Surirey de Saint-Remy. La « petite portée » serait donc de 120 toises.

(b) Pour gargousse.

(c) C'est-à-dire debout prêts à être ouverts.

Descente et passage du fossé de la demi-lune	3
Attachement du mineur ou équivalent, les batteries de canon jusqu'à l'ouverture d'une brèche raisonnable......	4
Prise et discussion des dedans de la demi-lune	3
Passage du grand fossé aux deux bastions que l'on suppose commencé avant la prise de la demi-lune.............	4
Attachement du mineur ou établissement des batteries sur le chemin couvert, pour ouvrir la place et y faire brèche raisonnable	4
Défense et soutien des brèches, après la place ouverte......	2
Reddition de la place après sa capitulation	2
Fautes de l'ennemi, négligence de sa part, et plus-value de la défense estimée à	4[1]
TOTAL..	48 jours

NOTA. Premièrement que si la demi-lune était retranchée par un réduit revêtu et terrassé à preuve, elle pourrait soutenir trois ou quatre jours de plus.

Deuxièmement : que s'il y avait un bon retranchement revêtu dans la gorge des bastions attaqués, cela pourrait encore allonger la défense de cinq ou six jours, plus ou moins, selon qu'il serait bien fait, et la défense de l'intérieur des bastions ménagée et bien entendue.

Troisièmement : que s'il y avait des tenailles, le passage du fossé pourrait être encore retardé de quelques jours de plus.

Quatrièmement : que s'il y avait un bon ouvrage à corne ou équivalant, bien revêtu, avec demi-lune et chemin couvert, sa résistance pourrait allonger la défense de dix ou douze jours.

Cinquièmement : que s'il y avait des redoutes ou quelque redoublement de chemin couvert, ce serait encore autant d'obstacles qui pourraient retarder le progrès des attaques[2].

Où cela se trouvera, il en faudra faire des estimations judicieuses, et les faire plutôt fortes que faibles ; attendu que la force des garnisons et le projet des munitions se devant régler sur l'estimation de la durée du siège, il faut en toutes manières en éviter le manquement, par la raison que dessus.

Sixièmement : cette estimation est fort serrée, je l'avoue, et j'aurais dû compter la durée du siège plus longue ; mais j'ai pensé que les pertes d'hommes, les blessés et gens épars ou cachés, feront un équivalent de huit ou dix jours capable de suppléer à ce défaut, si les consommations sont ménagées.

1. En bon statisticien avant l'heure, Vauban ne néglige pas d'introduire la prise en compte des facteurs aléatoires dans son estimation.

2. En se plaçant dans la position de l'assaillant, Vauban démontre *a contrario* la valeur des dispositifs de défense qu'il a mis en place.

ESTIMATION DE LA FORCE DES GARNISONS.

Supposant la même place à six bastions, j'estime que la garnison ordinaire se peut régler à 200 hommes par bastion en temps de paix, parce qu'il n'est pas question de rien craindre en ce temps-là, avec une compagnie on deux de cavalerie ou de dragons pour les escortes et autres expéditions où il s'agit de prendre des sûretés extraordinaires ; mais en temps de guerre, quand il y a lieu de se défier d'une nombreuse bourgeoisie ou d'appréhender un siège, mon avis est qu'il y faut du moins 500 hommes par bastion[1], supposant la place fortifiée suivant les règles du grand royal, c'est-à-dire depuis 150 toises de polygone jusqu'à 200, un peu plus, un peu moins[2] ; et quand on l'estimera à 600 hommes par bastion, la chose n'en sera que mieux. Le dixième de ce nombre pourra régler celui de la cavalerie, que je voudrais être de dragons autant qu'il sera possible, parce qu'ils peuvent mettre pied à terre dans les besoins et agir comme l'infanterie.

S'il y a d'autres dehors que les demi-lunes ordinaires et le chemin couvert, on pourra augmenter la garnison à proportion ; par exemple, de 600 hommes[3] pour un ouvrage à corne ou équivalant de raisonnable grandeur ; de 6 à 800 hommes[4] pour un fortin détaché qui sera bastionné et en état de faire une bonne défense par lui-même, tel qu'est le fort Nieulay à Calais, le fort de la Scarpe près de Douai, et le Nieuvendam à Nieuport[5] ; de 150 hommes pour une redoute détachée capable de soutenir le canon quelque temps ; et ainsi des autres pièces qui peuvent avoir rapport à la place.

Venons à notre hypothèse, comptant sur le pied de 600 hommes par bastion, et supposant la place de six bastions.

L'infanterie de sa garnison sera de	3 600 hommes.
La cavalerie le dixième, et partant	360
TOTAL..	3 960 hommes[6].

1. C'est l'effectif commun d'un bataillon français en temps de guerre en 1706, l'effectif des bataillons étrangers étant alors souvent plus important. Le manuscrit Rosanbo porte 800 hommes.

2. Les règles du « grand royal » supposent le recours à des « bastions royaux » aux proportions plus importantes qu'à l'ordinaire.

3. Le manuscrit Rosanbo porte 1 000 hommes.

4. Même remarque.

5. Ce sont en effet des ouvrages de taille importante qu'il convient de doter en conséquence. Nieuvendam ou Nieuwendamme près de Nieuport.

* *[Variante du manuscrit Rosanbo] :*

« Cela composera une garnison de 5 300 hommes, à savoir 4 800 hommes d'infanterie et 480 de cavalerie ».

Détail de leur application.

Pour les blessés, malades, désertés ou cachés, environ la dixième partie vers le vingtième jour du siège, partant	360 hommes.
Pour le service des batteries et du canon	100[1]
Travaux ordinaires	300[2]
Transport des munitions dans les postes et pour en rapporter les blessés	50
Infirmiers	30
Aides du garde-magasin pour fondre les plombs, tirer les munitions hors des magasins, les transporter et charrier	20[3]
TOTAL	860 hommes[4].

Dont il faudra régler la destination dès le commencement du siège, leur donner des chefs, et qu'ils ne soient employés qu'à cet usage tant que le siège durera. Outre quoi il faudra tirer du corps des troupes tout ce qui se trouvera de fourbisseurs, armuriers, serruriers, charpentiers, tourneurs, etc., pour les appliquer chacun à leur métier.

La bourgeoisie sera bien petite, si elle ne peut donner 260 hommes pour prendre garde au feu et fournir aux ouvrages les moins exposés, et au canon des postes où celui de l'ennemi ne tirera point, en déduction de la quantité de soldats ci-dessus, que nous ne compterons à cette considération que pour 600 hommes qu'il faudra ôter de 3 600. Restera à faire état de 3 000, à diviser en trois parties de 1 000 hommes chacune, dont une en garde, l'autre en bivouac, et l'autre en repos.

La cavalerie sera pareillement divisée en trois parties, dont une en garde, l'autre en bivouac, et la troisième en repos.

Celle qui sera en garde prendra la droite et la gauche des attaques et autres postes, selon qu'on le trouvera à propos.

Celle qui sera en bivouac sera disposée par brigades sur les places et carrefours de la ville, pour prendre garde au feu, et qu'il ne s'y fasse point d'assemblées tumultueuses.

Et celle qui sera en repos tiendra ses chevaux sellés pendant le jour ; et quand il s'agira de sorties un peu considérables, elle montera toute à cheval.

1. Le manuscrit Rosanbo porte 120 hommes.
2. Le manuscrit Rosanbo porte 400 hommes.
3. Le manuscrit Rosanbo porte 100 hommes et ajoute : « pour le service des moulins à bras : 100 hommes ».
4. Le manuscrit Rosanbo porte 800 hommes, soit presque la même chose mais avec une répartition différente.

La garde d'infanterie et le bivouac se tiendront sous les armes dans leur poste ; et les gens de repos les prendront aussi et s'assembleront devant leurs logements, où ils se tiendront en état d'empêcher qu'il ne se passe rien de mauvais dans le dedans, et de secourir le rempart s'il en est besoin. Il faudra aussi faire la même chose quand il y aura des entreprises extraordinaires de la part de l'ennemi.

Nous subdiviserons encore les 1 000 hommes de garde en trois parties égales ou à peu près, dont les deux que nous fixerons à 650 hommes soutiendront la tête des attaques, et l'autre tiers, montant à 330 hommes ou environ, occuperont les autres postes non attaqués du circuit de la place[1].

Le bivouac fera ses divisions de même que la garde, et prendra poste sur les remparts immédiatement derrière elle, et dans les endroits les plus à portée de la pouvoir secourir.

Nous subdiviserons encore la garde en trois parties égales, dont les deux feront feu pendant les deux premières heures de la nuit, qui seront relevées par l'autre tiers, et ce tiers deux heures après par l'un des deux premiers, qui sera relevé à son tour par l'autre tiers ; et ainsi de tiers en tiers tant que la nuit durera.

De jour, il suffira d'entretenir le feu par huit ou dix hommes postés dans chacun des angles saillants du chemin couvert, qui auront vue sur les attaques, lesquels seront relevés d'heure en heure, ou toutes les deux heures observant que de nuit on fait pour l'ordinaire feu continuel, parce qu'on suppose que les attaques cheminent et s'étendent devant tout le front attaqué, ce qu'on soupçonne plutôt les premières nuits qu'on ne le découvre ; mais de jour, quand on voit clair, il suffit de tenir les armes passées entre les paniers, et de tirer, quand on voit remuer, à ce qui paraît, et rien plus.

Je n'entrerai pas ici dans le détail des distributions particulières entre les troupes, parce qu'elles diffèrent entre elles selon la disposition des places, et qu'elles n'ont rien de commun avec ce dont il s'agit ici.

Venons aux munitions.

Une livre de poudre de 16 onces peut fournir à 30, 32, 36 et même jusqu'à 40 coups de mousquet[2], compris l'amorce, quand la poudre est bonne. Chaque soldat peut tirer 75, 80 à 90 coups pendant sa garde, ce qui revient à la consommation de 2 liv. de poudre par homme : sur ce pied nous compterons pour les 650 hommes de garde	1 625 liv.
Aux 650 hommes de bivouac à demi livre chacun	325

1. Cette clé de répartition présente des variantes dans le manuscrit Rosanbo, qui conduisent à des quantités supérieures de munitions.

2. Le manuscrit Rosanbo porte « coups de fusil ».

Aux 330 hommes de garde aux postes non attaqués, à raison d'un quarteron à chacun	82
Aux 130 chevaux de garde, à raison d'un quarteron chacun	33
Pour 300 coups de canon à chaque garde, estimés à 5 livres réduit, l'amorce comprise	1 500
Pour 300 coups d'arquebuse à croc, ou fusils à chevalets[1], estimés à deux onces chacun	17
TOTAL	3 582 liv.
Et pour 36 jours d'attaque, ci	128 952 liv.
Plus pour 10 jours d'investiture, à 1 500 livres par jour à cause du canon, des sorties et fréquentes escarmouches qui se font dans ce temps-là	15 000
Actions extraordinaires par estimation	23 600
Pour tirer et charger 1 500 bombes, à 16 livres chacune	24 000
Pour charger et tirer 2 000 demi-bombes, à 6 livres de poudre chacune	12 000
Pour tirer 6 000 coups de mortiers, pierriers à 1 liv. 1/2 chacun	9 000
Consommation de 30 000 grenades à 4 onces et demi chacune	8 437
Pour mines et fougasses par estimation	6 400
Poudre brûlée dans les brèches	4 000
Artifices	3 562
Déchet	8 900
Reddition de la place	12 000
TOTAL de la quantité de poudre nécessaire dans cette place, que nous supposons devoir être saine et de bonne qualité	255 852 liv.
Comme il n'est pas impossible que l'ennemi ne fasse des fautes qui lui causeront du retard, on ne fera que très bien d'ajouter 14 148 livres de poudre de plus, pour achever le nombre complet de	270 000 livres
Moyennant quoi j'estime que la place sera suffisamment munie de la quantité des poudres qui lui feront besoin, sauf à y en ajouter 10 000 livres de plus pour satisfaire aux exercices ordinaires des troupes, escortes, détachements journaliers, et aux partis qui se font en temps de guerre ; et partant, le total général pourra monter à	280 000 livres[2].

1. Il s'agit de fusils de rempart de taille et de calibre plus important que les fusils ordinaires : leur poids et leur longueur nécessitaient l'usage d'un chevalet pour appuyer son tir.
2. Le manuscrit Rosanbo porte 320 000 livres de poudre.

POUR FAIRE L'ESTIMATION DES PLOMBS.

Elle est aisée, car il n'y a qu'à doubler le nombre trouvé pour la quantité des poudres destinée à l'usage de la mousqueterie, et on aura celle du plomb nécessaire ; auquel il faudra ajouter un vingtième pour le déchet, et pour celui qui pourra être employé pour le canon. Ainsi la quantité de poudre destinée à la mousqueterie suivant le calcul précédent, devant être de 167 552 l., le double sera de 335 104 l., auquel ajoutant le vingtième du tout pour le déchet, viendra 351 859 l. pour la quantité de plomb nécessaire à l'usage des poudres. Que si l'on veut travailler avec plus de précision il faudra se fixer sur un calibre commun, tel qu'on voudra se le choisir. Par exemple, s'il était question de celui de 16 balles à la livre[1], en supposant la consommation des poudres sur le pied de demi-once par coup, il n'y aurait qu'à doubler comme ci-dessus, viendrait la quantité des plombs nécessaires ; mais si on emploie d'autres calibres, comme de 18 à la livre, qui est celui qui me plairait le plus, il faudra faire règle de trois, et poser 18 au premier terme, qui est le calibre, 30 au second, qui est le nombre des coups à quoi une livre de poudre peut fournir ; le total de la même destiné à la mousqueterie au troisième ; le quatrième donnera la quantité de plomb requise, et ainsi des autres calibres[2].

LA MECHE.

Une brasse de mèche de 5 pieds de long, sèche et bien conditionnée, allumée par un bout en lieu où elle ne soit point agitée par le vent, durera 14 ou 15 heures ; mais comme il s'en faut bien qu'elle ne soit toute de la qualité requise pour être bonne, et qu'on la hâte ordinairement quand le charbon est usé à force de l'ouvrir, souffler et tourner, que d'ailleurs elle ne peut pas servir jusqu'à son entière consommation, j'estime qu'il est raisonnable de réduire cette durée à 12 heures de cette façon, deux brasses de mèche allumées l'une après l'autre pourront durer 24 heures, un peu plus, un peu moins. C'est sur ce pied que nous réglerons le calcul de ces consommations dans une place assiégée, telle que celle qui a été ci-devant proposée.

1. Le calibre de 16 balles à la livre signifie qu'il est possible, en fondant une livre de plomb, d'en obtenir 16 balles. De ce fait, plus on obtient de balles pour une livre, plus le calibre est petit : un calibre de 16 balles à la livre est donc supérieur à un calibre de 18 balles à la livre.

2. Même remarque que pour la rubrique précédente, le manuscrit Rosanbo porte des quantités supérieures : 363 000 livres de plomb.

Consommation de la mèche pendant l'investiture.

Supposant douze boute-feux allumés par un bout seulement sur les batteries en barbe, tant de la place que des dehors, faisant 48 brasses[1] de consommation en 24 heures	48 brasses.
60 sentinelles, tant dans la place que dans les dehors, ayant autant de mèches perpétuellement allumées par un bout, faisant	120
Pour 1 000 hommes de garde, à deux brasses chacun	2 000
Un bivouac de mille hommes, outre les gardes, à 2 brasses chacun	2 000
TOTAL des consommations d'une journée	4 168 brasses.
Qui, multiplié par 9 jours d'investiture, feront	37 512 brasses.

Consommation depuis l'ouverture de la tranchée jusqu'à la fin du siège.

Pour 650 hommes opposés aux attaques, ayant la mèche allumée par les deux bouts, à raison de 4 brasses chacun	2 600 brasses.
Pour 330 hommes de garde dans les postes attaqués, à 2 brasses chacun	660
Pour les 1 000 hommes de bivouac, à deux brasses chacun	2 000
Consommation ordinaire des batteries	100
Sentinelles	120
TOTAL d'une journée	5 480 brasses.
Qui, multiplié par 40 jours d'attaque, font 219 200 brasses.	
A quoi il faut ajouter les consommations de 9 jours d'investiture	28 512[2]
Emploi dans les feux d'artifice	18 000
Déchet et mauvais emploi	20 000

1. Le manuscrit Rosanbo ne compte que cette rubrique pour la consommation de mèches pendant les neufs jours d'investissement, qui font 432 brasses, chiffre largement inférieur aux données retenues ici.

2. Curieusement, ce chiffre ne correspond pas à celui renseigné plus haut pour la même rubrique.

Reddition de la place	11120
TOTAL	296 832 brasses
Que nous mettrons pour	300 000 brasses[1]

Qui, réduites en paquets de 22 brasses et demie comme on les fait ordinairement, donnent, ci ....13 333 1/2 paquets.
En bottes de 12 paquets ....111 bott. 1 paq. 7 1/2 brasses
En tonnes de 5 bottes à la tonne...............................222 tonnes de mèche.

Nota. Premièrement : que le paquet pèse à peu de chose près 5 liv. ; la botte 60 liv., et la tonne 300 liv. ; et partant les 300 000 brasses, ou les 13 333 paquets 1/2, ou les 1 111 bottes, ou les 222 tonnes de mèche bien conditionnée doivent peser 66 600 liv.

Deuxièmement qu'on pourra diminuer le tiers ou la moitié de cette mèche en considération des fusils, dont on se sert beaucoup plus présentement que du passé[2]. Sur ce pied, je présume qu'on peut réduire cette estimation à 150 tonnes.

Voilà ce que j'ai cru devoir mettre au commencement de cet état touchant l'estimation des munitions principales, afin d'apprendre à ceux qui ne le savent pas de quelle manière se doivent conduire ceux qui se voudront donner la peine de travailler à des projets de magasins et arsenaux méthodiquement et avec connaissance de cause. Je ne passerai pas plus outre dans ces détails, qui me mèneraient plus loin que je ne veux aller, parce que je tiens qu'en voilà assez pour faire connaître de quelle manière on doit s'y prendre.

HAUTS OFFICIERS.

Il est très nécessaire qu'une place en péril d'être assiégée soit pourvue d'un bon état-major et d'une certaine quantité d'officiers extraordinaires, gens de commandement et d'expérience, capables de suppléer au gouverneur et au lieutenant de roi, s'il arrivait faute d'eux. Que ces gens-là, de quel caractère qu'ils puissent être, soient sous-ordonnés au gouverneur et même au lieutenant de roi, parce qu'il est à présumer que ceux-ci entendront toujours mieux la place, et qu'ils s'intéresseront plus à sa défense que des étrangers qui ne la connaîtront pas. Que les mêmes officiers soient aussi sous-ordonnés entre eux pour éviter toute dispute de préséance ;

1. Le manuscrit Rosanbo porte 80 000 brasses. Dans le cas présent, Vauban semble avoir revu ses estimations à la hausse. Question de coût ?
2. Cette observation de Vauban reflète l'adoption quasi généralisée du fusil au moment où il rédige son mémoire.

qu'ils soient d'un caractère distingué au-dessus des colonels, afin qu'ils leur puissent commander et donner les ordres dans les postes où ils se trouveront éloignés du gouverneur, quand il y arrivera des occasions imprévues et pressantes. Ce sont de ces gens-là avec le lieutenant de roi et le major, dont il faudrait composer le conseil du gouverneur, et avec lesquels il doit délibérer de tout ce qu'il y aura à faire de considérable ; remarquant que l'intendant ou le commissaire ordonnateur doivent aussi entrer dans ce conseil, quand il s'agira de la police ou subsistance des troupes, du paiement des travaux, ou de prendre quelques résolutions extraordinaires. J'estime même que les gens de ce conseil doivent être nommés par le Roi ; bien entendu que le gouverneur doit toujours être le président et l'ordonnateur de toutes les résolutions qui s'y prendront.

OFFICIERS MAJORS DE LA PLACE ET AUTRES.

Le gouverneur et deux aides de camp, si la place est petite, ou trois ou quatre si elle est grande.

Le lieutenant de roi, et deux aides de camp, attendu que d'ordinaire il commande dans les dehors, où il ne se peut qu'il n'ait beaucoup d'affaires, et par conséquent besoin de quelqu'un pour porter les ordres d'un poste à l'autre.

Le major et ses aides, qu'il faudra augmenter autant que besoin sera dans ces temps-là.

L'ingénieur de la place, assisté de trois ou quatre auxiliaires et de tous ses subalternes, des inspecteurs, entrepreneurs des ouvrages ordinaires, gens de métier, et autres dont il faudra s'assurer de bonne heure.

Le capitaine des postes et deux aides avec lui.

Le commissaire ordinaire de l'artillerie et le garde-magasin, assisté de 10 ou 12 ouvriers de ladite artillerie, gens sûrs et bien connus, pour aider au remuement et transport des poudres, hors et dans les magasins, et autres munitions.

Un coffret bien fermé dans le cabinet du gouverneur, dont il aura une clef et l'intendant l'autre ; ce coffret contenant les ordres secrets du Roi pour ce qui regardera la défense de la place, et jusqu'où Sa Majesté désirera qu'elle soit poussée : les ordres de Sa Majesté sur la succession au commandement en cas de mort pendant le siège, et un certain nombre de commissions et de brevets en blanc pour remplacer les officiers des corps qui viendront à manquer.

Un nombre suffisant d'ecclésiastiques, soit séculiers ou religieux, pour administrer les sacrements aux mourants et assister les blessés et autres.

OFFICIERS DE POLICE.

L'intendant et ses secrétaires ou commis, si c'est une grande place, ou un subdélégué à l'intendance, ou commissaire ordonnateur si c'est une médiocre, muni de tous les ordres nécessaires à pouvoir exercer la charge d'intendant en son absence.

Deux commissaires des guerres, un trésorier et ses commis, et une somme assez considérable en caisse pour payer la garnison trois mois durant, les travaux du siège, et satisfaire aux petites gratifications à quoi on est obligé envers les officiers blessés et soldats qui ont fait leur devoir ; ou quelque chose d'extraordinaire[1].

Un commissaire des vivres et deux ou trois commis, avec leurs boulangers et tous les fours et instruments nécessaires à la boulangerie.

Un prévôt et dix archers, avec un exécuteur de haute justice et ses valets.

L'HOPITAL.

Un directeur et deux commis.

Un médecin pour les places au-dessous de six bastions, et deux ou trois pour celles qui sont au-dessus.

Un ou deux apothicaires et leurs garçons, avec leurs boutiques garnies de toutes les drogues et médicaments nécessaires à la médecine et à la chirurgie, pour les malades et blessés, qui soient bien choisis et de bonne qualité.

Le chirurgien-major et dix ou douze fraters[2], fournis de tous les instruments nécessaires à leur art.

L'infirmier et dix aides.

Deux aumôniers.

Un cuisinier et ses aides ; huit ou dix valets et cinq ou six servantes pour blanchir les linges et avoir soin des malades et blessés.

OFFICIERS EXTRAORDINAIRES.

Un lieutenant d'artillerie en chef, si c'est une grande place, ou deux commissaires provinciaux et dix ordinaires.

Plus soixante, quatre-vingts ou cent maîtres canonniers.

1. Vauban, ne laissant rien au hasard, a le souci de planifier l'extraordinaire dans son estimation comptable.

2. Les fraters sont les chirurgiens des compagnies, subordonnés au chirurgien-major du régiment.

Deux artificiers et quatre hommes adroits pour les aider.

Un capitaine, ou du moins un lieutenant de mineurs avec un sergent et un caporal, et soixante mineurs : on ne saurait trop avoir de ceux-ci[1].

Trois ou quatre maîtres charpentiers et vingt compagnons.

Trois tourneurs menuisiers pour les coffres à fougasses, porte-feux de bombes et grenades, augelets, etc.

Vingt maîtres monteurs d'armes et des armuriers, serruriers, fourbisseurs, tout ce que l'on en pourra trouver ; c'est de quoi on n'a jamais assez.

EXPLICATION DE LA TABLE SUIVANTE.

Le chiffre au haut de chaque colonne dénote la quantité de bastions dont les places sont composées ou leur équivalent : ainsi le 4 marque le carré ; le 5 le pentagone ; le 6 l'hexagone, et ainsi des autres jusqu'à 18.

Dans la marge est écrite la qualité des munitions, et chaque colonne à côté est remplie de la quantité de celles qui conviennent à la place à laquelle elle est affectée par rapport au chiffre qui est en haut de la colonne, ce qui se verra plus clairement par les exemples suivants

Premier exemple.

Si on veut savoir quelle doit être la garnison d'une place à quatre bastions qui peut avoir lieu de craindre un siège. Suivant cette hypothèse, il n'y a qu'à regarder l'article des garnisons ; on trouvera au haut de la première colonne 4 : plus bas 2 400 hommes de pied, et au-dessous 240 chevaux pour le nombre de la garnison.

Deuxième exemple.

Si on veut savoir de combien doit être celle d'une place de douze bastions, il faut suivre le haut des colonnes de la même page jusqu'au 12 : vis-à-vis des garnisons, on trouvera 7 200 hommes de pied, et au-dessous 720 chevaux.

1. Vauban souligne l'importance de disposer de mineurs et déplore la faiblesse chronique de leurs effectifs. Sa vie durant, il s'efforcera d'attirer l'attention du roi sur la nécessité de développer ce corps, primordial à ses yeux. Le règne de Louis XIV ne verra cependant la création que de quelques compagnies de mineurs, dont la plus ancienne, formée à Tournai en 1673 pour la réalisation des galeries de contre-mines de la citadelle, aura pour capitaine le fameux ingénieur Jean de Mesgrigny, vieux compagnon d'armes de Vauban et oncle de Jacques de Mesgrigny, mari de la fille ainée de Vauban, Charlotte.

Troisième exemple.

Pour savoir ce qu'il faut de poudre dans une place de six bastions, il n'y a qu'à chercher à l'article des poudres, page [1394], le nombre 6, qui est au haut de la troisième colonne ; et immédiatement au-dessous, on trouvera 280 000 l., qui est la quantité de poudre qui convient à cette place, suivant l'estimation de ce formulaire.

Quatrième exemple.

Pour savoir la quantité de plomb nécessaire à la même place par rapport aux poudres, on le trouvera au-dessous, le tout supputé, et ainsi des autres.

S'il se trouvait des places à quatre bastions dont le circuit fût moindre que celui du grand royal, on pourrait se servir de la règle proposée pour les ouvrages à corne.

S'il s'en trouvait encore dont le circuit fût plus petit, on pourrait diminuer à proportion, suivant ce qu'on aurait conjecturé de plus avantageux de la résistance de la place et du nombre d'hommes employé à sa défense : et toujours par rapport au formulaire, et aux difficultés extraordinaires qui peuvent plus ou moins contribuer à retarder les progrès des attaques ; car c'est toujours suivant cela qu'il se faut régler.

Mais comme il y a presque toujours des parties inaccessibles dans le circuit de la plupart des places, où cela se trouvera, on peut diminuer l'état des garnisons et des munitions à proportion de l'étendue inattaquable du circuit. Par exemple, si dans une place de dix-huit bastions, il se trouvait un espace de son rempart équivalent à trois bastions qui fût inaccessible aux attaques réglées, il faudrait employer la colonne de 15, pour revenir à sa juste proportion.

Et comme il arrive aussi que la plupart des grandes places ont des forts détachés en dépendant, comme le fort Louis et les Risbans à Dunkerque[1], le fort François et les redoutes du Suisse et du Lopin[2] à Bergues, le Nieuvendam et le Virvouth[3] à Nieuport, le fort Nieulay, et le Risban à Calais, qui sont autant de surcharges pour les garnisons de ces places et pour les munitions[4], il y faut avoir égard et faire le calcul de leurs besoins

1. Le grand et le petit Risban sont deux forts à la mer destinés à défendre le chenal de Dunkerque.

2. Fort suisse et Fort Lapin.

3. Le Viervout (du flamand *Vierboete*, bateau-feu, puis phare) est un ouvrage chargé de défendre le chenal de l'Yser, à Nieuport. Il est aménagé autour d'un ancien phare de forme hexagonale de 30 m de hauteur, construit en 1284 à l'initiative de Guy de Dampierre, comte de Flandre.

4. Il convient de rappeler que Vauban a, en 1706, eu en charge la défense des places de la Flandre maritime. Ces exemples s'imposent donc naturellement à lui au moment où il rédige son mémoire.

par rapport à la durée de leur défense et au nombre d'hommes qu'il y faut employer, et l'ajouter à celui de la place.

Par exemple, s'il s'agissait d'un carré à quatre bastions, dont le polygone fût de 120 toises seulement, on pourrait réduire le nombre de la garnison à 1 200 hommes de pied et 120 chevaux. Et s'il était question d'un petit carré tel que pourrait être un qui n'aurait que 100 toises de polygone, on pourrait réduire sa garnison à 4, 5 ou 600 hommes et 60 chevaux au plus ; nombre mal proportionné à la vérité, mais l'espace n'en pouvant pas contenir davantage, il s'en faudrait contenter ; encore faudrait-il qu'il y eût des souterrains, ce qui ne se pratique guère dans de si petites forteresses.

Que s'il se trouvait des places d'un plus grand circuit que de 18 bastions royaux, il en faudrait augmenter les munitions à proportion et par rapport à la plus prochaine, dont le circuit sera moindre, ce qui est fort aisé.

Par exemple, la table finit par la colonne de 18 bastions ; supposé qu'il fût question de faire un état de garnison et de munitions pour une de 19, on demande quel doit être le nombre de sa garnison et la quantité de poudre nécessaire à sa défense par rapport à l'ordre de cette table ? Je regarde à la dix-huitième colonne, et je trouve qu'elle doit être de 10 800 hommes : j'en prends la dix-huitième partie, qui est 600, et je l'ajoute à 10 800 ; vient 11 400 hommes de pied.

Je fais la même chose pour la cavalerie, qui est de 1 080 chevaux, dont le dix-huitième, qui est de 60, ajouté à 1 080, donne 1 140 chevaux. Ainsi la garnison d'une place qui aurait 19 bastions de circuit, suivant les proportions de ce formulaire, doit être 11 400 hommes de pied et de 1 140 chevaux.

A l'égard des poudres, si à une place de 18 bastions on trouve qu'il y en faille 840 000 liv., en ajoutant la dix-huitième partie de ce nombre viendra 886 666 liv. pour celle de 19. Et ainsi de toutes les autres munitions, dont le dénombrement peut tomber sous les proportions observées dans cet état. Elles ne sont pas tout à fait générales, y ayant bien des endroits où on ne les a pas suivies, et d'autres où on ne l'a fait que jusqu'aux colonnes des places de 9, 10 ou 12 bastions, parce qu'il y a de certaines fournitures dont l'usage et la consommation ne seraient pas plus grands pour une place de 18 bastions que pour une de 12. C'est pourquoi on s'est restreint aux quantités que l'on a cru suffisantes. Au surplus, où la chose se rencontrera, il sera aisé de juger pourquoi on l'a fait ainsi. Il y a une chose à observer dans la suite de ce mémoire, qui est que la proportion des poudres, plomb, mèche, boulets, grenades, etc., se devrait régler par rapport au nombre des bastions ; mais comme c'est principalement sur l'étendue du front des attaques que cela doit rouler, lequel pour l'ordinaire n'est pas plus grand à une place de 18 bastions qu'à une de 12 ou 13, on y a eu égard en arrêtant à ce point la progression de ces munitions, ce qui fait qu'on ne demande pas plus de poudre pour une place de 18 bastions que pour une de 14 ; encore ne va-t-on jusque-là qu'en considération de ce que les remparts des places à 18 bastions ayant beaucoup plus d'étendue que celles de 12 ; il leur faut plus de canon pour les garnir.

Au reste, ce Mémoire n'est pas proposé comme une instruction à suivre au pied de la lettre, mais bien pour avertir de ce qui peut faire besoin dans les places, et pour apprendre à les munir le plus exactement qu'il est possible, par rapport à leur force et à la résistance qu'on doit espérer, en sorte qu'il n'y manque rien d'essentiel de tout ce qui peut être nécessaire à une bonne défense.

TABLES

Contenant la force des garnisons et munitions de guerre et de bouche nécessaires aux places de guerre de la grandeur énoncée ci-après[1].

1. Ici encore, le manuscrit Rosanbo présente des chiffres divergents, parfois inférieurs, parfois supérieurs à ceux retenus dans cette version déposée dans les archives officielles. Nous n'en avons pas tenu compte, accordant la préférence à ce qui paraît être l'aboutissement de la réflexion de Vauban.

Pour les outils (pp. 1388-1391), nous renvoyons aux dessins des planches IV et XVII du *Traité de l'Attaque des places* et aux définitions p. 1564 auxquelles on ajoute : *chevaux de frise* (grosses solives carrées traversées par trois rangs de pieux de bois armés de pointe de fer), p. 1390, *bourriquets* (sortes de civières qui servent aux maçons pour élever les matériaux au moyen de grues) p. 1392, *draguets* (pelles de fer plates ayant un rebord de trois côtés pour tirer le sable des rivières) p. 1391, *gluy* (grosse paille de seigle) p. 1392 et *tourteaux* (composé en forme de gâteau de poix noire et d'huile de lin dans laquelle on trempe la corde qui sert à éclairer) p. 1394 (définitions de Th. Corneille, *Dictionnaire des arts et des sciences*, 1694).

	4	5	6
LA GARNISON.			
Infanterie, dont les 3/4 ou les 2/3 au moins sera de Français, et l'autre de Suisses ou étrangers, supposé qu'il n'y eût d'autres dehors que les demi-lunes et les chemins couverts	2400	3000	3600
Cavalerie	240	300	360
Bourgeoisie.			
On ne peut rien fixer à cet égard, parce que les places ont toutes plus ou moins ; nous avons dit ci-devant à quoi on la peut employer.			
LES VIVRES.			
NOTA. Que dans l'estimation suivante on a augmenté un cinquième pour les officiers des troupes, les valets, l'hôpital, ingénieurs, canonniers, mineurs, charpentiers, charrons, armuriers, et autres gens nécessaires à la défense des places, qui ne sont pas comptés dans le nombre des troupes, où il n'y a que les soldats et cavaliers.			
Une provision pour 3 mois dont les deux tiers de froment et l'autre de seigle, ce qui fait pour le froment *Setiers.*	1204	1455	1706
Et pour le seigle	602	727	853
NOTA. Le setier estimé à 235 liv. pesant, déchargé de 20 liv. de son, doit faire 158 rations de 2 liv. pesant chacune.			
Pois pour 3 jours de la semaine, à raison d'un quarteron par ration, le déchet estimé à la sixième partie, attendu que d'autres que des soldats en pourraient manger *Setiers.*	128	160	192
Fèves, même quantité par ration, et pour deux jours de la semaine durant trois mois, déchet comme dessus	86	107	128
Lentilles pour deux jours de la semaine	86	107	128
Riz	10	12	14
Orge mondé	10	12	14
Orge en grain pour faire des tisanes et nourrir la volaille	92	115	138
Sel *Minots.*	85	106	127
Poivre *Livres.*	92	115	138
Cloux de gérofle *Idem.*	22	25	29
Cannelle *Idem.*	10	12	14
Muscade *Livres*	10	12	14
Aulx sur le pied de deux têtes tous les jours à chaque chambrée pendant trois mois ; lesdites chambrées estimées à six hommes, et les bottes à 20 têtes chacune ; la sixième partie comptée pour déchet *Bottes.*	3300	4125	5051
Oignons distribués sur le pied de deux par jour à chaque chambrée ; les torches composées de 20 têtes chacune, déchet compris *Bottes.*	3300	4125	5051
Lard salé, à demi-quarteron par ration pendant cinq jours de la semaine ; la 10e partie comptée pour le déchet *Quint.*	236	296	356
Bœuf et vache distribué sur le pied de demi-livre par ration pendant les cinq jours gras de la semaine ; la dixième partie comptée pour le déchet ; et chaque bœuf et vache sur le pied de 350 liv. pesant l'un portant l'autre *Quint.*	944	1184	1424

	7	8	9	10	11	12	13	14	15	16	17	18
	4200	4800	5400	6000	6600	7200	7800	8400	9000	9600	10200	10800
	420	480	540	600	660	720	780	840	900	960	1020	1080
	1957	2308	2559	2810	3061	3312	3563	4065	4316	4567	4818	5069
	978	1154	1279	1405	1530	1656	1786	2032	2158	2283	2409	2534
	224	250	288	320	352	384	416	4488	480	512	544	576
	150	170	192	214	235	256	278	298	320	340	362	384
	150	170	192	214	235	256	278	298	320	340	362	384
	17	19	22	24	26	29	31	34	36	38	41	43
	17	19	22	24	26	29	31	34	36	38	41	43
	161	185	208	230	253	276	299	322	344	370	392	415
	148	169	190	211	232	253	274	295	316	337	358	374
	161	184	207	230	253	276	299	322	345	368	391	414
	32	36	40	43	47	50	54	58	61	65	68	72
	17	19	22	24	26	29	31	34	36	38	41	43
	17	19	22	24	26	29	31	34	36	38	41	43
	5876	6701	7526	8351	9176	10001	10826	11651	12476	13301	14126	14951
	5876	6701	7526	8351	9176	10001	10826	11651	12476	13301	14126	14951
	416	476	536	596	656	716	776	836	896	956	1016	1076
	1664	1904	2144	2384	2624	2864	3104	3344	3584	3824	4064	4304

	4	5	6
Moutons pour les officiers malades et blessés, sur le pied d'une livre pour chaque officier, et autant pour les blessés malades ; le nombre des officiers estimé à 200, et chaque mouton à 30 livres pesant l'un portant l'autre, qui réduit au poids, feront .... *Quint.*	320	400	480
Veau et volaille pour les blessés, tout ce que l'on en pourra nourrir chez les particuliers, dans les fossés et dehors la place, dans les cloîtres, et partout ailleurs où il y aura lieu de cela			
Fromages pour les jours maigres de trois mois, à compter deux jours par semaine, à raison d'un quarteron par jour à chaque soldat..... *Quint.*	257	321	385
Morue sèche ou stock-fisch	276	348	420
Morue verte	276	348	420
Harengs sorets .... *Caques.*	92	116	130
Harengs blancs .... *Idem.*	92	116	130
Beurre salé ou fondu, à demi-quarteron par ration pendant deux jours de la semaine .... *Quint.*	128	160	192
Bonne huile de noix ou de navette pour éclairer et pour les soupes des jours maigres .... *Pipes.*	10	12	14
Noix .... *Setiers.*	22	25	29
Poires et pommes sèches, ce que l'on en pourra avoir			
Fruits verts, ce que la saison, l'espace et le temps permettront d'en avoir			
Pruneaux pour les malades.. *Quint.*	6	7	8
Huile d'olive de bonne qualité .... *Pipes.*	12	14	17
Herbes potagères, ce qui s'en pourra cultiver dans les jardins.			
BOULANGERIE.			
Fours, chacun de 10 ou 12 pieds de diamètre, réduit, avec les logements nécessaires pour les boulangers, pétrins, chaufours, étaux, bureaux pour la distribution du pain, pelles, fourgons, rables, maies à pétrir, chaudières, bois, fagots, etc., en quantité suffisante pour pouvoir employer continuellement nombre de boulangers chacun	4	4	5
Moulins à cheval, capables de pouvoir moudre chacun six setiers de blé par jour	3	4	5
Moulins à bras, capables de pouvoir moudre chacun un setier de blé par jour	17	19	22
Le tout en souterrains bien assurés, s'il est possible. Ceci suppose le manquement des moulins à eau et à vent, qui peuvent être brisés par les bombes et le canon.			
BOISSON.			
Vin de bonne qualité, à raison d'une chopine mesure de Paris par jour, trois fois la semaine, pendant trois mois, le muid estimé à 280 pintes, tout déchet compris .... *Muids.*	183	229	275
Avoir soin, outre ce que dessus, que les cabarets en soient pourvus le plus qu'il sera possible.			
Bière, trois fois autant que de vin, et partant .... *Muids.*	549	687	825
Eau-de-vie, distribuée à raison de deux petites mesures par jour, de celle que les brandeviniers vendent un sol aux soldats .... *Muids.*	72	90	108

	7	8	9	10	11	12	13	14	15	16	17	18
	560	640	720	800	880	960	1040	1100	1180	1260	1320	1400
	449	513	577	641	705	769	833	897	961	1025	1089	1153
	492	564	636	708	780	852	924	996	1068	1140	1212	1284
	492	564	636	708	780	852	924	996	1068	1140	1212	1284
	154	178	202	226	250	274	298	322	346	370	394	418
	154	178	202	226	250	274	298	322	346	370	394	418
	224	256	288	320	352	384	416	448	480	512	544	576
	17	19	22	24	26	29	31	34	36	38	41	43
	32	36	40	43	47	50	54	58	61	65	68	72
	10	12	12	13	14	15	16	17	18	19	20	22
	19	22	24	26	29	31	34	36	38	41	43	46
	5	6	6	7	7	10	10	11	11	12	12	12
	6	7	8	9	10	10	11	11	12	12	12	12
	24	26	29	31	34	36	38	41	43	46	48	50
	321	367	413	459	505	551	597	643	689	735	781	827
	963	1101	1239	1377	1515	1634	1791	1929	2067	2205	2343	2481
	126	144	162	180	198	216	234	252	270	288	306	324

	4	5	6
NOTA. Si on est en pays où le vin soit abondant et la bière rare, il faudra faire ces provisions de vin au lieu de bière.			
FOURRAGES.			
Rations de foin, réduites en bottes de 20 liv. pesant, l'estimation augmentée du tiers à cause des autres chevaux........................*Bottes.*	28800	36000	43200
Rations de paille, réduites en bottes de 5 liv. pesant............*Idem.*	28800	36000	43200
Avoine, à raison de trois quarts de boisseau, mesure de Paris par ration, équivalant à trois picotins de 160 pouces cubes chacun, le setier compté pour 32 rations, et le déchet à 5 pour cent........*Setiers.*	945	1181	1417
MEUBLES DE L'HOPITAL.			
Lits garnis de leurs chalits, paillasses, matelas, traversins et couvertures........................	160	200	240
Couvertures de rechange, ou pour doubler quand il froid	80	100	120
Draps........................*Paires.*	320	400	480
Draps pour ensevelir les morts	240	300	360
Chemises de rechange.	320	400	480
Nappes	40	50	60
Serviettes ....*Douzaines.*	32	40	48
Batterie de cuisine complète, avec tous les ustensile nécessaires et une grande quantité de vaisselle d'étain et de terre, pour l'usage des malades et blessés			
Fagots pour l'hôpital ....*Fagots.*	2400	3000	3600
Bois de corde ....*Cordes.*	120	150	180
ARTILLERIE.			
Canons de 24 livres de balle, montés sur leurs affûts ordinaires.....	4	6	8
Canons de 16 livres, montés comme dessus........................	6	8	10
........................de 12 livres	8	10	12
........................de 8 livres	10	12	14
........................de 4 livres	12	14	16
TOTAL........................	40	50	60
NOTA. Premièrement : que les pièces de 3, de 5 et de 6 liv. de balle sont à peu près aussi bonnes que celles de 4, quand il s'y trouvera des boulets de ces calibres en suffisante quantité.			
Deuxièmement : où il se trouvera des pièces de fer avec boulets de calibre, on pourra fort bien s'en servir dans les dehors, pourvu qu'elles aient été éprouvées, en diminuant un peu la charge ordinaire.			
Arquebuses à crocs garnies de leurs chevalets	40	50	60
BOULETS.			
Du calibre de 24 liv., à 400 boulets par pièce........................	1600	2400	3200
Du calibre de 16 liv., à 400 boulets par pièce........................	2400	3200	4000
Du calibre de 12 liv., à 400 boulets par pièce........................	3200	4000	4800

	7	8	9	10	11	12	13	14	15	16	17	18
	50400	57600	64800	72000	79200	86400	93600	100800	115200	122400	129600	136800
	50400	57600	64800	72000	79200	86400	93600	100800	115200	122400	129600	136800
	1653	1889	2125	2361	2597	2833	3069	3305	3541	3777	4013	4249
	280	320	360	400	440	480	520	560	600	640	680	720
	140	160	180	200	220	240	260	280	300	320	340	360
	560	640	720	800	880	960	1040	1120	1200	1280	1360	1440
	420	480	540	600	660	720	780	840	900	960	1020	1080
	560	640	720	800	880	960	1040	1120	1200	1280	1360	1440
	70	80	90	100	110	120	130	140	150	160	170	180
	56	64	72	80	88	96	104	112	120	128	136	144
	4200	4800	5400	6000	6600	7200	7800	8400	9000	9600	10200	10800
	210	240	270	300	330	360	390	420	450	480	510	540
	10	12	14	16	18	20	20	20	20	20	20	20
	12	14	16	18	20	22	24	26	28	30	32	34
	14	16	18	20	22	24	26	28	30	32	34	36
	16	18	20	22	24	26	28	30	32	34	36	38
	18	20	22	24	26	28	30	32	34	36	38	40
	70	80	90	100	110	120	128	136	144	152	160	168
	70	80	90	100	110	120	130	140	150	160	170	180
	4000	4800	5600	6400	7200	8000	8000	8000	8000	8000	8000	8000
	4800	5600	6400	7200	8000	8800	9600	10400	11200	12000	12800	13600
	5600	6400	7200	8000	8800	9600	10400	11200	12000	12800	13600	14400

	4	5	6
Du calibre de 8 liv., à 400 boulets par pièce	4000	4800	5600
Du calibre de 4 liv., à 400 boulets par pièce.	4800	5600	6400
TOTAL .... *Boulets*	16000	20000	24000
MORTIERS.			
De 12 à 13 pouces de diamètre	6	8	10
De 18 pouces de diamètre, pour le tirer des pierres	6	8	10
Du calibre de 33, pour tirer des demi-bombes	6	8	10
TOTAL	18	24	30
BOMBES, GRENADES ET PANIERS A TIRER DES PIERRES.			
Pour le calibre de 12 à 13 pouces de diamètre	1800	2400	3000
Pour celui de 18 à tirer des pierres	1800	2400	3000
Demi-bombes du calibre de 33	3000	4000	5000
Grenades à main	24000	30000	36000
AFFUTS ET PLATES-FORMES GARNIES.			
Affûts de campagne de réserve pour pièces de 24	4	5	6
.... de 16	6	7	8
.... de 12	8	9	10
.... de 8	10	11	12
.... de 4	12	13	14
TOTAL	40	45	50
Avant-trains	12	15	18
Affûts de réserve pour toutes les pièces à l'usage des places, plus solides et moins chers que ceux de campagne, non compris les montés	60	69	78
Affûts de mortiers à grosses bombes, garnis de tout ce qui leur fait besoin	6	8	10
Affûts de mortiers à demi-bombes	6	8	10
Affûts de pierriers	6	8	10
Plates-formes de dix-huit pieds de long sur 10 et demi de large, accommodées des gîtes et heurtoirs nécessaires, un tiers en réserve plus que de pièces, et partant	60	70	80
Une plate-forme, pour être bien faite, doit être composée d'un heurtoir de 7 pieds de long sur 6 à pouces carrés ; de cinq gîtes de 18 pieds de long sur cinq et six pouces carrés ; et de 18 madriers de 10 pieds et demi réduits de long, sur un de large, et deux pouces et demi d'épais, le tout cloué à tête perdue dans le bois et bien uniment, avec pente de quatre pouces du derrière au devant.			
Les plates-formes des mortiers ont six à huit pieds carrés, et sont ordinairement composées de poutrelles redoublées en croix de sept à huit pouces d'épais, posées de niveau sur la terre, auparavant bien battue et aplanie.			
Plates-formes pour les mortiers et pierriers, la moitié plus que de mortiers, et partant	20	26	32
Coins de mire emmanchés pour le canon, à 3 par pièce	120	138	156

7	8	9	10	11	12	13	14	15	16	17	18
6400	7200	8000	8800	9600	10400	11200	12000	12800	13600	14400	15200
7200	8000	8800	9600	10400	11200	12000	12800	13600	14400	15200	16000
28000	32000	36000	40000	44000	48000	51200	54400	57600	61800	64000	67200
12	14	16	18	20	20	20	20	20	20	20	20
12	14	16	18	20	20	20	20	20	20	20	20
12	14	16	18	20	20	20	20	20	20	20	20
36	42	48	54	60	60	60	60	60	60	60	60
3600	4200	4800	5400	6000	6000	6000	6000	6000	6000	6000	6000
3600	4200	4800	5400	6000	6000	6000	6000	6000	6000	6000	6000
7000	8000	9000	11000	11000	11000	11000	11000	11000	11000	11000	11000
42000	48000	54000	60000	66000	72000	72000	72000	72000	72000	72000	72000
7	8	9	10	11	12	13	14	14	14	14	14
9	10	11	12	13	14	15	16	17	18	19	20
11	12	13	14	15	16	17	18	19	20	21	22
13	14	15	16	17	18	19	20	21	22	23	24
15	16	17	18	19	20	21	22	23	24	25	26
55	60	65	70	75	80	85	90	94	98	102	106
21	24	27	30	33	36	40	40	40	40	40	40
87	96	105	114	123	132	141	150	150	150	150	150
12	14	16	18	20	20	20	20	20	20	20	20
12	14	16	18	20	20	20	20	20	20	20	20
12	14	16	18	20	20	20	20	20	20	20	20
90	100	110	120	130	140	150	160	160	160	160	160
38	44	50	54	58	60	60	60	60	60	60	60
174	192	210	228	246	254	282	300	318	336	354	372

	4	5	6
Leviers	200	250	300
Lanternes de tout calibre, un tiers de plus que ne porte le nombre des pièces, et partant	53	61	69
Ecouvillons garnis de leurs refouloirs, *idem*	53	61	69
Epinglettes pour déboucher les lumières, *idem*	53	61	69
Boute-feux garnis de doubles serpentins, et ferrés en pointe par le bout du manche	53	61	69
Semelles, autant que d'affûts, et partant	60	69	78
Portières à preuve du mousquet, garnies de leurs châssis	60	69	78
Fronteaux de mire à preuve	60	69	78
Cuillers à mortiers pour les nettoyer	10	12	14
Crics simples ou vindas	4	6	8
Gros crics à double force	4	6	8
Chèvres garnies de leurs poulies, leviers et câbles	6	8	10
Jumelles garnies de leurs pinces et chevilles de fer	3	4	5
Triqueballes	3	4	5
Traîneaux pour chaque espèce de canon	6	8	10
Pinces de fer de quatre pieds et demi de long	20	24	28
CORDAGES			
Câbles de 5 pouces de tour sur 6 toises de long ... *Câbles.*	3	4	5
Doubles prolonges de 4 pouces de tour sur 12 toises de long	12	14	16
Prolonges simples de 16 lignes de diamètre sur 6 toises de long	12	14	16
Traits communs de 10 pieds de long sur 4 pouces de tour	12	14	16
Gros traits à canon, de 5 pouces de tour sur 10 pieds de long	12	14	16
Traverses de 4 toises de long sur 3 pouces et demi	12	14	16
Petits traits de 3 pouces et demi de tour sur 10 pieds de long	12	14	16
Autres cordages de la grosseur du doigt et partie de celle d'un pouce ... *Toises.*	267	333	400
Harnais complets pour des chevaux de trait	14	18	20
Charrettes, à ridelles planchéiées, pour mener des munitions de toutes espèces	10	12	14
FERRONNERIE.			
Grosses forges, garnies de soufflets, enclumes, bigornes, marteaux, tenailles, étaux, et généralement de tout ce qui leur peut faire besoin	4	5	6
Boutiques d'armuriers, garnies de leurs forges et de tous les outils nécessaires, à pouvoir employer chacune quatre hommes	4	5	6
Boutiques de serruriers	4	5	6
Forges à taillandiers, garnies de leurs émouloirs, et de tous les outils nécessaires à ce métier	2	3	4
Fer plat et carré de tous échantillons ... *Quintaux.*	333	417	500
Acier bien choisi et appareillé au besoin qu'on en peut avoir	333	417	5000
... *Quintaux.*	14	17	20
Clous picards	4000	5000	6000
Clous à palissades de 6 pouces de long	13333	16665	20000
Autres gros clous de différentes espèces	2667	3333	4000
Clous à crochets	2400	3000	3600

	7	8	9	10	11	12	13	14	15	16	17	18
	350	400	450	500	550	600	600	600	600	600	600	600
	77	85	93	101	109	117	125	133	141	149	157	165
	77	85	93	101	109	117	125	133	141	149	157	165
	77	85	93	101	109	117	125	133	141	149	157	165
	77	85	93	101	109	117	125	133	141	149	157	165
	87	96	105	114	123	132	141	150	159	168	177	186
	87	96	105	114	123	132	141	150	159	168	177	186
	87	96	105	114	123	132	141	150	159	168	177	186
	16	18	20	22	24	24	24	24	24	24	24	24
	10	12	12	14	14	14	14	14	14	14	14	14
	10	12	12	14	14	14	14	14	14	14	14	14
	12	14	14	16	16	16	16	16	16	16	16	16
	6	6	7	7	8	8	8	8	8	8	8	8
	6	6	7	7	8	8	8	8	8	8	8	8
	12	14	16	18	20	20	20	20	20	20	20	20
	32	36	40	44	48	52	56	60	64	68	72	76
	6	7	8	9	10	10	10	10	10	10	10	10
	18	20	22	24	24	26	28	30	30	30	30	30
	18	20	22	24	24	26	28	30	30	30	30	30
	18	20	22	24	24	26	28	30	30	30	30	30
	18	20	22	24	24	26	28	30	30	30	30	30
	18	20	22	24	24	26	28	30	30	30	30	30
	18	20	22	24	24	26	28	30	30	30	30	30
	467	534	601	666	733	800	867	934	1001	1068	1135	1202
	24	28	30	34	38	42	46	50	54	58	60	60
	16	18	20	22	24	26	28	30	36	36	36	36
	7	8	9	10	10	10	10	10	10	10	10	10
	7	8	9	10	10	10	10	10	10	10	10	10
	7	8	9	11	12	12	12	12	12	12	12	12
	4	6	7	8	9	10	10	10	10	10	10	10
	583	668	750	834	917	1000	1083	1166	1249	1332	1416	1499
	583	668	750	834	917	1000	1083	1166	1249	1332	1416	1499
	23	27	31	34	37	40	43	46	50	54	58	62
	7000	8000	9000	10000	11000	12000	12000	12000	12000	12000	12000	12000
	23333	26666	30000	33334	36667	40000	43333	46666	49999	53333	56666	59999
	4666	5334	60000	6666	7333	8000	8666	9332	10000	10668	11334	11891
	4200	4800	5400	6000	6600	7200	7800	8400	9000	9600	10200	10800

	4	5	6
Charbon de terre, si on est en lieu pour en avoir. .... *Quintaux.*	134	168	200
Charbon de bois .... *Vans.*	1000	1250	1500
Le van est une mesure de charbon, qui n'est autre qu'un van à vanner que l'on emplit tant qu'il en peut tenir, et un van peut entretenir une forge commune une journée entière ou fort approchant. On ne le vend dans mon pays que dix sous.			
ARMES A FEU.			
Mousquets de réserve de même calibre, bien conditionnés et de bon fer, sinon autant de bons fusils	2400	3000	3600
Bons fusils d'épreuve à grosses platines, façon de celles des boucaniers, bien choisis et de bonne qualité, en ce non compris les armes ordinaires des troupes	2400	3000	3600
Fusils à canons rayés, bien éprouvés. (J'aimerais mieux des boucaniers)	500	750	1000
Mousquetons avec leurs bandoulières garnies	100	125	150
Pistolets .... *Paires.*	100	125	150
Pistolets de ceinture	100	125	150
Mousquetons de pied et demi de canon, pour les mineurs	30	40	50
Baguettes de réserve	2000	2500	3000
Baguettes de fer avec tire-bourre et grattoir	100	125	150
Coussinets avec leurs lanières	2000	2500	3000
Baguettes à mouler et calibrer les cartouches	100	125	150
Torchons de vieille toile pour essuyer et nettoyer les armes, de demi-aune carrée chacun	400	500	600
Etoupes et recreches pour bourrer .... *Tonnes.*	20	30	40
ARMES DE MAIN.			
Cuirasses et pots à preuve	120	130	140
Rondaches de bois dur et bien choisi, pour parer les pierres, garnies de leurs bandoulières et brassarts	100	125	150
Epées de réserve	400	500	600
Sabres	200	250	300
Baïonnettes à douille, pour loger le bout du canon. La douille doit être juste au canon, de 5 pouces de long et 15 de lame triangulaire et non plate ou carrée, les trois arêtes égales et continues d'un bout à autre, et le genou bien renforcé ; ladite baïonnette parallèle au canon, sans décliner dedans ni dehors	1200	1300	1400
Faulx à revers	80	100	120
Hallebardes	100	125	150
Espontons à fer carré et émoulu de 5 à 18 pouces de long, embranchés d'autant avec la hampe de 6 pieds, ferrée en pointe par le talon	600	625	650
Piques à fer carré et émoulu	1000	1200	1300
OUTILS ET MATERIAUX DE RESERVE.			
Haches communes bonnes et bien choisies, toutes emmanchées	100	125	150
Serpes emmanchées	200	250	300

	7	8	9	10	11	12	13	14	15	16	17	18
	233	268	301	334	367	400	433	466	501	536	569	603
	1750	2000	2250	2500	2750	3000	3250	3500	3750	4000	4250	4500
	4200	4800	5400	6000	6600	7200	7800	9400	10000	10600	11200	11800
	4200	4800	5400	6000	6600	7200	7800	9400	10000	10600	11200	11800
	1250	1500	1750	2000	2250	2500	2750	3000	3250	3500	3750	4000
	175	200	225	250	275	300	325	350	375	400	425	450
	200	250	300	350	400	450	500	550	600	650	700	750
	175	200	225	250	275	300	325	350	375	400	425	450
	60	70	80	90	100	100	100	100	100	100	100	100
	3500	4000	4500	5000	5500	6000	6500	7000	7500	8000	8500	9000
	175	200	225	250	275	300	325	350	375	400	425	450
	3500	4000	4500	5000	5500	6000	6500	7000	7500	8000	8500	9000
	175	200	225	250	275	300	325	350	375	400	425	450
	700	800	900	1000	1100	1200	1300	1400	1500	1600	1700	1800
	50	60	70	80	90	100	100	100	100	100	100	100
	150	160	170	180	190	200	200	200	200	200	200	200
	175	200	225	250	275	300	325	350	375	400	400	400
	700	800	900	1000	1100	1200	1300	1400	1500	1600	1700	1800
	350	400	450	500	550	600	650	700	750	800	850	900
	1500	1600	1700	1800	1900	2000	2000	2000	2000	2000	2000	2000
	140	160	180	200	2200	240	260	280	300	320	340	360
	175	200	225	250	275	300	325	350	375	400	425	450
	675	700	725	750	775	800	825	850	875	900	925	950
	1300	1400	1500	1500	1500	1500	1500	1500	1500	1500	1500	1500
	175	200	225	250	275	300	325	350	375	400	425	450
	350	400	450	500	550	600	650	700	750	800	850	900

	4	5	6
Fourches ferrées, emmanchées de 6 pieds de long	134	167	200
Louchets bien emmanchés avec le croisillon au bout	134	167	200
Pics à boyaux	134	167	200
Feuilles de sauge	63	83	100
Pics à roc bien acérés, ayant bon œil et bonne tête	100	125	150
Pelles de fer appelées écoupes	200	250	300
Pelles de bois ferrées	200	250	300
Pelles de bois non ferrées	200	250	300
Brouettes	200	250	300
Hottes garnies de bretelles	400	500	600
Bancaux	15	20	25
Hottes de tête bien faites pour parer aux pierres	400	450	500
Planches de bois blanc, de 10 pieds de long, un de large, sur pouce et demi d'épais	400	500	600
Bois à faire ponts d'ouvrages, de 8, 9 à 10 pouces de tour .... *Toises.*	200	250	300
Clayes de 6 pieds de long et 3 pieds de large	150	200	250
Madriers de 6 pieds de long, sur 4 pouces d'épais et 1 pied de large	100	125	150
Palissades de réserve	10000	12500	15000
Manches d'outils de toutes sortes	800	100	1200
Bois blancs propres à faire des ponts à radeaux, de 7 à 8 pouces carrés sur 10 à 12 pieds de longueur .... *Toises.*	200	250	300
Planches de même bois, de pouce et demi d'épais sur un pied de large .... *Toises.*	400	500	600
Cordages pour les conduire et attacher, moitié d'un doigt de gros et l'autre d'un pouce .... *Toises.*	100	125	150
Chevaux de frise à 4 rangs de pointes, dont les arbres auront 12 pieds de long sur 5 à 6 pouces de diamètre, les pointes ayant 2 pieds de long de part et d'autre sur 20 lig. de diamètre	80	100	120
Paniers à parapets, de 15 pouces de hauteur, 12 de diamètre par en haut réduits à 10 et demi par en bas	2000	2500	3000
Sacs à terre de 8 pouces de diamètre et 20 pouces de long	4000	5000	6000
OUTILS DE MINEURS.			
Marteaux à deux pointes bien acérés	20	30	40
Marteaux pointus par un bout et à tête fourchue de l'autre, pour casser la roche, acérés comme dessus, et courts emmanchés	20	30	40
Tranches	40	50	60
Petites pinces de fer de 2 pieds et demi de long	20	30	40
Coins de fer	50	60	70
Ciseaux	40	50	60
Masses de fer	70	80	90
Pelles de fer courbées	20	30	40
Ecoupes courtes emmanchées	20	30	40
Couteaux à terre	30	40	50
Tarières pour sonder	8	10	12
Paniers à deux anses, pour vider les terres	60	80	100
Petites haches	8	10	12
Bois pour étayer les mines, de 3 à 4 pouces carrés, sur 4 pieds et demi de long .... *Toises.*	600	800	1000

7	8	9	10	11	12	13	14	15	16	17	18
233	266	301	334	367	400	433	466	500	533	566	600
233	266	301	334	367	400	433	466	500	533	566	600
233	266	301	334	367	400	433	466	500	533	566	600
117	134	150	166	183	200	217	234	251	268	284	301
175	200	225	250	275	300	325	350	375	400	425	450
350	400	450	500	550	600	650	700	750	800	850	900
350	Idem.	Idem.	Idem.	Idem.	Idem.	Idem.	Idem.	Idem.	Idem.	Idem.	Idem.
350	Idem.	Idem.	Idem.	Idem.	Idem.	Idem.	Idem.	Idem.	Idem.	Idem.	Idem.
350	Idem.	Idem.	Idem.	Idem.	Idem.	Idem.	Idem.	Idem.	Idem.	Idem.	Idem.
700	800	900	1000	1100	1200	1300	1400	1500	1600	1700	1800
30	35	40	45	50	55	60	65	70	75	80	85
550	600	650	700	750	800	850	900	900	900	900	900
700	800	900	1000	1100	1200	1300	1400	1500	1600	1700	1800
350	400	450	500	550	600	650	700	750	800	850	900
300	350	400	450	500	500	500	500	500	500	500	500
175	200	225	250	275	300	325	350	375	400	425	450
17500	20000	22500	25000	27500	30000	32500	35000	37500	40000	42500	45000
1400	1600	1800	2000	2200	2400	2600	2800	3000	3200	3400	3600
350	400	450	500	500	500	500	500	500	500	500	500
700	800	900	1000	1100	1200	1300	1400	1500	1600	1700	1800
175	200	225	250	275	300	300	300	300	300	300	300
140	160	180	200	200	200	200	200	200	200	200	200
3500	4000	4500	5000	5500	6000	6000	6000	6000	6000	6000	6000
7000	8000	9000	10000	10000	10000	10000	10000	10000	10000	10000	10000
50	60	70	80	90	100	100	100	100	100	100	100
50	60	70	80	90	100	100	100	100	100	100	100
70	80	90	100	110	120	120	120	120	120	120	120
50	60	70	80	90	100	100	100	100	100	100	100
80	90	100	110	120	130	130	130	130	130	130	130
70	80	90	100	110	120	130	140	150	160	170	180
100	110	120	130	140	150	150	150	150	150	150	150
50	60	70	80	90	100	100	100	100	100	100	100
50	60	70	80	90	100	100	100	100	100	100	100
60	70	80	90	100	100	100	100	100	100	100	100
14	16	18	20	22	24	26	28	30	30	30	30
120	140	160	180	200	220	240	260	260	260	260	260
14	16	18	20	22	24	26	28	30	30	30	30
1200	1400	1600	1800	2000	2000	2000	2000	2000	2000	2000	2000

	4	5	6
Grosse toile forte et serrée, à faire des saucissons .... *Aunes.*	100	150	200
Bois pour faire des tours à chevalets .... *Toises.*	50	60	70
Cordages d'un pouce de diamètre pour les bouriquets .... *Toises.*	100	150	200
Augelets .... *Toises.*	600	800	1000
Chandeliers de fer avec une pointe en bas et une autre en équerre .	40	50	60
Planches de bois blanc de deux pouces d'épaisseur et 1 pied de large, pour faire des boîtes et coffres à fougasses .... *Toises.*	60	80	100

MACHINES ET OUTILS POUR LES PLACES OU IL Y A DES EAUX.

Les équipages des écluses étant en bon état, les tripler à cause des accidents qui peuvent arriver ; ce qu'il est essentiel d'observer, suivant les places où l'on se trouvera.

	4	5	6
Bateaux de 30 pieds de long, huit de large, sur 2 et demi de profondeur, ou approchant	4	8	10
Draguets pour enlever la vase du fond des fossés	10	12	14
Crocs à pousser bateaux	20	22	24
Rames	40	50	60
Ecoupes de bois pour épuiser les eaux	10	12	14
Faux en croissant à couper les herbes sur le fond.........................	8	10	12
Crocs à trois pointes recourbées pour tirer les glaces, bois, gazons, et autres ordures du fond des fossés	10	15	20
Louchets tranchants à demi courbés, emmanchés de long pour détacher les gazons du fond des fossés	8	10	12

OUTILS POUR LES ACCIDENTS DU FEU.

	4	5	6
Grandes échelles de 30 pieds de longueur	8	10	12
Echelles moyennes de 20 pieds	10	15	20
Autres petites de 10 pieds	20	30	40
Crocs ferrés, gros et longs emmanchés, à tirer les maisons bas	20	30	40
Pompes à bras et seringues de bonne grandeur pour éteindre le feu	4	5	6
Seaux de cuir	100	125	150

PROVISIONS DE MATERIAUX QUI NE SONT NECESSAIRES QUE DANS L'ATTENTE D'UN SIEGE.

	4	5	6
Gabions de 6 pieds de hauteur sur 4 et demi de diamètre.............	200	250	300
Gabions de 3 pieds de diamètre sur 3 pieds de hauteur	600	800	1000
Fascines en provision	10000	15000	20000
Piquets de 3 pieds de long	20000	30000	40000
Vieilles futailles	400	500	600
Fourches et fourchettes pour hutter dans les dehors	100	120	140
Faîtières de 10 pieds de long sur 6 pouces de grosseur	50	60	70
Poteaux cormiers de 6 pouces carrés sur une longueur proportionnée aux bâtiments qu'on veut faire	200	240	280
Perches.. *Bottes.*	400	480	560
Paille en gluy pour couvrir les hangars et se coucher			
Tentes	2500	4000	5500

7	8	9	10	11	12	13	14	15	16	17	18
250	300	350	400	450	500	500	500	500	500	500	500
80	90	100	110	120	130	140	150	160	170	180	190
250	300	350	400	450	500	500	500	500	500	500	500
1200	1400	1600	1800	2000	2200	2400	2600	2800	3000	3200	3400
70	80	90	100	110	120	130	140	150	160	170	180
120	140	160	180	200	220	240	260	280	300	300	300
12	14	16	18	20	22	24	26	28	30	32	34
16	18	20	22	24	24	24	24	24	24	24	24
26	28	30	32	34	36	36	36	36	36	36	36
70	80	90	100	100	100	100	100	100	100	100	100
16	18	20	22	24	26	28	30	30	30	30	30
14	16	18	20	20	20	20	20	20	20	20	20
25	30	35	40	40	40	40	40	40	40	40	40
14	16	18	20	22	22	22	22	22	22	22	22
14	16	18	20	20	20	20	20	20	20	20	20
25	30	35	40	40	40	40	40	40	40	40	40
50	50	50	50	50	50	50	50	50	50	50	50
50	50	50	50	50	50	50	50	50	50	50	50
7	8	9	10	10	10	10	10	10	10	10	10
175	200	225	250	275	300	325	350	350	350	350	350
350	400	450	500	550	600	600	600	600	600	600	600
1200	1400	1600	1600	1600	1600	1600	1600	1600	1600	1600	1600
25000	30000	35000	40000	40000	40000	40000	40000	40000	40000	40000	40000
50000	50000	50000	50000	5000	50000	50000	50000	50000	50000	50000	50000
700	800	900	1000	1100	1200	1300	1400	1500	1600	1700	1800
160	180	200	220	240	250	250	250	250	250	250	250
80	90	100	110	120	125	125	125	125	125	125	125
320	360	400	440	480	500	500	500	500	500	500	500
640	720	800	880	960	1000	1000	1000	1000	1000	1000	1000
7000	8500	10000	11500	13000	145000	14500	14500	14500	14500	14500	14500

	4	5	6
LES POUDRES, LE PLOMB ET LEUR ACCOMPAGNEMENTS.			
Poudre ... *Livres.*	186666	233333	280000
Plomb par rapport à la quantité de poudre destinée à la mousqueterie, sur le pied de 30 coups par livre de poudre, et de 18 balles à la livre de plomb ...	227238	284882	341859
Mèches d'expérience et de supputation faite ...	40000	50000	60000
Pierres à fusil bien choisies, à 20 pour chaque fusil, ou approchant ...	24000	30000	36000
Pierres à pistolets, *idem* ...	2000	2750	3500
Moules à faire 40 balles à la fois, accommodés aux calibres des mousquets de la place ...	10	15	20
Moules du calibre des arquebuses à croc ...	2	3	4
Cuillers de fer à fondre le plomb ...	14	17	20
Tricoises ou pinces à rogner le plomb ...	14	17	20
Couteaux ou ciseaux destinés au même usage ...	14	17	20
Mesures de fer blanc pour les canons, réglées sur la charge ordinaire, le tiers et le quart de chaque pièce, à cause de la diversité des calibres ...	320	400	480
D'une livre pour la distribution de la poudre aux troupes ...	30	40	50
D'une demi-livre pour le même usage ...	30	40	50
D'un quarteron ...	30	40	50
D'un demi-quarteron ...	30	40	50
Charges de bois pour les arquebuses à croc ...	60	80	100
Charges de fer blanc pour la mousqueterie ...	8000	10000	12000
Charges de fer blanc pour les pistolets ...	500	600	700
Magasins de bois portatifs pour les dehors et les postes avancés, de 6 pieds de long, 3 de large, et deux et demi de profondeur, mesurés dans œuvre : le vide séparé en 3 parties égales : le couvercle fait en dos d'âne, qui n'ouvre que de la moitié, l'autre contenant encore trois petites armoires pour des munitions, le tout bien goudronné et couvert d'une peau de bœuf passée avec son poil ...	20	25	30
Barils à bourses pour la poudre ...	20	25	30
Cache-mèches ...	100	120	140
ARTIFICES.			
Tourteaux goudronnés à 600 de consommation par nuit pendant quarante nuits de tranchée ...	16000	20000	24000
Fascines goudronnées de 2 pieds et demi de long sur 6 pouces de diamètre, à 150 de consommation par nuit, pendant quarante nuits	4000	5000	6000
Menus copeaux et bois fendus secs et goudronnés ... *Chariots.*	2	3	4
Fagots choisis non goudronnés ...	1300	1600	2000
Bois de corde ... *Cordes.*	200	250	300
Balles ardentes à pouvoir tirer avec des mortiers du calibre de 12 à 13 pouces ...	200	250	300
Balles ardentes à pouvoir tirer avec des mortiers de 33 ...	600	800	1000
Balles à feu de la grosseur d'une grenade, pour jeter à la main ...	2000	2500	3000
Porte-feux de grosses bombes ...	1000	1200	1500

	7	8	9	10	11	12	13	14	15	16	17	18
	326666	373333	420000	466666	513333	560000	606666	650000	700000	7000000	700000	700000
	398835	454476	512120	569764	626741	683718	739358	797670	853311	853311	853311	853311
	70000	80000	90000	100000	110000	120000	130000	140000	150000	160000	170000	180000
	42000	48000	54000	60000	66000	72000	78000	84000	90000	96000	102000	108000
	4250	5000	5750	6500	7250	8000	8750	9500	10250	11000	11750	12200
	25	30	35	40	40	40	40	40	40	40	40	40
	5	6	7	8	9	10	10	10	10	10	10	10
	23	27	31	34	37	40	40	40	40	40	40	40
	23	27	31	34	37	40	40	40	40	40	40	40
	23	27	31	34	37	40	40	40	40	40	40	40
	560	640	720	800	880	960	1000	1000	1000	1000	1000	1000
	60	70	80	90	100	100	100	100	100	100	100	100
	60	70	80	90	100	100	100	100	100	100	100	100
	60	70	80	90	100	100	100	100	100	100	100	100
	60	70	80	90	100	100	100	100	100	100	100	100
	120	140	160	180	200	200	200	200	200	200	200	200
	14000	16000	18000	20000	22000	24000	24000	24000	24000	24000	24000	24000
	800	900	1000	1100	1200	1300	1300	1300	1300	1300	1300	1300
	35	40	45	50	55	60	65	70	75	80	85	90
	35	40	45	50	55	60	65	70	75	80	85	90
	160	180	200	220	240	250	250	250	250	250	250	250
	28000	32000	36000	36000	36000	36000	36000	36000	36000	36000	36000	36000
	7000	80000	9000	10000	10000	1000	10000	10000	10000	10000	10000	10000
	5	6	7	8	9	9	9	10	10	10	10	10
	2300	2600	3000	3500	4000	4500	5000	5000	5000	5000	5000	5000
	350	400	450	500	500	500	500	500	500	500	500	500
	350	400	450	500	550	600	600	600	600	600	600	600
	1200	1400	1600	1800	2000	2000	2000	2000	2000	2000	2000	2000
	3500	4000	4500	5000	5500	6000	6000	6000	6000	6000	6000	6000
	1800	2000	2500	3000	3500	4000	4000	4000	4000	4000	4000	4000

	4	5	6
Porte-feux de petites bombes	2000	3000	4000
Porte-feux de grenades	30000	40000	50000
Barils foudroyants	40	50	60
Lances d'attaque, qui tirent 4 coups chacune	100	120	140
Lances à éclairer	200	250	300
Cordes à feu pour éclairer	200	250	300
Roches à feu pour allumer les artifices *Livres.*	15	20	25
Cire neuve *Quintaux.*	4	5	6
Poix-résine *Quintaux.*	6	8	10
Poix noire	6	8	10
Goudron *Tonnes.*	20	25	30
Huile de noix ou de navette pour les lampes *Barriques.*	2	3	4
Huile de lin ou de pétrole *Idem.*	4	5	6
Suif *Quintaux.*	6	8	10
Chandelles de 8 à la livre *Livres.*	100	300	400
Flambeaux de cire	10	150	200
Chaudières à fondre le goudron	6	8	10
Salpêtre	2500	3000	3500
Soufre	600	700	800
Charbon de bois blanc *Quintaux.*	6	8	10
Tamis de soie et de crin	10	12	14
Lampes	20	25	30
Ficelle commune *Livres.*	100	150	200
Ficelle double	100	150	200
Papier commun	20	30	40
Papier gris *Idem.*	100	130	150
Parchemin pour les gargousses *Peaux.*	100	150	200
Egrugeoirs pour les artifices	6	8	10
Fer blanc *Feuilles.*	100	150	200
Tables à composition	6	8	10
Clous à demi-picards *Livres.*	1600	1800	2000
Clous à crochet	1600	1800	2000
Lanternes claires	10	15	20
Lanternes sourdes	10	15	20
Réchauds à goudron dont le fond est fait comme un plat, avec une pointe au milieu, et le reste comme la carcasse d'une lanterne : le tout suspendu avec une chaînette de fer, au bout d'une hampe de dix pieds de long	50	60	70
Petits chariots à feu pour porter des feux à éclairer loin du chemin couvert	10	15	20
Poulies de 5 pouces de diamètre, garnies de leurs moufles	40	50	60
Cordages pour les poulies de la grosseur du doigt *Toises*	200	300	400
Fil retors double pour coudre *Livres.*	6	8	10
Aiguilles communes	200	250	300
Aiguilles de bourrelier	15	20	25
Petits maillets pour charger les porte-feux	20	25	30
Baguettes à charger les porte-feux des bombes et grenades	60	80	100
Forces et ciseaux pour couper de la toile et du papier *Paires.*	10	15	20
Balances avec des poids pour peser depuis 1 liv. jusqu'à 100	2	3	4
Romaines pour peser depuis 100 jusqu'à 500	1	2	3
Pesons communs	6	8	10

7	8	9	10	11	12	13	14	15	16	17	18
5000	6000	7000	8000	9000	10000	10000	10000	10000	10000	10000	10000
60000	70000	80000	90000	100000	100000	100000	100000	100000	100000	100000	100000
70	80	90	100	100	100	100	100	100	100	100	100
160	180	190	200	200	200	200	200	200	200	200	200
350	400	450	500	550	600	600	600	600	600	600	600
350	400	450	500	550	600	600	600	600	600	600	600
30	35	40	45	50	50	50	50	50	50	50	50
7	8	9	10	11	12	12	12	12	12	12	12
12	14	16	18	20	20	20	20	20	20	20	20
12	14	16	18	20	20	20	20	20	20	20	20
35	40	45	50	55	60	60	60	60	60	60	60
5	6	7	8	8	8	8	8	8	8	8	8
7	8	9	10	11	12	12	12	12	12	12	12
12	14	15	16	18	20	20	20	20	20	20	20
500	600	700	800	800	800	800	800	800	800	800	800
250	300	350	400	400	400	400	400	400	400	400	400
12	12	12	12	12	12	12	12	12	12	12	12
4000	4500	5000	5500	6000	6000	6000	6000	6000	6000	6000	6000
900	1000	1000	1000	1000	1000	1000	1000	1000	1000	1000	1000
12	14	16	18	20	22	24	26	28	30	30	30
16	18	20	22	24	24	24	24	24	24	24	24
35	40	45	50	50	50	50	50	50	50	50	50
250	300	350	400	450	500	500	500	500	500	500	500
250	300	350	400	450	500	500	500	500	500	500	500
50	60	70	80	90	100	100	100	100	100	100	100
170	200	230	250	270	280	300	300	300	300	300	300
250	300	350	400	450	500	500	500	500	500	500	500
12	12	12	12	12	12	12	12	12	12	12	12
250	300	350	400	450	500	500	500	500	500	500	500
12	12	12	12	12	12	12	12	12	12	12	12
2200	2400	2600	2800	3000	3200	3400	3600	3800	4000	4000	4000
2200	2400	2600	2800	3000	3200	3400	3600	3800	4000	4000	4000
25	30	35	40	45	50	50	50	50	50	50	50
25	30	35	40	45	50	50	50	50	50	50	50
80	90	100	100	100	100	100	100	100	100	100	100
25	30	30	30	30	30	30	30	30	30	30	30
70	80	90	100	100	100	100	100	100	100	100	100
500	600	600	600	600	600	600	600	600	600	600	600
12	14	16	18	20	22	24	26	28	30	30	30
350	400	450	500	550	600	650	700	750	800	850	900
30	35	40	45	50	55	60	60	60	60	60	60
35	40	45	50	55	50	60	60	60	60	60	60
120	140	160	180	200	200	200	200	200	200	200	200
25	30	35	40	45	50	50	50	50	50	50	50
5	6	7	8	9	10	10	10	10	10	10	10
4	5	6	7	8	9	10	10	10	10	10	10
12	14	16	18	20	20	20	20	20	20	20	20

	4	5	6
TABAC. Une livre de tabac contient 112 pipes, d'expérience faite, que nous passerons ici pour 100 à cause du déchet. Supposons donc 4 pipes le jour par homme, il viendra ce qui suit à chaque place pour trois mois de temps, qui étant bien ménagé, ira bien jusqu'à quatre..........*Livres.*	8640	10800	12900

REMARQUES IMPORTANTES,

Et 1° sur le tabac.

Le tabac est nécessaire pour amuser le soldat, qui s'en est fait une si grande habitude qu'il ne s'en peut plus passer. Cela s'est vu dans plusieurs sièges où ils ne se sont plaints que d'en manquer. Cette manie va si loin parmi eux, qu'on en a vu qui, au défaut du tabac, ont fumé des feuilles de chêne et de noyer ; cette manie ne se borne pas au simple soldat, l'officier y participe aussi en le prenant en poudre ou en fumée. La vérité est que rien ne contribue plus que le tabac à désennuyer l'oisiveté, et à émousser le grand besoin qu'ils ont de manger. Le soldat se trouvant donc dans ce cas, j'ai cru en devoir faire un article.

2° Sur la fourniture imparfaite des magasins.

Comme il n'y a point d'arsenal dans les villes de guerre qui ne soit bien ou mal fourni de munitions nécessaires à leur défense, pour voir ce qui y manque et ce qu'on y doit ajouter par rapport à cet état, il ne faut que regarder le circuit de la place, voir auquel de ceux de la table il répond, et copier la colonne de celui auquel il se trouvera avoir plus de rapport, faire ensuite une table divisée en trois colonnes, remplir la première de celle qu'on aura tirée de l'état général ; la deuxième de ce qui se trouvera dans les magasins de la place, et la troisième de ce qu'il y faudra ajouter pour remplir lesdits magasins au désir de la première.

On pourra y ajouter une quatrième colonne plus large du double que les autres, dans laquelle on écrira les munitions de rebut ou hors de service.

EXEMPLE.

Supposé une place de six bastions royaux ou équivalents, dont les magasins ne sont pas autrement bien fournis de tout ce qui lui fait besoin, je fais une table à trois colonnes, la première contenant l'extrait de l'état

	7	8	9	10	11	12	13	14	15	16	17	18
	15060	17220	19380	21540	23700	25860	28020	30180	32340	34500	36660	38820

général, la deuxième ce qu'il y a d'existant dans les magasins de la place, et la troisième ce qu'il y faut ajouter pour satisfaire au désir de la première colonne, et une quatrième pour énoncer les munitions hors de service, le tout comme ci après

	Etat des garnisons et munitions nécessaires à la place	Ce qu'il y a présentement dans les magasins	Celles qu'il y faut de plus pour remplir la première colonne	Munitions de rebut et hors de service
Infanterie	3 600	2 500	1 100	
Cavalerie	360	100	260	
Setiers de froment	2920	2 000	920	10 setiers garnis
Seigle	960	700	260	50 setiers de mauvais
Pois	193	150	43	grains
Fèves	128	100	28	
Lentilles	124 l.	90	34	
Poudres	280 000 l.	200 000	80 000 l.	3 000 de gâtées
Plomb	170 966 l.	150 000	20 966 l.	
Mèche	60 000	45 000	15 000	3 000 de gâtées
Pierres à fusils de bonne qualité	36 000	20 000	16 000	Il y en a 10 000 de rebut
Moules à faire balles, 40 à la fois	20	10	10	Il y en a deux qui ne valent rien
Moules du calibre des arquebuses à croc	4	1	3	
Cuillères de fer à fondre le plomb	20	10	10	Il y en a deux de percées et de nulle valeur
Grandes échelles de 30 pieds de long	6	3	3	
Seringues de bonne grandeur pour éteindre le feu	4	1	3	Il y en a une de nulle valeur

3° Sur les munitions qu'on peut trouver dans les places.

Il n'y a point de ville, pour petite qu'elle puisse être, dans laquelle on ne trouve quelque secours, soit par le service personnel des habitants et de quelques ouvriers nécessaires dans un siège, ou pour les munitions de guerre et de bouche qu'on en peut tirer, notamment dans les grandes, où il se trouve beaucoup de moulins et quantité de blés, de vins, huiles, légumes, etc., spécialement quand il y a du commerce ; encore plus dans les villes maritimes, où pour l'ordinaire il y a plusieurs sortes de marchandises propres à la fourniture des arsenaux. C'est ce que les intendants et gouverneurs peuvent découvrir à loisir, en faire état et s'assurer de bonne heure de ce qui pourra leur convenir, sans attendre que le débit journalier qui s'en fait les ait épuisés. Cela est d'un secours si considérable qu'il y a telle ville où on pourrait trouver la plus grande partie des munitions nécessaires quand elles seront bien recherchées. Par exemple, à Dunkerque, fameux port de mer, où, à l'occasion des ouvrages de la marine, il se trouve de toutes sortes de bois, beaucoup de canons et de boulets, des cordages de toutes espèces, des goudrons, du fer, des clous, de la poudre, des grenades, et une infinité d'autres denrées[1]. D'ailleurs, il y réside plusieurs marchands et corsaires qui y font venir ou amènent quantité de bois, de la poix, du goudron, du canon, des toiles, du chanvre, des cordages, abondance de vivres et une infinité d'autres marchandises de toutes espèces, qui peuvent considérablement contribuer à faire les plus beaux magasins du monde et les mieux fournis, outre que cela même y attire et entretient une grande quantité de bons charpentiers, menuisiers, tourneurs et tonneliers, forgeurs, armuriers et serruriers. Ce qui soit dit par avis à MM. les intendants, gouverneurs et officiers d'artillerie, afin qu'ils en profitent, et que quand par leurs recherches, et au moyen de cette instruction, ils auront bien reconnu ce qui leur manque, ils en puissent trouver une partie dans les places mêmes et en fournir les magasins de bonne heure, sans attendre que le besoin les presse.

4° Sur les vivres.

Bien que la fourniture de vivres soit ici proposée pour trois mois, et rien plus ; cela se doit entendre des fournitures qui doivent sortir des magasins du Roi pour les consommations de la garnison pendant un siège de cette durée ; car s'il s'agissait de soutenir un blocus, cela serait bien différent, pour lors il en faudrait au moins pour une année, et davantage s'il se pou-

1. Il est très probable que Vauban a pu être confronté à ce type d'inventaire au cours de l'année 1706 ou il était présent dans la ville.

vait : une place de guerre qui peut avoir ces vues, ne devant jamais être moins fournie, eu égard à sa garnison et à la bourgeoisie qu'elle peut entretenir.

5° *Sur les jours maigres.*

Quoique dans la supputation des munitions de bouche, on y ait compris celle des jours maigres, comme si on les devait observer à la lettre ; on sait très bien que dans les places assiégées on n'en observe guère ; cependant j'ai cru qu'il fallait le faire à telle fin que de raison, parce qu'il y en a toujours quelques-uns qui font maigre et qui vivent régulièrement, vu même que les dangers continuels à quoi les hommes sont exposés dans un siège les rend plus retenus et circonspects sur leur conduite à l'égard de la religion. Au surplus, où il n'y aura pas lieu de les pouvoir observer, il ne faudra qu'augmenter les vivres des jours gras à proportion, cela est aisé.

6° *Sur l'utilité des charges de bois ou de fer blanc.*

Les charges de bois ou de fer blanc, à mettre dans la poche à poudre, sont d'autant plus nécessaires que l'inégalité de charger les armes est en partie cause qu'il en crève tant[1]. Comme ce défaut se peut corriger au moyen de ces petites mesures réglées sur les charges qu'on voudra leur donner, on n'en saurait trop avoir dans les magasins, vu même qu'elles coûtent peu, en ayant autrefois fait faire à Ypres pour 4 écus le millier. Leur règle la plus commune est de trente-deux coups à la livre, poids de marc, compris l'amorce, quand les poudres sont passablement bonnes, spécialement si c'est pour le calibre de 18 balles à la livre.

7° *Sur la nécessité d'égaler les calibres.*

Rien n'étant plus nécessaire que l'égalité des calibres, le mieux qu'on puisse faire est de les réduire à un généralement approuvé, par la raison que la diversité cause une infinité de quiproquo dangereux qui font perdre bien du temps ; car il est très fréquent de servir les postes de balles qui, n'étant pas de calibre, causent quelquefois des suspensions de feu capables d'attirer des accidents terribles. C'est pourquoi le mieux qu'on puisse faire est de réduire peu à peu les armes à un seul et unique calibre, observé par tout le royaume ; quand je dis les armes, j'entends les fusils, mousquets, mousquetons et carabines, et en attendant que cela soit exécuté, faire faire quantité de moules à balles de tous les calibres dont on se sert à présent et

1. Cf. les remarques sur le sujet formulées par Vauban au début de la 2e partie du mémoire

en garnir les magasins[1]. Le calibre le plus convenable de tous me paraît être celui de dix-huit balles à la livre, parce qu'il est assez fort pour servir à la défense des places et en campagne, et n'est que de fort peu plus pesant que les mousquets ordinaires, ne consommant pas de poudre, à un tiers près, tant que les mousquets de douze à la livre, qu'on appelle de rempart, dont les soldats ne sauraient se servir qu'en appuyant sur le parapet, ils ne portent pas plus loin que ceux de dix-huit, et ne sont pas meilleurs et fatiguent beaucoup plus leurs hommes ; expérience que j'ai faite et plusieurs fois réitérée.

8° Défaut des armes.

La première cause de tant de méchantes armes, dont les troupes et les magasins sont remplis, sont, premièrement, le bon marché apparent qui prévaut sur toute autre considération.

Je dis apparent, parce que le bon marché est imaginaire, et très mauvais par la méchante qualité des armes et les malfaçons que cela produit, qui fait que la plupart ne valent rien, et crèvent au moindre effort ; et toujours en blessant ou estropiant quelques-uns, ainsi c'est toujours à renouveler.

La deuxième, de se reposer de leur fabrique sur le soin d'un seul entrepreneur, peu intelligent, que son intérêt guide et qui ne cherche qu'à profiter pour se mettre en état d'acheter tantôt une grosse terre, tantôt une charge considérable dans la robe, et tantôt à faire bâtir de belles maisons, et enrichir ses croupiers, associés secrets, le tout aux dépens du Roi et d'une infinité de braves soldats qui en sont estropiés, et à qui il en coûte souvent les bras et la vie[2].

La troisième, de les faire de fer de mauvaise qualité, mal forgé, et du premier qui se trouve dans les forges, et cela par de pauvres ouvriers qui entreprennent certaine quantité de canons à tant la pièce, au meilleur marché qu'ils peuvent, ce qui fait qu'ils ont bien moins d'empressement à faire de bonne besogne qu'à expédier.

La quatrième, les épreuves des canons telles qu'on les fait, qui ne manquent pas de donner un effort aux armes qui les dispose à crever.

1. Le premier fusil réglementaire de l'infanterie française ne sera adopté qu'après la guerre de Succession d'Espagne par le règlement du 25 janvier 1717. Le calibre adopté pour le fusil modèle 1717 sera d'ailleurs celui préconisé par Vauban de 18 balles à la livre. Ce même règlement prévoit aussi un fusil de rempart ou de demi-citadelle, utilisant une balle de 16 à la livre (François Bonnefoy, *Les Armes de guerre portatives en France (1660-1789)*, Paris, 1991, tome 1, pp. 53-54).

2. Vauban critique ouvertement le régime de l'entreprise qui voit certains fabricants, peu regardants sur la qualité de leurs produits, profiter des marchés d'armes pour s'enrichir « aux dépens du Roi. La promulgation des dispositions réglementaires concernant l'armement, la définition de normes de fabrication et le contrôle rigoureux des commissaires du Corps Royal de l'Artillerie diminueront de façon significative ces abus.

La cinquième, le soin qu'on a de les tenir nettes et claires, qui font qu'à force de les nettoyer et frotter tantôt de grès, tantôt de briques, une trentaine de fois et plus par an, les use si bien, que dans l'année la plupart des canons sont diminués d'un sixième ou septième de leur épaisseur, ce qui leur cause une disposition à crever immanquable.

La sixième, l'indiscrétion[1] des soldats dans les occasions ; car ils se pressent de tirer, ils chargent à poignée sans bourrer, ce qui échauffe les canons au dixième ou douzième coup à ne les pouvoir plus toucher de la main ; cela joint au trop ou trop peu de poudre qu'ils y mettent, les fait crever au premier cas, et à faire de très mauvais coups au second.

9° *Sur les remèdes qu'on y peut apporter.*

Pour remédier à ce défaut qui est terrible, il est nécessaire, en premier lieu, d'établir aux gages du Roi des maîtres armuriers très intelligents et bons connaisseurs, qui soient sermentés, pour assister à la visite des armes, et en dire leurs avis aux commissaires préposés à cette inspection ; qui doivent aussi être choisis entre les plus honnêtes gens, et des plus appliqués.

Deuxièmement, de faire choix des meilleurs fers du royaume ; il s'en trouve en plusieurs endroits de très bons, par exemple, en Comté, en Dauphiné, à Charleville, dans le Périgord, dans l'Angoumois et même dans l'Auvergne, dans le Forez et dans les Ardennes.

En troisième lieu, de traiter de la fabrique des armes avec plusieurs et différents maîtres, et non avec un seul, qui ne fait rien qui vaille et empêche les autres de travailler ; en régler les façons sur des modèles bien rectifiés, avec des devis amples et bien circonstanciés, où le détail de cette fabrique soit exactement développé ; la qualité des fers, leurs préparatifs aux forges ; l'épaisseur des canons à la culasse, au renfort et à la bouche ; la lumière du dehors, le forage et la netteté du dedans clairement spécifiés, ainsi que la qualité des bois de montures, les tenons, et généralement tout ce qui peut appartenir à ladite monture.

De bien expliquer toutes les parties qui composent les platines, notamment les trempes, les ressorts, la noix avec ses crans, et les batteries ; observant que les ressorts soient forts et liants, les bassinets, grands, et les batteries larges et bien trempées ; faire sur ce plusieurs modèles égaux et éprouvés, auxquels il faudra que toutes les fabriques d'armes se rapportent ; et remarquer encore que les platines se doivent attacher par trois vis, et non par deux, comme on le fait ordinairement.

Expliquer aussi le calibre et la longueur des canons, celle des montures et leur poids ; enfin, bien particulariser toutes les qualités des armes telles

1. Absence de discernement, manque de retenue et de mesure.

qu'on les voudra conditionner, et le faire après observer à la lettre par les marchés qu'on en fera.

En quatrième lieu, faire précéder les épreuves des canons par une visite exacte des maîtres armuriers du Roi, en présence des commissaires préposés à leur fabrique ; les examiner l'un après l'autre, et pour cet effet démonter les culasses, voir si elles ont l'épaisseur requise, si les spirales des vis sont bien faits, si les vis ont tous les tours nécessaires, et si elles sont justes à l'écrou ; examiner aussi toutes les autres vis, depuis la première jusqu'à la dernière.

En cinquième lieu, regarder par un beau jour dans les canons par un bout et puis par l'autre, et voir s'ils sont droits et percés uniment, s'il n'y a point de paille, chambre ou quelque autre inégalité, et pour s'en mieux assurer, y faire passer un petit grattoir à branche pointue à ressort ; car, en tournant, on trouvera bientôt les chambres, s'il y en a. Cet examen fini, remonter les culasses, et ranger ensuite les canons contre une muraille ; et après qu'il y en aura 1 000 ou 1 200 d'examinés, le commissaire ou l'inspecteur en choisira une vingtaine en passant par ci, par là, au hasard, qu'il fera éprouver comme on a accoutumé de faire ; s'ils tiennent bon, on doit présumer que tous les autres seront de même, et partant il n'en faudra pas éprouver davantage ; s'ils ne tiennent pas, et qu'il en crève la moitié ou le tiers ou même le quart, il les faudra tous rebuter comme mauvais, et tant pis pour l'entrepreneur. Je propose cet expédient pour éviter l'effort qu'on donne aux armes en les éprouvant, parce que la charge de l'épreuve étant double et presque triple de l'ordinaire, cause une disposition prochaine à crever à tous ceux qu'on éprouve, quoiqu'il n'y paraisse rien.

Je serais même d'avis de faire toutes les épreuves de l'artillerie de mer et de terre, de fer fondu et de métal, comme celle des canons de fusils et mousquets, mousquetons et pistolets.

En sixième lieu, stipuler la visite et l'épreuve de toutes les armes à la rigueur, mais ne la faire que comme je viens de le dire. Il est certain qu'on s'en trouvera mieux et que les armes crèveront moins.

En septième lieu, brunir toutes les armes, au lieu de les tenir claires et nettes comme on fait, puisque cela n'est bon qu'à faire user les canons, qu'à les affaiblir, et les disposer, par conséquent, à crever en fort peu de temps.

En huitième lieu, prendre des grandes précautions dans l'usage qu'on fait des armes, pour que le soldat charge toujours de mesure.

Pour cet effet, si c'est en campagne, on doit tenir la main à ce que le soldat ait toujours son gargouché[1] garni de charges réglées, suivant la mesure dont on sera convenu ; et dans les sièges, soit pour attaquer ou défendre, des petites charges de bois ou de fer blanc à mettre dans la poche à poudre,

1. Sa cartouche ou sa gibecière, comme on les dénommait alors, autrement dit sa giberne.

qui contiennent toute la mesure de la charge, et ne jamais souffrir que les soldats chargent à poignées, ni sans bourrer la poudre et les balles, attendu que de charger de la sorte, on met toujours trop ou trop peu de poudre, outre qu'en chargeant sans bourrer la poudre, le canon s'engraisse au deuxième ou troisième coup, après quoi partie des poudres n'étant point poussée à fond, s'attache au canon et ne va pas jusqu'au fond ; d'où s'ensuit que les coups perdent beaucoup de leur force et que la graisse de chaque coup n'étant point essuyée par le frottement de la bourre, s'augmente de plus en plus et retient la plus grande partie de la charge qui s'y attache, ce qui affaiblit encore tellement les coups, qu'ils en perdent plus de la moitié de leur force. Cela fait même que les balles de calibre ne coulent plus dans le canon ; et si elles y entrent, n'étant point retenues par la bourre, pour peu que celui qui tire baisse le coup, la balle roule et sort du canon, ce qui est encore un autre défaut, à quoi cette manière de charger expose ceux qui la pratiquent. Tout cela me persuade qu'il ne faut jamais se trop presser de tirer ; qu'il faut toujours bourrer la poudre et la balle séparément, et tous les jours nettoyer les armes au moins une fois ; les avantages qui en résulteront seront que le feu en sera plus violent, plus certain, n'échauffera pas tant les armes, les crèvera moins, et qu'on ne fera pas de dissipation de poudre et de plomb mal à propos.

10° Sur le projet de défense des gouverneurs.

Il serait à souhaiter que, toutes les fois que le Roi pourvoit au gouvernement ou à la lieutenance de roi d'une place de guerre, même à la majorité, il lui plût d'ordonner expressément à ceux qu'il honore de ces emplois de fournir un projet de défense de leur façon, contenant le détail de la conduite qu'ils y voudraient observer, et jusqu'où ils croient pouvoir pousser cette défense : ce projet, accompagné des plans nécessaires à leur intelligence, et ce dans la première année de leur établissement. Quand cela ne produirait autre chose que l'instruction qu'ils s'en feraient, ce serait toujours beaucoup.

Il serait encore nécessaire d'un autre ordre à chaque place, qui expliquât jusques où Sa Majesté voudrait que la défense en fût poussée ; car je vois bien de l'erreur et des malfaçons sur l'intelligence de cet article.

11° Sur les sorties.

Il me paraît que l'on est dans une grande erreur à l'égard des sorties et de la défense des chemins couverts[1]. Je n'ai point vu que les sorties aient

1. A partir de ce paragraphe, Vauban aborde plus spécifiquement la manière de conduire la défense.

jamais fait grand effet contre les attaques bien conduites ; si on sort de loin, on s'éloigne de ces avantages pour entrer dans ceux de l'ennemi, qui vous ramène toujours battant jusqu'à votre chemin couvert, et vous tue pour l'ordinaire quantité de monde. Si de proche on fait encore moins d'effet, parce que l'ennemi étant près, se rassemble bientôt et ne manque jamais de vous ramener avec perte. Or, il n'est que trop certain qu'un homme perdu de la part des assiégés égale ou surpasse la perte de six ou sept de celle des assiégeants. Ceci ne veut pas absolument dire qu'il ne faille point faire de sorties, mais bien qu'il n'en faut pas tant faire, et les faire avec beaucoup de circonspection et toujours par surprise, prenant bien son temps pour tomber brusquement sur l'ennemi, et se ménageant beaucoup pour la retraite, dont il faut en toutes façons s'assurer du mieux qu'on peut.

12° Sur la défense des chemins couverts de pied ferme.

C'est par cette même raison qu'aux places où l'ennemi peut envelopper la tête des attaques je ne suis point d'avis de défendre le chemin couvert de pied ferme, parce que, dès que l'ennemi a gagné le haut de son parapet, il peut plonger et enfiler vos défenses, et vous envelopper à même temps que le feu de vos remparts, tant des demi-lunes que de la place, demeure sans action, ou vous fait autant de mal que celui de l'ennemi. Je voudrais donc les défendre par ne laisser que peu de monde dans les principaux angles saillants, dès que l'ennemi est à portée de se pouvoir jeter dessus et qu'on y voit de la disposition, et donner ordre en ce cas à ceux qu'on y a laissés de faire leur décharge bien à propos quand l'ennemi attaquera ; et de se retirer par la droite et la gauche, ou par le fond des fossés quand ils sont secs, en rangeant le bord pour se couvrir, cédant à mesure que l'ennemi presserait, afin de l'exposer, autant qu'il serait possible, au feu des remparts, qui ne saurait manquer de lui causer de grandes pertes.

Après, quand il sera affaibli et en désordre, revenir pour lors à droite et à gauche par le dehors et par le dedans de ce chemin couvert à vos défenses, et regagner vos postes.

Que si l'ennemi attaque par quelque avenue moins étendue que le front de vos attaques, c'est-à-dire par une digue ou chaussée, ou que la place soit environnée d'avant-fossés qui ne se traversent que par des ponts ; et qu'enfin il ne puisse aborder le glacis qu'en défilant ; pour lors, si le chemin couvert est palissadé double et bien traversé, on peut hasarder de soutenir la défense de pied ferme, mais jamais autrement.

13° Sur l'augmentation des rations.

Il faut que je rende encore raison pourquoi je propose la ration de pain de deux livres pendant le siège. J'aurai bientôt fait : c'est que si elle est

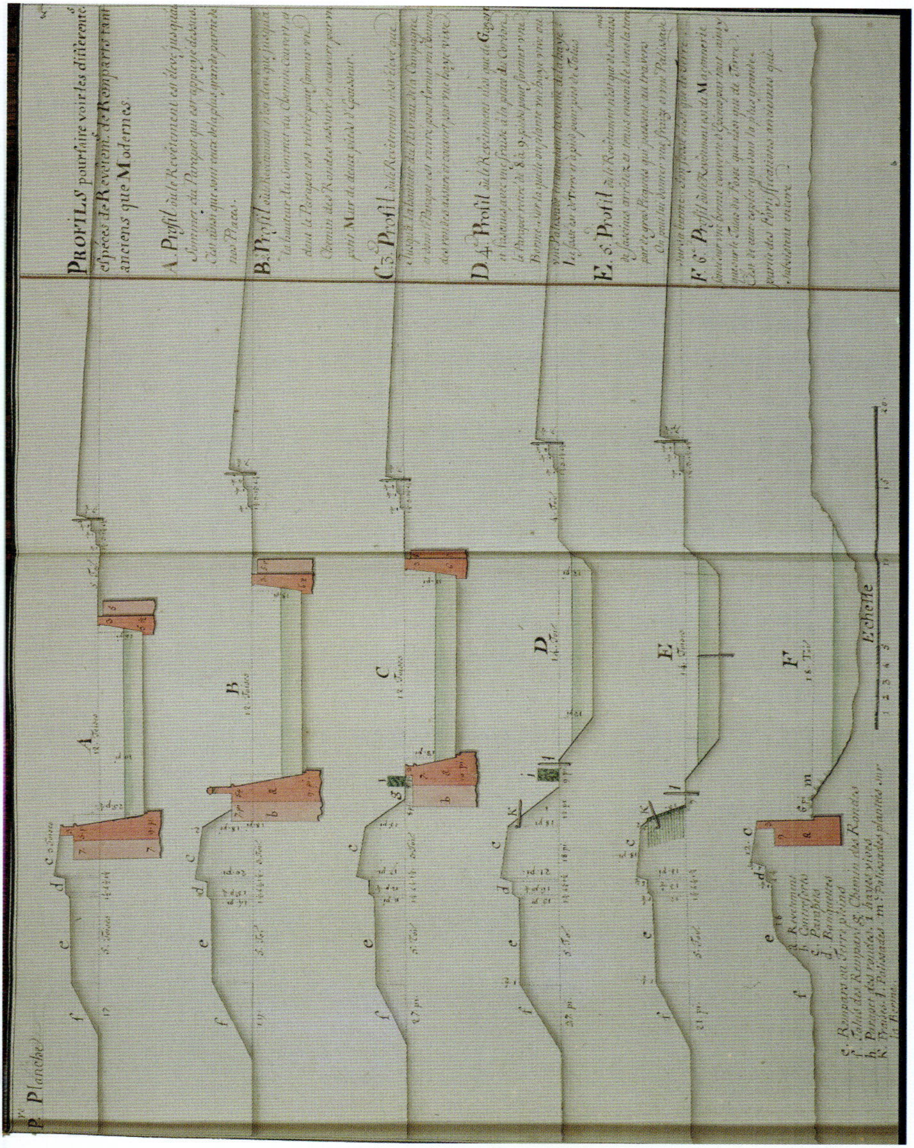

Planche I du *TRAITÉ DE LA DÉFENSE DES PLACES*
« Toutes les places de guerre doivent être environnées d'un rempart de 15, 18 à 80 pieds de haut {…} », pp. 1340-1342.

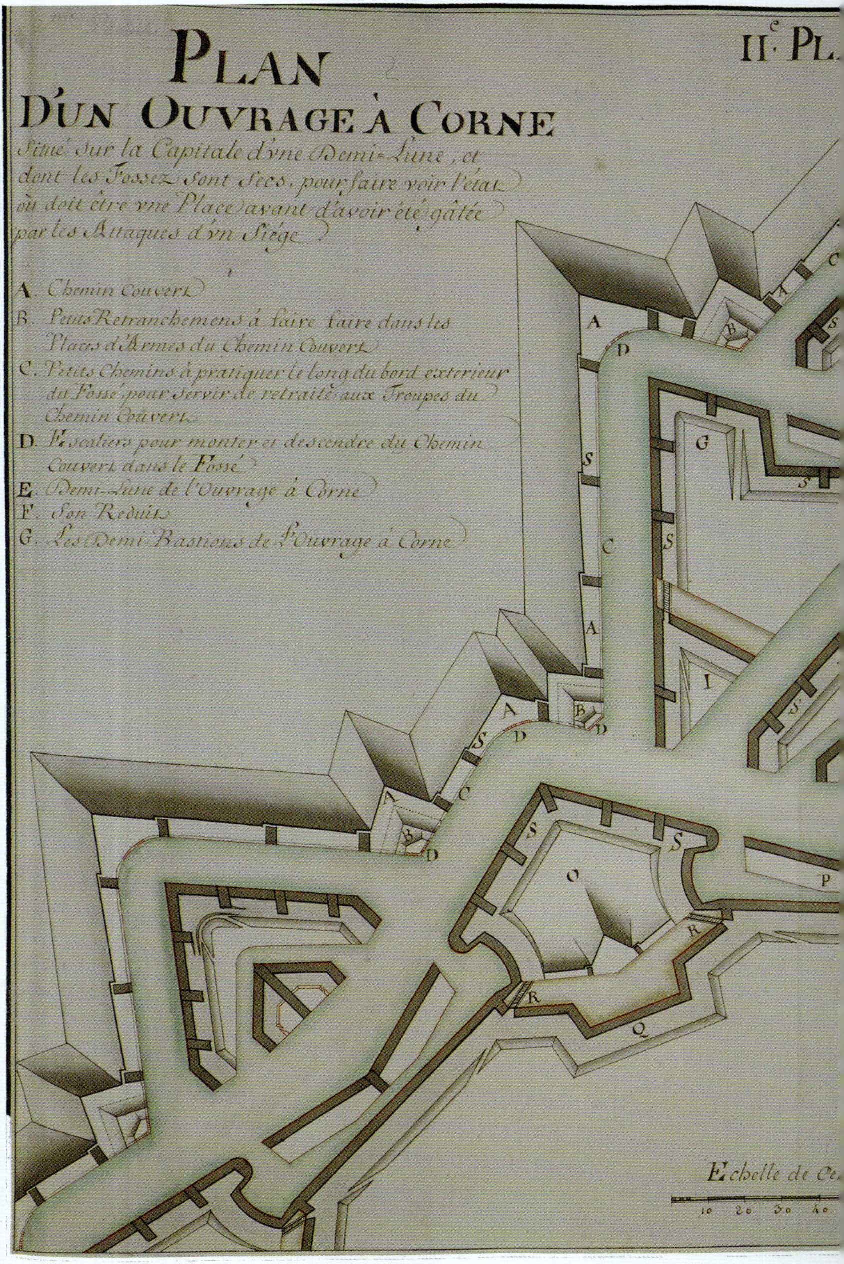
II.e Pl.
PLAN
D'UN OUVRAGE À CORNE
Situé sur la Capitale d'une Demi-Lune, et dont les Fossez sont Secs, pour faire voir l'état où doit être une Place avant d'avoir été gâtée par les Attaques d'un Siége
A. Chemin Couvert
B. Petits Retranchemens à faire faire dans les Places d'Armes du Chemin Couvert
C. Petits Chemins à pratiquer le long du bord exterieur du Fossé pour servir de retraite aux Troupes du Chemin Couvert
D. Escaliers pour monter et descendre du Chemin Couvert dans le Fossé
E. Demi-Lune de l'Ouvrage à Corne
F. Son Reduit
G. Les Demi-Bastions de l'Ouvrage à Corne
Echelle de
10 20 30 40

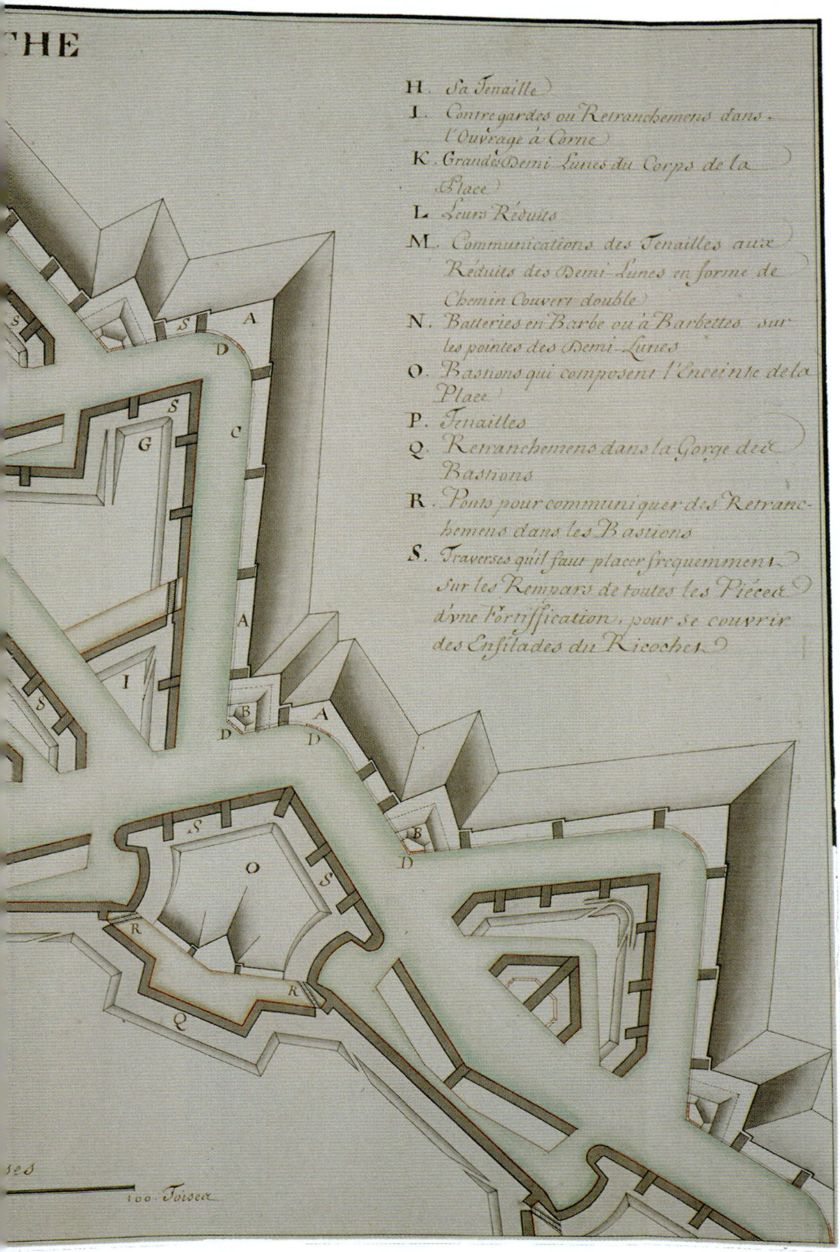

Planche II du *Traité de la Défense des places*

« Après les demi-lunes et les contre-gardes suivent les ouvrages à cornes, qui sont pour l'ordinaire de grandes pièces bâties {…} », pp. 1349-1350.

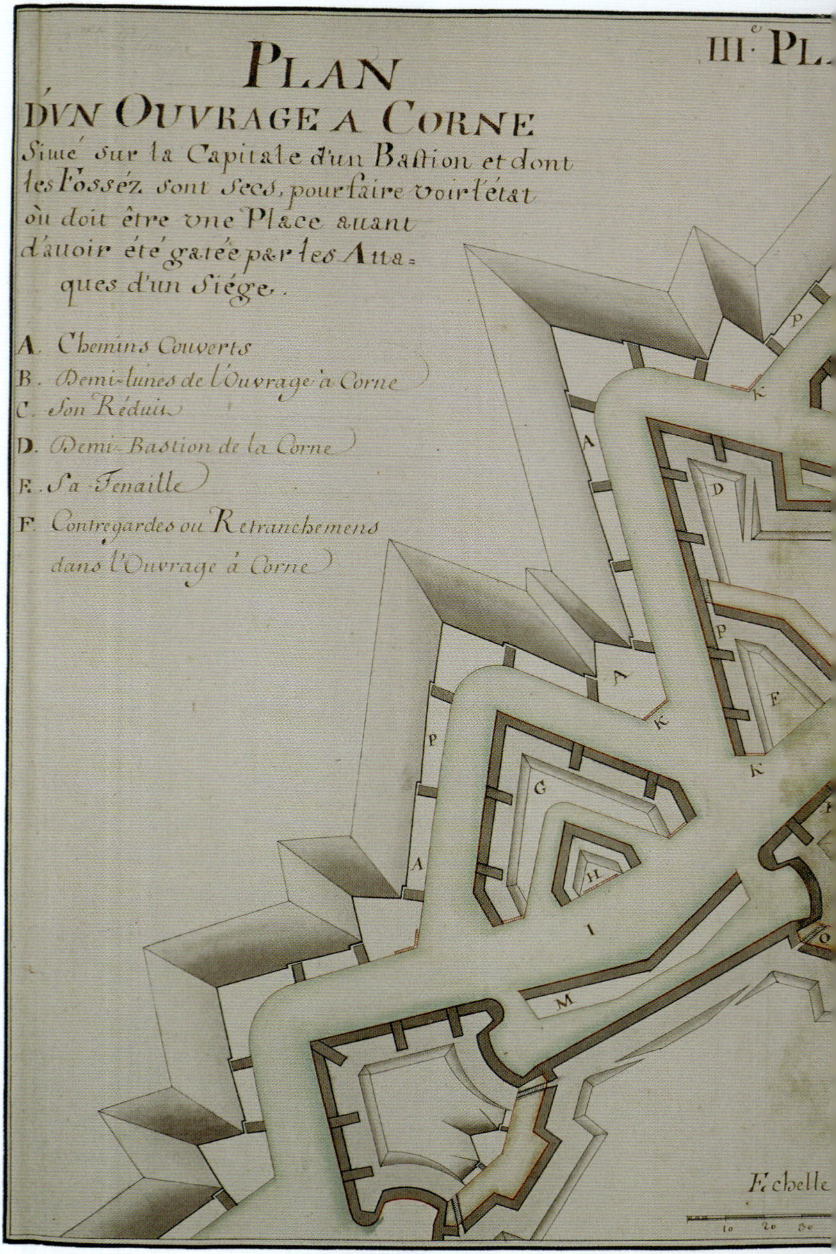
III.e Pl
Plan
d'un Ouvrage a Corne
Situé sur la Capitale d'un Bastion et dont
les Fosséz sont secs, pour faire voir l'état
où doit être une Place avant
d'avoir été gatée par les Atta-
ques d'un Siége.
A. Chemins Couverts
B. Demi-lunes de l'Ouvrage a Corne
C. Son Réduit
D. Demi-Bastion de la Corne
E. Sa Tenaille
F. Contregardes ou Retranchemens
dans l'Ouvrage à Corne
Echelle
10 20 30

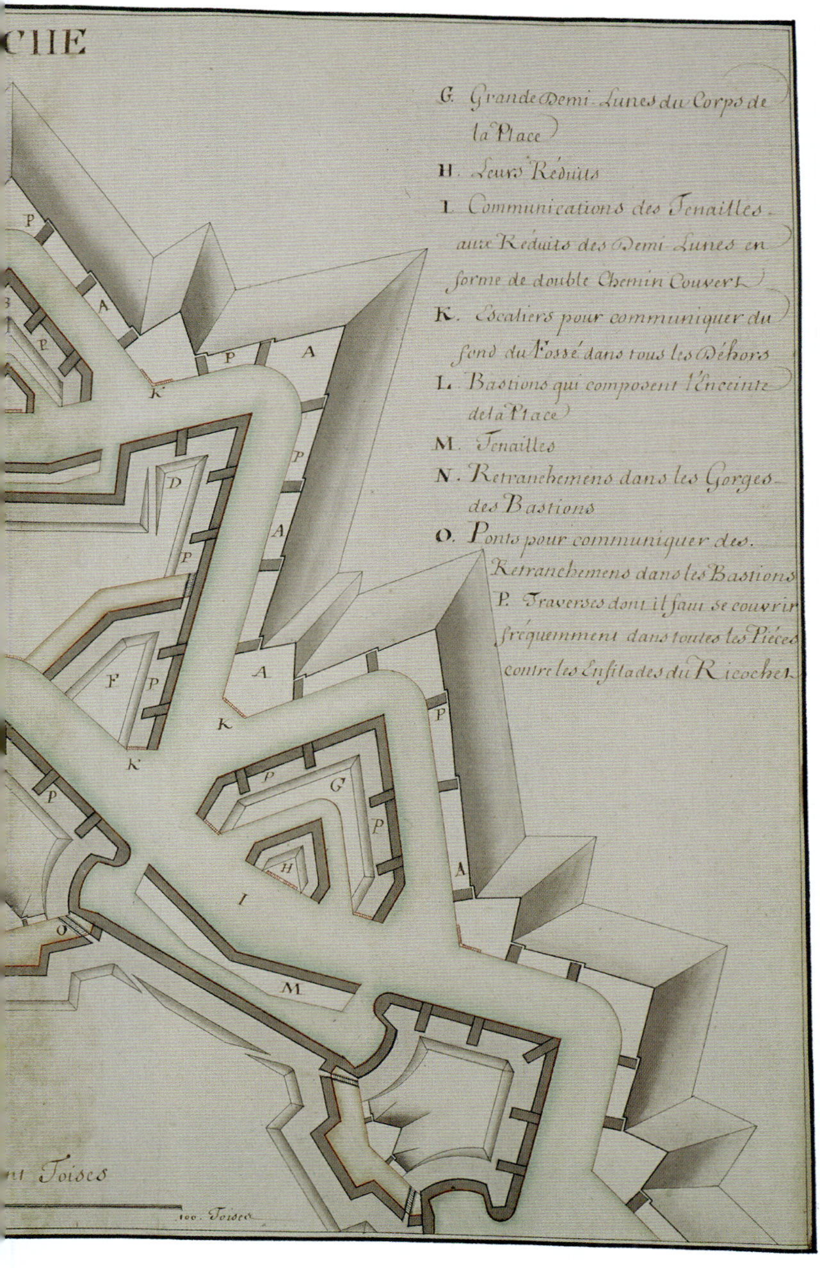

Planche III du *TRAITÉ DE LA DÉFENSE DES PLACES*
« La corne (B) faite en queue d'hirondelle, et placée sur la capitale prolongée d'un bastion, n'a pas le même avantage que la corne (A) {...} », p. 1469

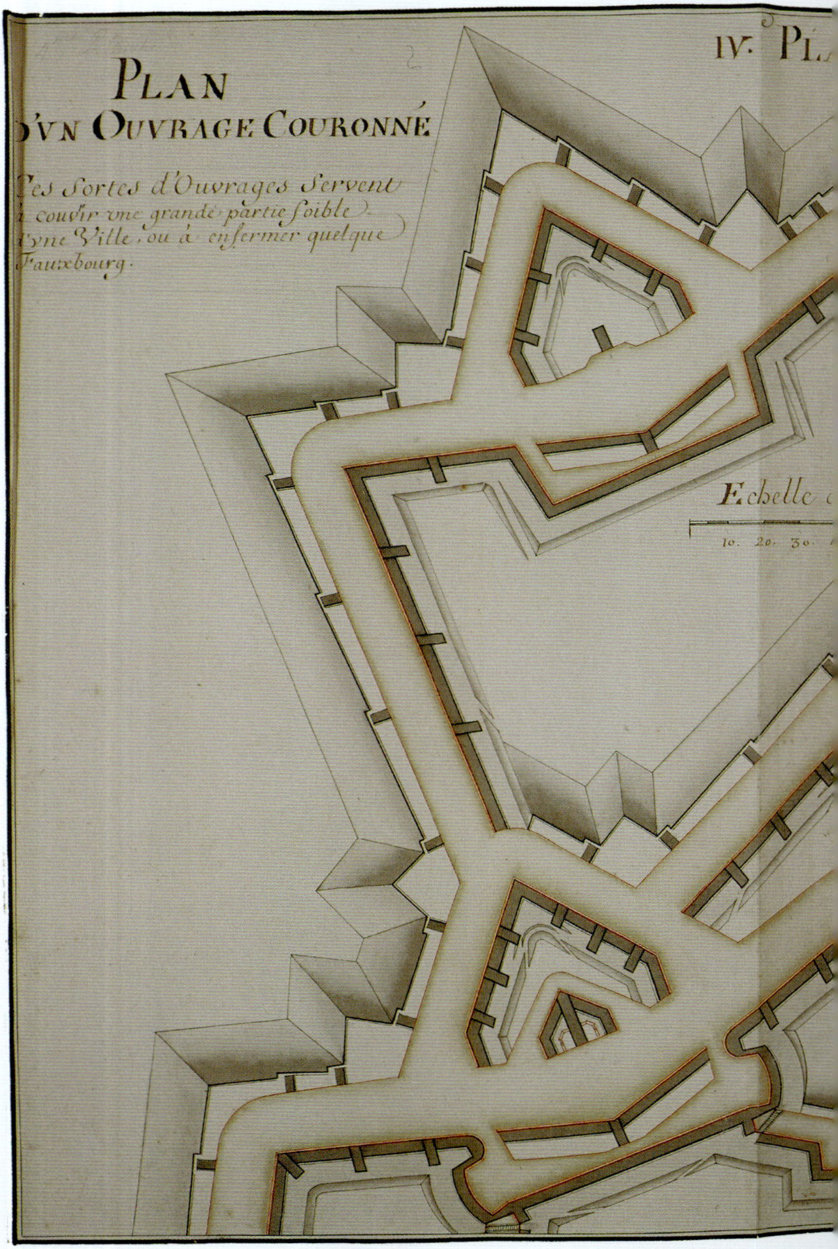
IV. Pl
Plan
'un Ouvrage Couronné
es Sortes d'Ouvrages servent
à couvrir une grande partie foible
'une Ville, ou à enfermer quelque
Fauxbourg.
Echelle
10. 20. 30.

Planche IV du *Traité de la Défense des places*
« Les ouvrages couronnés suivent immédiatement après ceux des cornes [...] », p. 1350.

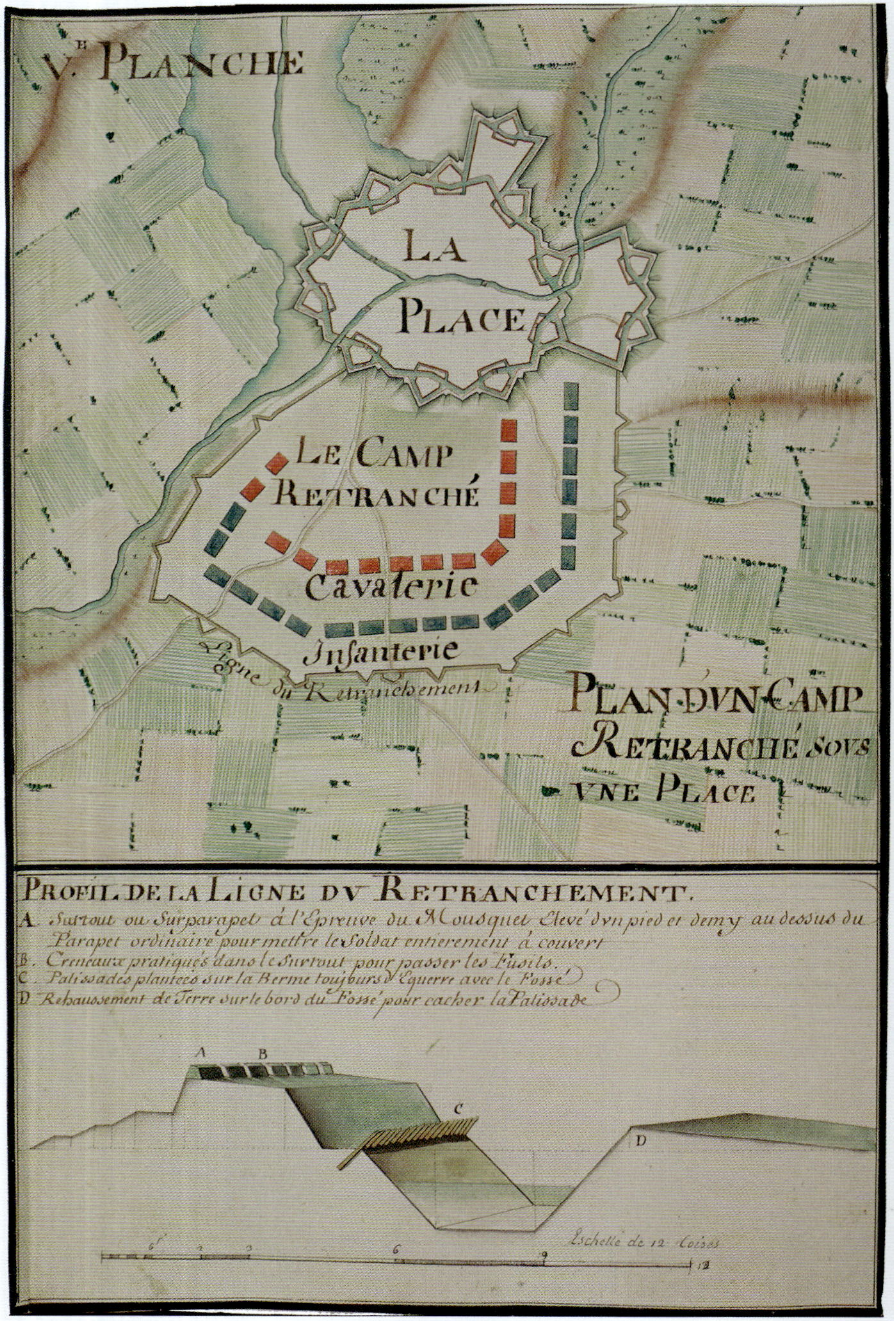

Planche V du *Traité de la Défense des places*
« Il n'y a donc qu'à choisir l'espace et les bien placer, et donner à leur retranchement la figure convenable {…} », p. 1417.

Planche VI du *TRAITÉ DE LA DÉFENSE DES PLACES*
« Au dernier siège d'Ath, les ennemis par leur gauche poussèrent une ligne sur le Mont Feron (s) vis-à-vis le bastion de Luxembourg (K) », p. 1444.

PROFIL PAR la ligne A B. pour faire voir vne Lunette, des Avant fossez,
Demi-lune
Fossé de la Demi-lune
Grand Chemin Couvert
Avant Fossé
Echelle de Cinquante Toises
5 10 15 20 25
Place D'Armes
Troisieme Place D'Armes
Deuxieme
Troisiem
Echelle de Cent Toises
10 20 30 40 50

Planche VII du *Traité de la Défense des places*
« Dans les places à fossé plein d'eau, dont la plénitude ne se peut soutenir que par l'effet des écluses et batardeaux, {…} », pp. 1348-1352.

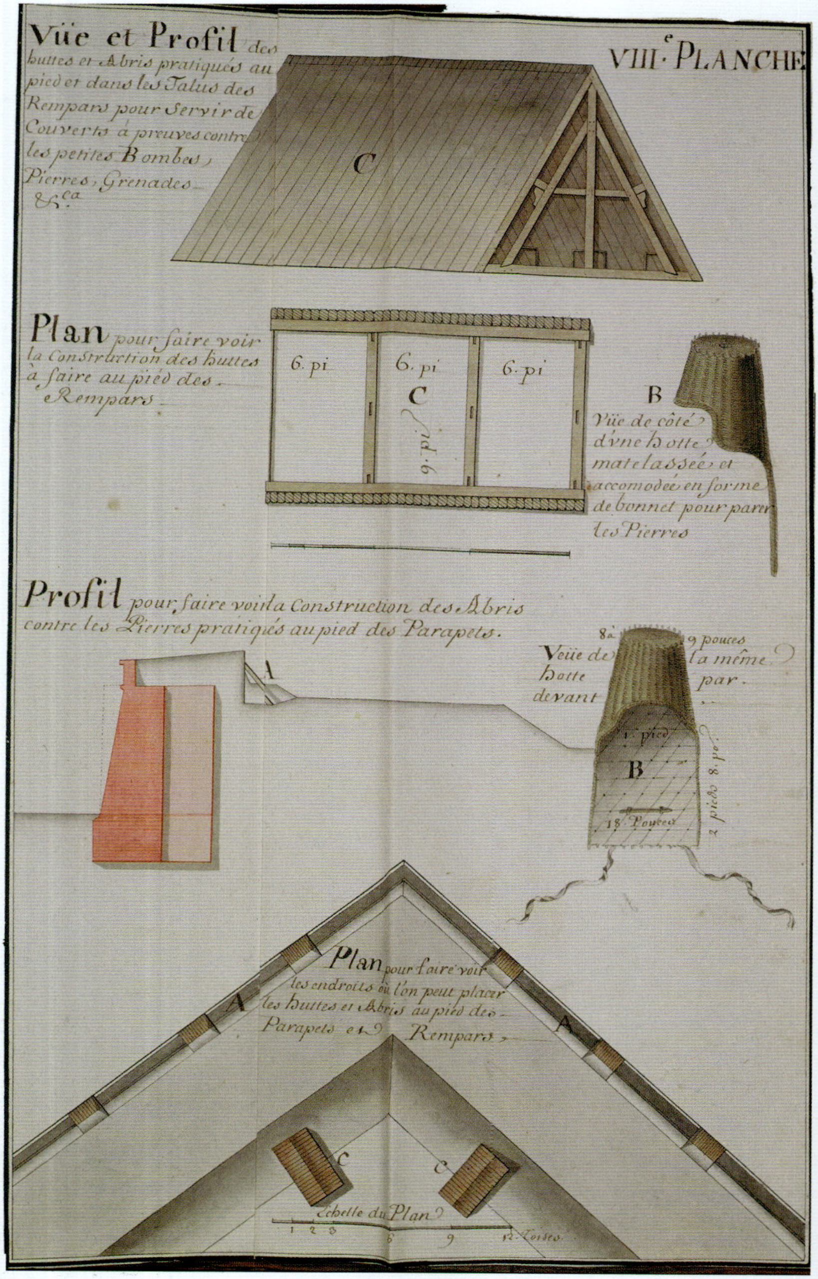

Planche VIII du *Traité de la Défense des places*
« … il se faudra précautionner contre, tant qu'on pourra, par des bonnets d'osier faits comme des espèces de hottes {…} », p. 1446.

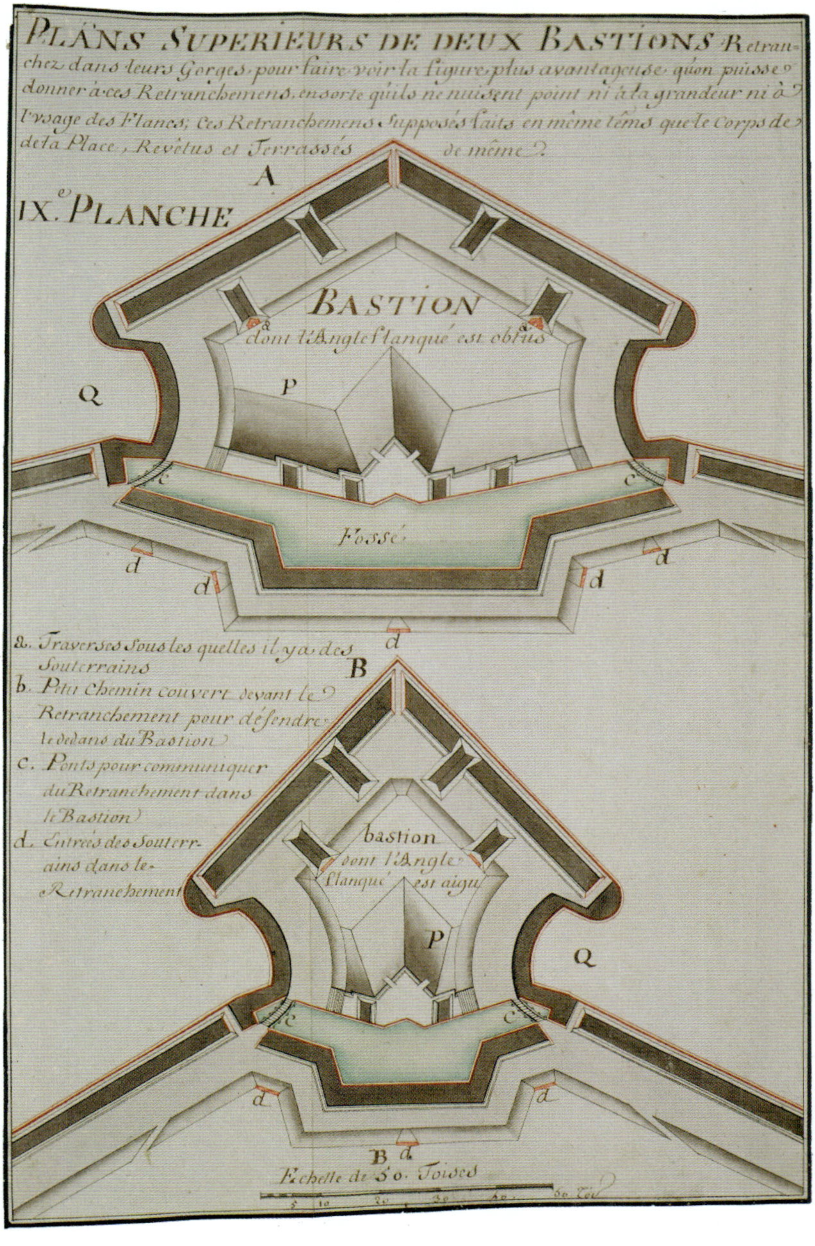

Planche IX du *Traité de la Défense des places*

« Ce que l'on y peut donc faire de mieux, est de revêtir celles qui ne le sont pas, leur faire des remparts et des parapets bien solides… »

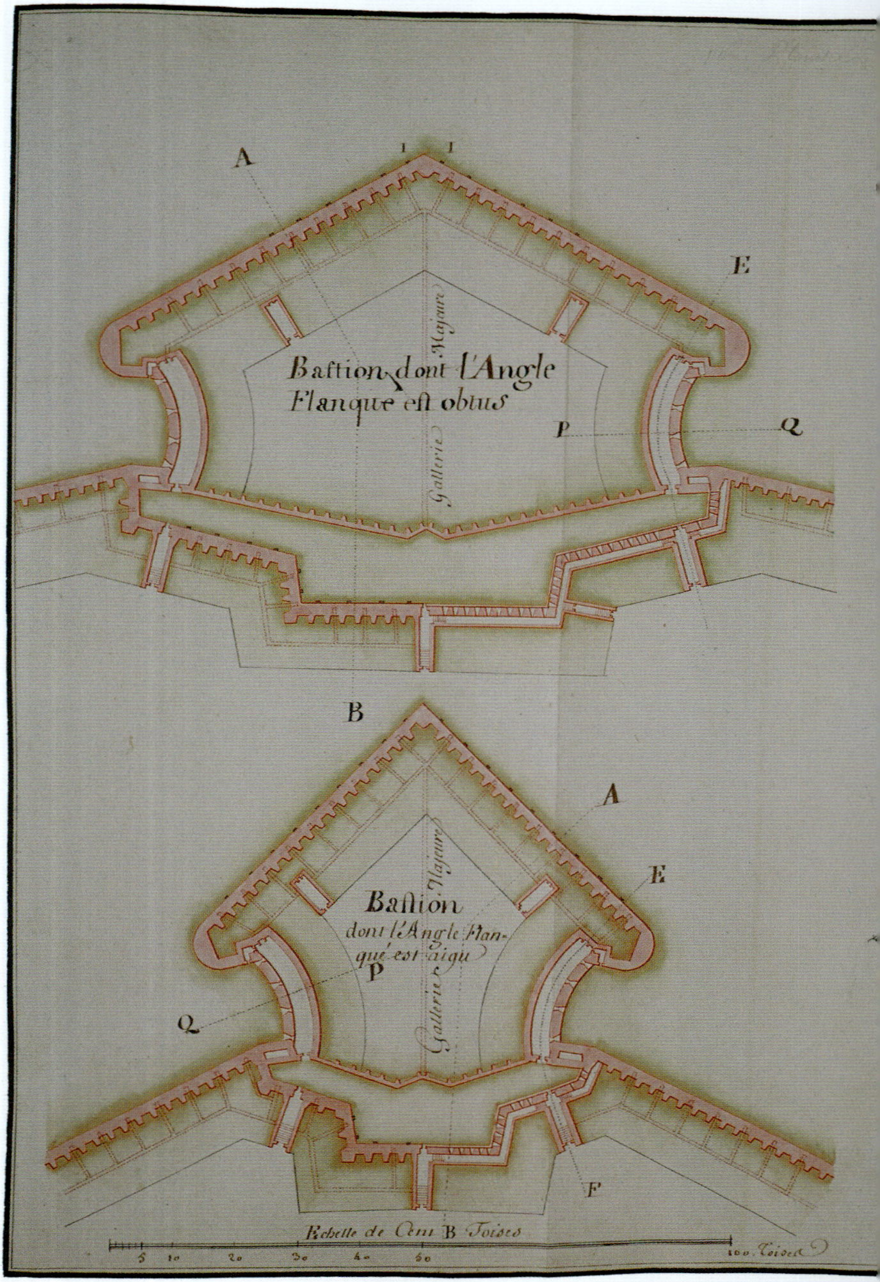
A
E
Bastion dont l'Angle
Flanque est obtus
Gallerie Majoure
P
Q
B
A
E
Bastion
dont l'Angle Flan-
qué est aigu
Gallerie Majoure
P
Q
F
Echelle de Cent B Toises
5 10 20 30 40 50
100. Toises

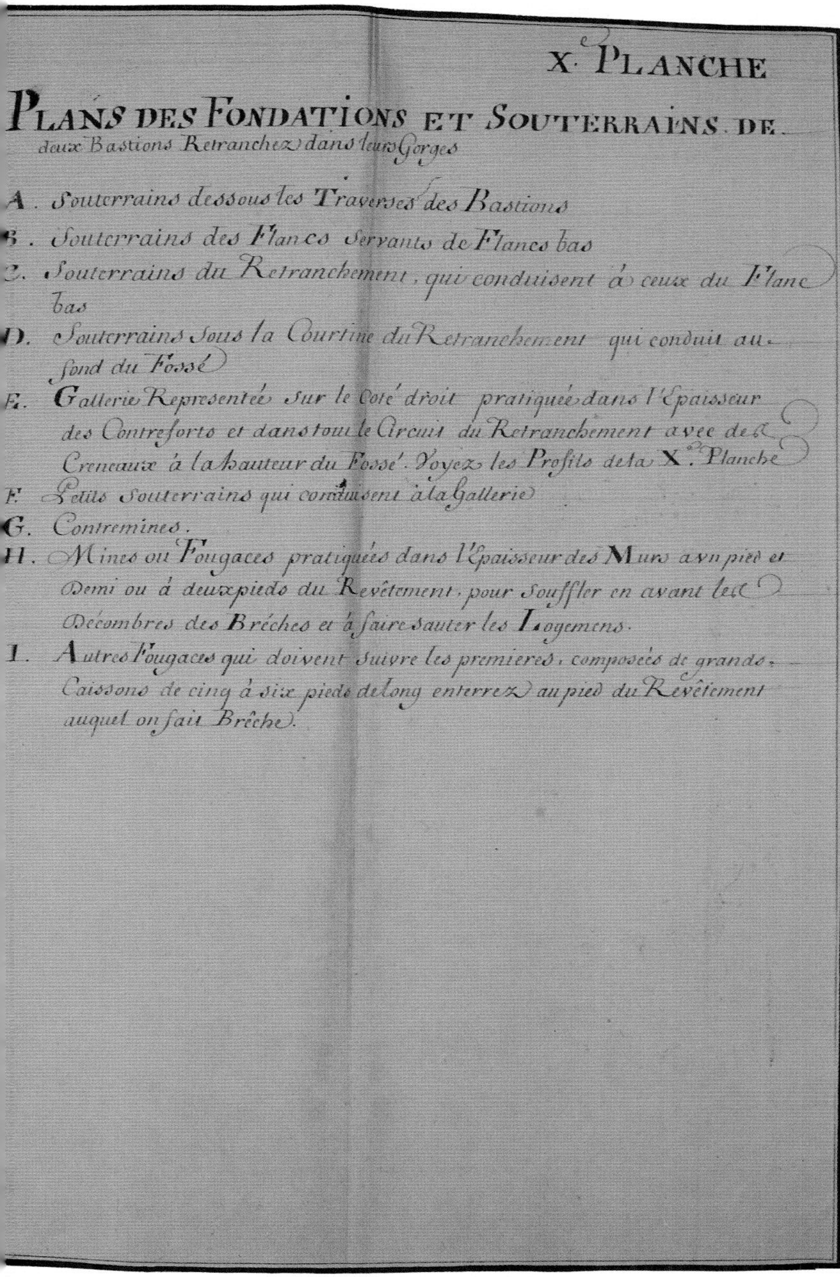

X. PLANCHE

PLANS DES FONDATIONS ET SOUTERRAINS DE deux Bastions Retranchez dans leurs Gorges

A. Souterrains dessous les Traverses des Bastions

B. Souterrains des Flancs servants de Flancs bas

C. Souterrains du Retranchement, qui conduisent à ceux du Flanc bas

D. Souterrains sous la Courtine du Retranchement qui conduit au fond du Fossé

E. Gallerie Representée sur le Coté droit pratiquée dans l'Epaisseur des Contreforts et dans tout le Circuit du Retranchement avec des Creneaux à la hauteur du Fossé. Voyez les Profils de la X.e Planche

F. Petits souterrains qui conduisent à la Gallerie

G. Contremines.

H. Mines ou Fougaces pratiquées dans l'Epaisseur des Murs a un pied et Demi ou à deux pieds du Revêtement, pour Souffler en avant les Décombres des Bréches et à faire sauter les Logemens.

I. Autres Fougaces qui doivent suivre les premieres, composées de grands Caissons de cinq à six pieds de long enterrez au pied du Revêtement auquel on fait Brêche.

Planche X du *TRAITÉ DE LA DÉFENSE DES PLACES*

… de bon retranchements revêtus à fossés profonds aussi revêtus, et de les traverser et contre-miner à peu près comme il est figuré aux deux feuilles 9 et 10 {…} », p. 1475.

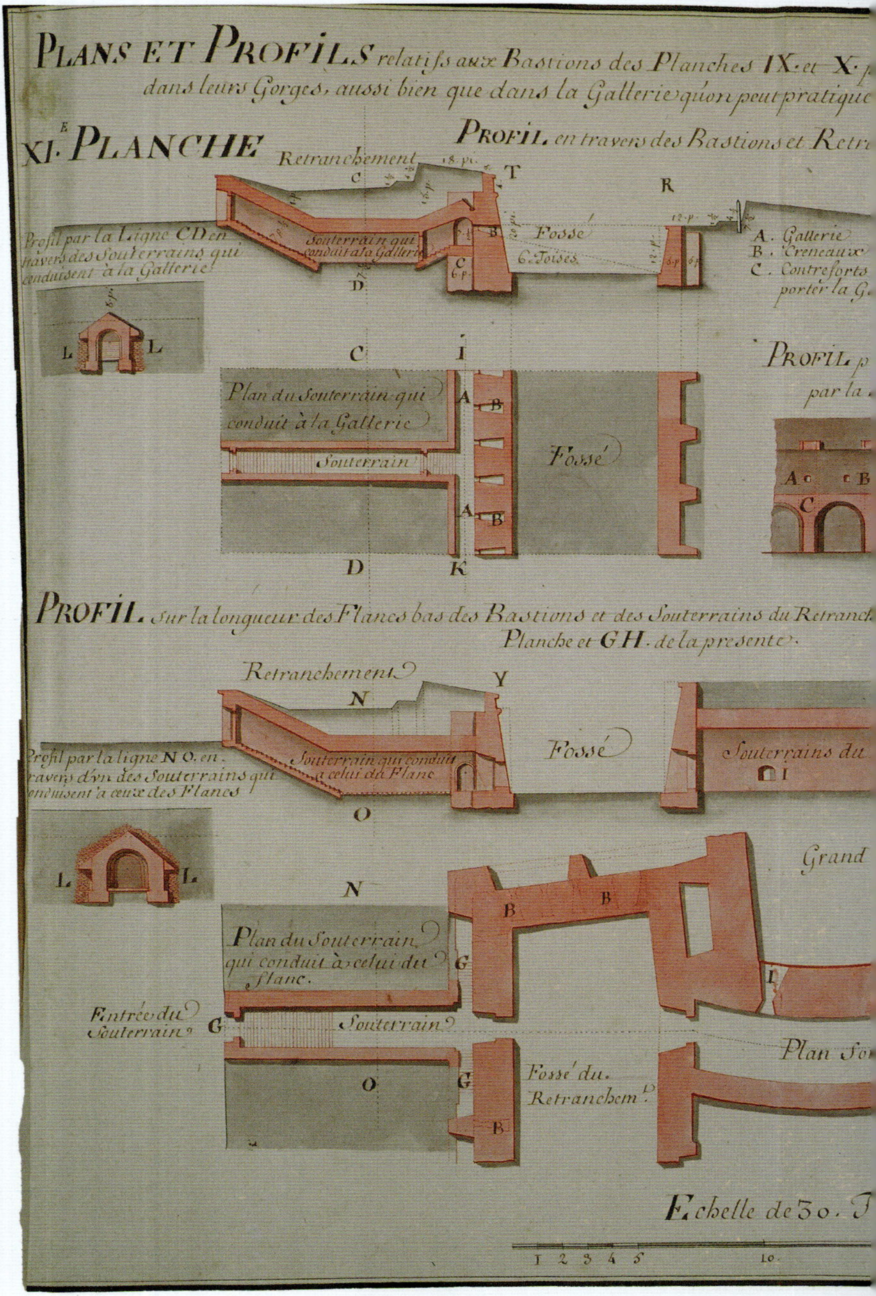
Plans et Profils relatifs aux Bastions des Planches IX. et X.
dans leurs Gorges, aussi bien que dans la Gallerie qu'on peut pratique
XI.E Planche
Profil en travers des Bastions et Retr
Retranchement
Profil par la Ligne CD en travers des Souterrains qui conduisent à la Gallerie
Souterrain qui conduit à la Gallerie
Fossé
6. Toises
A. Gallerie
B. Creneaux
C. Contreforts
porter la G
Plan du Souterrain qui conduit à la Gallerie
Souterrain
Fossé
Profil p
par la
Profil sur la longueur des Flancs bas des Bastions et des Souterrains du Retranch
Planche et GH. de la presente.
Retranchement
Fossé
Souterrains du
Profil par la ligne NO. en travers d'un des Souterrains qui conduisent à ceux des Flancs
Souterrain qui conduit à celui du Flanc
Grand
Plan du Souterrain qui conduit à celui du flanc.
Entrée du Souterrain
Souterrain
Fossé du Retranchem.t
Plan So
Echelle de 30. T
1 2 3 4 5 10.

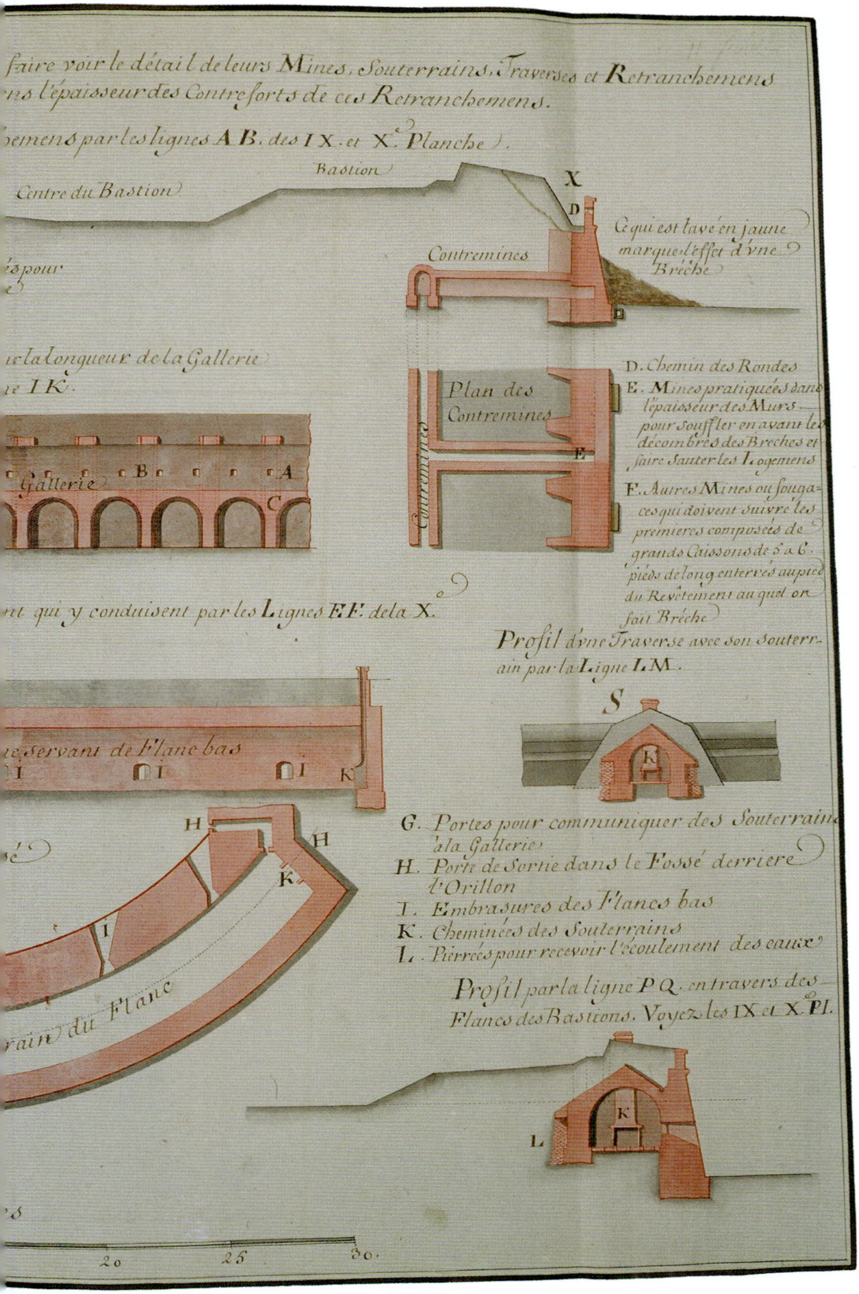

Planche XI du *Traité de la Défense des places*

« … il faudra faire des ponts à charrois sur les coupures, capables de pouvoir porter du canon (…) », pp. 1346-1347.

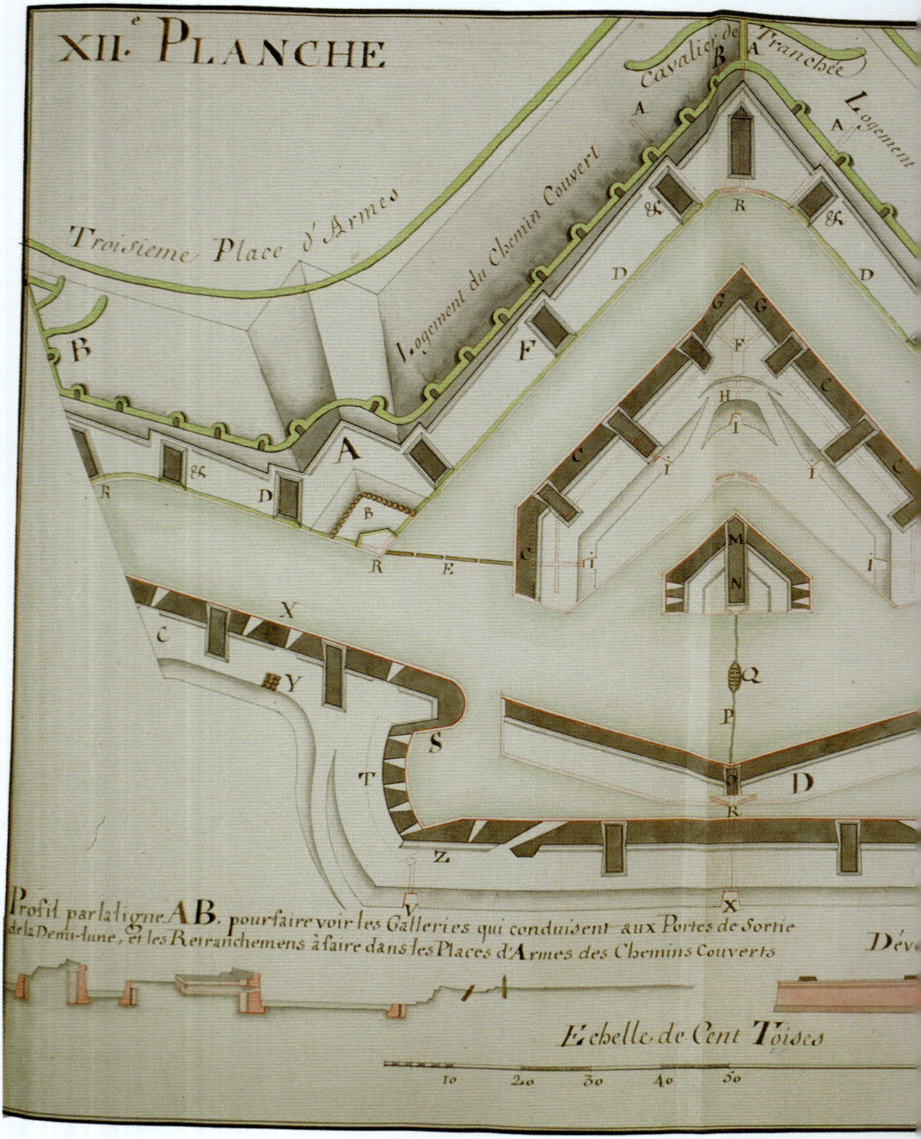
XII.e PLANCHE
Troisieme Place d'Armes
Logement du Chemin Couvert
Cavalier de Tranchée
Logement
Profil par la ligne AB. pour faire voir les Galleries qui conduisent aux Portes de Sortie de la Demi-lune, et les Retranchemens à faire dans les Places d'Armes des Chemins Couverts
Dév
Echelle de Cent Toises
10
20
30
40
50

Planche XII du *Traité de la Défense des places*

« Et pour conclusion, une demi-lune bien faite et environnée d'un bon fossé, est un excellent ouvrage {…} », p. 1349.

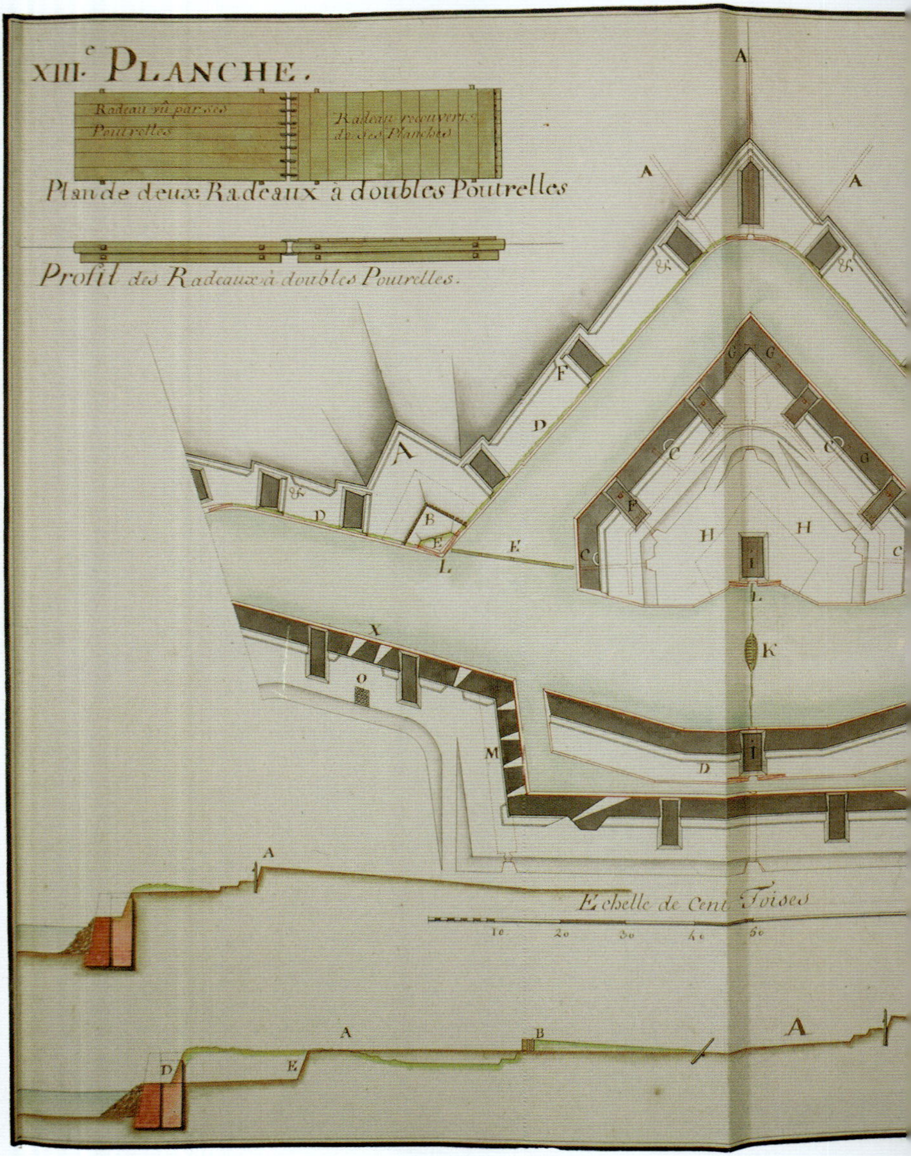
XIII.e PLANCHE.
Radeau vû par ses Poutrelles
Radeau recouvert de ses Planches
Plan de deux Radeaux à doubles Poutrelles
Profil des Radeaux à doubles Poutrelles.
Echelle de Cent Toises
10. 20 30 40 50

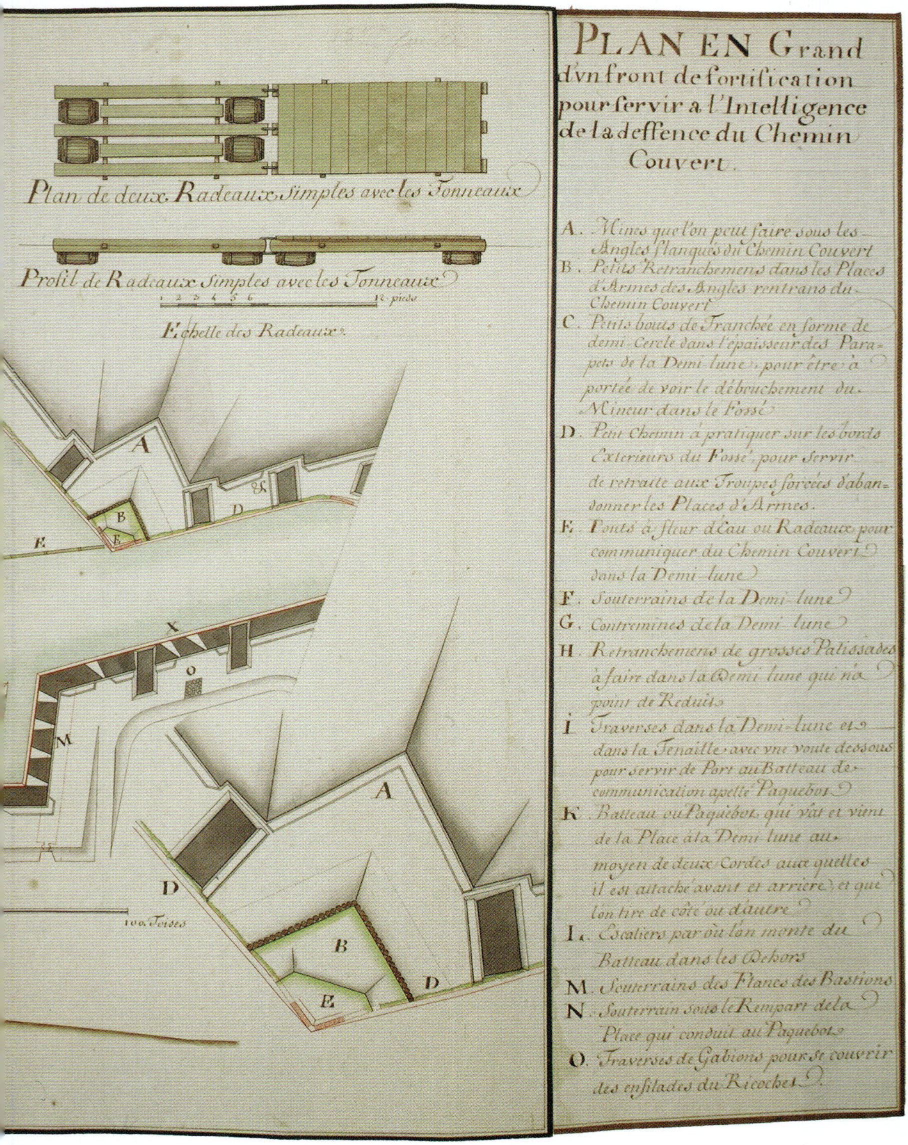

Planche XIII du *TRAITÉ DE LA DÉFENSE DES PLACES*
« Quand l'ennemi chassera les nôtres du chemin couvert,
les dernières parties qui doivent être abandonnées sont les places d'armes {…} », pp. 1447-1448.

Deuxieme Place d'Armes
Troisieme Place d'Armes
150 Toises
150 Toises
Echelle de Cent Toises
10 20 30 40 50

Planche XIV du *Traité de la Défense des places*

« Au surplus, la situation de tous les ouvrages à corne se peut rapporter à celle des deux…

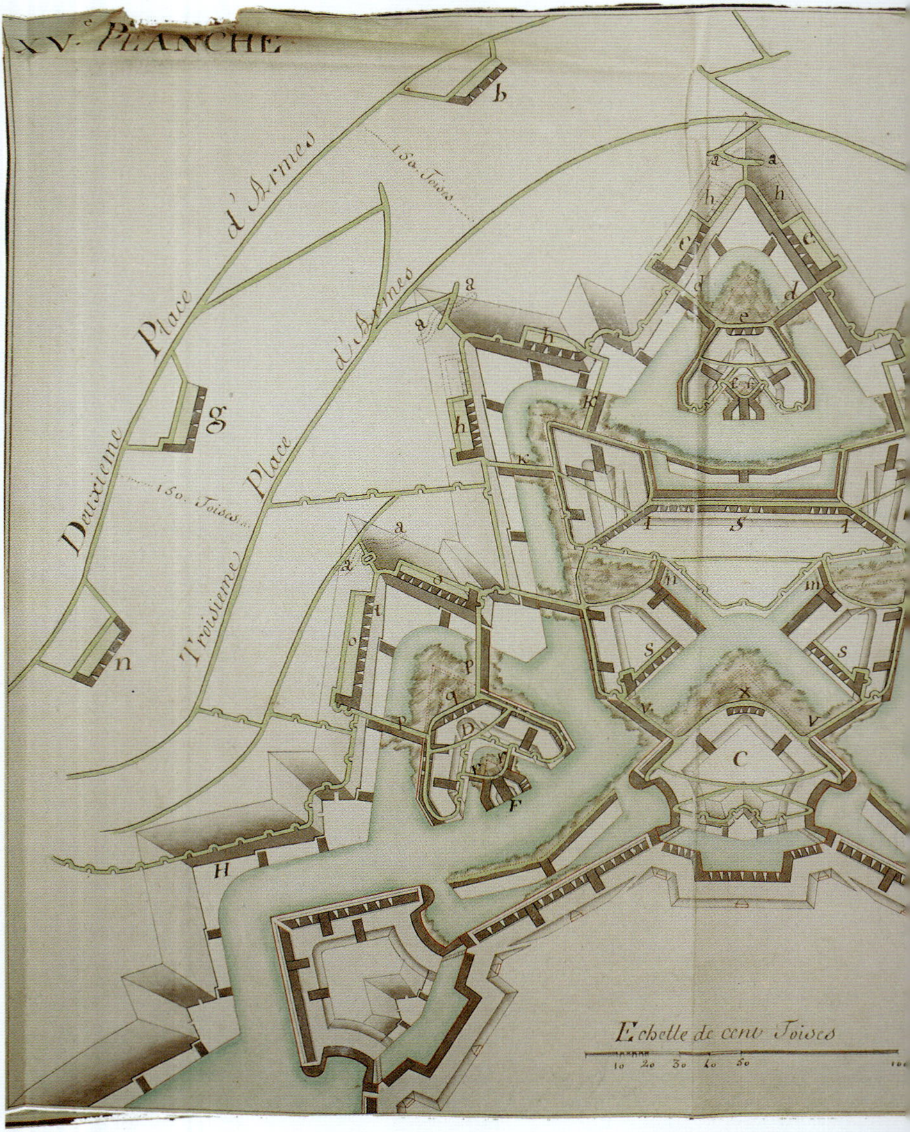

XV.e PLANCHE
Deuxieme Place d'Armes
Troisieme Place d'Armes
150. Toises
Echelle de cent Toises
10 20 30 40 50

Planche XV du *TRAITÉ DE LA DÉFENSE DES PLACES*

… que nous en donnons ici, feuilles 14 et 15, comme les plus parfaits qui se fassent (…) »,
pp. 1465-1470.

FAUXBOURG
MONTMARTRE
FAUB. DE
RICHELIEU
Roule
FAUXBOURG ST.
HONORE
Champs
Elisées
la Reine
le Cours de
Manege
de la Conference
Pont Royal
FAUXBOURG
ST.
GERMAIN
les
Invalides
Justice de
Grenelle
Grenelle
N.D. de Liesse
la Folie
Mont parnasse

Plan de Paris de Thomassin
(Manuscrit du tome I des Oisivetés, *SHD, Bibliothèque du Génie, in folio 33b.)*

POUX ou
NOUVEAU
POUTOUATAMIS
DANEMARC
CHRICS
FORT BOURBON
PORT BOURBON
D'HUDSON
I. du Point du Jour
Pais bas
CHRI- STI-
et marecageux, et
couuert de Petits
NATION
Sapinages
PAIS DE LA
NATION
OU -
OUACS
ABITI BIS
PAIS DE LA TEMISCAMING
NATION DES
PAIS DE LA NATION
DES NIPISSI- RINIENS
PAIS DE LA NATION DES SAUTEURS
LAC SUPERIEUR
LAC DES HURONS
MICHIGAN OU LAC DES ILLINOIS
LAC ONTARIO
LAC ERIE
PAIS DE LA NATION DU CHAT
LES CINQ NATIONS IROQUOISES
NOUVELLE ANGLETERRE
VIRGINIE
PEN SILVANIE
BAIE DE CHESAPEAC
Cap de Mai
Cap Charles
PAIS DESATTICA
LAC DU SACREMENT
LAC CHAMPLAIN
Riuiere des Raisins
Riuiere des Chataignes

CARTE DE LA NOUVELLE-FRANCE
avec une « veüe de Quebec comme il parroist à l'Oient »
(L.B.L. Franquelin, géographe du Roi, échelle de 150 lieues, tome IV des Oisivetés, *SHD, Bibliothèque du Génie, in f° 33b, pp. 88-89.)*

Carte de la Nouvelle-France
(détail.)

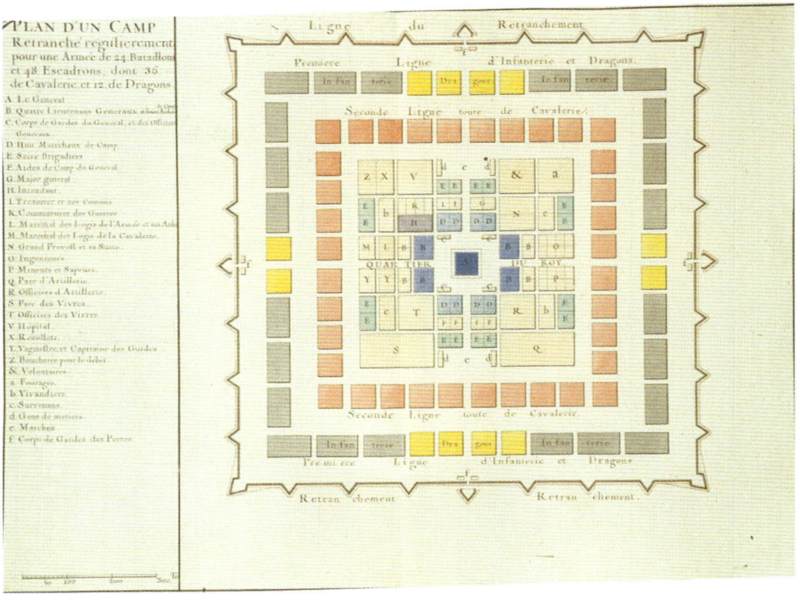

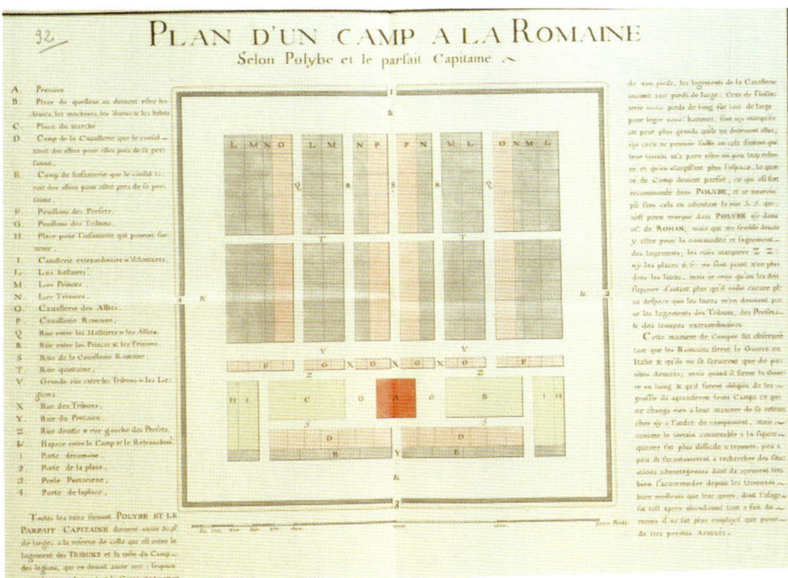

Divers camps retranchés

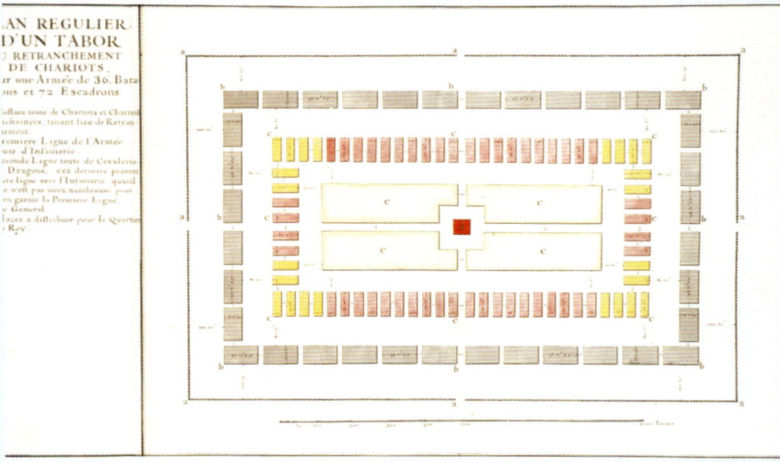

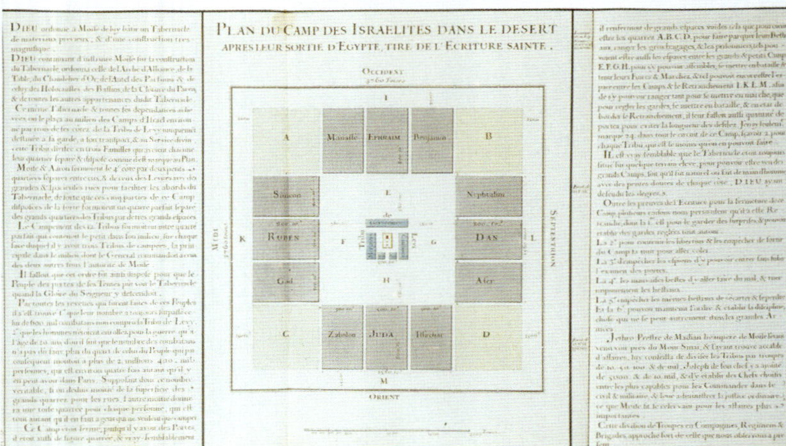

DIVERS CAMPS RETRANCHÉS

trop faible d'une livre et demie quand on n'est pas assiégé, et dans le temps que les troupes sont en repos et au large, à plus forte raison le doit-elle être pendant le siège, quand le soldat est accablé de peines et de fatigues, et qu'il est plus souvent réduit à son pain seul, sans avoir de quoi se pouvoir faire une écuellée de soupe.

14° Sur la grande quantité de munitions demandée dans ce Mémoire.

On sera sans doute étonné de la prodigieuse quantité de munitions de guerre et de bouche demandée par ce projet ; mais quand on considérera que les magasins de la plupart de nos places sont déjà fournis au tiers, à la moitié et aux trois-quarts de ce qui leur fait besoin ; que les munitions demandées en entier par le projet ne regardent que la fourniture des places fortifiées de la première ligne, c'est-à-dire de celles qui peuvent être les premières attaquées ; cet étonnement cessera, d'autant qu'on pourra se contenter de munir celles de la deuxième ligne à demi ou aux deux tiers, en attendant que les fournitures des places de la première ligne soient achevées. De cette façon, en faisant les fournitures, peu à peu tous les magasins se rempliront et toutes les places se trouveront abondamment munies de ce qui leur sera nécessaire.

15° Sur les feux d'artifice.

On pourra aussi trouver à redire que j'aie tant donné aux feux d'artifice. Il est vrai qu'on n'en fait pas grande consommation présentement ; mais ce ne doit pas être une raison pour les improuver[1], puisque ce défaut ne provient que de ce qu'on défend mal les corps de place et leurs dehors ; au pis aller, c'est un article à modérer selon les places auxquelles on en aura à faire ; à raison que dans celles où il y aura beaucoup de revêtement, il en faudra plus que dans celles où les dehors ne sont pas revêtus.

16° Sur les avantages extraordinaires des places.

Il n'y a point de place qui n'ait quelque propriété particulière qui peut lui être avantageuse quand on sait la découvrir et en profiter.

Par exemple, s'il y en avait une coupée en deux par une rivière, chose assez commune, c'est une propriété dont on peut tirer plusieurs avantages. Premièrement, si l'ennemi attaque par l'un des deux côtés des entrées ou sorties de cette rivière, et non par l'autre, on pourra se prolonger sur celui qui ne sera point attaqué, et prendre des revers sur lui. Deuxièmement, s'il attaque par les deux côtés de la même rivière à la fois, ses attaques étant

1. Désapprouver, blâmer.

divisées, il aura de la peine à les soutenir, et sera obligé de monter beaucoup plus fort, sinon il sera exposé à être battu à l'une ou l'autre de ses attaques par les sorties, à cause de la difficulté des communications interrompues par le cours de cette rivière. Troisièmement, s'il y a des retenues ou écluses à l'entrée de cette place, en retenant les eaux on pourra inonder quelques parties des environs au-dessus et au-dessous, comme à Oudenarde, à Tournai, à Condé, à Menin, à Douai, à Valenciennes, et à plusieurs autres qui ont ces avantages, au moyen desquels grande partie devenant inaccessible, c'est un avantage considérable[1] ; et si l'on peut encore ménager des courants dans les fossés, c'en sera aussi un fort important. Quatrièmement, si la place est environnée de marais qui n'en permettent les approches que par des chaussées, c'est un grand avantage en ce que les tranchées en sont toujours mauvaises, sujettes aux écharpes et enfilades du canon de la place ; ce qui rend leur marche fort lente et très meurtrière, et donne moyen à la place de pouvoir défendre son chemin couvert de pied ferme, et le loisir de préparer les retranchements des autres parties. Cinquièmement, si partie du circuit de la place est située sur des rochers escarpés et hors d'escalade, ce sont autant de pièces inaccessibles, et par conséquent un avantage en ce que cette partie n'a pas besoin de grand soin ni de grande garde pour sa sûreté. Sixièmement, s'il y a de grands dehors à la place, comme des ouvrages à corne ou couronnés, ou quelques pièces équivalentes de plus que les dehors ordinaires, où cela se trouvera, ce sera autant de moyens d'en pouvoir redoubler la défense ou de la prolonger, considérablement, parce qu'on peut opiniâtrer la résistance de ces pièces sans crainte que si elles sont emportées de vive force, cela puisse exposer le corps de la place à quelques événements fâcheux. Septièmement, s'il y a des demi-lunes doubles, dont les intérieures soient revêtues, c'est un moyen sûr de prolonger la défense, de l'agrandir, et de faire valoir tous les autres petits retranchements qu'on y voudra faire, sans crainte que leur prise puisse être suivie d'un succès qui mette la place en danger. Huitièmement, s'il y a des pièces collatérales qui aient des vues ou quelque croisée sur les fronts attaqués, ce sera encore un os à ronger pour l'ennemi auquel elles causeront du retardement pour se parer de leur effet, si on sait en faire un emploi convenable. Neuvièmement, s'il y a quelques flancs dans le front attaqué, dont l'opposé direct ne puisse être occupé par les batteries ennemies, ce flanc sera très funeste à l'ennemi, parce que, pouvant faire usage de son canon et de sa mousqueterie dans le temps d'un assaut, il pourra lui faire manquer son coup et lui causer de grandes pertes. Dixièmement, s'il y a des retranchements revêtus dans les bastions attaqués et de longue main préparés, que l'ennemi ne puisse pas ruiner par ses

1. Une fois encore, Vauban vante les avantages défensifs qu'on obtient des inondations en prenant pour exemples les villes du Pré-carré où il a eu l'occasion de manifester ses talents en matière de gestion de l'eau.

batteries du dehors, la garnison pourra hardiment soutenir plusieurs assauts au corps de la place, sans craindre qu'elle puisse être emportée. Onzièmement, s'il y a une vieille enceinte intérieure sur pied, en tout ou en partie, qu'elle soit revêtue et qu'elle avoisine le derrière de la fortification moderne attaquée, on pourra, selon qu'elle sera disposée, la faire servir d'un bon retranchement, à même fin que les précédentes[1].

Douzièmement, si le fossé de la place est revêtu, l'ennemi, en allant à l'assaut, sera obligé de filer par les seules ouvertures et descentes qu'il se sera faites, ce qui lui causera un désavantage considérable.

17° Sur ce que les gouverneurs ou commandants défendent mal leurs places.

La plupart des places mal défendues l'ont moins été par la faiblesse de leurs gouverneurs que pour n'en avoir pas entendu la défense. La raison est que tous les gouvernements sont donnés ou achetés ; ceux qui sont donnés le sont ordinairement à de vieux officiers, pour récompense de leurs services, sans avoir fait beaucoup d'attention à leur capacité, que l'on suppose plutôt telle qu'elle devrait être, qu'on ne la connaît ; à quoi on se trompe fort.

Beaucoup de ceux-ci, qu'un peu de faveur à aidés à faire ce chemin, ne songent guère qu'à faire leur cour et à faire valoir leur gouvernement, pour avoir de quoi subsister une partie de l'année à Paris et à la cour, où ils résident le plus qu'ils peuvent ; sont-ils obligés de venir se représenter dans leur place ? c'est à condition de n'y demeurer que le moins qu'ils pourront, et sur le pied d'y tenir table de jeu et de bonne chère, de s'en aller en visite dedans et dehors de leur place, et faire des parties de chasse, qui est à peu près tout ce qui les occupe ; d'application à bien apprendre le fort et le faible de leur place, aucune ; ou si peu, que ce peu ne les en rend pas plus savants. Très rarement se donnent-ils la peine d'examiner le détail de leur garde, de visiter les postes, ni de faire quelques rondes ; et quand je dirais que pas un ne la fait au temps où nous sommes, je ne croirais pas mentir. Il y a plus que cela, c'est qu'ils ne la font ni de jour ni de nuit, dedans ni dehors, ni près ni loin. C'est une inapplication générale à étudier l'usage de leur fortification, et le rapport que les pièces qui la composent ont entre elles en général et en particulier ; les protections qu'elles se peuvent réciproquement donner, les chicanes dont elles sont capables, le mal qu'elles peuvent faire à l'ennemi tant qu'elles sont en notre pouvoir, et celui que nous en pouvons recevoir quand nous les avons perdues ; ce sont cependant toutes choses qu'ils devraient savoir parfaitement. Je puis même dire que

1. Vauban montre ici qu'il sait faire feu de tout bois et qu'aucun élément n'est à négliger en matière de défense, pas même les « vieilles enceintes ».

de tous les gouverneurs que j'ai connus, j'en ai fort peu vu qui se soient donné la peine de s'en instruire. Défaut qui fait que peu d'entre eux entendent les accessoires de leur défense ni l'usage qu'ils pourraient faire de leur fortification, si elle était bien entendue, ni jusqu'où se peut porter une bonne défense. Jamais ils ne savent juger sainement du degré de force et de faiblesse où ils se trouvent pendant les accès d'un siège, pas un n'entend le ménagement des munitions, ni de quelle quantité il en a besoin, ce qui fait que tous font des demandes fort extraordinaires, et que quelque quantité qu'ils en puissent avoir, ils en manquent toujours, parce qu'elles sont la plupart dissipées et très mal économisées. On peut dire la même chose des armes de rechange, à quoi ils ne font pas grande attention avant que le besoin les presse. Ils savent encore moins le nombre et la qualité des troupes qui leur sont nécessaires, jusqu'à quel point et comment il les faut ménager dans un siège pour ne les pas exposer mal à propos ; la même chose de l'usage de leur canon. Tous attendent à travailler à leurs retranchements jusqu'à ce que l'ennemi les presse, et quand il n'est plus temps de le faire par la quantité de canons, de bombes et de pierres qui pleuvent de tous côtés, sur les pièces attaquées, qui sont celles qu'il faudrait avoir retranchées de bonne heure, ce qui leur cause pour lors un empêchement qu'ils ne sauraient plus surmonter. Rien n'est donc plus commun que de voir des gouverneurs qui n'entendent point la défense de leur place, et qui y font des fautes très grossières, et le tout parce qu'ils ne s'y sont pas préparés faute de résidence, d'étude et d'application ; d'où s'ensuit nécessairement l'étonnement et l'embarras où ils se trouvent quand ils se voient assiégés, qui est toujours suivi d'une très mauvaise défense ; au lieu que s'ils demeuraient plus assidûment dans leurs places, qu'ils s'appliquassent à les bien connaître, y employant deux ou trois heures de temps par jour ; qu'ils en fissent souvent le tour dehors et dedans, qu'ils consultassent ceux qui les viennent voir qui ont la réputation d'y entendre quelque chose, et qu'ils en fissent des extraits relatifs à un bon plan, dans une année ou deux de temps, ils pourraient s'en rendre capables et très savants, sans quoi un homme commandera fort bien dans une place dix années de temps, qu'il n'en saura guère davantage que le premier jour. Ce qui est ici reproché aux gouverneurs se doit entendre aussi des lieutenants de roi et des majors qui sont pour l'ordinaire les deuxième et troisième commandants des places.

18° Des gouverneurs qui achètent.

Les gouverneurs qui achètent doivent naturellement être plus ignorants que ceux qui les obtiennent par leurs services, puisque l'expérience leur manque, et que tout au plus ils n'en ont qu'une demie ; c'est pourquoi ils ont double intérêt de bien apprendre l'usage qu'ils peuvent faire de leur place, puisqu'il y va de la perte de leur bien et de leur honneur.

Ceux qui ont passé la plus grande partie de leur vie dans la cavalerie, sans avoir servi dans l'infanterie, sont pour l'ordinaire très peu entendus à la défense des places, parce qu'ils ne savent pas le détail ni l'usage de l'infanterie et qu'ils n'ont aucune teinture de la fortification ; c'est pourquoi ils ont besoin d'une plus forte application que les autres pour s'en instruire. On exhorte donc tous ceux à qui le Roi confie les gouvernements de ses places de bien apprendre le service de l'infanterie et d'entrer en connaissance de tous les détails de leur place, d'apprendre un peu de fortification, spécialement celle qui peut leur convenir, d'entretenir commerce avec ceux qui en ont connaissance et de faire souvent le tour de leur place dedans et dehors, de près, de loin, pour en bien connaître les environs, et enfin de s'instruire continuellement de l'usage qu'ils peuvent faire de leur fortification en gros et en détail, avec peu et beaucoup de monde, et surtout le particulier de chaque pièce, par rapport à ses accompagnements et au corps de place de qui elles dépendent.

19° Des officiers généraux.

Entre ceux qui défendent mal les places, on pourrait dire que ce sont les officiers généraux et les commandants particuliers qu'on y envoie dans l'attente d'un siège, pour suppléer au défaut des gouverneurs du savoir-faire desquels on se défie. Ceux-ci qui n'ont peut-être jamais vu de place dont il s'agit que cette fois-là ne la peuvent pas connaître en si peu de temps, et sont par conséquent sujets à commettre de terribles fautes, ce qui ne leur arrive que trop souvent. D'ailleurs le gouverneur, qui est toujours fâché de ce qu'on lui donne un maître, ne s'ouvre à lui que le moins qu'il peut et ne lui donne pas grande connaissance de ce qu'il pense, ce qui concourt à la perte des places de la défense desquelles l'un et l'autre s'acquittent fort mal, après quoi en sont-ils dehors ; ils ne manquent pas de se déchaîner contre elle, les décrier et leur imputer des défauts qu'elles n'ont point, et que la plupart ne connaissent pas, faible moyen pour excuser leur ignorance, pour ne pas dire leur lâcheté.

Mélas[1], homme de cavalerie, bon officier et fort brave homme d'ailleurs, étant gouverneur de Landau, se déchaîna fort contre cette place après qu'il l'eut perdue[2], croyant sans doute excuser sa mauvaise défense par là, en disant à tous ceux qui le voulaient entendre, qu'elle ne valait rien, que c'était la plus méchante place du monde, et que si on lui voulait donner dix mille hommes, qu'il la reprendrait dans six jours ; l'événement a fait

1. Ezechiel de Mas, comte de Mélac (1630-1704), lieutenant-général et gouverneur de Landau depuis 1693. Il s'était acquis une sinistre réputation lors de la guerre de la Ligue d'Augsbourg en menant avec application la dévastation du Palatinat en 1689.

2. Au début de la guerre de Succession d'Espagne, le margrave Louis de Bade investit Landau qui capitule en septembre 1702, après quatre mois de siège.

voir par les deux sièges qu'elle a soutenus depuis[1], le peu de fondement qu'il y a à faire sur de pareils discours. J'ai vu assez souvent de nos gouverneurs parler mal de leurs places, et fort peu en dire du bien, soit qu'ils ne les connussent pas, ou qu'ils voulussent de bonne heure préparer leurs auditeurs à ne pas attendre grand-chose de leur résistance. En l'un et l'autre cas, de pareils discours ne valent rien, et ceux qui les tiennent mériteraient bien d'être déchargés du soin qui leur donne occasion d'en faire de semblables.

20° Sur la violence des sièges de ce temps.

Il faut avouer que la fureur des sièges est parvenue à un grand excès par la quantité de canons, de bombes et de pierres qu'on y emploie, sans compter toutes les petites diableries que les ennemis appellent des obus et perdreaux[2] qui accablent les fronts des places attaquées de bombes, pierres et grenades, y font un grand désordre, tuent et blessent beaucoup de monde en peu de temps, et abrègent considérablement la prise des places. Si la guerre se faisait en pays sec, où il n'y eût point de rivières navigables, lesquelles depuis les magasins ennemis voiturent toutes leurs munitions jusqu'aux places qu'ils veulent assiéger, et il s'en faudrait bien qu'ils y pussent amener tant de canons, de mortiers et de bombes ; il n'y aurait point d'équipage de terre qui pût y fournir, la furie des attaques en diminuerait de moitié ou des deux tiers à même temps que la résistance des places augmenterait d'autant ; mais il s'en faut bien que nous en soyons là, et quand je considère que Nieuport, Furnes, Dunkerque, Bergues, Gravelines, Calais, Saint-Omer, Lille, Tournai, Condé, Douai, Valenciennes, Arras, Mons, Ath, Charleroi et même Maubeuge sont dans le cas de ces navigations, c'est-à-dire de ces places où on peut tout amener par eau, cela nous doit donner bien à penser et nous faire chercher les moyens de parer à de pareilles attaques, ou au moins de les éluder en tout ou en partie.

21° Remèdes extraordinaires contre les sièges.

Le premier et le plus sûr est sans doute celui d'empêcher que les places ne soient assiégées, ce qui ne se peut qu'en tenant les armées ennemies en

1. Landau est à nouveau prise par les troupes françaises en novembre 1703, sans que Vauban soit autorisé par Chamillart à en mener le siège, puis par les Alliés en octobre 1704. Landau est enfin reprise par le maréchal de Villars en août 1713, à la fin de la guerre de Succession d'Espagne.

2. Les perdreaux sont des grenades qui sont lancées ensemble d'un même mortier avec une bombe. Il existe pour ce faire un mortier spécial appelé « perdrix » avec une chambre centrale pour la bombe et treize petites chambres périphériques pour les grenades (les perdreaux). Cf. Surirey de Saint-Rémy, *Mémoires d'Artillerie*, troisième édition, Paris, 1745, tome I, p. 275, Pl. 78.

échec par d'autres qui leur soient égales ou supérieures, en se manœuvrant par rapport à leurs mouvements, et prenant des postes avantageux, sous et à portée des places pour lesquelles on craint, et les bien retrancher quand on n'est pas le plus fort. Ces précautions bien ménagées peuvent nous sauver beaucoup de sièges ; mais où cela ne se pourra, parce que notre propre faiblesse, le pays et les situations y répugnent, il faudra chercher des remèdes qui puissent du moins nous sauver une partie de ces inconvénients.

Le premier serait, à mon avis, d'opposer directement peu de monde aux endroits où l'ennemi s'attache le plus, et les relever souvent, les obligeant à serrer les parapets le plus près qu'ils pourront, et tenant le gros des gardes un peu écarté sur la droite et la gauche des attaques.

Le deuxième, de se cabaner sur et derrière le parapet des pièces attaquées contre les pierres et les demi-bombes par des couverts triangulaires de gros bois rond ou carré de 8 ou 10 pouces de gros.

Le troisième, de se terrer dans les talus du derrière du rempart et d'en couvrir le devant et l'entrée des trous par des bois rompus et brisés des maisons prochaines, celui-ci est peu considérable.

Le quatrième, de faire faire quantité de mortiers, et d'en avoir autant que de canons dans les places, dont un tiers à bombes de fonte verte, et les deux autres tiers de fer fondu, ceux-ci ayant la culasse assez forte, peuvent avoir la volée fort déchargée de métal, parce que ne devant servir qu'à jeter des pierres ou des grenades, ils ne sont pas exposés à de si grands efforts que ceux qui doivent tirer des bombes. Tous ces mortiers doivent être montés sur des affûts plats, faits en traîneaux, pour les changer facilement de place, et leurs plates-formes et outils toujours en état d'être transportés de lieu à autre.

Cette dépense ne peut être bien considérable et serait d'un grand secours dans le soutien des sièges, car si l'ennemi tire des pierres, on sera en état d'en tirer plus que lui, et même des grenades ; d'où il arrivera vraisemblablement que toutes les fois qu'il s'attachera à en tirer si on lui répond sur le même ton et qu'il s'aperçoive qu'on ne lui en tire que parce qu'il en tire, il cessera de tirer, n'ayant pas les pierres si à la main que les assiégés qui n'ont qu'à se servir des pavés des rues les plus proches, et à se couvrir de leur hutte et de leur parapet en se collant contre ; ou s'il ne cesse pas, il est certain qu'il n'en tirera pas tant à beaucoup près.

A l'égard des bombes, la place n'en doit tirer qu'aux batteries les plus proches ; c'est pourquoi il ne sera pas nécessaire de beaucoup charger, le surplus devant être employé à la défense des brèches et à faire des fougasses.

On pourrait ajouter deux choses à cette partie, qui ne sauraient manquer d'être utiles dans une place de guerre.

La première est une compagnie franche d'infanterie dans chaque place, composée de gens du pays et commandée par des capitaines bons partisans de même que les officiers subalternes, à qui je souhaiterais la même qualité, tous sachant bien le pays et les chemins de toutes espèces à 8 ou 9, à dix lieues à la ronde et les soldats aussi, afin que quand il s'agirait d'aller à la guerre, ils ne fussent pas obligés à se servir de guides étrangers. Ces mêmes compagnies pourraient faire la garde en temps de paix dans leurs places, mêlées avec les autres troupes. Ce serait des guides tout trouvés pour les troupes passantes qui vont et viennent, et pour nos armées quand elles approcheraient de ces places. Elles seraient excellentes pour aller en partie y établir et étendre la contribution et la faire venir ; faire les escortes ordinaires, donner la chasse aux partis ennemis, harceler leur armée et contenir leurs coureurs ; apprendre des nouvelles et fournir des espions. Rien ne serait plus utile en temps de guerre qu'une vingtaine de ces compagnies répandues dans les principales places de la première ligne, depuis la Moselle jusqu'à la mer. Quand les ennemis mettraient en campagne, ces compagnies se mettant à leurs trousses, leur feraient bien du mal, soit seules, ou deux, trois, cinq ou si ensemble, car elles seraient en état de faire des espèces de sociétés, de belles et bonnes entreprises, et de porter de grands dommages aux ennemis par les prisonniers qu'elles feraient continuellement sur eux, et par les chevaux de bagages qu'elles enlèveraient tous les jours. Comme je suppose que toutes ces compagnies seraient composées de gens à peu près des gouvernements de leurs places, officiers et soldats, en les traitant bien, et leur permettant d'aller voir quelquefois leurs parents, on se les affectionnerait et on serait fidèlement averti de ce qui se passerait dans l'étendue des gouvernements et des environs. Quant à la paie, il faudrait donner aux soldats six sols, et aux capitaines, lieutenants et sous-lieutenants, à proportion, avec une certaine quantité de places de gratification. Ces compagnies, perpétuellement entretenues sur le pied de 50 hommes au moins, pourraient dans les besoins être augmentées jusqu'à 60, 80, et davantage s'il en était besoin. Il ne faudrait pas leur faire faire de garde en temps de guerre, mais les employer uniquement aux escortes, aux guides et aux partis ; on pourrait leur donner le nom des villes auxquelles elles seraient attachées, comme, par exemple, la compagnie de Dunkerque, celle de Lille, de Tournai, de Condé, et ainsi des autres. Vingt de ces compagnies répandues à l'entour d'une armée ennemie lui feraient plus de mal que trente bataillons ordinaires, ne coûteraient pas tant que deux, et seraient toujours complètes.

J'ai vu autrefois de ces compagnies-là très bonnes dans des places frontières de Lorraine, de Champagne et de Picardie, qui servaient très bien ; les gouverneurs, lieutenants de roi et majors des places frontières en avaient chacune une qui faisait presque toujours la moitié des garnisons ; c'était elles qui mettaient le pays ennemi à contribution et qui faisaient les escortes. Ce fut par le moyen de ces compagnies que le feu maréchal de la

Ferté[1] trouva moyen de purger la Lorraine des partis bleus[2] et cravates de bois, dont elle était pleine et tellement infectée avant lui, qu'on n'y pouvait plus labourer la terre et on était obligé d'aller jusques à Châlons pour chercher des blés, par le peu de monde qui était resté dans le pays. Sitôt qu'il y fut, il mit sur pied une compagnie de 100 hommes à grosse paie, bien choisis, avec chacun deux bons chevaux de maître, et une autre à pied de pareil nombre d'hommes ; après quoi il fit savoir aux places les plus prochaines des ennemis qu'il ferait bonne guerre à tous les partis munis de bons passeports qui se trouveraient au-dessus de 21 hommes, mais qu'il ferait main-basse sur tous ceux qui se trouveraient au-dessous, et que de son côté il voulait bien se soumettre aux mêmes peines. Il exécuta depuis à la lettre ce qu'il avait promis, si bien qu'en moins de trois ou quatre ans, ces deux compagnies, assistées de quelques autres, défirent plus de trente de ces partis, dont elles amenaient les commandants à Nancy, quand elles les pouvaient prendre, où le maréchal les faisait tous pendre, sans faire grâce à pas un, ce qui nettoya la Lorraine de ces voleurs en fort peu de temps, sans qu'il en restât un ; et ce fut pour lors que cette province, si agitée et à demi dépeuplée, devint tranquille comme la plaine de Saint-Denis, et se repeupla depuis fort bien. Plusieurs gouverneurs de la frontière de ce temps-là avaient aussi des compagnies franches de cavalerie fort bien composées, qui avaient même de la réputation. J'en ai vu de très bonnes à Damvillers et à Guise. Ce fut avec ces compagnies rassemblées que le comte de Grandpré donna ce fameux combat de cavalerie qui fit tant de bruit, près de Sillery[3], où ils se rallièrent trois ou quatre fois, et s'entre-chargèrent autant d'autres ; ce qui les affaiblit si bien de part et d'autre qu'à la fin se retira qui pût, chacun de son côté.

La seconde chose que je voudrais ajouter aux places un peu avantagées pour cela, serait des camps retranchés capables de contenir dix à douze mille hommes[4]. Quand ils seraient une fois faits on s'en servirait quand on en aurait besoin, et non autrement ; mais à celles où il ne se trouverait pas de situation propre, j'en voudrais faire de petits, pour recevoir les convois,

1. Henri de La Ferté-Senneterre (1600-1681) fut créé maréchal de France en 1651, puis nommé gouverneur des pays messin et verdunois et gouverneur de la Lorraine occupée. En 1656, le maréchal de La Ferté octroya à Vauban une charge de capitaine dans son régiment d'infanterie.

2. Contrairement aux partis réguliers porteurs d'un ordre écrit du commandant en chef ou du gouverneur, les « partis bleus », souvent composés de déserteurs ou de bandits, opèrent pour leur compte et font des courses pour piller amis ou ennemis. Le terme de « cravates » est sans doute à mettre en rapport avec les cavaliers légers d'origine croate, appelés par corruption « cravates » en français, et qui étaient communément employés pour la guerre de parti et en enfants perdus.

3. Localité située à une douzaine de kilomètres de Reims

4. Vauban parle en connaissance de cause en cette année 1706, puisqu'il vient de réaliser un tel type de camp retranché entre Dunkerque et Bergues pour la mise en défense de la Flandre maritime.

sans les faire entrer dans les places où ils causent toujours du désordre et gâtent les ponts et les pavés. Les paysans des environs pourraient s'y réfugier avec leurs bestiaux quand les ennemis fourrageraient les environs de la place. On y pourrait faire camper les troupes qui ne feraient que passer et y retirer les bestiaux destinés à la subsistance des garnisons pendant un siège. Ces camps coûtent fort peu, parce que leur enceinte doit consister en un simple retranchement de terre à fossé de quatre toise réduites de large, avec une palissade sur la berme, et des ponts et barrières sur les entrées et sorties ; je voudrais toujours y ajouter une bonne haie vive en tout cas.

Après la prise d'Ath, les vivres ayant établi leurs fours dans la ville d'où ils tiraient le pain des deux armées, comme le grand nombre de caissons remplissait toutes les rues à ne savoir s'y tourner ni où se mettre, et causait beaucoup d'embarras à l'entrée et sortie des portes, je m'avisai de faire retrancher un petit camp gratuitement, par les troupes de la garnison, où l'on mit une garde. A mesure que les caissons arrivaient, ils entraient dans le camp où on les faisait ranger par brigades ; et quand ils étaient tous arrivés, on faisait sortir les premiers en file du camp pour aller charger à la ville, entrant par une porte et sortant par l'autre ; et quand ils avaient chargé, ils venaient se remettre à leur place, jusqu'à ce que tous fussent chargés. Cela fait, ils se mettaient en marche pour aller joindre leur armée, sans que cela fît la moindre confusion, ni qu'aucun d'eux se trouvât en danger d'être pris, comme il leur serait infailliblement arrivé, s'ils avaient été obligés de coucher une partie dehors et l'autre dedans, la place ne pouvant tous les contenir.

TRAITE
DE
LA DEFENSE DES PLACES

TROISIEME PARTIE.

NOUS COMMENCERONS cette partie par la proposition d'un moyen qui pourrait servir pour empêcher le siège d'une place, voici ce que c'est.

Il est sans difficulté que l'un des plus sûrs moyens d'empêcher le siège d'une place est d'opposer une armée à celle de l'ennemi, qui la tienne en échec et l'empêche de se déterminer, comme nous l'avons déjà dit ailleurs. Mais comme ce moyen n'est pas infaillible attendu l'inégalité des armées, et que l'ennemi, qui ne vous fait pas confidence de son dessein, peut vous tromper dans les différentes vues qu'il vous présente, par la diversité de ses mouvements, ou par chercher à vous donner un combat dont l'événement, est plein d'incertitudes, à quoi, il n'est pas toujours sage de se commettre, il me paraît que l'expédient le plus sûr pour se tirer d'affaire, sont les camps retranchés sous les places qui peuvent être assiégées[1]. Ces camps, de capacité à pouvoir être occupés par un corps de 10 à 12 000 hommes disposés sur deux ou trois lignes selon l'espace.

Ces mêmes camps se peuvent faire presque partout, car il n'y a point de place dont les environs ne soient avantagés de quelque chose, ne fût-ce que de la place même qui en couvre et flanque toujours quelque partie selon qu'ils sont bien disposés. Il n'y a donc qu'à choisir l'espace et les bien placer, et donner à leur retranchement la figure convenable.

1. Cf. tome X des *Oisivetés* : « Traité de la fortification de campagne autrement des camps retranchés », 1705, ici pp. 1493-1626.

1. S'ils sont construits avec soin et qu'on y mette le temps nécessaire, on pourra les faire très bons, en donnant par exemple 5, 6 à 7 toises réduites de large à leur fossé sur 9 à 10 pieds de profondeur, à bords relevés de 2 à 3 pieds rabattus en glacis du côté de la campagne, en sorte que la superficie soit rasée par le feu du retranchement. Il en sortira assez de terre pour lui faire un parapet de 12 pieds d'épais mesuré au sommet, avec trois banquettes, afin que la cavalerie puisse être en sûreté derrière. Ce retranchement étant bien flanqué, d'ailleurs gazonné devant et derrière, et surmonté d'un petit surtout[1] au lieu de paniers[2], et palissadé, en pente sur la berme ou garni d'un haie vive, le tout accompagné de batteries, traverses. et épaulements nécessaires, et le terrain des environs bien aplani jusqu'à l'extrême portée du canon, ne saurait manquer d'être excellent et en état de fort bien résister à une insulte, notamment si le fossé a 5, 6 ou 7 pieds d'eau, ou que son bord extérieur soit escarpé en talutant de demi-pied sur pied, car pour lors il fera à peu de chose près l'effet d'un fossé revêtu.

2. Si donc un camp retranché de la sorte est gardé par un corps de 10 à 12 000 hommes, indépendamment de la garnison que je suppose devoir être forte suivant l'ordre de la table, il est presque sûr que l'ennemi ne fera pas le siège en question, ou que s'il le fait, il en aura le démenti. Voici comme je le prouve :

3. Supposons premièrement qu'il assiège ; il sera obligé à faire une circonvallation et une contrevallation d'une étendue immense à cause du camp retranché, et de les très bien garnir de troupes s'il veut éviter d'y être souvent battu. Et comme il faudra faire les lignes très bonnes et bien précautionnées, ces manœuvres lui consommeront bien du temps, et pourront même l'empêcher d'avoir une armée d'observation.

4. Que si malgré ces difficultés il s'opiniâtre à vouloir faire le siège et que pour cet effet il fasse tant et de si grands efforts qu'il puisse mettre une armée d'observation sur pied, celle-ci sera vraisemblablement si faible qu'elle n'osera approcher de notre armée principale, ni en soutenir la présence.

5. Si pour se fortifier elle affaiblit l'assiégeante, les troupes du camp retranché, fortifiées de celles de la garnison, pourront entreprendre sur ses quartiers les plus faibles et lui jouer souvent de fort mauvais tours.

6. S'il attaque la place, la garnison, fortifiée par les troupes du camp, sera en état de faire des sorties équivalentes à de petites batailles qui pourront l'affaiblir et le mettre dans un grand désordre.

7. Si pour prévenir le mal que le camp lui pourra faire, il se résout à l'attaquer le premier, il le fera dans les règles, c'est-à-dire par tranchée et batteries, ou par une insulte générale.

1. Une surélévation du parapet en terre et en gazon destiné, entre autres, à se protéger du tir à ricochet.

2. Gabions.

8. Si dans les règles, les troupes du camp assistées des secours de la garnison pourront lui faire de grandes sorties qui l'endommageront considérablement et se donneront le temps de lui substituer à couvert plusieurs nouveaux retranchements les uns devant les autres, pendant que l'ennemi sera obligé de faire toutes ses tranchées et batteries à découvert, ce qui le retardera considérablement et donnera tout le temps nécessaire aux troupes du camp de faire ce qu'elles voudront, et par conséquent de lui opposer retranchement sur retranchement, et de se retirer après quand elles le jugeront à propos sans perte, dans les dehors de la place ; de qui elles augmenteront tellement la garnison que l'ennemi n'en pourra continuer le siège qu'avec des pertes et des peines qui le réduiront bientôt à l'impossible.

9. Que s'il attaque par une insulte générale, toutes les apparences seront contre lui, parce qu'il sera obligé d'essuyer tout le feu du retranchement à commencer de fort loin, pendant un long espace de temps sans pouvoir rendre la pareille à ceux du dedans, ce qui ne peut manquer de lui causer des pertes très considérables, avant qu'il puisse faire une égratignure à ceux du camp, ni joindre le bord du fossé.

10. Que si, par une opiniâtreté mal entendue, il revient plusieurs fois à la charge, après avoir été repoussé autant, elles augmenteront ses pertes de plus en plus. Mais supposant qu'il parvienne à gagner le haut du retranchement, les troupes du camp fortifiées de la cavalerie et des secours de la garnison pourront le rechasser.

11. Que si malgré tout cela, il fait tant que de s'y maintenir après en avoir été plusieurs fois repoussé : il n'osera y entrer qu'il ne se soit fait des ouvertures dans le retranchement pour faire passer sa cavalerie ; et comme ces ouvertures ne se pourront faire bien vite à cause de la solidité du retranchement, la cavalerie du camp jointe à ses grenadiers pourra tomber sur les premiers passés de l'ennemi, et les ramener bien vite, ou du moins les contenir, et pendant ce temps-là s'emparer du deuxième retranchement, le faire valoir, et après tout cela, faire sa retraite quand il en sera temps, donnant à l'infanterie tout celui dont elle aura besoin pour se retirer dans les dehors de la place, dont le canon bien disposé la favorisera beaucoup, et comme vraisemblablement ils auront leur terrain marqué à l'avance, tous les corps se pourront rendre à leur camp sans désordre avec peu de perte, après avoir eu le soin quelques jours avant cela d'y faire retirer les bagages, lesquels ne doivent pas être les gros, mais bien les petits, c'est-à-dire ceux qui leur sont absolument nécessaires. Ces troupes, une fois campées dans ces dehors, donneront un grand renfort à la garnison, qui par ce moyen deviendra puissante et en état de donner bien des affaires à une armée qui aura déjà beaucoup souffert.

12. Cette garnison étant donc forte et nombreuse bien au-delà du nécessaire, vraisemblablement sa résistance sera proportionnée à ses forces, et

pour lors les sorties ne seront point épargnées et les assauts vigoureusement soutenus. Quelle apparence y a-t-il après cela qu'une armée considérablement affaiblie par les actions précédentes de l'attaque d'un camp, qui sans doute auront été fort sanglantes, puisse encore trouver assez de ressources en elle-même pour surmonter toutes les oppositions qui lui seront faites à un gros siège comme celui-là doit être ; ce n'est pas tout, poursuivons ceci.

13. Si cette armée que je suppose des plus fortes se renferme tout entière dans les lignes, l'ennemi n'en aura point d'observation ; s'il n'en a point, la nôtre, quelque médiocre qu'elle puisse être, deviendra maîtresse de la campagne tant que le siège (qui ne saurait manquer d'être long) durera, et sera en état de prendre des postes avantageux et de s'y retrancher, pour de là lui couper les vivres, enlever ses convois, courir et ravager son pays.

14. Que si l'ennemi prévoyant le mal qui en peut arriver fait tant que de mettre une armée d'observation sur pied, il est sûr que l'étendue immense des lignes fera qu'elles seront toujours mal garnies, et l'armée assiégeante fort affaiblie par rapport à la grandeur de l'entreprise, et même en danger de se voir souvent enlever quelques quartiers. Il faut convenir de plus qu'elle sera obligée à de grosses gardes de tranchée et à bien garnir ses lignes, si elle veut éviter le chagrin de se voir battue en détail par l'enlèvement de ses quartiers et par les grosses sorties de la place, soutenues et fortifiées par les secours du camp, d'où il doit nécessairement résulter que l'armée d'observation sera obligée à secourir l'assiégeante, ce qui affaiblira celle-là jusqu'au point de n'oser paraître devant notre armée, qui pourra profiter de cette faiblesse pour s'approcher des lignes, prendre poste au plus près du camp retranché, et s'y retrancher elle-même ; ce faisant, elle mettra une partie des quartiers ennemis entre le camp retranché et elle, où ils se trouveront dans une très mauvaise situation.

15. Si l'ennemi fortifie son armée d'observation pour se mettre en état d'aller combattre la nôtre, il ne le pourra faire qu'en affaiblissant considérablement l'armée assiégeante, ce qui l'exposera fort aux entreprises du camp retranché, quelque bonnes que puissent être ses lignes. A joindre que si notre grande armée est bien retranchée, l'ennemi ne saurait faire une entreprise sur elle sans se commettre à y recevoir un fort grand échec.

16. Si pour renforcer ses quartiers, l'ennemi prend le parti d'affaiblir les plus éloignés, les troupes dudit camp fortifiées de celles de la garnison pourront battre ses quartiers l'un après l'autre. De sorte que de quelque côté qu'on puisse considérer la situation de l'ennemi en cet état, les apparences ne lui promettent pas un bon succès. Et tout bien considéré, il paraît bien plus d'imprudence à hasarder de telles entreprises que de raison. Continuons encore.

17. Si l'ennemi pour se mieux assurer dans ses lignes, prend le parti de les fortifier par des forts et redoutes comme on faisait anciennement, il y

pourra à la fin parvenir et s'y mettre en sûreté ; mais cette précaution qui lui consommera bien du temps, n'empêchera pas que les troupes du camp ne puissent faire leur devoir à la défense de la place, qui pendant ce temps pourra se mettre en état de lui bien tailler de la besogne.

18. Au surplus, on suppose ce camp fourni de tous ses besoins tant pour la subsistance des hommes que pour celle des chevaux. Il n'y a point de places dans la première ligne de notre frontière, ni même dans la seconde, où on ne puisse trouver des situations qui favoriseront les ouvrages de ce camp, notamment s'ils sont faits avec un peu de loisir sans attendre le péril d'un siège qui fait précipiter toutes choses, et ôte le plus souvent les moyens de faire ce que l'on voudrait de mieux pour se mettre en état de bien faire. La dépense en serait médiocre, et l'utilité incomparable ; il ne serait question après cela que d'en faire un bon usage.

19. Je sais l'objection qu'on me fera contre ces camps, qui est l'affaiblissement, dira-t-on, de l'armée principale ; mais on doit considérer que ce n'est que pour un temps très médiocre, ce détachement ne devant y demeurer qu'autant que le péril d'être assiégé durera, qui sera bientôt passé, pendant quoi la grande armée ne manquera pas de situation avantageuse pour se camper et se retrancher pour un temps si court ; elle pourra fort incommoder l'ennemi dans ses convois et dans ses fourrages, tant par elle-même que par ses partis. Après tout, ne vaut-il pas mieux qu'elle demeure quelque temps dans une espèce d'inaction, que de voir perdre une bonne place à sa vue sans aucun moyen de la pouvoir secourir, comme il arriverait infailliblement si l'ennemi pouvait tant faire que de mettre une armée d'observation sur pied un peu raisonnable.

Je pourrais encore ajouter que l'armée assiégeante se trouvant en partie investie par notre grande armée, la difficulté des convois et du fourrage serait seule capable de l'obliger à la levée du siège.

DEVOIRS D'UN GOUVERNEUR DE PLACE

Quand le Roi honore quelqu'un de ses officiers du gouvernement de l'une de ses places-frontières, il est à présumer que Sa Majesté est bien informée de toutes les bonnes qualités du personnage qu'elle a choisi, et qu'elle a toutes les preuves nécessaires de sa valeur et capacité, et qu'elle est contente de ses services passés[1] ; ce qui doit obliger ce nouveau gouverneur à se mettre incessamment en état de répondre à ses bontés par une très forte application à se procurer toutes les connaissances possibles de sa

1. Après avoir lu le paragraphe 17 de la deuxième partie, où Vauban évoque les gouverneurs « qu'un peu de faveur a aidé à faire le chemin », on ne peut s'empêcher de discerner une certaine malice dans ses propos.

place, pour se mettre en état de rendre un service considérable à un si bon maître en conservant et faisant un bon usage de la place qu'il lui a confiée si l'occasion s'en présente ; d'autant plus que son devoir, son honneur, sa reconnaissance et son intérêt particulier l'y doivent engager d'une manière à tout sacrifier pour s'en acquitter dignement. Or la conservation et le bon usage de cette place dépendent de plusieurs soins intelligents, tels à peu près que les suivants.

Le premier doit consister dans une parfaite connaissance de la place en gros et en détail, de manière qu'il entende bien les propriétés de chaque pièce de sa fortification, la conduite qu'il faut tenir à leur défense, et jusqu'où elle se peut pousser.

Deuxièmement. De ne se point laisser corrompre ni surprendre en paix ni en guerre par les ennemis couverts, ni par les amis apparents ; mais de se conduire toujours avec une défiance générale de tout le monde, qui ne donne prise à personne, et qui ne soit ni farouche ni relâchée. Et pour cet effet se donner une attention très vive sur la conduite de tout ce qui l'environne, officiers, bourgeois, domestiques et autres, et surtout des moines.

Troisièmement. Avoir continuellement l'œil sur le service et assiduité de la garnison, sur les rondes et patrouilles qui s'y font, et sur ses gardes ; les voir monter et descendre, les visiter souvent dans leurs corps de garde, même, pour voir ce qui s'y passe, et si elles font leur devoir, et de cela ne s'en rapporter à personne.

Quatrièmement. De les faire aussi visiter par les lieutenants de roi, majors et aides-majors, quand il ne le pourra par lui-même, et s'en faire rendre.

Cinquièmement. De faire très souvent le tour de son rempart, en visiter toutes les parties, notamment les ponts, portes grandes et petites, voir si les ponts lèvent bien, et s'il ne manque rien au basculage, ni à la fermeture des portes. Visiter jusqu'aux moindres égouts et toutes les entrées et sorties d'eau, bien examiner s'il ne manque rien à la sûreté de leur fermeture et grillage, et y remédier sur-le-champ s'il s'y trouve quelque défectuosité, voir enfin si elles sont bien sûres et la quantité qu'il y en a. De manière qu'il n'y ait porte, barrière, trou ni égout dans sa place, si petits soient-ils, dont il n'ait une connaissance parfaite, et n'en sache l'usage, les besoins, et la défiance qu'il en doit avoir.

Sixièmement. Avoir la même attention pour toutes les pièces qui composent les dehors, les visiter toutes, et en bien examiner les défauts et avantages, n'en négliger aucun. Il ne faut pas même qu'il en demeure là, mais qu'il visite exactement le terrain des environs jusqu'à portée et demie du canon de la place ; qu'il remarque bien tous les défauts du terrain, et ce que l'on peut faire pour le corriger, et s'en faire de bons plans.

Septièmement. Il n'est pas moins nécessaire d'avoir ou, pour mieux dire, de faire faire une carte bien exacte et raisonnée de toute la dépendance de son gouvernement, avec une description du pays par rapport aux qualités militaires et civiles, et qu'elle soit accompagnée d'un dénombrement des peuples, des bestiaux, du nombre des charrues, etc., et de tous les arts et métiers qui s'y trouveront en pratique, notamment ceux de fer, de bois, de terre et de maçonnerie ; en un mot, de tous ceux qui peuvent avoir rapport à la fortification, et qu'il fasse renouveler ce dénombrement tous les ans une fois, afin de connaître mieux l'état de son gouvernement.

Huitièmement. Que lui ou le lieutenant de roi ne manquent pas de faire toutes les nuits ronde à des heures inégales et non attendues, et de bien examiner en passant toutes les gardes, de visiter les armes et les gargouches des soldats, de parler à toutes les sentinelles, d'appeler celles du dehors et les obliger à répondre, avec ordre à toutes les rondes d'en faire autant.

Neuvièmement. Etablir le nombre des sentinelles nécessaires tout autour de la place, notamment le long des passages des portes, entrées et sorties d'eau.

Idem, des guetteurs fidèles et intelligents sur les plus hauts clochers de la place, qui connaissent bien le pays, et qui sachent les noms de tous les environs : leur donner de bonnes instructions sur cela, des lunettes et des porte-voix, afin que du lieu où ils seront, ils puissent parler aux sentinelles et corps de garde avancés des portes, pour les avertir de ce qu'ils verront sur les avenues qui mérite considération, afin qu'elles ne soient point surprises ; et que quand le feu prendra la nuit à quelque maison de la ville, ou qu'il y arrivera quelque tumulte extraordinaire, ils puissent avertir par la voix de l'endroit où ils auront aperçu du feu, ou le bruit, après en avoir donné l'avis général par le son de la cloche destinée à cet effet.

Dixièmement. Mettre des consignes à ces mêmes portes, qui auront soin d'interroger les gens qui s'y présenteront, pour savoir qui ils sont, d'où ils viennent et où ils vont, et selon leurs réponses, les consigner aux officiers de garde pour les faire mener au gouverneur, ou les laisser passer s'ils n'ont rien à dire qui vaille la peine d'être écouté.

Onzièmement. Considérer sa place comme sa maîtresse[1], à laquelle il doit tous les soins dont il peut être capable, et que sa plus belle promenade soit toujours celle de sa fortification dehors et dedans.

Douzièmement. Qu'il ait grand soin de conserver les arbres de son parapet et des dedans de sa place, et les faire élaguer en saison, et remplacer ceux qui manquent par l'abattis des vents ou autrement. Il est bon aussi de planter des bois taillis dans tous les talus du rempart des demi-lunes et autres lieux qui ne sont pas occupés, notamment de l'osier franc le long du bord des fossés, parce qu'ils sont fort nécessaires dans les places pour faire des paniers, hottes, etc., ou d'y faire des jardins dans les endroits plats ; les

1. Sur ce sujet, Vauban parle sans conteste en fin connaisseur.

uns et les autres seront toujours utiles dans leur temps, car il n'y a de terrain inutile que celui qui n'est pas employé.

Treizièmement. Les arbres du rempart doivent être sacrés, et tellement conservés que jamais on ne les coupe qu'en vue d'un siège, pour en faire des affûts, plates-formes, palissades et cabanes contre les demi-bombes et les pierres. Mais comme il n'est pas toujours nécessaire d'attendre un siège pour cet effet, quand les arbres sont en maturité ou en bonne coupe, on le peut faire, et dès qu'ils sont secs, les faire façonner, chaque pièce pour l'usage où elle sera propre, qui doit consister en plates-formes, affûts de canons, rondins de dix pieds de long, sur sept à huit pouces de diamètre, ponts à radeaux, à peu près de même longueur et épaisseur, mais ceux-ci de bois blanc tant qu'on le pourra ; et observer d'en planter d'autres aussitôt, non dans les mêmes trous, mais entre deux.

Quatorzièmement. Visiter très souvent les magasins à poudre et l'arsenal, et se faire un plaisir de bien faire arranger les munitions et les tenir sèchement, propres et nettes, sans s'en rapporter aux soins du garde-magasin, qui très souvent n'a qu'une très médiocre intelligence de son métier, que je tiens cependant très important et digne d'être exercé par de vieux commissaires, gens adroits et sur la fidélité desquels on puisse se reposer plus sûrement que sur celle de la plupart des pourvus de ces emplois, gens pour l'ordinaire de petite étoffe, et qui n'ont pas trop de quoi répondre de leur fidélité. Cependant ces mêmes emplois me paraissent bien plus importants qu'on ne les estime ordinairement.

Quinzièmement. Il est certain qu'il est de l'œil du gouverneur sur sa place, comme de celui d'un bon maître sur son cheval[1] ; si ce gouverneur fait son devoir, tous ceux qui seront à ses ordres feront le leur, et pour lors tout ira bien. Mais il s'en faut bien que les choses ne soient sur le pied de faire tout ce que l'on doit ; c'est pourquoi il n'y a pas lieu de s'étonner si la plupart des gouverneurs ou de ceux qui occupent pour eux, entendent si peu leur place.

Seizièmement. Ce défaut, qui me paraît horrible, procède bien sûrement du manque d'application, et du peu de résidence qu'ils y font. Car tout gouverneur qui ne réside pas, ou qui réside peu, manque d'application et d'intelligence, ne connaîtra jamais sa place, auquel cas il est très sûr qu'il la défendra mal s'il est attaqué.

Dix-septièmement. Les officiers généraux ou commandants passagers que le Roi y met pour suppléer au défaut de gouverneurs, l'entendent encore moins parce qu'ils ne sont pas gouverneurs titulaires, et que ne faisant, pour ainsi dire, que passer, ils n'ont pas assez de temps pour s'instruire à fond de ce qu'ils devraient savoir ; à joindre qu'ils y ont un intérêt

1. Après la métaphore sur les maîtresses stipulée au onzièmement, Vauban, en honnête homme du XVIIe siècle, passe du chevalier servant au cavalier accompli en ayant recours à présent à la métaphore équine.

moins sensible que le gouverneur, qui en doit faire sa principale obligation ; et que le temps qu'il y a qu'il est gouverneur rend inexcusable sur le défaut des connaissances qu'il en doit avoir, son honneur et son intérêt particulier, qui est toujours le plus pressant de tous les motifs, le portant naturellement à faire étroitement son devoir.

Dix-huitièmement. Or, supposons que cette mauvaise disposition soit changée, et que chacun veuille bien se mettre en tête de remplir ses devoirs, j'estime que notre gouverneur fera bien pendant la paix de se faire le plus d'amis qu'il pourra dans sa place, dans son gouvernement, et chez les ennemis pendant la guerre. Il y en aura toujours quelqu'un dont il se trouvera bien en paix et en guerre et pendant un siège.

Dix-neuvièmement. Se procurer une bonne et sincère amitié de tout son état-major ; ce qu'il fera facilement, si en leur rendant justice sur tout ce qui pourra dépendre de lui, il les invite souvent à sa table, et leur fait une part judicieuse des émoluments permis de sa place. Et parce que j'ai vu souvent des états-majors brouillés à couteaux tirés, sur ces sortes d'intérêts, les uns voulant tout avoir, et les autres en voulant leur part, j'ai été quelquefois choisi pour arbitre sur de semblables démêlés. J'ai fait faire une estimation commune entre eux de tous les émoluments légitimes, tels que l'herbe des remparts, le poisson des fossés, la cantine quand il y en a eu, les boulangeries, les brasseries, des places où il est permis de faire des jardins, et les herbes des chemins couverts et glacis ; le revenu qu'on peut faire de tout cela étant estimé à une certaine somme, j'en adjugeais moitié au gouverneur, le quart au lieutenant de roi, les deux tiers de l'autre quart au major, et l'autre à l'aide-major : et quand ils étaient deux aides-majors, le major n'avait que la moitié du quart et les deux aides-majors, l'autre moitié divisée en deux parties égales. De sorte que si on rapporte au sol la livre de 20 s., le gouverneur en aurait 10, le lieutenant de roi 5, le major 3 sols 4 den., et l'aide-major, 1 sol 8 den. ; et s'il y a deux aides-majors, le major n'aura que 2 sols 6 den., et les deux aides-majors 1 sol 3 den. Quand il y a quelques petites places appartenant au roi, qui ne sont point occupées, et qui sont propres à faire quelque petit jardin, on en peut donner au garde-magasin et au capitaine des portes, parce qu'ils sont censés en quelque façon faire partie de l'état-major ; tous ceux que j'ai réglés de la sorte m'ont toujours paru contents.

Vingtièmement. L'un des meilleurs conseils qu'on puisse donner à un gouverneur de place est de ménager sur sa table, sur son jeu et sur des dépenses extraordinaires les moins nécessaires, une somme de deux ou trois mille pistoles[1], et de la faire convertir toute en pièces de trente sols, de 15 sols, et de 4 sols ; de mettre cette somme dans une cassette, en résolution de n'y jamais toucher tant qu'il sera à portée de pouvoir être assiégé, ni pen-

1. Terme servant à désigner l'écu espagnol, d'une valeur d'environ 10 livres.

dant un siège même, que la tranchée ne soit ouverte. Pour lors, quand il visitera ses postes, il fera bien d'en avoir à chaque fois pour six ou sept pistoles dans ses poches, pour en distribuer çà et là aux soldats nécessiteux, et qui sont les plus exténués de fatigue, de faim et de soif, ou malades. J'ai remarqué, non une fois, mais plusieurs, qu'un escalin[1] ou deux donnés à propos à un pauvre soldat qui pâtit lui fait plus de bien qu'un écu[2] donné quand il est à son aise et qu'il ne souffre point. En ne faisant que de petites libéralités, il aura moyen de les répéter souvent, et à plusieurs ; ce qui peu à peu lui attire l'amitié du soldat de sa garnison. Il est bon de leur dire pourquoi on leur donne si peu à la fois, afin que cela leur paraisse moins étrange. Ces petites libéralités que je compte se devoir faire à ses dépens ne doivent pas empêcher qu'il ne leur en fasse de plus grosses aux dépens du roi, quand quelqu'un d'eux les aura méritées, et même aux officiers blessés et aux pauvres subalternes qui bien souvent sont contraints de vivre au jour la journée comme ils peuvent, en faisant très mauvaise chère ; l'une et l'autre de ces libéralités, judicieusement appliquées et accompagnées de paroles gracieuses et d'une bonne soupe aux officiers, lui attireraient l'amitié d'un chacun ; ce qui, joint à une contenance ferme et assurée qui ne s'ébranle point, et à une conduite qui ménage bien sa défense sans exposer sa garnison mal à propos, le fera non seulement aimer, mais admirer et très estimer. Que si le gouverneur à qui je parle ne pouvait pas mettre une telle somme ensemble de son cru, je lui conseille de l'emprunter sans hésiter, certain que je suis qu'il ne fera jamais de dépense qui lui fasse plus d'honneur.

C'est dans la paix mieux que dans la guerre que le gouverneur peut se donner tout entier à l'étude de sa place, et s'appliquer à tout ce qui peut y convenir, parce que c'est un temps de repos et de loisir, pendant lequel il pourra fort bien préparer les ordres nécessaires à bien conduire sa défense et éviter l'embarras et la confusion à laquelle sont sujets ceux qui n'ont pas songé de bonne heure à se faire un plan de la conduite qui s'y doit tenir.

C'est donc pendant la paix qu'il doit examiner tous les besoins de sa place, parmi lesquels les moins nécessaires ne sont pas les souterrains, par la nécessité où l'on est de voir où on pourra loger les poudres et toutes les matières combustibles pendant un siège, de manière qu'elles puissent être en sûreté ; observant qu'il faut les diviser autant qu'il sera possible et les mettre en différents lieux éloignés les uns des autres. C'est pourquoi il est

1. Petite monnaie d'argent des Pays-Bas d'une valeur d'environ 6 sols. Il est à noter que Vauban évoque, à titre d'exemple, des espèces en circulation dans les Pays-Bas et qu'il a pu utiliser de manière habituelle, encore tout récemment lors de son séjour à Dunkerque.

2. Monnaie d'argent d'une valeur d'environ 5 livres (100 sols). La conquête de la Flandre par Louis XIV avait rendu nécessaire la création d'une monnaie d'argent particulière à la région, l'*écu de Flandre*, dit aussi *carambole*. En 1704-1705, une nouvelle émission tenant compte d'une réformation du cours des monnaies royales introduisit l'*écu de Flandre aux insignes* d'une valeur de 102 sols, 8 deniers. (Michel Amandry (Dir.), *Dictionnaire de numismatique*, Paris, 2001, pp. 183 et 443.)

nécessaire de bien examiner non seulement les lieux qui se trouveront dans la place appartenant au roi, où on les pourrait mettre, mais encore ceux des particuliers, notamment des couvents, où il y en a toujours quelqu'un ; tenir registre de la quantité qui s'en trouvera, de la longueur et largeur d'un chacun, de leur qualité et de ce qu'ils pourront contenir de poudre enchapée, et remarquer que tous ceux qui sont voûtés à plein cintre ou approchant sont toujours les meilleurs ; les caves communes n'ont pour l'ordinaire qu'une brique d'épais, et rarement leurs voûtes sont-elles à plein cintre, ce sont aussi les plus mauvaises de toutes. Après celles-ci suivent les voûtes à deux briques d'épais, approchant du plein cintre, et les meilleures sont celles qui ont trois briques d'épais, équivalentes à deux ou trois pieds, et voûtées à plein cintre ou fort approchant ; quand celles-ci sont chargées de quatre à cinq pieds de terre, ou de deux ou trois étages de planchers au-dessus, on peut s'y fier pourvu qu'elles soient bien sèches.

Nos magasins à poudre, faits à la moderne, sont fort bons, et jusqu'ici il n'en est arrivé aucun accident, bien qu'il y soit tombé bien des bombes dessus en plusieurs endroits. Je ne suis cependant pas d'avis qu'on s'y fie, parce que, contenant pour l'ordinaire 90, 100 ou 120 milliers de poudre, si par malheur le feu s'y prenait, cet accident serait capable de bouleverser toute une ville et de tuer la moitié de ses habitants.

Nous avons déjà dit qu'on ne saurait jamais avoir trop de souterrains dans une place ; mais où il en manquera, comme il arrive à toutes les vieilles places, il en faut faire de provisionnels par les mineurs sous les remparts et lieux élevés, étayés de bois dans tous les endroits qui le pourront porter. Ceux-ci sont sujets à de grandes humidités et ne valent pas grand-chose ; mais ils valent encore plus que de n'en point avoir du tout. Ce sont des ouvrages qui se peuvent faire peu à peu sur toutes les parties du rempart ; on peut même en faire servir les contre-mines qui ne sont point opposées aux attaques, et les portes de sorties, même les grandes, dont on se peut passer, ce qui dans les occasions pourra être d'un grand service.

Quand on en pourra faire de maçonnerie sous les faces, flancs et courtines des bastions, ou sous quelques autres parties des remparts, ou du dedans de la place, ils seront bons partout, selon les façons qu'on leur voudra donner. Il n'en faut point faire de maçonnerie qui aient moins de 8 pieds de large, afin d'y pouvoir mettre deux rangées de barriques enchapées de 2 pieds et demi de long chacune, et une allée au milieu, de trois pieds. Les murs de ceux-ci doivent être adossés d'une pierrée ou muraille sèche de pied et demi d'épais, moussée et bien arrangée par bonne main de maçon, la voûte très bien faite à plein cintre de deux pieds et demi d'épais, avec son extrados, bien cimenté, une cheminée à feu sur le derrière, dont les tuyaux débouchent dans le parapet ; ces tuyaux, larges de 6 pouces par le haut à leur sortie, de peur que les bombes ne les embouchent, et cela sur telle longueur qu'on voudra leur donner. Ces voûtes seront premièrement recouvertes de quatre doigts d'épais de gravier, et de 5 à 6 pieds de terre au-dessus. Quand il y aura lieu d'accoler deux ou trois souterrains ensemble, voire quatre, ils n'en vaudront que mieux et se feront à meilleur marché. Si au lieu de 8 pieds de large, on leur en donne 9, ils en seront meilleurs, puisque l'allée du milieu ayant près de 4 pieds de large, elle sera plus commode pour le remuement des barriques.

Si on leur donne 10 pieds, le souterrain sera plus grand et capable de plus de munitions ; mais il ne pourra encore contenir que deux rangées de barriques, qui occupant le milieu, on pourra gerber de trois, en laissant deux allées du côté des murs de deux pieds et demi de large chacune. Si de 11 pieds, les deux allées auront chacune 3 pieds ; mais il n'y aura toujours que deux rangées.

Si de 12 pieds de large, l'espace en sera beau et grand ; mais si on y met trois rangées, elles occuperont le milieu, et on pourra gerber de trois, et même à celle du milieu de quatre dans les besoins avec deux allées attenant des murs de 2 pieds 8 à 10 pouces chacune de large, ce qui est un peu étroit. Remarquez qu'il ne faut pas que les barriques touchent la terre, mais qu'elles soient portées sur des chantiers[1].

Donner aux voûtes de ceux-ci 2 ou 3 pieds d'épais et les faire toujours à plein cintre : les cimenter avec un grand soin et les environner d'une pierrée ; et comme il n'y aurait point de rempart assez élevé pour les recouvrir de 5 à 6 pieds de terre, il en faudra enfoncer le sol de 4, 5 ou 6 pieds au-dessous de sa base, si le fond et la qualité du terrain le permettent. Quand on en voudra faire de plus grands, il faut les engager sous les surtouts des pointes, angles flanqués des bastions et demi-lunes, car j'en voudrais aussi quelques-uns dans ces pièces. On en pourra mettre encore sous les cavaliers, grosses traverses, et sous les buttes des moulins à vent, et autres élévations qui se trouveront dans la place. La fabrique d'un bon souterrain ou deux tous les ans n'irait pas à une dépense fort sensible et serait cause d'un bien très considérable au bout de huit ou dix ans, dans une place, qui par ce moyen se trouverait abondamment pourvue de bons et excellents magasins propres à tout ; mais il faut sur toutes choses les bien précautionner contre l'humidité, autrement tout s'y corromprait.

Nous avons dit ailleurs qu'il fallait les paver tous de brique choisie entre la plus cuite, posée de chant et debout sur un massif de maçonnerie avec pente du côté des égouts les plus commodes ; il ne sera même que bon de leur en faire exprès.

Ce sera dans les grands souterrains qu'il faudra faire des fours avec toute la suite et les accompagnements d'une boulangerie.

Quand quelque bourgeois fera bâtir, l'induire tant qu'on pourra à faire de bonnes caves avec des puits et cheminées et tout ce qu'il faudra pour y

1. Pièces de bois sur lesquelles on pose horizontalement les barriques.

pouvoir habiter en sûreté dans le temps d'un siège, le tout avec double plancher au-dessus et beaucoup de fumier et de fascines en cas de siège. C'est encore un conseil à donner aux couvents, leur faisant entendre que ce sera pour retirer leurs principaux effets en sûreté contre les bombes en cas de siège.

Comme les magasins à poudre demeureront vides en ce temps-là, le gouverneur en pourra choisir un pour sa demeure, un autre pour mettre les blessés de considération à couvert, ou des munitions qui ne seront pas sujettes au feu. Pour ce qui est des grandes villes où il se trouve pour l'ordinaire beaucoup de souterrains tant bons que mauvais, l'ennemi ne pouvant pas fournir à tirer partout, ou ne le voulant pas, il y a toujours des lieux où on est en sûreté.

C'est dans les grands vides qui se trouvent dans l'enclos de ces places, où je voudrais faire camper les troupes de la garnison pendant un siège, et non les loger dans les casernes près des attaques où il y a apparence que les coups échappés des ennemis, soit de propos délibéré ou autrement, ne les laisseront guère en repos.

A propos des casernes placées près du rempart, je me souviens qu'il y en avait une grande rangée à Luxembourg, joignant le derrière du rempart, vis-à-vis les attaques, à trois étages voûtés sur poutrelles ; nos bombes, dont quantité tombèrent dessus par mégarde, percèrent toute la couverture et la première voûte, et crevaient pour l'ordinaire sur la seconde, qui quelquefois en était enfoncée, en d'autres elle tenait bon, mais aucune ne perça la basse voûte, et si elle n'était pas meilleure que les deux autres. Il est vrai que la charge des mortiers n'était que de deux livres de poudre et que les bombes ne s'élevaient pas beaucoup, mais les deux cavaliers pour qui cet orage était préparé n'en furent pas moins démontés avec tout leur canon[1].

Revenons à notre sujet. Le gouverneur ne doit pas se donner moins d'attention pour savoir où il mettra les autres munitions en sûreté, tels que les feux d'artifice, les armes de rechange, les bombes à grenades chargées, les farines, les chairs salées, les vins, eaux-de-vie, etc. ; et à mesure qu'il se fixera à quelque chose sur cela, il fera bien d'en faire un mémoire, à la charge de le repasser souvent et d'y changer ce qu'il verra bon être après y avoir judicieusement repensé. C'est ainsi qu'il doit insensiblement disposer ses affaires pour n'en être point embarrassé dans le temps d'un siège.

Je lui conseille de plus de faire le projet de ses dispositions pour les emplois subalternes à différents officiers de sa place, pendant un siège. Par

1. Après la prise de Luxembourg, Vauban informe Louvois, le 13 juin 1684, de l'état des destructions dans la ville : « Les bâtiments sont extrêmement ruinés tant par la bombarderie de l'hiver dernier que des coups échappés du siège qui sont infinis et qui l'ont tellement gâtée qu'il n'y a peut-être pas dix maisons qui ne soient criblées de coups de canon ou crevées de bombes », cité par Jacques Dollar, *Vauban à Luxembourg*. Luxembourg, 1984, p. 95.

exemple, soit que le roi lui nomme un conseil ou non, il fera bien de s'en faire un, composé du lieutenant de roi, de l'intendant ou commissaire ordonnateur, du commandant de l'artillerie, du principal ingénieur, des deux premiers colonels de la garnison, et supposé qu'il y ait des brigadiers, les y faire entrer ; ne rien faire d'important sans prendre l'avis de ces gens-là ; il le suivra après si bon lui semble. Quant aux destinations des principaux emplois de la garnison, voici quel est mon avis.

Donner au lieutenant de roi le commandement général des dehors, et notamment des chemins couverts, avec des subalternes sous lui, des officiers en qualité d'aides de camp pour porter les ordres, et un des aides-majors de la place s'il y en a plusieurs. Ce sera à lui à se charger de garnir les postes qui lui seront confiés, du monde nécessaire, et leur ordonner ce qu'ils auront à faire.

De faire fournir les munitions nécessaires aux postes, des poudres, de balles, et de grenades quand il y aura lieu de s'en pouvoir servir ; de faire tous les matins ramasser les munitions répandues le long des postes ; de faire aussi les détachements des gens commandés pour les sorties, et les diriger ; faire rétablir les palissades et barrières rompues, remettre les sacs à terre et paniers sur le parapet, etc., et tout ce qui pourra dépendre de ses soins, dont il rendra compte au gouverneur.

Charger le commandant de l'artillerie du soin général de tout ce qui regardera le service et le mouvement du canon, les batteries nouvelles, réparation des vieilles, changement de pièces d'une batterie à une autre, des piquets, fascines, plates-formes, outils, et du monde nécessaire pour mener les pièces d'un lieu à un autre. De faire fournir les munitions, soit pour le canon ou pour les mortiers à bombes et à pierres ; de quoi il rendra aussi tous les jours compte au gouverneur, aussi bien que des consommations qu'il aura faites, et ne fera rien qu'en conséquence de ses ordres.

L'intendant ou commissaire ordonnateur dirigera les vivres, la police et l'hôpital ; ordonnera de tous les paiements tant des troupes que des travaux, des revues, de la distribution du pain, du vin et des chairs salées : le tout, de l'ordre et consentement du gouverneur.

Comme la défense d'une place assiégée est un métier pénible pour tout le monde, où on dort peu et où on veille beaucoup, il faut réparer cela par une nourriture plus abondante que celle des temps où on ne fait rien. C'est pourquoi au lieu que le pain de munition n'est pour l'ordinaire que de livre et demie, sitôt que le premier coup de canon aura tiré, ordonner que la ration soit de deux livres, bien cuite et bien conditionnée. Si on veut le décharger de vingt liv. de son par setier, le pain en sera beaucoup meilleur. Cela se peut faire quand on convertit les grains en farine ; par le moyen des bluteaux[1] faits exprès, et étalonnés sur ce pied-là ; chose fort aisée à faire,

1. Instrument servant à séparer les diverses espèces de farine.

les soldats en seront mieux nourris, et toutes choses s'en porteront mieux. Tous ces soins regardent encore l'intendant, aussi bien que celui de faire délivrer de la viande, du lard, du fromage, des pois, des fèves et autres légumes aux troupes ; *idem,* du vin, de la bière et des eaux-de-vie. Il pourra charger un ou deux de ses commissaires de ce travail.

Le directeur de l'hôpital sera chargé du soin des malades et blessés, sous la direction d'un commissaire qui aura soin de les visiter et les voir journellement panser, et qui prendra garde à leur nourriture, le tout sous les ordres de l'intendant, qui en rendra aussi compte au gouverneur, qui doit être informé de tout ce qui se passera.

Le garde-magasin ne fera point de distribution de poudres, balles, ni autres munitions, que par les ordres du gouverneur, et en présence du major de la place, ou de l'un des aides-majors. Il rendra compte tous les soirs de ses consommations sans y manquer. Comme il aura beaucoup d'affaires, il faudra le faire aider par la quantité de monde nécessaire, gens connus et qui soient du corps de l'artillerie. Il faudra charger un commissaire des guerres de la réparation des armes faussées ou rompues, ou à qui il manquera quelque chose, pour les faire incessamment réparer. Ce même homme aura aussi soin de diriger tous les armuriers et serruriers, soit de la ville ou des troupes, et de les placer en lieu où ils puissent travailler en sûreté. Il tiendra la main à ce qu'ils soient assidus, et qu'aucun d'eux ne s'écarte. Je suis encore d'avis qu'on le charge de la distribution des armes de rechange aux troupes, qu'il en tienne bon et fidèle registre, et qu'il s'en fasse donner des reçus par tous les majors des régiments, pour en pouvoir rendre compte tous les soirs au gouverneur.

Tous les majors des régiments seront chargés en chacun endroit du détail de leur régiment. Ce sera à eux de fournir leurs gardes, les conduire à leurs postes et leur dire ce qu'il y aura à faire. Ils recevront par compte les poudres, les balles, la mèche, les pierres à fusil, les baguettes de fer, tire-bourres, les torchons pour essuyer les armes, la bourre, etc., pour leurs postes, dont ils donneront leur reçu aux gardes-magasins ; remarquant qu'il n'y a que les gardes opposées aux attaques à qui il en faut tous les jours délivrer la quantité qui aura été réglée par le gouverneur sur les consommations qui s'en font journellement. Pour les autres qui ne font que peu ou point de feu, il suffira de leur en donner de temps en temps, suivant les ordres qui leur en seront donnés par le gouverneur ou par le major de la place, qui doit ordonner aussi des consommations de l'artillerie par rapport à la quantité de coups de canon qui se tireront une journée portant l'autre, de même que des bombes, feux à éclairer, grenades, etc. ; de quoi il faudra toujours lui rendre compte.

Comme on a changé depuis peu les vieilles armes en nouvelles, et les mousquets en fusils, et que cependant il reste beaucoup de ces vieilles armes dans les magasins, qui ne doivent pas être inutiles, les majors auront soin d'en apprendre le maniement à leurs soldats, afin que quand on sera obligé de leur en distribuer, ils sachent s'en servir. Ce seront aussi les majors et aides-majors des régiments à qui on distribuera les armes de rechange par compte, selon la quantité qu'ils en demanderont. Ce sera encore à eux qu'il faudra distribuer les petites mesures de bois ou de fer-blanc, destinées à régler la charge des fusils.

Il sera du soin des aides-majors de parcourir tous les matins et tous les soirs les postes de leurs régiments, pour faire ramasser les munitions répandues, comme les mèches, les balles, pierres à fusil, et de reprendre et châtier ceux qui les dissipent mal à propos.

Charger l'ingénieur en chef de faire réparer les désordres du canon ennemi, notamment les brèches, du répaississement des parapets, réparations des vieilles traverses, en faire de nouvelles ; les communications, bouts de tranchées nécessaires derrière les brèches pour communiquer d'une traverse à l'autre ; ponts à fleur d'eau, radeaux, bateaux pour communiquer ; communications des fossés secs ; remplacer les palissades et généralement faire tout ce qui appartiendra à la fortification, dont il distribuera le soin à ses subalternes et aux ouvriers qui seront là rassemblés sous lui, ce qu'il exécutera dans le meilleur ordre qui lui sera possible.

Quant aux ouvrages d'artillerie, ce seront les officiers de ce corps qui les dirigeront sous l'autorité de celui qui les commandera. Mais pour la situation des batteries, elles seront choisies par le gouverneur sur les propositions qu'en fera l'ingénieur, de concert avec le commandant de l'artillerie[1].

A l'égard des contre-mines, elles doivent être préparées de longue main avant le siège par l'ingénieur de la place, autorisé du directeur général, et par l'officier des mineurs qui les commandera, lesquels auront tous leur relation au gouverneur et à l'ingénieur en chef, quand il sera question de les charger et faire jouer.

Le commandant de la cavalerie sera chargé de la direction de toutes les gardes tant du dehors que du dedans. Ce sera lui qui, par les ordres du gouverneur ou du lieutenant de roi en son absence, réglera les sorties et courses de la cavalerie, et qui la fera agir de jour et de nuit, selon les cas où on se trouvera. Il aura un soin très particulier des gardes distribuées parmi les carrefours de la ville pour empêcher les assemblées tumultueuses et de faire toutes les patrouilles à cheval de l'une à l'autre garde.

Le gouverneur choisira entre les bourgeois les plus honnêtes gens pour les faire capitaines de bourgeois. Ceux-ci seront uniquement employés à prendre garde au feu, et à l'éteindre quand il s'allumera quelque part. C'est pourquoi il y aura des sentinelles dans toutes les rues et quartiers qui y seront les plus exposés pour y prendre garde ; et aussitôt qu'elles verront

1. Vauban fait allusion aux perpétuelles questions de préséance de commandement dans les places, émaillées de conflits incessants entre les officiers des diverses armes et que de nombreux règlements tenteront de trancher tout au long du XVIIIe siècle.

paraître le feu, elles en avertiront la garde bourgeoise plus prochaine afin qu'elle y accourre. Le mieux sera de leur partager tous les quartiers de la ville qui peuvent y être exposés, afin qu'ils les distribuent par brigades, et que chacun d'eux sache de quoi il sera chargé.

Le magistrat doit presque toujours être assemblé pour donner les ordres à leur bourgeoisie, et avoir toujours quelqu'un de son corps auprès du gouverneur.

Tout le détail de la défense étant distribué aux chefs que le gouverneur aura choisis : chacun selon son emploi se trouvera à une heure marquée chez le gouverneur pour lui rendre compte des choses dont il aura été chargé, et recevoir les ordres sur la continuation de ce qu'il aura à faire. Cela fait, tous les majors des corps s'y trouveront à leur tour pour prendre l'ordre, aussi à heure marquée pour le recevoir ; et après que chacun d'eux aura fait son rapport et rendu compte de son fait, ils iront chez les gardes-magasins encore à heure marquée, pour y prendre les munitions nécessaires à leurs postes ; ce qui sera exécuté de même en présence du major de la place par les autres corps ; car bien que tous n'aient pas des majors, il faudra qu'ils en fassent pour le siège seulement.

Quant au major et aux aides-majors de la place[1], ils seront uniquement destinés à faire distribuer les munitions, à prendre garde que le garde-magasin n'excède et ne soit excédé au-delà de ce qui aura été ordonné ; à visiter les postes attaqués, et les corps de garde du dedans pendant la nuit, et ceux des dehors pendant le jour ; à diriger les gardes du dedans et du dehors ; à faire ouvrir et fermer les portes quand il sera nécessaire ; à faire exécuter les ordres du gouverneur ; à prendre garde aux gardes et patrouilles du dedans de la ville, et à celles qui sont préposées pour l'extinction du feu ; et quand ils feront leurs rondes et patrouilles, ils auront soin de se faire toujours accompagner d'un certain nombre de gens armés qui ne les quittent point.

Le gouverneur ne doit jamais s'absenter quand il y aura guerre déclarée, ni découcher de sa place, s'il est possible, notamment si elle est frontière de la première ligne ; mais y résider assidûment lui et tout son état-major. Pour lors son application et la leur doit redoubler à bien prendre toutes les précautions qui peuvent dépendre d'eux pour la sûreté de la place. Il doit faire agir les compagnies franches dans ces temps-là, pour établir la contribution, la pousser plus loin qu'il pourra et apprendre des nouvelles des ennemis. Car il faut toujours savoir ce qu'ils font, et même à quoi ils pensent, s'il est possible. La connaissance de cela dépend assez des manœuvres qu'on lui voit faire. C'est aussi le temps de faire agir les amis qu'il aura pratiqués pendant la paix, afin qu'il soit mieux informé des desseins que

1. Le major d'une place de guerre est le troisième officier qui y commande en l'absence du gouverneur et du lieutenant de roi.

l'ennemi pourrait avoir contre lui ; c'est encore celui de répéter le dénombrement des familles de son gouvernement, s'il ne l'a pas fait avant cela, et de la quantité d'hommes et de chariots qu'on en pourrait tirer au besoin pour le service de place, comme aussi des bois, fourrages, vivres, palissades, fascines, etc. Il doit parcourir extraordinairement l'état de sa fortification et de ses magasins ; examiner avec soin ce qui a besoin de réparation et le représenter à la cour ; et encore mieux le faire réparer lui-même par l'avis des ingénieurs s'il est à portée de cela, sans attendre que le besoin les presse trop.

S'il se voit en état d'être assiégé et que cela ne roule que sur des soupçons éloignés, il doit continuer d'envoyer des partis à la guerre rôder à l'entour des armées et des places ennemies, pour en apprendre des nouvelles plus certaines, savoir où ils sont et de quel côté ils ont la tête tournée[1] ; faire cependant amas de fascines, piquets, palissades et fourrages ; s'assurer des troupeaux de vaches et de moutons qu'il pourra faire entrer dans la place en cas de siège ; et les faire observer, afin que dans les besoins ils ne lui puissent manquer.

Faire convertir la plus grande partie de ses blés en farines, parce que les moulins peuvent être rompus et rendus inutiles par l'effet du canon, des bombes ou du feu ; commander aux bourgeois de s'en approvisionner pour trois mois et obliger ceux qui sont inutiles dans un siège et qui n'ont pas de quoi y subsister de s'absenter de la ville, notamment les femmes qui sont toujours criardes, et jamais bonnes à rien.

Si les ennemis font quelques démarches de son côté qui grossissent les apparences d'un siège, il doit continuellement envoyer des partis à la guerre pour découvrir leur véritable dessein, faire agir des espions pour savoir s'ils sont bien disposés à faire un siège ou non, et s'ils ont les équipages d'artillerie et des vivres, nécessaires pour cet effet, à portée de l'entreprendre ; s'il leur vient du gros canon, quantité de bombes et de mortiers, et les autres munitions dont on a nécessairement besoin pour pouvoir faire un siège ; s'informer très soigneusement de leurs mouvements, et s'ils se mettent à portée de l'investir.

Que s'il apprend de quoi augmenter ses soupçons, faire rentrer ses partis, de peur qu'ils ne soient coupés ; et cependant en avoir toujours quelques-uns dehors, pour tâcher de faire des prisonniers et apprendre des nouvelles plus certaines. Il sera bon que les barbettes[2] de la pointe des bastions soient garnies de quatre pièces de canon chacune, de 4, 8 et 12 liv. de balle, approvisionnées de ce qu'elles auront besoin pour les mettre en état de tirer. S'il y a du petit canon de fer dans la place, en loger deux pièces sur

1. Vauban insiste sur les nécessités de la reconnaissance et du renseignement, deux éléments indispensables de l'art militaire auxquels bon nombre de généraux français de l'époque omettaient d'avoir recours.
2. Les batteries de plein air.

chacune des pointes des demi-lunes ou des ouvrages à cornes ; sortir aussi les autres de l'arsenal et les faire monter sur leurs affûts, prêts à marcher où l'on voudra les mener ; préparer les plates-formes des batteries fixes ; faire faire garde par la cavalerie de jour à la petite portée du canon de la place et la faire retirer pendant la nuit dans le chemin couvert, d'où elle sortira de temps en temps par petites troupes pour aller battre l'estrade ; faire patrouille aux environs de la place et voir s'il ne s'y passe rien. Si on apprend que l'ennemi soit tout à fait déterminé au siège et qu'il s'approche pour cela, et qu'enfin on prévoie une investiture prochaine, tirer quelques volées de canon pour rappeler les partis et les faire rentrer.

Si l'ennemi investit, il ne faut pas se commettre avec lui les premiers jours, mais attacher de petites escarmouches de cavalerie et d'infanterie avec leurs coureurs et petites gardes soutenues par de l'infanterie, toujours en cédant terrain pour les attirer le plus près de la place qu'il sera possible, pendant quoi on ne doit pas tirer un seul coup de canon que l'ennemi ne soit fort près ; on ne doit pas même laisser paraître trop de gens sur le rempart mais quand il se sera bien mis à portée, s'il est en troupe, pour lors on le doit saluer de toute l'artillerie qui pourra le voir. On doit ensuite faire pousser après les plus avancés, jusqu'à ce que l'ennemi tourne tête et pousse les nôtres à son tour, lesquels étant soutenus par le canon rechargé de nouveau, et par quelques grenadiers détachés avec la cavalerie, remettra encore l'ennemi sur le retour avec perte sans doute de quelqu'un des siens ; ceci se peut faire en plusieurs endroits des environs de la place, et répéter à plusieurs reprises. Du surplus, on doit laisser camper les ennemis à leur aise, sans leur tirer d'autre canon que celui des barbettes, à qui on donnera seulement demi-charge, pour ne pas lui montrer où il doit placer ses camps. Que s'il les approche trop près de la place, ce sera tant mieux, il faudra le laisser bien établir, et pendant qu'il s'y occupera, changer le canon des barbettes et y en mettre de plus fort pour tirer à pleine charge sur ses camps s'ils en sont à portée, ce qui les obligera à décamper s'ils sont trop près, et à changer de place, leur tuera beaucoup de monde et leur causera du retardement. Continuer cependant à faire garde de cavalerie hors de la place à quelque 150, 200 ou 250 toises du chemin couvert, dont il faudra tenir les barrières ouvertes, afin que si les gardes sont poussées, elles puissent s'y retirer. Commencer à mettre en usage ces dispositions par faire garde dans les chemins couverts, pour de là pouvoir soutenir nos avancées de cavalerie, à qui on fera bien de joindre quelques compagnies de grenadiers pour les fortifier. S'il y a quelque couvert un peu avantageux aux environs où elles se puissent mettre, il faudra les y poster ce qui sera très à propos pour réprimer l'insolence des ennemis s'ils s'avisent de les venir chercher.

C'est dans ces temps-là que la garnison peut attacher de rudes escarmouches avec eux ; car la cavalerie de la place, aidée et soutenue de ces grenadiers, poussant et étant poussée, partie de l'infanterie du chemin couvert pourra même sortir quelques pas en avant, la baïonnette au bout du fusil, et s'avancer au-devant d'elle, ce qui pourra rassembler beaucoup d'ennemis sous le feu du canon de la place, où ils ne trouveront pas leur compte.

Quelques jours avant l'arrivée des ennemis, si on la peut prévoir, il faudra mettre le feu à toutes les maisons et bâtiments du dehors qui pourront favoriser les gardes et les approches, et ne pas manquer de fourrager tous les environs aussi loin qu'on se pourra étendre sans hasarder de se faire couper et apporter tous les fourrages dans la place.

Vraisemblablement que, dans le commencement du siège, l'ennemi ne songera guère qu'à s'établir, travailler à ses lignes, faire entrer les convois dans son camp, aller au fourrage, en faire amas, resserrer la place par ses gardes avancées pour tâcher de la reconnaître, et empêcher la garnison de fourrager aux environs et la contenir de plus près.

C'est ce qu'on ne pourra pas éviter, mais on doit envoyer des partis hors du chemin couvert pendant la nuit, qui ne s'éloigneront guère plus de 100 ou 200 toises de la place, où ils se tiendront, sur le ventre, cachés dans des fonds ou des lieux couverts s'il y en a. Ces partis demeurant en silence tâcheront de découvrir ceux qui s'avanceront pour reconnaître, et de les couper ; prendre quelques ingénieurs ou les tuer[1].

Pendant tout le temps que l'ennemi travaillera à faire ses lignes et ses préparatifs pour l'ouverture de la tranchée, les gardes avancées de la place continueront d'avoir de fréquents démêlés avec les siennes ; mais il faut bien prendre garde que ceux de la place ne s'avancent pas assez pour hasarder à se faire couper.

Comme il est important de savoir de quel côté l'ennemi attaquera, on pourra avec un peu d'attention le démêler par les désavantages de quelque partie de la situation, par un plus grand resserrement des gardes de ce côté-là, par ses affectations, allées et venues plus fréquentes dans un endroit que dans l'autre, par les amas de matériaux plus abondants de ce côté-là, et par l'établissement du parc, que l'on tâche toujours de faire à portée de l'ouverture de la tranchée. Tout cela se pourra découvrir des lieux élevés de la place avec de bonnes lunettes ; mais il sera encore plus sûr de l'apprendre par les espions.

A propos de quoi il sera bon d'avoir une certaine quantité de hautes-paies de soldats affidés dans la compagnie franche, et même dans d'autres, qui, faisant semblant de déserter, prendront parti chez les ennemis ; et quand il y aura occasion d'avertir le gouverneur de quelque mouvement important, ils se rejetteront dans la place, non tous à la fois, mais en diffé-

1. Vauban n'est pas tendre avec ses collègues du parti adverse, mais il fait preuve ici d'un froid pragmatisme en neutralisant, de façon sélective, les spécialistes à même de mener le siège de la place.

rents temps et par différents endroits, l'un pour un avis, et l'autre pour l'autre, selon la leçon qu'on leur aura faite. Il ne faudra pas qu'ils désertent à même temps, ni qu'ils sachent les desseins les uns des autres, de peur qu'ils ne se trahissent et ne gâtent tout.

Ce sera dans ce temps-là que le gouverneur doit travailler à régler les gardes de la place et celles des dehors et chemins couverts ; premièrement, sur le pied d'attendre l'ennemi de tous côtés, parce qu'on ne saurait savoir positivement le parti qu'il prendra ; mais il faut avoir celui des attaques déclarées tout prêt, afin que dès le lendemain on le puisse mettre en pratique tant pour les dehors que pour la place, observant toujours ce qui a été dit dans la deuxième partie de ce Traité.

Il sera bon dans ces premiers temps d'avoir un piquet de cavalerie et d'infanterie prêt à marcher, et en état de renforcer les endroits attaqués ; mais ce sera à condition de n'agir pendant la nuit que dans les chemins couverts.

Si on est bien alerte, on pourra découvrir l'ouverture de la tranchée ; car si on voit sur le soir certaine marche de troupes suivies de travailleurs avec des fascines, il sera aisé de remarquer où elles se dirigeront, et pour lors de juger à quelle partie de la place ils se voudront attacher. Pour parvenir à ces connaissances, il faudra non seulement jeter du monde en dehors, mais observer de tous les lieux hauts et élevés de la place.

Une chose pourra encore faciliter cette découverte, c'est de donner du papier et de l'encre au guetteur, avec un petit panier et une grosse ficelle assez longue, au moyen de laquelle il puisse descendre en bas les billets adressant au gouverneur, qui contiendront les mouvements extraordinaires qu'il verra faire dans le camp, supposé qu'il soit assez intelligent pour cela ; sinon il faudra y envoyer quelqu'un qui en sache plus que lui. Ces billets seront reçus par une sentinelle au pied de la tour, qui les portera aussitôt à leur adresse. De cette façon l'ennemi fera peu de mouvements extraordinaires de jour dont le gouverneur ne soit averti. On suppose que l'ennemi sera 9 ou 10 jours à faire ses arrangements et préparatifs, à compter depuis son arrivée devant la place jusqu'à l'ouverture de la tranchée, pendant quoi il sera entièrement occupé à ses campements, à la façon de ses lignes, à recevoir les convois, à l'amas des munitions de guerre nécessaires aux attaques, et à celui des vivres, fourrages, gabions, fascines, plates-formes pour le canon, etc.

Le gouverneur de son côté doit profiter de ce temps pour faire ses dispositions et mettre les officiers choisis, tels que les proposés, en possession des emplois qu'il leur aura destinés ; *idem,* le canon et les mortiers en batterie, et à l'établissement de ses gardes, notamment de celles du chemin couvert comme à la partie la plus exposée à l'ennemi. C'est pourquoi supposant que les gardes y soient établies quelques jours avant que la place ait été investie, les renforcer dès qu'il commencera à prendre poste devant ;

border sans perdre de temps le sommet de ses parapets d'une espèce de petit surtout de gazon au lieu de paniers et de sacs à terre, qu'il sera mieux d'épargner pour le corps de la place, ledit surtout épais de 2 pieds dans sa base, réduit à 12 ou 15 pouces au sommet sur l'élévation d'autant au-dessus du grand parapet, le même surtout percé de créneaux distants d'une toise l'un de l'autre, ébrasés en dedans d'un pied à 14 pouces réduit à 3 d'ouverture par le dehors pour passer le bout des fusils ; y faire à même temps porter des palissades pour garnir et remplacer celles que le canon rompra par la suite ; bien accommoder les traverses ; faire un petit chemin (d) dans le bas du bord du fossé pour l'usage que nous dirons en son lieu, et faire retrancher les places d'armes des angles rentrants du chemin couvert comme il sera dit ci-après. Voyez la XIIIe planche.

Il serait à souhaiter qu'il y eût quelque sept à huit douzaines de fusils à chevalets dans la place dont les canons fussent de 5 à 6 pieds de long, du calibre de 4 onces de balle, montés comme des fusils communs, avec des bois renforcés et de grosses platines qui aient les batteries bien trempées, et les ressorts liants et forts[1]. Les chevalets qui doivent leur servir d'affûts seront faits en trépied à trois pointes ferrées par le bas ; le canon du fusil étant saisi dans son équilibre par un lien ou cercle de fer encastré ferme dans le tour du bois et du canon joints ensemble : ce cercle qui sera de 2 pouces de large et de 2 lignes d'épais, sera soudé avec renfort à deux tourillons qui poseront sur les petits fourchons de la fourchette et embrasseront juste le fusil. Cette fourchette qui terminera le sommet d'une grosse cheville de fer ronde et mobile, de 15 à 18 lignes de diamètre, sur 15 à 18 pouces de long, passera dans le milieu de la tête du chevalet et pourra le hausser et baisser perpendiculairement selon les besoins, et tourner à droite et à gauche de même ; de sorte que quand un fusil sera monté sur son chevalet, on pourra viser haut et bas, à droite et à gauche, le tourner devant derrière, et tirer de tous côtés avec autant de facilité que d'un fusil ordinaire, hors qu'on sera assujetti au chevalet. Comme il pourrait offenser par son repoussement ceux qui le tireraient, on pourra le modérer au moyen d'un petit plancher fait sur le travers, qui tiendra par le bas en état les pieds du chevalet qu'on chargera d'une grosse pierre ; à joindre qu'on met le pied dessus en tirant pour le mieux contenir. Ces fusils portent fort loin et sont d'un service aisé, se peuvent porter partout, ne pesant que 60 liv. chacun, de sorte qu'un mulet en peut aisément porter deux par les pays de montagnes, avec leurs chevalets, et de quoi tirer trente coups chacun. Le vrai lieu de s'en pouvoir servir pendant un siège est de les placer sur les angles saillants du chemin couvert au front des attaques ; sur les pointes des demi-lunes, sur la droite et la gauche des mêmes attaques. J'en

1. Ces « fusils à chevalets » sont sans doute à rapprocher des « arquebuses à croc » montées sur des chevalets ou trépieds de bois ferrés décrites par Surirey de Saint-Rémy, *op. cit.*, p. 317, pl. 89.

ai fait faire autrefois une douzaine pour essai qui m'ont coûté 60 liv. pièce tout montés ; je m'en suis même servi à deux sièges avec assez de succès[1]. Il leur faut deux hommes à chacun un peu stylés pour les bien servir, moyennant quoi on en peut faire un petit équipage d'artillerie pour les pays de montagnes, qui sera de grande utilité.

Il est à présumer que le gouverneur aura eu soin de se munir d'un chiffre[2] pour donner de ses nouvelles au général et aux villes plus prochaines. On doit joindre à cela un mémoire des signaux qui établiront une espèce de correspondance du plus haut clocher de la ville avec un de la campagne à une lieue ou deux de la place, qui soit bien en vue de celui-ci, dont on puisse voir distinctement les feux qui se feront sur le clocher. Le général aura soin d'y faire mettre une garde avec quelqu'un qui aura une copie des signaux pour les recevoir, au moyen de quoi il pourra être averti de ce qui se passera de plus considérable dans la place. Il n'y aura pour cela qu'à spécifier les principaux événements dans le mémoire ; par exemple, le jour que l'ennemi ouvrira la tranchée si c'est par un côté marqué de la place, on fera un feu sur le haut du clocher une heure après minuit du côté de l'attaque, qui durera une heure, avec un coup de canon ; s'il attaque de deux côtés à la fois, on en fera deux, avec autant de coups de canon. Quand il aura attaqué le chemin couvert, d'autres feux ; s'il le force, un feu au clocher et quatre coups de canon du côté de la réception des signaux. Si on a besoin d'eau, et qu'on en puisse tirer de quelque ville au-dessus où elle serait retenue, il faudra faire un signal pour avertir quand il sera temps de la donner, et ainsi de toutes les autres grosses affaires qui pourraient arriver.

Il est bon que M. le gouverneur soit averti d'une chose touchant la vitesse des eaux.

J'entrai dans Oudenarde[3] huit ou dix jours avant le siège de l'année 1674, pendant quoi je m'appliquai à préparer la conduite des eaux et aux moyens de les répandre sur les prairies au-dessous de la place ; et à beaucoup d'autres petits ouvrages servant à sa défense.

Quand l'ennemi arriva devant, je ne fis point de signal, mais bien quand il ouvrit la tranchée. Je fis quelques jours après celui dont j'étais convenu avec M. le maréchal d'Humières, tendant à lever une des planches de l'entrée du Luquet (c'est ainsi qu'on appelle la porte d'eau par où l'Escaut entre dans Tournai, où elle était retenue depuis longtemps). Au lieu d'une planche il en fit lever deux, ce qui fit déborder cette rivière qui inonda

1. Suivant les améliorations apportées par l'ingénieur Robelin, il fait fabriquer ces fusils à Besançon, voir M. Virol, *Vauban...*, *op. cit.*, pp. 76-78.

2. Un chiffre pour rédiger des messages chiffrés.

3. En septembre 1674, le prince d'Orange ayant le projet d'investir Oudenarde, Vauban reçut l'ordre du roi de se jeter dans la place pour contribuer à la défendre. Après six jours d'attaque, les alliés levèrent le siège le 21 septembre 1674, à l'approche de l'armée du prince de Condé venue à la rescousse.

toutes les prairies entre Tournai et Oudenarde, où les eaux n'arrivèrent que la nuit du cinquième au sixième jour, après qu'elles avaient été lâchées ; ce qui soit dit pour avertir ceux qui se trouveront dans le cas de prendre leurs mesures à cet égard. Comme il n'y a que 7 pieds de pente de Tournai à Oudenarde, il n'y a pas lieu d'être surpris de son peu de vitesse.

Pour revenir à notre défense, supposons que l'ennemi ait fait toutes ses diligences pour se mettre en état d'ouvrir la tranchée le septième, huitième, neuvième on dixième jour de son arrivée devant la place, si du côté de cette place le gouverneur fait bien les siennes pour découvrir son dessein, il est presque impossible qu'il n'en vienne à bout ; auquel cas il faut non seulement tourner le plus de canons qu'on pourra de ce côté-là, mais renforcer encore la garde du chemin couvert vis-à-vis.

Je ne ferais pas de façon de mettre en batterie pendant la première nuit tous les fusils à chevalets, à quelque 50 ou 100 toises hors du glacis, en lieu un peu avantageux ou d'accès difficile, les faisant garder par deux compagnies de grenadiers et par la garde de cavalerie ; les tenir enfin tous prêts, cependant faire reconnaître ce que font les ennemis, et après qu'on se sera assuré du lieu où ils seront, faire avancer une troupe de cavalerie de 80 ou 100 maîtres jusque tout près d'eux ; et quand on les aura découverts de manière à n'en pouvoir plus douter, faire pousser au travers de leurs travailleurs, faisant grand bruit, chargeant et pistolant tout ce qu'ils rencontreront en leur chemin, et quand ils les auront bien mis en désordre, se retirer promptement derrière les fusils à chevalet, ou aux feux allumés à 4 ou 5 barrières des chemins couverts des plus prochains, qu'on laissera expressément ouvertes pour les recevoir, en cas qu'ils soient fort pressés ; sinon et sans entrer ils tourneront tête et se rangeront derrière les grenadiers et les chevalets qui dans ce temps-là doivent faire beau feu. Si cette course faite à l'improviste est bien exécutée, elle sera capable de troubler l'ennemi, et de lui causer un désordre dont il aura peine à se relever de toute la nuit. Mais comme le coup est un peu hasardeux, il faudra faire tirer à même temps des mortiers du chemin couvert 5 ou 6 balles ardentes à toute volée, pour éclairer et mieux découvrir les ennemis, ce qui servira de signal aux batteries tournées de ce côté-là pour y tirer en élevant leur coup, par de certaines règles marquées sur les coins de mire, qu'il sera bon d'avoir essayées quelques jours auparavant, afin d'en connaître la portée ; bien entendu qu'il faudra charger de mesure, et en faire autant des fusils à chevalet, en élevant considérablement le coup la première nuit à cause de l'éloignement des ennemis. Voilà à quoi il s'en faudra tenir dans ce commencement ; car il ne servirait de rien de faire feu du chemin couvert, on est trop loin de la tranchée pour que le mousquet puisse porter jusque-là. Il ne faut pas non plus répéter la sortie de la cavalerie, parce que vraisemblablement elle trouverait l'ennemi mieux préparé à la recevoir que la première fois. Un peu devant le grand jour, et dans le temps que l'obscurité commence à faire place à la lumière, il faudra retirer les fusils à chevalet dans le chemin couvert, et les bien nettoyer pour s'en servir pendant le jour, et les transporter dans les angles du chemin couvert plus avancés.

On pourra encore tenir la garde de cavalerie hors de la place, notamment si la tranchée est fort éloignée ou qu'il y ait quelque couvert où on puisse la mettre, sinon la retirer dans le chemin couvert, et la poster dans les places d'armes à droite et à gauche. Pendant le jour, et lorsqu'on découvrira pleinement la tranchée, il faut bien reconnaître les endroits par où on lui peut faire du mal, et la canonner tant qu'on pourra à propos ; et si les fusils à chevalet y peuvent porter, les y faire aussi tirer, non au hasard ni à boulevue[1], mais où on verra l'ennemi travailler, aller et venir en troupe ; si la garde de cavalerie se met à portée, il ne faudra pas manquer de la canonner aussi ; ce qui doit s'entendre du petit canon et non du gros.

Comme il n'y aura plus lieu de douter du dessein de l'ennemi, il sera temps de disposer les batteries fixes sur le front des attaques, tant sur les faces des bastions que sur les courtines, et commencer par l'établissement des plates-formes, y amener les saucisses, fascines et piquets, et même les pièces sur les lieux choisis ; mais ne point ouvrir les embrasures que l'on ne voie l'ennemi placé, observant de ne les jamais opposer directement aux siennes, mais toujours les prendre de biais, autrement son canon aurait bientôt démonté celui qui leur serait opposé[2].

Des batteries dont je parle, les unes sont mobiles, sujettes à changement, telles sont les barbettes et celles à qui l'ennemi vous oblige pendant le cours d'un siège par les prises qu'il vous donne en postant mal le sien. Les autres sont fixes, comme toutes les batteries des flancs, qui ne changent point de place. Or ces flancs ne sont pas seulement ceux des bastions, mais toutes les parties qui peuvent flanquer les dehors par le canon ; ceux-ci se placent presque toujours sur les faces[3] et sur les courtines.

Il faudra resserrer les gardes de la place sur cette avenue, et mettre beaucoup de monde dans le chemin couvert ; garnir les demi-lunes et les autres dehors. A l'égard du corps de l'attaque, mettre le bivouac derrière, et vis-à-vis de l'attaque.

La deuxième nuit, l'ennemi se rectifiera s'il a fait quelque faute la première, et continuera de pousser en avant. Comme on sera encore trop loin pour que la mousqueterie de la place puisse lui faire grand mal, il faudra se contenter de faire feu des postes plus avancés, et continuer toujours à tirer du canon et des fusils à chevalet, observant qu'à mesure que les ennemis s'avanceront il ne sera plus nécessaire de tant hausser les coups ; c'est pourquoi il faudra tous les jours renouveler l'essai de la portée des armes, afin

1. Terme de jeu de boule : sans calculer son coup.
2. Vauban prend bien soin d'éviter les feux de contre-batterie.
3. Les faces des bastions, étant perpendiculaires aux faces des demi-lunes, se prêtent bien entendu au flanquement de ces dernières.

de se régler pour la nuit suivante. Il y a lieu de croire que le travail des ennemis de la deuxième nuit l'aura approché à portée du feu des chemins couverts, à moins qu'ils ne soient occupés à la façon d'une place d'armes. On pourra bien faire quelque petite sortie pendant la nuit pour tâcher de les troubler et voir où ils sont, mais je ne suis pas d'avis que la garde de cavalerie répète la course de la nuit précédente, parce que vraisemblablement l'ennemi y sera préparé, et la sortie serait trop dangereuse. Il ne faut pas non plus faire de sortie de jour, l'ennemi serait trop éloigné, et il faudrait sortir des avantages de la place pour l'aller chercher dans les siens, ce qui ne serait pas raisonnable.

La troisième nuit, comme l'ennemi commencera à s'approcher de la place, il faudra faire feu du chemin couvert, et un peu élever les coups. C'est à quoi il sera nécessaire que les majors des régiments et les officiers se donnent de l'application, car il faut que cela soit conduit avec jugement les deux premières heures de la nuit, temps qu'on pose les travailleurs. Il sera bon de faire faire feu par les deux tiers des gardes ; les deux heures suivantes par le tiers qui n'aura point tiré ; et les deux autres heures d'après par l'un des premiers tiers de ceux qui auront fait feu pendant les deux premières heures de la nuit ; les deux heures suivantes par l'autre tiers, et ainsi de suite chacun à son tour. Et à mesure qu'un tiers de la garde se reposera, avoir soin de lui faire nettoyer les armes, et s'il y en a quelqu'une de rompue ou de gâtée, les rechanger aussitôt pour ne point discontinuer ni affaiblir le feu, voir après comme elles auront été rompues, et les faire porter chez les armuriers pour y raccommoder celles qui pourront le souffrir.

Pendant la nuit, il sera bon de faire de temps en temps de petites sorties pour donner l'alarme aux travailleurs des ennemis, et voir le progrès qu'ils feront. Observant, premièrement, de ne les point faire directement devant les attaques pour ne pas se mettre entre deux feux, mais de prendre toujours un peu à droite ou à gauche. Deuxièmement, de ne point faire cesser tout le feu pendant la marche, de peur que les ennemis ne s'en aperçoivent, mais bien le continuer des endroits dont les vues seront détournées des marches de la sortie, afin qu'elle n'en soit point incommodée. Troisièmement, de faire entre deux ou trois petites sorties quelqu'une qui soit plus forte quand on verra un temps favorable pour cela ; comme d'une compagnie ou deux de grenadiers qui s'avanceraient tout doucement le plus près qu'elles pourraient de la tête des tranchées : et quand elles seraient découvertes, enfoncer brusquement ce qui se trouvera devant elles, jusqu'à ce que l'ennemi ébranlé revienne à soi et tourne tête à la sortie, pour lors il sera temps de se retirer. Quatrièmement, observer que les retours doivent toujours être accompagnés de feux à éclairer sur les barrières, pour montrer aux postes les lieux de leur retraite. Cinquièmement, de faire tirer quelque balle ardente du côté de l'ennemi pour tâcher de le faire voir à votre mousqueterie. Sixièmement, favoriser la retraite des nôtres par une douzaine ou deux de coups de canon, la cavalerie de garde de son côté se tenant hors du chemin couvert pendant ce temps-là, pour les aider et soutenir, et à même temps donner l'alarme à plusieurs autres côtés par d'autres troupes de cavalerie. Ce ne doit pas être la même chose de jour, il faudra que tout se renferme dans le chemin couvert, où il suffira de faire un feu de 8, 10 hommes, de chacun des grands angles les plus avancés ; observant de le diriger par autant d'officiers qu'il y aura d'angles, qui tour à tour se relèveront et montreront continuellement aux soldats où il faudra tirer et quand ; car il ne servirait de rien de brûler de la poudre et répandre son plomb où on ne voit rien remuer.

A la troisième journée qui sera la suite de la troisième nuit, je ne vois pas que l'ennemi puisse être encore assez près pour entreprendre une sortie de jour ; il faudrait quitter les avantages de la place pour entrer dans ceux des attaques, ce que j'expliquerai ici en peu de mots. J'appelle être dans les avantages de la place, quand on est à 100 ou 120 toises du chemin couvert, parce que dans cette distance on est sous la protection de son feu et dans celle du canon, des bombes et des pierres, si on s'en veut servir. C'est la même chose des attaques des ennemis quand ils font place d'armes, et qu'elle est achevée et garnie ; car il est certain que tout ce qui se trouve dans la distance de 100 ou 120 toises de leur tête, est dans leurs avantages.

Quand les feux sont si fort approchés qu'ils se croisent de plus près que ces distances, c'est-à-dire quand l'ennemi est à quelque 100 toises de nos ouvrages, les avantages étant croisés et par conséquent brouillés, il n'y a plus rien à ménager.

Pour revenir aux sorties, j'y trouve beaucoup d'ostentation et très peu d'utilité, parce que je tiens qu'il faut conserver la garnison pour les grands coups. Quand on fait une sortie d'un peu loin, on est toujours ramené d'une manière qui cause plus de dommage que de profit ; car, supposé les pertes égales en nombre d'hommes, vous y perdrez toujours beaucoup plus que l'ennemi, et quand on lui tuerait dix hommes dans le temps que vous en perdez quatre, vous perdriez encore considérablement plus que lui, parce qu'il a beaucoup plus de monde que vous et qu'il peut remplacer ses pertes, ce que vous ne pouvez faire des vôtres. C'est pourquoi je ne suis pas pour les sorties qui n'ont pour objet qu'un certain brillant inutile que vous achetez toujours trop cher, quelque succès qu'il puisse avoir ; outre qu'étant trop hasardeuses, on ne les répète pas longtemps sans être puni de sa témérité. Il faut donc pour résoudre une sortie, premièrement, que l'ennemi vous en fournisse les moyens par les fautes qu'il fera dans la conduite de ses tranchées et dans sa marche. Deuxièmement, qu'il ait avancé quelque bout de tranchée ou place d'armes inconsidérément, qui soit mal soutenue ; en un mot qu'il vous présente de grands avantages. Troisièmement, que la disposition du terrain puisse cacher une partie de votre marche pour l'aller chercher, et que votre feu puisse si bien favoriser la retraite des vôtres, que toutes les bonnes apparences soient pour vous. Quatrièmement, on fait quelquefois des tranchées si mal entendues qu'il est impossible qu'elles ne nous donnent beaucoup de prise. Au dernier siège d'Ath[1], les ennemis par leur gauche poussèrent une ligne sur le Mont Feron (s) vis-à-vis le bastion de Luxembourg (K) qui se prolongeait jusque près et vis-à-vis du bastion d'Artois (L). Ils établirent sur cette ligne deux batteries de 15 pièces de canon et six mortiers pour battre la face droite du bastion de Luxembourg (K) fort découverte, mais qui n'était pas devant leur attaque, et qui d'ailleurs était protégée par la demi-lune des Sœurs-noires (P), bien revêtue, enveloppée de son chemin couvert, et d'un bon avant-fossé, et celui-ci couvert d'une grande redoute bien revêtue (Q) au-devant, enveloppée d'un avant-chemin couvert dont les ennemis n'étaient pas les maîtres ; la face droite du bastion de Luxembourg, étant d'ailleurs flanquée par le bastion d'Artois (D) qui était entier, le fossé de la place grand et profond. Il résultait de là que cette brèche ne pouvait être que très inutile à l'ennemi, et que si on avait fait une sortie de 400 hommes en plein jour du chemin couvert (R) on aurait infailliblement battu cette grande ligne de tranchée d'un bout à l'autre, et ruiné toutes les batteries qui n'étaient soutenues de rien, le fort des attaques étant tout entier du côté de la porte de Nions, au-delà de la rivière de Willet ou d'Irchonvel. Quand il se présentera de telles occasions, et que l'ennemi fera des fautes aussi considérables, je suis bien d'avis qu'on ne manque pas d'en profiter ; mais quand les avantages sont simplement égaux, je ne suis pas d'avis d'entreprendre de faire des sorties, à moins qu'on ne puisse surprendre l'ennemi, attendu que le succès selon toute apparence, n'en pouvant être égal, il ne serait pas prudent de l'entreprendre. En un mot j'ai bien vu des sièges, mais jamais un où les sorties aient retardé le progrès des attaques d'une demi-journée de temps.

Si l'ennemi s'y prend comme il a accoutumé, il ne manquera pas de commencer à établir ses batteries dès le deuxième jour, ce qui l'occupera du moins jusqu'au quatre et cinquième. Dès que son canon commencera à tirer, il faudra descendre le nôtre de dessus les barbettes pendant le jour et l'y remonter pendant la nuit. On pourra quelques jours auparavant couvrir les barbettes par deux on trois rangées de gabions pleins de terre ou de fumier de 4 pieds et demi de diamètre sur autant de hauteur, et cela dès qu'il commencera à tirer. Il continuera de jour en jour à le faire avec plus de violence. Le sixième que tout y sera en batterie, pour lors il fera beau bruit, mais c'est à quoi il faut s'attendre, et ne s'en pas étonner ; car ce

1. Le siège et la prise d'Ath par le duc de Marlborough le 2 octobre 1706 marquent la conclusion de la campagne de 1706, appelée outre-Manche « Annus Mirabilis ». Voir planche VI.

grand tintamarre n'aboutira qu'à déchirer le sommet de vos parapets sans faire de brèche qui puisse vous mettre en danger.

Quand la garnison est forte et l'assiégeant faible, celui-ci ne fait ordinairement qu'une attaque, ou s'il en fait deux, elles sont liées. Ce parti est sans doute le meilleur, parce que le service de la tranchée est bien plus commode, le secours de l'un à l'autre plus facile, on y emploie moins de monde, elles sont moins fatigantes, et un seul parc peut suffire à leur besoin : et pour conclusion, elles se soutiennent beaucoup mieux contre les sorties que les autres, avantages qui ne sont pas à mépriser, et qui méritent bien d'être préférés à toutes autres considérations. Si la garnison est faible et l'assiégeant fort, il pourra prendre le parti de faire une troisième attaque séparée des deux tiers, pour faire plus de diversion. Celles-ci sont rares et deviennent presque toujours fausses ; pour lors elles imposent peu à la place quand elles sont reconnues pour telles, parce qu'elles ne se mettent pas à portée d'essuyer une grande sortie, ni par conséquent d'entreprendre. A joindre que sitôt que l'assiégé s'en aperçoit, il dispose sa défense par rapport au progrès qu'il leur voit faire ; de sorte que tout bien considéré, elles font plus de mal à leur parti qu'elles n'en avancent les affaires.

Quand les ennemis attaquèrent Oudenarde en 1673, la garnison en était faible, car bien que feu M. Desbonets[1], pour lors directeur-général d'infanterie, eût donné l'état de sa dernière revue à M. le prince[2] sur le pied de 2 500 hommes, il ne s'en trouva que 2 020 par la déclaration que les officiers m'en firent, et 1 700 par les revues secrètes de trois gardes de suite que j'en fis faire pour m'en mieux éclaircir. Il y avait 25 compagnies de Navarre mal complètes, et dont la plus vieille n'avait pas huit mois de création. Le surplus de cette infanterie consistait en quatre compagnies d'Alsace, et trois franches de la garnison, et en 250 chevaux non comptés dans le nombre de l'infanterie, dont 100 dragons choisis nous furent amenés par le marquis de Ranes, général des dragons[3]. Soit que les ennemis fussent informés de notre faiblesse ou non, ils nous firent quatre attaques, dont deux étaient séparées par les deux extrémités de la hauteur, et les deux autres liées par l'avenue de Beuvre, du côté de Gand. Nous nous aperçûmes bientôt de la fausseté des deux premières, c'est pourquoi nous n'en fîmes pas grand cas, et dans le même temps on reconnut la vérité des deux de la tête de Gand. Depuis ce temps-là je n'ai point vu de fausses attaques. Au lieu de quoi, quand une armée est supérieure, on la sépare en deux, dont l'une fait le détail du siège, et l'autre se met en observation pour empêcher les secours. Ce parti est le plus sûr, non seulement pour les

1. René de Pérouse des Bonnays, maréchal de camp, inspecteur général de l'infanterie à la mort de Martinet en 1672.

2. Le prince de Condé

3. Nicolas d'Argouges, marquis de Rannes, colonel-général des dragons de 1669 jusqu'à sa mort au combat de Seckingen en 1678.

secours, mais aussi pour les attaques, parce que celle-ci peut assister l'armée assiégeante à propos, faire partie de ses convois, lui fournir des gabions et des fascines, et la renforcer selon les besoins qu'elle en peut avoir. Revenons à notre défense.

La quatrième nuit, l'ennemi continuera de pousser ses attaques vers la place, plus ou moins précautionnées selon l'intelligence de ceux qui les conduisent. S'il se précautionne par des places d'armes bien disposées, la marche en sera plus lente, la tranchée plus sûre, et les sorties ne pourront pas lui faire grand mal. S'il se néglige et qu'il ne pense qu'à faire chemin, ce qu'il avancera étant mal soutenu, on pourra entreprendre dessus, soit par des sorties bien conduites, ou par l'effet du canon et les secours de la cavalerie, ou de tous les trois ensemble. De là en avant la conduite de l'ennemi doit être assez uniforme jusqu'à ce qu'il soit à portée d'entreprendre sur le chemin couvert. Tout se passera à avancer sa marche, à assurer sa tranchée le plus qu'il pourra, et à servir et remuer le canon de ses batteries et mortiers à bombes et à pierres, ce qui ne se fera pas avec les mêmes diligences que dans le commencement, à cause du travail qui augmente de plus en plus, à mesure qu'on s'avance, et du feu de la place qui deviendra tous les jours plus dangereux. Comme les pierres et grenades jetées avec les mortiers sont plus malfaisantes que les bombes, et qu'elles tuent et blessent beaucoup de gens, il se faudra précautionner contre, tant qu'on pourra, par des bonnets d'osier faits comme des espèces de hottes, matelassées par le dedans, et dont le fond sera fourré de foin[1], *voyez* la figure (B) feuille 8e, et par se faire de petites places de distance en distance, joignant le parapet, qu'on recouvrira par des palissades appuyées et rangées en appentis, et par des loges de rondins et bois, figurées comme A (huitième feuille), et enfin par des madriers et trous enfoncés dans les talus des remparts et bord du fossé et des traverses (car on fait là comme on peut), et par ne guère opposer de monde vis-à-vis des attaques pendant le jour. Quand l'ennemi commencera à tirer des bombes et des pierres, il faudra tenir la garde dans des lieux couverts au plus près des attaques, et ne garnir le vis-à-vis pendant le jour que par de petits détachements souvent relevés, qui se colleront contre le parapet. Pour la nuit qu'on ne pourra faire la même chose, il sera nécessaire que toute la garde s'y trouve, et de border les parapets de tout ce qu'on aura de monde.

Quand l'ennemi voudra entreprendre sur quelque partie, au moment qu'il se mettra en état de le faire, il n'y tirera plus de pierres, ni de bombes, ni de canon, pour lors il faudra promptement border les parapets, et notamment les lieux attaqués. Comme cet avis est général pour toutes les

1. L'on ne sait si ces curieux couvre-chefs préconisés par Vauban ont pu équiper réellement les défenseurs, mais on peut néanmoins rester perplexe quant à leur efficacité pour se protéger des effets d'une pluie de pierres et de grenades. Ce « bonnet » aux faux airs de tiare aurait, à tout le moins, procuré au soldat une antique silhouette de satrape !

parties attaquées de la place, aussi bien que pour les chemins couverts, on en pourra faire usage selon les différents états de la défense. Il est à présumer que dès que l'ennemi aura ouvert la tranchée, on aura travaillé incessamment aux mines dans tous les endroits où il s'en peut faire, soit du fond, ou des superficielles. Car il faut observer qu'il n'y a que dans les places qui ont les fossés secs et profonds où l'on puisse bien mettre en usage les mines du fond, à cause du peu d'épaisseur de terre qui reste entre celles-ci et les superficielles qui ne sont jamais guère enfoncées plus de 6, 7 ou 8 pieds. On les pousse à droite et à gauche des angles flanqués en distance égale, sur les capitales et sur la jonction des traverses au chemin couvert, à peu près comme il est figuré aux plans des douzième et treizième feuilles (aux endroits marqués a). Celles-ci ne sont ordinairement pas d'un fort grand effet parce qu'elles sont trop faibles.

C'est de celles du fond qu'on peut se mettre en mesure pour faire sauter les batteries et les cavaliers, quand l'ennemi en aura établi quelqu'une sur le chemin couvert ; remarquant qu'il faut bien prendre garde à ne pas hasarder la palissade et encore moins le parapet du chemin couvert non plus que les bords du fossé ; au contraire, qu'on doit rétablir très soigneusement les désordres qui arriveront journellement à la palissade du chemin couvert et des traverses ; et pour cet effet qu'on doit avoir des palissades toutes prêtes pour remplacer celles qui manqueront, avec des outils, un garçon ou deux charpentiers ou charrons, des travailleurs, quelques outils de terre en provision, comme brouettes, louchets, haches, clous, paniers, sacs à terre, bombes, grenades, armes de rechange, etc. Toutes munitions dont il faudra avoir fait de petits magasins un peu écartés du feu, chapés et recouverts de peaux de bêtes fraîchement tuées, ou de toile cirée, sans attendre que les besoins vous pressent. C'est aussi dans ce temps-là, ou un peu devant, qu'il faudra avoir préparé de petits retranchements dans les places d'armes rentrantes du chemin couvert, figurés comme b (treizième feuille), enfoncés de deux ou trois pieds, et les parapets relevés d'autant ; ceux-ci composés de gabions, tonneaux, paniers, fascines et sacs à terre, avec une ligne de palissades droites en dedans, et une autre penchée au dehors, en alignement parallèle au retranchement, dont elle sera distante de 3 à 4 toises plus ou moins selon l'espace ; que si on peut les faire en caponnière couverte pour parer au mauvais effet des grenades et des pierres, ils en seront beaucoup meilleurs et en état de tenir plus longtemps.

Quand l'ennemi chassera les nôtres du chemin couvert, les dernières parties qui doivent être abandonnées sont les places d'armes (A), d'où se retirant dans les retranchements (b), ils arrêteront l'ennemi et donneront le temps aux nôtres de reprendre vigueur, retourner à la charge ou de se retirer tout à fait par le petit chemin (d) demandé au pied du bord du fossé, ce qui s'entend quand on ne pourra plus tenir dans le retranchement ni aux places d'armes, et qu'il n'y aura plus moyen d'y revenir. Il faudra enterrer des bombes en plusieurs endroits des environs du retranchement, où elles serviront beaucoup à favoriser cette retraite en y mettant le feu à propos ; c'est à quoi il faut bien prendre garde, de peur qu'on ne le fasse trop tôt. Ce petit chemin au pied du bord extérieur du fossé se fera en tirant les eaux bas, supposé qu'on les y puisse remettre en peu de temps, auquel cas on le fera à un pied au-dessus de la superficie de la plus basse eau, sur quelque trois pieds de large, en vue de le noyer quand on y remettra l'eau, en sorte qu'il ne puisse servir à l'ennemi. Que si on ne peut remettre promptement l'eau dans le fossé, il ne faudra pas la tirer bas, mais s'il y a 3 ou 4 pieds de bord seulement et qu'il ne soit pas revêtu, il faut le couper dans le talus, et le faire de manière qu'il ne surmonte l'eau que d'un demi-pied. Que si le fossé est sec et revêtu, il faudra faire ce petit chemin au bas du revêtement et le rendre le plus commode qu'il se pourra. Nous parlerons à quelques pages ci-après plus amplement de son usage, voir cependant le profil, treizième feuille.

Comme le feu du chemin couvert doit être fort vif dans le temps que l'ennemi en sera à portée, on doit soigneusement tenir la main à ce qu'il ne manque point de poudre, balles, pierres à fusil et de mèches, non plus que d'armes de rechange, mesures de bois ou de fer-blanc, parce que l'on doit bien prendre garde que les soldats ne chargent point autrement, d'autant que la manière de charger à poignée ne vaut rien, comme nous l'avons déjà fait remarquer ci-devant, puisqu'elle gâte et répand beaucoup de poudres qui se perdent mal à propos, qu'elle est imprudente et toujours inégale sur la quantité, et qu'elle fait crever la plus grande partie des armes ; c'est pourquoi les officiers ne sauraient prendre garde de trop près, ni les majors tant de la place que des régiments, assez y tenir la main. Il faudra aussi avoir fait provision de grenades et de balles à feu, à jeter à la main et avec la fronde, le tout renfermé dans de petits magasins, comme il a été dit ci-devant. Bref, se préparer au logement du chemin couvert comme à une affaire qui doit arriver dans peu, et avoir grand soin cependant de réparer les ouvertures qui se font à tout moment dans ce chemin couvert. Si les officiers d'artillerie ont fait leur devoir, ils auront préparé quantité de nouvelles batteries prêtes à déboucher, qui auront des vues biaises sur celles de l'ennemi et sur la tête de ses ouvrages où elles tireront incessamment, aussitôt qu'elles seront en état. Il faudra aussi que les mortiers à bombes et à pierres de la place fassent leur devoir, aussitôt que l'ennemi s'en sera mis à portée. C'est pourquoi il sera nécessaire d'avoir de petits magasins à chaque batterie, qui soient un peu reculés, pour éviter les accidents du feu, où il y ait toujours de quoi tirer 20 ou 30 coups, tant du canon que des mortiers, pour n'être point surpris par les actions extraordinaires quand il en arrivera. Il sera bon de plus que le gouverneur règle la quantité de coups de canon qu'il voudra qu'on tire de chaque batterie, par rapport à celle de ses munitions, ce qui s'entend quand il n'y aura rien d'extraordinaire, c'est sur quoi il faut toujours avoir l'œil, en faire souvent revue et compter tous les soirs avec le garde-magasin.

Nous voici bien près de l'attaque du chemin couvert ; mais comme il me reste encore un peu de temps, j'estime que je ferai bien de l'employer à dire ce que je pense sur la palissade, bien qu'il en ait été parlé dans la douzième remarque de la deuxième partie, où je n'en ai pas assez dit pour en bien développer toutes les propriétés.

Je dis donc que la meilleure façon de planter la palissade est sur la banquette, la pointe à 1 pied et demi de distance du sommet du parapet, mesuré carrément sur le niveau dudit sommet qu'elle surmontera seulement de 9 pouces, mesurés aussi carrément : sa pointe proprement aiguisée d'un pied de long, et plantée 2 pieds et demi dans terre, en distance de 5 à 6 pouces l'une de l'autre ; ces pointes bien égales et proprement soumises à leur alignement avec un clou coudé qui occupera justement l'entre-deux de trois à quatre pouces de pointe ; ce clou fiché par l'autre pointe qui sera ébarbelée dans le linteau, afin qu'on ne l'en puisse arracher sans le rompre ; ledit linteau sera attaché en dedans du côté du chemin couvert, chevillé à fond, et les chevilles refendues après par le petit bout dans la fente duquel sera fiché un petit coin recoigné, et le chevillage ensuite rasé devant et derrière à fleur du bois, en sorte que l'ennemi n'en puisse tirer aucun secours pour passer. A 7 ou 8 pouces plus bas que le sommet dudit parapet, on appliquera le linteau ci-dessus, qui aura 3 à 4 pouces de large sur 2 et demi d'épais, les arêtes du dessus rabattues en chanfrein, afin que l'ennemi ne puisse mettre le pied dessus. La palissade en cet état ne sera que très rarement pincée du canon, parce qu'elle se montrera peu, n'interrompra pas le feu du rempart, sera aisée à enter et rétablir quand il y en aura de rompue, très difficile à sauter et encore plus à couper et arracher ; il n'y aura que le ricochet qui la puisse rompre, dont jusqu'ici les ennemis ne se sont point servis avec les circonstances qui le doivent accompagner, mais ils le pourront faire quand ils en auront bien reconnu l'utilité.

A l'égard de la double palissade pour laquelle beaucoup de gens ont un grand entêtement, j'avoue qu'elle n'est nullement de mon goût par trois ou quatre raisons qui méritent bien d'être examinées sans prévention ; la première est que si l'ennemi bat en ricochet, en moins de rien le canon les ruinera toutes deux, et quand il y en aurait trois, il les ruinerait de même avec beaucoup d'éclats très nuisibles et malsains pour ceux qui défendraient le chemin couvert. La deuxième, que si l'ennemi attaque le chemin couvert par le moyen des cavaliers, ces doubles palissades ne serviront de rien, pas même quand elles seraient quadruples. La troisième, que s'il l'attaque par une insulte générale, vraisemblablement ce ne sera qu'après en avoir ruiné les palissades par l'effet du ricochet. Et la quatrième, que si l'ennemi l'attaque par les mines, elles n'y résisteront pas non plus, puisqu'elles ne peuvent rien contre leur effet. De sorte qu'elles ne sauraient être utiles que contre une insulte générale du chemin couvert, mal entendue et faite à l'étourdie, qui n'aura point été précédée de l'effet des ricoches. Or il n'y a pas d'apparence que cette invention si aisée, si peu dangereuse à pratiquer, et d'un effet sûr et surprenant, soit encore longtemps ignorée des ennemis, vu la facilité de l'entendre et de l'exécuter. C'est pourquoi on ne se doit pas faire une raison d'une propriété qui sans doute échappera bientôt. Je compte pour le coup que nous voici fort près de l'attaque du chemin couvert.

Nous avons dit à la première partie de ces Mémoires, que je ne connaissais que trois manières de les attaquer, qui sont l'insulte générale, les petits cavaliers et les mines. Il y en a encore une quatrième, composée de toutes les trois, dont nous parlerons en son lieu.

Supposons donc un chemin couvert bien fait, et par conséquent traversé à propos, miné et palissadé de même, avec un glacis très soumis au feu des ouvrages supérieurs de la place, mais le sommet labouré et un peu en désordre par l'effet des bombes et du canon des attaques, et la tranchée si fort avancée, qu'elle soit à portée d'entreprendre la place d'armes qui doit précéder l'attaque. Si les tranchées sont liées, et non séparées ni désunies par aucun endroit, qu'elles pressent également le chemin couvert à 15, 18, 20 et 25 toises près de la palissade, qu'elles embrassent tout le front attaqué, et qu'enfin il y paraisse une disposition à une insulte générale, je ne suis nullement d'avis de l'attendre ni de la soutenir de pied ferme, puisqu'il est sûr qu'on y sera emporté, notamment si le ricochet s'en est mêlé. Il vaut donc mieux prendre le parti de céder, mais en gens de guerre qui savent leur métier, que de hasarder à perdre une partie considérable de la garnison dans une action où on est sûr d'être battu. Ainsi au lieu de remplir le chemin couvert de troupes et de se préparer à repousser la force par la force, mon avis est que de bonne heure on affaiblisse peu à peu les gardes en laissant, par exemple, les premiers jours, c'est-à-dire quand la tranchée arrive à la distance de la place d'armes, qu'elle commence à se former et à contourner la tête des attaques, un capitaine et cinquante hommes seulement dans chacun des grands angles saillants, un lieutenant et trente hommes derrière chacune des traverses, et un lieutenant colonel, quatre capitaines et deux cents hommes dans chacune des places d'armes ; cela soutenu d'un bivouac presque aussi fort sera capable de faire un assez grand feu. Si la place d'armes des attaques commence à se former en plusieurs lieux qui ne sont encore que faufilés et non joints, on pourra continuer le jour suivant avec le même nombre d'hommes. Que si cette place d'armes est encore imparfaite, chose qui se connaîtra au remuement et à la masse des terres de son parapet, on pourra encore y soutenir avec autant de monde. Mais si la place d'armes paraît jointe et achevée, ce qui se verra quand on ne jettera plus de terre, que son parapet sera gros et massif, et que des lieux élevés de la place on voit faire par les derrières des mouvements extraordinaires par des troupes, et transporter des fascines et des matériaux, pour lors il n'y aura plus lieu de douter que l'ennemi ne se prépare à une insulte, car s'il n'avance rien entre la place d'armes et le chemin couvert, et qu'il n'en contourne point les angles saillants de plus près, c'est signe qu'il veut le prendre d'insulte. Quand on s'apercevra de toutes ces dispositions, il suffira de laisser vingt hommes dans chacun des angles saillants avec un lieutenant et un sergent, dix hommes derrière les traverses, commandés par autant de sergents, et cent commandés par deux capitaines dans chacune des places d'armes des angles rentrants, avec ordre précis aux détachements des angles saillants de faire bonne contenance jusqu'à ce qu'ils voient l'ennemi pousser les fascines et passer par-dessus le parapet de la place d'armes ; pour lors lui faire sa décharge le plus près qu'ils pourront et gagner après le derrière de la traverse plus prochaine, et là tourner tête et recharger ; sinon et au cas que l'ennemi tombe partout en grosses troupes, gagner le petit chemin le long du bord du fossé par les descentes, et se retirer derrière les places d'armes où il faudra faire ferme ; et si on était trop poussé, se retirer dans les demi-lunes prochaines, et derrière les tenailles, si le fossé est sec. Or la retraite par ce petit chemin ne portera aucun empêchement au feu des remparts, donnera lieu aux nôtres de se retirer avec bien moins de péril et de confusion qu'il ne ferait, s'il fallait longer tout le chemin couvert, parce que disparaissant tout à coup, l'ennemi qui sera contenu par le grand feu du rempart les perdra bientôt de vue et ne les verra que fort imparfaitement. Dans ces temps-là, toute la garnison doit être sous les armes, la demi-lune de l'attaque garnie de trois à quatre cents hommes, les bastions d'autant, et les demi-lunes collatérales d'environ deux cents chacune, c'est-à-dire de tout ce qu'on pourra. Il peut fort bien arriver que les ennemis tombant avec un fort grand corps sur toute l'étendue du chemin couvert, l'emporteraient et chasseraient tout ce qui s'y trouverait aussi bien des places d'armes que des autres endroits, ce qui les en rendra les maîtres absolus. Mais comme il est à présumer que le gouverneur aura bien disposé son affaire pour le soutien de cette action et qu'il aura bien instruit tous les principaux officiers de ce qu'ils auront à faire pour bien diriger le feu, sitôt qu'il verra sortir les ennemis de leur place d'armes et occuper le haut du parapet de son chemin couvert, les siens chassés et poursuivis, il faudra qu'il fasse donner le signal pour faire feu de toutes parts sur les parties abandonnées, non seulement de la mousqueterie, mais aussi du canon, des pierres, des bombes et balles ardentes pour éclairer, et tout ce qui se pourra imaginer.

Si l'ennemi attaque vigoureusement et qu'il s'obstine à soutenir ce qu'il aura occupé, il pourra s'établir tant bien que mal sur les angles plus avancés du chemin couvert ; que s'il peut l'embrasser tout entier et s'y maintenir, cela abrégera ses affaires de quelques jours ; mais si le feu du rempart des demi-lunes est bien servi, il lui coûtera cher : c'est pourquoi si après que l'ennemi aura essuyé le feu des remparts deux heures durant, on voit lieu à pouvoir faire une grosse sortie, on pourra revenir par la droite et par la gauche des attaques le long des glacis, tandis que les gardes qui auront été chassées du chemin couvert le pourront attaquer et revenir à leur poste par les dedans. Ces coups sont beaux, mais fort hasardeux ; c'est pourquoi il sera bon de tenir ces détachements prêts et forts, mais il ne faudra pas entreprendre la sortie sans avoir bien examiné l'état où l'ennemi peut être. Au surplus, au moment qu'on se préparera à l'abandon du chemin couvert, il faudra en retirer tous les outils et petits magasins et les mettre en lieu de sûreté où on les puisse reprendre après l'action passée. Prendre encore garde à une autre chose, qui doit consister à bien ménager le feu du rempart, de manière qu'il puisse être continué un fort long temps, ce qui ne se peut qu'en le divisant en deux parties égales qui se relèvent d'heure en heure, ou de demi-heure en demi-heure, mais non dans le commencement à la première heure. Après quoi la partie destinée au repos se retirera et nettoiera ses armes, pendant que l'autre continuera le feu jusqu'à ce que celle-ci reprenne sa place et la relève à son tour. Que si par la sortie on parvient à chasser l'ennemi et à lui faire quitter prise, on reprendra les postes d'où on aura été chassé. Il faudra raser et démolir ce que les ennemis y auront fait, et les garder de nouveau, supposé qu'il ne soit pas tellement difficile, et la retraite des ennemis si peu éloignée, qu'on ne puisse tenir à la démolition de leurs ouvrages, ni à rétablir ce qu'ils auront défait des nôtres. Quoi qu'il en soit, il faudra toujours tâcher à les reprendre et garder les retranchements des places d'armes rentrantes tant qu'on pourra, parce que cela retardera l'ennemi, et pourra donner lieu à quelque retour. C'est ainsi que feu M. de Blainville[1] défendit le chemin couvert de Keyserswert[2], je sais à n'en point douter que l'ennemi y perdit près de 2 500 hommes tués ou blessés, j'en ai les preuves entre les mains. S'il l'avait défendu de pied ferme, les ennemis n'y auraient pas perdu le quart de ce monde, le chemin couvert n'en aurait pas été moins pris, et il est sûr

1. Jules-Armand Colbert, marquis de Blainville (1663-1704), quatrième fils du grand Colbert, maréchal de camp en 1702, il est nommé au commandement de Kaisersswerth. Il défend la place investie par les alliés le 18 avril 1702 et ne capitule que le 15 juin suivant au bout de 59 jours de tranchée ouverte. Nommé lieutenant-général en récompense de cette belle défense, il trouve la mort deux ans plus tard, en 1704, lors de la bataille d'Höchstadt-Blenheim.

2. Dès sa nomination au commandement de Kaisersworth, le marquis de Blainville avait rédigé un mémoire sur la défense de la place et l'avait soumis à Vauban qui lui répondit, par courrier en date du 14 mars 1702, de façon élogieuse : « On ne peut rien de plus sensé que les vues que vous avez pour la défense de Kaiserwerth. [...] Si vous pouviez tant faire que de mettre vos ouvrages en l'état que vous le désirez, je ne douterais nullement d'une très bonne défense, qui sera d'autant plus brillante que, votre place n'ayant pas grande réputation, tout ce que vous y ferez paraîtra bien plus que dans une bonne. » Dans Rochas d'Aiglun, *Vauban*, s.l., 1910, tome II, p. 504.

que la plus grande perte serait tombée sur la garnison. De tous les chemins couverts que nous avons attaqués de la sorte, nous n'en avons manqué aucun, et toujours avec grande perte de la part des ennemis.

Au surplus j'omets beaucoup de particularités pour le plus et le moins qui peuvent arriver dans le dispositif et la pratique de ces actions ; parce que ces Mémoires étant faits pour servir d'instruction générale, chaque gouverneur y pourra puiser ce qui peut convenir à sa place, et après y avoir bien pensé et consulté sur cela les intelligents, suppléer au reste du mieux qu'il pourra. Car on ne peut pas les remplir de tout ce qui peut arriver à chaque lieu en particulier, ni de ce qui peut contribuer à la fortification des places ou leur nuire, cela est diversifié à l'infini : ce qui fait que tout ce Mémoire se réduit à donner des préceptes généraux. Sauf à ceux qui auront de l'intelligence, d'y ajouter du leur ce qu'ils imagineront de mieux selon les lieux où ils se trouveront, et les moyens qu'ils en auront. Revenons à notre sujet.

Si l'ennemi après avoir établi sa place d'armes au lieu d'attaquer le chemin couvert par une insulte générale, avance des bouts de tranchées le long des capitales prolongées pour s'approcher de la palissade jusqu'à mi-glacis, et que de là il s'étende à droite et à gauche pour contourner les angles saillants, on pourra prendre cette manœuvre pour un signe certain qu'il vous en veut chasser par le moyen des cavaliers qu'il a dessein de faire pour enfiler et plonger le chemin couvert quand ils commenceront à paraître. A ceci on pourra opposer les batteries biaises du canon disposées à l'avance sur les faces des bastions en (C). Pour cet effet il faudra ouvrir les embrasures la nuit même qu'il élèvera ses cavaliers et pas plus tôt, pour être en état de les battre dès le matin. Comme ces cavaliers ne seront faits que par de petits gabions de tranchée posés l'un sur l'autre, et garnis de sacs à terre et de fascines à la hâte, il sera aisé de les rendre inutiles en fort peu de temps la première fois ; mais comme les batteries ennemies ne manqueront pas d'attaquer les nôtres, et qu'ils travailleront de toutes leurs forces à rétablir et fortifier plus solidement leurs cavaliers, on n'y gagnera au plus qu'une journée ou deux de retard ; après cela il ne restera plus qu'un moyen aux assiégés pour retarder encore la perte des grands angles saillants, qui sera de faire sauter les cavaliers dans le temps que les ennemis les occuperont.

Ce moyen ne peut avoir lieu que par l'effet des mines du fond et par les rameaux poussés à l'avance jusque-là : voyez la feuille douze, aux endroits marqués a. On peut compter que le jour d'après ou le suivant, ils seront en état de plonger dans vos angles saillants, et de vous en chasser peut-être avant qu'il soit grand jour ; moyennant quoi les assiégés seront obligés de déguerpir et de se réfugier derrière les traverses (&) figurées à la même feuille, pourvu qu'on ne les pousse pas plus loin.

C'est le dernier remède qu'on y puisse apporter, car dès que l'ennemi commencera à tirer des cavaliers, la garde sera obligée de se retirer et de laisser au plus 4 ou 5 hommes des plus assurés à l'extrémité des angles saillants, bien couverts de paniers, de sacs à terre, et munis de leurs besoins pour y imposer encore quelque respect et tenir une journée, serrant l'angle de fort près ; là ils feront un feu du mieux qu'ils pourront sur ce qui paraîtra s'approcher d'eux, et y jetteront des grenades de temps en temps et des feux d'artifice, jusqu'à ce qu'ils soient contraints d'abandonner et de gagner les traverses prochaines.

Sitôt que l'ennemi vous aura chassé de ces grands angles saillants, il ne manquera pas de s'y loger, c'est de quoi on ne le pourra empêcher ; car de penser l'en chasser par le moyen de quelque sortie, la grande place d'armes et les autres avantages que l'ennemi aura pris pour soutenir ces logements avancés seront trop proches, et les gens commandés de la sorte y seraient passés par les armes et ne pourraient rien faire.

L'ennemi étant donc établi sur les grands angles, il ne manquera pas de s'étendre à droite et à gauche pour s'approcher des traverses (&) ; ce qu'il ne fera qu'à demi-sape et pied à pied. S'il suit la palissade de trop près, et qu'il ne laisse pas une épaisseur convenable du côté de la place, il faudra canonner des batteries biaises (X), lui tirer des bombes et beaucoup de pierres, prenant toutefois garde que leur chute n'aille pas jusqu'à tomber sur le derrière des traverses plus prochaines (F). Que si son logement est encore imparfait, et qu'il n'ait pas assez de plongée dans l'angle saillant, il faudra y faire glisser des grenadiers de temps en temps, qui, en serrant le parapet de près, pourraient s'approcher des angles saillants et y jeter quelque douzaine de grenades pour y troubler l'ennemi et le retarder, et puis s'en revenir. Il faudra aussi lui avoir préparé des fougasses ou petites mines (a), une toise, deux ou trois devant les redans qui couvrent le passage des traverses, et prendre son temps pour y mettre le feu quand l'ennemi sera dessus. Je suis trompé si le soutien ferme des traverses ne l'oblige à les attaquer par insulte découverte quand il s'en sera mis assez près, à quoi il faudra bien qu'il en vienne, si ceux qui les garderont tiennent ferme et ne les abandonnent pas mal à propos.

Je considère la prise de ces premières traverses (&) comme des entrepôts d'où l'ennemi partira aussitôt qu'il s'y sera bien assuré et mis en état de continuer pour s'approcher des secondes (F) où il sera obligé de répéter les manœuvres qu'il aura employées à la prise des premières, et les assiégés d'user des mêmes défenses ; à tout cela il n'y va que du plus ou du moins. Dès qu'il s'en sera rendu maître et qu'il s'y sera bien établi, il fera ses apprêts pour attaquer les places d'armes des angles rentrants (A). Comme celles-ci seront bien plus protégées que les traverses et capables d'un plus grand monde, l'ennemi doit y trouver plus de résistance. C'est pourquoi, outre leur feu particulier mêlé de grenades, balles à feu pour éclairer, bombes et pierres, piques et hallebardes, le feu des bastions et des demi-lunes leur sera d'un grand secours. On y pourra aussi ajouter celui des mines, s'il y en a de préparées, et enfin le soutien de pied ferme, et le retranchement (b). Si l'ennemi, après les avoir approchées d'assez près, se met en état de les insulter, il n'y faudra pas manquer de monde, de grenades ni d'autres munitions, parce que l'affaire sera de durée si on les contient comme il faut, et très dommageable à l'ennemi, qui ne saurait manquer d'y perdre beaucoup de monde, attendu la grande protection qu'elles recevront des bastions et des demi-lunes ; et après que l'ennemi se sera rendu maître de leurs angles saillants et que de notre part on aura fait plusieurs tentatives pour les reprendre, inquiéter et retarder l'ennemi, on se pourra retirer dans le retranchement de la gorge (b), on quand on aura fait tout ce qui se pourra en gros et en détail, il faudra se retirer aussi peu à peu dans la demi-lune par les ponts de communication ou par les ponts à radeaux, bateaux armés, etc., et laisser peu de monde dans le petit couvert (E) pour favoriser la retraite. Il serait fort à désirer que tous les angles rentrants des fossés dans le derrière des places d'armes fussent tronqués comme il est figuré au bout de plan plus en grand sur la treizième feuille, et l'espace retranché par cette coupure, abaissé à un pied près de l'eau s'il y en a dans les fossés, ou à mi hauteur du bord ; s'il n'y en a pas les assiégés pourraient se retirer bien plus facilement par le petit chemin (d), et trouvant là un peu de couvert de manière à n'être vus de rien, ils pourraient s'y rallier pour tâcher de reprendre une partie de ce qu'ils auraient perdu, et toujours donner de l'inquiétude à l'ennemi par un endroit ou par l'autre.

Si l'ennemi attaque le chemin couvert par mines, il s'en approchera le plus qu'il pourra ; après quoi il avancera plusieurs rameaux et galeries vers ce chemin couvert, à dessein d'en renverser le parapet et la palissade, rompre et enfoncer les galeries, même le bord du fossé, et de s'établir sur l'effet de ses mines. Mais si vous l'avez prévenu par d'autres mines plus basses et plus enfoncées que les siennes ou que vous ayez fait de longue main une galerie majeure sous le chemin couvert, d'où on puisse pousser des rameaux en avant sous le terrain où il doit passer, il est certain qu'il ne réussira pas, si on sait prendre le temps à propos pour y donner feu ; qu'il n'avancera rien, et qu'on lui étouffera la plupart de ses mineurs sans qu'il puisse l'éviter. Car en fait de mine, celui qui est le premier posté et qui peut prendre le dessous, est toujours le maître. De sorte que si l'ennemi n'emploie que les mines à l'attaque du chemin couvert, et que les assiégés y soient bien préparés, il y a beaucoup d'apparence qu'il ne le prendra pas.

La quatrième manière d'attaquer les chemins couverts est composée des trois précédentes. Car si on y fait plusieurs insultes en détail, tantôt sur une partie et tantôt sur l'autre ; si on y emploie les cavaliers quand on le pourra, et où on le pourra, et qu'on approche tellement les tranchées à la sape qu'à force de les hausser on parvienne enfin jusqu'à voir dans les chemins couverts ; et enfin que pour assurer des logements si prochains, on y emploie non seulement le fusil et la grenade, mais aussi les mines basses et superficielles, et en un mot, tout ce que l'on peut ; les assiégés comme premiers postés doivent être en état d'opposer à ces attaques tout ce qui a été dit ci-devant, les mines et fougasses, et surtout une fermeté opiniâtre qui ne permette pas de lâcher prise, qu'ils n'y soient contraints de vive force, et tant qu'ils pourront trouver moyen de demeurer à couvert dans quelque partie de leur défense, ils doivent y tenir ferme jusqu'à ce qu'une force majeure les en chasse.

Quand les défenses sont prévenues, elles en sont plus avantageuses ; mais quand elles ne le sont pas, il faut faire ce que l'on peut, beaucoup de choses vous échappent faute de temps et de loisir pour les pouvoir mettre en état, mais nul n'est tenu à l'impossible.

Quelquefois l'ennemi se trouve si mal arrangé dans les commencements de ses logements que cela peut vous induire à faire quelque sortie. Quand ce mauvais arrangement vous paraîtra évident, on pourra l'entreprendre en prenant bien ses mesures, et avertissant tous les postes du corps de la place et des demi-lunes voisines qui auront vue sur l'endroit où vous voulez agir, d'y prendre garde, de peur que leur feu n'offense les gens commandés de la sortie, et qu'il se puisse au contraire disposer à propos pour la pouvoir bien appuyer. Voilà à peu près toutes les manières de défendre les chemins couverts qui se peuvent mettre en usage. Il ne s'agit que de bien prendre son temps pour l'exécution, de ne se négliger en rien et de s'y préparer de longue main, notamment dès que l'ennemi aura déclaré ses attaques. Le mal est que c'est lui qui donne toujours l'ordre, et qu'il n'avertit jamais de ce qu'il a envie de faire, il faut toujours le deviner.

De quelque manière que l'ennemi attaque les chemins couverts, dès qu'il s'en sera rendu maître, il commencera par bien assurer ses logements et les mettre en état de se pouvoir soutenir par eux-mêmes. Et dès aussitôt qu'il sera dans la situation propre à établir ses batteries comme (s, i, h, c), il travaillera à les préparer et mettre en état. C'est là où il le faut attendre par des mines toutes chargées et en état de jouer, dont l'œil soit bien caché afin que l'ennemi ne s'en aperçoive pas et ne le puisse trouver, et attendre que son canon soit en batterie et ait commencé à tirer pour y mettre le feu du derrière des places d'armes voisines ou du talon tronqué des angles rentrants du fossé (+), ce coup exécuté prudemment et à propos doit produire un grand effet ; et comme cela ne manque jamais de porter l'épouvante à la tête des tranchées, il est bon d'avoir quelque détachement prêt pour faire une sortie sur les endroits ébranlés par le succès des mines, si on voit jour à y pouvoir réussir. C'est à peu près le dernier effort qui se puisse faire pour la défense des chemins couverts.

Comme il se trouve des places qui ne sont accessibles que par des digues, chaussées, ou des avenues fort étroites, qui ne laissent pas assez de terrain aux attaques pour embrasser tout le front attaqué auquel elles ont affaire ; ou ce terrain se trouvera si resserré que le front de la fortification ait beaucoup plus d'étendue que celui des attaques, je tiens que, supposé la garnison forte, on peut soutenir l'insulte du chemin couvert de pied ferme, autrement non. C'est en ce cas que la double palissade peut être d'usage, à condition que le ricochet n'aura aucune vue d'enfilade ni de revers sur ce chemin couvert, ni sur les fortifications qui le soutiennent ; car s'il y en a, cette palissade n'y servira de rien, et fera bien plus de mal que de bien, comme il a été dit.

Il y a beaucoup de places qui ont des avant-fossés à l'extrémité de leurs glacis, ce qui suppose nécessairement un avant-chemin couvert ; autrement les avant-fossés seraient autant de défauts considérables aux places, en ce qu'ils empêcheraient les sorties et les secours, ce qui se peut réparer par un avant-chemin couvert (a), qui corrige fort bien ce défaut. On l'enfonce ordinairement d'un pied et demi et de deux ou trois quand on le peut, plus bas que le niveau du terrain, ou que la ligne horizontale du profil, afin que le premier le puisse commander d'autant ; et on ne lui fait qu'une banquette dans cette vue, et un petit glacis soumis au premier, et du surplus on le gazonne, palissade et traverse tout comme l'autre, et on y fait autant de barrières qu'il y a de traverses, pour faciliter les sorties et l'entrée des secours et des espions qui voudront se jeter dans la place. Et parce qu'étant éloigné des ouvrages supérieurs de la place, il en serait mal soutenu et fort aventuré s'il n'y était remédié, on retranche pour cet effet les places d'armes du premier chemin couvert, dont on fait de petites demi-lunes basses, de 25 à 35 toises de face, appelées lunettes, environnées de bons fossés bien palissadés ou d'une haie vive sur la berme quand elles sont de terre, comme toutes celles qui se font où il y a fossé plein d'eau ; la plus grande partie de celles que j'ai vues ou que j'ai fait faire sont ainsi. Si elles sont bien entretenues et gardées par 100, 150 à 200 hommes, elles protégeront l'avant-chemin couvert et donneront le temps aux gardes avancées des grands angles de se retirer plus commodément ; elles enfilent l'avant-fossé et nuisent beaucoup à son passage ; flanquent le premier chemin couvert, à qui elles sauvent l'insulte générale et le réduisent à l'attaque par les petits cavaliers qu'elles incommodent encore beaucoup. Et pour conclusion, l'ennemi sera obligé de les attaquer dans les formes, ne pouvant être maître du chemin couvert sans la prise de ces pièces qui sont très bonnes, de peu de dépense, d'une défense simple, peu intriguée, et encore moins dangereuse, et fort aisées à communiquer. Il ne faut que les bien garder et bien diriger leur feu sur les attaques. Elles donnent retraite sûre aux gens poussés du premier chemin couvert, et soutiennent le passage de leur fossé jusqu'au toucher de la palissade. On ne doit les abandonner que le plus tard qu'on peut, et toujours peu à peu, et quand il n'y aura plus moyen de les soutenir. Ces trois pièces, je veux dire l'avant-chemin couvert, l'avant-fossé et les lunettes, sont non seulement très bonnes prises séparément, mais leur défense étant bien ménagée, peut prolonger un siège de 10 ou 12 jours et davantage. Car il se faut faire une maxime très rigoureuse de n'abandonner aucune partie des chemins couverts ni de la fortification, qu'on n'en soit chassé de vive force, quelque faible qu'une garnison puisse être ; en ce faisant, on impose nécessité à l'ennemi de se conduire par les règles, de respecter toujours les lieux d'où il voit sortir du feu, et de n'en approcher que les armes à la main en état de forcer en se découvrant ; ce qui l'expose au feu préparé des défenses qui lui tue toujours beaucoup de monde, le retarde et l'incommode, tandis que le peu des vôtres qui y sont exposés se retirent toujours en prenant bien leur temps, avant que l'ennemi soit tout à fait sur eux, pour gagner le couvert des traverses prochaines, où tournant tête, 8 ou 10 coups de fusils tirés à propos, imposent à l'ennemi, l'arrêtent et le font aller bride en main. Mais comme les gens qui ont ordre de se retirer jusqu'à un certain lieu, en quittent souvent plus qu'on ne voudrait, il faut les faire soutenir par de petits détachements qui auront ordre de s'avancer jusqu'aux endroits marqués pour la retraite, dans le moment que les postes avancés se retireront, afin qu'ils y arrivent aussitôt qu'eux ; et c'est de quoi les uns et les autres doivent être bien avertis, afin que tous se concertent et ne fassent point de fautes dans l'exécution. Que si par des cas fortuits et malentendus qui n'arrivent que trop, des postes avancés lâchent le pied, ou se retirent mal à propos, il faut faire reprendre ce qu'ils ont perdu par la réserve ou par des détachements de grenadiers uniquement destinés à cet usage ; quoi fait, y faire retourner les mêmes qui auront abandonné, après les avoir bien réprimandés sur leur lâcheté, et instruits de nouveau sur ce qu'ils auront à faire en cas d'attaque.

Voilà ce qui se peut faire à peu près pour la défense des chemins couverts. Sur quoi il est à remarquer que cette défense ne peut avoir lieu sans le secours des traverses, qui donnent moyen de la prolonger et de la couper en plusieurs parties, lesquelles faisant de nouvelles affaires à l'ennemi, lui causent beaucoup de peine et de perte ; au lieu que tout chemin couvert vide de traverses est perdu sitôt que l'ennemi est logé sur les grands angles saillants, parce que de là il enfile les faces dans toute leur étendue jusqu'aux redans des places d'armes. A joindre que tout chemin couvert aussi bien que les terre-pleins des remparts et des dehors qui ne sont pas traversés avec soin, ne sont pas soutenables quand des ricochets de 6 ou 8 pièces de canon, qui peuvent les enfiler ou voir de revers, les recherchent. C'est une expérience que nous avons faite au premier siège d'Ath[1], où 8 batteries de 4 et 6 pièces de canon chacune, disposées en ricochets autour des angles saillants de la place, en distance de 2 à 300 toises, imposèrent tellement au front attaqué de cette place, que, quoique la garnison fût grosse et bien intentionnée, ils ne purent jamais tenir à leur défense, et le feu de la place fut tellement éteint, que les bataillons montant et descen-

1. Siège d'Ath : du 15 mai au 5 juin 1697. Cf. note 3, p. 1346.

dant la tranchée ne s'en sentaient point, et partant de la queue ils prenaient la campagne et s'en allaient à découvert droit aux postes avancés du chemin couvert. Ceux qui relevaient faisaient la même chose, les ennemis ne tirant plus, parce qu'ils ne pouvaient tenir à leur défense, circonstances très remarquables, et qui méritent bien qu'on s'en souvienne.

Les retranchements prématurés, revêtus et fabriqués de longue main, ne sont pas moins nécessaires à la défense des places que les traverses, car il n'y a pas moyen d'en faire de nouveaux qui puissent subsister devant un grand feu de bombes pendant un siège ; on peut dire que les unes et les autres sont nécessaires à un point que, sans eux, il est presque impossible de faire une défense un peu raisonnable.

Les fossés secs qui ont de la profondeur sont d'un mérite infini par rapport à ceux qui sont pleins d'eau, parce que les communications de la place sont bien soutenables, et que les mines bien ménagées y peuvent être d'un grand secours, au lieu que les pierres, le ricochet et les bombes rompent à la longue tous les ponts à fleur d'eau fixes ou flottants, sans en pouvoir conserver aucun. Ce qui vous réduit presque à une impossibilité de bien défendre vos ouvrages, et vous fait perdre des temps très considérables, et bien du monde par les détours qu'il faut prendre pour relever vos gardes et y faire porter les munitions, notamment dans les demi-lunes ; et à moins que de faire de petits ports voûtés dans les tenailles (o) à preuve de la bombe, et dans les gorges des demi-lunes (n) capables de mettre un bateau ou deux à couvert, il est presque impossible de conserver de communication.

Tant que le chemin couvert n'est pas pris, tout l'orage des attaques tombe sur lui et sur les pièces qui le protègent. Ces orages sont composés de batteries de canon, de bombes et pierres qui tombant partout à foison font un fort grand désordre ; c'est de quoi il est très difficile de se parer, et je ne vois que trois espèces de machines capables d'en épargner une partie, qui sont les cabanes de bois ronds, les abris de palissades brutes contre le parapet et les hottes fourrées et renversées pour ceux qui sont obligés de se remuer d'un lieu à un autre, et des trous dans le derrière des remparts. C'est de quoi on a fait des dessins, voyez la feuille 8, figures (A, B, C).

La prise des chemins couverts sera incessamment suivie de l'attaque des grands dehors ; savoir, des demi-lunes, ouvrages à cornes et les couronnes, et de toutes les autres pièces revêtues, terrassées et environnées de fossés qui se trouveront sur le chemin des attaques. Comme les ouvrages à corne et les couronnes sont plus avancés à la campagne et les plus considérables de tous, nous commencerons par eux, notamment par les cornes, parce qu'elles sont plus communes que les couronnes, et que la situation en est plus déterminée ; la plupart des ouvrages couronnés étant comme des hors-d'œuvre[1] que la nécessité a introduits plutôt que les règles.

1. Elément qui n'est pas partie essentielle du tout.

Supposons donc que toutes les cérémonies précédentes qui ont causé la prise du chemin couvert se soient adressées à la corne (A), que nous supposons aussi bien revêtue, terrassée, à preuve de même que sa demi-lune et environnée d'un fossé revêtu ou plein d'eau ; que toutes les parties qui en ont besoin soient bien retranchées, traversées et contre-minées, et qu'il y ait quantité de souterrains pour y mettre les munitions en sûreté, c'est à peu près ce qu'on peut leur désirer. Il faut encore supposer l'ennemi maître et bien établi sur tout le chemin couvert, cela étant, il travaillera premièrement à faire des batteries, les unes en (i) contre les flancs opposés et la communication ; les autres (c) pour faire brèche à la demi-lune ou y attacher le mineur ; et les autres (h) simplement pour faire brèche aux demi-bastions, remarquant que le vrai lieu de ces descentes, c'est en (d) et (k) pour éviter de déboucher dans les enfilades qui pourraient être embouchées du canon ou du mousquet de quelque autre endroit de la place que l'assiégeant ne pourrait maîtriser.

Les oppositions qu'on peut faire à ces batteries sont, premièrement, de les faire sauter comme il est proposé ci-devant, après avoir disposé des mines d'avance pour cet effet, et bien caché leur entrée ; deuxièmement, de les bombarder et battre de pierres tant que l'on pourra ; troisièmement, d'employer les traverses (T) pour leur rompre et diminuer la vue des objets qui en pourront être maltraités ; et quatrièmement, d'avoir des batteries biaises qui se peuvent prendre dans les cornes et sur les autres parties éloignées du corps de la place (N, R), et avoir des ports voûtés à preuve de bombes, dans la tenaille et dans le réduit, ou derrière de la demi-lune ; de 6 pieds de large dans œuvre sur 24 de long, et 3 à 4 pieds d'eau de profondeur, et plus si on peut les donner ; ces ports capables de contenir un bateau de 20 pieds de long et de 4 de large, ayant 2 pieds et demi de creux ; le tout mesuré dans œuvre. Ce bateau se conduira par le moyen d'une corde tendue raide à travers du fossé, à laquelle seront passées des poulies attachées par d'autres cordages au bateau ; deux petites cordes amarrées au milieu de l'avant et de l'arrière, tirées tantôt du côté de la tenaille, et tantôt de celui de la demi-lune, le feront aller et venir, sans que personne paraisse, pourvu que ceux qui sont dedans veuillent bien se baisser un peu ; et en prenant le temps à propos, il sera très difficile à l'ennemi de l'atteindre. Il en faudra avoir 5 ou 6 dans les fossés des autres fronts de la place, de même grandeur, les entretenir en bon état, et y accommoder les poternes tant du corps de la place que des ouvrages à corne, afin que quand il en manquera, on en puisse substituer d'autres, en les faisant passer par les sorties, et y tirer même ceux du fossé quand il y aura quelque chose à raccommoder auxquels on ne pourra travailler dans les ports. Ces bateaux pourront porter jusqu'à 40 hommes par voyage avec leurs armes, pourvu qu'ils soient bien arrangés.

Outre ce moyen, vous pourrez avoir celui des ponts ordinaires à fleur d'eau, lesquels ne dureront guère, ce seront toujours les premiers rompus ;

les radeaux pourront prendre leur place, ceux-ci faits de bois blanc comme le plus léger, choisi sec et de bon emploi, de 9 à 10 pouces carrés, assemblés par des travées de 4, 5 à 6 pièces de 12 pieds de long par la tête, par le milieu desquelles on passe des clefs de charpenterie de même bois qui les arrêtent ferme, et les tiennent en raison ; après quoi on les couvre de planches. Si on y peut ajouter quelques barils ou tonneaux bien étanchés, ils porteront plus pesant ; sinon et encore mieux les redoubler si on a de quoi, par d'autres travées, composées de même bois et appliquées par-dessous les superficielles ; autrement on n'y passera qu'un à un, faisant long bois.

Voilà les trois moyens de communiquer dans les dehors où il y a fossé plein d'eau. Il y en a encore un quatrième qui est celui du chemin couvert. Mais celui-ci n'est de mise qu'autant de temps que les assiégés en seront les maîtres : dès qu'il sera perdu il n'y faut plus songer. Ce n'est pas tout, si avec ces quatre moyens qui vous manqueront souvent, vous n'avez le soin de faire passer d'avance dans les ouvrages attaqués les gros matériaux dont vous aurez besoin, comme paniers, sacs à terre, brouettes, outils, une bonne quantité de poudre, du plomb, des boulets, des plates-formes, du canon, des affûts de rechange, fascines, palissades et des vivres, vous manquerez infailliblement de quelque chose dont vous aurez lieu de vous repentir.

Toutes ces provisions dont on ne saurait nier la nécessité, présupposent des souterrains dans tous les dehors aussi bien que dans le corps de place. C'est un fait constant que l'on n'en saurait trop avoir, non plus que de traverses et de retranchements revêtus ; autrement il ne faut pas compter sur la défense des places pour quelque chose de durée, vu la manière d'attaquer de ce temps-ci, qui tout imparfaite qu'elle est, a quelque chose de si terrible, que si on n'emploie pas des moyens extraordinaires à la défense des places, il est impossible de pouvoir longtemps résister à la furie des attaques. Revenons à notre sujet.

Les descentes de fossés se font à ciel ouvert ou par sape. A ciel ouvert, quand les fossés sont pleins d'eau ; et par sape quand ils sont secs et profonds. Celles-ci se font par des mineurs et souterrainement de 4 pieds et demi de large sur la hauteur de six, et bien étayées par des bois préparés à cet effet. Si le fossé est sec et profond, on pourra de temps à autre, notamment pendant la nuit, faire de certaines rondes à la dérobée, qui marchant sans bruit le long du petit chemin fait au bas du bord du fossé, écouteront et prêteront souvent l'oreille ; moyennant quoi ils entendront bien si le mineur est prêt à percer ou non. Quand on aura remarqué l'endroit, il faudra avoir préparé une batterie biaise d'une ou deux pièces pour les recevoir au débouchement du passage ; on pourra faire précéder cela par une salve de quelques coups de mousquetons dans le débouchement, chargés de postes.

Malgré ces oppositions qui pourraient bien causer quelque retard à l'ennemi, mais qui ne le feront pas discontinuer son passage, il faudra examiner s'il ne se fera point en lieu d'où on le puisse voir de revers de quelque endroit du chemin couvert qui ne soit pas encore occupé par l'ennemi, pour lui tirer de là en revers.

Si le fossé est plein d'eau, on ne pourra faire de sortie sur le passage de ce fossé, si ce n'est par quelques bateaux armés, cachés derrière les tenailles, au moyen de quoi on se pourrait conduire avec des avirons sur le passage du fossé, et jeter des feux d'artifice sur l'épaulement, pendant que d'autres le prenant à revers, embarrasseraient fort ceux qui se trouveraient sur le pont ; mais ils s'en retireraient bientôt, et les entrepreneurs de ces sorties passeraient tôt après mal leur temps, de telles entreprises aboutissent à si peu de chose qu'on n'en doit pas faire cas.

Mais si le fossé est sec, ce ne sera pas la même chose, on pourra faire plusieurs sorties du derrière des tenailles, et donner en grosses et en petites troupes, par la droite et la gauche, sur le passage du fossé, et souvent l'attaquer et l'inquiéter sans beaucoup hasarder.

Où le fossé sera plein d'eau, toute la défense à faire pour empêcher l'attachement du mineur se doit réduire aux choses possibles. Les choses possibles sont en partie communes aux fossés secs comme aux places d'eau, elles se réduisent ordinairement à tacher de plonger sur le commencement du passage du fossé du haut du rempart : ce qui se fait par le moyen de certains petits bouts de tranchée que l'on avance en portion de cercle dans l'épaisseur du parapet, lesquels vous approchent du bord et vous mettent en mesure de pouvoir plonger sur partie du passage.

Il faut de plus rouler des bombes et du feu sur le mineur, force grenades, des fagots goudronnés, beaucoup de bois, pendant quoi les feux des flancs et de la tenaille ne doivent pas être ménagés ; la contre-mine doit aussi faire son chemin pendant ce temps-là.

Si l'ennemi vient à vous par la mine, au lieu de vous attacher à rencontrer ses mineurs, vous devez vous porter le plus avant que vous pourrez sous la brèche, et là chambrer et charger en deux ou trois endroits séparés sous son étendue, ce qui vous sera un coup sûr pour lui faire souffler des fougasses à caissons dans le nez quand il vous approchera de trop près. Afin que les choses se fassent bien, il est nécessaire que ces manœuvres précèdent le temps que l'ennemi se pourra rendre maître du bas des brèches, afin que les mines étant chargées, il n'entende point de bruit qui puisse l'induire à méfiance. Et pour conclusion il n'y faudra donner feu que quand il voudra se loger sur les brèches, qu'il y sera bien engagé, et que le semblant de quelque sortie y aura attiré du monde. Ce coup est excellent, mais il veut être bien conduit et ne doit être employé qu'en second lieu, et après que les fougasses y auront joué.

Pendant qu'on travaillera à ces mines, on en pourra préparer d'autres que j'appellerai volantes, qui seront un ou plusieurs caissons, longs de 5 ou 6 pieds de bois fort de 2 ou 3 pouces d'épais, capables de contenir 3 ou 400 livres de poudre chacun, bien goudronnés et posés au bas de chaque brèche dès aussitôt qu'on verra les premières batteries disposées pour en battre les défenses, en sorte qu'on ne puisse pas douter du lieu où ils auront envie de s'attacher. Il faut les arranger au pied du mur et le plus bas qu'on le pourra, y appliquer les augelets et saucisses sur le pied d'y donner feu du derrière de la tenaille ou de la porte de sortie de l'orillon ; couvrir après et bien enterrer le tout dans les ruines, et y ajouter des fascines et du gros bois si l'on veut et laisser tasser les décombres qui tomberont d'en haut dessus sans les ôter, comme on fait ordinairement ; quoi fait, laisser faire la brèche, s'y présenter hardiment, la défendre et l'opiniâtrer, mais céder un peu pour attirer l'ennemi dans le haut et se donner patience qu'il y ait bien du monde ; après quoi donner feu et revenir aussitôt sur lui pour achever de culbuter ce qui sera resté dans la brèche, cela vraisemblablement mettra fin à l'assaut de ce jour.

Remarquer que l'effet des mines volantes doit précéder celui des autres, qui ne se doit faire que quelques jours après ; c'est-à-dire quand l'ennemi se sera rétabli dans le pied des brèches, et qu'il aura pris de nouveaux établissements, soit par des aplanissements pour en rendre les montées plus faciles, ou par y attacher des mineurs, ou par agrandir les brèches avec le canon ; pour lors quand on aura bien reconnu ces dispositions, s'il y a des mineurs attachés, il ne faudra pas attendre qu'ils donnent feu à leur mine, mais les prévenir. Que s'il ne s'attache qu'à battre du canon pour agrandir les brèches, on pourra attendre jusqu'à ce qu'il donne l'assaut et qu'il se porte dans le sommet des brèches, soit pour s'y loger, ou pour forcer et passer outre, le coup serait beau à qui pourrait le prendre dans le temps. qu'il s'amoncellerait dans cette brèche.

Les assiégés auront le moyen de faire suivre cela de grande quantité de pierres, grenades, bombes, et de tout ce qui peut faire opposition à un assaut ; et de jeter dans les intervalles force branchages et épines en confusion et sans être liées, les ruines tombant dessus feront un fascinage embrouillé, qui joint à celui de la fraise avec les arbres du rempart, à qui on aura laissé les grosses branches de 2 à 3 pieds de long, élaguées et bien épointées, feront un empêchement considérable à sa montée.

On pourra encore user d'autres moyens, comme d'y rouler des chariots chargés de bois fourrés de fascines goudronnées et bien allumées ; des barils foudroyants pleins de bombes et de grenades, y faire tomber d'autres bombes par le moyen de quelque planche, coulisse ou petite bascule, des pots à feu, plus des grenades, cercles à feu et tous les autres moyens dont on se pourra aviser, pourvu qu'ils fassent du mal à l'ennemi, tout sera bon, et que tout soit exécuté par des gens fermes qui se présentent bien, d'une mousqueterie mêlée d'une grêle de grenades et de pierres, tout cela soutenu par deux ou trois réserves rangées derrière les traverses prochaines, et les retranchements bien garnis, avec le secours du canon des faces et de la tenaille. Tous ces obstacles feront que l'ennemi pourra bien manquer la brèche pour la troisième fois.

Voici encore un quatrième moyen de défendre les brèches qui va paraître ridicule, mais il fut mis en usage avec succès au premier siège de Chatté, petite ville de Lorraine sur la Moselle[1], fait par le maréchal de La Ferté[2]. Cette ville était fermée de murailles à l'antique, flanquées de tours peu fortes et mal espacées mais défendues par 1 200 Lorrains, bonnes troupes, avec les bourgeois qui avaient à défendre leur pain ; le tout commandé par Despillier, soldat de fortune, mais brave homme et entendant bien son métier, qui en était gouverneur. Le maréchal de La Ferté qui voulait défricher la Lorraine et agrandir son gouvernement, l'assiégea avec une armée composée d'assez bonnes, troupes, mais peu nombreuse et assez mal pourvue de ses besoins ; la tranchée fut ouverte, le canon mis en batterie, on y fit bientôt brèche assez raisonnable, en conséquence de quoi le maréchal les fit sommer ; mais ceux-ci qui s'étaient fort bien retranchés n'y répondirent point et se mirent en état de soutenir l'assaut, qui leur fut effectivement donné très vivement et soutenu de même ; hors que dans le fort de l'assaut et dans le temps qu'on en était aux coups de piques, les uns et les autres fort échauffés, les assiégés s'avisèrent de jeter dans la brèche 5 ou 6 paniers de mouches à miel[3], qu'ils trouvèrent là auprès, lesquelles enragées de se voir traitées de la sorte, s'en prirent aux premiers des assiégeants qu'elles rencontrèrent, les piquèrent si impitoyablement et de telle sorte, qu'elles les contraignirent de quitter prise, d'abandonner la brèche et de se retirer à la tranchée où elles les poursuivirent avec une opiniâtreté invincible, qui fit déserter la tranchée pour quelques jours, pendant lesquels les ennemis raccommodèrent leur brèche, et se mirent en état de soutenir un deuxième assaut plus avantageusement que le premier, bien résolus de se servir du même secours ; et ce ne fut pas la moindre raison qui fit résoudre la levée du siège.

Au reste, ce qui est ici proposé pour la défense des brèches de la demi-lune se peut appliquer à toutes les pièces revêtues, aussi bien qu'aux demi-bastions des ouvrages à corne, grandes demi-lunes de la place, contre-gardes, etc., parce que tous sont de même nature, quoique de différentes figures. Si les fossés sont secs, les communications en seront bien plus aisées, et par conséquent la défense ; mais il faudra bien précautionner les gorges,

1. Il s'agit des ville et château de Châtel-sur-Moselle, à 15 km au nord d'Epinal, dont le maréchal de La Ferté eût bien du mal à venir à bout. Ayant entrepris de prendre la ville en août 1651 dans le cadre de la campagne de pacification de la Lorraine occupée, il mena contre la place pas moins de quatre assauts infructueux au cours desquels le régiment de Navarre perdit deux capitaines et plus d'une centaine d'hommes. La Ferté s'empare enfin de la ville en septembre 1651 au bout de 44 jours de siège. La place est à nouveau prise en 1670, puis démantelée l'année suivante.

2. Henri de La Ferté-Senneterre cf. note 1 p. 1415.

3. Abeilles.

afin que l'ennemi ne se prévale pas de terreurs paniques qui arrivent quelquefois sans raison, pour les insulter. Et quand même les fossés seraient pleins d'eau, s'ils peuvent se vider par la rupture de quelque batardeau, écluse, saignée, etc., il sera toujours bon d'en bien assurer les gorges. Au surplus, la situation de tous les ouvrages à corne se peut rapporter à celle des deux que nous en donnons ici, feuilles 14 et 15, comme les plus parfaits qui se fassent ; rarement s'en trouve-t-il d'aussi bien conditionnés que nous les supposons, mais tels qu'ils se trouveront, il en faudra tirer le meilleur parti qu'on pourra. Si on les propose parfaits, on leur attribuera une défense proportionnée à leur mérite ; il est très difficile de faire plus, mais non de faire moins.

Si, après toutes ces résistances bien et sagement conduites, l'ennemi se rend maître des brèches de la demi-lune, et qu'il s'y trouve un bon réduit, bien revêtu, comme le figuré (*E*), ce réduit soutiendra les traverses de sa droite et de sa gauche, imposera à la brèche qui sera devant lui, et nécessitera l'ennemi d'aller bride en main et de régler la deuxième partie de son logement, en tirant une ligne d'une traverse (*X*) à l'autre (*Y*), c'est le mieux qu'il puisse faire. Je dis d'une traverse à l'autre, parce que si la résistance a été telle à peu près que nous venons de dire, vraisemblablement celles-ci seront abandonnées, parce que la brèche se sera étendue jusqu'à découvrir leur derrière, et les faire voir de revers par les logements du chemin couvert. Les ennemis s'établiront donc là et travailleront à y faire une batterie (e) de trois ou quatre pièces ; ce qui ne se fera pas sans peine et sans y employer bien du temps ; après quoi il ne sera peut-être pas impossible, si l'assiégé est heureusement préparé, qu'il ne la fasse sauter par l'effet d'une mine bien mesurée et chargée à l'avance. Pendant que l'ennemi s'occupera à la façon de cette batterie, il ouvrira des sapes à droite et à gauche pour couler dans les épaisseurs du parapet et du terre-plein, vers les deuxièmes traverses (Z) qui étant bien flanquées du réduit (E) pourraient tenir ferme, et obliger l'ennemi à s'avancer pied à pied, c'est-à-dire fort lentement, pendant que sa batterie (e) achèvera de se mettre en état de battre le réduit (E), qui, étant petit et battu de près, ne tardera guère à s'en trouver mal, notamment si l'ennemi a la précaution de surbaisser le devant de ses embrasures et de se procurer de la plongée. Le remède à cela est d'avoir disposé deux batteries biaises d'avance, de trois pièces chacune, sur la courtine (R) pour croiser sur celles de l'ennemi, ce qui l'embarrassera fort, et encore plus si leur effet peut se joindre à celui de la mine dont nous venons de parler ; mais il n'en faudra ouvrir les embrasures qu'après que l'ennemi aura ouvert les siennes. Jusqu'ici les deuxièmes traverses auront subsisté et fait leur devoir, et se pourraient encore maintenir tant que le réduit pourra les flanquer, mais quand il sera tellement ruiné par l'effet de la batterie (e) qu'il n'y aura plus moyen de les flanquer ; pour lors l'ennemi, que nous supposons en être fort près pour les insulter, s'en rendra maître et fera ensuite descente de part et d'autre dans le fossé du réduit pour l'attaquer. Mais si l'assiégé s'est bien préparé, il aura quelques mines superficielles de prêtes, et sans doute une du fond s'il y a galerie majeure dans cette pièce ; de sorte que l'ennemi sera obligé d'en essuyer l'effet, ou de la prévenir par en faire jouer d'autres qui priment celles-là et les éventent, autrement il n'y aurait aucune sûreté pour lui de se loger derrière ces traverses. Cela fait, si l'ennemi veut bien faire, il doit placer du canon derrière ces mêmes traverses (Z, Z) après l'effet des mines ; ce qui retardera encore ses affaires, mais c'est le chemin le plus sûr puisqu'elles pourront de là ouvrir le réduit par le milieu de ses faces, ce qui joint à la brèche de la pointe, forcera les assiégés à l'abandonner, tant qu'il aura tant fait que de percer ses descentes dans son fossé. Heureux seront les assiégés, si en l'abandonnant ils peuvent par l'effet de leurs mines renverser ce qui restera sur pied sur l'ennemi.

Tandis que la demi-lune et son réduit se défendront, l'ennemi pourra bien démonter les flancs de la corne, faire descente et avancer le passage du fossé, rompre les communications, établir plusieurs batteries (h, i, s) sur les pointes et les angles rentrants du chemin couvert, fort maltraiter la tenaille, et ouvrir les faces des deux demi-bastions, et même la courtine d'entre-deux ; mais il n'aura osé y tenter de logement. C'est pourquoi aussitôt que le réduit (E) qui faisait son principal obstacle sera abandonné, et lui logé dans sa gorge, et dans celle de la demi-lune, il achèvera les passages du fossé de la corne ; et de bien épauler ses ponts du mieux qu'il pourra ; il accommodera à même temps tous les logements du chemin couvert d'où il pourra faire feu, s'ils ne sont déjà accommodés ; et quand tout cela sera prêt, vraisemblablement il donnera l'assaut aux deux demi-bastions de la corne par plusieurs détachements de grenadiers l'un devant l'autre, soutenus par des corps entiers et par tout le feu des logements. Beaucoup de canon et de bombes, pierres et grenades précéderont cette action, à quoi on pourra faire les mêmes oppositions qu'à la demi-lune (D), puis quand on n'en pourra plus, on se retirera de traverses en traverses jusqu'aux retranchements. C'est là où l'ennemi trouvera un nouvel ordre de fortification composé de la grande demi-lune (H) et des deux contre-gardes de la droite et de la gauche (F, G) que nous supposons toutes bien revêtues et leur fossé aussi ; leurs remparts terrassés, contre-minés et garnis des souterrains et des communications nécessaires. Voilà donc une nouvelle attaque à faire par un pays très difficile, suite d'une autre qui aura déjà occupé l'ennemi longtemps.

Supposons après cela l'ennemi assez maître de toute la tête de la corne pour oser y établir des batteries, il sera obligé d'en faire une sur la courtine de cet ouvrage (O), et dans les deux gorges comme les figurées (l) pour battre la demi-lune (H) et les deux contre-gardes (F, G), et s'il veut bien faire, il établira aussi deux ricochets sur les pointes de la même corne (n, n,) de trois pièces chacun. Cet établissement sera difficile à cause des chemins qu'il faudra faire faire et des difficultés immenses des ponts solides et des rampes nécessaires tant pour monter sur la courtine de cet ouvrage que sur les pointes et dans les gorges (l) où il faudra descendre ; attendu même que toute cette artillerie ne se pourra mener que sur des traîneaux faits exprès, après l'avoir démontée de dessus ses affûts pour la monter sur les mêmes traîneaux, la mener en place à l'aide de capestans et de poulies de retour, et la remonter sur ses affûts quand on l'aura menée sur les plates-formes. Toutes ces manoeuvres sont difficiles et demandent beaucoup d'industrie, de temps et de travail, car il faudra faire de grandes coupures dans le rempart, raser les parapets de la courtine de la corne jusqu'au cordon et même plus bas, et couper son rempart en plusieurs endroits. Pendant que l'ennemi sera occupé à ces pénibles manoeuvres, les assiégés n'auront point d'autre parti à prendre que celui de préparer à l'avance des fougasses en caissons au bas des brèches et de charger les mines qu'ils auront sur et au-delà des coupures des retranchements, faire la même chose de celles qu'ils auront tant sur les pointes de la demi-lune (H) que des deux contre-gardes (F, G) ; garnir les souterrains de la demi-lune et du réduit de poudre, de balles, pierres à fusils, boulets, grenades, et de quelques munitions de bouche ; parce qu'il pourra fort bien arriver qu'on sera quelquefois des deux ou trois jours sans pouvoir communiquer à l'ouvrage à cause de la fréquente rupture des ponts, si ce sont fossés pleins d'eau.

Il faudra aussi apprêter des batteries sur les bastions de la place dans les endroits qui peuvent défendre la demi-lune et les longs côtés de la corne comme en (T), quelques autres sur les extrémités de la courtine (R), et d'autres biaises sur les endroits éloignés du rempart (N) qui auront vue sur les attaques, notamment sur les batteries ennemies (s, h, j), il ne faudra point ouvrir les embrasures des nôtres que quand l'ennemi sera arrangé. On ne doit pas douter qu'il ne commence par battre vivement la demi-lune (H) par la pointe, et les deux contre-gardes par les faces, et qu'il n'en mette dans fort peu de temps les défenses dans un grand désordre. Mais si les revêtements de ces pièces ne sont élevés qu'à mi-hauteur avec berme de bonne largeur, il n'y fera pas sitôt brèche, parce que la plus grande partie des ruines du haut tombant sur la berme y seront arrêtées et augmenteront la résistance du parapet, dont le bas se trouvera mieux garni par la chute de ces ruines. Cependant l'ennemi qui vraisemblablement ne s'en sera pas tenu à l'établissement simple de ces batteries, quoique d'une manœuvre dure et pénible qui lui doit occuper beaucoup de monde, aura poussé en avant ce qu'il aura pu à la demi sape, à peu près suivant les alignements (Q, Q), qu'il aura perfectionnés peu à peu. Ce que cela lui vaudra, est que si ses batteries sont bien servies, en moins de deux fois vingt-quatre heures il deviendra maître du feu, ce qui se perfectionnera les jours suivants ; et pour lors il lui sera facile de se porter sur le bord du fossé de ces pièces, d'y prendre établissement et de travailler à faire ses descentes en nombre suffisant : ce qui sera bientôt suivi du comblement et du passage des fossés, au moyen duquel il se portera au pied des brèches lesquelles vraisemblablement seront fort avancées. Au surplus, à mesure que le feu des assiégeants prendra accroissement, celui des assiégés doit faiblir, ce qu'il n'y aura pas moyen d'empêcher par de voies ouvertes ; c'est pourquoi il faudra avoir recours aux souterraines, c'est-à-dire aux mines et aux traverses ; en un mot, à la défense des brèches de la manière qu'elle a été ci-devant expliquée, n'en connaissant point de meilleure : et s'il y a une galerie majeure qui règne le long de la base de ces pièces, en la gardant bien, on aura souvent moyen de jouer de mauvais tours à l'ennemi par l'effet des mines qui l'incommoderont et le retarderont beaucoup.

Il faudra de plus prendre garde à une chose, c'est que les munitions soient toujours bien fournies, que les soldats ne chargent point à poignée ni trop fort, mais faiblement en diminuant la charge à mesure que l'ennemi s'approchera de vous, parce qu'il ne sera pas question de tirer de si loin.

Si l'ennemi après avoir bien ouvert les brèches et mis toutes les descentes et le passage du fossé en état, attaque les trois pièces (F, G, H) à même temps, soutenu qu'il sera de tout son canon bien disposé et de sa mousqueterie, il est sans difficulté qu'il en gagnera le haut avec assez de facilité, mais si on se sert bien des mines et fougasses, et que le siège soit assez heureux pour que l'ennemi ne les ait pas éventées, il pourra tomber dans des inconvénients qui, outre le dommage qu'il en recevra, le retarderont considérablement. Le surplus de cette défense se doit mener comme celle qui a été proposée pour la demi-lune (D) et sa suite, qui contient à peu de chose près les moyens que l'on y peut employer ; c'est pourquoi nous n'en ferons pas ici de répétition.

Mais supposons que l'ennemi se soit logé sur l'angle flanqué de la demi-lune (H) et sur les deux contre-gardes d'à côté (F, G) dès la deuxième attaque, comme je n'en doute pas, si ses batteries (l, O, l) sont bien servies, il en doit établir d'autres sur les angles flanqués de ces trois pièces (o, q, o), et après qu'il se sera introduit dans les gorges et qu'il s'y sera établi, il travaillera aux descentes du fossé de la demi-lune, pour de là, en perçant toute l'épaisseur de son rempart, se porter sur le bord du fossé du réduit (I) à même temps que les sapes faisant chemin par le haut, il se prolongera vers les gorges tant de la demi-lune (H) que des deux contre-gardes (F, G), si ses batteries font leur devoir. A tout cela il n'y a pas d'autre défense à faire que de disputer le terrain de traverses en traverses, employer l'effet des mines, suivi de quelque petite sortie faite à propos, et n'abandonner qu'à la force. L'usage de ces trois batteries (o, q, o) sera pour celle de la pointe de la demi-lune de rompre et ouvrir celle du réduit (I), et pour celles des contre-gardes d'ouvrir et faire brèche à la demi-lune pour achever de s'en rendre maître, et se procurer des vues sur le milieu des faces du réduit ; ce qui ne se pourra qu'en ouvrant et aplanissant les brèches du milieu des faces de ladite demi-lune, et abaissant son terre-plein fort bas, afin de donner de la découverte à ses batteries. Cette manœuvre emploiera du temps, mais l'effet en sera sûr ; car dès que les brèches de la demi-lune donneront assez de jour aux batteries de la pointe des contre-gardes, elles pourront battre le réduit (I) par le milieu de ses faces, et y faire brèche ; de sorte que ce réduit, petit de soi-même, se trouvant ouvert en trois endroits, et peut-être sa communication coupée, il n'y aura plus d'autre parti à prendre que de charger ses mines, retirer peu à peu le monde et les effets qui seront dedans, et le faire sauter, afin de le rendre le plus inutile et dommageable à l'ennemi qu'il sera possible.

La corne (B) faite en queue d'hirondelle[1], et placée sur la capitale prolongée d'un bastion, n'a pas le même avantage que la corne (A) pour la défense du dedans, attendu que celle-ci présente la demi-lune à l'ennemi ; au lieu que la corne (B) lui présente le bastion même, ce qui semble le conduire par un chemin bien plus court au corps de la place[2], à l'ouverture duquel l'ennemi peut travailler aussitôt qu'il aura mis ses batteries sur la courtine de la corne. Mais on peut dire en faveur de celle-ci qu'elle ne donne accès à l'ennemi que par un seul bastion, auquel toute la garnison se réunissant, elle aura beaucoup plus d'avantage et de facilité à se défendre, parce qu'il ne s'y fera point de diversion et qu'elle nécessite l'ennemi à la prise des deux demi-lunes collatérales (D, E) et de leurs réduits (F, G), sans quoi il n'aura pas moyen de se pouvoir procurer aucun accès à la brèche, qui puisse être soutenable, ce qui répare bien son unique défaut. Mais soit que ces cornes soient bâties suivant l'un ou l'autre de ces dessins ou de quelque autre approchant, la défense du dedans de ces pièces bien entendue, donnera de longues et périlleuses discussions à l'ennemi, et il n'en sera pas moins obligé de se jeter en campagne, et de marcher aux grands angles du chemin couvert de droite et de gauche (H) où il pourra bien essuyer quelque sortie, s'il n'en prévient les accidents par fort étendre les places d'armes qui doivent soutenir les logements ; ou pour mieux dire, élargir toutes ses attaques, qui ne sont pas de petites affaires. A joindre que ces angles se pourront défendre méthodiquement, comme il est proposé ci-devant.

Après que l'ennemi s'en sera rendu maître, et qu'il se sera bien étendu tout le long du chemin couvert, il établira ses batteries sur les parapets de ses angles contre les flancs opposés (t) d'une part, et pour faire brèche de l'autre (s), (ce qui ne se doit ici entendre que de la suite des attaques de la

1. Ou queue d'aronde : un ouvrage « en queue d'aronde » est un ouvrage à cornes qui s'ouvre en éventail sur la campagne. Cf. IIIe planche. Quand le côté large de l'éventail se trouve du côté de la ville, l'ouvrage est dit « en contre-queue d'aronde ».

2. C'est-à-dire l'enceinte proprement dite de la place.

corne (A) située sur la courtine). Le premier effet de ces batteries quand elles seront en état, sera de s'attacher à battre les flancs opposés (W) ; le deuxième, de rompre le pont de communication du réduit ; le troisième, de déchirer la tenaille (M) ; l'artillerie des flancs ne doit pas durer bien longtemps, mais les bombes et les pierres de la place pourront interrompre souvent celles des ennemis et donner quelques bons intervalles à celles de la place, pour changer et se raccommoder, si elles sont bien servies.

Il n'y aura que les bateaux à cinquenelle[1], que nous appellerons paquebots pour leur donner un nom distingué, qui pourraient s'échapper, mais les ennemis auront bien de la peine de les empêcher d'aller et venir tant que le réduit subsistera ; et s'il vient à être pris, il ne sera plus là question de communication. Jusque-là on pourra substituer d'autres paquebots par le dedans de la place, en remplacement de ceux qui seront coulés à fond.

Quand toute la gorge de l'ouvrage à corne, la demi-lune et son réduit seront occupés par l'ennemi, il y trouvera place à faire de bons logements pour la mousqueterie ; il ne lui serait pas même impossible après que les assiégés auront été chassés de ces ouvrages, de faire des descentes de fossés par les extrémités des cornes (v), tandis qu'il en ferait d'autres par le talon des places d'armes du chemin couvert (y) ; ce sont même les lieux plus convenables où on les puisse bien placer.

Au débouchement des descentes, on ne saurait opposer que des batteries biaises, préparées à l'avance dans la courtine, comme les figurées (Z), qui incommoderaient d'autant plus les commencements de ces passages, qu'on ne pourra que très difficilement les démonter.

A mesure que les ponts ou passages de fossés avanceront, ils se découvriront aux flancs de la place qui les incommoderont fort, s'ils ne sont prévenus par les batteries opposées ; mais l'ennemi, ayant occupé tous les dehors qui pourraient lui empêcher les accès de la place, se trouvant bien établi et maître des bords du fossé, s'attachera à son passage, lequel soutenu de tous ses logements et des batteries opposées aux flancs, pendant que d'autres batteries travailleront à faire le trou du mineur ou à battre en brèche, il est à présumer qu'au moyen de toutes ces protections, il sera bientôt parvenu au pied des brèches.

Ce que l'assiégé peut lui opposer en ce cas, consiste au canon de ses flancs tant qu'ils pourront subsister, à celui des batteries biaises, et à la mousqueterie de la courtine et des tenailles ; aux pierres et à quelques autres batteries biaises dans les tenailles, aux bombes, grenades et feu d'artifice d'en haut, qui est tout ce qu'il peut opposer si le fossé est plein d'eau ; mais s'il est sec, il y pourra ajouter de fréquentes sorties sur le passage à la faveur des tenailles, ce qui retardera et incommodera beaucoup

1. Cordage ou câble tendu en travers d'un cours d'eau et reliant les deux rives pour permettre de faire passer un bac d'une rive à l'autre.

l'ennemi, et pourra l'obliger à faire brèche avec le canon, qui est le mieux qui puisse arriver aux assiégés.

Au surplus, la corne (A) conduit l'ennemi à deux bastions, ce qui fait l'effet de deux attaques liées, beaucoup plus dangereuses pour la place que celle de la corne (B), qui l'oblige à prendre plus de pièces, et ne le conduit qu'à un bastion seul. Parlons encore de cette corne.

Comme ses attaques se réunissent toutes à celle du bastion (C), l'ennemi sera obligé, après avoir occupé les gorges entières de l'ouvrage et de ses deux retranchements, d'y établir des batteries, manœuvre longue, difficile et désagréable, mais qui une fois achevée, le mettra en état de battre les deux flancs opposés qui défendent le bastion, et le bastion même, le fossé entre deux, par la pointe et par ses deux faces, ce qui y produira une grande et large brèche, vis-à-vis de laquelle on pourra faire quatre descentes et autant de passages de fossé, sans que l'assiégé y puisse remédier que par y tirer quantité de canon, de bombes, de pierres et de grenades, ce qui ne saurait manquer de faire bien du mal à l'ennemi, le tout étant accompagné et soutenu d'une bonne mousqueterie bien continue.

Si le fossé est sec, on pourra encore l'incommoder par des sorties qui partiront du derrière des tenailles et y auront leur retraite. Mais s'il est plein d'eau, il n'y aura que les pierres, grenades, bombes roulantes et feu d'artifice, qui le puissent incommoder. Ce qui s'entend lorsqu'il occupera la brèche.

Au surplus, comme ces batteries battant le pied du revêtement ne manqueront pas de l'abattre, de le faire tomber par grosses pièces, et de tirer bas une grande partie du parapet après elles, il faudra le répaissir en retranchant le terre-plein derrière les brèches.

Supposant que l'assiégeant soit bien entendu il se gardera bien de presser l'assaut, il voudra agrandir ses brèches, les aplanir et en faciliter les montées, soit qu'elles aient été faites par l'effet des mines ou du canon, ou par tous les deux ensemble, il ne manquera pas de tourmenter les derrières des brèches par y tirer une fort grande quantité de bombes, à dessein d'y mettre tout en confusion, retranchements, remparts et traverses. Comme cette défense est d'une grande conséquence, je reprendrai les moyens proposés à la page [1462] et suivantes, la chose étant assez importante pour mériter une répétition.

Supposons premièrement que les bastions soient bien retranchés par la gorge, ces retranchements revêtus et terrassés à hauteur de celui de la place, leur fossé aussi revêtu, et le tout contre-miné et casematé ; deuxièmement, que les remparts des faces soient garnis de toutes les traverses nécessaires à pouvoir rompre, sinon tout, du moins une bonne partie des plus mauvais effets des ricochets ; troisièmement, que toutes les traverses soient pour lors converties, autant qu'il sera possible, en retranchements bien palissadés, et qu'elles puissent communiquer les unes aux autres par des bouts de tranchées, même garnies de chevaux de frise ; quatrièmement, que les brèches soient circulées par des retranchements faits en répaississement des parapets endommagés, afin d'y pouvoir mettre le monde destiné au soutien des brèches de la main à la main à couvert ; cinquièmement, qu'il y ait de petits magasins disposés en plusieurs endroits, à portée, et bien en sûreté, et que le dispositif des troupes qui doivent soutenir, soit réglé à l'avance, en sorte que chacun occupe son poste pour tout le temps que l'on sera dans l'attente d'un assaut, et qu'il y ait plusieurs détachements l'un devant l'autre, occupant le derrière des traverses où ils seront à couvert, bien instruits de ce qu'ils auront à faire, et toujours prêts à marcher aux brèches chacun à leur tour, pour soutenir les postes avancés qui les défendent : un bataillon ou deux dans le centre du bastion, et tout le bivouac et les gens de la garnison qui sont de repos pendant les gardes ordinaires (les autres postes non compris), occuperont les courtines voisines, où ayant toujours la tête tournée du côté de l'attaque, ils se tiendront en état d'y marcher au premier ordre, et de secourir les brèches. Cette disposition ainsi arrêtée, il faudra que toute la cavalerie monte à cheval, et la disperser par troupes dans les places et croisées des rues, pour empêcher les remuements tumultueux qui pourront y arriver. On en pourra tirer quelques bourgeois pour porter les matériaux et munitions nécessaires aux brèches, remporter les blessés et apporter à boire et à manger aux troupes qui seront là disposées jour et nuit, pour autant de temps que l'ennemi sera en état de donner l'assaut. Les magistrats dans leur chambre, assemblés à l'ordinaire, pour satisfaire à ce qui leur sera demandé.

Nous supposons encore que le retranchement sera garni de monde et de 6 ou 8 pièces de canon, toutes chargées et prêtes à tirer, avec leurs magasins près d'elles : et le surplus du parapet garni de paniers et de force outils près de là, pour les besoins qu'on en pourrait avoir. Qu'il y aura de plus quantité de bois et de feux d'artifices arrangés près de la brèche, force bombes, grenades, et des tas de pierres ramassées pour jeter dans les rampes de la brèche. Voilà à peu près une idée du dispositif intérieur de la place pour soutenir l'assaut, à quoi il faut ajouter pour ceux du dehors, premièrement, les coffres et fougasses engagés au pied du revêtement sous les ruines des brèches, avec les augelets pour y pouvoir donner le feu à propos, dès que l'ennemi aura commencé à battre les défenses. Ces augelets seront conduits et cachés le long du pied du mur et des décombres jusqu'au derrière de la tenaille prochaine, ou à la sortie qui doit être dans les revers de l'orillon, pour les faire jouer quand l'ennemi se croira maître du haut de la brèche, et non plus tôt ; c'est pourquoi il sera bon même de lui donner beau, afin de l'attirer. L'effet de ces fougasses suivi d'une brusque recharge des nôtres qui reprendront le derrière et le haut de la brèche, vraisemblablement remettra les affaires au lendemain ; parce qu'il s'y pourra faire des escarpements tels qu'ils ôteront ou diminueront fort les accès des brèches. Ce ne serait pas assez, il faut avoir d'autres mines chargées ou prêtes à charger, dans et sous le bas du rempart, appuyées chacune d'un contrefort et chambrées à un pied et demi près du parement ; prenant garde de ne les point mettre vis-à-vis des coffres à fougasses, de peur que celles-ci ne leur nuisent ; les charger aussitôt qu'elles auront fait leur effet, afin de les employer au deuxième assaut, pour lequel les ennemis seront d'autant plus hardis qu'ils s'imagineront qu'il n'y aura plus de mines à craindre. Pour bien employer celles-ci, il faudra prendre son temps comme aux premières, c'est-à-dire quand les ennemis seront parvenus jusqu'au haut de la brèche si les mines sont bien faites et le feu donné à propos, elles pourront produire un autre escarpement, et bien du désordre parmi les assiégeants ; ce qui pourra bien produire une deuxième remise au lendemain. Après l'effet de ces deuxièmes mines, sans renoncer aux troisièmes, auxquelles on travaillera incessamment, il faudra en venir aux expédients de la main, c'est-à-dire embarrasser les brèches ; premièrement par y jeter pendant l'assaut beaucoup et fréquemment des demi-bombes et grosses grenades ; deuxièmement, y pousser des chariots chargés de bois mêlés d'artifices bien allumés et roulés du haut en bas des brèches si l'on peut ; troisièmement, des barils foudroyants remplis de bombes, grenades et de poudre ; quatrièmement, des branches d'arbres et des épines mêlées à l'aventure, quand il n'y aura point de feu ; ces épines et branchages s'embarrassant parmi les ruines qui tombent dessus, feront une espèce de fascinage fraisé qui embarrassera fort la montée : j'en ai vu une semblable à Sainte-Menehould[1] qu'on n'attaqua pas peut-être par le respect que cette difficulté y opposa ; cinquièmement, des pots à feu, des grenades et pierres en quantité ; sixièmement, des fraises d'arbres entiers avec leurs branches épointées et élaguées de deux ou trois pieds de long[2], et tous les autres moyens proposés à la page [1463], sans oublier celui des ruches à miel[3] qui, tout simple qu'il est, n'est pas mauvais. Tous ces expédients demandent d'être employés dans leur temps qu'il faudra choisir à propos ; s'ils sont mis en œuvre par de bons acteurs, gens hardis et déterminés et conduits par de bonnes têtes, il est impossible qu'ils ne fassent pas un grand effet.

Que si l'ennemi, sans se rebuter, persévère toujours à poursuivre ses attaques, il parviendra à la fin à gagner le haut des brèches où il se trouvera encore loin de son compte, ce qui n'arrivera que quand le bas sera épuisé de mines. Après cela il faudra que les mineurs se retranchent dans les gale-

1. Vauban participe deux fois au siège de Sainte-Menehould : la première fois en novembre 1652, du côté de la Fronde, dans l'armée du prince de Condé, et la seconde fois en novembre 1653, cette fois-ci dans les rangs de l'armée royale où il sert comme volontaire sous les ordres du chevalier de Clerville.

2. Les retranchements établis dans les bois de Malplaquet à la veille de la bataille par le maréchal de Villars en septembre 1709 ont eu recours à ce mode d'obstacle.

3. Cf. épisode du siège de Châtel-sur-Moselle, p. 1464.

ries majeures par de bonnes traverses, et que cependant ils préparent à l'ennemi d'autres mines pour quand il voudra s'étendre à droite et à gauche, et qu'ils se tiennent toujours en état de se servir de quelqu'une. L'ennemi sera cependant obligé à s'étendre tant qu'il pourra, et à essuyer toujours ce que les mines du bas pourront lui souffler, jusqu'à ce qu'il s'en soit rendu maître, chose très malaisée, et à laquelle on voit peu de jour à lui pouvoir réussir, si les mineurs de la place sont intelligents et qu'ils remplissent bien leur devoir ; attendu que tenant le plus bas du rempart, et leurs mines se trouvant les premières servies, si elles sont bien conduites, elles préviendront toujours celles de l'ennemi, sans pouvoir être prévenues que très difficilement. Malgré tout cela on doit s'attendre que les assiégeants glisseront le long des faces vers les flancs, où chemin faisant ils pourront être souvent arrêtés par les traverses et petites sorties, lesquelles, aidées du secours des mines, leur causeront bien du retard. Et c'est ce qui leur fera prendre le bas pour pouvoir s'approcher de tous côtés du retranchement, chose à quoi leur persévérance les amènera s'ils cheminent en avant. Pour se pouvoir faciliter les moyens de s'étendre, ils monteront du canon sur le haut des brèches ; mais, s'ils y en montent peu, il ne leur servira pas de grand-chose, parce qu'il sera battu par celui du retranchement ; s'ils y en montent en nombre égal ou davantage, cela leur causera bien du retard, ainsi toujours du temps de gagné. Cependant, pour peu qu'ils avancent chemin, ils arriveront à la fin sur le bord du fossé du retranchement, où quand ils seront une fois bien établis, quoique ce bord soit contre-miné et les mines prêtes, il ne faudra pas se presser de les faire jouer, parce que le respect qu'elles imposeront ne servira pas peu à faire obtenir une capitulation honorable ; à quoi il en faudra venir à la fin malgré qu'on en ait : heureux si, après avoir rempli ses devoirs avec tant de peines, on la peut obtenir raisonnable ; chose de quoi il n'y a pas lieu de douter, eu égard à ce que le retranchement sera dur à prendre et que les ennemis seront lassés et considérablement affaiblis de la longueur du siège, ce qui les rendra sans doute plus traitables.

Nota. On ne doit pas douter que sitôt que l'ennemi aura gagné le haut des brèches, et pris assez d'établissement pour pouvoir s'étendre à droite et à gauche, qu'il ne le fasse peu à peu, tant pour gagner du terrain et se rendre bien le maître des bastions, que pour s'approcher et occuper les flancs ; ou si on le laisse faire, il se logera dans l'épaisseur des parapets, pour de là plonger à revers le derrière de la tenaille et en chasser les assiégés ; chose à quoi il pourra très bien réussir s'il attaque les deux bastions à la fois suivant le dessin de la corne (A). Car s'il est bien maître du feu de la place, celui des flancs éteint, et lui logé sur le haut des brèches et sur les flancs, la tenaille ne recevra plus de protection que de la courtine, laquelle étant faible et aisée à parer, l'ennemi pourra se faire un chemin dans les ruines tombées au pied des bastions, et en s'approchant de la tenaille pour lors déserte, se faire des passages au travers des fossés qui la séparent des flancs de la place, et de là s'étendant le long de sa berme, s'y faire un établissement considérable, pour de là passer aux brèches de la courtine s'il y en a ; à quoi s'attachant, la place se trouverait fort pressée. Le remède à cela sont les fougasses si on s'y prend de bonne heure, sinon le déblai du pied des brèches pendant la nuit, et les flancs bas, s'il y en a dans les bastions, des secondes mines, et tous les autres moyens proposés pour la défense des mêmes bastions, ce qui leur ferait un grand empêchement et pourrait bien même les arrêter. Au reste, ce coup ne peut avoir lieu, premièrement, que dans les endroits où les deux bastions sont occupés, et après que l'ennemi sera logé sur le haut des remparts et qu'il en aura gagné les flancs ; deuxièmement, que si l'ennemi ne s'est attaché qu'à un bastion, comme il est représenté à la suite des attaques du (B), on pourra conserver la moitié de la tenaille, auquel cas l'ennemi ne pourra profiter de l'autre ; troisièmement, que ceci ne peut arriver que quand l'ennemi sera tellement maître des bastions, qu'il ne lui reste plus que le retranchement à forcer.

Je ne dirai rien de plus touchant la défense des demi-lunes séparées des ouvrages à corne, non plus que des contre-gardes, vu qu'il n'y a que la même conduite à tenir, les demi-lunes devant se défendre les unes comme les autres. Il n'y a pas non plus d'autre conduite à tenir pour la défense des contre-gardes, ainsi je finis cette troisième partie jusqu'à ce qu'il me soit venu d'autres pensées dans l'esprit qui méritent de trouver place dans ces Mémoires.

REMARQUES NECESSAIRES.

I.

La fortification aussi parfaite que celle qui est ici représentée feuille 4, ne se trouve guère mais il n'est pas impossible qu'on ne la puisse pratiquer quand on en voudra bien faire la dépense. Celle-ci instruit de ce qu'il faut faire pour en approcher, et on peut s'assurer que s'il se trouvait des dehors aussi bien conditionnés que les cornes A et B, qu'ils seraient capables de soutenir plus longtemps les efforts d'un siège, que les places d'à présent les plus achevées ; mais il en coûterait trop pour mettre celles qui sont bâties en cet état. Ce que l'on y peut donc faire de mieux, est de revêtir celles qui ne le sont pas, leur faire des remparts et des parapets bien solides, de bon retranchements revêtus à fossés profonds aussi revêtus, et de les traverser et contre-miner à peu près comme il est figuré aux deux feuilles 9 et 10. Observant qu'il n'y a que les contre-mines revêtues qui puissent valoir quelque chose, les étais de bois de celles qui ne le sont pas se pourrissent en fort peu de temps, après quoi tout s'enfonce et périt.

II.

Les souterrains ne sont pas moins nécessaires que les mines dans les dehors et dans les corps de place. Il doit y avoir de la liaison entre eux presque partout, notamment dans les dehors. Les souterrains sont à deux usages, pouvant servir de contre-mines, et de magasins très sûrs, à même temps. Il faut les bâtir dès le commencement des ouvrages, ou plutôt commencer les ouvrages par là, afin d'éviter le trop grand remuement des terres, et la double dépense que leur façon attirerait, s'il fallait les faire après coup.

III.

On doit tenir pour maxime de ne faire aucun fond sur les retranchements de terre qui ne sont pas revêtus, depuis le grand usage des bombes. On pourrait dire la même chose des traverses, si la plus grande partie de leur masse ne restait dans sa place, ce qui fait qu'on les peut réparer bien que mal, pendant quoi on les fait toujours valoir du mieux que l'on peut. On ne peut pas dire la même chose des retranchements, parce que devant faire clôture, sitôt qu'elle est rompue, s'il n'y a plus rien qui vous sépare de l'ennemi, il peut entrer et forcer par ses ouvertures.

IV.

On ne doit pas non plus compter sur les cavaliers de terre, ni même sur les revêtus, à moins que leur revêtement ne soit caché aux batteries ennemies, et eux tout à fait séparés du rempart par des fossés de bonne profondeur qui soient aussi revêtus ; et cela parce que les bombes détruisent tout aussi bien ce qui est vu des attaques que ce qui ne l'est pas.

V.

Ce qui s'appelle contre-mines étant un des moyens qui peut le plus contribuer à la défense des places quand elles sont bien employées, mon avis est de contre-miner toutes celles qui sont exposées à pouvoir être assiégées, soit vieilles ou nouvelles, et leurs dehors et de commencer toujours celles qu'on fera nouvellement par ces ouvrages, de les revêtir et voûter de maçonnerie solidement, n'y ayant que celles-là de bonnes, et sur lesquelles on puisse compter pour la durée. La feuille IIe en fait voir le plan et les profils, la grandeur et les ouvertures. Comme il y a trois ou quatre compagnies de mineurs en France, on ne saurait mieux faire que de les y employer pendant la paix.

VI.

Les tranchées qui se font pour l'attaque des places sont autant de défilés très étroits, depuis leur commencement jusqu'à là fin, où on ne marche qu'un à un ou deux à deux au plus, ce qui serait très dangereux, quelque bonnes qu'on les pût faire, si elles n'étaient escortées par les places d'armes que l'on a imaginées de ce règne, et qui se répètent d'espace en espace à mesure que la tranchée fait chemin. Avant leur usage, les sorties qui étaient fréquentes, avaient un grand avantage sur les tranchées, qu'elles nettoyaient souvent d'un bout à l'autre. Ce n'est plus présentement la même chose, parce qu'à mesure que la tranchée avance, on fortifie sa droite et sa gauche, de manière à ne pouvoir être coupée par les sorties ; ce qui n'empêche pas qu'elles ne fassent toujours l'effet d'un long et dangereux défilé. Les descentes et passages de fossés, la montée et l'inégalité des brèches, sont des continuations de ce défilé, plus incommodes et beaucoup plus dangereuses que le précédent ; parce qu'à mesure que la tranchée se pousse en avant, on s'approche du péril, et les défilés deviennent plus étroits et plus incommodes ; de sorte qu'on n'y passe qu'un à un, sous un feu prochain qui vous plonge par devant, et vous prend de côté dans le temps que vous marchez avec beaucoup de peine et de péril, pour attaquer un ennemi préparé, qui vous attend de pied ferme, et qui vraisemblablement est bien muni de ce qu'il lui faut pour cela. Ce qu'il y a de très fâcheux pour les assiégeants dans ce temps-là, est que ni leur canon, ni les bombes, ni les pierres, ne les peuvent servir, parce que leurs batteries n'osent tirer de peur de les offenser. C'est pourquoi le gouverneur qui fera bien réflexion sur l'état où se trouve pour lors l'assiégeant dans le temps d'un assaut ne le trouvera pas si fort à craindre, et cela même me donne lieu de mal penser de la fermeté de ceux qui, n'osant s'exposer à un assaut, ont si mauvaise opinion de leur propre fait, qu'ils se rendent avant que la descente et le passage du fossé soient faits et les dehors pris, sans même attendre ni entendre si les brèches sont accessibles ou non.

VII.

Les fossés secs et revêtus qui ont depuis 15, 18, 20 à 25 pieds de profondeur et plus, sont à préférer à ceux qui sont pleins d'eau, spécialement quand les places sont tenaillées, à cause de la plus grande facilité des communications et des sorties que l'on peut faire sur le passage du fossé, et l'attachement du mineur en plusieurs endroits à la fois, ce qui ne se peut où ils sont pleins d'eau. Remarquant toutefois que ceux qui se peuvent défendre secs et pleins d'eau, sont les meilleurs de tous, notamment quand on peut donner les eaux grosses, courantes et rapides.

VIII.

De tous les systèmes de fortification que l'usage a introduits, celui des tours bastionnées est sans contredit le meilleur, eu égard aux manières d'attaquer de ces temps-ci[1] ; parce que son retranchement est toujours fait, et qu'il a quantité de souterrains très commodes, qui servent de contre-mines et de flancs bas, et qui sauvent bien du monde et des munitions. Il est fort moderne et non encore dans toute la perfection requise, mais il en est près, et s'il s'agissait de fortifier une nouvelle place, il serait facile de l'y mettre. On n'en a pas fait mention dans ce Traité, parce qu'il y a peu de places bâties suivant ce dessin, qui soient à portée de craindre un siège.

IX.

Le petit chemin intérieur proposé au pied du revêtement des fossés peut être d'une grande utilité, aussi bien que le recoupement du derrière des places d'armes du chemin couvert, parce que ce chemin peut tellement favoriser la retraite des gens détachés des angles saillants, qu'elle se fera sans peine et sans perte ; et que le recoupement (E) qui fait une espèce de couvert, pouvant procurer un repos assuré à ceux qui s'y arrêteront, pourra aussi donner lieu à quelque retour, ou du moins à soutenir plus longtemps l'angle rentrant de la place d'armes, et nuire par conséquent au passage du fossé et à l'attachement des mineurs ennemis, tant aux bastions qu'aux demi-lunes.

X.

Quoiqu'il semble ne devoir pas être question de citernes dans la défense des places, cependant parce qu'il se trouve beaucoup de places dont on peut détourner les eaux, et d'autres qui n'ayant qu'un bon puits peuvent le perdre, parce qu'on aura jeté quelque chose dedans capable de l'empoisonner comme il s'est vu plusieurs fois, outre que les sources peuvent encore se perdre par l'ébranlement d'une ou de plusieurs mines qui auront joué près de là, ou par l'effet de quelque bombe qui sera tombée dedans, auquel cas la garnison se trouvant tout d'un coup privée du plus pressant de tous ses besoins, pourrait être contrainte à prendre des résolutions très désavantageuses ; j'ai cru devoir conseiller des citernes dans toutes les places éle-

1. La référence aux tours bastionnées évoque bien entendu les réalisations les plus récentes de Vauban en matière de fortification. Elles apparaissent dans ses 2e et 3e systèmes et Vauban va notamment en faire usage en 1687 à Besançon et à Belfort, exemple-type du 2e système, ainsi qu'en 1697 à Neuf-Brisach, unique illustration de son 3e système. Ces trois places n'étaient pas en effet situées sur une frontière particulièrement exposée en 1706.

vées qui n'ont point de source naturelle indépendante, et dans celles qui ayant peu ou point de puits ont besoin de citernes publiques qui soient tellement enfoncées, que la chute des bombes ne puisse pénétrer jusqu'à leur voûte. Dans cette considération, elles doivent être recouvertes de 8 à 10 pieds de terre bien battue, plutôt plus que moins ; ces mêmes citernes, de capacité suffisante à pouvoir contenir l'eau qui tombe sur les toits des environs qui en sont à portée, comptant sur le pied de 4 toises carrées de bâtiment pour une toise cube d'eau ; car une toise carrée reçoit tous les ans, une année portant l'autre, 18 pouces d'eau tombant du ciel, ce qui fait, pour les quatre, une toise cube contenant 27 muids, mesure de Paris. Il faudra donc toiser la superficie du plan des bâtiments les plus à portée du lieu où on voudra faire une citerne, et non les couvertures ; examiner la capacité qu'on peut lui donner, ajoutant un tiers de plus pour l'excès des années pluvieuses ; la fonder dans ces vues le plus bas qu'il sera possible, en bien unir le fond, le paver de briques choisies, posées de chant en bon ciment sur un lit de maçonnerie ; et revêtir toute la citerne par un mur de bonne épaisseur, ayant son parement intérieur de briques en boutisses et panneresses, proprement posées en très bon mortier de ciment, et garnir le derrière, c'est-à-dire le côté des terres, d'une pierrée de deux pieds d'épais, proprement posée à la main et bien moussée sur les joints, pour empêcher la filtration des eaux sauvages dans la citerne ; la voûter ensuite très solidement, et cimenter le dessus de sa voûte, lui faisant déborder toute la pierrée d'une maçonnerie de 2 pieds d'épais, sur laquelle sera prolongée la chape de ciment de toute sa largeur, et après toutes ces façons observées, laisser sécher la maçonnerie autant qu'il sera nécessaire, gratter ensuite les joints du parement avec un petit fer crochu, et commencer l'application du ciment dans les jointures par couches répétées, bien conduites et repassées, premièrement, à la truelle, et deuxièmement, avec un frottoir de fer poli, faisant quantité de raies avec le tranchant de la truelle sur le pli du ciment, enfoncées d'une ligne ou environ, sur lesquelles on rechargera d'une deuxième couche fouettée, polie et refaite comme la précédente ; ce qui se répétera jusqu'à l'épaisseur d'un bon doigt, même d'un pouce. Ce n'est pas tout, il faut répéter tous les jours ce frottement pendant un mois ou cinq semaines, avec une chandelle à la main pour voir s'il ne s'y fait point de gerçure, et avant que de frotter, barbouiller la superficie de lait de ciment, et frotter en polissant jusqu'à ce que le ciment devenant dur et recuit comme un pot de terre, soit parfaitement sec, et qu'il ne s'y fasse, ni ne puisse s'y faire aucune gerçure. Cela fait et bien recherché, la très bien laver et la laisser encore sécher. Il faut observer de plus que toutes les citernes demandent un citerneau d'environ 4 pieds carrés dans œuvre, bien enduit de ciment par le dedans., et rempli de 6 à 7 pieds de sable gros comme est le sel gris sortant des salines ; on doit le bien laver en eau courante et bien nette, jusqu'à ce qu'il la rende aussi claire qu'il l'aura reçue.

Ce citerneau recevra les eaux de pluie avant qu'elles tombent dans la citerne, et doit avoir un puisard à l'un des coins au-dessus duquel on placera la pompe qui doit servir à tirer les eaux, le dessus de laquelle doit être très bien voûté, afin que la bombe ne le puisse emboucher. Au reste, il n'y a pas de bâtiment, quel qu'il puisse être, qui demande plus de soin et de circonspection que les citernes, ni de source qui donne de meilleure eau quand on en prend soin, étant très certain que celle de pluie est la plus légère, et qu'il n'est que de l'introduire dans la citerne avec toute sa pureté, laquelle ne laisse pas de s'altérer en coulant par-dessus les toits des maisons, où elle amasse toujours quelque ordure, ce qui est purifié par le sable du citerneau. Il est nécessaire, premièrement, d'avoir toujours une sentinelle à la pompe qui n'en laisse prendre que ce qui sera ordonné pour empêcher qu'on n'en mésuse ; deuxièmement, de détourner le bourneau qui porte les premières eaux dans le citerneau au commencement des orages, ou ensuite d'une longue sécheresse, pour donner temps aux toits et aux chêneaux de se laver ; troisièmement, de relever et relaver le sable du citerneau de temps en temps, parce qu'il se remplit d'ordures par les suites, ce qu'il faut éviter ; quatrièmement, pour ménager l'eau qu'on en tire, parce que s'il n'y avait que peu de citernes dans une ville et qu'on les abandonnât à la discrétion du public, bientôt elles seraient taries ; cinquièmement, de considérer que l'eau entrant dans nos principaux aliments, savoir, dans le pain, dans le potage et dans toutes nos boissons, on ne peut, sans être ennemi de soi-même, se négliger dans son usage, attendu que toutes les autres eaux qui coulent par les pores de la terre, peuvent y contracter de mauvaises qualités qu'elles portent partout où nous les employons ; mais l'eau des citernes n'en étant chargée d'aucune, ne peut être que très saine.

XI.

Je me suis déjà beaucoup plaint dans ce Mémoire du défaut de résidence des gouverneurs, qui les empêche de pouvoir donner le temps nécessaire à l'étude de leur place, et de la vénalité de ces emplois, qui ne peut que les remplir de sujets médiocres, de peu d'expérience, et dont partie achète pour se procurer quelque rang dans le monde, auquel ils ne pourraient parvenir par leur mérite personnel, pour augmenter leur revenu et s'attirer quelque accès à la cour : toutes considérations bonnes pour les particuliers, mais nullement pour le roi. C'est pourquoi on ne saurait trop condamner la conduite qui introduit la vénalité de ces charges, ni trop l'éviter. Les gouvernements des places doivent se donner à de vieux officiers, choisis, expérimentés, et reconnus capables de les défendre, et de se donner toutes les applications nécessaires pour s'en bien instruire. Je dis la même chose des lieutenants de roi, majors, aides-majors, etc. ; et quand le gouvernement viendrait à vaquer, si le lieutenant de roi en est capable, le faire monter à la place du défunt, le major en sa place, et le premier aide-major en la place du major. Rien ne leur donnera tant d'application pour le service, que l'espérance de parvenir à ces emplois, sans autre considération que celle de leur mérite personnel ; au lieu qu'à considérer ces mêmes emplois sur le pied qu'ils sont à présent, c'est un état de désespoir pour ceux qui les remplissent, à qui il n'est pas permis d'élever leur pensée à quelque chose de plus haut, ce qui n'accommode pas les gens de cour, auxquels il ne faut jamais ôter l'espérance de se pouvoir élever.

Pour donner moyen aux uns et aux autres de se pouvoir soutenir, il est à propos de leur défendre la table perpétuelle à tous venants, ce qui souvent va au-delà de leur force ; et comme ils ne peuvent plus la supporter toute l'année, la plupart sont obligés, autant par cette considération que par d'autres, de s'absenter et de se procurer des congés pour une partie de l'année ; ce qui ne se peut sans faire tort à leur place et à l'attention continuelle qu'ils doivent se donner pour toutes les choses qui ont rapport à sa sûreté.

Il arrive encore un autre défaut qui a besoin de réparation ; c'est que les gouverneurs et leurs états-majors devenant vieux et conséquemment incommodés ne peuvent plus faire leurs fonctions avec toute la vigueur requise à la garde de leur place, dont les soins et l'exactitude se dirigent pour l'ordinaire sur la leur. Tous ces inconvénients que je considère comme autant de travers dans le service doivent être prévenus. C'est pourquoi comme tous les appointements des états-majors sont aujourd'hui fort petits, et qu'il ne leur est pas permis de s'aider aux dépens du gouvernement, ni de ce qu'ils pourraient tirer de leur place, il serait à désirer qu'on déchargeât les gouverneurs de ces tables importunes qui sont des dépenses ingrates, toujours onéreuses, et qui ne leur font pas grand honneur, ou que du moins cela se réduisît à une médiocre quantité de couverts une fois le jour seulement, réservant leur jour de bonne chère pour quand il passera des étrangers gens qualifiés, ce qu'il faudra souvent leur répéter. Sauf aux gouverneurs de donner à manger tous les mois une fois plus splendidement à leur garnison qu'à l'ordinaire, ou à toutes les bonnes fêtes de l'année.

Que toutes les fois que le gouverneur s'absentera de sa place pour plus de huit jours, que le tiers de ses appointements fût dévolu au lieutenant de roi pour lui aider à faire les honneurs de la place ; la même chose du lieutenant de roi au major, etc., et quand quelqu'un d'eux sort par maladie, ou que pour être trop avancé en âge, il deviendra inhabile à faire ses fonctions, lui donner un coadjuteur, à la charge de jouir de la moitié des appointements sa vie durant, laissant l'autre moitié au titulaire, et que cette moitié des appointements lui soit exactement payée au lieu où il lui plaira d'établir sa demeure, à la diligence de son coadjuteur, sans qu'il soit obligé d'aller en Cour pour la solliciter. Cela me paraît juste, et personne n'aurait sujet de se plaindre.

XII.

Ce livre tout confus qu'il est, contenant plusieurs avis importants pour la défense des places, mériterait bien que Sa Majesté le fît imprimer à ses dépens ; après quoi retirant tous les exemplaires, elle en pourra donner à ses principaux officiers et au gouverneur de chaque place qui en demeureront chargés : à condition de le tenir dans un coffre fait exprès, et de ne le laisser lire que chez lui, au lieutenant de roi de la place, au major, à l'ingénieur et à celui qui commandera l'artillerie, lesquels pourront conférer ensemble de temps en temps et à loisir sur ce qu'il contient. Et le cas arrivant que le gouverneur meurt, le lieutenant de roi se saisissant du livre avec son coffre, le devra renvoyer au roi, sans permettre à qui que ce puisse être d'en prendre des copies pour quelque cause et occasion que ce puisse être. Car de tenir cet ouvrage absolument secret, il ne nous servirait de rien, et si on le rendait public, il passerait en peu de temps chez les étrangers qui pourraient en faire de mauvais usages contre nous.

Tome X

des Oisivetés de Monsieur de Vauban

« Traité de la fortification de campagne... »

La « Fortification de campagne » se présente sous la forme d'un traité selon la définition de Furetière[1]*. Daté de 1705, il s'intercale ainsi entre celui sur l'attaque des places et celui sur la défense et constitue avec eux les trois grandes œuvres théoriques de Vauban sur la fortification et la poliorcétique. Néanmoins, son titre peut prêter à confusion et c'est le sous-titre qui se révélera, dans la pensée de Vauban, avoir le plus d'importance : « autrement des camps retranchés ». Pour lui, en effet, la théorie de la fortification de campagne est d'abord relative à l'hébergement permanent d'une armée avant de constituer des indications techniques sur les formes de fortification. Dans ce sens, ce traité ne s'inscrit ni dans la suite ni comme précédent à la littérature technique portant ce titre.*

En effet, la fortification de campagne ou passagère, non pérenne, se distingue en principe de la fortification « durable » ou permanente ; cette distinction effective au XVIII*e siècle n'apparaît encore que timidement au* XVII*e et pas du tout au* XVI*e*[2]*. Il est aussi question parfois de fortification offensive*[3]*.*

L'organisation des camps est par ailleurs un domaine séparé, celui de la castramétation. Celle-ci est généralement temporaire et provisoire, soumise aux mouvements des armées.

Et à la lecture, on trouve effectivement des exposés sur ces trois sujets : le tracé et la construction de fortifications temporaires, l'aménagement des camps et, ce qui est une nouveauté, la construction et l'aménagement de camps permanents à proximité d'une place forte.

Par conséquent, il apparaît inévitablement un aspect quelque peu mêlé dans le

1. *« Sujet sur lequel on écrit. La plupart des auteurs divisent leurs livres en traittez sur plusieurs matières », A. Furetière,* Dictionnaire, *La Haye, 1690, t. III, p. 722.*

2. *Le Blond, Elémens de fortification, 5e édition, Paris, 1764, p. 2.*

3. *Desprez de Saint-Savin,* Nouvelle école militaire, ou traité de la fortification moderne, *Paris, 1738, p. 4.*

déroulement du discours. Vauban lui-même le reconnaît en fin de sa « préface » : c'est un « ramas » de réflexions parfois anciennes, « pas assez bien travaillé pour mériter d'être rendu public ». Il espère par le nombre de planches éclairer sa pensée, mais force est de constater que celles-ci sont parfois redondantes et certaines d'entre elles inachevées. Cet inachèvement transparaît dans l'absence de chiffrage du renvoi aux planches et encore dans le manque de correspondance entre l'intitulé des chapitres dans la table des matières et le titre effectif figurant dans le corps du traité. Les répétitions de passages entiers (liste des camps retranchés possibles) même si elles ne sont pas au mot à mot, les redites par rapport à ses deux autres grands traités (son argumentaire sur les retranchements permanents à la gorge des bastions, qu'il reprendra presque tel quel dans le « Traité de la défense des places » un an après ; la liste explicative des outils nécessaires) trahissent également sinon l'inachèvement, du moins l'absence de relecture globale et le recul, voire un toilettage ou une réécriture partielle par un tiers comme c'est le cas pour la Dîme royale. *Vauban n'a pas peur de se contredire fondamentalement en ce qui concerne les lignes de circonvallation, qu'il condamne ici alors que dans le « Traité de l'attaque des places » terminé l'année précédente après plus de trente ans de réflexions, il en détaille les objectifs, l'implantation et la construction. En outre, sans compter des digressions qui l'éloignent de son sujet principal, le dernier chapitre se termine un peu abruptement, sans un paragraphe final tel celui des traités de l'attaque et de la défense.*

Manuscrits et éditions

Le manuscrit Rosanbo est daté de 1705 et compte 432 pages, outre 93 planches. Il en existe d'autres copies, dans les Bibliothèques d'Avignon et de Châlon-sur-Saône, de Lille, de Lyon et de Rouen, sans oublier celle de la Bibliothèque du Génie au SHD de Vincennes.

Mais l'on trouve dans les papiers personnels de Vauban des mémoires plus anciens qui ont été intégrés au traité : daté de 1692, un « Mémoire sur les camps » ; d'août 1694, un texte intitulé « De la manière de camper » ; non datés, des « Extraits historiques sur les camps retranchés au temps du duc d'Albe » et un « Mémoire historique sur les camps des anciens »[1]. Et il a conçu plusieurs projets de camps retranchés sous certaines places, entre 1693 et 1706 : Furnes, Menin, Belfort, Huningue, Thionville, Dunkerque[2], sans compte celui de Givet dont il est question dans son projet général pour la fortification de Givet-Charlemont en 1696[3]. Par ailleurs, une partie de ses idées se trouvent dans le « Mémoire sur les sièges que l'ennemi peut entreprendre dans la campagne prochaine », inséré dans le tome II des Oisivetés *(rédigé en 1696).*

1. *Tous conservés dans ses papiers personnels, fonds Rosanbo.*
2. *Tous conservés en copie à la Bibliothèque du SHD, Vincennes.*
3. *Y. Bottineau-Fuchs, « Les camps retranchés chez Vauban », dans C. Brisac, N. Faucherre (dir.),* Vauban réformateur, *Paris, 1983, pp. 57-70.*

La fortune de ce traité semble pauvre. Aucun auteur postérieur ne paraît s'en inspirer implicitement ou explicitement. Clairac, l'auteur du principal traité de fortification de campagne de la France du XVIIIe *siècle, ne l'a visiblement pas lu : il écrit à propos des camps retranchés qu'ils « sont d'une invention bien plus moderne ; je ne sçais même si nous ne les devons point à M. le Maréchal de Vauban »*[1]*. Il ne fait à ce propos référence qu'au « Traité de la défense des places ». C'est au* XIXe *siècle, quand Vauban est l'objet d'études par ses successeurs, que le texte incomplet en est publié par Antoine Marie Augoyat en 1841, et, plus tard, par Albert de Rochas d'Aiglun, cette fois sous forme d'extraits, par ailleurs entachés d'erreurs de transcription*[2]*.*

Contenu

On l'a dit, le sujet principal du texte est la constitution de camps retranchés permanents pour une armée en campagne de plusieurs dizaines de milliers d'hommes, qui peut ainsi trouver un refuge sécurisé à proximité d'une place forte où elle ne pourrait s'abriter faute de place.

Pour étayer son argumentation, Vauban passe en revue un certain nombre d'exemples tirés de l'histoire parfois très ancienne ou lointaine, puisqu'il emprunte à ses lectures variées des extraits de l'histoire militaire des Hébreux comme des Chinois, en passant par les Grecs et les Romains, sans oublier les Arabes, les Turcs et les Hussites. De ces derniers, en particulier, il retient l'emploi de chariots comme fortification passagère, qu'il appelle « tabor » à leur modèle. Vauban cite ses sources dans le texte, il est pétri d'une culture classique qu'il n'a pourtant que peu ou prou reçue dans son jeune âge.

Bien entendu, la castramétation pure fait partie de l'exposé : le modèle du camp romain régulier est conservé, et d'ailleurs abusivement généralisé aux périodes anciennes qu'il invoque.

C'est dans ce traité que l'on trouve, curieusement car son titre ne le laisse pas entendre, une série d'indications sur la fortification des côtes et les formes à lui donner : redoutes polymorphes, tours à canon avec ou sans machicoulis, presque tout le répertoire de cette architecture atypique et asystémique est développé par l'auteur, sans malheureusement la présentation de planches iconographiques explicatives.

Les données concernant les terres et leur usage sont très originales par rapport à toute la littérature théorique antérieure. Bélidor sera ensuite le premier à reprendre ces considérations dans La Science des ingénieurs, *en 1729, à partir essentiellement des mémoires écrits par Vauban*[3]*. Le « remuement » des terres constitue d'ail-*

1. L'Ingénieur de campagne ou traité de fortification passagère *(édition originale en 1749), Paris, 1757, p. 72.*

2. *A.M. Augoyat,* Oisivetés de M. de Vauban, *Paris, 1843-1845 ; A. de Rochas d'Aiglun,* Vauban, sa famille, ses écrits, ses oisivetés et sa correspondance, *Paris, 1910, t. I, pp. 138-177.*

3. *B. Forest de Bélidor,* La Science des ingénieurs dans la conduite des travaux de fortification et d'architecture civile, *Paris, 1729, livre troisième, pp. 35-46.*

leurs une préoccupation importante dans le chef de Vauban, auquel il consacre le mémoire formant le tome XI des Oisivetés. *Les réflexions ergonomiques y apparaissent, comme celle sur les temps de mouvement du soldat muni de toutes ses armes, assez novatrice, qui n'est pas dans les manuels d'exercices du temps. Ici encore, comme dans le projet d'ordre, du bon sens dans les prescriptions lors du tracé du camp : pas de promenades intempestives pouvant déranger les ficelles et les piquets.*

Il discourt également sur les lignes défensives[1]*, dont la création correspond grosso modo à la codification du mot « limites » l'ancêtre de notre moderne « frontière » qui prend désormais un aspect linéaire. Comme l'a démontré Daniel Nordmann : les limites d'un pays, la ligne immuable qui en détermine les contours, peuvent être naturelles et être une chaîne de montagnes ou une rivière et non plus un espace plus ou moins large*[2]*.*

Les prédécesseurs

Il faut ici distinguer ce qui concerne la fortification de campagne et ses techniques de la castramétation.

La première est traitée avant Vauban de manière très secondaire dans les traités de fortification, en général dans les chapitres concernant l'attaque des places. Les

1. *Sur l'intérêt stratégique des lignes défensives à la charnière des* XVII*e et* XVIII*e siècles, voir en général et en l'absence d'étude sur le sujet A. Manasse de Pas, marquis de Feuquière,* Mémoires contenant ses maximes sur la guerre, et l'application des exemples aux maximes, *4 vol., Londres-Paris, 1750, t. III, p.134, 143, 145-148, 151, 155, 158, 162 et 167-169 ;* Fortifications and Defensive Organisations on Belgian Territory since the 16th Century, *(Anvers, Simon Stevin Stichting), 1987, pp. 1-2 et carte 3 (notes photocopiées à l'occasion d'une excursion du Fortress Study Group) ; en particulier : J. Muller, « La ligne fortifiée Charleroi-Mons proposée par Vauban en 1693 », dans* XXXVII*e* Congrès de la Fédération archéologique et historique de Belgique, *1958, sur un projet près de Charleroi en 1693 ; B. Van Mol,* Les Lignes de la Trouille construites sous Louis XIV, *dans* Les Livrets givryens, *n° 7, 1992 ; Vincennes, SHD, Archives du Génie (AG), art. 15, sect. 1, § 1,* Campagnes de Flandre, *carton 1, carte des lignes de Menin en 1692-1693, imprimée à Amsterdam chez Visscher d'après un original de l'ingénieur Charles Desbordes ; AG, art.15, sect.1, §1,* Campagnes de Flandre, *carton 1, n° 73 ;* Mémoires et Reconnaissances *(MR), 1440, n° 7-9 et MR 1446,* Mémoires, plan et profil des lignes de Courtrai en 1695, *par Valory ; E. Huys, « Les lignes françaises de défense en Flandre au temps de la Ligue d'Augsbourg (1689-1697) », dans* Mémoires du Cercle Historique de Courtrai, *n.s., t. 17, 1938, pp. 78-85, sur la Flandre de 1689 à 1697 ; J.-M. Duvosquel (dir.),* Albums de Croy…, *Bruxelles, 1985-1996, t. XXII, pp. 20-21, carte des lignes françaises de 1709 entre Béthune, La Bassée et Quincy, avec les lignes espagnoles par Naudin. Le chapelet de redoutes établies le long de la Semois en 1695 participe au même concept, sous une forme différente, SHD, MR, 1446, n° 27, Description d'une partie du cours de la rivière de Semoy, avec trois cartes ; de mêmes les redoutes de la Sambre, dont certaines sont marquées par Charles Lannoy à Malonne en 1714 et les autres sur une carte manuscrite de la rivière vers 1750, qui font du cours d'eau une limite et une barrière, Archives de l'État à Liège, Cartes et plans ;* Cinq années d'acquisitions 1974-1978. Exposition organisée à la Bibliothèque Royale Albert Ier du 24 septembre au 31 octobre 1979, *Bruxelles, 1979, pp. 521 et 532-534.*
2. *D. Nordmann,* Frontières de France, de l'espace au territoire (XVIe-XIXe siècle), *coll. « Bibliothèque des histoires », Paris, Gallimard, 1998.*

typologies d'ouvrages sont extrêmement variées, tous les tracés semblent possibles, mais le matériau de prédilection pour ces fortifications en principe éphémères est la terre.

Par exemple, Wilhelm Dilich propose en 1640 une gamme variée de plans sur base du carré et du trapèze, et de modes de construction utilisant gabions, fascines, clayonnages, éléments préfabriqués et montés sur roues, chevaux de frise pivotants, alignements de chariots, etc.[1] *C'est d'ailleurs dans ces traités de la première moitié du* XVIIe *siècle, édités lorsque la guerre de Trente ans ensanglantait l'Europe entière, que l'on trouve le plus d'éléments.*

En ce qui concerne les campements, c'est une préoccupation des théoriciens militaires de la renaissance, influencés par l'antiquité comme il se doit. Girolamo Cataneo propose en 1564 des schémas calqués sur les camps romains[2]*. Mais l'œuvre majeure est celle de Simon Stevin (1540-1620). Le mathématicien d'origine brugeoise a en effet donné en 1617 un ouvrage majeur sur le sujet, qui fait date et est souvent cité*[3]*. Sa réflexion se base sur les camps grecs et surtout romains, dont il s'inspire pour définir des plans et des schémas propres à une armée moderne, ici l'armée hollandaise. Les théoriciens et ingénieurs Samuel Marolois (1628), Adam Fritach (1631), Alain Manesson Mallet (1671) ou de La Fontaine (1671) ne feront que le recopier*[4]*.*

Une impossible postérité ?

Au XVIIIe *siècle, on l'a dit, le « Traité de la fortification de campagne » n'est pas repris.*

Le principal ouvrage de fortification non permanente est celui de Clairac. Louis André de La Mamye, chevalier de Clairac (1695-1752), qui finit sa carrière comme ingénieur en chef à Bergues-Saint-Winoc, fait paraître en 1749 son traité de fortification passagère, qui connaîtra une importante diffusion en Angleterre et en Allemagne[5]*. Un chapitre est bien consacré aux camps retranchés, mais le point de*

1. Peribologia, oder Bericht Wilhelmi Dilichi hist. von Vestungsgeberven, *Francfort, 1640, p.131-163, livre sur la castramétation, pl. I-VI, XVII-XXIX, XXXIX, LXXX-LXXXI et XC-XCVIII.*

2. *G. Cataneo,* Opera nuovo di fortificare, offendere e diffendere ; e far gli allogiamenti campali seondo l'uso di guerra, *Brescia, 1564 ; trad. fr. :* Le Capitaine de Jesosme cataneo, *Lyon, 1574 ; Lyon, 1593. Il s'agit du chapitre 8 (pp. 132-147), illustré de deux grandes planches.*

3. Castrametatio, dat is legermeting, *Rotterdam, 1617. Traduction française l'année suivante.*

4. *S. Boffa,* Le Plan idéal d'un campement militaire selon la « castrametation » de Simon Stevin (1617), *dans Simon Stevin, 1540-1620, l'émergence de la nouvelle science, Turnhout, 2004, pp. 114-121.*

5. L'Ingénieur de campagne, ou traité de fortification passagère, *Paris, 1749. Seconde édition en 1757, non modifiée. K. Jordan,* Bibliographie, op. cit., *2003, n° 712-719. Sur l'auteur, voir A. Blanchard,* Dictionnaire des ingénieurs militaires 1691-1781, *Montpellier, 1981, pp. 414-415.*

vue est essentiellement technique. Ce sont toutes les lignes et tous les retranchements provisoires, pendant une campagne militaire, qui sont décrits, avec force exemples tirés de l'expérience propre de l'auteur, en Alsace et en Allemagne en 1733-34 et dans les Flandres pendant la guerre de la Succession d'Autriche (1744-47). Et en filigrane, Polybe toujours, et les camps romains...

Dans l'espace germanique, Friedrich Wilhem Gaudi fait paraître son petit manuel en 1767, à l'intention des officiers d'infanterie[1]*. Son expérience d'officier pendant la guerre de Sept ans (1756-1763) n'y est pas étrangère. Très pragmatique, il se borne à des considérations techniques, au tracé des ouvrages, aux matériaux, et il donne quelques « recettes » pour fortifier un village ou un cimetière. La fortune de cet ouvrage est plus grande que celle du traité de Clairac, dont il s'inspire pourtant largement : il sera en effet réédité avec de considérables ajouts tant en Allemagne qu'en France.*

Nicolas-Joseph Cugnot (1725-1804), célèbre pour l'invention du fardier automobile propulsé par la vapeur qui porte son nom, donne presque en même temps un livre de portée plus pédagogique sur ce thème, qui ne connaîtra qu'une seule édition[2]*.*

La question des matériaux et de la mise en œuvre de la terre est abordée par Belidor comme on l'a dit.

*Et les camps retranchés tombent dans l'oubli jusque dans la seconde moitié du XIX*e *siècle. C'est Henri-Alexis Brialmont (1821-1903)*[3] *qui rédige un traité sur le sujet*[4]*. D'ailleurs surnommé « le Vauban belge »*[5]*, il se place en digne succeseur de*

1. Instruction adressée aux officiers d'infanterie, pour tracer et construire toutes sortes d'ouvrages de campagne et pour mettre en défense différens petits postes, *Leipsig, 1768. Traduction de l'édition originale allemande parue l'année précédente. K. Jordan,* Bibliographie, op. cit., *2003, n° 1366-1385.*

2. La fortification de campagne, théorique et pratique, ou traité de la science, de la construction, de la défense et de l'attaque des retranchements, *Paris, 1769.*

3. *Sur le lieutenant-général Brialmont dont l'œuvre reste cependant à étudier, voir V. Beaujean, « Une page de l'histoire de la fortification. Le lieutenant-général Brialmont (25 mai 1821-20 juillet 1903) », dans Revue des questions scientifiques, 1903, pp. 546-581 ; P. Crockaert,* Un précurseur : le général Brialmont, *coll. « Les cahiers belges », Bruxelles / Paris, 1917 ; P. Hymans, « Le général Brialmont », dans* Le Flambeau, *1924, p.1-17 ; P. Crockaert,* Brialmont, éloge et mémoires, *Bruxelles, 1925 ; E. Mayer, « Brialmont », dans* Revue d'Histoire moderne, *t. II, 1927, pp. 177-190 ; L. Godeaux, « Notice sur Alexis Brialmont », dans* Annuaire de l'Académie Royale de Belgique, *1947, pp. 17-43 ; W.-Ch. Brou, « Henri-Alexis Brialmont », dans* Bulletin de l'Association des ingénieurs issus de l'école d'application de l'artillerie et du génie, *n° 1, 1953, pp. 11-23 ; L. Leconte, « Brialmont (Henri-Alexis), général, ingénieur, écrivain militaire et député (1821-1903) », dans* Biographie Nationale de Belgique, *t. XXX,1958, c. 212-230 ; P. Crockaert, « Brialmont, l'homme aux prédictions étonnantes », dans* Les Cahiers léopoldiens, *n.s., t. IX, 1960, pp. 65-74 ; H. Verbeke, Brialmont, « Henri Alexis, generaal, vestingbouwkundige, volksvertegenwoordiger, publicist », dans* Nationaal Biografisch Woordenboek, *t. I, 1964, c.267-270 ; C. Faque,* Henri-Alexis Brialmont. Les forts de la Meuse 1887-1891, *Namur, 1987.*

4. Etude sur la fortification des capitales et l'investissement des camps retranchés, *Bruxelles, C. Muquardt, Paris, J. Dumaine, 1873 et 1874 (2e tirage).*

5. *S. Lausberg, « Mémoire d'émail : Henri-Alexis Brialmont », dans* Le Soir, vendredi 21 août 1998.

Vauban sur plus d'un point. C'est dans le cadre de la réorganisation de la défense du territoire belge qu'il élabore la conception d'un camp retranché sous Anvers, permettant à une armée de campagne de contrer un assaillant venu tant de l'est que du sud. Comme Vauban, il commence par un récapitulatif historique bien documenté, puis passe à des considérations stratégiques et enfin purement techniques, sur le type de construction à adopter.

Bref, ce copieux traité demeure novateur par bien des aspects, mais les camps retranchés préconisés dans le contexte difficile des deux dernières guerres du règne de Louis XIV resteront une affaire de papier. Est-ce le côté quelque peu fouillis de ce texte, élaboré à partir d'études diverses, qui l'a fait ainsi oublier ? Il est vrai que la redondance de certains chapitres avec l'« Attaque des places » comme avec la « Défense » ont pu occulter ses qualités. En fin de compte, c'est dans ces pages qu'il faut trouver le volet manquant de la pensée de Vauban en matière d'architecture militaire.

Philippe Bragard

TRAITE
DE LA LA FORTIFICATION DE CAMPAGNE,
autrement
des camps retranchés.

TABLE
du contenu en ce traité.

PREFACE HISTORIQUE contenant l'origine des camps retranchés et la preuve de leur utilité par exemples mémorables.
I. Ce que c'est que fortification de campagne.
II. Définition des termes qui ont rapport aux campements et de ceux qui expliquent leur fortification.
III. Maximes générales concernant les propriétés des retranchements.
IV. Quelques axiomes sur le même sujet
V. Raisons pour lesquelles une armée se doit retrancher.
VI. Différence des camps fortifiés ; qu'il y en a de neuf espèces ; l'explication de chacun en particulier et en général.
VII. Choix des situations plus convenables aux camps retranchés où sont expliquées leurs qualités essentielles, la nécessité de conserver les retranchements qui sont sous les places dans tous les temps, notamment dans celui de la guerre.
VIII. Que le vrai système des camps est la figure carrée, comme celui de la fortification est la régulière ; l'explication des figures irrégulières auxquelles on est obligé de l'assujettir par rapport aux avantages des situations ordinairement plus grandes et moins rares que celles[1] de la figure carrée.

1. Le texte original porte fautivement « ceux ».

IX. Construction des retranchements, où l'on en propose un pour un seul bataillon de 800 hommes, qui sert de fondement pour ceux d'une plus grande capacité ; le temps nécessaire pour le perfectionner et comment il peut être défendu.
X. Matériaux des retranchements, quels
XI. Outils nécessaires pour y travailler ; où il est expliqué l'ouvrage que peut faire un homme dans un jour ; et, par rapport à l'étendue d'un retranchement, ce qu'il faut de temps et d'hommes pour le perfectionner ; où, par différents profils, on fait voir l'épaisseur et la force que les retranchements doivent avoir, suivant le plus ou le moins qu'on y travaille.
XII. De la castramétation ou distribution d'un camp régulier.
XIII. Castramétation des camps réguliers[1].
XIV. Propriétés des camps fortifiés régulièrement par rapport à leur figure.
XV. Des camps irréguliers, et les moyens de travailler aux uns et aux autres avec toute la diligence possible quand on est faible ou pressé ; où sont reprises les épaisseurs proportionnées au temps qu'on y peut employer.
XVI. Du travail divisé par poses et du temps qu'on y peut gagner.
XVII. Retranchement ambulant ou le Tabort[2] ; la manière de le former, le nombre de chariots et charrettes nécessaires par rapport à celui de l'armée qui s'en pourrait servir, les chariots qu'on ne peut exempter et le terrain qu'ils peuvent occuper, etc.
XVIII. Démonstration physique du mérite des retranchements, qui prouve qu'un homme bien retranché en vaut six qui ne le sont pas.
XIX. Manière de diriger les troupes nécessaires pour border un retranchement, par rapport à la démonstration précédente.
XX. Autre manière de border un retranchement où les files sont plus serrées.
XXI. Comment on peut compter les avantages qu'un retranchement a sur le terrain uni et découvert par rapport à ceux qui attaquent, servant encore de preuve à la démonstration précédente.
XXII. Comment ménager la retraite d'une armée forcée dans ses retranchements[3].
XXIII. Observations particulières sur les camps retranchés, notamment sur ceux qui sont ou peuvent se retrancher sous les places.
XXIV. Comment ménager la retraite d'une armée forcée dans les retranchements ; ou, simplement, des camps retranchés où il est parlé de leur défense et du ménagement de la retraite des troupes quand elles y sont forcées[4].

1. Titre absent du manuscrit Rosanbo.
2. Pour « Tabor »
3. Ce titre n'a pas de chapitre correspondant dans le corps du texte.
4. Titre absent du manuscrit Rosanbo.

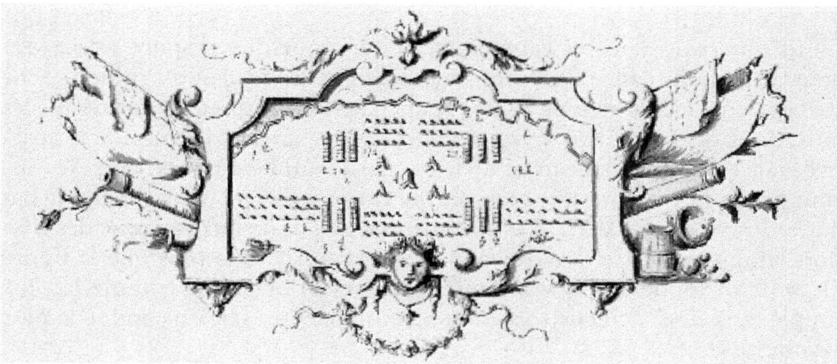

PREFACE
HISTORIQUE.

RIEN n'est plus ancien[1] que les campements ; les premiers hommes ont campé toute leur vie, les Patriarches[2] ont passé la leur sous des tentes, et plusieurs peuples de la terre n'ont pas encore eu d'autres couverts.

Le premier camp réglé qui ait fait bruit dans le monde est celui que Dieu inspira à Moïse, et que les enfants d'Israël observèrent dans cette longue pérégrination à quoi le châtiment divin les obligea, avant que de leur permettre l'invasion de la Terre promise. Ce camp était parfait et selon les règles de la plus fine castramétation, puisque le terrain était distribué d'une manière singulière, selon la division des tribus, et ledit camp fermé par un retranchement tout autour.

Par la description qu'Homère nous a faite de cette furieuse sortie qui se fit au siège de Troyes[3], où les Grecs furent si maltraités, en nous apprenant le détail de cette action, il nous fait celui de la résistance qu'ils firent au retranchement de leur camp, où il introduit le brave Hector, général des Troyens, qui lui-même, la hache à la main, rompt et enfonce la porte du camp : ce qui nous marque que l'usage des camps fortifiés était connu chez les Grecs dès le temps de la guerre de Troyes.

Xénophon, dans sa Ciropédie[4], nous a peint une idée de l'ordre que

1. Variante du manuscrit Rosanbo : « il n'y a rien de plus ancien ».
2. Allusion à l'Ancien Testament.
3. La Troie de l'âge du bronze, située en Turquie sur la colline d'Hissarlik.
4. La Cyropédie, composée par l'Athénien Xénophon (ca 427-355 av. J.-C.), est un roman historique qui met en scène la vie du roi de Perse Cyrus, avec des passages de portée morale et pédagogique plus qu'historique. Vauban en possédait une traduction française par Charpentier, éditée en 1661 (M. Virol, *Vauban, de la gloire du roi au service de l'Etat*, Seyssel, Champ Vallon, 2003, p. 427).

Cyrus observait dans ses campements, qui a quelque rapport à ceux qui pourraient nous convenir, parce que le général se plaçait au milieu, pour être également à portée de toutes les parties du camp et autour de lui les munitions de guerre, les vivres, et autres gens suivant l'armée. Son quartier était environné des camps de la cavalerie, qui l'étaient de ceux de l'infanterie, ce qui dénote une clôture, car autrement l'infanterie n'aurait pas dû environner la cavalerie. De dire si elle se faisait de terre ou avec des chariots simplement, c'est ce que nous ne savons pas, non plus que la figure qu'on leur donnait, qui vraisemblablement était carrée comme la plus simple et la plus facile de toutes ou accommodée au terrain comme la plus avantageuse.

Ce même auteur rapporte que Cyrus faisant la guerre contre les Rois de Lydie et d'Assyrie, ligués contre lui, ceux-ci se retranchèrent et fortifièrent bien leur camp ; Cyrus s'étant approché à deux lieues près d'eux, leur présenta la bataille dès le lendemain, qu'ils refusèrent, se tenant renfermés dans l'enclos de leurs retranchements. Cyaxare, roi des Mèdes et oncle de Cyrus, proposa de les attaquer ; mais Cyrus n'en fut pas d'avis, ce qui prévalut ; quelques jours après, les alliés, ayant reçu tout ce qu'il leur fallait, sortirent de leur camp, présentèrent la bataille à Cyrus, mais ils perdirent et furent bien battus et vivement poursuivis jusqu'à leur retranchement, dont Cyrus remplit les fossés des corps morts de ses ennemis, sans toutefois pouvoir le forcer, bien que le Roi d'Assyrie y fût tué.

Au livre VI de la même Cyropédie sur la fin de la section première, Cyrus voulant assurer son camp et tenir son armée ensemble, pendant qu'il devait faire travailler à une machine de nouvelle invention destinée à l'attaque des places qui devait l'occuper quelque temps, il choisit un poste avantageux et s'y retrancha très bien.

Tout ceci marque que les Asiatiques entendaient l'utilité des retranchements et s'en servaient dans leurs guerres, plusieurs siècles avant la venue de Notre Seigneur.

Je trouve aussi que les Chinois ont usé des retranchements dans les leurs longtemps avant la venue de Jésus-Christ[1].

Les Grecs ont su la castramétation avant les Romains, car Tite-Live et Frontin remarquent que ceux-ci en apprirent beaucoup de Pyrrhus et qu'avant ils n'y observaient pas grand ordre, ce qui n'est pas vrai au dire de Plutarque qui rapporte que Pyrrhus, ayant reconnu le camp des Romains, admira leur ordonnance et leur garde ; et en d'autres endroits, il paraît que leurs camps étaient retranchés, et en effet ils l'étaient auquel cas ce n'est

1. Vauban est bien documenté, même sur les pratiques militaires de civilisations plus éloignées. Il possédait dans sa bibliothèque l'*Histoire de la Chine sous la domination des Tartares*, du père Adrien Greslon, édité en 1676 (M. Virol, *Vauban, op. cit.*, 2003, p. 423). Il ne disposait pas toutefois du plus célèbre traité chinois d'art de la guerre, celui de Sun Tzu (IVe siècle av. J.-C.), dont la première traduction française est due au père Amiot en 1772.

pas Pyrrhus qui leur a le premier appris à se retrancher ; mais il se peut qu'ils auront pris quelque chose de sa castramétation[1].

Il est certain que les Romains sont ceux qui ont le plus excellé en l'art de fortifier les camps et qu'ils s'en firent des règles plus savantes que toutes celles des autres nations, comme il se voit par la description que Polybe[2] en a faite, dont on a tiré la figure que nous en donnons ici feuille[3], qui était le système de leur forme générale de camper, comme la fortification régulière l'est aujourd'hui de toutes les espèces qu'on met en usage puisque très souvent ils les ont accommodées aux situations, et que les vestiges qui nous en restent s'accordent rarement avec la figure carrée qu'il leur prescrit ; c'est ce que le bonhomme Stevin a très bien remarqué[4]. Il est certain que la règle des campements a passé en forme de loi dans les armées romaines, que tous leurs capitaines l'ont régulièrement observée, que tous se firent une singulière application de la suivre et César, le plus grand et le plus habile d'eux tous, encore plus que les autres[5].

Les Carthaginois s'en sont aussi servis dans leurs guerres ; mais nous ne savons pas la figure de leurs camps, ni quel ordre ils y observaient. Il y a apparence qu'elle était peu différente de celle des Romains. Je trouve aussi que les puissances du Nord s'en sont servies de tous temps dans leurs guerres, avec beaucoup de succès[6].

En descendant des Romains jusqu'à nous on trouvera que toutes les nations européennes se sont servies des retranchements dans leurs guerres, les unes d'une façon les autres d'une autre.

1. Ici encore, Vauban exploite le contenu de sa bibliothèque tout en la complétant par d'autres lectures : on y trouvait en effet une édition des *Vies* de Plutarque (48/50-120) en français de 1672 (*ibid.*, p. 425), mais aucune de Tite-Live (64/59 av. J.-C.-17, historien latin auteur d'une histoire de Rome intitulée *Ab urbe condita libri*) ni de Frontin (ca 40-106, écrivain technique auteur des « stratagèmes de guerre » et d'un ouvrage sur les aqueducs et les fontaines de Rome).

2. Vauban n'a pu évidemment utiliser la grande traduction de François Thuillier commentée par le chevalier de Folard, parue seulement en 1726 et restée un des grands classiques de la littérature militaire du XVIIIe siècle, mais il possédait soit la traduction de Maigret donnée en 1558, soit celle du père Du Ryer, éditée en 1653 (M. Virol, *Vauban, op. cit.*, 2003, p. 426). On sait par ailleurs qu'il a emprunté en 1700 l'ouvrage de Marchos de Romenier, *La Castramétration des Romains et des Grecs* (M. Virol, *Vauban, op. cit.*, 2003, p. 296).

3. Le numéro de la planche ne figure pas dans le manuscrit Rosanbo, indice probable de l'inachèvement de ce traité, dont il a été question dans l'introduction.

4. Simon Stevin (1540-1620), mathématicien et ingénieur, quartier-maître général de l'armée des Provinces-Unies et fondateur de l'école militaire de Leiden. Vauban fait ici allusion à son traité sur la castramétation (*Castrametatio, dat is legermeting*), première édition en 1617, traduction française en 1618 et allemande en 1631, rééditée en 1633 et 1634 (K. Jordan, *Bibliographie, op. cit.*, 2003, n° 3602-3614).

5. Dans la bibliothèque de Vauban figurait une traduction des *Commentaires* (M. Virol, *Vauban, op. cit.*, 2003, p. 422).

6. L'Europe du Nord est la Scandinavie, Suède, Norvège et Danemark, en guerre endémique durant le XVIIe siècle entre elles et leurs voisins polonais et russe. Voir H. Hasquin, *Louis XIV et l'Europe du Nord*, coll. « Les racines de l'histoire », Bruxelles, 2005.

Attila, nommé le fléau de Dieu, après avoir été battu aux Champs catalaoniques[1] par Aétius et Mérovée, se retrancha et s'y accommoda assez bien pour avoir le loisir de se rétablir et de ravager ensuite toute l'Italie comme il fit. On voit encore des vestiges de son retranchement vers Somme-Suippes[2].

Pépin, second fils de Charlemagne, marchant contre les Huns, nation scythique, qui s'étaient emparés des Pannonies, les défit près Belgrade et leur força cinq *ringues*[3] ou camps retranchés, dans lesquels ils s'étaient retirés avec le pillage qu'ils avaient fait dans les Gaules, dans l'Allemagne et dans l'Italie.

Le faux prophète Mahomet[4] ayant une dangereuse guerre à soutenir contre les tribus arabes des environs de La Mecque qui s'étaient liguées contre lui, la 5e année de l'hégire qui revient à l'an 627 de notre salut, se tira heureusement d'affaire par le secours d'un camp retranché, dans lequel il se renferma avec sa petite armée très inférieure à celle des ennemis, qui l'ayant assiégée pendant un assez long temps sans pouvoir la forcer ni l'obliger à sortir de là pour la combattre, furent contraints de se retirer faute de vivres et de se séparer, l'un deçà, l'autre delà ; d'où il arriva que Mahomet s'étant mis à leurs trousses, il les défit et remporta de grands avantages sur eux, ce qui le mit au-dessus de ses affaires, et ce ne fut qu'après cet heureux succès qu'il osa prendre la qualité de Roi de Médine.

Il est certain que les armées de Temurlang[5], notamment celle qu'on appelait le camp impérial, se retranchaient toujours et même avec beaucoup de soin, puisqu'elles traînaient ordinairement avec elles un corps de 24 à 25 mille pionniers qui n'avaient d'autre occupation que la fortification et les ouvrages du camp ; ce qui se faisait avec d'autant plus d'ordre et de soin qu'il a toujours campé hiver et été dans toutes les expéditions qu'il a faites sans jamais s'être renfermé dans les villes. Ses historiens ne disent pas la figure de ses camps, mais bien qu'il observait une progression dénaire dans la répartition de ses troupes, très propre au campement, puisqu'elles étaient divisées par dizaines, centaines, mille, dizaines de mille, centaines de mille, avec des chefs selon la qualité de ces divisions, qui avaient des lieutenants sous eux, ce qui pouvait fort bien s'accommoder à la figure carrée.

1. Bataille des Champs Catalauniques en 451.
2. Somme-Suippes, localité à l'est de Reims, près d'une voie romaine.
3. Francisation de l'allemand « ring » (« cercle »), allusion probable à la forme des retranchements à la fois des Vikings et des envahisseurs asiatiques.
4. La source d'information de Vauban semble moins évidente au regard de l'inventaire de sa bibliothèque. Peut-être dans la *Suite du voyage du Levant* de Melchisédech Thévenot, parue en 1674 ? (M. Virol, *Vauban, op. cit.*, 2003, p. 427).
5. Tamerlan ou Timour Leng (1336-1405), conquérant turc d'Asie. Vauban s'appuie sans doute sur l'*Histoire du grand Tamerlan* écrite par de Sainctyon et parue en 1677 (M. Virol, *Vauban, op. cit.*, 2003, p. 426).

Pour preuve du bon usage qu'il en faisait, je trouve que Lochestan, l'un de ses généraux et son grand chambellan, ayant assiégé Méleq[1], ville d'Asie située sur l'Euphrate, avec dix-huit mille chevaux et quarante mille hommes de pied, la réduisit à de grandes extrémités et fit de terribles efforts pour la prendre ; mais il fut obligé de lever le siège à l'approche du Roi d'Arménie et des sultans de Quilean et de Kaldat[2], qui, ayant joint leurs troupes ensemble, firent un corps de trente mille chevaux et de cinquante mille hommes de pied, avec lequel ils marchèrent à lui pleins de confiance, fondés sur l'inégalité de ses forces et sur son peu d'expérience. Lochestan voyant venir de loin cette nuée fondre sur lui, leva le siège et se retira dans un lieu avantageux sur le bord de l'Euphrate, où il se retrancha très bien par l'avis de ses principaux officiers ; n'ayant point d'ordre de l'Empereur de rien hasarder, il attendait là l'ennemi qui, tout fier de lui avoir fait lever le siège, l'attaqua dans ses retranchements avec toute la fureur dont peuvent être capables des gens qui ne doutent pas de vaincre ; mais ce général les soutint avec vigueur et, après avoir comblé les fossés de son retranchement de leurs corps, fit une sortie sur eux avec dix mille chevaux par un endroit qu'il s'était préparé à cet effet, les chargea affaiblis qu'ils étaient et en désordre, les défit et leur tua 25 mille hommes avec le Roi d'Arménie. Alhacem[3], de qui je tiens cette histoire, remarque que cette victoire fit plus de plaisir à Teimurlang[4], quoiqu'il n'y fût pas en personne, que toutes celles qu'il avait gagnées jusqu'à ce jour, vraisemblablement parce qu'elle lui coûta fort peu de monde et que ce fut par une armée très inférieure à celle des ennemis et surtout par un jeune homme de son choix, dont le blâme serait retombé sur lui s'il ne s'était pas bien conduit.

Il y a peu de capitaines dans le monde qui aient mieux entendu la guerre que le fameux Ziska[5], général de hussites, qui, de pauvre gentil-

1. Peut-être l'ancienne Malatya, dans l'est de la Turquie (ancienne Arménie) ?

2. Ghilan ou Gilan, dans l'actuel Iran. Kaldat : peut-être Khelat, sur le lac de Van, ou Kelat, en Iran ? Sur Tamerlan et ses campagnes, voir R. Grousset, *L'Empire des steppes. Attila, Gengis-Khan, Tamerlan*, coll. « Bibliothèque historique », Paris, 1965, pp. 486-534.

3. Non identifié.

4 Tamerlan.

5. Jan Zizka (1375-1424), gentilhomme de la cour du roi de Bohème Wenceslas IV, combat contre les Turcs et les Français avant de rejoindre la rébellion des Hussites en 1418. Ceux-ci, partisans du réformateur religieux Jean Hus (1369-1415), entrent en conflit avec l'empereur. Leur art de la guerre inventif a été remarqué et fait date dans l'histoire militaire du XVe siècle, avec leurs chariots montés d'artillerie et pouvant former un rempart (V. Schmidtchen, *Kriegswesen im späten Mittelalter. Technik, Taktik, Theorie*, Weinheim, 1990, pp. 79-92 et 212-220 ; Ph. Contamine, *La Guerre au moyen âge*, coll. « Nouvelle Clio », Paris, 1999, pp. 232-306 ; J. Bradbury, *The Routledge Companion to Medieval Warfare*, Londres, 2004, pp. 161-165). Le théologien protestant Jacques Lenfant (1661-1728) a écrit une *Histoire de la guerre des Hussites et du concile de Basle*, parue en 1731 à Amsterdam (2 vol. in 4°), que Vauban n'a évidemment pas pu connaître.

homme sans bien et sans appui dans un âge déjà avancé et après avoir servi longtemps dans les plus bas emplois de la guerre, se fit un très grand capitaine. C'est lui qui d'un amas confus de paysans révoltés trouva moyen d'en former la plus excellente armée et la mieux composée qui ait paru depuis les Romains, par l'extrême soin qu'il prit de les bien exercer, discipliner, et tenir ensemble et de les faire combattre, sans les avoir commis jamais mal à propos ; lui-même servait d'écuyer à ses cavaliers, pour leur apprendre à bien monter à cheval, à bien manier leurs chevaux, les panser et en avoir soin, à escadronner, à faire tous les mouvements propres et particuliers à la cavalerie, qu'il eut soin peu à peu de bien armer ; lui-même montra l'exercice à son infanterie et prit un soin particulier de la bien discipliner, lui apprendre l'obéissance, l'usage et le maniement des armes, à former des rangs, des files et des bataillons et à bien marcher, camper et combattre en règle. On peut même dire qu'il accoutuma son armée à la faim, à la soif, au chaud, au froid et à toutes sortes de fatigue et de malaise ; au moyen de quoi il parvint à en faire les meilleures troupes du monde et les plus endurcies à la peine et au travail. Jamais homme ne sut mieux prendre ses avantages ni faire valoir ceux des situations, personne n'en entendit mieux le choix et l'usage, ni faire réussir une grande entreprise. Dans les huit batailles qu'il gagna contre l'Empereur Sigismond, il sut toujours se prévaloir admirablement des avantages que les situations lui présentaient, par l'usage qu'il fit des villes, villages, châteaux, haies, défilés, bois, ruisseaux, rivières, ravines et de tout ce qui pouvait avantager la disposition d'un combat ; aussi a-t-il toujours vaincu avec beaucoup moins de troupes que ses ennemis ne lui en ont opposé. Quoique la fortification fût peu d'usage en ce pays-là, il ne laissa pas d'y exceller, car ayant judicieusement fait réflexion sur la peine et le péril qu'il y aurait eu à contenir un grand peuple plein d'humeur et de différentes religions, comme celui de Prague, et du peu de fond qu'il y avait à faire sur leur fidélité, la quantité de troupes qu'il lui aurait fallu pour les contenir, l'aversion que la dureté d'un gouvernement militaire lui eût attirée, et plus que tout cela, l'affaiblissement qu'une garnison telle qu'il l'aurait fallu aurait pu causer à son armée quand il eût été nécessaire de mettre en campagne ; après avoir donc bien et sagement considéré toutes ces choses, il se tira d'affaire par le choix d'une excellente situation, sur laquelle il bâtit une nouvelle ville toute militaire, ou pour mieux dire un camp retranché qu'il fortifia très bien. Il le nomma *Tabor*[1], faisant peut-être allusion à ce qui se passa au mont Tabor de l'Ecriture sainte ; c'est là où il mit ses magasins en sûreté, où il se fit une place d'armes impénétrable et un lieu de retraite très assuré en tous événements : ce fut encore là où se formèrent après tous

1. Colline au sud de Prague, site chosi par les Hussites en 1419 pour y édifier leur capitale (J. Macek, *Le Mouvement hussite en Bohème*, Prague, 1958, pp. 32-43).

ces orages qui inondèrent si souvent la Bohème, la Silésie, la Moravie et les principales provinces de l'Empire, et qui donnèrent tant et de si cruelles affaires à l'Empereur Sigismond. C'est encore lui qui, au défaut d'un assez grand nombre de cavaliers, trouva moyen de faire ce fameux retranchement ambulant de chariots, dont il se servait pour assurer les marches dans les longues courses qu'il entreprenait journellement, et parce que l'ordre qu'il en dressa se fit dans la ville de Tabor, le nom en est demeuré à cette espèce de retranchement qui pour être très simple n'en est pas moins admirable, tant par la facilité de s'en servir que par celle de le faire toujours marcher avec soi, et de lui pouvoir donner promptement et sans peine la figure que l'on veut[1]. Son armée continua à s'en servir après sa mort dans plusieurs expéditions où il leur réussit très bien, et depuis ce temps-là cette manière de marcher et de camper en plaine a été souvent pratiquée par les Polonais, Cosaques et, si je ne me trompe, par les Tartares et Moscovites. Nous expliquerons la forme de ce tabor en son lieu. Revenons à ceux qui ont utilement employé les retranchements.

Le Roi Jean perdit la bataille de Poitiers[2], où il fut pris, contre les Anglais six fois moins forts que lui, parce qu'ils étaient postés avantageusement et bien retranchés.

Quand les Anglais hasardèrent le passage de la Somme au gué de Blanq-Taque[3], si les Français au lieu d'aller au-devant d'eux et d'entrer dans le gué pour les combattre se fussent bien retranchés le long du bord, jamais ils n'auraient passé.

La malheureuse bataille de Créssy[4], qui coûta tant de sang à la France, ne se serait point donnée et les Anglais étaient perdus sans ressource, car ils ne savaient plus que devenir.

On trouve encore quantité de vestiges des camps retranchés que ces mêmes Anglais ont employés contre nous, notamment à la Hague et à Port-en-Bessin en Normandie, et en plusieurs autres endroits où il s'en voit des restes qui nous marquent que les situations en avaient été bien choisies.

Je trouve aussi que Charles le Belliqueux, dernier Duc de Bourgogne[5], remit de son temps en usage la manière de camper des Romains, retranchant ses camps de séjour tout comme eux.

1. Les principaux dictionnaires et lexiques militaires en usage aux XVIIe et XVIIIe siècles, d'Ozanam (1690), de Bélidor (1755 et 1768), de La Chesnaye des Bois (4e édition, 1758), de Roland Le Virloys (1770-1771) et de Dupain de Montesson (1783) n'en font pourtant aucune mention, pas plus que l'*Encyclopédie méthodique* (1787-1797). Par contre, l'*Encyclopédie militaire et maritime. Dictionnaire des armées de terre et de mer*, du comte de Chesnel, contient un article au mot : « tabors : retranchement qu'on faisait autrefois avec des chariots, pour arrêter la cavalerie » (2e édition, Paris, 1864, p. 1173).

2. En 1356.

3. En 1415, avant Azincourt.

4. Crécy-en-Ponthieu, en 1346.

5. Charles le Téméraire (1433-1477).

Le Connétable de Montmorency[1] sauva la Provence et peut-être le Royaume par un camp retranché dans la fourche du Rhône et de la Durance.

François Ier ne fut battu et pris à la bataille de Pavie[2] que pour être sorti de son retranchement, où il était avantageusement posté, pour aller charger l'ennemi sous la place même et dans ses avantages.

Le Duc d'Albe[3] a dû toute la grande réputation qu'il s'était acquise à l'usage continuel qu'il a fait des camps retranchés dans les guerres où il a commandé.

Le Premier Don Jean d'Autriche recouvra ses Pays-Bas à la faveur d'un camp retranché sous Namur, dont les vestiges paraissent encore[4].

Le Duc de Parme[5], dans l'expédition qu'il fit en France pour le secours de la Ligue, marcha presque toujours en tabor, c'est-à-dire couvert de ses chariots, craignant la cavalerie du Roi beaucoup meilleure que la sienne.

Ce même Duc se tira d'affaire devant Henri IV par le secours de deux camps retranchés, dont l'un lui fit prendre Lagny, et l'autre lui facilita le passage de la Seine devant le même Roi qui le poursuivit et l'aurait défait sans le secours de son retranchement.

Ce grand Prince ne gagna la bataille d'Arques, près de Dieppe, contre le Duc de Mayenne, quatre fois plus fort que lui, que par les secours d'un bon camp retranché dont j'ai vu les vestiges et la situation plusieurs fois[6]. Ce fut encore par un autre qu'il sauva Dieppe qui était pour lors son unique refuge[7].

1. Anne, duc de Montmorency (1493-1567).
2. En 1525.
3. Fernando Alvarez de Toledo, duc d'Albe (1507-1582), nommé gouverneur des Pays-Bas par Philippe II, y fait régner la terreur de 1567 à 1573. Il rentre en Espagne après des échecs militaires et politiques qui mènent à la sécession des provinces du nord.
4. Fils naturel de Charles-Quint, don Juan (1545-1578) succède au duc d'Albe comme gouverneur des Pays-Bas avec la mission de les reconquérir sur les rebelles à partir de 1575. Effectivement, les vestiges de son camp retranché à Namur étaient visibles lors des passages de Vauban entre 1692 et 1703, comme en témoignent les plans d'ingénieurs, où ils figurent.
5. Alexandre Farnèse, duc de Parme (1545-1592), petit-fils de Charles-Quint. Fait campagne en France de 1590 à sa mort, à la tête d'une armée de 15 000 hommes. Cf. L. Van Der Essen, *Alexandre Farnèse prince de Parme, gouverneur général des Pays-Bas (1545-1592)*, Bruxelles, 1933-1937, 5 vol.
6. Il ne faut pas s'étonner du témoignage de Vauban quant à la conservation de tels vestiges. Les fortifications en terre gazonnée (c'est-à-dire construites en briques de gazon) qui protégeaient ces camps ont une longévité étonnante mais réelle, comme en témoigne par exemple la redoute des Salines, à l'ouest de Calais, édifiée de cette manière à la fin du XVIIe siècle et toujours visible aujourd'hui.
7. Les sources d'informations de Vauban sont vraisemblablement, outre les livres d'histoire de France de sa bibliothèque, l'*Histoire des guerres de Flandre* de Famien Strada (1632-1647), dont le père Du Ryer a donné une traduction française dès 1644-1649, et la biographie d'Alexandre Farnèse par Bruslé de Montpleinchamp, *L'Histoire d'Alexandre Farneze, duc de Parme et de Plaizance, gouverneur de la Belgique*, Amsterdam, 1692.

Le Prince Maurice[1] s'est toujours retranché tout autour. On voit encore l'ordre de sa castramétation dans Stevin[2].

Gustave-Adolphe, roi de Suède[3], se fortifiait toujours tout autour dans ses camps de séjour qui paraissaient des villes ; c'en était en effet et même des mieux policées. Son camp sous Nuremberg attaqué par Le Walstein[4], et celui de Walstein attaqué après par lui, où ni l'un ni l'autre ne réussirent, fournissent deux exemples très mémorables du bon usage qu'on peut faire des camps retranchés.

En l'an 1625, le Duc de Féria[5], gouverneur de Milan, assiégea Verrue[6] avec une armée de trente mille hommes, sur le Duc de Savoie pour lors étroitement allié à la France. Celle du Duc, au nombre de 12 à 15 000 hommes Français et Piémontais, commandée par le Maréchal de Créqui[7], se retrancha à Crescentin[8], occupant tout l'espace entre cette ville et le Pô et le pied de la hauteur de Verrue ; elle jeta un pont sur cette rivière qu'elle garda pendant tout le siège, quoique souvent rompu. Verrue était fort peu d'usage en ce temps-là ; les Espagnols le traitaient de colombier et avaient compté le prendre en fort peu de temps, mais ils se trompèrent, et après y avoir employé trois mois de tranchée, perdu bien du monde et ruiné leur armée, ils furent contraints de lever le siège et de se retirer comme ils purent, parce que le camp de Crescentin relevait tous les jours la garde dans Verrue et que les Espagnols se mirent en tête de le prendre par mines et fourneaux, en quoi les assiégés, comme premiers postés, se trouvèrent beaucoup plus habiles qu'eux. Exemple qui prouve mieux qu'on ne saurait dire les avantages des camps retranchés sous les places.

L'an 1644, feu M. le Prince[9] marcha avec une armée de 28 000 hommes

1. Maurice de Nassau, prince d'Orange (1567-1625), stathouder des Pays-Bas du nord, un des plus grands hommes de guerre de son temps qui organise à partir de rien une armée professionnelle et assure l'indépendance aux provinces rebellées qui deviennent les Provinces-Unies.

2. Voir ci-dessus note 4, p. 1497.

3. Gustave II Adolphe (1594-1632), roi de guerre, fait de son pays une puissance importante en Europe du Nord et de son armée la meilleure de l'époque. Il meurt au cours de la bataille de Lützen en 1632, année où se passe l'épisode de Nuremberg. Voir G. Mac Munn, *Gustave-Adolphe, le lion du Nord, 1594-1632*, coll. « Bibliothèque historique », Paris, 1935. Sur la guerre de Trente ans, voir par exemple G. Parker, *La Guerre de Trente ans*, Paris, 1987 ; H. Bogdan, *La Guerre de Trente ans 1618-1648*, Paris, 1997.

4. Albrecht von Wallenstein, duc de Friedland (1583-1634), homme de guerre et aventurier, protagoniste important de la guerre de Trente ans resté fidèle aux Habsbourg catholiques. Voir G. Mann, *Wallenstein. Sein Leben*, Francfort, 1971.

5. Gomez Suarez de Figueroa, duc de Feria, gouverneur du Milanais de 1618 à 1625.

6. Verue, dans le Piémont, entre Casale Monferrato et Turin.

7. Charles de Créquy, duc de Lesdiguières, maréchal de France (ca 1578-1638).

8. Crescentino, localité proche de Verue, qui servit aussi de camp à l'armée savoyarde opposée à celle du duc de Vendôme en train d'assiéger Verue en 1704.

9. Louis II de Bourbon, duc d'Enghien, dit le Grand Condé (1621-1686).

au secours de Fribourg assiégé par le baron de Mercy[1], général des armées de Bavière et de l'Empereur, qui prit cette place où il fit plusieurs retranchements et abattis de bois les uns derrière les autres, soutenus des forts et de redoutes, où il attendit M. le Prince avec dix à douze mille hommes qui était tout ce qu'il avait, croyant le pouvoir empêcher de la reprendre en occupant ce poste où il fut attaqué très vertement à plusieurs reprises pendant cinq jours par mondit sieur le Prince qui le poussa si bien de poste en poste qu'à la fin il l'obligea de se retirer comme il put, après nous avoir tué cinq mille hommes en plusieurs attaques où ce Prince pensa périr lui-même pour s'y être exposé comme un grenadier, à demi désespéré de la résistance opiniâtrée qu'il y trouva, qui fut telle que tout autre que lui se serait rebuté ; et si M. de Turenne[2] ne s'était mis en état de prendre les derrières à Mercy, jamais on ne l'aurait chassé de là. Pour conclusion il se retira par le Val-Saint-Pierre avec peu de perte, pendant que M. le Prince se trouva si maltraité qu'il ne se crut pas en état de reprendre Fribourg, pour lors très méchante place, et en effet il ne l'assiégea pas.

Feu M. le Prince et M. de Turenne s'en sont souvent servis très utilement, bien que la manière dont ils les ont employés fût imparfaite et très différente de celle qu'on doit ici proposer.

Les ennemis, dans cette dernière guerre[3], en ont fait un si bon usage à Heilbronn et Liège[4] que nos armées, quoique supérieures de beaucoup aux leurs, n'osèrent les attaquer ; et ce ne fut qu'avec des peines et des pertes effroyables que M. de Luxembourg[5] vint à bout de forcer les retranchements de Nerwinde[6] qui n'étaient que d'une nuit d'été.

Nous en avons fait un sous Suze[7] dès le commencement de la même guerre, dont j'ai choisi la situation et réglé la construction qui n'a pas fait grand bruit dans le monde ; mais dont M. le Maréchal de Catinat[8] s'est si bien servi que M. de Savoie[9], qui s'est plusieurs fois approché de cette place, n'a osé l'attaquer.

On en fit encore un à Tournous[10], vers l'entrée de la vallée de

1. Franz, baron von Mercy (1588/90-1645) commande d'abord l'armée de la ligue catholique avant d'entrer au service de la Bavière en 1638.
2. Henri de La Tour d'Auvergne, vicomte de Turenne, maréchal de France (1611-1675).
3. Il s'agit de la guerre dite de la Ligue d'Augsbourg (1689-1697).
4. Heilbronn (Allemagne). A Liège (Belgique), les retranchements développés au nord de la ville par Menno van Coehoorn en 1693 ont abrité l'armée alliée pendant quelques mois (B. Lhoist-Colman, G. Gabriel, « La Colline de la citadelle du moyen âge à la période hollandaise. Essai historique », dans *De Bavière à la Citadelle*, Liège, 1980, pp. 46-52).
5. François-Henri de Montmorency, duc de Luxembourg, maréchal de France (1628-1695).
6. Neerwinden (Belgique), bataille en 1693.
7. Dans le Piémont, prise par le maréchal de Catinat en 1690.
8. Nicolas de Catinat, maréchal de France (1637-1712).
9. Eugène de Savoie-Carignan, dit le prince, feld-maréchal de l'empire (1663-1736).
10. Tournoux.

Barcelonnette, qui donna beaucoup de jalousie à M. de Savoie qui n'a cependant jamais osé l'attaquer.

Nous avons assez souvent éprouvé à nos dépens, dans cette dernière guerre, le mérite des camps retranchés. Le Prince Louis de Bade[1], généralissime des armées de l'Empereur, a longtemps empêché la contribution du Palatinat par le moyen d'un retranchement le long de la rivière de Spirback, qui commençait à Neustat[2] et finissait à Spire.

C'est par un bon retranchement palissadé depuis Veissembourg[3] jusqu'à Lauterbourg[4], la rivière de Lauter en avant-fossé devant lui, qu'il trouva moyen d'assurer le succès du siège de Landau[5].

C'est encore par le moyen des retranchements, depuis la montagne jusqu'au Rhin, que nous appelons de Bielke ou de Stollofen[6], qu'il nous a empêché la pénétration de son pays depuis trois ans, bien qu'il s'y soit présenté plusieurs fois.

En Italie, les retranchements de Chiary, de Seraglio sous Mantoue, de Luzarra, d'Ostiglia et de la Secchia[7] nous ont bien appris leur utilité à nos dépens et d'une manière qui ne permet pas d'en douter, vu que le Prince Eugène, avec une armée moins forte de moitié que la nôtre, lui a toujours tenu tête et porté beaucoup de dommage.

Le Maréchal de Villars[8] arrêta, l'an passé, l'armée impériale beaucoup plus forte que la sienne, très longtemps, à la faveur d'un camp retranché à Dillingen, petite ville assise sur le Danube entre Ulm et Donavert[9].

Et l'année que j'écris ceci, les alliés ont fait une triste expérience de leur mérite, en forçant celui de Donawert où ils ont perdu 8 à 10 000 hommes tués ou blessés, sans que ceux qui l'ont défendu en aient perdu plus de 7 à 800, bien qu'ils y aient été forcés, ce retranchement n'étant pas fait à moitié lorsqu'il fut attaqué.

La même année, les camps retranchés de Crescentin et de Verrue nous ont longtemps empêchés de faire le siège de cette place et depuis que, malgré toutes les considérations que ce camp nous a dû imposer, on eut pris la résolution de l'assiéger, ce camp nous a causé des maux et des difficultés infinis et donné lieu à cette place de faire une résistance qu'on n'en devait point attendre sans lui.

Es années 1703 et 1704, les Hollandais établirent un camp retranché

1. Louis-Guillaume, margrave de Baden-Durlach (1655-1707), a combattu les Turcs avant de lutter contre les Français dans le Palatinat de 1693 à 1698.
2. Neustadt.
3. Wissembourg, Alsace.
4. En Alsace.
5. Il s'agit du troisième siège, celui de 1704.
6. Stolhofen.
7. Chiari, Luzzara, Ostie.
8. Claude-Louis-Hector, marquis puis duc de Villars, maréchal de France (1653-1734).
9. Donauwerth.

sous Maëstricht, entre le Jaer[1] et la Meuse, la droite appuyée sur le Jaer et la gauche sur la Meuse, le derrière sur la ville, faisant tête à Viset[2] qu'ils ont très bien fortifié, l'avantageant de tout ce qui peut contribuer à l'assurer et à rendre ses accès très difficiles. Ce camp a été gardé jusqu'à présent par un corps assez médiocre qu'ils augmentent et diminuent selon la proximité de nos armées. Tel qu'il est, il y a bien apparence qu'il nous empêchera, tant que cette guerre durera, de pouvoir rien entreprendre sur cette place aujourd'hui si importante.

En l'année 1705, qui est celle que j'écris ceci, le Prince Eugène, général de l'armée impériale en Italie, a commencé l'ouverture de la campagne par s'emparer adroitement d'un poste près de Salo sur le lac de Garde, dans le Bressan, pays vénitien, où il s'est aussitôt retranché très avantageusement en attendant sa cavalerie à qui il a fait prendre le tour par le haut du lac, tandis qu'il l'a traversé dans des barques avec son infanterie, peut-être dans le temps qu'on s'y attendait le moins.

L'ordre des camps retranchés s'observe presque par toutes les nations. Les Tartares mêmes, les plus déréglés de tous les peuples, s'enferment dans leurs chariots attachés les uns aux autres figurés en rond ou selon la situation qu'ils ont choisie pour camper[3].

Les Turcs, pendant les dernières campagnes de la guerre précédente, n'ont campé et marché qu'à couvert de leurs chariots[4].

Les Arabes forment leurs douars ou villages ambulants en rond, avec leurs tentes faites de grosse étoffe de poils de chameaux, dont les cordages s'entrelacent les uns dans les autres ; ils garnissent les entre-deux, tenant toutes les ouvertures des tentes en dedans, où ils mettent leurs bestiaux pour les préserver de l'attaque des lions et autres méchants animaux pendant la nuit.

Zélim, empereur des Turcs[5], eût perdu la bataille de Tschaldiran contre les Persans, sans le secours de ses chariots dans lesquels il se renferma lui et ses janissaires jusqu'à ce que Sinan-Bacha[6] ayant fait une furieuse charge qui fit perdre terrain à la cavalerie d'Ismaïl, ces mêmes janissaires reprirent vigueur et, après une grande décharge de leurs canons, ils sortirent de leur enceinte et chargèrent l'armée persane déjà ébranlée par l'effort de Sinan, ce qui acheva de la mettre en déroute et donna le gain de la bataille à Selim, qui fut fort près de la perdre.

1. Le Jaar, affluent de la Meuse.

2. Visé, en Belgique.

3. Information puisée probablement dans l'*Histoire de la Chine sous la domination des Tartares*, du père Adrien Greslon (voir ci-dessus note 1, p. 1496).

4. Vauban s'informe depuis longtemps de la manière de faire la guerre des Turcs. Il a suivi le siège de Candie (Héraclion, Crète) dans les années 1660, et possède l'*Histoire générale des Turcs* par François-Eudes de Mézeray, Paris, 1662 (M. Virol, *Vauban, op. cit.*, 2003, p. 425).

5. Selim Ier dit l'Inflexible ou le Cruel (ca 1470-1520).

6. Sinan-Pacha.

Tous ces exemples et mille autres non moins considérables qui sont arrivés dans le monde doivent nous persuader de leur mérite, vu même que les nations les plus belliqueuses l'ont mis en usage dans tous les temps et toujours avec succès. Il n'y a pas jusqu'aux sauvages qui ne l'emploient, car ils ne cabanent jamais encore dans les lieux où ils veulent établir leurs demeures qu'ils ne s'enferment par une bonne et forte palissade.

Je ne dois pas finir cette préface sans rapporter ici deux exemples très mémorables, à l'occasion des tabors et camps retranchés, qui sont arrivés assez près de notre temps sur la frontière de Pologne : c'est dans la continuation de l'histoire des Turcs par Mézeray où je les ai pris[1]. Cet auteur rapporte que l'an 1620, Stanislas Zolkiesky, grand maréchal de Pologne, ayant marché avec les forces de ce Royaume au secours de Gratiany, vaïvode de Moldavie, qui le devait joindre avec 14 000 chevaux, et ne lui en amena que 600, attaqué par Sender-Bacha[2] avec une puissante armée de Turcs et de Tartares, beaucoup supérieure à la Polonaise, ce que le grand général ignorant et voulant s'en éclaircir, il sortit de son camp où il était bien retranché et se mit en bataille après avoir fermé sa droite et sa gauche par deux tabors ou grandes redoutes composées de chariots enchaînés l'un à l'autre, le dedans garni d'infanterie et de canon, avec lequel il s'avança assez loin hors des retranchements de son camp, contre un médiocre corps de Tartares qui paraissait près de là, mais qui tôt après s'étant extrêmement grossi, il en fut enveloppé de tous côtés. Cependant, il se défendit bravement et si bien qu'à l'aide de son tabor il se tira d'affaire et regagna son camp avec peu de perte ; il retourna même chercher un de ses tabors qu'il avait oublié et le ramena à demi forcé. Ledit Gratiany qui avait engagé les Polonais dans cette guerre, ayant été tué dans un autre combat, les affaires de Moldavie tournant mal, ce fut au grand général qui avait perdu beaucoup de monde par la désertion, les maladies et le défaut de pain et de fourrages, de chercher à se tirer d'affaire comme il pourrait. Tous les moyens qu'il put imaginer se réduisirent à faire une paix avec les Turcs, ou à regagner la Pologne comme on pourrait. Il prit ce dernier parti comme le plus favorable, mais qui était fort difficile, la retraite étant longue et les ennemis trois ou quatre fois plus forts que lui. Après y avoir bien pensé, il s'avisa de former un carré long de tout ce qu'il avait de chariots dont il se fit une enceinte ambulante avec laquelle il se mit en marche le dernier septembre de la même année, son infanterie et tous ses bagages environnés de l'ordonnance de ses chariots, les deux files de la droite et de la gauche bordées par des colonnes d'infanterie, son canon à la queue et partie à la tête, remplissaient les intervalles de cette marche.

1. Voir note 4, p. 1506.
2. Sender-Pacha.

Il y avait 24 ou 25 lieues polonaises de là à la rivière de Tireco[1] et à Mohilow, première place de Pologne, près de laquelle il arriva le huitième jour de sa marche, en ayant fait deux séjours pendant quoi il fut tous les jours attaqué deux, trois ou quatre fois, sans que les ennemis le pussent ouvrir, au contraire ils y perdirent beaucoup de monde ; il leur prit même du canon et des étendards. Sur la fin du 8e jour, comme il n'était plus question que de deux heures de marche, quelques meules de foin s'étant rencontrées sur le chemin, les valets se jetèrent dessus et abandonnèrent leurs chariots ; ce qui ayant rompu le tabor, une terreur panique et ensuite la confusion s'y mit, dont les Turcs et les Tartares qui les suivaient de près s'étant aperçus, les attaquèrent et les défirent entièrement presque à la vue dudit Mohilow. Quoique la fin de cette action ait été malheureuse, elle ne laisse pas d'être une des plus belles qui se soient faites depuis la retraite des dix mille, si on en excepte celle d'Antoine contre les Parthes[2].

L'année 1621, qui fut celle qui suivit la mort de Zolkiesky, Osman Ier [3], empereur des Turcs, jeune prince de médiocre esprit et de nulle expérience, enflé du succès que son armée avait eu contre les Polonais, voulut marcher contre eux avec une armée de 400 mille hommes, à compter maîtres et valets à la façon des Turcs, et de 4 à 500 pièces de canon, parmi lesquels il y en avait beaucoup de gros. Pour faire ces préparatifs il fit des efforts si extraordinaires qu'il épuisa presque tout son Empire de gens de guerre, de vivres et de munitions. Mais cette armée si formidable qui devait engloutir la Pologne n'y put pénétrer et échoua sur les bords de la Tire, Tulla ou Niester[4], avec tous ses desseins, par l'opposition de l'armée polonaise commandée par le brave et sage Chodkieski[5], palatin de Wilna et grand général de Lithuanie qui succéda à la charge de Kolkieski par la nomination du Roi et le consentement des Etats Généraux de Pologne, tous prévenus et avec raison du mérite de ce Grand Homme. On lui donna pour lieutenant-général en qualité de grand maréchal de camp, Stanislas Lubomirsky[6], autre grand capitaine qui le seconda très bien. L'armée polonaise était de quelque trente cinq mille combattants et celle du Prince Vladislas[7] de 15 mille, les deux ensemble de cinquante mille auxquels joignant 25 à 30 mille Cosaques, le tout faisait près de 80 mille hommes. Les Cosaques ne se joignirent pas aux Polonais, mais ils se campèrent près d'eux sur le bord de la Tire. Après l'avoir passé, ils s'enfermèrent dans

1. Dniester.
2. Encore une référence à ses lectures, ici l'*Anabase* de Xénophon dans la traduction de Perrot d'Ablancourt en 1658 (M. Virol, *Vauban, op. cit.*, 2003, p. 427).
3. En réalité Osman II (1603-1622). Déposé par les Janissaires, il finit étranglé en prison.
4. Dniester.
5. Jan Karol Chodkiewicz, général polonais (1560-1621).
6. Stanislaw Lubomirski, palatin de Cracovie (1583-1649).
7. Ladislas IV Vasa, roi de Pologne (1595-1648).

deux camps séparés, mais près l'un de l'autre avantageusement situés, et se retranchèrent très bien de tous côtés ; ils y ajoutèrent même quantité de forts et de redoutes sur les avenues détachées hors de leur camp pour occuper les hauteurs qui pourraient leur être nuisibles, qu'ils soutinrent fort bien contre toutes les tentatives et fréquentes attaques des Turcs et Tartares qui donnèrent plusieurs assauts très opiniâtres à leurs retranchements et beaucoup d'autres aux forts détachés. Il y eut, d'ailleurs, plusieurs combats qui se donnèrent hors des camps, dont le succès fut toujours favorable aux Polonais et Cosaques qui les soutinrent avec une valeur étonnante en attaquant et défendant, car de leur part ils firent plusieurs entreprises sur les Turcs et le Tartares qui leur réussirent presque toutes. Enfin les Turcs, las et rebutés de tant d'assauts et de combats si désavantageux, se trouvant considérablement affaiblis, abandonnèrent l'entreprise et entendirent volontiers à une paix qui les tira d'affaire après avoir perdu plus de 60 mille hommes aux attaques et combats presque continuels qui se donnèrent pendant trois ou quatre mois de temps qu'ils s'opiniâtrèrent à vouloir forcer ces retranchements, sans avoir pu jamais réussir à aucune. On prétend que les Polonais n'y perdirent pas mille hommes par le fer et le feu, mais le mauvais air, les maladies, la faim et le manquement de vivres, de fourrages et de toutes autres choses, défaut ordinaire de cette nation brave au possible, mais nécessiteuse, mal réglée et peu prévoyante, et la désertion firent périr près de la moitié de leurs troupes. On peut dire que jamais défense de camps retranchés ne prouvera mieux leur utilité que celle-ci, et que jamais troupes ne firent mieux leur devoir que les Polonais et Cosaques de ce temps-là, aussi avaient-ils d'excellents chefs. Le grand Chodkieski n'eut pas la satisfaction de voir finir une guerre qui lui avait été si glorieuse ; il mourut de maladie un peu avant la paix, universellement regretté des grands et des petits des deux armées, et le Prince Vladislas, qui arriva malade dans le temps que l'affaire était déjà bien avancée, ne laissa pas d'y rester jusqu'à la retraite des Turcs.

Le camp des Turcs, qui avait environ quatre lieues de circuit, était aussi environné d'un retranchement avec un fossé de 12 à 15 pieds de large, profond de 7 à 8, bordé de canons de tous côtés ; il n'y avait que trois avenues et autant d'entrées. Tout y était fort bien réglé, les rues et les places grandes, bien alignées, nettes, propres, bien entretenues et encore mieux ordonnées, avec une si grande abondance de toutes choses qu'il semblait qu'on fût à une foire ou dans une grande ville, tant les vivres et tout ce qui pouvait faire besoin y abondaient.

Voici encore un fait remarquable tiré de l'histoire des Mogols[1] qui mérite d'avoir place ici[2].

1. Mongols.
2. Voir note 4, p. 1498.

Abouchaid, petit-fils de Tamerlank, chef de la branche des Mogols, voulait recouvrer la Perse pour lors occupée par Usuncassam[1], prince Turcoman de la famille du Mouton blanc, qui joint avec d'autres de la même nation, l'avait conquise sur Miracha, fils de Tamerlank et père d'Abouchaid. Celui-ci ne voulant pas manquer son coup, mit sur pied une armée effroyable de Tartares et d'Indiens, avec laquelle il marcha contre Usuncassam qui, effrayé de voir une si grosse puissance fondre sur lui et ne se sentant pas assez fort pour l'attendre en campagne, il lui fit toutes sortes de soumissions, pour tâcher à moyenner un accommodement. Ce qui ayant été fort mal reçu du Mogol, Usuncassam prit le parti de se retirer dans un poste avantageux entre des lacs et des montagnes inaccessibles où il se retrancha fort bien. Quoi fait, il remplit son camp de tout ce qui lui faisait besoin, pour y pouvoir subsister un temps considérable, fourragea et fit le dégât dans tout le pays par où le Mogol devait passer pour venir à lui, comptant de dissiper cette armée par le défaut de vivres et fourrages et par beaucoup d'autres incommodités. Abouchaid s'approcha enfin de son camp, puis après l'avoir bien examiné et fait reconnaître, désespérant de le pouvoir forcer et ses troupes souffrant beaucoup, il prit le parti de se retirer. Dans cette retraite, les deux fils d'Usuncassam ayant chargé son arrière-garde, ils la battirent et la poussèrent sur le corps de bataille, ce qui augmenta le désordre à tel point qu'Abouchaid fut pris avec trois de ses fils qui, étant menés à Usuncassam, il fit trancher la tête au père et aveugler les trois fils en leur présentant des fers chauds devant les yeux. Ce qui arriva vers l'an 1469.

Voilà nombre de faits antiques et modernes choisis parmi une infinité d'autres, expressément omis pour ne point allonger cette préface, qui tous prouvent le mérite des camps retranchés et le grand usage que tant de Grands Hommes en ont fait par des expériences incontestables. Serait-il possible après cela qu'il se trouvât encore quelqu'un parmi nous qui osât les mépriser et condamner cette partie de la fortification si nécessaire, comme un moyen timide et peu utile ? Où trouvera-t-on de ces grands chefs qui ont excellé dans le commandement des armées, qui ne s'en soient pas servis, à commencer dès les temps plus reculés et à finir au présent ? Je ne crois pas qu'on puisse m'en montrer aucun. Cependant, je vois avec peine que quelques-uns des nôtres, même des plus qualifiés, prévenus de je ne sais quelle opinion gasconne et mal appliquée, non contents de la mépriser et condamner, ont imputé une espèce de faiblesse aux généraux qui s'en servent, bien que convaincus par leur propre expérience des avantages de ceux qui les ont employés. Ils ont même poussé leur mépris jusqu'à avancer que les Français étaient une nation qui voulait toujours être poussée en avant, et que, dès qu'elle était obligée de combattre de

1. Vzum-Hassan.

pied ferme, elle ne soutenait pas longtemps et se rebutait aisément. Dire impertinent et très faux, n'en déplaise à ceux à qui de pareils discours sont échappés ; c'est une injure atroce faite à sa propre nation naturellement la plus courageuse du monde, vu que loin d'être sujette à de tels défauts, on n'en trouvera point qui attaque et charge plus vigoureusement, ni qui défende plus constamment ses places quand il s'agit d'un siège, qui est ce qui a le plus de rapport à la défense des camps fortifiés. Qu'on me montre l'exemple de quelques places où elle se soit soulevée par faiblesse et où elle ait refusé de combattre ? Ne sont-ce pas les Français qui par tous les pays étrangers où il y a eu de la guerre ont toujours été des premiers à s'exposer dans toutes les actions hasardeuses ? Les ennemis de cette nation lui ont rendu plus de justice en la reconnaissant pour très courageuse et intelligente dans le métier de la guerre ; c'est donc quelque chose d'horrible qu'il se soit trouvé des gens parmi les siens qui aient pu en faire de tels jugements[1].

A la vérité, ceux à qui cela est arrivé ne sont pas gens dont la gloire soit assez brillante pour donner grand crédit à leur opinion, et nous n'avons pas lieu de croire qu'elle aille jamais jusqu'à effacer celle des César et des Scipion, non plus que celle des Condé et des Turenne. Qu'ils fassent les braves tant qu'ils voudront par leurs discours, je les en croirai quand ils imposeront par leurs actions, mais jusque-là ils me permettront s'il leur plaît de suspendre mon jugement. Comme la plupart n'ont que de très légères teintures de la fortification, ils n'ont ni assez de lumières pour savoir discerner le bon et le mauvais d'une situation, non plus que les moyens de s'en aider, pour en faire un bon usage, au défaut de quoi ils aiment mieux se commettre à dire une impertinence que de s'en instruire avec l'application requise. Quand on ne sait pas employer les camps retranchés, on est souvent obligé de se réfugier sous des places ou derrière des rivières, en cédant et abandonnant à l'ennemi des pays qu'on pouvait se conserver en se retranchant et se postant à propos[2].

M. le Duc de Rohan, dans son traité du *Parfait capitaine*[3] (ouvrage digne d'un Grand Homme tel qu'il était), se plaint avec raison de ce que l'on s'est négligé sur cette partie de la guerre, dont il décrit les avantages en homme qui les connaissait parfaitement.

L'utilité qu'on peut tirer de cette partie de la guerre, aujourd'hui si négligée par les Français, m'ayant causé de l'étonnement, j'ai cherché à

1. On retrouve bien ici le Vauban patriote, qui aime par-dessus tout son pays.

2. Peut-être fait-il allusion ici à ses démêlés avec la jeune génération d'officiers généraux soucieux de briller, ou à sa mise à l'écart du terrain forcée depuis son accession au maréchalat. Vauban rouspète et critique, comme il le fait dans sa correspondance, persuadé d'avoir raison.

3. Henri de Rohan, *Le Parfait Capitaine. Autrement l'abrégé des commentaires de César*, Paris, 1636.

pénétrer les raisons qu'ils pouvaient avoir eues de la mépriser ; mais n'en ayant trouvé aucune qui m'ait satisfait, j'ai résolu de mettre au jour l'idée que je m'en suis faite pour notre usage particulier, en expliquant du mieux qu'il me sera possible leur construction, leur utilité et les différentes applications qu'on en peut faire par rapport à nos façons de guerroyer, d'une manière méthodique et débarrassée qui en rende la pratique aisée et l'usage démonstratif autant qu'une proposition physique peut l'être. Pour y parvenir, je commencerai par définir ce que c'est que *fortification de campagne* et *camp retranché*, j'établirai des principes généraux qui serviront de fondement à cette espèce de fortification, distinguant son usage par des raisons fortifiées d'exemples ; après quoi nous y ajouterons tout ce qui peut aider à sa construction, et finalement les règles de la castramétation plus convenables à son usage.

Au reste, je me sens obligé de répéter ici une espèce d'aveu que j'ai déjà fait ailleurs ; c'est que la plupart des pièces qui composent cet ouvrage ne sont que des pensées ramassées pendant mes voyages et dans des temps fort éloignés les uns des autres. Ce ramas m'ayant fourni quelques réflexions, j'ai travaillé de mon mieux à débrouiller ce chaos et à séparer ce qui s'y est trouvé de bon du mauvais, pour en faire le corps de ce traité qui n'est pas assez bien travaillé pour mériter d'être rendu public ; aussi n'est-ce pas mon dessein de le faire, mais bien de l'achever et perfectionner de mon mieux, pour en faire présent au Grand Prince à qui je dois tout. Le style en est simple et grossier, mais il est d'un homme de guerre qui ne cherche qu'à se faire entendre, à quoi pourra contribuer la grande quantité de dessins qu'on y a joints, d'autant plus corrects que chacun d'eux porte avec lui les mesures qui lui conviennent.

CE QUE C'EST
QUE
FORTIFICATION
DE CAMPAGNE

NOUS ENTENDONS par fortification de campagne toutes les passagères qui se font pour un temps de peu de durée. De cette espèce sont les lignes de circonvallation et de contrevallation, qui servent aux attaques des places ; les lignes que l'on fait pour empêcher la pénétration des partis ennemis dans les pays à qui on veut sauver la contribution, celles qu'une armée fait pour se garantir des insultes d'une plus forte ; les camps fortifiés sous les places pour les empêcher d'être assiégées ; les retranchements qui se font sur les bords et le long des rivières ou canaux pour empêcher l'ennemi de les passer ; ceux que l'on oppose aux descentes des armées navales ; les forts de campagne, les redoutes, petits forts, traverses, abattis de bois et chemins coupés pour embarrasser les passages et défilés. Et finalement les camps et les marches fortifiées de chariots et charrettes appelées tabors. Mais parce que ceci pourra servir à bien des gens qui avec un fort bon esprit n'ayant aucune teinture de la fortification auraient peine à bien entendre les termes qu'elle emploie, j'ai cru devoir les définir en expliquant jusqu'aux parties les plus simples, à l'imitation des géomètres qui commencent par les moindres choses avant que de nous mener aux grandes[1].

DEFINITION DES TERMES
qui ont rapport aux campements et de ceux qui expliquent leur fortification

Je ne définirai point ici ce que c'est que le point mathématique, ligne, superficie et solide, non plus que plans, profils, remparts, parapets et fossés. Les premières de ces définitions ne sont pas absolument nécessaires et les secondes sont connues de tout le monde.

1. Réflexion typiquement cartésienne.

Je commencerai donc par ce qui l'est moins, et qui doit servir de fondement à tout ce que j'aurai à dire ci-après.

1.

La situation d'un camp est un espace de terrain choisi pour camper, lequel est plus ou moins étendu selon la force des armées qu'on y veut établir.

2.

Camp est l'espace occupé par l'armée qui s'y loge sous les tentes ou sous les huttes.

3.

La ligne ou fortification du camp est une enceinte fermée par un petit rempart de terre surmonté d'un parapet d'épaisseur et élévation accommodée aux besoins qu'on en peut avoir ; laquelle est accompagnée d'un fossé, d'où sont tirées les terres qui fournissent à la structure de ce retranchement.

4.

Camp retranché est un espace environné en tout ou en partie d'une ligne ou retranchement qui l'enferme et lui tient lieu de fortification.

5.

Les matières artificielles d'un retranchement sont la terre, pierre, gazon, fascines, gabions, barriques, palissades, et quelquefois de chariots, charrettes, gros bois, etc.

6.

Les naturelles sont les rivières, ruisseaux, étangs, marais, bois, villes, villages, châteaux, ravines, chemins creux, défilés, escarpements et tout ce qui peut être capable d'en rendre les accès difficiles.

7.

Retranchement à preuve du canon est celui dont les parapets sont assez épais pour que le canon ne les puisse percer. A preuve du mousquet celui qui n'a que l'épaisseur convenable pour lui résister. On donne au premier depuis 12 jusqu'à 18 pieds d'épais ; et au second depuis 4 pieds jusqu'à 6 et 8.

8.

Camper est se loger dans l'espace choisi pour le camp.

9.

Aller au campement est partir du lieu d'où l'armée doit décamper pour aller marquer un camp ailleurs.

10.

Front de bandière est la même chose que la tête ou le front des camps. On ne se sert plus guère de ce terme.

11.

Camper comme on se trouve arrive quelquefois à la fin d'une grande action, ou quand pour quelque cas imprévu on est surpris de la nuit pendant un mauvais temps extraordinaire qui trouble la marche et empêche qu'on ne puisse arriver de jour.

12.

Camper sur le champ de bataille est camper où l'on a combattu.

13.

Faire le camp est régler l'espace de terrain que l'armée doit occuper, l'ordre est la disposition du campement. Ceci est l'affaire du maréchal de camp[1] de jour, qui après l'avoir ordonné, en laisse faire le détail au maréchal des logis de l'armée[2], aux majors généraux de l'infanterie[3] et aux

1. Le maréchal de camp, charge créée en 1598, « est un officier général dont le rang et la fonction suivent immédiatement la charge de lieutenant-général ; c'est à lui de loger toute l'armée, d'être prêt à tous les mouvements, le premier à monter à cheval, le dernier à en descendre ». F.A. Aubert de La Chesnaye des Bois, *Dictionnaire militaire portatif*, Paris, 1758, t. II, p. 586.

2. Ou maréchal général des logis de l'armée, il « a le soin du campement et dirige les marches de l'armée ». *Ibid.*, p. 587.

3. Charge créée par François Ier en 1515. C'est « un officier qui résout et concerte avec les autres majors de l'armée les troupes qui doivent monter les gardes, celles qui doivent

maréchaux des logis de la cavalerie[1] qui les distribuent aux majors de brigades[2], et ceux-ci aux majors[3] et aides-majors[4] particuliers des régiments qui font leurs détails avec les fouriers[5] de ces mêmes régiments.

14.

Retranchement du camp est la fortification que l'on fait autour, pour éviter les surprises et mettre l'armée en sûreté, son nom le plus convenable est la ligne. Retranchement est un nom abusif, qui ne convient qu'à ceux qui se font derrière les brèches d'une place, mais l'usage l'a emporté. Elle enferme le camp en tout ou en partie. En tout quand on a lieu d'appréhender l'ennemi de tous côtés et que la situation n'est avantagée de rien ; ou en partie quand les flancs ou les derrières sont à couvert par des villes, bois, marais, rivières, ravines ou quelque autre séparation embarrassée qui peut tenir lieu de retranchement. Sa figure est ordinairement réglée par la situation et l'étendue dont on a besoin, et ensuite accommodée aux règles de l'art.

15.

Redans sont angles saillants qui flanquent le retranchement. On les fait de toutes les grandeurs, et souvent de figure accommodée au terrain qu'ils occupent. Les plus petits sont de 12 à 15 toises de face et les plus grands de 30 à 40.

16.

Place d'armes est l'espace entre la tête des camps et le retranchement.

---

aller en parti, composer les détachements ou escorter les convois. [...] Cette charge ne donne point de rang parmi les officiers généraux, mais celui qui la possède a toujours quelque grade soit de brigadier, de maréchal de camp ou de lieutenant-général ». *Ibid.*, p. 548.

1. « Il y a un maréchal des logis par compagnie. [...] sa fonction est de tenir un rôle des cavaliers et de leurs logements, de visiter souvent les écuries [...] ». *Ibid.*, p. 589.

2. C'est le major du plus ancien des régiments. Suit le maréchal de camp de jour lors des marches. « La charge de major de brigade a peu d'appointement et ce n'est qu'une marque de distinction ». *Ibid.*, p. 549.

3. « Les fonctions d'un major consistent à aller prendre tous les soirs l'ordre de celui qui commande. [...] S'il est en campagne, en corps d'armée, il distribue à chaque compagnie le terrain qui lui est destiné ». Il s'occupe aussi de l'intendance. Ce sont en général des capitaines. *Ibid.*, p. 550.

4. « Les fonctions de cette charge consistent à aider le major dans tous les détails qui regardent le service ». Ce sont généralement des lieutenants. *Ibid.*, t. I, p. 16.

5. « Est un officier tant de cavalerie que d'infanterie, qui doit avoir un rôle ou dénombrement de tous les soldats de sa compagnie, pour faire le département des logis, en agissant sous les ordres du maréchal des logis ». *Ibid.*, t. II, p. 272.

17.

Epaulement est une masse de terre longue plus ou moins selon les besoins et l'application qu'on en fait, haute de 9 à 10 pieds, sur 12 à 15 d'épaisseur, qu'on élève (pour se mettre à couvert du canon) à la tête des camps qui en pourraient être battus ou en quelque autre endroit exposé qui peut en avoir besoin.

18.

Traverse est la même chose qu'épaulement, à cela près que celles-ci sont plus courtes et qu'ordinairement elles sont joignant et quelquefois attachées au retranchement.

19.

Cavaliers sont des masses de terre élevées de 6, 7, 8, 9, 10 à 15 pieds plus ou moins, le sommet desquels est aplani en plate-forme, couverte d'un parapet, sur laquelle on monte du canon, pour voir de plus loin et pouvoir tirer par-dessus le parapet du retranchement sans l'offenser.

20.

Batteries sont à peu près la même chose que le cavalier, hors que celles-ci s'entendent de celles qui se font à plate-terre, ou à hauteur du terre-plein de la ligne.

21.

Plates-formes ou lits du canon est la même chose, on les pave de grosses planches ou madriers de 10, 12 à 14 pouces de large et deux et demi d'épais sur 10 à 14 pieds de long, posées sur gîtes ou poutrelles de 5, 6 à 7 pouces carrés sur lesquelles elles sont clouées. Elles doivent avoir 18 pieds de long sur quatre à 6 pouces de pente du derrière au devant.

22.

Batteries en barbes sont celles qui ne sont couvertes qu'à la hauteur de la genouillère[1].

1. « Partie basse de l'embrasure d'une batterie. Elle a depuis la plate-forme jusqu'à l'ouverture de l'embrasure deux pieds et demi et jusqu'à trois pieds de haut ». *Ibid.*, t. II, p. 352.

23.

Les retranchements du camp sont plus ou moins solides selon le besoin et le séjour que l'on croit y devoir faire, les moindres de tous doivent avoir 6 pieds de haut sur 3 à 4 d'épais mesurés au sommet du parapet. Les médiocres 6, 8 à 10 pieds ; les plus grands 12 à 14 pieds d'épais sur 8, 10 à 12 de haut.

24.

Redoute est une petite forteresse carrée sans flancs, enfermée tout autour d'un rempart, surmonté d'un parapet fraisé[1] ou palissadé, quelquefois tous les deux. On la fait ordinairement de terre, fascines et gazons, plus ou moins grande et solide, selon l'usage à quoi on la destine. Elle est aussi environnée d'un fossé et son parapet à preuve du canon quand on veut qu'elle y résiste.

25.

Forts de campagne sont de petites forteresses plus grandes que les précédentes, formées quelquefois régulièrement, d'autres fois accommodées au terrain, quelquefois bastionnées, et d'autres fois à redans ou en étoile, dont l'enceinte est ordinairement plus solide que celle des redoutes quoique faite de mêmes matériaux.

26.

Quand il s'agit d'un camp passager, on le palissade rarement, mais quand on s'en doit servir un temps considérable, on les fait plus solides et quelquefois on les arme d'une palissade plantée sur le haut comme au profil (A), d'autres fois sur berme comme en (B) ou dans le fossé comme en (C) ou sur le bord dudit fossé comme en (D) ou penchée à 12 ou 15 toises du fossé comme en (E) et même d'une fraise comme (F).

Et pour conclusion on peut dire qu'un camp fortifié est une place ambulante, dont la garnison est une armée. Je pourrais pousser ces définitions plus loin, mais cela serait inutile.

1. Muni d'une fraise ou rangée de pieux épointés plantés horizontalement dans le parapet.

MAXIMES
GENERALES
contenant les propriétés des retranchements.

1.

IL N'Y A point de situation indifférente ; toutes sont bonnes ou mauvaises, et souvent les deux ensemble ; mais on peut aider à ce qu'il y a de bon et corriger le mauvais.

2.

Les situations plates qui ne sont avantagées ni désavantagées de rien sont bonnes pour le premier occupant, parce qu'il s'y peut établir comme il lui plaît.

3.

Celles qui sont en partie bossillées[1] et en partie plates, peuvent être bonnes quand elles ne sont pas commandées, et qu'on s'y peut accommoder.

4.

Les entrecoupées de haut et bas peuvent être fort bonnes quand on peut s'approprier les avantages des bossillements et en éviter les désavantages, comme on fit aux retranchements de Suze.

5.

Les médiocrement élevées et qui sont supérieures à tout ce qui les environne à la portée du canon, sont bonnes pourvu qu'il y ait de l'eau, du bois et des fourrages à portée, qu'on ne puisse ôter.

1. Pour « couvert de bosses ». Le français du XVIIe siècle emploiera « bossu ».

6.

Celles qui, outre la supériorité sur les environs, la capacité du lieu, l'abondance du bois, de l'eau et des fourrages, sont environnées en tout ou en partie de lacs, marais, étangs, rivières, bois, ravines ou précipices, sont très bonnes, pourvu qu'avec ces qualités, l'air y soit sain et l'espace suffisant.

7.

Il y a peu de situations dont les défauts ne se peuvent corriger par le travail ; il ne faut pour cela qu'y employer le bon sens, plus de temps et d'ouvriers.

8.

La meilleure de toutes les situations est celle qui, ayant toute l'étendue et les autres qualités requises, n'est accessible que par un fort petit espace aisé à fortifier comme la hauteur de State, près de Huy, et celle du Mont-Parisel près de Mons[1].

9.

Toutes situations qui sont privées d'eau, de bois, de fourrages, ne valent rien, quels qu'en puissent être les autres avantages.

10.

Celles qui sont en partie environnées de rivières navigables qui se joignent au-dessous, et autour desquelles il n'y a point de commandement qui puisse incommoder le camp, sont très bonnes.

11.

Un camp trop étendu est à charge et malaisé à garder ; un trop petit ne peut tout contenir. Le médiocre[2] est le plus convenable de tous. Et celui qui a beaucoup de fonds que l'ennemi ne peut aborder est encore le meilleur parce qu'il est plus contenant.

1. Ces deux places fortes situées en Belgique actuelle, la première sur la Meuse avec la colline de Statte, la seconde en Hainaut avec le mont Panisel, sont en effet dominées par une éminence peu éloignée qui ont servi lors des différents sièges entre 1691 et 1705.

2. Dans le sens de moyen.

12.

Les camps fortifiés à redans valent mieux que les bastionnés, parce que les premiers présentent plus de flancs et qu'ayant moins de circuit, il faut moins de monde pour les garder.

13.

Pour qu'un camp soit bon et bien fortifié, il faut que les avantages de sa situation fassent partie de ceux de sa fortification.

14.

Assujettir toujours les alignements de la tête des camps aux retranchements et jamais les retranchements à la tête des camps, parce qu'il n'est pas nécessaire que le camp occupe tous les avantages du terrain, mais bien le retranchement qui n'en doit négliger aucun.

15.

La figure du retranchement doit imposer à celle du campement par le choix de la situation, et le campement à la figure du retranchement par l'étendue et l'espace qui lui est nécessaire.

16.

La distance de la tête des camps à la ligne ne doit pas être moins de 60 toises, ni plus grande que de 120, observant qu'il y a plus de défaut dans le moins que dans le plus.

17.

Où il sera question de border des rivières ou canaux, navigables ou non, par des lignes ou retranchements, on doit observer de ne les pas établir sur les bords précisément, mais de les côtoyer en distance de 8, 10, 12, 20, 30, 40, 50, 60, 70, 80, 100 toises, quand il n'y aura point d'empêchement qui contraigne, afin de laisser l'espace nécessaire au tirage des bateaux si ce sont des rivières ou canaux navigables, et de quoi faire le fossé de la ligne de telle largeur qu'on voudra. L'avantage qui en résultera sera premièrement, que le feu du retranchement découvrira mieux la superficie de l'eau ; deuxièmement, qu'il y aura deux fossés devant la ligne au lieu d'un ; et troisièmement de quoi faire former le retranchement des terres de son fossé, sans être obligé d'en prendre en dedans, faute double qu'on a faite en plusieurs endroits des lignes de la Flandre pendant la dernière guerre[1].

18.

Quand il se rencontre des eaux courantes devant les lignes, on doit, sans contredit, les placer dans la distance ci-dessus, mais si le terrain s'élevait de part et d'autre de ses bords et que pour occuper les sommets plus avantageux, il fallut s'en éloigner de 50, 60, 80 jusqu'à 100 toises, on ne doit pas hésiter de le faire, pourvu qu'on ne perde rien de la découverte, parce que le mousquet a presque autant de force à cette distance que si on en était plus près, et qu'il est bon de pouvoir joindre plusieurs avantages ensemble.

19.

Où il y aura apparence de pouvoir faire renfler les eaux courantes qui bordent les lignes dans leur lit et de les faire déborder sur les terrains qui avoisinent leur cours par des retenues de terre et de gazon, on ne doit pas le négliger, puisque c'est un moyen sûr d'augmenter considérablement la difficulté des accès.

20.

Conduire toujours le tracé des lignes par les sommets plus élevés de la situation et jamais par les bas ni les mi-côtes, parce que le premier surmonte ou égale les commandements voisins des environs, voit et découvre l'ennemi de loin, ce qui est un grand avantage ; le deuxième peut exposer ceux qui les défendent à l'effet des commandements prochains, qui est un très grand défaut, et le troisième, laissant voir le devant et le derrière de la ligne, la met hors d'état de pouvoir être défendue, et ne vaut par conséquent rien.

21.

Conserver les moulins qui se trouvent dans l'enclos ou à portée des camps pour l'usage particulier de l'armée de même que tous les villages et tous autres bâtiments qui peuvent fournir de(s) couverts.

1. Ce sont les lignes de la Lys et de l'Escaut. SHD, SHAT, MR 1440 (N° 7-9) et 1446 et AG, art.15, section 1, §1, campagnes, I, n° 73, Valory, *Mémoire sur une ligne retranchée de Courtrai à l'Escaut*, avec plans, mai 1695 ; E. Huys, *Les Lignes françaises de défense en Flandre au temps de la ligue d'Augsbourg (1689-1697)*, dans *Mémoires du Cercle Historique de Courtrai*, n.s., 17, 1938, pp. 78-85 ; C. Lemoine-Isabeau, « La ligne de défense établie entre Comines et Ypres sous Louis XIV », dans *Mémoires de la Société d'histoire de Comines-Warneton et de la région*, t. X, 1980, pp. 1-19.

22.

Commencer de fourrager les lieux plus éloignés du camp, par où l'ennemi peut approcher, préférablement aux autres, et garder le pays proche dont on est bien le maître pour le dernier de tous.

23.

Apporter tous les soins possibles au ménagement des bois et fourrages ; faire que l'on coupe les uns rez pied rez terre sans les gâter, et que l'on ramasse et ménage les autres sans les dissiper mal à propos.

24.

Il n'y a point de camp, si bien établi puisse-t-il être, dont les dedans ne puissent être exposés à l'effet du canon ennemi, s'il en peut établir à bonne portée ; la raison c'est que les coups de canon élèvent et plongent partout, spécialement de loin.

25.

Toute la différence qu'il y a des camps qui commandent à ceux qui sont commandés, est que l'ennemi peut voir et choisir dans les dedans des commandés, mais non dans ceux qui commandent ; d'où s'ensuit que dans l'un il y a des objets fixes et certains qui sont bien plus avantageux, et que dans l'autre il n'y en a que des hasards qui le sont beaucoup moins, mais qui ne laissent pas que de pouvoir faire du mal.

26.

Tout canon tiré de loin plonge et fait ricochet qui commence dès la demi-volée et ne finit qu'au bout du coup, mais on peut le faire commencer plus près. Comme c'est la manière de canonner la plus dangereuse, c'est sur elle qu'il faut régler les épaulements et traverses qu'on doit faire pour s'en garantir[1].

1. Vauban lui-même a mis au point la technique du tir à ricochet, en 1688 au second siège de Philippsbourg (N. Faucherre, Ph. Prost, *Le Triomphe de la méthode. Le traité de l'attaque des places de monsieur de Vauban, ingénieur du roi*, Paris, 1992, p. 53).

27.

Le premier moyen d'empêcher l'effet du canon est de lui opposer du canon, parce que l'un amuse l'autre et que le canon tire toujours à ce qui l'incommode.

28.

Le second est de le prévenir par la façon de toutes les traverses et épaulements nécessaires, les premières appliquées aux retranchements pour empêcher les enfilades et les seconds à la tête des camps, et, quand le cas y échoit, à tous les deux, observant que si dans les occasions on fait retirer les équipages au lieu où le canon ne puisse donner et qu'en même temps on range les troupes derrière les parapets, traverses et épaulements érigés suivant l'intention de cette maxime, tout y sera en sûreté.

29.

Les canonnades ne sont jamais de durée parce qu'elles déplacent, ou si elles ne le font pas, sitôt que l'ennemi s'aperçoit de son inutilité, il cesse de tirer. Or, en observant les maximes précédentes, il est aisé de l'empêcher d'être déplacé et de rendre par conséquent la canonnade inutile.

30.

Toutes canonnades qui ne peuvent pas nettoyer le derrière des parapets et des épaulements sont inutiles, attendu qu'elles ne peuvent déplacer les troupes, ni par conséquent favoriser l'attaque.

31.

Toute situation de camp, ayant les qualités requises par les maximes précédentes et qui a peu de front à garder et beaucoup d'étendue en profondeur et capacité est excellente. Au contraire, toute situation qui a peu de profondeur et beaucoup de front à garder est mauvaise, quand bien même elle aurait toutes les autres qualités requises par ces maximes.

AXIOMES
SUR LES PROPRIETES
DES RETRANCHEMENTS.

1.

Si deux troupes également fortes se rencontrent, une rivière entre deux, où il n'y ait pas de pont, l'avantage sera égal tant qu'elles seront en présence.

2.

Mais si l'une veut passer sur l'autre rive, l'avantage sera du côté de celle qui défendra le passage.

3.

Si l'une est retranchée et l'autre non, l'avantage sera pour la retranchée, bien que plus faible en nombre d'hommes.

4.

Si la troupe non retranchée veut passer sur la retranchée, l'avantage de celle-ci sera encore plus grand.

5.

Mais si la retranchée voulait passer sur la non-retranchée, elle perdrait ses avantages.

6.

De deux troupes ennemies qui se voudraient retrancher sur les bords d'une rivière à même temps vis-à-vis l'une de l'autre, celle dont le retranchement sera le plus tôt en état, sera la plus avantagée, supposé l'étendue des retranchements égale.

7.

Si une armée passe un défilé devant une autre rangée en bataille, celle qui passera doit être battue.

8.

Entre les avantages d'une armée bien retranchée, on peut dire que son Général a le temps de songer à lui et de prendre son parti, soit pour attaquer ou défendre, soit pour s'éloigner ; les uns et les autres étant au choix de celui qui est avantageusement retranché.

QUELLES SONT LES RAISONS POUR LESQUELLES une armée doit se retrancher.

LES FINS pour lesquelles une armée se retranche sont, premièrement, pour qu'un petit nombre d'hommes puisse résister à un plus grand. – (*Première et principale maxime de la fortification.*)

Deuxièmement, pour qu'une armée ne puisse être obligée à combattre contre sa volonté et son désavantage. – (*Première maxime de la guerre, très excellente.*)

Troisièmement, pour pouvoir maintenir la discipline dans les armées, en les tenant enfermées dans leur camp, comme des garnisons dans les places. – (*Excellente et absolument nécessaire à qui veut ménager les troupes.*)

Quatrièmement, pour empêcher la désertion[1], le saccagement des pays et la dissipation des armées, en contenant les soldats dans le camp et les empêchant de courir et de se perdre, comme ils font et feront toujours, tant qu'on ne prendra pas cette précaution. – (*Excellente encore pour empêcher la désertion et rétablir la discipline.*)

Cinquièmement, pour épargner aux troupes les grandes fatigues, les grosses gardes et bivouacs qui ruinent les armées et les affaiblissent sans en tirer aucun avantage. – (*Bonne pour toutes les armées.*)

Sixièmement, pour pouvoir occuper des postes avantageux et les garder avec des forces médiocres et de beaucoup inférieures à celles de l'ennemi sans le craindre. – (*Très bonne quand elle est bien entendue.*)

Septièmement, pour pouvoir faire de grands détachements et de belles entreprises, pendant que ce qui restera dans le camp sera encore assez fort pour le garder et le défendre. – (*Ceci dépend aussi de la bonté de la situation et de celles des retranchements.*)

Huitièmement, pour avoir moyen de ménager une défensive et tirer la

1. La plaie de toutes les armées européennes d'Ancien Régime. Chaque Etat multipliera les ordonnances punissant les déserteurs ou, a contrario, les amnisties pour regonfler les effectifs. Cf. pour la France A. Corvisier, *Louvois*, Paris, 1983, pp. 107-108 ; G. Lynn, *Giant of the Grand Siècle. The French Army 1610-1715*, Cambridge, 1997, pp. 406-414. Vauban a d'ailleurs réuni plusieurs dossiers à ce sujet (archives de Rosanbo).

guerre en longueur, sans perdre terrain quoique plus faible. (*Bon pour faire la guerre plus sûrement et sans se ruiner.*)

Neuvièmement, pour soutenir la guerre avec moins de cavalerie que l'ennemi, sans qu'il en puisse tirer d'avantage considérable, même en pays de plaine. – (*Très bonne dans les pays couverts et coupés comme ceux où nous faisons présentement la guerre.*)

Dixièmement, pour pouvoir cacher à l'ennemi plusieurs desseins que l'on peut former dans les camps fermés, avec beaucoup plus de secret que dans ceux qui sont ouverts, parce qu'on en peut défendre les entrées et les sorties, comme aux places de guerre. (*Très bonne.*)

Onzièmement, pour pouvoir hiverner dans les pays ennemis avec des armées entières et les garder en prenant des otages des lieux principaux et rasant les fortifications des places dont le trop grand nombre peut être à charge. (*Nous avons vu de nos jours un exemple sensible de cette vérité. C'est dans la campagne de Hollande, où si on se fut contenté de garder deux ou trois places, démolir les autres, prendre des otages du pays, et qu'on eut fait hiverner un corps de 18 à 20 mille hommes dans un bon camp bien retranché, déchargeant l'armée de tout ce qu'elle aurait eu d'inutile, il est certain que la conservation de ce pays nous eût été facile, au lieu que s'attachant à garder toutes les places, on ne put secourir les premières attaquées et on fut contraint d'abandonner les autres parce qu'elles se trouvèrent faibles et divisées en 20 ou 25 garnisons*[1])

Douzièmement, pour pouvoir prendre des établissements sûrs et subsister dans le pays ennemi malgré lui, s'y porter et fortifier.

Treizièmement, pour éviter les enlèvements de quartiers, à quoi nos armées s'exposent quand elles cantonnent dans les bourgs et villages non fermés des ennemis.

Quatorzièmement, pour empêcher l'ennemi d'assiéger nos places, en le prévenant par se poster et se retrancher sûrement sous ou près d'elles, avec des corps considérables. – (*Excellent pour prévenir les sièges et les empêcher de réussir.*)

Quinzièmement, pour pouvoir fermer l'entrée de nos pays à l'ennemi et l'empêcher de les mettre à contribution, border une rivière, en défendre les ponts, les gués et autres passages à tous les partis grands et petits et aux armées égales et même supérieures aux nôtres, quand ils sont bien faits. – (*Toutes ces manières se sont pratiquées avec succès depuis Mons jusqu'à la mer pendant cette dernière guerre.*[2])

1. C'est presque à de l'histoire-fiction que nous invite Vauban, revenant une fois de plus sur l'échec final de cette campagne de 1672. Louis-XIV n'a-t-il pas voulu aller « un fleuve trop loin » ?

2. Il parle ici des lignes étendues en Hainaut et en Flandre, cf. B. Van Mol, « Les lignes de la Trouille construites sous Louis XIV », dans *Les Livrets givryens*, n° 7, 1992, pp. 3-7.

DIFFERENCE DES CAMPS FORTIFIES,

qu'il y en a de neuf espèces. L'explication de chacune en particulier et en général

Nous en connaissons de neuf espèces, dont la première et plus usitée est ce que nous appelons ligne de circonvallation[1].

La 2e ligne de contrevallation[2].

La 3e ligne ou retranchement d'armée.

La 4e ligne contre la contribution.

La 5e camps fortifiés sous les places.

La 6e retranchement sur les côtes contre les descentes navales, grandes ou petites[3].

La 7e comprend la fabrique des forts de campagne, redoutes, logements, et traverses, pour défendre des ponts et passages, abattis de bois, détours et retenues d'eaux.

La 8e consiste aux retranchemetns qui se font pour soutenir les brèches des places assiégées.

La 9e le tabor ou retranchement de chariots et charettes.

Reprenons chaque espèce en particulier afin de pouvoir donner toute l'étendue nécessaire à leur explication.

Les lignes de circonvallation prises à la lettre ne sont autres qu'un parapet de terre de 7 à 8 pieds de haut sur 4, 5 à 6 d'épais mesurés au sommet,

1. « Ligne ou un fossé que les assiégeants font à la portée du canon de la place et qui règne autour du camp pour en assurer les quartiers contre le secours des assiégés » (F.A. Aubert de La Chesnaye des Bois, *Dictionnaire, op. cit.*, 1758, t. I, p. 437). Le mot français apparaît au XVIIe siècle, dérivé du latin (O. Bloch, V. von Wartburg, *Dictionnaire étymologique de la langue française*, Paris, 1964, p. 134).

2. « Fossé bordé d'un parapet que l'assiégeant fait pour se couvrir contre les sorties de ceux de la place » (F.A. Aubert de La Chesnaye des Bois, *Dictionnaire, op. cit.*, 1758, t. I, p. 514). Même apparition tardive en français (O. Bloch, V. von Wartburg, *Dictionnaire, op. cit.*, 1964, p. 155).

3. Illustrée en détail dans les mémoires relatifs à la protection des côtes de la Manche et du Levant rédigés dans les années 1694-1696, auxquels peut se rattacher le « Projet d'ordre contre les effets des bombes » du tome II des *Oisivetés*, ici pp. 271-277.

qui a un fossé devant soi de 12 à 18 pieds de large sur 6 à 7 de profondeur, plus ou moins accommodés selon l'art, avec les talus, banquettes, barrières et palissades nécessaires, disposé autour d'une place assiégée qu'elle environne de tous côtés à la distance d'une portée et demie de canon ou environ. Elle est alignée parallèlement et en distance de 60, 80, 100 à 120 toises de la tête, des camps. On observe de la faire passer et d'occuper autant qu'il est possible les sommets des hauteurs qui l'avoisinent de trop près, et qui peuvent en être avantagées, la défilant du surplus autant qu'on le peut et évitant les vues de revers et supérieures qui les commandent quand on ne saurait les occuper qu'en la commettant à de plus grands défauts ; après cela on emploie du mieux qu'il est possible tous les avantages de la situation, savoir les bois par les abattis qu'on en fait ; les rivières en fortifiant leurs bords, ou en les retenant ou faisant déborder leur cours, les marais, ravines, chaussées, escarpements, maisons fortes, etc., tous avantages dont il faut savoir profiter, ce qui demande un bon goût pour le choix et beaucoup d'expérience et de génie pour la guerre et les fortifications.

La mesure ordinaire de ces retranchements est d'en faire les redans de 25 à 30 toises de face, sur 30 à 35 de gorge espacés de 120 à 150 toises d'une pointe à l'autre, et les courtines de 80 à 100 toises un peu plus un peu moins selon que la situation le permet observant de placer tous les angles flanqués sur les sommets plus élevés du terrain, et quand on peut les palissader ils en sont beaucoup meilleurs.

Quelquefois on fortifie les parties plus faibles de redans ou petits forts, qui sont d'une construction un peu plus solide que les lignes. Et quand on les peut fraiser et palissader commodément on le fait, mais cela arrive rarement à cause de la précipitation avec laquelle on les bâtit. Du surplus on y fait autant d'entrées qu'on le juge nécessaire, qui ferment avec des barrières tournantes, lesquelles on couvre avec autant de redans détachés en forme de demi-lunes qui sont tous de même nature que la ligne, quelque soin qu'on prenne à les bien faire.

Les circonvallations sont toujours mauvaises, attendu premièrement qu'elles ont trop d'étendue, n'y en ayant point qui puisse avoir moins de 3, 4 à 5 lieues de circuit, si resserrées puissent-elles être ; deuxièmement, qu'elles sont assujetties à la place assiégée, ce qui fait qu'on ne peut pas toujours se prévaloir des avantages de la situation, que le plus souvent elles ont des parties fort contraintes par ladite place, et d'autres commandées par les hauteurs hors de la circonvallation qui y causent des défauts difficiles à corriger ; troisièmement, que leur trop d'étendue ne permet pas qu'une armée puisse les garnir d'une première ligne de troupes bien serrée, et soutenue d'une seconde comme il serait à désirer n'y ayant pas d'armée assez forte en infanterie pour pouvoir border 4 ou 5 lieues de circonvallation de bataillons serrés, jusqu'au coucher de quatre rangs de hauteur, loin d'avoir de quoi les soutenir par une seconde ligne à peu près de la même force, joint que les attaques en sont presque toujours dérobées, l'ennemi mettant toute son application à insinuer une défiance générale de son dessein qui contraint l'assiégeant à se tenir sur ses gardes également partout et donne moyen à l'ennemi de tomber vers le point du jour avec toutes ses forces sur quelque partie faible ou médiocrement garnie. [Quatrièmement][1], auquel cas, si ses mesures sont bien prises, il est en quelque façon indubitable qu'il réussira, par la raison que l'assiégeant ne le voit point venir et que l'incertitude où il est de sa marche fait qu'il n'ose affaiblir un quartier pour renforcer l'autre. Mais les attaques de jour réussissent aussi rarement, parce que l'ennemi ne pouvant cacher sa marche, on le voit venir de loin et pour lors on règle ses dispositions sur les siennes, ce qui les rend souvent inutiles. Le cinquième défaut des circonvallations est qu'elles sont ordinairement faites à la hâte, et par conséquent faibles, ayant de mauvais parapets peu solides, que le gros et le petit canon percent facilement. Ces défauts ne sont pas généraux et ne s'étendent pas toujours sur toute la ligne dont bonne partie est souvent corrigée par les entrecoupements naturels du pays, par le cours des rivières, par l'interposition des étangs ou marais, abattis de bois, ravines et par quantité d'autres empêchements qui font que l'ennemi ne peut si bien se cacher son dessein qu'on ne le découvre quand l'assiégeant est bien sur ses gardes et qu'il met toute son industrie à bien démêler le but de son approche et de ses dispositions[2]. Voyez les profils de la feuille[3].

Les lignes de contrevallation ou de la deuxième espèce sont à peu près de la même nature que les circonvallations. On les fait toujours à petite portée du canon de la place qu'elle circule par tous les endroits où on peut avoir lieu de craindre l'effet d'une grande sortie, ce qui n'arrive que quand

1. Manque dans le manuscrit, mais est probable à cet endroit.

2. Vauban condamne sans appel donc ces travaux exécutés par des pionniers recrutés sur place au moment du siège, qui font partie de la poliorcétique depuis l'antiquité grecque et qu'il préconisait pourtant l'année précédente dans le « Traité de l'attaque des places » comme seul recours contre une attaque à revers. Il rejoint désormais en cela l'avis des hommes de guerre et tacticiens comme La Vallière (F. de La Baume Le Blanc, *Maximes et pratiques de la guerre*, Paris, 1673, pp. 73-77), Feuquières (A. Manasse de Pas, *Mémoires*, 4e édition, Londres/Paris, 1750, t. IV, pp. 122-144), Puységur (J.-F. de Chastenet de Puységur, *Art de la guerre par principes et par règles*, Paris, 1749, t. I, pp. 390-396) et, plus tardifs, de Traverse (*Etude militaire pour servir d'introduction méthodique de l'art de la guerre*, Bâle, 1755, t. II, pp. 122-124) et Cugnot (N.J. Cugnot, *Art de la guerre*, 1766, t. II, p. 319) qui minimisent l'intérêt de ces lignes et les jugent peu résistantes à une attaque en force tout en les estimant utiles pour protéger les fourrages, empêcher l'arrivée de renforts aux assiégés et faire face à une surprise. Par contre, les autres ingénieurs y sont plus favorables : A. de Ville, *De la charge des gouverneurs des places* (éd. originale 1639), Amsterdam, 1674, p. 397 ; de La Fontaine, *La Doctrine militaire ou le parfait général d'armée*, Paris, 1671, p. 131.

3. Ici encore la numérotation manque.

la garnison est très forte, l'espace qu'elle enferme étant très petit par rapport à celui de la circonvallation, on y fait peu de redans et beaucoup moins de façon, et quand ses fossés ont 9 à 10 pieds de large au rez-de-chaussée sur 4 à 5 de profondeur, et un petit parapet formé des terres qui en sortent, quelques redoutes sur les avenues plus dangereuses, on se contente de cela. Il n'y a cependant pas lieu d'imputer de grands défauts à cette ligne, parce que n'étant jamais attaquée que par peu de monde à comparaison de ceux qui la défendent, rarement arrive-t-il qu'elle soit forcée, et quand cela arrive l'ennemi n'en tire pas grand avantage, c'est pourquoi les défauts en sont infiniment au-dessous de ceux de la circonvallation[1]. Voyez la feuille[2].

Les lignes de la troisième espèce sont celles que nous appelons retranchements d'armée. Elles se font au jour la journée quand une armée se sent faible par rapport à son ennemi, ou quand on veut subsister à ses dépens et lui fermer quelque entrée de pays, lui rompre ses desseins ou quand il est question de quelque réhabilitation d'armée faible ou fatiguée etc., suivant qu'on se trouve on prend le parti du retranchement ou non. Si on est supérieur à l'ennemi, rarement se fortifie-t-on. Si on est égal et qu'on veuille éviter le combat on se retranche, et si on est plus faible, on a encore plus de raison de le faire ; cela dépend de la situation où on se trouve et du séjour qu'on veut faire. Soit l'un ou l'autre, on doit observer de bien choisir son terrain et avoir égard à l'eau, au bois, à l'abondance des fourrages, à la sûreté des vivres, et à ce qu'elle ne soit commandée d'aucun endroit, et enfin à l'avantager de tout ce qui peut contribuer à la difficulté de ses accès, comme abattis de bois, ruisseaux, rivières et marais, ravines, chemins creux, défilés, haies et fossés. Quand il s'agit d'armées faibles qui peuvent y être atttaquées par des plus fortes ou d'un séjour considérable, on doit disposer les troupes sur toutes les avenues les plus faibles, les retrancher, traverser les défilés, embarrasser les avenues et disposer le canon par quantité de batteries séparées et garder des réserves pour pouvoir au besoin le mener aux endroits plus pressés, et pour conclusion réduire les positions attaquables du camp au moindre front qu'il est possible, et les fortifier plus solidement que les autres et avec plus de précautions, et enfin tenir pour maxime d'user libéralement et avec raison du travail des hommes quand l'usage qu'on en fait n'a pour objet que la conservation de leur vie.

Il est à observer qu'on est souvent et presque toujours obligé de faire les retranchements d'armée à la hâte et avec précipitation ; c'est pourquoi je tiens qu'il serait bon de s'en faire une règle générale au moyen de laquelle

1. Et pourtant, on constate que la contrevallation est de moins en moins employée après 1650.

2. Voir note 3, p. 1531.

on pût les diligenter et mettre en état avec toute la promptitude possible. Pour cet effet il me paraît très raisonnable :

Premièrement, d'avoir bien fait reconnaître toutes les situations (où on pourra s'établir) de longue main et d'en avoir des plans et mémoires provisionnels de plusieurs mains, et les faire encore visiter avant d'y mener l'armée par des officiers généraux accompagnés du major général des logis de l'armée et des ingénieurs, qui après avoir examiné le lieu et l'espace, et demeuré d'accord de la situation plus convenable de la ligne et de quelle manière on pourra régler la tête des camps, faire après sur cela une petite carte estimative de ladite situation pour pouvoir en rendre compte avec plus netteté au général et lui faire voir l'état de cette disposition plus clairement.

Deuxièmement, si le général est content du choix et des dispositions de cette situation et qu'il persiste à vouloir l'occuper pour un temps, il faudra quelques jours avant le départ de l'armée faire donner des charrettes d'outils à chaque brigade d'infanterie pour les distribuer aux bataillons à la hâte, où ils feront les détachements des travailleurs, qui dès là se sépareront et marcheront à leur tête jusqu'à ce qu'ils soient arrivés en place.

Troisièmement, partager le soin du travail de chaque brigade aux officiers particuliers des régiments, le tracé et la conduite aux ingénieurs, et le jour du départ résolu pour aller au campement, les faire partir avec le maréchal de camp de jour, munis de cordeaux[1] et des gens qui leur feront besoin, avec les outils et piquets nécessaires pour tracer et aussitôt qu'on en aura résolu la droite, la gauche et le front de bandière, et que chacun d'eux saura l'espace que sa brigade doit occuper, tracer la ligne par un seul trait de cordeau seulement, afin d'avoir plus tôt fait.

Quatrièmement, faire les divisions du travail de chaque bataillon, le marquer par des hallebardes[2] ou piquets avec des cartes sur lesquelles seront écrits les noms des mêmes bataillons et envoyer au-devant des troupes pour conduire les brigades en leur place. A mesure qu'elles arriveront sur le terrain, faire la distribution du travail aux brigades, des brigades aux bataillons et des bataillons aux compagnies, et avoir soin de placer les tra-

1. « Les cordeaux doivent être de bonne ficelle bien torse et d'une grosseur convenable, pour ne pas s'allonger facilement » (N. Bion, *Traité de la construction et des principaux usages des instrumens de mathématique*, Paris, 1716, p. 120). « Le cordeau dont les ingénieurs se servent se divise en un certain nombre de toises, de pieds et de pouces » (F.A. Aubert de La Chesnaye des Bois, *Dictionnaire, op. cit.*, 1758, t. I, p. 526).

2. La hallebarde occidentale, arme d'estoc apparue au XVe siècle mais attestée avant 1287, équipe aux XVIIe et XVIIIe siècles les sergents de l'infanterie (Surirey de Saint Remy, *Mémoires d'artillerie*, Paris, 1697, t. I, p. 288 ; F.A. Aubert de La Chesnaye des Bois, *Dictionnaire, op. cit.*, 1758, t. II, p. 393 ; E. Viollet-Le-Duc, *Dictionnaire raisonné du mobilier français de l'époque carlovingienne à la Renaissance*, Paris, 1858-1875, t. VI, pp. 23-27 ; L. Tarassuk, C. Blair (éd.), *The Complete Encyclopedia of Arms and Weapons*, New York, 1982, pp. 245-248).

vailleurs, donnant un espace de quatre pieds et demi de long à chacun, les instruisant à même temps sur la conduite des talus du fossé, excavation, transport et arrangement des terres. Et après ledit travail disposé de la sorte et les soldats mis en œuvre, donner le deuxième coup de cordeau pour marquer la largeur du fossé, qui ne sera jamais moindre que de 12 pieds et pourra en avoir 15 à 18 et plus s'il est besoin, sur 6 à 7 de profondeur. Cela fait et réglé de la sorte, il ne s'agira plus que d'observer les ouvriers et prendre garde qu'ils travaillent à propos sans se négliger. Remarquant que si chaque bataillon fournit 100 hommes au travail, il pourra occuper 75 toises de terrain, qui est plus que l'étendue de son front ne porte, mais le surplus servira à fermer les intervalles d'entre deux bataillons, et parce que des soldats fatigués de la marche auraient peine à soutenir un long travail, il faudra les relever de trois heures en trois heures par un pareil nombre, et continuer nuit et jour jusqu'à ce que la ligne soit achevée, les obligeant à travailler de vigueur, et observant de ne point relever les travailleurs de la première pose, que ceux de la deuxième ne soient tous arrivés et rangés vis-à-vis de ceux qu'ils doivent relever, et de faire prendre les outils à la main des relevés par ceux qui relèvent sans permettre qu'il se fasse interruption de travail, et cela autant de fois qu'on relèvera de pose. De cette façon en tenant exactement la main à la continuation de ce travail, l'armée se trouvera raisonnablement retranchée en 24 heures de temps, et ce d'autant plus qu'il suffira de conduire ledit retranchement en ligne droite par le sommet des hauteurs, sans affecter d'y faire des redans, on sera à même après d'y ajouter à loisir ceux que l'on voudra, observant de plus de fermer les entrées du camp par des barrières tournantes, ou par des chariots roulés en travers, couverts de redans détachés, faits en demi-lune, de même fabrique que le retranchement et du surplus faire autant de ces entrées qu'il y aura de brigades. Il me paraît raisonnable d'exempter la cavalerie et les dragons de cette corvée à cause des fourrages et des grains dont ils seront obligés de faire des amas avec promptitude pour tout le temps qu'on aura résolu de demeurer dans le camp.

Les lignes de la quatrième espèce sont employées pour couvrir les pays qu'on veut empêcher de contribuer et on ne les met guère en usage que dans ceux qui sont naturellement avantagés par des rivières et ruisseaux qui les séparent de ceux qu'on veut abandonner et qui ne laissent que de médiocres entrées à l'ennemi. Celles-ci ont pour défaut ordinaire la trop grande étendue, ce qui fait qu'elles sont bonnes pour empêcher les grands et petits partis d'y entrer, courir et piller. Mais quand elles sont attaquées par des armées, il leur faut opposer des armées, non en bordant toute la ligne si elle ne le peut être puissamment, mais en se retranchant sur une partie et prenant des postes à propos sur les extrémités, dans le milieu ou hors les lignes mêmes, pour s'y pouvoir placer et retrancher avantageusement si on ne se sent pas assez fort pour s'opposer directement à eux et devoir hasarder un combat.

Dans la construction de ces retranchements, on doit faire attention : premièrement, à les tracer sur le plus étroit du pays, afin d'avoir moins d'espace à garder ; deuxièmement, à faire valoir tout ce qui les peut avantager comme châteaux, maisons, forts, ruisseaux, marais, ravines, défilés, hauteurs, bois, grosses haies, fossés, etc. ; troisièmement, suppléer aux parties dénuées de ces avantages par de petits forts ou redoutes à demi-preuve[1] bien fraisés et palissadés et espacés de distance en distance, faisant jour devant soi tout le plus qu'on pourra et ne laissant rien de tout ce qui peut favoriser l'ennemi. Comme ses sortes de retranchements doivent durer autant que la guerre, ou du moins jusqu'à ce que la frontière change de place, il faut les faire avec bien plus de soin et de solidité que ceux des lignes précédentes qui ne sont faites que pour un ou deux mois au plus, c'est pourquoi leurs fossés doivent être de trois à quatre toises de large mesurés au rez-de-chaussée, réduit à une par le bas, sur 7 à 8 pieds de profondeur, les parapets de 8 à 10 pieds au sommet sur la hauteur de trois banquettes palissadées s'il est possible, ou plantées de haies vives sur leurs bermes, le tout soutenu de redoutes espacées d'environ 5 à 600 toises l'une de l'autre, environnées de fossés de 5 à 6 toises de large mesurées à la superficie du terrain profond de 5 à 8 pieds. Ces mêmes redoutes de 24 à 25 toises de faces carrées, rondes ou pentagonales, n'importe comment quand ce sont des ouvrages qui ne tirent pas leurs défenses d'eux-mêmes. On y doit faire encore des tours carrées de maçonnerie à machicoulis[2] pour plus de sûreté des gardes qu'on y met, et s'il se rencontre chemin faisant des châteaux ou maisons fortes qui aient de bons fossés, on peut les employer ou y ajouter des forts plus considérables s'il y a des endroits avantageux dans la situation qui le requièrent quand on les peut assez bien accommoder pour en faire une affaire considérable à l'ennemi.

A l'égard de ceux qu'on fait à même fin le long des rivières, il n'y doit point avoir de différence parce qu'il arrive des temps dans l'année que les rivières se gèlent, pendant quoi on ne peut compter que sur la ligne et les forts, mais on doit observer de laisser un espace de 6 ou 8 toises au moins entre le fossé des lignes et les courants des rivières. Voir sur ce le 17e article des maximes de la page [1521].

Les retranchements de la cinquième espèce doivent être considérés comme de grands dehors attachés aux places plus exposées, à dessein d'em-

1. C'est-à-dire à demi blindées contre les bombes.

2. Ces redoutes à machicoulis semblent une invention de Vauban. Des modèles sont publiés dès 1695 : J.-B. Naudin, *L'Ingénieur françois*, Paris, 1695, pl. 18 et 19 (privilège de septembre 1694). Voir aussi Ph. Truttmann, *Les Derniers Châteaux-forts. Les prolongements de la fortification médiévale en France (1634-1914)*, Thionville, 1993, pp. 37-57.

pêcher qu'elles ne puissent être assiégées. Ceux-ci doivent toujours occuper les lieux plus avantageux des environs, couvrant leur droit ou leur gauche ou leur derrière de la place même ou des rivières s'il y en a. Tels sont les camps proposés sous Furnes, Menin et Namur, dont le premier ayant sa gauche sur la ville est tout environné de canaux navigables, marais et terres marécageuses inondées et fort entrecoupées de fossés pleins d'eau, ce qui en rend les abords très difficiles[1]. Celui de Menin a sa droite sur la petite inondation de Guelve[2], sa gauche sur celle de la Lys, le derrière sur la place, et devant soi une grande plaine rase et fort unie qui s'étend au-delà de la portée du canon. Celui de Namur est à peu près de même, quoique dans une situation fort différente ayant sa droite sur la Sambre, sa gauche sur la Meuse, le derrière sur le château et devant soi un grand fond de 200 toises de large rempli de broussailles fort épaisses et de toute la forêt de Marlagne, qui est un bois taillis fort épais, et dans lequel on peut faire de grand abattis ; on pourrait embrasser un bien plus grand espace, en le portant presque à l'extrémité de la forêt où il y a des têtes élevées fort avantageuses, en ce qu'elles découvrent toutes les avenues, qu'elles laissent peu d'espace aux accès, pouvant du surplus appuyer la droite et la gauche de la ligne sur les deux rivières ci-dessus[3]. Il y a une situation merveilleuse entre le Fort Louis et Dunkerque[4], une fort bonne sous Furnes, une bonne à Ypres, une très bonne à Lille, une médiocrement bonne à Tournai, idem une à Condé près Tuntelle, une très petite au Quesnoy, une très bonne à Mons, une assez bonne à Maubeuge, une excellente à Charlemont[5], une passablement bonne à Dinant, une petite et médiocre à Rocroy, une autre à Mézières, deux à Metz. Il y en a une bonne à Landau, une bonne à Strasbourg et une autre à Belfort, une très excellente au fort de Kehl de l'autre côté du Rhin, une très bonne entre les deux Brisach. Il y en a encore à Saint-Malo en Bretagne, une à Brest. On en peut trouver de très bonnes pour les armées petites ou grosses le long de l'Escaut et de la Lys, le long de la Meuse et de la Moselle et du Rhin, même le long de plusieurs canaux

1. Vauban passe rapidement en revue tous les lieux susceptibles d'accueillir un camp retranché, dont certains ont eu un début d'exécution et auxquels il travaillera encore en 1706, lors de son commandement en Flandre maritime. Voir introduction.

2. La Gheluwe, affluent de la Lys.

3. Ce camp est implanté sur le plateau du Champeau, en avant des châteaux et forts constituant ce qu'on nomme aujourd'hui la « citadelle ». Le « grand fond » est le ravin de la Gueule du Loup, qui sépare le Champeau de la forêt de Marlagne.

4. Un embryon de camp retranché sous Dunkerque a vu le jour dès 1692, M. Barros, N. Salat, T. Sarmant, *Vauban, l'intelligence du territoire*, Paris, 2006, p. 104. En 1706, Vauban y poursuivra ce projet, illustré notamment par un plan dressé en 1713, *Dunkerque, briques, dunes et béton*, coll. « Cahiers du patrimoine », 41, Lille, 1995, p. 66.

5. Seul camp retranché construit véritablement pérenne, voir Y. Bottineau-Fuchs, *Un exemple éngligé de camp retranché : la grande couronne d'Haurs à Givet-Charlemont*, dans *Bulletin archéologique du Comité des Travaux historiques et scientifiques*, n.s., 12-13, 1978, pp. 41-63.

navigables où il y a de grandes villes d'où on peut tirer promptement tous les besoins d'une armée pour un mois ou deux par le moyen de bateaux. L'Alsace est pleine de situations très avantageuses, notamment le long du Rhin. Cette espèce de camp retranché est sans doute la meilleure de toutes, et la plus difficile à forcer quand elle est bien faite et suffisamment bordée de troupes. Elle empêche indubitablement les sièges des places où elle est employée, par la difficulté de les circonvaller, et par les grands secours qu'on en pourrait tirer en faveur des parties attaquées. Elle met un petit corps en état de résister à un grand avec beaucoup d'avantage, la figure en est toujours accommodée au terrain, les redans espacés comme ceux des lignes ordinaires, mais plus grands, on leur fait même quelquefois des flancs comme aux bastions. Comme on peut les faire à loisir, leurs fossés doivent être de 5 ou 6 toises de large au moins sur 8 ou 9 pieds de profondeur à bords relevés de 2 ou 3 pieds, les parapets de 12 à 15 pieds d'épais sur 9 à 10 de haut, fraisés sur la berme et plantés de haie vive avec une bonne et forte palissade penchée à 12 toises près du fossé. Du surplus ce retranchement doit être gazonné, plaqué, fasciné et solidement construit avec les entrées couvertes, sur lesquelles il faut faire des demi-lunes, ponts, portes, barrières et ponts-levis et des corps de garde comme au-dehors des places. Voir ce sur la feuille[1].

Les lignes ou retranchements de la sixième espèce sont ceux qui se font pour opposer aux descentes des armées navales sur les côtes. On les bâtit sur le terrain ferme et élevé au plus près de la lesse de mer de vive eau le long des échouages où les chaloupes ennemies soutenues du canon de leurs vaisseaux peuvent aborder par un grand front. Leur alignement suit à peu près celui du bord de la mer, et comme les anses ou échouages le long desquels on les fait quand la côte est pierreuse figurent souvent en anse de panier qui aboutissent par les extrémités contre des rochers qui sont des avances à la mer, et qui ont de l'élévation et quelque étendue, on les occupe par des redoutes ou par des batteries quand ils se trouvent bien disposés pour cela et que la situation en est avantageuse. Ces batteries doivent croiser sur l'échouage de partie de leur canon, et de l'autre sur les endroits où les vaisseaux peuvent mouiller pour soutenir la descente ; selon qu'elle est plus ou moins avantageuse à l'ennemi on s'y précautionne davantage, quelquefois on les soutient par des forts ou de bonnes redoutes avec des épaulements pour la cavalerie. Quand les vaisseaux peuvent ranger la côte de près, on en fait les parapets à preuve ou à demi-preuve, c'est-à-dire depuis 6, 8, 10 jusqu'à 12 pieds d'épais un peu plus un peu moins, selon qu'ils peuvent plus ou moins approcher[2]. Il serait à désirer que ces forts et

1. Voir note 3, p. 1531.
2. C'est ce que Vauban a réalisé à Brest en 1694-1696.

retranchements pussent subsister en paix et en guerre, c'est-à-dire qu'il faudrait les bâtir solidement et que la garde et entretien perpétuels en fussent commis aux milices gardes-côtes, à qui il faudrait distribuer par canton selon les forces des compagnies et leur donner quelque rétribution pour cela sur la taille ou le sel, ou quelque exemption qui pût équivaler le temps que ces corvées peuvent leur faire perdre.

Il n'y a point de retranchement qui expose naturellement moins ses défenseurs que celui-ci, par la raison que les vaisseaux ne portent point de cavalerie, et que pour mettre à terre l'ennemi est obligé de se jeter à l'eau, et une chaloupe tirant jusqu'à 2 pieds et demi à trois pieds d'eau, il s'ensuit que ceux qu'ils mettent à terre sont mouillés jusqu'à la ceinture, que la descente se fait toujours avec quelque désordre, et que devant qu'ils se soient réunis et mis en état d'attaquer, le feu du retranchement peut leur tuer et blesser bien du monde, si la descente se fait sous la portée du mousquet du retranchement car outre le feu de ce retranchement qui doit être là fort vif, on peut les faire charger par de la cavalerie quand le feu augmente leur désordre, car dans cet état ils sont à demi-battus. Elle peut même y mêler de l'infanterie et les renverser plusieurs fois sur leurs chaloupes et leur faire manquer leur coup quand le retranchement est bien servi et que la descente se fait sous la portée du mousquet, et quand il ne l'est que faiblement on a toujours le temps de se retirer, les ennemis n'étant pas en état de poursuivre ; ainsi l'affaire n'est jamais fort ensanglantée de la part de ceux qui soutiennent la descente, mais elle le peut être beaucoup de la part de ceux qui la font. C'est pourquoi on peut hardiment s'y présenter fort ou faible. Pour moi je n'hésiterais pas à le faire avec 50 hommes, car les ennemis qui ont mis à terre ne poursuivent très peu faute de cavalerie et parce qu'il se faut mettre en bataille et prendre poste après qu'on a gagné le haut du retranchement, au lieu que ceux qui se défendent n'étant point mouillés se retirent aisément en faisant montre de temps en temps de quelque tête de cavalerie, ce qui fait que l'ennemi doutant de tout et craignant les embuscades a toujours peur que la cavalerie ne le coupe. C'est pourquoi content d'avoir pris le retranchement, il assure sa descente et s'y assure dans le meilleur ordre qu'il peut avant que de prendre la campagne.

Le besoin qu'on peut avoir de la cavalerie pour opposer aux descentes rend les épaulements nécessaires, on les place derrière à 50 ou 60 pas du retranchement, leur longueur doit être de 40 à 50 toises sur 9 à 10 pieds au sommet d'épaisseur, et de 8 à 9 de hauteur, afin que les escadrons s'y puissent ranger à cheval. Quand il se trouvera du couvert près de là où elle puisse se tenir en sûreté, on peut s'épargner la façon de ces épaulements. Au surplus on ne doit point attendre que l'ennemi soit en mer pour y travailler, il faut les faire dès le commencement de la guerre si on prévoir qu'il puisse entreprendre sur nos côtes et garnir les batteries de canon de fer, afin de n'être pas pris au dépourvu ; donner à même temps ordre aux milices gardes-côtes de se mette en état de les défendre et de les garder ; mais ne s'en pas tellement fier à elles qu'on n'y joigne des troupes réglées. Il faudrait pour bien faire enrégimenter ces milices, les discipliner, mettre des gens qualifiés du pays à leur tête et leur régler une solde pour le temps qu'on les emploie, les faire même camper derrière et à portée des lieux qu'elles doivent garder pendant les quatre mois plus exposés aux descentes qui sont juin, juillet, août et septembre. Que si la descente se faisait à marée basse hors la portée du canon de la côte et sous la demi ou le tiers de la portée de celui des vaisseaux, ce ne serait plus la même chose, parce que les chaloupes peuvent mettre à terre sans être inquiétées et faire plusieurs voyages aux vaisseaux en très peu de temps et ils auraient celui de se mettre en bataille, avant que de marcher à la côte et d'attaquer par conséquent le retranchement (qui peut-être sera faiblement gardé) en bon ordre et avec un gros monde, auquel cas c'est hasard s'il ne le force, car de compter sur les charges que la cavalerie pourrait faire sur l'estran, le succès en serait fort douteux, parce qu'elle ne le pourrait dans l'endroit de la descente, qu'en s'exposant considérablement au feu des vaisseaux qui étant nombreux et bien servis serait très violent et capable d'y faire d'étranges exécutions. D'attaquer les troupes de la descente dans leur marche, les bataillons étant bien serrés, et marchant tout d'un temps au retranchement, c'est grand hasard si on peut parvenir à les enfoncer, parce que la marche sera bien dirigée, qu'elle se fera la baïonnette au bout du fusil, et que vraisemblablement leurs flancs seraient couverts par des chevaux de frise portatifs, en ce cas ceux qui soutiendraient le retranchement n'ont pas d'autre parti à prendre que celui du feu qu'ils pourraient leur faire du canon et de la mousqueterie. Sitôt que les ennemis commenceraient d'entrer dans l'extrême portée de leurs armes, élevant les coups dans le commencement audessus du point de vue, et rabaissant à mesure qu'ils s'avanceront jusqu'au même point, lui faisant après la résistance possible, quand on en viendra aux mains jusqu'à ce qu'il gagne le haut du retranchement, pendant quoi le faire charger par la cavalerie à dos et en flancs tant qu'on pourra. Que si l'ennemi par son bon ordre et par le grand nombre de gens qu'il emploierait à sa descente, fait tant que de forcer, il faudra se retirer dans le meilleur ordre qu'il sera possible, ne pouvant être poursuivi par de la cavalerie qu'il n'aura point, vous en ayant, et son infanterie étant mouillée et en désordre, il ne songera pour lors qu'à s'assurer du retranchement et ne poursuivra point ou poursuivra peu[1].

Après toutes ces précautions qui sont à peu près toutes celles qu'on peut prendre en cas pareil, il faut avouer qu'il est bien difficile d'empêcher une

1. Vauban parle d'expérience, puisqu'une attaque sur Camaret est repoussée en 1694 lorsqu'il commande en Bretagne.

descente quand il y a sujet de les appréhender en plusieurs endroits éloignés les uns des autres, parce qu'une armée navale qui paraît aujourd'hui sur les côtes en posture de se préparer à une descente, si elle s'aperçoit que la partie soit mal disposée pour elle, peut lever l'ancre, et mettant à la voile pendant la nuit elle s'éloigne, et vous ne savez ce qu'elle devient, pendant quoi selon que les vents la servent elle va paraître ailleurs et se présenter où on ne l'attend pas. Je dirai ici par occasion qu'il n'y a que trois sortes de descentes à craindre, savoir petite, moyenne et grande. Les petites se font de nuit à la dérobée, pour tâcher d'enlever quelqu'un qui n'y songe pas, et de faire quelque prisonnier, apprendre des nouvelles, mettre le feu à quelque maison prochaine, faire du bruit, prendre quelques bestiaux et se retirer. Celles-ci ne sont pas de grands effets. Les moyennes se font de 1 000, 1 500 à 2 000 hommes et quelquefois plus, à dessein de brûler quelque gros bourg ou petite ville faible sur la côte, prendre un poste mal gardé, enlever une foire, des bestiaux, saccager quelque coin de pays désarmé. Celles-ci sont dangereuses pour le mal qu'elles peuvent faire, mais elles n'ont pas ordinairement de grandes suites, l'ennemi n'étant pas assez fort pour y pouvoir prendre des établissements, elles sont exposées au rembarquement et à recevoir quelque grand échec, parce que si on les suit, on peut les charger à demi ou au tiers ou au quart du rembarquement.

Les grandes descentes, j'entends celles qui se font par des armées entières, sont bien plus dangereuses que les précédentes, mais elles demandent de grands apprêts, pour porter une armée un peu forte, approvisionnée de tous ses besoins, après quoi il faut prendre des établissements, et se rendre maître de quelque place forte pour y faire ses magasins, ce qui ne se peut que par des surprises ou des intelligences. Quand les côtes sont bien garnies de places fortes munies de ce qu'il leur faut, il est bien difficile qu'elles puissent faire de grands progrès. Car ces armées étant pour l'ordinaire faibles en cavalerie et médiocres en infanterie, si elles ne font promptement leur coup, il n'est guère possible qu'elles puissent se procurer des établissements sûrs et de profiter des intelligences qu'elles peuvent avoir avec les mal intentionnées du pays.

Les redoutes sont les plus petites de toutes les fortifications fermées qui se fassent dans les règles. La figure qui leur convient le mieux est la carrée mais quand il s'agit d'en bâtir sur quelque embouchure de rivière, petits ports ou échouages, on peut émousser un de leurs angles directement tournés à la mer pour pouvoir loger quelque trois ou quatre pièces dessus. Quand ce sont des ouvrages de durée, on leur fait des remparts et parapets de 12 à 14 pieds d'épais, leur mesure plus commune en ce cas est de 24 à 25 toises de face, parce que les épaisseurs des banquettes et parapets leur en dérobent 7 à 8, sur chacune. Pour lors, on les revêt au moins de gazon, on les fraise et palissade sur la berme et on les environne de bons fossés de

6 à 7 toises de large sur 9 à 10 pieds de profondeur, et toujours à bords relevés de trois pieds au-dessus de l'horizon, rabattu en glacis avec une pente fort douce à la campagne. Ce rehaussement augmente la profondeur du fossé d'autant, cache la palissade penchée de la berme et en ôte la vue au canon ennemi, ce qui reçoit encore une plus grande perfection quand on fait la berme d'un pied et demi ou deux plus basse que le niveau de campagne, car pour lors la palissade se trouve dans une parfaite sûreté. On peut même y ajouter un petit chemin couvert palissadé de 5 à 6 pieds de large. Ces sortes de redoutes doivent avoir une porte ou deux de maçonnerie voûtée sous le travers du parapet, de 4 pieds et demi de large au plus à double fermeture, un ou deux ponts-levis à planchette de même largeur que la porte, dont les culées de maçonnerie aux deux bouts des batteries sur deux des angles opposés de ceux qui présentent le mieux à l'ennemi, un corps de garde à deux étages, avec un petit souterrain ou deux pour mettre les vivres et les munitions de guerre en sûreté, un puits, des latrines, etc. Et quand on aura dessein de les garder à perpétuité, on fera bien de bâtir dans leur centre une bonne tour carrée à deux étages, dont le bas voûté à plein cintre, l'autre aussi voûté, mais sur poutrelles, surmonté d'un machicoulis au-dessus avec une couverture de tuile, sinon revêtir à demi tout le corps de la redoute, de 5 à 6 pieds d'épais mesuré au sommet, élevé au plus de deux ou trois banquettes, rarement quatre, planté d'une palissade sur le bord ou dans le fond de leur fossé. Les redoutes dont nous venons de parler ne sont proposées que pour fortifier les échouages et pour y tenir trois ou quatre canons au moyen desquels on puisse protéger ceux de nos petits bâtiments qui poursuivis des corsaires s'y viennent réfugier.

La capacité des redoutes en général peut être depuis dix toises en carré jusqu'à 25 ou 30 au plus, la figure carrée qu'on leur donne, et la petitesse dont on les fait, fait que la régularité est toujours praticable en quelque lieu qu'on les fasse. Quand on ne les fait que pour la durée d'un siège, ou un blocus, on n'y fait pas grande façon, on en soutient le devant et le derrière de fascines ou par des gazonnements grossièrement coupés, fascinés et conditionnés comme ceux des lignes page [1535] mais on épaissit et hausse davantage leur parapet, et on leut fait plus de fossé. Quant à leur élévation j'estime qu'on peut l'égaler à l'épaisseur de leur parapet mesurée au sommet, ladite élévation prise à plomb depuis le sommet extérieur jusqu'à la berme.

Au surplus il y faut faire de petits ponts coupés d'une planchette qui se puissent lever tous les soirs avec une barrière à l'entrée et une à la tête du pont. Le bord du fossé doit être relevé et rabattu en glacis vers le dehors, observant de faire le talus de ce bord considérablement plus court que celui du côté de la berme. On doit aussi armer ces redoutes d'une palissade sur la berme, et leur faire une ou deux grandes huttes en dedans pour servir de corps de garde, un trou écarté et couvert pour mettre les munitions, de petits abris-vent pour couvrir les sentinelles contre les mauvais temps et de ne pas oublier d'environner leur sommet intérieur d'un petit surtout de gazon de pied et demi de haut sur autant d'épais, percé de créneaux de 6 pieds en 6 pieds. Le plan des deux redoutes avec les profils marquent le surplus du détail de celles qui ne sont faites que pour peu de temps, voir sur ce la feuille[1].

Quand on en fait pour servir une campagne ou deux ou même davantage, on les fait plus grandes et plus solides, on les fascine et gazonne avec plus de soin, on les fraise et palissade et on revêt leur entrée de maçonnerie ou de charpenterie, on leur fait des ponts plus forts, couverts et traversés par de bonnes barrières et des portes, de plus grands fossés, et on donne plus d'élévation et d'épaisseur à leur rempart et parapet, de plus on en fait les bâtiments de bonne maçonnerie, du moins à mortier de terre, à pans de bois ou de bousillage[2], les uns et les autres enduits de mortier de sable et chaux vive, pour loger leur petite garnison, un corps de garde, un petit magasin à poudre, un souterrain ou deux, on y fait aussi des guérites de planches, une batterie ou deux sur les angles opposés, capable de deux ou trois pièces de fer de 4 ou 5 de balle. On y ajoute même des latrines, un puits ou une citerne et un petit magasin pour les vivres. Si ce poste est assez important pour demander quelque chose de plus grand qui doive être de durée, mais non assez considérable pour obliger d'y faire un fort dans les règles, on prend le parti d'y en bâtir un à étoile, ce qui se peut si les polygones sont de 40 à 50 toises. En ce cas on leur donne la figure [...] si c'est un carré et de [...][3] si c'est un pentagone, observant du surplus les mêmes élévations qu'aux grandes redoutes. Quoique cette manière soit défectueuse en ce que les pierres qu'elle produit sont très mal flanquées, elle ne laisse pas de donner lieu à un feu croisé qui est de bien meilleure défense que celui de redoutes simples, la faiblesse de ces petits fortins fait qu'ils ne sont bons que dans les situations isolées par des rivières ou soutenues par la proximité des places etc., car d'eux-mêmes ils ne peuvent pas longtemps soutenir une attaque réglée, à cause de la faiblesse de leur fortification, et du peu de monde qu'on peut employer à leur défense. Voyez sur ce les figures et les profils y joints.

Les petits forts de campagne ou fortins de la septième espèce sont à peu près de la condition des redoutes, hors que ceux-ci peuvent se flanquer et sont capables d'une bien plus grande défense. Ces forts sont bastionnés, faits en étoile comme les ci-devant énoncés, ou accommodés à la situation. Quant à leur élévation elle doit être réglée par rapport aux besoins qu'on en peut avoir. Ceux qui ont moins de 60 toises ne se bastionnent point,

1. Voir note 3, p. 1531.
2. Torchis et pan de bois sur solin de pierre.
3. Mots manquants dans le manuscrit Rosanbo.

mais depuis 60 jusqu'à 120, on peut les bastionner. Il s'en voit quantité de cette étendue qui sont fort bons. En Flandre et en Hollande on gazonne, plaque, fraise et palissade pour l'ordinaire ceux-ci notamment quand les raisons pour lesquelles ils sont bâtis subsistent à perpétuité[1]. Pour lors, on en fait les polygones de 100 à 120 toises, on leur fait de bons corps de remparts surmontés de parapets à preuve des fossés profonds à bords rehaussés et quelquefois bordés d'un petit chemin couvert, quelquefois accompagnés de demi-lunes notamment devant les portes quand ils sont de la capacité ci-dessus. On ne ferait même que très bien de les revêtir à demi de maçonnerie[2]. Au surplus, bien que la figure carrée soit celle que l'on met le plus en usage, le carré long se peut pratiquer aussi, de même que le pentagone et toutes les autres figures régulières et irrégulières, qui peuvent tomber dans la pratique, quand on y est contraint par les situations ou qu'on y trouve de l'avantage. La solidité de leurs remparts et leur élévation doivent être réglées par rapport à leur grandeur, observant que plus ces forts sont petits, moins les remparts et parapets en doivent être solides, parce que les espaces qu'ils renferment deviendraient trop petits et ne pourraient pas contenir les bâtiments nécessaires à leur besoin.

Supposé donc qu'il fût nécessaire d'occuper un poste sur quelque avenue de pays pour fermer l'entrée aux courses des ennemis, garder un passage, ou soutenir une ligne destinée à cet effet et qu'il fallût les rendre capables de logement pour deux, 3 ou 400 hommes, on le pourrait avec des forts tels que seraient un carré ou pentagone dont les polygones seraient de 60, 70, 80, 90 à 100 toises. On peut même les employer pour des ouvrages à corne et pour des châteaux et réduits et à des postes fixes et étroits dans la frontière, tels que sont le Fort Louis du Rhin, le fort de Kehl, le Fort de l'Isle entre la citadelle de Strasbourg et Kehl, ceux de Barraux et de Queyras en Dauphiné, les forts François d'Aire, de Dunkerque et Bergue[3], le fort de Nieulay près Calais, la Quenock près Ypres[4], Bellegarde, le fort des Bains, Pra de Mouillou[5] et le fort Saint-Elme en Roussillon, le fort Griffon[6], Château Belin[7], Fort Saint-André[8] et le chateau de Joux en Comté, la Pérouze, Sainte-Brigide, la citadelle de Suze en Piémont et beaucoup d'autres. Les polygones un peu plus grands comme de 120 toises jusqu'à 140 et 150 peuvent servir aux citadelles et à la fortification ordi-

1. La fortification hollando-flamande se caractérise en effet par l'emploi presque exclusif de la terre gazonnée dans la construction des remparts. L'enceinte de Damme (1610), la citadelle d'Ypres (1669), les remparts de Hulst étaient de ce type.
2. Ainsi que selon la technique préconisée par Menno van Coehoorn.
3. Les forts Louis et Vallière, sur le canal reliant les deux villes.
4. Knokke.
5. Prats de Mollo, Pyrénées.
6. A Besançon.
7. A Salins-Les-Bains, Franche-Comté.
8. Même lieu.

naire des places, même à former la tête des grands ouvrages à corne et de couronnes. Ceux qui ont depuis 120 toises jusqu'à 180, même 200, sont propres à toutes les sortes de places selon qu'on est obligé de s'étendre ou resserrer. Sur ce pied supposé qu'il fut question de régler la distribution des polygones qui est celui de 60 toises, nous procéderions selon la méthode suivante.

Soit le polygone (AB) de 60 toises de long coupe en deux parties égales au point (C) de 30 toises chacune, dudit point (C) élevez une perpendiculaire (CD) égale à la huitième partie de la toute AB, savoir de 7 toises et demi, et des mêmes points (AB) et par le point (D) soient derechef tirées les deux droites (AF) indéfiniment, et les mêmes coupées en deux parties égales aux points (GH). Ajoutez à chacune savoir (AG) (BH) la 10ᵉ partie de leur longueur viendront les faces de long. Cela fait des points GH et intervalle (CH) ; décrivez les arcs réciproques [...][1] des extrémités desquels seront tirées les cordes, elles donneront la longueur apparente des flancs de sept toises chacun, d'où ôtant la 7ᵉ partie, restera 6 toises franches pour la véritable grandeur des flancs telle qu'elle doit être, parce qu'on a supposé l'épaisseur du parapet de 10 pieds seulement, à cause du peu de capacité de ce fort ; finalement soit tirée la ligne [...][2] elle donnera la courtine de [...] toises de longueur, ce qui achèvera la distribution de ce polygone, suivant la méthode que je m'en suis proposée.

Nota. Premièrement, que cette division de polygone en parties égales dont la 8ᵉ pour la perpendiculaire ne se doit observer qu'aux carrés, aux pentagones et aux ouvrages à cornes.

Deuxièmement, que depuis le pentagone en sus on les divise en sept partie, à moins qu'on ne fût contraint d'en user autrement par quelque nécessité ou empêchement considérable.

Troisièmement, que l'addition de la 10ᵉ partie des faces ajoutées au même est une convenance arbitraire de même que la soustraction de la 7ᵉ partie des flancs l'une et l'autre n'étant ici admise que pour une plus grande perfection, d'où réussit que les bastions ont plus de capacité et qu'il n'y a que peu ou point de flanc perdu.

Et quatrièmement, que les profils de ces mêmes ouvrages doivent être proportionnés à la grandeur des polygones attendu que l'espace dont ces forts peuvent être capables serait absorbé si on leur donnait la même épaisseur qu'à ceux des grandes places. Remarque qui n'est point à mépriser. En conséquence de quoi nous supposons les principaux alignements des profils comme ci-après, savoir l'épaisseur du parapet au plus petit des polygones de 10 pieds de terre-plein non compris la banquette sur autant d'élévation au-dessus de la berme, mesurée perpendiculairmeent par le devant du parapet.

1. Un espace blanc dans le manuscrit Rosanbo.
2. Idem.

Au polygone de 70 toises le parapet viendra de 11 pieds d'épais, le terre-plein de 11 pieds de large sur 11 de hauteur, mesuré comme dessus.

A celui de 80 toises, 12 pieds d'épais de parapet, 12 pieds de terre-plein sur autant de hauteur, mesuré comme ci-devant.

Au polygone de 90 toises, 13 pieds d'épais de parapet, 13 pieds de terre-plein sur 13 de hauteur, mesuré extérieurement et toujours sur la berme.

Au polygone de 100 toises, 14 pieds d'épais de parapet, 14 pieds de terre-plein sur autant de hauteur, mesuré comme dessus.

Au polygone de 110 toises, 15 pieds de parapet, 15 pieds de terre-plein sur autant de hauteur.

Au polygone de 120 toises, 16 pieds d'épais de parapet, sur 16 pieds de terre-plein et autant de hauteur.

A celui de 130 toises, 17 pieds d'épais de parapet sur 17 de terre-plein et autant d'élévation.

Au polygone de 140, 18 pieds d'épais de parapet sur 18 de terre-plein, autant d'élévation toujours mesuré comme extérieurement.

Et ainsi du reste jusqu'à ce qu'on soit parvenu à 20 pieds d'épais de parapet, 20 de terre-plein non compris la banquette sur autant de hauteur mesuré par le devant. Après quoi les remparts ayant leurs mesures complètes, il ne sera plus question de ces proportions dans les autres polygones.

On ne fait point d'attention aux autres alignements du profil, parce que tous sont fixés ou nécessairement assujettis à ces trois.

Comme tous les petits polygones dont il est parlé ci-devant sont supposés devoir être de terre gazonnée ou plaquée, je dois encore avertir de deux choses.

L'une, que toutes les divisions doivent être faites sur la magistrale qui aux ouvrages de terre est la ligne qui passant par le sommet extérieur et supérieur du parapet fait le tour de la place. Aux revêtues, elle suit toujours le cordon.

L'autre est que toutes les terres généralement quelconques s'affaissent dans les 4 ou 5 premières années d'un 6e un peu plus un peu moins. C'est pourquoi il faut toujours calculer sur le déblai du fossé, et non sur le remblai quand on fait les toisés ou les estimations, en conséquence de quoi où le rempart serait réglé pour devoir être de 6 pieds de hauteur, il faudrait lui en donner 7, et où il devrait être de 12 pieds lui en donner 14, et ainsi des autres, et toujours compter que bien que la coupe du profil considérée par rapport aux affaissements doive surpasser celle du fossé d'un 6e elle reviendra par la suite au même volume à peu de chose près quand les terres seront rassises. La raison générale de cela est que terre fraîchement remuée ne s'arrange jamais si bien que celle qui ne l'a jamais été que depuis un fort long temps. Au surplus on n'a ici prétendu que d'instruire la distribution des polygones proportionnellement selon leur étendue. Si par digression on a parlé d'autre chose, ç'a été :

Premièrement, pour prévenir les fautes qui se font quand on place mal la magistrale.

Deuxièmement, pour avertir ceux qui ne le savent pas et de ne pas trop resserrer l'espace fermé en donnant plus d'épaisseur et d'élévation au rempart qu'il ne faut.

Troisièmement, pour faire remarquer la différence qui se trouve entre le déblai des terres et le remblai afin qu'on se règle sur cela dans les calculs. Au reste les terres grasses affaissent beaucoup parce que dans le déblai elles sont fort serrées, et dans le remblai fort poreuses quelque soin de les battre et arranger qu'on se puisse donner, mais elles se soutiennent bien après. Le sable au contraire affaisse peu et s'arrange bien d'abord, notamment quand dans le temps de son remuement il arrive fréquemment des pluies, mais il se soutient mal, et dès que le gazon ou placage en est écorché, il s'écoule comme de l'eau. Les terres qui participent à ces deux qualités ont aussi les mêmes défauts plus ou moins selon qu'elles tiennent plus de l'une que de l'autre.

Et quatrièmement, que dans toutes les estimations que l'on fait, il faut toujours ajouter un tiers du total au juste prix ou du moins un quart à cause des accidents, mauvais temps, redoublement des transports, et autres malfaçons qu'il est impossible d'éviter dans tous les ouvrages composés de terre, maçonnerie et charpenterie, comme le sont tous ceux de la fortification quelque précaution qu'on puisse prendre pour les éviter ; ce qui retombe toujours à la charge du roi, n'y ayant pas d'entrepreneur assez bien dans ses affaires pour les pouvoir supporter. Au surplus ces remarques sont bonnes pour toutes sortes de fortifications. Revenons à notre sujet.

Les traverses de campagne se font entre deux bois, ou dans des lieux étroits pour couper quelque défilé ou chemin creux etc., ou entre des montagnes, rochers, des eaux ou des bois. Si c'est entre des rochers ou de grandes hauteurs, il faut être bien le maître des sommets. Si entre des eaux, il faut occuper tout ce qui peut être avantageux des environs à ceux qui en savent profiter. Si entre des bois outre le travers des chemins, il faut remplir la droite et la gauche par des détachements qui imposent à l'ennemi et lui fassent craindre de s'engager dans les défilés, et pour conclusion se mettre toujours en état de conserver ses derrières. Outre tout cela on ne saurait trop multiplier le nombre des traverses et autres empêchements quand ils peuvent augmenter les difficultés des défilés que nous voulons embarrasser. Ces traverses se font de terre et de bois comme les autres ouvrages. Quand on les peut soutenir à main armée on y fait des fossés et des parapets, on les fraise et palissade, et finalement on y fait tout ce qui peut les assurer, même des forts, redoutes, etc. Quand on ne peut pas les défendre à coups de main, on se contente d'embarrasser les passages par quantité de coupures et d'arbres abattus en travers, et par tout ce que l'on peut y faire à la hâte. Remarquant que la longueur de ces traverses n'a rien de déterminé, parce qu'elle est réglée sur des vues ennemies dont on veut empêcher les desseins. Leur épaisseur doit être à preuve du canon par le sommet. Quand l'ouvrage n'est pas exposé de près, on ne les fait qu'à demi-preuve ou seulement au tiers, ou simplement au quart, ou à preuve du mousquet selon les lieux ; leur matière est de terre gazonnée, fascinée devant et derrière et par les bouts palissadée. On en fait quelquefois et même assez souvent de gabions et de palissades.

L'usage des traverses est aussi de couvrir un lieu enfilé, telles sont celles qui se font sur les remparts des places, des demi-lunes, grands dehors, et dans les chemins couverts, selon le besoin et la nécessité. Telles sont aussi celles qui se font dans les camps retranchés pour couvrir les revers du canon ennemi ou de la mousqueterie, celles qui servent d'épaulement à la cavalerie et telles encore celles qui couvrent quelque partie de tranchée, ou logement enfilé et vu de revers. De ces traverses les unes sont attachées aux parapets, les autres non, d'autres sont brisées, et d'autres continues, les unes biaises, les autres directes et d'autres sont faites en parados pour couvrir le derrière des parapets ; leur longueur est pareillement indéterminée.

Les abattis de bois sont des espèces de retranchements très bons quand ils sont épais, fort et bien appliqués, les bois taillis de 10, 12 à 15 ans de coupe, sont meilleurs que les autres parce qu'ils foisonnent davantage et qu'ils sont pour l'ordinaire fort épais. Il faut les couper à demi à deux pieds et demi à trois pieds de haut, et les plier et renverser la cime du côté de l'ennemi, les arbres recroissant les uns sur les autres. Un abattis fait de la sorte de 40 à 50 toises de large, soutenu d'un bon retranchement palissadé et à preuve, serait impénétrable pour peu qu'il fût soutenu. Il y a une infinité de lieux où cela se peut pratiquer, et entre autres dans l'Entre-Sambre-et-Meuse près de Namur en travers la forêt de Marlagne où il y en a une des plus marquées. Il y en a beaucoup d'autres dans les frontières de ce royaume où des armées peuvent se rencontrer en nécessité d'avoir recours à ces moyens qui sont très bons à employer, et dont on peut faire de grands et très bons usages. Voyez la feuille et les figures.

Nous mettons encore au rang des retranchements les haies d'épines à fossés relevés devant elles. Quand elles sont épaisses et bien fourrées et qu'elles se trouvent situées à propos, elles peuvent s'accommoder et servir de retranchement en élaguant et coupant le bois et les épines de notre côté, et le mettant en état de pouvoir s'en servir pour tirer, faire aussi place nette au-devant en rasant et aplanissant tout ce qui peut y faire un couvert nuisible. La basse Bretagne est toute entrecoupée de ces sortes de haies qui sont si épaisses qu'on aurait bien plutôt fait d'abattre des murailles que de les percer[1].

1. Où l'élément végétal fait entièrement partie des matériaux de la fortification, Ph. Bragard, « Soldats et jardiniers : l'emploi de la végétation dans les forteresses, XVe-XIXe siècles », dans L. Baudoux, A. Giry-Deloison (dir.), *Le Jardin dans les anciens Pays-Bas*, Arras, Artois Presse Université, 2002, pp. 87-108.

Quand devant un retranchement ou seulement quelqu'une de ses parties, il passe des ruisseaux ou petites rivières qu'on peut faire déborder ou inonder quelque partie entre nous et l'ennemi, on peut les faire renfler dans leur lit de manière que de gayables qu'elles étaient on les puisse mettre en état de ne l'être plus en les traversant par des retenues ou batardeaux de terre et de fascines piquetées. C'est une chose à ne pas négliger.

Les chemins creux à bords escarpés trouveront aussi ici leur place, parce qu'on peut augmenter la difficulté de les traverser, en escarpant les bords qui ne le sont pas, ou qui ne le sont que médiocrement, et relevant les autres.

Voilà à peu près en quoi consistent toutes les espèces de forts, fortins, redoutes, retranchements, traverses, abattis de bois et autres petits ouvrages de la 7e espèce. Voyez les feuilles .

Les vrais retranchements sont ceux que l'on fait derrière les brèches des places attaquées, soit aux corps desdites places ou à leurs dehors. On les appelle ainsi parce qu'ils font séparation d'une partie ruinée de la place que l'on retranche de l'autre comme un membre gâté, qu'on est nécessité de perdre et d'abandonner. Nous pouvons donc les considérer pour ceux de la 8e espèce qui donne le nom à tous les autres. De ceux-ci on fait les uns à la hâte et les autres à loisir ; ceux qui se font à la hâte quand les places sont attaquées figurent toujours mal, et sont peu considérables, n'étant que de simples parapets faits de gabions, tonneaux et paniers remplis de terre ou de fagots et fascines, bois, fumier, etc., et en un mot de ce que l'on peut quelquefois fraiser et palissader, et même armer de chevaux de frise que l'on pose au-devant et sur le haut des brèches ; ils n'ont d'ordinaire que de très médiocres fossés devant eux. Depuis le grand usage des bombes il n'est guère possible d'en faire de bons à cause des fréquents désordres qu'elles y font. Cependant on fait ces retranchements pour avoir moyen de soutenir un assaut ou plusieurs et chicaner quelque temps les brèches, ce qui se faisait autrefois avec bien plus d'opiniâtreté et de succès, parce que les bombes et les pierres n'étaient que de peu ou point d'usage, au lieu que présentement elles en gâtent plus en trois heures qu'on n'en saurait rétablir en trois jours ; de sorte qu'il ne faut plus ou point compter sur de telles défenses. Les Espagnols au siège de Charleroi[1] en faisant tout leur possible ne purent venir à bout d'en faire aucun usage et si on peut dire qu'ils y faisaient tout ce qu'on peut attendre de braves gens, ceux qui se font à loisir s'appliquent d'ordinaire aux endroits faibles et défectueux des places, quand on prévoit qu'elles pourront être attaquées par là. Ceux-ci, pour être bien faits, doivent être non seulement bien flanqués mais revêtus de maçonnerie avec les mêmes soins et précautions que les corps des places.

1. Pratiqué dans les deux bastions objets de l'attaque principale en 1693.

On fait même de bons fossés au-devant qui doivent être revêtus, et qui sont meilleurs secs que pleins d'eau à cause des mines. On doit observer que ceux qui sont casematés sont sans doute les meilleurs. Quand ces retranchements sont bien faits ils sont excellents pour donner moyen à une garnison de soutenir hardiment la brèche et de chicaner pied à pied l'espace entre deux, attendu qu'outre les protections que les assiégés reçoivent de leur feu, ils y soutiennent d'autant plus hardiment qu'ils se tiennent assurés que quoi qu'il arrive la place ne sera point forcée tant que son retranchement subsistera[1]. Cette sûreté est ce qui contribue le plus au prolongement de la défense des places, attendu que tant que les hommes ont lieu d'espérer, on peut bien les gouverner mais où il y a péril évident d'être emporté il n'est guère possible de surmonter l'effroi de la multitude et c'est ce qui fait que dans les places qui n'ont point de retranchement, les assiégeants opiniâtrent rarement le soutien des grandes brèches.

La neuvième espèce consiste au tabor qui n'est autre chose qu'un camp environné de chariots attachés les uns aux autres, et quand on dit « marcher en tabor », c'est comme qui dirait marcher entre deux files de chariots serrés, toujours prêts à se fermer aussitôt que la nécessité le requiert et qu'on trouve un espace propre, soit par la tête ou par la queue, ou par tous les deux, sous telle figure qu'on veut leur donner, et parce que cette machine ambulante pourrait devenir d'un excellent usage dans les pays de plaine, ou qui ne sont que médiocrement bossillés[2]. J'ai résolu d'en proposer l'usage en règle, de manière qu'elle y puisse être utilement employée en tous les pays où les charois peuvent commodément rouler, quand même ils seraient un peu bossillés, y en ayant peu où il ne se trouve quelque situation convenable, parce que les chemins peuvent y être appropriés par les ouvriers qui doivent précéder la marche des colonnes, et quand une armée faible a des marches à faire en pays découvert, ou quand elle craint de n'avoir pas le temps de se retrancher, ou quand il ne s'agit que d'un séjour d'un, deux ou trois jours en pays où l'on craint. On en peut faire un très bon rempart contre la cavalerie et même contre l'infanterie, en le bordant à propos d'hommes et de canons. Pour cet effet tous les chariots et charrettes de l'armée doivent être obligés au tabor en cas d'un pressant besoin, et on n'en doit au plus exempter que ceux du trésor et de l'artillerie qui portent les poudres et munitions de guerre ; ce qui ne doit pas être une affaire pour les autres, parce que cela n'arrive que rarement. Mais quand la situation et le pays peuvent aider, et qu'on n'a qu'à couvrir un ou deux fronts de l'armée, on en pourra exempter un ou deux pour le général,

1. Vauban développera exactement le même point dans le « Traité de la défense des places » l'année suivante.
2. Technique légendaire des colons de l'Ouest américain, popularisée par le cinéma.

un pour l'intendant[1], et autant pour chacun des lieutenants généraux, maréchaux de camp, une charrette pour chaque brigadier, toutes celles de l'artillerie chargées de munitions, les caissons chargés de pain et le trésor. Le surplus doit être sujet au tabor selon le rang des régiments, chacun desquels doit faire escorter les siens par une petite garde qui marchant à côté aura soin de relever ceux qui verseront ou qui s'embourberont, ou de tirer hors de la file ceux qui rompent. Ces chariots se peuvent aisément armer avec des pointes de fer ou de bois qui leur serviront de fraises du côté opposé à l'ennemi. Ils sont naturellement à preuve du mousquet par la charge qui sera dedans, ils doivent être raisonnablement attelés et garnis d'une planche de deux pouces d'épais et de quelques leviers pour les besoins. Il serait aussi très à propos qu'ils fussent tous garnis de chaînes de fer au lieu de cordes tant pour enrayer que pour les attacher les uns aux autres et de quelques pioches, haches et serpes.

La marche des colonnes en chariots doit toujours être précédée par 15 ou 20 charpentiers et 2 ou 300 travailleurs garnis de pioches, pelles, serpes, haches, etc., pour en préparer les chemins et faire les ponts nécessaires à leur passage, avec des officiers intelligents et de bons guides capables de bien reconnaître les chemins et passages plus convenables, le tout précédé par des escortes suffisantes qui auront des guides capables de savoir choisir les endroits les plus propres à faire de nouveaux chemins. Voir la feuille.

Après avoir amplement expliqué la différence des retranchements et leur usage, j'estime qu'il ne sera pas mal à propos d'étendre encore un peu cette matière par forme de supplément, en continuant d'expliquer les égards qu'on doit avoir dans l'établissement des camps fortifiés.

Quoique toutes les manières de camper se rapportent à une, on ne laisse pas d'y remarquer une infinité de différences, qui toutes proviennent de la diversité des situations, dont pas une ne se ressemble, et des différentes vues de ceux qui les ordonnent. C'est ce qui fait que la première habileté requise dans leur disposition consiste à bien choisir les situations par rapport aux avantages du lieu et à l'étendue de l'espace nécessaire. La deuxième, à savoir bien corriger leurs défauts en ce qui dépend de la fortification. La troisième, à la disposition des troupes par rapport à la figure du camp, et la quatrième, à si bien prendre ses mesures que toutes les commodités nécessaires en soient à portée et ne leur puissent être ôtées.

1. « Les intendants d'armées sont les principaux inspecteurs qui ont soin de la subsistance des troupes » (F.A. Aubert de La Chesnaye des Bois, *Dictionnaire, op. cit.*, 1758, t. II, p. 456).

CHOIX
DES SITUATIONS
plus convenables aux camps retranchés

OU SONT EXPLIQUEES

leurs qualités essentielles ;
la nécessité de conserver les
retranchements qui sont sous les places
dans tous les temps.

Bien que par toutes les explications précédentes, il ait été amplement parlé des propriétés nécesssaires à la situation des camps, nous ne laisserons pas de joindre encore ici un chapitre des qualités qui leur sont plus nécessaires, attendu qu'il y a des choses qui ne sauraient être trop répétées quand il s'agit de la conséquence dont celles-ci peuvent devenir.

Pour qu'une situation soit bonne elle doit avoir toutes les qualités suivantes.

Premièrement, que l'air y soit sain, près des eaux bonnes à boire et des abreuvoirs.

Deuxièmement, que les bois et fourrages y soient abondants.

Troisièmement, que ladite situation soit sèche.

Quatrièmement, loin des marais et des eaux croupissantes, et notamment si on y doit séjourner quelque temps.

Cinquièmement, qu'elle soit supérieure ou du moins égale à tout ce qui l'environne en sorte qu'elle commande tout autour de soi et ne soit point commandée.

Sixièmement, qu'elle soit d'un espace suffisant pour pouvoir contenir à l'aise toutes les troupes qu'on y voudra mettre, et celles mêmes qui pourront y survenir de renfort. Idem les bagages, bestiaux, vivandiers et marchands suivant l'armée.

Septièmement, qu'elle soit avantagée autant qu'il sera possible par la difficulté des accès. Ces difficultés consistent pour l'ordinaire en défilés devant soi, chemins étroits, fossés, ravines, ruisseaux, rivières, pays serrés et coupés de bois, broussailles, étangs, marais, inondations, escarpements, pentes raides, et généralement tout ce qui peut faire empêchement, rompre un ordre de bataille, et retarder une marche, etc.

Huitièmement, qu'on en puisse appuyer la droite ou la gauche ou le derrière sur une ville qu'on veut protéger en sorte qu'elle en puisse couvrir l'un des flancs ou quelque partie considérable, et surtout que l'ennemi ne se puisse mettre entre deux, et que l'autre soit couvert s'il est possible par une rivière, lac, étang, marais ou quelque chose d'équivalent. (*Celle-ci regarde particulièrement les camps sous les places*).

Neuvièmement, que les abords de l'ennemi soient réduits autant que faire se pourra à un front égal ou plus petit que ceux du camp les plus accessibles.

Dixièmement, que le retranchement soit tellement disposé et couvert de ses parapets, traverses et épaulements que les défenses n'en puissent être enfilées, ni les camps battus à revers du canon.

Onzièmement, qu'on puisse tirer les vivres de la place même où l'on suppose qu'on aura fait des magasins, ou de quelque endroit où l'ennemi ne les puisse ôter.

Douzièmement, qu'on puisse assurer les marches du camp et les communications à quelques-unes des places voisines, afin d'en pouvoir tirer les commodités nécessaires.

Treizièmement, que le camp soit très bien fortifié, non par des retranchements négligés qui couvrent à demi-corps, mais par des remparts et parapets élevés à hauteur de 2, 3 ou 4 banquettes, épais de neuf, douze, 15 à 16 pieds au sommet selon qu'ils seront plus ou moins exposés au canon, et enveloppés de bons fossés, d'une palissade penchée sur la berme, et d'une autre en avant s'il est possible, et surtout bien flanqué avec des batteries gabionnées, disposées de sorte qu'elles aient toutes leurs vues et découvertes libres et bien dégagées sur tous les environs, spécialement sur les principales avenues.

Quatorzièmement, que tous les abords soient parfaitement soumis aux vues et découvertes du canon tout aussi loin que sa portée se pourra étendre.

Quinzièmement, que tout ce qui pourrait nuire et faire couvert à l'ennemi aux environs et le long des avenues puisse être facilement aplani en sorte que rien le puisse avantager jusqu'à l'extrême portée du canon.

Où il y aura de telles situations sous une place, bien retranchées et garnies du nombre de bataillons nécessaire et d'une sixième ou septième partie en cavalerie ou dragons pour escorter les convois ou fourrages, il n'y aura pas lieu de craindre que l'ennemi entreprenne de les forcer, et on aura raison de croire la place en sûreté pourvu que les munitions de guerre, magasins de vivres et de fourrages n'y manquent pas. Je ne dis rien du canon ni des poudres parce que vraisemblablement la place en fournira.

Que s'il s'agit d'un retranchement d'armée qui ne soit affecté à aucune place, il suffira que les parapets de ce retranchement aient depuis 4 pieds d'épais jusqu'à 6 et 12 mesurés au sommet, sur l'élévation de deux ou trois banquettes, avec un bon fossé au-devant, à bord relevé de 2 à 3 pieds et rabattu en glacis, comme il est figuré au profil [...] feuille [...][1].

1. Voir note 3, p. 1531.

Que si ce retranchement est bien situé, et qu'il ait d'ailleurs les qualités requises, une armée de 20 mille hommes bien approvisionnée de ses besoins y pourra tenir tête à une de 30 mille même de quarante mille et plus, et la faire périr à la longue, si elle ne prend le parti de s'en éloigner et de se porter ailleurs, et ainsi des plus ou moins nombreuses à proportion.

Lorsque ces camps seront achevés de fortifier et que les troupes y seront campées, on pourra faire agir les partis en grosses et petites troupes, quelquefois la moitié ou les deux tiers de l'armée, y laissant l'autre pour sa conservation, non pour un jour seulement mais pour plusieurs, selon les temps et la disposition des ennemis. Ces corps ayant toujours leur retraite sûre au camp, où il faudrait avoir soin de tenir tout ce qui sera nécessaire à la subsistance des troupes prêt et en état, de peur que venant à manquer, elles ne se licencient d'en aller chercher aux dépens du pays, qui est la source de tous les désordres, et ce qui empêche de pouvoir [rester] longtemps au même lieu. Comme tous les camps construits sous les places pour leur conservation y sont nécessaires pour tant que la guerre dure, il ne faudra jamais les raser ; mais les entretenir pendant la guerre et les conserver pendant la paix, sans y toucher ni les démolir, ayant seulement soin d'en bien entretenir la haie vive, les portes et corps de garde, de même que les villages, moulins et censes qui se trouveront dans son enclos, parce qu'ils ne sauraient manquer d'être d'une très grande utilité toutes les fois qu'on voudra les occuper. On pourra y loger quelqu'un dans les portes à charge d'en avoir soin et de les conserver.

SYSTEME
GENERAL
DE LA FIGURE DES CAMPS.

Le vrai système des camps romains est la figure carrée comme la représentée au plan de la [...][1] feuille, parce que c'est la plus simple, plus parfaite et plus aisée à tracer ; mais qu'un camp soit carré comme la figure (A) ou carré long comme (B) ou rombe comme (D) ou trapèze comme (E) ou trapésaide comme (F) ou de figure pentagonale comme (G) ou enfin composé de plusieurs côtés comme (H), il sera bon d'une façon comme de l'autre, pourvu que les qualités demandées s'y trouvent, mais si la situation est avantagée d'une rivière comme (I) ou de deux comme (K), elle en sera incomparablement meilleure, pour peu qu'elle contienne tout l'espace requis.

1. Voir note 3, p. 1531.

CONSTRUCTION DES RETRANCHEMENTS

Où l'on en propose un pour
un seul bataillon de 800 hommes,
qui sert de fondement pour ceux
d'une plus grande capacité.
Le temps nécessaire pour le perfectionner.
Et comment il peut être défendu.

APRES AVOIR expliqué les qualités des situations plus convenables aux camps retranchés, et suffisamment exposé leur utilité, il est temps de parler de leur construction. Pour cet effet nous commencerons par les plus petits, savoir par le retranchement qui serait nécessaire pour mettre en sûreté un seul bataillon supposé complet à huit cents hommes qu'on voudrait établir dans un poste pour un temps considérable, comme de trois ou quatre mois, ce poste choisi au milieu d'une campagne, sans être avantagé ni désavantagé de rien, et le bataillon campé suivant l'ordre commun de la castramétation, environné de son retranchement, laissant un espace vide et uni, réduit à 6 toises de large, tout autour de soi entre lui et ledit retranchement que nous appellerons place d'armes. Ce retranchement formant un carré parfait de [...][1] toises de face ferait l'effet d'une grande redoute régulière dont le profil fraisé et surmonté d'un surtout de deux pieds d'épais sur un et demi de haut pourrait être tel que le représenté à la figure de la feuille [...][2] avec toutes les mesures requises, les deux portes de camp fermant avec de bonnes barrières et des ponts si on le juge nécessaire pour plus grande sûreté du camp, et dont l'abord sera couvert par de petits redans palissadés. Si le bataillon devait y séjourner une campagne entière, il suffirait qu'il fût barraqué à l'ordinaire, mais s'il y devait passer l'hiver, il faudrait faire les barraques[3] plus grandes clayonnées en torchis, bien plaquées du même dehors et dedans, et couvertes de paille bien épais, le faîte chaperonné de gazon plat, chevillé et proprement arrangé comme celui qu'on emploie aux maisons des paysans. Il y en a même qui barbouillent la couverture de terre grasse détrempée pour les rendre moins sujettes au feu et au vent. Nous expliquerons cela plus au long au chapitre de la castramétation. Il est à présupposer que ce bataillon aura soin de faire place nette

1. Le chiffre manque.
2. Voir note 3, p. 1531.
3. Dans le sens de « barraquement », caserne pour les troupes.

tout autour de soi et de bien aplanir les environs du retranchement jusqu'à la portée du canon.

Tous les officiers et vivandiers trouveront leur place dans le carré du camp proposé pour lui, mais il faudra séparer les munitions en de petits magasins situés près des corps de gardes. Si le bataillon n'y doit camper que l'été, il suffira d'espacer les tentes ou barraques à l'ordinaire, y observant la largeur des rues, et la grandeur des barraques, comme il est représenté au plan de la feuille [...][1] mais s'il s'agissait de s'y accommoder pour l'hiver, il faudrait lui donner plus d'espace. La [...][2] feuille marquera celui de l'un et de l'autre, avec toutes les mesures qui leur conviennent.

Voyons présentement le temps qu'il faudrait employer à la structure de ce retranchement. Suivant cette disposition, il doit avoir environ [...][3] toises de circuit, mesuré par le sommet extérieur, qui multipliées par la solidité d'un profil de [...][4] doivent produire [...][5] toises cubes équivalentes à [...][6] demi-toise, que nous supposons comme autant de journées de soldats fort médiocres, et même au-dessous des communes en considération de ce qu'étant mal nourris ils ont moins de force. Si ce bataillon peut journellement fournir la moitié de son monde au travail, c'est-à-dire 400 hommes, toutes les terres des retranchements seront levées en [...][7] jours de temps, mettons en autant pour le gazonnage, fascinage et pour la posée de la fraise, ce sera [...][8] jours. Poussons cela jusqu'à [...][9] pour tout le retranchement et les barraques, ce sera bien le plus. Si on y veut ajouter des redans, des batteries, et une palissade penchée extérieure, on aura tout le temps nécessaire pour cela, de même que pour se faire des corps de gardes, guérites et magasins, à la fabrique desquels je compte qu'on aura pu employer partie de l'autre moitié du bataillon qui n'aura pas été occupée à la levée des terres.

Supposons enfin ce camp achevé, les troupes bien et dûment établies et munies de ce qui leur ferait besoin. Si toute sa garnison est saine et sans malades, elle pourra border son parapet de [...][10] rangs de fusiliers, chaque homme espacé l'un de l'autre de trois pieds, et conserver une réserve de [...][11].

Ce qui se pouvant sans difficulté, il est évident que dans cet état il ne pourra pas être forcé d'emblée par un bataillon ennemi de même force, qui

1. Voir note 3, p. 1531.
2. Idem.
3. Le chiffre manque.
4. Espace blanc.
5. Le chiffre manque.
6. Idem.
7. Idem.
8. Idem.
9. Espace blanc dans le manuscrit Rosanbo.
10. Chiffre manquant.
11. Idem.

se donnera même bien de garde de l'entreprendre. Que deux bataillons ne le feront pas non plus, pas même trois. C'est de quoi nous donnerons la démonstration en son lieu. Cependant je dois avertir que si on prévoit pareil cas, il faudrait resserrer le campement le plus qu'il serait possible, sans outrer les mesures, afin de ne donner au retranchement que le moins de circuit qu'on pourrait, remarquant cependant qu'un camp bâti de la sorte serait le plus faible de tous, attendu premièrement, qu'il ne serait avantagé de rien et qu'il serait accessible de tous côtés ; deuxièmement, qu'il aurait plus de circuit à garder qu'aucun autre à proportion de son étendue et troisièmement, qu'il serait plus faiblement bordé de troupes. Cela se verra par la comparaison de son étendue à celle des autres.

Mais si ce camp au lieu d'être accessible de tous côtés, en avait un situé sur le bord d'un précipice ou d'une rivière qui ne le fût pas, l'avantage de ce côté retournant au profit des trois autres, ils en seraient avantagés d'un quart, et si au lieu d'un côté, il s'y en trouvait deux qui fussent situés de même, l'avantage qui en résulterait, retournant au profit des deux autres, rendrait leur condition meilleure de moitié. S'il se trouvait enfin qu'un 3e côté fût encore à peu près situé de même, le seul côté attaquable profiterait alors de tous les avantages des trois autres, et en serait incomparablement mieux défendu, parce que tout son monde, à peu de chose près, pouvant s'employer à la défense du seul front qui serait accessible, le feu et la résistance en seraient bien plus vigoureux et même plus faciles. Les figures de la feuille [...][1] achèveront de mettre au jour ces vérités et les preuves que nous en donnerons par les suites pour les établir.

La feuille [...][2] explique aussi l'ordre de la castramétation qui peut être observé dans ce retranchement où on verra le détail de sa distribution avec toutes ses mesures.

S'il était question de retrancher deux bataillons d'égale force au précédent, sous les mêmes conditions, il faudrait observer le même ordre pour la castramétation, et pour le retranchement, ainsi qu'il est représenté par la figure de la [...][3] feuille, où il est expliqué de combien d'hommes on pourrait border ledit retranchement, et de combien la réserve.

La figure de la [...][4] feuille marque aussi l'ordre du camp retranché pour trois bataillons de même force que les précédents, campés avec le même ordre. Idem un autre pour quatre, et enfin 5, 6, 7 et 8 et pour tout autant qu'on en voudra camper régulièrement suivant ce système. Remarquant qu'on ne propose la place d'armes du premier camp que de 6 toises de large, celle du second de 8, du trois 10, et du 4e 12, du 5e 14, du 6e 16 et du sept 18 toises, et ainsi des autres, toujours en augmentant en largeur de 2 toises

1. Indication manquante.
2. Idem.
3. Idem.
4. Idem.

en 2 toises, jusqu'à ce qu'on soit parvenu à lui en donner 60. Ce que j'ai fait par deux raisons, l'une que ces petits camps renfermant peu de monde, il ne s'y fait pas de grands mouvements, et l'autre pour resserrer davantage le circuit, et n'avoir pas tant de ligne à garder. J'ai ainsi omis exprès de faire des redans aux 3 premiers camps à cause de leur petitesse, et parce qu'on ne pourra les border que faiblement. Je ne suis cependant pas contre, quand on y en voudra faire, mais seulement après le corps du retranchement achevé, parce que de cette façon ils se trouveront retranchés par leur gorge ; leur situation et leur grandeur sont marquées par des lignes ponctuées.

Cette façon de camper régulièrement peut être observée quand les situations s'y acommoderont ; mais comme celles qui peuvent convenir à de petits corps ne seraient pas faciles à trouver pour des grandes et encore moins pour des armées complètes, qui peuvent se procurer de meilleurs établissements en s'accommodant des avantages qui se rencontrent dans les situations irrégulières, on ne doit pas les refuser quand elles se trouvent telles que les demandées par les maximes. Car bien que leur occupation produise des camps et retranchements irréguliers, ils n'en seront pas moins bons, si les avantages qu'elles nous offrent sont bien ménagés en joignant ce que l'art et la nature ont de meilleur pour ces espèces de fortifications, ce qui ne se peut guère quand on s'attache trop à la régularité. Ainsi quand il s'agira de camper des armées et de les retrancher, je suis d'avis que par préférence à toutes choses, on ait égard aux avantages des situations sans autrement s'attacher à la régularité. Nous donnerons sur cela un système général de construction, qui sera régulier comme celui de la fortification, que nous éclaircirons par les pièces détachées nécessaires ; après quoi nous y ajouterons une demi-douzaine de plans irréguliers faits à plaisir pour aider à s'en former une idée telle qu'on peut la désirer. Remarquant premièrement, que nous entendons toujours de les fermer tout autour comme des places, si les situations ne se trouvent pas assez avantageuses pour faire cet effet par elles-mêmes, en tout ou en partie ; deuxièmement, de placer toujours l'infanterie en première ligne, faisant tête au retranchement, même en seconde sur les avenues du camp, plus accessibles ; troisièmement, la cavalerie en troisième ligne et, derrière elle à la queue des camps, les vivres et l'artillerie, les officiers généraux de l'état-major, marchands, vivandiers, etc. Le général et les officiers de sa suite, et enfin les accompagnements, la généralité le plus près du centre qu'il sera possible. Je dois avertir que le profil à trois banquettes [...][1] proposé pour les trois ou 4 premiers petits camps étant un des plus forts qui se pratiquent, on ne s'en sert guère que pour les camps de durée et pour les forts de campagne. Nous donnerons ci-après une feuille entière de profils, pour toutes les espèces de retranchements qu'on voudra faire, afin qu'on puisse choisir ceux dont on s'accommodera le mieux.

1. Espace blanc dans le manuscrit Rosanbo.

Quand on est pressé, je serais assez d'avis de commencer par le circuit du retranchement ; ensuite de quoi et quand il serait assez avancé pour que la cavalerie ennemie ne le pût sauter, on pourrait travailler aux redans, laissant la ligne qui passe par leur gorge en son entier à un petit passage près pour la communication à ces pièces.

On fera mieux de bastionner ceux qui se trouveront sur les coudes ou angles saillants du retranchement que de les faire à simples redans.

Il faut de plus couvrir les portes du camp par de petites demi-lunes comme les marquées [...][1] feuille.

Leur profil est pour l'ordinaire à peu près égal à celui de la ligne, ou plus bas d'une banquette seulement. Quand on aura bien du monde, c'est-à-dire de quoi fournir à un travail continu jour et nuit, on fera mieux de faire les redans et le circuit de la ligne à même temps, parce qu'en ce faisant on épargnera le travail de toutes les gorges.

Quand il y a lieu d'appréhender les revers ou enfilades du canon, ou d'être battu à ricochet, on doit faire des traverses de 7 à 8 toises de long attachées aux parapets qu'elles traverseront de toute leur largeur, les élever de quelque deux pieds plus, sur l'épaisseur de 9, 10 à 11 pieds mesurés au sommet, talluant également de part et d'autre de moitié de leur hauteur et espacées de 10 à 12 toises l'une de l'autre, selon que le canon ennemi aura plus ou moins de prise. Il suffit de pratiquer celles-ci aux endroits où il y a de la disposition à pouvoir être incommodé des batteries d'enfilade ou de revers.

On fait quelquefois des épaulements pour couvrir la tête des camps et la cavalerie contre le canon ennemi figurés comme les [...][2] mêmes des batteries rehaussées et revêtues de gabions [...][3], notamment quand il s'agit de retrancher un camp qui doit être de durée, comme ceux qui se peuvent et doivent faire sous les places aventurées de la frontière. La feuille [...][4] représente les plans et profils des traverses, épaulements et batteries qui conviennent à cet effet, avec les mesures qui peuvent leur convenir.

Il se rencontre quelquefois des avenues qui avantagent tellement les accès de l'ennemi à nos lignes, qu'il est de nécessité de prendre des précautions extraordinaires contre. Où cela se trouvera, il vaut mieux que ce soit par des dehors ou pièces détachées qu'autrement. C'est ce que les princes d'Orange ont autrefois très judicieusement pratiqué. Car pendant que l'ennemi est occupé à forcer ces dehors, l'armée s'assemble et a le temps d'arriver au secours des parties en péril et déborder puissamment la ligne, d'où il peut arriver que l'ennemi manquera son coup et qu'il y sera repoussé avec grande perte. Au surplus, quand la situation répugne ou

1. Espace blanc dans le manuscrit Rosanbo.
2. Idem.
3. Idem.
4. Indication manquante.

n'est pas propre à ces dehors, on peut retrancher ces parties en leur substituant un autre retranchement en arrière. Quand on peut ménager une ou deux grandes sorties dans un endroit de la ligne dont on est bien le maître pour faire agir la cavalerie, c'est encore une fort bonne chose. L'exemple de Lochestan général de Teimurlang attaqué dans un camp bien retranché est très bon à imiter en pareil cas[1].

1. Voir la préface historique pp. 1495-1512.

MATERIAUX
DES
RETRANCHEMENTS
QUELS

Et afin qu'il ne manque rien ici de tout ce qui peut faciliter l'intelligence de ce traité, nous expliquerons la qualité des matériaux qui peuvent être employés à la structure des retranchements d'armée.

La manière dont on fait parement aux remparts et parapets des retranchements est de pierre ou de terre plaquée, fascinée ou de gazon. La pierre s'emploie en muraille sèche ou en mortier de terre, quand elle a de l'assiette, jusqu'au pied et demi près du sommet, le surplus se fait de terre ou gazon à cause des éclats.

On se sert le plus souvent de terre plaquée, gazon ou fascines pour les parements, parce qu'ils sont moins chers et plus expéditifs que les murailles maçonnées, et sont même meilleurs pour les ouvrages passagers.

Ces matériaux doivent se prendre sur le lieu ou fort près de là, même dans le fossé quand la terre n'est point trop sablonneuse ou pierreuse ; mais où le terrain est herbu, on peut y lever du gazon, bien que mauvais et peu propre, quand il est bien employé il sera toujours assez bon pour des ouvrages qui ne doivent durer que peu de temps ; à défaut de l'un et de l'autre, on se sert de fascines et le plus souvent on n'y fait pas d'autre façon que de piétonner[1] les terres sur le devant de la longueur du fascinage, et de les battre du plat de la pelle ou de la pioche ; qui aurait de grosses masses de bois pour les battre avec leur plat, les fasciner un peu, et leur donnant un grand talus cela pourrait suffire pour des ouvrages passagers. On se contente souvent de jeter la terre le plus également que l'on peut, de l'arranger après à la pioche et à la pelle, lui faisant son talus naturel par-devant[2] ; mais il en faut toujours étaluer[3] le derrière un peu court, et lui faire un petit surtout au sommet, afin qu'on puisse appuyer sur le parapet.

La mesure plus commune du gazon est de 12, 13 à 14 pouces de long sur 6 de large et 4 d'épais, observant de le couper toujours de biais de

1. C'est-à-dire damer en piétinant.
2. Donc avec une pente de 35 à 45 degrés.
3. Pour « taluter ».

droite à gauche, afin que dans la pose le poids le fasse mieux joindre[1]. En l'employant on observera de trois en trois gazons d'y étendre un lit de fascines posé brin à brin dont le bout ne sort point hors l'alignement du gazon, on lui donne de talus extérieur les deux tiers de sa hauteur, quelquefois les trois quarts, et intérieurement le tiers de ladite hauteur, figure[2].

La solidité des retranchements du camp se déterminent selon le temps qu'on estime y devoir demeurer et la force des ennemis à qui on peut avoir à faire, de sorte que plus l'ennemi est fort par rapport à nous, mieux on se doit fortifier, et plus il est faible et moins on a d'application ; c'est-à-dire que si l'ennemi est d'un tiers, de moitié ou des trois quarts plus fort que nous, on se doit fortifier avec plus de soin que s'il nous était égal ou inférieur, mais cette raison n'est pas bonne, vu que quand l'ennemi serait le plus faible, si c'est un camp choisi pour un long séjour, on ne saurait manquer de le faire bon et sûr parce que quand il est tel, en laissant peu de monde à sa garde, on peut faire des détachements d'un tiers ou de moitié de l'armée pour entreprendre sur l'ennemi pendant que l'autre qui reste se trouve encore assez fort pour garder le camp et lui résister.

Les palissades sont composées d'une ou de plusieurs lignes de gros pieux, de 7 à 8 pieds de long, de 15 à 20 pouces de tour mesurés par le milieu, espointées d'un pied et plantées à plomb de deux à trois pieds dans terre, et encore mieux, penchées de 45 degrés sur l'horizon ou niveau de campagne ; ces pieux, espacés un peu plus plein que vide les uns des autres. On en met ordinairement 8 ou 10 à la toise, compris le linteau, figure[3].

La fraise est une palissade plantée de plat sur le parapet, figurée [...][4] comme celle qu'on emploie aux fortifications de campagne, de même que les palissades se peuvent faire de toutes sortes de bois, au défaut duquel on peut fraiser d'épines quand il s'en trouve de propres à cela, même de fascines de gros bois.

La fascine des retranchements peut être aussi de toutes sortes de bois même de genets, épines, grandes bruyères, ajoncs, paille, éteule et fougère, quand on n'a pas d'autre chose. La longueur de la fascine doit être de 4 à 5 pieds pour les ouvrages qui n'ont que 6, 7 à 8 pieds de haut, et de 7 à 8 pieds pour ceux qui ont plus d'élévation ; la grosseur est indifférente.

Quand on manque de pierre, gazon et de terre à plaquer, on fait parement de fascine en mettant un lit de genets, fougère, paille, éteule ou même bois entre deux lits de fascines pour mieux lier et soutenir le devant

1. Le gazonnage constitue bien une technique de construction avec des « briques » de gazon, technique en usage depuis au moins la fin de l'époque romaine et que décrit déjà Végèce au IVe siècle, Ph. Bragard, « Soldats et jardiniers », *op. cit.*, 2002.
2. L'indication manque.
3. Idem.
4. Espace blanc.

des terres, lesquels lits ont seulement un pied et demi à deux de long, figure[1].

Et de cette façon ces lits de grandes et menues fascines sont alternatifs. Mais où les bois manquent absolument, on fascine tout de genets, fougère, épines, roseaux et comme ci-dessus, faisant les lits de six pouces d'épais, et foulant et piétonnant bien les terres avec les pieds sur toute la largeur du fascinage, figure[2]. Les fascines ont ordinairement 20 à 25 pouces de tour mesuré à la lieure[3] sur 9 à 10 pieds de long, et de cette façon six fascines suffisent à la toise carrée des bas ouvrages, parce qu'on la coupe en deux, mais dans les grandes élévations il en faut 10 à 12 pieds.

La terre la plus propre aux retranchements est celle qui est un peu grasse, humide et non pierreuse. On ne laisse pas de l'employer telle que le fossé la produit, observant toutefois d'épierrer les deux ou trois derniers pieds, les plus près du sommet.

Les mesures qui doivent déterminer celles des remparts et parapets du retranchement sont la hauteur et l'épaisseur.

La plus petite des hauteurs des retranchements ne doit jamais être moins de six pieds, et la plus grande se peut limiter à 12 et pour les épaisseurs on peut les déterminer depuis 4 pieds mesurés au sommet du parapet jusqu'à 12 et 14 même jusqu'à 16 et 18 quand on a lieu de craindre le gros canon. Ces dernières épaisseurs et élévations regardent principalement les camps retranchés sous les places, ceux qui sont faits le long des rivières et les forts et redoutes qui doivent servir plus d'une année.

La feuille des profils [...][3] détermine à peu près toutes les espèces de profils qui sont propres aux retranchements.

On fera bien quand on aura le loisir de revêtir les passages des portes de maçonnerie sèche ou à mortier de terre, figure[4].

1. L'indication manque.
2. Idem.
3. En français du XVIe siècle, il s'agit d'une ligature, d'un lien, d'un ruban
4. Idem.
5. Idem.

DES OUTILS NECESSAIRES

OU IL EST EXPLIQUE

ce qu'un homme peut faire dans un jour et par rapport à l'étendue du retranchement ; ce qu'il faut de temps et d'hommes pour le perfectionner ; où par différents profils on fait voir l'épaisseur et la force qu'ils doivent avoir selon le plus ou le moins qu'on y travaille[1].

LES OUTILS qui servent à la fabrique des retranchements sont pelles, pioches, pics à hoyaux[2], feuilles de sauge, pelles de fer appelées escoupes, pelles de bois ferrées, pics à roc, bêches, lochets de Flandre[3], cognées, terrières[4], brouettes, paniers, planches et claies, gabions, sacs à terre et barriques.

Les gabions sont de trois espèces, grands, moyens, et petits ; les plus grands se font de cinq pieds de diamètre sur 6 de hauteur. Il y entre 10, 11 à 12 piquets de sept pieds de long sur 8, 9 à 10 pouces de tour mesuré au milieu, proprement lacés, de menues perches daguées de chêne, saule, charme ou noisetiers de 10 à 15 pieds de long et de 4 à 5 pouces de tour, le tout bien dressé, battu, serré et bridé dessus et dessous.

Les moyens ont 4 pieds de diamètre sur la hauteur de 4 et 1/2. Il y faut 9 à 10 piquets un peu moins gros que les précédents, et de 5 pieds de long seulement clayonnés de perches à peu près de même, bien dressés, élagués, serrés et bridés dessus et en dessous.

Les petits gabions ont deux pieds et demi de diamètre sur trois de haut, il faut pour les bien faire 8 piquets de 5 à 6 pouces de tour, de 3 pieds et demi de long clayonnés, comme les précédents, mais de perches plus menues, ayant 2 1/2 à 3 pouces de tour, sur telle longueur qu'on les trouvera, le tout bien lacé, serré et bridé haut et bas.

Les grands gabions sont propres pour faire les batteries promptement en lieu où il n'y a ni rempart ni parapet et des traverses de grande élévation, notamment si à plusieurs rangées de grands gabions joints l'un à l'autre, on en pose dessus d'autres de la moyenne espèce, faisant un petit arase-

1. Reprise avec quelques variantes de la partie du chapitre IV du « Traité de l'attaque des places » consacrée au parc de siège et aux préparatifs généraux des attaques.

2. Avec un fer pointu d'un côté et plat de l'autre.

3. Sorte de bêche au fer trapézoïdal munie d'une poignée à l'extrémité du manche, employée dans les anciens Pays-Bas.

4. Pour « tarière ».

ment entre deux de terre et fascines et que les rangées soient surmontées par trois ou 4 autres de la petite. Il est certain qu'en très peu de temps on aura fait une élévation de 14 à 15 pieds de haut, qui pourra même être à preuve.

Les barriques sont de différentes mesures mais les plus communes ont ordinairement 2 pieds et 1/2 de haut sur deux de diamètre ou approchant.

Les paniers sont faits d'osier d'un pied à 14 pouces de diamètre réduit à 10 à 12 pouces sur le fond sur un pied à 14 pouces de haut, ils doivent être soigneusement faits par les maneliers, lacés, bridés, et l'osier coupé en saison, avec des renforts et des anses pour les lever et manier.

Les sacs à terre ont 15 à 18 pouces de long sur 8 de diamètre, et sont faits de toile claire et grossière qui n'est propre qu'à cela.

Les pics à boyaux bien faits et bien acérés pesant 4 et 1/2 à 5 livres sont bons pour toutes sortes de terrain. Les feuilles de sauge[1] pour les endroits pleins de blocailles et graveleux. Les pics à roc pour le roc seulement. Et la pioche dans la terre ferme. La bêche et le lochet de Flandre dans toutes les terres molles, grasses, sableuses et humides. Le lochet est meilleur que nos bêches dans ces sortes de terrains et bien plus expéditif. Les pelles de fer appelées escoupes sont bonnes pour toutes sortes de terrains où il faut piocher. Les pelles de bois ferrées suivent après, celles de bois simple sont les moindres de toutes. La hache, serpe et terrière sont tellement connues qu'elles n'ont point besoin d'explication. Il suffit qu'elles soient bien acérées, de bonne trempe et bien emmanchées, et que la serpe soit un peu courbée, et non droite comme un couperet.

De toutes les manières de remuer la terre, celle qui se peut jeter à la main à une seule fois est la meilleure, celle qui se jette à deux fois est encore bonne, et selon les lieux, on en peut répéter le jet jusqu'à 3 fois de la main à la main, après quoi il vaut mieux la brouetter. Après le jet, la brouette est bonne partout ; celle qui se peut mener au bancau[2] est la moins chère. Après le bancau suit le camion, espèce de petit bancau à trois roues, fort pratique en Flandre, après la brouette le panier qui se monte au tour, et ensuite la hotte, l'hertiné ou panier plat qui se porte sur la tête.

Un ouvrier médiocre peut jeter une toise cube de terre par jour quand il ne s'agit que de la lever au lochet et de la jeter à 7 ou 8 pieds de l'endroit d'où on la tire ; mais quand il faut la piocher il en faut deux, quelquefois trois. Quand on peut la jeter du premier coup où elle doit demeurer, un homme en peut jeter une toise ; mais quand il la faut jeter à deux fois il faut deux bonhommes, et si à trois fois il en faut trois, s'entend à la pelle sans faire attention à la pioche. Un tombereau peut mener 10 à 12 pieds de terre à chaque voyage étant chargé à propos, le camion cinq, la brouette

1. Qualifie la forme du fer de cette sorte de pioche.
2. Ici, variété de brouette.

un, le panier à bourriquet deux pieds en trois voyages, la botte un demi et l'hertine un tiers. Un pied de terre est enlevé en 4, 5 à 6 coups de lochet flamand en bon terrain, mais dans le mauvais où il faut piocher il en faut jusqu'à 12 pour enlever un pied cube. Sur ce pied la toise cube étant de 216 pieds contiendra 2 592 lochetées de terre qui estimées à six pelletées par minute feront 432 minutes de temps qui réduites en heures feront 7 heures 1/5 que nous passerons pour 7 heures auxquelles ajoutant 3 heures pour le temps du manger et du repos, ce sera 10 heures de temps pour le jet d'une toise cube de terre par un locheteur seul. Mais nous n'en espérons pas tant d'un soldat mal nourri et fatigué de sa marche, qui ne travaille que malgré lui, et je tiens même que le mieux aller sera de compter sur une demi-toise au moins ou deux tiers pour le plus, pour ne s'y pas tromper et quand on travaillera par reposée de trois heures en trois heures, on peut compter qu'à chaque pose un homme peut lever un sixième de toise.

Quand le jet de la terre passe trois hommes à la pelle outre l'arrangeur, il vaut mieux employer la brouette.

Par ce qui vient d'être dit, on pourra juger du temps qu'il faut pour enlever les terres de chaque toise courante de retranchements quand on en a déterminé les profils et le temps nécessaire à leur façon[1].

Supposons présentement le circuit du retranchement qui doit servir de clôture au seul bataillon représenté à la [...][2] feuille de 378 toises mesuré par le milieu du fossé, si on emploie le profil (D) le contenu dudit fossé étant de 3 toises 4 pieds 8 pouces à la toise courante, multipliant l'un par l'autre, viendra 1 428 toises cubes qui derechef multipliées par trois tiers de toise et divisées par deux autres, donnera 2 142 toises de terre, les deux tiers de toises cubes chacune, qui est ce que nous avons imposé à chaque ouvrier pour sa journée. Comme ce fossé doit avoir 22 pieds de large à l'ouverture, il y faudra employer trois hommes à la pelle pour le jet et un pour l'arrangement des terres, c'est pourquoi il faut quadrupler cette somme pour avoir 8 568 journées d'hommes nécessaires à la levée des terres, auxquelles ajoutant un tiers pour les façons consistant en la pose de la fraise, gazonnage, fascinage, façon du surtout, celle des talus, etc., le tout montera à 11 424 qui est le véritable nombre des journées qu'il faudra employer à la structure entière de ce retranchement, s'entend en bon terrain, car s'il est pierreux ou plein d'eau il y en faudra peut-être employer davantage.

Lesquels 11 424 divisés à 600, nombre d'ouvriers que nous supposons qu'un bataillon de 800 hommes bien complet peut fournir, viendra 19 jours pour le temps de la structure de cet ouvrage à n'y point perdre de temps.

1. Vauban s'est penché spécialement sur la question du terrassement et a établi des tableaux chiffrés prévisionnels du coût et de la durée des travaux. Ses réflexions constituent le tome XI des *Oisivetés.*

2. L'indication manque.

Je ne dis rien de la voiture des matériaux, parce que leur distance à l'ouvrage étant toujours inégale, on n'en peut faire de justes estimations que sur les lieux, mais je compte que la cavalerie et les vivandiers doivent les faire gratis, aussi bien que les fascines, gazons et palissades.

Au reste, ces ouvrages, quand ils ne seront que médiocres, sont d'obligation pour les troupes qui les doivent faire comme des corvées d'honneur et de nécessité parce que c'est pour la sûreté qu'on les fait et pour leur épargner les trop grandes fatigues, de gardes et bivouacs à quoi ils seraient obligés sans cela ; à joindre qu'il est impossible sans ce secours de pouvoir occuper des postes nécessaires et importants, qui offrent quelquefois de beaux moyens en s'en assurant la possession de nuire à l'ennemi, lui faire de la peine et interrompre ses desseins. Mais les gros ouvrages demandant plus de nourriture que celle qu'on distribue d'ordinaire aux soldats je serais d'avis de leur donner le pain double, ou du moins le prêt entier, quand ils travailleront.

Si c'était un ouvrage pressé auquel il fallût travailler par pose comme nous dirons ci-après, on pourrait abréger ce temps d'un grand tiers, et le faire tout entier en onze jours ; que si on était en lieu où on se pût aider des paysans, ledit ouvrage se pourrait faire avec beaucoup plus de commodité, et les troupes en seraient notablement soulagées. La méthode proposée pour la structure du retranchement de ce bataillon pouvant servir pour tous les autres ouvrages de cette nature, nous pourrions en demeurer là. Nous ne laisserons cependant pas de proposer un exemple qui n'étant pas pour un ouvrage si fort, mais pour de simples lignes ou retranchements d'armée de peu de jours ne laissera pas d'être bon pour les autres. Soit donc une ligne ou retranchement de 3 000 toises de circuit qu'on veut faire suivant les mesures du profil (A), il faut multiplier cette longueur ou circuit par le solide de ce profil qui est de une toise deux pieds cubes, qu'il faut encore multiplier par 8, nombre des poses nécessaires à la levée des terres, viendra 24 heures de jour et de nuit, auquel nous ajouterons trois poses, c'est-à-dire 9 heures pour l'arrangement des terres, façon de talus intérieur de la ligne et du surtout qui se doit toujours faire de gazon, le tout fera 33 heures ou un jour et demi naturel à travailler le jour et la nuit. Si on la veut compter sur le pied des jours il n'y a qu'à multiplier une toise deux pieds par trois, et diviser par deux, viendra deux journées auxquelles il en faut ajouter une pour l'arrangement des terres et menues façons pour le tout trois journées communes, agissant de cette façon on ne tâtonnera point et on saura toujours à peu de chose près le temps qu'il faudra employer à la façon du retranchement qu'on aura résolu.

La coupe ou profil de quelque espèce de bâtiment qu'on puisse entreprendre est comme l'âme et le directeur de l'ouvrage, sans quoi on travaille toujours à tâtons, c'est-à-dire au hasard et sans jamais bien entendre ce qu'on fait. Cette pensée m'oblige de joindre ici une feuille de ceux qui peuvent convenir aux retranchements d'armée, forts de campagne, et à tous autres plus ou moins forts, selon qu'on voudra les faire entreprendre par les armées soit en gros ou par détachements.

Reprenant donc pour la deuxième fois le profil (A) dont le contenu par toise courante est d'une toise deux pieds cubes, il est bon pour toutes les lignes et retranchements d'armée, faits à la hâte et sans beaucoup de ménagement ; il n'est point gazonné et on suppose les terres au-devant simplement arrangées à la pelle et piétonnées par lit de demi-pied d'épais sur deux de large, et le côté du camp recoupé sur un talus raccourci autant que les terres le pourront souffrir, avec un surtout de gazon au sommet et une banquette à terre courante. Tout ce retranchement entrepris sur les mesures de ce profil et raisonnablement garni de monde pourra être achevé en trois jours, à compter du jour qu'il aura été entièrement garni de monde, et si l'on y travaille jour et nuit par pose et relevée de trois en trois heures, toutes les terres seront levées en huit poses, équivalant à 24 heures, auxquelles ajoutant trois poses pour les façons viendra 33 heures de travail comme ci-devant, équivalant à un jour naturel et un quart supposé l'observation de la méthode proposée et qu'il n'y arrive point d'interruption. Nous avons répété celui-ci pour plus grand éclaircissement.

PROFIL (B)

Son parapet a 4 pieds et 1/2 d'épais et une toise deux pieds cubes par toise courante comme le précédent, son fossé 12 pieds de large à l'ouverture, 4 dans le fond sur 6 de profondeur, avec un pied de rehaussement de bord, qui fait 8 en tout. On suppose le devant des terres gazonné grossièrement et fasciné de menu bois d'herbuste et éteule tels qu'ils se trouveront sous la main. Quoique ces mesures soient égales à celles du précédent, on y pourra bien employer trois jours ordinaires, attendu qu'il y aura plus de façon ou quinze poses de trois heures chacune, qui font 45. Remarquant que nous faisons ici un peu de libéralité du temps, en considération des nuits pendant lesquelles on ne travaille jamais si bien. Or 45 heures font l'équivalent de deux jours naturels de 24 heures, 3 heures de moins.

PROFIL (C)

Le parapet de celui-ci est plus épais que celui du précédent d'un pied, et plus élevé d'une banquette ; son fossé doit avoir 15 pieds de large à l'ouverture et 7 sur le fond, sur 7 de profondeur, et pied et demi de rehaussement de bord ; il est du surplus fraisé, gazonné, et fasciné, avec un peu plus de soin que le précédent. Ce profil commence à être bon pour les lignes de durée, qui se font pour empêcher la pénétration des partis ennemis dans son pays, et pour les ouvrages faits à la hâte, qui présupposent la durée d'une campagne. On le peut faire en quatre jours et demi toutes façons comptées, ou en 19 poses de trois heures chacune équivalentes à 57 heures ou deux jours et demi naturels moins une heure.

PROFIL (D)

Celui-ci contient six pieds d'épais mesuré au sommet, non compris le talus, élevé à hauteur de trois banquettes, son fossé ayant 22 pieds de large à l'ouverture, réduit à 12 sur le fond sur 8 de profondeur et un et demi de rehaussement de bord, qui font pour le tout 9 pieds 6 pouces. Il est supposé gazonné, fraisé et fasciné, contenant par toise courante 3 toises 5 pieds 3 pouces et l'excavation de son fossé 3 toises 4 pieds 8 pouces. Il y faudra trois hommes à la pelle et un à l'arrangement des terres qui fait quatre moyennant quoi toutes les terres pourront être levées en 6 jours auxquels ajoutant deux pour les façons, le tout fera 8 journées, et comme si on y travaille par pose le jour et la nuit, il faudra employer 20 poses à la levée des terres, auxquelles ajoutant six poses pour les façons viendra 26 équivalant à 3 jours et un quart de 24 heures pour être totalement achevé, sauf les difficultés du terrain et des mauvais temps qui peuvent allonger celui de ce travail. Ce profil est bon pour tous les ouvrages précédents et même pour les redoutes ou petits forts dont on fortifie les lignes bâties pour la défense du pays.

PROFIL (E)

Celui-ci a son parapet plus épais de deux pieds que le précédent, son fossé de 4 toises de large à l'ouverture et 12 pieds sur le fond, sur la profondeur de 9 et rehaussement de bord de deux, qui font 11 pieds en tout. Il est supposé fraisé, gazonné et fasciné de bon bois ; son contenu doit être de 4 toises 5 pieds 7 pouces par toise courante, et l'excavation du fossé de 4 toises 3 pieds. Il y faudra trois hommes à la pelle pour le jet et un pour l'arrangement. On en pourra lever toutes les terres en six jours et demi auxquels ajoutant deux jours et demi pour l'arrangement, le tout fera 9 journées pour le rendre fait et parfait, et si on le fait par pose continue du jour et de la nuit, il en faudra employer 27 pour la levée des terres auxquelles ajoutant 9 poses pour les façons et le retard des nuits, le tout fera 36 poses, qui réduites en journées de 24 heures feront 4 jours et demi. Ce profil pourra assez bien soutenir pour quelque temps le canon de 4 et 8 de balle.

PROFIL (F)

Celui-ci commence à être considérable ; son parapet ayant 10 pieds d'épais mesuré entre deux talus pourra mieux résister au petit canon que le précédent. Son fossé ayant aussi 34 pieds de large à l'ouverture et 20 au fond sur la profondeur de 10 pieds au-dessous de la ligne horizontale doit fournir 7 toises 4 pieds 1 pouce cube par toise courante qui multipliées par trois et divisées par deux, pour les réduire en tiers donnera 11 1/3 parties de terre, de 2 tiers de toise chacune, qui équivalent à autant de jours qu'il faudra employer à leur levée, qu'il faut augmenter d'un tiers pour les façons pour que le tout puisse être fait en quinze jours de temps. Et pour savoir celui des journées d'hommes, il faudra multiplier par quatre à la pelle, et un à l'arrangement des terres qui sont cinq, le produit donnera 75 journées d'ouvriers en tout à la toise courante. Ce profil peut être employé utilement, pour les forts de campagne et retranchements de camps fortifiés sous les places. On y a ajouté un petit chemin couvert très étroit, non en vue de le soutenir de vive force, mais à dessein d'y pouvoir tenir quelque monde à couvert pour faire ronde autour du fossé de l'ouvrage et faire feu sur l'ennemi en temps et lieu ce qui augmentera sans doute ses difficultés, pourra donner lieu à quelque sortie et favoriser la réception des secours. Il n'est plus question de travailler à ceux-ci par reposée, c'est une façon de forcer le travail qui mettrait les troupes sur les dents à la continue si elle était plus longue.

PROFIL (G)

Le parapet de celui-ci a deux pieds d'épais plus que le précédent, c'est-à-dire douze entre les talus, il est à preuve du canon pour un temps médiocre. Son rempart est réduit aux règles ordinaires, mais de 6 pieds de terre-plein seulement avec une seule banquette. Son fossé doit avoir 7 toises de large à l'ouverture, réduit à 4 toises 2 pieds sur le fond, sur la profondeur de 11 pieds, son bord étant relevé de 3 pieds au-dessus de l'horizon, on y peut former un très petit chemin couvert palissadé et enfoncé d'un pied et demi dans le bord du fossé, sur 4 et demi de large seulement, dont le parapet couvre fort bien la fraise. Ce profil est supposé fraisé à la berme comme les précédents, gazonné et fasciné, et les terres battues et arrangées en toutes bonnes façons et main-d'œuvre. La solidité du même profil accommodée à l'excavation du fossé doit contenir onze toises, qui multiplées par trois et divisées par deux donnera pour le transport des terres seize jours et demi, auxquels ajoutant cinq et demi pour la façon, le tout fera vingt-deux jours de temps, qu'il faudra employer à cet ouvrage pour le faire bon et solide. Ce profil est encore plus fort et meilleur que le précédent, et pourra servir au même usage, même à des dehors avancés de places avantagées d'ailleurs de marais ou de quelque difficulté d'accès.

PROFIL (H)

Celui-ci doit avoir 14 pieds d'épais de parapet, sur la hauteur intérieure de 13 1/2 pieds, et extérieur de 11 pieds et demi, il y a 12 pieds de large de terre-plein et 4 et 1/2 de banquette. Son parapet est fraisé à la berme, le fossé a 7 toises 3 pieds de large à l'ouverture et 4 toises 3 pieds au fond sur la profondeur de 12, le tout mesuré à plomb, il est couvert d'un bord gazonné et palissadé en chemin couvert comme le précédent, excepté que celui-ci a six pieds de large, il a de plus une palissade penchée au pied de son glacis enfoncé dans le prolongement de sa pente, couverte par un petit réhaussement de bord. Cette palissade peut être d'un fort grand mérite à toutes sortes d'ouvrages, notamment au bas des glacis devant les lieux de facile accès, sa solidité par toise courante est de 12 toises 5 pieds cubes, qui multipliés par trois pour les réduire entiers et divisés par deux, donnera 19 jours et demi pour la levée des terres, auxquels ajoutant un tiers ou approchant pour les façons, le tout reviendra à 25 jours pour l'achèvement parfait de cet ouvrage. Ce profil est très bon pour tous les forts de campagne de quelque durée, pour tous les dehors avancés et aventurés des places et pour tous les ouvrages où on les voudra employer quand ils seront bien exécutés.

PROFIL (I)

Son parapet est supposé à 15 pieds d'épais, sa hauteur intérieure d'autant et l'extérieur de 13 pieds ; le terre-plein de 15 pieds de large, sur la hauteur de 9. Il n'a qu'une seule banquette, le fossé a 10 toises de large à l'ouverture, et 7 toises au fond, sur la profondeur de 12 pieds. Il est encore fraisé à la berme, qui a 3 pieds de large seulement, sa fraise est couverte par un bord relevé en parapet de chemin couvert, de 4 pieds et 1/2 de haut gazonné et palissadé avec un petit chemin couvert de 4 pieds et demi de large, et une banquette de 4. On suppose le tout gazonné, fasciné, fraisé et palissadé avec soin et composé de bons matériaux. Ce profil peut servir pour les forts de campagne, demi-lune des ouvrages à corne, redoutes détachées et de durée, fortins et tous autres ouvrages de cette nature bâtis pour un temps considérable. Sa solidité est de 18 toises cubes par toise courante un peu moins, qui multipliées par trois et divisées par deux, donnera 27 journées pour la levée et transport des terres, auxquelles ajoutant un tiers pour la façon le tout fera 36 pour la durée de cet ouvrage.

PROFIL (K)

Son parapet doit avoir 16 pieds entre deux talus, sur autant d'élévation intérieure et 14 d'extérieure. Il n'a qu'une seule banquette de 4 pieds et demi de large, sur un demi de haut, et 18 pieds de terre-plein. Il est fraisé selon la vieille méthode, sa berme qui a 7 pieds de large peut être plantée d'une haie vive. Ce même profil marque l'ordre du gazonnage et fascinage, son fossé a 11 toises de large à l'ouverture, et 8 sur le fond sur deux de profondeur. Ce même fossé est bordé d'un petit chemin couvert de 7 pied 1/2 de large non compris la banquette, et enfoncé dans le bord de pied et demi sous l'horizon de la campagne, son parapet gazonné, fasciné et palissadé. Si ce fossé et ceux des deux précédents pouvaient être remplis d'eau, jusqu'à ne pouvoir être passés à gué, il en vaudrait beaucoup mieux. Ce profil est excellent pour les petites demi-lunes avancées, ouvrages à corne, ouvrages à couronne et tous autres inférieurs aux grandes demi-lunes des places. Idem pour les forts bâtis dans des postes choisis et avancés, en vue de les conserver en paix, et en guerre, et autres ouvrages de pareille nature. Sa commune solidité est de 20 toises 2 pieds 7 pouces cubes à la toise courante, qui multipliés par trois et divisés par deux donneront 30 jours un peu plus pour la levée des terres, auxquels ajoutant un tiers pour les façons le tout fera 40 jours pour le temps de son achèvement parfait, qui pourrra s'abréger de quelques jours, si on avait du beau temps, bon terrain et de bons ouviers, et retarder aussi si les temps, la terre et les ouviers sont mauvais.

PROFIL (L)

Son parapet est supposé de 17 pieds d'épais mesuré entre deux talus, son élévation intérieure de 18 pieds, l'extérieure de 16. Celle de rempart et à la banquette de 12 réduite à 10 et 1/2 à l'extrémité, sur la largeur de 20 pieds. Sa fraise est posée comme au précédent et sa berme de 10 pieds de large plantée d'une haie vive de 4 d'épais, son fossé doit avoir 12 toises de large à l'ouverture, réduit à 7 sur le fond, sur la profondeur de 15 pieds, ledit fossé est bordé d'un chemin couvert de 14 pieds de large, enfoncé dans le bord de pied et demi, et accompagné d'une banquette de quatre et demi de large sur un et demi de haut, le tout environné d'un parapet gazonné et palissadé à l'ordinaire, l'excavation du fossé est de 24 toises 1 pied 6 pouces cubes à la toise courante, qui multipliée par trois et divisée par deux donnera 37 jours de travail pour le transport des terres, auquel ajoutant le tiers pour toutes les façons viendra 49 jours à 50 jours pour le tout, en supposant des ouvriers médiocres. Ce profil peut s'appliquer à tous les dehors, spécialement aux ouvrages à corne et couronne.

PROFIL (M)

Celui-ci est le plus fort de tous, son parapet est supposé de 18 pieds d'épais et par conséquent bien à preuve du gros canon. Son élévation intérieure doit être de 20 pieds, l'extérieur de 18. Celle du rempart au pied de la banquette de 14, et à l'extrémité du terre-plein de 12 et 1/2 sur la largeur de 20 pieds non compris le talus ni la banquette, ladite banquette et le surplus des façons du rempart doivent être faits à l'ordinaire. Remarquant que les surtouts marqués au sommet des profils y tiennent lieu de paniers et de sacs à terre, la fraise doit être posée et chevillée à l'ordinaire, la pointe de 3 pieds et demi de saillie hors du gazon, et de quatre et demi en dedans, la berme aura 12 pieds de large et sera plantée d'une haie vive de quatre, le fossé 13 toises de large à l'ouverture, réduites à huit sur le fond, sur la profondeur de 15 pieds. Le chemin couvert 20 pieds de large, sur l'enfoncement d'un et demi dans le bord, il est accompagné d'une banquette large de 4 pieds et demi et haute d'un et demi, le tout couvert par un parapet à l'ordinaire, et son glacis soumis au feu du rempart. Sa superficie bien aplanie doit s'aller perdre à la campagne avec laquelle elle s'unit à 10, 11 et 12 toises de la palissade. Si nous supputons après cela la solidité de ce profil par rapport à l'excavation de son fossé, nous trouverons qu'il en doit sortir 27 toises de terre, qui multipliées par trois et divisées par deux, donnera 40 jours et 1/4 pour la levée et transport des terres, auxquels ajoutant un tiers pour les façons, viendra 53 jours qu'il faudra employer à la construction d'une toise courante de ce profil, qui est très bon pour les corps des places de terre non revêtus, pourvu qu'à l'observation exacte de ces mesures, on y ajoute toutes les bonnes façons possibles.

Nota 1. Que bien que le contenu en ce traité soit fait en vue d'instruire simplement la fortification de campagne, ces quatre ou cinq derniers profils peuvent très bien servir à celles des places de terres bâties un peu à la hâte sur des polygones au-dessous du grand et moyen royal, la construction desquels peuvent quelquefois occuper des armées en gros ou en détail, par y fournir des ouvriers et les garder jusqu'à ce qu'elles soient en état de défense.

2. Que dans tous les ouvrages de terre, on doit toujours compter sur un cinquième ou sixième d'affaissement un peu plus un peu moins, quelque chose qu'on puisse faire pour les prévenir, ce qui arrive non tout à fait dès la première année, mais dans les suivantes jusqu'à la dixième. Les terres faissent même encore après ce temps-là, mais non si sensiblement que les premières années. La raison de cet affaissement est que, quelque arrange-

ment qu'on leur puisse donner, on ne peut jamais parvenir à réduire le remblai au volume du déblai, ni de les comprimer à beaucoup près autant dans la nouvelle situation qu'on leur donne qui leur est étrangère, qu'elles l'étaient dans la vieille d'où on les a tirées, qui leur était naturelle. De sorte (comme je crois l'avoir ci-devant expliqué) si vous voulez élever un rempart de 18 pieds de haut, il faut lui en donner 21, et ainsi des autres à proportion, faisant toujours l'excavation du fossé telle qu'elle a été réglée sans y rien changer, parce qu'elle fournira toutes les terres nécessaires à ce réhaussement, qui par les suites le réduira à peu de chose près au volume du profil.

3. Que moyennant le secours de ces profils, on pourra non seulement découvrir le temps de la durée des ouvrages qu'on entreprendra selon eux mais encore la quantité d'ouvriers qu'il y faudra journellement employer, le nombre des journées et par conséquent la dépense. Car en calculant les terres d'une toise courante de profil avec la quantité de fascines, gazon et palissades qui doivent entrer dans sa construction, les épuisements d'eau etc., il sera aisé de donner prix à tout ce qui entrera dans le composé du circuit de tout l'ouvrage, et par la connaissance du prix de la toise courante, de parvenir à celle de tout l'ouvrage, y ajoutant la dépense des ponts, portes, corps de gardes, guérites, magasins, logements et souterrains, casernes, puits, latrines, pavés, égouts, etc.

DE LA CASTRAMETATION
OU
DISTRIBUTION
d'un camp régulier

Bien que nous ne comptions pas de faire grand usage de la régularité des camps fortifiés, nous ne devons pas la négliger, puisque c'est là où nous devons puiser, comme dans une source d'eau vive, tout, ou la plus grande partie de l'arrangement de ceux que nous aurons à proposer. On ne compte pas aussi de les employer pour des armées complètes, on aurait trop de peine à trouver des situations convenables, et il faudrait renoncer aux avantages naturels des irréguliers, qui sont bien plus commodes et plus fréquents que les autres ; mais pour en tirer des lumières qui pourraient servir au règlement de celle-ci, afin que dans les détails on puisse approcher le plus qu'il sera possible de la régularité, comme nous tâchons de faire dans la fortification, vu que c'est là où se trouve la perfection des règles et non ailleurs. Il ne faut pas même douter que si on était en nécessité de camper une armée au milieu d'une grande plaine, qui ne fût pas avantagée ni désavantagée de rien, que la figure la plus convenable qu'on peut donner au camp ne fût le carré parfait comme la plus régulière, la plus commode et la plus aisée de toutes. Toute autre serait plus difficile et ne conviendrait pas si bien à l'arrangement des troupes. Nous expliquerons par les suites les propriétés des camps réguliers et irréguliers.

Commençons quant à présent par camper un bataillon, à l'imitation du bon Stevin, qui hors l'obscurité et peu d'exactitude de son style et de ses figures, n'a pas mal démêlé cette matière.

Supposons premièrement, les régiments complets à trente-deux compagnies comme les proposés en nos mémoires, savoir deux de grenadiers et trente ordinaires divisés en deux bataillons de seize compagnies chacun compris les grenadiers, chaque compagnie complète à 50 hommes, sans compter les sergents, fraters[1] ni tambours, et divisés en huit chambrées de six soldats chacune, qui occuperont autant de tentes ou barraques de

1. « On nommait ainsi dans les troupes les chirugiens des compagnies, subordonnés au chirurgien major du régiment » (F.A. Aubert de La Chesnaye des Bois, *Dictionnaire, op. cit.*, 1758, t. II, p. 275).

7 pieds et 1/2 carrés, qui est la grandeur que l'usage leur donne, pour n'être pas si difficile à porter, avec un petit cul de four au fond qui leur fait un renflement de pied et demi à deux pieds[1], pour ranger leurs armes quand elles ne sont pas en faisceaux ou leurs sacs. Il faut avouer que les tentes de cette grandeur ne sont pas commodes, et c'est bien tout ce que peuvent faire six soldats que de s'y coucher avec assez d'incommodité, car il faut qu'ils se mettent partie d'un côté et partie de l'autre, pieds contre nez d'une manière désagréable et qui n'est pas propre[2].

Les sergents ont leurs tentes en canonnières comme celles des soldats, plus longues d'un pied 1/2 ou environ. Elles sont tendues à la tête des files, la porte tournée aux faisceaux. Et parce que des cinquante hommes, il en reste deux qui ne sont pas logés, il faudra leur donner une dixième tente à la queue des compagnies pour eux, le tambour et le frater, tournée du côté des officiers, ou que les sergents logent ces deux soldats et le frater avec eux, moyennant quoi il ne restera que le tambour à placer, qu'il faudra mettre avec les autres à la queue des compagnies. Toutes les tentes hors la première et la dernière auront leur ouverture à la rue vis-à-vis des compagnies prochaines, qui seront tournées l'une vers l'autre. Les derrières de ces tentes seront séparés l'un de l'autre par un petit espace de trois pieds et le devant par des rues de 15 pieds de large. On plante un petit croisillon de 4 pieds de haut, à la tête des camps, en alignement du mât de la tente des sergents de chaque file, en distance de 18 pieds en avant de leur tente, vis-à-vis de chaque compagnie alignant parallèlement entre eux et la tête des camps. C'est là où on range les armes en faisceaux qu'on a soin de couvrir après de leur chape.

A cinq toises de distance de la queue des bataillons derrière et en alignement des files, on place les cuisines de chaque compagnie, de 10 à 11 pieds de long sur 6 de large, adossées l'une contre l'autre.

A pareille distance des cuisines et toujours sur les mêmes alignements et mêmes largeurs, on marque la place des lieutenants et des sous-lieutenants de 15 pieds de long sur 10 de largeur, adossées l'une contre l'autre.

A une autre distance pareille et toujours suivant les mêmes alignements, on marque la place des capitaines, et quand ils voudront bien s'associer deux ensemble, tant les capitaines que les lieutenants, ils pourront occuper la place de deux files, laissant les rues libres. On pourra placer le colonel à la droite du rang des capitaines, le lieutenant colonel à la gauche du bataillon, s'il n'y en a qu'un, et le major à la droite dudit colonel, observant les mêmes alignements, et tenant toujours les rues libres.

A vingt ou trente toises en arrière de la situation des capitaines, et toujours sur l'alignement des compagnies, on fera les latrines, qui ne sont

1. Puységur donnera une description illustrée de cette tente, *Art de la guerre, op. cit.*, 1749.

2. Sensibilité de Vauban au confort du soldat.

autres que des trous de 3 pieds de long enfoncés d'autant sur deux et demi de large, qu'on remplira tous les soirs de demi-pied de terre, et de trois jours en trois jours on les renouvellera, en achevant de les combler à même temps. Il faudra les traverser d'un bois porté sur deux fourches, plantées en travers qui servira de siège, et au surplus les environner de feuillages ou paillassons tout autour, pour en ôter la vue aux passants. Les aides-majors et sergents qui doivent prendre garde à tout auront soin de commander deux soldats par compagnie à tour de rôle pour les couvrir tous les soirs, et les remplir et renouveler quand il sera temps, ayant soin de changer les sièges et les paillassons. Observer du surplus en tout et partout la distribution du camp des bataillons. Le plan de la feuille[1] achèvera de faire entendre cette distribution moyennant quoi tout l'espace qu'elle occupera sera de 62 toises 3 pieds de long ou de profondeur, à mesurer des faisceaux jusques et y compris les latrines, et de 57 toises 3 pieds de large de milieu en milieu de l'intervalle d'un bataillon à l'autre.

Quand il y aura deux bataillons il faudra :

Premièrement, les séparer par une rue ou intervalle de 12 toises de large.

Deuxièmement, marquer la place du colonel dans le rang des capitaines à la droite du premier bataillon, le lieutenant colonel à la gauche du second et le premier capitaine à la gauche du premier, le second à la droite du deuxième, ainsi de suite, le major au plus près du colonel dans le rang des capitaines et l'aide-major au plus près du lieutenant colonel dans les rang des lieutenants.

Troisièmement, le prévôt, l'aumonier, le chirurgien major, les vivandiers et autres marchands attachés au régiment à la queue des campagnies dans les intervalles des cuisines, lieutenants et capitaines. Il n'y a rien là qui répugne.

Des deux figures chiffrées qui suivent, l'une montre le détail d'un bataillon entier, numéroté par chiffre avec sa table qui sert au développement de ses propriétés ; l'autre a aussi son explication particulière qui sert à faire démêler les places occupées par les carrés des bataillons dans le détail avec les grandes rues, la place d'armes du retranchement et la distance de la première à la deuxième ligne. Venons au détail de la distribution.

Quand une armée se met en marche pour changer de camp, le général ayant son dessin réglé, envoie reconnaître la situation quelques jours à l'avance pour s'en bien assurer. Quand il est résolu de l'occuper, il avertit le soir à l'ordre le maréchal de camp de jour du lieu où il veut aller camper. on fait à même temps avertir le maréchal des logis de l'armée, le major général des logis de la cavalerie, les majors de brigade, ceux des régiments.

1. Indication manquante.

On commande de chaque bataillon deux officiers, tous les fourriers des régiments tant à pied qu'à cheval, outre quoi les officiers généraux et autres gens considérables de l'armée, l'artillerie, les vivres, l'intendant, le grand prévôt, et tous ceux qui ont droit de logement, y envoient leurs fourriers ou des gens de leur part pour recevoir et garder ce qui leur sera marqué. Tout cela a son rendez-vous à heure nommée au quartier du Roi ou à la tête de l'armée avec une escorte qui part en bon ordre devant le jour, tous les fourriers à la queue, et les commandés chacun dans leur rang. Quoi fait le maréchal de camp se met en marche avec sa troupe, prenant ses précautions pour ne point tomber dans quelque embuscade et pour n'être point traversé dans l'ordre de son campement. Après qu'il est arrivé sur le lieu, il reconnaît la situation avec les gens qui le suivent, il en raisonne avec eux pour avoir leur avis, et après que tout est bien reconnu, s'il n'est question que du campement, il établit le front de bandière et le distribue au maréchal général des logis de l'armée, qui le distribue en détail au major général, au maréchal des logis de la cavalerie, et aux majors de brigades, et ceux-ci aux particuliers de leurs régiments, qui en font leur détail avec les fourriers.

Pour cet effet les bataillons de même que les escadrons ont chacun un cordeau divisé en autant de parties qu'il y a de compagnies et d'intervalles entre deux, chacun de la grandeur qui lui convient, le tout marqué de nœuds à chaque division. Nous l'appellerons le *cordeau général*, à la différence de ceux des compagnies qui en ont aussi chacune un particulier pareillement divisé en autant de parties qu'il y a de tentes et d'intervalles entre deux, y compris celles des officiers, chacun de la grandeur qui leur convient ni plus ni moins. De sorte que le cordeau général marque toutes les divisions du front de bandière, et les cordeaux particuliers celles des files.

Sitôt que ledit cordeau général d'un bataillon est tendu, les fourriers de chaque compagnie reconnaissent les parties qui conviennent à leur compagnie, et les marquent avec des piquets commençant par la moitié des intervalles entre les bataillons, où doivent se rencontrer les cordeaux voisins, et continuant par la tête des compagnies plus prochaines, jusqu'à ce que toutes les divisions du front soient marquées sur le terrain. Cela fait, on lève le cordeau et on le porte de la tête à la queue. Où l'on le tend derechef alignant d'équerre avec celui des grenadiers et de la dernière compagnie qui se joignent à ces deux bouts. Ces trois cordeaux présentés, tendus et piquetés carrément, achèvent de fermer le quadrangle du camp. Tous les fourriers après avoir attaché ceux de leurs compagnies aux marques du front les étendent jusqu'au rencontre des mêmes marques de la queue, ou de la deuxième station, où chacun reconnaît la sienne, y attache l'autre bout de son cordeau, le dresse et marque sa première division ; cela fait, il le lève et le remet sur l'autre côté, et marque la deuxième, ce qui lui donne la largeur des tentes et les intervalles entre deux qu'il achève de marquer.

Ce qui étant continué de la sorte depuis la tête des compagnies jusqu'à l'extrémité du rang des latrines, achève la distribution du camp de ce bataillon. De sorte que l'usage de ces cordeaux une fois entendu, il n'y a rien de plus aisé, ni de plutôt marqué qu'un camp ; mais pour l'éclaircir encore davantage, soit le cordeau général (AB) feuille [...][1] tendu le long du front destiné pour un bataillon, sur lequel sont marquées toutes les divisions nécessaires au campement de l'étendue convenable, les fourriers ayant marqué la tête particulière des compagnies, les rues et séparations entre deux, par des piquets, celui des grenadiers déplie son cordeau à la droite du bataillon et le tend carrément de C en D, se retirant de 6 toises vers la gauche pour la moitié de l'intervalle ou grande rue d'un bataillon à l'autre. Celui de la dernière compagnie en fait autant de E en F, à la gauche, se retirant aussi de 6 toises vers la droite pour une pareille intervalle. Cela fait, et tout le front étant piqueté, on lève le cordeau général AB et on le transporte en GH où on l'accorde avec les deux CDEF ce qui ferme le quadrangle qui doit renfermer le bataillon. Ces trois cordeaux tendus on marque les divisions de la queue, le long du cordeau général avec des piquets. De chaque façon chaque fourrier a quatre points, savoir deux dans le front du bataillon et deux à la queue, pour lors ils n'ont plus qu'à tendre leur cordeau de l'un à l'autre, et marquer le terrain des tentes tout le long suivant leurs divisions, ce qui se répète jusqu'à ce que toutes les parallèles aient été présentées et le camp achevé de marquer.

Il serait à souhaiter que les majors ou aides-majors eussent une petite équerre de bois à la poche pour marquer carrément les coins de leurs bataillons. Elle serait fort commode pour éviter les biais et régler la situation plus juste et pour tirer des parallèles et des perpendiculaires, chose nécessaire dans la castramétation. L'usage en est fort aisé, car elle consiste dans un petit plateau de bois rond de 4 à 5 pouces de diamètre au plus, sur 15 ou 18 lignes d'épaisseur au milieu, revenant à la moitié sur les bords dans lequel on fait un trou pour y amancher le bâton qui lui sert de pied. Après quoi on fait une croix par le milieu, dont la croisée se coupe à angle droit, on enfonce l'une et l'autre de deux à deux lignes et demie de profondeur. Si mieux on n'aime y mettre des pinulles, il n'est pas nécerssaire de savoir lire et écrire pour se servir de cet instrument ; dès le premier coup on en saura l'usage, et la figure A ci-jointe achèvera de faire connaître comme il doit être fait. Il est aussi nécessaire que la hampe des hallebardes des sergents soit divisée de pieds en pieds jusqu'à la concurrence d'une toise juste, les cannes des majors et aides-majors le doivent aussi être, moyennant quoi on ne se trompera point sur la mesure.

Quand il s'agira de camper deux bataillons, il n'y aura pas plus de différence pour deux que pour un, il faudra observer la même chose à l'un qu'à

1. Idem.

l'autre, et prendre garde que la grande rue qui les sépare doit être commune de 12 toises de large, et le surplus se doit ressembler en tout et par tout.

LA CAVALERIE

Nous supposons tous les régiments de cavalerie de 12 compagnies et les compagnies de 50 maîtres, non compris les officiers et chirurgiens. De cette façon chaque régiment peut composer trois escadrons de quatre compagnies chacun, que nous camperons tous séparément comme les bataillons. Soit donc le front de bandière résolu comme ci-devant, et la part qui en revient à la cavalerie, distribuée au maréchal général des logis, qui le rend aux majors, aides-majors, maréchaux des logis et fourriers des compagnies, chargés de leur détail. Il n'y a pas d'autre façon qu'a celui de l'infanterie, hors qu'ils n'observent pas les mêmes distributions que dans les bataillons, mais si font[1] bien les alignements.

Chaque escadron a son cordeau général comme les bataillons ni plus ni moins, et chaque compagnie le sien particulier ; l'un et l'autre divisé savoir celui de l'escadron, en quatre tentes de front de 9 pieds de large chacune, de 6 d'intervalle entre les tentes et les piquets des chevaux, de quatre écuries de 10 pieds de large chacune, et deux petites ruettes[2] de 4 pieds entre les derrières des tentes, et une rue entre les quatre compagnies, de 6 toises, après quoi il faut encore 6 toises pour moitié de l'intervalle ou de la grande rue d'un côté, et autant de l'autre pour que la division soit parfaite et capable d'occuper le terrain jusqu'au rencontre des cordeaux des autres escadrons ou bataillons. Toutes ces divisions appartiennent au cordeau général et ne regardent encore que le front.

Sitôt que ledit cordeau est tendu et arrêté, pendant qu'on marque les divisions du front de l'escadron, les fourriers déplient les leurs et l'attachent au premier piquet du front. Cela fait on s'aligne d'équerre avec le front, après quoi on les étend de toute leur longueur, et avant que de rien marquer à demeure, on lève le cordeau général et on le transporte à la queue, et après en avoir ajusté les deux bouts carrément, avec ceux des compagnies de la droite et de la gauche, on les raidit tous trois carrément, et puis on les arrête. C'est là qu'on rectifie la distribution, parce que les cordeaux de chaque compagnie sont attachés par un bout aux divisions du front de la première station, qu'on répète sur la deuxième de la queue, et pour lors toutes les distances de compagnies se trouvent marquées dans leur état naturel, et tous les alignements réussissent carrément, et sont parfaitement parallèles entre eux, il n'y a plus qu'à marquer le détail des tentes de cavaliers et celles des officiers dont la distance est marquée sur

1. Pour « aussi ils font ».
2. Pour « ruelles ».

les cordeaux des compagnies, savoir 9 pieds pour chaque tente, 9 pieds d'intervalle d'une tente à l'autre, pour ranger les fourrages, 5 toises à la queue des compagnies aux tentes des lieutenants et cornettes, 5 toises d'intervalle entre les lieutenants et les capitaines, et 20 à 30 toises de là aux latrines. A l'égard des étendards on les plante à la tête des camps en même distance des premières tentes que les faisceaux de l'infanterie. La figure suivante éclaircira encore la manœuvre des cordeaux (AB). Première situation du grand cordeau avec toutes ses divisions, étendu le long du front de bandière, où chacun des fourriers marque celle qui appartient à sa compagnie, AC BD deux cordeaux de compagnies avec leurs divisions, faisant angle droit avec l'alignement de la tête.

CD, Seconde présentation du grand cordeau à la queue de l'escadron s'accordant avec les deux premières des compagnies, et par conséquent avec les deux autres parallèles qui marquent l'espace destiné aux compagnies, divisé parfaitement par les places des tentes appartenant auxdites compagnies et leur suite.

Chacun ayant marqué le détail de ses tentes, des rues et de ses écuries avec des piquets, ou petites branches feuillues à la queue, et en alignement de chaque compagnie, dans la distance de cinq toises, on marquera un carré de 6 pieds de large sur 12 de long pour les cuisines, et dans la distance d'autant, les tentes des lieutenants et cornettes, avec leurs écuries près d'eux toujours placées dans l'alignement des cavaliers, dans pareille distance de 5 toises, celles des capitaines et dans le rang des capitaines celle du colonel ou commandant.

Dans les intervalles entre deux et toujours dans les mêmes alignements, se pourront mettre les tentes du prévôt, celles de l'aumonier, du greffier, le chirurgien major. Idem les vivandiers, le marchand, le sellier, et tous autres gens attachés au régiment, sans qu'il soit permis à personne de fermer les rues, hors les ruettes[1] et les intervalles d'une tente à l'autre, destinées à mettre leur fourrage.

A 20 ou 30 toises de là toujours dans le même alignement des compagnies, on fera les latrines de chaque compagnie, de la même manière et en même alignement que celles de l'infanterie, desquelles il faut avoir les mêmes soins, et être sur cela fort réglé.

Après toutes ces dispositions achevées, les majors envoient au-devant des régiments, s'ils n'y sont eux-mêmes, et pour lors les troupes prennent possession du camp, et chacun travaille à se camper.

Nota. Premièrement, qu'avant que le camp soit réglé, il doit être expressément défendu à tous ceux qui ne sont pas commandés pour le marquer d'y aller, ni d'entrer sur le terrain du camp, à cause de la confusion qui ne manquerait pas d'y arriver.

Deuxièmement, que pour faire la chose plus nettement, il faut planter un piquet fendu, signalé avec une carte dans la place du mât de la première tente, où le signal de chaque bataillon sera marqué par un chiffre affecté, moyennant quoi dès qu'on aura reconnu celui de son régiment, on aura bientôt trouvé sa compagnie, et ainsi des autres[1] ; ce qui soit également dit pour la cavalerie et l'infanterie.

Troisièmement, qu'il faut toujours laisser les rues libres et entièrement dégagées de la tête à la queue, afin que les troupes de la deuxième ligne en cas d'affaires, puissent passer au travers des camps de la première et aller et venir de la tête à la queue.

Quand il s'agit d'un siège, on ne peut camper que sur une ligne seule fort étendue, cavalerie et infanterie mêlées, parce que le circuit des camps est si grand qu'on ne peut jamais camper sur deux lignes ; on n'y en fait qu'une, encore est-elle faiblement garnie. Mais où il s'agirait d'un camp fortifié pour la sûreté d'une armée, qui compte d'y faire quelque séjour, outre que le choix du camp se doit faire avec bien plus d'égard et d'attention, on peut se mettre sur deux lignes, et quelquefois sur trois, on doit aussi resserrer le campement selon l'espace, toujours le plus que l'on peut, parce que moins de place on occupe, moins il y a de retranchement à faire et à border si on y était attaqué. En ce cas c'est toujours l'infanterie qui doit camper en première ligne, parce que c'est elle qui doit border le retranchement, et que la cavalerie ne peut que la soutenir.

Dans les situations où il s'agit non seulement de la sûreté des armées, mais encore de quelque autre poste bien moindre qu'il importe de garder longtemps, après en avoir bien étudié les avantages naturels, on doit commencer avant toutes choses par régler la figure du retranchement, qui est l'affaire des ingénieurs, et la tracer, et ce n'est qu'après l'avoir résolu qu'on doit régler le camp par rapport aux avantages des situations et à la distance qu'il y doit avoir de la tête des camps audit retranchement, qui ne doit jamais être plus près de 60 toises de la fortification, ni guère plus éloigné de 100 à 120. Le trop peu ne laisse pas assez d'espace à la place d'armes pour l'arrangement de la deuxième ligne et la trop grande distance s'éloigne trop. C'est la raison de la deuxième ligne et des mouvements de troupes, qui se font journellement le long du retranchement et de la place d'armes, qui fait qu'il ne la faut jamais laisser embarrasser de trous de foyers, de latrines, ni de rien qui puisse faire le moindre empêchement, non plus que les rues, au contraire, il faut très bien aplanir les uns et les autres, et surtout les laisser libres par les raisons que dessus. A l'égard de la distance de la deuxième ligne à la première, j'estime qu'il suffit qu'elle soit à 100 ou 120 toises des latrines de la première. S'il y en avait une troisième il faudrait observer la même chose. Quant au campement des troupes, il n'y faut pas d'autre façon, si ce n'est pour un grand resserrement. Je voudrais même à cette considération loger tout l'état major dans le rang des capitai-

1. Mots barrés dans le manuscrit : « soit cavalerie ou infanterie ».

nes, attendu que quand il s'agit de se fortifier, il faut toujours se camper le plus serré que l'on peut. Au surplus tous les officiers des corps tels qu'ils soient, doivent camper avec les troupes dans le rang qui leur est destiné, et on ne doit jamais souffrir que les colonels s'écartent de leurs troupes, ni qu'ils se logent dans des maisons, pour peu qu'elles en soient écartées, car cela est directement contraire à la discipline.

Que les bataillons soient plus forts ou plus faibles, chose que nous n'approuvons pas pour des raisons expliquées ailleurs, on peut toujours suivre le même ordre, puisqu'il n'y a qu'à ajouter ou retrancher au campement. Du surplus je me suis attaché à l'usage autant qu'il m'a été possible.

QUARTIER DU ROI

Il n'est pas peu difficile de donner de bons dessins pour la distribution du quartier du Roi[1]. L'inégalité des campements, celle des armées plus fortes ou plus faibles, le relâchement de la discipline et la mauvaise habitude qu'on a prise d'établir presque toujours le quartier du Roi dans des villages et de préférer la commodité à l'exactitude de la discipline qui demande que chacun campe près de sa troupe, ne s'y accordent pas. On néglige aujourd'hui cette règle, le général se met où il lui plaît, toujours le plus commodément qu'il peut ; les principaux officiers choisissent après les meilleures maisons, les autres ont le reste, en obtient qui peut sans beaucoup observer d'ordre ; chacun cherche ses commodités, et quand un officier général est bien, il ne se met pas en peine, s'il est un peu plus ou moins éloigné de son quartier. Cependant on peut dire que s'ils en sont loin, ils ne sont pas près de leur devoir, le trop de distance pouvant donner lieu à de grands désordres, que leur présence empêcherait ; à joindre que les troupes ne sont pas peu fatiguées de leur garde. On peut même dire que par rapport à la trop grande recherche de ces commodités, il arrive rarement qu'une armée soit bien campée.

Le camper à la façon des Romains n'est plus d'usage il y a longtemps. Il paraît même que la figure carrée n'a été observée que par les armées consulaires, dans le temps qu'elles n'étaient composées que de quatre légions presque toujours complètes et de quelques troupes auxiliaires ; il était pour lors aisé de les renfermer dans un retranchement carré, toujours égal, et également tourné comme Polybe nous l'a dépeint. Quand ils commencèrent à avoir de plus grandes armées, ils quittèrent cette façon de camper, pour s'accommoder des situations avantageuses et s'en trouvèrent bien. Je n'ai point remarqué dans les vestiges de ceux qu'on leur attribue aucune

1. Il est bon de rappeler que jusqu'en 1692 Louis XIV a accompagné l'armée en campagne.

trace de la figure carrée, hors un dont on voit encore la moitié, sur le bord de la mer près de Dieppe[1] : il m'a paru au contraire qu'ils ont recherché avec soin l'avantage des situations pour en profiter ; ce qui n'aurait pu se faire en continuant la méthode du vieux camp de Polybe. Ce camp avait selon lui 20 000 pieds de côté carré, ce qui ne s'accorde pas précisément à la figure qu'on nous en a donnée, mais je l'ai un peu aidée. Or 20 000 pieds romains reviennent à peu de chose près à 1 833 1/2 des nôtres, qui réduits en toises, font 305 toises trois pieds quelques pouces de plus. Quoiqu'un espace dont le côté serait de cette étendue fût assez médiocre, il ne laisserait pas d'être difficile à trouver par rapport à tous les autres égards, qu'il faut avoir ; notamment dans ce pays-ci où les armées étant beaucoup plus grosses, il leur faut beaucoup plus d'espace et prendre de plus près garde à l'effet des commandements d'à présent, qui imposent de bien plus loin que ceux de ce temps-là à cause du canon. Ces difficultés ont fait que peu à peu on s'est tout à fait déterminé en faveur des situations favorables, dès qu'il a été nécessaire de se choisir des camps de séjour ; et il n'est donc plus question présentement de la figure carrée des Romains, ni d'aucune autre semblable, toutes les Nations y ont renoncé il y a longtemps. Nous trouvons bien que Charles le Hardi, dernier duc de Bourgogne, et le prince Maurice d'Orange après lui ont essayé de remettre en usage la figure carrée, mais ils ne s'en accommoderont pas longtemps et nous ne voyons pas que personne les ait imités depuis.

Xénophon, avant eux, et quelques autres, ont bien proposé une manière de camper, qui vraisemblablement devait être carrée, du moins quant au système général, mais ce dernier n'explique sa pensée qu'à demi et en termes fort généraux, sans rien dire de la figure.

Alhacem nous a donné une belle idée de ceux de Teimurlang[2], sans nous rien dire de leur figure, mais je présume qu'elle devait être carrée ou fort approchant ; car nulle autre n'y pouvait si bien convenir. Je donnerai des plans de l'idée que je me suis faite de ces trois manières, après quoi j'y en ajouterai d'autres de ma façon pour servir au système général à telle fin que de raison.

Reprenons le quartier du Roi pour ne rien laisser en arrière s'il est possible.

On ne peut rien régler de bien précis pour la distribution de ce quartier à cause de l'inégalité des armées et des manières de camper de ce temps

1. De tels vestiges se rencontraient en effet encore à cette époque sur les côtes, on connaît un exemple en Hollande illustré par une gravure dans l'atlas des villes de Jan Blaeu (1649). Certains lieux-dits « camp des Romains » ou « camp de César », comme à Avesnes-sur-Helpe, montraient encore des vestiges de retranchements (Ph. Bragard, *A la découverte des villes fortifiées du Hainaut*, sl, 2001, p. 6).

2. Tamerlan. Il est question de tous ces exemples antiques ou extra-européens dans la préface historique pp. 1495-1512.

qui sont fort différentes de celles des anciens. Il faut cependant pouvoir tabler sur quelque chose, et pour cet effet avoir recours à un camp régulier tel qu'on pourrait encore l'observer dans l'enclos duquel nous représenterons la distribution qu'on ne peut faire contenant ses officiers généraux, grands et petits, tous les états majors, et les équipages des vivres et de l'artillerie, les volontaires de l'armée, marchands vivandiers et tout ce qui en dépend.

CASTRAMETATION DES CAMPS REGULIERS

APRES AVOIR expliqué le détail du campement des bataillons et escadrons tel qu'il se pratique, la raison veut que nous expliquions celui d'une armée entière. C'est ce que nous allons faire, mais il faut : Premièrement supposer qu'un général pour de certaines raisons à lui connues soit résolu de former un camp régulier comme le prince d'Orange fit devant Juliers. Pour cela il est nécessaire d'avoir une carte du lieu où il veut camper contenant un espace suffisant à y pouvoir placer toutes ses troupes. 2^{ent}. Un plan exact du camp ordonné et consenti par le général qui contienne le détail de tous les différents quartiers qui le doivent composer, leurs mesures et leurs noms dont il faut avoir plusieurs copies réglées sur la force de l'armée et gravées dès le commencement des campagnes, afin d'en pouvoir distribuer au général, aux officiers généraux, à l'intendant, aux ingénieurs, au maréchal général, aux majors de brigades, et à ceux des régiments, idem au maréchal des logis de la cavalerie, et aux majors des régiments de la même, à ce que chacun d'eux puisse travailler à même temps au détail de son camp. Cette distribution une fois faite, chacun pourra se mettre à l'ouvrage à même temps, en s'y prenant comme ci-après.

Si l'espace n'est pas contraint, mon avis est de faire front aux quatre parties du monde, c'est-à-dire à l'orient, à l'occident, au midi et au septentrion. S'il y a empêchement, il faudra s'y accommoder. Il importe peu comme on soit tourné pourvu que l'espace y convienne, et qu'on puisse observer le carré parfait.

Supposant donc le camp résolu et toutes les mesures prises pour s'y établir, mon avis est de commencer par le centre (A) qu'il faudra marquer d'une pique ou grande perche avec une banderolle attachée au haut d'où on tirera carrément, c'est-à-dire à angle droit, les quatre lignes AB, AC, AD, AE, de [...][1] toises chacune.

1. Le chiffre manque.

A l'extrémité de ce quatre lignes, savoir BC, DE, qui aboutiront justement au milieu du retranchement, on en tirera huit autres de part et d'autre, faisant angles droits avec les précédentes, savoir BF, BG, CF, CH, DH, DI, EI, EG. Ces huit lignes étant prolongées doivent se rencontrer aux points FG, HI, où elles formeront autant d'angles droits, et toutes ensemble un carré parfait de [...][1] toises de côté, ce qui fera la clôture du retranchement. Cela fait après les avoir fait tracer en gros avec des piquets, l'ingénieur général en donnera le détail à faire aux ingénieurs subalternes. Comme il est à présupposer qu'ils auront tous les équerres, piquets, perches, jalons, cordeaux, etc., qui leur feront besoin, ils n'auront qu'à tracer sur terre les divisions et mesures comme ils les trouveront marquées dans le plan à la pioche et au cordeau, et y ajouter ensuite le tracé des lignes qui doivent déterminer la largeur du fossé et de la base de son rempart, y observant les portes, redans, etc., comme figurés au même plan ni plus ni moins.

Pendant que ceux-ci s'y occuperont à ce tracé, l'ingénieur général accompagné de trois ou quatre de ses confrères, du maréchal des logis de l'armée et des autres officiers marquera un second carré en dedans, savoir KL, MN, qui réglera la tête des camps, ou le front de bandière de la première ligne, à la distance de 80 ou 100 toises du derrière du retranchement, laquelle il distribuera au maréchal général des logis et au major général, et ceux-ci aux majors et fourriers particuliers des régiments qui feront le détail de leurs campements et les marqueront par des cartes tenues dans des piquets fendus, sur lesquels seront écrits en grosses lettres les noms de chaque bataillon et escadrons de la première ligne.

il faut ici remarquer que l'infanterie n'étant pas assez nombreuse pour pouvoir renfermer les camps de la cavalerie, on a fait entrer les dragons de l'armée dans la première ligne afin de se pouvoir étendre, et on a coupé le campement des bataillons à la demi-file pour pouvoir allonger davantage les fronts de la même, de cette façon l'épaisseur de l'espace occupé par ladite ligne sera réduite à cinquante toises ; sur quoi il est à remarquer que les escadrons sont aussi coupés à la demi-file en considération du quartier du Roi, qui sans cela n'aurait pas l'espace dont il a besoin.

L'ingénieur général fera marquer les grandes rues et le major général les petites, observant que le tout se fasse toujours à l'équerre et précisément suivant les mesures écrites et marquées sur le plan, remarquant qu'il faudra donner des noms fixes aux quatre grandes rues, de même qu'aux portes, ce qui se doit répéter à tous les campements qu'on en fera à l'imitation des Romains, qui pour leur utilité bien reconnue en usaient ainsi. A l'égard des petites rues, il faudra leur donner le nom des principaux quartiers qui les borderont. Quant aux places destinées aux marchés près des portes, il n'y aura qu'à leur donner en surnom celui de ces mêmes portes.

1. Idem.

Ledit major général aura aussi soin de régler l'alignement ou derrière des camps à ce qu'il soit parallèle à celui de la tête de l'épaisseur prescrite ni plus ni moins.

C'est encore sur le derrière de cet alignement que l'ingénieur général prendra un intervalle de 80 toises en dedans pour la largeur de la place d'armes entre la première et seconde ligne.

Celle-ci sera toute composée de cavalerie dont les quatre faces étant égales et parallèles au derrière des camps de la première ligne formeront un carré de [...][1] toises de face dont les autre angles, savoir OPQR, seront droits comme les précédents qui l'environnent.

On donnera 56 toises d'épaisseur au camp de la deuxième ligne dont le derrière sera réglé comme celui de la première, remarquant que les escadrons soient aussi coupés à la demi-file par les considérations ci-dessus.

Le détail de celle-ci sera l'affaire du maréchal des logis de la cavalerie assisté de ses aides-majors et fourriers, et de 3 ou 4 cavaliers à pied par compagnie munis de piquets, jalons, perches et cordeaux comme ci-devant pour marquer leurs divisions, et de cartes et piquets fendus avec les noms écrits des régiments.

Pareillement au derrière de la seconde ligne et en distance de 40 toises seulement, on tracera un autre carré S, T, V, X, parallèle en tout et par tout au précédent de [...][2] toises [...][3] pieds de côté dans l'intérieur duquel sera renfermé tout le quartier du Roi tel qu'il aura été résolu par le général et figuré par les plans, le détail duquel doit appartenir au quartier maître ou maréchal général des logis de l'armée qui distribuera, premièrement, l'espace du camp destiné pour le général et la place qui le doit environner ; deuxièmement, les espaces pour les vivres et l'artillerie ; troisièmement, celles des officiers généraux et de l'intendant de l'armée. Ceux-ci doivent avoir leurs fourriers destinés à cet effet, auxquels il faudra montrer les places et les toutes marquer avec des cartes à mesure qu'on en tracera les enceintes, ce de quoi il faudra les rendre capables, et surtout prendre garde que toutes se marquent à l'équerre et que les alignements soient bien suivis.

L'ingénieur général observera seulement ici que les grandes rues soient bien alignées de 20 toises de large chacune et toutes les petites de 12.

Le même ingénieur sera premièrement chargé de la fixation du centre ; deuxièmement, des quatre premiers alignements tirés dudit centre à la circonférence du retranchement ; troisièmement, de la direction des quatre grandes rues ; quatrièmement, de ceux des fronts de bandière et du carré qui doit enfermer le quartier du Roi pour lequel il sera bien de se faire

1. Idem.
2. Idem.
3. Idem.

assister de tous les ingénieurs et d'une centaine d'hommes commandés munis d'outils, de piquets grands et petits, d'équerres et de cordeaux (*Ce doit être l'affaire des sapeurs et mineurs*).

Le major général sera chargé en chef du détail de la première ligne et le maréchal des logis de la cavalerie de la seconde.

Le maréchal général ou quartier maître pourra se charger du tout en général, et en son particulier de la distribution du quartier du Roi, chacun d'eux ayant soin de se munir des équerres, cartes, piquets, perches et cordeaux nécessaires, et de tout le monde dont ils auront besoin.

Nota. Premièrement, que dès le commencement on pourra travailler à la distribution dudit quartier du Roi commençant par la place destinée aux tentes du général (A). Deuxièmement, par la place qui le doit environner. Troisièmement, par les espaces destinés aux lieutenants généraux et maréchaux de camp attendu que leurs places bordent la place du général tout autour et aboutissent sur les grandes rues.

Ces rues se dirigeront en prenant 10 toises à droite et autant à gauche de chaque côté des premiers alignements ce qui donnera leur largeur de 20 toises chacune.

Rien ne pourra donc retarder le tracé des places des lieutenants généraux et maréchaux de camp aussitôt que le carré qui doit enfermer le quartier du Roi sera réglé.

Rien n'empêchera non plus qu'on ne trace les quartiers de l'artillerie et des vivres à même temps, après quoi il faudra s'attacher à faire le détail des autres places du quartier du Roi moins pressées suivant les figures et mesures représentées au plan particulier de la [...][1] feuille en plus grand volume que nous joignons ici avec toutes les mesures pour plus d'éclaircissement, lequel plan contient tous les quartiers énoncés dans la table à côté du premier, et la destination convenable à ceux qui ont droit de campement au quartier du Roi. Il faudra les distribuer à mesure qu'on tracera les lignes, et que les gens à qui ils doivent appartenir se présenteront pour les occuper.

Cette manière me paraît la plus abrégée de toutes, car à même temps que le centre est établi on peut travailler à tous les endroits du camp plus pressés.

Le tracé du retranchement étant celui qui presse le plus, on sera en état de le partager aux troupes au défaut des paysans, et de les mettre incessamment en œuvre, et celui des troupes devant suivre le retranchement de près elles ne seront pas longtemps dans l'attente des places où ils auront à se mettre, et cela me paraît mieux, vu que le quartier du Roi sera aussi incessamment en état de travailler à son établissement.

Il ne faut pas souffrir que personne vienne se promener dans le camp que tout ne soit tracé, et les troupes sur leur terrain, autrement les allants

1. L'indication manque.

et venants ne manquent pas de déranger les marques, et les ouvriers ne savent plus où ils en sont.

Comme ce camp ne pourra pas être tracé dans un jour, il faudra que l'armée se campe là près en attendant qu'il soit achevé de tracer, et que chacun ait pris possession des places qui leur appartiendront.

Je dois encore avertir que le parc d'artillerie doit bien renfermer les munitions, les équipages et tout ce qui lui appartient, mais que le petit et moyen canon doit être dispersé derrière le retranchement selon les avenues où l'ennemi pourrait se présenter. Il faudra les mettre en batteries leur ouvrant des embrasures et leur faisant des plates-formes à la hâte telles qu'on le peut dans les temps pressés comme ceux-là.

Il est à remarquer que ce qui est ici proposé pour une armée de 24 bataillons et de 48 escadrons, le peut être pour de plus grandes et de plus petites. Il n'y a qu'à régler les plans sur la quantité de troupes dont l'armée sera composée, sur les mêmes proportions, remarquant que où les armées seront plus nombreuses, il sera bon de donner plus de largeur aux intervalles d'entre les deux lignes et le retranchement, parce qu'il faut s'y pouvoir manier aisément et que les bataillons et escadrons y puissent aller et venir sans défiler, s'y tourner et faire le quart de conversion selon que les besoins le demanderont.

Après ce que dessus je dois encore avertir que la castramétation des campements réguliers n'est ici proposée que pour accompagner le système général de cette manière de camper, qui n'étant plus observée il n'y a pas d'apparence qu'elle soit jamais employée. C'est donc par un pur respect pour la manière de camper des anciens, et parce que ce système sert de fondement à la castramétation irrégulière que nous l'avons proposé et rien de plus, car nous n'en espérons ni n'en conseillons l'usage, persuadés que nous sommes qu'il vaut mieux employer l'avantage des situations.

On ne saurait donner de distribution particulière pour l'arrangement des tentes et des équipages de chaque place à cause du changement qui arrive continuellement dans les armées, mais on en pourrait faire utilement pour le parc, les vivres, le général et tous ceux qui voudront se procurer de la règle. Il faudrait pour cela en faire autant de plans particuliers au commencement des campagnes, qu'il y a de places à distribuer lors que l'état de l'armée est réglé et les faire de concert avec ceux qui les doivent occuper. Cela produirait bien plus d'arrangement.

PROPRIETES
DES CAMPS REGULIERS

CELLES QUI procèdent de la figure carrée sont :

Premièrement, de ramasser toutes les forces d'une armée en peu d'espace, sans désordre et sans confusion, ce qui fait que le général peut se porter en très peu de temps où le besoin l'appelle.

Deuxièmement, qu'ayant tous les officiers généraux de l'état major de l'armée près de lui, cela ne peut que lui être très commode, pour tous les besoins qu'il en peut avoir.

Troisièmement, qu'il est incomparablement plus facile de distribuer les soins de l'enceinte du camp, et des troupes qui le doivent garder aux lieutenants généraux, maréchaux de camp et brigadiers.

Quatrièmement, que les troupes ont peu de mouvement à faire pour se porter à l'action en cas d'attaque, et sont par conséquent bien plus à portée de s'entresecourir que si elle était plus étendue.

Cinquièmement, que la réunion bien ordonnée des forces d'une armée la rend plus forte et plus capable d'une grande résistance, vérité sans réplique, et qui se trouve parfaitement dans la figure carrée.

Sixièmement, qu'une armée retranchée de la sorte est plus en état de faire de grands et forts détachements, et des entreprises au-dehors, qui s'exécutent avec plus de sûreté que de toutes les autres manières de camper, parce qu'elle peut les préparer secrètement dans l'enclos de son camp, sans que l'ennemi puisse découvrir ce qu'on y fait, vu que si ledit camp est fermé tout autour, les gardes bien établies, et les sentinelles fréquentes, on peut facilement empêcher que personne n'en sorte jusqu'à ce que les détachements soient rentrés, ou du moins portés sur les lieux où ils doivent agir, sans que l'ennemi se puisse apercevoir de leur absence par la voie de ses espions ni s'en prévaloir.

Septièmement, qu'après les camps mis en sûreté et beaucoup de fourrages amassés, il ne tiendra qu'au général de faire sortir le tiers, la moitié ou les deux tiers de sa cavalerie retenant la moindre partie et les dragons avec lui, pour l'envoyer subsister au-dehors, et camper sous des places d'où elle pourra lui faire passer des convois, faire des courses et harceler l'ennemi, pendant que l'armée retranchée jouira des fourrages qu'elle aura ramassés.

Huitièmement, qu'il n'y a rien qui puisse tant contribuer à l'observation de la discipline que les camps retranchés de figure carrée ou approchant, à cause de leur régularité et de ce qu'étant fermé tout autour, il n'y a qu'à en interdire les entrées et sorties, par toute autre voie que par les portes, sur peine de la vie ; moyennant quoi il sera aisé de contenir les coureurs et d'empêcher que rien n'entre ni sorte du camp, que ceux qu'on voudra et dans le temps qu'on le voudra.

Neuvièmement, que si à la régularité ou approchant d'un tel camp, on peut ajouter les propriétés d'une situation avantageuse, telle que pourrait être une ville près de l'une de ses extrémités qui couvrirait l'un de ses côtés, une rivière, un marais ou un concours de rivière et de ruisseau, si faible fût-il, figurant quelque chose d'approchant, comme les représentés à la [...][1] figure, en jetant plusieurs ponts sur la rivière couverts d'un retranchement (A A), ce camp en serait plus sûr et plus commode. Bien entendu qu'il ne faudrait pas laisser de le fermer de ce côté, parce qu'il faut que la clôture soit entière et continue. Que s'il se trouvait quelque ruisseau (BBBB) on y pourrait faire plusieurs petites retenues ou batardeaux, qui faisant regonfler l'eau hors des bords, pourraient former autant de petits étangs ou inondations qui rendraient ces côtés d'un accès encore plus facile, en les couvrant avec des ponts qu'on y ferait, par des pièces détachées du retranchement (CCCC), lesquels étant soutenus par celui du camp, rendrait le succès des attaques de ces côtés très funeste à l'ennemi.

Dixièmement, que si ces ruisseaux étaient forts et venaient de loin, l'ennemi n'oserait s'approcher à portée de ce camp pour l'investir, à moins qu'il ne fût deux ou trois fois plus fort que l'armée retranchée, encore moins se séparer. Car si dans le dessein de lui couper les vivres ou de l'attaquer, il s'en approchait trop près, qu'il se séparât en deux ou trois corps, les rivières entre deux, et que les quartiers séparés par ces ruisseaux ne fussent pas chacun aussi forts que l'armée retranchée, il se mettrait en danger de les faire battre les uns après les autres, parce que l'armée retranchée pourrait prendre un temps à son choix pour cela, et tomber sur celui des deux ou des trois qui lui plairait. De sorte qu'un camp fortifié de cette sorte, soit régulier ou approchant, serait en état de porter la terreur à 10 lieues à la ronde et de rompre bien des mesures à l'ennemi, pendant tout le séjour qu'il ferait là, sans qu'il pût l'en déposter, pour peu qu'il eût le temps de se fortifier et d'y faire amas de vivres et de fourrages. Par exemple, si l'ennemi avait dessein d'attaquer une place comme Tournai, il est sûr qu'un camp fortifié de la sorte et situé le long de l'Escaut, entre ledit Tournai et Oudenarde, l'empêcherait, quand bien on y serait moins fort que lui d'un

1. Idem.

tiers ou de moitié ; que la même chose pourrait arriver à Lille et à Menin, si on se portait le long de la Lys, où il y a plusieurs bonnes situations aisées à fournir de vivres et de fourrages, ainsi de beaucoup d'autres places et situations très avantageuses qui sont dans ce pays et ailleurs. Il est vrai que ces propriétés sont aussi bien communes aux camps irréguliers qu'aux autres ; mais il faut avouer que les réguliers jouiraient de ces avantages avec plus de facilité et d'agrément que les autres.

Pour achever d'éclaircir de plus en plus les propriétés des camps réguliers, nous en donnerons trois figures, qui toutes trois renferment trois armées de différentes grandeurs, sans nous éloigner en rien qui soit du système général.

DES CAMPS IRREGULIERS

APRES AVOIR exposé les figures qu'on pourrait donner aux camps réguliers de ce temps-ci, il est présentement à propos de dire ce que nous pensons des irréguliers, qui à raison de leur étendue sont les plus convenables aux pays bossillés et inégaux, coupés de montagnes, vallées, bois, rivières, ruisseaux, marais, chaussées, etc., sans oublier les villes fortifiées, pour lesquelles il faut avoir de grands égards et beaucoup d'attention. Tout cela posé comme autant de considérations nécessaires qui demandent de grandes circconspections et beaucoup de connaissance des pays, nous dirons :

Premièrement, que les figures carrées ou carrées longs réguliers ou approchant sont bien sûrement les plus parfaites et qu'après celles-là celles qui font le moins d'angle sont les plus commodes, les plus agréables dans l'usage et les plus faciles, et que les non-commandées qui laissent le moins d'accès à l'ennemi, qui sont à portée de le pouvoir incommoder, tirer leurs vivres des places voisines, s'empêcher d'être investies, et qui enfin ont toutes ou la plus grande partie des qualités demandées par le [...][1] chapitre de ces mémoires, sont sans contredit les meilleures de toutes et les plus difficiles à trouver. Supposant donc par exemple une situation sur les bords d'une rivière portant bateaux, dans laquelle il en tombe une autre moindre, qui n'en porte point, comme les figurées.

Si le terrain compris dans la fourche de ces rivières est sec, non commandé des environs, que la navigation de ladite rivière vienne de quelqu'une de nos places, que l'air y soit bon, les eaux bonnes à boire, les abreuvoirs près, les fourrages abondants, l'espace suffisant, qu'il y ait facilité de tirer ses vivres de celle de nos places qui en sera le plus à portée, que l'occupation de ce poste puisse nous sauver le siège d'une ou de deux places, ou couvrir quelque partie considérable de notre pays, sur lequel l'ennemi pût avoir dessein pendant que nous pourrions entreprendre ailleurs, ou que la faiblesse de nos armées nous obligeât à user d'industrie pour

1. Indication manquante.

nous tirer d'affaire, on pourrait occuper cette situation s'accommodant à sa figure et la très bien retrancher, en employant les avantages qu'elle nous offre, ainsi qu'il est représenté sur la figure[1].

Observant premièrement, de ne point mettre le retranchement sur le bord des rivières, mais bien à 10, 15, 20, 25, 30, 40, 50, voire 60 à 80 toises en arrière de leur lit.

Deuxièmement, de faire le parapet du retranchement à demi-preuve autant que faire se pourra, c'est-à-dire de 8, 9 à 10 pieds d'épais, mesuré au sommet sur trois banquettes d'élévation. C'est encore à dire de 9 pieds de haut, afin que la cavalerie y puisse être à couvert. Il est évident que si une telle situation était occupée par un camp de 12, 15 à 20 mille hommes, et plus si l'on veut, bien retranchés avec des ponts sur les rivières, fortifiés devant eux ; que non seulement une armée n'oserait entreprendre de l'attaquer dans ses retranchements à force égale, pas même quand elle serait le double plus forte, et encore moins de l'affamer, attendu que pour ce faire, il faudrait l'investir des trois côtés couverts par les rivières, chacun aussi fort ou à peu près que le camp retranché, autrement il faudrait fortifier tous ces quartiers l'un après l'autre, et les bien assurer, ce qui consommerait grande partie de la campagne, pendant quoi l'armée retranchée aurait le temps de prendre son parti. Il est encore visible que cette armée serait à couvert des attaques par le côté des rivières et des ruisseaux savoir [...][2].

De sorte qu'elle n'aurait à se garder que du terrain ferme, savoir [...][3], auquel opposant la plus considérable partie de ses forces, il serait moralement impossible de la forcer. Cependant elle pourrait agir et faire plusieurs diversions sur le pays ennemi ; empêcher ses convois, courir son pays et le désoler, et s'il s'avançait dans le nôtre, laisant le camp derrière lui, elle lui couperait les vivres, et serait capable non seulement de le fort incommoder, mais de lui faire échouer bien des desseins, pendant qu'elle en pourrait couver d'autres à loisir et en sûreté pour les faire éclore en temps et lieu.

Soit encore une autre situation dont un côté est couvert par une rivière, et l'autre par un ruisseau traversant une prairie basse et marécageuse, le derrière appuyé sur une place ayant toutes les propriétés de la précédente, et quand au surplus la figure telle que la représentée la supposant occupée et très bien retranchée, son ruisseau barré en plusieurs endroits, et sa prairie mouillée de ça et de là ; si l'ennemi veut attaquer la place qui en sera protégée, il sera contraint de forcer le camp, autrement il sera obligé à une circonvallation qui ne serait pas soutenable, à cause de son trop d'étendue qui causerait un grand affaiblissement à ces quartiers, et les exposerait à être enlevés par l'armée retranchée l'un après l'autre. S'il pensait l'attaquer

1. Idem.
2. Phrase inachevée.
3. Mot(s) manquant(s).

d'emblée, ce camp étant bien retranché et couvert par la ville, la rivière et le marais en partie, il serait en état d'en bien soutenir les attaques et de les faire manquer, s'il prenait le parti de l'attaquer par tranchée, ces attaques ne pouvant marcher que très lentement, l'armée retranchée ferait plus de retranchement à couvert que lui de tranchée à découvert et exposée à un grand feu et à des sources considérables. S'il prenait le parti d'attaquer la place sans forcer le camp et chasser l'armée retranchée, celle-ci pouvant relever la garde dans la place aussi souvent que l'ennemi celle de ses tranchées, elle pourrait lui faire manquer ladite place par la quantité de sorties dont on l'accablerait et par la forte et dure résistance qu'on lui opposerait, ce qui ruinerait son armée, et l'empêcherait de réussir à rien, au lieu que l'armée retranchée conservant ses places et son pays, sans souffrir que de très médiocres pertes de sa part, serait en état d'agir après, et de faire des entreprises à son tour.

Nous ajouterons aux dessins précédents [...][1] figures irrégulières de camps retranchés dans des situations connues, pour achever d'en donner une idée la plus parfaite qu'il sera possible. Celles-ci comme bien d'autres pourraient avoir leur mérite en temps et lieu, mais nous ne les donnons pas pour avoir été pratiquées, ni pour être aussi bien occupées qu'on le pourrait faire, s'il s'agissait de travailler sur les lieux, avec toute les connaissances et les applications requises.

Pour s'en faire une bonne du contenu en ces mémoires et mettre un général en état de ne se pas tromper sur le choix des situations, il serait très nécessaire de faire une recherche exacte dans les frontières, tant de notre pays que de celui de nos voisins, de toutes celles qui ont quelque mérite et d'en lever des cartes topographiques bien circonstanciées, avec l'énumération de leurs propriétés, bonnes et mauvaises bien recherchées, tant par rapport à elles-mêmes qu'aux pays et aux places qui en peuvent être protégées, le tout bien détaillé, avec leur distance à ces mêmes places, et les moyens plus praticables d'en faire un bon usage selon l'art. C'est de quoi on pourrait faire un excellent livre, qui conviendrait parfaitement au Roi et à ses généraux ; toute la frontière étant pleine de ces situations et les environs des places même qu'on ne connaît pas, ce qui me persuade qu'on ne saurait mieux faire que de les faire rechercher avec soin par des personnes intelligentes, n'ayant pas eu occasion de rien examiner à fond par moi-même à cet égard[2].

Je dois cependant ne pas oublier d'indiquer les endroits de ma connaissance où il se peut faire des camps retranchés, tant pour la conservation des

1. Indication manquante.

2. Ainsi, sur le tard, Vauban se préoccupe enfin de la cartographie, cet outil essentiel de la maîtrise du territoire, auquel il n'a pas beaucoup porté attention jusque-là, comme il l'avoue ici. Voir G. Monsaingeon, *Les Voyages de Vauban*, Marseille, Parenthèses, 2007, pp. 73-103, chapitre intitulé « L'impossible cartographie ».

places que pour la sûreté particulière des armées, indépendamment de ceux-là et dans d'autres situations. Nous avons expliqué au commencement de ces mémoires les qualités qui leur sont nécessaires, pour mériter d'être occupées, et en général la différence des retranchements qui peuvent être de quelque utilité, c'est pourquoi il serait inutile de les répéter[1].

Il y a de quoi faire un petit camp retranché à la tête du fort de Kehl de Strasbourg, sur le terrain ferme entre la Kinche et le Rhin pour 8, 10 à 12 mille hommes, le village de Kehl se trouvant dans son enclos, fournirait beaucoup de couvert pour les vivres, l'hôpital et le quartier du Roi. Il y a de quoi en faire un autre à la tête de l'inondation de Strasbourg, en mettant [...][2] devant soi entre le Rhin et la rivière d'Ill, et y employant les inondations, on pourrait faire ce camp impénétrable, et celui de Kehl aussi. Il y a de quoi faire un bon camp à Drusenheim, quatre lieues au-dessous de Strasbourg, avec un petit fort carré entre le Rhin et la Mouter, traversant cette rivière par un pont à écluse entre le fort et le bourg, et occupant ledit bourg, et l'enfermant par un petit rempart palissadé de peu de dépense, on pourrait jeter les eaux à l'entour de son territoire, et y faire un camp excellent.

On en peut faire un autre sur la jonction de la Louter et du Rhin.

Un autre à Ghermessein[3], et entre Ghermessein et Landau, la Quiech devant soi, avec une inondation au-devant la ligne coupée de quelques forts et redoutes.

Un autre entre les deux Brisach, et si je ne me trompe un fort bon entre la place et le nouveau village d'Huninghen.

Il y a plusieurs autres endroits dans cette province où en pourrait faire qui seraient fort avantageux, s'ils étaient recherchés, comme Schlesiat[4], Colmar, Ensisheim, Belfort, etc., mais je n'en puis pas donner la figure, n'en ayant pas fait lever des plans.

Il y a des situations le long de la Sarre et de la Blize qui ne sont pas à mépriser. On en trouverait de très bonnes le long de la Meuse et de la Moselle, notamment aux environs de Metz.

Il y en a une excellente à Charlemont, sur la montagne de Haurs ; une bonne à Namur entre Sambre et Meuse dans le bois de Marlagne ; une près de Philippeville qui n'est pas à mépriser[5], une petite à Rocroy ; on en pourrait trouver une à Maubeuge.

1. Le paragraphe qui suit est partiellement redondant par rapport à ce qu'il a dit de la cinquième espèce de lignes retranchées.

2. Mot(s) manquant(s).

3. Germersheim, Allemagne.

4. Sélestat.

5. Entre cette ville et le village de Sautour, et où il a fait un projet de camp retranché en 1696, Vincennes, SHD, IV M, Philippeville, n° 10 et 11. Voir J. Muller, « Vauban et Sautour », dans *Namurcum*, t. XXVIII, 1954, pp. 42-47.

Une excellente à Mons en occupant le mont Parisel, et tout le terrain jusqu'à Nimy.

Une à Tournai.

Une à Tivicelle, près Condé dans la fourche de la Haisne et de l'Auneau. Une très bonne à Lille, une petite à Menin très sûre, une à Douai, une bonne à Ypres, une excellente à Furnes, une très bonne à Dunkerque, une à Gravelines, une à Calais et une autre à Boulogne en les occupant à propos et leur donnant des figures convenables.

Il y a peu de places où on ne puisse trouver quelque situation avantageuse, qui étant bien employée, deviendrait excellente pour des corps de 10, 12, 15 à 20 mille hommes. La plupart des places de la Flandre en ont de merveilleuses. Il y en a à Gand trois ou quatre, à Anvers deux, à Lierre une bonne, à Malines deux ou trois, les meilleures du monde, à Bruges et entre Bruges et Damme, à Ostende, Nieuport, etc. Il ne faut que savoir les choisir, bien rechercher et démêler leurs propriétés et les occuper quand on en aura besoin. Il y en a plusieurs bonnes le long de notre frontière maritime, et une infinité d'autres que je ne nomme pas, qui mériteraient bien d'être recherchées et mieux développées qu'elles ne sont. La mémoire ne me fournit pas toutes celles que j'ai vues du passé, mais je puis assurer qu'il n'y a presque point de place à l'abri de laquelle on ne se puisse poster avantageusement.

A l'égard des camps pour de grandes armées, nous en avons donné les systèmes réguliers et irréguliers qui nous ont paru les plus raisonnables, il n'y a qu'à en faire l'application convenable, selon les lieux et les besoins. Tous les pays sont pleins de situations qui leur conviennent, ce qui fait que je n'en indiquerai point d'autres, cela me paraissant inutile.

Au surplus, une armée n'est pas toujours nécessitée de se retrancher. Quand elle est égale à celle de l'ennemi, elle la cherche pour la combattre, si elle est en raison de cela, sinon elle agit par d'autres voies. Quand elle est supérieure, elle est en état d'entreprendre hardiment, sans être obligée d'y avoir recours.

Tout retranchement présuppose une guerre défensive, ou du moins mêlée de défensive et d'offensive. Ce qui se pratique aujourd'hui chez les Allemands nous fournit de belles leçons sur l'usage qu'on en peut faire.

Du surplus je n'estime pas les retranchements devant des fronts de bandière, qui n'enferment pas leur armée. Si elle est grosse la situation du camp est si étendue qu'il ne se peut pas qu'il ne s'y trouve quantité de défauts directement opposés aux maximes et à la raison ; et si elle est faible ou médiocre, outre que les mêmes défauts se peuvent encore trouver dans la situation, si sa droite ou sa gauche sont découvertes, l'ennemi peut les prendre par là ou par les derrières, à quoi j'ajoute que les campements d'armées fort étendues leur font perdre beaucoup de leur force, la gauche ne sachant le plus souvent ce qui se passe à la droite, ni la droite ce qui se passe à la gauche. Il en peut arriver de grands inconvénients. Et pour conclusion il est certain que toute armée qui sait se retrancher, et qui le fait à propos, redouble de force toutes les fois qu'elle le fait, et que celle qui le néglige, ou qui se fortifie mal, s'affaiblit au lieu de se fortifier.

LE TRAVAIL
DIVISE PAR POSES
OU
reprises à relever
de trois heures en trois heures[1].

LA DILIGENCE étant au surplus une des parties plus nécessaires de la guerre on peut dire avec vérité qu'il n'y en a point où elle soit plus requise que dans la façon des retranchements, par la raison que les armées qui en ont besoin, étant ordinairement les plus faibles, il est certain que si l'ennemi plus fort peut en éventer le dessein, qu'il tâchera de le prévenir en occupant le poste choisi le premier, ou en donnant combat en chemin ou avant qu'on y puisse être établi. Pour éviter de tels inconvénients qui seraient terribles, ce n'est pas assez de tenir son dessein caché, il faut user de grande diligence, pour s'emparer du poste, le connaître de longue main et en avoir un plan tout réglé. Cela supposé et le dessein pris de l'occuper, le jour avant partir pour s'y rendre, il faudra régler la disposition des ouvriers qu'on y doit employer, en distribuer les soins aux officiers généraux, et faire marcher le nombre de charrettes chargées d'outils nécessaires à la tête de chaque brigade d'infanterie, sur le pied d'en délivrer 200 par bataillon. Et comme il est à supposer qu'ils en trouveront l'ouvrage tracé en arrivant, le distribuer aussitôt sur le pied d'y faire travailler par tiers de bataillon, que nous appellerons pose ou reprise, à relever de trois heures en trois heures, ce qu'il faut faire avec toute la diligence possible, et pour cet effet mener les commandés sur l'ouvrage, portant leurs armes avec eux, et après les avoir fait mettre en haie vis-à-vis la place destinée à l'ouvrage, les faire poser, y mettre une sentinelle, et leur faire mettre à même temps les justaucorps bas, après quoi faire prendre les outils moitié pelles et moitié pioches, et les étendre le long du travail, leur montrer le côté où il faut jeter la terre, et comment observer les talus, et puis faire haut les bras, et travailler à toute force trois heures durant sans relâche, au bout desquelles les relever par un pareil nombre, et pour ne point perdre de temps, faire mettre les nouveaux venus en haie vis-à-vis ceux qui doivent être relevés,

1. Nous avons repris comme titre ce qui figure en apostille au milieu du premier § et qui correspond plus ou moins à l'énoncé d'un chapitre repris dans la table des matières.

qui pendant ce temps-là doivent continuer le travail comme n'y songeant pas, faire reconnaître chacun leur homme à ceux qui doivent relever ; et quand tout sera reconnu, faire quitter le travail par un seul commandement, chacun des relevés laissant son outil sur le lieu, qui étant à l'instant saisi par les nouveaux venus, ils se mettront aussitôt à l'œuvre et travailleront de force comme les premières autres trois heures entières, observant d'y commander des officiers et sergents pour les faire diligenter ; qui leur feront jeter et arranger les terres à propos. Quand la deuxième pose aura travaillé son temps, il faudra la relever par le dernier tiers du bataillon de la même manière que les précédentes, y observant la même conduite. Le 3e tiers ayant achevé son temps ce sera au premier tiers qui se sera reposé six heures à reprendre le travail pour la deuxième fois, ce qui fera la 4e pose, laquelle travaillera de force comme les précédentes jusqu'à ce que l'heure de la relever la congédie pour s'aller reposer, pendant quoi la 2e pose reprendra le travail à son tour pour la seconde fois, et le continuera de même façon, ce qu'il faudra reposer de pose en pose le jour et la nuit sans discontinuation, jusqu'à ce que toutes les terres soient levées et le fossé, de la profondeur qu'on le voudra mettre. Cela fait, on y pourra encore ajouter une pose ou deux pour en régler les talus, relever le derrière des terres et accommoder un petit surtout au sommet du parapet, et une banquette sur le derrière. Du surplus il sera bon qu'il y ait des soldats qui piétonnent le devant des terres, et qui leur donnent l'arrangement nécessaire. Il doit être du soin des officiers et sergents de faire diligenter l'ouvrage, et de celui des ingénieurs de le régler et montrer aux ouvriers comme il le faut faire. A quoi j'ajoute que s'il y avait un ingénieur dans chaque régiment, ainsi que je l'ai demandé ailleurs, il serait d'un grand secours, tant pour le tracé que pour la conduite de leur ouvrage, dans les sièges et dans les retranchements. Cette manière de travailler jour et nuit par pose est sans doute celle qui peut le plus diligenter, quand elle sera bien menée ; mais il faut prendre garde à ne point perdre de temps et à tenir la main à ce que les travailleurs fassent leur devoir. Or je tiens que tout homme si faible soit-il, qui voudra un peu s'employer, lèvera du moins 36 pieds cubes de terre, qui font la 6e partie d'une toise cube, en trois heures, et pourra les jeter à 8 pieds de lui, auquel cas six poses feront l'ouvrage d'une toise cube, en dix-huit heures de temps. Pour peu que les soldats fussent nourris et reposés, ils en pourraient bien lever un quart et plus ; mais la lassitude de la marche, et la mauvaise chère qu'ils font, ne permet pas d'en tant espérer. Cependant si l'armée prend bien ses mesures dans deux poses, qui ne sont que six heures de temps, elle se peut mettre en état de faire une résistance très considérable. Car soit par exemple le premier profil A qui est le moindre de tous, on voit par son contenu qu'en deux poses, on peut faire un retranchement qui aura 6 pieds d'ouverture de fossé, sur trois de profondeur, et que la terre qui en sortira peut former un parapet de 4 pieds et 1/2 de haut. Quoique cela soit bien faible, il est certain que la cavalerie ne sautera pas ce fossé, quand le parapet sera bordé d'infanterie, que l'infanterie y sera à couvert jusqu'au menton, ce qui est un grand avantage par rapport à un ennemi qui vient tout découvert à vous ; et que si on continue ce travail une autre pose après, qui fait neuf heures en tout, on pourra voir un fossé de 8 pieds de large sur 4 de profondeur, avec un parapet de 5 pieds et demi de haut comme B, qui augmentera le couvert de 6 à 8 pouces. Continuez la même manœuvre, une autre pose, vous aurez un fossé de 10 pieds de large sur 5 de profondeur qui vous fournira un assez bon parapet.

Poussez cela encore une pose, vous aurez un fossé de 12 pieds de large sur 6 et 1/2 pieds de profondeur, avec un parapet à banquette de quatre d'épais, mesure au sommet, sur 6 de hauteur ; le tout par un travail continu de 6 poses en 18 heures de temps, à travailler jour et nuit ; et si vous continuez cette manœuvre deux autres poses, vous pourrez avoir un fossé de 14 à 15 pieds d'ouverture sur 7 pieds de profondeur et un parapet de 7 pieds et 1/2 de haut sur 4 d'épais mesuré au sommet comme le sixième profil E. Après quoi, vous serez en état de l'augmenter encore davantage, soit en continuant de travailler par pose, ou en reprenant le train ordinaire des ouvrages, chose dont je ne suis d'avis, que quand on voudra se servir de grands profils, comme de ceux de (FG). Les autres au-dessous se pourront exécuter avec plus de promptitude, en travaillant par poste, parce que la terre se peut jeter à la main en doublant les pelleux, et même les triplant.

Supposant le travail égal, il sera aisé de connaître ce qu'il en doit revenir à chaque régiment, quand on saura le circuit des retranchements par rapport à la force et faiblesse des corps, et c'est une des premières choses à savoir, quand on se voudra retrancher, jusqu'à ce que cette répartition soit faite ; chaque régiment doit travailler devant soi afin de ne pas charger les uns plus que les autres ; au reste les retranchements sont ouvrages d'infanterie pendant quoi la cavalerie doit la fournir de fascines, piquets, barrières, etc.

Nota. Observer quand on est fort pressé de laisser dans les deux premières poses, une berme de 7 à 8 pieds de large du côté du jet des terres comme 1 : 2 : 3 : 4 :, à la troisième pose, élargir de deux pieds aux dépens de la même berme et approfondir d'un jetant les terres en augmentation de parapet, ce qui vous donnera une ouverture de fossé de 8 pieds sur 4 de profondeur. La quatrième pose élargira de deux autres pieds aux dépens de la même berme, sur un autre de profondeur, jetant toujours les terres en augmentation de parapet, ce qui donnera 10 pieds d'ouverture de fossé sur 5 de profondeur, comme C. La cinquième pose donnera 12 pieds d'ouverture, ce qui produirait un bon et solide retranchement, en peu de temps ; le profil joint à ce discours explique suffisamment le détail de ces manœuvres, qui loin d'être considérées comme indifférentes, méritent qu'on y fasse une sérieuse attention, parce qu'elles contiennent les moyens de s'assurer en peu de temps. Les retranchements de cette force sont excellents pour un mois ou deux, mais s'il s'agissait de les garder longtemps, il faudrait les précautionner davantage et ajouter des palissades aux endroits les plus exposés, s'il était possible d'en avoir. Au surplus qu'on ne s'ennuie pas de voir ici des répétitions de profils qui ont déjà amplement été touchés ailleurs. Il y a de certaines choses qu'on ne saurait trop souvent rappeler, quand il s'agit de bien instruire un fait de conséquence.

RETRANCHEMENT AMBULANT
OU
TABOR.

La manière de le former. Le nombre de chariots et charrettes nécessaires par rapport à l'armée qui doit s'en servir. Les chariots qu'on peut en exempter et le terrain qu'ils peuvent occuper.

TABOR est un mot allemand, bohémien, cosaque ou polonais, peut-être un nom forgé à fantaisie, qui signifie une clôture de chariots ou charrettes[1]. Elle est si naturelle que les caissons de vivres de nos armées et les charrettes d'artillerie, même les paysans qui vont et viennent en convoi s'en font des enceintes contre les voleurs quand ils sont obligés de camper. L'infanterie polonaise et cosaque, même les Turcs, s'en servent souvent, quand ils craignent les surprises d'un ennemi dont la réputation leur impose. Jean Ziska, ce fameux général des Hussites, est celui qui l'a le plus mis en réputation dans les guerres qu'il soutint contre l'empereur Sigismond, beaucoup plus fort de toutes façons que lui ; il s'en servit toujours heureusement, et après sa mort son armée s'en servit encore dans la plupart de ces grandes expéditions qu'elle fit sur les terres de l'Empereur.

Depuis ce temps-là, les Cosaques l'ont souvent employé contre les Tartares et les Polonais et dans la dernière guerre des Turcs contre l'Empereur ; ces premiers s'en servirent pour assurer leur camp et leur marche, notamment dans les dernières campagnes qu'ils firent en Hongrie. On peut le considérer comme une palissade roulante et plus tôt placée que toutes les autres de quelque espèce qu'elle puisse être, meilleure sans comparaison que les chevaux de frise que les Impériaux emploient pour couvrir la tête de leurs bataillons. Quand les chariots sont chargés, on peut considérer l'enceinte comme un retranchement mobile, qui porte son parapet et sa palissade, où l'infanterie trouve un bon couvert contre l'infanterie et un obstacle invincible contre la cavalerie ; ce qu'il y a d'excellent, c'est qu'en trois ou quatre heures de temps, on peut le former et lui

1. Les dictionnaires français ne connaissent pour cette forme substantivée que le sens moderne d'unité de soldats marocains commandés par des officiers français, avec une étymologie arabe. La ville de Tabor, en Bohème, a été fondée en 1420 sur une colline, en référence probable au mont Thabor ou Tabor de la Bible, lieu de la tranfiguration du Christ (J. Macek, *Le Mouvement hussite, op. cit.*, 1958, p. 36). Sur l'usage persistant de ces retranchements au XVIIe siècle, voir par exemple E. Wagner, *Costumes et coutumes militaires de la guerre de Trente ans*, Paris, 1980, pp. 156 et 172.

donner la figure que l'on veut, quand on a pris des mesures pour cela. Or je ne vois rien de plus avantageux pour une armée faible qu'un retranchement fait en trois ou quatre heures de temps, qui la met à couvert de tous les efforts de la cavalerie ennemie et qui l'avantage fort contre l'infanterie. Il y a une si grande différence de l'effet du feu tiré de pied ferme, le mousquet appuyé et à couvert, de celui qu'on fait en marchant découvert de la tête aux pieds et sans appui, que cela se peut à peine concevoir, et quand le couvert des chariots ne serait qu'à demi ou aux deux tiers, c'est toujours un avantage très considérable ; on peut même, dans une marche, couvrir la droite et la gauche d'une armée de chariots, en les faisant marcher en ordre et côtoyer intérieurement par des colonnes d'infanterie toujours prêtes à border celles des chariots s'il était nécessaire.

Pour se mettre en état de ce faire, il me paraît qu'il faut premièrement[1], faire revue de tous les chariots, charrettes et fourgons de l'armée capables de servir au Tabor, savoir précisément ce que l'artillerie, les vivres, les officiers généraux et les régiments particuliers d'infanterie et de cavalerie en pourront fournir, en faire l'état et leur régler l'ordre de marche qu'on voudra qu'ils observent selon les rangs de leurs corps, leur faire observer, par gens à ce préposés, qui ne les quittent point pendant les marches. Cela une fois résolu, leur ordonner d'avoir chacun deux chaînes de fer au lieu de cordes pour attacher les chariots l'un à l'autre et pour enrayer quand on le voudra, avec autant de cadenas un peu forts, et dans chaque chariot, une pioche, une pelle, une hache, une serpe, deux leviers et une planche de la longueur du corps du chariot ou de la charrette, large de 12 à 14 pouces et épaisse de 2 pouces et demi, attachée sous les chariots, passant par-dessous les essieux, et en formant le Tabor ; on suspendra ladite planche par l'un des côtés seulement, laissant tomber l'autre, ce qui fera une espèce de mantelet pour les jambes. Il faudra que tous les chariots soient couverts et fermés à clef. Plus ils seront pleins et mieux sera ; ils en seront plus à preuve, et c'est pour cette raison qu'il n'en faudra pas de vides, mais tous remplis de quelque chose, ne fût-ce que de bois ou de fagots ou de fumier. Quand on voudra monter le Tabor, il faudra commencer par s'aligner sur le tracé du retranchement, placer le premier chariot sur ledit alignement, faire approcher le second le plus près que faire se pourra, le devant derrière, le dételer, le pousser à bras à reculons jusqu'à joindre le premier, faire la même chose du troisième, et ainsi de tous les autres. Si ce sont des charrettes, les bouts des limons passeront par-dessous le corps des autres charrettes ou chariots, poseront à terre ou seront soutenus sous les essieux et les traverseront entre les deux roues de ce qui sera devant jusqu'à ce que les deux corps se touchent, ce qui se peut faire de charrettes à chariots et de

1. On le verra dans la suite du texte, les deuxièmement et éventuels suivants ne sont pas rubriqués.

chariots à charrettes. Si ce sont tous chariots, il faut les joindre les uns aux autres le plus près qu'on pourra, les enchaîner et lever les timons tout droit ; il faudra aussi que tous les corps se touchent et qu'il n'y reste d'ouverture que pour passer les armes et le bout des canons. De cet arrangement, il résulte que les entre-deux d'un chariot à l'autre serviront de créneaux et d'embrasures au canon.

On pourra faire les barrières de ces camps à 100 chariots de distance les unes des autres et les fermer avec un chariot ou deux qu'il faudra attacher ensemble, les enrayant et cadenassant tous les soirs. Et si l'on veut faire quelques réduits devant les portes on le pourra aisément ; 10, 12 ou 16 chariots ou charrettes de paysans placés et enchaînés à propos en feront l'affaire. Il faudra assujettir tous les chariots et charrettes de l'armée au Tabor, excepté ceux du trésor, ceux qui portent les munitions de guerre, les caissons chargés de pains et de farines, deux chariots pour le général, un pour l'intendant, une charrette pour chacun des maréchaux de camp et une pour chacun des brigadiers, comme il a été dit ci-dessus ; et de plus que chaque régiment campe vis-à-vis de ses chariots et charrettes et y mette une garde ; il sera même bon, à cette considération, de ne donner que 40 à 50 toises de large à la place d'armes entre la tête des camps et la clôture.

Quand il s'agira de marcher en Tabor il faudra, s'il est possible, que la marche se fasse par des pays de plaines ou peu bossillés et qu'elle soit précédée par 2 ou 300 ouvriers et plusieurs charpentiers un peu avancés, guidés et bien escortés, pour préparer les chemins, combler les fossés et les ravines qui s'y trouveront, faire des ponts sur les petites rivières et ruisseaux, afin que la marche ne soit ni retardée ni interrompue ; et, pour qu'elle s'entretienne également et qu'il ne s'y fasse pas d'ouverture, il sera nécessaire de la diviser par petites brigades de régiments avec des détachements et un officier à chacun pour les conduire à côté, et auront soin de faire suivre, de relever les chariots qui verseront et tirer hors des rangs ceux qui rompront, prendre garde que la tête n'aille pas trop vite, que chacun garde son rang et que de temps en temps on fasse halte à la tête pour donner temps aux chariots arriérés d'arriver et de joindre ; si le centre de l'armée est couvert dans sa marche par deux colonnes d'infanterie à côté des files de chariots et les serrant de près, le surplus des bagages doit marcher entre les deux colonnes dans le centre du Tabor, avec le canon à la tête et à la queue du tout.

Comme il est à présumer qu'on ne marchera en Tabor que quand on se sentira le plus faible et à portée de pouvoir être attaqué, il faudra envoyer plusieurs gros partis de cavalerie à la guerre qui fassent battre le pays de-ci et de-là et en avant à 3 ou 4 lieues de la marche, pour apprendre des nouvelles des ennemis, afin d'avoir le temps, si on découvre qu'il ait dessein de venir à vous, de choisir un terrain propre pour ranger le Tabor. Ce sont de ces soins pour lesquels on ne saurait trop se donner d'application.

On suppose que les généraux qui mettront le Tabor en usage ne le feront que quand ils en auront besoin, et qu'ils seront bien instruits des lieux et du terrain qui lui seront propres. Je ne crois pas qu'on se trouve souvent dans la nécessité de fermer un camp tout autour comme celui de la feuille [...][1], mais, si on y était obligé, ce camp ayant [...][2] de circuit, il faudrait avoir [...][3] chariots ou charrettes pour le fermer, supposant que chacun d'eux eût 10 pieds réduits de long ; comme il n'y aura jamais guère que la moitié ou le tiers, quelquefois le quart du camp à fermer, cela sera beaucoup plus aisé et plus tôt fait.

Au surplus, si cette proposition est approuvée, il faudra faire des règles pour la régie tant du camp que des marches et de l'obligation où chacun sera d'y contribuer. En voilà assez pour expliquer sa marche et sa construction ; voyez présentement les figures des feuilles.

A l'égard des propriétés du Tabor, la première est d'être bientôt formé, la deuxième de contribuer très considérablement à la sûreté des camps et des marches, notamment pour les armées faibles en cavalerie, la troisième de donner le temps à l'armée de se retrancher plus solidement. Après cela, il faut avouer que des propriétés si recommandables et aussi aisées à mettre en usage que le sont celles-là, ont été ignorées jusqu'à présent par la nation du monde qui se pique le plus de raffiner sur la guerre. On doit encore remarquer que les chariots et charrettes pleins de quoi que ce puisse être feront un couvert à preuve du mousquet de toute leur étendue et que, si pour couvrir les jambes de ceux qui seront à leur défense, on veut faire un petit fossé au-devant relevé de deux ou trois pieds de terre à peu près comme le figuré au profil, qui sera une affaire de trois ou quatre heures de travail, le Tabor aura à peu près les qualités des autres retranchements, au fossé près. Au surplus, si on manquait de chariots ou charrettes, il ne faudrait exempter personne.

Un bataillon de 800 hommes marchant par 20 hommes de front doit former 40 rangs. Il en peut fournir plus ou moins selon les divisions par lesquelles on voudra le faire marcher, qui, observant 6 pieds d'intervalle de l'un à l'autre, feront 40 toises, auxquelles il faut ajouter 20 toises pour les 3 pieds que l'homme occupe en marchant, 10 toises pour l'espace des officiers dans les divisions, la tête et la queue, et 30 toises pour l'intervalle d'un bataillon à l'autre, le tout faisant 100 toises de long, et, pour 36 bataillons en marche, 3 600 toises qui, divisées en deux colonnes de 18 bataillons chacune, viendra 1 800 toises de circuit pour lesquelles couvrir par deux files de chariots ou charrettes de 10 pieds de long réduits chacun non compris les timons, viendra 1 080 chariots ou charrettes auxquels il faudra en ajouter 100 pour la tête et autant pour la queue, à cause des cro-

1. L'indication manque.
2. Le chiffre manque.
3. Idem.

chets nécessaires pour la fermeture d'un carré long, viendra 1 280 pour chaque colonne, posons 1 300 – la précision étant ici peu nécessaire –, ce sera 2 600 chariots ou charrettes pour couvrir la marche de cette armée seulement et pour y faire une clôture entière, moyennant quoi on y pourra camper une armée de 36 bataillons et de deux fois autant d'escadrons, en les disposant sur deux lignes un peu serrées, et laissant 60 toises de large à la place d'armes entre la clôture et la tête des camps, remarquant que, où les équipages de troupes ne pourront fournir la quantité nécessaire, on pourra emprunter quelques chariots de l'artillerie et des caissons qui se trouveront. Ce qui soit dit pour un Tabor entier situé au milieu d'une plaine, fermé de tous côtés, chose qui arrivera peu souvent car il est rare qu'il ne se trouve quelque avantage dans les situations qui pourront en épargner une partie. L'artillerie doit border le Tabor avec des charrettes composées près de chaque pièce. Et quant au quartier du roi, on pourra le régler comme il est proposé par le dessin des feuilles. Au surplus, cette quantité de chariots en marche occupera beaucoup plus de terrain que quand ils seront dételés et rangés au Tabor, mais cela n'est de nulle conséquence, et il est à présumer qu'on aura toujours le temps de le former et de le tout dételer.

DEMONSTRATION
PHYSIQUE
DU MERITE DES RETRANCHEMENTS,
qui prouve qu'un homme bien retranché en vaut six qui ne le sont pas.

PAR QUANTITE d'expériences plusieurs fois réitérées, il se trouve qu'un soldat peut facilement tirer 30 coups en une demi-heure de temps sans se trop presser, soit de fusil ou de mousquet, les armes supposées en bon état[1] ; il en pourrait tirer davantage s'il n'était contraint de les rafraîchir et nettoyer. Je puis donc affirmer qu'une file composée de cinq hommes en tirera 150 dans le même temps, le mousquet appuyé sur un parapet et par un même créneau. Or, supposé qu'elle bordât 4 pieds 1/2 de retranchement et qu'elle fût attaquée par le même front d'une autre file ennemie de 30 hommes, qui font six contre un, il arrivera : premièrement, que si l'attaque se fait par une plaine rase et découverte jusqu'à l'extrême portée du canon, l'ennemi y entrera à 1 000 toises du retranchement, et que dès lors le péril commencera à se faire craindre ; c'est pourquoi il ménagera sa marche, à quoi il emploiera du moins une demi-heure et davantage pour faire 800 toises de chemin, qui est le tiers d'une lieue ; deuxièmement, depuis cette entrée dans la portée du canon jusque dans celle du mousquet, que nous supposons à 200 toises (il pourrait tirer de plus loin en élevant le coup, mais nous ne compterons que sur ce pied-là), il lui faudra au moins une demi-heure, pour marcher de là jusqu'au retranchement, à cause des fréquentes haltes et du dérangement de la marche extrêmement dangereuse qui le retardera beaucoup ; pendant quoi, si les soldats attaqués font leur devoir, ils auront le temps de tirer leurs 150 coups sur les 30 attaquants en bonne distance ; supposant que de cinq coups il n'y en ait qu'un qui porte, tous les 30 seront tués ou blessés ; ou si de 10 seulement, il y en aura 15 ; et si de 15 coups il y en a un seul de bon, il y aura 10 hommes hors de combat, c'est-à-dire le tiers, avant que les 30 qui attaquent puissent se vanter d'avoir fait une égratignure aux cinq qui défendent, et cela sans faire attention au feu du canon, ni à celui des flancs qui, à raison de leur biais et de leur distance, sont toujours ceux qui font le plus de mal ;

1. Information précieuse d'un homme expérimenté sur un sujet à propos duquel il a été souvent extrapolé a posteriori.

troisièmement, que si, au lieu de se défendre et d'attaquer en file, on le faisait de front, il arrivera toujours la même chose toutes les fois que l'attaque se fera par un front égal, n'ayant pas de raison pour que cela pût réussir plutôt d'une façon que de l'autre. Je crois donc pouvoir dire avec exactitude que le mieux aller d'une attaque de 30 hommes en plaine contre cinq retranchés, serait de perdre 10 hommes avant d'atteindre le retranchement, qui est bien sûrement prendre la perte au moins qu'elle puise aller, car il y a une grande différence entre la justesse d'un feu appuyé et qui tire par un créneau à bonne portée, à celui qui se fait en marchant et à découvert. Ceci peut donc passer pour une démonstration très juste ; mais étendons-la un peu davantage, avant que d'en tirer nos conclusions, et supposons un front de 100 toises bordé par 650 hommes, donnant 4 pieds 1/2 à chaque file de cinq hommes, qui sont la quantité que dessus. Si ces 650 hommes sont attaqués par un front de 3 900 hommes qui est la proportion de six contre un comme ci-dessus, il leur arrivera le même sort, et partant : suivant le 1er cas, ils y seront tous tués ou mis hors de combat : suivant le deuxième, la moitié seulement ; suivant le troisième, la perte sera du tiers, c'est-à-dire de 1 300 hommes qui est le moins qui leur puisse arriver. Que si on y ajoute l'effet du canon et des flancs, sans doute que le mal sera encore plus grand, et je ne croirais pas exagérer sur la perte, quand je la ferais monter à la moitié des 3 900 hommes.

Nota. Que la proportion de six contre un ne serait pas bonne à toutes les espèces de retranchements[1], et que pour la rendre telle il faut les supposer à preuve du canon ou à parapet de 12 pieds d'épaisseur mesurés au sommet, élevés de 3 ou 4 banquettes ou palissades en avant si faire se peut ou sur la berme. Cela supposé, j'en tire les conséquences suivantes : premièrement, que plus les retranchements sont bien faits, meilleurs et plus assurés ils sont, et moins de gens sont nécessaires à leur défense, pourvu que leur circuit soit proportionné au nombre de défenseurs ; deuxièmement, que bien que la résistance de un contre six soit assez bien prouvée par la démonstration précédente, ce n'est pas à dire qu'elle tombe souvent dans l'usage ; on n'a guère vu qu'un corps si disproportionné s'y soit hasardé. Pour l'ordonnance on se retranche contre une armée d'un tiers ou de la moitié plus forte que nous ; rarement cela va-t-il jusqu'à doubler et encore moins jusqu'à tripler ; cependant il est sûr qu'on pourrait le faire avec assez de sûreté, si on était bien posté et encore mieux retranché.

1. Vauban parle ici en poliorcète, domaine où la supériorité numérique de l'attaquant sur le défenseur est fondamentale et le rapport de force va de six à dix contre un.

POUR DIRIGER
LE NOMBRE DES TROUPES
NECESSAIRES
A LA DEFENSE D'UN RETRANCHEMENT
par rapport à la démonstration précédente

On peut régler le nombre d'hommes nécessaires à un camp fortifié, sur le plan même ou sur le lieu, après en avoir bien examiné les propriétés ; en conséquence de quoi, si le circuit d'un camp est donné et la différence de ses accès, on pourra juger du nombre de troupes qui lui convient, en examinant les différentes parties de son enceinte : par exemple, si l'un de ses côtés était fermé de 600 toises de retranchement en plaine rase et de facile accès, un autre de 500 toises dont les accès fussent bosselés et fort difficiles mais non inaccessibles, un autre de 700 presque inaccessible, et enfin un autre de 800 couvert par une rivière, bois ou marais impénétrables, le tout formant un circuit de 3 200 toises. Pour en proportionner la résistance suivant ces différents degrés de force ou de faiblesse, on pourrait régler la disposition des troupes comme ci-après.

Supposant le retranchement bien achevé et qu'il ne tînt plus qu'à se mettre en état de le bien défendre : bordant de cinq hommes le retranchement de la plaine, et de trois en deuxième ligne, viendra 4 800 hommes ; le côté de difficile accès de quatre hommes au retranchement et de deux de réserve fera 3 000 ; si de deux hommes les côtés presque inaccessibles, avec une réserve d'un seulement, ce sera encore 2 000 hommes ; à l'égard du côté inaccessible on peut se contenter d'y mettre des sentinelles et une garde ordinaire pour veiller aux surprises. Somme totale de l'infanterie pour la défense de ce retranchement : 10 000 hommes. Ajoutez-y 200 hommes pour le service de l'artillerie et 1 800 pour les dehors, le tout fera 12 000 hommes de pied, auxquels, ajoutant 3 000 chevaux ou dragons, tout le camp sera de 15 000 hommes, qui serait le nombre nécessaire pour être en état de bien défendre ce camp retranché. Je ne veux pas dire qu'on le puisse faire avec moins, mais il est sûr qu'on le ferait mieux avec plus. Et pour que chaque soldat ou dragon ait de quoi tirer 100 coups, à compter 30 coups à la livre, il faudrait 50 milliers de poudre, auxquels ajoutant 100 coups à tirer par pièce de canon, si l'artillerie est de 30 pièces de 12, 8 et 4 livres de balle et chaque coup estimé 4 livres de poudre l'un portant l'autre, il en faudrait 12 milliers et 3 000 boulets ; supposant 2 000 livres de poudre de déchet et 3 000 livres pour les grenades, le tout fera 67 mille livres. Il faudra aussi faire amas de balles de calibre et de pierres à fusil à proportion, de fascines et outils pour réparer les ouvrages.

Nota. Premièrement, que cette manière de border les retranchements suppose les files séparées le long du parapet, de toise en toise ; chaque file étant de cinq hommes, faisant feu par un même créneau, ferait une contremarche continuelle de la tête à la queue pendant l'attaque, pour laquelle il ne faut pas moins de 3 pieds pour l'aller et autant pour le retour. En conséquence de quoi il faudrait espacer les créneaux de 6 pieds l'un de l'autre : on pourrait les resserrer de 4 1/2 de milieu en milieu, mais la contremarche serait trop pressée. Pour peu que cet espace pût être suffisant, il faudrait qu'au lieu de la faire par les hommes on pût la faire par les armes, les hommes ne bougeant de leur place ; on les ferait passer de main en main de la queue à la tête et de la tête à la queue. De cette manière il n'y aurait qu'un homme qui ferait feu et les autres nettoieraient les armes, les chargeraient et les feraient passer de l'un à l'autre ; si les bataillons pouvaient border à six de hauteur, cela serait incomparablement mieux et si étant espacée de 4 pieds 1/2 de milieu en milieu, chaque file avait son créneau, cela lui serait plus commode, parce que chaque soldat peut en avoir sa part. Il faudrait avoir soin de relever le chef de file à chaque 10 coups qu'il aurait tiré, qu'il passât à la queue et que le 2e prît sa place pour 10 autres coups, après quoi le relever, et ainsi de tous les autres jusqu'à ce que la file eût passé tout entière, le chef de file revenant prendre sa place, continuant de se relever les uns après les autres jusqu'à ce que l'affaire fût finie. Cette manière de faire passer les armes de la tête à la queue et en les chargeant de la queue à la tête, me paraît mériter une espèce d'exercice qui la débarrasse. Pour cet effet il faut supposer que l'arme qui vient de tirer et qui passe de main en main de la tête à la queue au même état que le coup l'a mise, le serre-file essuie la pierre et le bassinet, et après avoir pris garde si tout va bien, il amorce, souffle sur le bassinet et le passe à celui qui est devant lui, qui, tenant une cartouche prête[1], la coule dans le canon, frappe trois petits coups de la crosse contre terre et la passe au troisième qui coule la baguette dans le canon pour achever de pousser la cartouche et la balle dans le fond, le quatrième prend garde si tout va bien, bat la pierre s'il est nécessaire et donne le fusil au cinquième qui prend seulement garde si le fusil est en

1. « Les cartouches pour le fusil contiennent toute sa charge, c'est-à-dire la poudre et le plomb. [...] Quand le soldat veut s'en servir, il déchire avec les dents le côté ou le bout de la cartouche. [...] On se sert assez communément de ces cartouches dans les batailles, pour abréger le temps de la charge du fusil » (F.A. Aubert de La Chesnaye des Bois, *Dictionnaire, op. cit.*, 1758, t. II, p. 360). La cartouche, préconisée dans la seconde moitié du XVIe siècle, adoptée au suivant et quasi généralisée après 1680, permet d'accroître la cadence de tir et restreint les manipulations par le soldat.

état, le donne au sixième, sinon, et en cas que les files ne soient que de cinq hommes, le met dans le créneau et attend son coup qu'il ne doit pas tirer en étourdi, mais choisir un objet et toujours appuyer sur le parapet ; son coup tiré, il retire le fusil, le renvoie à la queue et raccommode son créneau, s'il y a quelque engorgement ou quelque chose de gâté, et reprend aussitôt l'autre fusil qu'on lui présente[1].

Voilà, à peu de chose près, la conduite qu'on pourrait tenir à la contremarche des armes où il est à remarquer que les hommes une fois placés, ne doivent plus bouger que pour se relever ; en la mettant en usage on pourrait corriger ce qu'il y a de défectueux ; il est certain que la méthode en est excellente, que le feu en serait bien plus vif, plus certain et moins embarrassant ; mais il faut nécessairement que tous les calibres soient égaux[2].

Suivant le premier pied, un bataillon de 600 hommes pourrait border 100 toises de retranchement, et pourrait remplir 100 créneaux, mais selon le deuxième il n'en bordera que 90 toises ; voilà à quoi il est bon de prendre garde, tant pour la disposition des troupes que pour celle des retranchements. Que si les troupes étaient plus faibles, au lieu de faire les bataillons à cinq ou six rangs, il faudrait les faire de quatre, même de trois, et observer d'avoir toujours une seconde ligne ou réserve pour relayer et renforcer la 1ère au besoin. Si on a des dragons, on fera bien de leur faire mettre pied à terre pour les faire border avec l'infanterie.

Quand on sera de loisir, on ne saurait mieux employer son temps qu'à garnir la tête des camps de bons épaulements bien fascinés et élevés de 9 pieds de haut sur la longueur du front des bataillons, afin qu'en rangeant derrière la cavalerie, elle y puisse être à couvert des coups échappés du canon et de la mousqueterie, remarquant qu'elle doit être rangée par petits escadrons en trois lignes à la queue des deux autres, même à celle des camps et couverte, s'il est possible, par des épaulements, dont on les fait partir pour charger, remarquant que la façon de ces épaulements doit être à leur charge, car c'est leur affaire plus que celle des autres.

1. Cette manière d'organiser les mouvements du tir vient s'ajouter aux manœuvres par ailleurs complexes et soigneusement décomposées du tir de l'infanterie. Celles-ci sont décrites dans des manuels comme celui de P. Giffart, *L'Art militaire français pour l'infanterie*, Paris, 1696.

2. Question cruciale quand les fabrications militaires sont loin d'être standardisées malgré les cahiers des charges relativement précis. La fabrication des armes est confiée par marché à des entrepreneurs privés qui ne s'engagent que pour une partie de la dotation nécessaire, ce qui cause *de facto* des disparités.

AUTRE MANIERE
DE BORDER UN
RETRANCHEMENT
où les files sont plus serrées

J'ESTIME encore que pour bien garnir un retranchement et le mettre en état de pouvoir faire un feu continuel très violent, il faudrait qu'un bataillon de 600 hommes en bordât seulement 50 toises, ce qui revient à 100 files de six hommes chacune.

Observant premièrement, que chaque file occupant trois pieds de retranchement doit faire pendant le feu d'une attaque une contremarche continuelle de la tête à la queue, à mesure que les soldats font leur décharge, pour laquelle il faut du moins trois pieds de mouvement pour chaque file, mais attendu qu'il faut compter sur l'aller et le venir et sur l'embarras des armes et des épées, j'estime qu'on ferait mieux de réduire cet espace à 4 pieds et 1/2, ce qui ferait 75 toises pour cent files de six hommes chacune.

Deuxièmement, que si les bataillons étaient réglés à cinq rangs de hauteur, les supposant toujours à 600 hommes, les files espacées comme dessus occuperont 90 toises de front, mais le feu en serait moins fort de la 6e partie. Si de quatre rangs bordant de même, ils occuperont 112 toises et 1/2 mais le feu diminuera d'un tiers, et si on les réduit à trois rangs, il occupera 150 toises de front, et le feu diminuera de moitié du total, c'est-à-dire qu'au lieu qu'une file de six hommes pourrait tirer 180 coups par demi-heure, celle de trois n'en tirera plus que 90. Je ne suis pas d'avis de le descendre plus bas, ce serait trop l'affaiblir, mais il sera nécessaire d'avoir une seconde ligne pour remplacer et rafraîchir ceux qui en auront besoin, qui soit du moins à un tiers près aussi forte que la première.

De tout ce que dessus il résulte qu'on pourrait rendre la force des camps démonstrative comme une proposition de géométrie[1]. Si après en avoir bien examiné le fort et le faible, et suppléé à tous les manquements autant que l'art, la raison et le travail bien dirigé le pourront permettre, on pourrait même se faire des principes certains de leur défense, accommodés aux règles de l'art.

1. Souhait de Vauban de réduire au maximum la guerre à une série d'opération prévisibles et quantifiées à l'avance.

COMMENT
on peut compter les avantages qu'un retranchement a sur un terrain uni et découvert.

Supposant l'observation des conditions demandées aux chapitres précédents pour un camp choisi et bien retranché, on pourrait les compter pour autant d'avantages sur tout ce qui l'environnerait, à quoi on peut ajouter que s'il était garni de troupes bien instruites de ce qu'elles auraient à faire pendant une attaque munie d'artillerie, bien approvisionnée, on y trouvera tous les suivants.

Il est premièrement évident qu'un soldat à couvert d'un bon parapet ne se découvrirait en tirant que depuis le bout du nez en haut, qui n'est que la dixième ou onzième partie de sa hauteur.

Deuxièmement, que cette partie découverte peut facilement être réduite à la moitié puisque en bordant le sommet du parapet de sacs à terre, paniers ou d'un surtout de gazon, bien arrangés, on peut n'y laisser d'ouverture que par des créneaux, auquel cas le soldat ne montrant plus que la vingtième partie de sa personne, ce couvert doit naturellement lui valoir autant d'avantage, c'est-à-dire dix-neuf, mais eu égard à l'imperfection ou négligence de cet arrangement, nous ne les compterons que pour douze.

Troisièmement, que l'appui des armes sur le parapet peut être compté pour quatre attendu que dix coups tirés en distance raisonnable le mousquet appuyé et à couvert sont plus certains que tirer sans appui, marchant en crainte et à découvert, c'est pourquoi nous compterons hardiment cet avantage pour quatre.

Quatrièmement, que le canon bien placé et à couvert en doit valoir trois, le supposant au nombre compétent et bien servi, ce qui est fort aise dans les camps retranchés, notamment sous les places où on a le loisir de prendre ses avantages, et partant, trois.

Cinquièmement, que le feu appuyé des flancs qui, voyant de biais[1], peut frapper plusieurs hommes à la fois peut être compté pour deux.

1. Tir de flanquement en enfilade.

Sixièmement, que la palissade penchée suppose qu'il y en eut une qui sans doute arrêtera l'ennemi assez de temps pour donner loisir de lui faire essuyer trois ou quatre décharges, doit, en considération de cet effet et de la certitude des coups tirés de près, être du moins compté pour trois.

Si c'était un ruisseau qui passât devant le retranchement en avant-fossé, et qui ne fût que difficilement gayable, ses avantages seraient encore plus grands.

S'il y a fossé plein d'eau qui ne soit pas gayable, on pourra encore le compter pour trois autres, ci trois.

TOTAL de tous ces avantages, vingt-sept.

Que nous réduirons à dix en considération de ce que partie de ces avantages, comme le fossé plein d'eau, la palissade et le surtout peuvent manquer, et encore quelque autre chose dans les façons du retranchement qui en diminueront le mérite, suivant ceci les avantages du retranchement sans compter ceux de la situation rapportés aux hommes, il se trouverait que 2 000 attaqués par une armée de 20 000 hommes pourraient lui résister hautement. Si l'attaque se faisait par une front de 187 toises, qui est l'espace convenable à un corps d'infanterie qui borderait un retranchement de cinq rangs, les files distantes de 4 pieds et 1/2 l'une de l'autre, avec chacune un créneau espacé de même, cette proposition quelque extraordinaire qu'elle paraisse se peut soutenir parce que ce nombre suffirait pour border cet espace de deux lignes, ce qui, joint au retranchement, pourrait égaler toute la force d'une attaque ; et en effet cela n'est pas impossible, s'étant vu des actions où moins d'hommes ont résisté à de grandes armées. Cependant, à juger des choses par l'usage plus ordinaire, par les événements plus connus et par la faiblesse des hommes, il est plus naturel de dire que le grand nombre pourrait accabler le petit par lassitude à cause de la durée de l'action, par l'épouvante ou par les armes trop échauffées, ou par tous les trois ensemble, l'ennemi pouvant continuellement rafraîchir les siens, opiniâtrer l'attaque par un long temps et porter tout le nécessaire au passage de la palissade et du fossé, ce qui à la fin pourrait surmonter toute la résistance des attaques et les pousser à bout. C'est pourquoi cette démonstration, qui prouve très bien par raison, pourrait se trouver défectueuse dans l'usage parce qu'on ne saurait compter juste sur la fermeté des hommes, chez qui l'apparence d'un péril, qu'ils ne connaissent très souvent pas, fait quelquefois d'étranges effets. Réduisons donc ces avantages à la moitié et voyons où cela pourra nous mener[1].

Supposons encore les mêmes 2 000 hommes attaqués par dix mille, qui est la proportion de cinq contre un, de manière que ceux-ci ne puissent aller à eux que par un front égal au précédent, bordé de ces 2 000 à cinq rangs de hauteur, sur une étendue de 187 toises et 1/2. Si ce corps met

1. Grande lucidité de Vauban qui envisage l'importance du facteur humain.

1 250 hommes en première ligne et 750 en deuxième il n'y a pas lieu de douter qu'il ne puisse résister à une attaque de vive force, qui n'emploierait point le remuement de terre, ni la recherche des revers ni à faire diversion par ailleurs, parce qu'il pourrait opposer un front égal à l'ennemi, et un feu supérieur, qui partant d'un lieu couvert et appuyé aurait tous les avantages possibles contre celui de l'attaque et le surpasserait en toute chose.

Cependant, comme on suppose tous ces avantages dans leur perfection, chose très rare et qui ne se trouve presque jamais, on ne peut encore tout à fait s'assurer sur cette proportion, car il se pourra trouver des revers ou d'autres lieux accessibles qui donneront prise à l'ennemi ou moyen de faire diversion de partie des forces du camp. C'est pourquoi nous la réduirons au quatrième et supposant les mêmes 2 000 attaqués par 8 000 dans les conditions précédentes, les apparences ne doivent plus balancer, notamment si on l'applique aux camps retranchés des places, tels qu'on en pourrait faire à Namur, Menin, Furnes, Dunkerque, et plusieurs autres lieux non moins avantageux qui, outre l'assistance des garnisons et du canon des mêmes places, auraient leur derrière, leur droite et leur gauche couverts par des places, des inondations, des marais ou par des rivières qui éloignent l'ennemi et le mettent hors d'état de pouvoir prendre des revers sur les dedans.

Je suis donc persuadé qu'on peut compter sûrement là-dessus, et ce d'autant plus que les apparences sont très favorables aux camps retranchés, mais il faut toujours les supposer achevés. Remarque nécessaire et qui mérite bien d'être considérée et judicieusement appliquée dans la construction de tous les camps, à raison de la diversité des situations et du plus ou du moins de fortification bien employée qui en font toute la force ou faiblesse.

Remarquez encore que plus un camp retranché est faible d'hommes, plus il a besoin que son retranchement soit bon et solide, au contraire des grosses armées, qui à raison de leurs forces n'ont pas besoin de tant de précautions.

Nous avons montré ci-devant qu'un bataillon de 600 hommes pourrait border 75 toises de retranchement à cinq rangs de hauteur, et trois en seconde ligne. Ajoutons-y dix toises pour la place du canon et des officiers, ce sera 85 toises par bataillon. Pour deux sur le même pied, 179 toises, pour trois, 250, pour quatre, 340, pour cinq, 425, pour six, 595, pour sept, 680, pour huit, 765, pour neuf, 850 et pour dix bataillons, 935 toises. Pour quinze, 1 360. Pour vingt bataillons, 1 870. Pour trente, 2 805 toises et pour quarante bataillons, 3 740 toises, et ainsi du reste à proportion qu'on augmentera de troupes.

Observant premièrement, qu'il faut toujours avoir de quoi faire une deuxième ligne derrière la première, chose que nous avons déjà répétée plusieurs fois à cause de son importance.

Deuxièmement, que quand l'infanterie manque, on y peut employer les dragons pied à terre en deuxième ligne et la cavalerie toujours en troisième.

Troisièmement, que dans un camp où il n'y aurait pas de quoi faire de seconde ligne, il vaudrait mieux se contenter de border à trois rangs de hauteur et en mettre deux en réserve pour rafraîchir que de border à cinq de hauteur sans réserve.

Quatrièmement, que dans ces manières de camper, on peut resserrer le campement, et bien plus ménager le terrain que dans les camps ordinaires.

Et cinquièmement, que pour peu qu'il y eût lieu de craindre que l'ennemi ne prît le pari d'attaquer par tranchée, on pourrait ajouter des dehors au retranchement. Le vieux prince d'Orange en faisait autrefois à ses lignes de circonvallation avec beaucoup de succès et de raison.

OBSERVATIONS
PARTICULIERES
SUR LES CAMPS
FORTIFIES
Et notamment sur ceux qui sont ou se peuvent retrancher sous les places.

QUAND UNE ARMEE se met en marche pour aller chercher l'ennemi, tant qu'on est éloigné de lui, on n'y observe que les règles générales qui consistent premièrement dans l'ordre de marcher, camper près des eaux, en pays de fourrages et à portée des bois et des vivres. Cette manière est passagère, peu précautionnée, et se fait au jour la journée, sans beaucoup d'attention, parce qu'on ne fait que peu de séjour et qu'il n'est question que de faire chemin et de subsister commodément. Mais quand on marche à portée d'une armée ennemie, qui observe nos mouvements, dont les forces sont supérieures ou à peu près égales aux nôtres, on se précautionne davantage, et outre les égards qu'on a pour les eaux, les fourrages, les bois et les vivres, on se campe le plus avantageusement que l'on peut, on se couvre par des rivières, ruisseaux, ravines, défilés, bois, haies, fossés, etc., on s'empare des hauteurs et des lieux forts des environs, on pose les gardes avec plus de circonspection, on les fait plus fortes, et quand on veut séjourner un temps considérable, on fortifie les avenues plus exposées, quelquefois on les retranche tout à fait. Il y a des pays où on se barricade par des lignes de chariots enchaînés, bordés de canon, enfin on prend toutes les précautions possibles pour n'être pas forcé à combattre désavantageusement et c'est ce qui de tout temps a fait l'application des plus grands capitaines. Les Romains s'en faisaient une loi capitale, que dans les marches même les plus pressées ils se retranchaient toutes les nuits.

Dans une guerre défensive où il s'agit plus de conserver son pays que d'entreprendre sur celui de l'ennemi, et où on se propose d'empêcher le siège de quelque place considérable, dont la perte pourrait tirer à conséquence pour l'Etat, ou de fermer l'entrée d'un pays à l'ennemi ou pour se mettre à portée de faire des courses dans le sien, l'inquiéter, l'empêcher d'entreprendre et l'obliger à s'affaiblir et se diviser, on y apporte plus de précaution. Pour lors on se fortifie avec soin, on s'assure de la communication des vivres et on fait de grands amas, on ménage les fourrages avec beaucoup plus d'économie parce qu'il s'agit quelquefois de longs séjours, pendant quoi l'ennemi tâche de vous couper les vivres et empêcher les fourrages, s'il ne peut pas vous obliger à un combat. L'étendue des lignes plus convenable doit toujours être proportionnée à la grandeur de l'armée qui les emploie, comme sont ceux de la quatrième espèce, dont ayant parlé ci-devant nous n'en dirons rien davantage ici, et nous passerons à ceux de la cinquième espèce[1], qui est celle dont il s'agit et que nous considérerons particulièrement ici. Comme elles sont d'ordinaire peu spacieuses, les corps commis à leur défense ne devant être que de 8, 9, 10, 12 à 15 000 hommes, rarement les fait-on plus forts, et souvent faibles. On y doit employer très peu de cavalerie, parce qu'elle n'y est nécessaire que pour les convois, et pour aller en parti, lorsque les camps sont établis, il y faut apporter beaucoup d'ordre et de propreté. Le bon ordre consiste à faire trouver tout le nécessaire à la subsistance des troupes à juste prix, empêcher les soldats de courir et leur faire distribuer les vivres, le bois et le fourrage par ration, sans leur permettre d'en aller chercher ailleurs pour quelque cause et occasion que ce puisse être, et assurer l'abord des paysans et les marches.

Ces camps doivent être policés comme les garnisons des places et gardés tant que la guerre dure, non que ce soit une nécessité d'y tenir des corps considérables, mais bien d'en conserver les fortifications en leur entier, et empêcher qu'on ne les gâte pendant leur absence.

1. C'est-à-dire les camps retranchés sous les places.

SUPPLEMENT DES CAMPS RETRANCHES

Où il est parlé de leur défense et du ménagement de la retraite des troupes, quand elles y sont forcées[1].

LES ATTAQUES des lignes ou camps retranchés ne s'entreprennent jamais qu'avec de grandes circonspections, beaucoup de supériorité et quelque apparence d'un notable avantage. Quoique de telles entreprises soient fort sujettes à manquer, on ne laisse pas d'en faire, et on y réussit quelquefois, mais rarement, et toujours avec beaucoup de perte de la part de ceux qui attaquent, si la défense est un peu opiniâtrée, et ordinairement peu de la part de ceux qui défendent, quand ils se savent ménager et qu'ils n'ont pas épargné l'eau, la terre ni le bois pour s'accommoder.

Comme nous en avons proposé de plusieurs espèces plus ou moins considérables, selon les lieux où ils doivent être employés, nous dirons encore ici notre pensée sur la défense particulière de chaque espèce par forme de supplément à ce que nous pourrions avoir omis.

L'on a déjà dit que les retranchements de la première, savoir les lignes de circonvallation, sont les plus faibles de tous, à cause de leur prodigieuse étendue, qui ne pouvant être moindre que de trois ou quatre lieues, il est moralement impossible qu'une armée assiégeante les puisse asssez suffisamment border pour devoir en espérer une grande résistance, notamment si l'ennemi attaque de nuit.

Si de jour, c'est autre chose, parce qu'on le voit venir, et que suivant ses dispositions on peut régler les siennes. C'est ce que nous avons expliqué à son article.

Cependant si on était assez vivement attaqué pour que l'ennemi pût vous forcer, il serait bien difficile d'éviter le désordre qui suit le mauvais succès de ces actions, spécialement vis-à-vis des attaques. Le mieux donc qu'on puisse faire en cas pareil est de rallier tout ce que l'on peut de troupes qui s'en trouvent à portée, de les ranger en bataille au plus vite et de charger et recharger jusqu'à faire perdre terrain à l'ennemi et le pousser

1. Ce dernier chapitre constitue en quelque sorte une conclusion où Vauban reprend les grandes idées de sa démonstration.

hors de la ligne autant de fois qu'on le pourra, aidé qu'on sera des secours du camp, qui dans ce rencontre doivent y arriver de toutes parts.

Que si après avoir fait humainement tout ce qui sera possible à cet égard, la fortune nous devient absolument contraire, se disposer à la retraite, sans se rompre. Pour lors et pendant qu'on continuera à faire tête à l'ennemi, rassembler le plus de troupes qu'on pourra, les tenir en ordre, et en contenant toujours les plus avancés, faire abattre trois ou quatre ouvertures dans les lignes pour le passage de l'armée et de ce qu'on pourra sauver des bagages. Retirer les gardes de la tranchée dans le meilleur ordre qu'il sera possible, les fortifiant de quelques escadrons pour favoriser leur retraite, et sauver ce que l'on pourra du canon des batteries, du parc et des vivres, chose que je tiens bien difficile, du moins pour le canon des batteries. Quoi fait, si on peut sortir des lignes sans se rompre, chose rare, mais assez possible si on ne s'étourdissait pas, parce que l'ennemi ne peut entrer qu'en défilant, et un peu en désordre, le faire. Et quand on en sera hors et à quelque distance se mettre en bataille, pour recevoir les fuyards. Après quoi se retirer dans le meilleur ordre qu'on pourra sous quelqu'une de nos places où il ne faudra pas manquer de se poster avantageusement et de s'y retrancher aussitôt.

On est toujours malheureux quand on est forcé dans ses lignes mais ce ne serait pas l'être tout à fait que de pouvoir faire une pareille retraite.

L'ennemi peut aussi surprendre un quartier, le forcer et jeter sans battre ni beaucoup endommager l'armée assiégeante, loin de là il arrive assez souvent qu'il est obligé de se retirer bien vite quand il a introduit son secours dans la place, et même qu'il est battu et vivement poursuivi. Il arrive encore quelquefois qu'après avoir souffert une perte par cet enlèvement de quartier et que la garnison a reçu un secours considérable, l'assiégeante prend le parti de se retirer et lever le siège, auquel cas n'étant point forcé il peut le faire en bon ordre et sans perte.

Les contrevallations n'étant faites que pour opposer aux sorties d'une puissante garnison, qui n'est pas capable de faire de grands efforts, elles ne sont point sujettes à être attaquées, ni au ménagement des retraites, si ce n'est que les ennemis, après avoir forcé les lignes, eussent passé au travers de la ville assiégée, pour attaquer les quartiers à l'opposite. En ce cas on pourrait border la contrevallation et la défendre, pour donner le temps à l'armée de disposer sa retraite. Hors cela je ne vois pas que cette contevallation puisse être attaquée de manière à pouvoir faire de la peine aux assiégeants.

Les lignes de la troisième espèce, savoir les retranchements d'armée, sont très rarement attaquées et très difficillement forcées, quand on a le loisir de les bien faire. Tous les moyens de retraite de celles-ci se doivent prendre sur-le-champ, il n'y a d'autre règle à donner sur cela que celle qu'on peut prendre du temps et de l'occasion, sur quoi les places plus prochaines sont toujours d'un grand secours.

L'usage des lignes de la quatrième espèce est amplement expliqué à son chapitre, de même que les précautions à prendre pour leur défense et la retraite des troupes, quand on n'est pas assez fort pour les soutenir de vive force.

Les retranchements de la cinquième sont ceux qui se doivent faire sous les places pour en empêcher le siège. Comme ils sont les plus importants de tous, j'ai choisi leur chapitre pour m'étendre un peu plus au long et pouvoir dire en général ce que je pense de leur défense et des moyens de sauver les troupes, si l'ennemi venait à bout d'en forcer quelqu'un.

Nous pouvons en général nous proposer que la fortification des camps retranchés de toutes espèces nous fournit d'excellents moyens pour opposer aux entreprises couvertes et découvertes de l'ennemi, comme de l'empêcher par exemple d'entrer dans notre pays, d'assiéger nos places, lui résister avec des forces bien moindres que les siennes, faciliter l'entrée de nos armées dans son pays et le ralliement d'une des nôtres qui serait battue ou qui se retirerait dans l'enclos d'un bon retranchement.

Mais il peut fort bien arriver qu'il y aura de ces camps attaqués et forcés, soit par la grande supériorité des armées ennemies, ou par le défaut de ceux qui défendront, ou que le retranchement n'aura pas été bien achevé, ni suffisamment garni de troupes et qu'il sera faible ou négligé ou par quelque défaut d'ignorance et de lâcheté. C'est pourquoi ceux qui commanderont dans ces camps doivent se mettre dans l'esprit que cela peut arriver, non pour s'en faire peur, mais pour prévenir le mal, et se précautionner contre. Or entre les précautions qui se peuvent prendre, il est certain que si le retranchement est bon, fraisé et palissadé, les parapets à preuve du canon de campagne, tous les accès bien aplanis, les enfilades et revers couverts par des bonnes traverses, et qu'il y ait des épaulements pour couvrir la cavalerie, qu'il sera très bien précautionné à l'égard de la fortification. Que si avec cela il est suffisamment garni de troupes, qu'il y ait de quoi faire deux lignes d'infanterie et une de cavalerie pour tenir lieu de réserve, le canon bien placé, toute la défense instruite à propos, et les munitions distribuées en sorte que chaque bataillon ait celle qui lui sera nécessaire, il est certain que la disposition générale en sera fort bonne.

Supposant donc qu'un retranchement formé et garni de la sorte fût attaqué par une armée très supérieure, voici comme on se peut préparer contre ses efforts.

Premièrement, border le retranchement par deux lignes, dont la première attachée aux parapets et la deuxième quelque 20 ou 30 toises plus arrière.

Deuxièmement, ranger toute la cavalerie par escadron derrière les épaulements qui lui seront destinés comme [...][1].

Troisièmement, faire retirer les gros bagages sous la place s'il y en a, sinon les envoyer en lieu sûr quelques jours auparavant. On pourra même les faire ranger en tabor, qui tiendrait lieu d'un deuxième retranchement, notamment si cela se peut commodément, sous la protection du canon de la place.

Quatrièmement, bien avertir les principaux officiers de ce qu'ils auront à faire dans le combat, et en cas que l'ennemi force, il est bon que ce dernier avertissement ne soit communiqué qu'à peu de gens.

Si après ces dispositions l'ennemi vous attaque de vive force de nuit, vous aurez le secours des feux allumés dont il est parlé dans le [...][2].

Si ce jour, et qu'il fasse tous ses efforts pour joindre le retranchement et qu'enfin après bien des pertes et des rebuts (car il ne faut pas douter qu'il ne lui en arrive), le retranchement faisant son devoir ; si, dis-je, il vient à bout de gagner le haut du parapet, comme cela n'arrive pas partout à même temps, il faut le contester tant qu'on pourra et ne pas se tenir pour battu, mais le faire recharger par la deuxième ligne, pendant que la première reprendra sa place pour se remettre et même la renforcer par les troupes des lieux non attaqués, en les faisant couler le long du parapet par la droite et la gauche. Et si l'infanterie de l'ennemi ayant gagné le sommet du retranchement, fait tant que de pousser et s'emporter jusqu'à entrer dans le camp par le désir du pillage, comme cela ne se peut sans désordre de sa part, il faut la faire charger par la cavalerie et par l'infanterie, qui se trouvera sous la main jusqu'à ce qu'on l'ait repoussé, tout à fait et en même temps faire reborder le retranchement.

Que si les ennemis rafraîchissant continuellement de nouveau monde, s'attachent tellement audit retranchement, qu'après les en avoir chassés plusieurs fois, on soit obligé de céder, il ne faut le faire que dans les parties forcées, et rallier tout ce qu'on pourra des autres, sans les totalement dégarnir pour tâcher de regagner ce que l'on aura perdu. Mais si après avoir bien fait tout ce qui se pourra, on ne peut venir à bout de le chasser et qu'enfin il perce, il faudra faire le signal de retraite et pour cet effet, former une ligne de cavalerie vis-à-vis de l'attaque, y joignant ce que l'on pourra rallier de l'infanterie et se retirer dans le meilleur ordre qu'il sera possible vers le tabor ou sous la place, où il est à présumer que la retraite étant favorisée par le canon contiendra beaucoup l'ennemi. Il y a même une chose à remarquer, c'est que si elle est un peu ménagée, elle en sera beaucoup moins difficile, parce que la cavalerie ennemie ne pourra entrer que par les ouvertures que son infanterie lui aura faites, lesquelles ne se

1. Mot manquant dans le manuscrit Rosanbo.
2. Idem.

font pas si tôt, et qui plus est, comme elle ne pourra entrer qu'en défilant, il est à présumer qu'ils ne s'abandonneront pas, et qu'ils formeront premièrement des escadrons tout contre le retranchement, et ensuite une ligne, et puis une autre, avant que de poursuivre, en gros, d'où s'ensuivra que la retraite bien ménagée ne sera poursuivie que de loin, et par quelques escarmoucheurs détachés pour l'amuser, mais qui ne lui feront pas grand mal, notamment si c'est un camp sous une place, où ladite retraite n'étant pas longue et pouvant être favorisée du canon de ladite place, vraisemblablement la perte sera très médiocre, et l'ennemi ne profitera au plus que de quelque menu bagage, au lieu que si la défense est raisonnable, je veux dire un peu opiniâtrée, il ne se peut que l'ennemi n'y souffre une très grande perte, qui jointe à celle à quoi il se doit attendre s'il attaque la place quand elle sera renforcée des troupes de ce camp, lui doit fournir matière à des réflexions bien sérieuses qui vraisemblablement l'éloigneront de faire de telles entreprises, notamment si la grande armée que nous supposons à quelque distance de là et en quelque camp bien retranché, se trouve à portée de pouvoir secourir le corps de celui qui sera sous la place, soit par une diversion, ou par donner sur la queue à l'armée ennemie, ou par se pouvoir communiquer à elle pendant l'action, ou un peu auparavant. Idée qui me persuade de plus en plus du mérite des camps retranchés, sous les places, en faveur desquels il serait à souhaiter qu'on voulût bien un peu s'ouvrir l'esprit davantage, car il semble qu'il y aurait là de quoi manœuvrer avec plus d'adresse et plus naturellement qu'on ne fait. Ce que je dis ici pour les camps retranchés sous les places fortes se peut encore soutenir en faveur des villes murées qui ont quelque clôture un peu raisonnable, car elle le sera bien peu, si elle ne vaut bien celle d'un camp retranché. Il s'est tant vu d'exemples avantageux là-dessus que j'aurais honte de les répéter ici.

L'usage des lignes de la sixième espèce, destinée contre les descentes, ayant été suffisamment expliqué à leur chapitre page 1537 nous n'en dirons rien ici de plus, et nous passerons aux retranchements de la septième qui comprennent les grosses redoutes, les fortins et forts de campagne à preuve du canon et bâtis avec plus de soin que le commun des retranchements. Ce sont comme autant de petites places fortifiées, à la défense desquelles on n'observe point d'autre méthode que celle qui se pratique dans les places de guerre. Cette défense est de plus ou moins de durée, selon que leurs fortifications sont bonnes, bien faites et pourvues d'hommes et de munitions nécessaires. Enfin les uns se défendent plus, les autres moins, selon les degrés de force et de faiblesse où on les met, la difficulté de leurs accès et le plus ou moins de mérite de ceux qui y commandent.

Quant aux retranchements de places, il n'y a point d'autre règle que celle de les soutenir tant qu'on peut. Quand ils sont revêtus et bien faits, ils peuvent quelquefois prolonger considérablement la durée des sièges où l'on en fait usage.

Et pour ce qui est des traverses, abattis de bois et ravines, il n'y a pas de règle pour leur défense, on les fait valoir ce que l'on peut, selon les temps, les lieux et les moyens où on se trouve de les soutenir ou de les abandonner.

Tome XI

des Oisivetés
de Monsieur de Vauban

« Instruction pour servir au règlement des transports et remuement des terres »

Ce mémoire manuscrit de 33 folios, de belle écriture avec lettrines, est conservé dans le fonds Rosanbo[1], et à la Bibliothèque du Génie dans un élégant ouvrage relié en maroquin rouge[2]. Vauban reprend ici, à la fin des années 1690, un mémoire qu'il avait adressé à Louvois le 15 juillet 1688. Il est fier de cette instruction que Louvois a cependant dédaignée et, deux ans après sa rédaction, il demande au ministre de lui faire parvenir le manuscrit qu'il a égaré[3]. L'opiniâtreté légendaire de Vauban se manifeste une nouvelle fois : après la paix de Ryswick de 1697, qui met un terme à la guerre de la Ligue d'Augsbourg, il reprend le manuscrit dont le sujet lui semble toujours d'actualité, le corrige, ajoute une courte introduction et inclut une apostille sur le « réchauffement » des monnaies et la cherté des prix survenus dans les années 1690. Il le donne à un secrétaire qui le calligraphie, avec lettrines et culs

1. *Fonds Rosanbo, 260 AP 65, dossier 1, document 1. Une minute raturée par Vauban, document 1bis, est aussi conservée.*
2. *Bibliothèque du Génie, Château de Vincennes, 1 in-8°. Trois copies manuscrites du* XVIII*e siècle sont au Service Historique de la Défense, Article 21, Section 6, §1, Objets d'art, Terrassements, déblais et remblais carton 35, doc. 1, 1bis et 11 (avec annotations de Fourcroy c. 1764), une autre à l'Ecole militaire de Saint Cyr, manuscrit 5. Enfin Joseph Sauveur (1653-1716), mathématicien, membre de l'Académie des sciences et proche de Vauban a recopié ce mémoire dans ses manuscrits regroupés par son fils en 1723, Bibl. nat. Fr., Mss. Fr. 12381.*
3. *Lettre de Vauban à Louvois, Bazoches, 18 octobre 1690 : après un développement sur le couronnement de Mont-Royal : « En l'année 1688, quelque temps avant mon départ pour le siège de Philippsbourg, j'ai eu l'honneur de vous envoyer un mémoire contenant une ample instruction sur le remuement des terres où il y avait plusieurs tables dont feu la Londe m'avait dit avoir examiné les calculs par vos ordres. J'ai perdu l'original de ce mémoire et prié plusieurs fois Messieurs vos commis de chercher le vôtre pour me le prêter afin de prendre une copie (...) Je vous demande en grâce, Monseigneur, d'avoir la bonté de le faire chercher et si on le trouve de me l'envoyer afin que je puisse prendre copie, je ne manquerai pas aussitôt de le renvoyer. » Fonds Rosanbo, 261 AP 19, dossier 2, doc 22. Le bureau de Louvois a dû retrouver le mémoire !*

de lampe. Le manuscrit, après avoir été relié en maroquin rouge, peut circuler et être recopié. Il sera compris dans les Oisivetés *dont il constitue le tome XI.*

En 1729, Bernard Forest de Belidor (1697-1761), professeur de mathématiques à l'École royale d'artillerie, inclut ce texte, sans les tables, dans son ouvrage réputé La Science de l'ingénieur *car il pense qu'« on tirera toujours beaucoup de connaissance de ce mémoire qui est regardé de tous les anciens ingénieurs comme la meilleure instruction qui ait été écrite sur le sujet »[1].*

Vauban, commissaire général des fortifications du royaume, propose donc le 15 juillet 1688 un projet de réforme des bases de calcul du paiement des travaux de terrassement des soldats employés sur les chantiers royaux. Ceux des places fortes royales présentent la double particularité d'être attribués à des entrepreneurs selon la procédure des marchés publics et de faire largement appel à la main-d'œuvre des soldats[2]. Ces ouvrages défensifs, déjà soumis à la double exigence de solidité et de rapidité, sont de plus en plus surveillés en raison d'un contrôle accru des dépenses dans une période de guerres incessantes.

Le texte de Vauban est une réaction à une nouvelle instruction venant d'être imposée en Alsace par Louvois, secrétaire d'État à la Guerre, le 2 juin 1688. En juin et juillet 1688, l'Alsace est un chantier très actif dans lequel les soldats sont conduits à participer aux constructions de deux nouvelles places fortes sous la responsabilité de Vauban, Mont-Royal[3] et Fort-Louis[4], mais aussi aux travaux de Huningue et Belfort au sud, Phalsbourg et Strasbourg au centre et surtout Landau, tout ceci dans un climat de reprise imminente des combats avec l'affaire du Palatinat et la formation de la coalition qui deviendra la ligue d'Augsbourg. Louvois a fait appel, pour ce règlement d'Alsace, à l'ingénieur La Londe qui travaille aux côtés de Vauban depuis plus de vingt ans et s'est signalé par la publication d'une Arithmétique des ingénieurs contenant le calcul des toisés de la maçonnerie, des terres et de la charpente *(1685). Le règlement, appliqué début juin, est critiqué par Vauban un mois plus tard. Il analyse l'instruction d'Alsace, « la critique duquel fait voir démonstrativement sa fausseté », écrira-t-il plus tard, et fait une contre-proposition, car il considère qu'il est nécessaire de réformer les pratiques courantes de rétribution des travaux de terrassement effectués par*

1. Bernard Forest de Belidor, La Science de l'ingénieur, *Paris, C. Jombert, 1729, p. 43. L'instruction de Vauban est reprise au chapitre 8, ce qui constitue la seule publication de ce texte et elle est malheureusement partielle puisque Bélidor a enlevé les quinze « tables » de la démonstration.*

2. Les travaux de « remuement des terres », qui se faisaient majoritairement à la corvée dans les trois premiers quarts du siècle, étaient très lourds pour les paysans qui « désertaient » selon l'expression de Colbert à propos des paysans réquisitionnés pour travailler aux fortifications de Verdun et dont il ne restait plus que 60 sur 500 au départ (Lettre de Colbert à M. de Miromesnil, intendant à Châlons, 17 juillet 1677). Colbert obtient alors que le « système de l'entreprise » remplace la corvée.

3. Mont-Royal, sur la presqu'île de Traben sur la Moselle, est construit en cinq ans sur une position tenue par les Français depuis 1681. La place sera entièrement démantelée en 1697 à la suite du traité de Ryswick.

4. Les travaux des fondations de Fort-Louis dans l'île de Giesenheim sur le Rhin débutent en janvier 1687.

les soldats afin que, découragés par de faibles gains et un travail très dur, ils ne désertent pas à la veille de la reprise de nouveaux combats.

L'intention de Vauban est, en partant du cas particulier des travaux de terrassement dans les places fortes d'Alsace, qu'il connaît bien[1]*, de proposer un règlement général qui pourrait s'appliquer à tous les chantiers de fortifications et à tous ceux qui nécessitent la main-d'œuvre des soldats. Ce faisant, il aborde deux questions complémentaires et liées : la mesure du travail qu'il traduit en termes de normes et son application aux marchés publics, en intervenant sur le profit de l'entrepreneur.*

Ce projet d'instruction est intéressant à la fois dans ses propositions, dans sa démarche qui s'appuie sur les résultats d'expériences et dans sa forme d'exposition qui fait appel à des tableaux, outils de présentation alors peu utilisés.

Les soldats et les travaux de terrassements des chantiers du roi

Les conditions du marché public s'appliquant aux places fortes comme aux bâtiments royaux sont organisées autour du système de l'entreprise avec une adjudication au moins-disant[2]*. Les formalités de déroulement ont été clarifiées par Colbert avec la publication par l'intendant d'affiches annonçant le marché et la technique d'adjudication à la chandelle et au rabais. Le marché est conclu à prix fait pour l'entrepreneur, mais si le devis effectué par l'ingénieur a été sous-estimé ou l'entrepreneur mal choisi, les travaux peuvent être interrompus et l'intendant, commissaire du roi, est souvent obligé, dans l'urgence, d'avoir recours à la réadjudication sur folle enchère ou à la mise en régie et donc à des ouvriers payés à la journée, ce que Vauban, comme Colbert, condamne vertement, en raison du surcoût induit*[3]*.*

1. *Rappelons que jeune ingénieur, Vauban a été envoyé par Colbert en Alsace (1664-1666). Il s'est associé à l'entreprise du revêtement de Brisach et a été accusé par l'intendant Colbert de Croissy de ne pas avoir respecté le règlement et d'avoir surestimé le devis. Colbert et Louvois effaceront ce soupçon et les pièces du dossier seront retirées et brûlées sur ordre du roi en 1671 (G. Livet,* L'Intendance d'Alsace sous Louis XIV, 1648-1715, *Paris, Belles Lettres, 1956, pp. 356-363). Plus tard, il a initié, surveillé et inspecté les nombreuses places fortes d'Alsace.*

2. *Sur les marchés publics voir A. des Cilleuls,* Origines et développement du régime des travaux publics en France, *Paris, 1895 ; H. Vérin,* Entrepreneurs, entreprises. Histoire d'une idée, *Paris, 1982,* La Gloire des ingénieurs. L'intelligence technique du XVIe au XVIIIe siècle, *Paris, 1993, notamment le chapitre V, et « Evaluation des avantages du recours à l'entreprise dans les grands travaux de l'Etat »,* Politiques et management public, *vol. 7, mars 1989, n° 1 ; F. Monnier,* Les Marchés des travaux publics dans la généralité de Paris au XVIIIe siècle, *Paris, Librairie de droit et de jurisprudence, 1994, Bibliothèque de Science administrative, tome XI ; François Mansart,* Les Bâtiments ; marchés des travaux 1623-1655, *Centre historique des Archives nationales, Honoré Champion, Paris, 1998.*

3. *Colbert reprochera à l'ingénieur Niquet d'avoir trop souvent recours à la « journée du roi »,* Lettres, instructions et mémoires de Colbert, *publiés par P. Clément, Paris, 1861-1882, V, p. 213.*

Pour les travaux de terrassement, très importants sur les chantiers des places fortes, les soldats complètent la main-d'œuvre recrutée par les entrepreneurs avec un triple intérêt : s'assurer d'une quantité suffisante de bras, occuper les soldats qui pourraient, dans l'inactivité, perdre les habitudes de travail[1] *et enfin leur assurer un revenu supplémentaire.*

Les terrassiers travaillent par atelier (groupe d'ouvriers-soldats) et sont payés à la toise-cube de terre déplacée, c'est-à-dire piochée, chargée et roulée dans des brouettes. Le prix de la toise-cube varie selon les chantiers mais il est le plus souvent fixé par ordonnances royales[2] *et soigneusement contrôlé par Louvois, surtout quand la main-d'œuvre est constituée de la garnison. Ainsi Louvois s'oppose en 1683 au prix proposé par le directeur des fortifications d'Ypres, de Chazerat, en ces termes : « vous marquez des terres à remuer pour trois livres dix sols par toise-cube, sous prétexte qu'il y a une partie de vase. Suivez le marché. Si celui-là est désavantageux pour les entrepreneurs, ils ont un marché avantageux pour la maçonnerie »*[3]*. Il y a donc globalement un prix de marché, sauf fixation spéciale, et il faut noter que Louvois joue sur les compensations qu'un entrepreneur peut obtenir sur un autre article, alors que Colbert les combattait.*

En Alsace, en juin 1688, le prix a été fixé par atelier à 12 sols la toise-cube terrassée et le transport est payé 2 sous sur terrain plat et uni et 3 sous en montée pour une distance de 10 toises (19,48 m), soit un relais. Il est prévu une augmentation des prix si le terrain est boueux selon le critère « des pieds mouillés » et si la profondeur à creuser est supérieure à 6 pieds (1,95 m).

Vauban calcule cas par cas les conséquences de cette instruction et les expose dans les colonnes des dix premières tables, avec ses commentaires. Il se décide à étudier précisément les conditions, alors qu'il avait globalement condamné les erreurs qui pouvaient être faites dans Le Directeur général des fortifications, *ouvrage rédigé vers 1680 et publié à son insu en 1685 à La Haye par Henri Van Bulderen. (Un remuement des terres fait mal à propos : c'est un défaut d'intelligence dans le toisé, joint aux transports mal concertés des matériaux. Il recommandait de prendre garde aux entrepreneurs qui pouvaient tromper sur les prix, aux ingénieurs sur le toisé et aux ouvriers « qui voulaient vendre trop chèrement leur peine ».) Les défauts majeurs du règlement d'Alsace qui prévoit le paiement à la toise-cube piochée et transportée par atelier sont, pour lui, l'absence de prise en compte de la diversité des sols, alors que*

1. *Les soldats majoritairement issus de la paysannerie sont habitués aux travaux pénibles et les ordonnances royales ne manquent pas de rappeler la nécessité de maintenir ce potentiel de force physique par l'emploi des soldats aux travaux des tranchées et des fortifications (Ordonnances du 7 juin 1679, 14 août 1680, 20 février 1681, 19 avril 1683 citées par X. Audouin,* Histoire de l'administration de guerre, *Paris, P. Didot, 1811, 4 vol., t. 2, p. 328).*

2. *Voir notamment les ordonnances des 7 juin 1679, 14 août 1680, 24 février 1681 et 19 avril 1682.*

3. *Lettre de Louvois à Chazerat du 26 novembre 1682, H. Chotard,* Vauban et les fortifications du nord de la France, d'après des lettres inédites de Louvois, adressées à M. de Chazerat, gentilhomme d'Auvergne, directeur des fortifications à Ypres, *Paris, E. Plon, Nourrit et Cie, 1889, p. 226.*

terrasser dans de la terre meuble ou dans du roc ne demande pas le même travail ni les mêmes outils ni le même nombre d'hommes[1]*, mais aussi l'insuffisance du prix du transport qui fait baisser le gain de chaque ouvrier lorsqu'il est dans un atelier où la distance à parcourir est importante et/ou la pente forte, ce qui est le cas pour Mont-Royal, Fort-Louis, Belfort, Huningue et une partie de Landau où il est prévu des déplacements de terre de plus de dix relais (c'est-à-dire de plus de 200 mètres).*

Vauban parle d'iniquité tantôt pour le roi tantôt pour le soldat, ne nommant pas celui qui peut bénéficier du système, l'entrepreneur, puisque c'est lui qui reçoit l'argent du roi et rétribue les ouvriers, y compris les soldats-ouvriers. Il conclut : « Quelque manière que l'on tourne ce règlement il ne peut entrer dans l'égalité nécessaire à un travail bien ordonné, le Roy étant lézé aux deux premiers relais et le soldat dans la plus grande partie des autres ». Pour lui, ce n'est pas raisonnable, « attendu que les ouvriers qui travaillent également et d'égale force dans un même ouvrage doivent autant gagner les uns que les autres [...] ». Autrement dit : à travail égal, salaire égal.

Comment arriver à cette juste rétribution du travail ? C'est le sujet de sa proposition de nouvelle instruction qui modifie la base du calcul : il faut payer le soldat-ouvrier sur la base d'une journée commune de travail, c'est-à-dire sur le travail qu'un homme de force « médiocre », entendons moyenne, peut accomplir. La modernité de Vauban est ici évidente car il recherche une norme de productivité vraisemblable en l'absence d'instrument de mesure de celle-ci. Il va alors rassembler les données disparates envoyées par les ingénieurs sur le travail hebdomadaire des régiments, mais aussi commander des expériences pour connaître la quantité raisonnable de travail que peut fournir un homme en une journée.

La recherche d'une norme de productivité

Vauban vient de vivre, de 1685 à 1688, la grande expérience du chantier de l'aqueduc de Maintenon pour amener une partie des eaux de l'Eure dans les jardins de Versailles. Michel le Tellier, marquis de Louvois, surintendant des Bâtiments du roi depuis 1683, responsable du projet, a fait appel à 10 000 puis à plus de 20 000 soldats à partir d'avril 1685[2]*. Les travaux de terrassement sur ce chantier ont été prodigieux et ils ont absorbé 37 % des dépenses des années 1685-1687 qui s'élevaient à 6 millions de livres*[3]*. Vauban, par ailleurs réticent*

1. *Dans un cas (terres très meubles, marécageuses ou prairies) un homme peut suffire pour charger car il peut le faire au lochet (sorte de bêche) sans piocher, mais dans d'autres, notamment les rocs, il faut 2, 3 ou 4 ouvriers pour obtenir la même quantité de terre piochée et chargée.*

2. *Voir J. Guiffrey,* Comptes des bâtiments du roi, *Paris, Imprimerie nationale, 1887, tome II (Colbert et Louvois, 1681-1687) et tome III (Louvois 1688-1695).*

3. *Les comptes de ces trois années donnent 2,2 millions pour les fouilles des terres, J. Guiffrey,* ibid., *t. II. On a eu recours, non seulement à la corvée, décriée par Colbert, aux ouvriers recrutés par les entrepreneurs, aux soldats des bataillons mais aussi aux invalides dirigés par l'ingénieur Filley et rétribués 20 sous par jour en avril et mai 1688, J. Guiffrey, t. III, p. 212.*

à l'égard du projet d'aqueduc, a eu l'occasion de rédiger une note intitulée « Remarques sur le prix du transport d'une toise-cube de terre portée pour former la digue d'entre Maintenon et les quatre vents »[1] dans laquelle il dénonce déjà l'injustice du paiement des soldats pour ces travaux. Il est fort possible qu'il ait gardé ces remarques pour lui, Louvois n'étant pas à même d'accepter des objections sur ce chantier à propos duquel les deux hommes se sont affrontés[2]. Vauban a étudié les « états par quinzaine » de quinze régiments engagés sur le chantier, que lui ont adressés les ingénieurs de sa « bande d'Archimède », Mesgrigny, Robelin, Vollant, Filley[3]. Il peut lire le nombre effectif de soldats au travail, le nombre de jours travaillés dans la quinzaine (de 9 j 1/2 à 11 j 1/2)[4], la quantité de terre chargée et transportée, le prix de la toise-cube, le prix versé au bataillon et donc le gain quotidien de chaque soldat. Vauban constate que les gains varient beaucoup d'un atelier à l'autre et pour vérifier ses hypothèses il fait réaliser des expériences sur les chantiers d'Alsace où le nouveau règlement vient d'être adopté. Les résultats envoyés de Sarrelouis par l'ingénieur Richerand et surtout les expériences des 12 et 13 juin 1688 effectuées à Mont-Royal permettent d'établir qu'il faut entre 220 et 233 brouettes pour transporter une toise-cube (7,39 m^3)[5], et qu'en travaillant régulièrement sur une journée, chaque soldat peut gagner 8 à 8 sols 1/2[6]

Vauban, grâce à ses propres observations, aux expériences commandées et à ses calculs qui demeurent imprécis faute de mesures, fixe sa norme de travail sur la productivité maximale. Son principe est simple : si certains peuvent le faire, tous le peuvent. Un homme peut donc, écrit-il : soit excaver et charger 2 toises de terre meuble (soit 2 fois 250 brouettes) par journée de 11 heures l'été, soit les transporter, ce qui correspond à 500 brouettes pleines et 500 vides pour le retour soit une distance de 1 000 relais. Donc en 11 heures, un homme peut pousser une brouette sur 1 000 relais de 15 toises en plaine, soit 30 km ou 1 000 relais de 10 toises en montant, soit 19,5 km[7].

1. *Fonds Rosanbo, 260 AP 50, dossier 1, doc 3.*
2. *Le marquis de Louvois défendait une construction fastueuse à laquelle correspondait le projet d'un aqueduc majestueux à trois arches. Vauban l'a critiqué pour son coût et la complexité de sa construction et a proposé une construction plus modeste : un aqueduc de terre avec siphons, qualifiée avec mépris par Louvois d'« aqueduc rampant ».*
3. *Fonds Rosanbo, 260 AP 50, dossier 1, doc 4 à 9, états du 11 juin au 28 août 1688. Vauban a continué à recevoir les états après qu'il eut rédigé son projet du 15 juillet 1688.*
4. *Le nombre de jours travaillés est donné pour chaque bataillon.*
5. *Vauban arrondit à 250 brouettes pour une toise^3, ce qui établit le volume d'une brouette à environ 30 litres.*
6. *Fonds Rosanbo, 260 AP 50, dossier 1, doc 10 à 22. Le document donne un élément intéressant : « 9 hommes roulant à 60 toises de l'atelier ont porté une toise de pierre en 208 brouettées durant 6 heures ». La durée du transport permettait une réflexion sur la durée de la tâche qui pouvait être poursuivie.*
7. *1 000 relais de 15 toises (29,22 m) soit 29,220 km et 1 000 relais de 10 toises (19,48m) soit 19,48 km. Vauban introduit cette distinction, alors que le règlement d'Alsace prévoyait une seule forme de relais à 10 toises (un peu moins de 20 m). Il faut noter que la distance de 30 mètres est tou-*

On notera la nouveauté de la standardisation souhaitée par Vauban. Alors que les mesures des toises de terre étaient effectuées par les ingénieurs sur leur lieu de déblai au moyen de piquets précisant les hauteurs à atteindre, il introduit une autre mesure, la brouettée. Pour la nature des sols, il se lance dans des descriptions pour introduire la prise en compte des difficultés qu'il traduit en ajoutant un ou plusieurs travailleurs supplémentaires ; pour les transports toutefois il mentionne seulement « en montant », sans précision de la pente. La recherche de Vauban se heurte aux imprécisions des mesures de la fin du XVIIe *siècle.*

Il fixe la durée du temps de travail pour les journées d'été (de mars à octobre). Il souhaite la réduire à 10 heures, au lieu des 11 h 30 fixées par Louvois sur le chantier de Maintenon, et aménage trois heures de pause pour les repas, ce qui fait un temps d'astreinte de 13 heures au lieu des 15 heures prévues par Louvois[1]*. Il cherche la meilleure répartition des pauses pour une plus grande productivité : soit toutes les 2 h 30 avec des pauses d'une demi-heure (matin et après-midi) à deux heures (pour le dîner) ou encore toutes les trois heures avec des pauses d'une heure (matin et après-midi) à deux heures (pour le dîner). Il attend de cette réduction d'horaire un travail plus productif de la part du soldat, payé à la tâche, et donc motivé par le gain : « il est certain que dix heures de travail d'un homme qui a pour chasse-avant son intérêt, en valent au moins quinze d'un qui a sa journée réglée ». Le gain de productivité serait donc de 50 %*[2] *!*

Cependant d'après les « états des bataillons » à Maintenon et à Sarrelouis les neuf heures de travail étaient rarement atteintes et surtout difficiles à mesurer sur les chantiers. Vauban le sait, qui écrit : « commencer le travail à cinq heures du matin pour être à cinq heures et demie en train », mais, de fait, sa norme est élevée, car s'il dit diminuer les horaires quotidiens (10 heures en été et 7 heures en hiver), il augmente le nombre de jours travaillés. Seul le dimanche, jour du Seigneur, sera férié par respect religieux mais aussi par souci de rentabilité, car le dimanche permet le repos des corps fatigués mais aussi les distractions qui évacuent l'ennui et vident les bourses, ce qui donne la nécessité et l'envie de revenir travailler le lundi, l'homme étant mû par l'intérêt. Par contre, les jours de fête doivent être ouvrés car les « fêtes de l'année ont été faites par les hommes, ainsi ils peuvent s'en dispenser ». On imagine le commissaire des fortifications s'impatienter devant un chantier inachevé et interrompu lors des fêtes presque aussi nombreuses (48) en 1700 que les dimanches, ce qui laissaient 265 jours ouvrés par

---

jours celle qui est adoptée sur les chantiers où on ne peut utiliser ni bulldozer, ni pelleteuse. La productivité actuelle, selon le Centre technique du bâtiment, est variable selon la nature des terres mais est approximativement de 1m³ transporté en brouette sur 30 mètres en 0,6 heure. Cette norme n'est guère différente des 16 m³ par journée de 10 heures du calcul de Vauban.

1. *Les journées dans le bâtiment sont fixées à 14 heures en été (5 h-19 h) et 12 heures en hiver (6h-18h), les statuts ne fixant pas les pauses de déjeuner. (D'après Micheline Beaulant, « Les salaires du bâtiment 1400-1726 »,* Annales E.S.C.*, 1971, 26, n° 1, pp. 463-48.)*

2. *Si l'on compte les heures travaillées dans la journée de Vauban, de 5 h à 19 h, on trouve 14 heures d'astreinte et 11 heures de travail, quand les pauses sont toutes les trois heures.*

an. Travailler mieux et plus, telle est la devise de Vauban, mais est-ce pour gagner plus ?

Un gain garanti

Vauban veut garantir au soldat-ouvrier un revenu potentiel que seul son travail pourra lui assurer, pensant que l'égalité qu'il prône est aussi un encouragement. Le soldat qui charge deux toises dans une brouette sera payé huit sols, comme celui qui les roulera. Cette égalité exige que le nombre de travailleurs nécessaires soit justement fixé au préalable dans le devis de l'ingénieur, en fonction de conditions de travail précisément évaluées. Le devis, base du contrat avec l'entrepreneur, traduit en effet un projet non seulement technique mais aussi économique. Ceci accentue la responsabilité de l'ingénieur et donc du technicien dans le marché public. C'est une des conséquences de la réforme proposée, une rationalisation de l'évaluation par le calcul.

Vauban entend ainsi garantir aux soldats une rétribution attractive qui permettrait d'éviter leur réticence à faire des terrassements (ce qui nécessite les « chasse-avant », chargés de les surveiller) ou même leur désertion (hantise de tous les directeurs des places fortes) quand les conditions sont trop difficiles. Les 8 sous proposés comme norme sont considérés comme équitables, car ils s'additionnent à la solde de 3 sous que le soldat perçoit en temps de paix. Vauban pense que c'est équitable aussi vis-à-vis des paysans qui gagnent certes 11 sous lorsqu'ils travaillent sur les chantiers, mais qui n'ont que ce revenu, alors qu'ils sont mariés et payent la taille. Il est probable cependant que les soldats auraient mal accueilli cette base de rétribution, car la tâche était dure pour atteindre les 8 sous. Cependant les jurats de Bordeaux ont fixé la journée de manœuvre à 8 sols (intendant de Sourdis, avril et mai 1695), un mendiant contraint de travailler dans l'hôpital général de la Salpêtrière, touchait 5 sous[1] et, lorsque Vauban calcule dans la Dîme royale *le gain d'un tisserand soit 12 sols par jour pour 265 jours de travail, il conclut à 8 sous 8 deniers par jour. L'ouvrier agricole est encore plus mal loti avec 9 sous pour 190 jours excepté la moisson et les vendanges où il est mieux payé. On comprend alors que les 8 sous constituent une référence de revenu pour Vauban.*

Un deuxième élément de la proposition de Vauban est la fixation du gain de l'entrepreneur à 6 sols la toise quelles que soient les conditions du chantier (voir la table 3 de sa proposition), alors que Louvois établissait à 5 sols la toise la part de l'entrepreneur. L'entrepreneur est chargé pour ce prix de fournir les outils (pioches, loquets et surtout brouettes[2]) mais aussi d'assurer par des ponts et des rampes le bon transport de la terre et par rigoles et moulins, l'évacuation de l'eau. Il a ainsi une

1. *Alfred des Cilleuls,* Le Prix de la vie en France du XVIe à 1789, *1887.*

2. *Les brouettes sont onéreuses, de 40 à 50 sols la pièce. Vauban les juge utiles et il s'est opposé sur ce point à Louvois qui refusait d'en acheter 4 000 pour des travaux à la journée, préférant les hottes à 6 ou 7 sols pièce qu'il jugeait plus solides. Sur ce différend, lettre de Louvois à Vauban du 20 novembre 1670, SHD, B.G.*

part de liberté et une possibilité de s'enrichir quand les conditions de terrassement sont bonnes. Vauban, qui, par ailleurs, s'est plaint de certains entrepreneurs et de leurs ruptures de contrat ou de l'insuffisance de leur caution, ne manque pas de rappeler régulièrement à Louvois : « donnez le prix des ouvrages et ne plaignez point un honnête salaire à l'entrepreneur qui s'acquittera de son devoir ; ce sera toujours le meilleur marché que vous puissiez trouver »[1]. Pour Vauban, fixer à la hausse la part de l'entrepreneur doit rassurer ce dernier sur ses gains, mais en même temps il lui supprime toute possibilité d'un gain supérieur, contrepartie du risque pris. Défenseur du système du marché par entreprise[2], Vauban sait que l'appât du gain est un puissant moteur qu'il faut maintenir pour avoir des entrepreneurs (et même des travailleurs) mais il faut veiller à ce qu'ils soient « solvables et intelligents »[3], c'est-à-dire qu'ils montrent leur capacité à évaluer et pondérer les risques et avantages afférents. Il veut réduire les contestations des entrepreneurs et limiter les interventions des intendants trop souvent appelés pour arbitrer des conflits (il se souvient de son expérience alsacienne).

Vauban, pour éviter les détournements et le mauvais travail, veut donner à l'ingénieur des bases de calcul pour ses devis, ainsi que les moyens de contrôler le travail des ouvriers-soldats et de l'entrepreneur. Il le fait au nom de l'équité, équité pour le soldat, qui, quel que soit son poste, pourrait gagner la même somme. Equité pour le roi qui ne doit pas trop payer le travail de certains soldats et les entrepreneurs si les conditions sont bonnes. Il souhaite clarifier les conditions pour éviter les « criailleries » des soldats et les défections des entrepreneurs tout en préservant les deniers royaux.

Une rhétorique visuelle à l'œuvre

La présentation du projet repose sur une démonstration à partir de tables, au nombre de 15, dont la lecture doit entraîner la conviction parce qu'en un seul coup d'œil tous les éléments peuvent être appréhendés. Vauban a perfectionné sa démonstration depuis le texte sur le chantier de l'aqueduc de Maintenon, précédemment cité, qui affirmait la nécessité de respecter l'égalité du gain pour un travail égal, mais dans lequel il n'avait pas introduit les mesures des quantités. Les tables lui permettent de décomposer les éléments pris en compte dans le marché et d'envisager les consé-

1. *Lettre célèbre de Vauban à Louvois, Belle-Ile, 17 septembre 1685, A. de Rochas d'Aiglun,* Vauban. Sa famille et ses écrits, ses oisivetés et sa correspondance, *Paris, Berger-Levrault, 1910, Genève, Slatkine Reprints, 1979, pp. 262-266.*

2. *Vauban écrit dans* Le Directeur des fortifications *préférer l'entreprise à l'économie (ou régie, terme du XIX*e *siècle) qui règle le travail à la journée du roi, mais il note que des solutions mixtes peuvent être adoptées sur un même chantier.*

3. *« Premier mémoire sur le port de Toulon » 1679, cité par H. Vérin, « Evaluation des avantages du recours à l'entreprise dans les grands travaux de l'Etat », dans* Politiques et management public, *vol. 7, mars 1989, n° 1, p. 64.*

PREMIERE TABLE
qui fait voir l'erreur du prix que l'on donne aux chargeurs.

Nombre des Chargeurs	Nombre des toizes à charg.	Prix des 2. toises.	Les journées de chacun.	
1	2	24	24..0..0:	*Trop fort*
2	2	24	12..0..0:	*Fort*
3	2	24	8..0..0:	*Bon.*
4	2	24	6..0..0:	*Foible*
5	2	24	5..9..$\frac{3}{5}$:	*Trop foible*
6	2	24	4..0..0:	*Idem.*
7	2	24	3..5..$\frac{1}{7}$:	*Idem.*
8	2	24	3..0..0:	*Idem*
9	2	24	2..8..0:	*Idem*
10	2	24	2..4..$\frac{4}{5}$:	*Idem.*

quences des variations du nombre d'hommes, du profil du chemin, de la nature du sol. Pour convaincre, il faut démontrer l'iniquité du principe jusque-là en usage et sous-jacent au paiement. Les tables peuvent donc refléter des situations fictives puisqu'il s'agit de faire comprendre les principes des deux solutions. Il fait donc varier chacun des éléments pour montrer que, dans le cas du règlement d'Alsace, le soldat ou le roi sont pénalisés par les variations, ce qui le conduit à poser comme constants les gains théoriques du soldat et de l'entrepreneur quel que soit le cas de figure et il conclut : « il est évident que cette manière d'estimer le prix de la toise peut extrêmement aider à faire les marchés avec les entrepreneurs en se donnant la peine d'examiner combien de toises-cubes à peu près seront transportées à telles et telles distances. » L'ingénieur peut ainsi prévoir la durée du chantier lorsqu'il fait le devis des travaux et des hommes à employer. Le temps est toujours l'impondérable qu'il faut envisager dans les fortifications et la guerre de siège.

L'usage des tables à de telles fins est une innovation. En effet, sans entrer dans le détail, il faut préciser que si la table à double entrée se généralise dans les années 1650-1660[1] dans des domaines fort différents, elle n'est pas encore présente comme argument rhétorique. D'ailleurs, en 1729, dans son édition de l'instruction de Vauban[2], Bélidor omettra les tables et leurs commentaires et ne gardera que les principes, sans s'en expliquer, mais vraisemblablement pour en simplifier la lecture.

Les calculs proposés par Vauban reposent sur une prise en compte des contingences matérielles, en particulier de la diversité des conditions de travail par l'ingénieur

1. *P. Burke,* A Social History of Knowledge : from Gutenberg to Diderot, *Cambridge Polity, 2000, constate l'usage des tables au* XVIII*e siècle. Nos propres recherches confirment la lente apparition de ces formes de tables à partir des années 1670, M. Virol, « Le rôle des techniques dans la construction de l'Etat sous Louis XIV », Thèse d'habilitation, Université Paris VIII 2005, tome I.*
2. *Bernard Forest de Belidor,* La Science de l'ingénieur, op. cit., *chap. 8.*

SECONDE TABLE
qui fait voir l'erreur des relais, & de la charge joints ensemble, sur le pied de douse sols la charge, & deux sols le relais.

Relais.	N. des charg. à brouettes	N.bre de toise à transport.	Prix des 2 to. jointes ensem.	Prix de l'une de ces toises.	Journees des Ouvriers.	
1er	2	2	28	14	14: 0: 0:	*Trop fort*
2	3	2	32	16	10: 8: 0:	*Fort*
3	4	2	36	18	9: 0: 0:	*Bon.*
4	5	2	40	20	8: 0: 0:	*Bon.*
5	6	2	44	22	7: 4: 0:	*Un peu foib.*
6	7	2	48	24	6: 13: $\frac{1}{3}$	*Foible.*
7	8	2	52	26	6: 6: 0:	*Trop foible*
8	9	2	56	28	6: 2: $\frac{2}{3}$	*Idem.*
9	10	2	60	30	6: 0: 0:	*Idem.*
10	11	2	64	32	5: 9: $\frac{9}{11}$	*Idem.*

Première et seconde tables du manuscrit Rosanbo.

au moment de l'élaboration du devis, mais surtout ils fixent le gain du soldat dont on attend un travail défini et normalisé. Les normes de productivité du terrassement feront question au cours des deux siècles suivants et plus précisément celle de la brouette comme unité de mesure des travaux de terrassement[1]*. Outre Bélidor, les ingénieurs du Génie Fourcroy et Filley ont commenté ce mémoire et le problème est posé en 1760 à l'école des Ponts et Chaussées de Mézières dans un cours manuscrit sur la rationalisation du transport des terres donné par Duvigneau, dans lequel on lit qu'un homme vigoureux peut charger trois toises et gagner ainsi 12 sols, ces normes restant fondées sur les calculs de Vauban*[2]*. Un autre mémoire du SHED, daté de 1834, définit le travail moyen quotidien, comme suit :*

– *charger 15 mètres-cubes par jour (pour Vauban 2 toises soit 14,78 m*^{3}*) ;*

– *ou rouler 500 brouettées chargées sur 15 000 m et autant à vide soit 30 km, avec des relais à 30 m en plaine (29,2 km pour Vauban)*[3]*.*

Les unités de mesure ont changé mais l'estimation du travail est inchangée. De même le paiement à la tâche étant toujours en vigueur, l'auteur tente de fixer une proportion entre le prix de la charge (au mètre-cube) et la densité de la terre (ce que Vauban proposait), au lieu de payer approximativement selon le prix de la terre « dite à un homme » ou à « un homme et demi » si la terre est plus lourde[4]*.*

1. *SHED, section 6, article 1, §1, objets d'art, Terrassements, déblais et remblais carton 35, doc 11 Fourcroy, doc 12 Filley, 1764.*

2. *Information donnée par Hélène Vérin que je remercie.*

3. *SHED, section 6, article 1, §1, objets d'art, Terrassements, déblais et remblais carton 35, doc 27.*

4. *Le* Dictionnaire militaire. Encyclopédie des sciences militaires, *Paris, Nancy, Librairie militaire Berger-Levrault, 1910, précise à l'article « Terrassement » que l'on admet 30 brouettes par m*^{3} *et le relais à 30 mètres sur terrain plat. Les relais sont mesurés de telle sorte que le temps d'un aller-retour corresponde au temps nécessaire pour charger une brouette. Une « terre à un homme » est enlevée*

Il est intéressant à ce moment de se demander quelle fut la réponse de l'autorité à ce projet d'instruction. La lettre de Vauban, précédemment citée (18 octobre 1690), mentionne une vérification des calculs de ce projet par « feu La Londe », à la demande de Louvois. La Londe n'a probablement pas eu le temps de répondre à la demande de Louvois car il a été tué au siège de Philippsbourg en octobre 1688 et Louvois n'a pas donné suite à l'instruction, pressé vraisemblablement par les préparatifs de la guerre imminente.

Une réponse critique, « Remarques sur l'instruction de Mr de Vauban touchant le transport des terres » est cependant conservée dans le fonds Rosanbo[1]*. Elle émane peut-être du marquis de Barbezieux, fils de Louvois et nommé secrétaire d'État à la Guerre à la mort de son père (16 juillet 1691) ou de Michel Le Peletier de Souzy, directeur des fortifications depuis la même date. L'auteur se dit convaincu que le règlement d'Alsace est défectueux, mais il critique le gain de huit sols, peu avantageux pour les soldats car l'ordonnance qui fixe le prix de la journée du roi prévoit 10 sols en été et 9 en hiver (Vauban le sait mais souhaite empêcher le travail à la journée qui encourage, dit-il, la fainéantise !) et il refuse de faire un règlement général et d'intervenir dans les marchés publics : « il serait bon de laisser les entrepreneurs convenir de gré à gré avec les soldats du prix de leur travail sauf aux intendants et aux ingénieurs directeurs à interposer leur autorité lorsque l'entrepreneur avide de gain ne voudra pas faire justice au soldat ». Une instruction générale est, pour lui, inconcevable.*

Vauban a transposé l'optimisation et la normalisation qu'il cherchait à appliquer dans l'art des sièges ou dans la maîtrise de l'eau au travail humain. Il offre ici un exemple de sa contribution à l'élaboration d'une gestion administrative soucieuse de rationalité et d'efficience, en proposant des calculs et une mise en forme en tables qui deviennent les outils d'une arithmétique politique. Il a voulu donner le moyen de mieux contrôler les travaux des grands chantiers royaux en augmentant la productivité et en limitant les coûts, en arbitrant les intérêts opposés et en cherchant l'équité. Sa familiarité avec toutes les composantes techniques, humaines et économiques de ces chantiers, les plus vastes laboratoires du travail du règne de Louis XIV, fait de ses écrits une excellente source pour la connaissance de ceux-ci et de ses propositions un exemple d'application d'une pensée rationnelle à l'organisation. Ces préoccupations, cependant, n'étaient pas encore d'actualité[2]*.*

Michèle VIROL

---

par un pelleteur sans l'aide d'aucun piocheur et une « terre à un homme et demi » signifie qu'un piocheur suffit à deux pelleteurs.

1. *Fonds Rosanbo, 260 AP 65, dossier 1, document 2.*

2. *Intrigué, un spécialiste de Taylor a voulu comparer la démarche de Vauban à celle de Taylor, pour finalement conclure : « le rapprochement avec Vauban est séduisant mais anachronique », Jean-Louis Peaucelle, « Vauban, la normalisation du travail avant Taylor,* Annales des Mines. Gérer et comprendre, *87, mars 2007.*

INSTRUCTION
POUR SERVIR
AU REGLEMENT
du transport et remuement des terres

AVANT que d'en venir au fait j'estime qu'il sera bon de la faire précéder d'un règlement qui fut fait en Alsace quelques années avant la dernière guerre[1], la critique duquel fait voir démonstrativement sa fausseté[2] ; ce qui servira de preuve pour établir la solidité de ce qui est proposé pour la correction de ce règlement qui fait le sujet de ladite instruction.

Copie du Réglement fait en Alsace pour le prix que les entrepreneurs doivent payer aux soldats employés aux transports et remuement des terres de la Fortification des places de Sa Majesté[3]

Les terres communes et ordinaires seront payées à raison de douze sols la toise cube dans l'atelier[4], pour les charger et pour les rouler, il sera aug-

1. Le règlement a été diffusé sous forme imprimée, mais Vauban prend la peine de le recopier afin que le lecteur puisse suivre la démonstration et les calculs. Cette partie introductive a été ajoutée quand Vauban a repris son texte après la paix de Ryswick de 1697 et avant la guerre de Succession d'Espagne (1701).

2. Vauban énonce le procédé de validation de son argumentation : démontrer la fausseté pour prouver et donc convaincre son lecteur.

3. Le titre du règlement est parfaitement clair sur la prise en charge du paiement des travaux des soldats par l'entrepreneur.

4. Sur les chantiers, le travail est organisé par atelier de taille variable en fonction du travail à réaliser. Ici chaque atelier doit réaliser le pelletage ou le piochage d'une toise cube de terre, son chargeage dans une brouette puis son transport. La mesure de la terre est faite

menté de deux sols par toise cube, de dix toises en dix toises courantes de chemin[1] dans toute la distance de leur transport, lorsque le terrain sera uni et plat ; et quand il y aura à monter soit par des rampes de terre ou sur des ponts, il leur sera payé trois sols d'augmentation de dix toises en dix toises courantes, par toise cube, au lieu de deux sols dont il est parlé ci-devant[2].

Lorsque les soldats travailleront dans les fondations où ils seront gênés, il leur sera augmenté deux sols par toises pour la charge jusqu'à douze pieds[3] de profondeur, et la même augmentation leur sera accordée de six pieds en six pieds sur toute la profondeur de leur travail, de manière qu'au-dessous de douze pieds et jusqu'à la profondeur de six autres pieds, il leur sera payé dans l'atelier 14 sols et à dix-huit pieds de profondeur, seize au lieu de douze sols, qui est le prix des ouvrages communs, et ainsi d'un approfondissement à l'autre.

Et si les soldats sont obligés de travailler dans l'eau et de se mouiller les pieds[4], soit dans les fondations ou aux approfondissements des fossés, outre le prix ci-dessus, il leur sera augmenté cinq sols par toise dans l'atelier, en sorte qu'au lieu de seize sols, qu'il leur a été réglé pour la charge lorsqu'ils sont à dix huit pieds de profondeur, il leur en sera payé vingt et un sols, pendant les mois de mars, avril, mai, juin, juillet, août, septembre et octobre, et à l'égard des autres mois d'hiver[5], l'augmentation sera de dix sols au lieu de cinq dans l'atelier, moyennant quoi les soldats et ouvriers seront obligés de faire des rigoles dans leurs ateliers seulement pour l'écoulement des eaux aux mêmes prix et conditions ci-dessus ; et quant à la dépense des moulins[6], elle se fera aux frais des entrepreneurs.

Et comme la qualité du roc est incertaine, le prix de l'excavation en sera arbitré par l'ingénieur qui aura soin des fortifications de la place dans laquelle il se trouvera du travail de cette nature, et à l'égard du transport

---

sur les lieux du déchargeage où des piquets signalent la hauteur nécessaire à atteindre pour faire une toise cube. La mesure est donc approximative en fonction de la nature du sol. La toise cube équivaut à 7,4 m^3 (la toise équivalant à 1,949 m).

1. Un relais est donc placé tous les 19,49 m.

2. le règlement prend en compte la pénibilité du transport puisque s'il y a pente, pour une même distance, trois sols sont ajoutés au bénéfice de l'atelier aux deux sols prévus.

3. Le pied équivalant à 0,3248 m, la profondeur retenue ici pour une majoration est de plus de 3,90 mètres. Une augmentation est prévue tous les 6 pieds, c'est-à-dire presque tous les 2 mètres de profondeur supplémentaire, ce qui laisse entrevoir la pénibilité de ces chantiers.

4. C'est une situation fréquente qui entraîne de nombreux refroidissements et fièvres, comme il a été observé pour les places des Flandres ou le chantier de l'aqueduc de Maintenon.

5. Les conditions des chantiers, beaucoup plus difficiles durant les mois d'hiver, entraînaient de nombreuses défections et même désertions des soldats, d'où l'augmentation conséquente.

6. Le drainage de l'eau sur les chantiers de terrassement est toujours une question épineuse. Les soldats ont à leur charge le creusement des rigoles, les entrepreneurs celle de leur fournir les pelles et de construire les moulins qui permettront d'évacuer l'eau.

du moellon qui en proviendra, il sera seulement payé aux soldats pour la charge dix sols attendu qu'il se trouve tout tiré et que ce travail se peut faire sans donner aucun coup de pioche ; mais l'éloignement du chemin sera payé sur le même pied que les terres et les décombres, suivant le réglement qui a été fait pour le transport desdites terres.

Fait à Strasbourg le 2 juin 1688.

Le premier défaut remarquable de cet imprimé est dans le prix de la charge que l'on taxe à douze sols ; la raison est que la qualité des terres étant toujours différente entre celles de la superficie, et celles qui sont quatre, cinq, six ou sept pieds plus bas ; il s'ensuit qu'il est impossible que la règle soit la bonne, parce qu'en terres molles ou de prairie où l'on peut charger de la première main, un homme pourra suffire au chargeage d'une file de relais, ou dans d'autres deux, même trois ne le pourront pas ; cependant le prix de la toise étant égal à l'un comme à l'autre, il s'ensuit qu'il y a lésion de la part du Roi, quand le terrain étant bon, il n'y a qu'un ou deux hommes à charger, et de la part des soldats quand le terrain est mauvais, il y en a plusieurs[1].

Il n'en est pas de même si le prix de la charge est fixé à douze sols par toise, et qu'un homme de moyenne force[2] puisse lever deux toises cubes de terre. L'expérience nous apprend que cela se peut dans tous les terrains marécageux et de prairie où l'on peut charger au louchet[3] de la première main, sans avoir besoin de la pioche. Cet homme seul dis-je gagnera vingt quatre sols si au lieu d'un on est obligé d'y mettre deux, ils n'en gagneront que douze, s'il en faut trois ils n'en gagneront que huit, si quatre que six, et ainsi à proportion que le nombre des chargeurs augmentera, le prix de leurs journées diminuera, ce qui se marquera plus aisément par la table suivante, où le nombre des chargeurs est augmenté depuis un jusqu'à dix.

1. Le travail étant rémunéré par atelier, le gain de chaque homme est partagé par le nombre de travailleurs. Si on donne la même somme pour un travail facile ou un travail difficile, Vauban affirme que roi est lésé dans le premier cas, car la rétribution est trop élevée, le soldat dans le second.

2. Vauban essaie d'évaluer cette force moyenne, à partir de ses expériences. Il prend cependant ici les meilleurs résultats obtenus pour la fixer.

3. Ou lochet : sorte de bêche utilisée aussi par les mineurs.

PREMIERE TABLE
qui fait voir l'erreur du prix que l'on donne aux chargeurs

Nombre des chargeurs	Nombres des toises à charg.	Prix des 2 toises[1]	Les journées de chacun	
1	2	24	24 0 0	*Trop fort*
2	2	24	12 0 0	*Fort*
3	2	24	8 0 0	*Bon*
4	2	24	6 0 0	*Faible*
5	2	24	5 9 2/5	*Trop faible*
6	2	24	4 0 0	*Idem*
7	2	24	3 5 1/7	*Idem*
8	2	24	3 0 0	*Idem*
9	2	24	2 8 0	*Idem*
10	2	24	2 4 4/5	*Idem*

De cette preuve, il résulte, premièrement, que quand il n'y a eu qu'un ou deux hommes à charger, le Roi est lésé, parce que les journées sont trop chères, quand il y en a trois le soldat gagne une journée raisonnable ; mais quand il y en a plus la perte tombe sur lui, et si on ne peut pas dire que les relais les tirent d'affaires ; car nous ferons voir que le même défaut s'y rencontre.

Secondement, que l'augmentation de deux sols par toise dans les fondations gênées jusqu'à douze pieds de profondeur n'est pas toujours juste par tous les endroits où cela se trouve, ni l'augmentation si bien appliquée qu'on n'y puisse trouver sujet de lésion, non plus que celle qui accorde le même prix depuis douze pieds de profondeur jusqu'à dix-huit, et autres deux sols depuis dix-huit jusqu'à vingt-quatre, et ainsi de suite de six pieds en six pieds, jusqu'à parfaite profondeur en l'une et en l'autre ; on ne remédie pas avec assez de distinction au défaut de la charge qui peut être plus ou moins difficile que ne porte l'augmentation de ce prix[2].

Troisièmement, que l'augmentation du prix de ceux qui doivent travailler dans l'eau n'est pas moins défectueuse, attendu que si elle est plus ou moins abondante et inégale, il est impossible qu'un prix toujours égal leur puisse convenir, de manière qu'il n'y ait lésion de part et d'autre, je dis la même chose de ce qui suit, sans que le plus ou moins de profondeur fasse rien à cet égard, parce qu'il ne s'agit pas d'épuisement, mais seulement de la charge.

Quatrièmement, que le règlement des relais qui n'est pas moins défec-

1. Le prix est en sols ainsi que le gain par journée (les sous-divisions sont en deniers et fractions de deniers à raison de 12 deniers par sou).

2. Vauban veut laisser à l'ingénieur, en charge du chantier, le soin d'apprécier la qualité du sol et les conditions précises du travail plutôt que de le fixer d'une manière qu'il juge trop générale.

tueux, en ce que plus il y en a, moins l'ouvrier gagne[1], par exemple si la charge est payée à douze sols la toise et le relais à deux, et qu'il y ait seulement la longueur d'un relais à mener, la toise reviendra à quatorze sols auquel cas si un homme peut charger deux toises et un autre les mener, ce sera deux hommes d'employés pour charger et mener deux toises de terre, dont le prix reviendra à vingt-huit sols les deux, partant chaque homme gagnera quatorze sols qui est une journée trop forte ; mais s'il faut mener les terres à vingt toises, il faudra établir deux relais, et par conséquent ajouter un homme aux deux qui feront trois ; cependant le prix de la toise n'augmentant que de deux sols il arrivera que celui de deux toises ne sera que de trente-deux sols qui divisés à trois hommes feront dix sols huit deniers chacun, ainsi dès le second relais, voilà trois sols quatre deniers de diminution ; si la distance est de trois relais ou de trente toises, au lieu de trois hommes il en faudra quatre pour mener deux toises de terre, qui à dix-huit sols la toise feront trente-six sols les deux, et neuf sols pour la journée de chaque ouvrier : que si ledit transport est de quatre relais, il faudra cinq hommes pour charger et mener ces deux toises de terre, qui travaillant toujours d'égale force ne gagneront que huit sols chacun, parce que la toise cube ne reviendra qu'à vingt sols, finalement, si ce même transport va jusqu'à cinquante toises de distance du lieu d'où l'on charge, ou cinq relais, il faudra six hommes pour charger et mener ces deux toises de terre qui reviendront à quarante-quatre sols, lesquels divisés en six feront sept sols quatre deniers chacun. Enfin si le chargeage est payé à douze sols la toise et chaque relais de dix toises à deux sols, le prix de chaque toise et les journées reviendront, comme il est expliqué à la table ci-après.

1. C'est un des arguments essentiels de Vauban contre le règlement d'Alsace : le transport n'est pas suffisamment pris en compte dans le prix et cela fait baisser le gain total par atelier au fur et à mesure que la distance à parcourir augmente. Les relais payés à 2 sols, 2 sols et demi, et même 3 sont jugés insuffisants comme le démontrent les calculs mis en tables.

SECONDE TABLE

qui fait voir l'erreur des relais et de la charge joints ensemble, sur le pied de douze sols la charge et deux sols le relais

Relais	Nombre des chargeurs et brouetteurs	Nombre de toises à transporter	Prix des 2 toises jointes ensemble	Prix de l'une de ces toises	Journée des ouvriers	
1	2	2	28	14	14 0 0	*Trop fort*
2	3	2	32	66	10 8 0	*Fort*
3	4	2	36	18	9 0 0	*Bon*
4	5	2	40	20	8 0 0	*Bon*
5	6	2	44	22	7 4 0	*Un peu faible*
6	7	2	48	24	6 11 1/7	*Faible*
7	8	2	52	26	6 6 0	*Trop faible*
8	9	2	56	28	6 2 1/4	*Idem*
9	10	2	60	30	6 0 0	*Idem*
10	11	2	64	32	5 9 9/11	*Idem*

Ainsi quoiqu'il y ait égalité de travail, les journées diminuent à mesure que le transport s'éloigne ; en sorte que le Roi est lésé au commencement, et les soldats à la fin : la même chose arrivera si on paye les relais à deux sols six deniers, comme il été réglé en dernier lieu et comme il se verra par la table suivante.

TROISIEME TABLE

qui fait voir l'erreur du prix de la toise, la chargé payée à douze sols et le relais à deux sols six deniers

Relais	Nombre des chargeurs et brouetteurs	Nombre des toises à transporter	Prix des 2 toises jointes ensemble	Prix de l'une de ces toises	Journée des ouvriers	
1	2	2	29	14 6	14 6 0	*Trop fort*
2	3	2	34	17 0	11 4 0	*Idem*
3	4	2	39	19 6	9 9 0	*Bon*
4	5	2	44	22 0	8 9 3/5	*Bon*
5	6	2	49	24 6	8 2 0	*Bon*
6	7	2	54	27 0	7 8 4/7	*Faible*
7	8	2	59	29 6	7 4 1/2	*Idem*
8	9	2	64	32 0	7 3 1/3	*Idem*
9	10	2	69	34 6	6 10 8/9	*Trop faible*
10	11	2	74	37 0	6 8 8/11	*Idem*

Il paraît par l'exposé de cette table que les journées sont trop fortes au premier et second relais, trop faibles aux quatre ou cinq derniers, et qu'il y a partout inégalité de prix, quoique égalité de travail : que si on rehausse le prix des relais jusqu'à trois sols, comme il a été réglé pour ceux qui brouettent en montant, la même inégalité subsistera comme à la table suivante.

QUATRIEME TABLE
qui fait voir l'erreur des prix
de la charge à douze sols, et celui des relais à trois

Relais	Nombre des charg. et brouetteurs	Nombre des toises à transporter	Prix des 2 toises jointes ensemble	Prix de la toise en particulier	Journée des soldats			
1	2	2	30	15	15	0	0	*Trop fort*
2	3	2	36	18	12	0	0	*Trop fort*
3	4	2	42	21	10	0	0	*Fort*
4	5	2	48	24	9	7	1/5	*Bon*
5	6	2	54	27	9	0	0	*Bon*
6	7	2	60	30	8	10	2/7	*Bon*
7	8	2	66	33	8	3	0	*Bon*
8	9	2	72	36	8	0	0	*Bon*
9	10	2	78	39	7	9	3/5	*Faible*
10	11	2	84	42	7	7	7/11	*Faible*

On voit enfin, par cette quatrième table, comme par toutes les précédentes, que de quelque manière qu'on tourne ce règlement, il ne peut être dans l'égalité nécessaire à un travail bien ordonné, le Roi étant toujours lésé aux deux premiers relais, et le soldat dans la plus grande partie des autres ; il n'y a qu'à cette dernière où l'avantage, à trois sols, est un peu plus approchant de la raison qu'aux autres, mais cela n'empêche pas qu'il y est lésion de part et d'autre et beaucoup d'inégalité dans les journées, ce qui n'est pas raisonnable attendu que les ouvriers qui travaillent également et d'égale force dans un même ouvrage doivent autant gagner les uns que les autres, à quoi il faut ajouter que dans tous les lieux où la quantité de relais surpasse le nombre de dix, comme à Montroyal et partie de Landau, Fort-Louis, Belfort et Huningue[1], la lésion est bien plus sensible, parce qu'à mesure que le nombre de relais augmente, le prix des journées diminue. Voilà donc les défauts de ce règlement prouvés de manière à n'en pouvoir douter, je ne dis rien des autres particularités, parce que ce ne sont que des conséquences de ces deux principes, qui étant d'eux-mêmes défectueux, il s'ensuit que tout ce qui en dépend ne peut manquer de l'être.

1. Vauban connaît bien les chantiers de l'Alsace et il sait que les décharges de terre s'effectuent à au moins 200 mètres de leur excavation.

LES MOYENS PLUS CONVENABLES POUR CORRIGER CES DEFAUTS

Comme ces défauts ne proviennent que de ce que le prix du chargeage est trop fort, et celui des relais trop faible, et de ce que ni l'un ni l'autre n'ont pas été réglés sur le prix commun des journées que l'on veut faire gagner aux soldats[1], il sera fort aisé de le corriger en leur donnant un prix modique, non en vue de les faire travailler sur ce pied-là, mais d'en faire l'application au prix de la toise cube, laissant aux ouvriers après d'en attraper ce qu'ils pourront par la force de leur bras.

Il est très possible de remédier à tous ces inconvénients et d'ôter tous prétextes aux soldats de crier[2], si au lieu de régler la charge et les relais au hasard[3], et sans connaissance précise du prix des terres par rapport aux différences de leur mollesse, dureté et transport, le Roi a pour agréable d'ordonner ce qu'il lui plaira que le soldat gagne par jour ; car si par exemple la journée est réglée à huit sols par jour qui est un prix bas et modique pour des gens qui travaillant ordinairement à la tâche vont ordinairement de toute leur force ; mais qui ne l'est pas tant pour des gens qui tirant solde du Roi par d'autres services[4], ne sont cependant employés qu'à celuici, du moins un certain temps, il n'y a dis-je qu'à taxer le chargeage et les relais par rapport aux journées des hommes ; et il arrivera que si un homme charge deux toises de la première main et sans pioche, la journée de cet homme montant à huit sols partagés en deux, donnera quatre sols pour la charge de chaque toise cube de terre ; mais s'il y faut deux hommes, leurs deux journées montant à seize sols donneront huit sols pour chacun, si trois hommes, vingt-quatre sols si partagés derechef en deux donneront douze sols pour chaque toise cube et ainsi des autres, augmentant toujours de quatre sols à chaque fois que l'on sera obligé d'augmenter d'un chargeur.

1. Vauban renverse la base du calcul. Il faut, selon lui, fixer le gain du soldat au départ. La difficulté est qu'il refuse le paiement à la journée et va donc chercher à établir le gain en fonction de la tâche à accomplir dans une journée. Le temps de travail n'est plus le critère de rétribution mais une condition de la réalisation de la tâche.

2. Cette remarque laisse entendre que les récriminations sont nombreuses au moment du versement de la paye. Vauban sait aussi que c'est un facteur de retard et parfois de blocage d'un chantier. Il cherche à éviter les contestations par une annonce claire du prix du travail.

3. Vauban rappelle un topos des arts mécaniques et des écrits des ingénieurs aux XVIe et XVIIe siècles, selon lequel il ne faut pas faire les estimations au hasard mais se fier à la mesure.

4. Vauban reconnaît que 8 sols par jour est un gain « bas et modique », mais pour le soldat, il s'ajoute au montant de sa solde qui, hors campagnes militaires, est de 2 à 3 sols, ce qui lui donne un revenu de 10 à 11 sols qu'il juge suffisant.

TABLE

qui règle l'augmentation du prix de la charge
à proportion de la quantité des chargeurs

Nombre des toises à charger	Nombre de chargeurs	Prix de la charge et piochage de chaque toise	Journées des chargeurs
2	1	4	8
2	2	8	8
2	3	12	8
2	4	16	8
2	5	20	8
2	6	24	8
2	7	28	8
2	8	32	8
2	9	36	8
2	10	40	8

USAGE DE CETTE TABLE[1]

La première colonne marque constamment les deux toises que nous supposons pouvoir être chargées par un ou plusieurs hommes de même force.

La seconde marque le nombre d'hommes à la charge depuis un jusqu'à dix, ce qui peut s'accommoder à toute sorte de terrain, même au roc, pourvu que ce ne soit pas de ces gros bancs qu'on ne peut rompre qu'avec la poudre ; encore suis-je persuadé que dix hommes fourniraient à une file de brouetteurs, ou fort approchant.

La troisième marque le prix de la charge de chaque toise cube par rapport au nombre des charges.

Et la quatrième marque l'égalité constante des journées, qui sont toujours supposées à huit sols, et qui toutes ensemble ne reviennent jamais qu'à cela ; ainsi si l'on veut savoir quel doit être le prix de la charge aux endroits où il y a quatre hommes d'employés, il n'y a qu'à regarder la quatrième ligne, on trouvera deux toises à la première colonne, quatre hommes à la seconde, seize sols à la troisième, qui est le prix de ladite charge, et huit sols à la quatrième qui est la journée de chaque chargeur ; la même chose se doit entendre de toutes les autres. S'il était question d'ajouter plus d'hommes à la charge, il n'y aurait qu'à augmenter autant de fois quatre sols par toise au prix de la charge, qu'on y ajoutera d'hommes. Par exem-

1. Vauban prend la peine d'expliquer comment lire la table, guidant pas à pas le lecteur sans doute peu familier de cette forme de présentation d'une argumentation.

ple, s'il est nécessaire d'y mettre onze hommes au lieu de dix, il n'y a qu'à ajouter quatre sols de plus à quarante sols prix de toise de la dixième ligne, ou pour plus de facilité multiplier onze hommes par huit sols, viendra quatre-vingt-huit sols, qui divisés par deux toises donneront quatre sols pour chaque toise, ce qui revient toujours à huit sols pour chaque journée d'ouvriers l'un portant l'autre.

A l'égard des relais, il n'y a pas de meilleur moyen de les régler qu'en les établissant à quinze toises de distance les uns des autres en plein terrain et à dix en montant, et du surplus fixer le prix de chacun à quatre sols par toise, qui produit toujours cette journée d'hommes qui doit servir de base au règlement du prix ; mais non au gain des soldats ; car tel gagnera jusqu'à dix et onze sols que d'autres n'en gagneront pas plus de six ou sept, selon leur force et le mouvement qu'ils se donneront, ce qui ne peut que bien réussir et avec beaucoup de justice ; car chacun gagnera selon son travail, et aucun d'eux n'aura lieu de se plaindre que de lui-même.

On a cru que cette proposition se pourrait rendre beaucoup plus intelligible en y ajoutant les dix tables suivantes où l'on trouvera le prix de la toise proportionné au nombre des chargeurs et à la quantité de relais. Je l'aurais pu pousser plus loin, mais rarement se trouvera-t-il des terres où l'on soit obligé d'employer plus de dix hommes à la charge par atelier ; et au cas que cela arrive il n'y aura qu'à avoir recours à la table de la vingt septième page.

PREMIERE TABLE

où il n'y a qu'un homme à charger

Relais	Nombre de chargeurs et brouetteurs	Nombre des toises	Relais en montant	Relais en plaine	Prix des soldats	Prix des entrepreneurs
1	2	2	10	15	8	14
2	3	2	20	30	12	18
3	4	2	30	45	16	22
4	5	2	40	60	20	26
5	6	2	50	75	24	30
6	7	2	60	90	28	34
7	8	2	70	105	32	38
8	9	2	80	120	36	42
9	10	2	90	135	40	46
10	11	2	100	150	44	50

Il n'y a que les terres communes mêlées de marais et de prairies comme sont celles de Flandre où les chargeages de cette table et de la suivante puissent suffire.

SECONDE TABLE
où il y a deux hommes à charger

Relais	Nomb. de chargeurs et brouetteurs	Nombre des toises	Relais en montant	Relais en plaine	Prix des soldats	Prix de l'entrepreneur
1	3	2	10	15	12	18
2	4	2	20	30	16	22
3	5	2	30	45	20	26
4	6	2	40	60	24	30
5	7	2	50	75	28	34
6	8	2	60	90	32	38
7	9	2	70	105	36	42
8	10	2	80	120	40	46
9	11	2	90	135	44	50
10	12	2	100	150	45	54

Bonne pour les terres communes de toutes espèces, pourvu qu'elles soient douces et faciles à manier ; car il ne fait que deux hommes à la charger et un à voiturer.

TROISIEME TABLE
où il y a trois hommes à charger

Relais	Nombre de charg. et brouetteurs	Nombre de toises	Relais en montant	Relais en plaine	Prix des soldats	Prix de l'entrepreneur
1	4	2	10	15	16	22
2	5	2	20	30	20	25
3	6	2	34	45	24	30
4	1	2	40	60	28	34
5	8	2	50	75	32	38
6	9	2	60	90	36	42
7	10	2	70	105	40	46
8	11	2	80	120	44	50
9	12	2	90	135	48	54
10	13	2	100	150	52	58

Celle-ci est d'un fort grand usage en tout pays où le terrain est doux et mol.

QUATRIEME TABLE
qui suppose quatre hommes à charger

Relais	Nombre de charg. et brouetteurs	Nombre de toises	Relais en montant	Relais en plaine	Prix des soldats	Prix des entrepreneurs
1	5	2	10	15	20	26
2	6	2	20	30	24	30
3	7	2	30	45	28	34
4	8	2	40	60	32	38
5	9	2	50	75	36	42
6	10	2	60	90	40	46
7	11	2	70	105	44	50
8	12	2	80	120	48	54
9	13	2	90	135	52	58
10	14	2	100	150	56	62

De fort grand usage dans les terrains durs où il faut piocher

CINQUIEME TABLE
qui suppose cinq hommes à charger

Relais	Nombre de charg. et brouetteurs	Nombre des toises à broueter	Relais en montant	Relais en plaine	Prix des soldats	Prix de l'entrepreneur
1	6	2	10	15	24	30
2	7	2	20	30	28	34
3	8	2	30	45	32	38
4	9	2	40	60	36	42
5	10	2	50	75	40	46
6	11	2	60	90	44	50
7	12	2	70	105	48	54
8	13	2	80	120	52	58
9	14	2	90	135	56	62
10	15	2	100	150	60	66

Terrain dur mêlé de racines où il y a peu d'abattage.

SIXIEME TABLE
qui suppose six hommes à charger

Relais	Nombre des charg. et brouetteurs	Nombre de toises	Relais en montant	Relais en plaine	Prix des soldats	Prix de l'entrepreneur
1	7	2	10	15	28	34
2	8	2	20	30	32	38
3	9	2	30	45	36	42
4	10	2	40	60	40	46
5	11	2	50	75	44	50
6	12	2	60	90	48	54
7	13	2	70	105	52	58
8	14	2	80	120	56	62
9	15	2	90	135	60	66
10	16	2	100	150	64	70

Terrain dur de peu d'abattage et mêlé de rocailles ou d'eau, et de racines.

SEPTIEME TABLE
qui suppose sept hommes à charger

Relais	Nombre de charg. et brouetteurs	Nombre des toises	Relais en montant	Relais en plaine	Prix des soldats	Prix de l'entrepreneur
1	8	2	10	15	32	38
2	9	2	20	30	36	42
3	10	2	30	45	40	46
4	11	2	40	60	44	50
5	12	2	50	75	48	54
6	13	2	60	90	52	58
7	14	2	70	105	56	62
8	15	2	80	120	60	66
9	16	2	90	135	64	70
10	17	2	100	150	68	74

Bonne pour les endroits pierreux où il y a beaucoup d'eau et peu d'abattage.

HUITIEME TABLE
qui suppose huit hommes à charger

Relais	Nombre de charg. et brouetteurs	Nombre des toises	Relais en montant	Relais en plaine	Prix des soldats	Prix de l'entrepreneur
1	9	2	10	15	36	42
2	10	2	20	30	40	46
3	11	2	30	45	44	50
4	12	2	40	60	48	54
5	13	2	50	75	52	58
6	14	2	60	90	56	62
7	15	2	70	105	60	66
8	16	2	80	120	64	70
9	17	2	90	135	68	74
10	18	2	100	150	72	78

Pour les terrains pierreux et mêlés de cailloux et de terre grasse, dure et tenace.

NEUVIEME TABLE
qui suppose neuf hommes à charger

Relais	Nombre des charg. et brouetteurs	Nombre des toises	Relais en montant	Relais en plaine	Prix des soldats	Prix de l'entrepreneur
1	10	2	10	15	40	46
2	11	2	20	30	44	50
3	12	2	30	45	48	54
4	13	2	40	60	52	58
5	14	2	50	75	56	62
6	15	2	60	90	60	66
7	16	2	70	105	64	70
8	17	2	80	120	68	74
9	18	2	90	135	72	78
10	19	2	100	150	76	82

Terrain à carrière de moellon, mêlé de souches, et où il y a de l'eau.

DIXIEME TABLE
où il faudra dix hommes à charger

Relais	Nombre des chargeurs et brouetteurs	Nombre des toises	Relais en montant	Relais en plaine	Prix des soldats	Prix de l'entrepreneur
1	11	2	10	15	44	50
2	12	2	20	30	48	54
3	13	2	30	45	52	58
4	14	2	40	60	56	62
5	15	2	50	75	60	66
6	16	2	60	90	64	70
7	17	2	70	105	68	74
8	18	2	80	120	72	78
9	19	2	90	135	76	82
10	20	2	100	150	80	86

Fond de carrière de toutes espèces, fût-ce de la pierre de taille.

A ce que dessus on doit ajouter, premièrement de fixer la distance des relais à quinze toises en plain pays[1], et à dix, où il faut monter par des ponts ou par des rampes[2], comme il a été dit sans changer de prix ; la raison est que d'expérience faite et plusieurs fois réitérée, une toise cube de terre peut être menée en deux cent cinquante brouettées, et deux en cinq cents, qui est la tâche commune que nous assignons à un ouvrier de moyenne force, et pour les mener en place, il faudra qu'il fasse quinze mille toises de chemin en plaine, dont la moitié chargé et dix mille en montant[3], et d'étendue, c'est-à-dire six lieues de deux mille cinq cents toises[4] chacune en plaine, et près de quatre en montant et d'étendue, or il n'y a point d'ouvrier qui n'aime autant faire quinze toises en plaine que dix en montant.

1. « Plain pays » : pays de plaine.

2. Les entrepreneurs ont l'obligation d'aménager les chemins pour les brouettes et donc des rampes et des ponts pour faciliter les déplacements.

3. Les distances sont donc de presque 30 km sur du plat et 20 sur des pentes. Dans la première version du mémoire, Vauban retenait 13 800 toises en plaine et 9 200 en montant, Fonds Rosanbo, 260 AP 65, dossier 1, document 1bis.

4. On peut appréhender ici la complexité des mesures sous l'Ancien Régime. Vauban évalue les distances en lieues, mesure plus souvent utilisée pour indiquer les distances à parcourir. La lieue rapportée à la toise varie selon les provinces, ici elle est dite de 2 500 toises, presque 5 km. La lieue commune de France dite « de 25 au degré », usitée en Normandie, Picardie et Champagne correspond à un arc de méridien de 2' 24", elle compte 2 280 toises soit 4,44 km. La référence de lieue donnée par Vauban est sans doute en usage en Alsace.

Secondement fixer le temps du travail à dix heures par jour[1] et celui du repos à trois, qui font en tout treize heures de sujétion, commençant le travail à cinq heures du matin pour être à cinq heures et demie en train, le quitter à huit heures pour le déjeuner d'une demi-heure, le reprendre à huit heures et demie, pour le quitter derechef à onze et aller dîner ; plus le reprendre à une heure pour le quitter à trois et demie ; enfin le reprendre à quatre pour le quitter tout à fait à sept.

J'estime qu'on peut encore régler le travail comme ci-après.

Le commencer par exemple à cinq heures du matin et travailler jusqu'à huit, le quitter depuis huit jusqu'à neuf, et le reprendre depuis neuf jusqu'à douze, le discontinuer jusqu'à deux, et le reprendre ensuite, et le continuer jusqu'à sept heures du soir, ce qui fait dix heures de travail, et trois heures de repos par jour.

On pourra soutenir le travail sur ce pied huit mois de l'année, savoir mars, avril, mai, juin, juillet, août, septembre octobre, pour les quatre autres mois qui sont d'hiver, on en pourra retrancher les déjeuners et les goûters, et réduire le temps du travail à sept heures, pendant lesquelles je suis persuadé que les ouvriers ne feront guère plus de demi-journée d'été à cause du froid et du mauvais temps ; je tiens qu'il ne faut point imposer davantage au soldat qui a sa tâche, parce qu'il est certain que dix heures de travail d'un homme qui a pour chasse-avant son intérêt en valent du moins quinze, d'un qui a sa journée réglée[2]. De les pousser plus loin, c'est les outrer et les exposer à devenir malades, et ne pouvoir tenir longtemps.

Troisièmement d'augmenter un homme aux chargeurs quand il aura de l'eau dans le travail, et qu'on sera obligé à des épuisements ; si c'est en été en considération des rigoles qu'il faut pour les écouler vers les moulins qui l'épuisent et du nettoiement des rampes et de la terre qui se perd par les chemins, et si elles sont si abondantes qu'un homme seul n'y puisse pas fournir, augmenter d'un et demi ou deux ; ainsi du reste suivant les difficultés qui se présenteront, si c'est en hiver et que le soldat ait le pied mouillé, on pourra en considération du froid qu'il aura à souffrir lui augmenter encore d'un homme de plus, ce qui doit être arbitré par l'ingénieur en chef avec beaucoup de circonspection[3].*

1. Louvois avait réglementé la durée des journées sur le chantier de Maintenon (imprimé d'avril 1686) à 11 h 30 soit de 4 h 30 à 7 h 30 puis de 8 h 30 à 11 h 30 et 2 h à 7 h 30. Vauban veut limiter le travail à 10 heures mais le détail des horaires qu'il propose dans le premier cas équivaut à 11 heures ou 10 h 30 de travail : 5 ou 5 h 30-8 h, puis 8 h 30-11 h, 13 h-15 h 30, 16 h-17 h. Dans le second, c'est encore 11 heures : 5 h-8 h, 9 h-12 h, 14 h-19 h.

2. Le chasse-avant est au figuré l'aiguillon qui pousse l'homme à travailler, ici l'espoir d'un gain plus important si le travail fixé est accompli. Vauban pense qu'il justifie et favorise une augmentation de productivité, ce que ne permet pas la journée du roi, quand le travailleur, assuré d'avoir son gain, ne cherche pas à accélérer le rythme.

3. Le nombre d'ouvriers nécessaires doit être justement estimé par l'ingénieur qui doit arbitrer les revendications des soldats et celles des entrepreneurs, avant qu'il n'y ait conflit.

Quatrièmement d'augmenter d'un homme à la charge où les terres seront dures, ou de deux, même de trois selon que l'ouvrage sera difficile, de cette façon on pourra même régler l'excavation du roc et rocailles assez juste, puisque le plus ou moins d'hommes au chargeage et piochage en fera toute la différence, et c'est pourquoi les soldats se règlent assez bien d'eux-mêmes.

Cinquièmement, chômer tous les dimanches mais non les fêtes, comme étant très certain qu'on ne gagne rien au travail des dimanches, par la raison que tout homme qui a travaillé six jours tout de suite a besoin de repos le septième. Car il est sûr que ce que l'on gagne ce jour se perd sur la vigueur des six d'après, n'étant pas possible que les hommes puissent supporter treize jours de suite un gros travail de même force ; aussi faut-il de grandes violences pour les y contraindre et la lenteur avec laquelle ils s'en acquittent[1] est un témoin irréprochable de leur lassitude, qui ne paraît que trop dans leur santé, sur leurs visages et dans leurs tailles[2]. Les fêtes de l'année ont été faites par les hommes, ainsi ils s'en peuvent dispenser[3]. Mais le dimanche ou équivalent est d'institution divine, dont aucun d'eux ne peut se dispenser ; c'est le jour du repos consacré au Seigneur, il se l'est lui-même dédié, et il ne nous appartient pas de réformer ses œuvres. D'ailleurs pourquoi ôter ce jour aux soldats, puisque ce leur est un jour de réjouissance, qui faisant consommer une partie du gain de leur semaine, il arrive qu'ils perdent moins de temps quand on fait les paiements des quinzaines et qu'ils en sont plus forts et gaillards quand il faut recommencer le travail.

Vauban, parfaitement au fait des conditions difficiles liées notamment à l'évacuation des eaux, considère que c'est un élément important à prendre en compte pour évaluer le nombre d'ouvriers à affecter à la tâche, ce qui n'était pas le cas dans le règlement d'Alsace. Vauban défend la place de l'ingénieur.

* « Il faut ici un homme entendu, et bien sage. » *{Note de Vauban en marge.}*

1. L'urgence dans laquelle les travaux de places fortes sont souvent menés a contraint les soldats à travailler parfois le dimanche. Vauban souligne qu'il a fallu leur faire violence et que le travail a souvent été mal fait. Un repos hebdomadaire lui semble nécessaire.

2. Vauban souligne ici l'état physique des soldats des armées de Louis XIV, et l'inquiétude perce : ils sont souvent malades et la fatigue se lit sur leurs visages. Leur taille montre que l'on recrute aussi des hommes chétifs, Louvois ayant rappelé en 1685 : « Sa Majesté ne veut pas que l'on mesure les soldats » (A. Corvisier, *Les Contrôles des troupes sous l'Ancien Régime,* Archives de l'armée de terre, 1968, tome I, pp. 82-83). Vauban s'en est inquiété, proposant de « se faire une règle à n'en point prendre au-dessus de 6 pieds de haut ni au-dessous de 4 pieds 6 pouces » soit entre 1,95 m et 1,46 m ».

3. Vauban supprime les jours de fêtes décidés par les hommes et donc, pour lui, contournables, parce que sources d'inconvénients majeurs tels le retard des travaux sur les chantiers et la dissipation de la bourse des soldats. Il a peu de chances d'être suivi dans cette proposition puisque les jours de fêtes chômés réduits à 30 en 1666 ont été augmentés depuis 1673, établissant l'année de travail entre 280 et 282 jours puis à 265 vers 1700.

Sixièmement, tenir la main à ce que les soldats ne mangent pas tous leurs jours de paiement, et qu'ils fassent des provisions pour pouvoir faire un ordinaire réglé pendant la quinzaine ; ce qu'il est bien difficile de leur faire observer à moins que de leur faire des à-bon-comptes de deux ou trois sols par jour, ce qu'on fait depuis peu à Mont-Royal et Landau, tenant après la main à ce que cela joint à leur prêt soit employé à un bon ordinaire ; car les gens qui ont à soutenir un grand travail ne résistent pas longtemps s'ils ne sont bien nourris[1]. Or ils seront très bien toutes les fois qu'ils auront six ou sept sols par jour à dépenser, et qu'on prendra garde à ce qu'ils soient bien employés, et qu'on leur voit manger de la soupe deux fois, et boire quelquefois un peu de vin.

Septièmement, régler un peu la distance moyenne des relais du centre de l'ouvrage au centre du transport, pour éviter les contestations[2] qui pourraient arriver à cet égard ; et parce que d'ordinaire les soldats allongent et raccourcissent leur relais comme il leur plaît, compter toujours la distance totale du lieu où l'on charge, à celui où l'on décharge, et régler après les relais comme ci-devant, donnant le plus et ôtant le moins, quand il défaudra ou surpassera le demi-relais pour éviter tout ce qui peut faire embarras.

Huitièmement observer dans une même file de relais quand il s'en trouvera où il y aura à monter ou descendre, de régler ceux des montées à dix toises, comme il a été dit ci-devant, et ceux de la plaine à quinze, sans rien changer au prix des uns et des autres[3].

Neuvièmement, ne rien changer non plus où il s'agira de travailler dans le roc, puisque le nombre de chargeurs ou rocteurs qu'il y faudra de plus, et le moins de gens au relais suffira pour en régler le prix au juste, en y prenant garde de près. On pourra d'ailleurs ajouter quelque chose pour l'entoisage du moellon qui sera propre à bâtir.

Du surplus l'obligation des entrepreneurs envers les ouvriers doit être de leur fournir les outils propres au travail, de faire tous les épuisements

1. Vauban soucieux de la productivité de la main-d'œuvre est favorable à un contrôle sur la paye. Au paiement par quinzaine, ce qui est l'usage, il préfère les à-bon compte ou avance quotidienne de 2 à 3 sols, considérant que chaque soldat doit avoir au moins 6 à 7 sols par jour pour se nourrir en suffisance. La soupe demeure pour lui l'essentiel et on connaît sa recette de « Soupe aux bleds en faveur de ses vieux amis du régiment de la Sarre », lorsque capitaine de la compagnie du régiment de la Sarre en 1659 et 1660, il introduit cette soupe dans l'ordinaire des soldats. Vauban recommande toujours la sobriété de la table et prévoit « quelque fois » la possibilité d'une consommation de vin pour soutenir le soldat.

2. L'absence de mesures précises pour l'établissement des relais soulève de nombreux différends. Une nouvelle fois, Vauban recommande à l'ingénieur d'estimer l'itinéraire « moyen », pour éviter les conflits. On est toujours dans cette appréciation des mesures selon le principe : « le fort portant le faible », « une année portant l'autre » (pour les récoltes), afin d'équilibrer les extrêmes.

3. Au lieu d'augmenter le prix du transport sur un parcours en pente, Vauban préfère réduire la distance à parcourir pour la même somme, ce qui correspond aussi à un temps identique pour effectuer la tâche.

d'eau à leur dépens, les ponts où il en faudra fournir les planches, arranger ou faire battre les terres où il sera nécessaire, couper des rampes dans les talus qui leur seront réglés, à quoi les mêmes seront obligés ; en considération de cette obligation des entrepreneurs, qui sont de plus sujets à d'autres envers le Roi, comme de faire l'ouvrage bon et solide dans un certain temps, et d'en répondre suivant les conventions de leur marché[1]. Nous avons réglé à la dernière colonne six sols de plus qu'aux soldats pour le prix de la toise, en considération de tous les devoirs à quoi ils sont tenus ; avec cette remarque que plus il y a de relais, plus leurs charges sont grandes, à cause de la quantité de brouettes et d'outils qu'ils doivent fournir, sur quoi il est encore à observer que pendant les hivers les frais augmentent de beaucoup, à cause de la brièveté des jours, difficulté des voitures, abondance des eaux, boues et gelées ; c'est pourquoi les six sols n'y pourront pas toujours suffire, à moins qu'on n'ait soin de leur ménager du travail aisé, commode et en petite quantité, le mieux est de ne les obliger que le moins qu'on pourra à de grands travaux de terre dans ces temps-là, car s'ils ont quelque avantage pendant l'été, il est certain que les grands ouvrages d'hiver les consommeront. Cependant c'est une chose à bien examiner, car les ouvrages d'été où il y a peu de relais et de consommation, il y a aussi bien moins de frais, et par conséquent beaucoup plus d'avantages qui se peuvent modérer selon les lieux et les facilités des ouvrages[2].

De cet ordre une fois établi résultera plusieurs connaissances aux gens qui font travailler.

Premièrement, que le prix de la toise augmentant à chaque relais de quatre sols, il s'ensuivra que dès aussitôt qu'on aura donné prix à ce chargeage, il n'y aura qu'à compter le nombre de relais et les frais de l'entrepreneur, pour savoir au juste le prix qu'on doit donner à la toise.

Secondement, qu'on aura toujours une connaissance parfaite du prix de la toise de terre, puisque ce prix haussera et baissera selon le nombre de chargeurs et de relais.

Troisièmement, que quelque nombre d'ouvriers qu'il y ait, le Roi ne paiera jamais que huit sols pour la journée d'un chacun, qui n'étant pas cependant distribué sur le pied de journée, mais bien sur le pied de ce qu'ils pourront faire d'ouvrage, il s'ensuivra que S.M. sera servie très diligemment, à bon marché, sans peine et sans violenter personne.

1. Vauban rappelle précisément les obligations des entrepreneurs pour les terrassements, fourniture de matériel et aménagements, et il ne peut s'empêcher de rappeler qu'ils doivent au roi « l'ouvrage bon et solide dans un certain temps ».

2. Dans ce paragraphe, on peut lire les hésitations de Vauban quant à l'appréciation des 6 sols par toise qu'il prévoit pour l'entrepreneur. S'il se dit convaincu de la nécessité des 6 sols pour répondre à toutes les conditions attendues, son raisonnement le conduit à émettre un doute sur la généralisation de cette rétribution à tous les cas et de nouveau il introduit la possibilité de moduler en fonction des conditions, rendant moins pertinent son règlement général.

Quatrièmement, que fixant le gain commun des ouvriers à huit sols par jour il s'ensuivra que les journées des plus forts passeront rarement onze sols et que celles des plus faibles ne seront guère moindres de six, prix qui me paraît assez raisonnable pour des soldats qui ont déjà trois sols de leur prêt à dépenser et qui quand ils en auraient plus n'en feraient pas un meilleur usage qu'ils en font.

Cinquièmement, que comme les journées diminueront nécessairement pendant l'hiver, il faudrait diminuer les à-bon-comptes et les réduire simplement à un sol et demi dans ce temps-là à cause du peu de gain et de la quantité de jours qu'on ne travaille point.

Sixièmement, que le changement de prix du fort au faible ne tombant point dans les extrémités du trop ou du trop peu fera que, les soldats s'efforçant de travailler de leur bon gré, on n'aura pas la tête rompue de leurs plaintes et il ne sera pas nécessaire d'user de contrainte pour les faire travailler ; au lieu de quoi on est obligé de les forcer pour les y faire aller, et souvent pour si peu de chose que c'est plutôt une imposition qu'on fait à leurs bras que le prix de l'ouvrage qu'on leur paye, ce qui les désespère et chagrine tellement que les uns désertent et les autres tombent malades de peines et de fatigues ; et ceux qui ont achevé le temps de leur enrôlement ne veulent plus continuer de servir, et en s'en allant décrient si fort le service qu'on a présentement toutes les peines du monde à faire des recrues joint que les troupes se ruinent d'ailleurs par les maladies et mortalités qui s'y mettent à force d'être poussés et contraints de faire plus qu'elles ne peuvent[1].

Nota : Premièrement, qu'on a ici supposé les journées des soldats à huit sols comme très avantageuses pour le Roi et très raisonnables pour eux, parce que la journée du Roi étant d'ordinaire de dix sols, c'est gagner du moins un tiers que de pouvoir avoir celle des gens de tâche à huit sols, par la raison que deux hommes à la tâche font toujours plus d'ouvrage que trois à la journée[2], et jamais moins : elles seront d'ailleurs très raisonnables pour les soldats, parce que les trois sols de leur prêt joints à ce qu'ils gagneront journellement leur fera une assez bonne journée pour leur donner moyen de vivre à leur aise et de quoi payer leurs gardes et ménager pour s'acheter du linge et quelques bas.*

1. Vauban se fait l'écho, dans ce paragraphe, de l'ambiance des chantiers des places fortes : les soldats, rompus de fatigue, contestent les ordres, refusent de travailler, mécontents des gains. La contrainte et la violence qu'il faut exercer pour que le chantier avance, les nombreuses désertions, les difficultés de recrutement liées à la mauvaise publicité faite par ceux qui quittent le service sont les éléments du sombre tableau brossé ici.

2. Vauban considère que le travail à la tâche permet un gain de productivité de 50 %. Toutefois, il surestime le désir et la possibilité physique des soldats de travailler aussi intensément pour une somme inférieure à la journée du roi.

* « Le prix de ces journées qui était passable pour des soldats à huit sols dans le temps que ce mémoire a été fait ne suffira pas présentement que le rehaussement des monnaies et

Deuxièmement, que sur ce pied les soldats un peu forts peuvent gagner huit, neuf, dix sols pendant les huit mois d'été, mais les quatre d'hiver ils ne gagneront que cinq, six, sept sols à cause de la brièveté des jours ; ce qui ne laisse pas de faire une journée assez raisonnable eu égard au temps de l'ouvrage.

Troisièmement, que pour mieux faire valoir cette manière de travailler, il serait à propos de régler la journée du Roi à neuf sols pour ceux qui servent les maçons pendant l'été et à sept sols pendant l'hiver pour les ouvrages communs : la raison est que la plupart des soldats aiment beaucoup mieux travailler à journée et feront les maçons quand il y a dix sols d'assurés en travaillant à leurs aises, que de se mettre à la tâche où ils deviennent tous chasse-avants impitoyables les uns des autres, et avec beaucoup plus de peine que n'en ont les journaliers, ils ne gagnent pas tant.*

Quatrièmement, que si on fait attention à l'utilité de cette proposition, on la trouvera très avantageuse, d'autant que la journée du Roi étant aujourd'hui réglée à dix sols[1] il n'y a pas d'hommes de ceux qui travaillent à la tâche qui n'en mérite mieux quinze, que ceux qui sont à la journée, dix ; cependant on n'en demande ici que huit pour faire aller les soldats de toute leur force.

Cinquièmement, que pour avoir plus près à mener, le soldat n'en gagne pas davantage, ni moins pour avoir plus loin, la toise revenant tou-

---

les mauvaises années ont tout renchéri. Je suis persuadé qu'on sera obligé de rehausser le prix de la charge et de la mettre à cinq sols la toise, et le relais autant afin que le soldat puisse gagner depuis huit jusqu'à douze sols, autrement ayant ses gardes à payer et ses autres besoins à remplir il se tirerait malaisément d'affaire. » [*Note de Vauban en marge.*]

Cette note ajoutée après 1697 souligne l'inquiétude de Vauban face à la hausse des prix et aux dévaluations royales. Il rédige d'ailleurs une « Remarque sur la plus-value des espèces pendant l'année 1701 » (Agenda de 1701, Fonds Rosanbo), dans laquelle il s'indigne et s'inquiète de la baisse du pouvoir d'achat notamment des soldats : « ce réchauffement des Monnaies est une espèce de dîme ou capitation tacite que le Roi prend sur les gages, soldes et pensions de tous ceux qui en reçoivent de lui ». La valeur nominale d'une monnaie étant purement arbitraire, la hiérarchie monétaire s'établissant au moyen d'une monnaie de compte, la livre, les pièces ne portent aucune indication de valeur, ce qui a pu favoriser les mutations monétaires par modification du poids ou de l'aloi. Françoise Bayard souligne que la dévaluation de la livre est constante sous les ministères de Ponchartrain et Chamillart : le louis vaut 12 livres en 1689, 14 en 1693, 15 en 1704 et 20 en 1709 (Françoise Bayard, « Les finances de l'état classique », dans J. Cornette et H. Méchoulan (dir.), *L'Etat classique,* Paris, Vrin, 1996, p. 212.

* « Nota : que la condition des paysans ne peut pas être ici égale à celle des soldats ; la raison est que ceux-ci ont une paye réglée qui ne leur manque jamais, qu'ils ne sont point mariés et ne payent point de tailles ; les paysans au contraire ne tirent point de solde du Roi, ont femmes et enfants à nourrir, et leurs tailles à payer, c'est pourquoi ils ne peuvent pas donner leurs peines à si bon marché que celle des soldats. » [*Note de Vauban dans la marge.*]

1. Il augmente de 50 % le gain prévu en 1688, soit dix ans auparavant, pour maintenir le revenu du soldat. C'est son évaluation du « renchérissement ».

jours au prix proportionné à la quantité de ses relais et à la difficulté de la charge.

Sixièmement, que quoiqu'on suppose six sols à l'entrepreneur par toise pour ses peines, fournitures de planches, ponts, brouettes, outils, épuisements d'eaux, façon de montées, etc., cela ne se doit entendre que des endroits où il y a grande consommation d'outils, comme ceux où il y a plusieurs relais, et où l'on est obligé de travailler pendant l'hiver dans le temps des grandes gelées, où pendant que les terres sont trempées et boueuses, et en un mot où il y a beaucoup de peine et peu d'ouvrage, autrement on peut leur donner depuis trois, jusqu'à quatre et cinq sols, selon que les frais des épuisements et les consommations en sont plus ou moins considérables

Ce quinzième juillet, mil six cens III^{xx} VIII.

Tome XII

des Oisivetés
de Monsieur de Vauban

« Projet de navigation d'une partie des places des Flandres à la mer »

C'est la version conservée aux archives du château de Rosanbo, sans titre, qui est ici reproduite[1]*. Ce mémoire constituerait le dernier tome des* Oisivetés, *le* XII*ème*, *selon la note du général Laffitte-Clavé de 1768. Trois autres versions conservées au Service Historique de la Défense, portent des titres différents soit : « Projet de navigation d'une partie des places des Flandres à la mer », « Projet de navigation au moyen de laquelle on pourrait communiquer la Flandre gallicane, l'Artois, le Hainaut, le Cambrésis, à Dunkerque, à Gravelines, même à Calais sans être obligé de passer par les terres d'Espagne ou de Hollande » ou, plus brièvement, « Projet de navigation pour les Pays-Bas de l'obéissance du Roi »*[2]*. Plus spontanée dans l'écriture et moins technique dans l'expression, elle est sans doute le premier jet de ce mémoire et comporte un grand nombre de corrections, de modifications et de réécritures. Si le préambule est commun aux diverses versions, celles conservées au service historique de la Défense varient à partir de la fin du préambule et décrivent ensuite plus volontiers les modalités techniques d'exécution du projet alors que la version conservée au château de Rosanbo, si elle est également descriptive, se veut plus persuasive et se présente plutôt comme un plaidoyer en faveur du projet à l'intention du roi, appuyé par une « Carte générale de la navigation proposée dans partie de la Flandre, du Hainaut et de l'Artois »*[3]*. On peut y voir figurer d'ouest en est (en fait du nord-ouest au sud-est) les éléments relatifs au projet de navigation de Vauban entre, d'une part, Gravelines et Dunkerque, d'autre part, Cambrai, Condé, Valenciennes et Mons. La Sambre apparaît au niveau de Landrecies, mais Maubeuge n'y est pas figuré.*

1. *Archives du château de Rosanbo, Papiers Vauban, A.N. 155 MI 56, n° 62 Canaux et aqueducs, Dossier 1 – Canaux du Nord – Mémoires, document n° 4.*
2. *SHD, Art 5, sect. 3, § 1, Carton n° 1, pièces n° 5, 6, 6 bis.*
3. *Archives du château de Rosanbo, Papiers Vauban, A.N. 155 MI 56, n° 62 Canaux et aqueducs, Dossier 2, document n° 1. Carte reproduite ici pp. 1666-1667.*

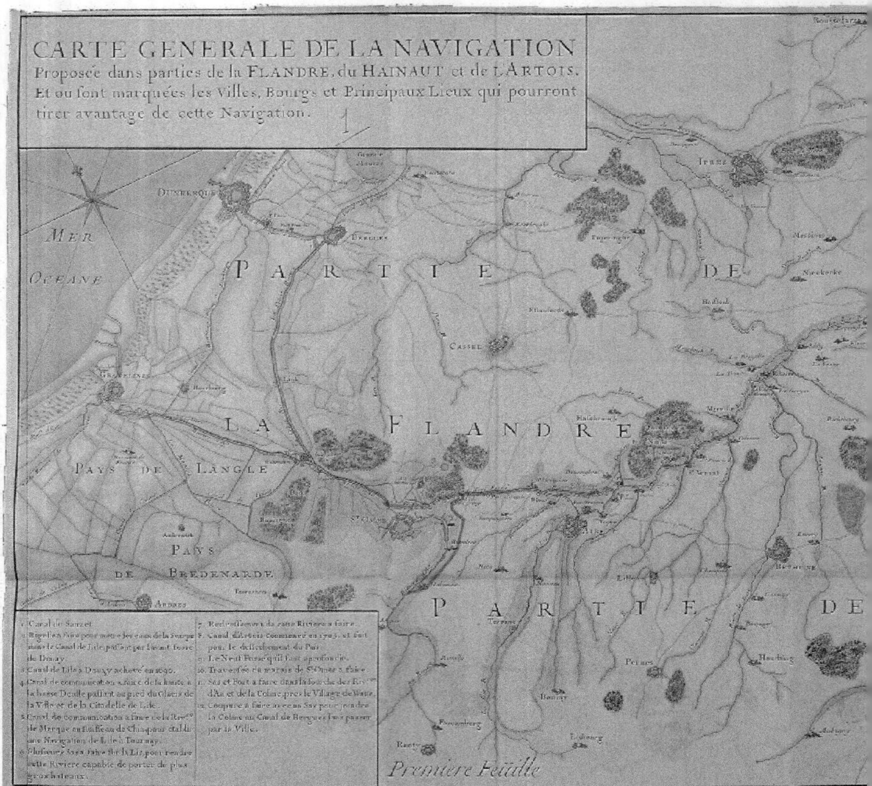
CARTE GENERALE DE LA NAVIGATION
Proposée dans parties de la FLANDRE, du HAINAUT et de L'ARTOIS,
Et ou sont marquées les Villes, Bourgs et Principaux Lieux qui pourront
tirer avantage de cette Navigation.
DUNKERQUE
MER
OCEANE
BERGUES
PARTIE DE
CASSEL
GRAVELINES
LA FLANDRE
PAYS DE LANGLE
PAYS
DE BREDENARDE
ARDRES
YPRES
AIRE
PARTIE DE
Première Feüille

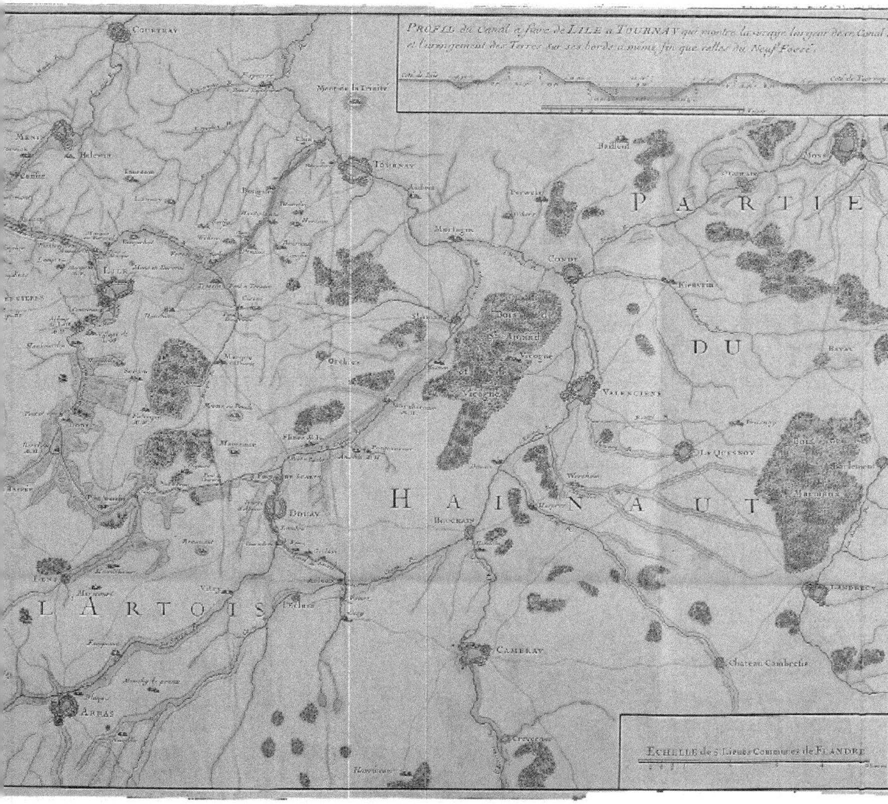

COURTRAY
Mont de la Trinité
TOURNAY
LILE
Mortagne
Orchies
Bailleul
Mons
CONDE
PARTIE
DU
HAINAUT
VALENCIENE
LE QUESNOY
Bavay
DOUAY
BOUCHAIN
L'ARTOIS
Lens
ARRAS
CAMBRAY
Chateau Cambresis
Crevecoeur
ECHELLE de 5 Lieues Communes de FLANDRE

Tous ces mémoires sont inédits, c'est donc une première édition du premier mémoire qui est ici proposée.

L'éclosion des projets de navigation intérieure au XVIIe siècle

Jusqu'au XVIIe *siècle, la navigation se pratique quasi exclusivement en utilisant les rivières naturelles sans en modifier le cours ou avec des moyens limités. La maîtrise de la navigation intérieure représente un enjeu primordial pour le développement des échanges commerciaux car le bateau constitue alors une capacité de charge sans commune mesure avec les moyens de transport terrestres de l'époque : « Les rivières sont des chemins qui marchent et mènent où l'on veut aller » disait Pascal*[1].

Avec le XVIIe *siècle s'ouvre l'ère des canaux de jonction qui permettent de transgresser le cadre traditionnel des bassins fluviaux. On prend pleinement conscience de la complémentarité des ressources de chaque bassin et de l'intérêt à faire passer un bateau d'un bassin fluvial à l'autre sans rupture de charge. Toute la difficulté réside bien entendu dans le fait de devoir franchir la ligne de partage des eaux et d'aménager en conséquence des ouvrages tels que des écluses propres à permettre le passage d'un bassin à l'autre.*

Le premier canal de jonction réalisé fut le canal de Briare qui reliait la Loire à la Seine par le Loing. Aménagé de 1604 à 1642, il mesurait 56 km de long et fut le premier canal à double versant construit en Europe.

Le grand projet du règne de Louis XIV en matière de navigation fluviale fut sans conteste le canal du Midi ou « Canal royal du Languedoc » pour la communication des deux mers. D'une longueur de 240 km, il fut créé par Pierre-Paul Riquet qui travailla à sa réalisation de 1666 à 1681. Après sa mort, Vauban en reprit les travaux sur la base d'un mémoire qu'il avait rédigé sur place en 1686 et apporta au canal un certain nombre d'améliorations et d'aménagements que Riquet n'avait pu réaliser. Vauban, entre autres choses, supprima le déversement direct des rivières traversées dans le canal, ce qui en provoquait le comblement[2].

Les canaux des Flandres avant Vauban

Les Flandres offrent des conditions naturelles favorables aux voies navigables. Les rivières y sont nombreuses et bien situées et le creusement de canaux présente peu de difficultés majeures. Depuis le XIe *siècle, les communications par voie d'eau s'effectuaient selon un axe nord-sud qui suivait tout naturellement le cours des rivières du bassin de l'Escaut qui se jette dans la mer du Nord.*

1. *Blaise Pascal,* Pensées, *I 17, 1670.*
2. *Laurent Roblin,* Cinq siècles de transport fluvial en France du XVIIe au XXIe siècle, *Editions Ouest-France, Rennes, 2003.*

La nouvelle frontière issue des conquêtes de Louis XIV trouble les traditions de la navigation dans les Flandres et bouleverse l'économie. Son tracé perturbe l'axe naturel de circulation nord-sud : il isole les parties amont des bassins de l'Escaut et de la Lys du reste du réseau, resté sous domination espagnole, et les coupe de leurs débouchés traditionnels que sont les grandes cités marchandes de Gand et d'Anvers[1].

Trois rivières constituent le cœur de la navigation fluviale dans les provinces nouvellement conquises, La Lys, la Deûle, son principal affluent, et la Scarpe qui se jette dans l'Escaut. L'intendant de Flandre Wallonne, Louis Dugué de Bagnols, déclare en 1698 que « ces rivières ne rapporteraient pas toutes ces commodités si on n'avait trouvé le moyen de les réunir ensemble »[2].

La Scarpe permettait de relier Arras à Douai, mais n'offrait pas d'accès rapide vers Lille. D'autre part, Lille ne disposait d'aucune voie navigable directe vers la Flandre maritime et le littoral. Il existait par ailleurs, depuis le XIIIe *siècle, un canal dit de La Bassée qui joignait cette ville à Lille par la haute-Deûle. Ce canal fut remis en état à la demande des échevins de La Bassée et constituera l'amorce du futur canal d'Aire à la Bassée qui permettra de connecter plus tard le bassin scaldien à la Flandre maritime.*

En 1687, Louis XIV ordonna la réalisation d'un canal de jonction entre la Scarpe et la Deûle pour relier Lille à Douai. Ces travaux nécessitaient le creusement d'un chenal sur une longueur de trois lieues et répondaient également à des impératifs militaires puisqu'ils permettaient d'amener, par la Scarpe, l'eau de la Sensée jusqu'à la citadelle. Ce canal de jonction fut ouvert à la navigation en 1693 et, à partir de 1699, un coche d'eau fut mis en place pour faire régulièrement la navette entre Lille et Douai[3].

Mais ces réalisations ne sont qu'incomplètes et ne peuvent répondre aux difficultés de la navigation résultant en partie du tracé de la nouvelle frontière. En outre, la profondeur très variable de ces cours d'eau ne dépassait pas 1,30 m en plusieurs endroits et limitait forcément le tonnage des embarcations.

Le projet de navigation de Vauban

C'est dans ce contexte que Vauban, conscient de la nécessité de rétablir, au sein des nouvelles frontières du Royaume, un réseau cohérent de navigation intérieure, développe sa réflexion en plaçant au cœur de son projet le nœud de communication formé par la Lys, la Deûle et la Scarpe, plaque tournante du dispositif élaboré.

1. *Louis Trenard, « Les voies navigables dans la région lilloise au* XVIIIe *siècle », dans* Les Transports de 1610 à nos jours, *Actes du 104e congrès national des sociétés savantes, Bordeaux, 1979, pp. 203-220*

2. *Louis Trenard,* L'Intendance de Flandre wallonne en 1698, édition critique du mémoire « pour l'instruction du duc de Bourgogne », *Comité des travaux historiques et scientifiques, Paris, 1977, p. 78.*

3. *Philippe Guignet, dans* Lille au fil de l'eau, *La Voix du Nord éditions, Lille, 2001, pp. 79-98.*

3e Feuille

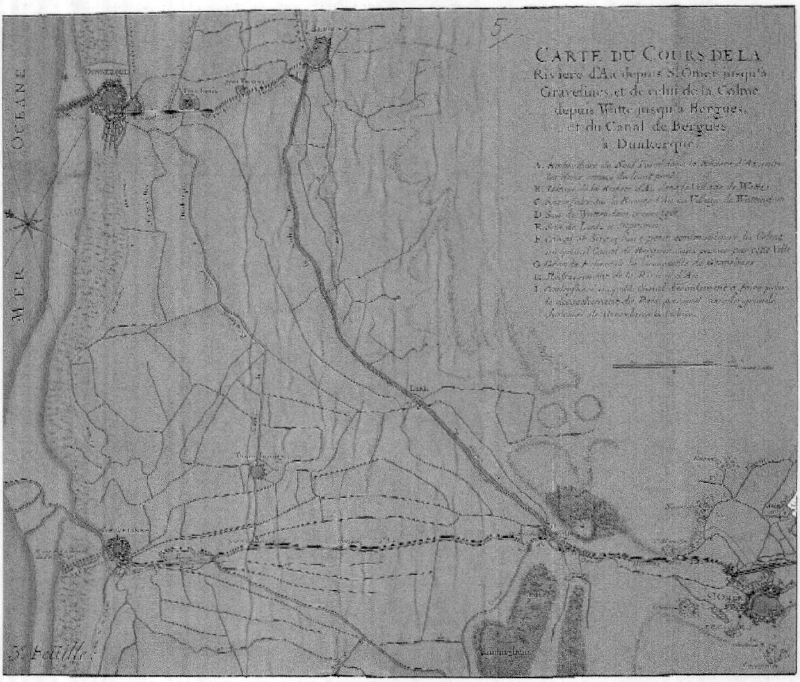
5
Carte du Cours de la
Riviere d'Aa depuis St Omer jusqu'à
Gravelines, et de celui de la Colme
depuis Watte jusqu'à Bergues,
et du Canal de Bergues
à Dunkerque.
Mer Oceane
5e Feuille

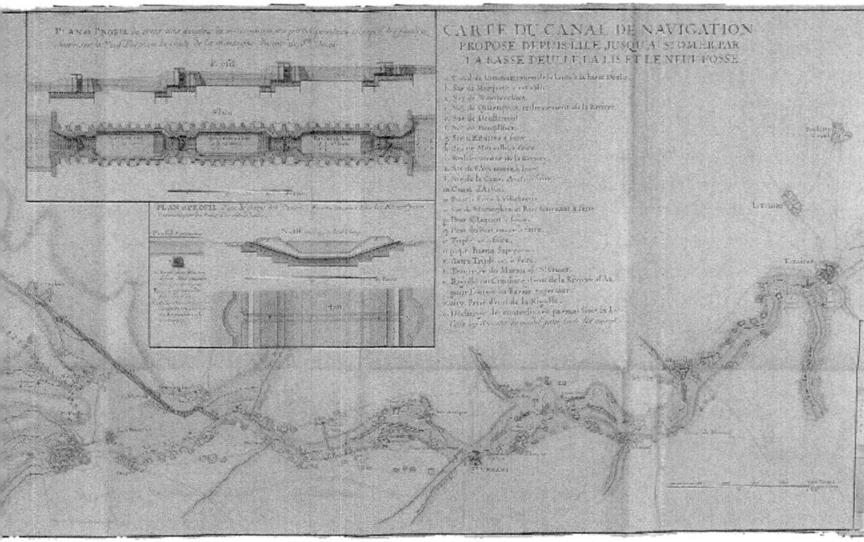
CARTE DU CANAL DE NAVIGATION
PROPOSÉ DEPUIS LILE JUSQU'A S.T OMER PAR
LA BASSE DEULLE LA LIS ET LE NEUF FOSSE

Vauban ne néglige rien pour faire aboutir ce projet de jonction de l'Escaut à la mer en territoire exclusivement français. En effet, il n'était alors possible d'acheminer des marchandises de Valenciennes à Gravelines sans franchir la frontière qu'au prix de deux transbordements par charroi, un premier à Lille de la basse-Deûle à la haute-Deûle, puis un second à Aire-sur-la-Lys pour rejoindre Saint-Omer et de là descendre l'Aa jusqu'à Gravelines ou emprunter le canal de la Colme jusqu'à Dunkerque. Ou bien encore fallait-il, pour aller de Lille à Tournai, rejoindre la Lys et la descendre jusqu'à Gand, en territoire espagnol, puis remonter l'Escaut.

En 1699, dans son Projet définitif de la fortification des ville et citadelle de Lille et Fort Saint-Sauveur, *Vauban met déjà l'accent sur l'importance des liaisons navigables pour le développement du commerce.*

Le projet élaboré par Vauban envisage d'aménager un canal à écluses entre Aire et Saint-Omer en utilisant la dépression de Neuf fossé, ancien fossé aménagé au XIe *siècle entre Flandre et Artois. Par la Lys, il parvient à la haute-Deûle et à Lille, où il veut faire communiquer haute et basse-Deûle par un canal pour éviter aux bateaux d'avoir à rompre charge. Il emprunte le canal creusé en 1687-1693 pour rejoindre la Scarpe, puis la Sensée qu'il aménage pour rejoindre l'Escaut à hauteur de Bouchain. En outre, il envisage de donner aux rivières et canaux une profondeur de 6 pieds (1,94 m) de l'Escaut à Lille, et de 10 pieds (3,23 m) de Lille à la mer pour qu'ainsi les bateaux de 200 tonneaux puissent se rendre de Lille jusqu'aux villes du littoral sans rompre charge*[1].

Au mois d'août 1705, Vauban va reconnaître lui-même le tracé de la nouvelle voie de navigation projetée entre Lille et Gravelines : « Je suis parti de Lille en bateau le 10e aoust accompagné des sieurs de Valory[2] *et Guillin*[3]*, ingénieur de sa Majesté, des sieurs Hangouart et Lespagnol, députés des Etats et des sieurs Marq, Duvasse, Deverquaing et Milan, députés de la Ville de Lille, ce dernier ingénieur et intelligent, l'embarquement fut fait au pied des moulins du château dans le fond du port, depuis là, nous avons vogué la sonde à la main jusqu'au confluent de la Lys et de la Deûle à Deulèmont, à trois bonnes lieues et demi de rivière au dessous de Lille toujours sondant, mesurant et observant cette rivière. »*[4]

Après une croisière de cinq jours, notre équipage parvient enfin à Gravelines : « J'ai congédié Mrs les ingénieurs et députés de Lille à Gravelines le 14e, tous s'en sont retournés satisfaits de leur voyage du moins à ce qu'il m'en a paru. »

1. *Maurice Sautai,* L'Œuvre de Vauban à Lille, *Paris, Librairie militaire R. Chapelot et Cie, 1911, pp. 59-113.*

2. *Charles-Guy de Valory, directeur des fortifications de Flandre intérieure depuis 1703, par ailleurs gendre de Simon Vollant. A. Blanchard,* Dictionnaire des ingénieurs militaires, *Montpellier, Université Paul Valéry – Montpellier III, 1981, p. 743.*

3. *Michel Guillyn, ingénieur ordinaire, sera ingénieur-architecte en chef à Bergues en 1710. A. Blanchard,* ibid., *p. 355.*

4. *Lettre originale de Vauban, datée de Calais, le 19 août 1705, SHD, Art 5, sect. 3, § 1, Carton n° 1.*

Les oppositions au projet de navigation de Vauban

Les apparences peuvent être trompeuses en l'occurrence car, bien que cette reconnaissance l'ait entièrement convaincu de la viabilité de son projet, les oppositions à ce dernier vont aussitôt se manifester de la part des personnes qu'il avait pensé convaincre. En effet, les édiles des villes concernées par le projet, et au premier chef ceux de Lille, s'alarmèrent d'une part des sommes qu'il leur faudrait débourser pour la réalisation de l'entreprise, d'autre part de la menace que ce canal de jonction ferait peser sur le commerce de Lille qui tirait un grand profit des activités de transbordement consécutives à la rupture de charge des chalands entre la basse et la haute-Deûle. Le magistrat de Lille ainsi que les édiles adressent « de très humbles remontrances » à Chamillart et exposent les arguments les plus spécieux pour démontrer que l'exécution de ce projet ne peut que nuire aux intérêts du roi. Ainsi, il est exposé qu'un grand nombre de voituriers circulent entre les diverses villes de Flandre et d'Artois et que si le canal est réalisé « ils seront tous réduits à la pauvreté et le Roi ne trouvera plus dans les occasions la facilité que l'on a eue jusqu'à présent d'avoir un grand nombre de chariots, d'hommes et de chevaux, pour l'exécution des expéditions que Sa Majesté ordonne »[1]. Ils parviennent également à convaincre le maréchal de Boufflers, gouverneur de la ville et de la province, ainsi que l'intendant de la Flandre wallonne qui se font les avocats de cette cause auprès de Chamillart. Ce dernier finit par trancher le 18 septembre 1705 : « Les représentations qui viennent de toutes parts sur le grand et le petit projet de Mons. le Mar^al^ de Vauban, ont déterminé le Roi à suspendre l'exécution entière, jusques à ce que partie de cet ouvrage se puisse faire, même le tout, s'il est jugé nécessaire, dans un temps plus heureux, et de concert avec le pays, je mande les mêmes choses à Mons. le Mar^al^ de Vauban. »[2] Les édiles locaux exultent, quant à Vauban, il est frappé de stupeur par cette décision et il exprime assez vertement son dépit dans une lettre en réponse qu'il adresse aux magistrats de Lille : « Cette lettre contient tant de raisons extraordinaires et auxquelles je ne me serais jamais attendu, que les cornes ont pensé m'en venir à la tête »[3].

Mais une fois passé le premier moment de colère et de stupéfaction devant tant d'incompréhension, Vauban propose à nouveau ses bons offices aux élus locaux « parce que » dit-il dans une lettre qu'il leur adresse le 2 octobre 1705 « j'aime la ville de Lille et que je voudrais pouvoir lui procurer tous les biens qui pourraient dépendre de moi, sans même en prétendre le moindre remerciement. Mon intention n'est pas de nuire à personne ni de faire tort d'un denier à qui que ce soit, non plus que de rien proposer qui ne soit utile. Je sais, Dieu merci, encore bien ce que je fais et n'ai point oublié la manière de gouverner les eaux pour les rendre utiles et non dommageables. »[4]

1. *Remontrances des magistrats de Lille contre le projet de M. le M^al^ de Vauban., SHD, Art 5, sect. 3, § 1, Carton n° 1.*
2. *SHD, Art 5, sect. 3, § 1, Carton n° 1.*
3. *Archives municipales de Lille, affaires générales, carton 233.*
4. *Archives municipales de Lille, affaires générales, carton 233.*

C'est dans ce contexte qu'il va rédiger dès l'année suivante son mémoire sur le « projet de navigation d'une partie des places des Flandres à la mer ».

La réalisation posthume du projet de navigation de Vauban

Mais la mauvaise fortune de la France lors de la guerre de Succession d'Espagne et le décès de Vauban l'année suivante ne permettront pas à ce projet de voir le jour. Il faut attendre un demi-siècle pour voir se concrétiser en partie les propositions de Vauban. En 1750, on réalisa à Lille, et ce malgré une opposition aussi vivace qu'en 1705, le canal de jonction de la haute et de la basse-Deûle qui traversait l'esplanade entre la citadelle et la ville.

En 1754, il fut décidé de réunir l'Aa à la Lys par le canal de Neuf fossé. Les travaux, interrompus un temps par la guerre de Sept ans, furent achevés en 1779 et permettaient enfin de joindre par voie d'eau Lille à la mer et aux villes du littoral et de réaliser le projet élaboré par Vauban quelque soixante-quinze ans auparavant.

Yves Roumegoux

PROJET
DE NAVIGATION
d'une partie des places des Flandres à la mer

LES CONQUETES du Roi dans les Pays-Bas, lui ayant acquis l'un des plus beaux domaines du monde le plus commerçable et le plus fertile, il me paraît qu'il est nécessaire d'achever de le séparer totalement des intérêts[1] qui pourraient donner lieu a ses habitants de se conserver quelque désir pour le retour envers leurs anciens maîtres et compatriotes[2], en leur procurant les moyens de se pouvoir passer d'eux, ce qui ne se fera jamais si bien qu'en leur facilitant le commerce d'une manière qui puisse les tirer tout à fait de la dépendance d'Espagne et de Hollande et les mettre en état de n'en [...][3] qu'autant qu'ils le voudront bien.

Le pays dont j'entends parler est composé de la Flandre gallicane dans laquelle sont situées les villes de Lille, Tournay, Douai, Orchies, Armentières, Comines, La Bassée et quantité de gros bourgs comme Tourcoing, Roubaix, Roncq, Lannoy, Saint-Amand, Seclin, Cysoing, Laventie, Haubourdin et plusieurs autres moindres avec leur dépendance qui est bonne et fort étendue.

De la Flandre flamingante dans laquelle sont les villes de Menin, Ypres, Furnes, Loo, Dunkerque, Bergues, Gravelines et Bourbourg et quantité de gros bourgs comme Warneton, Werwick, Roulers, Bailleul, Merville, Poperingue, Steenworde, Cassel, Hazebrouck, Rubrouck, Hondschoote et Estaires et leur dépendance.

1. « liaisons et », rayé.

2. On rappellera pour mémoire que lors de la prise de Lille par Louis XIV, les habitants de la ville avaient donné des signes non équivoques d'attachement et de fidélité à leur ancien souverain, le roi d'Espagne.

3. « dépendre », rayé et remplacé par trois mots illisibles.

De l'Artois dans laquelle sont les villes d'Arras, Bapaume, Béthune, Aire, Hesdin, Saint-Pol, Lens, Saint-Venant, et plusieurs bons bourgs comme La Gorgue, Lillers, Pernes et Renty, avec les dépendances qui sont fort étendues.

Du Cambrésis dans lequel sont les villes de Cambrai et Le Cateau-Cambresis et une assez grande dépendance.

De grande partie du Hainaut dans laquelle sont les villes de Valenciennes, Condé, Bouchain, Le Quesnoy, Landrecies, Avesnes, Maubeuge, Bavay, Philippeville, Marienbourg et Charlemont et dépendance. Tous ces pays sont joints et contigus les uns aux autres et bornés à l'est par la Flandre espagnole et la partie du Hainaut demeurée à l'Espagne, au sud par la Meuse, au nord par la Manche, à l'ouest par la Picardie, tout cela joint ensemble forme un très beau canton de pays qui contient plus de trente-cinq bonnes villes et places fortes, au moins autant de gros bourgs dont la plupart valent des villes et mille à 1 200 paroisses de très bon pays, riche et très fertile où les terres sont bien cultivées et d'un grand rapport n'y ayant pas le moindre espace qui ne soit employé à profit ; les villes, bourgs et villages très bien peuplés, les peuples naturellement bons et sans malice, laborieux, ménagers et très appliqués à leurs affaires qu'ils entendent bien ; ils sont d'ailleurs très industrieux, notamment les habitants des villes qui exercent beaucoup d'arts et de métiers où il se fabrique quantité de manufactures de toutes espèces dans lesquelles ils sont adroits et intelligents, ceux de la campagne savent aussi s'occuper utilement. Jusque là qu'il n'y a pas de ville, ni de bourg, ni même de village un peu considérable qui n'exerce quelque négoce particulier provenant de leur industrie dont ils se font un commerce utile, ce pays porte aussi beaucoup de denrées dont il fait argent, tels sont les blés de toutes espèces, avoines, sucrion[1], pois, fèves, lins, chanvre, colza, houblon, garance, tabac et ce qu'ils appellent de la Trainelle qui est le grand trèfle, ce qui joint avec les manufactures de toiles fines, de velours, drap, serge, camelot[2], bouracan[3], bas de laine, dentelles et plusieurs autres menues marchandises qui se façonnent dans les villes et leur attire un grand commerce, mais il manque d'issue libre pour les transporter au dehors car ils ne peuvent sortir du pays sans passer chez les Espagnols et Hollandais qui, par rapport à l'intérêt de leur commerce, déciment et dégraissent tant qu'ils peuvent celui des sujets du Roy parce que celui-ci ne peut pas prospérer sans faire tort au leur et comme ils sont maîtres de tous les débouchements de nos rivières à la mer, il est à craindre qu'à la longue et dans

1. Il s'agit de l'orge d'hiver appelé aussi escourgeon, matière première nécessaire à la fabrication du malt.

2. Grosse étoffe faite de laine de mouton ou de poils de chèvre.

3. Tissu de laine de nature assez grossière servant à confectionner des surtouts et des manteaux de pluie.

des temps moins fortunés que ceux où nous vivons, ils n'altèrent considérablement le nôtre. Je crois même qu'on doit regarder cela comme un mal inévitable si on ne donne aux nôtres plus d'aisance qu'ils n'en ont en leur procurant des débouchements à la mer qui achèvent de les tirer de leur dépendance[1], c'est à quoi je suis persuadé qu'on peut aisément parvenir et même avec facilité si Sa Majesté, persuadée du bien qui en peut arriver à lui et à ses peuples, veut bien donner les mains à ce qui sera proposé ci-après.

Il n'est pas difficile de ménager ces débouchements puisque la plus grande partie des ouvrages nécessaires à ces effets se trouve à demi fait ou fort avancé par les rivières et canaux, servent actuellement à la navigation des pays qui n'ont besoin que d'être joints les uns aux autres et d'y [...] de certaines améliorations pour les mettre en état de porter de plus gros bateaux que leur [...]. Tel est[2] le canal à faire de la rivière d'Aa à la Lys par le Neufossé, celui de la haute à la basse Deûle par l'esplanade de la citadelle de Lille, la communication du Sanzet[3] au canal de Lille par l'ancien fossé de Douai et par le canal fait exprès, et la navigation de l'Escaut de Valenciennes à Cambrai par l'Escaut même ou par un canal, et peut-être celle de la Deûle à l'Escaut par la Marque et par un Canal fait exprès. Le surplus ne demande que du nettoyage de lits, du rehaussement de bords et quelques réparations aux sas ainsi que l'addition de trois à quatre nouveaux.

LA DISPOSITION DU PAYS POUR CE PROJET.

On fait actuellement une grande et belle écluse à Gravelines[4] où il y aura une porte de commerce de vingt pieds d'ouverture assez profonde pour que les bâtiments qui ne tireront que 7, 8, 9 à 10 pieds d'eau y puissent passer qui servira très bien à ce débouchement.

Depuis Gravelines à la mer, la rivière s'élargit fort et perd beaucoup de sa profondeur, mais on en peut régler et resserrer le lit dans les plus mauvais endroits par deux ou trois lits de fascinage [...][5] et chargés de pierre.*

1. A partir de cet endroit, les autres versions du mémoire conservées au SHD, varient sensiblement [Art 5, sect. 3, § 1, Carton n° 1, pieces n° 5, 6, 6bis].

2. « que », rayé.

3. La rivière Sensée qui prend sa source à Croisilles (Pas-de-Calais) et se jette dans l'Escaut, à Bouchain (Nord).

4. Vauban entreprend, à partir de 1699, la construction d'une nouvelle écluse en remplacement de l'ancienne écluse espagnole. Située à l'entrée du chenal vers la mer, elle contrôle le niveau des eaux de l'Aa et empêche la mer de refouler dans la rivière.

5. Illisible.

* « [...] achevé le fossé et la navigation [...] commencé par le canal de Fort Philippe ». [*Note de Vauban en marge.*]

Depuis ladite écluse jusqu'à Saint-Omer, la rivière d'Aa est bonne pour de petites bélandres et bateaux plats, mais attendu que ceux-ci ne peuvent aller à la mer sans rompre charge (ce qui cause du retard et coûte beaucoup, je serais d'avis de redresser le courant de cette rivière au-dessus de Gravelines et de diguer ces bords pour faire renfler ses eaux de quelque 2 à 3 pieds[1] plus qu'elles ne montent[2] ordinairement et de pousser ce renflement jusque dans Saint-Omer par le moyen d'un nouveau sas à Watendam[3] et par un rehaussement de celui de la Colme vis-à-vis, de bien nettoyer la rivière et donner de l'écoulement aux eaux du pays à droite et à gauche des sas par des contre-fossés parallèles aux digues et joignant le pied de leur talus, employant toutes les terres qui en sortiront à la construction des mêmes digues pour les élever et élargir d'autant ; de cette façon, il sera aisé de mettre jusqu'à 10 pieds d'eau dans la rivière d'Aa et de la rendre capable de porter des bâtiments de mer de 80 à 100 tonneaux jusqu'à Saint-Omer.

Quand la navigation sera venue jusque dans le faubourg du Hautpont, il faudra prendre la basse Meldique pour s'en servir et par conséquent l'élargir, nettoyer, diguer, et la suivre jusqu'au delà du fort des Vaches c'est-à-dire autant qu'il conviendra, achever la traversée du marais par un canal fait à la main, et aligné depuis le coude où celle-ci commencera à ne plus servir jusqu'au bout du Neufossé qu'il faudra suivre tout du long aussi bien dans le travers de la montagne comme dans les prairies, des deux extrémités jusqu'au Fort Saint-François[4], remarquant qu'il faudra au moins quatre ou cinq sas en montant et autant en descendant à la Lys.

Il y a des endroits dans la montagne où il faudra l'approfondir de 12, 15, 18, 20, 24 jusqu'à 30 pieds sur la longueur de 7 à 800 toises et même davantage pour pouvoir donner une étendue suffisante au bassin supérieur. La largeur de ce canal doit être pour bien faire de 12 toises à la superficie de l'eau revenant à 7 toises sur le fond si on suppose la profondeur de l'eau de 10 pieds, les bords talutant d'un et demi sur un, laquelle profondeur se pourra donner le tiers en rehaussement des bords dans toutes les parties basses qui seront au-dessous du bassin supérieur. Toute la suite du Neufossé sera accommodé de la sorte jusqu'audit Fort Saint-François, près d'Aire où on embouchera le canal dans la Lys, mais comme le fond dudit canal sera sec sans le secours d'une eau supérieure, il faudra faire la prise nécessaire à son entretien dans la rivière d'Aa comme la plus abondante et la plus facile, au-dessus de Blandecque, et la conduire par une rigole de 2 à 3 toises de largeur sur deux à 3 pieds de profondeur avec une pente douce le long du pied de la montagne du côté d'Aire toujours en suivant la côte

1. « trois ou quatre », rayé.
2. « sont », rayé.
3. Lieu-dit situé à la confluence de la Colme et de l'Aa.
4. Fort situé au nord-est d'Aire-sur-la-Lys.

et gagnant peu à peu le dessus jusqu'au bassin supérieur dans lequel cette rigole ira porter les eaux en assez grande[1] quantité sur le plus de pente qu'on pourra donner[2] à cette rigole parce que ce bassin perdra continuellement[3] par les deux extrémités[4] et à cause du fréquent passage des bateaux.

Nettoyer la Lys depuis Aire jusqu'à la Deûle, la diguer, y ajouter quelques[5] sas[6] en plus, lui donner la même profondeur que dessus et la continuer jusqu'à l'embouchure de la Deûle, observant de faire un sas à Warneton ou de hausser celui de Comines pour soutenir l'eau à cette hauteur dans la jonction de ces rivières et pour favoriser l'écoulement des eaux du pays, diguer les bords de l'une et l'autre autant qu'il en sera besoin n'oubliant pas de faire tous les contre-fossés et aqueducs nécessaires le long des digues pour recevoir et donner cours aux eaux qui tombent de la campagne[7].

Il faudra rehausser le sas du Quesnoy et de Wambrechies et diguer les bords de la Deûle partout où il en sera besoin pour pouvoir élever les eaux à la hauteur ci-devant demandée qui sera continue jusqu'à Lille en y ajoutant même un sas ou deux s'il en est besoin.

Faire une communication de la haute à la basse Deûle[8] par un canal fait exprès tiré du fond du port de la haute Deûle à son entrée dans la ville, la faisant passer aux dépens de quelques maisons tout le long du bord de l'esplanade en laissant un quai de 10 toises de large des maisons au bord dudit canal à qui il faudra faire couper la communication de Saint-André à angle droit de même que les remparts, fossés, chemin couvert et glacis du même, après quoi on le fera passer à 20 toises près de l'extrémité des angles saillants des glacis des chemins couverts pour le continuer de pointe en pointe sur la même distance jusqu'au bas de la ville par le chemin le plus court, observant de lui donner [...] 6 pieds[9] de profondeur[10] sur la largeur de 9 à 10[11] toises mesuré à la superficie de l'eau et de reprendre les terres qui en sortiront partie sur la superficie de ladite esplanade le plus également que faire se pourra et partie sur les bords du canal pour les rehausser d'un pied

1. « bonne », rayé.
2. « leur », rayé.
3. « beaucoup », rayé.
4. « bouts », rayé.
5. « tous les », rayé.
6. « nécessaires », rayé.
7. Vauban tire ici parti de son expérience passée des travaux d'aménagement du Canal du Midi où Riquet n'avait pas pris en compte le captage des eaux et rivières traversées qui s'écoulaient dans le canal. Cf. Introduction au mémoire.
8. C'est cet ouvrage qui provoqua les plus vives réactions de la part des édiles lillois, car il supprimait l'ancestrale rupture de charge entre basse et haute-Deûle qui générait de fructueuses activités de transbordement.
9. « toujours 10 », rayé.
10. « s'il est possible », rayé.
11. « 10 à 12 » , rayé.

ou deux sans que cela fasse digue ni aucune élévation nuisible à la citadelle, ni à la ville, partie de ces terres seront ainsi portées sur les remparts des deux communications pour les épaissir et le surplus employé à remplir des cloaques et flaques d'eau qui sont à côté du chemin de la porte de la Barre.

Il faudra faire entrer la décharge des fossés de la citadelle dans le canal par une petite écluse de maçonnerie d'un pied et demi de large sur deux de haut et percer vis-à-vis une petite buse d'un pied carré pour prendre de l'eau dans le même canal, et le laisser aller dans l'ancien lit de cet égout selon les besoins qu'on en pourra avoir, celle-ci pourrait être faite de bois ou de maçonnerie comme on le jugera à propos.

Il sera nécessaire de faire au moins deux ponts tournants ou levis sur le travers dudit canal avec des culées de maçonnerie pour communiquer de la ville à la citadelle et un autre sur la coupure du rempart de la communication Saint-André pour la commodité des rondes, de revêtir aussi ladite coupure de maçonnerie, lui donner 20 pieds de large, la voûter et donner toute l'élévation requise à sa voûte pour y pouvoir passer les plus grands bateaux de foin.

Revêtir les bords dudit canal dans la ville et le soutenir dans le travers des fossés par des batardeaux de bonne et solide maçonnerie, plus revêtir son passage dans les chemins couverts et glacis jusqu'à leur extrémité et ne pas oublier de soutenir l'entrée de la Deûle dans la ville par un réservoir qui rehausse de trois pieds les eaux dans le canal sans causer de changement dans la ville, on donnera des plans particuliers de tout cela quand il plaira à Sa Majesté d'en ordonner la construction.

Emboucher ce nouveau canal dans la basse Deûle par un sas situé au plus près de derrière de la tenaille comme il en figure au plan particulier.

A l'égard de l'entrée dans la ville par le côté de la Barre, il sera nécessaire d'élargir le lit de la rivière, la creuser et diguer depuis la porte d'eau de la ville jusque au sas de la Barre ou du Haut après quoi rehausser ledit et les bords de la rivière qu'il faudra taluter, diguer, élargir et nettoyer autant que de besoin sera tout le long de son cours jusqu'au Fort de l'Escarpe y observant les largeurs et profondeur ci-devant proposées, laquelle sera aisée à donner en diguant les bords rehaussant les sas et faisant des réservoirs et batardeaux ou il en sera besoin, Je tiens qu'il faudra faire un nouveau sas à Pont-à-Vendin, un autre à Hautbourdin et même un troisième pour peu qu'il fut jugé nécessaire à peu près à l'endroit où il y avait autrefois un vanneau[1] ; surtout ne pas oublier de convoyer les digues et d'en bien accommoder les tirages des bateaux.

Diguer pareillement la Scarpe depuis le fort jusqu'à la ville de Douai, y faire tous les batardeaux nécessaires dans le haut des fossés afin de procurer

1. Une petite vanne, une éclusette.

la profondeur ci-devant demandée à cette rivière jusque dans la ville où il faudra la reprendre et la continuer tout le long jusqu'au-dessus.

La Deûle manque d'eau pendant l'été, pour y remédier, il avait été résolu de tirer parti des eaux d'Arleux par le ruisseau de Gœulzin, ce qui a été exécuté en sorte que la moitié du Sanzet tombe présentement dans la Scarpe au-dessus du sas de Lambres. Il n'y a qu'à reprendre la même quantité par une petite écluse de quatre pieds d'ouverture au-dessus dudit sas et la conduire par un canal à bords relevé de 3 à 4 toises réduites de large au plus prochain angle du chemin couvert de la ville près la porte d'Arras et l'introduire dans l'avant-fossé comme il est figuré au plan, observant premièrement de traverser ledit canal par un aqueduc de deux à trois pieds d'ouverture pour donner écoulement aux eaux des prairies de la Brayelle, deuxièmement de soutenir les eaux dans l'avant-fossé par un batardeau de terre ou de maçonnerie qui les empêche de tomber dans la Scarpe près de son entrée dans la ville, troisièmement de soutenir le ruisseau de la Brayelle à même hauteur que les eaux de l'avant-fossé quand elles seront élevées en diguant la plus basse partie de son lit[1] sinon la faire passer par un aqueduc sous ledit avant-fossé à l'endroit où est à présent l'écluse dite de la Hazoche. Il faudra bien diguer les bords de cet avant fossé, le nettoyer et approfondir autant que besoin sera devant les portes d'Esquerchin et d'Ocre[2], le creuser entièrement à l'entour de la contre-garde des Dames et le continuer parallèlement au chemin couvert jusqu'au ruisseau qu'on a fait à même fin presque vis à vis l'épaule droite de ladite contre-garde des Dames et la faire tomber par un réservoir de maçonnerie revêtu de planches dans ledit ruisseau qu'il faudra diguer du côté de la prairie et l'élargir jusqu'à lui donner 3 toises à la superficie de l'eau et le conduire jusque près le sas de l'Escarpe[3] où il sera embouché dans le canal de Lille ce qui achèvera de lui donner la quantité d'eau qui lui manque.

On pourra rendre le canal qui vient d'Arleux navigable très utilement en l'élargissant de deux toises et y faisant trois à quatre sas.

A l'égard de la Scarpe depuis Douai à Arras, il n'y a qu'à bien entretenir son cours, la digue autant que besoin sera pour accroître les eaux et rehausser les portes de ses hautes écluses, à proportion et à mesure que quelqu'un de ces sas viendront à manquer, il ne sera que bien de les réduire à même figure et ouverture que celui de l'Escarpe, il en coûterait moins et les escoulins[4] ne s'y amasseront pas comme ils font.

1. « cours », rayé.
2. Il s'agit de deux portes situées au nord-ouest des fortifications de Douai.
3. Le fort de Scarpe ou d'Escarpe, situé en aval de Douai, contrôlait la confluence de la Scarpe et du nouveau canal de Lille à Douai ouvert à la navigation à partir de 1693.
4. Ce sont les limons et la vase qui s'accumulent dans les sections où le courant est trop lent.

On pourra faire la même chose de ladite Escarpe depuis Douai jusqu'à l'Escaut en diguant et rehaussant les sas, en y ajoutant quelqu'un s'il est nécessaire.

Depuis Tournai jusqu'à Condé, on avait proposé une écluse les années dernières dans le chemin couvert de cette ville sur l'entrée de la rivière pour élargir les eaux jusqu'à les pouvoir pousser dans l'écluse de Condé, on en pourrait ajouter une seconde au-dessous de la grande pour y former un sas qui serait là très bien employé après quoi il ne faudrait pas plus que diguer cette rivière de deux ou trois pieds pour y faire une très bonne navigation.

Il avait aussi été proposé de faire une autre écluse dans le chemin couvert à l'entrée de l'Escaut dans cette ville près de la porte du Quesnoy et de diguer ses bords jusque près de Valenciennes ce qui aurait donné à la navigation toutes les facilités nécessaires.

Pour remonter la navigation jusqu'à Cambrai, il faudrait se servir du petit Escaut ou Canal du Noir Mouton qui avait été autrefois destiné à cet usage, l'élargir, diguer et nettoyer en y ajoutant les sas nécessaires passant cette navigation le long des murs de la ville sous le pont-levis de la porte d'Anzin pour de là rentrer dans celui de l'Escaut dont on se pourra servir si on le trouve suffisant jusqu'à Bouchain en redressant son lit aux endroits où il est trop sinueux, le curant et diguant et y faisant les sas nécessaires sinon et, pour le plus sûr, tirer un canal à côté et le continuer jusqu'à Cambrai, le faisant entrer dans la ville même par le fossé du château de Selle ou par à côté, observant d'y faire tous les sas écluses des charges, etc.

L'Escaut est fort bourbeux, et charrie beaucoup d'escoulins. Il est d'ailleurs très sinueux et sujet à de grands débordements, c'est pourquoi on fera mieux de faire un canal à côté qui ne prendra que la quantité d'eau nécessaire à sa navigation que de s'amuser à son lit où il y aurait toujours à refaire ce qui s'entend depuis Cambrai jusqu'à Bouchain et même depuis Bouchain jusqu'à Valenciennes.

Une navigation de Bouchain à Arleux et Douai par le vieux Sanzet[1] serait fort aisée et ne serait pas inutile. Un peu avant la dernière guerre, le Roi avait rendu une communication de la Deûle à l'Escaut par un canal qui se devait faire de Lille à Tournay qui sur même tracé et tout près d'être commencé quand la guerre survint qui fit abandonner cette entreprise, il aurait été d'un grand mérite en paix et en guerre, mais d'une grande dépense car il y a bien des endroits ou il faudrait creuser beaucoup notamment vers Baisieux où le terrain se rehausse considérablement, <u>au cas qu'il plût</u>[2] au Roy de reprendre ce dessein, il faudrait tirer les eaux du canal de Douai à Lille par un autre petit canal partie en souterrain et partie à

1. La Sensée, cf . note supra.
2. Souligné sur le manuscrit.

découvert dans la Marque au travers des bois de Phalempin, sinon la prendre au-dessus du sas de Pont-à-Vendin et la conduire par les pentes du terrain vers Fives où on l'embouchera dans le canal.

Il y aurait après cela à nettoyer et approfondir la rivière de Lens et les canaux de La Bassée et de Béthune qui sont très sales, mais bons et navigables qui ont servi à la navigation de ces places. Ils sont présentement fort négligés. Ces canaux sont d'autant plus nécessaires à ces villes qu'elles sont situées dans le meilleur pays du monde, il faudrait les agrandir et mettre en bonne navigation et, en un mot, les rendre plus marchands qu'ils ne sont présentement.

On suppose dix pieds d'eau partout[1] afin que les petits bâtiments de mer tels que les bélandres, heux[2], gribanes[3], caiche[4], buche[5], smay[6], etc.[7] puissent monter dans ces rivières et porter les marchandises qui proviennent de ce pays à la mer, et celles de la mer dans le pays sans rompre charge. Il sera facile de faire des bâtiments qui portent jusqu'à 100 tonneaux en les taillant moins et raplatissant un peu les varangues comme on fait en Hollande, moyennant quoi on aura des vaisseaux de bonne charge qui navigueront partout.

L'étude et la recherche particulière de toutes ces rivières, canaux, etc., apprendra le détail des ouvrages nécessaires, les endroits où il faudra placer les sas, la hauteur et élévation des digues, la profondeur et largeur des canaux, les contre-fossés, les aqueducs pour l'écoulement des eaux du pays, les ponts qu'il faudra faire, etc., de même que la situation et conduite des rigoles nécessaires pour y amener les secours d'eau étrangères où il en sera besoin telle que celle du Sensez dans la Deûle et celle de la rivière d'Aa dans le bassin supérieur du Neufossé.

Au surplus cette navigation se pourra communiquer à la mer et à Dunkerque par la Colme et le canal de Bergues à Gravelines, et à la mer par la rivière d'Aa, et à Calais par la rivière de Saint-Omer audit Calais, de sorte qu'on pourra choisir de ces trois laquelle on voudra ; mais supposons que cela convienne, il faudra diguer la Colme et la joindre au canal de

1. « partout 10 pieds », rayé.

2. Bateau de cabotage et de commerce néerlandais et anglais de la mer du Nord jaugeant jusqu'à 300 tonneaux.

3. Bateau de charge à fond plat en usage sur les côtes normandes et picardes, de 50 à 60 tonneaux.

4. Ou quaiche, quèche : petit navire à un pont mâté comme un yacht. Du temps de Colbert, il est armé de 6, 8 ou douze pièces d'artillerie.

5. Ou Buyse : bateau néerlandais servant à la pêche au hareng ou au maquereau, jaugeant 80 tonneaux.

6. Ou Smaque : bateau néerlandais faisant habituellement le cabotage dans le Zuydersee.

7. Cette énumération de noms de vaisseaux, que Vauban semble savourer, montre l'intérêt et la curiosité qu'il porte au monde de la marine, domaine nouveau pour lui.

Bergues par devant la porte de Dunkerque, y faire un sas, relever et diguer les bords et le sas de la rivière de Calais.

L'utilité de cette navigation se fera agréablement sentir à toutes les conquêtes du Roi, si on excepte Maubeuge, Avesnes et Philippeville, Landrecies et Charlemont, encore ne laisseront elles pas d'en profiter parce que la navigation des rivières tire le commerce de la droite et de la gauche de fort loin.

Toutes les villes et gros bourgs de ce pays de même que la campagne s'en ressentiront également, les uns par le débit du superflu de leurs grains et les autres par celui de leurs marchandise et manufacture.

Si on donne 10 pieds d'eau à cette navigation au lieu des 6 qu'on leur donne ordinairement, les petits bâtiments de mer monteront partout où elle se pourra étendre sans rompre charge et pourront par exemple en partant de Cambrai ou d'Arras, s'en aller à Londres, Amsterdam, Rouen, Bordeaux, etc., et ailleurs sans retard ni empêchement et revenir de même ; c'est cette considération qui m'oblige à proposer la profondeur de ces canaux à dix pieds voire à 12. Si j'en étais cru, la différence qu'il y a de six à dix se pourrait gagner par le rehaussement des bords qui faciliterait à même temps le tirage des bateaux ; il est cependant arbitraire de la donner telle qu'on voudra, mais il est sûr que la plus grande sera toujours la meilleure.

Pour que cette navigation puisse être d'une grande utilité, il faudrait entièrement l'affranchir et n'y mettre d'impôt que pour ce qui sera précisément nécessaire aux menus entretiens des sas et du canal et aux gages des éclusiers qui auront soin d'en ouvrir et fermer les portes et les nettoyer.

A l'égard des grosses réparations, ce sera une chose à partager au pays en sorte que chaque province entretienne la partie qui passera chez elle, je croirais même qu'il serait encore plus à propos de régler des gages pour les éclusiers et pour les inspecteurs du canal à prendre sur le pays et de ne pas souffrir qu'on prît rien du tout sur ledit canal, en sorte que la navigation fût exempte de toutes charges après avoir acquitté les droits du Roy au seul bureau qu'on pourrait établir pour plus de commodité à Gravelines.

Il est sûr que si ce canal est affranchi que les marchandises qui se transporteront par là se pourront donner à meilleur prix soit pour entrer ou sortir du pays et que, par conséquent, le débit en sera bien plus grand et les marchandises plus recherchées.

Pour revenir aux particularités du commerce les grains du Bas Artois de toutes espèces qui sont aux environs de Saint-Omer, Aire, Lillers, Pernes[1], Béthune, Saint-Venant et tout le long de la Lys trouveront une grande facilité pour leur évacuation par ce canal, soit pour sortir du pays ou y rentrer plus avant de même que toutes les marchandises du dehors comme les

1. « Peronne », rayé.

vins, les eaux de vie, les sels, la marée de toutes espèces, les bois, la pierre, la chaux et le charbon de bois et de terre du Boulonnais.

Toute la châtellenie de Lille et la verge de Menin, les villes, bourgs et villages de la Lys auront les mêmes avantages et en profiteront très utilement pour le transport de leurs manufactures et de leurs huiles de lin, de colza, garance ou tabac, idem des pois, fèves, chanvre, beurres et plusieurs autres denrées que ce gras et fertile pays produit.

Le canal de Béthune faciliterait en son particulier le débit des blés, pois, fèves, sucrion et colza de son pays qui sont là très abondants.

Les canaux particuliers de Lens et de La Bassée serviront d'évacuation des grains, légumes et fourrages de leur pays comme celui de Béthune avec les mêmes avantages d'autant plus considérables que, l'hiver, on ne peut charrier par terre dans ces pays qu'avec des peines infinies parce qu'ils sont extrêmement bourbeux. La Lys, outre ce qui a été dit ci-devant communiquant tous nos pays avec Gand, Courtrai et pays adjacents, ne laissera pas de continuer à nous être utile de ce côté-là.

La navigation de la Deûle à Douai attire à Lille grande partie des blés d'Artois, du bois, des fourrages, de la tourbe des marais de Pont-à-Vendin, du sable qu'ils vont chercher au-dessous de Pont-à-Rache et des grains que l'on tire près d'Arleux et qu'on amène à Douai par charroi et beaucoup de fourrages.

La navigation du petit Sanses[1] doublera la quantité des eaux de la Deûle au grand bien de la ville de Lille, dont les moulins augmenteront et tourneront mieux, et des canaux de la ville qui en seront abondamment rafraîchis au lieu que, pendant les étés un peu secs, l'eau y est noire comme de l'encre parce que, n'ayant point ou peu de mouvements à cause de sa faiblesse, elle se corrompt et devient puante et corrompt aussi l'air des environs ce qui cause beaucoup de maladies.

Les inondations en temps de siège y seront plus faciles, plus promptes et bien abondantes, la navigation plus forte et bien meilleure parce que le canal aurait plus d'eau et de profondeur, à joindre qu'il en pouvait encore réussir un autre bien qui serait que, de son abondance, elle pourrait fournir de quoi renforcer la Marque par le moyen du canal souterrain en partie qui serait percé dans les bois de Phalempin, ce qui servirait beaucoup à la navigation directe de Tournai.

Cette même navigation du Senzez rendrait le grès commun à Lille, à Douai et Orchies où il est rare et où on l'emploie au lieu de pierre de taille de même qu'au pavé des rues et des maisons. Il amènerait dans ces villes beaucoup de tourbes des marais d'Arleux qui sont grands et spacieux, quelques bois ou sable pour bâtir, grande quantité de grains de l'Artois du Cambrésis et de la châtellenie de Bouchain des foins et fourrages, ce qui

1. La Sensée, cf. note supra.

serait un bien infini à Lille, les vins de Champagne pourront même prendre cette route pour éviter les mauvais chemins du bas pays.

Si le vieux Sanzez était navigable depuis Bouchain jusqu'à Arleux, la plus grande partie des blés du Cambrésis passeraient par là pour se rendre à Douai et à Lille qui, par ce moyen, deviendraient les grands greniers du pays, outre qu'il descendrait bien des tourbes par là pour Valenciennes. Il est aussi certain que les vins de Champagne prendraient cette route depuis Cambrai et que ce canal en faciliterait beaucoup la voiture.

Si le canal de Lille à Tournai avait eu lieu, il aurait été aussi court que le grand chemin et par conséquent extraordinairement fréquenté, il aurait facilité la voiture du charbon du Hainaut à Lille et aux autres places de même que celle de la pierre de taille et du bois à bâtir et à brûler, de la chaux et cendrée de Tournay si estimée partout ce qui aurait procuré le bon marché à Lille et à Dunkerque et beaucoup plus de solidité dans les bâtiments que l'on fait, ce canal aurait aussi mis à couvert en temps de guerre une grande partie de la châtellenie de Lille et du Tournaisis à qui il aurait pu servir de seconde ligne[1].

Les convois et voitures nécessaires à l'occasion de la guerre se trouveraient extrêmement facilités par la navigation de ces canaux si elle pouvait avoir lieu d'autant que, de l'une des extrémités de ce pays à l'autre, il n'y avait nulle difficulté pour la voiture des munitions de guerre et de bouche et on ne serait par conséquent pas obligé de tirer les chevaux de labourage des 15 jours à trois semaines de temps pour les employer à la voiture des munitions ce qui, outre la perte des chevaux, cause des dommages infinis au pays et, pour achever de le dire en un mot, on ne saurait rien concevoir de plus utile et avantageux à ce pays que cette navigation.

Voila en gros les utilités qu'on en peut espérer, la question est maintenant de voir comme on pourra faire pour en venir à l'exécution.

Le première chose par où il me paraît devoir commencer, est par l'agrément de Sa Majesté sans quoi il n'y a rien à faire, la 2e de bien examiner toutes les parties préposées pour la construction de ce canal, tant celles qui sont déjà fort avancées que celles auxquelles il faudrait tout faire, le plus tôt ne sera que le meilleur.

Si Sa Majesté l'avait donc pour agréable, on pourrait travailler dès cette année-ci et se disposer pour le mettre en état de le commencer avec le siècle, ne dût-on faire que moitié dépense cette première année, et pour les fonds nécessaires à cet effet, il me semble qu'on les pourrait faire en cette manière. <u>Par exemple</u>[2] les villes et les Etats de Lille donnent annuellement 75 000 £ pour la fortification de leur place les entretiens ordinaires

1. Vauban évoque incidemment ce système défensif des lignes qui s'est développé au cours de la guerre de succession d'Espagne et qui s'appuyait sur les cours d'eau et canaux existants.

2. Souligné dans le manuscrit.

déduits, elle se trouvera en assez bon état à la fin de l'année où nous entrons pour pouvoir différer de quelques années ce qui reste à y faire, pendant quoi les entretiens ordinaires suffiront et ne seraient pas une affaire à eux que d'ajouter 25 000 £ aux 75 000 £ ci-dessus pour faire celle de 100 000 £ qui serait le fond que la ville et châtellenie de Lille pourrait fournir annuellement jusqu'à la fin des ouvrages de cette navigation, car il ne faudrait pas cesser d'y travailler que toute la navigation ne fût entièrement achevée.

J'estime que la ville de Tournai et le Tournaisis, Valenciennes, Bouchain, Cambrai et pays en dépendance pourront bien en fournir autant en suspendant les ouvrages de leur fortification qui sont aussi fort avancés.

Les villes et gouvernement du Quesnoy et Landrecies pourront même y entrer pour quelque chose à cause de la proximité de leur pays, tout l'Artois comme le pays qui en tirerait le plus d'avantage, y joint la châtellenie de Bourbourg, les pays de Langle et de Brédenarde[1] pourraient à peu près en fournir autant que la châtellenie de Lille et parce que le Roi tire de ses sujets à peu près la dixième partie de leur revenu il me paraît raisonnable qu'il y entre aussi pour quelque chose c'est-à-dire pour 30 000 £ par an, sauf à Sa Majesté d'y ajouter quelque chose de plus en pure libéralité si bon lui semble, moyennant quoi cet ouvrage pourra être mené assez vite et rendu parfait en quatre ou cinq années de temps au grand contentement de Sa Majesté et de ses sujets de ce pays-là dont le commerce serait pour lors libre et non gêné comme il est et comme il sera s'il n'y est remédié par ce moyen.

1. Les pays de Langle et de Brédenarde sont deux petits territoires situés entre Calais, Gravelines et Ardres. Ces deux pays sont rattachés à la France depuis 1659, en vertu du Traité des Pyrénées.

Annexes

Intérêt présent des Etats de la Chrétienté
Projet de paix assez raisonnable

Les Oisivetés *constituent un ensemble vraisemblablement inachevé si on prend en compte la brièveté des deux derniers tomes et la présence dans les archives du fonds Rosanbo et du Service Historique de la Défense de mémoires de Vauban qui, par leur sujet et le soin d'écriture dont ils sont l'objet, auraient pu être agrégés au corpus.*

Pour donner un aperçu de ces derniers et mettre en évidence l'évolution de la pensée du maréchal en faveur de la paix et d'un équilibre des États européens, aspect de sa réflexion souvent négligé, nous proposons en annexes deux mémoires dans la version publiée pour la première fois par A. Rochas d'Aiglun en 1910 et gracieusement communiqués par Daniel Auger qui envisageait une édition pour l'association des Amis de la Maison Vauban.

Nous les publions dans cette version, en rappelant que les versions manuscrites de « Intérêt présent des États de la Chrétienté » sont conservées dans le fonds Rosanbo et au Service Historique de la Défense et « Projet de paix assez raisonnable » seulement dans le second fonds d'archives.

« Intérêt présent des Etats de la Chrétienté»
« Projet de paix assez raisonnable»

L'artisan des sièges de Louis XIV et de la défense fortifiée du royaume s'est aussi préoccupé de la politique extérieure de la monarchie comme l'attestent plusieurs mémoires des Oisivetés. *Après la révocation de l'édit de Nantes (1685) ses écrits se font de plus en plus précis sur la situation internationale et sur les nouveaux enjeux des alliances entre États européens. Divers mémoires présentés dans cette édition montrent l'importance de la ligue d'Augsbourg, nouvelle configuration de la coalition contre la France qui a entraîné derechef une guerre de 1688 à 1697. Vauban a multiplié les mémoires et les lettres pour recommander de négocier (par exemple dans sa lettre à Louvois du 24 octobre 1688 : « Si, par une bonne négociation avec M. de Trèves, vous en pouvez faire autant {cession} d'Hennestein et Coblentz, je ne doute pas que cela n'obligeât l'empereur à faire la paix, laquelle je souhaite à des conditions si raisonnables de part et d'autre qu'elle pourra être de longue durée »), imaginant ce que serait une paix honorable dans plusieurs mémoires de 1694 et 1696 inclus dans les* Oisivetés, *mais aussi dans d'autres mémoires tels « Moyens légitimes pour procurer une bonne et solide paix entre les princes chrétiens », Rosanbo AP 65, dossier 5, document 7, et « Mémoire sur les difficultés qui pourraient se rencontrer dans une conférence pour la paix », Rosanbo AP 65, dossier 5, document 8.*

En désaccord avec les termes des traités de Ryswick signés le 20 septembre 1697 avec l'Angleterre, l'Espagne et la Hollande et le 30 octobre avec l'Empire, il confie à son ami le marquis de Puyzieulx, ambassadeur de Louis XIV auprès des cantons suisses[1]*, ses réflexions sur les moyens de conserver la paix entre les États de l'Europe en prenant en compte les intérêts de chaque pays et une délimitation claire des fron-*

1. *Roger de Brulart, marquis de Puyzieulx et de Sillery (1640-1714), capitaine du régiment de Turenne, puis lieutenant colonel et ambassadeur auprès des cantons suisses de 1698 à 1702. Le roi a une grande estime pour l'ambassadeur dont il reconnaîtra les services en le faisant Chevalier des ordres du roi en 1705 et Conseiller d'État en 1707.*

tières[1]*. Affirmant que « toutes les ambitions de la France doivent se renfermer entre le sommet des Alpes et des Pyrénées, des Suisses et des deux mers », il lui confie ses inquiétudes à propos d'une alliance entre l'Espagne et la France, deux pays dépeuplés face à l'Angleterre et aux Provinces-Unies qui sont en pleine croissance*[2]*. L'année 1700 est en effet celle du rapprochement entre les deux monarchies à la faveur du testament rédigé par Charles II, roi d'Espagne, qui a désigné Philippe d'Anjou, petit-fils de Louis XIV, comme son héritier.*

Dans ce contexte qui présage, selon Vauban, un déséquilibre futur entre les États, il rédige « Intérêt présent des Etats de la Chrétienté » qui se présente comme une analyse raisonnée des justes ambitions de l'Espagne et de la France. L'analyse de la situation de l'Espagne permet à Vauban d'exposer sa conception d'un territoire national viable, c'est-à-dire un espace contigu et peuplé avec une diminution conséquente du nombre des religieux. L'Espagne devrait échanger toutes ses possessions en Italie et aux Pays-Bas au profit d'un rattachement du Portugal (toujours l'idée des frontières naturelles) et signer une paix perpétuelle avec la France afin de protéger des agressions anglaises leurs possessions réciproques dans les Indes occidentales. L'union des deux puissances catholiques, à condition que l'Espagne change de politique en prenant en compte le développement démographique et en se montrant moins intransigeante sur le plan religieux, pourrait permettre de juguler les ambitions anglaises et hollandaises et d'obtenir une paix durable, par un équilibre bien compris des forces en présence. L'analyse des intérêts de la France reprend les développements précédents des mémoires des Oisivetés *concernant des frontières clairement précisées et judicieusement disposées pour une défense efficace au moyen de places fortes soigneusement sélectionnées, obtenues par échanges ou achats. Il les complète par des conseils sur la politique à mener, par exemple assister les États de l'Empire contre l'empereur, mais cependant soutenir celui-ci dans son rôle de dernier rempart contre les Turcs, conserver l'alliance avec les Suisses, intervenir en Angleterre pour maintenir les oppositions politiques et religieuses, et avant tout faire alliance avec la Hollande. Il s'inquiète toutefois des résistances qu'il observe de part et d'autre, dues à l'aveuglement général.*

Les craintes de Vauban se réalisent : Louis XIV ayant accepté le testament espagnol pour son petit-fils sans renoncer à la réunion des deux couronnes, l'Empire, les Provinces-Unies et l'Angleterre signent une Grande Alliance à La Haye le 7 septembre 1701. Refusant le testament de Charles II, l'Alliance dirigée par Guillaume d'Orange, stathouder des Provinces-Unies et roi d'Angleterre, reconnaît l'archiduc Charles d'Autriche comme roi d'Espagne, imitée en 1703 par la Savoie

1. *Vauban est satisfait que Strasbourg reste française mais se plaint de la cession de Luxembourg et des places du « pré carré » : Courtrai, Ath, Mons et Charleroi. Une partie de la correspondance de Vauban et de Puysieulx a été publiée par Hyrvoix de Landosle, Vauban,* Lettres intimes inédites adressées au marquis de Puysieulx (1699-1705)*, Paris, éd. Bossard, 1924. Toutes les lettres de Vauban étaient communiquées au secrétaire d'État aux affaires étrangères M. de Torcy, fils de Charles Colbert, marquis de Croissy, ainsi que la copie de certaines des réponses du marquis de Puysieulx.*
2. *Lettre de Vauban du 4 décembre 1700,* Lettres intimes, ibid.*, pp. 100-103.*

et le Portugal. La défaite française des maréchaux De Marsin et Tallard à Hochstädt puis le siège de Landau par les alliés en août 1704 incitent Vauban à rédiger le mémoire sur la « Défense des places », tout en renouvelant au roi ses conseils de ne pas « voler le papillon » au-delà des Alpes et de préférer des frontières naturelles au royaume.

Vauban se rapproche des diplomates. À Paris, il fréquente les salons de Mme de Tencin et de la comtesse de Ferriol, la « belle Angélique », rencontrée à Grenoble et qu'il courtise depuis plusieurs années[1]*. Il y rencontre son beau-frère, monsieur de Ferriol, ambassadeur à Constantinople, et le marquis de Torcy, secrétaire d'État aux affaires étrangères. Par eux, il a connaissance de la traduction du livre de Sir Charles Davenant, membre du Parlement anglais, homme de plume critique à l'égard du gouvernement anglais :* Les Intérêts de l'Angleterre mal entendus dans la guerre présente, *Amsterdam, 1703 qui expose les conséquences économiques et fiscales de la guerre et qui par certains aspects rappelle le mémoire de Vauban « Intérêt présent »*[2]*. Plusieurs voix s'élèvent contre les effets de la guerre, notamment celle de Fénelon, exilé à Cambrai, et des ducs de Beauvillier et de Chevreuse, gendres de Colbert, mais la réflexion du maréchal enrichie de sa grande expérience (il connaît bien la Flandre, les États limitrophes au Rhin, la Savoie et le Piémont), de ses échanges (avec les ingénieurs, les ambassadeurs, les missionnaires) et de ses lectures (nombreux ouvrages sur les États de l'Europe), reste fidèle à sa démarche : prendre en compte les différents aspects d'une question et examiner les différents enjeux du conflit en cours, comme en témoigne son « Projet de paix assez raisonnable pour que tous les intéressés à la guerre présente, en deussent être contens, s'il avait lieu et qu'il plût à Dieu d'y donner sa bénédiction » daté du 2 février 1706.*

Vauban recommande au roi de renoncer à l'Espagne, « corps cacochyme usé et plus qu'à demi-ruiné », « corps mourant qui rend l'agonie » et propose des cessions de territoires déjà mentionnées dans le mémoire de 1700, mais surtout il prend en compte l'irréductibilité des prérogatives de chacun des protagonistes afin « d'accrocher un traité aux conditions ci-devant, qui sont celles qui vraisemblablement toucheront le plus ceux qui aiment le repos de l'Europe, car je tiens qu'on peut les considérer comme les seules capables de produire une bonne et solide paix ». Il souhaite une Europe apaisée, aux pays bornés, des échanges commerciaux facilités (Remarque 10) : « Que le commerce avec les nations voisines et étrangères soit également permis aux uns comme aux autres, de bonne foi, sans fraude directe, ni indirecte en payant les droits tels qu'ils seront réglés et consentis de part et d'autre ». Les échanges com-

1. Angélique, fille et sœur de présidents du sénat de Savoie, les Guérin de Tencin, épouse en 1696 un Conseiller au Parlement de Metz, Receveur des finances du Dauphiné, Augustin de Ferriol. Vauban a rencontré Angélique à Grenoble et ne manque pas, quand il séjourne à Paris, de lui rendre visite dans son hôtel Rue neuve Saint-Augustin, dans le quartier du Palais-Cardinal devenu Palais-Royal.

2. L'abbé Dubos a fait imprimer la traduction, voir Joseph Klaits, Printed Propaganda under Louis XIV, Absolute Monarchy and Public opinion, *Princeton U. P., 1976, p. 155.*

merciaux sont désormais la clef de voûte des écrits de Vauban. Il a analysé les ressorts de la richesse commerciale des Provinces-Unies associées à l'Angleterre depuis la Glorieuse Révolution de 1688 et il insiste sur le développement du commerce intérieur de la France (unification des poids et mesures, abandon des douanes intérieures), du commerce avec les colonies du Canada et de Saint-Domingue et bien sûr avec les pays de l'Europe.

L'homme du pré carré souhaite que chaque pays reste dans ses « bornes » et ne trouble pas ses voisins, que les litiges de frontières puissent être réglés au moyen de bonnes cartes par un congrès de paix. Il rêve comme son ami l'abbé de Saint-Pierre, mais différemment, aux moyens de rendre la paix perpétuelle en Europe et que la France cesse d'avoir des ambitions dont elle n'a plus les moyens[1]. Vauban, un militaire aimant par-dessus tout la paix.

Michèle VIROL

1. *Abbé Castel de Saint-Pierre,* Projet pour rendre la paix perpétuelle en Europe, *1713.*

INTERET PRESENT
DES ETATS DE LA CHRETIENTE

L'INTERET DE L'ESPAGNE n'est plus de prétendre à la monarchie universelle ; c'est ce qui l'a ruinée. Ce n'est point de posséder quantité d'Etats détachés du corps de sa monarchie, parce que c'est encore l'une des causes de sa ruine, en ce que ces Etats détachés, qui ont fait la fortune à plusieurs particuliers, lui ont beaucoup coûté et n'ont fait que lui attirer quantité d'ennemis et l'épuiser d'hommes et d'argent ; on peut comprendre dans cette catégorie les Pays-Bas, le Milanais, le royaume de Naples, la Sicile, la Sardaigne et la Franche-Comté qu'ils n'ont plus, mais non les Indes orientales et occidentales. Ce n'est point de conserver l'inquisition chez eux qui effarouche et détruit leurs sujets et empêche qu'il ne s'y en fasse de nouveaux et n'autorise que les moines et les ecclésiastiques déjà trop paresseux de beaucoup ; non plus que cette quantité prodigieuse d'ecclésiastiques et de moines, dont les richesses immenses ne servent qu'à entretenir leur débauche, leur luxe et l'oisiveté et à les rendre capables d'attenter à l'autorité du gouvernement, et à être à charge aux peuples et très contraires aux principes de la religion chrétienne, dont ils ne conservent que le nom et l'habit enveloppé de beaucoup de superstitions ; non plus que cette humeur rageuse et fière qui les rend sauvages et insupportables aux autres nations et les empêche de s'aller habituer chez eux et de remplir les vides de leur pays.

Voilà les intérêts négatifs, voyons quels sont les effets affirmatifs.

Le premier et le plus puissant de tous est : 1° de repeupler son pays et de mettre toute chose en usage pour cela, attendu que la grandeur des rois et des Etats se mesure par le nombre des sujets et non par l'étendue du pays qui contribue plus à les épuiser qu'à les peupler ; – 2° échanger tous les Etats de la couronne de Portugal contre le royaume de Naples et de Sicile, si cela se peut ; – 3° se défaire à charge de foi et hommage du duché de Milan en faveur d'un prince qui ne fût ni de la maison de France, ni de celle d'Autriche ; – 4° des Pays-Bas en faveur de M. de Lorraine à condition de céder ses Etats à la France pour la dédommager des prétentions légitimes qu'elle peut avoir en considération de ce qu'elle fait pour l'Espagne, comme aussi de lui rendre le Luxembourg et les comtés de Beaumont et de Chimay qui conviennent à sa frontière ; – 5° conserver les Indes occidentales et orientales comme la prunelle de l'œil ; mais, comme d'elle-même elle n'est pas assez puissante pour les conserver, – 6° faire alliance perpétuelle avec la France, très étroite, pour leur conservation, parce que, jointe avec eux, elle pourrait contrebalancer et repousser les entreprises des Anglais et Hollandais qui sont les puissances dont elle a le plus à craindre, et pour l'y engager davantage lui faire quelque avantage dans le commerce de ces pays étrangers ; – 7° n'introduire jamais d'autre nation dans les Indes que les Espagnols naturels et ne se point brouiller avec la France à raison du commerce de proche en proche des deux nations, de la proximité des secours qu'elle en peut tirer et de la conformité de religion, ces deux grands Etats faisant aujourd'hui les deux plus fermes appuis de la religion catholique.

Si l'Espagne s'était bornée à l'étendue des royaumes qui la composent et à ses Indes et qu'elle en eût uniquement fait son affaire, au lieu de s'être embarrassée des affaires de toute la chrétienté, où elle a excité le désordre et la confusion qui y règnent encore, cette monarchie serait aujourd'hui la plus belle de l'univers, car elle ne se serait pas dépeuplée et aurait bien mieux peuplé ses Indes qu'elle n'a fait ; et en traitant humainement les étrangers elle aurait rempli les vides aux dépens de ses voisins, parce que les hommes tirent toujours du côté de l'abondance et du repos. Il est donc de son intérêt de réparer la faute qu'elle a faite, en prenant des routes toutes contraires, puisque celles du passé n'ont réussi qu'à son dommage.

INTERET DE LA FRANCE

Toutes les ambitions de la France doivent se renfermer entre le sommet des Alpes et des Pyrénées, des Suisses et des deux mers ; c'est là où elle doit se proposer d'établir ses bornes par les voies légitimes selon le temps et les occasions ; et par conséquent Genève et la Savoie et le comté de Nice sont de sa convenance, de même que la Lorraine, le duché des Deux-Ponts, la principauté de Montbéliard, le Palatinat, l'archevêché de Trèves, celui de Mayence et de Cologne en decà du Rhin, les duchés de Clèves et de Juliers, le pays de Liège et le reste des Pays-Bas catholiques, y compris la Flandre et le Brabant hollandais. Voilà à quoi doit se terminer toute l'ambition de la France et, quand le surplus de la chrétienté se voudrait donner à elle, comme il lui serait plus à charge qu'autrement, elle ne le doit jamais accepter si elle aime son repos et sa sûreté ; car il ne lui convient pas de posséder un pouce de terre en Italie ni au-delà du Rhin ni des Pyrénées ; on pourrait dire la même chose au-delà de la mer si quelque raison de commerce ne l'obligeait à tenir quelque poste de peu d'étendue et seulement pour la sûreté de ce commerce, ce qui se pourrait réduire à la possession de l'île de Saint-Domingue et du Canada.

Ses intérêts à l'égard de l'Espagne sont : 1° se procurer, autant qu'elle le pourrait officieusement et de bonne foi, l'échange du Portugal contre le royaume de Naples et de Sicile, mais non de lui conserver le Milanais et autres pièces détachées de sa monarchie ni de souffrir qu'elle s'arrondisse ailleurs que dans les Indes ; 2 de faire alliance perpétuelle avec elle pour la commune défense des deux royaumes et de leurs Etats prochains ou éloignés et de leur commerce ; 3° elle aurait dû procurer, si elle avait pu, que le reste des Pays-Bas catholiques appartenant à l'Espagne fût échangé contre la Lorraine, le Barrois et le Luxembourg ; la Savoie et le comté de Nice contre partie équivalente du Milanais et du Montferrat, et cela pour ses prétentions sur la succession d'Espagne dont il eût fallu se contenter et assoupir pour jamais toutes les autres prétentions ;

4° Acquérir du *roi de Suède* soit par engagement ou autrement les duchés des Deux-Ponts, et du *prince Palatin* le bailliage de Germersheim, et le Montbéliard de la *maison de Wurtenberg* ;

5° Assister l'*Empire* contre les entreprises de l'empereur en cas d'attentat sur la liberté des Etats qui le composent ; le maintenir en l'état qu'il est sans souffrir de guerre intestine et qu'aucun de ses membres s'élève sur les ruines des autres ;

6° Maintenir l'Empire dans la maison d'Autriche comme la seule capable de le pouvoir soutenir ; vivre en paix avec elle pourvu qu'elle y réponde et l'assister en ce cas contre ceux qui voudraient l'opprimer, notamment contre les Turcs ;

7° Conserver religieusement l'alliance des *Suisses* pourvu que les cantons vivent toujours en paix entre eux et réhabiliter ce qu'il peut y avoir de gâté à leur égard de notre part ;

8° Maintenir l'*Italie* sur le pied où elle est et ne pas souffrir qu'elle soit opprimée en son corps ni en ses membres, ni que pas un de ses princes s'élève au-dessus des autres à leurs dépens ;

9° Réunir le comtat d'Avignon à la Provence de même que les principautés d'Orange et des Dombes et toutes les autres seigneuries du royaume qui ont quelque distinction tendant à la souveraineté ; n'en souffrir aucune plus privilégiée que les autres, et réunir le tout à la même forme de gouvernement, qui doit être la générale de tout le royaume et non d'autre ;

10° *A l'égard de l'Eglise*, conserver tout le respect dû au Saint-Siège quant au spirituel ; mais, quant au temporel, supprimer peu à peu tous les revenus ecclésiastiques qu'on peut et doit considérer comme un pieux brigandage exercé sur tous les sujets de l'Etat, la simplicité desquels les ecclésiastiques ont surprise, et abusé de leur crédulité en leur faisant accroire que le don de leur bien à l'Eglise à titre de charité, d'offrande, de dîme, d'oblation et mille autres manières différentes toujours adroites et bien prétextées, était un moyen sûr d'acheter leurs péchés et de leur procurer le paradis, comme si la miséricorde de Dieu, sans laquelle nous ne pouvons ni ne devons rien espérer de l'autre vie, se pouvait acheter à prix d'argent pour être appliquée à des fainéants qui s'en servent pour piaffer, se donner du bon temps et ne rien contribuer aux charges de l'Etat ;

11° Supprimer les moines de toutes espèces en ne permettant de profession qu'après vingt-cinq ou trente ans passés, laissant cependant ceux qui sont en vie jouir en paix et aisés le reste de leurs jours, et à mesure que tous les moines d'une abbaye ou de quelque bénéfice que ce puisse être viendront à mourir, en réunir tous les biens à l'Etat et les vendre pour tirer parti de ses dettes. Cette réunion est d'autant plus légitime que tous les biens qui composent ceux de ces abbayes, prieurés, prébendes, canonicats généralement quelconques, ont été la plupart filoutés adroitement sous prétexte d'œuvres pieuses par des misérables qui, n'ayant la plupart de religieux que l'habit et l'apparence, n'ont pas fait de conscience de réduire la veuve et l'orphelin à l'aumône et de réduire une infinité de familles pour se mettre à leur aise d'une manière qui leur donnera tous les biens du royaume dans peu, par leur économie, par le soin qu'ils ont d'en amasser et de n'en vendre qu'au double de ce qu'il vaut, exerçant ainsi l'usure si sévèrement condamnée dans tous les autres ordres, sous prétexte que le bien de l'Eglise est le bien de Dieu, comme s'il y en avait de deux sortes dans le monde, et que tout ne fût pas à lui d'une façon comme de l'autre et nous aussi, mais d'une manière absolue et sans condition.

12° Il est encore de l'intérêt de l'Etat et de tous ceux qui l'habitent de réduire toutes les *coutumes* du royaume en une seule qui soit égale et uniforme pour toutes les provinces ; d'égaler tous les *poids et mesures* qui sont d'usage dans le royaume à une de chaque espèce bien divisée ; cela faciliterait le commerce et éviterait une foule de procès.

13° *À l'égard de l'Angleterre*, les intérêts de la France sont de balancer l'autorité du roi et du parlement, de fomenter des jalousies entre les presbytériens et les épiscopaux, de protéger les Hollandais contre eux quand ils seront rentrés dans le devoir et de ruiner leur commerce par la course quand on sera en guerre avec eux.

14° De la France à *l'égard du Portugal*, ses intérêts sont : l'échange des Etats de cette couronne avec le royaume de Naples et de Sicile, ce qui donnera lieu à trois bonnes choses à même temps, qui toutes concourront au bien de la chrétienté : 1° la convenance des Espagnols ; 2° la sûreté de la maison de Bragance, étant sûr que si les choses demeurent en l'état qu'elles sont, tôt ou tard l'Espagne absorbera le Portugal, notamment si la France s'en mêle ; et 3° la sûreté et satisfaction des Italiens qui se trouveront par là à couvert des entreprises de la maison d'Autriche, à joindre que la France, qui doit veiller à la sûreté de l'Italie, y trouvera aussi son compte par cette voie.

15° De la France à *l'égard des Hollandais* est de les porter à préférer son alliance à toute autre nation en leur ôtant ce qu'ils tiennent du Brabant et de la Flandre au profit de l'Espagne ou du sien si elle était dame et maîtresse des Pays-Bas, afin de réduire cette insolente nation à l'étendue de pays nécessaire à son commerce et rien de plus ; et c'est encore par la même raison qu'il faudrait se borner par l'Issel. La France peut la recevoir dans son alliance avec obligation respective de se défendre et protéger l'une l'autre envers et contre tous, et eux d'avoir un attachement inviolable pour la France, qu'il faudrait fomenter par leur procurer un commerce libre dans toute l'étendue du royaume. On croit pouvoir dire que ces peuples lui seront meilleurs en qualité d'alliés que de sujets, attendu que, pour les contenir s'ils étaient sujets, on serait obligé à bâtir beaucoup de places et de citadelles, entretenir un grand nombre de troupes et de vaisseaux, à payer un grand nombre d'officiers de guerre et de finance et de robe et à beaucoup d'autres frais pour les entretiens de digue et du pays qui ne subsiste que par artifice et par de très grands frais, qui absorberaient tous les revenus qu'on en pourrait tirer. De se rejeter sur le commerce pour y avoir recours en cas de besoin serait du temps perdu et les réduirait au désespoir. Les ayant pour alliés à des conditions raisonnables et utiles aux deux nations, ils jouiraient de leur liberté tout entière, feraient toutes ces dépenses-là par eux-mêmes, n'auraient jamais lieu de se plaindre de nous et on en retirerait le même résultat avec plus d'attachement et de bonne volonté de leur part. Ces peuples ont commis deux fautes indignes dans la révolte : la première est d'avoir renoncé à la religion catholique et d'avoir toléré toutes les autres, ce qui a rempli ces Etats de toutes les impiétés et superstitions du monde et empêché que beaucoup d'autres peuples catholiques se soient joints à eux ; l'autre faute est de n'avoir pas réuni toutes les souverainetés de leurs provinces en une seule et unique, au lieu que, ne tenant ensemble que par l'union d'Utrecht, mille choses les peuvent désunir, les brouiller et causer la rupture qui tôt ou tard arrivera entre eux.

PROJET
DE PAIX
ASSEZ RAISONNABLE
pour que tous les intéressés à la guerre présente en dussent être contents et qu'il plût à Dieu d'y donner sa bénédiction.[1]

2ᵉ février 1706

1.

QUE LA FRANCE CEDE L'ESPAGNE, et tout ce qui dépend de cette monarchie, à la maison d'Autriche, sur le pied et tout comme elle était avant la mort du feu roi, et qu'à même temps elle renonce à tous les droits acquis par son testament, et par tout ce qui s'en est ensuivi jusqu'à présent.

2.

Que la MAISON D'AUTRICHE de sa part cède à la France Luxembourg et le surplus de cette province, les comtés de Beaumont et de Chimay avec leurs dépendances, et les terres franches de Fumay et Revin[2] parce qu'elles sont nécessaires à l'arrangement de notre frontière de ce côté-là, bien que de très peu de considérations, d'ailleurs.

1. Les notes sont celles de l'édition de A. Rochas d'Aiglun.
2. Beaumont et Chimay sont en Belgique, Fumay et Revin dans le département des Ardennes.

3.

Qu'elle cède le duché de Milan au duc de Lorraine en échange des duchés de Lorraine et de Bar en faveur de la France, de même que la Basse-Alsace, avec toutes les places qu'elle contient, y compris le bailliage de Ghermessem[1] et ses dépendances, Philippsbourg, Landau et le Fort-Louis du Rhin s'il venait à nous échapper, le vieux Brisach, la mouvance de Montbéliard au comté de Bourgogne auquel elle a ci-devant appartenu et du comté de Horbourg au Sundgau, ainsi que celles de toutes les terres appartenantes à la maison de Wurtemberg sises dans l'étendue de la haute et basse Alsace.

4.

Que les ELECTEURS DE BAVIERE et DE COLOGNE soient remis à pur et à plein dans leurs Etats, et que les meubles de leurs maisons, les canons et munitions de leurs places, etc., leur soient rendus, et que pour les dédommager des pertes qu'ils ont souffertes pendant cette guerre, l'empereur paye une pension à M. de Cologne de cent mille écus sa vie durant, assignée sur un fonds solide et commode non sujet à changement.

5.

Que M. DE BAVIERE demeure, sa vie durant, gouverneur général des Pays-Bas espagnols, avec les appointements convenables à sa qualité pour le dédommager de pertes que son pays a souffert pendant cette guerre.

6.

Rendre au DUC DE SAVOIE ses Etats comme ils se trouveront et s'il a autre chose à prétendre, qu'il s'adresse à l'empereur en faveur et pour le service duquel il nous a fait la guerre, et non à la France qui n'a pas sujet de se louer de la conduite qu'il a tenue à son égard.

7.

Les HOLLANDAIS nous ont fait la guerre sans aucun sujet légitime que celui de quelque altération prétendue au commerce, et d'une barrière imaginaire entre eux et nous. Or l'Espagne étant remise dans son ancienne situation, la Barrière leur sera rendue[2], et il n'y aura plus qu'à remettre le

1. Il s'agit de la ville forte de Germersheim à 17 kilomètres au sud de Spire.

2. La Barrière avait été instituée par le traité de Ryswick. Les principales places des Pays-Bas espagnols avaient été remises à la garde des Hollandais. Au traité d'Utrecht, ces places furent Tournai, Ypres, Menin, Furnes, Warneton et le fort de Knock.

commerce d'eux à nous, et de nous à eux, à peu près sur le pied qu'il était dans les temps que nous étions satisfaits les uns des autres.

8.

Pour ce qui est des ANGLAIS qui nous ont fait la guerre de gaieté de cœur très injustement et sans aucun prétexte raisonnable, comme ils auront eu ce qu'ils demandent, ils n'auront plus rien à demander, que le commerce que nous ne pouvons ni ne devons refuser à personne. La reconnaissance de la reine d'Angleterre ne doit pas nous faire une affaire, non plus que la qualité de roi au prince de Galles ne leur en doit pas faire une, puisque ne le reconnaissant pas pour tel, elle ne les oblige à rien, et que vraisemblablement nous ne chercherons pas à les y forcer.

9.

Le DUC DE MANTOUE de qui le pays a beaucoup souffert de la guerre présente, par s'être jeté dans les intérêts de la France, et avoir fait le devoir d'un bon allié, mérite que le roi ne l'oublie pas dans ce traité, et que de plus il le gratifie d'une pension, sa vie durant, de deux à trois cent mille livres en déduction de ce que son pays doit payer annuellement, cette pension éteinte par sa mort.

10.

Que le commerce avec les nations voisines et étrangères soit également permis aux uns comme aux autres, de bonne foi, sans fraude directe, ni indirecte en payant les droits tels qu'ils seront réglés et consentis de part et d'autre.

11.

Finalement comprendre toutes les puissances souveraines qui le voudront bien, dans cette paix, et la rendre générale autant que la chose pourra dépendre de nous ; et afin qu'elle soit de durée, chose nécessaire à tous, régler tous les différends sur un pied raisonnable, qui contente à peu de chose près tous les intéressés, sans se prévaloir des avantages que les uns pourraient prendre sur les autres par les différentes situations où on se pourra trouver, pendant la suite de cette guerre, étant certain qu'il est naturel de demeurer en repos quand on n'a pas sujet de se plaindre, comme il l'est de s'inquiéter quand on croit avoir été mal traité.

12.

Le Roi n'aura pas lieu d'en être mécontent, parce que cet arrangement lui aura procuré une situation, à laquelle nul de ses prédécesseurs de la race des Capets n'a pu parvenir car, de son règne, il aura ajouté à sa couronne le comté de Bourgogne, les duchés de Lorraine et de Bar, celui de Luxembourg, l'Alsace tout entière, la meilleure partie de la province de Hainaut, de la Flandre, l'Artois, le Cambrésis et le Roussillon, toutes pièces attachées à la France, et qui toutes ensemble pourraient former l'équivalent d'un très beau royaume bien plus avantageux à la France, que toute la monarchie d'Espagne et des Indes ensemble, qu'elle ne pourrait jamais posséder pacifiquement, ni sans des contestations infinies. Et quand même il se pourrait que la guerre présente, après bien des ruines et du sang répandu, en pourrait procurer une jouissance paisible à son roi, la France n'en tirerait que peu ou point d'avantage.

PREMIERE REFLEXION

Sans doute que la plupart de ceux qui liront cet écrit ne le trouveront pas de leur goût. Il le serait encore moins du mien si la disposition universelle qui règne dans les affaires de l'Europe paraissait moins confuse et plus disposée à s'éclaircir, mais il faut demeurer d'accord qu'on n'y voit goutte, et qu'il est bien difficile de penser juste sur le succès d'une guerre où tout semble tendre à un bouleversement général. De notre côté nous voyons des étincelles de révoltes s'allumer dans beaucoup d'endroits de ce royaume, qui ne disparaissent que faute de chefs assez dignifiés pour se mettre à la tête des malintentionnés, disposition certainement dangereuse qui pourrait avoir de mauvaises suites. D'ailleurs, la misère extrême dont les peuples sont accablés, la levée des soldats presque réduite à l'impossible, les troupes sans discipline, les bons officiers extrêmement rares, les provinces à demi désertes, la culture des terres fort altérée, le commerce ruiné, l'argent si rare, qu'on est obligé de se servir de monnaie de papier, et enfin tous moyens d'en avoir épuisés, à un point qu'on ne sait plus comment faire pour soutenir le courant, et de plus une révolte considérable en Espagne, et à même temps un monde d'ennemis conjurés, sans que l'on voie rien qui puisse flatter nos espérances, doivent nous donner bien à penser. On me dira que l'empereur n'est pas mieux en ses affaires, que la révolte des Hongrois et des Bavarois qui déchirent et saccagent une grande partie de son pays, et chez qui l'argent n'est pas moins rare que chez nous ; cela est vrai, mais il est puissamment secouru par les Anglais et Hollandais et par tous les princes et Etats de l'Empire*, ce qui lui donne de grandes ressources, au lieu que nous ne sommes assistés de personne, que toute l'Europe est directement ou indirectement contre nous, et que nous nous consommons à soutenir une monarchie ingrate dont la vaste étendue a ses membres séparés en tant de pays différents qu'on ne sait auquel entendre, ce qui nous épuise d'hommes et d'argent à un point qui ne se peut dire. La suite même (supposez un succès tel que nous le pourrions désirer) n'en promet pas de grands avantages à ce royaume qui n'en pourrait au plus profiter que par un peu plus de commerce, dont ils sauraient bien nous priver dès qu'il leur deviendrait à charge. Ajoutons que l'attention vive et obstinée que les alliés ont à assister puissamment l'empereur contre nous, fait que si les apparences ne sont pas tout à fait déclarées pour lui, elles ne paraissent pas lui devoir être contraires, et il est certain qu'à la longue il y a plus à espérer pour lui que pour nous, et ce d'autant plus que les Espagnols qui ont témoigné quelque estime pour nous dans les commencements, nous haïssent présentement à la mort, à cause des permissions que le roi a données à plusieurs marchands français d'aller négocier dans la mer du Sud, ce qu'ils considèrent comme un vol qu'on leur fait. Cela posé en fait, comme autant de vérités certaines, ne ferait-on pas mieux d'accrocher un traité aux conditions ci-devant, qui sont celles qui vraisemblablement toucheront le plus ceux qui aiment le repos de l'Europe, car je tiens qu'on peut les considérer comme les seules capables de produire une bonne et solide paix ? Je sais fort bien qu'il est dur à un grand prince accoutumé à vaincre et d'être heureux dans ses entreprises, de reculer et d'être obligé à se relâcher de ses droits, notamment quand ils sont aussi bien fondés que ceux du Roi, et qu'on est en possession ; mais il faut avouer que cette possession n'est rien moins que paisible. Sa Majesté en acceptant le testament du feu roi d'Espagne en faveur de Monseigneur le duc d'Anjou n'a pas prévu que non seulement les Espagnols ne feraient pas de grands efforts pour le maintenir, mais que toute l'Europe s'opposerait à son exécution. C'est pourquoi je reviens à dire, que vu l'inégalité de nos forces et le peu d'apparence que l'avenir nous rende plus heureux, on ne saurait mieux faire que d'acquiescer à ces conditions avant qu'un plus grand affaiblissement de nos forces en augmente la difficulté.

Louis VIII, héritier présomptif de la couronne de France, fils de Philippe Auguste et père de Saint-Louis, fut élu et couronné roi d'Angleterre, dont il prit possession avec applaudissements des grands et des petits, mais les Anglais quelque temps après s'étant dégoûtés de lui, il fut obligé d'abandonner et de s'en revenir en France sans en retenir seulement

* « Il le serait encore sans doute par la Pologne et la Suède, si elles n'étaient pas en guerre l'une contre l'autre. » *(Note de Vauban.)*

le titre**. Il n'y a guère de royaume dans le monde où cela soit arrivé plusieurs fois. Ainsi le roi ne s'en doit pas faire une affaire, ni l'intérêt seul de Monseigneur le duc d'Anjou prévaloir sur celui de toute la France, dans un temps que tout le royaume, pour ne pas dire toute l'Europe, est dans une véritable souffrance à son occasion.

La France a des bornes naturelles au-delà desquelles il semble que le bon sens ne permette pas de porter ses pensées. Tout ce qu'elle a entrepris au-delà des deux mers, du Rhin, des Alpes, et des Pyrénées, lui a toujours mal réussi ; ses intérêts sont naturellement opposés à ceux d'Espagne et c'est directement travailler contre nous, que de soutenir cette dernière dans l'étendue de sa puissance. Car que la paix se fasse aujourd'hui ou demain, et que toute la monarchie d'Espagne soit conservée à Philippe V, il ne se passera pas dix ans qu'elle ne rentre dans ses vieux intérêts toujours opposés aux nôtres. D'ailleurs les parentés entre souverains sont de faibles liens quand il y va de leurs intérêts ; c'est toujours par ceux-là qu'ils se gouvernent, cela s'est vu dans tous les temps chez toutes les nations, chez tous les princes, même chez ceux du sang royal de France qui sont devenus souverains. La branche de Dreux, issue de Louis le Gros, ne fut-elle pas contraire à la France dès qu'elle fut souveraine de Bretagne ? Celle de Bourgogne, qui commença par Philippe le Hardi et finit par Charles le Belliqueux, ne fut-elle pas aussi toujours opposée à la France tant qu'elle a subsisté, et même d'une façon cruelle et barbare, qui pensa la faire tomber entre les mains des Anglais. Ils étaient cependant premiers princes du sang de la branche de Valois, et si elle avait subsisté, la couronne leur eût appartenu par le droit de la naissance, par préférence à la famille de Bourbon. Ce n'est donc point à la proximité du sang qu'il faut s'arrêter, ni à l'intérêt d'un seul, qui ne saurait tomber que sur ses pieds, mais au bien général de ce royaume, et de toute la chrétienté, qui a déjà tant souffert par d'autres guerres et par la présente, que supposé qu'elle réussisse selon nos souhaits, le mieux qui nous en puisse arriver est que l'Espagne nous sera toujours à charge par le soutien des querelles ; à quoi tant de grands Etats, si écartés les uns des autres, nous obligeront d'autant plus étroitement qu'elle n'aura plus d'autres alliés que nous, ce qui ne pourrait manquer de causer un affaiblissement très considérable à ce royaume, au lieu d'en augmenter les avantages.

Voilà ce qui m'est venu à l'esprit sur l'état des affaires présentes. Fasse le Ciel que je puisse voir une paix solide et bien établie sur de tels principes.

** « Mezeray dit qu'il leur renvoya leurs otages, et renonça à tout moyennant une bonne somme d'argent. » *(Note de Vauban.)*

DEUXIEME REFLEXION

Supposé que ce projet pût avoir lieu, il me paraît que tous les intéressés auraient sujet d'en être contents.

La FRANCE, parce qu'elle se trouverait accrue de quantité de grandes provinces jointes les unes aux autres et toutes contiguës à son ancien domaine, et par conséquent aisées à défendre et soutenir.

L'EMPEREUR, parce qu'il verrait sa maison rétablie dans son ancien domaine malgré la disposition du dernier roi de sa famille, et même des grands et des peuples de ce royaume, et cela par le bonheur de son règne d'une manière aussi avantageuse que s'il les avait nouvellement conquis.

Les ANGLAIS et HOLLANDAIS, parce qu'ils seraient parvenus à leurs fins, qui est d'empêcher que les Français ne joignent indirectement cette vaste monarchie à la leur qui les rendrait trop puissants et en état d'en imposer au reste de la chrétienté. Il y a plus que cela : l'intention tacite qu'ils ont de partager le commerce des Indes avec l'Espagne, qui est le motif secret qui les porte à nous faire la guerre avec tant d'obstination ; c'est de quoi ils n'ont garde de se vanter présentement, mais la chose parle d'elle-même, et il est aisé de juger que c'est bien moins l'envie de faire plaisir à l'empereur et l'archiduc, que de se procurer une facilité de prendre des situations avantageuses en Amérique, au moyen desquelles ils puissent avoir un commerce direct aux Indes, chose qu'ils ne manqueraient pas de demander hautement, si l'archiduc pouvait tant faire que de parvenir à la couronne d'Espagne, cela en dédommagements des efforts et des dépenses qu'ils auraient faites pour le rétablir sur le trône de ses ancêtres, ce qu'ils appuyeraient vivement, et ne manqueraient pas de le prendre de force s'ils ne pouvaient l'obtenir autrement, sans que le roi d'Espagne pour lors régnant, les en pût empêcher ; car où seraient les forces navales capables de s'opposer aux leurs ? Certes, il n'en paraît point, et il se pourrait fort bien faire qu'il perdrait les Indes en tout ou en partie, et qu'il deviendrait par ce moyen l'un des plus pauvres rois de la chrétienté, avec toute la vaste étendue de ses Etats, qu'il ne conserverait apparemment pas longtemps après la perte des Indes, parce que les principaux moyens de les soutenir, qui sont les hommes et l'argent, lui manqueraient.

Les mécontentements personnels de la reine d'Angleterre finiraient, puisqu'elle serait reconnue pour telle de la France et que l'impuissance du roi son frère la mettrait à couvert de toutes les inquiétudes qu'elle pourrait avoir lieu de craindre de sa part.

Les Hollandais de leur côté auraient lieu d'être contents de toutes les manières, puisqu'outre les prétentions ci-dessus qu'ils auraient communes avec les Anglais, ils auraient cette Barrière si désirée entre eux et nous, telle qu'ils l'avaient avant la mort du feu roi d'Espagne.

MONSIEUR DE SAVOIE, pouvant être remis dans la pleine possession de ses Etats, par l'échange des électorats de Bavière et de Cologne, aurait tous les contentements qu'il peut raisonnablement espérer du succès d'une guerre où il s'est embarqué de mauvaise foi, par pure animosité contre nous, et contre ses véritables intérêts.

MM. LES ELECTEURS DE BAVIERE ET DE COLOGNE auraient lieu de l'être par les dispositions ci-devant énoncées en leur faveur, et par la restitution entière de leurs Etats.

Et M. DE MANTOUE aussi, parce qu'il jouirait de tous ses Etats en entier, et d'une grosse pension.

Le ROI D'ESPAGNE, que je devais nommer le premier, serait sans doute celui qui aurait le moins de sujet d'en être satisfait, vu que cette paix le ferait descendre d'un trône fort élevé pour reprendre la qualité de duc d'Anjou ; mais cette qualité qui ne lui laisse voir qu'une seule tête au-dessus de la sienne le met à même temps à portée d'un autre trône plus grand et plus stable que celui qu'il aurait quitté, auquel il n'aurait pu parvenir ni lui ni ses descendants, s'il demeurait paisible possesseur de celui qu'il aurait quitté.

On pourrrait douter que les voisins du théâtre de la guerre, sur les terres desquels les arrières des deux partis ont un peu fourragé, eussent les mêmes raisons de contentement ; mais outre qu'ils nous ont été assez mauvais voisins, ils ont tant eu de notre argent, que l'un peut raisonnablement passer pour l'autre.

On peut donc avec raison conclure que s'il y a un moyen de procurer une paix ferme et stable à la chrétienté, c'est vraisemblablement celui-ci.

RAISONS DE CETTE PROPOSITION

L'état de nos affaires ne semble pas nous promettre rien de meilleur, eu égard : à la situation du royaume très épuisé d'hommes et d'argent ; aux dépenses effroyables que la bizarrerie de cette guerre tout à fait étrangère et éloignée de notre pays nous coûte par les hommes et l'argent qu'elle en fait sortir, qui n'y rentrent pas ; à l'intérêt que toutes les puissances de l'Europe y prennent, qui ne veulent pas que l'Espagne soit dominée par un prince de la maison de France, de peur qu'il ne se forme une union trop étroite de ces grands Etats capables d'absorber les autres, considération qui leur cause une attention si générale et si vive, que si la Suède et la Pologne n'étaient pas engagées dans une guerre qui les a mis aux mains depuis 4 ou 5 ans, il y a beaucoup d'apparence que leurs armées se joindaient à celles des autres nations pour en traverser la possession à Philippe V. D'ailleurs les intérêts de la France et de l'Espagne ne conviennent pas, et il n'y a guère d'apparence qu'ils conviennent jamais, car il n'est pas de celui de la France que la monarchie d'Espagne subsiste en son entier comme elle est, ni qu'elle conserve tous ses grands Etats détachés qui lui ont tant donné d'inquiétude et de jalousie, aussi bien qu'à la plupart des autres puissances de la chrétienté, notamment ceux qu'elle tient en Italie et aux Pays-Bas ; attendu que si en bonne politique la France ne doit pas posséder un pouce de terre au-delà des monts, il est de son intérêt que les Allemands et les Espagnols n'y possèdent rien non plus, et que le mieux qui puisse arriver à la chrétienté, est que ces trois puissances soient bannies de l'Italie, et n'y tiennent rien du tout ; mais l'Espagne, qui veut conserver tout ce qu'elle a, n'en conviendra pas et mettra tout en œuvre pour se conserver la jouissance de tout ce qu'elle y possède. Cependant à considérer les choses par rapport à son repos et à celui de ses voisins, il est évident que le mieux qui lui pût arriver, et à toutes les puissances de la chrétienté sans en excepter aucune, serait que chacune d'elles se renfermât chez soi dans les bornes que la nature leur a prescrites ; et qu'aucune ne fût ni ne pût être en état de troubler ses voisins.

Sur ce pied il serait à désirer :

Que la FRANCE se pût borner par l'étendue des anciennes Gaules, c'est-à-dire par les sommet des Alpes, du mont Jura, des Suisses, des Pyrénées et des deux mers, sans jamais outrepasser ces barrières pour quelque raison que ce pût être ;

Que l'ESPAGNE se renfermât dans l'étendue des Espagnes, compris le Portugal et les Indes, et qu'elle se défît, par des échanges avec la couronne de Portugal, de Naples, de Sicile et Sardaigne, et du duché de Milan par un autre échange contre la Lorraine et le Barrois en faveur de la France, pour la dédommager en quelque façon des dépenses immenses qu'elle a faites pendant cette dernière guerre et la récompenser de la cession pure et simple qu'elle ferait de ses droits sur cette monarchie ; qu'elle se défît des Pays-Bas en faveur de M. de Bavière ou du duc de Lorraine en donnant à celui-là le duché de Milan, ou l'érigeant en république, après l'avoir tronqué de partie de ses dépendances au profit de M. de Savoie pour les fins que nous dirons ci-après ;

Que l'ALLEMAGNE se renfermât toute dans soi sans chercher à s'étendre davantage, si ce n'est du côté des Turcs ;

L'ANGLETERRE dans ses trois royaumes qui, tous ensemble, lui forment un Etat qui, étant bien uni, n'a aucune puissance étrangère à craindre, telle qu'elle puisse être ;

La HOLLANDE dans ses bornes, qui pourraient être rétrécies de tout ce qu'elle possède en Flandre et en Brabant, sans que cela lui portât aucun préjudice ; bien au contraire, elle s'épargnerait bien des dépenses dont elle se pourrait fort bien passer.

Le DANEMARK et la SUEDE sont assez bien limités ; et quand ils se renfermeraient dans leurs bornes naturelles, ils ne seraient que bien pour leur repos.

Il serait encore à désirer que la POLOGNE fût tranquille, et qu'elle et la Suède pussent, de concert, un peu étendre leurs limites chacun devant soi, aux dépens de la Moscovie, pour se mettre un peu plus à couvert des entreprises de ces barbares.

Et s'il se pouvait former une monarchie de la HONGRIE, TRANSYLVANIE, MOLDAVIE, VALAQUIE, CROATIE, SERBIE, BULGARIE, etc., joints ensemble, qui fût bien affermie*, cela produirait par les suites un excellent boulevard à la chrétienté contre les Turcs ; mais ces pays, qui sont dépeuplés, auraient besoin d'un grand temps, et d'une longue et profonde paix pour se bien remettre.

Quant aux souverainetés particulières qui partagent l'Allemagne et l'Italie, elles seraient telles qu'elles devraient être si le Milanais et les royaumes de Naples, Sicile et Sardaigne avaient chacun leur souverain particulier.

Voilà la raison générale qui intéresse toutes les puissances de la chrétienté, par rapport aux souverains qui les possèdent, dont quelques-uns pourront prétendre de n'y pas trouver leur compte, mais il est certain que tous ces Etats en général s'en trouveraient incomparablement mieux qu'ils ne sont, si chacun d'eux revenant à la droite raison, demeurait dans les bornes naturelles qui semblent leur avoir été réglées par l'auteur de la Nature dès le commencement du monde, et que ne se laissant point prévenir par de fausses idées et de vaines prétentions, qui les tirent hors de leur état naturel et ne leur produisent que des guerres ruineuses qui les épuisent, ne sont bonnes qu'à leur causer bien de l'inquiétude, les commettre eux et leurs Etats à de grands dangers et à l'accablement des pays que Dieu a commis à leur conduite, en les exposant à toutes sortes de maux et de misères.

Pour revenir présentement aux raisons particulières de ce projet en ce qui regarde la France, comme il est très important que notre frontière soit unie, bien arrangée et sans enclaves, qui pour l'ordinaire sont très incommodes, et bonnes à causer des affaires et attirer des procès qui ne se décident qu'à coups d'épée, il serait sans doute à désirer que Beaumont, petite ville située entre Maubeuge et Philippeville qui a titre de comté avec une dépendance de dix villages, nous fût cédée par ce traité. Nous l'avons déjà longtemps possédée ; elle est très nécessaire pour la communication de Maubeuge à Philippeville et Charlemont.

Chimay est une autre petite ville à titre de principauté que nous avons aussi possédée longtemps, et dont nous n'avons été privés que par le traité de Ryswick. Elle a une dépendance de vingt-quatre villages, et forme une espèce d'enclave nuisible dans notre frontière qui avoisine Rocroi de trop

* « Cela est bien plus à espérer qu'à désirer. » *(Note de Vauban.)*

près. C'est pourquoi il est nécessaire de la faire revenir par le même traité, parce qu'elle nuit aussi à la communication de Maubeuge, et à celle de Philippeville à Rocroi.

La dépendance de Charlemont ayant été très mal réglée par ce traité, ceux qui seront employés au prochain congrès qui se fera pour la paix, pourront s'en faire instruire plus à fond, et s'en faire donner des cartes bien intelligibles, par où ils verront que non seulement le dernier traité a beaucoup diminué sa dépendance, mais qu'il a fort mal arrangé celle qui lui est restée, puisqu'il y a des villages sous la portée du canon appartenant à l'Espagne, et d'autres à nous appartenant enclavés dans leurs terres à trois ou quatre lieues de là ; ce qui me paraît d'autant plus mal entendu qu'une place de guerre ne peut ni ne doit empêcher les paysans du voisinage d'y porter vendre leurs denrées, puisque ce sont eux qui fournissent ses marchés et lui apportent ses besoins. Cependant ces gens voient assez ce qui s'y passe, et ce qui s'y fait, s'ils ont un peu de curiosité, pour savoir à dix hommes près la force des gardes et de la garnison. Ils voient, si bon leur semble, entrer et sortir les partis et les escortes, savent à peu près ce qu'il y a de vivres et de munitions dans la place, et y voient faire les revues, et enfin tout ce qui entre et sort ne leur peut être inconnu quand ils ont bien envie de le savoir, et ainsi ils peuvent en donner avis aux ennemis sans qu'on puisse découvrir d'où cela vient, chose très désagréable et encore plus dangereuse, parce qu'elle donne grand avantage à l'ennemi, qui de cette façon est informé de tout ce qui se passe dans nos places à peu de frais. C'est pourquoi je suis d'avis d'arranger la dépendance de ce gouvernement et des autres, avec plus de soins, et d'en mieux choisir les villages de manière qu'ils ne soient qu'à une, deux, trois à quatre lieues éloignés des places sans aucun mélange d'autres qui ne soient pas de leurs dépendances.

Echanger les terres franches de Fumay et Revin et leurs dépendances s'ils en ont, contre quelque équivalent, qui soit à la bienséance de M. de Trèves ; sinon s'en saisir dans les besoins, et lui en payer le revenu, attendu qu'il a des bureaux dans ces lieux qui prennent droit de fouiller les bateaux du roi qui descendent la Meuse comme les autres, au moyen de quoi ils ont connaissance de ce qui se voiture dans Charlemont et Givet, soit pour elle, ou pour les armées, et peuvent en donner avis aux ennemis, ce qu'ils ne manquent pas de faire ; c'est pourquoi il est d'une extrême conséquence de leur ôter le moyen de ces connaissances, ce qui ne se peut jamais mieux que par les acquérir tout à fait par un accommodement, éloignant de nos places tout ce qui ne leur est pas soumis à deux, trois à quatre lieues à la ronde, et leur établissant des dépendances de 30, 40, 50 villages pour fournir aux marchés et aux corvées d'hommes et de charrois dont elles ont assez souvent besoin, aussi bien que des blés et fourrages que ces villages peuvent leur fournir pour de l'argent sans s'incommoder quand le gouvernement a une étendue raisonnable et proportionnée à celle de la place.

La province de Luxembourg nous convient parfaitement, parce qu'elle fait communiquer la Lorraine, les Evêchés et le duché de Bar avec la partie du Hainaut qui nous appartient. De plus elle couvre la Meuse (méchante rivière très mal armée), la Champagne et les Evêchés, etc. Elle ajouterait une étendue considérable à notre frontière, car cette province quoique mauvais pays, est grande et contient beaucoup de bois et de fourrages.

La Lorraine et le Barrois sont de fort bons pays, de peu de commerce à la vérité, mais à qui on en pourrait procurer. Les blés, les vins, les bois, les fourrages, et toutes sortes de bestiaux y croissent en abondance. Tous ces pays sont bien traversés de rivières qui se peuvent aisément rendre navigables, d'une grande étendue, extrêmement mêlés avec les Evêchés, et environnés du Luxembourg, de l'électorat de Trèves, de l'Alsace, du comté de Bourgogne et de la Champagne. Ils ne peuvent pas être mieux situés pour la communication de ces grandes provinces, les unes aux autres ; ce sont de très belles pièces à ajouter à notre manteau à raison de leur contiguïté avec les pays qui nous appartiennent, dont elles sont presque enveloppées partout.

Il nous faut l'Alsace tout entière haute et basse, le vieux Brisach et le fort de Kéel[1], Huningue deçà et delà le Rhin, le fort Louis, Landau, le grand bailliage de Ghermessem, le rasement de Philippsbourg. Et pour n'avoir pas d'étrangers mêlés parmi nous, il est nécessaire que le comté d'Horbourg[2] et la principauté de Montbéliard, qui a toujours relevé du comté de Bourgogne jusqu'au traité de Ryswick, soient réunis : savoir la principauté au dit comté de Bourgogne et le comté de Horbourg à l'Alsace. Cette mouvance ne nous est échappée que par notre faute et pure nonchalance. J'ai de bons mémoires en main, bien instructifs, qui prouvent que ladite principauté a toujours relevé du comté de Bourgogne. Elle nous est d'autant plus nécessaire, que le Montbéliard barre absolument la communication de cette province dans la haute Alsace.

Après cela je n'ai plus rien à dire, si ce n'est qu'il nous serait d'une grande conséquence d'ajouter la Savoie et le comté de Nice à la France en procurant quelque équivalent à M. de Savoie au-delà des monts, soit du Montferrat, si M. de Mantoue mourait sans enfants, ou en démembrement de partie du duché de Milan. Le roi a des prétentions bien fondées sur la baronnie de Faucigny et sur le comté d'Asti qu'on pourrait faire valoir. Pour le comté de Nice, on sait que c'est un engagement fait au comte Vert de Savoie[2] par une reine de Naples, qui fut donné pour un morceau de pain, c'est-à-dire pour très peu de chose, auquel le roi peut revenir quand

1. Il faut lire Kehl.

* « Horbourg reconnaît la souveraineté du Roi. » *{Note de Vauban.}*.

2. Amédée VI de Savoie régna de 1343 à 1383, et fut surnommé le comte Vert à cause de son armure et d'une livrée verte qu'il porta dans un tournoi.

il lui plaira. A la vérité le revenu n'en est pas considérable, et peut à peine suffire à payer les charges, mais cette pièce en-decà des monts nous serait un pré carré d'une convenance très utile à cause de la province de Dauphiné.

Je ne vois rien à faire du côté des deux mers, que la fortification de nos ports, et les descentes plus exposées, mais il n'y a rien là de contesté.

Du côté d'Espagne il y a un petit château qui lui appartient vers les sources de la Garonne appelé Castelléon qui est trop en-decà. Il faudrait l'acquérir et le comprendre dans le traité avec sa dépendance, moyennant quoi et l'acceptation du contenu en cette proposition par les alliés. Je serais d'avis que la France renonçât absolument et pour jamais au bénéfice du testament de Charles II et à tous les droits que nous pourrions avoir en Espagne, de prévenir, autant qu'il est possible à la raison humaine, tous sujets de querelle avec les voisins. Et pour en éloigner les prétextes, convenir de la manière que nous pourrons commercer avec eux, et s'en tenir religieusement à l'observation de ce traité, qui serait capable, en faisant très bien les affaires de ce royaume, de procurer à même temps, et par les mêmes voies, un long repos à toute la chrétienté.

CONCLUSION DE CE MEMOIRE

Si cette proposition avait lieu, tous les Etats voisins n'en seraient que mieux. Et il est certain que la situation où cela les mettrait leur ferait trouver un repos qu'ils ne connaissent point. Bien des gens n'en conviendront pas, et moins Sa Majesté catholique qu'aucun autre, puisqu'elle lui suppose une abdication de la plus grande monarchie du monde, dont il ne peut être que très fâcheux d'avoir à se dessaisir : ce qui ne peut et ne doit aussi arriver, à moins que, par une heureuse obstination de la part des alliés et le mauvais état de nos affaires, nous ne tombions dans une faiblesse incapable de l'empêcher de succomber et nous aussi, sans quoi il est vrai de dire que cette proposition serait très absurde ; mais supposé que cela pût arriver, il en faudrait tirer le meilleur parti qu'on pourrait. On n'ignore pas que cette abdication du roi d'Espagne ne fût un des plus cruels malheurs qui pût arriver à ce grand prince qui a pris possession de cette monarchie, non par droit de conquête, ni par violence, mais du consentement général de tous les Etats de ces royaumes qui, en exécutant les intentions de leur roi dernier mort, ont mis celui-ci sur son trône de leur plein gré avec toutes les solennités requises, et l'applaudissement général de tous les peuples sans la moindre opposition, tant la justice de son choix était bien établie ; aussi est-elle fondée sur des droits incontestables.

Mais supposé enfin une révolution aussi monstrueuse et extraordinaire que celle que ses ennemis tâchent de lui susciter, il ne serait pas le centième de cette qualité à qui pareille infortune serait arrivée, avec cette différence que celle-ci ne serait pas mortelle parce qu'il ne pourrait tomber que debout, en se résignant à devenir la deuxième personne d'un grand royaume à qui il doit sa naissance, et dont il sera naturellement héritier présomptif, tant que Monseigneur le duc de Bourgogne n'aura point d'enfant mâle. Il aurait même la consolation, pour son pis-aller, de lui avoir procuré l'un de ses plus beaux fleurons, d'autant plus considérable que son addition au corps de la monarchie française contribuerait beaucoup au soutien et à l'arrangement de quantité d'autres parties qui ne le sont pas moins. D'ailleurs les Etats de cette même couronne (je veux dire de la nôtre) priment sur ceux d'Espagne en tout et partout, parce qu'étant tous unis et ne composant qu'un même corps, peuplés de même nation qui parle même langage, et gouvernés par mêmes lois, sont bien d'un autre mérite pour leur roi que l'Espagne qui à raison de toutes ses pièces séparées par de si grands espaces les unes des autres et des différentes nations dont elles sont peuplées (la plupart desquelles ne s'entendent pas) et, qui plus est, toutes éloignées du principal corps de la monarchie, ne sauraient se maintenir sans une grande condescendance des voisins qui n'est pas toujours certaine, et avec de grandes complaisances de la part du maître envers les sujets, spécialement les éloignés, qui ne sont pas toujours ce qu'il lui plaît, et dont il ne peut disposer qu'avec beaucoup d'égards qui l'assujettissent souvent à des conditions assez rudes. L'Espagne est d'ailleurs affaiblie d'hommes et d'argent à un point qu'on la peut comparer en l'état qu'elle est, à un corps cacochyme usé et plus qu'à demi ruiné, qui ne pouvant plus se soutenir de lui-même, a besoin de l'appui de ses voisins. C'est donc un corps mourant qui rend l'agonie, qui vraisemblablement ne subsistera pas longtemps sans se disloquer et tomber par pièces et morceaux ; on peut augurer le contraire de la France, spécialement si elle était augmentée des provinces énoncées dans cette proposition. Car l'union de toutes ces pièces à ce royaume sans aucune séparation, rendrait leur soutien facile par la proximité des secours des uns aux autres, et tout le corps de sa monarchie très respectable par la fertilité générale de son pays, par son grand commerce, par le nombre et la qualité de ses manufactures, et mieux que tout cela par le grand nombre des sujets qui l'habitent, de toutes conditions, capables de mettre promptement de grandes armées sur pied de leur cru, de les très bien entretenir sans le secours des voisins et de les porter promptement partout où les besoins pourront les appeler sans rien trouver qui puisse retarder leur marche. Or, on ne peut pas disconvenir que la monarchie d'Espagne ne soit bien éloignée de semblables avantages. Supposant donc que Philippe V fût obligé d'abdiquer, il se pourrait fort bien sans miracle, que sa chute (au lieu de lui être fatale) pourrait lui devenir glorieuse, et très avantageuse à la France, si les choses pouvaient prendre le chemin indiqué par cette proposition, et le roi en ce cas pourrait lui donner les revenus de la Lorraine et du Barrois en apanage sa vie durant, outre ceux qui lui étaient ci-devant destinés ; ce qui le mettrait à son aise et fort au-dessus de ses besoins.

Tournons présentement la médaille, et voyons ce qui pourrait consoler la France de cette abdication, et même lui faire désirer. Il ne faut point attendre que l'on soit forcé à l'abandon de l'Espagne, mais en prévoir la chute, en nous emparant des places sur lesquelles nous pourrions mettre la main, qui nous aideraient par les suites à convenir avec eux. Cela ne paraît pas impossible, mais il faut avant toutes choses commencer : 1° par nous convaincre du péril où nous sommes ; 2° de l'avantage que la France y pourrait trouver.

Si, d'un côté on considère l'acharnement des alliés, encouragés par la révolte de la Catalogne et du royaume de Valence, par la guerre de Portugal, par le peu d'inclination qu'il paraît dans toute l'Espagne pour les Français, par la supériorité des armées navales ennemies qui sont et seront toujours maîtresses de la mer, par l'extrême faiblesse de cette monarchie et par le peu d'effort qu'elle fait pour se maintenir, et que nous comparions tout cela à l'état de la France qui seule la soutient, nous trouverons que celle-ci est aussi épuisée d'hommes et d'argent à un point qui la réduit dans un état de faiblesse à la mettre en danger de succomber, d'autant qu'elle renferme dans soi un nombre infini de gens ruinés et par conséquent mécontents, qui ne souhaitent que changement, un grand nombre de nouveaux convertis, qui ne le sont qu'en apparence et qui ne désirent rien tant que de voir le feu bien allumé aux quatre coins et au milieu du royaume. Ajoutons-y un nombre de fanatiques ou plutôt d'enragés [1], qui n'attendent que le secours promis par les ennemis pour lever la tête et se révolter de nouveau. Que si pour continuer à éclaircir plus à fond le mauvais état où nous sommes réduits, on jette les yeux sur celui des troupes, on trouvera qu'il n'y a plus de discipline, que toutes les levées sont forcées, que le soldat ne tient point, que toutes les fois qu'il trouve occasion de déserter, il ne la manque pas, et s'il y en a qui ne le font point, ce n'est que par savoir où aller. L'officier de son côté est dans une nonchalance extrême ; on ne remarque plus en lui ces grands empressements qui le faisaient voler aux actions d'honneur ; ce n'est plus cela, mais un certain abattement qui ne marque que de faibles désirs et peu de volonté ; chacun attend que son devoir le vienne chercher ; on ne voit plus aller au devant, et rien de tout ce qu'on appelle envie de bien faire ne paraît plus, ou paraît peu.

Nous sommes pleins d'officiers généraux ; jamais on n'en vit tant, et on peut dire qu'il y en a beaucoup plus que le nécessaire ; mais il y en a peu de bons, et encore moins de propres à faire de bons généraux d'armée.

1. L'insurrection des Camisards dans les Cévennes (1703-1704) sembla se réveiller dans les années 1705-1706.

Pour ces généraux, je n'en dis rien, chacun peut voir où nous en sommes.

Non seulement les gens de guerre sont aujourd'hui mal composés et sans discipline, mais ceux qui occupent la tête des corps sont presque tous jeunes gens sortant du collège ou de l'académie, sans expérience, qui de longtemps ne seront en état de mettre leurs troupes sur le bon pied. Ils ne songent pas même à se donner beaucoup d'application pour cela. Enfin le désordre ne consiste pas seulement à de simples relâchements, mais encore à tout ce qui peut contribuer à les rendre plus mauvaises. On pille jusque sur les routes qu'on vend à beau denier comptant, sur les revues, sur le pain, sur les fourrages, sur les hôpitaux, sur la paye des troupes et généralement sur tout ce qui peut augmenter la mésaise des troupes ; et tout ce qui se peut trouver à portée d'une main adroite n'est pas épargné, pourvu qu'il en vaille la peine, et cela impunément sans qu'on châtie personne, ni même qu'on y prenne garde de fort près.

C'est en partie ce qui cause tant de gueuserie parmi les troupes, et qui d'un autre côté enrichit tant de gens indignes aux dépens du roi et des mêmes troupes, car il suffit d'avoir fait les vivres, 5 ou 6 campagnes, pour être riche à millions, de même que d'avoir été entrepreneur des fourrages, directeur des hôpitaux, entrepreneur de la fourniture des places, des armes, ou receveur des contributions et confiscations ; non seulement tous ceux qui occupent la tête de ces sortes d'affaires, s'enrichissent en fort peu de temps, mais on peut dire que tout ce grand nombre de commis qu'ils emploient n'y font pas moins mal les leurs, et qu'aucun d'eux ne s'y appauvrit. Tout cela n'est encore rien à comparaison du ravage que tant de différentes impositions arbitraires causent dans le dedans du royaume, où le mal est si universellement répandu et dans un tel excès qu'on peut dire, que de trois ou quatre millions de familles dont tout le corps de son peuple est composé, on aurait bien de la peine d'en démêler un millier qui soit un peu à leur aise, encore ne sont-ce que ceux qui sont dans les affaires, et qui se gorgent du sang de leurs concitoyens. Et hors ceux que le roi soutient par les charges, grosses pensions et gratifications continuelles qu'il leur donne, quelques gens de robe peu nombreux, très peu de noblesse, et quelques marchands en très petit nombre, tout le reste grands et petits (car aucune condition n'en est exempte) sont misérables, qui plus qui moins, notamment le peuple de la campagne, qui est comme la bête de somme qui porte les plus gros fardeaux dont elle est accablée ; aussi n'a-t-il plus que les os et la peau, et tout lui manque, jusqu'aux aliments les plus grossiers, de sorte qu'il est réduit à la faim, à la soif, à la nudité, au chaud, au froid, à la prison et à la mendicité, et enfin à la mort, qui sollicitée par tant de misères ne manque pas d'arriver plus tôt que le terme qui lui avait été prescrit par l'auteur de la Nature.

Voilà à quoi nous en sommes par le malheureux enchaînement des guerres qui n'ont fait, depuis 40 à 50 ans, que se succéder les unes aux autres. Il faut ajouter à ce que dessus, que notre frontière est faible et en méchant état, le traité de Ryswick nous l'ayant absolument désarmée de ce qu'elle avait de meilleures places au profit des ennemis, en nous obligeant au rasement de la plupart des autres, qui quoique on ait plus travaillé aux fortifications de ce règne-ci, qu'on a fait en douze autres, cela ne veut pas dire que nos frontières soient en bon état ; bien au contraire, je les trouve très mauvaises parce que nous n'avons pas une seule place qu'on puisse dire totalement achevée.

Du côté de la Lorraine, nous nous sommes défaits de Bitche et d'Hombourg, deux excellentes petites places, de Nancy et de Mont-Royal toutes deux grandes, belles et très bonnes. En Alsace de Philippsbourg, du fort de Kéel, du vieux Brisach, et de toute la partie du Rhin qui est au-delà du Rhin. En Luxembourg de l'excellente place de ce nom, qui nous couvrait tous nos défauts de la Meuse et des Evêchés et même de la Champagne. La Meuse, très mauvaise rivière, est désarmée par le rasement de Mouzon, Stenay et Donchery. Sedan et Mézières sont de bonnes places, mais très imparfaites, et la frontière est là réduite à une seule ligne. L'excellente forteresse de Mont-Royal [1] sur la Moselle a été rasée, aussi bien que deux ou trois autres bons châteaux et petites places en son voisinage assez bien fortifiés avec beaucoup de dépense, et le tout par les mauvais offices de ce malheureux traité de Ryswick, le plus honteux à la France qu'elle ait jamais fait.

Les trois villes des Evêchés ne sont qu'à demi fortifiées. Belfort est une petite place non achevée ; Besançon, Salins, le château de Joux, et les forts de Saint-André et le Château-Belin [2] ne sont point parfaits, il s'en faut bien ; Phalsbourg ne l'est pas assez pour qu'il n'y ait encore beaucoup de choses à faire, aussi bien qu'à Strasbourg, aux deux Brisach et à Huningue ; Marsal est imparfait. En Hainaut nous avons Charlemont qui est bon, mais très petit ; Philippeville vaut peu de chose, quoique de grande dépense ; Rocroi est assez bon, mais non fini ; les deux Givets ne sont qu'à demi fortifiés, et de très peu de résistance ; Maubeuge est bon, mais il y a encore des dehors très importants à faire là, et au Quesnoy. Avesnes et Landrecies sont médiocres. Tournai, Valenciennes, Lille,

1. Montroyal, place forte entre les villages de Traben, Risbach et Litzig, construite de toutes pièces par Vauban de 1687 à 1692 et démolie à la suite du traité de Ryswick. Elle était située sur une roche, dans une sorte de presqu'île formée par la Moselle, presque à égale distance de Trèves et de Coblence... « Ce poste, disait Louvois, mettra les frontières du roi en telle sûreté, et les électeurs de Cologne, de Mayence et le Palatinat en telle dépendance, que cette frontière sera meilleure et plus aisée à défendre que n'est celle des Flandres. »

2. Les forts de Saint-André et de Belin dominent la ville de Salins-les-Bains dans le Jura.

Condé, Menin, Ypres sont les meilleures places de ces pays-là, et en assez bon état. Dunkerque et Bergues aussi, mais il y a encore beaucoup de choses à faire à Furnes et à La Kénoque. Gravelines et Calais ne seraient pas mauvais si les projets en étaient achevés. Ce que la frontière des Pays-Bas a de meilleur est une seconde ligne de places qui s'étend depuis la Meuse jusqu'à la mer.

Venons à la frontière maritime. On a rasé Boulogne, Dieppe, Cherbourg, et Granville très mal à propos, puisque ces places fermaient pour ainsi dire les accès aux descentes dans les endroits du royaume où elles sont le plus à craindre, et le plus à portée des ennemis. La Bretagne qui est toute pleine de ports, n'a pas un seul endroit qu'on puisse dire être de bonne défense. Tout le Poitou et la Saintonge n'ont que La Rochelle, Rochefort, Blaye et Bordeaux, et quelques petits forts, les uns très mauvais et les autres fort médiocres.

Du côté d'Espagne nous ne sommes couverts que par Bayonne qui n'est pas bonne place, ni à beaucoup près achevée. Saint-Jean-Pied-de-Port ne vaut pas grand-chose, non plus que Lourdes, Dax, etc. Le Roussillon n'a que Perpignan, Villefranche et Mont-Louis, car Salses et Collioure valent peu de chose aussi bien que le petit fort des Bains [1] et Pra de Moulou [2]. Toute la frontière maritime de Languedoc et de Provence n'est gardée que par deux ou trois places un peu considérables, savoir : Antibes à demi fortifiée, Toulon qui vaut peu de chose, et Marseille qui est l'un des grands villages de la chrétienté mais de nulle défense. Le surplus consiste en quelques petits forts de peu de considération. Cependant Toulon et Marseille renferment notre marine du levant et tout le commerce de ce pays-là, et le roi y a bien sûrement pour 50 millions d'effets à lui appartenant. Le Dauphiné et la Provence ont pour frontière Entrevaux, Guillaumes, Colmars et Seyne, qui en l'état que sont ces lieux ne peuvent passer pour des places fortes. Le surplus consiste à la hauteur de leurs montagnes et à leur stérilité, dans lesquelles les armées ne sauraient subsister longtemps ; véritablement quand Briançon, Mont-Dauphin, Queyras, Embrun et le fort Barraux seront achevés, le Dauphiné ne sera pas mal armé de ce côté-là, mais il n'y a encore que demi-besogne faite.

Non seulement notre frontière n'est pas en bon état, mais les places en sont très mal munies, aussi bien que celles en dedans du royaume, car Paris par exemple n'a point de clôture, Rouen, Bordeaux et Lyon et toutes les grandes villes du dedans du royaume ne sont de nulle défense, tant par le défaut de leur clôture, que par celui des munitions de guerre dont elles manquent absolument toutes ; ajoutons à cela beaucoup de terre, dont la culture a été abandonnée dans les derniers temps, et une grande diminu-

1. Au-dessus d'Amélie-les-Bains (Pyrénées-Orientales).
2. Prats-de-Mollo (Pyrénées-Orientales)

tion de peuple. Tout ce que dessus bien considéré, on trouvera que la France, loin d'être dans un état florissant, est dans une situation très désagréable et même dangereuse, eu égard à l'état présent de ses affaires, et au nombre d'ennemis qu'elle a sur les bras. Il est donc de la prudence et du bon sens de ceux qui tiennent le timon de son gouvernement, d'en avertir Sa Majesté, de lui faire faire une sérieuse réflexion sur l'état où elle se trouve, afin de le disposer à prendre sur cela quelque résolution capable de la sortir du mauvais pas où elle est engagée, d'autant plus qu'en s'y prenant bien, il se peut qu'on lui procurera de grands avantages, au lieu qu'attendant l'extrémité, il n'est pas bien sûr que le malheur de l'Espagne ne soit suivi du sien, de manière à ne s'en pouvoir relever de longtemps, et peut-être jamais.

Je finis ici ce mémoire, qui n'est que trop long, je l'avoue, mais je n'ai pu refuser à mes pensées de se produire à mesure qu'elles se sont présentées.

Les auteurs

Martin Barros, chargé d'études au service historique de la défense (SGA/SHD), auteur de nombreuses études sur l'architecture militaire, a été rédacteur adjoint de la revue *Fortifications et patrimoine*. Il a publié, avec Thierry Sarmant et Nicole Salat, *Vauban : l'intelligence du territoire* (Nicolas Chaudun-ministère de la Défense, 2006).

Alain Boulaire, professeur en classes préparatoires au lycée de Kerichen à Brest, agrégé, est Docteur d'Etat en histoire. Il est l'auteur de plusieurs ouvrages dont dernièrement *Brest* (Editions Palantines, 2004) et *L'Explorateur et l'indigène, regards croisés* (Ouest-France, 2006). Il a été en 2002 commissaire de l'exposition « Brest au temps de l'Académie de Marine » où a été présenté dans sa totalité le plan-relief de Brest de 1810.

Philippe Bragard, professeur d'histoire de l'architecture et de l'urbanisme à l'Université catholique de Louvain, président de l'association des Amis de la Citadelle de Namur, a publié de nombreux livres et articles principalement sur l'histoire militaire et la fortification. Il a dirigé *Vauban entre Sambre et Meuse 1707-2007*, et co-édité les Actes du colloque « L'armée et la ville dans l'Europe du Nord et du Nord-Ouest du XVe siècle à nos jours ». Il Prépare l'édition de la relation par Vauban du siège de Namur, à paraître fin 2007.

Robert Carvais, chercheur au CNRS (Institut d'histoire du droit), oriente ses recherches autour d'une confrontation de sa discipline avec l'histoire des sciences et des techniques. Il projette d'écrire une *Introduction historique aux droits de la construction et de l'urbanisme* et dirige l'édition de l'*Œuvre pédagogique de l'architecte Antoine Desgodets*. Sa thèse d'Etat sur la *Chambre royale des Bâtiments* doit paraître chez Droz.

André Charbonneau (Ph. D.) est responsable des Services historiques de Parcs Canada pour le Québec. Il s'intéresse à l'art militaire colonial au Canada depuis plusieurs années. Il est co-auteur de *Québec ville fortifiée du XVIIe au XIXe siècle* ; il a de plus signé ou participé à plusieurs ouvrages sur l'œuvre des ingénieurs militaires au Canada et sur l'histoire des fortifications.

Anne Conchon, agrégée et docteur en histoire, est maître de conférence à l'Université Paris I Panthéon-Sorbonne. Ses recherches portent sur l'histoire économique et sociale de la France préindustrielle. Elle a notamment publié *Le Péage en France au XVIIIe siècle. Les privilèges à l'épreuve de la réforme* (CHEFF, 2002).

Joël Cornette, ancien élève de l'Ecole Normale supérieure de Saint-Cloud, professeur à l'Université Paris VIII Vincennes-Saint-Denis, est l'auteur de nombreux ouvrages sur la monarchie d'Ancien Régime et d'une *Histoire de la Bretagne et des Bretons* (2 volumes, Seuil, 2005), qui a obtenu, en 2006, le Grand prix d'histoire de l'Académie française.

Andrée Corvol, directeur de recherche au CNRS, Présidente du Groupe d'Histoire des Forêts Françaises, est spécialiste des questions forestières, arboricoles, environnementales. Elle a écrit plusieurs ouvrages, dont *L'Homme aux Bois* (Fayard, 1983), *Les Sources de l'histoire de l'environnement* (L'Harmattan, 1999-2001) et *Les Arbres voyageurs. Introduction et acculturation des essences exotiques* (Robert Laffont, 2005).

Hervé Drévillon est professeur d'histoire moderne à l'université de Poitiers. Il a dernièrement publié *L'Impôt du sang. Le métiers des armes sous Louis XIV* (Tallandier, 2005) et *Batailles. Scènes de guerre de la Table ronde aux Tranchées* (Editions du Seuil, 2007).

Fadi El Hage est doctorant à l'Université Paris I Panthéon-Sorbonne. Il prépare actuellement une thèse consacrée aux maréchaux de France sous l'Ancien Régime sous la direction de Hervé Drévillon.

Jean-Michel Minovez est maître de conférences à l'Université de Toulouse II Le Mirail et chercheur au CNRS. Ses recherches portent sur l'histoire de l'économie, de la société et des techniques. Sa dernière publication a consisté dans la direction d'un numéro spécial des *Annales du Midi* intitulé « Dynamiques marchandes : acteurs, réseaux, produits, XIIIe-XIXe siècles ».

Michel Nassiet est professeur d'Histoire moderne à l'université d'Angers, et membre de l'Institut universitaire de France. Il a publié *Noblesse et pauvreté. La petite noblesse en Bretagne, XVe-XVIIIe siècles*, (SHAB, 1993), *Parenté, noblesse, et Etats dynastiques, XVe-XVIe siècles* (EHESS, 2000) et plus d'une soixantaine d'articles. Il travaille actuellement sur le lien social d'après les sources criminelles.

Emilie d'Orgeix est l'auteur d'une thèse sur l'évolution du dessin militaire du XVIe au XVIIIe siècle. Ses recherches portent sur l'art des ingénieurs militaires en Europe et dans les colonies et sur la représentation architecturale civile et militaire. Elle a publié de nombreux articles et co-dirigé plusieurs ouvrages dont *Les Villes françaises du Nouveau Monde* (Somogy, 1999) et *Atlas militaires européens (XVIe-XIXe)* (Paris, Musée des plans-reliefs, 2003).

Clément Oury, archiviste paléographe, est conservateur à la Bibliothèque nationale de France. Il rédige actuellement une thèse de doctorat à l'Université de Paris IV Sorbonne sur les *Défaites françaises de la guerre de Succession d'Espagne* (Blenheim, Ramillies, Turin, Audenarde).

Yves Roumegoux, conservateur du patrimoine à la direction régionale des affaires culturelles du Nord-Pas-de-Calais, est archéologue. Il travaille sur l'évolution urbaine et l'histoire militaire, plus particulièrement sur les villes fortifiées de l'Europe du Nord-Ouest. Il a collaboré à divers ouvrages et expositions, dont *Béthune, chronique d'une ville fortifiée* (1993) ou *French Dragoons, Militia, Artillery and Bombardiers under Louis XIV* (2003).

Nicole Salat, docteur de l'université de Rennes, est responsable des archives techniques du Service historique de la Défense (département de l'armée de terre). Dans le cadre du tricentenaire de la mort de Vauban, elle vient de publier, en collaboration avec Martin Barros et Thierry Sarmant, *Vauban : l'intelligence du territoire* (Nicolas Chaudun-ministère de la Défense, 2006), et, avec Thierry Sarmant, *Politique, guerre et fortification au Grand Siècle : lettres de Louvois à Louis XIV* (Société de l'histoire de France-Service historique de la Défense, 2007).

Thierry Sarmant, archiviste-paléographe, docteur de l'université de Paris I Panthéon-Sorbonne, est conservateur en chef du patrimoine et directeur-adjoint du Cabinet des médailles de la Bibliothèque nationale de France. Il a notamment publié *Les Demeures du Soleil : Louis XIV, Louvois et la surintendance des Bâtiments du roi* (Champ Vallon, 2003) et dirigé : *La Place Vendôme : art, pouvoir et fortune* (Action artistique de la Ville de Paris, 2002) et *Les Ministres de la Guerre, 1570-1792 : histoire et dictionnaire biographique* (Belin-ministère de la Défense, 2007).

Victoria Sanger, enseignant-chercheur en France depuis dix ans, est spécialiste en histoire de l'architecture et de l'urbanisme français à l'époque moderne. Elle a notamment publié « Les Pierres de Vauban » dans *Vauban. La pierre et la plume* (Editions du Patrimoine-Klopp, 2007). Sa thèse de doctorat (soutenu à Columbia University, New York), en cours de publication, porte sur Vauban urbaniste. Elle est commissaire de l'exposition *Vauban : bâtisseur du Roi Soleil* (Musée des plans-reliefs, Cité de l'architecture, 2007-2008) et directeur scientifique de son catalogue (Somogy, 2007).

Mireille Touzery, agrégée d'histoire, ancienne pensionnaire de la fondation Thiers, est professeur d'histoire moderne à l'université Paris XII Val de Marne. Spécialiste de l'histoire de l'Etat et en particulier des finances de la monarchie de France du XVIIIe siècle, elle a publié notamment *L'Invention de l'impôt sur le revenu. La taille tarifée,1715-1789* (Paris, 1994), et *Atlas de la généralité de Paris, un paysage retrouvé*, (Paris, 1995). Elle prépare un livre consacré à la transition de l'Ancien régime à la Révolution, vue sous l'angle fiscal.

Patrick Villiers est professeur à l'université du Littoral-Côte d'opale. Il propose une relecture de l'histoire maritime militaire par l'histoire économique et l'histoire des techniques. Il a notamment publié *Marine royale, corsaires et trafics dans l'Atlantique de Louis XIV à Louis XVI* (ANRT, rééd. 2003) et dernièrement *Les Corsaires français* (Éditions J.-P. Gisserot, 2007).

Michèle Virol, agrégée et docteur en histoire, maître de conférences habilitée à diriger des recherches à l'IUFM-Paris Sorbonne, est l'auteur d'une thèse sur « Les Oisivetés de M. de Vauban », de plusieurs livres dont *Vauban. De la gloire du roi au service de l'État* (Champ Vallon, 2003 ; rééd. 2007) et de nombreux articles sur l'histoire du XVIIe siècle et sur Vauban. Elle est aussi administratrice de l'association Vauban, Prix Vauban 2004, membre du comité scientifique « Vauban, patrimoine mondial », conseillère scientifique de plusieurs expositions dont « Vauban, arpenteur du roi », au musée du Temps de Besançon, de films et documentaires télévisuels, co-responsable scientifique de plusieurs colloques dont « Vauban architecte de la modernité », Besançon, octobre 2007.

Table

INTRODUCTION 7
Michèle Virol

LES ABRÉGÉS DES SERVICES DU MARÉCHAL DE VAUBAN
ET AUTRES PIÈCES RELATIVES À SA CARRIÈRE 33
Fadi El Hage

TOME I
des Oisivetés de Monsieur de Vauban

« Mémoire pour le rappel des Huguenots » 73
Joël Cornette
« L'importance dont Paris est à la France » 125
Martin Barros et Victoria Sanger
« Mémoire sur le canal du Languedoc » 145
Jean-Michel Minovez
« Plusieurs maximes bonnes à observer
par tous ceux qui font bâtir » 187
Robert Carvais avec la participation de Victoria Sanger

TOME II
des Oisivetés de Monsieur de Vauban

« Idée d'une excellente noblesse » 237
Michel Nassiet
« Les ennemis de la France ont publié ... » 257
Michèle Virol
« Projet d'ordre contre les effets des bombes » 267
Philippe Bragard

« Projet de capitation » 279
Michel Nassiet
« Mémoire qui prouve la nécessité de mieux fortifier
les côtés du Goulet de Brest » 301
Alain Boulaire
« Mémoire concernant la course » 323
Patrick Villiers
« Mémoire sur les sièges
que l'ennemi peut entreprendre dans la campagne prochaine » 379
Emilie d'Orgeix
« Dissertation sur les projets
de la campagne prochaine du Piémont » 399
Emilie d'Orgeix
« Fragment d'un mémoire au Roi » 415
Emilie d'Orgeix
« Description géographique de l'élection de Vézelay » 423
Joël Cornette

TOME III
des Oisivetés de Monsieur de Vauban

« Places dont le Roi pourrait se défaire
en faveur d'un traité de paix » 461
Nicole Salat et Thierry Sarmant
« Mémoire des dépenses de la guerre
sur lesquelles le Roi pourrait faire quelque réduction » 485
Nicole Salat et Thierry Sarmant

TOME IV
des Oisivetés de Monsieur de Vauban

« Moyen de rétablir nos colonies d'Amérique
et de les accroître en peu de temps » 539
André Charbonneau
« Etat raisonné des provisions les plus nécessaires quand il s'agit
de donner commencement à des colonies étrangères » 575
André Charbonneau
« Traité de la culture des forêts » 587
Andrée Corvol
« La cochonnerie, ou calcul estimatif pour connaître
jusqu'où peut aller la production d'une truie
pendant dix années de temps » 627
Michèle Virol

« Navigation des rivières » 637
Anne Conchon

TOME V
des Oisivetés de Monsieur de Vauban

Genèse du « Projet de Dîme royale » 695
Michèle Virol
« Projet de Dîme royale » 705
Mireille Touzery

TOME VI
des Oisivetés de Monsieur de Vauban

« Instruction générale pour servir au règlement des garnisons et munitions des places de guerre » 961
Michèle Virol

TOME VII
des Oisivetés de Monsieur de Vauban

« Moyens d'améliorer nos troupes et de faire une infanterie perpétuelle et très excellente » 967
Hervé Drévillon

TOME VIII
des Oisivetés de Monsieur de Vauban

« Traité de l'attaque des places » 1157
Clément Oury

TOME IX
des Oisivetés de Monsieur de Vauban

« Traité de la défense des places » 1327
Philippe Bragard et Yves Roumegoux

TOME X
des Oisivetés de Monsieur de Vauban

« Traité de la fortification de campagne… » 1493
Philippe Bragard

TOME XI
des Oisivetés de Monsieur de Vauban

« Instruction pour servir au règlement des transports et remuement des terres » 1629
Michèle Virol

TOME XII
des Oisivetés de Monsieur de Vauban

« Projet de navigation d'une partie des places des Flandres à la mer » 1665
Yves Roumegoux

ANNEXES

« Intérêt présent des Etats de la Chrétienté »
« Projet de paix assez raisonnable » 1691
Michèle Virol

Les auteurs 1720

Table 1723

Dépôt légal : juin 2022 - N° imprimeur : 062272502

Imprimé en France par Présence Graphique - Monts